KB097194

漢韓對譯　段玉裁注　說文解字

한한대역 단옥재주 설문해자

漢韓對譯 段玉裁注 說文解字 ◉ 第一卷 下

第 2 卷

허신許愼 著 · 단옥재段玉裁 注

금하연 · 오채금 譯註

지유문고

한한대역 단옥재주
설문해자 제1권 하

# 일러두기

- ▣ 경운루(慶雲樓) 장판본을 사용하였다.
- ▣ 직역을 원칙으로 한다.
- ▣ 한 페이지에 한 글자를 두는 것을 원칙으로 한다.
- ▣ 한 줄에 한 문장만 두는 것을 원칙으로 한다.
  - 원하는 부분을 최대한 빨리 찾을 수 있게 하려는 것이다.
- ▣ 역주는 크게 한자/단어/책/인물 네 그룹으로 나누어 모아서 한자와 단어는 본문의 이해를 위해 본문 바로 아래에 두고, 책과 인물은 권말 부록으로 문헌고 文獻考에 실어두었다.
  - 단어는 고딕체를 기울여서(이탤릭체)로 하여 구별했고,
  - 책의 해설은 신문명조로
  - 인물 해설은 푸른색으로 해서 세 가지를 한 눈에 구별할 수 있게 했다.
  - *어려운 용어 해설은 태고딕 이테릭체, 음영 70%로 했다.*
  - 본문 중에서 역주할 단어는 눈에 띄이게 구별했다.
  - 책명은 해서로, 인명은 태고로, 용어는 ***태고 이태릭***으로 했다.
- ▣ 허신의 원문은 푸른색으로 큰 글씨로, 단주는 검은 색으로 작게 했다.
- ▣ 두 중문과 교수의 오역을 매번 [오역주]로 표기하여 밝혔다.
- ▣ 표제자 전체에 일련번호를 붙였다.
  - 9,353자로 알려진 것과는 달리 9,426자였다.
  - 같은 글자가 두 번 나오는 것도 그대로 실었다.
- ▣ 색인은 자음/부수/총획/병음 등 4가지를 실었다.
- ▣ 서명(書名) 관련 표기법 대략.
  - 책이나 편장과 관련된 단어의 앞 뒤에는 『』를 붙였다.
  - 책을 지칭하는 단어의 앞 뒤에는 〖〗를 붙였다.
    〖고본(古本)〗〖현본(鉉本)〗〖허서(許書)〗〖각본(各本)〗
  - 저자 바로 뒤에는 –를 붙인다. 『사마상여-봉선문(司馬相如–封禪文)』
  - 작업한 대상물 앞에는 :를 붙인다. 『안사고–주:두영전(顏師古–注:竇嬰傳)』
  - 한 책에서 파생된 책 사이에는 :를 붙인다. 『이아:음의(爾雅:音義)』
  - 책명과 그 책의 편장 사이에도 :를 붙인다. 『주역:계사(周易:毄(繫)辭』

▣ 표제자배열

전서 해서 음【병음 주음】간단한 뜻 설문 일련번호 허신원문《단옥재주》/원본페이지

淵 연【yuān ㄩㄢ¯】연못, 깊을, 못 이름, 성씨 설문 6879 回水也。《顏回字子淵。》从水。象形。《下文釋象形。》左右《謂川。》岸也。中《謂𠂹。》象水皃(貌)。《烏懸切。12部。》 淵或省水。 古文。从囗水。《囗其外而水其中。『江賦』。瀇滉囦泫。用囦字。》/550

- ▣ 본토 원음을 표기하려는 세상이니 두음법칙은 생략한다.
- ▣ 꼭 필요하다고 생각되는 경우 **[주]**를 달고 보충자료를 아래에 실었다.
- ▣ 꼭 필요하다고 생각되는 경우 [임의 문장을] 안에 넣었다.

▣ 표제자는 크게 <성부와 형성자>로 나누어 다르게 표현했다.

　　– 형성자는 보통 글씨로 하고
　　– 성부로 쓰이는 글자는 반전 元로 하고, 끝에 해당 형성자를 모아 놓았다.

　　　형성 (4자)　　대(殺)1858　기(祁祿)3890　시<視藏>5224　의(狐梅)6027

▣ 숫자는 모두 아라비아 숫자로 표기한다.

▣ 괄호 사용의 구별.

　　– 한자어의 음은 둥근 괄호로 한다.　　　　예 : 국가(國家)

　　– 관련된 내용일 경우 꺾쇠괄호로 한다.　　　예 : 홍길동[人名]

▣ 주요 참고 자료들

　　– 동양학 연구원의 <한한대사전> 용어풀이

　　– 교학사의 <한한대사전> 용어풀이

　　– 성안당의 <라이브 한+한자사전> 용어풀이

　　– 명문당의 <한한대자전> 용어풀이

　　– <중정형음의 대사전> 용어풀이

　　– <설문해자고림>의 다양한 설들의 집합

　　– 중국의 <한어대사전> 현대적 해설, 다양한 용례

　　– 중국의 <전자판 설문해자> 개괄, 번역방향 제시

　　– 기타 중국의 다수 PDF판 번역물들

　　– 중국의 <www.baidu.com의 자료들>

▣ 주요 참고 사이트들

　　– 한국의 <http://db.itkc.or.kr 한국고전 종합DB>

　　– 한국의 <여러 블로그들의 자료들>

　　– 한국의 <인터넷상의 각종 사전들>

　　– 중국의 <www.baidu.com의 각종 자료들>

■ **인경고**(引經考)

단옥재가 인용한 경전들의 인용 부분을 정리한 것. 글자를 이탤릭체로 눕혔다.

단옥재가 경전을 인용하는 방식은 크게 두 가지다.

　　1. 원문 전체를 그대로 옮기는 경우.

　　2. 원문의 내용을 축약정리하면서 옮기는 경우. 추적이 복잡해진다.

열역학에서 '달궈진 쇠가 식는 만큼 엔트로피가 높아진다'고 하는데, 그 의미가 확대되어서 '가용성이 떨어지면 엔트로피가 높아진다'고 한다. 그런 의미에서 한문은 단연코 엔트로피가 가장 높은 문자다.

문장부호를 사용하지 않았다는 것은 차치하고, 문자의 엔트로피를 높이는 그 주범은 가차다. 가차를 쉽게 설명하면 'A로 쓰고 B로 읽는다'는 것이다. 막말로 겉다르고 속 다르다는 것이다. 그런데 가차에 일정한 원칙이라고는 '같은 음'이라는 막연한 원칙 밖에 없다. 어느 글자를 가차로 판단해야 하는 지는 오로지 옛날의 유명한 학자나, 현재의 제대로 공부한 선생 만 아는 것이다. 배우는 사람은 도저히 알 수 없다. 이렇게 해서 배우는 사람은 선생에 대한 의존도가 매우 높아지고, 좀더 과장해서 말하면 눈뜬 장님이 된다.

"40여 년간 형조(刑錯)를 사용하지 않았다[刑錯四十餘年不用]는 성강지치(成康之治)로 불리면서 중국력사상(中國曆史上)의 일대 명군(明君)으로 꼽힌다."는 문장에서 錯, 通 "措" 라는 석 자를 스승이나 선배나, 하다 못해 주(注), 소(疏), 전(傳), 전(箋) 따위에서 보지 못한다면 상식대로, 배운대로 '착' 으로 읽을 수 밖에 없는 것이고 '착' 으로 읽고 해석하면 그 순간 바보가 되는 것이다.

【百官公卿表】曰.　　　　　<백관공경표>에 이르기를

列侯所食縣曰國.　　　　　열후의 식읍을 국[國]이라 하고

皇大后‘皇后’公主所食曰邑.　　황태후, 황후, 공주의 식읍을 읍[邑]이라 하고

有蠻夷曰道.　　오랑캐들이 사는 곳을 도[道]라고 한다.

금수강산 8도 道가 이렇게 되면 도 導, 그들 중화의 지도편달이 필요한 땅이 된다.

본의를 감추어 상대가 받아들이기 쉽게 포장한 것이다.

오랑캐를 금수(禽獸)의 무리라고 했으니

8도강산인 금수강산을 우리는 錦繡江山(금수강산)이라고 하지만

<설문해자>의 중국인들이 볼 때는 禽獸江山(금수강산)이다.

　　그 다음으로 사람을 곤혹하게 만드는 것은 일자다음 一字多音이다. 처음 보는 단어에

그런 글자가 있을 경우 어느 음으로 읽어야 할지 판단이 쉽지가 않다.

　　일례로 <례기>에 <公食大夫禮>가 있는데 대부를 대접하는, 먹이는 것이므로 이때

의 食은 '밥식'이 아니라 '먹일 사'가 맞다. 그러나 내놓으라고 하시는 분들이 다 모여있

을 법한 [한국고전종합 DB]에서 조차도 '공식대부례'와 '공사대부례'가 병존하고 있다.

　　세번째 원인은 그들(?)만의 관행이다. 鹿皮를 '녹비'로 읽어야 한다거나 흙 토 土를 경

우에 따라서는 '두'로 읽어야 한다거나, 방상씨(方相氏)를 방상시로 읽거나, 목과(木瓜)를 모과로 읽는 따위들이다. 이런 혼란은 생각 보다 광범위해서 혼자서는 도저히 확정을 지을 수가 없고, 구조상 혼자서는 반드시 실수를 하게 되어 있다. 그렇지 않으려면 앞사람의 의견을 살펴봐야 하는데 이것이 주(注)다. 그런데 주(注) 조차도 어려울 경우 소(疏)를 봐야 하고, 그것이 어려우면 또 전(傳), 전(箋)을 살펴야 한다. 이렇게 해서 선배와 선생과 조상의 권위는 확립되어 간다.

단옥재가 사용한 인용문은 방대하다. 심지어 어떤 글자는 40-50여 개의 인용처가 있는 것을 비롯하여 수십 개의 인용처가 있는 글자들이 흔하다. 본문의 번역에서 어디까지가 인용문이고, 어디서 부터가 단옥재의 생각인지를 판단할 수 있는 가장 확실한 길은 원본을 확인하는 일 뿐이다.

유감스럽게도 현재 나의 여건으로는 애초에 이 일을 100% 완수할 수는 없다. 그래도 80%-90% 가까이는 원본을 추적한다. 도저히 찾을 수 없는 것은 숙제로 남겨 두었다. 훗날 수정의 편의를 위해서 인용한 책의 제목을 적고 그 아래에 매킨토시에서 궐자의 첫번 째 한자인 厥자를 붙여 놓았다.

다행히 수많은 인용처를 단옥재가 모두 직접 인용한 것은 아니다. 주석에서 인용한 것을 그대로 옮겨놓은 것도 절반은 된다. 이경우 번역이 꼬일려고 한다,

예를 들면

정현이 이르기를

"어느 책에서 누구는 '무엇을 ~라고 했다.'고 했다."

[원문 原文] 다음에 [주 注]가 있고 [주 注] 아래에 [소 疏]가 있고, [소 疏] 아래에

[전 傳]이 있고 [전 傳] 아래에 [전箋]이 있고, 필요한 곳에 [정의 正義]가 있다.

〔원문〕之子於歸, 百兩禦之. 〔주〕〈百兩, 百乘也. 諸侯之子嫁
於諸侯, 送禦皆百乘. 箋云：之子, 是子也. 禦, 迎也. 是如鳲鳩之子, 其往嫁
也, 家人送之, 良人迎之, 車皆百乘, 象有百官之盛.〉〔음의〕○禦, 五嫁
反, 本亦作"訝", 又作"迓", 同. 王肅魚據反, 云"待也". 乘, 繩證反, 下同.
送禦, 五嫁反, 一本作"迎".

〔소〕〔疏〕"維鵲"至"禦之". 〔정의〕○正義曰：言維鵲自冬曆春功著, 乃有
此巢窠, 鳲鳩往居之, 以興國君積行累功勤勞乃有此爵位維, 夫人往處之. 今
鳲鳩居鵲之巢, 有均壹之德, 以興夫人亦有均一之德, 故可以配國君. 又本其
所起之事, 是子有鳲鳩之德, 其往嫁之時, 則夫家以百兩之車往迎之, 言夫人
有德, 禮迎具備. 〔전〕○傳"鳲鳩, 秸鞠". ○正義曰：序云"德如鳲鳩"也, 《釋
鳥》雲"鳲鳩, 秸鞠", 郭氏曰："今布穀也, 江東呼獲穀." 《埤倉》云"鳱鵴",
《方言》雲"戴勝", 謝氏云"布穀類也". 諸說皆未詳, 布穀者近得之. ○箋"鵲之"
至"燕寢". 〔정의〕○正義曰：《推度災》曰："鵲以複至之月始作室家, 鳲鳩因
成事, 天性如此也." 複於消息十一月卦, 故知冬至加功也. 《月令》"十二月鵲
始巢", 則季冬猶未成也, 故雲"至春乃成"也. 此與《月令》不同者, 大率記國中
之候, 不能不有早晚, 《詩緯》主以釋此, 故依而說焉. 此以巢比爵位, 則鳲鳩
居巢, 猶夫人居爵位, 然有爵者必居其室, 不謂以室比巢. 燕寢, 夫人所居,
故雲室者燕寢. 下傳言"旋歸, 謂反燕寢", 亦是也. 〔전〕○傳"百兩"至"百乘".
〔정의〕○正義曰：《書序》云"武王戎車三百兩", 皆以一乘爲一兩. 謂之兩者,
《風俗通》以爲車有兩輪, 馬有四匹, 故車稱兩, 馬稱匹. 言諸侯之女嫁於諸
侯, 送迎皆百乘者, 探解下章"將之", 明此諸侯之禮, 嫁女於諸侯, 故迎之百
乘；諸侯之女, 故送亦百乘. 若大夫之女, 雖爲夫人, 其送不得百乘. 各由其
家之所有爲禮也. 此夫人斥大姒也, 《大明》云"纘女維莘", 莘國長女, 實是諸
侯之子, 故得百乘將之. 〔전〕○箋"家人"至"盛". ○正義曰：此申說傳送迎百
乘之事. 家人, 謂父母家人也. 《左傳》曰："凡公女嫁於敵國, 姊妹則上卿送
之, 公子則下卿送之. 於大國, 雖公子亦上卿送之." 言大姒自莘適周, 必上卿
送之. 良人, 謂夫也. 《昏禮》曰："衽良席在東." 注云："婦人稱夫曰良人. 《孟
子》曰：'吾將瞷良人所之.'"《小戎》曰："厭厭良人." 皆婦人之稱夫也. 《綢繆》
傳曰"良人, 美室"者, 以其文對"粲者", 粲是三女, 故良人爲美室也. 百乘象
百官者, 昏禮, 人倫之本, 以象國君有百官之盛. 諸侯禮亡, 官屬不可盡知,
唯《王制》云"三卿'五大夫'二十七士", 是舉全數, 故雲百官也. 《士昏禮》"從車
二乘", 其天子與大夫送迎則無文, 以言夫人之嫁, 自乘家車, 故鄭《箋膏肓》
引《士昏禮》曰："主人爵弁纁裳, 從車二乘, 婦車亦如之, 有供." 則士妻始
嫁, 乘夫家之車也. 又引此詩, 乃云："此國君之禮, 夫人自乘其家之車也."
然宣五年"齊高固及子叔姬來, 反馬", 《何彼襛矣》美王姬之車, 故鄭《箋膏肓》

又云："禮雖散亡，以詩義論之，天子以至大夫皆有留車反馬之禮."故《泉水》云"還車言邁"，箋云"還車者，嫁時乘來，今思乘以歸"，是其義也. 知夫人自乘家車也. 言迎之者，夫自以其車迎之；送之，則其家以車送之，故知婿車在百兩迎之中，婦車在百兩將之中，明矣.

〔그 다음 원문〕 維鵲有巢，維鳩方之. 〔주〕〈方，有之也. …

위를 보면 원문은 여덟 자에 불과 한데 풀이는 수 백자가 넘는다. 배보다 배꼽이 더 크다는 말이 실감날 것이다. 많게는 <상서(尙書)>에 자주 나오는 '왈약계고(曰若稽古' 넉 자를 3만자로 풀이 한 것도 있다. 한문은 그야말로 '보이는 것이 다가 아니다. 앞 사람이 어떻게 규정했느냐가 중요하다. 그 글자가 갖는 기본적인 뜻은 별로 중요하지 않다. 한문에서 어떤 글자를 무슨 글자로 읽는다[讀若]는 것은 곧 그 글자의 뜻으로 해석한다는 말이다. 가뜩이나 한 글자의 뜻이 수십 개나 되고, 음이 하나 뿐인 것이 오히려 예외일 정도로 일자 다음인 글자들이 많아서 혼란스러운데 이 막연한 가차까지 더해져서 엔트로피가 극대화된다. 그래서 주나 소가 발달할 수 밖에 없었다.

1.【정의(定義)】한 사물에 대한 본질과 특징(對於一種事物的本質特征) 혹은 한 개념에 대한 내포(內包)와 외연(外延), 개념의 범위에 대한 간략한 설명(或一個槪念的內涵和外延所作的簡要說明)이다.『정의(正義)』는 또한 소(疏), 주소(注疏), 의소(義疏)라고도 한다. 경(經)에 대한 주(注)와 해석의 일종이다. 고적(古籍) 주석(注釋)에 대한 체례(體例)의 일종에 속한다. 전(傳), 주(注), 전(箋), 전(詮), 의소(義疏), 의훈(義訓) 등의 하나다. 의소(義疏)는 위진남북조(魏晉南北朝)부터 시작되었고, 당대(唐代)에 이르러 사상통일(思想統一)과 과거 고시(科擧考試的需要)에 대한 수요(需要)가 출현하여, 관방(官方)에서 지정하는 주본(以指定的注本)을 기초로 경전의 해석을 통일(經書的解說統一)하려는 수요(需要) 일어났다. 그런 새로운 주소(注疏)를 당나라 사람들은「정의(正義)」라고 불렀다. 송대 학자(宋代學者)들이 찾아보기가 편리하게(便於查閱) 당대(唐代) 륙덕명(陸德明)의《경전석문(經典釋文)》에 주소(注疏)를 더하고,주음을 합간(合刊)하여 더해서《13경주소

(十三經注疏)》를 만들었다.

2. 【음의(音義)】 음(音)은 독음(辨音)을 말하고, 의(義)는 뜻(釋義)으로, 문자의 독음(讀音)과 뜻(意義)을 말한다. 음의(音義)를 주해하는 것은 옛날에는 문자의 음과 뜻을 밝히는 고서주석(古書注釋)의 한 분야였다. 원서(原書)에 대한 교감(校勘)에서 《모시음의(毛詩音義)》, 《주역음의(周易音義)》처럼 책이름에 많이 사용되었다.


3.【주소(注疏)】 주(注)와 소(疏)를 함께 어우르는 말.

1) 주(注)는 경서(經書)의 자구(字句)에 대한 주해(注解)인데 또 전(傳), 전(箋), 해(解), 장구(章句) 등이 또 있다.

2) 소(疏)는 주(注)에 대한 주해다. 또 의소(義疏), 정의(正義), 소의(疏義) 등으로도 칭한다.

주(注), 소(疏)의 내용은 경적(經籍) 중 문자의 가차 여부, 어사(語詞)의 의의(意義), 음독의 정오(正誤), 어법(語法)과 수사(修辭), 명물(名物), 전제(典制), 사실(史實) 등을 밝힌다. 송(宋) 나라 사람들이 13경(十三經)의 한(漢) 나라 주와 당(唐) 나라의 소를 합쳐서 간행하면서 주소(注疏)의 명칭이 시작되었다.


○ 생각건대 한(漢), 당(唐), 송(宋) 나라 사람들은 경주(經注)의 글자로 주(註)자를 쓴 것은 없었다. 명(明) 나라 사람들이 처음 주(注)를 고쳐서 대신 주(註)를 쓰기 시작했다. 완전히 옛날의 뜻이 아니다[大非古義也.] 옛날에는 오로지 주기(註記)에만 언(言)을 붙인 주(註)를 썼었다[古惟註記字从言]. <韓愈文>


○ 이렇게 선배, 스승, 옛 사람의 권위가 쌓여 일상화되어 가다보면 "옛 말 그른 것 없다."는 어처구니 없는 명제가 진리가 된다. 그것이 또 누적되다 보면 "옛날은 이상향이었고, 현실은 언제나 부족한 것"

으로 인식된다. 그래서인지 중국의 고전은 원본이 남아 있지 않은 경우가 대부분이다. 그래야 애초에 비교판단이 불가능하고, "결점은 잊혀지고 원본이 있었더라면"하는 아쉬움만 남긴다. 심지어 거지도 죽어서 과거형인 고인(故人)이 되면 일정한 권위를 갖는다.

이런 것들이 로신(魯迅)이 한탄했던 "고의로 만들어낸 어려움이라는 문턱" 중의 하나다.

노신(魯迅; 1881~1936)은 그의 「문외문담門外文談」이라는 글에서 중국 문자의 유래와 특성을 이야기하면서 한자가 특권층의 전유물이 되면서 존엄성(尊嚴性)과 신비성(神秘性)이 부여돼 더욱 어렵고 모호해졌다고 지적하였다. 즉 문자로 누릴 수 있는 특권을 일반대중에게 제한하기 위해서 고의로 만들어낸 문턱이 어려움이라는 설명이다." <홍인표 著, 『중국의 언어정책』, 고려대학교 중국학 총서 13, 고려원, 1994, p.82.>

한한대역 단옥재주 설문해자 주요소인경 편명

漢韓對譯 段玉裁注 說文解字 主要所引經 篇名

# 주요 소인경 편명(主要 所引經 篇名)

❶ 詩經目錄

## 1. 국풍(國風: 1편-160편)

  1) 주남(周南: 1편-11편)

  2) 소남(召南: 12편-25편)

  3) 패풍(邶風: 26편-44편)

  4) 용풍(鄘風: 45편-54편)

  5) 위풍(衛風: 55편-64편)

  6) 왕풍(王風: 65편-74편)

  7) 정풍(鄭風: 75편-95편)

  8) 제풍(齊風: 96편-106편)

  9) 위풍(魏風: 107편-113편)

  10) 당풍(唐風: 114편-125편)

  11) 진풍(秦風: 126편-135편)

  12) 진풍(陳風: 136편-145편)

  13) 회풍(檜風: 146편-149편)

  14) 조풍(曹風: 150편-153편)

  15) 빈풍(豳風: 154편-160편)

## 2. 아(雅: 161편-265편)

1) 소아(小雅: 161편－234편)

2) 대아(大雅: 235편－265편)

3. 송(頌 ; 266 － 305편)

1) 주송(周頌: 266편－296편)

2) 노송(魯頌: 297편－300편)

3) 상송(商頌: 301편－305편)

**국풍 · 주남**(國風 · 周南)

관저(關雎) 갈담(葛覃) 권이(卷耳) 규목(樛木) 종사(螽斯) 도요(桃夭) 토저
(兔罝) 부이(芣苢) 한광(漢廣) 여분(汝墳) 린지지(麟之趾)

**국풍 · 소남**(國風 · 召南)

작소(鵲巢) 채번(采蘩) 초충(草蟲) 채빈(采蘋) 감당(甘棠) 행로(行露) 고양
(羔羊) 은기뢰(殷其雷) 표유매(摽有梅) 소성(小星) 강유사(江有汜) 야유사
균(野有死麕) 하피농의(何彼襛矣) 추우(騶虞)

**국풍 · 패풍**(國風 · 邶風)

백주(柏舟) 록의(綠衣) 연연(燕燕) 일월(日月) 종풍(終風) 격고(擊鼓) 개풍
(凱風) 웅치(雄雉) 포유고엽(匏有苦葉) 곡풍(穀風) 식미(式微) 모구(旄丘)
간혜(簡兮) 천수(泉水) 북문(北門) 북풍(北風) 정녀(靜女) 新태(台) 이자승
주(二子乘舟)

**국풍 · 용풍**(國風 · 鄘風)

백주(柏舟) 장유자(牆有茨) 군자해로(君子偕老) 상중(桑中) 순지분분(鶉之
奔奔) 정지방중(定之方中) 체동(蝃蝀) 상서(相鼠) 간모(幹旄) 재치(載馳)

**국풍 · 위풍**(國風 · 衛風)

기오(淇奧) 고반(考槃) 석인(碩人) 맹(氓) 죽간(竹竿) 환란(芄蘭) 하광(河廣) 백혜(伯兮) 유호(有狐) 목과(木瓜)

**국풍 · 왕풍**(國風 · 王風)

서리(黍離) 군자어역(君子於役) 군자양양(君子陽陽) 양지수(揚之水) 중곡유퇴(中穀有蓷) 토원(兔爰) 갈류(葛藟) 채갈(采葛) 대차(大車) 구중유마(丘中有麻)

**국풍 · 정풍**(國風 · 鄭風)

치의(緇衣) 장중자(將仲子) 숙어전(叔於田) 대숙어전(大叔於田) 청인(清人) 고구(羔裘) 준대로(遵大路) 녀왈계명(女曰雞鳴) 유녀동차(有女同車) 산유부소(山有扶蘇) 탁혜(蘀兮) 교동(狡童) 건상(褰裳) 풍(豐) 동문지선(東門之墠) 풍우(風雨) 자금(子衿) 양지수(揚之水) 출기동문(出其東門) 야유만초(野有蔓草) 진유(溱洧)

**국풍 · 제풍**(國風 · 齊風)

계명(雞鳴) 환(還) 저(著) 동방지일(東方之日) 동방미명(東方未明) 남산(南山) 보전(甫田) 로령(盧令) 폐구(敝笱) 재구(載驅) 의차(猗嗟)

**국풍 · 위풍**(國風 · 魏風)

갈구(葛屨) 분저여(汾沮洳) 원유도(園有桃) 척호(陟岵) 십무지간(十畝之間) 벌단 석서(伐檀 碩鼠)

**국풍 · 당풍**(國風 · 唐風)

실솔(蟋蟀) 산유추(山有樞) 양지수(揚之水) 초료(椒聊) 주무(綢繆) 체두(杕杜) 고구(羔裘) 보우(鴇羽) 무의(無衣) 유체지두(有杕之杜) 갈생(葛生) 채령(采苓)

**국풍 · 진풍**(國風 · 秦風)

차린(車鄰) 사철(駟驖) 소융(小戎) 겸가(蒹葭) 종남(終南) 황조(黃鳥) 신풍

(晨風) 무의(無衣) 위양(渭陽) 권여(權輿)

**국풍 · 진풍**(國風 · 陳風)

완구(宛丘) 동문지분(東門之枌) 형문(衡門) 동문지지(東門之池) 동문지양(東門之楊) 묘문(墓門) 방유작소(防有鵲巢) 월출(月出) 주림(株林) 택피(澤陂)

**국풍 · 회풍**(國風 · 檜風)

회풍 · 고구(檜風 · 羔裘) 소관(素冠) 습유장초(隰有萇楚) 비풍(匪風)

**국풍 · 조풍**(國風 · 曹風)

부유(蜉蝣) 후인(候人) 시구(鳲鳩) 하천(下泉)

**국풍 · 빈풍**(國風 · 豳風)

칠월(七月) 치효(鴟鴞) 동산(東山) 파부(破斧) 벌가(伐柯) 구역(九罭) 랑발(狼跋)

**소아 · 록명지십**(小雅 · 鹿鳴之什)

록명(鹿鳴) 사모(四牡) 황황자화(皇皇者華) 상체(常棣) 벌목(伐木) 천보(天保) 채미(采薇) 출차(出車) 소아 · 체두(小雅 · 杕杜) 어려(魚麗) 남해(南陔)(今佚) 백화(白華)(今佚) 화서(華黍)(今佚)

**소아 · 남유가어지십**(小雅 · 南有嘉魚之什)

남유가어(南有嘉魚) 남산유태(南山有台) 유경(由庚)(今佚) 숭구(崇丘)(今佚) 유의(由儀)(今佚) 료소(蓼蕭) 담로(湛露) 동궁(彤弓) 청청자아(菁菁者莪) 6월(六月) 채기(采芑) 차공(車攻) 길일(吉日)

**소아 · 홍안지십**(小雅 · 鴻雁之什)

홍안(鴻雁) 정료(庭燎) 면수(沔水) 학명(鶴鳴) 기부(祈父) 백구(白駒) 소아 · 황조(小雅 · 黃鳥) 아행기야(我行其野) 사간(斯幹) 무양(無羊)

**소아 · 절남산지십**(小雅 · 節南山之什)

절남산(節南山) 정월(正月) 십월지교(十月之交) 우무정(雨無正) 소민(小旻)

소완(小宛) 소변(小弁) 교언(巧言) 하인사(何人斯) 항백(巷伯)

### 소아 · 곡풍지십(小雅 · 穀風之什)

곡풍(穀風) 료아(蓼莪) 대동(大東) 4월(四月) 북산(北山) 무장대차(無將大車) 소명(小明) 고종(鼓鍾) 초자(楚茨) 신남산(信南山)

### 소아 · 보전지십(小雅 · 甫田之什)

보전(甫田) 대전(大田) 첨피락의(瞻彼洛矣) 상상자화(裳裳者華) 상호(桑扈) 원앙(鴛鴦) 규변(頍弁) 차할(車舝) 청승(靑蠅) 빈지초연(賓之初筵)

### 소아 · 어조지십(小雅 · 魚藻之什)

어조(魚藻) 채숙(采菽) 각궁(角弓) 울류(菀柳) 도인사(都人士) 채록(采綠) 서묘(黍苗) 습상(隰桑) 백화(白華) 면만(綿蠻) 호엽(瓠葉) 점점지석(漸漸之石) 초지화(苕之華) 하초불황(何草不黃)

### 대아 · 문왕지십(大雅 · 文王之什)

문왕(文王) 대명(大明) 면(綿) 역박(棫樸) 한록(旱麓) 사제(思齊) 황의(皇矣) 령태(靈台) 하무(下武) 문왕유성(文王有聲)

### 대아 · 생민지십(大雅 · 生民之什)

생민(生民) 행위(行葦) 기취(既醉) 부예(鳧鷖) 가악(假樂) 공류(公劉) 형작(泂酌) 권아(卷阿) 민로(民勞) 판(板)

### 대아 · 탕지십(大雅 · 蕩之什)

탕(蕩) 억(抑) 상유(桑柔) 운한(雲漢) 숭고(崧高) 증민(烝民) 한혁(韓奕) 강한(江漢) 상무(常武) 첨앙(瞻卬) 소민(召旻)

### 주송 · 청묘지십(周頌 · 淸廟之什)

청묘(淸廟) 유천지명(維天之命) 유청(維淸) 렬문(烈文) 천작(天作) 호천유성명(昊天有成命) 아장(我將) 시매(時邁) 집경(執競) 사문(思文)

### 주송 · 신공지십(周頌 · 臣工之什)

　　신공(臣工) 희희(噫嘻) 진로(振鷺) 풍년(豐年) 유고(有瞽) 잠(潛) 옹
　　(雝) 재견(載見) 유객(有客) 무(武)

**주송 · 민여소자지십**(周頌 · 閔予小子之什)

　　민여소자(閔予小子) 방락(訪落) 경지(敬之) 소비(小毖) 재삼(載芟)

　　량사(良耜) 사의(絲衣) 작(酌) 환(桓) 뢰(賚) 반(般)

**로송 · 경지십**(魯頌 · 駉之什)

　　경(駉) 유필(有駜) 반수(泮水) 비궁(閟宮)

**상송**(商頌)

　　나(那) 렬조(烈祖) 현조(玄鳥) 장발(長發) 은무(殷武)


**❷ 례기(禮記) 편명**

곡례상(曲禮上) [01]

곡례하(曲禮下) [02]

단궁상(檀弓上) [03]

단궁하(檀弓下) [04]

왕제(王制) [05]

월령(月令) [06]

증자문(曾子問) [07]

문왕세자(文王世子) [08]

례운(禮運) [09]

례기(禮器) [10]

효특생(效特牲) [11]

내칙제(內則第) [12]

옥조(玉藻) [13]

명당위(明堂位) [14]

상복소기(喪服小記) [15]

대전(大傳) [16]

소의 (少儀 ) [17]

학기(學記) [18]

악기(樂記) [19]

잡기상(雜記上) [20]

잡기하(雜記下) [21]

상대기(喪大記) [22]

제법(祭法) [23]

제의(祭義) [24]

제통(祭統) [25]

경해(經解) [26]

애공문(哀公問) [27]

중니연거(仲尼燕居) [28]

공자한거(孔子閑居) [29]

방기(坊記) [30]

중용(中庸) [31]

표기(表記) [32]

치의(緇衣) [33]

분상(奔喪) [34]

문상(問喪) [35]

복문(服問) [36]

❸ 의례(儀禮) 편명

빙례(聘禮)08

공사대부례(公食大夫禮)09

근례(覲禮)10

상복(喪服)11

사상례(士喪禮)12

기석례(旣夕禮)13

사우례(士虞禮)14

특생궤사례(特牲饋食禮)15

소뢰궤사례(少牢饋食禮)16

유사(有司)17

❹ 상서편명

1. **우서**(虞書)

요전(堯典)

순전(舜典)

대우모(大禹謨)

고도모(皐陶謨)

익직(益稷)

2. **하서**(夏書)

우공(禹貢)

감서(甘誓)

목서(牧誓)

무성(武成)

홍범(洪範)

려오(旅獒)

금등(金縢)

대고(大誥)

미자지명(微子之命)

강고(康誥)

주고(酒誥)

재재(梓材)

소고(召誥)

락고(洛誥)

다사(多士)

무일(無逸)

군석(君奭)

채중지명(蔡仲之命)

다방(多方)

립정(立政)

주관(周官)

군진(君陳)

고명(顧命)

강왕지고(康王之誥)

필명(畢命)

군아(君牙)

경명(冏命)

려형(呂刑)

文侯之命

비서(費誓)

진서(秦誓)

❺ 산해경(山海經) 편명

## 산경(山經)

卷一    남산경(南山經)  (山海經第一)

卷二    서산경  (西山經  )(山海經第二)

卷三    북산경(北山經)  (山海經第三)

卷五    중산경(中山經)  (山海經第五)

## 해경(海經)

卷一    해외남경(海外南經)(山海經第六)

卷二    해외서경(海外西經)(山海經第七)

卷三    해외북경(海外北經)(山海經第八)

卷四    해외동경(海外東經)(山海經第九)

卷五    해내남경(海內南經)(山海經第十)

卷六    해내서경(海內西經)(山海經第十一)

卷七　　　해내북경(海內北經)(山海經第十二)

卷八　　　해내동경(海內東經)(山海經第十三)

卷九　　　대황동경(大荒東經)(山海經第十四)

卷十　　　대황남경(大荒南經)(山海經第十五)

卷十一　　대황서경(大荒西經)(山海經第十六)

卷十二　　대황북경(大荒北經)(山海經第十七)

卷十三　　해내경(海內經)　(山海經第十八)

**❻ 이아(爾雅) 편명**

1. 爾雅 · 석고(釋詁)第一

2. 爾雅 · 석언(釋言)第二

3. 爾雅 · 석훈(釋訓)第三

4. 爾雅 · 석친(釋親)第四

5. 爾雅 · 석궁(釋宮)第五

6. 爾雅 · 석기(釋器)第六

7. 爾雅 · 석악(釋樂)第七

8. 爾雅 · 석천(釋天)第八

9. 爾雅 · 석지(釋地)第九

10. 爾雅 · 석구(釋丘)第十

11. 爾雅 · 석산(釋山)第十一

12. 爾雅 · 석수(釋水)第十二

한한대역단옥재주설문해자 오역고 2

漢韓對譯 段玉裁注 說文解字 誤譯考 二

# [설문 오역고 2-2]

전체 540 자 중에서 절반도 안되는, 214 부수에 해당되는 글자만 대상으로 삼았다.

$$\boxed{1}$$

7969  ノ ノ 별 【piè ㄆㄧㄝˋ】627
삐칠 별

[원문]    又(右)戾也。象ナ(左)引之形。

《「又ナ」、各本作「右左」。今正。
戾者、曲也。右戾者、自右而曲於左也。

[오역]    별(ノ)은 오른쪽이 어그러졌다는 뜻이다.

[고침]    **오른쪽에서 왼쪽으로 휘었다.**
왼쪽으로 끄는 모양을 본떴다.
「又ナ」를 다른 여러 책에서는 「右左」로 썼다.지금 바로 잡는다.
려(戾)는 휘었다는 뜻이다.
우려(右戾)라는 것은, 오른쪽으로부터 왼쪽으로 휘었다는 말이다.

※ 단옥재 주에 [右戾者、自右而曲於左也。] 있는데, 이것도 보지 않았던 것일까?

$$\boxed{2}$$

7337  ﹨乙乚乙 을 【yà ㄧㄚˋ】584
제비 을

[원문]    燕燕。乙鳥也。

[오역]    제비 을(乙)과 갑을(甲乙)의 을(乙)을 8번이나 구별하지 못했다.

[고침]    【7337】﹨乙乚乙 을 燕燕。乙鳥也。

【9292】乀乙 을 象春艸木冤(宛)曲而出。

## 3

### 9292  乁乙을【yǐ ㅣˇ】740
둘째 천간 을

[원문]    其出乙乙也。

曲之言詘也。乙乙、難出之皃(貌)。

[오역]    **❶ 그 나오는 모습이 구불구불한 모양을 본떴다.**

[고침]    **어렵게 나오는 모양이다.**

> ※ 을을(乙乙) 어렵게 나오는 모양. [難出之貌]
> 갑은 만물이 껍질을 쓰고 나오는 모양[甲者, 言萬物剖符甲而出].
> 을은 만물이 어렵게 나오는 모양을 말한다[乙者, 言萬物生軋軋也].

※ 단옥재 주에 [乙乙、難出之皃(貌)。] 있는데, 이것도 보지 않았던 것일까?

[원문]    奮軋於乙。

[오역]    **❷ 그에서 분쟁이 생긴다.**

[고침]    **을(乙)에서 만물이 싹튼다.**
> ※ 을(乙)은 초목이 처음 날 때 구부정한 모양을 본뜬 것이다.
> [乙象草木初生屈曲狀]&lt;한서:률력지&gt;
> ※ 奮軋(분알) 초목이 싹트다.[草木萌生]

[원문]    《冤之言鬱。

[오역]    **❸ 울(鬱) → 울(鬱)**

[고침]    **원본에는 울(鬱)이 아니라 울(鬱)이다.**

4

8013    √「丿」 궐 【juè ㄐㄩㄝˋ】 633
갈고리 궐

[원문]    淸道而行。中路而馳。斷(斷)無枯木朽株之難。

[오역]    깨끗한 길(淸道)로 가면서 가운데를 마구 달려가게 되면
결코 나무가 마르거나 기둥이 썩거나 하는 어려움이 없다.

[고침]    **사람들을 쫓아내서 비워둔 거리**(벽제)**를 다닐 때**
**한 가운데를 마구 달리면**
**결단코 말라 죽은 나무나 썩은 그루터기에서**
[새잎을 돋게 하는 것 같은] **어려움은 없을 것이다.**

※ Y교수는 위 처럼 번역하고 다시 아래와 같은 각주를 붙였다.
어쩐지 동네 건달패에 불과했던 고조 유방을 하늘이 내리신 천자로 만들
었던 " 서한 훈고학자들의 권위"가 느껴진다.

<Y교수 각주>
단옥재의 이 주석은 정확히 무엇을 말하는지 이해하기 어렵다. 역자의 생각으로는 다음과 같이 해
석될 수 있는 것 같다.
곧고 평탄한 길로만 가게 되면 어려움이 있다는 사실을 모른다. 그러나 아무리 곧은 것도 끝내 구
부러지지 않는 것은 없다. 그러므로 곧게 뻗어가다가도 다시 제자리로 돌아가려고 구부러지게 된다.
구부러진다는 것은 곧 어려움을 뜻하며 '갈고리(鉤)'의 모양은 바로 그러한 세상의 필연적인 원리
를 표현해주는 데에 적합하다. 갈고리(鉤)의 모양을 본뜬 '丿'자는 바로 그런 원리에서도 설명할 수
가 있는 것이다.

구(鉤)는 걸기 위해서 구부려 놓은 것일 뿐이다. 이렇듯 그럴 듯하게 끌어다 붙이는 것을
일러 "견강부회(牽强附會), 아전인수(我田引水)"라고들 하는데 이런 짓은 전한(前漢)의
훈고학자들이 절대권력에 아부할 때 일삼던 짓으로 소위 장구(章句)라고 하는 것이다.

## 5

8024    ⼕⼖ 혜 【xì ㄒㄧˋ】 635
감출 혜

[원문]    《「夾」各本作「俠」。今正。

[오역]    곁부축할 협(夾).

[고침]    **도둑질한 물건 섬(夾).**
　　※ 협(俠)과 섬(夾)을 구별하지 않았다.
　　**협**(俠)은 대(大)와 종(从)의 결합형.
　　**섬**(夾)은 대(大)와 량(从)의 결합형으로 완전히 다르다.

　　종(从)은 사람 인(人)이 두 개.
　　량(从)은 들 입(入)이 두 개다.

## 6

5691    ⼚⼚ 한 【hǎn ㄏㄢˇ】 446
언덕 한

[원문]    《謂象嵌空可居之形。

[오역]    구멍을 파서 살 수 있게 만든 모양을 상형하였다.

[고침]    **동굴의 빈 곳에 살 수 있는 모양을 본뜬 것이다.**
　　인공적인 공간이 아니라 자연적인 공간을 말한다.

　　※ 감(嵌) 산 깊은 모양, 곁굴(旁孔)

※ 전체가 바위 절벽의 모양이 아니고, 윗 부분[勒筆 가로획]이 튀어나온 바위 모양이고, 좌측의 획[掠筆 삐침]이 산의 측면, 그 우측의 공간이 이 바로 애(厓)로, 사람이 살만 한 곳이다. [一掠筆象山之坡度, 上一筆象石之突出, 其右下空處卽厓.]<중정형음의대사전>

| 7 |

3217 ⺈夊쇠 【suí ㄙㄨㄟˊ】232

천천히 걸을 쇠

[원문]   圂豚行不舉足。齊如流。

[오역]   넓적다리를 구부려 걸으며 발을 들지 않으니
물 흘러가듯 가지런히 걷는다.

[고침]   **발뒤꿈치를 질질 끌면서 가니**(豚),
**의복의 가지런 함이 물결치는 것 같다.**"

※ 《례기:옥조(禮記 · 玉藻)》 **정현-**주에 「의지제(衣之齊)」라고 명시했다.

권(圂)은 도는 것이다.

돈(豚)은 뒤따르는 것처럼 발을 들지 않고, 뒷꿈치를 끄는 것이다.

**옷의 가지런함이 물결같다.**

이것이 서추(徐趨:서행)다.

[鄭玄注："圂, 轉也. 豚之言若有所循, 不舉足曳踵,
則衣之齊如水之流矣. …… 此徐趨也.].

| 8 |

4354 ∩宀면 【mián ㄇㄧㄢˊ】337

집 면

[원문]   古者屋四注。

[오역]   옛날에는 지붕[옥(屋)]이 사각추(四角錐) 모양으로 되어있어서….

[고침]   **옛날의 집은 기둥이 네 개다.**

## 9

### 9300 己 기【jˇ ㄐㄧˇ】741

### 몸 기

[원문]    己、皆有定形可紀識也。

[오역]    **1** 알아볼 수 있다.

[고침]    기(己)는 모두 정해진 형태가 있으므로 기록할 수 있다.”고 했다.

   ※ **기지**(紀識) 기록하다.


[원문]    象萬物辟藏詘形也。

[오역]    **2** 만물이 오그라들어 구부러진 모양을 상형하였다.

[고침]    **움추렸던 만물이 일어나 고부랑하니 열고 나오려는 모습을 본떴다.**


[원문]    《辟藏者、盤辟收斂。

[오역]    **3** 벽장(辟藏)’은 돌아가면서 안으로 오그라 드는 것이다.

[고침]    **벽장**(辟藏)**은 반벽**(盤辟:돌면서 진퇴함)**하면서 모으는 것이다.**

  ※ **벽장(**辟藏) 문서보관소를 열어 참조하다[打開藏書之府]는 뜻이다.
      &lt;주례:**가공언 소**&gt;에 “벽(辟)은 연다는 뜻이다.”라고 했다. 또 …
      기(己)가 말하는 것은 기(起:일어날)다. …
      여기에 이르러 만물이 모두 지엽이 무성해진다(至此萬物皆枝葉茂盛).
      그 싹을 품은 것은 굽힘을 무릅쓰고 일어난다(其含秀者, 抑屈而起).
      그러므로 이로써 날짜의 이름을 삼은 것이다(故因以爲日名焉).”라고 했다.

  ※ 전체적으로는 억제되었던 것이 펼쳐지는 상이다.

10

4647　⑪巾 건 【jin ㄐㄧㄣˉ】 357
수건 건

[원문]　《帶下云。佩必有巾。

[오역]　❶ 허리에 찰 때는 반드시 건(巾)으로 한다.

[고침]　**허리에 차는 물건 중에는 반드시 수건이 있었다.**
　　※ <례기:내칙(禮記:內則)>에 자식이 어버이를 모실 때 매일 몸에 차고 다녀야 하는 물건
　　들이 적혀 있다.

　　"첫닭이 울 때 일어나 … 허리 좌우에 일상사용하는 물건을 찬다. 즉 왼쪽에 헝겊과 수건
　　과 작은 칼(刀)과 숫돌(礪)과 소휴(小觿:송곳)와 금수(金燧:부싯돌)를 차고, 오른 쪽에는
　　결(玦:활깍지)과 한(捍:들메끈)과 붓통(管)과 칼집(遰:체)과 대휴(大觿:큰송곳)와 목수
　　(木燧:부싯돌)를 찬다. [子事父母, 鷄初鳴, 咸盥, 漱, 櫛, 縰(사), 笄總, 拂髦, 冠, 緌, 纓, 端,
　　韠(필), 紳, 搢笏, 左右佩用. 左佩紛帨, 刀, 礪, 小觿, 金燧. 右佩玦, 捍, 管, 遰, 大觿, 木燧,
　　偪(핍:행전), 屨著綦].

[원문]　《有系而後佩於帶。

[오역]　❷ 묶는 끈(系)이 있어야 허리에 찰 수 있다.

[고침]　**묶어 매고 나서 띠에 차는 것이다.**
　　끈으로 묶어서 허리에 차는 것이 아니라 먼저 물건을 묶은 후에 그 끈을 허리띠에 매다는
　　것이다. <례기:내칙(禮記:內則)>에 허리띠의 왼쪽과 오른쪽에 매다는 물건이 명시되어
　　있음을 알 수 있다. 이런 물건들을 주렁주렁 달고 다니니 '양반걸음'이 나올 수 밖에 없었
　　을 것이다.

```
11
```

7983  戈 **과** 【gē 《ㄐ-】628
( 한 두개의 가지가 있는 )창

[원문]    晉中行獻子夢厲公以戈擊之。

[오역]    **1** 중행헌자(中行獻子)

[고침]    **진(晉)나라의 중항헌자(中行獻子)가**
         **려공(厲公)이 과(戈)로 내리치는 꿈을 꾸었다.**
       ※ **중항(中行)은 복성이다.**


[원문]    相爲掎角也。

[오역]    **2** 두 사람 중 한 사람은 뒤에 있고 한 사람은 앞에 있어서
         서로 치고 받던 상태였던 것 같다.

[고침]    **두 사람은 서로 기각(掎角 앞뒤에서 협공)한 것이다.**

         <좌전>에 "로포계가 왕하에게 말하고 반대쪽으로 갔다. 두 사람 모두 총애를 받는 사람이
         었는데 침과(寢戈)를 잡고 앞뒤에 섰다."라고 했다. **로포계와 왕하**가 서로 싸우고 있는 것
         이 아니다. 같은 편인 두 사람이 적인 **자자(刺子)**를 앞뒤에서 협공을 하고 있는 것이다.

       ※ **기각(掎角)** 앞뒤에서 서로 적을 견제(牽制)하거나 공격하다.

## 12

### 2412 歺 【è ㄜˋ】 161
### 살 발린 뼈 알

[원문]  劒(列)骨之殘也。

[오역]  **1** '歺'은 분해된 뼈의 나머지다.

[고침]  **늘어놓은 뼈의 잔해다.**

※ 렬(列)은 분해하는 일이다. 알(歺)은 분해할 때 뼈를 하니씩 죽 늘어 놓는 것을 말한다. 온몸을 3,000토막으로 포를 뜬다는 능지처사 장면을 그려놓은 그림을 보면 땅바닥에 뼈를 죽 늘어 놓은 것이 잘 나타나 있다. 꼭 분해를 하지 않더라도 물건을 죽 늘어 놓는 것을 「진렬(陳列), 나렬(羅列)한다」고 말한다.

[원문]  「嶭」當作「屵」。

[오역]  **2** '嶭'은 알(屵)로 써야 한다.

[고침]  **「얼(嶭)」자는 마땅히 「알(屵)」자로 써야 한다.**

※ **알(屵)과 약(屵)을 혼동했다.**

알(屵)은 「언덕이 높다」는 뜻이고,
약(屵)은 「물가의 언덕 위에 나타난다」는 뜻이다.

알(屵)은 한(厂)과 산(山)의 결합이다.
약(屵)은 한(厂)과 지(出)의 일부가 생략된 屮의 결합이다.

## 13

1857 殳 수 【shū ㄕㄨ˜】118
몽둥이 수

[원문]    故專積竹杖之名。

[오역]    **1** 積竹杖'이라는 이름으로 불리게 되었다.

[고침]    **그러므로 대나무를 겹쳐 만든 몽둥이만 이른 것이다.**

※ 전(專)자의 번역을 빼먹었다. 거의 모든 창의 자루는 가는 대나무를 겹쳐 쌓아서 만들
었다. 이렇게 만든 여러 종류의 창 중에서 찌르거나 베는데 사용하지 않고, 몽둥이처럼
두들기는데 사용되는 수(殳)만(積竹杖)이라고 명명했다는 뜻이다.

[원문]    **竹欑柲。**

[오역]    **2** 대나무로 된 찬(欑)과 비(柲)를 말한다.

[고침]    **죽찬비**(竹欑柲:대를 겹쳐 만든 자루)**다.**

※ 창자루(矛戟柄) 중 대나무로 만든 것이 죽찬비(竹欑柲)다. 찬(欑)과 비(柲)가 별개가
아니다.
　죽(竹)은 가느다란 대나무라는 뜻이고,
　찬(欑)은 도끼 구멍에 꽂는다는 뜻이며 [欑謂柄之入銎處],
　비(柲)는 자루 [柲卽柄也]라는 뜻이다

14

7965  虎毌무【wú ㄨˊ】626
없을 무

[원문]    古通用無。

[오역]    **1** 옛날에는 금지한다는 의미로 '無(무)' 자가 통용되었다.

[고침]    **옛날에는 무(無)자와 통용했다.**

[원문]    古文毌爲無.

[오역]    **2** 통째로 번역이 누락되었다.

[고침]    **고문에서는 무(毌)를 무(無)로 썼다"라고 했다.**

[원문]    女有姦之者。一禁止之。令勿姦也。

[오역]    **3** 여자에게 간교한 데가 있으니
          '일(一)'로써 그것을 금지시켜 못하게 한 것이다.

[고침]    **여자를 범하는 자가 있어서,**
          **일(一)로 금지시켜서 범하지 못하게 하는 것이다.**
          아래는 &lt;고림&gt;에서 발췌한 것이다.

          ※ **누가 누구를 금지(禁止)하는가?**[從一以禁止張本?]
          ① 사람이 치욕을 이겨내는 것 중에 최고는 여자가 남자의 겁간을 이겨내는 것이다. 유
             약한 여자를 윽박질러 범하려는 놈을 막는 것이다.[人遭陵氾無不可斥而女子拒奸爲
             最. 女質柔弱或迫而姦之者, 一以禁止. 令其勿姦.]
          ② 세상에 정숙한 여자가 없고 무망이 심하니 음탕한 여자를 절제시킨다.[世無貞女而可
             誣妄最甚, 有姦之者, 一禁止之. 令勿姦也.]
          ③ 여자의 변심을 막는다.[女子二心, 所當禁也.]
          ④ 여인 스스로 절제하는 것이다.[女以一自守.]
          ⑤ 젖도 나지 않을 만큼 어리니 건들지 말라.[毌象女乳未解, 不可犯.] 이 말은 모(母)자
             는 유방이 자라서 두 꼭지가 보이지만 무(毌)자는 아직 형성되지 않았다는 말이다.

## 15

7977 氐氏씨 【shì ㄕˋ】628
本[산이름] 씨

[원문]　秦謂陵阪曰阺。

[오역]　❶ 진(秦)지방에서는 **구릉의 모서리**[릉판(陵阪)]를 '阺'라 한다.

[고침]　**진(秦) 나라에서는 릉판(陵阪:언덕)을 씨[阺]라고 한다.**

※ **릉판(陵阪)**이 **구릉의 모서리**가 아니고
하나의 단어로 언덕[山坡]을 뜻한다.

[원문]　故曰坻隤。

[오역]　❷ 그래서 그것을 롱지(隴坻)가 무너져 내린다[**지궤(坻隤)**]라고 말한다.

[고침]　**그래서 「지퇴(坻隤)」라고 한다.**

※ 坻隤 은 「**지궤**」가 아니라 「**지퇴**」다.

[원문]　『今-本:漢書』作阺隤。

[오역]　❸ <한서>에는 **씨궤**(阺隤)로 쓰여 있다.

[고침]　**『금본-한서(今-本:漢書)』는 「씨퇴(阺隤)」라고 썼다.**

※ **퇴(隤)**의 음을 '궤'라고 착각했다.

## 16

1782  爪 爪 爪 조 【zhuǎ ㄓㄨㄚˇ】113
[本][잡을(持也) 조]

[원문]    《爪、持也。》

[오역]    爪(극)은 잡는다는 뜻이다.

[고침]    **극(爪)은 잡는다는 뜻이다.**

   ※ **극(爪)**자 대신 **조**(爪)자를 썼다.

## 17

692  牛 牛 牛 우 【niú ㄋㄧㄡˊ】50
[本][사리] 소 우

[원문]    庖丁解牛。依乎天理。

[오역]    하늘의 이치에 따라서 한다.

[고침]    **그 생겨난 결을 따른다.**

   ※ 그러나 <장자(莊子) 양생주(養生主)>의 <포정해우(庖丁解牛)>를 보면「거창한 도(道)가 아
   니라 살과 뼈가 얽힌 결(理)을 따랐을 뿐이다.」 그는 각주에서 다음과 같은 해설을 덧붙였
   다. 이렇게 견강부회하는 것을 <장구(章句)>라고 한다.

   여기에서 단옥재는 理를 '무늬'나 '모양'에 한정시키느라 '牛'부의 설해에서 허신이 말하고자 하는 의미
를 왜곡시키고 있다. 허신에게 있어서 '소'라는 물건은 실천성[事]과 아울러 그 이치[理]를 드러내는 존재이
다. 소는 살아서는 묵묵히 밭을 갈며 주어진 일을 하다가 그 임무를 마치고 죽음에 이르러서는 그 몸을 골고
루 나누어 다시 유용한 곳에 쓰여지게 된다. 일할 때와 죽고 나서의 상태는 고정된 것이 아니며 그것은 나뉨
[八]이라는 문자형태로 연결되어 있다. 즉 바로 牛로 구성된 半자가 牛자 앞에 위치하는 이유도 소라는 물건
이 보여 주는 나누어지는 이치가 현실적인 물건에서 가장 극명하게 표출되고 있기 때문이다. 따라서 이때의
이치란 완전한 물건이었다가 다시 나누어지고 또 그 이후의 변화를 내포하는 그 과정 전체를 말하는 것이지
결코 소의 몸이 구성된 모양이나 구조만을 한정해서 말한 것이 아니다.

18

2390  홍 **玄 현** 【xuán ㄒㄩㄢˊ】 159
검붉은 빛 현

[원문]    凡染、一入謂之縓。

[오역]    **1** 처음 들이는 것은 '원(縓)'이라 하고,

[고침]    **대개 염색에 있어서 한 번 담근 것을 전(縓)이라 하고, 두 번 …**

　※ **전**(縓)의 음을 「원」이라고 했다. 틀렸다.

　**전**(縓) 붉은 빛의 비단(帛赤黃色), 붉은 빛.

[원문]    纔旣微黑。

[오역]    **2** 허신의 책에서는 재(纔)로 쓴다.

[고침]    **삼(纔)은 이미 조금 검은 색이다.**

　※ **삼**(纔)의 음을 「재」라고 했다. 틀렸다.
　**삼**(纔) 참새 머리빛과 같은 비단, 회색비단, 엷게 검은 빛
　　■**재**:겨우, 얕을

## 19

8740  ⊞田전【tián ㄊㄧㄢˊ】694
밭, 밭갈 전

[원문]    百夫有洫。洫上有涂。

[오역]    혈(洫)이 있고 혈(洫) 위에 도(涂)가 있다.

[고침]    100부(夫)에 혁[洫:논도랑]이 있다. 혁[洫] 위에 도[涂:개천길]가 있다.

※ 洫의 음이 세 곳 모두 '혈'이 아니라 '혁'이다.

## 20

9282  肉内厹유【róu ㄖㄡˊ】739
자귀(짐승의 발자국) 유

[오역]    담비[貉(맥)]의

[고침]    담비[貉(학)]의

※ Y교수는 학(貉)자의 음을 「담비 맥」이라고 했다.
그러나
「맥」으로 읽으면 "오랑캐"라는 뜻이 된다.
「막」으로 읽으면 "조용하다"는 뜻이 된다.
「마」로 읽으면 "군사의 제사"라는 뜻이 된다.
「학」으로 읽어야 "오소리"라는 뜻이 된다.

그래서 한자는 어렵다. 한문은 더 어렵다.

## 21

## 3164 矢 시【shǐ ㄕˇ】226
화살, 곧을, 똥 시

[원문]   弓弩矢也。

[오역]   **1** 궁수가 쏘는 화살이다.

[고침]   **활과 쇠뇌의 화살이다.**

※ 바로 아래에 단옥재의 주에《弓弩所用躲(射)之矢也:활과 쇠뇌로 쏘는 화살이다.》가 있는
  데 역시 이것 조차도 보지 않은 것이다.
  **궁노**(弓弩)는 활과 쇠뇌를 한꺼번에 일컫는 것이다.[弓和弩].

[원문]   按弦木爲弧。

[오역]   **2** 나무를 굽힌 것이 호(弧)이고

[고침]   **살펴 보건데 시위는 나무를 휘어서 매는 것이다.**

※ 나무를 휘어서는 활을 만들고, 나무를 펴서는 화살을 만든다[弦木爲弧。揆木爲矢。] 휘고 펴
  는 두 개가 대(對)가 되어있다.

## 22

6362　立大 립【lì ㄌㄧˋ】500
설(성취) 립

[원문]　淺人易爲住字。亦許書之所無。》

[오역]　허신의 책에는 그런 경우가 없다.

[고침]　**또한 허신(許愼)의 책에는 주(住)자가 없기도 하다.**

※ 「그런 경우」가 무엇인지 알 수도 없거니와 여기서는

허신의 책에는 주(住)자가 없고, 같은 뜻으로 수/두(侸)자를 썼다는 말이다.

## 23

5136　老 로【lǎo ㄌㄠˇ】398
늙을 로

[원문]　考也。

[오역]　나이가 들었다

[고침]　**생각한다.**

※ 노인은 경험이 많아서 생각이 깊어진다는 뜻이다.

24

2476 肉 夕月 육 【ròu ㄖㄡˋ】 고기

[원문]    引伸爲『爾雅』肉好、『樂記』廉肉字。》

[오역]    뜻이 확대되어 『이아(爾雅)』의 '육호(肉好)',
『악기(樂記)』의 '렴육'(廉肉)이라고 할 때의 '肉'의 의미로 쓰인다.

[고침]    **뜻이 확대되어** 『이아(爾雅)』**의 유호**(肉好),
『악기(樂記)』**의 렴유**(廉肉)**자가 되었다.**

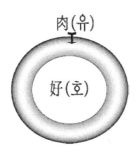

25

7342 至 지 【zhì ㄓˋ】
이를(닿을) 지

[원문]    不上去而至下。

[오역]    위로 오르지 않고, 아래로 내려온다.

[고침]    **불**(不)**은 위로 날아가고, 지**(至)**는 아래로 오는 것이다.**

※ 단옥재주의 바로 윗 부분에 「不、象上升之鳥、首鄕上。至、象下集之鳥[불(不)은 날아오
르는 새, 지(至)는 아래로 모이는 새를 본뜬 것이다.]」라는 말이 있다.、

26

4319  臼 구 【jiù ㄐㄧㄡˋ】 334
절구 구

[원문]    中象米也。

[오역]    가운데는 쌀의 모양을 상형한 것이다.

[고침]    **가운데는 곡식의 모양을 본뜬 것이다.**

※ 미(米)자 주에 "그 껍질을 벗기고 알맹이만 남긴 것이 미(米)다.[其去秠存人曰米.]"라고
했다. 절구가 쌀만 찧는 게 아니라는 말이다.

27

7144  谷 곡 【gǔ ㄍㄨˇ】 570
골 곡

[원문]    从水半見出於口。

[오역]    물이 반쯤 구멍에서 나오는 것이 보이는 모양으로 구성되었다.

[고침]    **수(水)자의 절반이 구(口)자에서 나와 보이는 것이다.**

※ <전자판 설문해자> 由水字顯現一半而出現在"口"字上面.
**수반현**(水半見). 구(口) 위에 수(水)가 절반 드러난 것이 곡(谷)이다. [口上水半見爲谷]. 여
기서 구(口)는 글자가 가리키는 사물이 아니라 글자 자체다. 추(酋)의 풀이에 "从酉, 水半見
於上.", 연(沿)자의 풀이에 " 敗水貌"라고 한 것도 水자가 일부만 남은 것을 뜻한다.

28

5816 豸 치【zhì ㄓˋ】457
발없는 벌레 치/채

[원문]    獸長脊(脊)行豸豸然。欲有所司殺形。

[오역]    치(豸)는 긴 등 뼈를 가진 짐승이 느릿느릿 가면서
         엿보다 죽이려고 하는 모양이다.

[고침]    **짐승이 등뼈를 길게 늘이고 살금살금 기어가면서
         잡으려고 하는 모양을 본뜬 것이다.**

         ※ 등뼈가 긴 것이 아니고, 공격을 하기 위해 일시적으로 길게 늘린 것이다.

29

3772 貝 패【bèi ㄅㄟˋ】279
조개 패

[원문]    《象其背穹隆而腹下岐。

[오역]    그 등이 불룩하고 배 아래가 튀어나온 모양을 상형하였다.

[고침]    **등은 봉긋하고 배는 갈라진 모양을 본뜬 것이다.**

         ※ 조개가 갈라진 것은 누가 봐도 분명하다.

## 30

9069  車車차 【jū ㄐㄩˉ】 720
수레 거/차

[원문]    鉤股曲直有正也。

[오역]    鉤股曲直의 법에 맞았던 것 같다.

[고침]    **계산(鉤股)법과 곡직(曲直)에 정확함이 있었다.**

※ **구고(鉤股)**는 9장산법(九章算法)의 하나. ① 방전(方田), ② 속미(粟米), ③ 차분(差分), ④ 소광(少廣), ⑤ 균수(均輸), ⑥ 방정(方程), ⑦ 방요(傍要), ⑧ 영부족(盈不足), ⑨ 구고(鉤股).

※ **<구고정리**(鉤股整理)는 피타고라스 정리.>
직각삼각형의 빗변을 한 변으로 하는 정사각형의 넓이는 나머지 두 변을 각각 한 변으로 하는 정사각형 두 개의 넓이의 합과 같다.

## 31

9306  辛辛신 【xin ㄒㄧㄣˉ】 741
매울 신

[원문]    皆收成也。》

[오역]    모두 거두어 이룬다.

[고침]    **모두 거두어 수확한다.**

※ **수성(收成)**이 「가을에 거두어 들인다」는 뜻이다.

## 32

### 9345  辰 진【chén 彳ㄣˊ】745
### 다섯째 지지 진/신

[원문]  匕象芒達。

[오역]  ❶ 까풀이 다 져버리는 것이다.

[고침]  **화(匕)는 싹이 트는 것을 상징한다.**

　　※ 단국대 동양학연구소의 <한한대사전>에서는

　　「망달(芒達)」을 "싹이 트는 것"이라고 했다.

　　중국의 <한어대사전>에서는 '맹발(萌發)'이라고 했는데 맹발(萌發)은 '싹이 나다'는

　　뜻이다. 여기서 망(芒)은 「풀의 끝부분(草端)」이다. <월령(月令)> 주에 '망(芒)이

　　곧게 뻗친 것'을 맹(萌)이라고 했다.[芒而直曰萌]

[원문]  芒達、芒者盡達也。》

[오역]  ❷ 망달(芒達)' 이란 까풀이 <u>다 져버리는</u> 것이다.

[고침]  **망달(芒達)은 뾰족한 싹이 <u>다 터져 나온다</u>는 것이다.**

　　※ **진달(盡達)은 구첨(句尖)이다. 구첨(句尖)**은 <례기:월령>에 "구부정한 벌레들이 다 나오

　　고, 초목의 뾰족한 싹이 다 터져 나오는 것이다.[句者畢出, 萌者盡達.]"라고 한 데서 나온 말

　　인데, 현대 백화문으로 [這時候, 陽氣開始散開, 草木中彎曲的都出土了. 直立着向上生長, 不

　　能阻止他們.(이때가 되면 양기가 퍼지기 시작하므로 초목의 꼬부랑한 것이 모두 싹터 나와

　　똑바로 자라서 그것들을 저지할 수 없게 된다)]라고 했다.

## 33

## 9356 酉[酉]유 【yǒu ㅣㄡˇ】747
### 열째 지지 유

[원문]    就也。

[오역]    **1** 나아간다는 뜻이다.

[고침]    **익는다, 여문다**

※ <설문해자 고림>에도 "臣鍇曰. 就, 成熟也."라고 했다.

[원문]    可爲酎酒。

[오역]    **2** 술을 빚을 수 있다.

[고침]    **세 번 거른 술을 만들 수 있다.**

※ 주(酎:전국술)를 빼먹었다.

[원문]    古酒可用酉爲之。

[오역]    **3** 옛날 '酒' 자를 '酉' 자를 가지고 만들었기 때문이다.

[고침]    **옛날에는 술을 유(酉：술단지)를 사용해서 만들었기 때문이다.**

   ※ 그러나 <고림>에 "위는 아가리, 아래의 배에는 무늬가 그려져 있다. 유준(酉尊)은
   술을 담는 그릇이다. 후에는 담긴 것도 유(酉)라고 했다. 그래서 그 부속 편방자들은
   모두 주(酒)의 뜻을 갖는다. 그것이 명확한 증거다."라고 했다. 그러므로 '酉' 자는 여
   기서 **글자가 아니라 술항아리**(形象酒尊)를 말한다.
   <형음의>에 "숙성시키는 그릇에 술이 담겼다.(象釀器形. 酒所容也) … . 술을 담는
   술그릇의 모양을 본떴다(象酒盛酒器中形). … 술이 항아리 속에 있는 모습을 본떴다
   (象酒在缸瓮中.)"라고 했다.

[원문]    今文古文本有斷(斷)難合一者也。

[오역]    **4** 금문(今文)과 고문(古文)에는 본래는
   하나로 합쳐야 한다고 단정하기 어려운 것이 있는 것 같다.

[고침]    **금문과 고문이 본래 단절된 것이 있어서**
   **하나로 합쳐지기에는 어려움이 있다.**

   ※ 단정하는 것이 어려운 것이 아니라 단절된 것이 있어서 합칠 수가 없다는 말이다.

## 34

### 8824 金金 금 【jīn ㄐㄧㄣ¯】702
#### 금속 금/김

[원문]    ナ又(左右)注、

[오역]    좌우에서 붓는 것은

[고침]    **좌우에 모인 것은**
※ 두 점은 흙 속에 묻혀있는 금가루를 본뜬 것이다.
사람의 손길이 닿지 않은 자연상태다.

## 35

### 3237 韋韋 위 【wéi ㄨㄟˊ】234
#### 本[어길] 위

[원문]    薄韋葰父。

[오역]    이리저리 비틀거리며 걷는 농부

[고침]    **박위농보**[薄韋葰父]
※ **박위**(薄違)는 따르지 않고 어긋나는 자를 토벌하는 것.
**농보**(農父)는 농업을 관리하는 사도(司徒)다.
※ <주고(酒誥)>에 "기보(圻父)는 사마(司馬)로 관리군사(管理軍事)다.
**박**(薄)은 토벌(討伐)하는 것이다.
**위**(違)는 항거불순(違抗不順)이다.
**농보**(農父)는 사도(司徒)로 농업을 관리[管理農業]한다"라고 했다.

## 36

4339  韭  구 【jiǔ ㄐㄧㄡˇ】336
부추 구

[원문]    錯見互相足。

[오역]    비교해 보아 서로 보충해 줄 수 있다.

[고침]    **서로 충족하는 것으로착각했다.**

※ 단(屮)자 아래의 주에서는 일(一)이 땅이고
  위의 산(山)은 싹이 처음 돋는 모습,
  일(一) 아래는 그 뿌리 모습이라고 설명하고 있다.

## 37

3174  高  고 【gāo ㄍㄠˉ】227
(위치, 지위, 값)높을 고

[원문]    象臺觀高之形。

[오역]    대(臺)에서 높게 바라보는 모양을 상형하였다.

[고침]    **대관(臺觀)의 높은 모양을 본뜬 것이다.**

※ 높은 곳에 올라가서 높이 바라보는 게 아니라 **건물이 높은 것**을 말한다.    「대관(臺觀)」
  이 한 단어로「누대 같은 높고 큰 건축물」이라는 뜻이다.
  [汎指樓臺館閣等高大建築物].

<table>
<tr><td colspan="2" align="center">38</td></tr>
</table>

5469 髟影표【biāo ㄅㄧㄠˉ】425

머리털 늘어질 표

[원문]    斑鬢髟以承弁。

[오역]    **1** 얼룩진 귀밑머리 늘어져 머리에서 흘러 내리네.

[고침]    **반백의 긴머리에 변(弁)을 썼네.**

※ 반악(潘岳)의《추흥부(秋興賦)》를 해석한 곳에서
「변(弁)은 모자다. 반백이 된 머리에 모자가 있는 것을 설명한 것이다.」라고 했다. [斑
鬢髟以承弁兮. 弁, 帽子, 卽是說帽子戴在斑白的頭鬢上.]


[원문]    特麚昏髟。

[오역]    **2** 송아지와 사슴의 늘어진 털.

[고침]    **황소와 숫사슴이 긴 털을 돌아 보며**

[부르르 털을 떠네(振髦)]

※ <이아(爾雅)>에서 鹿, 牡麚, 牝麀也. 昏, 視. 髟, 長毛也. … 言或顧視, 或振髦. 昏, 昌
夷切.이라고 했다.
숫소(황소)와 사슴.
**사슴 전체**는 록(鹿),
**숫 사슴**은 가(麚), 모우(牡麀),
**암 사슴**은 우(麀), 빈우(牝麀),
**새끼 사슴**은 미(麛)다.

## 39

1794 투【dòu ㄉㄡˋ】114

싸울 투

[원문]    兵杖在後。

[오역]    **1** 병기로 쓰는 막대기

[고침]    **무기가 뒤에 있다.**

  ※ **병장**(兵杖)이 한 단어다.


[원문]    兩鬥相對象形。

[오역]    **2** 두 주먹이 서로 마주 대한 모양이다. 상형이다.

[고침]    **극(鬥)자 두 개를 마주보게 한 상형이다.**

  ※ 문(門)자 주(注)에서 이것은 투(鬥)자에서 '두 개의 극(鬥)을 따랐다'고 한 것과 같다."
  [한쪽의] 극(鬥)은 좌우 반대로 돌려 쓴 것이다"라고 말할 필요가 없었던 것이다. [此如
  鬥二鬥。不必有反鬥字也。]라고 했다.

## 40

1756 鬲鬲鬲 력 【lì ㄌㄧˋ】111
막을 력/격

[원문]   鬲(鼎)款足者謂之鬲。》

[오역]   **1** 솥 중에 다리가 구부러진 것을 력(鬲)이라고 한다.

[고침]   **다리 속이 비어 있는 솥을 력(鬲)이라고 한다.**

　※『고공기도(攷工記圖)』에서 관족(款足)을 말했다. 관족(款足)을 곽박(郭璞)만「굽은 다
　리」라고 말한다.
　　① 특히 <한어대사전>에서도「속이 빈 솥다리(中間空的鼎足)」로 풀이했다.
　　② <이아:석기>에「<鼎>款足者謂之鬲」에 대한 <학의행-의소(ㅎ義行-義疏)>에도
　『(정관족은 속이 빈 것)鼎款足, 謂足中空』이라 했고,
　　③ 왕인지(王引之)의 <경의술문:이아중(經義述聞:爾雅中)>에서도「많은 사람들이 이르
　기를 "관족은 속이 빈 다리"라고 했다(大家人曰. 款足, 謂空足也).」라고 했다.

　　④ <한-교사지(漢-郊祀志)>도「곧 솥의 다리 속이 빈 것을 력이라고 한다(則云鼎空
　足曰鬲)」. 그러므로 곽박은 소수의견으로 실어둔 것에 불과한 것으로 보인다.


[원문]   『樂浪-挈令』織作絥。》

[오역]   **2** 낙랑설령

[고침]   **『낙랑-계령(樂浪-挈令)』에서는 직(織)을 직(絥)으로 썼다.**
　※ **설령이 아니라 계령이다.** <한한대사전>

41

## 3204 麥麥 맥 【mò ㄇㄛˋ】231
### 보리 맥

[원문]    武王赤烏、芒穀應。

[오역]    무왕의 붉은 까마귀, 까풀 있는 곡식으로 갚아주네.

[고침]    무왕(武王)에게 적오(赤烏)와 망곡(芒穀)이 응했다.

※ 제비가 흥부에게 호박씨를 물어다 준 것이 아니라, 白魚赤烏:釋義爲祥瑞之兆. 무왕이 은 나라를 정벌할 때 나타났다는 상서로운 조짐들이다. 물론 참위설을 활용한 조작된 일들 이다.

【백어적오(白魚赤烏)】
《史記·周本紀》: "武王渡河, 中流, 白魚躍入王舟中, 武王俯取以祭. 將渡, 有火自上復於下, 至於王屋, 流爲烏, 其色赤, 其聲魄雲." 後遂以 "白魚赤烏" 爲祥瑞之兆. 漢王充《論衡·指瑞》: "夫鳳麟之來, 與白魚赤烏之至無以 異也." 南朝梁劉?《文心雕龍·正緯》: "白魚赤烏之符, 黃金紫玉之瑞."

【백어입주(白魚入舟)】 은(殷)이 망하고 주(周)가 일어날 징조. 「白」은 은 왕조의 색깔. 【백어 등주(白魚登舟)】 주 무 왕(周武王)이 은의 주왕(紂王)을 치려고 강을 건널 때, 백어가 배 안으로 뛰어들자, 무왕이 은이 망하고 주가 흥할 조 짐으로 여긴 고사.
《상서대전(尚書大傳)》3권에 "800제후가 모두 맹진(孟津)에 모였을 때 백어(白魚)가 무왕(武王)의 배 위로 뛰어들 었다. [八百諸侯俱至孟津, 白魚入舟.]"라고 했다.
《사기:주본기(史記:周本紀)》에 "무왕이 강을 건널 때 중간에서 백어(白魚)가 무왕(武王)의 배 위로 뛰어들었다. 무왕 이 몸을 굽혀 잡아서 제사지냈다. [武王渡河, 中流, 白魚躍入王舟中, 武王府取以祭.]"
배인(裴駰)의 《집해(集解)》에서 마융(馬融)을 인용하여 이르기를 "물고기는 비늘 달린 것으로 군대의 상징이다. 흰 색은 은(殷)나라의 색이다. 은의 군대를 주(周)나라에 주는 상(象)이다."라고 했다. 나중에는 백어입주(白魚入舟) 를 흥망의 조짐이라는 뜻이 되었다. [魚者,"介鱗之物, 兵象也. 白者, 殷家之正色, 言殷之兵衆與周之象也." 後遂以 "白魚入舟"爲殷亡周興之兆.]

42

## 4175 鼎鼎鼎鼎 정 【dǐng ㄉㄧㄥˇ】 319
솥 정

[원문]    离魅蝄蛃莫能逢之。

[오역]    산림과 천택에 들여 놓았다.
도깨비나 귀신 같은 것은 그것에 접할 수 없으니.

[고침]    **리매**(离魅)**나 망량**(蝄蛃)**을 만나지 않게 했다.**

※《좌씨전(左氏傳)》선공(宣公) 3년

왕손만(王孫滿)은 정(鼎)의 용도에 대하여

"거기에 온갖 사물을 새겨 놓음으로써 백성들에게 신령스러운 것과 간악한 것을 구별할 수

있도록 하는 것입니다. 그러므로 **백성들이 물에 들어가거나 산에 들어가서 자신에게 해로운**

**것을 피할 수 있고, 이매망량 같은 귀신 도깨비들과 마주치지 않을 수 있습니다.**[百物而爲之

備, 使民知神奸, 故民入川澤山林不逢不若, 离魅蝄蛃, 莫能逢之]"라고 하였다.

※ 이매는 산 속의 요괴, 망량은 물 속의 괴물을 말하는데, 이들이 합쳐져 온갖 도깨비를 지칭하

는 하나의 성어(成語)가 되었다.

곧 사람들에게 위험을 알리는 포스터와 같은 역할을 했다.

```
         ┌─────────────┐
         │     43      │
         └─────────────┘
```

**7323  龖龍竜룡【lóng ㄌㄨㄥˊ】582**
용 룡

[원문]    『勺傳』曰龍, 和也.『長發』同。

[오역]    **1** 이것은 길게 퍼진다[長發(장발)]는 말과 같다.

[고침]    『**시경**:**상송**:**장발**(詩經:商頌:長發)』**도 같다.**

※ 장발(長發)은 <시경>의 <상송>에 나오는 **시의 제목**이다.《시:상송:장발(詩:商頌:長發)》
  이다. 그나마 장발(長發)의 뜻도 "**오래 전에 나타났다**[久已顯現]"는 것이다. 상서로움이 이
  미 오래 전부터 발현되 나타났다는 것이다. 중문학과의 박사 쯤 되려면 시경의 시 305수 정
  도는 다 외워 가지고 있는 줄 알았었다.

※ <장발(長發)> 시에「受小共大共, 爲下國駿龍, 何天之龍.」이라는 구절이 있는데 그 풀이
  에서도『勺傳』과 마찬가지로 "龍, 和也."라고 했다는 말이다.


[원문]    卣肉飛之形。

[오역]    **2** '卣'은 고기가 날아가는 모양이다.

[고침]    **卣은 몸이 나는 모양을 본뜬 것이다.**

※ 아마도 이 부분을 작업할 때 배가 고팠던 모양이다.
  육(肉)은 날아 다니는 고깃덩어리가 아니라 용의 몸뚱이를 말한다.

漢韓對譯 段玉裁注 說文解字 ◉ 第一卷 下

한한대역 단옥재주 설문해자

第2卷

| | |
|---|---|
| 艸木初生也。 | 「초목이 처음 싹트는 것」이다. |
| 象丨出形有枝莖也。 | 위로 뻗는 모양을 본뜬 것인데 줄기와 가지가 있다. |
| 《丨讀若囟(囟)。 | 丨는 신(囟)자 처럼 읽는다. |
| 引而上行也。 | 위쪽으로 뻗어 나간다는 뜻이다. |
| 枝謂兩旁莖枝。 | 가지는 양쪽 곁의 줄기와 가지를 말한다. |
| 柱謂丨也。 | 기둥은 신(丨)을 말한다. |
| 過乎中則爲㞢(之)。 | 철(中)자 보다 많이 자라면 지(㞢)자가 된다. |
| 下垂根則爲朩(木)。》 | 뿌리를 내리면 나무 목(朩木)자가 된다. |
| 古文或吕(以)爲艸字。 | 고문에서 간혹 이 글자를 초(艸)자로 했다. |
| 《漢人所用尙爾。 | 한나라 사람들이 사용한 것은 늘 그랬기 때문이다[尙爾]. |
| 或之言有也。 | 혹(或)이라고 말하는 것은 |
| 不盡爾也。 | '있기는 했었지만 다 그렇지는 않았다' 는 뜻이다. |
| 凡云古文吕爲某字者、 | 대개 고문에서 '어떤 글자를 어떤 글자로 삼았다.' 고 말하는 |
| 此明六書之叚(假)借。 | 이것은 6서의 가차를 밝히는 것이다. |
| 吕、用也。 | 이(吕)자는 쓴다는 뜻이다. |
| 本非某字。 | 원래는 그 글자가 아닌데 |
| 古文用之爲某字也。 | 고문에서 이것을 사용하여 어떤 글자로 삼는 것이다. |
| 如古文吕洒爲灑埽字。 | 새(洒:씻을)자를 물뿌리고 청소할 쇄(灑)자로 사용하거나, |
| 吕疋爲『詩:大雅』字。 | 소(疋)자를 『시:대아(詩:大雅)』의 글자[雅]로 삼거나, |
| 吕丂爲巧字。 | 교(丂:기운 막힐)자를 교묘할 교(巧)자로 하거나, |
| 吕臤爲賢字。 | 간(臤:굳을)자를 어질 현(賢)자로 하거나, |
| 吕㫖爲魯衞(魯衞)之魯。 | 로(㫖)자를 로위(魯衞)나라의 로(魯)로 사용하거나, |
| 吕哥爲歌字。 | 가(哥)자를 노래 가(歌)자로 하거나, |
| 吕詖爲頗字。 | 피(詖:말 잘할)자를 치우칠 파(頗)자로 하거나, |
| 而𥄕爲䚦字。 | 권(𥄕:눈언저리)자를 사람을 볼 전(䚦)자로 하거나, |
| 籒文吕爰爲車轅字。 | 주문(籒文)에서 원(爰)자를 원(轅)자로 하는 것이다. |
| 皆因古時字少。 | 모두가 옛날에는 글자 수가 적었기 때문이다. |
| 依聲託事。 | 소리로 일을 표현하는 것(依聲託事)은 |
| 至於古文吕中爲艸字。 | 철(中:싹날)자를 풀 초(艸)자로 하거나, |
| 吕疋爲足字。 | 소(疋:필 필)자를 발 족(足)자로 하거나, |
| 吕丂爲亏(于)字。 | 교(丂:기운 막힐)자를 어조사 우/울(亏)자로 하거나, |
| 吕㑋爲訓字。 | 잉(㑋:잉첩)자를 가르칠 훈(訓)자로 하거나, |
| 吕臭爲澤字。 | 고(臭:광택)자를 광택 택(澤)자로 하는 것이다. |
| 此則非屬依聲。 | 이것은 성부에 의지하는 것에 포함되지 않는다. |
| 或因形近相借。 | 혹은 형태가 비슷해서 서로 빌린 것이다. |

**0213**

無容後人效尤者也。》 후세 사람들이 **효우**(效尤:알면서도 잘못된 행위를 흉내내다)하는 것을 용납하지 않으려는 것이다.

讀若徹。 철(徹)자 처럼 읽는다.

《上言以爲、 위에서" ~으로 한다(言以爲)",

且言或、 또" 혹은 ~(且言或)라고 말하는 것"은

則本非屮字。 곧 본래는 초(屮)자가 아니었다는 말이다.

當何讀也。讀若徹。 그러면 어떻게 읽을 것인가. 철(徹)자 처럼 읽는다.

徹、通也。義存乎音。 철(徹)은 통한다는 뜻이다. 뜻이 음에 남아 있다.

此尹彤說。 이것은 윤동(尹彤)의 설이다.

尹彤見漢人屮木字多用此。 윤동은 한나라 사람들이 초목자로 이 글자를 많이 사용하는 것을 보고

俗誤謂此卽屮字。 비속하게도 이 글자를 초(屮)자로 착각했다.

故正之。 그러므로 바로 잡는다.

言段借必依聲託事。 '가차는 반드시 소리로 일을 표현한다.' 고 말하지만,

屮屮音類遠隔。 철(屮)과 초(屮)는 음의 분류가 멀리 떨어져 있다.

古文段借尙屬偶爾。 고문의 가차는 오히려 **우이**(偶爾:우연)에 속한다.

今則更不當爾也。 지금은 더욱 부당하다.

丑列切。15部。》 축렬절(丑列切)이다. 제 15부에 속한다.

凡屮之屬皆从屮。 대개 철(屮)에 속한 글자는 모두 철(屮)을 따른다.

尹彤說。 윤동(尹彤)의 설명이다.

《三字當在凡屮上。 석 자[尹彤說]는 마땅히 철(屮)자 위에 있어야 한다.

轉寫者倒之。 옮겨 베껴 쓰는 사람이 뒤바꾼 것이다.

凡言某說者、 대개 어떤 글자를 설명한다는 것은

所謂博采通人也。 소위" **박채통인**(博采通人:통달한 사람의 것을 널리 채록함)"이다.

有說其義者、 그 뜻을 설명하는 것이 있고,

有說其形者、 그 형태를 설명하는 것이 있고,

有說其音者。》 그 음을 설명하는 것이 있다.


**신**(囟⊗囟) 아이 숨구멍, 숫구멍, 정수리.

**새**(洒) 씻을 ■**사**:같은 뜻 ■**산**:놀래는 모양, 으슬으슬 떨릴
　　■**최**:고운 모양, 선명한 모양 ■**쇄**:물 뿌릴.

**쇄**(灑) 뿌릴, 나뉠, 바람 불 뜨게 할, 낚시 던질, 깜짝 놀라는 모양 큰 비 파 ■**사**:떨어질, 깨끗할.

**0213**

**소**(埽) 쓸다, 언덕, 소(掃)와 같은 글자.

**교**(丂) 교(巧)의 옛 글자.

**피**(詖) 말 잘할, 간사할, 교활할, 슬기로울, 깨달을, 치우칠, 편파할.

**권**(睊) 눈 언저리, 눈시울 ■**추**:추할 <目:7획>

**전**(覥) 사람을 면대하고 보는 모양, 면목이 있어 사람을 보는 모양, 부
　　끄러워하는 모양, 무안해 하는 모양.

**소**(疋) 발 ■**아**:바를 ■**필**:짝, 끝, 필(비단 · 말을 세는 수량사).

**우**(丂)

**검**(俭) 검소할. 검(儉)의 약자.

**고**(臯) 광택 ■**석**:같은 뜻 ■**택**:윤(光潤).

**동**(彤) 붉은 칠할, 붉은 빛.

**가**(叚) 빌릴 ■**하**:성씨.

**상이**(尙爾)　① 계속되어 변하지 않음(情況繼續不變). ② 원상을 회복함.

**효우**(效尤)　나쁜 짓을 더욱 심하게 흉내내다(仿效壞的行爲).

**우이**(偶爾)　우의(偶而). 우발적(事理上不一定要發生而發生的). 간혹(間或), 때때로(有時候).

**박채통인**(博采通人)　통달한 사람의 것을 널리 채록함.

※ **박채**(博採, 博采) 廣泛地搜集采納.

※ **통인**(通人) 학식을 깊게 통달한 사람(學識淵博通達的人).

　**왕충**(王充)의 《論衡:超奇》: 고금을 폭넓게 아는 사람이 통인(通人)이다
　(博覽古今者爲通人)

---

유사　왼손 좌(ナ𠂇屮) 수건 건(巾) 뫼 산(山)

성부　㸚계 鼓고 𡴎도 㘽려 㔾리 每매 舍사 㞦주 豈주 之지 妻처 艸초 卉혜 毒
독 㤕록 木목 罒약 屰역 屯둔 岑분 尢빈 肒언 甹전 㸚천 熏훈 㢭발 𡴎얼
㔾첩 𦥑망 省성

| 0214 | 0214 ㅂ屯屯 준 【tún ㄊㄨㄣˊ】 21 |
|---|---|
| | 진칠 준/둔 |

| 難也。 | 「어렵다」는 뜻이다. |
|---|---|
| 《『韵會』有。》 | 『운회(韵會)』에 있다. |
| 屯(屯)象艸(草)木之初生。 | 준(屯)은 초목이 처음 나는 모양을 본뜬 것이다. |
| 然而難。 | 어렵게 돋는 모습이다. |
| 从中貫一屈曲之也。 | 철(屮)자는 일(一)을 관통시키고 구부렸다. |
| 一、地也。 | 일(一)은 지면이다. |
| 《此依『九經字樣』、『衆經音義』所引。 | 이것은 『9경 자양(九經字樣)』과 『중경음의(衆經音義)』가 인용한 것에 의거한 것이다. |
| 『說文』多說一爲地。 | 『설문(說文)』은 일(一)을 지면으로 해석한 경우가 많았다. |
| 或說爲天。象形也。 | 혹은 하늘로 풀이 하기도 했다. 상형이다. |
| 屮貫一者、 | 철(屮)자에서 일(一)이 관통하는 것은 |
| 木剋土也。 | 목(木)이 토(土)를 상극하는 것이다. |
| 屈曲之者、未能申也。 | 구부려 굽힌 것은, 아직 펼치지 못하는 것이다. |
| [乙部]曰。 | [을부(乙部)]에 이르기를 |
| 春艸冤(寃)曲而出。 | "봄에 풀이 구부정하게 돋는다. |
| 陰气尚彊。 | 아직 음기(추위)가 여전히 강하기 때문에 |
| 其出乙乙。 | 어렵게 간신히 돋는다."고 했다. |
| 屯字从屮而象其形也。 | 준(屯)자는 철(屮)을 따라 그 모양을 본떴다. |
| 陟倫切。13部。》 | 척륜절(陟倫切)이다. 제 13부에 속한다. |
| 『易』曰。 | 『역(易)』에 이르기를 |
| 屯剛柔始交而難生。 | "준(屯)은 강함과 부드러움이 처음 교차하여 어렵게 돋아나는 것이다."라고 했다. |
| 《『周易:象傳』文。 | 『주역:단전(周易:象傳)』❶에 나오는 문장이다. |
| 『左傳』曰。 | 『좌전(左傳)』❷에 이르기를 |
| 屯固比入。 | "준고비입(屯固比入:준괘는 굳셈이고, 비괘는 들어오는 것을 상징한다.)"라고 했다. |
| 『序卦:傳』曰。 | 『서괘:전(序卦:傳)』❸에 이르기를 |
| 屯者、盈也。 | "준(屯)은 가득찬다는 뜻이다. |
| 不堅固、不盈滿。 | 견고하지 않고, 가득 차지 않았으니. |
| 則不能出。 | 곧 능히 뻗어날 수 없는 것이다."고 했다. |

준(屯) 어려울, 두터울, 머뭇거릴, 괘이름 ▣둔:머물, 둔칠.
양(樣) 양식, 본보기, 법칙.

| 원곡(寃曲) | ① 만곡(彎曲). 구부정하게 굽은 것. |
|---|---|

**0214**

**을을(乙乙)**

**불영만(不盈滿)**

① 생각이 떠오르지 않아서 안타까와 하는 모양. ② 연약한 어린 새싹이 어렵게 돋아나는 모양.

아직 기운이 가득 차지 못했으니 넘쳐날 수 없는 것이다. 물은 가득 차면 넘친다. 웅덩이를 가득 채운 후 앞으로 나아가 사해 바다에서 넘실거린다.[수만즉일, 영과이후진,방호사해(水滿則溢. 盈科而後進, 放乎四海.)]라고 했다. 이른 봄에 새싹이 막 돋기 시작하는 모습[象艸木萌芽出土之形]을 그린 것이다.

**[신경고 引經考]**

❶『주역:단전(周易:彖傳)』<屯卦第三>

屯卦01, 屯, 元亨, 利貞,

<剛柔始交, 是以"屯"也. 不交則否, 故屯乃大亨也. 大亨則無險, 故"利貞".>

〔疏〕正義曰: 屯, 難也. 剛柔始交而難生, 初相逢遇, 故云"屯, 難也". 以陰陽始交而爲難, 因難物始大通, 故"元亨"也. 萬物大亨, 乃得利益而貞正, 故"利貞"也. 但"屯"之四德, 劣於"乾"之四德, 故屯乃元亨, 亨乃利貞. "乾"之四德, 無所不包. 此即"勿用有攸往", 又別言"利建侯", 不如乾之無所不利. 此已上說"屯"之自然之四德, 聖人當法之.勿用有攸往, 利建侯.

屯卦02, 彖曰, 屯, 剛柔始交而難生, 動乎險中, 大亨貞. 雷雨之動滿盈, 天造草昧, 宜建侯而不寧. <

❷『좌전(左傳)』<卷十一:閔元年, 盡二年>

○正義曰: … 屯固比入, 吉孰大焉? 其必蕃昌.

<屯險難, 所以爲堅固. 比親密, 所以得入.>

❸『서괘:전(序卦:傳)』※ 본문과 다르다.

有天地, 然後萬物生焉. 盈天地之間者唯萬物, 故受之以《屯》, 屯者, 盈也. 屯者, 物之始生也 <屯剛柔始交, 故爲物之始生也.> … 水流而不盈, 行險而不失其信. <險峭之極, 故水流而不能盈. 處乎險而不失剛中, "行險而不失其信"者, "習坎"之謂也.> 〔疏〕○正義曰: 此釋"重險"習坎"之義. "水流而不盈", 謂險陷旣極, 坑阱特深, 水雖流注, 不能盈滿, 言險之甚也, 釋"重險"之義也. "行險而不失其信", 謂行此至險. 能守其剛中, 不失其信也. 此釋"習坎"及"有孚"之義也. 以能便習於險, 故守剛中, "不失其信"也. ○注 : ○正義曰: "險峭之極, 故水流而不能盈"者, 若淺岸平穀, 則水流有可盈滿. 若其崖岸險峻, 澗穀泄漏, 是水流不可盈滿, 是險難之極也.

**[준(屯)이 포함된 글자들] 12자**

형성 (12자) 순(肫̇肸)2482 돈(芚̇茻)2813
춘(杶̇棊)3319 촌(邨̇脒)3999 둔(窀̇窜)4477
돈(頓̇頣)5404 돈(庉̇庑)5649 돈(黗̇黤)6240
순(奄̇奄)6297 순<純̇純)8127 둔[鈍̇鈍)9018
돈(軘̇軘)9079

성부 春̇習춘

## 0215

**0215** 𡴋**每每 매** 【měi ㄇㄟˇ】21
매양 매

艸盛上出也。
풀이 왕성하게 자라서 위로 뻗는 것이다.

《『左傳:輿人誦』。曰。
『좌전:여인송(左傳:輿人誦)』❶에 이르기를

原田每(每)每。
"원전매매(原田每每:들녘의 밭에 풀이 무성하다)"라고 했다.

『杜-注』。
『두-주(杜-注)』에

晉(晋)君美盛、
"진나라 군주의 아름답고 왕성함이,

若原田之艸(草)每每然。
들녘의 풀이 무성한 것과 같다." 라고 했고

『魏都賦』蘭渚每每、用此。
『위도부(魏都賦)』❷의 "란저(蘭渚:물가의 미칭)매매(每每:풀이 무성하다)"에서 이것을 썼다.

俗改爲莓(莓)。
속되게 매(莓)로 고쳤다.

按每是艸盛。
매(每)가 '풀이 무성한 것'이므로

引伸爲凡盛、
모든 왕성한 것으로 뜻이 확대되었다.

如品庶每生。
품서매생(品庶每生:많은 사람들이 삶을 탐하다)이나,

貪也每懷。
탐야매회(貪也每懷:생각이 많음)에서,

懷、私也。
회(懷)는 사사로운 것이다.

皆盛意。
라고 하는 것들은 모두 '왕성하다'는 뜻이다.

毛公曰。
모공(毛公)이 이르기를❸

每、雖也。
"매(每)는 수(雖)다."라고 했다.

凡言雖者皆充類之辭。
대개 수(雖)는 모두 **충류(充類:유추)**하는 말이다.

今俗語言每每者、
지금의 **매매(每每)**라고 말하는 것은

不一端之辭。
하나의 끝만 뜻하는 말이 아니다.

皆盛也。》
모두 '성하다'는 뜻이다.

从中。
철(中)을 따랐고,

母聲。
모(母)가 성부가 된다.

《武罪切。『左傳音義』亾(亡)回梅對
二反。
무죄절(武罪切)이다.
『좌전:음의(左傳:音義)』에서는 망회절(亡回切), 매대절(梅對切) 두 개의 반절이 있다.

古音在 1部。
고음(古音)은 제 1부에 속한다.

李善莫來反。》
리선(李善)은 막래절(莫來切)이라고 했다.

**저**(渚) 물이름, 작은 섬, 막을, 물 갈라질, 물가.

晉(晋)君美盛、
두예의 주에 「晉(晋)軍美盛(진나라 군대의 왕성함)」로 君이 아닌 軍으로 된 것도 있다. 바로 앞의 문장에 「초나라 군대(楚師)」가 있으니 군(軍)으로 하는 것이 더 나을 것 같다. 다음 페이지의 원전매매(原田每每) 참조. [晉侯患之, 聽輿人之誦, 恐衆畏險, 故聽其歌誦. 曰:"原田每每, 舍其舊而新是謀."高平曰原. 喩晉

軍美盛, 若原田之草每每然, 可以謀立新功, 不足念舊惠.]

**원전**(原田) ① 고원에 있는 밭. ② 들판에 있는 밭. ③ 원서(願書).

**매매**(每每　每每) ① 늘, 번번이. ② 풀이 무성한 모양. ③ 어지러운 모양. ④ 어두운 모양.

**원전매매**(原田每每) ① 고원의 밭에 풀이 무성한 모양. ② 군병(軍兵)이 많은 모양. <좌전:희공:28년(左傳:僖公:二十八年)> 참조.

**란저**(蘭渚) 물가의 미칭(的稱). <위도부> 참조.

**품서**(品庶) 많은 사람(衆人). 백성(百姓).

**매생**(每生) 삶을 탐함(貪生).

**탐야매회**(貪也每懷) 욕심이란 건 늘 생각나는 것이다. 회(懷)는 개인적인 욕심(私懷). <시경>의 <황황자화(皇皇者華)>와 <증민(蒸民)>에 「매회미급(每懷靡及:임무 보다 개인적인 일을 생각 하니 못 미칠까 걱정된다)」이 나온다.

　　　　　　　<大雅:蕩之什:烝民>
　　　　　　　‥‥‥‥‥

維仲山甫, 柔亦不茹, 剛亦不吐, 不侮矜寡, 不畏彊禦.

人亦有言, 德輶如毛, 民鮮克擧之. 我儀圖之.

維仲山甫擧之, 愛莫助之. 哀職有闕, 維仲山甫補之.

仲山甫出祖, 四牡業業, 征夫捷捷, 每懷靡及.

　　<言述職也. 業業, 言高大也. 捷捷, 言樂事也. 箋云: 祖者, 將行犯軷之祭也. 懷私爲每懷. 仲山甫犯軷而將行, 車馬業業然動, 衆行夫捷捷然至, 仲山甫則戒之曰: 旣受君命, 當速行. 每人懷其私而相稽留, 將無所及於事.>

四牡彭彭, 八鸞鏘鏘. 王命仲山甫, 城彼東方.

四牡騤騤, 八鸞喈喈. 仲山甫徂齊, 式遄其歸.

吉甫作誦, 穆如淸風. 仲山甫永懷, 以慰其心.

　　　　　　　<小雅:鹿鳴之什:皇皇者華>

皇皇者華, 于彼原隰. 駪駪征夫, 每懷靡及.

　　<駪々, 衆多之貌. 征夫, 行人也. 每, 雖. 懷, 和也. 箋云:《春秋外傳》曰:"懷和爲每懷也." "和"當爲"私". 行夫既受君命當速行, 每人懷其私相稽留, 則於事將無所及.>

我馬維駒, 六轡如濡. 載馳載驅, 周爰咨諏.

我馬維騏, 六轡如絲. 載馳載驅, 周爰咨謀.

我馬維駱, 六轡沃若. 載馳載驅, 周爰咨度.

我馬維駰, 六轡既均. 載馳載驅, 周爰咨詢.

유추. 유사점(類似點)이 있는 것으로 미루어 생각함.

**충류**(充類) ※ **충류지진**(充類至盡) 유사점(類似點)이 있는 것으로 미루어 극단적인 해석을 함.

## 0215

[인경고 引經考]

❶『좌전:여인송(左傳:輿人誦)』〈희공:28년(僖公:二十八年)〉

夏四月戊辰, 晉侯, 宋公, 齊國歸父, 崔夭, 秦小子憖次于城濮. 楚師背酅
而舍, 晉侯患之. 聽輿人之誦曰:「原田每每, 舍其舊而新是謀. 」公疑焉.

<晉侯患之, 聽輿人之誦, 恐眾畏險, 故聽其歌誦. 曰："原田每每, 舍其舊而新是
謀." 高平曰原. 喻晉軍美盛, 若原田之草每每然, 可以謀立新功, 不足念舊惠. ○
每, 亡回反, 又梅對反. 舍音舍. 公疑焉. 疑眾謂己背舊謀新. 子犯曰："戰也！戰
而捷, 必得諸侯. 若其不捷, 表裏山河, 必無害也."晉國外河而內山. 公曰："若
楚惠何？"樂貞子曰："漢陽諸姬, 楚實盡之. 貞子, 樂枝也. 水北曰陽. 姬姓之國
在漢北者, 楚盡滅之. 思小枯而忘大恥, 不如戰也."晉侯夢與楚子搏, 搏, 手搏.
○搏音博. 楚子伏己而盬其腦, 盬, 啑也.>

❷『위도부(魏都賦)』

右則疏圃曲池, 下晼高堂. 蘭渚莓莓, 石瀨湯湯. 弱蓤系實, 輕葉振芳. 奔
龜躍魚, 有視呂梁. 馳道周屈於果下, 延閣胤宇以經營. 飛陛方輦而徑西,
三台列峙以崢嶸. 亢陽台於陰基, 擬華山之削成. 上累棟而重溜, 下冰室而
沍冥.<文昌殿西有銅爵園, 園中有魚池堂皇. 班固曰：晼, 三十畝也.《離騷》曰：既滋
蘭之九晼. 石瀨, 湍也. 水激石間, 則怒成湍. 蓤, 木之細枝者也. 楊雄《方言》曰：青齊
兗冀之間謂之蓤, 故《傳》曰：慈母怒子, 折蓤而笞之, 其惠存焉. ……>

[참고]　文選:曹植<應詔詩>：命彼掌徒. 肅我征旅. 朝發鸞臺. 夕宿蘭
渚. <鸞台蘭渚, 以美言之.《漢宮閣名》曰：長安有駕鸞殿. 公孫乘《月賦》曰：鸊鷄舞
於蘭渚.> 經彼公田. 樂我稷黍. 西濟關穀. 或降忽升. 騑驂倦路. 載寢載興.
將朝聖皇. 匪敢燕寧. 前驅舉燧. 後乘抗旌. 長懷永慕. 憂心如酲.

❸모공(毛公)이 이르기를 〈小雅:鹿鳴之什:常棣〉

常棣之華, 鄂不韡韡. 凡今之人, 莫如兄弟.

死喪之威, 兄弟孔懷. 原隰裒矣, 兄弟求矣.

脊令在原, 兄弟急難. 每有良朋, 況也永歎.

<況, 茲. 永, 長也. 箋云：每, 雖也. 良, 善也. 當急難之時, 雖有善同門
來, 茲對之長歎而已. ○況或作"兄", 非也. 歎, 吐丹反, 又吐旦反, 以協上
韻.>

[매(每)가 포함된 글자들] 12자

성부 蘇육 敏민 繇번

형부 도(蘇蘬虆)

형성 (12자)  회(誨蘬)1419  회(莓蘬)1976
매(脢蘬)2505  매[梅蘬]3273  회(晦蘬)4054
모(冔蘬)4613  모(侮蘬)4932  회(悔蘬)6571
해<海蘬>6800  모(娒蘬)7772  묘(晦蘬)8749
매(鋂蘬)8995

## 0216 羞 **毒** 독 【dú ㄉㄨˊ】 22　　0216
독 독

厚也。
「두텁다」는 뜻이다.

《毒厚疊韵(疊韻)。
『독(毒)』과 후(厚)는 첩운이다.

三部四部同入也。
3부, 4부에 같이 포함된다.

毒兼善惡之辭。
독(毒)은 선악(善惡)을 겸한 말이다.

猶祥兼吉凶、
상(祥)이 길흉을 겸하는 것,

臭兼香臭也。
취(臭)가 향기와 악취를 겸하는 것과 같다.

『易』曰。
『역(易)』❶에서 이르기를

聖人以此毒天下而民從之。
"성인이 이것으로 천하를 두텁게 하니, 백성들이 따랐다."고 했다.

『列子書』曰。
『렬자서(列子書)』❷에서

亭之毒之。
"**정지독지**(亭之毒之)"라고 했는데

皆謂厚民也。
모두 백성을 두텁게 한다는 말이다.

毒與竺篤同音通用。
독(毒)과 축(竺), 독(篤)이 같은 음으로 통용된다.

『微子篇』。
『미자편(微子篇)』❸에서

天毒降災。
"**천독강재**(天毒降災:하늘이 많은 재앙을 내리다)"라는 것을

『史記』作天篤。》
『사기(史記)』에서는 "**천독**(天篤)"이라고 했다.

害人之艸。往往而生。
사람을 해치는 풀이 간혹 돋아 난다.

从中。
철(中)을 따랐다,

《字義訓厚矣。
글자의 뜻풀이를 「후(厚:두텁다)하다」로 했다.

字形何而从中。
자형이 왜 철(中)자를 따랐는가?

葢(蓋)製字本意。
대개 글자를 만든 본 뜻은

因害人之艸。往往而生。
「사람을 해치는 풀이 왕왕 돋아난다」는 것이었다.

往往猶歷歷也。
**왕왕**(往往)은 **력력**(歷歷)과 같다.

其生蕃多則其害尤厚。
그 돋아남이 많은 것은 그 해로움이 심하다는 것이다.

故字从中。
그러므로 철(中)자를 따랐다.

引伸爲凡厚之義。》
그뜻이 확대되어 모든 후한 것을 뜻하게 되었다.

毒聲。
애(毒)가 성부가 된다.

《毒在 1部。毒在 3部。
애(毒)는 제 1부에 있다. 독(毒)은 제 3부에 있다.

『合韵』至近也。
합운(合韵)』은 아주 가까이 있다.

徒玉切。》
도옥절(徒玉切)이다.

𧲡古文毒。
𧲡은 고문 독(毒)자다.

从刀篙。
도(刀)와 독(篙)을 따랐다.

《从刀者、刀所以害人也。
도(刀)를 따른 것은 도(刀)로 사람을 해치기 때문이다.

从篙爲聲。
독(篙:두터울)을 따르는 것으로 성부를 삼았다.

篙、厚也。讀若篤。
독(篙)은 두텁다는 뜻이다. 독(篤)으로 읽는다.

篙字、〖鍇本〗及『汗簡(簡)』、
독(篙)자는 서개(徐鍇)의 책과 『한간(汗簡)』,

## 0216

『古文四聲韵』上从竹不誤
而下譌从副从副。

〖鉉本〗則竹又譌爲艸矣。
古文築作篫。亦管聲。》

『고문4성운(古文四聲韵)』에서 윗 부분에 죽(竹)을 붙인 것은 틀린 것이 아니지만 아래에 잘못하여 부(副), 부(副)를 붙이기도 했다.

서현(徐鉉)의 책에서는 또 잘못하여 초(艸)를 붙이기도 했다.

고문의 축(築)자는 축(篫)인데 독(管)이 성부가 된다.

**애**(毒) 행실없을, 음난할.
**독**(管) 두터울.
**독**(䈞) 독, 독(毒)의 옛 글자.
**개**(鍇) 좋은 쇠, 정한 쇠, 굳을, 단단할, 사람의 이름 ■해:같은 뜻.
**부**(副) 독(管), 독(䈞)과 같은 글자. 두 글자의 와자(譌字)다.
**와**(譌) 사투리, 거짓, 잘못될, 변화할, 움직일.
**축**(篫) 다질, 쌓을, 집이나 담 같은 것을 만들, 축(築)의 옛 글자.

**정독**(亭毒)　정지/독지(亭之毒之)의 줄임. 기르고 육성하며, 이루고 익힌다. 양육하고 덮어 보호한다. <도덕경(道德經)> 제 51장. "長之育之, 亭之毒之, 養之覆之". 에 대하여 고형(高亨)의 <정고(正詁)>에서 "정(亭)은 성(成)으로, 독(毒)은 숙(熟)으로 읽는다. 모두 음이 같아서 통해서 쓴다."「亭當讀爲成. 毒當讀爲熟. 皆音同通用」.라고 했다.

**천독강재**(天毒降災)　하늘이 큰 재앙을 내려 은나라를 황폐케 했다.『상서:상서:미자(尙書:商書:微子)』 <卷十:微子第十七>「천독강재황은방(天毒降災荒殷邦). 방흥침흥어주(方興沈酗於酒). 천생주위란(天生紂爲亂), 시천독하재(是天毒下災), 사방화주침면(四方化紂沈湎), 불가여하(不可如何)」.

**천독**(天篤)　인도(印度)의 옛 명칭.

**『사기』작천독**(『史記』作天篤)　<한서:장건전(漢書:張騫傳)>에서는「신독(身毒)」, <후한서:서역전(後漢書:西域傳)>에서는「천축(天竺)」, 일명「신독(身毒)」이라고 했고, <사기:대완전(大宛傳)>에서도「신독(身毒)」이라고 했다고 하니 아마도 단옥재의 착각일 것이다. 당초(唐初) 이후부터「천축(天竺)」으로 통칭했다.

**왕왕**(往往)　① 이따끔. 때때로. ② 곳곳. 처처(處處).

**력력**(歷歷)　① 분명한 모양. 뚜렷하게 드러나는 모양. ② 일일이. 하나하나. ③ 문채 있는 모양. ④ 드문드문함. ⑤ 줄지어 늘어섬. 또는 그러한 모양(排列成行). ⑥ 의성어(象聲詞). 졸졸, 솔솔.

**[인경고 引經考]**　❶『역(易)』 <師：貞, 丈人吉, 無咎.>

師：貞, 丈人吉, 無咎. 《象》曰：師, 衆也. 貞, 正也. 能以衆正, 可以王

**0216**

矣. 剛中而應, 行險而順, 以此毒天下而民從之, 吉又何咎矣?

<毒猶役也.>

❷『렬자서(列子書)』여기서는 <老子校釋朱謙之撰>에서 발췌.

道生之, 德畜之, 物形之, 勢成之, 是以萬物莫不尊道而貴德,

道之尊, 德之貴, 夫莫之命而常自然,

故道生之, 德畜之, 長之育之, 亭之毒之, 養之覆之,

<嚴可均曰:「成之熟之」, 王弼作「亭之毒之」.

羅振玉曰: 景龍, 禦注, 敦煌, 景福四本均作「成之熟之」. 又「德畜之」, 羅卷脫此三字, 武內敦本無「德」字.

謙之案: 禦注, 慶陽, 磻溪, 樓正, 顧, 彭, 趙, 高, 範均無「德」字, 範「畜」作「蓄」. 「成之熟之」, 慶陽, 樓正, 磻溪, 趙, 顧, 彭, 高, 柰卷, 室町, 河上, 王羲之同此石. 「養之覆之」, 傅, 範與文選辨命論李注作「蓋之覆之」.「成之熟之」, 傅, 範作「亭之毒之」.

範曰:「『亭毒』, 王弼, 李奇同古本.

傅奕引史記云:『亭, 凝結也.』

廣雅云:『毒, 安也.』

畢沅曰:「說文解字:『毒, 厚也.』

釋名:『亭, 停也.』據之, 是亭, 成, 毒, 執聲義皆相近.」>

生而不有, 爲而不恃, 長而不宰, 是謂玄德.

❸『미자편(微子篇)』『상서:상서:미자(尙書:商書:微子)』

父師若曰:“王子, 天毒降災 荒殷邦, 方興沈酗於酒,<天生紂爲亂, 是天毒下災, 四方化紂沈湎, 不可如何.> 乃罔畏畏, 㗊其考長舊有位人.

〔史記:卷三十八 宋微子世家第八×集解〕: 馬融曰:“躋猶墜也. 恐顛墜於非義, 當如之何也.”

鄭玄曰:“其, 語助也. 齊魯之間聲如 '姬'.

記曰 '何居'.”太師若曰:“王子, 天篤下菑亡殷國, 〕

[독(毒)이 포함된 글자들] 2자

형성 (2자)  독(薛蕁)275  독(褥幞)5048

## 0217

**0217 芬 분 【fēn ㄈㄣˉ】 22**

풀 갓 나 향기 퍼질 분

艸初生其香分布也。

「풀이 처음나서 그 향기가 퍼지는 것」이다.

《『衆經音義』兩引『說文』。

『중경음의(衆經音義)』가 『설문(說文)』을 두 번 인용했다.

芬、芳也。

분(芬)은 방(芳)이다.

〖其所據本〗不同。

그 근거한 책이 달랐다.

按〖艸部〗。芳、艸香也。

생각건대 〖초부(艸部)〗에서 「방(芳)은 풀 향기다.」라고 했다.

『詩』說馨香、多言苾芬。

『시(詩)』❶에서 "형향(馨香)"을 "필분(苾芬:원래는 제사용품의 냄새)"이라고 설명하는 경우가 많았다.

『大雅:毛傳』曰。

『대아:모전(大雅:毛傳)』❷에서

芬芬、香也。

"분분(芬芬:방향)은 향(香)이다."라고 했다.

然則玄應所據正是古本。》

그러므로 현응(玄應)이 근거한 책은 바로 고본(古本)이다.

从屮。

철(屮)을 따랐고,

分聲。

분(分)이 성부가 된다.

《撫文切。13部。》

무문절(撫文切切)이다. 제 13부에 속한다.

芬 芬或从艸。

분(芬)이 간혹 초(艸)를 따르기도 한다.

**분(芬)** 풀 처음 나 널리 퍼져있을, 향기, 흙덩이 일어나는 모양, 많을, 이름날, 털풀.

**필(苾)** 향기, 스님.

**형향(馨香)** ① 향기로운 냄새. 그윽한 향기. ② 멀리까지 풍기는 향기. 또는 후대에까지 전하여지는 명성의 비유(比喩可流傳後代的好名聲). ③ 향기가 매우 짙은 모양(芳香馥鬱貌). ④ 기도할 때의 간절한 마음(禱祝時心誠意切). ⑤ 제사용품으로 쓰는 서직(用作祭品的黍稷).

**필분(苾芬)** ① 향기로운 냄새. ② 제물(祭物)의 향기를 가리킴. ③ 제사에 쓰는 물품.

**분분(芬芬)** ① 향기로움. ② 어지러운 모양(猶紛紛. 雜亂貌).

[**인경고** 引經考]

❶『시(詩)』〈小雅:谷風之什:楚茨〉

楚楚者茨, 言抽其棘. 自昔何爲, 我蓺黍稷. 我黍與與, 我稷翼翼.

我倉旣盈, 我庾維億. 以爲酒食, 以享以祀, 以妥以侑, 以介景福.

濟濟蹌蹌, 絜爾牛羊, 以往烝嘗. 或剝或亨, 或肆或將. 祝祭于祊.

祀事孔明. 先祖是皇, 神保是饗. 孝孫有慶. 報以介福, 萬壽無疆.

執爨踖踖, 爲俎孔碩, 或燔或炙. 君婦莫莫, 爲豆孔庶. 爲賓爲客.

獻酬交錯. 禮儀卒度, 笑語卒獲. 神保是格. 報以介福, 萬壽攸酢.

我孔熯矣, 式禮莫愆. 工祝致告, 徂賚孝孫. 苾芬孝祀, 神嗜飮食.

卜爾百福, 如幾如式. 旣齊旣稷, 旣匡旣勑. 永錫爾極, 時萬時億.

**0217**

<幾, 期. 式, 法也.

箋云 : 蔮, 予也. 芯芯芬芬有馨香矣, 女之以孝敬享祀也, 神乃歆嗜女之飮食. 今予女之百福, 其來如有期矣, 多少如有法矣. 此皆嘏辭之意.

○芯, 蒲蔑反, 一音蒲必反. 下篇同. 芬, 孚云反. 嗜, 市志反,

徐云 : "又巨之反."下章同. 幾音機. 予, 羊汝反. 下同. 歆, 喜今反. 女音汝. 下同.>

禮儀旣備, 鍾鼓旣戒. 孝孫徂位, 工祝致告. 神具醉止, 皇尸載起.
鼓鍾送尸, 神保聿歸. 諸宰君婦, 廢徹不遲. 諸父兄弟, 備言燕私.
樂具入奏, 以綏後祿. 爾殽旣將, 莫怨具慶. 旣醉旣飽, 小大稽首.
神嗜飮食, 使君壽考. 孔惠孔時, 維其盡之. 子子孫孫, 勿替引之.

❷『대아:모전(大雅:毛傳)』 <大雅:生民之什:鳧鷖>

鳧鷖在涇, 公尸來燕來寧. 爾酒旣淸, 爾殽旣馨, 公尸燕飮, 福祿來成.
鳧鷖在沙, 公尸來燕來宜. 爾酒旣多, 爾殽旣嘉, 公尸燕飮, 福祿來爲.
鳧鷖在渚, 公尸來燕來處. 爾酒旣湑, 爾殽伊脯, 公尸燕飮, 福祿來下.
鳧鷖在潨, 公尸來燕來宗. 旣燕于宗, 福祿攸降. 公尸燕飮, 福祿來崇.
鳧鷖在亹, 公尸來止熏熏. 旨酒欣欣, 燔炙芬芬, 公尸燕飮, 無有後艱.

<欣欣然, 樂也. 芬芬, 香也. 無有後艱, 言不敢多祈也. >

> 들오리, 갈매기 물가에서 놀고
> 시동은 내려와서 즐거워하네.
> 술 냄새가 흔흔하고
> 고기 굽는 냄새 분분하네.
> 시동이 즐기며 마시니
> 무슨 뒤탈 있겠는가!

[분(芬)이 포함된 글자들] 1자

형성 (1자)  분(棼) 3358

| 0218 | 0218 | 茻先光 **록** 【lù ㄌㄨˋ】22 |
| --- | --- | --- |
| | | 버섯 록 |

菌光(先)、《逗。》地蕈(蕈)。

> 균록(菌光)은 **지심**(地蕈)이다.

《『釋艸』曰。

> 『석초(釋艸)』❶에 이르기를

中馗、菌。

> "중규(中馗:버섯)는 균(菌:땅버섯)이다."라고 했는데

『注』。

> 『주(注)』에서

地蕈也。似盍(蓋)。

> "**지심**(地蕈:버섯)이다. 우산 같은 모양이다.

今江東名爲土菌。

> 지금 **강동**(江東) 지방에서는 **토균**(土菌)이라고 부른다.

亦曰馗廚。

> 또한 **규주**(馗廚)라고도 한다.

又出隧蘧蔬。

> 또 **출수**(出隧), **거소**(蘧蔬)라고도 한다."라고 했다.

『注』❷

> 『주(注)』❷에서

蘧蔬似土菌。

> "**거소**(蘧蔬)는 **토균**(土菌)과 비슷하다.

生菰草中。

> **고초**(菰草) 중에서 난다."라고 했다.

按馗廚、蘧蔬、菌光三者。

> **규주**(馗廚), **거소**(蘧蔬), **균록**(菌光) 세 가지는

一音之轉語。

> 하나의 음이 변한 것이다.

菌光『玉篇』作圈光。》

> 「**균록**(菌光)」을 『옥편(玉篇)』에서는 「**권록**(圈光)」으로 썼다.

叢生田中。

> 밭에서 무리지어 자란다.

《陳藏器曰。

> 진장기(陳藏器)가 이르기를

地生者爲菌。

> "땅에서 자라는 것을 균(菌)이라 하고,

木生者爲㮌。

> 나무에서 자라는 것은 이(㮌:버섯)다"라고 했다.

按㮌同㮌。

> 생각건대 이(㮌)는 연(㮌:목이버섯)과 같을 것이다.

許云❸

> 허신(許愼)이 이르기를 ❸

蕈、桑㮌也。

> "심(蕈)은 **상연**(桑㮌:뽕나무 버섯)이다.

故謂地生者爲地蕈。》

> 그래서 땅에서 자라는 것을 **지심**(地蕈)이라고 한다."라고 했다.

从屮。

> 철(屮)을 따랐고,

六聲。

> 륙(六)이 성부가 된다.

《力竹切。3部。》

> 력죽절(力竹切)이다. 제 3부에 속한다.

𦫷籒文光。从三光。

> 𦫷주문 록이다. 록(光)자 세개를 따랐다.

《象叢生之狀也。

> 무리지어 자라나는 모양을 본뜬 것이다.

籒文陸字从此。》

> 주문(籒文)의 륙(陸)자가 이것을 따랐다.

---

**록**(先光) 버섯, 두꺼비, 느릿느릿 걸을.

**필**(芘) 향기, 스님.

**심**(蕈蕈) 버섯, 풀이름.

**규**(馗) 광대뼈, 아홉 곳으로 통하는 거리, 사람의 이름.

**균**(菌) 땅버섯.

**거**(蘧) 석죽화, 패랭이꽃, 구맥, 줄풀.

*0218*

고(菰) 대이름, 수레신호용 피리, 피리채찍.
이(檽) 버섯 ◼**연**:잇꽃, 홍화, 고욤나무.
연(薁) 나무버섯.
주(籀) 주나라 태사이름, 큰 전자, 글 읽을.

| | |
|---|---|
| **균록**(菌䕞) | 지심(地蕈)의 별명. |
| **지심**(地蕈) | 지심(地蕈)의 별명. |
| **중규**(中馗) | 지심(地蕈)의 별명. |
| **토균**(土菌) | 지심(地蕈)을 강동 지방에서부르는 말. 땅버섯. |
| **규주**(馗廚) | 지심(地蕈)을 강동 지방에서부르는 말. 땅버섯. |
| **출수**(出隧) | 지심(地蕈)의 별명. |
| **거소**(蘧蔬) | 지심(地蕈)의 별명. |
| **고초**(菰草) | 고초(菰草). 줄풀. |
| **권록**(圈䕞) | 지심(地蕈)의 별명. |
| **강동**(江東) | 양자강 이동(以東) 지구를 말한다. 옛 사람들은 동쪽을 좌(左)라고 했기 때문에 강좌(江左)로도 불렸다. 양자강(揚子江)이 구강(九江)에서 남경(南京)까지 동북방으로 비스듬히 흘렀으므로 동서(東西)와 좌우(左右)를 확정하는 기준이 되었다. 옛날에는 중원(中原)으로 진입하는 오지(吳地)의 중요한 항구(港口)가 있어서 강의 동쪽지구가 강동(江東)이 되었다. 역사가 흘러 중원이 중앙이 되고, 양자강 이남이 바깥, 표(表)가 되어 강남을 강표(江表)로 칭했다. 강표(江表)는 또 양자강의 동쪽에 있었으므로 또한 강동(江東)으로도 불렀다. 진(晉), 남조(南朝) 때에는 강동(江東)을 강좌(江左)로 불렀다. 삼국(三國) 때에 강동(江東)이 손오정권(孫吳政權)의 속지(屬地)였기 때문에 손오(孫吳)의 통치지구(統治地區) 전체를 강동(江東)으로 불렀다. |

**[인경고 引經考]**

**❶『석초(釋艸)』**

中馗, 菌.

<地蕈也, 似蓋, 今江東名爲土菌, 亦曰馗廚. 可啖之.

○馗, 音逵. 菌, 巨隕切.>

[疏] "中馗, 菌. 小者菌".

○釋曰 : 此辨菌大小之異名也. 大者名中馗, 小者即名菌,

郭云"地蕈也, 似蓋, 今江東人名爲土菌, 亦曰馗廚. 可啖之"者,

《說文》云 : "蕈, 桑<艸耎>也." 謂菌生木上也. 今云地蕈, 即俗呼地菌者是也.

**❷『주(注)』** 다른 글자의 주다.

出隧, 蘧蔬.

## 0218

<蕈蔬, 似土菌, 生菰草中, 今江東啖之, 甜滑. 音氈甂〈叟毛〉.
○隧, 音逐. 蕈, 巨俱切. 蔬, 山俱切. >

**❸허신(許愼)이 이르기를**

蕈【0457】桑菓也. 菓之生於桑者曰蕈. 蕈之生於田中者曰菌尗.
【鄭司農注-周禮】云深蒲. 或曰桑耳. 从艸. 覃聲. 〈慈祍切〉. 7部.

**형성** (1자)　　　육(莃茾)1671

**[록(光)이 포함된 글자들]** 1자

---

귀개(鬼蓋) 악마의 우산. 서양송이 속.
지개(地蓋) 대지의 우산. 서양송이 속.

**유사**  여섯 륙(六) 먼저 선(先) 빛 광(光)
**성부** 坴룩 茵목 龗축 夌릉

| 0219 | 熏 | **훈** | 【xūn ㄒㄩㄣ⁻】 22 | 0219 |

연기 낄 훈

火煙上出也。 불꽃과 연기가 위로 치솟는 것이다.

《『幽風』曰 『빈풍(幽風)』❶에 이르기를

窒窒熏鼠。》 "궁질훈서(窒窒熏鼠:구멍을 막고 연기를 피워 쥐를 쫓다)"라고 했다.

从中。 철(屮)을 따랐고,

《象煙上出。 연기가 위로 솟아나는 것을 본뜬 것이다.

此於六書爲叚(假)借。》 6서(六書)에 있어서는 가차(假借)에 해당한다.

从黑。 흑(黑)을 따랐다.

中黑熏象。 철(屮)이 검게 그을리는 모습을 나타낸다.

《此恐學者不達會意。 이것은 학자들이 뜻을 깨닫지 못할까봐

故發明之曰。 드러내어 명백히 말한 것이다.

中而繼之以黑。 철(屮)이 계속 지속되어서 검어지는 것을 나타낸다.

此煙上出。 이처럼 연기가 위로 솟아나면,

而煙所到處成黑色之象也。 연기가 닿은 곳이 검은 색으로 변하는 모습이다.

合二體爲會意。 두 글자를 합하였으므로 회의자다.

單言上體則爲假借。 윗 부분의 한 글자만 말한다면 가차다.

與鏜本金而从玉。同意。 탕(鏜:황금)이 본래 금(金)이지만 옥(玉)자를 따른 것과 같은 뜻이다. 그러므로 부수의 끝에 두었다.

故居部末。

許云切。13部。》 허운절(許云切)이다. 제 13부에 속한다.

**빈(幽)** 나라이름 ▣**반**:아롱질. <豕부 10획>

**궁(窒)** 높을, 클, 하늘, 궁할, 막힐.

**질(窒)** 막힐, 막을, 칼마구리, 가득할.

**탕(鏜)** 아름다운 황금.

**궁질(窒窒)** ① 쥐구멍. ② 틈을 모두 막음.

**훈서(熏鼠)** 불로 쥐구멍을 그슬려 쥐를 소탕함.

**궁질훈서(窒窒熏鼠)** 『시경:빈풍: 7월(詩經:幽風: 7月)』아래 <빈풍> 참조.

오월에는 귀뚜라미 다리 떨고, 유월에는 베짱이 깃 떨고

7월에는 들에 있고, 8월에는 집에 있고, 9월에는 문에 있네.

10월에는 귀뚜라미 상 아래 든다.

구멍 막고 불 놓아 쥐를 쫓고, 북창 막고 문 바르네.

아! 아내와 아이들, 한 해가 바뀌려 하니,

이곳에 들어와 있어라.

## 0219

[인경고 引經考]

**❶『빈풍(豳風)』〈七月〉**

七月流火, 九月授衣. 一之日觱發, 二之日栗烈.

無衣無褐, 何以卒歲. 三之日于耜, 四之日擧趾.

同我婦子, 饁彼南畝. 田畯至喜. 七月流火, 九月授衣.

春日載陽, 有鳴倉庚. 女執懿筐, 遵彼微行.

爰求柔桑. 春日遲遲, 采蘩祁祁. 女心傷悲, 殆及公子同歸.

七月流火, 八月萑葦. 蠶月條桑, 取彼斧斨, 以伐遠揚, 猗彼女桑.

七月鳴鵙, 八月載績. 載玄載黃, 我朱孔陽, 爲公子裳.

四月秀葽, 五月鳴蜩. 八月其穫, 十月隕蘀. 一之日于貉, 取彼狐貍,

爲公子裘. 二之日其同, 載纘武功, 言私其豵, 獻豜于公.

五月斯螽動股, 六月莎雞振羽. 七月在野, 八月在宇, 九月在戶.

十月蟋蟀入我牀下. 穹窒熏鼠,

    <穹, 窮. 窒, 塞也. 向, 北出牖也. 墐, 塗也. 庶人蓽戶.

    箋云 : 爲此四者以備寒.

    ○正義曰 : "窒, 塞", 《釋言》文. 以窒是塞, 故穹爲窮, 言窮盡塞其窟穴也.>

塞向墐戶. 嗟我婦子, 曰爲改歲, 入此室處.

六月食鬱及薁, 七月亨葵及菽, 八月剝棗, 十月穫稻.

爲此春酒, 以介眉壽. 七月食瓜, 八月斷壺, 九月叔苴, 采茶薪樗.

食我農夫.

九月築場圃, 十月納禾稼. 黍稷重穋, 禾麻菽麥. 嗟我農夫, 我稼旣同,

上入執宮功. 晝爾于茅, 宵爾索綯. 亟其乘屋, 其始播百穀.

二之日鑿冰沖沖, 三之日納于凌陰. 四之日其蚤, 獻羔祭韭. 九月肅霜

十月滌場. 朋酒斯饗, 曰殺羔羊. 躋彼公堂, 稱彼兕觥, 萬壽無疆.

[훈(熏)이 포함된 글자들] 5자

형성 (5자) 훈(薰䕩)274 훈(纁纁)8221
훈(燻壎)8657 훈(勳勲)8781 훈(醺䤄)9400

**文七 重三**

正文이 7자이고 중문이 3자 있다.

**0220** 艸 屮 卝 艹 艸 **艸** 【cǎo ㄘㄠˇ】 22
풀 초

百艸(卉)也。
《卉下曰。
艸之總(總)名也。
是爲轉注。
二屮三屮一也。
引伸爲艸稿、
艸具之艸。》
从二屮。
《倉老切。古音在 3部。
俗以草爲艸。
乃別以皁爲草。》
凡艸之屬皆从艸。

「여러가지 풀」이라는 뜻이다.
『훼(卉)자 아래에서 이르기를
"풀을 총칭하는 이름이다."라고 했다.
이것은 전주(轉注)다.
철(屮)이 두 개든, 세 개든 같다.
뜻이 확대되어 **초고**(艸稿), **초구**(艸具:거칠고 조잡한 것)의 초
(艸)의 초(艸)자 처럼 쓰인다.
두 개의 철(屮)을 따랐다.
창로절(倉老切)이다. 고음(古音)은 제 3부에 속한다.
속자에서 초(草)를 초(艸)로 쓴다.
또 별도로 조(皁)를 초(草)로 삼기도 한다.
대개 초(艸)에 속한 글자는
모두 초(艸)를 따른다.

**훼**(艸卉) 풀, 많을, 초목.

**초고**(艸稿)   시문(詩文)의 초벌 원고.

**초구**(艸具)   ① 형편없는 음식. ② 나물 따위를 담는 그릇.

※ **악초구(惡艸具)** 고기류가 전혀없이 막 차린 음식.

※ 양뿔 개(丷→艹)가 원래는 초두(艸→卄、艹)와 다르지만 지금은 대부
분 초두(艹)로 쓴다

유사 양뿔 개(丷) 상 기(丌) 쌍상투 관(卝卝) 스물 입(卄卄) 받들 공
(廾)

형부 艸를 부수로 하는 대부분의 글자들
조(藻) 독(藫) 우(蕅) 온(蘊)
평(萍) 행(荇) 조(藻) 치(菑菑)

# 0221

풀 무성한 모양 장

| | |
|---|---|
| 上諱。 | 황제의 이름자이므로 풀이를 피한다. |
| 《見[示部]。 | [시부(示部)]를 보라. |
| 其說解當曰。 | 그 풀이는 마땅히 |
| 艸大也。 | "풀이 큰 것이다. |
| 从艸。 | 초(艸)를 따랐고, |
| 壯聲。 | 장(壯)이 성부가 된다."라고 해야 한다. |
| 其次當在茢薪二字之閒(間)。 | 그 순서는 마땅히 착(茢:풀이 큰 모양)과 점(薪:우거질) 두 글자 사이에 있어야 한다. |
| 此形聲兼會意字。 | 이것은 형성(形聲)과 회의(會意)를 겸한 글자다. |
| 壯訓大。 | 장(壯)의 뜻은 '크다'는 것이다. |
| 故莊訓艸大。 | 그러므로 장(莊)의 뜻은 '풀이 크다'는 것이다. |
| 古書莊壯多通用。 | 옛날 책에서는 장(莊)과 장(壯)을 많이 통용했다. |
| 引伸爲凡壯盛精嚴之義。 | 뜻이 확대되어 모든 **장성**(壯盛:건장함)하고 **정엄**(精嚴:정치하고 엄밀함)한 것을 뜻하게 되었다. |
| 『論語』。 | 『론어(論語)』❶에 |
| 臨之以莊。 | "**림지이장**(臨之以莊:장엄하게 임한다.)"라고 했다. |
| 苞咸曰。 | 포함(苞咸)이 이르기를 |
| 莊、嚴也。是也。 | "장(莊)은 엄(嚴)이다."라고 한 것이 이런 것이다. |
| 側羊切。10部。》 | 측양절(側羊切)이다. 제 10부에 속한다. |
| 牂古文莊。 | 牂은 고문 장(莊)이다. |
| 《莊字篆文本不書。 | 장(莊)자의 전서(篆書)는 본래 실리지 않았었다. |
| 今書之者。後人補也。 | 지금 실린 것은 후세 사람들이 보충한 것이다. |
| 然則錄古文注之曰古文莊。 | 그러므로 고문의 주(注)를 기록하면서「고문 장(莊)」이라고 한 |
| 亦恐後人所加。 | 것 역시 후세 사람들이 첨가한 것일 수 있다. |
| 且其形本比莊字。 | 또 그 형태가 본래 장(莊)자와 비슷하다. |
| 當時奘字之譌。 | 그 당시의 장(奘)자를 착각하여 잘못 쓴 것이다. |
| 古文士或作牀。 | 고문에서는 사(士)를 간혹 사(牀)자로 썼는데, |
| 譌爲占也。 | 착각하여 알(占)로 쓴 것이다. |
| 凡古文經後人轉寫茫(茫)昧難知者、 | 대개 고문이 후세 사람들이 옮겨쓰면서 **망매**(茫昧:애매하여 분명하지 않음)해져서 알기 어려운 것은 |
| 擧(擧)以䉍奘二字爲例求之。》 | 독(䉍), 장(奘) 두 글자를 예로 삼아 뜻을 구해야 한다. |

**도**(茢) 초목 거꾸러질 ■**착**:풀 큰 모양.

**점**(薪) 풀 더부룩할 ■**첨**:보리 팰 ■**참**:보리 팰.

**독**(䉍) 독, 독(毒)의 옛 글자.

**0221**

장(奘) 강대할, 성할, 클.

**상휘**(上諱) 한(漢) 명제(明帝)의 이름이 장(莊)이다.
**림지이장**(臨之以莊) "계강자가 묻기를, '백성들로 하여금 경건하고, 충성스럽고, 부지런하게 하려면 어떻게 하면 됩니까?'했다. 공자가 답하기를 "'장엄하게 임하면 경건해질 것이고, 자애롭고 효성스럽게 대하면 충성스러워질 것이고, 잘 하는 사람을 천거하고 무능한 자를 가르치면 부지런해질 것입니다.'라고 했다. "
**장성**(壯盛) ① 건장함. ② 흥성(興盛)함. ③ 장대함. 기세가 있음.
**정엄**(精嚴) ① 우량한 것만 골라뽑아 정리함. ② 정치(精致)하고 세밀(細密)하며 엄밀(嚴密)함.
**망매**(茫昧) 흐리멍덩하고 둔함. 확실하지 않음. 뚜렷하지 않음.

**[인경고 引經考]**

❶『론어(論語)』<론어:위정(論語:爲政)>

季康子問:使民敬忠以勸, 如之何? <孔曰: "魯卿季孫肥. 康, 諡.>

子曰: 臨之以莊, 則敬, <包曰: "莊, 嚴也. 君臨民以嚴, 則民敬其上.>

孝慈, 則忠, <包曰: "君能上孝於親, 下慈於民, 則民忠矣.>

舉善而教不能, 則勸. <包曰: "舉用善人而教不能者, 則民勸勉.>

참고 장(糚)단장할
※ 장(粧)과 같은 글자

# 0222  蓏 라 【luǒ ㄌㄨㄛˇ】 22
## 풀 열매 라

在木曰果。
在艸曰蓏。

나무에 열린 것을 과(果),
풀에 열리는 것을 라(蓏)라고 한다.

《各本作「在地曰蓏。
今正。

『여러 책에서 "땅에 있는 것을 라(蓏)라고 한다"고 했는데 지금 바로 잡는다.

考『齊民要術』引『說文』。
在木曰果。
在艸曰蓏。

『제민요술(齊民要術)』❶에서 『설문(說文)』을 인용한 것을 보면 "나무에 있는 것을 과(果)라 하고, 풀에 있는 것을 라(蓏)라고 했다."는데,

以別於『許愼-注:淮南』云。
在樹曰果。
在地曰蓏。

별도로 『허신-주:회남(許愼-注:淮南)』에서 이르기를 "나무에 있는 것을 과(果)라 하고, 땅에 있는 것을 라(蓏)라고 한다."라고 했다.

然則賈氏所據未誤。

그러므로 가씨(賈氏)가 근거한 것이 틀리지 않은 것이다.

後人用『許-淮南:注』。

후세 사람들은 『허-회남:주(許-淮南:注)』❷를 사용했다.

『臣瓚-漢書:注』改之。
惟在艸曰蓏。
故蓏字从艸。

『신찬-한서:주(臣瓚-漢書:注)』❸에서 고쳐서, "풀에 있는 것을 라(蓏)라고 한다. 그러므로 라(蓏)자가 초(艸)를 따른다."라고 했다.

凡爲傳注者主說大義。

대개 경전의 문자를 해석하는 일(爲傳注者)은 대의를 위주로 설명한다.

造字書者主說字形。

조자서(造字書)는 글자의 형태를 위주로 설명한다.

此所以『注:淮南』、
『作:說文』出一手而互異也。

이것이 『회남(淮南)』에 주를 하고, 『설문(說文)』을 짓는 것이 한 사람의 손에서 나온 것이지만 서로 다른 까닭이다.

應劭、宋衷云。
木實曰果。艸實曰蓏。
與『說文』合。

응소(應劭)와 송충(宋衷)이 이르기를 "나무 열매는 과(果)라 하고, 풀 열매는 라(蓏)라고 한다."라고 했는데 『설문(說文)』과 일치한다.

若張晏云。
有核曰果。
無核曰蓏。

장안(張晏)이 말한 것을 보면 "씨가 있는 것을 과(果)라 하고, 씨가 없는 것을 라(蓏)라고 한다."고 했다.

臣瓚云。
木上曰果。
地上曰蓏。

신찬(臣瓚)은 이르기를 "나무 위에 있으면 과(果)라 하고, 땅 위에 있으면 라(蓏)라고 한다."라고 했다.

馬融、鄭康成云。
果、桃李屬。
蓏、瓜瓝屬。

마융(馬融)과 정강성(鄭康成)이 이르기를 "과(果)는 복숭아, 오얏의 무리이고, 라(蓏)는 오이, 박의 무리이다."라고 했다.

『高-注:呂氏春秋』云。
有實曰果。
無實曰蓏。

『고-주:려씨-춘추(高-注:呂氏-春秋)』❹에 이르기를 "열매가 있으면 과(果)라 하고, 열매가 없으면 라(蓏)라고 한다."라고 했다.

『沈約-注:春秋:元命苞』云。
木實曰果。
蓏、瓜瓝之屬。
『韓康伯-注:易傳』云。
果蓏者物之實。
說各不同。
皆無不合。
高云有實無實、
卽有核無核也。》
从艸瓜
《此合二體會意。
瓜者、本不勝末。
微弱也。
謂凡艸結實如瓜瓞下垂者、
統謂之蓏。
郞果切。17部。
〖鍇本〗作「瓜聲」。誤。

瓜、窳聲。葢(蓋)在 5部。
此會意形聲之必當辨者也。》

『심약-주:춘추:원명포(沈約-注:春秋:元命苞)』❺에 이르기를
"나무열매를 과(果)라고 한다.
 라(蓏)는 오이, 박 등속이다."라고 했다.
『한강백-주:역전(韓康伯-注:易傳)』❻에 이르기를
"과(果), 라(蓏)는 사물의 열매다."라고 했다.
여러 설들이 각기 다르지만
일치하지 않는 것은 없다.
고유(高誘)가 말한「열매가 있고, 없고」는
곧「씨가 있고 없고」를 말한 것이다.
초(艸)와 유(瓜)를 따랐다.
이것은 두 글자가 합한 회의자다.
유(瓜)자는 밑둥이 끝가지를 이기지 못하는
미약한 것이다.
대개 풀이 열매를 맺어 뿌리끝에 매달린 작은 오이처럼 아래로
늘어지는 것을 통칭하여 라(蓏)로 일컫는 것이다.
랑과절(郞果切)이다. 제 17부에 속한다.
서개(徐鍇)의 책에서는「유성(瓜聲)」으로 되어있는데 잘못된
것이다.
유(瓜), 유(窳) 성부는 모두 제 5부에 속한다.
이것이 회의와 형성이 마땅히 분별되어야 하는 것이다.

유(瓜) 밑동 약할, 과로병.
질(瓞) 북치, 작은 오이.
유(窳)) 사기그릇의 됨됨이 거칠고 비뚤어질, 그릇 속빌, 흠집, 나쁠.

**과호(瓜瓠)** 오이와 조롱박.

**과질(瓜瓞)** ① 자손이 번창하는 것을 비유하는 말. ② 서로 이어서 끊어지지 않음.『시경:대아:면(詩經:大雅:綿)』"길게 이어진 오이덩굴, 우리 백성 처음 산 곳은 저수(沮水)와 칠수(沮水)였네."「綿綿瓜瓞. 民之初生, 自土沮漆.」에 대한 주희(朱熹)의 <집전(集傳)>에「大曰瓜, 小曰瓞」이라고 했다.

<興也. 綿綿, 不絕貌. 瓜, 紹也. 瓞, 㼰也. 民, 周民也. 自, 用. 土, 居也. 沮, 水. 漆, 水也. 箋云 : 瓜之本實, 繼先歲之瓜, 必小, 狀似㼰, 故謂之瓞. 綿綿然若將無長大時. 興者, 喻後稷乃帝嚳之胄, 封於邰. 其後公劉失職, 遷於豳, 居沮, 漆之地, 歷世亦綿綿然. 至大王而德益盛, 得其民心而生王業, 故本周之興, 自於沮, 漆也.>

**면면과질(綿綿瓜瓞)** 주렁주렁 달린 오이덩굴 처럼 자손이 끊어지지 않고 이어져 번창하기를 비는 모

## 0222

**면과(綿瓜)** 습의 비유. 줄여서 「면과(綿瓜)」라고 한다.

『시경:대아:면(詩經:大雅:綿)』 전문

縣縣瓜瓞. 民之初生, 自土沮漆. 古公亶父, 陶復陶穴, 未有家室.
古公亶父, 來朝走馬. 率西水滸, 至于岐下. 爰及姜女, 聿來胥宇.
周原膴膴, 菫荼如飴. 爰始爰謀, 爰契我龜. 曰止曰時, 築室于茲. …

**[인경고 引經考]**

❶『제민요술(齊民要術)』
"還廬樹桑, "師古曰：'還, 繞也.'" 菜茹有畦, 《爾雅》曰："菜謂之蔌." "不熟曰饉." "蔬, 菜總名也." "凡草, 菜可食, 通名曰蔬." 案生曰菜, 熟曰茹, 猶生曰草, 死曰蘆. 瓜, 瓠, 果, 蓏, "郎果反. 應劭曰：'木實曰果, 草實曰蓏.' 張晏曰：'有核曰果, 無核曰蓏.' 臣瓚案：'木上曰果, 地上曰蓏.'"《說文》曰："在木曰果, 在草曰蓏." 許慎注《淮南子》曰："在樹曰果, 在地曰蓏." 鄭玄注《周官》曰："果, 桃, 李屬；蓏, 瓠屬." 郭璞注《爾雅．曰："果, 木子也." 高誘注《呂氏春秋》曰："有實曰果, 無實曰蓏." 宋沈約注《春秋元命苞》曰："木實曰果；蓏, 瓜瓠之屬." 王廣注《易傳》曰："果, 蓏者, 物之實. 殖於疆易." 張晏曰：'至此易主, 故曰易.' 師古曰：'《詩:小雅:信南山》云：中田有廬, 疆易有瓜. 即謂此也.'"

❷『허-회남:주(許-淮南:注)』 1번 참조.
許慎注《淮南子》曰："在樹曰果, 在地曰蓏."

❸『신찬-한서:주(臣瓚-漢書:注)』 <안사고주>는 약간 다르다.
還廬樹桑, 菜茹有畦, 瓜瓠果蓏殖於疆易.<應劭曰「木實曰果, 草實曰蓏.」張晏曰「有核曰果, 無核曰蓏.」臣瓚曰「案木上曰果, 地上曰蓏也.」師古曰「茹, 所食之菜也. 畦, 區也. 茹音人豫反. 畦音胡圭反. 蓏音來果反.>

❹『고-주:려씨-춘추(高-注:呂氏-春秋)』 1번 참조.
高誘注《呂氏春秋》曰："有實曰果, 無實曰蓏.

❺『심약-주:춘추:원명포(沈約-注:春秋:元命苞)』 1번 참조.
宋沈約注《春秋元命苞》曰："木實曰果；蓏, 瓜瓠之屬.

❻『한강백-주:역전(韓康伯-注:易傳)』 <주역정의>
艮爲山, 爲徑路, 爲小石, 爲門闕, 爲果蓏, 爲閽寺, 爲指, 爲狗, 爲鼠, 爲黔喙之屬. 其於木也, 爲堅多節.<[疏]正義曰：此一節廣明艮象. 艮爲山, 取陰在下爲止, 陽在於上爲高, 故艮象山也. 爲徑路, 取其山雖高有澗道也. 爲小石, 取其艮爲山, 又爲陽卦之小者, 故爲小石也. 爲門闕, 取其有徑路, 又崇高也. 爲果蓏, 木實爲果, 草實爲蓏, 取其出於山穀之中也. 爲閽寺, 取其禁止人也. 爲指, 取其執止物也. 爲狗爲鼠, 取其皆止人家也. 爲黔喙之屬, 取其山居之獸也. 其於木也爲堅多節, 取其山之所生, 其堅勁故多節也. >

| 0223 | 坐芝 **지** 【zhī 坐-】 22 | 0223 |
|---|---|---|
| | 영지 버섯 지 | |

神芝也。
《『釋艸』曰。
茵芝。
『論衡』曰。
土氣和、故芝艸生。》
从艸。
之聲。
《止而切。1部。》

「영지버섯」이다.
『석초(釋艸)』에 이르기를
"수지(茵芝)다."라고 했다.
『론형(論衡)』❶에서는
"토(土)의 기운이 어울리면 **지초(芝艸)**가 자라난다."고 했다.
초(艸)를 따랐고,
지(之)가 성부가 된다.
이지절(止而切)이다. 제 1부에 속한다.

**수(茵)** 지초 ▣유:같은 뜻.

**수지(茵芝)** 茵, 芝. 수(茵)는 지(芝)다.
**지초(芝艸)** ① 고대에 상서(祥瑞)의 상징으로 여기던 버섯. 곧 령지(靈芝). ② 지치과에 속화는 다년생 풀. 화상(火傷)이나 동상(冬傷)의 치료약으로 쓰인다. 일년에 세 번 꽃을 피우기 때문에 3수(三秀), 3수초(三秀草)려고도 부른다. 이외에 주초(朱草), 령초(靈草), 서초(瑞草)라고도 한다.

**[인경고 引經考]**

**❶『석초(釋艸)』**

渣, 灌.<未詳> 茵, 芝.<芝, 一歲三華, 瑞草. ○渣, 音救. 茵, 音囚.>

疏"茵, 芝"

<○釋曰:瑞草名也, 一歲三華, 一名茵, 一名芝.

《論衡》云:"芝生於土, 土氣和, 故芝草生瑞命."

《禮》曰:"王者仁慈, 則芝草生."是也.>

**❷『론형:험부편(論衡:驗符篇)』**

59·7賈誼創議於文帝之朝, 云:"漢色當尚黃, 數以五爲名."賈誼, 智囊之臣, 雲色黃數五, 土德審矣. 芝生於土, 土氣和, 故生土. 土爰稼穡, 稼穡作甘, 故甘露集. 龍見, 往世不雙, 唯夏盛時二龍在庭, 今龍雙出, 應夏之數, 治諧偶也. 龍出往世, 其子希出, 今小龍六頭並出遨戲, 象乾坤六子, 嗣後多也. 唐, 虞之時, 百獸率舞, 今亦八龍遨戲良久. 芝草延年, 仙者所食, 往世生出不過一二, 今並前後凡十一本, 多獲壽考之證, 生育松, 喬之糧也. 甘露之降, 往世一所, 今流五縣, 應土之數, 德布濩也. 皇瑞比見, 其出不空, 必有象爲, 隨德是應.

《證類本草》卷六引《論衡》云:"芝生於土, 土氣和, 故芝草生."義較今本爲長."芝生"下一"土"字涉下文衍.

## 0224

## 0224 𦵯蓶삽【shà ㄕㄚˋ】22
### 삽보풀 삽

蓶莆《逗。》瑞艸也。
堯時生於庖廚。
扇暑而凉。
『白虎通』曰。
孝道至則蓶莆生庖廚。
蓶莆者、樹名也。
其葉大於門扇。
不搖自扇。
於飮食淸凉助供養也。
『論衡』作「萐脯」。
言廚中自生肉脯。
薄如萐。
搖鼓(鼓)生風。
寒凉食物。》
从艸、
疌聲。
《山洽切。8部。》

삽보(蓶莆)는 상서로운 풀이다.
요임금 때 부엌에서 자랐는데
더위에 부채질하면 시원해졌다.
『백호통(白虎通)』❶에 이르기를
"효도가 지극하면 삽보풀이 부엌에서 자라난다.
삽보(蓶莆)는 나무 이름이다.
그 잎이 문짝보다 컸다.
흔들지 않아도 저절로 부채질했다.
음식을 시원하게 하므로 공양(供養)을 도왔다."라고 했다.
『론형(論衡)』❷에서는 「삽포(萐脯)」로 썼다.
부엌에서 저절로 나는 육포(肉脯)라는 말이다.
삽(萐:부채, 육포)처럼 얇고,
흔들어 고무하면 바람이 일어나
음식물을 차갑게 했다.
초(艸)를 따랐고,
첩(疌)이 성부가 된다.
산흡절(山洽切)이다. 제 8부에 속한다.

보(莆) 삽보풀 ▣포:땅이름, 창포.
포(庖) 부엌, 푸줏칸, 숙수, 백정.

**삽보(蓶莆)**
**삽포(萐脯)**
고대의 전설(傳說) 속에 나오는 길상(吉祥)을 나타내는 신비한 풀. 한(漢) 반고(班固)의 《백호통:봉선(白虎通:封禪)》에 "효도가 지극하면 부엌에 삽보가 자라는데, 삽보는 나무이름이다. 그 잎은 크기가 문짝 만하다. 흔들지 않아도 음식에 부채질해서 공양을 돕는다." [孝道至則蓶莆生庖廚. 蓶莆者, 樹名也. 其葉大於門扇, 不搖自扇, 於飮食淸凉助供養也.]라고 했다.

**육포(肉脯)**
원래는 고기를 얇게 져며서 말린 것. 『론형:시응(論衡:是應)』에 "유자들이 부엌에서 삽보가 자란다고 말하는 것은 저절로 나는 육포를 말한다. 얇기가 삽보 같고, 흔들면 바람이 일어 음식을 차갑게해서 악취가 나지 않게 한다."라고 했다. 「儒者言蓶莆生於庖廚者, 言者中自生肉脯. 薄如萐形. 搖鼓(鼓)生風. 寒凉食物. 使之不臭.」

**포주(庖廚)** ① 푸주, 고깃간. 푸주간. ② 주방, 부엌.

**[인경고 引經考]**

❶『백호통(白虎通)』 <白虎通義 卷五 封禪 巡狩 考黜>
天下太平符瑞所以來至者, 以爲王者承統理, 調和陰陽, 陰陽和, 萬物序,

**0224**

休氣充塞，故符瑞並臻，皆應德而至. 德至天則斗極明，日月光，甘露降；德至地則嘉禾生，蓂莢起，秬鬯出，太平感；德至文表則景星見，五緯順軌；德至草木朱草生，木連理；德至鳥獸則鳳皇翔，鸞鳥舞，麒麟臻，白虎到，狐九尾，白雉降，白鹿見，白鳥下；德至山陵則景雲出，芝實茂，陵出異丹，阜出蓮莆，山出器車，澤出神鼎；德至淵泉則黃龍見，醴泉通，河出龍圖，洛出龜書，江出大貝，海出明珠；德至八方則祥風至佳氣時喜，鐘律調，音度施，四夷化，越裳貢.

孝道至則以蓮莆者，樹名也，其葉大於門扇，不搖自扇，於飲食清涼，助供養也. 繼嗣平明則賓連生於房戶. 賓連者，木名也，連累相承，故在於房戶，像繼嗣也. 日曆得其分度，則蓂莢生於階間. 蓂莢樹名也，月一日生一莢，十五日畢，至十六日去莢，故莢階生似日月也. 賢不肖位不相逾，則平路生於庭. 平路者，樹名也，官位得其人則生，失其人則死.

狐九尾何? 狐死首丘，不忘本也，明安不忘危也. 必九尾者何? 九妃得其所，子孫繁息也. 於尾者何? 明後當盛也.

景星者，大星也. 月或不見，景星常見，可以夜作，有益於人民也.

甘露者，美露也，降則物無不盛者也.

朱草者，赤草也，可以染絳，別尊卑也.

醴泉者，美泉也，狀若醴酒，可以養老也.

嘉禾者，大禾也，成王時有三苗異歚而生，同為一穗大幾盈車，長几充箱. 民有得而上之者，成王訪周公而問之，公曰：「三苗為一穗，天下當和為一乎!」以是果有越裳氏重九譯而來矣.

❷『론형(論衡)』

儒者言蓂脯生於庖廚者，言廚中自生肉脯，薄如蓂形，搖鼓生風，寒涼食物，使之不臭. 夫太平之氣雖和，不能使廚生肉蓂，以爲寒涼. 若能如此，則能使五穀自生，不須人爲之也. 能使廚自生肉蓂，何不使飯自蒸於甑，火自燃於灶乎? 凡生蓂者，欲以風吹食物也，何不使食物自不臭? 何必生蓂以風之乎? 廚中能自生蓂，則冰室何事而複伐冰以寒物乎?

## 0225

蓬莆也。
从艸。
甫聲。
《方矩切。5部。
【鍇本】苗莆二字在荋下荼上。》

「삽보(蓬莆)」다.
초(艸)를 따랐고,
보(甫)가 성부가 된다.

　방구절(方矩切)이다. 제 5부에 속한다.

　서개(徐鍇)의 책에는 적(苗:소루쟁이), 포(莆:부들) 두 글자가 묘(荋:순채)자 뒤, 도(荼:차나무)자 앞에 있었다.

**삽**(蓬) 상서 풀이름.
**적**(苗) 소루쟁이 ▣축:같은 뜻 ▣척:같은 뜻.
**묘**(荋) 순채.
**도**(荼) 씀바귀, 억새 ▣차:속음 ▣다:같은 뜻 ▣서:느릿느릿할, 귀신
　이름 ▣사:갈대꽃 ▣채:머리가 둘 있는 사슴 이름 ▣야:현이름 ▣
　**호**:띠꽃 ▣여:같은 뜻
　<통아(通雅)> 도(荼)자가 중당(中唐) 때부터 다(茶)자로 변하기 시작
　했다.[荼字自中唐始變作茶]

**삽보**(蓬莆)　　고대의 전설(傳說) 속에 나오는 길상(吉祥)을 나타내는 신비한 풀. 한(漢) 반고(班固)의 《백호통·봉선(白虎通·封禪)》에 "효도가 지극하면 부엌에 삽보가 자라는데, 삽보는 나무이름이다. 그 잎은 크기가 문짝 만하다. 흔들지 않아도 음식에 부채질해서 공양을 돕는다."[孝道至則蓬莆生庖廚. 蓬莆者, 樹名也. 其葉大於門扇, 不搖自扇, 於飲食清涼助供養也.]라고 했다.

## 0226 虋虋 문【mén ㄇㄣˊ】 22
맥문동 문

赤苗。《句。》嘉穀也。
《『大雅』曰。
誕降嘉穀。
維虋維芑。
『爾雅』、『毛傳』皆曰。
虋、赤苗、芑、白苗。
按『倉頡篇』曰。
苗者、禾之未秀者也。
禾者今之小米。
赤苗白苗謂禾莖有赤白之分

非謂粟。云嘉穀者、
據『生民詩』言之。
『今一詩』作嘉種。
許君引誕降嘉穀。
維秬維秠。
虋芑下皆曰嘉穀。》
从艸、
釁聲。
《莫奔切。13部。
〔今一詩〕作「虋」非。》

적묘(赤苗)는 **가곡**(嘉穀:좋은 곡식)이다.
『대아(大雅)』에 이르기를
"탄강가곡(誕降嘉穀:좋은 곡식을 내려주시니)
유문유기(維虋維芑:맥문동과 차조로다.)"라고 했다. ❶
『이아(爾雅)』와 『모-전(毛-傳)』❷ 모두 이르기를
"맥문동은 **적묘**(赤苗)요, 차조는 **백묘**(白苗)다."라고 했다.
생각건대 『창힐편(倉頡篇)』에 따르면
묘(苗)는 화(禾)가 아직 싹트지 않은 것이다.
화(禾)는 지금의 소미(小米:찧은 좁쌀)다.
**적묘**(赤苗), **백묘**(白苗)는 벼의 줄기가 붉은 것과 흰 것의 구분
이 있는 것이다.
속(粟)이라 하지 않고 **가곡**(嘉穀)이라고 한 것은
『생민시(生民詩)』❸에 근거해서 말한 것이다.
『금-시(今-詩)』는 **가종**(嘉種)이라고 했다.
허신(許愼)은 「탄강가곡(誕降嘉穀), 유거유비(維秬維秠)」를 인
용했다.
문(虋), 기(芑:차조) 아래 모두 **가곡**(嘉穀)이라고 말했다.
초(艸)를 따랐고,
흔(釁)이 성부가 된다.
막분절(莫奔切)이다. 제 13부에 속한다.
지금의 『시(詩)』에서는 마(虋)를 썼는데 옳지 않다.

**문**(虋) 맥문동, 붉은 차조.
**기**(芑) 흰 차조, 쑥갓, 나무이름.
**거**(秬) 검은 기장, 검은 기장과 향초로 빚은 술.
**비**(秠) 검은 기장, 한 껍질 속에 두 알이 들어있는 보리.
**문**(虋) 조, 붉은 기장, 붉은 차조.
**흔**(釁) 피 칠할, 희생의 피를 그릇에 발라 하늘에 제사지낼, 허물, 조
짐.

| | |
|---|---|
| 탄강가곡(誕降嘉穀) 유문유기(維秬維秠) | 좋은 곡식 내려주시니, 검은 기장, 두알 기장, 붉은 수수, 흰 조라네.『시경:대아:생민지십:생민(詩經:大雅:生民之什:生民)』에「誕降嘉穀. 維秬維秠. 維虋維芑.」 |
| 화경(禾莖) | 벼의 줄기. |
| 백묘(白苗) | 벼의 줄기가 흰 것, 차조. |
| 적묘(赤苗) | 벼의 줄기가 붉은 것, 맥문동. |

# 0226

가곡(嘉穀)　① 좋은 곡식이라는 뜻으로 벼(禾)를 가리킴. ② 조(粟) 또는 5곡의 총칭.

※ 진한(秦漢) 이전에는 속(粟)이 곡식을 총칭하는 말이었다. 여기에는 서(黍), 직(稷), 량(粱) 등이 모두 포함되었다. 한(漢) 이후 이삭이 크고, 털이 길고, 알이 굵은 것을 량(粱)이라 하고, 이삭이 크고, 털이 짧고, 알이 작은 것을 속(粟)이라고 부르기 시작했다.

가종(嘉種)　좋은 품종, 우량종. 옛 시에서는 「가곡(嘉穀)」이라고 한 것을 금시(今詩)에서는 「가종(嘉種)」이라고 했다.

## [인경고 引經考]

### ❶〈大雅:生民之什:生民〉

厥初生民, 時維姜嫄. 生民如何, 克禋克祀, 以弗無子.

履帝武敏, 歆攸介攸止, 載震載夙, 載生載育, 時維后稷.

誕彌厥月, 先生如達. 不拆不副, 無菑無害.

以赫厥靈, 上帝不寧, 不康禋祀, 居然生子.

誕寘之隘巷, 牛羊腓字之. 誕寘之平林, 會伐平林.

誕寘之寒冰, 鳥覆翼之. 鳥乃去矣, 后稷呱矣.

實覃實訏, 厥聲載路. 誕實匍匐, 克岐克嶷, 以就口食.

蓺之荏菽, 荏菽旆旆, 禾役穟穟, 麻麥幪幪, 瓜瓞唪唪.

誕后稷之穡, 有相之道. 茀厥豐草, 種之黃茂.

實方實苞, 實種實褎, 實發實秀, 實堅實好, 實穎實栗.

即有邰家室. 誕降嘉種, 維秬維秠, 維穈維芑.

恒之秬秠, 是穫是畝. 恒之穈芑, 是任是負. 以歸肇祀.

誕我祀如何. 或舂或揄, 或簸或蹂. 釋之叟叟, 烝之浮浮.

載謀載惟, 取蕭祭脂, 取羝以軷. 載燔載烈, 以興嗣歲.

卬盛于豆, 于豆于登. 其香始升, 上帝居歆. 胡臭亶時.

后稷肇祀, 庶無罪悔, 以迄于今.

### ❷『이아(爾雅)』

虋, 赤苗.〈今之赤粱粟.〉芑, 白苗.〈今之白粱粟, 皆好穀.〉秬, 黑黍.〈《詩》曰: "維秬維秠."〉秠, 一稃二米.〈此亦黑黍, 但中米異耳. 漢和帝時任城生黑黍, 或三四實, 實二米, 得黍三斛八斗是. ○穈, 他涷切. 芑, 音㠯. 虋, 音門. 芑, 音起. 秬, 孚鄙切. 稃, 音敷.〉

### 『모-전(毛-傳)』

〈天降嘉種. 秬, 黑黍也. 秠, 一稃二米也. 穈, 赤苗也. 芑, 白苗也. 箋云 : 天應堯之顯後稷, 故爲之下嘉種. ○秬音巨. 秠, 孚鄙反, 亦黑黍也. 又孚卑反, 郭芳婢反.〉

### ❸『생민시(生民詩)』1번 참조.

## 227 荅 답 【dá ㄉㄚˊ】 22
### 종콩 답

小未也。 「좀콩」이다.

《『禮』注》有麻荅。 『례:주(禮:注)』❶에 **마답**(麻荅)이라는 말이 있다.

『廣雅』云。 『광아(廣雅)』에 이르기를

小豆荅也。 "소두(小豆:팥)를 답(荅)이라고 한다."고 했다.

假借爲酬荅。》 가차(假借)해서 **수답**(酬荅:응답)이 되었다.

从艸。 초(艸)를 따랐고,

合聲。 합(合)이 성부가 된다.

《徒合切。7部。》 도합절(徒合切)이다. 제 7부에 속한다.

**숙**(未) 콩, 아재비.

**차**(秅) 벼 400 묶음.

**자**(秭) 억만, 천만, 육만 사천근.

**마답**(麻荅) 『주례:장객:주(周禮:掌客:注)』에 「秅秭麻荅」라는 말이 있는데 금-경전(今-經典)에서는 「秅秭麻答」으로 되어있으나 <설문>에는 답(答)자가 없다. 마땅히 답(荅)으로 써야 한다.

**소두**(小豆) 붉은 팥.

**수답**(酬荅) ① 묻는 말에 대답하다. ② 보답하다.

**[인경고 引經考]** ❶『례:주(禮:注)』『주례:장객:주(周禮:掌客:注)』

「秅秭麻荅.

<秅讀爲‘秅秭麻荅’之秅者, 時有秅秭麻荅之言, 故讀從之. 秅是束之總名, 如《詩》云“萬億及秭”, 秭亦數之總號. 荅是鋪名. 刈麻者, 數把共爲一鋪. 言此者, 見秅爲束之總號之意也.>

형성 (2자+1) 답(踏䶬)1311

답(褡裻)3405 탑[塔塝]

[답(荅)이 포함된 글자들] 2+1자

## 0228

## 0228 萁 其 기 【qí 〈ㅣㄱ】 22
### 콩 대 기

| | |
|---|---|
| 豆莖也。 | 「콩줄기」다. |
| 《當云未而曰豆。 | 마땅히 숙(未)이라고 해야 하는데 두(豆)라고 한 것은 |
| 從漢時語也。 | 한나라 때의 말을 따른 것이다. |
| 或後人改之。 | 혹은 후세 사람들이 고친 것일 수도 있다. |
| 『楊惲傳』 | 『양운전(楊惲傳)』에 |
| 種一頃豆。 | "콩을 한 이랑 심었는데, |
| 落而爲萁。 | 떨어지고 콩대만 남았다."는 말이 있다. |
| 『孫子兵法』曰。 | 『손자병법(孫子兵法)』에 이르기를 |
| 萁秆一石。當吾二十石。 | "콩대 한 섬이 나의 20석에 해당한다."는 말이 있다. |
| 『曹操:注』 | 『조조-주(曹操-注)』❶에 |
| 萁音忌。豆稭也。 | "기(萁)는 음이 「기」이고, 콩줄기(짚)다."라고 했다. |
| 按萁卽其字。 | 기(萁)자가 곧 기(其)자이므로 |
| 『潘岳-馬汧督誄』曰。 | 『반악-마견독뢰(潘岳-馬汧督誄)』❷에 이르기를 |
| 萁稈空虛。 | "콩줄기(萁稈)가 비었다."라고 했는데 |
| 用萁秆字。》 | 기간(萁秆)자를 쓰고 있다. |
| 从艸。 | 초(艸)를 따랐고, |
| 其聲。 | 기(其)가 성부가 된다. |
| 《渠之切 1部。》 | 거지절(渠之切)이다. 제 1부에 속한다. |

운(惲) 중후할, 꾀할, 의론할.
기(萁) 풀이름, 콩대.
견(汧) 물이름, 고을이름, 웅덩이, 못 ▣연:깨끗할.
갈(稭) 짚고갱이로 만든 멍석 ▣개:같은 뜻.
간(秆) 볏짚, 볏줄기.
뢰(誄) 죽은 사람의 생전의 공덕을 칭송하는 말.

| | |
|---|---|
| 두개(豆稭) | 콩과 작물들의 알맹이를 떨어낸 후의 줄기(豆類作物脫粒後的莖). |
| | ※ 두개회(豆稭灰) 두개(豆稭)를 태운 재. 하얀색으로 백설(白雪)의 비유로 사용된다. |

| | |
|---|---|
| [인경고 引經考] | ❶『손자병법(孫子兵法)』의 『조조-주(曹操-注)』 |
| | 故智將務食於敵, 食敵一鍾, 當吾二十鍾; 稭秆一石, 當吾二十石. |
| | <曹操曰 : 稭, 豆稭也 ; 秆, 禾槀也. 石, 百二十斤也. 轉輸之法, 費二十石乃得一石.> |
| | ❷『반악-마견독뢰(潘岳-馬汧督誄)』 |

**0228**

蠢蠢犬羊，阻衆陵寡. <《漢名臣奏》曰：太尉應劭等議，以爲鮮卑隔在漠北，犬羊爲群. 《韓詩外傳》曰：強不陵弱，衆不暴寡.>

潛隧密攻，九地之下. <《司馬兵法》曰：善守者，藏於九地之下. 善攻者動於九天之上.>

悈悈窮城，氣若無假. <王逸《楚辭》曰：悈悈小息，畏罹患禍者也. 魏明帝《善哉行》曰：假氣游魂，鳥魚爲伍.>

昔命懸天，今也惟馬. <《論衡》曰：夫命懸於天，吉凶存於時.>

惟此馬生，才博智贍. <《解嘲》曰：雖其人之贍智哉！《字書》曰：贍，足也.>

偵以瓶壺，剴以長巇. <〔徐爰《射雉賦》注曰：剴，割也. 《說文》曰：巇，坑也.>

錏未見鋒，火以起焰. 薰屍滿窟，棓穴以斂. <《廣雅》曰：棓，棰也.>

木石匱竭，其稈空虛. 睅然馬生，傲若有餘. <《左氏傳》晉邊吏讓鄭曰：今執事睅然授兵登陴. 杜預曰：睅然，勁忿貌也. 睅與睅同. 孔融《薦禰衡表》曰：臨敵有餘.>

## 0229  藿藿藿 곽 【huò ㄏㄨㄛˋ】 23
### 콩잎 곽

| | |
|---|---|
| 尗之少也。 | 「콩 중에서 어린 것」이다. |
| 《少讀養幼少之少。 | 『소(少)는 「어린애를 기른다(養幼少)」는 소(少)로 읽는다. |
| 『毛詩:傳』曰. | 『모시:전(毛詩:傳)』❶에서 |
| 藿猶苗也。 | "곽유묘야(藿猶苗也:곽은 싹과 같다)"라고 한 것이 |
| 是也. | 이것이다. |
| 李善引『說文』作豆之葉也。 | 리선(李善)은 『설문(說文)』을 인용하여 "콩의 잎(豆之葉)"이라고 했다. |
| 與『士喪禮:注』合。 | 『사상례:주(士喪禮:注)』❷와 일치한다. |
| 从艸。 | 초(艸)를 따랐고, |
| 霍(霍)聲。 | 곽(霍)이 성부가 된다. |
| 《虛郭切。5部。》 | 허곽절(虛郭切)이다. 제 5부에 속한다. |

**숙(尗)** 콩, 아재비.
**확(藿)** 새 같은 것이 날아다니는 소리 ■수:구름, 풀의 유약한 모양, 바람에 나부끼는 모양.

| | |
|---|---|
| **유소(幼少)** | 나이가 어림. 어린 사람. |
| **숙지소(尗之少)** | 콩의 여리고 어린 잎. ① &lt;광아:석초(廣雅:釋草)&gt; 豆角謂之莢, 其葉謂之藿. ② 서호(徐灝)의 &lt;단주:전(段注:箋)&gt; 謂豆之嫩葉可食耳. |
| | ※ 두각(豆角)은 (먹을 수 있는) 콩꼬투리. |
| **곽유묘야(藿猶苗也)** | 곽(藿)은 콩의 어린 싹이다. |

| | |
|---|---|
| **[인경고 引經考]** | ❶&lt;小雅:鴻鴈之什:白駒&gt;&lt;전문&gt; |

皎皎白駒, 食我場苗. 縶之維之, 以永今朝. 所謂伊人, 於焉逍遙.

皎皎白駒, 食我場藿. 縶之維之, 以永今夕. 所謂伊人, 於焉嘉客.

&lt;藿猶苗也. 夕猶朝也. ○ 藿, 火郭反. &gt;

皎皎白駒, 賁然來思. 爾公爾侯, 逸豫無期. 愼爾優游, 勉爾遁思.

皎皎白駒, 在彼空谷. 生芻一束, 其人如玉. 毋金玉爾音, 而有遐心.

❷『사상례:주(士喪禮:注)』

鉶芼, 牛藿, 羊苦, 豕薇, 皆有滑.

&lt;藿, 豆葉也. 苦, 苦荼也. 滑, 堇荁之屬. 今文苦爲芐. &gt;

〔疏〕○注"藿豆"至"爲芐". ○釋曰 : 云"滑, 堇荁之屬"者, 案《士虞記》云 : "鉶芼, 用苦若薇, 有滑. 夏用葵, 冬用荁." 鄭注云:"荁, 堇類也. 乾則滑. 夏秋用生葵, 冬春用乾荁." 此經云"皆有滑", 不言所用之物, 故取《士虞記》解之. 云"之屬"者, 其中兼有葵也.&gt;

## 0230 𧆑蓲 뉴【niǔ ㄋㄧㄡˇ】23
## 녹곽 뉴

鹿藿之實名也。
《見『釋艸』。》
从艸。
狃聲。
《敕久切。3部。》

록곽(鹿藿) 열매의 이름이다.

『석초(釋艸)』❶를 보라.

초(艸)를 따랐고,

뉴(狃)가 성부가 된다.

칙구절(敕久切)이다. 제 3부에 속한다.

**곽(藿)** 푸른 콩, 청대 콩, 콩잎, 쥐눈이콩.

**뉴(狃)** 개 버르장이 사나울, 친압할, 나아갈, 다시.

**록곽(鹿藿)**

칡(葛)의 별명. 두통(頭痛), 요통(腰痛), 복통(腹痛)을 치료한다. 명(明)나라 리시진(李時珍)의 《본초강목:제 7:갈(本草綱目:第七:葛)》에 "사슴은 아홉 가지 풀을 먹는데 그 중의 하나다. 그래서 록곽(鹿藿)이라고 한다(鹿食九草. 此其一種. 故曰鹿藿)."라고 했다. 마치 순채(蒪菜)를 오리가 즐겨 먹는다고 해서 부규(鳧葵)라고 이름 붙인 것과 같다.

《이아:석초(爾雅·釋草)》의「蔨, 鹿藿, 其實莥」를 <곽박-주(郭樸-注)>에서「지금의 록두다. 잎은 대두와 같고, 뿌리는 노란색인데 향기가 있다. 덩굴로 자란다(今鹿豆也. 葉似大豆, 根黃而香, 蔓延生)」라고 했다.

[인경고 引經考]

**❶『석초(釋艸)』**

蔨, 鹿藿. 其實莥.

<今鹿豆也. 葉似大豆, 根黃而香, 蔓延生. ○蔨, 巨員切. 藿, 音霍. 莥, 女九切.>

[疏] ○釋曰 : 蔨, 一名鹿藿. 其實名莥. 郭云 : "今鹿豆也. 葉似大豆, 根黃而香, 蔓延生."《本草》云 "味苦". 唐本注云 : "此草所在有之. 苗似豌豆, 有蔓而長大. 人取以爲茱, 亦微有豆氣, 名爲鹿戶也."

## 0231

### 0231 䆶䅘 랑【láng ㄌㄤˊ】 23
### 쭉정이 랑

禾粟之莠生而不成者。
謂之童䅘。
《「莠」各本作「采」。
鍇音穗。
「童」各本作「蕫」。
今依『詩』、『爾雅:音義』
生而不成。
謂不成莠也。
不成謂之童䅘。
已成謂之莠。
此䅘莠二字連屬之義。
云禾粟之莠者。
惡其類禾而別之也。
『小雅』曰。
不稂不莠。
『爾雅』、『毛傳』皆曰。
稂、童粱也。
童粱卽童䅘。
『陸璣-疏』云。
禾莠爲穗而不成。
嶚嶷然謂之童粱。
〖今本〗莠作秀。誤。》
从艸。
郎聲。
《魯當切。10部。》
稂䅘或从禾。
《『今-詩』、『爾雅』皆作此字。
非禾而從禾。
非孔子惡莠意。》

화속(禾粟:조)의 가라지가 나서 익지 않은 것을 일러 동량(童䅘)이라고 한다.
「유(莠)」를 여러 책에서는 「수(采)」로 썼다.
서개(徐鍇)는 음을 수(穗:이삭)라고 했다.
「동(童)」을 여러 책에서는 「동(蕫:연뿌리)」으로 썼다.
지금은 『시(詩)』❶와 『이아:음의(爾雅:音義)』를 따랐다.
"나서 여물지 않는다는 것"은
여물지 않는 쭉정이가 되는 것이다.
여물지 않는 것을 동량(童䅘)이라고 일컫고,
이미 다 익은 것을 가라지라고 한다면.
이것은 랑(䅘), 유(莠) 두 글자가 연속된다는 뜻이다.
화속의 가라지(禾粟之莠)라고 한 것은
화(禾)와 유사한 것을 미워해서 구별한 것이다.
『소아(小雅)』❷에 이르기를
"불랑불유(不稂不莠)"라고 했는데
『이아(爾雅)』、『모-전(毛傳)』 모두
"랑(稂)은 동량(童粱)이다."라고 했으니
동량(童粱)이 곧 동량(童䅘)이다.
『륙기-소(陸璣-疏)』❸에 이르기를
"화유(禾莠:조가라지)가 싹트지만 여물지 않아
즉억연(嶚嶷然)한 것을 동량(童粱)이라고 한다."라고 했다.
지금의 책은 유(莠)를 수(秀)로 썼다. 틀린 것이다.
초(艸)를 따랐고,
랑(郎)이 성부가 된다.
로당절(魯當切)이다. 제 10부에 속한다.
稂은 간혹 벼 화(禾)를 따른다.
『금-시(今-詩)』와 『이아(爾雅)』❹가 모두 이 글자를 썼다.
화(禾)가 아니지만 화(禾)를 따랐다.
공자(孔子)가 가라지를 미워했던 의미가 아니다.

유(莠) 가라지, 땅이름.
수(采) 벼이삭, 벼 익을.
수(穗) 이삭.
동(蕫) 늦벼, 벼이름.
랑(稂) 강아지풀 ▣량:같은 뜻.

*0231*

즉(嶵) 산 큰 모양, 산 웅장한 모양, 산맥 연할.
의(嶷) 산이름 ▣억:어린아이 지각있을, 숙성할, 높을.

| | |
|---|---|
| **불성**(不成) | 곡식의 알이 여물지 않음(不結成穀實). 쭉정이. |
| **화속**(禾粟) | 곡식의 총칭. 곡속(穀粟). |
| **즉억연**(嶵嶷然) | 뒤섞여서 가지런하지 않은 모양(交錯不齊貌). |
| **동량**(童稂 童蓈) | 동량(童粱). 동(童)에는「산에 초목이 없는 민둥산, 소나 양이 뿔이 없는 놈, 홀로」라는 뜻이 있다. |
| **동량**(童粱) | 벼가 이삭은 패었으나 여물지는 못한 것. |
| **화유**(禾莠) | 곡류작물 속의 잡초. 줄기와 잎, 이삭이 모두 벼와 흡사하다. |
| **불랑불유**(不稂不莠) | 강아지풀도, 피도 없다. |
| **오기류화이별지**(惡其類禾而別之) | <맹자:진심장(孟子:盡心章)>에 "사이비를 증오한다. 가라지를 미워하는 것은 그 싹을 어지럽히기 때문이다. 말을 잘 하는 놈을 증오하는 것은 믿음을 해치기 때문이다. 정나라 음악을 증오하는 것은 그 음악을 해치기 때문이다. 보라색을 증오하는 것은 빨간색을 어지럽히기 때문이다. 향원을 증오하는 것은 그 덕을 해치기 때문이다." |

[ 惡似而非者: 惡莠, 恐其亂苗也; 下惡利口, 恐其亂信也; 惡鄭聲, 恐其亂樂也; 惡紫, 恐其亂朱也; 惡鄕原, 恐其亂德也. ]

**[인경고 引經考]**

❶❷<小雅: 甫田之什: 大田>

大田多稼, 旣種旣戒, 旣備乃事.

以我覃耜, 俶載南畝, 播厥百穀.

旣庭且碩, 曾孫是若.

旣方旣皁, 旣堅旣好, 不稂不莠.

去其螟螣, 及其蟊賊, 無害我田稚.

田祖有神, 秉畀炎火.

<實未堅者曰皁. 琅, 童粱也. 莠, 似苗也. 箋云: 方, 房也, 謂孚甲始生而未合時也. 盡生房矣, 盡成實矣, 盡堅熟矣, 盡齊好矣, 而無稂莠, 擇種之善, 民力之專, 時氣之和所致之. ○皁, 才老反. 稂音郎, 又音粱, 童粱, 草也,《說文》作"蓈", 云 "稂"或字也. 禾粟之莠, 生而不成者, 謂之童蓈也. 莠, 餘久反.>

有渰萋萋, 興雨祈祈. 雨我公田, 遂及我私.

彼有不穫稚, 此有不斂穧, 彼有遺秉, 此有滯穗, 伊寡婦之利.

曾孫來止, 以其婦子, 饁彼南畝, 田畯至喜.

來方禋祀, 以其騂黑, 與其黍稷. 以享以祀, 以介景福.

❸『이아(爾雅)』의 『륙기-소(陸璣-疏)』

## 0231

稂, 童粱.<稂, 莠類也.>

〔疏〕"稂, 童粱."

○ 釋曰: 舍人曰: "稂, 一名童粱." 郭云: "稂, 莠類也."

《詩:曹風》云: "浸彼苞稂."

陸機《疏》云: "禾秀爲穗而不成, 崱嶷然, 謂之童粱. 今人謂之宿田翁, 或謂之守田也.《甫田》云: '不稂不莠.'《外傳》曰: '馬不過稂莠.' 皆是也.">

〈曹風:下泉〉

冽彼下泉, 浸彼苞稂. 愾我寤嘆, 念彼周京.

冽彼下泉, 浸彼苞蕭. 愾我寤嘆, 念彼京周.

冽彼下泉, 浸彼苞蓍. 愾我寤嘆, 念彼京師.

芃芃黍苗, 陰雨膏之. 四國有王, 郇伯勞之.

〔疏〕"冽彼"至"周京".

○ 正義曰: 冽然而寒者, 彼下流之泉, 浸彼苞稂之草. 稂非灌漑之草, 得水則病, 以喩共公之政敎甚酷虐於民, 下民不堪侵刻, 遭之亦困病. 民旣困病, 思古明王, 愾然我寢寐之中, 覺而歎息, 念彼周室京師之明王. 言時有明王, 則無此困病也. ○ 鄭唯稂草有異, 其文義則同.

○ 傳"冽寒"至"而病". ○ 正義曰:《七月》云"二之日栗冽", 字從冰, 是遇寒之意, 故爲寒也.《釋水》云: "沃泉縣出. 縣出, 下出也."

李巡曰: "水泉從上溜下出." 此言"下泉"謂"泉下流", 是《爾雅》之沃泉也.《易》稱"系於苞桑", 謂桑本也. 泉之所浸, 必浸其根本, 故以苞爲本. "稂, 童粱",《釋草》文. 舍人曰: "稂, 一名童粱." 郭樸曰: "莠類也." 陸機《疏》云: "禾秀爲穗而不成, 崱嶷然, 謂之童粱. 今人謂之宿田翁, 或謂宿田也.《大田》云'不稂不莠',《外傳》曰'馬不過稂莠', 皆是也." 此稂是禾之秀而不實者, 故非灌漑之草, 得水而病.

❹『금-시(今-詩)』1번 참조.

旣方旣皁, 旣堅旣好, 不稂不莠.

『이아(爾雅)』

稂, 童粱.

<稂, 莠類也.>

〔疏〕"稂, 童粱". ○ 釋曰: 舍人曰: "稂, 一名童粱." 郭云: "稂, 莠類也."

《詩:曹風》云: "浸彼苞稂."

陸機《疏》云: "禾秀爲穗而不成, 崱嶷然, 謂之童粱. 今人謂之宿田翁, 或謂之守田也.

《甫田》云: '不稂不莠.'

《外傳》曰: '馬不過稂莠.' 皆是也."

## 0232 莠유 【yǒu ㅣㄡˇ】 23
## 가라지 유

禾粟下揚生莠也。

《禾粟下猶言禾粟閒也。

禾粟者、今之小米。

莠、今之狗尾艸。

莖葉采皆似禾。

故曰惡莠恐其亂苗。

苗者、禾也。

凡禾采下垂。

故『淮南書』謂之向根。

『張衡-賦』

美其顧本。

莠則采同而揚起(起)不下垂。

故『詩』刺其驕驕桀桀。

此君子小人之別也。

『七月:傳』曰。

揚、條揚也。》

从艸。

秀聲。

讀若酉。

《與久切。3部。

古書多借爲秀字。》

---

「화속(禾粟:조) 아래 뻗어나는 가라지」다.

「화속하(禾粟下)」는 「화속간(禾粟閒)」이라는 말과 같다.

**화속**(禾粟)이라는 것은 지금의 **소미**(小米)다.

유(莠)는 지금의 **구미초**(狗尾艸:강아지풀)다.

줄기와 앞, 이삭이 모두 화(禾)와 비슷하다.

그러므로 가라지가 그 싹을 어지럽힐까봐 미워하는 것이다.

묘(苗)는 화(禾)다.

대개 화(禾)의 이삭은 아래로 드리운다.

그러므로 『회남서(淮南書)』❶에서는 이를 일러 **향근**(向根)이라고 했다.

『장형-부(張衡-賦)』❷에서

"뿌리를 내려다 보는 것을 어여쁘게 여기다."이라고 했다.

유(莠)가 수(采)와 같지만 위로 뻗치고 아래로 늘어지지는 않는다.

그러므로 『시(詩)』에서 "**자기교교걸걸**(刺其驕驕桀桀)"이라고 했다.

이것이 군자와 소인의 유별이다.

『7월:전(七月:傳)』❸에 이르기를

"양(揚)은 **조양**(條揚)이다."라고 했다.

초(艸)를 따랐고,

수(秀)가 성부가 된다.

유(酉)자 처럼 읽는다.

여구절(與久切)이다. 제 3부에 속한다.

고서(古書)에서는 수(秀)자를 많이 빌려 썼다.

---

**수**(采) 벼이삭, 벼 익을.

**걸**(桀) 찢을, 흉포할, 도둑 많이 죽일, 준걸, 닭이 앉는 홰.

---

| | |
|---|---|
| **화속**(禾粟) | 곡식 알갱이. 곡속(穀粟). |
| **소미**(小米) | ① 좁쌀. ② 껍질을 벗겨낸 후의 곡식 알맹이(去殼後的粟粒). |
| **구미초**(狗尾艸) | 강아지풀. 일년초. 이삭이 팬 모양이 강아지 꼬리를 닮은데서 붙인 이름. 눈병을 치료하는데 사용되므로 광명초(光明草)라고 한다. 또한 아라한초(阿羅漢草)라고도 한다. |
| **향근**(向根) | 뿌리를 향함. 근본을 잊지 않음. |
| **미기고본**(美其顧本) | 뿌리(근본)를 돌아보는 것을 어여삐 여기다. |

# 0232

**교교**(驕驕)
**걸걸**(桀桀)
성한 모양. 풀이 무성하고 높은 모양.

풀이 무성하고 높은 모양. 교교(驕驕)와 같다.《시:제풍:보전(詩:齊風:甫田)》에 "넓은 밭 갈지 마라. 강아지풀만 우거지리. 멀리 간 사람 그리워 마오. 마음만 애태우리."「無田甫田, 維莠桀桀. 無思遠人, 勞心忉忉.」를《모전(毛傳)》에서「桀桀, 猶驕驕也.」라고 했다.

**자기교교걸걸**(刺其驕驕桀桀)
**조양**(條揚)
풀이 무성한 것에 풍자하다.

《시:빈풍: 7월(詩:豳風:七月)》에 "7월에는 심성 흐르고, 8월에는 갈대 베고, 누에 치는 달에는 뽕잎 따고, 크고 작은 도끼 들고 가, 먼 가지는 찍고, 작은 가지는 따오네."

「七月流火, 八月萑葦. 蠶月條桑, 取彼斧斨, 以伐遠揚, 猗彼女桑.」

《傳》에「… 遠, 枝遠也. 揚, 條揚也. 角而束之曰猗. 女桑, 荑桑也. …」라고 했다.

※ **조상**(條桑) 뽕잎을 땀(采桑). 뽕나무.

[**인경고 引經考**]

### ❶『회남서(淮南書)』

《泰族》的內容, 是研究道旨和德性義系的. "道"充滿四方八極, 高的至高無上, 上面使日月星大放光明, 下面使水土和諧. 給古今之道規定法則, 給倫理關系確定順序, 總括萬方的要旨, 而把它們歸向根本——道. 以便用來規劃治理天下, 管理統治天下之事, 於是便要探索思想和意識的源流, 理順人的情性. 用來安置淸淨平正的靈魂, 徹底澄淸變化莫測的精神, 以便能同自然祥和之氣相結合. …

### ❷『장형-부(張衡-賦)』 <思玄賦>

滋令德於正中兮, 含嘉秀以爲敷.<滋, 繁也. 不華而實謂之秀. 善曰：言己有令德, 類禾之有嘉秀也.《尚書》曰：惟爾令德孝恭.> 既垂穎而顧本兮, 亦要思乎故居.<穎, 穗也. 善曰：言禾垂穎以顧本, 猶人之思故居也.《淮南子》曰：孔子見禾三變, 始於粟, 生於苗, 成於德, 乃歎曰：我其首禾乎！高誘曰：禾穗向根, 故君子不忘本也.> 安和靜而隨時兮, 姑純懿之所廬.<懿, 美也. 廬, 居也. 善曰：《韓詩》曰：靜, 貞也.《周易》曰：隨時之義大矣哉！杜預曰：姑, 且也.>

### ❸『7월:전(七月:傳)』

… 七月流火, 九月授衣. 春日載陽, 有鳴倉庚. 女執懿筐, 遵彼微行.

爰求柔桑. 春日遲遲, 采蘩祁祁. 女心傷悲, 殆及公子同歸.

七月流火, 八月萑葦. 蠶月條桑, 取彼斧斨, 以伐遠揚, 猗彼女桑.

七月鳴鵙, 八月載績. 載玄載黃, 我朱孔陽, 爲公子裳.

《傳》에「… 遠, 枝遠也. 揚, 條揚也. 角而束之曰 ¢ 女桑, 荑桑也. …

[유(莠)가 포함된 글자들] 1자

## 0233 枲葩葩 비【fèi ㄈㄟˋ】23
### 모시 비

枲(枲)實也。 「삼씨」다.

《枲、麻也。 시(枲)는 삼이다.

枲實、麻子也。 **시실**(枲實)은 **마자**(麻子:삼씨)다.

『釋艸』作「黂（䕢）」。 『석초(釋艸)』에서는 마(黂, 䕢)로 썼다.

『周禮:籩人』、『艸人』作「蕡」。 『주례:변인, 초인(周禮:籩人, 艸人)』❶에서는 분(蕡)을 썼다.

『喪服:傳』云。 『상복:전(喪服:傳)』❷에 이르기를

苴絰、苴麻之有蕡者也。 "**저질**(苴絰)은 **저마**(苴麻:대마의 암컷)의 씨가 있는 것이다."라고 했다.

按麻實名葩(葩)。 생각건대 삼씨의 이름이 비(葩)이기 때문에

因之麻亦名葩。 삼의 이름 역시 비(葩)가 되었다.

『艸人』用蕡。 **초인**(艸人)에 분(蕡:향풀, 삼씨)자를 썼다.

『說文:林』下云。 『설문:파(說文:林)』자 아래에

葩之總(總)名。皆是。》 「삼씨의 총칭」이라는 것이 모두 이것이다.

从艸。 초(艸)를 따랐고,

肥聲。 비(肥)가 성부가 된다.

《房未切。15部。》 방미절(切)이다. 제15부에 속한다.

䕢葩或從麻蕡。 䕢葩가 간혹 마(麻)와 분(蕡)을 따른다.

《按蕡聲本在15部。 분성(蕡聲)은 제15부에 속해 있었는데,

音轉入13部。 음이 바뀌어 제13부에 속하게 되었다.

故䕢亦符刃、符分切。》 그러므로 분(䕢) 역시 부인절(符刃切), 부분절(符分切)이다.

**시**(枲) 수삼, 삼, 씨없는 삼, 도꼬마리. ※ <명문대자전>에는 음이 「사」로 되어 있으나 여러 책에서는 「시」로 되어 있다.

**분**(黂䕢) 삼씨.

**변**(籩) 변두, 대제기, 벼슬이름.

**분**(蕡) 열매 많이 맺힐, 삼씨, 향풀, 활시위.

**처**(苴) 암삼, 삼씨, 씨있는 삼, 대지팡이 ▣**저**:신 속에 까는 풀, 꾸러미, 짚으로 쌀 ▣**제**:나무이름, 땅이름 ▣**차**:물 위에 떠 있는 말라죽은 초목 ▣**조**:거친 자리, 제사에 까는 거친 자리 ▣**자**:두엄풀

**질**(絰) 수질, 요질, 묘 앞에 두둑히 쌓아 올린 곳.

---

**시실**(枲實) 삼씨 열매(麻的子實). 삼 종자(麻的種子)..

**마자**(麻子) 삼씨. 약재로 쓴다.

**저질**(苴絰) 씨가 있는 암삼인 저마(苴麻)로 만든 상복의 머리띠. 수삼인 시마(枲麻) 보다 보기가 흉하다. 가장 무거운 상복인 참최복(斬衰服)에 쓴다.

**0233**

저마(苴麻)　씨가 열리는 암삼. 자마(子麻)라고도 한다.
시마(枲麻)　씨가 없는 수삼. 모마(牡麻), 화마(花麻)라고도 한다.
참최(斬衰)　가장 중한 상복. 3년. 저질(苴経)을 쓴다.
자최(齊衰)　1년. 모마질(牡麻経)을 쓴다.

### ❶『주례:변인(周禮:籩人)』

籩人掌四籩之實. 籩, 竹器如豆者, 其容實皆四升.

〔疏〕"籩人"至"之實"

○釋曰 : 言"四籩", 謂下經朝事, 饋食, 加籩, 羞籩是也. 云"之實"者, 謂掌此四種籩中所實之物, 醢, 黃, 白, 黑之等是也.

朝事之籩, 其實麷, 黃, 白, 黑, 形鹽, 膴, 鮑魚, 鱐.

黃, 枲實也. 鄭司農云 : "朝事謂清朝未食, 先進寒具口實之籩. 故麥曰麷, 麻曰黃, 稻曰白, 黍曰黑. …

### 『주례:초인(周禮:艸人)』

凡糞種, 騂剛用牛, 赤緹用羊, 墳壤用麋, 渴澤用鹿, 鹹潟用貆, 勃壤用狐, 埴壚用豕, 強㯺用蕡, 輕㜰用犬.

<凡所以糞種者, 皆謂煮取汁也. 赤緹, 縓色也. 渴澤, 故水處也. 潟, 鹵也. 貆, 貒也. 勃壤, 粉解者. 埴壤, 黏疏者. 強㯺, 強堅者. 輕㜰, 輕脆者. 故書騂爲挈, 墳作羍. 杜子春讀爲騂, 謂地色赤而土剛強也.

鄭司農云 : "用牛, 以牛骨汁漬其種也, 謂之糞種. 墳壤, 多蚠鼠也. 壤, 白色. 蕡, 麻也."玄謂墳壤, 潤解.>

### ❷『상복:전(喪服:傳)』

喪服. 斬衰裳, 苴経, 杖, 絞帶, 冠繩纓, 菅屨者.

<傳曰 : 斬者何? 不緝也. 苴経者, 麻之有蕡者也. 苴経大搹, 左本在下, 去五分一以爲帶. 齊衰之経, 斬衰之帶也, 去五分一以爲帶. 大功之経, 齊衰之帶也, 去五分一以爲帶. 小功之経, 大功之帶也, 去五分一以爲帶. 緦麻之経, 小功之帶也, 去五分一以爲帶. 苴杖, 竹也. 削杖, 桐也. 杖各齊其心, 皆下本. 杖者何? 爵也.>

## 0234 茡 자【zì ㄗˋ】 23
### 삼 자

| | |
|---|---|
| 麻母也。 | 「삼의 암컷」이다. |
| 《見『釋艸』。 | 『석초(釋艸)』를 보라. |
| 『今-爾雅』作「茡」。 | 『금-이아(今-爾雅)』❶에서는 「자(茡:모시)로 썼다. |
| 按『釋艸』云。 | 생각건대 『석초(釋艸)』에 이르기를 |
| 黂(纊)、枲實。 | "분(黂, 纊)은 **시실**(枲實:삼씨)이다."라고 했다. |
| 枲實猶言麻實耳。 | **시실**(枲實)은 **마실**(麻實)과 같은 말이다. |
| 『儀禮:傳』云。 | 『의례:전(儀禮:傳)』❷에서 |
| 牡麻者枲麻也。 | "**모마**(牡麻:수삼)가 **시마**(枲麻)다."라고 했다. |
| 然則枲無實。 | 그러므로 시(枲)는 열매가 없고, |
| 茡乃有實。 | 자(茡)가 열매가 있다. |
| 統言則皆偁(稱)枲。 | 통합하여 말하면 모두를 시(枲)로 일컫는다. |
| 析言則有實者偁茡、 | 나누어 말하면 열매가 있는 것을 자(茡)라 일컫고, |
| 無實者偁枲。 | 열매가 없는 것을 시(枲)로 일컫는다. |
| 麻母言麻子之母。 | **마모**(麻母)는 **마자**(麻子)의 엄마라는 말이다. |
| 『喪服』所謂苴。 | 『상복(喪服)』에서 말한 저(苴)다. |
| 斬衰皃(貌)若苴。 | **참최**(斬衰)의 모양은 저(苴)와 같다. |
| 齊衰皃若枲。 | **자최**(齊衰)의 모양은 시(枲)와 같다. |
| 苴麤於枲矣。 | 저(苴)가 시(枲)보다 더 거칠다. |
| 『詩:九月叔苴』。 | 『시:9월숙저(詩:九月叔苴)』❸에 |
| 則又謼麻子爲苴。》 | "또 **마자**(麻子)를 일러 저(苴)라고 한다."고 했다. |
| 从艸。 | 초(艸)를 따랐고, |
| 子聲 | 자(子)가 성부가 된다. |
| 《疾吏切。1部。》 | 질리절(疾吏切)이다. 제 1부에 속한다. |
| 一曰茡卽枲(枲)也。 | 일설에는 자(茡)자가 곧 시(枲)자라고도 한다. |
| 《此字義之別說也。 | 이것은 자의에 대한 다른 설명이다. |
| 茡枲不分。 | 자(茡)와 시(枲)를 분별하지 않았다. |
| 故云枲實。》 | 그러므로 **시실**(枲實)이라고 한 것이다. |

**발**(茡) 모시.

**분**(黂纊) 삼씨.

**시**(枲) 수삼, 삼, 씨없는 삼, 도꼬마리. ※ <명문대자전>에는 음이 「사」로 되어 있으나 여러 책에서는 「시」로 되어 있다.

**처**(苴) 암삼, 삼씨, 씨있는 삼, 대지팡이 ■**저**:신 속에 까는 풀, 꾸러미, 짚으로 쌈 ■**제**:나무이름, 땅이름 ■**차**:물 위에 떠 있는 말라죽은 초목 ■**조**:거친 자리, 제사에 까는 거친 자리 ■**자**:두엄풀

## 0234

추(麤) 멀리 갈, 경계하고 막을, 클, 성길, 대략, 거친 것, 매조미쌀, 성질이 조포할.

호(誖) 큰 소리로 부를, 울.

| | |
|---|---|
| **시실(枲實)** | 삼씨 열매(麻的子實). 삼 종자(麻的種子).. |
| **마실(麻實)** | 삼씨(麻仁). |
| **모마(牡麻)** | 수삼. 시마(°麻) |
| **시마(枲麻)** | 씨가 없는 수삼. 모마(牡麻), 화마(花麻)라고도 한다. |
| **마모(麻母)** | 암삼. |
| **마자(麻子)** | 삼씨. 마류(麻類) 식물의 씨앗. 약으로 쓴다. |

송(宋) 나라 심괄(沈括)의 <몽계필담:약의(夢溪筆談:藥議)>에 "해동(海東)에서 온 것이 최고로 좋다. 크기가 연밥만 하다. 상라도(相蘿島)에서 난다. 그 다음은 상군(上郡) 북지(北地)에서 나는 것인데 크기 대두(大豆)만 하다. 역시 좋다. 그 나머지는 하품이다."「宋沈括《夢溪筆談:藥議》: "麻子, 海東來者最勝, 大如蓮實, 出相蘿島. 其次上郡, 北地所出, 大如大豆, 亦善. 其餘皆下材.」라고 했다.

| | |
|---|---|
| **참최(斬衰)** | 가장 중한 상복. 3년. 저질(㠹F)을 쓴다. |
| **자최(齊衰)** | 1년. 모마질(牡麻F)을 쓴다. |
| **숙저(叔苴)** | 삼씨를 모으다. 여기서 숙(叔)은 모은다(拾也)는 뜻이다. |

삼씨를 줍다. ※ 숙(叔) 줍다(拾也).

### [인경고 引經考]

**❶『금-이아(今-爾雅)』**

苧, 麻母. <苴麻盛子者.>

[疏] "苧, 麻母". ○釋曰：苴麻之盛子者也. 一名苧, 一名麻母.

**❷『의례:전 (儀禮:傳)』**〈儀禮注疏:卷三十：喪服：第十一〉

疏衰裳齊, 牡麻経, 冠布纓, 削杖, 布帶, 疏屨三年者.

<傳>曰：齊者何？緝也. 牡麻者, 枲麻也. 牡麻経, 右本在上, 冠者沽功也. 疏屨者, 藨蒯之菲.

〔疏〕"傳曰"至"菲也".

○注"沽猶"至"異數".

○釋曰：緝則今人謂之爲緶也. 上章傳先云"斬者何不緝也", 此章言齊對斬, 故亦先言"齊者何緝也". 云牡麻者枲麻也者, 此枲對上章苴, 苴是惡色, 則枲是好色. 故《閒傳》云"斬衰貌若苴, 齊衰貌若枲"也. 云"牡麻経右本在上"者, 上章爲父, 左本在下者, 陽統於內；則此爲母, 陰統於外, 故右本在上也. 云"疏屨者藨蒯之菲也"者, 藨是草名,

案《玉藻》云"屨蒯席", 則蒯亦草類. 云"冠尊加其粗, 粗功大功也"者, 此鄭雖據齊衰三

**0234**

年而言, 冠尊加服皆同, 是以衰裳升數恒少, 冠之升數恒多. 冠在首尊, 既冠從首尊, 故加飾而升數恒多也. 斬冠六升, 不言功者, 六升雖是齊之末, 未得沽稱, 故不見人功.>

### ❸『시:9월숙저(詩:九月叔苴)』〈豳風:七月〉

七月流火, 九月授衣. 一之日觱發, 二之日栗烈. 無衣無褐, 何以卒歲.

三之日于耜, 四之日舉趾. 同我婦子, 饁彼南畝. 田畯至喜.

七月流火, 九月授衣. 春日載陽, 有鳴倉庚. 女執懿筐, 遵彼微行.

爰求柔桑. 春日遲遲, 采蘩祁祁. 女心傷悲, 殆及公子同歸.

七月流火, 八月萑葦. 蠶月條桑, 取彼斧斨, 以伐遠揚, 猗彼女桑.

七月鳴鵙, 八月載績. 載玄載黃, 我朱孔陽, 爲公子裳.

四月秀葽, 五月鳴蜩. 八月其穫, 十月隕蘀.

一之日于貉, 取彼狐貍, 爲公子裘.

二之日其同, 載纘武功, 言私其豵, 獻豜于公.

五月斯螽動股, 六月莎雞振羽. 七月在野, 八月在宇, 九月在戶.

十月蟋蟀入我牀下. 穹窒熏鼠, 塞向墐戶.

嗟我婦子, 曰爲改歲, 入此室處.

六月食鬱及薁, 七月亨葵及菽, 八月剝棗, 十月穫稻.

爲此春酒, 以介眉壽. 七月食瓜, 八月斷壺, 九月叔苴, 采荼薪樗.

食我農夫.

> <壺, 瓠也. 叔, 拾也. 苴, 麻子也. 樗, 惡木也.
>
> 箋云 : 瓜瓠之畜, 麻實之糝, 乾荼之菜, 惡木之薪, 亦所以助男養農夫之具.
>
> 古花反, 字或加"草", 非. 苴, 七餘反. 荼音徒. 樗, 敕書反, 又他胡反. 食音嗣.
>
> 瓠, 戶故反. 拾音十. 糝, 素感反.>

九月築場圃, 十月納禾稼. 黍稷重穋, 禾麻菽麥.

嗟我農夫, 我稼旣同, 上入執宮功. 晝爾于茅, 宵爾索綯.

亟其乘屋, 其始播百穀.

二之日鑿冰沖沖, 三之日納于凌陰. 四之日其蚤, 獻羔祭韭.

九月肅霜, 十月滌場. 朋酒斯饗, 曰殺羔羊.

躋彼公堂, 稱彼兕觥, 萬壽無疆.

## 0235

### 0235 𦭰冀 이【yì ㅣˋ】 23
복지

芋也。
从艸。
異聲。
《羊吏切 1部。》

「삼」이다.
초(艸)를 따랐고,
이(異)가 성부가 된다.
양리절(羊吏切)이다. 제 1부에 속한다.

---

**자**(芋) 삼, 모시, 수삼.

## 0236 蘇 蘇 소 【sū ㄙㄨ¯】 23
### 차조기 소

桂荏也。

「차조기」다.

《桂上鍇本有「蘇」字。

계(桂)자 위에 서개(徐鍇)의 책에서는 「소(蘇)」자가 있었다.

此複寫隸字刪(删)之未盡者。

이것은 례서(隸書)를 베껴쓰는 사람이 덜 깎아 낸 것이다.

蘇、桂荏。

소(蘇)는 **계임**(桂荏:차조기)이다.

『釋艸』文。

『석초(釋艸)』❶에 있는 말이다.

『內則:注』曰。

『내칙:주(內則:注)』❷에서 이르기를

蘁蘇、荏之屬也。

"**향소**(蘁蘇)는 들깨의 일종이다."라고 했다.

『方言』曰。

『방언(方言)』❸에 이르기를

蘇亦荏也。

"소(蘇)도 역시 들깨다.

關之東西或謂之蘇。

관(關)의 동서쪽에서 간혹 소(蘇)라고 일컫고,

或謂之荏。

혹은 들깨라고 일컫는다."라고 했다.

郭樸曰。

곽박(郭樸)이 이르기를

蘇、荏類。

"소(蘇)는 들깨의 일종이다."라고 했다.

是則析言之則蘇荏二物。

이것은 곧 나누어 말하면 소(蘇)와 임(荏)은 두 가지 사물이고,

統言則不別也。

통틀어 말하면 구별하지 않는다.

桂荏今之紫蘇。

**계임**(桂荏)은 지금의 **자소**(紫蘇:들깨)다.

蘇之叚(假)借爲樵蘇。

소(蘇)를 가차하여 **초소**(樵蘇:땔나무를 하고, 꼴을 벰)로 한다.

从艸。

초(艸)를 따랐고,

穌聲。

소(穌)가 성부가 된다.

《素孤切。5部。》

소과절(素孤切)이다. 제 5부에 속한다.

**향**(蘁) 곡기, 메기장, 기장, 쇠기름.

**초**(樵) 땔나무, 나무할, 불사를.

**소**(穌) 벼의 속잎 딸, 쉴, 기뻐할, 깨어날.

**개**(鍇) 좋은 쇠, 정한 쇠, 사람의 이름.

| | |
|---|---|
| **계임**(桂荏) | 자소(紫蘇). |
| **향소**(蘁蘇) | <내칙:주>에서는 蘁, 蘇로 끊어 읽었다. 향(蘁)과 소(蘇)는 임(荏)의 일종이다. |
| **자소**(紫蘇) | 차조기.계임. 꿀풀과의 일년초. 씨앗으로 기름을 짤 수 있다. 어린 싹은 먹을 수 있다. |
| **초소**(樵蘇) | 나무를 베고, 풀을 깎음. |
| | **초**(樵) 나무를 함(取新). |
| | **소**(蘇) 풀을 깎음(取草). |

## 0236

0230  薌搬 소 椥 소┐☌  23
지도가 소

[인경고 引經考]

❶『석초(釋艸)』

蘇, 桂荏.

<蘇, 桂類. 故名桂荏.>

[疏]“蘇, 桂荏.” 釋曰：蘇, 荏類之草也. 以其味辛似荏, 故一名桂荏. 陶注《本草》云：“葉下紫色而氣甚香. 其無紫色不香似荏者, 名野蘇.” 生池澤中者, 名水蘇, 一名雞蘇. 皆荏類也.

❷『내칙:주(內則:注)』

魴, 鱮烝, 雛燒, 雉膮, 無蓼.

<膮, 蘇荏之屬也. 燒煙於火中也. 自膮用至此, 言調和菜釀之所宜也.

○魴鱮, 上音房, 下音敍. 烝, 皇絶句, 之丞反. 雛, 字又作鶵, 仕俱反, 又匠俱反, 賀讀“魴鱮烝雛”爲句. 燒如字, 一音焦, 皇絶句. 雉, 皇此一句, 一讀“雉膮”爲句. 蘇荏, 而甚反. 調, 徒吊反. …

○“膮, 無蓼”者, 膮謂蘇荏之屬, 言魴, 鱮烝及雛燒並雉膮等三者, 調和唯以蘇荏之屬, 無用蓼也.>

❸『방언(方言)』

蘇, 芥, 草也. <漢書曰樵蘇而爨. 蘇猶蘆, 語轉也.>

江淮南楚之間曰蘇, 自關而西或曰草, 或曰芥. <或言菜也.>

南楚江湘之間謂之莽. <嫫母.> 蘇亦荏也. <荏屬也. 爾雅曰蘇桂荏也.>

關之東西或謂之蘇, 或謂之荏. 周鄭之間謂之公蕡. <音翡翠. 今江東人呼荏爲䕡, 音魚.>

沅湘之南或謂之䕡. <沅湘之南或謂之䕡.>

其小者謂之釀菜. <其小者謂之釀菜.>

**0237 荏荏 임 【rěn ㅁㄣˇ】 23**
들깨 임

**0237**

桂荏、《逗。》蘇也。
《是之謂轉注。
凡轉注有各部互見者。
有同部類見者。
荏之別義爲荏染》
从艸。
任聲。
《如甚切。7部。》

**계임**(桂荏)은 소(蘇)다.
이것은 전주(轉注)다.
대개 전주(轉注)는 각 부수에 서로 보이는 것이 있고,
같은 부수의 무리에 보이는 것이 있다.
들깨의 다른 뜻은 **임염**(荏染:부드러운 모양)이다.
초(艸)를 따랐고,
임(任)이 성부가 된다.
여심절(如甚切)이다. 제 7부에 속한다.

**계임**(桂荏) 자소(紫蘇).
**임염**(荏染) 부드러운 모양.

---

[참고]　　　<이아>

蘇, 桂荏.
〔疏〕○釋曰：蘇, 荏類之草也. 以其味辛似荏, 故一名桂荏.
陶注《本草》云："葉下紫色而氣甚香. 其無紫色不香似荏者, 名野蘇." 生池澤中者, 名水蘇, 一名雞蘇. 皆荏類也.>
《繫傳》云：'荏, 白蘇也, 桂荏, 紫蘇也.'

## 0238

## 0238 茮茮 시 【dié ㄉㄧㄝˊ】 23
다북쑥 시

菜也。　　「채소의 일종」이다.
从艸。　　초(艸)를 따랐고,
矢聲。　　시(矢)가 성부가 된다.
《失匕切　15部。》　실비절(失匕切)이다. 제 15부에 속한다.

## 0239 薲 薲 기【qǐ 〈ǐˇ】 23
### 물고사리 기

菜之美者、
雲夢之薲。

채소 중에서 맛이 좋은 것,
운몽(雲夢)의 소택지에서 나는 물고사리다.

《『呂氏春秋』。
伊尹對湯曰。
菜之美者、雲夢之芹。
『高-注』。雲夢、楚澤。
芹生水涯。
許作『薲』。
蓋(蓋)殷微二韵(韻)轉移寂(最)近。

『려씨-춘추(呂氏-春秋)』❶에
"이윤(伊尹)이 탕(湯)에게 이르기를
'채소 중에 맛이 좋은 것은 운몽(雲夢)의 미나리다.'라고 했다.
『고-주(高-注)』에서 '운몽(雲夢)은 초나라의 택지다,
미나리는 물가에서 자란다.'라고 했다."고 했다.
허신(許愼)은 기(薲:물고사리)로 썼다.
은(殷), 미(微) 두 글자의 운(韵)이 전이(轉移) 된 것은 최근의 일이다.

許君采自伊尹書。
與『呂覽』字異。音義則同。
『廣韵(韻)』曰。
薲菜似蕨。
生水中。
說者謂豐水有芑卽此。》

허신(許愼)은 이윤(伊尹)의 책에서 채택했기 때문에
『려람(呂覽)』과 글자가 달라졌으나 음과 뜻은 같다.
『광운(廣韵)』에 이르기를
"물고사리는 고사리와 비슷하다.
물속에서 자란다."라고 했다.
설명하는 사람이 "풍수유기(豐水有芑)❷"라고 한 것이 곧 이것이다.

从艸。
豈聲。

초(艸)를 따랐고,
기(豈)가 성부가 된다.

《『廣韵(韻)』袪豨(豨)切。是。
『唐韵』作「驅喜」。
蓋謂薲卽芑字也。15部。》

『광운(廣韵)』은 거희절(袪豨切)이다. 맞다.
『당운(唐韵)』은 구희절(驅喜切)이라고 했다.
대개 기(薲)라고 하는 것은 곧 기(芑)자를 이르는 것이다. 제15부에 속한다.

근(芹) 미나리, 물이름 ▣기:물풀.
추(寂) 쌓을, 모을.
기(芑) 흰 차조, 쑥갓, 나무이름.
거(袪) 소매, 소매통, 소매 아귀, 소매를 드는 모양.
희(豨豨) 돼지, 큰 돼지.

운몽(雲夢) │ 초나라에 있는 옛 늪지 이름. 문학에서 과장되어 표현된다.

※ 운몽한정(雲夢閑情), 고당무협몽(高唐巫峽夢)이라고도 한다. 운몽에 있는 고당(高唐)이라는 누대에서 낮잠을 자다가 꿈 속에서 여인을 만나 즐겼다는 이야기다.

※ 흉중운몽(胸中雲夢) 흉탄운몽(胸呑雲夢)이라고도 한다. 사마상여(司馬相如)

## 0239

가 그의 <자허부(子虛賦)>에서 "가을이:면 청구에서 사냥하고, 운몽택 같은 것을 8-9개나 삼켜도 가슴에 거리낌이 없다(秋田乎靑丘. 傍徨乎海外. 呑若雲夢者八九. 其於胸中, 曾不滯芥)."라고 한 데서 자신의 도량이 넓음을 과시한 말.

**풍수유기(豐水有芑)**

『시경:대아:문왕지십:문왕유성(詩經:大雅:文王之什:文王有聲)』에 "풍수에는 미나리, 무왕 어찌 모시지 않겠는가? 좋은 계책 남겨서, 후손을 도우니, 무왕이여, 흥성하네."「豐水有芑, 武王豈不仕. 詒厥孫謀, 以燕翼子. 武王烝哉.」라고 하였다.,

**[인경고 引經考]**

❶『려씨-춘추:본미(呂氏-春秋:本味)』

湯得伊尹, … 魚之美者：洞庭之鱄, 東海之鮞. 醴水之魚, 名曰朱鱉, 六足, 有珠百碧. 藿水之魚, 名曰鰩, 其狀若鯉而有翼, 常從西海夜飛, 游於東海. 菜之美者：崑崙之蘋, 壽木之華. 指姑之東, 中容之國, 有赤木玄木之葉焉. 餘瞀之南, 南極之崖, 有菜, 其名曰嘉樹, 其色若碧. 陽華之芸. 雲夢之芹. 具區之菁. 浸淵之草, 名曰土英.

『고-주(高-注)』는 찾지 못했다.

❷『려람(呂覽)』과 글자가 달라졌으나

『려람(呂覽)』은 기(芹)로.

허신(許愼)은 기(芑:물고사리)로 썼다.

❸<大雅:文王之什:文王有聲>

文王有聲, 遹駿有聲. 遹求遹寧, 遹觀厥成. 文王烝哉.

文王受命, 有此武功. 旣伐于崇, 作邑于豐. 文王烝哉.

築城伊淢, 作豐伊匹. 匪棘其欲, 遹追來孝. 王后烝哉.

王公伊濯, 維豐之垣. 四方攸同, 王后維翰. 王后烝哉.

豐水東注, 維禹之績. 四方攸同, 皇王維辟. 皇王烝哉.

鎬京辟廱, 自西自東. 自南自北, 無思不服. 皇王烝哉.

考卜維王, 宅是鎬京. 維龜正之, 武王成之. 武王烝哉.

豐水有芑, 武王豈不仕. 詒厥孫謀, 以燕翼子. 武王烝哉.

## 0240 ※葵 규【kuí ㄎㄨㄟˊ】23

아욱, 해바라기 규

菜也。
《崔寔曰。
六月六日可種葵。
中伏後可種冬葵。
九月可作葵。
菹、乾葵。
『齊民要術』
有種葵法、種冬葵法。》
从艸。
※(葵)聲。
《彊惟切。15部。
今作葵。》

「채소(아욱)」다.
　최식(崔寔)이 이르기를
　"6월 6일 아욱을 파종할 수 있다.
　중복이 지나면 **동규**(冬葵)를 심을 수 있다.
　9월이면 아욱을 딸 수 있다.
　저(菹)는 말린 아욱이다."라고 했다.
　『제민요슐(齊民要術)』❶에
　아욱을 심는 법과 동규를 심는 법이 있다.
초(艸)를 따랐고,
계(※)가 성부가 된다.
강유절(彊惟切)이다. 제 15부에 속한다.
지금은 규(葵)로 쓴다.


저(菹) 김치. 저(葅)와 같은 글자.
규(葵) 아욱, 망치, 해바라기.

**동규**(冬葵)　아욱. 아욱과에 딸린 여러해 살이 풀. 그 씨를 동규자(冬葵子)라고 한다. 차가운 약성을 가졌다. 림병(淋病), 대변불통(大便不通), 유즙불통(乳汁不通)을 치료한다.

**[인경고 引經考]**

❶『제민요슐(齊民要術)』 卷三《種葵》篇, 種葵第十七
《廣雅》曰：「蘬, 丘葵也.」《廣志》曰：「胡葵, 其花紫赤.」《博物志》曰：「人食落葵, 爲狗所齧, 作瘡則不差, 或至死.」按今世葵有紫莖, 白莖二種, 種別複有大小之殊. 又有鴨腳葵也. 臨種時, 必燥曝葵子. 地不厭良, 故墟彌善, 薄即糞之, 不宜妄種. 春必畦種, 水澆. 畦長兩步, 廣一步. 深掘, 以熟糞耕半和土覆其上, 令厚一寸, 鐵齒杷樓之, 令熟, 足踏使堅平；下水, 令徹澤. 水盡, 下葵子, 又以熟糞和土覆其上, 令厚一寸餘. 葵生三葉, 然後澆之. 每一掐, 輒杷樓地令起, 下水加糞. 三掐更種, 一歲之中, 凡得三輩. 早種者, 必秋耕. 十月末, 地將凍, 散子勞之, 人足踐踏之乃佳. 地釋即生. 鋤不厭數. 五月初, 更種之. 六月一日種白莖秋葵. 秋葵堪食, 仍留五月種者取子. 於此時, 附地剪卻春葵, 令根上口生者, 柔軟至好, 仍供常食, 美於秋菜. 掐秋菜, 必留五六葉. 凡掐, 必待露解. 八月半剪去, 口生肥嫩, 比至收時, 高與人膝等, 莖葉皆美, 科雖不高, 菜實倍多. 收待霜降. 榜簇皆須陰中. 其碎者, 割訖, 即地中尋手紐之. 又冬種葵法：近州郡都邑有市之處, 負郭良田三十畝, 九月收菜後即耕, 至十月半, 令得三遍. 每耕即勞, 以鐵齒杷樓去陳根, 使地極熟, 令如麻地. 於中逐長穿井十口. 井別作桔槹, 轆轤. 柳鑵, 令受一石. …….

# 0241

## 0241 薑 강【jiāng ㄐㄧㄤ】23
새앙 강

| | |
|---|---|
| 御溼之菜也。 | 「습기를 제어하는 채소」다. |
| 《「御」、鉉作「禦」。 | 어(御)자를 서현(徐鉉)의 책에서는 어(禦)로 썼다. |
| 『神農一本艸經』曰。 | 『신농-본초경(神農-本艸經)』❶에 이르기를 |
| *乾薑主逐風溼(濕)痹、<溼病也>* | *"말린 생강은 **풍습**(風溼:습기로 인한 병)을 쫓고,* |
| *腸澼、<匹辟切腸間水>下痢。* | ***장벽**(腸澼:창자 사잇 물), **하리**(下痢:설사)에 주효하다.* |
| *生者尤良。* | *생 것이 잘 듣는다[**우량**:병을 제어한다]* |
| *久服去臭氣、* | *오래 복용하면 **취기**(臭氣)를 없애고,* |
| *通神明。* | ***신명**(神明)을 통하게 한다."라고 했다.* |
| 按生者尤良、 | 「생 것이 더욱 좋다」고 한 것은 |
| 謂乾薑中之不孰而生者耳。 | 말린 것 중에서 익히지 않은 생 것이라는 말이다. |
| 今人謂不乾者爲生薑。 | 지금 사람들은 말리지 않은 것을 생강(生薑)이라고 하는데 |
| 失之矣。》 | 잘못된 것이다. |
| 从艸。 | 초(艸)를 따랐고, |
| 彊聲。 | 강(彊)이 성부가 된다. |
| 《居良切。10部。》 | 거량절(居良切)이다. 제 10부에 속한다. |

**습**(溼) 젖을, 진펄, 물놀이칠, 소 귀움직이는 모양.
**비**(痹) 습병, 습다리, 각기, 뻣뻣할, 화살이름.
**벽**(澼) 빨래할, 솜을 물바램하여 희게 할, 창자 사잇물.
**우**(尤) 심할, 더욱, 너무, 뛰어날.

| | |
|---|---|
| **어습**(御溼) | 습기를 이겨냄.《周禮:秋官:赤犮氏》: "掌除牆屋, 以蜃炭攻之." 鄭玄注 : "除牆屋者, 除蟲豸藏逃其中者. 蜃, 大蛤也, 擣其炭以坋之則走." 孫詒讓正義 : "《掌蜃:注》謂蜃炭可以禦濕, 蓋兼可以殺蟲, 故擣其炭爲灰, 以被牆屋而攻之, 則蟲豸畏其氣而走避也." |
| **풍습비**(風溼痹) | 병명(病名). <제병원후론:풍병제후(諸病源候論:風病諸候)> 에 「바람과 추위, 습기 세가지가 뒤섞여 합쳐서서 마비를 일으킨다. 습기가 많고 한기가 적다. 피부가 딱딱하게 부풀고, 간혹 시큼하게 쑤신다. 오래도록 차도가 없다. 신체를 못 쓰게 될 수도 있다. 바람과 습기를 없애는데 주력학, 추위를 없애는 것을 보조로 한다. 해동피탕(海桐皮湯)이나 강활승습탕(羌活勝濕湯) 등을 처방한다.「風寒濕三氣雜至合而成痹. 其風濕氣多而寒氣少者, 爲風濕痹也. 證見皮膚頑厚, 或肌肉酸痛, 日久不瘥, 亦可致身體手足不遂. 治宜祛風濕爲主, 祛寒爲輔, 用海桐皮湯, 羌活勝濕湯等方」라고 했다. |
| **장벽**(腸澼) | 똥에 피가 섞여 나오는 병. |

**0241**

*하리*(下痢)
*취기*(臭氣)
*신명*(神明)

설사.

비위를 상하게 하는 나쁜 냄새.

① 천지간 모든 신령스러운 것의 통칭. ② 한무제가 세운 누대 이름. ③ 정신.

❶『신농-본초경(神農-本艸經)』〈草 (中品)〉

乾薑

　味辛溫. 主胸滿咳逆上氣, 溫中止血, 出汗, 逐風, 濕痹, 腸澼, 下利. 生者尤良, 久服去臭氣, 通神明. 生川谷.

　名醫曰: 生楗爲及荊州揚州, 九月采.

　案說文云: 薑, 禦濕之菜也. 廣雅云: 葰廉薑也. 呂氏春秋本味篇云: 和之美者, 陽樸之薑, 高誘注, 陽樸地名在蜀郡, 司馬相如上林賦, 有茈薑云云.

## 0242 蓼蓼료【liǎo ㄌㄧㄠˇ】23
### 여뀌 료

| | |
|---|---|
| 辛菜。《句。》 蕎虞也。 | 「신랄한 맛의 채소인 **장우**(蕎虞)」다. |
| 《蓼爲辛菜。 | 여뀌는 신랄한 맛이 나는 채소다. |
| 故『內則』用以和。 | 그래서 『내칙(內則)』❶에서는 맛을 맞출 때 썼다. |
| 用其莖葉。非用實也。 | 그 줄기와 잎을 쓴다. 열매를 사용하는 것이 아니다. |
| 蕎虞見下文蕎字下。 | 장우(蕎虞)는 다음[0243] 글자인 장(蕎)자 밑에 보인다. |
| 此云蓼、蕎虞也。 | 이것은 여뀌를 말하는데, **장우**(蕎虞)다. |
| 下文云 | 아래 문장에서 이르기를 |
| 蕎虞、蓼也。 | "장우(蕎虞)는 여뀌다."라고 했다. |
| 是爲轉注。 | 이런 것이 전주(轉注)다. |
| 正與蘇桂荏也、 | 꼭 "소(蘇)는 **계임**(桂荏)이다. |
| 桂荏蘇也同。 | 계임(桂荏)은 소(蘇)다."라고 하는 것과 같다. |
| 特以篆籀異其處耳。 | 특히 전문(篆文)과 주문(籀文)을 다른 곳에 두었다. |
| 『顏(顏)注:急就篇』乃云、 | 『안-주:급취편(顏-注:急就篇)』❷에서 이르기를 |
| 虞蓼一名蕎。 | "우료(虞蓼)는 일명 장(蕎)라고 한다."고 했다. |
| 叔重云蓼一名蕎虞。 | 숙중(叔重:허신)은 "료(蓼)를 일명 **장우**(蕎虞)라고 한다."고 했다. |
| 非也。 | 틀렸다. |
| 夫『釋艸』一篇、 | 대개 『석초(釋艸)』한 권과 |
| 許君儞(偁)用異其讀者往往而是。 | 허신이 음을 칭할 때 왕왕 다르게 읽는 것을 사용하는 경우가 이런 것이다. |
| 其萌薽薂爲薵(夢)灌渝也。 | 그 **맹권유**(萌薽薂)를 **몽관유**(薵灌渝)로, |
| 鎬庆莎爲莎鎬庆也。 | **호후사**(鎬庆莎)를 **사호후**(莎鎬庆)로, |
| 蒸月爾爲蒸土夫也。 | **기월이**(蒸月爾)를 **기토부**(蒸土夫)로, |
| 蒩葑菿爲葑須從也。 | **수봉총**(蒩葑菿)을 **봉수종**(葑須從)으로 하는 것들이다. |
| 何所疑於蓼評蕎虞哉。 | 료(蓼)를 장우로 부르는 것에서 어디를 의심할 것인가. |
| 某氏、孫炎、郭樸皆蕎爲句。 | 모씨(某氏)와 손염(孫炎), 곽박(郭樸) 모두가 장(蕎)과, |
| 虞蓼爲句。 | 우료(虞蓼)를 구(句)로 삼았다. |
| 蓼借爲蓼蕭之蓼。 | 료(蓼)를 가차하여 륙소(蓼蕭)의 륙(蓼)으로 한다. |
| 長大皃(貌)。》 | 길고 큰 모양이다. |
| 从艸 | 초(艸)를 따랐고, |
| 翏聲。 | 료(翏)가 성부가 된다. |
| 《盧鳥切。 | 로조절(盧鳥切)이다. |
| 古音在 3部。》 | 고음(古音)은 제 3부에 속한다. |

**색**(蕎) 물여뀌, 물이름 ■**장**:흰비름, 동장자, 장미.

**우**(虞) 추우, 헤아릴, 염려할.

0242

료(蓼) 여뀌, 나라이름 ■로:찾을 ■륙:클 ■류:서로 끌.

권(虇) 갈대순.

유(蕍) 택사, 꽃 번성할.

몽(薨) 대싸리, 움.

관(灌) 물이름, 물 따를, 모일, 휘추리 나무, 정성껏 이를, 비둘기.

투(渝) 변하여 더러울, 물이름.

후(庎) 임금.

기(藄) 고비.

수(蕦) 순무, 무청.

봉(葑) 순무.

총(蓯) 풀 무성한 모양, 기름새 ■착:육종용 ■송:서로 얽힌 모양.

류(飂) 높이 날 ■료:같은 뜻.

| | |
|---|---|
| 장우(蔷虞) | 수료(水蓼). 여뀌. 일년생 초본식물. 얕은 물 속에서 자란다. 통채로 약으로 쓰인다. 많은 별명이 있다. 랄료(辣蓼). 우료(虞蓼). 장료(蔷蓼). 택료(澤蓼). 신채(辛蓼). 료아채(蓼芽菜). |
| 계임(桂荏) | 자소(紫蘇). 차조기. |
| 우료(虞蓼) | 장우(蔷虞)와 함께 수료(水蓼)의 여러 별명 중의 하나. |
| 맹권유(萌虇蕍) | 그 싹(萌)을 권유(虇蕍)라고 한다.. |
| 몽관투(薨灌渝) | 몽(薨)은 관투(灌渝)다. |
| 호후사(鎬庎莎) | 호후(鎬庎)는 사(莎)다. |
| 사호후(莎鎬庎) | 사(莎)는 호후(鎬庎)다. |
| 기월이(藄月爾) | 기(藄)는 월이(月爾)다. |
| 기토부(藄土夫) | 기(藄)는 토부(土夫)다. |
| 수봉종(蕦葑蓯) | 厥. |
| 봉수종(葑須從) | 厥. |

| | |
|---|---|
| [신경고 引經考] | ❶『내칙(內則)』　　〈禮記正義: 卷二十七: 內則: 第十二〉 |

濡豚包苦實蓼, 濡雞醢醬實蓼, 濡魚卵醬實蓼, 濡鱉醢醬實蓼.

&lt;"濡豚包苦實蓼"者, 濡謂亨煮, 以其汁調和. 言濡豚之時, 苞裹豚肉, 以苦菜殺其

惡氣, 又實之以蓼.

○ "濡雞醢醬實蓼"者, 言亨濡此雞, 加之以醢及醬, 又實之以蓼. "濡魚卵醬實蓼"

者, 卵, 謂魚子, 以魚子爲醬, 濡亨其魚, 又實之以蓼.

○ "濡鱉醢醬實蓼"者, 謂亨其鱉, 加醢及醬, 又實之以蓼. 凡言實蓼者,

皇氏云: "謂破開其腹, 實蓼於其腹中, 又更縫而合之."&gt;

0242

❷『안-주:급취편(顔-注:急就篇)』

稻黍秫稷粟麻秅，餅餌麥飯甘豆羹.

葵韭蔥■蓼蘇薑，蕪荑鹽豉醯酢醬.

芸蒜薺芥茱茱萸香，老菁蘘荷冬日藏.

## 0243 蒩蒩조【zǔ ㄗㄨˇ】23
### 푸성귀 조

0243

菜也。 「채소의 일종」이다.

《『廣雅』。蒩、葅也。 『광아(廣雅)』에서는 조(蒩)를 집(葅)이라고 했다.

『崔豹-古今注』曰。 『최표-고금:주(崔豹-古今:注)』❶에 이르기를

荊(荊)楊人謂蒩爲葅。 "형양(荊楊)사람들은 조(蒩)를 집(葅)이라고 말한다."라고 했다.

『蜀都賦:劉-注』曰。 『촉도부:류-주(蜀都賦:劉-注)』❷에 이르기를

蒩亦名土茹。 "조(蒩)는 또한 **토가**(土茹)라고 부르기도 한다.

葉覆地生。根可食。 잎이 땅을 덮는다. 뿌리를 먹을 수 있다.

人饑則以繼糧。 사람이 배고프면 식량으로 이어갈 수 있다."라고 했다.

『風土記』曰。 『풍토기(風土記)』❸에 이르기를

蒩、香菜。根似茅根。 "집(蒩)은 향채인데, 뿌리가 띠의 뿌리와 비슷하다.

蜀人所謂蒩香。 촉(蜀)나라 사람들이 말하는 **조향**(蒩香)이다."라고 했다.

『段公路-北戸(戸)錄』曰。 『단공로-북호록(段公路-北戸錄)』❹에 이르기를

蒩、秦人謂之菹子。 "집(蒩)은 진(秦)나라 사람들이 **조자**(菹子)라고 부르는 것이다."라고 했다.

按蒩與葅同。側立切。 집(蒩)과 집(葅)이 똑같이 측립절(側立切)이므로

作蒩者誤。 예(蒩:초목 떨기로 날)로 쓴 것은 틀린 것이다.

蒩作蒩蒩皆誤。 조(蒩)를 조(蒩:거적), 저(菹:김치)로 쓴 것은 모두 틀린 것이다.

『說文』無葅字。 『설문(說文)』에는 집(葅)자가 없다.

卽今魚腥艸也。 곧 지금의 **어성초**(魚腥艸)다.

凶年人掘食之》 흉년이 들면 사람들이 파내어 먹는다.

从艸。 초(艸)를 따랐고,

祖聲。 조(祖)가 성부가 된다.

《則古切。5部。》 즉고절(則古切)이다. 제 5부에 속한다.

---

**집**(葅) 집채, 삼백초, 필관채(筆官菜), 산이름,

**삽**(蒩) 풀소리 ▣**집**:향채.

**예**(蒩) 초목 떨기로 날, 초목 열매 마디에 날 ▣**전**:꽃이 모인 모양. 예(蕊)의 속자.

**저**(菹) 김치. 저(葅)와 같은 글자.

---

**계량**(繼糧) 그 해에 지은 곡식으로 한 해 동안 양식을 이어감.

**토가**(土茹) 조(蒩)의 별명,

**조향**(蒩香) 조(蒩)는 또한 토가(土茹)라고도 한다. 잎이 땅을 덮고 자란다. 뿌리를 먹을 수 있다. 기근이 들면 식량으로 먹었다. <풍토기(風土記)>에 이르기를 "조(蒩)는 향채

**0243**

인데 뿌리가 모근(茅根)과 비슷하다. 촉인(蜀人)들이 조향(蒩香)이라고 하는 것이다."라고 했다.

**조자**(蒩子) 집(蒩). 향채.

**어성초**(魚腥艸) 잎에서 생선 비린내가 나는 풀. 다년생초본식물이다. 초여름에 꽃이 핀다. 줄기가 담황색이다. 맛은 맵고 성질은 약간 차다. 해열과 배농작용이 뛰어나다. 절이근(折耳根), 절아근(截兒根), 저비공(猪鼻拱), 집채(菜蒩)라고도 한다.

형주(荊州)와 양주(揚州). 양자강 중 하류 지역.

**형양**(荊楊) 『고금:주(古今:注)』에는 형양(荊揚)으로 되어 있다. 형주(荊州)와 양주(揚州)를 병칭한 것이다.

**[인경고 引經考]**

❶『최표-고금:주(崔豹-古今:注)』

揚州人謂蒻爲斑杖, 不知食之. 荊揚人謂蒩爲蒟. 蘘荷, 似蒻苴而白. 蒻苴色紫, 花生根中, 花未散時可食, 久置則銷爛不爲實矣. 葉似薑, 宜陰翳地種之, 常依陰而生.

❷『촉도부:류-주(蜀都賦:劉-注)』

其中則有巴菽, 巴戟, 靈壽桃枝, 樊以蒩圃, 濱以鹽池.

　〈巴菽, 巴豆也. 巴戟, 巴戟天也. 靈壽, 木名也, 出涪陵縣. 桃枝, 竹屬也, 出墊江縣. 二者可以爲杖. 樊, 蕃也.

　《詩》曰: 營營靑蠅, 止於樊. 蒩, 草名也. 亦名土茄. 葉覆地而生, 根可食, 人饑則以繼糧. 鹽池, 出巴東北新井縣, 水出地如湧泉, 可煮以爲鹽.

　善曰:《埤蒼》曰: 蒩, 蒟.〉

❸『풍토기(風土記)』

厥.

❹『단공로-북호록(段公路-北戶錄)』

厥.

## 0244 藘藘거 【qú ㄑㄩˊ】 24

### 들깨 같은 채소 이름 거

0244

| | |
|---|---|
| 菜也。 | 채소의 일종이다. |
| 侶(似)蘇者。 | 소(蘇)와 비슷하다. |
| 《此『齊民要術』蘘荷芹藘之藘。 | 『제민요술(齊民要術)』❶의 「양하근거(蘘荷芹藘)」의 거(藘)다. |
| 『本艸新補』之苦苣也。 | 『본초:신보(本艸:新補)』❷의 **고거**(苦苣)다. |
| 野生者名編苣。 | 야생하는 것은 **편거**(編苣)라고 부른다. |
| 人家常食爲白苣。 | 인가(人家)에서 늘 먹는 것은 **백거**(白苣)가 된다. |
| 江外嶺南吳人無白苣。 | 양자강 밖의 영남 오(吳)나라 사람들에게는 **백거**(白苣)가 없다. |
| 嘗植野苣以供廚饌。 | 일찍이 들판에 거(苣)를 심어 주방에 공급한다. |
| 字或作藘。 | 글자를 간혹 거(藘)로 쓰기도 하는데, |
| 俗譌作苣。 | 속자는 잘못되어 거(苣)로 쓴다. |
| 『廣雅』云。 | 『광아(廣雅)』에 이르기를 |
| 蕒、藘也。 | "매(蕒:시화)는 거(藘:시화)다."라고 했다. |
| 曹憲云。 | 조헌(曹憲)이 이르기를 |
| 白藘與苦蕒大異。 | "**백거**(白藘)와 **고매**(苦蕒)는 완전히 다른 것이다."라고 했다. 아마 |
| 恐非。 | 아닐 것이다. |
| 『廣韵』曰。 | 『광운(廣韵)』에 이르기를 |
| 苦藘、江東呼爲苦蕒。 | "**고거**(苦藘)를 강동에서는 **고매**(苦蕒)라고 부른다."라고 했다. |
| 賈思勰引『詩:義疏』云。 | 가사협(賈思勰)이 『시:의소(詩:義疏)』❸를 인용하여 이르기를 |
| 藘、苦葵也。 | "거(藘)는 **고규**(苦葵)다."라고 했다. |
| 青州謂之苞。》 | 청주(青州)에서는 포(苞)라고 부른다. |
| 从艸。 | 초(艸)를 따랐고, |
| 藘聲。 | 거(藘)가 성부가 된다. |
| 《其呂切。又彊魚切。5部。》 | 기려절(其呂切)이다. 제 5부에 속한다. |

**양**(蘘) 양하.

**근**(芹) 미나리, 물이름 ▣**기**:물풀.

**거**(藘) 횃불, 횃불 형상을 한 무늬, 검은 깨, 흑임자, 참깨와 흑임자의 총칭,

**편**(編) 옷 작을, 좁을, 옷이 너푼거리는 모양.

**거**(藘) 시화.

**매**(蕒) 시화, 고거, 물칭개나물, 들깨에 속한 나물이름.

**규**(葵) 아욱, 망치, 해바라기.

| | |
|---|---|
| **양하**(蘘荷) | 생강과에 속하는 숙근초. 땅 속 뿌리를 향미료(香味料)로 쓴다. |
| **고거**(苦苣) | 채소의 일종. 시화. 고매채(苦ㅁ菜). 곡곡채(曲曲菜). 전정채(田菁菜). |

## 0244

| 편거(蘠苣) | 시화, 제스네리아과의 여러해살이풀. |
| 백거(白苣) | 국화과 상치속 1년생 혹은 2년생 초본작물. 지중해연안이 원산지다. 희랍인과 로마인들이 매우 좋아했다. |
| 고매(苦蕒) | 고거(苦苣). |
| 고규(苦葵) | 1년생 초본. 줄기가 똑바로 서고, 분기된 가지가 많다. 잎은 계란형이다. |
| 청주(青州) | 9주(九州)의 하나. 산동(山東) 반도 중부지방. 동해(東海)와 태산(泰山) 사이에 있어서 중국 전체로 보면 동쪽에 있어서 동방목(東方木) 목위청(木爲青)에 따라 청주로 불리운다. |

[인경고 引經考]

❶『제민요술(齊民要術)』

種蘘荷, 芹, 蘆第二十八. <菫, 胡葸附出> 苜蓿第二十九

《說文》曰(三) : "蘘荷, 一名葍蒩."《搜神記》曰 : "蘘荷, 或謂嘉草."《爾雅》曰(四) : "芹, 楚葵也."《本草》曰(五) : "水靳, ……一名水英." "蘆, 菜, 似蒯."《詩義疏》曰 : "蘆, 苦菜, 青州謂之'芑'." 蘘荷宜在樹陰下. 二月種之. 一種永生, 亦不須鋤. 微須加糞, 以土覆其上. 八月初, 踏其苗令死. 九月中, 取旁生根爲葅 ; 亦可醬中藏之. 十月中, 以穀麥穬覆之. 二月, 掃去之.《食經》藏蘘荷法 : "蘘荷一石, 洗, 漬. 以苦酒六㪷, 盛銅盆中, 著火上, 使小沸. 以蘘荷稍稍投之, 小蔘便出, 著席上令冷. 下苦酒三㪷, 以三升鹽著中. 幹梅三升, 使蘘荷一行. 以鹽酢澆上, 綿覆罌口. 二十日便可食矣." 《葛洪方》曰 : "人得蠱, 欲知姓名者, 取蘘荷葉著病人臥席下, 立呼蠱主名也." 芹, ●, 並收根畦種之. 常令足水. 尤忌潘泔及鹹水. 性並易繁茂, 而甜脆勝野生者. 白●, 尤宜糞, 歲常可收. 馬芹子, 可以調蒜兗. 菫及胡葸, 子熟時收子, 冬初畦種之. 開春早得, 美於野生. 惟概爲良, 尤宜熟糞.

❷『본초:신보(本艸:新補)』

厥.

❸『시:의소(詩:義疏)』 1번 참조.

《詩義疏》曰 : "蘆, 苦菜, 青州謂之'芑'.

0245 薇미 【wéi ㄨㄟˊ】 24
장미 미

0245

| | |
|---|---|
| 菜也。 | 채소의 일종이다. |
| 《見『毛傳』。》 | 『모-전(毛傳)』을 보라. |
| 侣(似)藿。 | 곽(藿:콩)과 비슷하다. |
| 《謂似豆葉也。 | 콩잎과 비슷한 것을 말한다. |
| 『陸璣-詩疏』曰。 | 『륙기-시:소(陸璣-詩:疏)』❶에 이르기를 |
| 薇、山菜也。 | "미(薇)는 산채다. |
| 莖葉皆似小豆。 | 줄기와 잎이 모두 소두(小豆)와 같다. |
| 蔓生。其味亦如小豆。 | 덩쿨로 자란다. 그 맛 역시 소두와 같다. |
| 藿可作羹。亦可生食。 | 콩은 국을 끓일 수도 있고, 날 것으로 먹을 수도 있다. |
| 今官園種之。 | 지금은 관가(官家)의 밭에 심어서 |
| 以供宗廟祭祀。 | 종묘제사에 쓴다."라고 했다. |
| 項安世曰。 | 항안세(項安世)가 이르기를 |
| 薇、今之野豌豆也。 | "미(薇)는 지금의 완두콩(豌豆)이다. |
| 蜀人謂之大巢菜。 | 촉(蜀)나라 사람들은 대소채(大巢菜)라고 부른다. |
| 按今四川人掐豌豆媆梢食之。 | 지금의 사천(四川) 사람들은 완두의 어린가지(媆梢:눈초)를 따서 먹는데, 완두전전(豌豆顚顚)이라고 한다. |
| 謂之豌豆顚顚。 | |
| 古之采於山者、野生者也。 | 옛날에는 산에서 땄는데 야생한 것이다. |
| 『釋艸』云垂水。 | 『석초(釋艸)』❷에서 수수(垂水)라고 말한 것은 |
| 薇之俗名耳。 | 미(薇)의 속명(俗名)이다. |
| 不當以生於水邊釋之。》 | 물가에서 자란다고 해석하는 것은 부당하다."라고 말했다. |
| 从艸。 | 초(艸)를 따랐고, |
| 微聲。 | 미(微)가 성부가 된다. |
| 《無非切。15部。》 | 무비절(無非切)이다. 제 15부에 속한다. |
| 𦸼籒文薇省。 | 𦸼주문(籒文)은 미(薇)의 일부가 생략된다. |

**곽**(藿) 푸른 콩, 청대 콩, 콩잎, 쥐눈이콩.
**완**(豌) 완두.
**겹**(掐) 꼬집을.
**눈**(媆) 약할, 젊고 예쁠 ■연:예쁠.

| | |
|---|---|
| **대소채**(菜) | 대소(大巢)와 소소(小巢). 대소(大巢)는 야완두(野豌豆)의 싹으로 만든 채것. 소소(小巢)는 논두렁에서 자란다. |
| | [宋陸遊《巢菜》詩序：“蜀蔬有兩巢：大巢，豌豆之不實者；小巢，生稻畦中，東坡所賦元修菜是也．”] |
| **사천**(四川) | 장강(長江) 상류 지역에 위치한 지역. 고대에 촉(蜀)에 속했고 서쪽에 위치하므로 |

**0245**

서촉(西蜀)이라고 했다. 한(漢) 초에 촉 땅에 익주를 두고 5군(郡)을 통솔하였기 때문에 이르는 말이다. 지금의 사천성(四川省) 전역을 포괄하는 파군(巴郡)과 촉군(蜀郡)응 아울러 파촉(巴蜀)이라고도 했다. 3협(三峽)과 운우지정(雲雨之情)으로 유명한 무산(巫山)이 있다.

**완두(豌豆)**  콩의 한 가지. 늦봄이나 초여름에 흰빛, 자줏빛 꽃이 핀다. 어린 콩꼬투리와 콩을 먹는다. 1~2년 초본식물이다.

**야완두(野豌豆)**  초본식물(草本植物). 깃털 모양의 복엽이다. 꽃은 자홍색이다. 어린 줄기와, 콩을 먹는다.

**전전(顚顚)**  ① 전전(塡塡). 중후한 모양. ② 만족스러운 모양. ③ 많은 수레가 지나가는 소리. 북소리.

**수수(垂水)**  폭포.

**[인경고 引經考]**

❶『륙기-시:소(陸璣-詩:疏)』〈召南:草蟲〉

喓喓草蟲, 趯趯阜螽. 未見君子, 憂心忡忡.
亦旣見止, 亦旣覯止, 我心則降.
陟彼南山, 言采其蕨. 未見君子, 憂心惙惙.
亦旣見止, 亦旣覯止, 我心則說.
陟彼南山, 言采其薇. 未見君子, 我心傷悲.
亦旣見止, 亦旣覯止, 我心則夷.

&lt;薇, 菜也. ○薇音微, 草也, 亦可食.

〔疏〕傳"薇, 菜".

○正義曰: 陸機云: "山菜也, 莖葉皆似小豆, 蔓生. 其味亦如小豆. 藿可作羹, 亦可生食. 今官園種之, 以供宗廟祭祀."

定本云"薇, 草也". &gt;

❷『석초(釋艸)』

薇, 垂水.

&lt;生於水邊.&gt; 〔疏〕"薇, 垂水".

○釋曰: 草生於水濱而枝葉垂於水者曰薇. 故注云"生於水邊"也.

## 0246 雈萑유 【wěi ㄨㄟˇ】 24
### 푸성귀 유

菜也。 「채소의 일종(푸성귀)」다.

《『齊民要術』曰。 『제민요슬(齊民要術)』❶에 이르기를

萑菜音唯。 "유채(萑菜)의 음은 유(唯)다.

似烏韭而黃。》 오구(烏韭)와 비슷한데, 누런 색이다."라고 했다.

从艸。 초(艸)를 따랐고,

唯聲。 유(唯)가 성부가 된다.

《以水切。15部 》 이수절(以水切)이다. 제 15부에 속한다.

유(萑) 채소, 푸성귀, 초목 싹날.

구(韭) 부추.

**유채(萑菜)** 오구(烏韭)와 비슷한데 누렇다.

**오구(烏韭)** 겨우살이풀. 이끼류 식물. 석사(石邪), 원의(垣衣)라고도 한다.

《山海經:西山經》에 「《小華之山》其草有萆荔, 狀如烏韭, 而生於石上, 亦緣木而生, 食之已心痛." 郭璞注 : "烏韭, 在屋者曰昔邪, 在牆者曰垣衣."《廣雅·釋草》: "昔邪, 烏韭也." 王念孫疏證 : "皆苔屬也.."라고 했다.

❶『제민요슬(齊民要術)』

萑菜<《太平御覽》卷九八〇 "萑菜" 只引《廣州記》此条, 作 : "萑菜, 生水, 以爲菹."> : "音唯. 似烏韭而黃.

## 0247 蓳 菦 근【qín 〈l ㄣˊ〉 24
천변쑥 근

菜、類蒿。

「채소의 일종인 **류호**(類蒿)다.

《『詩』、『禮』皆作芹。

『시(詩)』, 『례(禮)』 모두에서는 근(芹:미나리)으로 썼다.

『小雅:箋』曰。

『소아:전(小雅:箋)』❶에서 이르기를,

芹、菜也。可以爲菹。

"근(芹)은 채소인데 김치를 담글 수 있다."고 했다.

『魯(鲁)頌:箋』曰。

『로송:전(鲁頌:箋)』❷에서 이르기를,

芹、水菜也。

"근(芹)은 물에서 나는 채소다."라고 했다.

『釋艸』及『周禮:注』曰。

『석초(釋艸)』❸와 『주례:주(周禮:注)』❹에서 이르기를,

芹、楚葵也。

"근(芹)은 **초규**(楚葵)다."라고 했다.

按卽今人所食芹菜。

곧 지금 사람들이 **근채**(芹菜)로 해서 먹는 것이다.

『今-說文』各本於艾蓳二字之下又出芹字。

『금-설문(今-說文)』의 여러 책에 애(艾), 장(葦) 두 글자 아래에 또 근(芹)자가 나온다.

訓楚葵也。

뜻은 **초규**(楚葵)로 풀이하고 있다.

从艸斤聲。

초(艸)를 따르고, 근(斤)이 성부가 된다.

此恐不知蓳卽芹者妄用『爾雅』增之。

이것은 아마도 근(蓳)이 곧 근(芹)자 임을 모르고 『이아(爾雅)』를 사용하여 함부로 증보한 것이다.

攷『周禮:音義』曰。

『주례:음의(周禮:音義)』를 살펴보고 말한다면,

芹、『說文』作「菦」。

근(芹)을 『설문(說文)』에서는 근(菦)으로 썼다.

則『說文』之有菦無芹明矣。

『설문(說文)』에는 근(菦)만 있고 근(芹)이 없는 것이 분명하다.

且『詩:箋』引『周禮』芹菹。

또 『시-전(詩-箋)』에서 『주례(周禮)』의 **근저**(芹菹)를 인용했고,

『說文』引『周禮』菦菹。

『설문(說文)』이 『주례(周禮)』의 **근저**(菦菹)를 인용했다.

豈得云二物也 》

어떻게 두 가지 사물이라고 말할 수 있겠는가?

从艸。

초(艸)를 따랐고,

近聲。

근(近)이 성부가 된다.

《『周禮:音義』引『說文』音蓳。

『주례:음의(周禮:音義)』❺는 『설문(說文)』의 음인 근(蓳)을 인용했다.

『唐韵(韻)』巨巾切。

『당운(唐韵)』에서는 거건절(巨巾切)이라고 했다.

古在 13部。

고음(古音)은 제 13부에 속한다.

「部」『本艸』作「靳」。》

「부(部)」를 『본초(本艸)』❻에서는 「근(靳)」으로 썼다.

『周禮』有菦菹。

『주례(周禮)』❼에 **근저**(菦菹)라는 말이 있다.

《見『醢人』。

『해인(醢人)』을 보라.

菦菹(蓋)『周禮-故書』字。》

대개 『주례-고서(周禮-故書)』의 글자다.

애(艾) 쑥, 늙을, 노인을 존중할.

장(葦) 자리공.

*0247*

호(蒿) 다북쑥, 김 오르는 모양, 고달플

근(芹) 미나리, 물이름 ▣기:물풀.

저(菹) 김치.

근(靳) 미나리, 굳은 고기, 질긴 고기.

해(醢) 육장, 포를 썰어 누룩 및 소금을 섞어 술에 담근 음식, 장조림,
     인체를 소금에 절이는 형벌.

규(葵) 아욱, 망치, 해바라기.

**류호**(類蒿) 《설문:초부(說文:艸部)》에 "근(菦)과 채(菜)는 류호(類蒿)다."라고 했다. <단옥재-
주(段玉裁-注)>에서 "곧 요즘 사람들이 먹는 근채(芹菜)다."라고 했다.

**초규**(楚葵) 수근(水芹). 수영(水英)이라고도 한다. 물가나 습한 땅에서 자라며 논에 심기도 한
다. 지방간을 막아서 지방간을 막아준다. 대소장의 기를 잘 통하게 한다. 줄기와
잎을 찧어서 즙을 마시거나 나물로 무쳐서 먹는다.

**근저**(芹菹) 미나리 김치.

**[인경고 引經考]**

❶『소아:전(小雅:箋)』 〈小雅:魚藻之什:采菽〉

.........

觱沸檻泉, 言采其芹. 君子來朝, 言觀其旂.

　　<觱沸, 泉出貌. 檻, 泉正出也. 箋云：言, 我也. 芹, 菜也, 可以爲菹, 亦所用
　　待君子也. 我使采其水中芹者, 尙絜淸也.《周禮》"芹菹雁醢". ○觱音必. 沸音弗.
　　檻泉, 銜覽反, 徐下斬反.《爾雅》云："正出, 涌出也."芹, 巨斤反. 菹, 側魚反.
　　淸如字, 一音才性反.>

其旂淠淠, 鸞聲嘒嘒. 載驂載駟, 君子所屆.

赤芾在股, 邪幅在下. 彼交匪紓, 天子所予. 樂只君子, 天子命之. 樂只君
子, 福祿申之. .........

❷『로송:전(魯頌:箋)』《泮水》

思樂泮水, 薄采其芹.

　　<泮水, 泮宮之水也. 天子辟雍, 諸侯泮宮. 言水則采取其芹, 宮則采取其化. 箋
　　云：芹, 水菜也. 言己思樂僖公之修泮宮之水, 複伯禽之法, 而往觀之, 采其芹也.
　　辟雍者, 築土雍水之外, 圓如壁, 四方來觀者均也. 泮之言半也. 半水者, 蓋東西門
　　以南通水, 北無也. 天子諸侯宮異制, 因形然. ○僖音希. 頖音判, 本多作"泮". 泮
　　宮, 諸侯之學也. 泮, 半也. 半有水, 半無水也. 鄭注《禮記》言"頖, 班也, 所以班政
　　教". 芹, 其巾反. 辟音璧. 下同. 圜音圓. 觀, 古亂反, 又音官. >

❸『석초(釋艸)』

芹, 楚葵.<今水中芹菜.>

## 0247

[疏]"芹, 楚葵".

○釋曰：郭云："今水中芹菜."案《本草》云"水芹", 一名"水英". 陶注云："其二月, 三月作英時, 可作菹及瀹食之."又有渣(音樝)芹, 可爲生菜, 亦可生啖. 別本注云：芹有兩種, "荻芹取根, 白色, 赤芹取莖, 葉, 並堪作菹及生菜". 是也.

### ④『주례(周禮)』의 『해인(醢人)』

醢人, 奄一人, 女醢二十人, 奚四十人.

<醢, 豆實也. 不謂之豆, 此主醢, 豆不盡於醢也. 女醢, 女奴曉醢者. ○醢, 呼在反. 盡, 津忍反.>

○釋曰：云"不謂之豆"者, 決上籩人不以籩中之實爲名, 而以籩爲官號, 此即以豆中之實爲官號, 不謂之豆人. 此是問辭, 鄭還自答. 豆不盡於醢者, 其豆之所盛, 非止此職中四豆之實而已. 天子豆百二十, 上公豆四十, 侯伯豆三十二, 子男豆二十四, 上大夫二十, 下大夫十六, 彼有朆臐膮膷炙膽之屬, 其數甚多, 是豆不盡盛醢而已. 若言豆人, 恐彼並掌之. 此醢人惟掌此四豆之實而已, 故不得言豆人而言醢人也.

加豆之實, 芹菹, 兔醢, 深蒲, 醓醢, 箈菹, 雁醢, 筍菹, 魚醢.

<芹, 楚葵也. 鄭司農云："深蒲, 蒲蒻入水深, 故曰深蒲. 或曰深蒲, 桑耳. 醓醢, 肉醬也. 箈, 水中魚衣."故書雁或爲鶉. 杜子春云："當爲雁."玄謂深蒲, 蒲始生水中子. 箈, 箭萌. 筍, 竹萌.

○芹, 音勤, 徐又音謹,《說文》作𦼫, 云："菜類, 蒿也, 音謹."箈音迨,《爾雅》作箈, 同, 司農云："水中魚衣也."當徒來反, 沈云："北人音殆改反, 又文之反", 未知所出. 筍, 息尹反. 蒻, 音若.>

### ⑤『주례:음의(周禮·音義)』

○芹, 音勤, 徐又音謹,《說文》作

### ⑥『본초(本艸)』

厥.

### ⑦『주례(周禮)』 <醢人>

加豆之實, 芹菹, 兔醢, 深蒲, 醓醢, 箈菹, 雁醢, 筍菹, 魚醢.

<芹, 楚葵也. 鄭司農云："深蒲, 蒲蒻入水深, 故曰深蒲. 或曰深蒲, 桑耳. 醓醢, 肉醬也. 箈, 水中魚衣."故書雁或爲鶉. 杜子春云："當爲雁."玄謂深蒲, 蒲始生水中子. 箈, 箭萌. 筍, 竹萌.

○芹, 音勤, 徐又音謹,《說文》作𦼫, 云："菜類, 蒿也, 音謹."箈音迨,《爾雅》作箈, 同, 司農云："水中魚衣也."當徒來反, 沈云："北人音殆改反, 又文之反", 未知所出. 筍, 息尹反. 蒻, 音若.>

| 0248 蘘蘘양【niàng ㄋㅣㄤˋ】 24 | 0248 |
| 들깨 양 | |

菜也。 「채소의 일종」이다.

《『方言』曰。 『방언(方言)』❶에서 이르기를,

蘇、沅湘之南或謂之蕉<音車轄> "소(蘇)를 **원상**(沅湘)의 남쪽 지방에서 간혹 할(蕉)이라고 하는 것인데,

其小者謂之蘘葇。 그 작은 것을 **양유**(蘘葇)라고 한다."고 했다.

許所說未必此也。 허신이 꼭 이것을 말한 것은 아니다.

『齊民要術』以爲藏菹之蘘。人丈切。 『제민요술(齊民要術)』❷에서는 이것을 김치를 저장하는 인장절(人丈切)의 양(蘘)으로 했다.

『內則:注』菜蘘、 『내칙:주(內則:注)』❸에서는 **채양**(菜蘘)으로 써서

不从艸。》 초(艸)를 따르지도 않았다.

从艸。 초(艸)를 따랐고,

蘘聲。 양(蘘)이 성부가 된다.

《『玉篇』引『說文』而丈切。 『옥편(玉篇)』은 『설문(說文)』을 인용하여 이장절(而丈切)이라고 했다.

『唐韵(韻)』女亮切。 『당운(唐韵)』은 녀량절(女亮切)이다.

10部。》 제 10부에 속한다.

할(蕉) 들깨.

유(葇) 노야기, 들깨, 푸성귀 썰지 않을.

**원상**(沅湘) 호남성(胡南省)에 있다. 원수(沅水)와 상수(湘水). 동정호(洞庭湖)로 흘러드는 강 이름.

**양유**(蘘葇) 원상(沅湘)의 남쪽지방에서 들깨(蕉)의 작은 것을 [沅湘之南或謂之蕉. 其小者謂之蘘葇]일컫는 말.

[신경고 引經考] ❶『방언(方言)』

蘇, 芥, 草也.<漢書曰樵蘇而爨. 蘇猶蘆, 語轉也.> 江淮南楚之間曰蘇, 自關而西或曰草, 或曰芥.<或言菜也.> 南楚江湘之間謂之莽.<嫫母.> 蘇亦荏也.<荏屬也. 爾雅曰蘇桂荏也.> 關之東西或謂之蘇, 或謂之荏. 周鄭之間謂之公蕡.<音翡翠. 今江東人呼荏為蕉, 音魚.> 沅湘之南或謂之蕉.<今長沙人呼野蘇為蕉, 音車轄. 沅, 水名, 在武陵.> 其小者謂之蘘葇.<堇葇也, 亦蘇之種類, 因名云.>

❷『제민요술(齊民要術)』 荏, 蓼 第二十六

紫蘇, 薑芥, 薰葇, 與荏同時, 宜畦種.《爾雅》曰："蔷, 虞蓼."注云："虞蓼, 澤蓼也.""蘇, 桂荏.""蘇, 荏類, 故名桂荏也."《本草》曰：

## 0248

"芥葅(音祖), 一名水蘇."《吳氏》曰："假蘇, 一名鼠蓂, 一名薑芥."《方言》："蘇之小者謂之穰菜."注曰："薰菜也." 三月可種荏, 蓼. 荏, 子白者良, 黃者不美. 荏性甚易生. 蓼尤宜水畦種也. 荏則隨宜, 園畔漫擲, 便歲歲自生矣.

❸『내칙:주(內則:注)』

牛脩, 鹿脯, 田豕脯, 麋脯, 麕脯, 麋, 鹿, 田豕, 麕皆有軒; 雉, 兔皆有芼.

〈脯, 皆析乾肉也. 軒, 讀爲憲, 憲, 謂藿葉切也. 芼, 謂菜釀也. 軒或爲胖. 〉

## 0249 莧莧현【xiàn ㄒㄧㄢˋ】24
### 비름 현

0249

莧菜也。
《菜上莧字乃複寫隸字刪(刪)之僅存者也。
尋『說文』之例。
云芺菜、葵菜、葅菜、蘹菜、薇菜、雈菜、茷菜、蘘菜、莧菜以釋篆文。
䔫者、字形。
葵菜也者、字義。
如[水部:河]者、字形。
河水也者、字義。
若云此篆文是葵菜也、
此篆文是河水也。
䔫以爲複字而刪(刪)之。
此不學之過。
『周易:音義』引宋衷云。
莧、莧菜也。
此可以證矣。
『爾雅』。
蕢、赤莧。
『郭-注』。
今人莧、赤莖者。
按人莧、莧名。》
从艸。
見聲。
《侯澗(澗)切。14部。》

「현채(莧菜:비름)」다.

채(菜)자 앞에 있는 현(莧)자는 곧 **례서**(隸書)로 베껴쓰면서 깎아버릴 때 겨우 살아 남은 글자다.

『**설문**(說文)』에서 용례를 찾아 보면,

**시채**(芺菜), **규채**(葵菜), **조채**(葅菜), **거채**(蘹菜), **미채**(薇菜), **유채**(雈菜), **근채**(茷菜), **양채**(蘘菜), **현채**(莧菜)들의 **전서**(篆書)를 해석한 것들이다.

「규(䔫)」라는 것은 글자의 모양이고,

「**규채**(葵菜)」라는 것은 글자의 뜻이다.

[수부(水部)]의 「하(河)」는 글자의 모양이고,

「하수(河水)다」라는 것은 글자의 뜻인 것과 같다.

「이 전서(篆書)는 **규채**(葵菜)다,

이 전서는 하수(河水)다」라고 말하는 것과 같다.

이미 중복된다고 하여 깎아 버린 것이다.

이것은 공부하지 않은 데서 나오는 과실이다.

『주역:음의(周易:音義)』에서 송충(宋衷)을 인용하기를,

"현(莧)은 **현채**(莧菜)다." 라고 했는데,

이것으로 능히 증명할 수 있다.

『이아(爾雅)』❶에서

"궤(蕢)는 **적현**(赤莧)이다.

『곽-주(郭-注)』에서

"지금의 **인현**(人莧)은 줄기가 붉은 것이다."라고 했다.

생각건대 **인현**(人莧)은 현(莧)의 이름이다.

초(艸)를 따랐고,

견(見)이 성부가 된다.

후간절(侯澗切)이다. 제14부에 속한다.

**시**(芺) 다북쑥, 나물.

**조**(葅) 푸성귀.

**거**(蘹) 들깨 같은 채소 이름, 사라부루.

**유**(雈) 채소, 푸성귀, 초목 싹날.

**근**(茷) 천변쑥, 흰쑥.

**양**(蘘) 들깨 ▣**낭**:푸성귀, 김치.

**개**(䔫) 평미래, 평평할, 대개, 거리낄 ▣**희**:평미래.

**귀**(蕢) 가마채나무, 오동나무 ▣**궤**:같은 뜻.

## 0249

간(灡) 쌀 씻을.

**현채**(莧菜) 1년생초본식물(1年生草本植物). 잎이 마주보며 난다()對生). 계란형 혹은 릉형(菱形)이다. 녹색과 보라색의 두 가지가 있다. 꽃은 황색과 록색이다. 씨앗은 아주 작고 광택이 있다. 여린 싹은 먹을 수 있다.

**례서**(隷書) 한자 서체의 일종. 진서 8체의 하나. 전서(篆書)에 예속되는 서체라는 설도 있고, 진시황릉과 만리장성을 쌓기 위해 동원되던 수 십만명의 죄수들을 담당하던 하던 관리들이 효율성 때문에 공인된 서체. 복잡한 전서체를 많이 생략해서 만들었기 때문에 일대 변혁이 일어났는데 이를 「례변(隷變)」이라고 한다.

**전서**(篆書) 전자(篆字). 대전과 소전이 있다.

**시채**(芺菜) 다북쑥나물.

**규채**(葵菜) 동규(冬葵)라고도 한다. 민간에서는 동현채(冬莧菜) 혹은 활채(滑菜)라고 한다. 금규과(金葵科)에 속하는 식물이다. 아욱. 한 달에 한 번만 아욱을 먹으면 5장의 막힌 기운을 잘 통하게 한다. 아욱은 채소의 으뜸이다. 왕정(王幀)의 <농서(農書)>에 "100가지 채소의 으뜸이다. 4계절 반찬으로 준비한다. 흉년의 어려움에 대비할 수 있다. 소금에 절여 말릴 수 있다. 그 뿌리는 치료제로 쓴다."「葵為百菜之王. 備四時之饌. 可防荒儉, 可以菹臘(鹽乾菜), 其根可療疾.」라고 했다. 야생의 규채를 려규(旅葵)라고 한다.

**조채**(蒩菜) 고비 나물.

**거채**(蘧菜) 들깨 비슷한 나물

**미채**(薇菜) 자기(紫萁). 기(蕤), 월이(月爾), 자기(紫蓁), 기궐(蕤蕨), 자기(芷萁), 자궐(紫蕨), 미궐(迷蕨), 궐기(蕨萁), 대관중(大貫眔), 모로서(毛老鼠), 모구자(毛狗子), 관중(貫眔), 미관중(薇貫眔), 대엽랑의(大葉狼衣). 미채(薇菜)는 궐류식물(蕨類植物) 중에서 자기과(紫萁科) 자기속(紫萁屬)이다. 자기류(紫萁類) 포자체(孢子體)의 어린 싹을 가공한 것이다. 포괄자기(包括紫萁)와 분주자기(分株紫萁)가 있다. 우모광(牛毛廣)이라고도 한다. 다년생초본식물(多年生草本植物)이다. 과거에는 흉년을 견디는 구황초(救荒草)였다.

**유채**(薙菜) 오구(烏韭)와 비슷한데 누렇다.

**근채**(莛菜) 규채(葵菜)의 별명으로 동규(冬葵)와 동현채(冬莧菜) 혹은 활채(滑菜)가 있다.

**양채**(蘘菜) 들깨, 푸성귀.

**현채**(莧菜) 일년생초본식물(一年生草本植物). 잎은 마주 보고 난다. 란형(卵形) 혹은 릉형(菱形)이다. 록색, 자색(綠紫) 두 가지가 있다. 꽃은 황록색이다. 종자(種子)는 아주 작다. 검은 색으로 광택이 있다. 황록색의 어린 싹은 채소로 먹는다.

　　　※ 산현채(山莧菜) 쇠무릎지기.

　　※ 야현(野莧) 세현(細莧). 야생(野生). 현채(莧菜)로 먹을 수 있다. 사료로 많이 쓴

**0249**

다. 또 저현(豬莧)이라고도 한다.《리시진-본초강목:채2:현(李時珍-本草綱目:菜二:莧)》에 "세현(細莧)을 민간에서는 야현(野莧)이라고 하는데, 돼지가 잘 먹는다. 그래서 또 저현(豬莧)이라고도 한다. … 세현(細莧)은 곧 야현(野莧)이다"라고 했다.

※ 저현(豬莧) 야현채(野莧菜).《리시진-본초강목:채2:현(李時珍-本草綱目:菜二:莧)》"세현(細莧)을 민간에서는 야현(野莧)이라고 하는데, 돼지가 잘 먹는다. 그래서 또 저현(豬莧)이라고도 한다. … 세현(細莧)은 곧 야현(野莧)이다"라고 했다.

※ 인현(人莧) 현(莧)의 일종이다. 로문초(盧文弨)가 보주(補注)한《본초도경(本草圖經)》에 "현(莧)은 6종(六種)이 있다. 인현(人莧), 적현(赤莧), 백현(白莧), 자현(紫莧), 마현(馬莧), 5색현(五色莧)이다. 이 중에서 약으로 쓰는 것은 . 인현(人莧)과 백현(白莧) 두 가지다. 다만 인현(人莧)은 작고, 백현(白莧)은 크다."라고 했다.

**적현**(赤莧) 붉은 줄기.

**적경**(赤莖) 붉은 줄기.

**[인경고 引經考]**

❶『이아(爾雅)』

蕢, 赤莧.

〈今之莧, 赤莖者. ○蕢, 巨貴切. 〉

[疏]"蕢, 赤莧". ○釋曰：赤莧, 一名蕢, 今莧菜之赤莖者也.

## 0250

# 0250 芋 우【yù ㄩˋ】 24
## 토란 우

大葉實根駭人。 **큰 잎과 충실한 뿌리가 사람을 놀라게 하므로 우(芎)라고 한다.**
故謂之芎(芋)也。

[口部]曰。 [구부(口部)]에서 이르기를,

吁、驚也。 "우(吁)는 놀라는 것이다."라고 했다.

『毛傳』曰。 『모-전(毛傳)』❶에서 이르기를,

訏、大也。 "우(訏)는 크다는 뜻이다."라고 했다.

凡于聲字多訓大。 대체로 우(于)를 성부로 삼는 글자들은 「크다」는 뜻으로 풀이하는 경우가 많다.

芋之爲物。葉大根實。 토란의 물건됨이 잎이 크고 뿌리가 충실하다.

二者皆壯駭人。 두 가지 모두 사람을 심히 놀라게 하는 점이 있다.

故謂之芋。 그러므로 우(芋)라고 하는 것이다.

其字从艸于聲也。 그 글자는 초(艸)를 따르고 우(于)가 성부(聲符)다.

『小雅』 『소아(小雅)』❷에서,

君子攸芋 "군자유우(君子攸芋)"라고 했는데,

『毛傳』 『모-전(毛-傳)』❸에서

芋、大也。 "우(芋)는 크다는 뜻이다."라고 했다.

謂居中以自光大。 머무는 중에도 스스로 빛나고 크다는 말이다.

『箋』云。 『전(箋)』❹에서 이르기를

「芋」當作「幠」。》 "「우(芋)」는 마땅히 「우(幠)」로 써야 한다."고 했다.

从艸。 초(艸)를 따랐고,

亐(于)聲。 우(亐)가 성부가 된다.

《王遇切。5部。》 왕우절(王遇切)이다. 제 5부에 속한다.


우(吁) 놀랄, 심히 괴이하게 여길.
우(訏) 거짓, 속일, 클, 시끄러울.
감(壯) 견딜, 이길, 맡을, 가능할.
호(幠) 덮을, 있을, 오만할, 거만할.

군자유우(君子攸芋)  그대들이 살 곳이네.

[신경고 引經考]  ❶『모-전(毛傳)』〈大雅:蕩之什:韓奕〉

奕奕梁山, 維禹甸之, 有倬其道. 韓侯受命, 王親命之, 纘戎祖考. 無廢
朕命, 夙夜匪解. 虔共爾位, 朕命不易. 榦不庭方, 以佐戎辟.

四牡奕奕, 孔脩且張. 韓侯入覲, 以其介圭, 入覲于王. 王錫韓侯, 淑旂
綏章. 簟茀錯衡. 玄袞赤舃, 鉤膺鏤鍚, 鞹鞃淺幭, 鞗革金厄.

*0250*

韓侯出祖, 出宿于屠. 顯父餞之, 清酒百壺. 其殽維何, 炰鼈鮮魚. 其蔌維何, 維筍及蒲. 其贈維何, 乘馬路車. 籩豆有且, 侯氏燕胥.

韓侯取妻, 汾王之甥, 蹶父之子. 韓侯迎止, 于蹶之里. 百兩彭彭, 八鸞鏘鏘, 不顯其光. 諸娣從之, 祁祁如雲. 韓侯顧之, 爛其盈門.

蹶父孔武, 靡國不到. 爲韓姞相攸, 莫如韓樂. 孔樂韓土, 川澤訏訏, 魴鱮甫甫, 麀鹿噳噳, 有熊有羆, 有貓有虎. 慶旣令居, 韓姞燕譽.

<訏訏, 大也. 甫甫然大也. 噳々然眾也. 貓, 似虎淺毛者也. 箋云 : 甚樂矣, 韓之國土也. 川澤寬大, 眾魚禽獸備有, 言饒富也. ○訏, 況于反. 魴音房. 鱮音序. 麀音憂. 噳, 愚甫反, 本亦作"麌", 同. 熊音雄. 羆, 彼皮反. 貓如字, 又武交反, 本又作"苗", 音同,《爾雅》云 : "虎竊毛曰貓貓." 貓音仕版反.>

溥彼韓城, 燕師所完. 以先祖受命, 因時百蠻. 王錫韓侯, 其追其貊, 奄受北國, 因以其伯. 實墉實壑, 實畝實藉, 獻其貔皮, 赤豹黃羆.

❷『시경:소아:홍안지십:사간(詩經:大雅:鴻雁之什:斯干)』에 "비바람을 막아주고, 새나 쥐도 쫓아주니, 그대들이 살 곳이네" 「風雨攸除, 鳥鼠攸去, 君子攸芋.」가 있다.

❸❹『소아(小雅)』<小雅:鴻鴈之什:斯干>

.........

似續妣祖, 築室百堵, 西南其戶. 爰居爰處, 爰笑爰語.

約之閣閣, 椓之橐橐. 風雨攸除, 鳥鼠攸去, 君子攸芋.

如跂斯翼, 如矢斯棘, 如鳥斯革, 如翬斯飛, 君子攸躋.

殖殖其庭, 有覺其楹, 噲噲其正, 噦噦其冥, 君子攸寧.

.........

<芋, 大也. 箋云 : 芋當作"幠". 幠, 覆也. 寢廟旣成, 其牆屋弘殺, 則風雨之所除也. 其堅致, 則鳥鼠之所去也. 其堂堂相稱, 則君子之所覆蓋. ○除, 直慮反, 去也. 芋, 毛香於反, 鄭火吳反, 或作"籲". 殺, 所界反. 致, 直置反, 本亦作"緻"同. 稱, 尺證反.> ○傳"芋, 大". ○正義曰 : 孫毓云 : "宮室旣成, 君子處之, 所以爲自光大." ○箋"芋當"至"覆蓋". ○正義曰 : 芋作當"幠", 讀如亂. 如此, 幠以聲相近, 故誤耳. "幠, 覆也", 鄭以義言之.《爾雅》無此訓也. 以下"攸躋"爲君子所升, "攸寧"爲君子所安, 則知此爲君子所覆, 故云"其堂堂相稱, 則君子之所覆蓋", 故反以類上, 去鳥鼠, 除風雨, 文勢同也.>

## 0251

### 0251 쓸莒거【jǔ ㄐㄩˇ】24
### 토란 거

齊謂芋爲莒。
제나라에서는 우(芋)를 거(莒)라고 한다.

《所謂別國方言也。
이른바 별국 **방언**(別國 方言)인데 가차해서

借爲國名。》
나라이름으로 삼은 것이다,

从艸
초(艸)를 따랐고,

呂聲。
려(呂)가 성부가 된다.

《居許切。5部。
거허절(居許切)이다. 제 5부에 속한다.

『顏(顏)氏家訓』云
『안씨-가훈(顏氏-家訓)』❶에서 이르기를,

北人之音多以擧(擧)莒爲矩、
"북쪽지방 사람들의 발음(今益陽 方言)은 거(莒)를 들어 구(矩)로 하는 경우가 많다.

唯李季節云
유독 리계절(李季節)만이 말하기를

齊桓公與管仲於臺上謀伐莒。
'제환공(齊桓公)과 관중(管仲)이 대 위에서 거(莒)나라를 정벌할 계획을 짜고 있을 때,

東郭牙望桓公口開而不閉。
동곽아(東郭牙)가 환공(桓公)을 바라보니 입을 열고 닫지를 않으므로,

故知所言者莒也。
말한 것이 거(莒)라는 것을 알았다.

然則莒、矩必不同呼。
그러므로, 거(莒)와 구(矩)를 반드시 같게 부르지는 않았다.

此爲知音矣。
이것이 음(音)을 아는 것이다.' 라고 했다."고 했다.

按『廣韵(韻)』莒、矩雖分語、麌。
생각건데 『광운(廣韵)』에서는 거(莒)와 구(矩)가 비록 분리된 말이지만 우(麌)운이다.

然雙聲同呼。
그러나 쌍성(雙聲)으로 같게 부른다.

顏氏云
안씨(顏氏)가 이르기를,

北人讀擧莒同矩者、
"북쪽지방 사람들은 거(莒)를 들어 구(矩)와 같게 읽는 것은 『**당운**(唐韵)』에서 구(矩)가 기려절(其呂切)이므로 북쪽지방 사람들은 거(莒)를 들어 같게 읽는 것이다."라고 했다.

『唐韵(韻)』矩其呂切。

北人讀擧莒同之也。

『李季節-音譜』讀擧莒居許切。
『리계절-음보(李季節-音譜)』에서는 거(莒)를 들어 거허절(居許切)로 읽으므로 구(矩)를 기려(其呂)로 읽는 것과는 다르고, 『관자(管子)』에서 "입을 열고 닫지를 않는다"와 합치한다.

則與矩之其呂不同呼。

合於『管子』所云口開而不閉。

『廣韵』矩俱雨切。
『광운(廣韵)』에서는 구(矩)를 구우절(俱雨切)이라고 했다.

非『唐韵』之舊矣。
『당운(唐韵)』의 구의절(舊矣切)도 아니다.

又按『孟子』以遏徂莒
또 『맹자(孟子)』❷에서 「**이알조거**(以遏徂莒:알에서 거로가다)」라고 한 것을

『毛詩』作「徂旅」。
『모시(毛詩)』에서는 「**조려**(徂旅)」라고 했으므로

知莒從呂聲。
거(莒)의 음이 려(呂)성부를 따라

本讀如呂。
본래는 려(呂)처럼 읽는다는 것을 알 수 있다.

是所以口開不閉
이것이 소위 "입을 열고 닫지를 않았다"는 것이다.

0251

不第如李季節所云也。》　리계절(李季節)이 말한 것과 순응하지 않는다.

**구**(矩) 네모꼴, 곡척, 항상.
**우**(麌) 수사슴, 수노루, 사슴 떼지어 노는 모양.
**보**(誧) 문서, 사람의 이름, 보(譜)와 같은 글자.
**알**(遏) 머무를, 정지할, 못하게 할, 금지할, 저지할.
**조**(徂) 갈, 있을, 죽을, 겨눌.

**별국 방언**(別國 方言)　각국 방언.
**조려**(徂旅)　앞으로 나아가는 군대.
**이알조거**(以遏徂莒)　"가는 군대를 막으시어." 문왕(王之)의 용기를 읊은 시. 문왕이 한 번 노하자 세상이 편안해졌다는 내용의 시인 <시:대아:황의(詩:大雅:皇矣)>의 일부이다. 시(詩)에서 알(遏)은 안(按)으로, 거(莒)는 려(旅)로 되어 있다.

**[인경고 引經考]**

**❶『안씨-가훈(顔氏-家訓)』**<卷第七:音辭第十八>

北人之音, 多以舉, 莒爲矩; 唯李季節云:「齊桓公與管仲於臺上謀伐莒, 東郭牙望見桓公口開而不閉, 故知所言者莒也. 然則莒, 矩必不同呼.」此爲知音矣.

**❷『맹자(孟子)』**『맹자:량혜왕:하(孟子:梁惠王:下)』에

"왕이 크게 노하시어, 군대를 정비하고, 가는 군대를 막으시어, 주나라의 복을 키우니, 세상에 보답하네." 「王赫斯怒, 爰整其旅, 以遏徂莒, 以篤周祜, 以對于天下.」가 있다.

○ <大雅:文王之什:皇矣>
...

攘之剔之, 其檿其柘. 帝遷明德, 串夷載路. 天立厥配, 受命旣固.
帝省其山, 柞棫斯拔, 松柏斯兌. 帝作邦作對, 自大伯王季.
維此王季, 帝度其心, 貊其德音. 其德克明, 克明克類, 克長克君.
王此大邦, 克順克比. 比于文王, 其德靡悔. 旣受帝祉, 施于孫子.
帝謂文王, 無然畔援, 無然歆羨, 誕先登于岸.
密人不恭, 敢距大邦, 侵阮徂共.
王赫斯怒, 爰整其旅, 以按徂旅, 以篤于周祜, 以對于天下.
　<旅, 師. 按, 止也. 旅, 地名也. 對, 遂也. 箋云: 赫, 怒意. 斯, 人爲旅. 對, 答也. 文王赫然與其群臣盡怒曰: 整其軍旅而出, 以卻其徂國之兵眾, 以厚周當王之福, 以答天下鄉周之望. ○赫, 虎格反. 斯, 毛如字, 此也. 鄭音賜. 按, 安旦反. 本又作"遏", 安葛反. 此二字俱訓止也. 祜音戶. 鄉, 本又作"向", ...

## 0252 蘧 거 【qú 〈ㄩˊ〉】 24

석죽화 거

| | |
|---|---|
| 蘧麥也。 | 「거맥(蘧麥)」이다. |
| 《三字一句。 | 세 글자가 한 구절이다. |
| 『釋艸』曰 | 『석초(釋艸)』❶에 이르기를, |
| 大菊蘧麥。 | "대국거맥(大菊蘧麥)"이라고 했다. |
| 『本艸』謂之瞿麥。 | 『본초(本艸)』❷에서는 구맥(瞿麥)이라고 했다. |
| 一名巨句麥。 | 일명 거구맥(巨句麥)이라고도 한다. |
| 『廣雅』謂之紫萎。 | 『광아(廣雅)』에서는 자위(紫萎)라고 했다. |
| 一名麥句薑。 | 일명 맥구강(麥句薑)이다. |
| 俗謂之洛陽花。 | 속칭 락양화(洛陽花)라고도 한다. |
| 一名石竹。》 | 일명 석죽(石竹)이다. |
| 从艸。 | 초(艸)를 따랐고, |
| 遽聲。 | 거(遽)가 성부가 된다. |
| 《彊魚切。5部。》 | 강어절(彊魚切)이다. 제 5부에 속한다. |

구(瞿) 노려볼, 놀라볼, 둘러볼, 자세히 보는 모양.

위(萎) 시들, 병들, 쇠약할, 땅이름.

| | |
|---|---|
| 대국거맥(大菊蘧麥) | 석죽(石竹). 패랭이꽃의 많은 별명들 중의 하나. |
| 거맥(蘧麥) | 술패랭이꽃, 너도개미자리과에 속하는 다년초로 관상용으로 쓰인다. 여름에 흰색과 분홍색의 꽃이 핀다. 씨가 보리와 비슷하며 약재로 쓰인다. |
| 구맥(瞿麥) | 패랭이꽃. 너도개미자리과에 속하는 다년초. 꽃을 한약재로 쓴다. |
| 거구맥(巨句麥) | 석죽(石竹). 패랭이꽃의 많은 별명들 중의 하나. |
| 자위(紫萎) | 릉소화(凌宵花), 금등화(金藤花), 양반꽃으로도 불리운다. 중국 원산의 덩굴식물. 피의 나쁜 성분을 제거하고어혈과 열혈로 인한 질병을 치료하는데 쓴다. |
| 석죽(石竹) | 릉화(凌花), 자위(紫萎), 패랭이꽃. 옛날 서민들이 쓰던 패랭이 모자를 닮았다고 해서 붙인 이름이라고 한다. 구맥(瞿麥), 석죽화(石竹花), 기생화(寄生花), 거구맥(巨句麥), 대란(大蘭), 산구맥(山瞿麥), 남천축초(南天竺草), 죽절초(竹節草)라고도 한다. |
| 맥구강(麥句薑) | 석죽(石竹). 패랭이꽃의 많은 별명들 중의 하나. |
| 락양화(洛陽花) | 1. 모란의 별칭. 줄여서 낙양(洛陽), 낙화(洛花)라고도 한다. 2. 패랭이꽃. 석죽(石竹). 석죽화(石竹花). 패랭이꽃의 많은 별명들 중의 하나. 3. 하남성(河南省)에 속한 지명(地名). 동주(東周), 후한(後漢), 3국(三國) 때 서진(西晉), 남북조의 후위(後魏) 등의 수도(首都)였다. |

# 0252

[인경고 引經考]

❶『석초(釋艸)』

大菊, 蘧麥.

<一名麥句薑, 即瞿麥.>

〔疏〕"大菊, 蘧麥". ○釋曰 : 大菊, 一名蘧麥, 草藥也. 郭云 : "一名麥句薑, 即瞿麥."《廣雅》云 : "茈萎, 麥句薑, 瞿麥."案《本草》云瞿麥, 一名巨句麥, 一名大菊, 一名大蘭. 陶注云 : "今出近道. 一莖生細葉, 花紅紫赤可愛, 子頗似麥."故名瞿麥.

❷『본초(本艸)』

瞿麥

味苦寒. 主關格, 諸癃結, 小便不通, 出刺, 決癰腫, 明目去翳, 破胎墮子, 下閉血. 一名巨句麥生. 川穀.

<名醫曰 : 一名大菊, 一名大蘭, 生大山, 立秋, 采實, 陰幹.

案說文云 : 蘧, 蘧麥也. 菊, 大菊, 蘧麥. 廣雅云 : 茈葳, 陵苕, 蘧麥也. 爾雅云 : 大菊, 蘧麥. 郭璞云 : 一名麥句薑, 即瞿麥. 陶宏景云 : 子頗似麥, 故名瞿麥>

## 0253

### 0253 菊 국【jú ㄐㄩˊ】24
### 국화 국

大菊,《逗。》
蘧麥。
从艸。
匊聲。
《居六切。3部。》

대국(大菊)은
거맥(蘧麥)이다.
초(艸)를 따랐고,
국(匊)이 성부가 된다.
거륙절(居六切)이다. 제 3부에 속한다.

**거**(蘧) 석죽화, 패랭이꽃, 구맥, 줄풀.

| | |
|---|---|
| **대국**(大菊) | 패랭이꽃의 많은 별명들 중의 하나. |
| **거맥**(蘧麥) | 패랭이꽃의 많은 별명들 중의 하나. |

0254 葷 훈 【xūn ㄒㄩㄣ-】24

훈채 훈

0254

臭菜也。「광택(臭)이 있는 채소」다.

《謂有气之菜也。 기운이 있는 채소라는 말이다.

『士相見禮』。 『사상견례(士相見禮)』❶에,

夜侍坐。問夜膳。葷。 "밤에 모시고 앉아 있을 때 야선(夜膳)을 물으므로 훈(葷)이라고 하

請退可也。 니 물려내가는 것이 좋겠다.”라고 했다는 말이 있다.

『注』。 『주(注)』에서

葷、辛物。葱(蔥)薤之屬。 "훈(葷)은 매운 것으로 파나 염교와 같은 것들이다.

食之以止臥。 먹으면 와병(臥病)을 멈추게 한다.”고 했다.

古文「葷」作「薰」。 고문은 「훈(葷)」을 「훈(薰)」으로 썼다.

『玉藻』。 『옥조(玉藻)』❷에,

膳於君有葷桃茢。 "임금에게 음식을 올릴 때 **훈도렬(葷桃茢)**로 덮는다.”라고 했는데,

『注』。 『주(注)』에서,

葷、薑及辛菜也。 "훈(葷)은 생강과 **신채(辛菜)**다.

葷或作「焄」。 훈(葷)을 간혹 「훈(焄)」으로도 쓴다.”라고 했다.

按『儀禮:注』謂葱薤之屬爲辛物。 생각건대 『의례:주(儀禮:注)』❸에서 "**총해(葱薤)**에 속한 것들을 **신물(辛物)**이라고 한다.”라고 했으니,

卽『禮記:注』所謂辛菜也。 곧 『례기:주(禮記:注)』에서 말한 **신채(辛菜)**다.

『禮記:注』先以薑者。 『례기:주(禮記:注)』❹에서 생강을 먼저 하는 것은

薑辛而不葷。 생강은 맵고 비리지 않기 때문이라고 했다.

金辛之臭腥。 **금신(金辛)**의 냄새는 비린내다.

葱薤之屬皆辛而葷。 **총혜(葱薤)**의 등속은 모두 맵고 향이 짙다.

實與薑同類也。 실제로는 생강과 같은 무리다.

葷古作薰。 「훈(葷)」을 옛날에는 「훈(薰)」으로 썼다.

或作焄者。 간혹 「훈(焄)」으로도 썼다는 것은

殠得名薰。 썩은 냄새가 나는 것을 「훈(焄)」이라고 이름했다.

猶治曰亂。 어지러운 것을 정리하는 것도 란(亂)으로 부르는 것과 같다.

『祭義:注』。 『제의:주(祭義:注)』❺에는

焄謂香臭也。》 "훈(焄)은 향기로운 냄새다.”라고 했다.

从艸。 초(艸)를 따랐고,

軍聲。 군(軍)이 성부가 된다.

《許云切。13部。》 허운절(許云切)이다. 제 13부에 속한다.

**총**(葱) 파, 파뿌리, 칼이름, 초목 푸릇푸릇한 모양.

**해**(薤) 염교.

**렬**(茢) 부정 쓰는 비, 누른 물감풀, 풀이름.

**0254**

훈(焄) 불길 오를, 향내.
훈(葷) 매운 채소, 생강과 같이 매운 채소, 냄새 날.
취(殠) 썩은 냄세, 물건 상한 냄새.

**야선**(夜膳) 저녁밥(晚飯).

**와병**(臥病) 질병으로 병상에 누움.

**훈도렬**(葷桃茢) 『례기:옥조(禮記:옥조)』에 「음식을 임금에게 올릴 때에는 사악한 기운을 막기 위해 훈(葷)과 도(桃)와 렬(茢)로 음식을 덮고, 대부에게 바칠 때에는 훈과 도로 덮으며, 사(士)에게 바칠 때에는 훈을 제외하고 도와 렬로 덮는데 모두 음식을 주관하는 사람이 바치게 한다.」라고 했다. 아래 ❷번 참조.

**5신채**(五辛菜) 파(蔥), 마늘(蒜), 료호(蓼蒿:여뀌잎), 겨자(芥), 부추(韭) 등 향이 강한 식품으로 먹으면 음기(淫氣)가 발동하고 분노가 치솟으므로 불가나 도가에서 금지하던 다섯 가지 향신료. 신채(辛菜)를 신반(辛槃)이라고도 한다.

**총혜**(葱薤) 파와 염교.

**신물**(辛物) 매운 맛이 나는 것. 파나 염교와 같은 무리들.

**금신**(金辛)

**[인경고 引經考]**

❶『사상견례(士相見禮)』
夜侍坐, 問夜, 膳葷, 請退可也. [위 본문의 표점과 다르다.]
<問夜, 問其時數也. 膳葷, 謂食之. 葷, 辛物, 蔥薤之屬, 食之以止臥. 古文葷作薰. >

❷『옥조(玉藻)』 [위 본문과 조금 다르다.]
<○ "膳於君有葷桃茢"者, 美食曰膳. 謂天子, 諸侯之臣, 獻執食於君法也. 恐邪氣幹犯, 故用辟凶邪之物覆之. 葷, 謂薑之屬也. 桃, 桃枝也. 茢, 菱帚也. ○ 釋曰 : 云"問夜, 問其時數也"者, 謂若鍾鼓漏刻之數也. 云"古文葷作薰"者, 《玉藻》云"膳於君, 有葷桃茢", 作此葷. 鄭注《論語》作焄, 義亦通. 若作薰, 則《春秋》"一薰一蕕", 薰, 香草也, 非葷辛之字, 故疊古文不從也.>

❸『의례:주(儀禮:注)』
<사상견례>가 <의례>의 한 편명이다. ❶번의 뒷부분을 말한다.
<問夜, 問其時數也. 膳葷, 謂食之. 葷, 辛物, 蔥薤之屬, 食之以止臥. 古文葷作薰. >

❹『례기:주(禮記:注)』
<옥조>는 <례기>의 한 편명이다. 주에서 생강을 먼저 언급했다는 말이다.

❺『제의:주(祭義:注)』

0254

其氣發揚於上，爲昭明，焄蒿淒愴，此百物之精也，神之著也.

〈焄，謂香臭也. 蒿，謂氣烝出貌也. 上言眾生，此言百物，明其與人同也，不如人貴爾. 蒿，或爲蔍. ○焄，許雲反，香臭之氣耳. 蒿，許羔反. 烝，之膺反. 蔍，表驕反，又皮表反.〉

## 0255 蘘蘘 양【ráng ㅁㅊˊ】24
### 양하 양

蘘荷也。

양하(蘘荷)다.

《三字句。

세 글자[蘘荷也]가 한 구절이다.

蘘荷見『上林賦』、『劉(劉)向-九歎』、『張衡-南都賦』、『潘岳-閒居賦』。》

양하(蘘荷)는 『상림부(上林賦)』❶나 『류향-9탄(劉向-九歎)』❷이나 『장형-남도부(張衡-南都賦)』❸나 『반악-한거부(潘岳-閒居賦)』❹에 보인다].

一名蒚葙。

일명 복조(蒚葙)라고도 한다.

《『史記:子虛賦』作「猼且」。

『사기:자허부(史記:子虛賦)』❺에서는「박차(猼且)」로 썼다.

『漢書』作「巴且」。

『한서(漢書)』❻에서는「파차(巴且)」로 썼다.

王逸作「蒪菹」。

왕일(王逸)은「박저(蒪菹)」로 썼다.

顔(顏)師古作「蒪苴」。

안사고(顏師古)는「박저(蒪苴)」로 썼다.

『名醫別錄』作「覆菹」。

『명의별록(名醫別錄)』❼은「복저(覆菹)」로 썼다.

皆字異音近。

모두가 글자는 다르지만 음은 근사(近似)하다.

『景瑳-大招』則倒之曰「苴蒪」。

『경차-대초(景瑳-大招)』❽에서는 순서를 바꾸어서,「저박(苴蒪)」으로 썼다.

『崔豹-古今:注』曰。

『최표-고금주(崔豹-古今:注)』❾에 이르기를,

似薑。宜陰翳地。

"생강과 비슷한데, 그늘진 땅에서 잘 자란다(宜陰翳地)."라고 했다.

師古曰。

안사고(顏師古)가 이르기를

根旁生笋。

"뿌리 옆에 꽃이 번화하게 핀다.

可以爲菹。

김치를 담글 수 있고,

又治蠱毒。

고독(蠱毒)을 치료할 수 있다."라고 했다.

『宗懍-荆(荊)楚歲時記』云。

『종름-형초세시기(宗懍-荊楚歲時記)』❿에 이르기를,

仲冬以鹽藏蘘荷。

"한겨울(仲冬)이면 양하(蘘荷)를 소금에 절여서,

以備(備)冬儲。

겨울채비(冬儲)를 한다."라고 했다.

『急就篇』所云老菁蘘荷冬日藏也。》

『급취편(急就篇)』⓫에서 말한 "늙은 부추꽃인 양하(蘘荷)는 겨울날 저장한 것이다."라는 것이다.

从艸、

초(艸)를 따랐고,

蘘聲。

양(蘘)이 성부가 된다.

《汝羊切。10部。》

여양절(汝羊切)이다. 제 10부에 속한다.

류(劉劉) 죽일, 이길, 베풀, 쇠잔할.

복(蒚) 겨자과에 속하는 갓과 무우의 얼치기 같은 채소, 향풀, 나복
　■부:같은 뜻.

조(葙) 거적, 땅가지 ■저:같은 뜻 ■추:거적집.

자(猼) 개, 짐승이름

박(蒪) 굵은 양하

**0255**

처(茝) 삼씨, 씨있는 삼, 암삼, 대지팡이 ■저:신 속에 까는 풀, 꾸러미, 짚으로 쌀 ■제:나무이름, 땅이름 ■차:물 위에 떠 있는 말라죽은 초목 ■조:거친 자리, 제사에 까는 거친 자리 ■자:두엄풀

예(翳) 깃일산, 그늘

유(莠) 꽃 변화할

름(懍) 눈이 휘둥그런 모양, 두려운 모양, 공경할, 두려워할, 위태할, 몹시 고달플 ■금:속으로 겁낼.

저(儲) 쌓을, 버금

---

**양하(蘘荷)**

생강과에 딸린 여러 해살이풀. 다년생초본식물. 복저(覆葅), 복조(蕾葅)라고도 한다. 7-8월에 누르스름한 꽃이 핀다. 특이한 향이 있어서 어린 싹, 땅속 줄기, 꽃, 이삭을 향신료로 사용한다. 열대 아시아 지역이 원산이다. 뿌리줄기는 생리불순과 백대하를 치료하고, 종자는 복통이 심할 때 달여서 설탕과을 넣어 복용한다. 양하(蘘荷)의 여러 별명들.

**복조(蕾葅) 박차(猼且) 처박(茝蒪)**
**파차(巴且) 박저(蒪葅) 박저(蒪茝)**
**복저(覆葅)**

**고독(蠱毒)**

① 사람을 저주하여 미치게 하거나, 실신시켜 죽일 때 쓰는 곤충. 여러가지 곤충이나 작은 동물[뱀, 지네, 개구리, 두꺼비 등]을 한 그릇 속에 넣어 서로 싸우고, 잡아 먹다가 마지막까지 살아남 놈을 쓴다. 사고(蛇蠱), 강랑고(蜣螂蠱), 석척고(蜥蜴蠱), 하마고(蝦蟆蠱)등이 있다. ② 기생충 감염으로 생기는 병. 중국 남방 묘족(苗族) 사이에서 행해졌다. 일본의 고도쿠.

---

**[인경고 引經考]**

**❶『상림부(上林賦)』**

茈薑蘘荷,〈張揖曰 : 茈薑, 子薑也. 茈音紫.〉

**❷『류향-9탄(劉向-九歎)』**

折芳枝與瓊華兮, 樹枳棘與薪柴. 掘荃蕙與射干兮, 耘藜藿與蘘荷. 〈耘, 耔也.《詩》云 : 千耦其耘. 蘘荷, 蒪菹也. 藿, 豆葉也. 言折棄芳草及與玉華, 列種柴棘, 掘拔射干, 而耨耘藜藿, 失其所珍也. 以言賤棄君子而育養小人也〉

**❸『장형-남도부(張衡-南都賦)』**

若其圃圃則有蓼蕺蘘荷, 藷蔗薑〈韭番〉, 薪莫芋瓜. 〈《說文》曰 : 蓼, 辛菜也.《風土記》曰 : 蕺, 香菜, 根似茆根, 蜀人所謂菹香. 蕺與蕺同.《說文》曰 : 蘘荷, 菖蒪也.《漢書·音義》曰 : 藷蔗, 甘柘也. 字書曰 :〈韭番〉, 小蒜也.《爾雅》曰 : 薪莫, 大薺.〉

**❹『반악-한거부(潘岳-閒居賦)』**

蘘荷依陰, 時藿向陽;

## 0255

<崔豹《古今注》曰：蘘荷荣似葍, 宜陰翳地, 依陰而生也. 鄭玄《儀禮注》曰：蘘, 豆葉也. 曹子建《求親表》曰：葵蘘之傾葉太陽.>

**❺『사기:자허부(史記:子虛賦)』**

昌蒲, 江離麋蕪, 諸蔗猼且.

<【集解】：徐廣曰："猼音匹沃反." 駰案：漢書音義曰"江離, 香草, 蘪蕪, 蘄茝也, 似蛇床而香. 諸蔗, 甘柘也. 猼且, 蘘荷也". 【索隱】：《吳錄》曰"臨海縣海水中生江離, 正青似亂髮, 即《離騷》所云者是也".《廣志》云"赤葉紅華", 則與張勃所説又別. 案：今芎藭苗曰江離, 綠葉白華, 又不同. 孟康云"麋蕪, 蘄茝也, 似蛇床而香". 樊光曰"槁本一名麋蕪, 根名蘄茝". 又藥對以爲麋蕪一名江離, 芎藭苗也. 則芎藭, 槁本, 江離, 蘪蕪並相似, 非是一物也. 諸柘, 張揖云"諸柘, 甘柘也". 猼且, 上音並薄反, 下音子餘反.《漢書》作"巴且", 文穎云"巴蕉也". 郭璞云"猼且, 蘘荷屬". 未知孰是也.>

**❻『한서(漢書)』《漢書・司馬相如傳上》**

諸柘巴且.

<顏師古 注引 文穎 云："巴且, 草, 一名巴蕉." 按,《文選》李善 注作"巴苴".>

**❼『명의별록(名醫別錄)』**

「복저(覆葅)」는 검색되지 않는다.

**왕일(王逸)** <楚辭卷第十六:九歎章句:第十六>

耘藜藿與蘘荷.

<耘, 籽也.《詩》云：千耦其耘. 蘘荷, 蓴葅也. 藿, 豆葉也. 言折棄芳草及與玉華, 列種柴棘, 掘拔射干, 而耨耘藜藿, 失其所珍也. 以言賤棄君子而育養小人也.>

**❽『경차-대초(景瑳-大招)』**

<膾苴蓴只.《注》雜用膾炙, 切蘘荷以爲香. 又《集韻》匹沃切, 音炮. 義同.>

**❾『최표-고금주(崔豹-古今:注)』**

蘘荷, 似蘠葍而白. 蘠葍色紫, 花生根中, 花未散時可食, 久置則銷爛不爲實矣. 葉似薑, 宜陰翳地種之, 常依陰而生.

**❿『종름-형초세시기(宗懍-荊楚歲時記)』**

十一月：仲冬以鹽藏蘘荷以備冬儲, 又以防蠱.

**『급취편(急就篇)』卷二：**

"老菁蘘荷冬日藏.

<顏师古注："菁, 蔓菁也." "菁"和"芽"是并列的植物.>

## 0256 𩏧菁 정 【jīng ㄐㄧㄥ-】24
부추꽃, 순무 정/청

| | |
|---|---|
| 韭華也。 | 구화(韭華)다. |
| 《『周禮』。菁菹。 | 『주례(周禮)』❶에 정저(菁菹)가 있다. |
| 先鄭曰。 | 선정(先鄭)은, |
| 菁菹、韭華菹也。 | "정저(菁菹)는 구화저(韭華菹)다."라고 말했다. |
| 今各本脫華字。 | 지금의 여러 책에서는 화(華)자만 빠졌는데 |
| 則何以別於上文之韭菹乎。 | 즉, 위에서 말한 **구화(韭華)**와는 무엇이 다른가? |
| 『廣雅』曰。 | 『광아(廣雅)』에서 이르기를, |
| 韭其華謂之菁。 | "부추의 꽃을 일러 정(菁)이라고 한다."라고 했다. |
| 若『南都賦』曰 | 『남도부(南都賦)』❷에서, |
| 秋韭冬菁、則是二物。 | "가을에는 구(韭:부추), 겨울에는 정(菁:부추 꽃)이니, 이것은 곧 두 가지 사물이다."라고 한 것과 같다. |
| 史游所云老菁冬日藏也。》 | 사유(史游)가 「겨울에 로정(老菁)을 저장한다.」❸라고 말한 그 것이다. |
| 从艸。 | 초(艸)를 따랐고, |
| 青聲。 | 청(青)이 성부가 된다. |
| 《子盈切。11部。》 | 자영절(子盈切)이다. 제 11부에 속한다. |

정(菁) 부추꽃, 세골진띠, 순무 ■청:꽃이 성한 모양, 초목 무성한 모양, 땅이름. ※ 여러 사전에서 「무정(蕪菁)」을 모두 「무청(蕪菁)」으로 독음을 달고 있다.

| 로정(老菁) | 가을에는 구(韭:부추), 겨울에는 정(菁:부추 꽃)이라고 했으니, 겨울에 저장하는 것이므로 부추꽃이겠다. |
|---|---|
| 정저(菁菹) | 부추김치. ※ 대부분 독음을 「청저」로 표기하고 있다. |
| 구화(韭華) | 부추꽃. |
| 구화저(韭華菹) | 정저(菁菹). |

**[신경고 引經考]**

❶『주례:해인(周禮.醢人)』

醢人掌四豆之實. 朝事之豆, 其實韭菹, 醓醢, 昌本, 麋臡, 菁菹, 鹿臡, 茆菹, 麇臡.

<醓, 肉汁也. 昌本, 昌蒲根, 切之四寸爲菹. 三贊亦醢也. 作醢及贊者, 必先膊乾其肉, 乃後莖之, 雜以粱麴及鹽, 漬以美酒, 塗置甄中百日則成矣. 鄭司農云："麋臡, 麋骭髓醢. 或曰麋臡, 醬也. 有骨爲臡, 無骨爲醢. 菁菹, 韭菹."鄭大夫讀茆爲茅. 茆菹, 茅初生. 或曰茆, 水草. 杜子春讀茆爲卯. 玄謂菁, 蔓菁也. 茆, 鳧葵也. 凡菹醢皆以氣味相成, 其狀未聞.>

## 0256

❷선정(先鄭)은

又"菁菹，韭菹"者，以菁爲韭菁，於義不可，後鄭不從.

❸『남도부(南都賦)』

若其廚膳，則有華薌重秬，滍皋香秔. 歸雁鳴鵹，黃稻鮮魚，以爲芍藥. 酸甜滋味，百種千名. 春卵夏筍，<small>秋韭冬菁.</small>

<small>《爾雅》曰：筍，竹萌也.《廣雅》曰：韭，其華謂之菁.></small>

❹사유(史游)가 <급취편>

葵韭蔥薤蓼蘇薑，蕪荑鹽豉醯酢醬.

芸蒜薺芥茱萸香，<small>老菁蘘荷冬日藏.</small>

梨柿奈桃待露霜，棗杏瓜棟饊飴餳.

## 0257 蘆 蘆 로 【lú ㄌㄨˊ】 25

### 갈대 로

0257

蘆菔也。 「로복(蘆菔)」이다.

一曰薺根。 혹은 **제근**(薺根)이라고도 한다.

《此字義別說。 이 글자의 뜻은 서로 다른 설명이다.

謂薺根謂之蘆也。》 **제근**(薺根)을 갈대라고 한 것이다.

从艸。 초(艸)를 따랐고,

蘆聲。 로(蘆)가 성부가 된다.

《落乎切。5部。》 락호절(落乎切)이다. 제 5부에 속한다.

---

**제**(薺) 냉이, 모싯대 ■**자**:시편 이름, 남가새.

**로**(蘆) 무우, 냉이뿌리, 아직 이삭이 나오지 않은 갈대, 여로, 박새

　　■**례**:절굿대의 뿌리, 꼭두서니.

---

**로복**(蘆菔) 　라복(蘿蔔). 무우. 무. 중앙아시아에서 지중해 연안이 원산이다. 다른 이름으로 박돌(雹葖), 랍거(拉蕖), 제근(薺根), 라복(蘿蔔), 라복(蘆菔), 라복(蘆卜), 래복(來葍), 로복(蘆菔), 청근(靑根), 라과(蘿瓜), 자송(紫菘), 자화송(紫花菘), 온송(溫菘), 초송(楚菘), 진송(秦菘), 토소(土酥), 라백(蘿白), 돌자(葵子) 등이 있다.

異名:협(葖),로비(蘆萉)《이아(爾雅)》, 로복(蘆菔), 제근(薺根)《설문(說文)》, 라복(羅服)《잠부론(潛夫論)》, 라포(蘿瓝)《한서(漢書)》진작-주(晉灼-注), 박돌(雹葖)《경전석문(經典釋文)》, 자숭(紫菘)《당본초(唐本草)》, 라복(蘿蔔)(맹선(孟詵), 자화숭(紫花菘), 온숭(溫菘),라묘(蘿苗), 초숭(楚菘), 진숭(秦菘)《본초도경(本草圖經)》, 토소(土酥)《소식보(蔬食譜)》, 돌자(葵子)《계신잡식(癸辛雜識)》, 라백(蘿白)《광주식물지(廣州植物志)》.

**제근**(薺根) 　무우의 많은 별명 중의 하나.

## 0258 蘆菔 복【fú ㄈㄨˊ】25
### 무우 복

蘆菔。 로복(蘆菔)은

佀(似)蕪菁。 무정(蕪菁)과 비슷하지만

實如小尗者。 열매는 작은 콩(小尗:소두, 팥)과 같다.

《今之蘿蔔也。 지금의 **라복**(蘿蔔)이다.

『釋艸』。 『석초(釋艸)』❶에서는

葵蘆萉(萉)。 "**돌로비**(葵蘆萉)"라고 했다.

郭云。 곽박(郭樸)은❷

「萉」當爲「菔」。 "「비(萉)」는 응당 「복(菔)」으로 써야 한다."고 했다.

蘆菔、蕪菁屬。 로복(蘆菔)은 무정(蕪菁)에 속한다.

紫花大根。 보라색 꽃이 피고, 뿌리가 크다.

一名葵。 또 다른 이름은 돌(葵:무우)이다.

俗呼雹葵。 속칭 **박돌**(雹葵:무우)이라고도 한다.

按實根駭人。 충실한 뿌리가 사람을 놀라게 하므로

故呼突。 돌(突)이라고 하는 것이다.

或加艸耳。 간혹 풀 초(艸)를 더하기도 한다.

蕪菁卽蔓菁。》 **무정**(蕪菁)은 **만정**(蔓菁)이다.

从艸。 초(艸)를 따랐고,

服聲。 복(服)이 성부가 된다.

《蒲北切。1部。》 포북절(蒲北切)이다. 제 1부에 속한다.

---

**라**(蘿) 여라, 토사, 새삼, 쑥, 풀가사리, 무우.

**돌**(葵) 무우

**비**(萉) 모시

**정**(菁) 부추꽃, 세골진띠, 순무 ■청:꽃이 성한 모양, 초목 무성한 모양, 땅이름. ※ 여러 사전에서 「**무정**(蕪菁)」을 모두 「**무청**(蕪菁)」으로 독음을 달고 있다.

---

**로복**(蘆菔) **라복**(蘿蔔)
**돌로비**(葵蘆萉) **박돌**(雹葵)

무우의 많은 별명 중의 하나. 박돌(雹葵), 랍거(菈蘧), 제근(齊根), 라복(蘿蔔), 라복(蘆菔), 라복(蘿卜), 래복(來蔔), 로복(蘆蔔), 청근(靑根), 라과(蘿瓜), 자송(紫菘), 자화송(紫花菘), 온송(溫菘), 초송(楚菘), 진송(秦菘), 토소(土酥), 라백(蘿白), 돌자(葵子) 등이 있다.

**무정**(蕪菁) **만정**(蔓菁)

순무. 순무 또는 무. 만청(蔓菁), 제갈채(諸葛菜), 대두채(大頭菜), 원채두(圓菜頭), 원근(圓根), 반채(盤菜), 복류극(葍留克).

*0258*

0259

[인경고 引經考]

❶『석초(釋艸)』

葵, 蘆萉.

<萉宜爲菔. 蘆萉, 蕪菁屬. 紫華, 大根, 俗呼雹葵. ○葵, 他忽切. 蘆, 音羅. 萉, 蒲北切. >

〔疏〕"葵, 蘆萉". ○釋曰：紫花菘也. 俗呼溫菘. 似蕪菁, 大根, 一名葵. 俗呼雹葵. 一名蘆萉, 今謂之蘿蔔是也.

❷곽박(郭樸)은 1번 참조.

萉宜爲菔.

| 0259 |
|---|

萍也。
無根浮水而生者。
『『小雅』
呦呦鹿鳴。食野之苹。
『傳』曰。苹、萍也。
『釋草』苹字兩(兩)出。
一曰萍。
一曰藾蕭。
『鄭-箋』以水中之艸非鹿所食。

易之曰苹、藾蕭也。
於『月令』曰萍、蓱也。
於『周禮:萍氏』引『爾雅』萍蓱。

似分別蓱爲水艸、苹爲藾蕭。
鄭所據『爾雅』自作萍蓱。

而『毛詩』、『夏小正』以苹爲萍。

皆屬叚(假)借。
許君則苹萍蓱三字同物。

不謂苹謂叚借。
○『李善-注:高唐賦』引『說文』。
苹苹、艸皃(貌)。音平。》
从艸。
平聲。
《符兵切。11部。》

「마름」이다.
뿌리가 없어 물 위에 떠서 자라는 것이다.
『소아(小雅)』❶에,
 "유유록명(呦呦鹿鳴) 식야지평(食野之苹)"이라는 말이 있다.
『전(傳)』에서 "평(苹)은 평(萍)이다."라고 했다.
『석초(釋草)』에 평(苹)자가 두 번 나오는데
 하나는 평(萍:개구리밥)❷이고,
 하나는 뢰소(藾蕭)다.❸
『정-전(鄭-箋)』에서는 "물속에서 자라는 풀로 사슴이 먹는 것이
아니다."라고 하며
 바꾸어서 "평(苹)은 뢰소(藾蕭)다."라고 했다.
『월령(月令)』❹은 "평(萍)은 평(蓱)이다."라고 했다.
『주례:평씨(周禮:萍氏)』❺는 "평(萍)은 평(蓱)"이라고 한 『이아
(爾雅)』를 인용하여,
 평(蓱)은 수초(水艸), 평(苹)은 뢰소(藾蕭)로 분별하는 것같다.
『정-전(鄭-箋)』이 참고한 『이아(爾雅)』는 스스로 "평(萍)은
평(蓱)"이라고 했다.
『모-시(毛-詩)』나 『하소정(夏小正)』❻에서는 "평(苹)은 평(萍)
이다."라고 했다.
 모두 가차에 속한다.
 허신은 평(苹), 평(萍), 평(蓱) 석 자가 같은 사물을 지칭하는 것
으로 봤다.
 평(苹)을 가차라고 하지 않았다.
○『리선-주:고당부(李善-注:高唐賦)』❼에서는 『설문(說文)』을
인용하며 "평평(苹苹)은 풀모양이다. 음은 평(平)이다."라고 했다.
초(艸)를 따랐고,
평(平)이 성부가 된다.
 부병절(符兵切)이다. 제 11부에 속한다.

평(萍) 개구리밥, 비 맑은 신.
평(蓱) 개구리밥, 칼이름, 땅이름.
유(呦) 사슴 우는 소리 ■요:가르칠.
량(兩) 둘, 량(兩)의 옛 글자.
뢰(藾) 산흰쑥, 덮을.
평(苹) 맑은 대쑥, 마름 ■변:적에게 보이지 않게 자기를 엄폐한 수레

0259

■병:돌.

**유유녹명**(呦呦鹿鳴)
**식야지평**(食野之苹)

『시경:소아:록명지십:록명(詩經:大雅:鹿鳴之什:鹿鳴)』에 "우우우는 사슴들이, 들판의 쑥을 먹네. … "「呦呦鹿鳴. 食野之苹. 我有嘉賓, 鼓瑟吹笙. 吹笙鼓簧, 承筐是將. 人之好我, 示我周行. 」이 있다.

**뢰소**(藾蕭)

《이아:석초(爾雅:釋草)》에서 "평(萍)은 뢰소(藾蕭)다."라고 했는데 그 《주(註)》에서 "지금의 뢰호(藾蒿)다."라고 했고, 뢰호(藾蒿)는 《륙기-모시:초목조수충어소(陸璣-毛詩:草木鳥獸蟲魚疏)》의 빈(蘋) 아래에서 "잎은 청색이고, 줄기는 젓가락 같은데 가볍고 약하다. 처음 날 때 향이 나는데 날 것으로 먹을 수 있다."라고 했다.「《爾雅:釋草》萍, 藾蕭.《註》今藾蒿也. 蘋 : 藾蕭.《陸璣-毛詩:草木鳥獸蟲魚疏》"藾蒿, 葉靑色, 莖似箸而輕脆, 始生香, 可生食.」또 평(荓)자 아래, 서호(徐灝)의 <단주:전(段注:箋)>에서 "평(苹)과 함께 뢰소다. 다른 사물의 같은 이름이다. 이로 인해 뢰소의 이름으로만 쓴다. 또 水를 곁에 붙인 평(萍)자를 만들어 부평(浮萍)의 뜻으로만 쓴다."라고 했다.「與苹, 藾蕭(艾蒿). 異物同名. 因以苹爲藾蕭之專名. 又增水旁作萍以爲浮萍.」

많은 풀들이 모여서 자라는 모양.

**평평**(苹苹)

❶『소아(小雅)』 〈詩經:小雅:鹿鳴之什:鹿鳴〉

판본에 따라 빈(蘋)과 평(苹)으로 쓴다.

呦呦鹿鳴, 食野之蘋. 我有嘉賓, 鼓瑟吹笙.
吹笙鼓簧, 承筐是將. 人之好我, 示我周行.
呦呦鹿鳴, 食野之蒿. 我有嘉賓, 德音孔昭.
視民不恌, 君子是則是傚. 我有旨酒, 嘉賓式燕以敖.
呦呦鹿鳴, 食野之苓. 我有嘉賓, 鼓瑟鼓琴.
鼓瑟鼓琴, 和樂且湛. 我有旨酒, 以燕樂嘉賓之心.

<興也. 蘋, 荓也. 鹿得荓, 呦呦然鳴而相呼, 懇誠發乎中. 以興嘉樂賓客, 當有懇誠相招呼以成禮也. 箋云 : 蘋, 藾蕭. ○呦音幽. 蘋音平. 荓, 本又作"萍", 薄丁反, 江東謂之藻. 藻音瓢, 扶遙反. 懇, 苦很反. 樂音嶽, 又音洛. 藾音賴. >

❷『석초(釋草)』

[萍, 荓].

<水中浮荓. 江東謂之藻. ○蘋, 音平. 荓, 音瓶. 藻, 音瓢.> 其大者蘋.《詩》曰 : 於以采蘋.>

[疏] "萍, 荓. 其大者蘋". ○釋曰 : 舍人曰: "蘋, 一名荓. 大者名蘋." 郭曰 : "水中浮荓. 江東謂之藻." 陸機《毛氏義疏》云 : "今水上浮荓是也. 其粗大者謂之蘋, 小者曰荓. 季春始生, 可糝蒸爲茹. 又可苦酒淹以就酒." ○注《詩》曰 : "於以采

**0259**

蘋." ○釋曰 :《召南:采蘋》篇文也.

❸ 蘋, 蘱蕭.

<今蘋蒿也. 初生亦可食. ○蘋, 音賴.>

〔疏〕"蘋, 蘱蕭". ○釋曰 : 蘋, 一名蘱蕭. 郭云 : "今蘋蒿也. 初生亦可食."《詩:小雅》云 : "呦呦鹿鳴, 食野之蘋."陸機云 : "葉靑白色, 莖似箸而輕脆. 始生香, 可生食, 又可烝食."是也.

❹『월령(月令)』

桐始華, 田鼠化爲駕, 虹始見, 萍始生.

<皆記時候也. 駕, 母無. 螮蝀謂之虹. 萍, 蓱也, 其大者曰蘋. ○駕音如, 母無也, 蔡云 : "鶉鷄之屬."虹音紅, 又音絳, 螮蝀也. 見, 賢遍反. 萍, 步丁反, 水浮萍也. 母無, 上音牟, 又如字. 螉, 本又作蟠, 丁計反 ; 亦作蜥, 同. 蝀, 本亦作東, 同丁孔反. 萍音平. 蘋, 毗人反. >

❺『주례:평씨(周禮:萍氏)』

萍氏, 下士二人, 徒八人.

<鄭司農云. "萍讀爲蛢, 或爲萍號起雨之萍". 玄謂今《天問》萍號作萍.《爾雅》曰 : "萍, 蓱, 其大者蘋." 讀如"小子言平"之平. 萍氏上水禁, 萍之草無根而浮取, 名於其不沈溺. ○萍, 音平, 又蒲丁反. 蛢, 蒲丁反,《爾雅》云 : "蚊, 黃蛢". 萍號, 蒲丁反. 萍蓱, 上音平.>

❻『하소정(夏小正)

厥.

❼『리선-주:고당부(李善-注:高唐賦)』

人銜枚無聲, 弓弩不發, 罘不傾. 涉莽莽, 馳蘋蘋.

飛鳥未及起, 走獸未及發. 何節奄忽, 蹄足灑血.

**[평(苹)이 포함된 글자들] 12자**

형성 (1자)  평(萍𧆛)7115

0260 薼 茞 신 【chén ㄔㄣˊ】 25

풀 이름 신

0260

艸也。　　　　　　「풀의 일종」이다.

《謂艸名。》　　　풀이름을 말한다.

从艸。　　　　　초(艸)를 따랐고,

臣聲。　　　　　신(臣)이 성부가 된다.

《稹鄰(隣)切。12部。》　진린절(稹隣切)이다. 제 12부에 속한다.

## 0261

### 0261 薲蘋 빈【pín ㄆㄧㄣˊ】25
### 개구리 밥 빈

大湃也。

『釋艸』曰。

苹、湃、其大者蘋。

『毛-傳』曰。

蘋、大湃也。

薲蘋古今字。》

从艸。

賓聲。

《符眞切。12部。》

「대평(大湃)」이다.

『석초(釋艸)』❶에 이르기를,

　"평(苹:개구리밥), 평(湃:개구리밥)의 큰 것을 빈(蘋:개구리밥)이라
　고 한다."라고 했고,

『모-전(毛傳)』에 이르기를,

　"빈(蘋)은 대평(大湃)이다."라고 했다.

빈(薲)과 빈(蘋)은 옛날 글자와 지금 글자의 관계다.

초(艸)를 따랐고,

빈(賓)이 성부가 된다.

부진절(符眞切)이다. 제 12부에 속한다.

---

평(苹) 맑은 대쑥, 마름 ▣변:적에게 보이지 않게 자기를 엄폐한 수레
　▣병:돌.

평(湃) 개구리밥, 비 맑은 신.

빈(薲) 개구리밥, 네가래

빈(蘋) 개구리밥, 네가래

---

대평(大湃)　오염에 견디는 성질이 강하다. 수종(水腫)과 소변불편을 치료한다. 다른 이름으로 수부용(水芙蓉), 수련(水蓮), 대련(大蓮), 수백채(水白朵), 부용련(芙蓉蓮), 대예평(大예萍), 부수련화(芙水蓮花) 등등이 있다.

---

### ❶『석초(釋草)』

萍, 湃.

　<水中浮莘. 江東謂之藻. ○蘋, 音平. 湃, 音瓶. 藻, 音瓢.>

其大者蘋.

　《詩》曰：於以采蘋.> 〔疏〕"萍, 湃, 其大者蘋". ○釋曰：舍人曰："蘋, 一名湃. 大者名蘋." 郭曰："水中浮莘. 江東謂之藻." 陸機《毛氏義疏》云："今水上浮莘是也. 其粗大者謂之蘋, 小者曰莘. 季春始生, 可糝蒸爲茹. 又可苦酒淹以就酒." 注《詩》曰："於以采蘋." ○釋曰：《召南:采蘋》篇文也.

---

### <서호(徐灝) 단주:전(段注:箋)>

| | |
|---|---|
| 소공(蘇恭)이 말하기를 | 蘇恭云 |
| 큰 것을 빈(蘋)이라 하고 | 大者曰濱 |
| 중간을 행채(荇菜) | 中者荇菜 |
| 작은 것이 물 위의 부평(浮萍)이다. | 小者水上浮萍. |

## 0262 蘫 藍 람 【lán ㄌㄢˊ】25
### (복을)빌 기

*0262*

染青艸也。 「물들이는 푸른 색 풀」이다.
《『小雅:傳』日。 『소아:전(小雅:傳)』❶에 이르기를,
藍、染艸也。》 "람(藍)은 염료로 쓰는 풀이다."라고 했다.
从艸。 초(艸)를 따랐고,
監聲。 감(監)이 성부가 된다.
《魯(魯)甘切 8部。》 로감절(魯甘切)이다. 제 8부에 속한다.

[**인경고** 引經考] ❶『소아:전(小雅:傳)』<小雅:魚藻之什:采綠 >

終朝采綠, 不盈一匊. 予髮曲局, 薄言歸沐.

終朝采藍, 不盈一襜. 五日爲期, 六日不詹.

<衣蔽前謂之襜. 箋云：藍, 染草也. ○藍, 盧談反, 沈力甘反. 襜, 尺占反, 郭
璞云："今之蔽膝.">

之子于狩, 言韔其弓. 之子于釣, 言綸之繩.

其釣維何, 維魴及鱮. 維魴及鱮, 薄言觀者.

아침 내내 뜯는 조개풀 한웅큼도 차지 않네.
헝클어진 내 머리나 돌아가서 감으리라.
2 아침내내 뜯는 쪽풀 앞치마도 차지 않네.
닷새면 오신다더니 엿새 되도 안 오시네.
3 그대가 사냥 가면 활을 활집 넣어주고
그대가 낚시 가면 줄을 꼬아 드리리라.
4 낚는 것은 무엇인가? 방어와 연어라네.
방어와 연어라니 구경하러 가지요.

### <왕균(王筠) 구독(句讀)>
有蓼藍, 大藍, 槐藍, 菘藍, 馬藍, 吳藍, 木藍.

참고 람(藍) [람(藍)이 포함된 글자들] 1자

# 0263

## 0263 蕿蕙 훤【xuān ㄒㄩㄢ¯】25

### 원추리 훤

| | |
|---|---|
| 令人忘憂之艸也。 | 「사람들이 근심을 잊게하는 풀」이다. |
| 《見『毛傳』。 | 『모-전(毛傳)』❶을 보면, |
| 蕙之言諼也。 | "훤(蕙)이 말하려는 것은 훤(諼:속일, 잊을)인데, |
| 諼、忘也。》 | 훤(諼)은 '잊는다'는 뜻이다."라고 했다. |
| 从艸。 | 초(艸)를 따랐고, |
| 憲聲。 | 헌(憲)이 성부가 된다. |
| 《況袁切。14部。》 | 황원절(況袁切)이다. 제 14부에 속한다. |
| 『詩』曰。 | 『시(詩)』❷에 |
| 案得蕙艸。 | "안득훤초(案得蕙艸:어떻게 훤초를 얻을까?)"라고 했다. |
| 《『衞(衛)風』文。 | 『위풍(衞風)』에 나오는 문장이다. |
| 『今-詩』作焉得諼草。 | 『금-시(今-詩)』는 "언득훤초(焉得諼草)"라고 했다. |
| 蘐或从煖。 | 蘐 간혹 난(煖)을 따른다. |
| 《煖聲。 | 난(煖)을 성부로 하는데, |
| 此字『小徐』無 | 【소서-본(小徐-本)】에는 이 글자가 없다. |
| 張次立補。可刪。》 | 장차립(張次立)이 보충한 것이다. 지우는 것이 옳다. |
| 蕿或从宣。 | 蕿 간혹 선(宣)을 따른다. |
| 《宣聲。》 | 선(宣)을 성부로 한 것이다. |
| | |
| | 훤(諼) 거짓, 잊을, 원추리. |

| | |
|---|---|
| 안득훤초(案得蕙艸) | 『시경:위풍:백혜(詩經:魏風:白兮)』 "어떻게 망우초를 얻어, 뒤뜰에 심어 볼까? 그 |
| 언득훤초(焉得諼草) | 대 생각에, 내마음마저 병 든다오." 라고 했다. |

## [인경고 引經考]

### ❶『모-전(毛傳)』 &lt;衞風:淇奥&gt;

瞻彼淇奥, 綠竹猗猗. 有匪君子, 如切如磋, 如琢如磨.
瑟兮僩兮, 赫兮咺兮. 有匪君子, 終不可諼兮.
瞻彼淇奥, 綠竹青青. 有匪君子, 充耳琇瑩, 會弁如星.
瑟兮僩兮, 赫兮咺兮. 有匪君子, 終不可諼兮.
瞻彼淇奥, 綠竹猗猗. 有匪君子, 如切如磋, 如琢如磨.
瑟兮僩兮, 赫兮咺兮. 有匪君子, 終不可諼兮.

&lt;諼, 忘也. ○ 諼, 音況元反, 又音況遠反.&gt;

### ❷『시(詩)』 &lt;衞風:伯兮&gt;

伯兮朅兮, 邦之桀兮. 伯也執殳, 爲王前驅.
自伯之東, 首如飛蓬. 豈無膏沐, 誰適爲容.

*0263*

其雨其雨, 杲杲出日. 願言思伯, 甘心首疾.

焉得諼草, 言樹之背. 願言思伯, 使我心痗.

&lt;諼草令人善忘, 背北堂也. 箋云 : 憂以生疾, 恐將危身, 欲忘之. ○焉, 於虔反. 諼, 本又作「萱」, 況爰反, 《說文》作「藼」, 云「令人忘憂也」, 或作「蘐」. 背音佩, 沈又如字. 令, 力呈反. 忘, 亡向反, 又如字.&gt;

# 0264

## 0264 营营 궁【qiōng 〈ㄩㄥ-〉25
### 궁궁이 궁

营窮(窮)、《逗。》香艸也。 | 궁궁(营窮)은 향초다.
『『左傳』作鞠窮。 | 『좌전(左傳)』에서는 **국궁**(鞠窮)이라고 했다.
賈逵云。 | 가규(賈逵)가 말하기를,
所以禦淫(濕)。 | "습기(濕氣)를 다스리는 것이다."라고 했다.
按『今本-左傳』。 | 『금본-좌:전(今本-左:傳)』**❶**에 따르면,
有山鞠窮乎。 | "유산국궁호(有山鞠窮乎:산궁궁이 있을까?)"의
山字。〖注疏〗皆不釋。 | 뫼 산(山)자를 〖주소(注疏)〗들에서는 모두 해석하지 않았다.
疑衍。 | 아마도 쓸데 없이 끼어든 것으로 보인다.
或本作鞠。 | 어떤 책에서는 국(鞠)으로 쓰기도 했는데
而譌爲二字。》 | 잘못되어 두 글자로 한 것이다.
从艸、 | 초(艸)를 따랐고,
宮聲。 | 궁(宮)이 성부가 된다.
《去弓切。9部。》 | 절(切)이다. 고음(古音)은 제 10부에 속한다.
营 司馬相如說营从弓。 | 营 **사마상여**(司馬相如說)는 궁(营)자를 궁(弓)을 따르는 것으로 썼다.
《葢(蓋)『凡將篇』如此作。 | 『범장편(凡將篇)』**❷**은 대개 이처럼 썼다.
弓聲在 6部。 | 궁(弓)은 제 6부에 속한다.
古音讀如肱。 | 옛 음은 굉(肱)자 처럼 읽었다.
音轉入 9部。 | 음이 변해서 제 9부에 속하게 되었다.
如躬(躬)字亦或弓聲。》 | 궁(躬)자 역시 간혹 궁(弓)을 성부로 하는 것과 같다.

**궁**(窮窮) 궁구할, 마침, 곤궁할, 짐승이름.
**규**(逵) 큰 길, 아홉 군데로 통하는 길.
**습**(淫濕) 젖을, 진펄, 물놀이칠, 소 귀움직이는 모양.
**국**(鞠) 푸르고 노란꽃 피는 꽃 이름.

**궁궁**(营窮) | 궁궁이. 미나리과의 다년생 풀. 뿌리를 강장제(强壯梯)로 쓴다. 냄새가 좋아서 낚시하는 사람들이 밑밥으로 뿌린다.
**산국궁**(山鞠窮) | 궁궁이. 맥국(麥麴)은 맥아(麥芽) 즉 엿기름으로서 소화를 돕고, 산국궁(山鞠窮)은 궁궁(芎窮)으로서 풍기(風氣)를 제거하는데, 내우외환을 다스리는 처방의 비유로 춘추좌전(春秋左傳) 선공(宣公) 12년에 그 기사가 실려 있다.
**유산국궁호**(有山鞠窮乎) | 산에 국궁(鞠窮:궁궁)이 있을까?
**주소**(注疏) | 주(注)와 소(疏)를 함께 어우르는 말. ① 주(注)는 경서(經書)의 자구(字句)에 대한 주해(注解)인데 또 전(傳), 전(箋), 해(解), 장구(章句) 등이 또 있다. ② 소(疏)는 주(注)에 대한 주해다. 또 의소(義疏), 정의(正義), 소의(疏義) 등으로도

**0264**

칭한다.

주(注), 소(疏)의 내용은 경적(經籍) 중 문자의 가차 여부, 어사(語詞)의 의의(意義), 음독의 정오(正誤), 어법(語法)과 수사(修辭), 명물(名物), 전제(典制), 사실(史實) 등을 밝힌다. 송(宋) 나라 사람들이 13경(十三經)의 한(漢) 나라 주와 당(唐) 나라의 소를 합쳐서 간행하면서 주소(注疏)의 명칭이 시작되었다.○<설문해자> 생각건대 한(漢), 당(唐), 송(宋) 나라 사람들은 경주(經注)의 글자로 주(註)자를 쓴 것은 없었다. 명(明) 나라 사람들이 처음 주(注)를 고쳐서 대신 주(註)를 쓰기 시작했다. 완전히 옛날의 뜻이 아니다[大非古義也.] 옛날에는 오로지 주기(註記)에만 언(言)을 붙인 주(註)를 썼다[古惟註記字從言]. <韓愈文>市井貨錢註記之. <通俗文>云. 記物曰註. <廣雅>註, 識也. 古起居註用此字. 與注釋字別.

[**신경고 引經考**]

❶『금본-좌:전(今本-左:傳)』<卷二十三 宣十二年>

叔展曰︰有麥麴乎? 曰︰無. 有山鞠窮乎? 曰︰無.

<麥麴, 鞠窮, 所以禦濕. 欲使無社逃泥水中. 無社不解, 故曰無. 軍中不敢正言, 故謬語. ○麴, 去六反. 鞠, 起弓反. 禦, 魚呂反, 下同. 解音蟹, 下同.>

❷『범장편(凡將篇)』<급취편>

牡蒙甘草菀藜蘆, 烏喙附子椒芫華.

半夏皂莢艾槖吾, 芎藭厚樸桂栝樓.

款東貝母薑狼牙, 遠志續斷參土瓜.

# 0265

0265 🗟 藭 궁 【qióng ㄑㄩㄥˊ】 25

营藭也。
从艸。
竆(窮)聲。
《渠弓切。9部。
营藭疊韵(疊韻)。》

첩운(疊韵)

「궁궁이」다.
초(艸)를 따랐고,
궁(竆)이 성부가 된다.
　거궁절(渠弓切)이다. 제 9부에 속한다.
　궁(营)과 궁(藭)은 **첩운(疊韵)**이다.


**궁(营)** 궁궁이.
**첩(疊疊)** 거듭, 포갤, 베이름, 쌓을.

---

① 동몽(童蒙), 당랑(螳螂) 등과 같이 연이은 두 글자 또는 몇 글자의 운이 모두 같은 것. ② 한시에서, 같은 운자를 거듭 쓰는 일.

## 0266 蘭 **란** 【lán ㄌㄢˊ】 25
### 난초 란

| | |
|---|---|
| 香草也。 | 「향초」의 일종이다. |
| 《『易』》曰。 | 『역(易)』❶에서 이르기를, |
| 其臭如蘭。 | "**기취여란**(其臭如蘭:그 향기가 난초같다.)"라고 했고, |
| 『左傳』曰。 | 『좌:전(左:傳)』❷에 이르기를, |
| 蘭有國香。 | "란초는 **국향**(國香)이 있다."라고 했다. |
| 說者謂似澤蘭也。》 | 설명하는 사람은 **택란**(澤蘭)을 말하는 듯하다. |
| 从艸。 | 초(艸)를 따랐고, |
| 闌聲。 | 란(闌)이 성부가 된다. |
| 《落干切。14部。》 | 락간절(落干切)이다. 제 14부에 속한다. |

**기취여란**(其臭如蘭) 『주역:계사:상전(周易:繫辭上傳)』에 "둘이 한 마음이나 그 날카로움은 쇠라도 자르겠고, 한 마음에서 하는 말은 그 향기가 난초와 같다."가 있다.

**국향**(國香) ① 난초의 별명. 향기가 뛰어나서 붙인 이름이다. ② 한 나라 안에서 제일가는 미녀.

**택란**(澤蘭) 쉽싸리. 조금 따뜻한 기운이 있어서 피를 다스리는 약으로 쓴다.

**[인경고 引經考]**

❶『역(易)』『주역:계사:상전(周易:繫辭上傳)』

同人, 先號咷而後笑." 子曰, "君子之道, 或出或處, 或黙或語. 二人同心, 其利斷金. 同心之言, 其臭如蘭. 初六, 藉用白茅, 无咎.」
〈[疏]正義曰: 言二人同齊其心, 吐發言語, 氤氳臭氣, 香馥如蘭也. 此謂二人言同也.〉

❷『좌:전(左:傳)』

案宣三年傳曰: "餘爲伯鯈. 餘, 而祖也.〈伯鯈, 南燕祖. ○鯈, 直留反.〉以是爲而子.〈以蘭爲女子名. ○女音汝.〉以蘭有國香, 人服媚之如是. 〈媚, 愛也. 欲令人愛之如蘭. ○媚, 亡冀反. 令, 力呈反.〉 旣而文公見之, 與之蘭而禦之. 辭曰: "妾不才, 幸而有子. 將不信, 敢徵蘭乎? "〈懼將不見信, 故欲計所賜蘭, 爲懷子月數.〉

**[란(蘭)이 포함된 글자들] 12자**

형성 (2자) 란(䕄)6162 란(灡灟)7045

## 0267 蘮 蘮 간 [jiān ㄐㄧㄢ] 25
### 풀 이름 간

香艸也。
「향초」의 일종이다.

《依『衆經音義』補二字 》
『중경음의(衆經音義)』에 따라 두 글자를 보충했다.

出吳林山。
오림산(吳林山)에서 난다.

《『中山經』曰。
『중산경(中山經)』❶에 이르기를,

吳林之山。其中多蘮草。
"오림산(吳林山)에는 간초(蘮草)가 많다."고 했다.

又云。
또 이르기를

蘮山有蘮水出焉。
"간산(蘮山)에서는 간수(蘮水)가 나온다."고 했으며,

又云。
또 이르기를

有艸, 其狀如蘮。
"풀이 있는데, 그 모양이 간(蘮)과 같다."라고 했다.

郭云。
곽박(郭樸)이 이르기를

蘮即菅, 誤。》
"간(蘮)은 관(菅)이다. 틀렸다."라고 했다.

从艸,
초(艸)를 따랐고,

姦聲。
간(姦)이 성부가 된다.

《古顏(顔)切。14部。》
고안절(古顏切)이다. 제 14부에 속한다.

간(蘮) 띠, 볏과의 풀이류 난초.

오림산(吳林山)　산이름.

간초(蘮草)
❶『중산경(中山經)』에 又東百二十里, 曰吳林之山, 其中多蘮草.
  <郭璞云：「亦菅字.」郝懿行云：「說文云：『蘮, 香艸, 出吳林山.』本此經爲說也. 衆經音義引聲類云：『蘮, 蘭也.』又引字書云：『蘮與蘭同, 蘭即蘭也.』是蘮乃香艸, 郭注以蘮爲菅字, 菅乃茅屬, 恐非也.」>

간산(蘮山)
『산해경:중산경(山海經:中山經)』에 「오림산(吳林山)에 간초(蘮草)가 많다」고만 했다. 자세한 것은 알 수 없다. 곽박(郭樸)의 주에 또한 관자(菅子·골풀)다[亦菅子也]라고 했다.

『산해경:중산경(山海經:中山經)』에 "곤오산(昆吾山) 서쪽 120리에 간산(蘮山)이 있다."「昆吾山又西百二十里曰蘮山. 蘮水出焉.」라고 했다.『옥편(玉篇)』에서 오왕 합려(閤廬)의 명으로 명검을 만들 때 쇳물이 녹아 흐르지 않아서 고민하다가 스승 구야자(歐冶子) 부부가 함께 야로(冶爐) 속으로 뛰어 들어갔다는『오월춘추(吳越春秋)』의 고사를 일부 인용하여 "쇳물이 녹지 않는다고 고민하는 아내 막야(莫耶)에게 나의 스승도 쇠를 불릴 때 이 문제로 고민하다가 부처(夫妻)가 함께 야로(冶爐)에 들어 갔다. [그것을 추념하느라] 그후로부터는 상복 때 쓰는 요질이나 수질을 하고 향초를 달아 찬 후에 산에서 쇠를 주조한다."「吾師作冶. 夫妻入冶爐中, 後世疏絰蘮服, 然後敢鑄金於山.」라고 했다. 이 말을 들은 간장(干將)의 아내 막야(莫耶)도 "스승이 몸을 태워 완성한 것을 알아냈다면 이 몸인들

어려울게 뭐가 있겠습니까?"「師知爍身以成物. 吾何難哉.」하면서 곧장 불속으로 뛰어들어갔다고 한다.

※ **간복(菅服)** 향초를 달아 참.

**간수(菅水)**

간산(菅山)에서 흐른다는 강물.『산해경:중산경(山海經:中山經)』에 又西百二十里, 曰菅山, <珂案 : 菅音姦.> 菅水出焉, 而北流注于伊水, 其上多金玉, 其下多青雄黃. 有木焉, 其狀如棠而赤葉, 名曰芒草, <郭璞云: 闇忘.> 可以毒魚.

## 0268 檾荽 유【suí ㄙㄨㄟˊ】25
### 생강 유

薑屬。
可吕(以)香口。
《『旣夕禮-實綏澤焉:注』。
綏、廉薑。
澤、澤蘭也。
皆取其香且禦湮(濕)。
按綏者、荽之叚(假)借字。
一名「山辣」。
今藥中三柰也。
『吳都賦』謂之「薑彙」。》
从艸。
俊聲。
《息遺切。15部。》

「생강의 일종이다.
입을 향기롭게 할 수 있다.
『기석례-실수택언:주(旣夕禮-實綏澤焉:注)』❶에서
"수(綏)는 **렴강(廉薑)**이다.
택(澤)은 **택란(澤蘭)**이다.
모두 그 향기로 습해(濕害)를 막을 수 있다."라고 했다.
생각건대 수(綏)는 유(荽)자의 가차자(叚借字)다.
다른 이름으로 **산랄(山辣)**이라고도 한다.
지금 약 중의 **3내(三柰)**다.
『오도부(吳都賦)』❷에서는 **강휘(薑彙)**라고 했다.
초(艸)를 따랐고,
준(俊)이 성부가 된다.
식유절(息遺切)이다. 제 15부에 속한다.

**유**(荽) 새앙, 산강, 백출 ■**사**:현이름 ■**준**:클.
**강**(薑) 새앙, 산강, 백출, 삽주.
**수**(綏) 수레고삐, 갓끈
**습**(湮濕) 젖을, 진펄, 물놀이칠, 소 귀움직이는 모양.

**렴강(廉薑)** 향기나는 채소의 일종. 『문선:좌사:오도부:류규-주(文選:劉逵-注)』에 생강을 뜻하는 단어는 하나가 아니다.《이물지(異物志)》를 인용하여 「유(荽)는 일명 렴강(廉薑)이다. 모래 속에서 자라는 생강의 일종이다. 점점 커지면 매운 향이 난다. 껍질을 벗겨 흑매실과 함께 소금으로 지(漬)를 담궈서.만든다. 시안(始安)에 있다.」라고 했다.
「《文選:左思:吳都賦:劉逵-注》》"薑彙非一." 劉逵注引《異物志》"荽, 一名廉薑, 生沙石中, 薑類也. 其累大, 辛而香, 削皮, 以黑梅幷鹽汁漬之, 則成也. 始安有之.」

**택란(澤蘭)** 쉽싸리. 조금 따뜻한 기운이 있어서 피를 다스리는 약으로 쓴다.

**산랄(山辣)** 산내(山奈), 사강(沙薑)이라고도 한다. 뿌리줄기(根莖)으로 약을 만든다. 기를 통하게 하고 통증을 그치게 한다. 급성위장염이나 소화불량, 풍습관절통 등을 치료한다. 광동(廣東)과 광서(廣西), 운남(雲南)이 주산지다.

**3내(三柰)** 산내(山奈)의 여러 명칭 중의 하나. 삼내자(三乃子), 삼뢰(三賴), 사강(沙薑). 생강류.

**강휘(薑彙)** 생강의 일종. 렴강(廉薑)의 별명이 강휘(薑彙)다.《본초습유(本草拾遺)》에 보인다. 《광아(廣雅)》에서는 유(荽)라고 했다.《광주식물지(廣州植物志)》에서는 산강(山

**0268**

薑)이라고 했다. 《중국경제식물지(中國經濟植物志)》에서는 강활(薑活)이라고 했다. 그 외에 좌간(座杆),, 검간(劍杆),, 대간(大杆)이라고도 한다. 《귀주약초(貴州草藥)》에서는 강엽음양곽(薑葉淫羊霍)이라고도 했다. 화량강다년생초본(華良薑多年生草本)으로 산골짜기나, 계천가, 나무가 드문드문 난 곳에서 자란다. 사천(四川), 귀주(貴州), 운남(雲南), 호북(湖北), 호남(湖南), 광서(廣西), 광동(廣東), 복건(福建) 등지에 분포한다. 가을에 채집한다. 성격은 따뜻하다. 맛은 맵다.. 《본초습유(本草拾遺)》에서는 위장이 차가울 때나 토수(吐水:물을 토하는 병증), 불하식(不下食:음식을 제대로 먹지 못하는 병)에 처방한다고 했다.

**[인경고 引經考]**

❶『기석례-실수택언:주(既夕禮-實綏澤焉:注)』
<儀禮注疏:卷四十一:既夕禮:第十三>

茵著, 用茶, 實綏澤焉.

<茶, 茅秀也. 綏, 廉薑也. 澤, 澤蘭也. 皆取其香, 且禦濕.>

[疏] "茵著"至"澤焉". ○注"茶茅"至"禦濕". ○釋曰：茵內非直用茅秀, 兼實綏澤取其香, 知且禦濕者, 以其在棺下, 須禦濕之物, 故與茶皆所以禦濕.>

❷『오도부(吳都賦)』

爾乃地勢坱圠, 卉木鉄蔓. 遭藪爲圃, 值林爲苑. 異荂蓲, 夏曄冬蒨. 方志所辨, 中州所羨. 草則藿蒳豆蔻, 薑彙非一. 江蘺之屬, 海苔之類. 綸組紫絳, 食葛香茅. 石帆水松, 東風扶留. 布濩皁澤, 蟬聯陵丘. 夤緣山嶽之岊, 羃曆江海之流. 抗白蒂, 銜朱蕤.

## 0269 𦯬芄 환【wán ㄨㄢˊ】25
### 박주가리 환

芄蘭《逗。》莞也。
　　《『釋艸』。
　　　藿、芄蘭。
　　此莞當爲藿。
　『說文』莞與藺蒲爲類。

　芄蘭與香艸爲類。
　　　割分異處。
　斷(斷)非一物。
　或曰。莞衍字。
　鄭、陸、郭說芄蘭皆同。

　許君以芄蘭列於香艸。
　　未審其意同否也。》
　　　　　　從艸。
　　　　　　丸聲。
　《胡官切。14部。》
　　　　『詩』曰。
　　　　芄蘭之枝。
　《『說苑』亦作「枝」。
　『今-詩』作「支」。》

환란(芄蘭、)은 골풀이다.
　『석초(釋艸)』❶에서
　　"관(藿)은 환란(芄蘭)이다."라고 했다.
　이리하여 환(莞)은 관(藿)이 된다.
　『설문(說文)』은 "환(莞)은 린포(藺蒲)와 무리를 이룬다."고 했으
니,
　　환란(芄蘭)은 향초와 같은 무리가 되므로,
　　갈라서 나누어 다르게 처리한 것이다.
　　절대로 한 사물이 아니다.
　　간혹 완(莞)자는 쓸데 없이 끼어든 것이라고도 한다.
　　정(鄭), 육(陸), 곽(郭) 세 사람은 환란(芄蘭)을 모두 동일하게
풀이 했다.
　　허신은 환란(芄蘭)을 향초에 포함시켜 열거했는데
　　그 뜻이 같은 지 다른 지 살피지 않았다.
초(艸)를 따랐고,
환(丸)이 성부가 된다.
　호관절(胡官切)이다. 제 14부에 속한다.
『시(詩)』❷에
　"환란지지(芄蘭之枝)"라고 했다.
　『설원(說苑)』 역시 「지(枝)」라고 했다.
　『금-시(今-詩)』는 「지(支)」라고 썼다.

　　관(藿) 황새,작은 참새
　　린(藺) 골풀, 등심초, 땅이름, 성위에서 적에게 던지는 돌.
　　환(莞) 왕골, 왕골자리, 부들, 부들자리 ▣관:창포, 골이름
　　　　▣완:빙그레 웃을 ▣권:창포.

환란(芄蘭)　식물이름. 라마(蘿藦)라고도 한다. 다년생 덩굴식물이다. 경엽(莖葉)이 길고 뾰족
하다. 여름에 흰 꽃이 핀다. 자홍색 반점이 있다. 양뿔 같은 꼬투리가 열리는데 서
리가 내리면 갈라터진다. 종자의 상단에 실같은 털이 있다. 줄기, 잎, 씨앗 모두 약
으로 쓴다.

환란지지(芄蘭之枝)　『시경:위풍:환란(詩經:衛風:芄蘭)』"왕골줄기 같은 어린아이 뿔송곳, 뿔송곳이지만
내 지혜보다 못해, 늘어진듯 처진듯 늘어진 띠 흔들리네."

*0269*

[인경고 引經考]

❶『석초(釋艸)』

藫, 芄蘭. <藫芄. 生. 斷之有白汁, 可㗖. ○藫, 音貫. >

❷『시(詩)』〈詩經:衛風:芄蘭〉

○芄蘭, 刺惠公也. 驕而無禮, 大夫刺之.

<惠公以幼童即位, 自謂有才能而驕慢. 於大臣但習威儀, 不知爲政以禮. ○芄音丸, 本亦作"丸". 芄蘭, 草名.>

芄蘭之支, 童子佩觿. 雖則佩觿, 能不我知. 容兮遂兮, 垂帶悸兮.

<興也. 芄蘭, 草也. 君子之德當柔潤溫良. 箋云：芄蘭柔弱, 恒蔓延於地, 有所依緣則起. 興者, 喩幼稚之君, 任用大臣, 乃能成其政. ○恒蔓於地, 蔓音萬, 本或作"蔓延於地"者, 後人輒加耳.>

芄蘭之葉, 童子佩韘. 雖則佩韘, 能不我甲. 容兮遂兮, 垂帶悸兮.

<韘, 所以解結, 成人之佩也. 人君治成人之事, 雖童子猶佩觿, 早成其德. ○佩, 蒲對反, 依字從人. 或玉傍作者, 非. 觿, 許規反, 解結之器.>

※ 패휴(佩觿) 《시경(詩經)》은 주초(周初)에서 춘추전국시기(春秋時期)까지의 민간풍정(民間風情)을 서술하고 있다. 동자패휴(童子佩觿)와 동자패섭(童子佩韘)은 당시 유행하던 풍습의 일종이다. 휴(觿)는 고대에 뼈를 사용해서 짐승의 어금니 모양으로 만든 장식품이다. 그 모양이 크고 작아서 일정하지는 않지만 한쪽 끝은 둥글고 두텁고, 다른 한쪽 끝은 뾰족한 형태는 모가 같다. 고대인들은 짐승의 뼈로 만든 송곳을 허리에 차는 것을 좋아했는데, 이것은 야수의 힘을 믿었기 때문이다. 그러나 짐승의 어금니는 구하기가 쉽지 않아서 대신 소나 양의 뼈를 깎아서 만들게 되었고, 나중에는 옥으로 각종 짐승의 모양을 활용하여 만들게 되었다. 옥으로 만든 송곳을 옥휴(玉觿)라고 한다. 옥휴(玉觿)는 동한(東漢) 이후 점차 사라지게 된다.

류향(劉向)의 《설원(說苑)》에 "번거로운 것을 다스리고 어지러운 것을 해결하는 것(能治煩決亂者)이 패휴(佩觿)다."라고 했다. 옥휴(玉觿)를 허리에 차는 것은 곤란한 문제를 해결할 수 있는 능력이 있다는 것으로 인식되었다. 이것은 한 개인의 지혜가 집결된 것의 표현(一個人聰穎智慧的表現)이었다.

중국 북송 초기 문인화이면서 소학(小學)에 능했던 곽충서(郭忠恕)의 자서(字書)에도 <패휴>가 있다.

<왕균(王筠) 구독(句讀)>

환(芄), 란(蘭), 완(莞) 석 자는 첩운이다.

길게 말하면 환란(芄蘭)이고,

짧게 말하면 완(莞)이다.

[芄蘭莞三者疊韻. 長言則芄蘭. 短言則莞.]

## 0270

| | |
|---|---|
| 楚謂之蘺。 | 초(楚)나라에서는 리(蘺)라고 한다. |
| 晉謂之虈。 | 진(晉)나라에서는 효(虈)라고 한다. |
| 齊謂之茝。 | 제(齊)나라에서는 채(茝)라고 한다. |
| 《此一物而方俗異名也。 | 이것은 하나의 사물이 나라의 풍속에 따라 다른 이름을 갖는 것이다. |
| 茝、『本艸經』謂之白芷。 | 채(茝)를 『본초경(本艸經)』❶에서는 **백지**(白芷)라고 불렀다. 채(茝)와 지(芷)는 같은 글자다. |
| 茝芷同字。 | |
| 匝聲止聲同在 1部也。 | 이성(匝聲)과 지성(止聲)은 함께 제 1부에 속한다. |
| 茝芷同字。 | 채(茝)와 지(芷)는 같은 글자다. |
| 『內則』曰。 | 『내칙(內則)』❷에 이르기를, |
| 佩帨茝蘭。 | "수건과 향초를 허리에 찬다."고 했다. |
| 掌禹錫曰。 | 장우석(掌禹錫)이 이르기를, |
| 范子計然云。 | "범자계연(范子計然)이 |
| 白芷出齊郡。 | **백지**(白芷)는 제군(齊郡)에서 난다.'고 했다."고 했다. |
| 『王逸－九思』曰。 | 『왕일－9사(王逸－九思)』❸에서 |
| 芳虈兮挫枯。 | "**방효혜좌고**(芳虈兮挫枯)"라고 했다. |
| 『埤蒼』曰。 | 『비창(埤蒼)』❹에서, |
| 齊茝一曰虈。 | "『제나라의 채(茝)를 일명 효(虈)라고 한다."고 했다. |
| 按『屈原賦』 | 『굴원－부(屈原－賦)』에서 |
| 有茝有芷又有葯。 | "채(茝)가 있고, 지(芷)가 있고, 약(葯:구리때잎)이 있다,"고 했는데, |
| 『王－注』曰。 | 『왕－주(王－注)』에서 이르기를 |
| 葯、白芷也。 | "약(葯)은 **백지**(白芷)다."라고 했다. |
| 『廣雅』曰。 | 『광아(廣雅)』에 이르기를, |
| 白芷、其葉謂之葯。 | "**백지**(白芷)는 그 잎을 약(葯)이라고 한다."고 했다. |
| 『說文』無葯字。 | 『설문(說文)』에는 약(葯)자가 없다. |
| 虈聲約聲同在 2部。 | 효(虈)성부와 약(約)성부는 모두 제 2부에 속한다. |
| 疑虈葯同字耳。 | 효(虈)와 약(葯)이 같은 글자가 아닐까 싶다. |
| 但又曰楚謂之蘺。 | 그런데 또 "초나라에서는 리(蘺)라고 한다."면서 |
| 下卽系以蘺篆。 | 아래에 곧바로 리(蘺)의 전서(篆書)와 연결했다. |
| 云江蘺蘪蕪。 | **강리**(江蘺), **미무**(蘪蕪)라고 하면서, |
| 以茝、江蘺、蘪蕪爲一物。 | 채(茝)를 **강리**(江蘺), **미무**(蘪蕪)와 같은 것이라 하여 |
| 殊不可曉。 | 마침내 알 수 없게 되었다. |
| 『離騷』曰。 | 『리소(離騷)』❺에 |
| 扈江蘺於辟芷兮。 | "**강리**(江蘺)와 **벽지**(辟芷)를 드러내다."는 말이 있으니, |
| 非一物明矣。》 | 동일한 사물이 아닌 것이 명백하다. |

| | |
|---|---|
| 从艸。 | 초(艸)를 따랐고, |
| 𧾷聲。 | 효(𧾷)가 성부가 된다. |
| 《許驕切。2部。》 | 허교절(許驕切)이다. 제 2부에 속한다. |

**리**(蘺) 천궁, 궁궁이싹, 돌피.

**치**(茝) 궁궁이싹, 난초 ▣**채**:같은 뜻.

**진**(茞) 백지, 구리때, 땅이름.

**세**(帨) 차는 수건 ▣**열**:같은 뜻.

**비**(埤) 붙좇을, 더할, 두터울, 낮은 담, 성가퀴.

**약**(葯) 구리때잎, 수꽃술의 끝에 붙은 주머니.

**효**(𧾷) 들렐, 시끄러울, 지껄일, 속셈 든든할, 한가한 모양.

**미**(蘪) 궁궁이싹, 천궁.

**벽**(辟) 임금, 천자 또는 제후.

**호**(扈) 나라이름, 그칠, 벼슬이름, 입을(被也), 발호할, 산 낮고 클, 은
　　거하는 선비, 넓을.

| | |
|---|---|
| **채란**(茝蘭) | 향기로운 풀.『내칙(內則)에 "친정에서 며느리에게 음식, 의복, 포백, 패세, 채란 따위를 주면 그것을 받아 시부모에게 바친다(婦或賜之飮食衣服布帛佩帨茝蘭, 則受而獻諸舅姑)." |
| **백지**(白芷) | 미무(薇蕪)의 별명. 여름에 흰 꽃이 피고 맑은 향기가 있는 야생화. 궁궁이. 옛 사람들은 시가(詩歌)에서 이 궁궁이를 빗대어 자신의 원망을 나타내는 일이 많았다. |
| **미무**(蘪蕪) | 궁궁이싹. 미무(薇蕪), 미무(靡蕪)라고도 한다. 진(晉)나라 곽의공(郭義恭)의 <廣志)에 "미무(薇蕪)는 향초. 위무제(魏武帝)가 이것을 옷 속에 넣고 다녔다(魏武帝以藏衣中)"라고 했다. |
| **강리**(江蘺) | 미무(薇蕪)의 별명. 향초. 따뜻한 바다의 얕고 잔잔한 곳에 자란다. 한천(寒天)을 만들 때 우뭇가사리와 함께 넣는다. 뿌리를 천궁(川芎), 싹을 미무(蘪蕪)라고 한다. <리소>에 "나는 많은 내적인 아름다움이 있고, 또 많은 재능을 가졌다. 강리와 백지와 같은 그윽한 향초를 두르고(我身披幽香的江離白芷), 추란(秋蘭) 같은 향초를 꿰고 있다." 「紛吾旣有此內美兮, 又重之以修能. 扈江離與辟芷兮, 紉秋蘭以爲佩.」 |

※ **인**(紉)길게 이어져 끊어지지 않는 새끼줄, 펴서 꿰맬, 바늘에 실 꿸.엮
　　을, 이을 ▣**근**:실노끈.

※ **강리인란**(江離紉秋) 강리(江離)와 인란(紉秋)은 향초이름. 강리(江離)로
　　옷을 만들어 입고 인란(紉秋)을 몸에 차는 것은 군자가 덕을 닦는 것
　　을 비유한다.

## 0270

**벽지**(辟芷) 그윽한 향기의 지초(幽香的芷草).

**좌고**(挫枯) 부러져서 말라 시듦(因斷折而枯萎).

**방효혜좌고**(芳藚兮挫枯) 꽃다운 향초(藚)를 버리고 쓰지 않음(棄不用也).<구9사:장구:제17(九思:章句:第十七)>에 나온다.

**[인경고 引經考]**

❶『**본초경**(本艸經)』 채(芷)자 자체를 찾을 수 없다.

4번 참조. 本草云"一名茝". 埤蒼云"齊曰茝"

❷『**내칙**(內則)』 佩帨茝蘭.

婦或賜之飮食, 衣服, 布帛, 佩帨, 茝蘭, 則受而獻諸舅姑. 舅姑受之則喜, 如新受賜.

<或賜之, 謂私親兄弟. ○茝蘭, 本又作芷, 昌改反, 韋昭注《漢書》云"香草也". 昌以反. 又《說文》云: "虈也." 虈, 火喬反. 齊人謂之茝, 昌旦反.>

❸『**왕일-9사**(王逸-九思)』芳藚兮挫枯

菽藹兮蔓衍.<菽藹, 小草也. 蔓衍, 廣延也.> 芳藚兮挫枯.<藚, 香草名也. 挫枯, 棄不用也.> 朱紫兮雜亂, 曾莫兮別諸.<君不識賢, 使紫奪朱, 世無別知之者.>

❹『**비창**(埤蒼)』 <사기:司馬相如列傳第五十七>

其東則有蕙圃. 衡蘭, 芷若.

<【集解】: 漢書音義曰: "衡, 杜衡也. 其狀若葵, 其臭如蘼蕪. 芷, 白芷. 若, 杜若."【索隱】: 張揖云"衡, 杜衡, 生下田山". 案:《山海經》云"天帝之山有草, 葉如葵, 臭如蘼蕪, 可以走馬".《博物志》云"一名土杏, 其根一似細辛, 葉似葵". 故藥對亦爲似細辛是也. 蘭, 張揖云"秋蘭". 芷若, 張揖云"若, 杜若; 芷, 白芷也". 本草云"一名茝". 埤蒼云"齊曰茝, 晉曰〔B241〕". 字林曰"茝音昌亥反, 又音昌裏反.〔B241〕音火嬌反". 本草又曰"杜若, 一名杜衡." 今杜若葉似薑而有文理, 莖葉皆有長毛. 古今名號不同, 故其所呼別也.>

❺『**왕-주**(王-注)』菊, 白芷也.

辛夷楣兮.<辛夷, 香草, 以作戶楣.> 菊房.<菊, 白芷也. 房, 室也. 五臣云: 以馨香爲房之飾.> 罔薜荔兮爲帷,<罔, 結也. 言結薜荔爲帷帳.>

❻『**리소**(離騷)』

扈江離與辟芷兮.

<扈, 被也. 楚人名被爲扈. 江離, 芷, 皆香草名. 辟, 幽也. 芷幽而香.《文選》離作蘺. 五臣云: 扈, 披也.>

<**왕균**(王筠) **구독**(句讀)>

이 세 구[楚謂之蘺. 晉謂之虈. 齊謂之茝.] 앞에 마땅히 「蘪蕪也.」

0270

가 있어야 한다. 하나의 풀에 이름이 네 개인 것이다. 그래야 미(蘪)자와 수미가 제대로 연결된다. 그렇지 않으면 미(蘪)자는 후세 사람들이 끼워넣은 것이다.

[此三句之首當有「蘪蕪也」句. 一艸四名. 當與蘪篆首尾相笂攝. 否則蘪蕪篆後人增也.]

[관섭(笂攝)] 관할통섭(管割統攝). 관할하여 통제함.

## 0271 蘺 리 【lí ㄌㄧˊ】 25

돌피 리

江蘺、《逗。》蘪蕪也。
『相如賦』云。
芷若射干。穹窮(窮)昌蒲。江蘺蘪蕪。

又云。
被以江蘺。糅以蘪蕪。
是各物明矣。
而說者云。
江蘺、蘪蕪皆芎藭苗也。
有二種。
似槀本者爲江蘺。
似蛇牀而香者爲蘪蕪。

則芎藭、江蘺、蘪蕪爲一。

徐之才『藥對』亦云。
蘪蕪一名江蘺。
芎藭苗也。
而『說文』以蘪蕪釋江蘺。
且以江蘺卽楚人謂蔖者。
但楚謂蔖爲蘺。
不云謂蔖爲江蘺也。
葢(蓋)因『釋艸』有蘄茝蘪蕪之文而合之。
茝與蘄茝又未必一物也。》
从艸。
離聲。
《呂支切。古音在16部。》

강리(江蘺)는 미무(蘪蕪)다.
『상여부(相如賦)』❶에 이르기를,
"지(芷)는 사간(射干), 궁궁(穹窮), 창포(昌蒲), 강리(江蘺), 미무(蘪蕪)와 같다."고 했다.
또 [상림부<上林賦>❷에서] 이르기를
"강리(江蘺)로 덮고, 미무(蘪蕪)를 주무른다."고 했으니
이것은 다른 사물임이 분명하다.
그런데 설명하는 사람은 이르기를,
"강리(江蘺)와 미무(蘪蕪)는 모두 궁궁(芎藭)의 싹인데
두 가지가 있다.
고본(槀本)과 비슷한 것이 강리(江蘺)이고,
사상(蛇牀:식물이름, 蛇粟, 蛇米)과 비슷하면서 향기로운 것이 미무(蘪蕪)다."라고 했다.
그런즉, 궁궁(芎藭), 강리(江蘺), 미무(蘪蕪)는 한 사물이다.
서지재(徐之才)의 『약대(藥對)』❸에 또한 이르기를,
"미무(蘪蕪)는 일명 강리(江蘺)라고 한다.
궁궁(芎藭)의 싹이다."라고 했으며,
『설문(說文)』에서는 미무(蘪蕪)로 강리(江蘺)를 풀이했다.
그러므로 강리(江蘺)는 초나라 사람들이 채(蔖)라고 하는 그것이다.
다만 초나라 사람들이 치(茝)를 리(蘺)라고 하므로
치(茝)를 강리(江蘺)라고 하지 않은 것이다.
대개 『석초(釋艸)』❹에 「기채미무(蘄茝蘪蕪)」가 있어 합치하기 때문이다.
채(茝)와 기채(蘄茝)가 꼭 같은 사물일 필요는 없다.
초(艸)를 따랐고,
리(離)가 성부가 된다.
려지절(呂支切)이다. 제 2부에 속한다.

미(蘪) 궁궁이싹, 천궁.
선(蘪) 순록, 추한 사람, 성씨, 눈썹, 궁궁이.
뉴(糅) 잡곡밥, 어지러울 ■유:먹을.
고(槀) 볏짚, 원고, 초고, 타고 돌, 타고 다닐.
사(蛇) 뱀.
치(茝) 궁궁이싹, 난초.

*0271*

기(蘄) 미무, 궁궁이싹, 말재갈, 풍년들기를 기원할.

**강리**(江蘺) 미무(薇蕪)의 별명. 향초. 따뜻한 바다의 얕고 잔잔한 곳에 자란다. 한천(寒天)을 만들 때 우뭇가사리와 함께 넣는다. 뿌리를 천궁(川芎), 싹을 미무(蘪蕪)라고 한다.

**미무**(蘪蕪) 궁궁이싹. 미무(薇蕪), 미무(蘪蕪)라고도 한다. 진(晉)나라 곽의공(郭義恭)의 <廣志)에 "미무(薇蕪)는 향초다. 위무제(魏武帝)가 이것을 옷 속에 넣고 다녔다(魏武帝以藏衣中)"라고 했다.

**사간**(射干) [사간] ① 부채꽃의 별명. 이 뿌리를 한방에서는 사간(斯干)이라고 하여 인후증(咽喉症), 어혈(瘀血), 하제(下劑)로 쓴다. ② [야간] 여우와 비슷하며 나무를 잘 타는 짐승이름.

**궁궁**(穹窮) 궁궁이. 미나리과의 다년생 풀. 뿌리를 강장제(强壯梯)로 쓴다. 냄새가 좋아서 낚시하는 사람들이 밑밥으로 뿌린다.

**창포**(昌蒲) 천남성과의 다년생초본식물. 물가에서 자란다. 담홍색 근경(根莖)이 있다. 잎은 검형(劍形)이다. 여름에 담황색 꽃을 피운다. 근경(根莖)은 향료를 만들 수 있다. 건위제로 쓰고, 치통이나 치근(齒齦)의 출혈에 쓴다.

**고본**(槀本) ① 향초이름. 고발(槀茇)이라고도 한다. ② 저본이 되는 문장이나 책.

**사상**(蛇牀) 뱀도랏. 1년생초본. 줄기가 바로 선다. 사미(蛇米)라고도 한다. 여름에 꽃피운다. 어린 순은 나물로 먹는다. 계란 모양의 열매를 맺는다. 약으로 쓰는데 사상자(蛇床子)라고 부른다. 약간의 독이 있다. 양위(陽痿)나 대하(帶下), 요산(腰酸), 음부습양(陰部濕癢)을 치료한다. 끓인 물로 씻으면 개선(疥癬)이나 습진(濕疹)을 치료한다. 중국, 대만, 한국, 일본, 아프리카, 유럽 등에 널리 분포한다.

**기채**(蘄茝) 미무(蘪蕪)의 별명. 見明李時珍《本草綱目:草三:蘪蕪》.

**기채미무**(蘄茝蘪蕪) 기채(蘄茝)는 미무(蘪蕪)다. 미무(蘪蕪)는 궁궁(芎藭)의 싹. 잎에 향기가 있다. 약초 또는 향초 이름. 야생초로 여름에 작은 흰 꽃이 피고 맑은 향기가 있음. 백지(白芷)라고도 한다. 무재(武帝)가 몸 속에 지니고 다녔다. 옛사람이 궁궁이를 읊어서 자신의 원정(怨情)을 표현하기도 했다. 미무(蘪蕪), 미무(蘪蕪), 미무(薇蕪), 미무(蘪蕪), 미무(蘪蕪)로도 표기한다.

**[인경고 引經考]**

**❶『상여부(相如賦)』**

衡蘭, 芷若射干,

<【索隱】:《廣雅》云"烏蓬, 射幹". 本草名烏扇> 穹窮<【索隱】: 芎藭. 司馬彪云 : "芎藭似槀本". 郭璞云 : "今曆陽呼爲江離".《淮南子》云 : "夫亂人者, 若芎藭之與槀本."> 昌蒲, 江離蘪蕪, 諸蔗猼且.【集解】:徐廣曰:"猼音匹沃反. "駰案 : 漢書音義曰"江離, 香草, 蘪蕪, 蘄芷也, 似蛇床而香. 諸蔗, 甘柘也. 猼

## 0271

且, 蘘荷也". 【索隱】:《吳錄》曰"臨海縣海水中生江蘺, 正青似亂髮, 即《離騷》所云者是也".《廣志》云"赤葉紅華", 則與張勃所說又別. 案: 今芎藭苗曰江蘺, 綠葉白華, 又不同. 孟康云"䕲蕪, 蘄芷也, 似蛇床而香". 樊光曰"槀本一名䕲蕪, 根名蘄芷". 又藥對以爲䕲蕪一名江蘺, 芎藭苗也. 則芎藭, 槀本, 江蘺, 䕲蕪並相似, 非是一物也. 諸柘, 張揖云"諸柘, 甘柘也". 猼且, 上音並葡反, 下音子餘反.《漢書》作"巴且", 文穎云"巴蕉也". 郭璞云"猼且, 蘘荷屬". 未知孰是也. >

### ❷상림부<上林賦>

沇溶淫鬻; 散渙夷陸, 亭皋千裏, 靡不被築. 揜以綠蕙, 被以江蘺;

<張揖曰: 掩, 覆也. 綠, 王芻也. 蕙, 薰草也. 郭璞《山海經》曰: 蕙, 香草, 蘭屬也.> 糅以蘪蕪, 雜以留夷; <張揖曰: 留夷, 新夷也. 善曰: 王逸《楚辭注》曰: 留夷, 香草.>

### ❸『약대(藥對)』 1번 참조.

又藥對以爲䕲蕪一名江蘺, 芎藭苗也. 則芎藭, 槀本, 江蘺, 䕲蕪並相似, 非是一物也.

### ❹『석초(釋艸)』

蘄茞, 蘪蕪.

<香草, 葉小如萎狀.《淮南子》云"似蛇床".《山海經》云"臭如蘪蕪". ○茞, 昌改切.>

[疏] "蘄茞, 蘪蕪". ○釋曰: 芎藭苗也. 一名蘄茞, 一名蘪蕪.《本草》一名薇蕪, 一名汀離. 陶注云: "似蛇床而香." 郭云"香草, 葉小如萎狀"者, 言如萎蔫之狀也.

○注"《淮南子》"至"蘪蕪".

○釋曰:《淮南子》云"似蛇床"音, 案《淮南:子泥論》篇云: "夫物之相類者, 世人之所亂惑也. 嫌疑肖像者, 衆人所眩燿也. 故佷者類知而非知也, 愚者類君子而非君子也, 贛者類勇而非勇也. 使人相去也, 若玉之與石也, 葵之與莧也, 則論人易矣. 夫亂人者, 若芎藭之與槀本, 蛇床之與蘪蕪者." 許慎云此四者, 藥草臭味之相似, 其治病則不同力是也. 云《山海經》曰'臭如蘪蕪'"者, 案《西山經》浮山有草曰訓草, "麻葉而方莖, 赤華而黑實, 臭如蘪蕪", 可以止痟. 又天帝山有草, "其狀如葵, 其臭如蘪蕪, 名曰杜衡, 可以走馬, 食之已癭"是也. 臭, 香也. 言其香氣如蘪蕪也.

### <상림부<上林賦>에

어린 싹을 미무(蘪蕪), 굳은 것을 궁궁(芎藭), 큰 잎을 강리(江蘺), 작은 잎을 미무(蘪蕪)라고 한다.

[似非一物. 何也. 蓋嫩苗非結根時, 則爲蘪蕪. 既結根後, 乃爲芎藭. 大葉似芹者爲江蘺. 細葉似蛇牀[植物名]者爲蘪蕪. 如此分別. 自明白矣.]

## 0272 茝 채 【cǎi ㄘㄞˇ】 25

### 궁궁이 싹 채/치

蒝也。　「궁궁이 싹」이다.

从艸。　초(艸)를 따랐고,

匝聲。　이(匝)가 성부가 된다.

《昌改切。1部。》　창개절(昌改切)이다. 제 1부에 속한다.

**치(茝)** 궁궁이싹, 난초 ▣**채**：같은 뜻.

## 00273 蘪蘪미【mí ㄇㄧˊ】25
### 천궁 미

蘪蕪也。　「**미무(蘪蕪)**」다.
《三字句。　석 자로 된 구다.
蘪蕪雙聲。》　미(蘪)와 무(蕪)는 **쌍성(雙聲)**이다.
从艸。　초(艸)를 따랐고,
蘪聲。　미(蘪)가 성부가 된다.
《靡爲切。　미위절(靡爲切)이다.
古音在 15部。》　고음(古音)은 제 15부에 속한다.

**미**(靡) 쓰러질, 초목이나 기 따위가 세찬 바람에 의해 쓰러지거나 쏠
　　　릴, 사치할, 호사할.

**미무(蘪蕪)**　궁궁이싹. 미무(薇蕪), 미무(靡蕪)라고도 한다. 진(晉)나라 곽의공(郭義恭)의
<廣志>에 "미무(薇蕪)는 향초. 위무제(魏武帝)가 이것을 옷 속에 넣고 다녔다
(魏武帝以藏衣中)"라고 했다.

**쌍성(雙聲)**　중국어는 성모(聲母)와 운모(韻母)로 구성된다. 한글처럼 초성, 중성, 종성으로 나
누지 않는다. 성모는 한글의 초성에 해당된다. 즉 자음(字音)을 말한다. 운모는 한
글의 중성과 종성을 합한 개념이다. 즉 한글의 모음(母音)과 받침을 합한 것과 같
다. 쌍성은 연속된 두 글자의 초성이 같은 것을 말한다. 즉, 과거, 종자, 사신, 본분
등이다.

## 0274 薰薰 훈【xūn ㄒㄩㄣ˜】25
### 훈초 훈

香艸也。
『左傳』曰。
一薰一蕕。
『蜀都賦:劉(劉)-注』曰。
葉曰蕙。
根曰薰。
『張揖-注:上林賦』曰。
蕙、薰艸也。
陳藏器曰
薰卽是零陵香也。
『郭-注:西山經』曰。
蕙、蘭屬也。
非薰葉 》
从艸。
熏聲。
《許云切。13部。》

「향초」의 일종이다.
『좌전(左傳)』❶에 이르기를,
"일훈일유(一薰一蕕)"라고 했다.
『촉도부:류-주(蜀都賦:劉-注)』❷에 이르기를,
"잎을 수(蕙:이삭)라 하고,
뿌리를 훈(薰)이라고 한다."라고 했다.
『장읍-주:상림부(張揖-注:上林賦)』❸에 이르기를,
"수(蕙)는 훈초다."라고 했다.
진장기(陳藏器)가 이르기를,
"훈(薰)은 곧 **령릉향(零陵香)**이다.
『곽-주:서산경(郭-注:西山經)』❹에 이르기를,
'수(蕙)는 란(蘭)의 일종이다.
**훈초(薰艸)**의 잎이 아니다.'라고 했다."고 했다.
초(艸)를 따랐고,
훈(熏)이 성부가 된다.
허운절(靡爲切)이다. 제 13부에 속한다.

유(蕕) 물풀 이름, 누린내풀.

미(靡) 쓰러질, 초목이나 기 따위가 세찬 바람에 의해 쓰러지거나 쏠릴, 사치할, 호사할.

**일훈일유(一薰一蕕)** "향기와 악취를 나란히 두면 [비록 공평해 보이기는 해도 결국에는] 십년이 지나도 오히려 악취만 남는다." <좌전> 참조.

**령릉향(零陵香)**
**훈초(薰艸)** 콩과에 딸린 풀. 훈초(薰草), 혜초(蕙草), 령향초(靈香草), 연초(燕草)라고도 한다. 당나라 사람들은 령령향(鈴鈴香), 령자향(鈴子香)이라고 불렀다. 꽃이 거꾸로 매달려서 피므로 방울을 닮았기 때문이다. 하습지에서 잘 자라며 잎은 두개씩 마주보고 자란다. 7월 중순 꽃이 핀다. 잎은 삼잎과 비슷하다. 옛날의 란혜(蘭蕙)다. 맛은 맵고 달며 성질은 따뜻하다. 기의 순환을 촉진하며 통증을 멎게 한다. 치통, 설사 등에 쓴다.

**[인경고 引經考]** ❶『좌전(左傳)』<左傳:僖-四年>
且其繇曰: 專之渝, 攘公之羭.
<繇, 葍兆辭. 渝, 變也. 攘, 除也. 羭, 美也. 言變乃除公之美. ○繇, 直救反. 渝, 羊朱反, 下羭同音. 攘, 如羊反.> 一薰一蕕, 十年尚猶有臭.<薰, 香草. 蕕, 臭草. 十年有臭, 言善易消, 惡難除. ○薰, 許雲反.>

**0274**

蕕音由. 易, 以豉反.〉 ○正義曰: 言公若專心愛之, 公心必將改變, 變乃除公之美. 公先有美, 此人將除去之. 薰是香草, 蕕是臭草, 一薰一蕕, 言分數正等, 使之相和, 雖積十年, 尚猶有臭氣. 香氣盡而臭氣存, 言善惡聚而多少敵, 善不能止惡, 而惡能消善. 〉

### ❷『촉도부:류-주(蜀都賦:劉-注)』

於是乎邛竹緣嶺, 菌桂臨崖. 旁挺龍目, 側生荔枝. 布綠葉之萋萋, 結朱實之離離, 迎隆冬而不凋, 常曄曄以猗猗.

〈邛竹, 出興古盤江以南. 竹中實而高節, 可以作杖. 神農《本草經》曰: 菌桂出交阯, 圓如竹, 爲衆藥通使. 一曰: 菌, 薰也. 葉曰蕙, 根曰薰.《南裔志》曰: 龍眼荔枝, 生朱堤南廣縣犍爲僰道縣. 隨江東至巴郡江州縣, 往往有荔枝樹, 高五六丈, 常以夏生, 其變赤可食. 龍眼似荔枝, 其實亦可食. 邛竹, 菌桂, 龍眼, 荔枝, 皆冬生不枯, 鬱茂於山林. 善曰: 王逸《荔枝賦》曰: 綠葉蓁蓁. 又曰: 朱實叢生.《孫卿子》曰: 松柏經隆冬而不凋, 蒙霜雪而不變, 曄曄猗猗. 已見《西都賦》〉

### ❸『장읍-주:상림부(張揖-注:上林賦)』

散渙夷陸, 亭皐千裏, 靡不被築. 揜以綠蕙, 被以江蘺;

〈張揖曰: 掩, 覆也. 綠, 王芻也. 蕙, 薰草也. 郭璞《山海經》曰: 蕙, 香草, 蘭屬也.〉

### ❹『곽-주:서산경(郭-注:西山經)』

又西三百二十里, 曰嶓冢之山〈郭璞云: 「嶓音波.」〉, 漢水出焉, 而東南流注于沔; 囂水出焉, 北流注于湯水〈郭璞云: 「或作陽.〉 其上多桃枝鉤端〈郭璞云: 「鉤端, 桃枝屬.」珂案: 桃枝, 竹名; 爾雅釋草:「桃枝四寸有節.」疏:「凡竹相去四寸有節者, 名桃枝竹.」〉, 獸多犀兕熊羆, 鳥多白翰赤鷩〈郭璞云:「白翰, 白鵫也, 亦名鶾雉, 又曰白雉.」〉. 有草焉, 其葉如蕙〈蕙, 香草, 蘭屬也.〉, 其本如桔梗〈本, 根也.〉, 黑華而不實, 名曰蓇蓉〈蓇音骨〉, 食之使人無子.

## 0275 藚薄 독 【dú ㄉㄨˊ】 25
땅버들 독

| | |
|---|---|
| 水萹茿(筑筑)也。 | 「수편축(水萹茿)」이다. |
| 《謂萹茿之生於水者、 | **편축**(萹茿)이 물에서 자라는 것을, |
| 謂之藚也。 | 독(藚)이라고 한다. |
| 統言則曰萹茿、 | 통틀어 말하면 **편축**(萹茿)이고, |
| 析言則有水陸之異。 | 나누어 말하면 땅과 물의 차이가 있다. |
| 異其名因異其字。 | 그 글자로 인해 이름을 다르게 한 것이다. |
| 『詩:衞(衛)風』。 | 『시:위풍(詩:衛風)』❶에서, |
| 綠竹猗猗 | "록죽의의(綠竹猗猗)"라고 한 것을 |
| 『音義』曰。 | 『음의(音義)』에서 이르기를, |
| 「竹」、『韓詩』作「藚」。 | "죽(竹)을 『**한-시**(韓-詩)』에서는 독(藚)으로 썼는데, |
| 萹茿也。 | **편축**(萹茿)이다."라고 했다. |
| 『石經』亦作「藚」。 | 『석경(石經)』역시 「藚」으로 썼다. |
| 按『石經』者、葢(蓋)『漢一字石經』。 | 『석경(石經)』이란 것은 대개 『한-1자석경(漢-一字石經)』인데 |
| 『魯(魯)詩』也。 | 『로시(魯詩)』가 [적혀]있다. |
| 『西京賦:李一注』。 | 『서경부:리-주(西京賦:李-注)』❷에서 |
| 引『韓詩』綠藚如簀。 | 『한-시(韓-詩)』의 "**록독여책**(綠藚如簀)"을 인용했다. |
| 『玉篇』曰。 | 『옥편(玉篇)』에서 이르기를 |
| 藚同藚。》 | "독(藚)은 독(藚)과 같다."라고 했다. |
| 从水艸。 | 수(水)와 초(艸)를 따랐고, |
| 毒聲。 | 독(毒)이 성부가 된다. |
| 讀若督。 | 독(督)처럼 읽는다. |
| 《徒沃切。3部。》 | 도옥절(徒沃切)이다. 제 3부에 속한다. |

**변**(萹) 마디풀, 초목 흔들거리는 모양.

**축**(茿) 쇠풀.

**의**(猗) 불친 개, 어조사, 아름답고 성한 모양, 섬세하고 얌전할, 가냘픈 모양, 의지할.

**독**(藚) 쇠풀. 독(藚)과 같다.

**책**(簀) 평상발, 살평상, 쌓아 모을, 갈대발.

| | |
|---|---|
| **수편축**(水萹茿) | 물에서 자라는 편축(萹茿). 다음 표제-자[0276] 참조. |
| **록죽**(綠竹) | 푸른 대나무. |
| **록죽의의**(綠竹猗猗) | 기수의 물굽이를 보니, 푸른 대나무 무성하네. 빛나는 군자는 자르는 듯, 다듬는 듯, 쪼는 듯, 가는 듯.」이라고 했다. |
| **록독여책**(綠藚如簀) | 푸른 땅버들 우거졌네. |

0275

[인경고 引經考]

❶『시:위풍(詩:衛風)』《詩經:國風:衛風:淇奧》

淇奧, 美武公之德也. 有文章, 又能聽其規諫, 以禮自防.

故能入相于周, 美而作是詩也.

瞻彼淇奧, 綠竹猗猗. 有匪君子, 如切如磋, 如琢如磨.

<興也. 奧, 隈也. 綠, 王芻也. 竹, 篇竹也. 猗猗, 美盛貌. 武公質美德盛, 有康
叔之餘烈. >

○綠竹並如字.《爾雅》作"菉", 音同.《韓詩》"竹"作"藩", 音徒沃反, 云"藩, 篇
築也", 石經同. 猗, 於宜反. 隈, 烏回反, 孫炎云"水曲中也". 芻, 初俱反, 郭璞
云："今呼白腳莎." 莎音蘇禾反, 一云即菉蓐草也. 蓐音辱. 篇竹, 本亦作"扁",
四善反, 又音篇, 郭四殄反, 一音布典反. 竹音如字, 又敕六反,《韓詩》作"築",
音同. 郭云："似小藜, 赤莖節, 好生道旁, 可食, 又殺蟲."《草木疏》云："有草
似竹, 高五六尺, 淇水側人謂之菉竹也.""之烈", 一本作"之餘烈".

瑟兮僩兮, 赫兮咺兮. 有匪君子, 終不可諼兮.

瞻彼淇奧, 綠竹青青. 有匪君子, 充耳琇瑩 會弁如星.

瑟兮僩兮, 赫兮咺兮. 有匪君子, 終不可諼兮.

瞻彼淇奧, 綠竹如簀. 有匪君子, 如金如錫, 如圭如璧.

寬兮綽兮, 倚重較兮. 善戲謔兮, 不爲虐兮.

기(淇)수의 물굽이. - 시경 衛風 -

[위나라 무공을 찬양한 노래]

| | |
|---|---|
| 저 기수의 물굽이 보니 | 푸른 대나무 무성하네. |
| 빛나는 군자는 | 자르는 듯 다듬는 듯 |
| 쪼아내는 듯 가는 듯, | 씩씩하고 꿋꿋하게 |
| 빛나고 드러나니 | 빛나는 군자를 |
| 끝내 잊을 수 없네. | |

❷『서경부:리-주(西京賦:李-注)』본문과 조금 다르다.

譬衆星之環極, 叛赫戲以煇煌. 正殿路寢, 用朝群辟. 大夏耽耽, 九戶開
辟. 嘉木樹庭, 芳草如積.

<善曰：《韓詩》曰：綠蓨如茨. 茨, 積也. 薛君曰：茨, 綠蓨盛如積也. 蓨音竹.>

## 0276 萹萹 변【biǎn ㄅㄧㄢˇ】26
### 마디풀 편

萹茿(茿茿)也。
《三字句。
『釋艸』云。
竹萹蓄。
按竹者釋『毛詩:衛(衛)風』之竹也。
『韓』、『魯(魯)詩』皆作「藩」。
『毛詩』獨叚(假)借作「竹」。
『爾雅』與『毛詩』合。
筑蓄疊韵(疊韻)、通用。
『本艸經』亦作「萹蓄」。》
从艸。
扁聲。
《方沔切。12部。》

「편축(萹茿)」이다.
석 자가 한 구절이다.
『석초(釋艸)』❶에 이르기를,
"죽편축(竹萹蓄)"이라고 했다.
죽(竹)은 『모시:위풍(毛詩:衛風)』❷을 해석할 때의 죽(竹)인데
『한, 로시(韓, 魯詩)』모두 「독(藩)」으로 썼다.
『모시(毛詩)』만 홀로 가차하여 죽(竹)으로 썼다.
『이아(爾雅)』❸는 『모시(毛詩)』와 합치한다.
축(筑)자와 축(蓄)자는 첩운(疊韻)으로 통용된다.
『본초경(本艸經)』❹은 또한 「편축(萹蓄)」으로 썼다.
초(艸)를 따랐고,
편(扁)이 성부가 된다.
방면절(方沔切)이다. 제 12부에 속한다.

**축(茿)** 쇠풀.
**독(藩)** 땅버들, 갯버들, 쇠풀.
**축(筑)** 비파, 줏을 땅이름.

**편축(萹茿)**
**편축(萹蓄)**
**죽편축(竹萹蓄)**

편죽(萹竹). 마디풀. 식용하며 잎은 약재로 쓴다. &lt;이아:석초(爾雅:釋草)&gt;에 "편
죽이다. &lt;곽박-주(郭樸-注)&gt;에 소려(小黎)와 비슷하다. 붉은 줄기의 마디가 있
다. 길 곁에서 잘 자란다. 먹을 수 있다. 또 살충작용이 있다."「萹竹. &lt;곽박-
주(郭樸-注)&gt; 似小黎. 赤莖節, 好生旁道, 可食, 又殺蟲.」라고 했다.

**첩운(疊韵)**
① 동몽(童蒙), 당랑(螳螂) 등과 같이 연이은 두 글자 또는 몇 글자의 운이 모두 같
은 것. ② 한시에서, 같은 운자를 거듭 쓰는 일.

### [인경고 引經考]

**❶『석초(釋艸)』**

竹, 萹蓄.

&lt;似小藜, 赤莖節, 好生道旁, 可食, 又殺蟲. ○萹, 音劦. 芋, 他丁切. 茿, 音迺. 萹, 匹
善切.&gt;

〔疏〕"竹, 萹蓄". ○釋曰: 李巡曰: "一物二名也." 孫炎曰: 某氏引《詩:衛風》云
"綠竹猗猗". 郭云: "似小藜, 赤莖節, 好生道旁, 可食, 又殺蟲." 案, 陶隱居《本
草》注云: "處處有, 布地而生, 節間白, 葉華細綠, 人謂之萹竹. 煮汁與小兒飮, 療
蚘蟲"是也.

**❷『모시:위풍(毛詩:衛風)』** &lt;衛風·淇奧&gt;

瞻彼淇奧, 綠竹猗猗. 有匪君子, 如切如磋, 如琢如磨.

## 0276

<興也. 奧, 隈也. 綠, 王芻也. 竹, 篇竹也. 猗猗, 美盛貌.

武公質美德盛, 有康叔之餘烈. ○綠竹並如字.《爾雅》作"菉", 音同.《韓詩》"竹"作
"薄", 音徒沃反, 云"薄, 篇築也", 石經同. 猗, 於宜反. 隈, 烏回反, 孫炎云"水曲
中也". 芻, 初俱反, 郭璞云:"今呼白腳莎."莎音蘇禾反, 一云即菉蓐草也. 蓐音
辱. 篇竹, 本亦作"萹", 四善反, 又音篇, 郭四殄反, 一音布典反. 竹音如字, 又敕
六反,《韓詩》作"築", 音同. 郭云:"似小藜, 赤莖節, 好生道旁, 可食, 又殺蟲."
《草木疏》云:"有草似竹, 高五六尺, 淇水側人謂之菉竹也.""之烈", 一本作"之餘
烈".>

瑟兮僩兮, 赫兮咺兮. 有匪君子, 終不可諼兮.

瞻彼淇奧, 綠竹青青. 有匪君子, 充耳琇瑩, 會弁如星.

瑟兮僩兮, 赫兮咺兮. 有匪君子, 終不可諼兮.

瞻彼淇奧, 綠竹如簀. 有匪君子, 如金如錫, 如圭如璧.

寬兮綽兮, 倚重較兮. 善戲謔兮, 不爲虐兮.

### ❸『이아(爾雅)』

天子造舟,<比船爲橋. ○造, 七到切.> 諸侯維舟,<維連四船.> 大夫方舟,<並兩船.>
土特舟,<單船.> 庶人乘泭.<並木以渡. 泭, 音桴.>

〔疏〕"天子"至"乘泭". ○釋曰:此釋尊卑橋船之異制也. 云"天子造舟"者,《詩:大
雅:大明》云"造舟爲梁"是也. 言"造舟"者, 比船於水, 加阪於上, 即今之浮橋. 故杜
預云:"造舟爲梁, 則河橋之謂也.""維舟"以下, 則水上浮而行, 但船有多少爲差
等耳. 云"庶人乘泭"者,《詩:漢廣》云:"江之永矣, 不可方思."毛傳云:"方, 泭
也."《釋言》云:"舫, 泭."郭注云:"水中簰筏."《論語》曰:"乘桴浮於海."注
云:"桴, 編竹木, 大曰筏, 小曰桴."是也. 桴, 泭音義同.

### ❹『본초경(本艸經)』

萹蓄味辛平. 主浸淫, 疥搔疽痔, 殺三蟲.

<御覽引云:一名篇竹, 大觀本無文> 生山谷.

<吳普曰:萹蓄一名蓄辯, 一名萹蔓(御覽).

名醫曰:生東萊, 五月采, 陰幹.

案說文云:萹, 萹也, //, 萹也, 水萹, //, 讀若督. 爾雅云:竹萹, 蓄. 郭璞云:似
水藜, 赤莖節, 好生道旁, 可食, 又殺蟲. 毛詩云:綠竹猗猗. 傳云:竹, 萹竹也.
韓詩云://, 萹也, 石經同. >

## 0277 𥬐 𥱼 𥱺 축 【zhú ㄓㄨˊ】 26

### 쇠풀 축

0277

萹筑也。
从艸，
𥱺(筑)省聲。
《陟玉切。3部。
按此不云巩聲
而云筑省聲者。
以巩字。工聲。
筑字、竹亦聲也。
𥱺篆〘鍇本〙在後菩下范上。》

「편축(萹筑)」이다.
초(艸)를 따랐고,
축(筑)의 일부가 생략되어 성부가 된다.
척옥절(陟玉切)이다. 제 3부에 속한다.
생각건대 여기서 「공성(巩聲)」이라고 하지 않고
「축생성(筑省聲)」이라고 한 것은
공(巩)자가 공(工)을 성부로 하기 때문이다.
축(筑)자는 역시 죽(竹)이 성부다.
축(𥱺)의 표제자인 전서(篆書)가 서개(徐鍇)의 책에서는 뒤의
오(菩:들깨) 뒤, 범(范:풀이름) 앞에 있다.

**공(巩)** 안을.
**자(筑)** 비파, 줏을, 땅이름.
**오(菩)** 풀이름.
**범(范)** 풀이름, 법, 땅이름.
**개(鍇)** 좋은 쇠, 정한 쇠, 사람의 이름.

**편축(萹筑)** 편죽(萹竹). 마디풀. 식용하며 잎은 약재로 쓴다. <이아:석초(爾雅:釋草)>에 "편죽이다. <곽박-주(郭樸-注)>에 소려(小黎)와 비슷하다. 붉은 줄기의 마디가 있다. 길 곁에서 잘 자란다. 먹을 수 있다. 또 살충작용이 있다." 「萹竹. <곽박-주(郭樸-注)> 似小黎. 赤莖節, 好生旁道, 可食, 又殺蟲.」라고 했다.

## 0278 藒藒 걸【qiè ㄑㅣㄝˋ】26
### 제충국 걸

藒車、
《逗》芎輿也。
《各本無「藒車」二字。
今依『韵(韻)會』所引補。
藒芎、車輿皆疊韵(疊韻)。
『爾雅』本或無車字。
不得以之改『說文』也。
『離騷』、『上林賦』皆作「揭車」。

『廣志』曰。
黃葉白華。
从艸、
藒聲。
《去謁切。15部。
『玉篇』作「藒」、從木。》

걸차(藒車)는
걸여(芎輿)다.
여러 책에서는「**걸차**(藒車)」두 글자가 없다.
여기서는『운회(韵會)』가 인용(引用)한 것을 근거로 보충했다.
**걸차**(藒車)와 **거여**(車輿)는 모두 **첩운**(疊韵)이다.
『이아(爾雅)』에는 간혹 거(車)자가 없는 판본이 있어
부득이 하게『설문(說文)』을 고쳤다.
『리소(離騷)』❶와『상림부(上林賦)』❷에서는 모두「**걸차**(揭車)」로 썼다.
『광지(廣志)』❸에 이르기를,
"잎은 푸르고, 꽃은 하얗다."라고 했다.
초(艸)를 따랐고,
갈(藒)이 성부가 된다.
거알절(去謁切)이다. 제15부에 속한다.
『옥편(玉篇)』에서는「걸(藒)」로 써서 [벼 화(禾)가 아니라]나무 목(木)을 따랐다.

걸(芎) 향풀 ▣흘:같은 뜻 ▣글:같은 뜻.
갈(藒) 벼 싹날, 벼 빼어날 ▣걸:겨.
걸(藒) 제충국, 향풀.
갈(揭) 높이들, 길(長也) ▣걸:높이 들, 수레 빠른 모양 ▣계:높이 들, 옷 걷고 물 건널 ▣건:들.

걸차(藒車)
걸차(揭車)
향초이름. <태평어람(太平御覽)>이 <광지(廣志)>를 인용하여 이르기를 "걸차는 향초다. 맛은 맵다. 팽성에서 자란다. 높이는 수척이된다. 누런 잎에 흰 꽃이 핀다."「太平御覽引廣志. 藒車, 香草. 味辛. 生彭城. 高數尺. 黃葉白華.」라고 했다.

걸여(芎輿)
걸차(揭車). <이아소·권8(爾雅疏:卷八)> "꽃은 작고 희다. 중심은 누렇다. 강동지방에서는 김치를 담구어 먹는다."「華小而白, 中心黃, 江東以作菹食, 藒車芎輿, 釋曰. 香草也. 一名藒車, 一名芎輿.」.

첩운(疊韵)
① 동몽(童蒙), 당랑(螳螂) 등과 같이 연이은 두 글자 또는 몇 글자의 운이 모두 같은 것. ② 한시에서, 같은 운자를 거듭 쓰는 일.

0278

[인경고 引經考]

❶『리소(離騷)』

畦留夷與揭車兮.

　&lt;畦, 共呼種之名. 留夷, 香草也. 揭車, 亦芳草, 一名乞輿. 五十畝爲畦也. 揭,
　一作藒.《文選》作 苗蓂, 揭車.&gt;

❷『상림부(上林賦)』

布結縷, 攢戾莎;　揭車衡蘭,

　&lt;應劭曰：揭車, 一名{艸乞}輿, 香草也.&gt;

"於是乎崇山龍嵷, 崔巍嵯峨, 深林鉅木, 嶄巖參嵯, 九嵕, 巀嶭, 南山峨
峨, 巖陀甗錡, 摧崣崛崎, 振稀通谷, 蹇產溝瀆, 㟭呀豁閜, 阜陵別島, 崴
磈腲瘣, 丘虛崛崲, 隱辯鬱聰, 登降施靡, 陂池貏豸, 泛溶淫鬻, 散渙夷
陸, 亭皋千里, 靡不被築. 掩以綠蕙, 被以江離, 糅以蘪蕪, 雜以流夷. 尃
結縷, 欑戾莎, 揭車衡蘭, 稿本射干, 茈薑蘘荷, 葴橙若蓀, 鮮枝黃礫, 蔣
芧青薠, 布濩閎澤, 延曼太原, 麗靡廣衍, 應風披靡, 吐芳損烈, 郁郁斐
斐, 衆香發越, 肸蠁布寫, 晻薆咇勃.

　&lt;揭車衡蘭：指揭車, 杜衡和蘭草三種香草.&gt;

　【集解】：徐廣曰："揭音桀." 駰案：郭璞曰"揭車, 一名乞輿. 稿本, 藳茇；射
　幹, 十月生：皆香草".

　【索隱】：藁本, 案桐君藥錄云"苗似穹窮也".〈사기 중〉

❸『광지(廣志)』

厥

| 0279 | 0279 **莔**莔 걸 【xì ㄒ丨ㄝ】 26 |
| --- | --- |
| | 향풀 걸 |

莔興也。
《三字句》
从艸
气聲。
《去謁切。15部。》

**걸여**(莔興)

「**걸여**(莔興)」다.
　석 자가 한 구절이다.
초(艸)를 따랐고,
기(气)가 성부가 된다.
　거알절(去謁切)이다. 제 15부에 속한다.

걸차(藒車). <이아소:권8(爾雅疏:卷八)> "꽃은 작고 희다. 중심은 누렇다. 강동지방에서는 김치를 담구어 먹는다." 「華小而白, 中心黃, 江東以作葅食, 藒車莔興, 釋曰. 香草也. 一名藒車, 一名莔興.」

## 0280  𦯧 莓 매 【méi ㄇㄟˊ】 26

### 딸기 매

馬莓也。
《荋篆不厠於此。
則非山莓(莓)也。》
从艸。
母聲。
《母罪切。
古音在 1部。》

「마매(馬莓)」이다.

『표제자인 전(荋:풀)의 전서(篆書)를 여기에 두지 않은 것은 산딸기가 아니기 때문이다.

초(艸)를 따랐고,

모(母)가 성부가 된다.

모죄절(母罪切)이다.

고음(古音)은 제 1부에 속한다.

**전**(荋) 질경이씨.

**매**(莓) 매(莓)와 같은 글자.

**매**(莓) 나무딸기, 이끼, 훌륭한 밭.

**마매**(馬莓) | 큰 산딸기. 왕균(王均)의 <구독(句讀)>에 "대개 마(馬)자를 이름에 붙이는 것은 그 사물이 크다는 뜻이다. 전(荋) 보다 큰 산딸기다. (莓)는 또한 매(莓)로도 쓴다." 「凡以馬名字皆謂大也. 蓋謂大於荋, 山莓也. 莓亦作莓.」라고 했다.

※ 전(荋) 산딸기, 대싸리, 질경이.

**걸여**(𦰤輿) | 걸차(𦰤車). <이아소:권8(爾雅疏:卷八)> "꽃은 작고 희다. 중심은 누렇다. 강동지방에서는 김치를 담구어 먹는다." 「華小而白, 中心黃, 江東以作葅食, 蘬車𦰤輿, 釋曰. 香草也. 一名蘬車, 一名𦰤輿.」.

**산매**(山莓) | 산딸기.

## 0281

# 0281 茖 각【gé 《ㄍㄜˊ】26
## 산마늘 각

| | |
|---|---|
| 艸也。 | 「풀의 일종」이다. |
| 《『釋艸』。 | 『석초(釋艸)』❶에서, |
| 茖、山葱(蔥)。 | "각(茖)은 **산총(山葱)**이다."라고 했다. |
| 按『爾雅』雖有此字。 | 에 비록 이 글자가 있지만 |
| 然許君果用『爾雅』。 | 허신이 과연 『이아(爾雅)』를 따랐다면 |
| 何以不云山葱而云艸也。 | 왜 "산총(山葱)"이라고 하지 않고 "초야(云艸)"라고 했을까? |
| 凡所不知。 | 대개 알 수 없는 바다. |
| 寧從葢(蓋)闕。》 | 차라리 모두 비워두겠다. |
| 从艸。 | 초(艸)를 따랐고, |
| 各聲。 | 각(各)이 성부가 된다. |
| 《古額切。 | 고액절(古額切)이다. |
| 古音在 5部。》 | 고음(古音)은 제 5부에 속한다. |

**산총(山葱)** 산마늘. 백합과 식물. 망부추, 땅이풀이라고도 한다. 성질은 따뜻하고 매우며 독은 없다. 주로 소화기 계통의 질병을 다스리는데 사용된다. ① 각총(茖蔥)의 딴 이름. ② 려로(藜蘆)의 딴 이름.

### [인경고 引經考]

### ❶『석초(釋艸)』

藿, 山韭. 茖, 山蔥. 蒻, 山蘸. 蒚山蒜.

<今山中多有此菜, 皆如人家所種者. 茖蔥, 細莖大葉. ○藿, 音育. 韭, 音九. 茖, 音革. 蔥, 音悤. 蒻, 巨盈切. 蘸, 音薤. 蒚, 力.>

○釋曰: 此辨四種菜生山中, 與人家所種者異名也. 韭, 《說文》云"菜名. 一種而久者, 故謂之韭. 象形, 在一之上. 一, 地也". 生山中者名藿. 《韓詩》云"六月食鬱及藿"是也. 蔥, 《說文》云"菜名". 生山中者名茖, 細莖大葉者是也. 蘸, 《說文》云"菜也". 葉似韭, 生山中者名蒻. 蒜, 《說文》云"葷菜"也. 一云菜之美者. 云夢之葷菜生山中者名蒚.

## 0282 苷苷 감【gān ㄍㄢ-】26
감초 감

苷艸也。

《所謂藥中國老。

安和七十二種石一千二百種艸者也。》

从艸。

甘聲。

《此以形聲。包會意。

古三切。8部。》

---

「**감초(苷艸)**」라는 뜻이다.

약(藥)에서 말하는 **국로(國老)**다.

72종 암석과 1200종 풀들과 조화를 이루는 풀이다.

초(艸)를 따랐고,

감(甘)이 성부가 된다.

이것은 형성(形聲)으로 회의(會意)를 내포한 것이다.

고삼절(古三切)이다. 제 8부에 속한다.

---

**감초(苷艸)** 콩과에 속하는 다년생 약초. 맛이 달아서 감초라고 한다. 약으로 쓰이는데 비위를 돕고 약의 작용을 순하게 한다.

**국로(國老)** ① 한약재(漢藥材) 가운데 가장 많이 쓰이는 감초(甘草)의 별칭이다. ② 나이가 많아 벼슬에서 물러난 경대부로, 나라의 원로들을 뜻한다.

## 0283

### 0283 苧 저 【zhù ㄓㄨˋ】 26
### 매자기 저

艸也。 「풀의 일종」이다.

《『上林賦』蔣苧靑薠。 『상림부(上林賦)』❶에 "장저청번(蔣苧靑薠)"이라고 했는데

張揖曰。 장읍(張揖)이 이르기를,

苧三棱也。 "저(苧)는 삼릉(三棱)이다."라고 했다.

郭樸音杼。 곽박(郭樸)은 음(音)이 저(杼:베틀북)라고 했다.

按三棱者『蘇頌-圖經』所謂 생각건대 3릉(三棱)이라는 것은 『소송-도경(蘇頌-圖經)』이 말하는

葉似莎艸極長、 "잎은 사초(莎艸)처럼 극히 길고,

莖三陵如削、 줄기는 모서리가 세 개로 깎은 듯하고,

高五六尺。 높이는 5~6척이며.

莖端開花是也。 줄기 끝에 꽃이 핀다."는 것이다.

江蘇蘆灘中極多。 강소(江蘇)의 로탄(蘆灘)에 아주 많다.

呼爲馬苧。音同宁。 마저(馬苧)라고 부른다. 음은 저(宁:뜰)와 같다.

莖可繫物。 줄기로 물건을 묶을 수 있다.

亦可辮之爲索。 또한 땋아서 새끼줄로 만들 수 있다.

『南都賦』、 『남도부(南都賦)』❷에

苧苧蘋莞。 "표저번환(藨苧蘋莞)"이라고 했다.

『李-注』引『說文』 『리-주(李-注)』에서 『설문(說文)』을 인용하여.

苧可以爲索。 "저(苧:모시풀)는 새끼줄을 만들 수 있다."고 했다.

葢(蓋)賦文本作「苧」。 대개 부(賦)나 문(文)에서는 본래 「저(苧)」로 썼다.

『文選(選)::上林賦』亦作「苧」。 『문선::상림부(文選::上林賦)』❸ 역시 「저(苧)」로 썼다.

苧者、苧之別字。》 저(苧)는 저(苧)의 다른 글자이다.

从艸。 초(艸)를 따랐고,

予聲。 여(予)가 성부가 된다.

《直呂切。5部。》 직려절(直呂切)이다. 제 5부에 속한다.

可㠯(以)爲繩。 새끼줄을 만들 수 있다.

장(蔣) 줄풀, 산이름, 나라이름, 성씨.

번(薠) 떼, 솔개 ▣분:삼베.

릉(棱) 네모질, 위엄, 서슬, 마음이 굳세고 모날.

릉(陵) 큰 언덕, 산 같은 것이 높을.

변(辮) 땋을, 엮을, 단추.

표(藨) 쥐눈이콩, 기름사초, 검은 딸기, 목매자, 딸기.

저(苧) 모시풀, 산이름, 산이름.

환(莞) 왕골, 왕골자리, 부들, 부들자리 ▣관:창포, 골이름

0283

▣완:빙그레 웃을 ▣권:창포.

**장저청번(蔣芋靑蘋)** 줄풀, 매자기, 떼.

**사초(莎艸)** 다년생초본.높이 50~100㎝. 간혹 더 높게 자라기도 한다. 잎은 마주보고 나는데 하나는 크고 하나ㅣ는 작다. 거의 자루가 없고 피침형(披針形)이다. 피침(披針)은 굵은 데를 째는 침으로 양 끝에 날이 있다.

**강소(江蘇)** 중국대륙 동부 연안(沿岸) 중심지. 1667년 강남성(江南省)이 동서로 나누어지면서 설치되었다. 강녕부(江寧府)와 소주부(蘇州府)의 첫 글자를 따서 이름한 것이다. 상해(上海), 절강(折江), 안휘(安徽)와 함께 장강(長江) 삼각주 지구를 형성한다.

**로탄(蘆灘)** 강도(强盜)가 출몰했던 늪지대 이름. 비슷한 것으로 추부(萑苻)도 있다.

**마저(馬芋)** [0280] 마매(馬)의 설명에 대개 마(馬)자를 이름에 붙이는 것은 그 사물이 크다는 뜻이다.「凡以馬名字皆謂大也.」라고 했다.

**표저번환(薰芋蘋莞)** 쥐눈이콩, 모시, 떼, 왕골.

## [인경고 引經考]

### ❶『상림부(上林賦)』에 "**장저청번(蔣芋靑蘋)**"

葴橙若蓀, 鮮枝黃礫, 蔣芋靑蘋,

《【集解】: 徐廣曰: "芋音佇." 駰案 : 漢書音義曰"蔣, 菰也. 芋, 三稜".

【索隱】: 蔣, 菰也. 郭璞芋音佇. 又云三稜芋. 蘋音煩.>

蘋布濩閎澤, 延曼太原, 麗靡廣衍, 應風披靡, 吐芳揚烈,

### ❷『남도부(南都賦)』에 <謹照原文蘋莞改蘋莞.>

"**표저번환(薰芋蘋莞)**"

於其陂澤, 則有鉗盧玉池, 赭陽東陂. 貯水渟洿, 亙望無涯其草則薰芋蘋莞, 蔣蒲蒹葭. 藻茆菱芡, 芙蓉含華. 從風發榮, 斐拔芬葩. 其鳥則有鴛鴦鵠鷖, 鴻鴇鴐鵝. 鵁鶄鸂鶒, 鶻鷉揄鸓嚶嚶和鳴, 澹淡隨波.

<郭璞山海經注曰 : 蘋, 靑蘋, 似莎而大.

鄭玄毛詩箋曰 : 莞, 小蒲也.

說文曰 : 蔣, 菰蔣也. 爾雅曰 : 蒹, 薕也. 葭, 蘆也.>

### ❸『문선:상림부(文選::上林賦)』역시 「저(芋)」

揭車衡蘭, 槀本射幹, 茈薑蘘荷, 葴持若蓀, 鮮支黃礫, 蔣芋靑蘋.

<張揖曰 : 蔣, 菰也. 芋, 三棱也. 郭璞曰 : 芋音杯.>

## 0284

### 0284 藎藎 신【jìn ㄐㄧㄣˋ】26
조개풀 신

艸也。 「풀의 일종」이다.

《蘇恭、掌禹錫皆云。 소공(蘇恭)과 장우석(掌禹錫) 모두 이르기를,

俗名菉蓐艸。 "속칭 **록욕초**(菉蓐艸)라고 한다.

『爾雅』所謂王芻。 『**이아**(爾雅)』❶에서 말하는 **왕추**(王芻)다.

『詩』淇澳之菉也。 『**시:기욱**(詩:淇澳)』의 록(菉)이다."라고 했는데

按『說文』有藎。 생각건대 『설문(說文)』❷에는 신(藎)이 있고,

又別有菉。 또 따로 록(菉)이 있으므로

則許意藎非菉矣。》 허신의 생각에는 신(藎)이 록(菉)은 아니다.

从艸。 초(艸)를 따랐고,

盡聲。 여(予)가 성부가 된다.

《徐刃切。12部。 서인절(徐刃切)이다. 제 12부에 속한다.

『大雅』以爲進字。》 『**대아**(大雅)』❸에서는 이것을 진(進)자로 썼다.

---

**록욕초**(菉蓐艸) <이아>에서 이르는 조개풀의 별명.

**왕추**(王芻) <이아>에서 이르는 조개풀의 별명.

『**기욱**』**지록야**(『淇澳』之菉也) 『시경:위풍:기욱(詩經:衛風:淇澳)』의 "저 기수의 물굽이 보니, 푸른 대나무 무성하네."「瞻彼淇澳, 綠竹猗猗.」의 주에 <이아>에서는 록(菉)으로 썼다. 음은 같다. … 어떤 사람은 록욕초(菉蓐草)라고도 한다. 기슭가 사람들은 록죽(菉竹)이라고 한다. … <석초>에- 이르기를 '록(菉)은 왕추다'라고 했다. … 사인이 이르기를 '록(菉)을 어떤 때는 왕추로 쓴다.'라고 했다. 모씨가 이르기를 '록(菉)은 록욕(鹿蓐)이다.'"「<爾雅>作菉. 音同. … 一云則菉蓐草也., 淇水側人謂之菉竹也. … <釋草>云菉, 王芻. 舍人曰. 菉, 一爲王芻. 某氏曰. 菉, 鹿蓐也.」가 있다.

---

[**신경고** 引經考] ❶『**이아**(爾雅)』

葥, 王彗.

<王帚也, 似藜, 其樹可以爲埽彗. 江東呼之曰藜帚. ○葥, 音箭. 彗, 音遂.>

〔疏〕"葥, 王彗".

○釋曰 : 此卽藜之科, 大爲樹, 可以作埽彗者, 一名葥, 一名王彗, 一名王帚, 江東呼落帚. 菉, 王芻. (菉, 蓐也. 今呼鴟腳莎. ○菉, 音綠. )

〔疏〕"菉, 王芻".

○釋曰 : 舍人云"菉, 一名王芻".

某氏云 : "菉, 鹿蓐也. "

郭云 : "菉, 蓐也. 今呼鴟腳莎."

《詩:衛風》云"瞻彼淇奧, 綠竹猗猗"是也.

**0284**

❷『시:기욱(詩:淇澳)』〈衛風:淇澳〉

瞻彼淇奧, 綠竹猗猗. 有匪君子, 如切如磋, 如琢如磨.

瑟兮僩兮, 赫兮咺兮. 有匪君子, 終不可諼兮.

> <興也. 奧, 隈也. 綠, 王芻也. 竹, 萹竹也. 猗猗, 美盛貌. 武公質美德盛, 有康
> 叔之餘烈. ○綠竹並如字.
>
> 《爾雅》作"菉", 音同.>

瞻彼淇奧, 綠竹青青. 有匪君子, 充耳琇瑩, 會弁如星.

瑟兮僩兮, 赫兮咺兮. 有匪君子, 終不可諼兮.

瞻彼淇奧, 綠竹如簀. 有匪君子, 如金如錫, 如圭如璧.

寬兮綽兮, 倚重較兮. 善戲謔兮, 不爲虐兮.

❸『대아(大雅)』〈詩經:大雅:大雅:文王之什:文王〉

文王在上, 於昭于天. 周雖舊邦, 其命維新.

有周不顯, 帝命不時. 文王陟降, 在帝左右.

亹亹文王, 令聞不已. 陳錫哉周, 侯文王孫子.

文王孫子, 本支百世. 凡周之士, 不顯亦世.

世之不顯, 厥猶翼翼. 思皇多士, 生此王國.

王國克生, 維周之楨. 濟濟多士, 文王以寧.

穆穆文王, 於緝熙敬止. 假哉天命, 有商孫子.

商之孫子, 其麗不億. 上帝旣命, 侯于周服.

侯服于周, 天命靡常. 殷士膚敏, 裸將于京.

厥作裸將, 常服黼冔. 王之藎臣, 無念爾祖.

> <藎, 進也. 無念, 念也. 箋云 : 今王之進用臣, 當念女祖爲之法. 王, 斥成王.
> ○藎, 才刃反. "爲之法", 一本作"爲之法度".>

無念爾祖, 聿脩厥德. 永言配命, 自求多福.

殷之未喪師, 克配上帝. 宜鑒于殷, 駿命不易.

命之不易, 無遏爾躬. 宣昭義問, 有虞殷自天.

上天之載, 無聲無臭. 儀刑文王, 萬邦作孚.

## 0285 蒁 术【shù ㄕㄨˋ】26
봉아술 술

| | |
|---|---|
| 艸也。 | 「풀의 일종」이다. |
| 《『陳藏器-本艸』。 | 『진장기-본초(陳藏器-本艸)』❶에 |
| 蓬莪茂。<旬律切> | "봉아술(蓬莪茂)<순율절(旬律切)> |
| 一名蓬莪。 | 일명 봉아(蓬莪)라고 했다. |
| 二名蒁。 | 술(蒁)이라고도 하고, |
| 三名波殺。 | 파살(波殺)이라고도 한다."라고 했다. |
| 徐鍇引之。 | 서개(徐鍇)가 인용했으나 |
| 未知是否。》 | 맞는지 틀렸는지 알 수 없다. |
| 从艸。 | 초(艸)를 따랐고, |
| 述聲。 | 술(述)이 성부가 된다. |
| 《食聿切。15部。》 | 식율절(食聿切)이다. 제 5부에 속한다. |

술(茂) 약이름.

개(鍇) 좋은 쇠, 정한 쇠, 사람의 이름.

| | |
|---|---|
| 봉아술(蓬莪茂) | 광술. 생강과의 다년초. 다년생 숙근초본(宿根草本). 산간이나 촌락 주변의 초지에서 자란다. 이것의 덩이뿌리(塊根)가 울금(鬱金)이다. |
| 봉아(蓬莪) | 생강과의 다년초. 봉아술의 별명. |
| 파살(波殺) | 봉아술의 별명. |

[인경고 引經考]

❶『진장기-본초(陳藏器-本艸)』

厥.

## 0286 ❀荵인【rěn ㅁㄣˇ】26
### 인동덩굴 인

| | |
|---|---|
| 荵冬艸也。 | 「인동초(荵冬艸)」라는 뜻이다. |
| 《三字句。 | 석 자가 한 구절이다. |
| 『名醫別錄』作忍冬。 | 『명의별록(名醫別錄)』❶에서는 **인동**(忍冬)이라고 했다. |
| 今之金銀藤也。 | 지금의 **금은등**(金銀藤)이다. |
| 其花曰金銀花。》 | 그 꽃을 **금은화**(金銀花)라고 한다. |
| 从艸 | 초(艸)를 따랐고, |
| 忍聲。 | 인(忍)이 성부가 된다. |
| 《而軫切。12部。》 | 이진절(而軫切)이다. 제 12부에 속한다. |

**인동초(荵冬艸)** 겨우살이 덩굴. 인동덩굴.

**인동(忍冬)** <본초:인동(本草:忍冬)>의 <도-주(陶-注)>에 이르기를 "지금은 곳곳에 있다. 덩굴로 자란다. 겨울을 깔보고 시들지 않는다. 그래서 인동이라고 이름했다."
「<本草:忍冬:陶注>. 今處處皆有, 藤生. 凌冬不凋, 故名忍冬.」라고 했다.

**금은등(金銀藤)** 인동초의 별명.

**금은화(金銀花)** 인동초에서 피는 꽃. 금은화가 처음 필 때는 흰색인데 나중에는 황색으로 바뀐다. 흰색일 때는 은(銀)과 같고, 황색일 때는 금(金)과 같아서 붙여진 이름이다. 또 한 꼭지에 두 개의 꽃이 피는데 두 개의 꽃술이 밖으로 나와서 쌍을 이루고 상대가 된다. 형체와 그림자가 떨어지지 않고, 자웅이 서로 짝을 이루어 춤을 추는 것과 같아서 원앙등(鴛鴦藤)이라고도 한다. 예로부터 청열해독(淸熱解毒)의 양약(良藥)의 영예를 누리고 있다. 신열(身熱), 발진(發疹) 등 각종 열성병에 좋다.

**[인경고 引經考]**

❶『명의별록(名醫別錄)』

忍冬.

<味甘, 溫, 無毒. 主治寒熱, 身腫, 久服輕身, 長年, 益壽. 十二月采, 陰乾.>

## 0287 萇 장 【cháng ㄔㄤˊ】 26
### 양도 장

萇楚,《逗。》銚弋.
《見『檜風』、『釋艸』、『毛傳』。》
一曰羊桃.
《陸璣、張揖皆曰羊桃也。》
从艸.
長聲.
《直良切。10部。》

장초(萇楚)는 요익(銚弋)이다.
『회풍(檜風)』❶,『석초(釋艸)』❷,『모전(毛傳)』❸을 보라.
혹은 양도(羊桃)라고 한다.
륙기(陸璣), 장읍(張揖) 모두 양도(羊桃)라고 했다.
초(艸)를 따랐고,
장(長)이 성부가 된다.
직량절(直良切)이다. 제 10부에 속한다.

**장초(萇楚)** 양도(羊桃)의 별명.
**요익(銚弋)** 양도(羊桃)의 별명.
**양도(羊桃)** 괭이밥과의 교목(喬木). 꽃과 열매가 모두 복숭아와 비슷하며 맛이 달다. 어려서는 곧게 자라다가 커서는 덩굴처럼 엉긴다. 귀도(鬼桃)라고도 한다. <시경:회풍(詩經:檜風)>에 "습지에 장초, 휘늘어진 그 가지."「濕有丈萇楚. 猗儺其枝.」가 있다.

### [인경고 引經考]

❶❸『회풍(檜風)』,『모전(毛傳)』<檜風:隰有萇楚>

隰有萇楚, 猗儺其枝. 夭之沃沃, 樂子之無知.

隰有萇楚, 猗儺其華. 夭之沃沃, 樂子之無家.

隰有萇楚, 猗儺其實. 夭之沃沃, 樂子之無室.

<興也. 萇楚, 銚弋也. 猗儺, 柔順也.

箋云：銚弋之性, 始生正直, 及其長大, 則其枝猗儺而柔順, 不妄尋蔓草木. 興者, 喻人少而端愨, 則長大無情欲.

○倚, 於可反. 儺, 乃可反. 銚音遙. 長, 張丈反, 下同. 蔓音萬. 少, 詩照反, 下同.>

### ❷『석초(釋艸)』

長楚, 銚弋.

<今羊桃也, 或曰鬼桃. 葉似桃, 華白, 子如小麥, 亦似桃.

○銚, 音姚. 弋, 音亦.>

[疏]"長楚, 銚弋". ○釋曰：舍人曰："長楚, 一名銚弋."

《本草》云"銚弋"名"羊桃".

郭云："今羊桃也, 或曰鬼桃. 葉似桃, 華白, 子如小麥, 亦似桃.

"《詩:檜風:隰有長楚》陸機《疏》云："今羊桃是也. 葉長而狹, 華紫赤色, 其枝莖弱, 過一尺引蔓於草上, 今人以爲汲灌. 重而善沒, 不如楊柳也. 近下根刀切其皮, 著熱灰中脫之, 可韜箸管."

## 0288 薊薊 계 【ㄐㄧˋ】 26

### 엉겅퀴 계

| | |
|---|---|
| 芙也。 | 「요(芙:삽주)」라는 뜻이다. |
| 《『釋艸』曰。 | 『석초(釋艸)』❶에 이르기를, |
| 芙、薊、其實荂。 | "요(芙)는 계(薊)다. 그 열매가 과(荂)다. |
| 郭云。芙似薊。 | 곽(郭)이 '요(芙)는 계(薊)와 비슷하다.'고 말했다." 라고 했다. |
| 許以芙釋薊。 | 허신은 요(芙)는 계(薊)라고 풀이했다. |
| 則爲一物。 | 그러므로 동일한 사물인데, |
| 而芙字又不類列於此。 | 요(芙)자를 또 여기에 열거하지는 않았다. |
| 未聞。》 | 들은 바 없다. |
| 从艸。 | 초(艸)를 따랐고, |
| 劊聲。 | 결(劊)이 성부가 된다. |
| 《古詣切。15部。》 | 고예절(古詣切)이다. 제 10부에 속한다. |

부(荂) 영화(榮華), 꽃, 사람의 이름 ▣과:같은 뜻 ▣후:삽주열매
　▣화:가곡이름.

오(芙) 삽주 ▣요:삽주.

결(劊) 생선 다룸, 생선 썰 ▣계:생선 각뜰.

### [신경고 引經考]

❶『석초(釋艸)』 ※ 본문과 조금 다르다.

芙, 薊, 其實荂.

<芙與薊, 莖頭皆有蓊台, 名荂, 荂即其實. 音俘. ○芙, 音襆.>

〔疏〕"芙, 薊, 其實荂".

○釋曰：鉤, 芙, 枹薊之類, 其實名荂.

郭云："芙與薊, 莖頭皆有蓊台名荂, 荂即其實"也.

0288

## 0289 䔵䔲 촉【ㄌㄧ ㄘㄨˋ】26

### 들깨나 차조기 류의 풀 촉

艸也。
「풀의 일종」이다.

《下文之苗也。
다음 표제자인 적(苖:소루쟁이)이다.

『本艸經』曰。
『본초경(本艸經)』❶에 이르기를,

羊蹄、『小雅』謂之蓫。
"양제(羊蹄)를 『소아(小雅)』❷에서는 축(蓫:소루쟁이)이라고 한다."
고 했다.

蓫卽苗字。亦作「蓄」。
축(蓫)이 곧 적(苖)이다. 또한 「축(蓄)」으로도 쓴다.

『廣韵:一, 屋』。
『광운:일 1, 옥(廣韵:一, 屋)』에

䔲、許竹丑六二切。
"적(䔲)은 허죽절(許竹切), 축륙절(丑六切) 두 가지 반절이다. 양제

羊蹄菜也。》
채(羊蹄菜)다."라고 했다.

从艸。
초(艸)를 따랐고,

里聲。
리(里)가 성부가 된다.

讀若釐。
희(釐:복)처럼 읽는다.

《里之切。1部。
리지절(里之切)이다. 제 1부에 속한다.

按『廣韵』䔲讀許竹丑六切者、
『광운(廣韵)』에서 촉(䔲)을 허죽절(許竹切), 축륙절(丑六切) 두 가지로 읽은 것은

因䔲蓄同物而誤讀䔲同蓄也。》
촉(䔲)과 축(蓄)이 같은 사물이어서 잘못하여 촉(䔲)을 축(蓄)과 같게 읽은 것이다.

제(蹄) 굽, 짐승의 발, 말이나 소를 헤아리는 수사.
축(蓫) 나쁜 나물, 소루쟁이, 모자반 ▣추:같은 뜻.
리(釐) 의리, 보리 ▣희:제사 지내고 남은 고기.

**양제(羊蹄)**
마디풀과의 다년초. 소루쟁이.

**양제채(羊蹄菜)**
라복(蘿蔔)과 비슷하다. 줄기가 붉다. 많이 먹으면 사람으로 하여금 설사하게 한다. 《시:소아:아행기야(詩:小雅:我行其野)》에 "我行其野, 言采其蓫."가 있는데, 모전(毛傳)에서 악채다(惡菜也)라고 했고, 륙기-소(陸璣-疏)에서 축(蓫)은 우퇴(牛蘈)다. 양주인(揚州人)들은 양제(羊蹄)라고 하고, …유주인(幽州人)들은 축(蓫)이라고 한다."라고 했다.

**[인경고 引經考]**

❶『본초경(本艸經)』

羊蹄味苦寒. 主頭禿疥搔, 除熱, 女子陰蝕.

<御覽此四字作無字.>

一名東方宿, 一名連蟲陸, 一名鬼目. 生川澤.

<名醫曰：名蓄, 生陳留.

案說文云：䔲草也, 讀若厘, 萑, 厘草也, 芨䔲草也. 廣雅云：䔲, 羊蹄也.

# 0289

毛詩云 : 言采其蓫. 箋云 : 蓫, 牛蘈也.

陸德明云 : 本又作蓄. 陸璣云 : 今人謂之羊蹄.

陶宏景云 : 今人呼禿菜, 即是蓄音之.

詩云 : 言, 采其蓄, 案陸英, 疑即此草之花, 此草一名連蟲陸, 又陸英, 即蒴藋, 一名菫也, 亦苦寒.

## ❷『소아(小雅)』 ＜詩經:小雅:鴻鴈之什:我行其野＞

我行其野, 蔽芾其樗. 昏姻之故, 言就爾居. 爾不我畜, 復我邦家.
我行其野, 言采其蓫. 昏姻之故, 言就爾宿. 爾不我畜, 言歸斯復.

＜蓫, 惡菜也.

箋云 : 蓫, 牛蘈也, 亦仲春時生, 可采也.

○蓫, 敕六反, 本又作"蓄". "蘈", 本又作"頹", 徒雷反.＞

〔疏〕箋"蓫, 牛頹".

○正義曰 : 此《釋草》無文.

陸機《疏》云 : "今人謂之羊蹄." 定本作"牛蘈".

我行其野, 言采其葍. 不思舊姻, 求爾新特. 成不以富, 亦祇以異.

## 0290 𦯄藋 조【diào ㄉ丨ㄠˋ】26
명아주 조

| | |
|---|---|
| 菫艸也。 | 「근초(菫艸)」다. |
| 《依『集韵(韻)』、 | 『집운(集韵)』,『류편(類篇)』 그리고 리인보(李仁甫)의 책에 근 |
| 『類篇』、李仁甫本作「菫」。 | 거하여 「근(菫)」으로 썼다. |
| 『廣雅』。 | 『광아(廣雅)』에서는 |
| 菫、<謹音>藋也。 | "근(菫)<근음(謹音)>은 조(藋)다."라고 했다. |
| 『名醫別錄』 | 『명의별록(名醫別錄)』❶에 |
| 蒴藋一名菫草。 | "삭조(蒴藋)를 일명 **근초**(菫草)라고 한다. |
| 一名芨。 | 또 급(芨:대왕풀)이라고도 한다."고 했다. |
| 按下籒文內有菫字。 | 다음의 주문(籒文) 중에 근(菫)자가 있는데, |
| 云根如薺、 | "뿌리가 제(薺:냉이)와 같고, |
| 葉如細栁(柳)。 | 잎은 가는 버들(細栁)과 같다."라고 했다. |
| 未知是一否。 | 이것이 같은 사물인지는 알 수 없다. |
| ○凡物有異名同實者。 | ○ 대개 사물이 이름은 달라도 그 실체는 같기도 한다. |
| 『釋艸』曰。 | 『석초(釋艸)』❷에 이르기를, |
| 芨、菫艸。 | "급(芨)은 **근초**(菫艸)다."라고 했다. |
| 陸德明謂卽『本艸』之蒴藋。 | 륙덕명(陸德明)은 곧 『본초(本艸)』❸의 삭조(蒴藋)를 말한 것 |
| | 이다. |
| 按郭釋以烏頭。 | 곽(郭)은 **오두**(烏頭)로 풀이했는데, |
| 烏頭名菫。 | **오두**(烏頭)의 이름이 근(菫)이다. |
| 見『國語』。而芨名無見。 | 『국어(國語)』를 보면 급(芨)의 이름은 보이지 않는다. |
| 陸說爲長。 | 륙덕명(陸德明)의 설명이 낫다. |
| 鍇本菫作�。》 | 서개(徐鍇)의 책에서는 근(菫)을 희(�:복)로 썼다. |
| 一曰拜商藋。 | 혹은 *배상조*(拜商藋)라고도 한다. |
| 《『釋艸』商作蔏。 | 『석초(釋艸)』에서는 「상(商)」은 「상(蔏:명아주)」으로 썼다. |
| 『說文』言一曰者有二例。 | 『설문(說文)』에서 "일왈(一曰)"이라고 말하는 것은 두 번째 례 |
| | (例)가 있다는 말이다. |
| 一是兼採別說。 | 한편으로는 다른 설명을 겸하여 채택하는 것이다. |
| 一是同物二名。 | 한편으로는 같은 시물에 두가지 이름이 있는 것인데, |
| 此一曰未詳何屬。 | 여기서 "일왈(一曰)"은 어디에 속하는지 모르겠다. |
| 疑菫艸爲蒴藋。 | **근초**(菫艸)가 **삭조**(蒴藋)인 것 같다. |
| 拜商藋爲今之灰藋也。 | **배상조**(拜商藋)는 지금의 **회조**(灰藋)다. |
| 灰藋似藜。 | **회조**(灰藋)는 려(藜:명아주)와 비슷하다. |
| 『左傳』斬之蓬蒿藜藋。 | 『좌전(左傳)』❹에 "봉호여조(蓬蒿藜藋)를 벤다."고 했다. |
| 李燾本「商」作「啻」。 | 리도(李燾)의 책에서는 「상(商)」을 「적(啻)」으로 썼다. |
| 〖宋麻沙-大徐本〗亦作「啻」。 | 송(宋)나라의 **마사판**(麻沙版) 대서(大徐)의 책에서도 「적(啻: |

*0290*

菣(蓋)『許-所據:爾雅』不同〖今本〗。》
从艸。
翟聲。
《徒弔切。2部。》

밑둥)」으로 썼다.
　대개 허신이 근거한 『이아(爾雅)』는 지금과 다르다.
초(艸)를 따랐고,
적(翟)이 성부가 된다.
　도조절(徒弔切)이다. 제 2부에 속한다.

**시**(啻) 뿐, 다만, 남을 ▣**제**:높은 소리.
**적**(啇) 밑둥, 나무뿌리 ▣**석**:화할.
※ 원래 위의 두 글자는 같은 글자다.
**호**(蒿) 다북쑥, 김 오르는 모양, 고달플
**근**(菫蓁) 찰흙, 진흙, 맥질할, 적을(少也).

**근초**(菫艸)　독초인 바곳. = 오두(烏頭), 삭조(萴藋), 급(芨).
**삭조**(萴藋)　말오줌나무.
**오두**(烏頭)　성탄꽃과의 다년초.뿌리에 독이 있어 마취제로 씀. 바곳. 천오두(川烏頭)와 초오
두(草烏頭).
※ 오두백마생각(烏頭白馬生角) 있을 수 없는 일. 진왕(秦王)이 연(燕) 나라 태자
단(丹)을 볼모로 잡았을 때 "까마귀 머리가 희어지거나 말머리에 뿔이 생기면
놓아주겠다"고 했었다.'
**배상조**(拜商藋)　<이아:석초>에서는 拜, 萲藋.로 끊어서 읽었다. 본문과 다르다.
**회조**(灰藋)　정명(正名)은 려(藜). 별명은 소려(小藜), 소엽려(小葉藜). 일년생초본식물. 거습해
독해열(去濕解毒解熱). 설사완화 작용.
**봉호여조**(蓬蒿藜藋)　『좌전:소왕:16년(左傳:昭王十六年)』「庸此比耦. 以艾殺此地, 斬之蓬蒿藜
藋, 而共處之. 世有盟誓, 以相信也. 曰. 爾無我叛, 我無强買.」
**마사판**(麻沙版)　복건(福建) 건양현(建陽縣) 서쪽 마사진(麻沙鎭) 서방(書坊)에서 각인한 책. 또 건
양(建陽)과 건구(建区) 두 곳에서 각인한 책을 건본(建本)이라고 한다. 건양현(建
陽縣)에 속한 두 시진(市鎭)인 마사진(麻沙鎭)과 숭화진(崇化鎭)은 송원(宋元) 시
대에 서적 각인으로 유명했다. 그곳 사람들은 각서(刻書)를 업으로 삼았다. 도서
부(圖書府)의 미칭(美稱)이다. 그러나 너무 많은 책을 마구 각인하는 바람[由於粗
制濫造]에 오탈자가 많아서 후학에게 끼친 잘못이 적지 않아서 불명예를 얻기도
했다[若麻沙本之差舛, 誤後學多矣.]
그 지방에 판목으로 사용하는 배나무가 많았고, 목질이 부드러워 판각이 쉬웠으
며, 조판에 별로 정성을 들이지 않고 엉성하게 각인해서 서적 각인이 아주 발달하
여 진(鎭) 동북의 숭화방(崇化坊)을 도서지부(圖書之府)로 불렸다. 그러나 간혹 각
인된 책들이 자주 모호하고 깔끔하지 못하여 사람들은 「마사본(麻沙本)」이라고

**0290**

불렀다.

송(宋) 말에서 명(明)에 이르기까지 마사본은 중국 전역, 멀리는 조선, 일본까지 이르러 닿지 않은 곳이 없었다. 그 질과 양은 항주(杭州)와 사천(四川)이 각인 것에 버금갔다. 마사본이 흥성한 데는 두 가지 원인이 있었다. 첫째는 목질이 연약해서 각인이 쉬운 배나무가 많았는 것이고, 둘째는 민북(민北) 지방에는 종이 생산이 성했다는 점이다. 게다가 송대(宋代)의 거유(巨儒) 양시(楊時)가 보성(浦城) 사람이어서 문인이 아주 많았는데 보성(浦城)과 건양(建陽)은 이웃한 도시였다. 마사서방(麻沙書坊)의 간행이 아주 성해서 대량으로 각인 했으므로 교감(校勘)이 엉성한 것을 피할 수가 없어서 와자(譌字)가 적지 않다.[可見麻沙本的譌字不少] 마사본(麻沙本)의 자체(字體) 매우 독특하여 다른 곳의 각인과 현저히 구별된다. 그러나 많이 사용된 죽지(竹紙)의 지질이 매우 약하여 쉽게 파열되므로 보존에 신중해야 했는데 원명(元明) 시 화재로 판본이 많이 훼손되어 없어졌다.

※ 서방(書坊) 1.당대(唐代)에 장서(藏書)를 담당하던 관원(館院). 2. 문신학사(文臣學士)들이 교서(校書), 수사(修史)하던 곳. 3. 옛날 책을 인쇄하고 팔던 곳.

※ 양시(楊時 1053-1135) 송(宋)의 남검주(南劍州) 사람. 자는 중립(中立), 만년에 구산(龜山)에 은거하여 구산선생으로도 불림. 정문 사대 제자(程門四大弟子) 중의 한 사람. 주희(朱熹)가 그의 3전 제자(三傳弟子)임.

**[인경고 引經考]**

❶『명의별록(名醫別錄)』

蒴.

<味酸, 溫, 有毒. 主治風瘙癮疹, 身癢, 濕痺, 可作浴湯. 一名堇草, 一名芨. 生田春夏采葉, 秋冬采莖, 根. >

❷『석초(釋艸)』 1번 참조.

芨, 菫草. <即烏頭也. 江東呼爲菫. ○芨, 音急. 菫, 音斳.>

即烏頭也. 江東呼爲菫. ○芨, 音急. 菫, 音斳.

❸『본초(本艸)』

羊蹄味苦寒. 主頭禿疥搔, 除熱, 女子陰蝕. <御覽此四字作無字> [疏]"拜, 蓨藋". ○釋曰 : 此亦似蓨而葉大者, 名拜, 一名蓨藋.《莊子》云"藜藋柱字"是也.> 一名東方宿, 一名連蟲陸, 一名鬼目. 生川澤.

名醫曰 : 名蓄, 生陳留.

案說文云 : 蓨草也, 讀若厘, 藋, 厘草也, 芨菫草也.

廣雅云 : 菫, 羊蹄也. 毛詩云 : 言采其蓫.

箋云 : 蓫, 牛蘈也. 陸德明云 : 本又作蓄.

陸璣云 : 今人謂之羊蹄. 陶宏景云 : 今人呼秃菜, 即是蓄音之.

詩云 : 言, 采其蓄, 案陸英, 疑即此草之花, 此草一名連蟲陸, 又陸英, 即朔藋, 一

0290

名菫也, 亦苦寒.

陸英味苦寒. 主骨間諸痺, 四肢拘攣, 疼酸, 膝寒痛, 陰痿, 短氣, 不足, 腳腫. 生川谷.

<名醫曰 : 生熊耳及冤句, 立秋采, 又曰蒴藋, 味酸溫有毒, 一名菫(今本誤作堇), 一名芨, 生四野, 春夏采葉, 秋冬采莖根.

案說文云 : 菫草也, 讀若厘, 芨菫草也, 讀若急, 藋厘草也.

廣雅云 : 盆, 陸英苺也.

爾雅云 : 芨菫草.

唐本注陸英云 : 此物蒴藋是也, 後人不識, 浪出蒴藋條.

今注云 : 陸英, 味苦寒無毒, 蒴藋味酸溫有毒, 既此不同, 難謂一種, 蓋其類爾.>

❹『좌전(左傳)』〈左傳:昭王十六年〉

앞 페이지 '봉호여조' 참조.

庸此比耦. 以艾殺此地, 斬之蓬蒿藜藋, 而共處之. 世有盟誓, 以相信也.
曰. 爾無我叛, 我無强賈.

<无强市其物. ○艾, 魚廢反. 蓬, 蒲東反. 蒿, 呼高反. 藜, 力兮反. 藋, 徒吊反. 强, 其丈反, 下强字同 ; 又其良反, 注放此.>

## 0291

0291 菳 芨 급【ji ㄐㄧˊ】 26
대왕풀 급

| | |
|---|---|
| 堇艸也。 | 「근초(堇艸)」다. |
| 《見上。》 | 앞의 표제자를 보라. |
| 从艸。 | 초(艸)를 따랐고, |
| 及聲。 | 급(及)이 성부가 된다. |
| 讀若急。 | 급(急)자 처럼 읽는다. |
| 《居立切。7部。》 | 거립절(居立切)이다. 제 7부에 속한다. |
| 근초(堇艸) | ※ 又叫「陸英」. 俗稱「接骨草」. 全草治跌打損傷. |

## 0292 蕆 葥 전【jiàn ㄐㄧㄢˋ】 26
### 산딸기 전

山莓也。
《見『釋艸』。》
从艸。
毒聲。
《子賤切。
古音在 12部。》

[신경고 引經考]

「산딸기」라는 뜻이다.
『석초(釋艸)』❶를 보라.
초(艸)를 따랐고,
전(毒)이 성부가 된다.
자천절(子賤切)이다.
고음(古音)은 제 12부에 속한다.

❶『석초(釋艸)』두 가지가 나온다.

葥, 山莓.

<今之木莓也. 實似藨莓而大, 亦可食. ○薛, 音百. 〈艸贊〉, 音贊. 葥, 音箭. 莓, 音每.>

[疏]"葥, 山莓". ○釋曰：山莓一名葥. 郭云："今之木莓也. 實似藨莓而大, 亦可食." 藨莓說在下.

葥, 王蔧.

<王帚也, 似藜, 其樹可以爲埽蔧. 江東呼之曰藜帚. ○葥, 音箭. 蔧, 音遂.>

[疏]"葥, 王蔧". ○釋曰：此即藜之科, 大爲樹, 可以作埽蔧者, 一名葥, 一名王蔧, 一名王帚, 江東呼落帚.

## 0293 𦵩蓩 모 【mào ㄇㄠˋ】 26
여뀌풀 모

毒艸也。

「독초(毒艸)」다.

《〔鉉、鍇本〕篆皆作「蓩」。

서현(徐鉉), 서개(徐鍇)의 책에서는 모두 「모(蓩)」라고 썼다. 초(艸)를 따랐고, 무(務)가 성부가 된다.

從艸、務聲。

〔鉉本〕蓩下又出𦵩篆。

서현(徐鉉)의 책에서는 아래에 또 다시 표제자인 모(蓩)의 전서(篆書)가 나오는데,

云卷耳也、從艸、蝥聲。

"권이(卷耳)다. 초(艸)를 따랐고, 무(蝥)가 성부가 된다."라고 말했다.

〔鍇本〕無蓩。

서개(徐鍇)의 책에는 모(蓩)가 없다.

張次立依鉉補之。

장차립(張次立)은 서현(徐鉉)의 책에 근거하여 보충했다.

攷『後漢書:劉(劉)聖公傳』

『후한서:류성공전(後漢書:劉聖公傳)』❶를 보면,

戰於蓩鄕(鄉)。

"전어모향(戰於蓩鄉:모향에서 싸우다)"이라 했는데,

『注』曰。

『주(注)』에서

蓩音莫老反。

"모(蓩)의 음은 막로반(莫老反)이다.

『字林』云。

『자림(字林)』에서 이르기를,

毒艸也。因以爲地名。

'독초인데, 지명으로 삼은 것이다.'라고 했다."고 했다.

『廣韵(韻)』。

『광운(廣韻)』에서도

蓩、毒艸。武道切。

"모(蓩)는 독초(毒艸)다. 무도절(武道切)이다.

又地名。

또한 땅이름이다."라고 했다.

據此則毒艸之字從力不從女明矣。

이에 따르면 독초(毒艸)를 뜻하는 글자는 힘 력(力)을 따른 것으로 계집 녀(女)를 따르지 않는 것이 분명하다.

『玉篇』云。

『옥편(玉篇)』에서는,

蓩、莫屋莫老二切。毒艸也。

"모(蓩)는 막옥절(莫屋切), 막로절(莫老切) 두 가지 반절이며, 독초다."라고 했다.

此顧野王原本。

이것이 고야왕(顧野王)의 원본인데,

而蓩下引『說文』卷耳也。

모(蓩) 뒤에 『설문(說文)』을 인용하여 권이(卷耳)라고 했다.

又出𦵩字。莫候(候)切。

또 모(𦵩)자가 나오는데 막후절(莫候切)이다.

引『說文』毒艸也。

『설문(說文)』을 인용하여 독초(毒艸)라고 했다.

此孫强、陳彭年輩據

이것은 손강(孫强)과 진팽년(陳彭年)의 무리들이

『俗本-說文』增之。

『속본-설문(俗本-說文)』에 근거하여 증보한 것이다.

今改正篆文作「蓩」、毒艸也。

지금은 전서(篆書)를 고쳐서 「모(蓩)」는 독초다."라고 하고,

而刪(刪)蓩卷耳也之云。

"모(蓩)는 권이(卷耳)다."라고 말하는 것은 깎아서 지워버렸다.

卷耳果名蓩、

권이(卷耳)의 열매 이름을 모(蓩)라고 하니,

則當與苓卷耳也同處矣。

당연히 "령(苓)은 권이(卷耳)다."라는 문장과 같은 곳에 있어야 한다.

又按『韵會』引『後漢書:注』作「菽鄕」。

또 『운회(韻會)』가 인용한 『후한서:주(後漢書:注)』에서는 「무향

**0293**

『說文』有菽字。 (菽鄕)」이라고 했고,
云細艸叢生也。》 『설문(說文)』에 모(菽)자가 있는데,
　　　　从艸。 "가는 풀이 더부룩하게 자란다."는 뜻이라고 했다.
　　　　務聲。 초(艸)를 따랐고,
《古音在 3部。》 무(務)가 성부가 된다.
　　　　　　　　　 고음(古音)은 제 3부에 속한다.

　**무**(蔜) 독풀.

　**무**(瞀) 마음대로 못할, 별이름, 고을 이름.

　**모**(蓩) 도꼬마리, 무성할, 더부룩할, 땅이름.

　**름**(苓) 도꼬마리, 복령, 풍냉이.

　**무**(菽) 가는 풀 더부룩할 ■**모**:같은 뜻.

　**개**(鍇) 좋은 쇠, 정한 쇠, 사람의 이름.

**독초**(毒艸) 독이 있는 풀.

**권이**(卷耳) ① 엉거시과의 일년초. 도꼬마리. 작이(爵耳), 령이(苓耳)라고도 한다. ② <시경:주남(詩經:周南)>의 편명(篇名). 후비(後妃)가 집을 떠나 있는 남편을 그리워하는 시.

**5전어모향**(戰於蓩鄕) 모향에서 싸우다. <후한서:권11:렬전 제 1(後漢書:卷十一:列傳第一)>에 "리송(李松)을 보내어 주유(朱鮪)를 만나서 적미(赤眉)와 모향(蓩鄕)에서 전투하게 했다."가 있다.

**무향**(菽鄕)

[**신경고 引經考**]

❶『후한서:류성공전(後漢書:劉聖公傳)』

三月, 遣李松會朱鮪與赤眉戰於蓩鄕,

　<蓩音莫老反.《字林》云:"毒草也."因以爲地名. 續漢志弘農有蓩鄕.
　《東觀記》曰:"徐宣, 樊崇等入至弘農枯樅山下, 與更始將軍蘇茂戰. 崇北至蓩鄕,
　轉至湖."湖即湖城縣也. 以此而言, 其地蓋在今虢州湖城縣之閒.>

赤松等大敗, 棄軍走, 死者三萬餘人.

## 0294

## 0294 𣞤濅藗침 【sēn ㄙㄣ⁻】 26
### 인삼 침

人濅(薓)、《逗。》藥艸。《句。》
出上黨。
《『本艸經』作人參。
从艸。
薓聲。
《山林切。7部。》

인침(人薓)은 약초(藥艸)다.
상당(上黨)에서 난다.
『본초경(本艸經)』❶에서는 인삼(人參)이라고 했다.
초(艸)를 따랐고,
침(薓)이 성부가 된다.
산림절(山林切)이다. 제 7부에 속한다.

**침(濅)** 빠질. 침(浸)과 같은 글자.

**인침(人薓)** 인삼의 여러 다른 이름 중의 하나. 귀개(**鬼蓋**), 금정옥란(**金井玉蘭**), 신초(**神草**), 옥정(**玉精**), 인미(**人微**), 인함(**人銜**), 지정(**地精**), 토정(**土精**), 해아삼(**海兒蔘**), 혈삼(**血蔘**), 황삼(**黃蔘**), 활인초(**活人草**), 자정(**雌精**), 환단(**還丹**), 추면(**皺面**) 등이 있다.

**상당(上黨)** ① 중국 산서성(山西省) 동남부에 위치한 군명. 당(黨)은 장소를 말한다. 지대가 너무 높아 하늘과 무리를 이루고 있다 하여 붙여진 이름(黨, 所也, 在山上其所最高, 故曰上黨也.).

※ **상당송연(上黨松煙)** 상당(上黨)은 지명. <득수루잡초(得樹樓雜鈔)>에 "옛 사람이 먹(墨)을 만드는 데 있어 모두 송연(松煙)을 사용하는데, 당(唐) 나라 때는 상당의 송연을 사용했다." 하였다.

**[인경고 引經考]**

**❶『본초경(本艸經)』**

人參味甘微寒. 主補五髒, 安精神, 定魂魄, 止驚悸, 除邪氣, 明目, 開心益智. 久服, 輕身延年. 一名人銜, 一名鬼蓋. 生山谷.

<吳普曰：人參一名土精, 一名神草, 一名黃參, 一名血參, 一名人微, 一名玉精, 神農甘小寒, 桐君雷公苦, 岐伯黃帝甘無毒, 扁鵲有毒, 生邯鄲, 三月生葉, 小兌核黑, 莖有毛, 三月九月采根, 根有頭足手面目如人 (禦覽).

名醫曰：一名神草, 一名人微, 一名土精, 一名血參, 如人形者有神, 生上黨及遼東, 二月四月八月上旬采根, 竹刀刮, 暴幹, 無令見風.

案說文云：參, 人參, 藥草, 出上黨；

廣雅云：地精, 人參也；

範子計然云：人參出上黨, 狀類人者善.

劉敬叔異苑云：人參一名土精, 生上黨者 佳, 人形皆具, 能作兒啼. >

## 0295 藘 란 【luán ㄌㄨㄢˊ】 26

### 순채의 일종 란

| | |
|---|---|
| 鳧葵也。 | 「**부규**(鳧葵)」라는 뜻이다. |
| 《後又云茆、鳧葵也。 | 뒷 부분에서 또 "묘(茆:순채)는 **부규**(鳧葵)다."라고 했다. |
| 二字不同處者、以小篆、籒文別之也。 | 두 글자의 있는 자리가 다른 것은 **전서**(篆書)와 **주문**(籒文)의 구별 때문이다. |
| 藘茆雙聲。 | 란(藘)과 묘(茆)는 쌍성이다. |
| 『廣雅』曰。 | 『광아(廣雅)』에 이르기를, |
| 藘、茆、鳧葵也。 | "란(藘), 묘(茆)는 **부규**(鳧葵)다."라고 했다. |
| 按藘蓴古今字。 | 란(藘)과 순(蓴)은 옛 글자와 지금의 글자다. |
| 古作「藘」。 | 옛날에는 「란(藘)」으로 썼다. |
| 今作「蓴」作「蒓」。》 | 지금은 「순(蓴)」, 「순(蒓)」으로 쓴다. |
| 从艸、 | 초(艸)를 따랐고, |
| 䜌聲。 | 련(䜌)이 성부가 된다. |
| 《洛官切。 | 락관절(洛官切)이다. |
| 曹憲力船力眷二切。 | 조헌(曹憲)은 력선절(力船切), 력권절(力眷切) 두 개의 반절이다. |
| 14部。》 | 제 14부에 속한다. |

**묘**(茆) 순채.

**순**(蒓) 순채.

**주**(籒) 주나라 태사이름, 큰 전자, 글 읽을.

| | |
|---|---|
| **부규**(鳧葵) | 순채. |
| **전서**(篆書) | 전자(篆字). 대전과 소전이 있다. |
| **주문**(籒文) | 고대(古代)에 사주(史籒)가 만들었다는 글자체이다. |

## 0296 𦶎 莀 려【lǐ ㄌㄧˋ】27

### 쑥 려

艸也。
可吕(以)染雷(留)黃。
《糸部:綟]下日。
帛、莀艸染色也。
「雷(留)黃」、辭賦家多作「流黃」。

『皇侃-禮記:義疏』作「騅黃」。

土剋水。故中央騅黃。

色黃黑也。
漢諸矦王綟綬。
晉灼日。
綟、艸名。
出琅邪平昌縣。
似艾。可染黃。
因以爲綬名。
玉裁按。綟、同音叚(假)借字也。
漢制綟綬在紫綬之上。

其色黃而近綠。
故徐廣云似綠。
或云似紫綬、
名緺綬者、非也。
緺、紫靑色。與綟不同。》
从艸
戾聲。
《郎計切。15部。》

「풀의 일종인데,
이것으로 **류황**(雷黃)을 물들일 수 있다.
[사부:려(糸部:綟)] 아래에,
"비단은 **려초**(莀艸)로 염색한다."라고 했다.
「**류황**(雷黃)」을 글짓는 이(辭賦家)들은 흔히 「**류황**(流黃)」으로 쓴다.
『황간-례기:의소(皇侃-禮記:義疏)』❶에서는 「유황(騅黃)」으로 썼다.
토(土)는 수(水)와 상극이다. 그러므로 가운데는 **류황**(騅黃)이다.
색은 황흑색이다.
한(漢)나라의 제후, 왕들의 **려수**(綟綬:누런 인끈)다.
진작(晉灼)이 이르기를,
"려(綟)는 풀이름이다.
**랑야**(琅邪)의 **평창현**(平昌縣)에서 나는데
쑥과 비슷하다. 누렇게 물들일 수 있다.
그래서 인끈의 이름이 되었다."라고 했다.
단옥재(段玉裁)의 생각에 주(綟)는 가차자다.
한(漢)나라의 제도에 **려수**(綟綬)는 **자수**(紫綬:보라색 인끈) 보다 상급에 있다.
그 빛깔은 누런 색이면서도 녹색에 가깝다.
그래서 서광(徐廣)이 록색과 비슷하다고 한 것이다.
간혹 "**자수**(紫綬)와 비슷한데,
**왜수**(緺綬)라고 부른다."는 말은 틀린 것이다.
**왜수**(緺綬)는 자청색으로 려(綟)와는 다르다.
초(艸)를 따랐고,
려(戾)가 성부가 된다.
랑개절(郎計切)이다. 제 15부에 속한다.

**려**(綟) 초록빛, 여초로 물들인 빛깔, 채색삼베.
**류**(騅) 월다말, 꽃빛깔처럼 붉은 말.
**려**(綟) 어그러질, 사나울, 어길
**수**(綬) (물건을 묶는)끈
**왜**(緺) 아청빛 푸른 인끈 ▣과·라:같은 뜻.
**애**(艾) 쑥, 늙은이, 노인을 존중할.

| | |
|---|---|
| **려초**(莨艸) | 염초의 일종. |
| **류황**(雷黃) | 흑황색(黑黃色). |
| **류황**(流黃) | ①황갈색. 또는 황갈색(黃褐色) 물건, 엷은 녹색의 견포(絹布). 또는 노란 고치실로 짠 천. ②구슬, 옥(玉)의 이름. ③《鑛》유황:유광(硫黃:硫礦). |
| **의소**(義疏) | 주(注)와 소(疏)를 함께 어우르는 말. ① 주(注)는 경서(經書)의 자구(字句)에 대한 주해(注解)인데 또 전(傳), 전(箋), 해(解), 장구(章句) 등이 또 있다. |
| | ② 소(疏)는 주(注)에 대한 주해다. 또 의소(義疏), 정의(正義), 소의(疏義) 등으로도 칭한다. |
| | 주(注), 소(疏)의 내용은 경적(經籍) 중 문자의 가차 여부, 어사(語詞)의 의의(意義), 음독의 정오(正誤), 어법(語法)과 수사(修辭), 명물(名物), 전제(典制), 사실(史實) 등을 밝힌다. 송(宋) 나라 사람들이 13경(十三經)의 한(漢) 나라 주와 당(唐) 나라의 소를 합쳐서 간행하면서 주소(注疏)의 명칭이 시작되었다. ○ <설문해자> 생각컨대 한(漢), 당(唐), 송(宋) 나라 사람은 경주(經注)의 글자로 주(註)자를 쓴 것은 없었다. 명(明) 나라 사람들이 처음 주(注)를 고쳐서 대신 주(註)를 쓰기 시작했다. 완전히 옛날의 뜻이 아니다[大非古義也.] 옛날에는 오로지 주기(註記)에만 언(言)을 붙인 주(註)를 썼다[古惟註記字從言]. <韓愈文>市井貨錢註記之類. <通俗文>云. 記物曰註. <廣雅>註, 識也. 古起居註用此字. 與注釋字別. |
| **랑야**(琅邪) | ① 진(秦) 나라 때 산동성에 설치한 현이름. ② 산동성에 있는 산이름. |
| **평창현**(平昌縣) | 사천(四川) 동북부 미창산(米倉山) 남록. 동쪽으로 달주시(達州市), 만원시(萬源市), 선한현(宣漢縣), 영산현(營山縣)과 접하고, 북쪽으로 통강현(通江縣), 파주구(巴州區)와 접한다. |
| **려수**(鑿綬) | 제후(諸侯)들이 차는 인끈(印綬). 신초(藎草)로 물들여 만들었다. |
| **자수**(紫綬) | 자색 인끈. 고대 고급 관원들의 인끈이나 복식. |
| **왜수**(綟綬) | 자청색 인끈. |

**[인경고 引經考]**

### ❶『황간-레기:의소(皇侃-禮記:義疏)』

孔氏穎達曰織者前染絲後織此服功多色重大夫以上衣之士賤不得衣也皇氏云正謂青赤黃白黑閑謂緑紅碧紫騅黃青是東方正緑是東方閑木色青木尅土土黃故緑色青黃也朱是南方正紅是南方閑南火赤尅金故紅色赤白也白是西方正碧是西方閑西金尅木故碧色青白也黑是北方正紫是北方閑北水黑尅火故紫色赤黑也黃是中央正騅黃是中央閑中央土尅水水黑故騅色黃黑也 徐氏師曾曰衣被於上體用正色以得五行之純氣尊之也裳被於下體用閑色以得五行相尅之雜氣卑之也.

## 0297

## 0297 蕎莜 교 【qiáo ㄑㄧㄠˊ】 27

### 당아욱 교

蚍衃也。

《『釋艸』曰。

莜、蚍衃。

『毛傳』曰。

莜、蚍衃也。

與『說文』皆字異音同。

陸璣曰。

一名荊(荊)葵。

似蕪菁。華紫綠色。

可食。微苦。

蚍衃音毗浮。》

从艸。

收聲。

《渠遙切。古音在 3部。》

「비부(蚍衃)」라는 뜻이다.

『석초(釋艸)』❶에서

"교(莜)는 비부(蚍衃)다."라고 했다.

『모전(毛傳)』❷에서도 이르기를,

"교(莜)는 비부(蚍衃)다."라고 했다.

모두 『설문(說文)』과 글자는 다르지만 음은 같다.

륙기(陸璣)가 이르기를,

"일명 **형규(荊葵)**라고 한다.

**무정(蕪菁)**과 비슷하고, 꽃은 자록색(紫綠色)이다.

먹을 수 있는데 약간 쓴 맛이다."라고 했다.

비부(蚍衃)의 음은 **비부(毗浮)**다.

초(艸)를 따랐고,

수(收)가 성부가 된다.

거요절(渠遙切)이다. 고음(古音)은 제 3부에 속한다.

**비**(蚍) 왕개미

**부**(衃) 물벌레

**정**(菁) 부추꽃, 세골진띠, 순무 ■청:꽃이 성한 모양, 초목 무성한 모양, 땅이름.

**비**(毗毗) 밝을, 두터울, 도울, 굽신거릴, 나무의 지엽 성기고 바르지 못할.

**비부**(蚍衃) 당아욱. 아욱과에 속하는 월년초. 금규(錦葵), 전규(錢葵).

**형규**(荊葵) 2년생 혹은 다년생 직립 초본. 듬성듬성 털이 나 있다. 잎은 원심형(圓心形)이다. 잎자루에는 거의 털이 없다. 꽃은 떨기로 핀다. 홍자색 혹은 흰색이다.

**비부**(毗浮) 진(晉) 나라 스님. 축법안(竺法雅)와 함께 활동했다. 불리(佛理)에[ 밝아 문도들을 이끌었다. ※ 축법안(竺法雅) 진(晉) 나라 스님. 하북(河北) 하간(河間) 사람. 도안(道安) 과 함께 불도징(佛圖澄)을 모셨다.

**무정**(蕪菁) 순무 또는 무. 만청(蔓菁), 제갈채(諸葛菜), 대두채(大頭菜), 원채두(圓菜頭), 원근(圓根), 반채(盤菜), 복류극(葍留克).

[신경고 引經考]

❶『석초(釋艸)』

莜, 蚍衃.

<今荊葵也。似葵, 紫色.

謝氏云：'小草, 多華少葉, 葉又翹起.'

# 0297

○荍, 音翹. 蚍, 音毗. 衃, 音浮.>

〔疏〕"荍, 蚍衃".

○釋曰 : 舍人云 : "荍, 一名蚍衃".

郭云 : "今荊葵也. 似葵, 紫色.

謝氏云 : '小草, 多華少葉, 葉又翹起.'"

《詩:陳風》云 : "視爾如荍."

毛傳云 : "芘芣也."

陸機云 : 芘芣, "一名荊葵, 似蕪菁, 華紫綠色. 可食, 微苦". 是也.

❷『모전(毛傳)』 <陳風:東門之枌>

東門之枌，宛丘之栩. 子仲之子，婆娑其下. 穀旦于差，南方之原. 不績其麻，市也婆娑. 穀旦于逝，越以鬷邁. 視爾如荍，貽我握椒.

<荍, 芘芣也. 椒, 芬香也.

箋云 : 男女交會而相說, 曰我視女之顏色美如芘芣之華然, 女乃遺我一握之椒, 交情好也. 此本淫亂之所由.

○荍, 祁饒反,

郭云 : "荊葵也." 芘音毗, 又芳耳反. 芣音浮, 又芳九反. 說音悅. 遺, 唯季反. 好, 呼報反.>

## 0298  蓖 피 【bǐ ㄅㄧˇ】27

피마자 피

蒿也。 「호(蒿·쑥)」라는 뜻이다.

从艸。 초(艸)를 따랐고,

妣(毗)聲。 비(毗)가 성부가 된다.

《房脂切。15部。》 방지절(房脂切)이다. 제 15부에 속한다.

**비**(妣毗) 밝을, 두터울, 도울, 굽신거릴, 나무의 지엽 성기고 바르지 못할.

**호**(蒿) 다북쑥, 김 오르는 모양, 고달플

## 0299 蒿 萬 우 【yǔ ㄩˇ】 27
### 풀이름 우

艸也。「풀의 일종」이다.

从艸。초(艸)를 따랐고,

禹聲。우(禹)가 성부가 된다.

《王矩切 5部。왕구절(王矩切)이다. 제 5부에 속한다.

『攷工記-故書』。『고공기-고서(攷工記-故書)』❶에

禹之以眡其匡。 "우지이시기광(禹之以眡其匡)"이라는 말이 있는데,

先鄭讀爲萬。 선정(先鄭)은 우(萬)로 읽었다.

鄭云萬蔞。 정(鄭)은 **우루(萬蔞)**라고 말했다.

未詳何物。》 어떤 사물인지 알 수 없다.

저(眡) 볼, 견줄 ◼시:볼. 시(視)의 옛 글자.

우(萬) 풀이름 ◼구:수레바퀴를 바로잡는 키.

루(蔞) 물쑥, 풀이름, 수레바퀴를 바로 잡는 것.

**우지이시기광**(禹之以眡其匡) &lt;고공기:동관:륜인(攷工記:冬官:輪人)&gt;에 "수레바퀴를 바로잡는 키는 그 올바름을 살피는 것이다. 바퀴를 매다는 일은 그 바퀴살의 곧음을 살피는 것이다." 「萬之以眡其匡也. 縣之以眡其輻之直也.」가 있다. 고서(故書)에는 우(萬)가 우(禹)로 되어 있다.

**우루**(萬蔞) 풀이름.

**[인경고 引經考]** ❶『고공기(攷工記)』

萬萬之以視其匡也.

&lt;等爲萬蔞, 以運輪上, 輪中萬蔞, 則不匡剌也. 故書 "萬" 作 "禹".

鄭司農云 : "禹讀爲萬, 書或作矩."

○萬, 蔞禹反, 李又音俱, 注同. 蔞, 良主反, 劉音流, 下文同, 李又裏俱反.&gt;

[疏]注 "等爲" 至 "作矩"

○ 釋曰 : 云 "等爲萬蔞, 以運輪上" 者, 見令車近萬蔞於輪一邊, 置於輪上, 是等爲萬蔞以運輪上也. 輪一轉一匝, 不高不下, 中於萬蔞, 則輪不匡剌.&gt;

縣之以視其輻之直也

&lt;輪輻三十, 上下相直, 從旁以繩縣之, 中繩則擊正輻直矣.

○縣, 音玄, 後皆同. 直, 音值.&gt;

## 0300

## 0300 薭荑 제【tí ㄊㄧˊ】27
## 풀이름 제

艸也。

《〔錯本〕作「薭」。

夷聲。

〔鉉本〕作「荑」。

〔今-鉉本〕篆體尙未全誤。

攷『廣韵(韻)』、『玉篇』、『類篇』皆本

『說文』云荑、艸也。

知『集韵(韻)』合荑薭爲一字之誤矣。

薭見『詩』。

茅之始生也。》

从艸。

弟聲。

《杜兮切。15部。》

[인경고 引經考]

---

「풀의 일종」이다.

서개(徐錯)의 책에서는 「제(薭)」라고 써서

이(夷)가 성부다.

서현(徐鉉)의 책에서는 「제(荑)」라고 썼다.

지금은 서현의 책이 오히려 불완전 한 것으로 틀렸다.

『광운(廣韵)』, 『옥편(玉篇)』, 『류편(類篇)』을 보면 모두 『설문(說文)』을 인용하여 이르기를,

"제(荑)는 풀이다."라고 했다.

『집운(集韵)』이 제(荑)와 제(薭)를 합쳐서 한 글자로 한 것이 오류임을 알 수 있다.

제(薭)는 『시(詩)』❶를 보면

"띠풀의 처음 나는 싹이다."라고 했다.

초(艸)를 따랐고,

제(弟)가 성부가 된다.

두혜절(杜兮切)이다. 제 15부에 속한다.

개(錯) 좋은 쇠, 정한 쇠, 사람의 이름.

❶『시(詩)』〈詩經:邶風:靜女〉

靜女其姝, 俟我於城隅. 愛而不見, 搔首踟躕.

靜女其孌, 貽我彤管. 彤管有煒, 說懌女美.

自牧歸荑, 洵美且異. 匪女之爲美, 美人之貽.

〈牧, 田官也. 荑, 茅之始生也. 本之於荑, 取其有始有終.

箋云 : 洵, 信也. 茅, 絜白之物也. 自牧田歸荑, 其信美而異者, 可以供祭祀, 猶貞女在窈窕之處, 媒氏達之, 可以配人君.

○牧, 州牧之牧, 徐音目. 荑, 徒兮反. 洵, 本亦作"詢", 音荀. 共音恭. 窈, 烏了反. 窕, 徒了反. 處, 昌慮反.〉

| | |
|---|---|
| 정숙한 아가씨 예쁘기도 한데 | 성 모퉁이에서 날 기다리네. |
| 애타게 기다려도 오지 않으니 | 머리만 긁적이며 머뭇거리네. |
| 정숙한 아가씨 곱기도 한데 | 나에게 붉은 모자 주네. |
| 붉은 모자 예쁘고 빛나지만 | 나는 아가씨가 더 예쁘네. |
| 들에서 삘기를 뽑아주니 | 참으로 예쁘고 기이하네. |
| 삘기야, 네가 예쁘기보다 | 아름다운 아가씨가 주어서라네. |

## 0301 薛薛 설【xuē ㄒㄩㄝˉ】27
숙 설

| | |
|---|---|
| 艸也。 | 「풀의 일종」이다. |
| 《『子虛賦』。 | 『자허부(子虛賦)』❶에서 |
| 高燥生薛。 | "고조생설(高燥生薛)"이라고 했는데, |
| 張揖曰。 | 장읍(張揖)이 이르기를 |
| 薛、賴蒿也。 | "설(薛)은 뢰호(賴蒿)다."라고 했다. |
| 按賴蒿、蓋(蓋)卽藾蕭。》 | 뢰호(賴蒿)는 대개 곧 뢰소(藾蕭)다. |
| 从艸。 | 초(艸)를 따랐고, |
| 辥聲。 | 설(辥)이 성부가 된다. |
| 《私列切。15部。》 | 사렬절(私列切)이다. 제 15부에 속한다. |

설(薛) 쑥, 사초, 나라이름.
뢰(藾) 산횐쑥, 덮을.
설(辥) 허물
호(蒿) 다북쑥, 김 오르는 모양, 고달플

| | |
|---|---|
| 고조(高燥) | 땅이 높고 건조한 것. |
| 고조생설(高燥生薛) | 땅이 높고 건조하면 쑥이 자란다. |
| 뢰호(賴蒿) | 다년생초본식물. 구충(驅蟲) 닥용이 있다. 말린 후 문턱에 걸어두면 특유의 향이 난다. 애호(艾蒿), 소모(蕭茅), 봉고(蓬槁) 등이 있다. 줄기에 진하고 매운 향기가 있다. |
| 뢰소(藾蕭) | 뢰호(賴蒿) |
| [인경고 引經考] | ❶『자허부(子虛賦)』 좀 다르다. |

其南則有平原廣澤, 登降陁靡, 案衍壇曼, 緣以大江, 限以巫山. 其高燥則生葳菥苞荔,

<張揖曰: 葳, 馬藍也. 菥, 似燕麥也. 苞, 藨也. 荔, 馬荔也. 苞音包. 荔音隸.>

## 0302

**0302 𡕷苦 고【kǔ ㄎㄨˇ】27**

씀바귀 고

大苦,《逗。》苓也。
《見『邶風、唐風:毛傳』。
『釋艸』苓作蘦。
『孫炎:注』云。
今甘艸也。
按『說文』苷字解云甘艸矣。
倘甘艸又名大苦、又名苓。
則何以不類列而割分異處乎。
且此云大苦、苓也。
中隔百數十字又出蘦篆云大苦也。
此苓必改爲蘦而後畫(畵)一。
卽畫一之。
又何以不類列也。
攷周時音韵。
凡令聲皆在 12部。
凡蘦聲皆在 11部。
今之眞臻先也。
凡需聲皆在 11部。
今之庚耕淸靑也。
簡(簡)兮、苓與榛人韵。
采苓、苓與顚韵。
倘改作蘦則爲合音而非本韵。
然則『釋艸』作蘦、
不若『毛詩』爲善。
許君斲(斷)非於苦下襲『毛詩』。
於蘦下襲『爾雅』。
割分兩處。
前後不相顧也。
後文蘦篆必淺人據『爾雅』妄增。

대고(大苦)는 령(苓)이다.

『패풍, 당풍:모전(邶風, 唐風:毛傳)』❶❷을 보라.

『석초(釋艸)』에서는 령(苓)을 령(蘦)으로 썼다.

『손염-주(孫炎-注)』에 이르기를,

"지금의 감초(甘艸)다."라고 했다.

『설문(說文)』에서 감(苷)자의 풀이를 **감초(甘艸)**라고 했다.

혹시 **감초(甘艸)**를 또 **대고(大苦)**라고 하거나, 령(苓)이라고 한 것이 아닐까?

그렇다면 왜 무리지어 함께 두지 않고(類列) 갈라서 다른 곳에 두고

또 "**대고(大苦)**는 령(苓)이다."라고 하며

수 백자를 건너뛰어 표제자인 령(蘦)의 전서(篆書)를 또 두고 "**대고(大苦)**"라고 했을까?

이것은 분명 령(苓)을 령(蘦)으로 고친 뒤 뒷부분에 하나를 보탠 것이다.

하나를 더한 것이라면,

왜 함께 배열하지 않았을까?

주(周)나라 때의 음운(音韵)을 살펴보면,

령(令)의 성부는 제 12부에 속하고

령(蘦)의 성부는 제 11부에 속한다.

지금의 진진(眞臻) 운 앞이다.

대개 령(需)의 성부는 11부에 속한다.

지금의 경경청청(庚耕淸靑) 운이다.

"간혜, 령여진인(簡兮, 苓與榛人韵)"의 운이다.

**채령**(采苓)의 령(苓)은 전운(顚韵)이다.

고쳐서 령(蘦)으로 쓴 것이라면 **합음**(合音)이고 본래의 운(韵) 이 아니다.

그래서 『석초(釋艸)』❸는 령(蘦)으로 쓴 것이다.

『모시(毛詩)』가 옳지 않다면

허신은 결단코 고(苦) 아래에서 『모시(毛詩)』를 답습하지 않고, 령(蘦) 아래에서 『이아(爾雅)』를 답습하여

두 곳으로 갈랐으니

앞뒤를 살피지 않은 것이다.

뒤에 있는 표제자인 령(蘦)의 전서(篆書)는 천박한 인간이 『이 아(爾雅)』를 근거로 끼워 넣은 것이다.

**0302**

而此大苦荼也固不誤。

> 그러나 이 "대고(大苦)는 령(荼)이다."는 말은 확실히 틀리지 않았다.

然則大苦卽卷耳與。曰非也。

> 그러면 대고(大苦)는 권이(卷耳)일까? 아니다.

『毛傳』、『爾雅』皆云
卷耳、荼耳。

> 『모전(毛傳)』, 『이아(爾雅)』 모두
> "권이(卷耳)는 령이(荼耳)다."라고 했다.

『說文:荼』篆下必當云荼耳、<䢞> 卷耳也。

> 『설문:령(說文:荼)』자 아래에 반드시 "령이(荼耳)는 권이(卷耳)다."라고 했을 것인데

今本必淺人刪(刪)其荼耳字。

> 지금의 책에서는 천박한 인간이 「령이(荼耳)」자를 깎아 버린 것이다.

卷耳自名荼耳。非名荼。

> 권이(卷耳)의 이름이 령이(荼耳)다. 령(荼)이 아니다.

凡合二字爲名者、
不可刪其一字以同於他物。

> 대개 두 글자를 합한 이름인 것이다.
> 그 한 글자를 지우고 다른 사물과 동일시 하는 것은 잘못된 것이다.

如單云蘭非芄蘭、
單云葵非鳧葵是也。

> 한 글자인 란(蘭)이 환란(芄蘭)이 아니고,
> 한 글자인 규(葵)가 부규(鳧葵)가 아닌 것과 같다.

此大苦斷非荼耳。

> 여기서 대고(大苦)는 결단코 령이(荼耳)가 아니다.

而苦篆荼篆不類廁、又其證也。

> 고(苦)의 표제자와 령(荼)의 표제자인 전서(篆書)를 함께 무리 짓지 않은 것이 또 그 증거다.

然則大苦何物。

> 그렇다면 대고(大苦)는 무엇일까?

曰『沈括-筆談』云。

> 『심괄-필담(沈括-筆談)』에 이르기를

『爾雅:蘦大苦:注』云。
蔓延生。葉似荷靑。
莖赤。

> "『이아:령대고:주(爾雅:蘦大苦:注)』❹에
> '덩굴로 자란다. 잎은 하청(荷靑)과 비슷하다.
> 줄기는 붉은 색이다.'라고 했다."고 했다.

此乃黃藥也。

> 이것은 곧 황약(黃藥)을 말한다.

其味極苦。謂之大苦。

> 그 맛이 몹시 쓰다. 그래서 대고(大苦)라고 한다.

郭云甘草。非也。

> 곽(郭)이 감초(甘草)라고 한 것은 잘못된 것이다.

甘草枝葉全不同。

> 감초의 잎과 가지는 완전히 다르다.

苦爲五味之一。

> 쓴 맛은 다섯 가지 맛 중의 하나다.

引伸爲勞苦。》

> 뜻이 확대되어 로고(勞苦)로도 쓴다.

从艸。

> 초(艸)를 따랐고,

古聲。

> 고(古)가 성부가 된다.

《康杜切。5部。》

> 강두절(康杜切)이다. 제 5부에 속한다.

**령**(荼) 도꼬마리, 씀바귀.
**령**(蘦) 감초, 도꼬마리.

## 0302

당(倘) 억매지 않을, 혹시, 혹시 그렇다면, 진실로 ■창:갑자기 멈출.

**대고**(大苦) 약초이름. 대호(大苄).

**감초**(甘艸) 콩과에 속하는 다년생 약초. 맛이 달아서 감초라고 한다. 약으로 쓰이는데 비위를 돕고 약의 작용을 순하게 한다.

**채령**(采苓) 령(苓)은 령(蘦)과 통한다. 일종의 약초로 대고(大苦)다. 심괄(沈括)의 <몽계필담(夢溪筆談)>에서는 황약(黃藥)이라고 했다.

**합음**(合音) 두 글자가 합하여 한 글자가 된 글자. 심괄의 <몽계필담>에서 "고어에서 이미 두 글자를 합하여 한 글자로 환 것이다. 예를 들면 불가(不可)를 합하여 파(叵), 하불(何不)을 합하여 합(盍), 여시(如是)를 합하여 이(爾), 이이(而已)를 합하여 이(耳), 지호(之乎)를 합하여 제(諸)로 한 것이다." [合二字之音爲一字者. 宋沈括《夢溪筆談 · 藝文二》: "古語已有二聲合爲一字者, 如不可爲叵, 何不爲盍, 如是爲爾, 而已爲耳, 之乎爲諸之類."

**권이**(卷耳) ① 엉거시과의 일년초. 도꼬마리. 작이(爵耳), 령이(苓耳)라고도 한다. ② <시경:주남(詩經:周南)>의 편명(篇名). 후비(後妃)가 집을 떠나 있는 남편을 그리워하는 시.

**령이**(苓耳) 씀바귀.

**환란**(芄蘭) 식물이름. 라마(蘿藦). 다년생 만초. 경엽(莖葉)은 길쭉한 계란형으로 뾰족하다. 자홍색 반점이 있다. 양의 뿔과 같은 꼬투리 속에 씨를 맺는데 서리가 내리면 갈라터진다. 씨앗의 윗부분에 실모양의 털이 있다. 줄기, 씨앗, 입 모두 약으로 쓴다.

**부규**(鳬葵) 순채.

**하청**(荷靑) 양귀비과에 속하는 노랑매미꽃의 뿌리를 하청화근(荷靑花根)이라고하며 관절염, 신경통, 타박상의 약으로 쓴다.

**황약**(黃藥) 물고기의 병을 치료하는데 상용하는 약물. 황분(黃粉)이라고도 한다.

**로고**(勞苦) 몸과 마음을 수고롭게함. 수고한 것을 위로함.

**인경고**(引經考) ❶『패풍, 당풍:모전(邶風, 唐風:毛傳)』<邶風:簡兮>

簡兮簡兮, 方將萬舞. 日之方中, 在前上處. 碩人俁俁, 公庭萬舞.

有力如虎, 執轡如組. 左手執籥, 右手秉翟. 赫如渥赭, 公言錫爵.

山有榛, 隰有苓. 云誰之思, 西方美人. 彼美人兮, 西方之人兮.

　<榛, 木名. 下濕曰隰. 苓, 大苦. 箋云 : 榛也苓也, 生各得其所. 以言碩人處非其位. ○榛, 本亦作"蓁", 同側巾反, 子可食. 苓音零, 《本草》云 : "甘草.">

　○傳"榛, 木名. 苓, 大苦". ○正義曰 : 陸機 : 榛也苓也, 生各得其所. 以言碩人處非其"栗屬, 其子小, 似柿子, 表皮黑, 味如栗", 是也. 榛字或作"蓁", 蓋一木也. 《釋草》云 : "蘦, 大苦." 孫炎曰 : "《本草》云 : '蘦, 今甘草', 是也. 蔓延生. 葉似

*0302*

荷, 靑黃. 其莖赤, 有節, 節有枝相當. 或云蕨似地黃."

❷&lt;唐風:采苓&gt;

采苓采苓, 首陽之巓. 人之爲言, 苟亦無信.

&lt;興也. 苓, 大苦也. 首陽, 山名也. 采苓, 細事也. 首陽, 幽辟也. 細事, 喻小行也. 幽辟, 喻無徵也. 箋云：采苓采苓者, 言采苓之人衆多非一也, 皆云采此苓於首陽 山之上, 首陽山之上信有苓矣. 然而今之采者未必於此山, 然而人必信之. 興者, 喻事有似而非. ○辟, 匹亦反, 下同. 行, 下孟反.&gt;

舍旃舍旃, 苟亦無然. 人之爲言, 胡得焉.

采苦采苦, 首陽之下. 人之爲言, 苟亦無與.

舍旃舍旃, 苟亦無然. 人之爲言, 胡得焉.

采葑采葑, 首陽之東. 人之爲言, 苟亦無從.

舍旃舍旃, 苟亦無然. 人之爲言, 胡得焉.

❸『석초(釋艸)』두 가지다.

蕨, 大苦.

&lt;今甘草也. 蔓延生, 葉似荷, 靑黃, 莖赤有節, 節有枝相當. 或云蕨似地黃.&gt;

[疏]"蕨, 大苦". ○釋曰：藥草也. 蕨, 一名大苦.

郭云："今甘藥也. 蔓延生, 葉似荷, 靑黃, 莖赤有節, 節有枝相當.

或云蕨似地黃.

《詩:唐風》云"采苓采苓, 首陽之巓"是也. 蕨與苓, 字雖異, 音義同.

隕, 磒, 湮, 下, 降, 墜, 摽, 蕨, 落也.

&lt;磒猶隕也. 方俗語有輕重耳. 湮, 沈落也. 摽, 蕨見《詩》. ○隕, 於閔切. 磒於敏切. 摽, 婢眇切. 蕨音零.&gt;

[疏]"隕磒"至"落也". ○釋曰：皆謂墮落也. 隕者,

《說文》云："從高隉也."

《易》曰："有隕自天." 磒者, 石落也.

郭云："磒猶隕也. 方俗語有輕重耳." 湮, 沈落也. 下者, 自上而落也. 降即下也.

《曲禮》謂羽鳥死曰降. 墜者,

《說文》曰："從高墮也."

《左傳》曰："弗敢失墜." 摽者,

《召南》云："摽有梅." 蕨者,

《說文》云："草曰蕨, 木曰落." 此對文爾. 散而言之, 他物之落亦言蕨.

《鄘風:定之方中》云："靈雨既零." 蕨, 零音義同.

❹『모전(毛傳)』 &lt;周南:卷耳&gt;

采采卷耳, 不盈頃筐.

嗟我懷人, 寘彼周行.

## 0302

陟彼崔嵬, 我馬虺隤.

我姑酌彼金罍, 維以不永懷.

陟彼高岡, 我馬玄黃.

我姑酌彼兕觥, 維以不永傷.

陟彼砠矣, 我馬瘏矣.

我僕痡矣, 云何吁矣.

<憂者, 之興也. 采采, 事采之也. 卷耳, 苓耳也. 頃筐, 畚屬, 易盈之器也.

箋云 : 器之易盈而不盈者, 志在輔佐君子, 憂思深也.

○頃音傾. 筐, 起狂反.

《韓詩》云 : "頃筐, 欹筐也." 畚音本, 何休云"草器也", 《說文》同. 易, 以豉反, 下同. 思, 息吏反, 下"憂思"同.

『이아(爾雅)』

蒬耳, 苓耳.

<《廣雅》云"枲耳也". 亦云胡枲, 江東呼爲常枲, 或曰苓耳. 形似鼠耳, 叢生如盤. ○蒬, 音捲.

[疏]"蒬耳, 苓耳". ○釋曰 : 蒬耳, 一名苓耳.

郭云 : "《廣雅》云'枲耳也'. 亦云胡枲, 江東呼爲常枲, 或曰苓耳. 形似鼠耳, 叢生如盤."

《詩:周南》云 : "采采卷耳."

陸機《疏》云 : 葉靑白色, 似胡荽, 白華細莖, 蔓生. 可煮爲茹, 滑而少味. 四月中生子, 如婦人耳璫. 幽州謂之爵耳是也.

**❺『이아:령대고:주(爾雅:蘦大苦:注)』** 방점이 다르다.

蘦, 大苦.

<今甘草也. 蔓延生, 葉似荷, 靑黃, 莖赤有節, 節有枝相當. 或云蘦似地黃.>

[疏]"蘦, 大苦". ○釋曰 : 藥草也. 蘦, 一名大苦.

郭云 : "今甘藥也. 蔓延生, 葉似荷, 靑黃, 莖赤有節, 節有枝相當.

或云蘦似地黃.

《詩:唐風》云"采苓采苓, 首陽之巓" 是也. 蘦與苓, 字雖異, 音義同.

[고(苦)가 포함된 글자들] 1자

형성 (1자)          호(楛糈)3338

## 0303 蕎菩 보【pú ㄆㄨˊ】27
### 보리 보

艸也。
《『周禮:注』。
犯軷以菩芻棘柏爲神主。
『郭樸-注:穆天子傳』云。
「蕡」今「菩」字。
按許書則「菩」、「蕡」各物各字也。》
从艸。
音聲。
《步乃切。1部。
『易』豐其蔀。
鄭(鄭)、薛作「菩」。
云小席。》

「풀의 일종」이다.
『주례:주(周禮:注)』❶에서,
"범발(犯軷)은 **보추극백(菩芻棘柏)**으로 신주를 삼았다."라고 했다.
『곽박-주:목천자전(郭樸-注:穆天子傳)』❷에 이르기를,
"부(蕡)는 지금의 「보(菩)」다."라고 했다.
허신의 책에서는 부(蕡)와 보(菩)는 다른 글자, 다른 사물이다.
초(艸)를 따랐고,
부(音)가 성부가 된다.
보내절(步乃切)이다. 제 1부에 속한다.
『역(易)』❸에서 "**풍기부(豐其蔀)**"라고 했는데,
정(鄭)과 설(薛)은 「보(菩)」로 쓰고,
「작은 자리(小席)」라고 했다.

발(軷) 길제사.
부(蕡) 쥐참외.
부(蔀) 방석, 차양, 떼우적.

**범발(犯軷)** 조도제(祖道祭:먼 길 떠날 때에 행로신(行路神)에게 제사지내는 일)에서 네개의 나무 중 하나를 묶어서 신주로 삼아서 제사를 지내는 일. 아래 <주례주> 참조.

**보추극백(菩芻棘柏)** 보리수, 꿀, 가시나무, 잣나무. 먼길을 떠날 때 지내는 제사에서 신주로 사용하는 식물.    아래 <주례주> 참조.

**풍기부(豐其蔀)** "풍성함을 덮어 가렸다. 대낮에 북두칠성을 보니, 가면 의심이 있다. 믿음을 펼치면 길할 것이다." 아래 <역> 참조.

### [인경고 引經考]

❶『주례:주(周禮:注)』《周禮:夏官:大馭》

大馭掌馭王路以祀. 及犯軷，王自左馭，馭下祝，登，受轡，犯軷，遂驅之.

<行山曰軷. 犯之者，封土爲山象，以菩芻棘柏爲神主，既祭之，以車轢之而去，喻無險難也.《春秋傳》曰"跋涉山川". 自，由也. 王由左馭，禁制馬，使不行也. 故書"軷"作"罰"，杜子春云:"罰當爲軷. 軷讀爲別異之別，謂祖道，軷軷，磔大也.《詩》云:'載謀載惟，取蕭祭脂，取羝以軷.'《詩》家說曰:'將出祖道，犯軷之祭也.'《聘禮》曰:'乃舍軷，飮酒於其側.'《禮》家說亦謂時祭." ○軷，蒲末反，注. 跋涉同. 祝，之又反. 菩，音員，一音倍. 芻，蔥俞反，轢音. 曆難，乃旦反. 別，彼列反，下同. 磔，陟格反. 羝，丁兮反. 舍，音釋. >

《詩:大雅:烝民》"仲山甫 出祖" 漢 鄭玄 箋:"祖者，將行犯軷之祭也." 陸德明 釋

**0303**

文：“犯軷, 道祭也.”

○釋曰：言“行山曰軷”者, 謂水行曰涉, 山行曰軷. 云“封土爲山象”者, 鄭注《月令》“祀行之禮, 爲軷壇, 厚三寸, 廣五尺”. 此道祭亦宜然. 云“菩芻棘柏爲神主”者, 謂於三者之中, 但用其一, 以爲神主則可也. 云“旣祭之, 以車轢之而去, 逾無險難也”者, 祭天在近郊, 雖無險難, 審愼故也. 引《春秋傳》曰者, 按：襄二十八年, 子大叔云：“跋涉山川, 蒙犯霜露, 以逞君心.” 是其山行曰軷之事也. 子春讀“軷”爲“別異”之別者, 蓋取軷訖行去之意. 引《聘禮》大夫道祭者, 無牲牢, 酒脯而已. 又於旁飲酒餞別, 故云“飲酒於其側”也.

❷『곽박－주：목천자전(郭樸－注：穆天子傳)』〈권 2〉

□吉日辛酉, 天子升於昆侖之丘, 以觀黃帝之宮, 而豐隆之葬, 以詔後世. 癸亥, 天子具蠲齊牲全, 以禋□昆侖之丘. 甲子, 天子北征, 舍於珠澤. 以釣於流水. 曰：“珠澤之藪, 方三十裏.” 爰有藿, 葦, 莞, 蒲, 茅, 萯, 蒹, 蔖, 乃獻白玉□只, □角之一, □三, 可以□沐. 乃進食, □酒十□, 姑劓九□. 亓味中麢胃而滑. 因獻食馬三百, 牛羊三千. 天子□昆侖, 以守黃帝之宮, 南司赤水, 而北守春山之寶. 天子乃□之人□吾黃金之環三五. 朱帶貝飾三十. 工布之四. □吾乃膜拜而受. 天子又與之黃牛二六, 以三十□人於昆侖丘.

〈郭璞注：萯, 今菩字. 音倍. 海按：菩卽□之省文.〉

〈爾雅：釋草〉□, 萯2, 草名.

❸『역(易)』〈주역：풍괘：62(豐卦：六二)〉

豐其蔀, 日中見斗. 往得疑有. 孚發若, 吉. 蔀, 覆曖, 障光明之物也. 處明動之時, 不能自豐以光大之德, 旣處乎內, 而又以陰居陰, 所豐在蔀, 幽而無睹者也, 故曰“豐其蔀, 日中見斗”也. 日中者, 明之盛也；斗見者, 闇之極也. 處盛明而豐其蔀, 故曰“日中見斗”. 不能自發, 故往得疑疾. 然履中當位, 處闇不邪, 有孚者也. 若, 辭也. 有孚可以發其志, 不困於闇, 故獲吉也.

0304 薏苢 의 【yì ㅣ丶】 27

0304

율무 의

薏苢。 「의이(薏苢)」라는 뜻이다.

《『本艸經:艸部』 『본초경:초부(本艸經:艸部)』❶에

上品有薏苡人。 "상품(上品)에 **억이인**(薏苡人:연밥알)이 있다."라고 했다.

陶隱居云。 도은거(陶隱居)가 이르기를,❷

生交阯者子寂(最)大。 "교지(交阯)란 곳에서 자란 씨가 제일 크다.

彼土人呼爲蘇<音斡>珠。 그 곳의 사람들은 "**간주**(蘇珠)"라고 부른다.

馬援大取將還。 마원(馬援)이 많이 가지고 귀환하려 할 때

人譖以爲珍珠也。 사람들이 참소하여 **진주**(珍珠)라고 했다.

按蘇與薏雙聲。》 간(蘇)과 감(薏)은 쌍성(雙聲)이다."라고 했다.

从艸。 초(艸)를 따랐고,

薏聲。 기(其)가 성부가 된다.

《於力切。1部。》 어력절(切)이다. 제 1부에 속한다.

一曰薏英。 일명 **의영**(薏英)이라고도 한다.

《未詳。》 분명히 알수 없다.

---

**억**(薏) 연밥알, 율무 ▣의:풀이름

**이**(苢) 질경이

**인**(人) 사람, [씨=仁]

**간**(蘇) 볏줄기.짚

**감**(薏) 풀 ▣공:율무

---

의이/억이(薏苢) 율무. 포아풀과의 식용 혹은 약용 식물.

억이인(薏苡人) 율무쌀. 율무의 껍질을 벗긴 속알맹이. 4732번 人자의 풀이 중에 "천지의 마음을 인(人)이라고 한다. 천지와 덕을 합한다. 과실의 중심을 또한 인이라고 한다. 능히 초목을 낳고 열매를 맺는다. 모두 지극히 미약하지만 전체를 담고 있다. 과인(果人)의 글자를 본초류나 시가(詩歌) 등에서 인(人)으로 하지 않은 것이 없었는데 명나라 성화(成化) 년간에 발행한 <본초>에서 부터 인(仁)자로 했다. 사리에 통하지 않는다. 학자들은 마땅히 알아야 한다"「人:天地之心謂之人. 能與天地合德. 果實之心亦謂之人. 能復生艸木而成果實. 皆至微而具全體也. 果人之字, 自宋元以前本艸方書詩歌紀載無不作人字. 自明成化重刊<本艸>乃盡改爲仁字. 於理不通. 學者所當知也.」라고 했다.

교지(交阯) 원래는 옛날의 한 지역이름. 대개 5령이남(五嶺以南)을 말한다. 한무제(漢武帝) 때 설치한 13자사부(十三刺史部)의 하나. 관할 국경은 지금의 광동(廣東), 광서(廣西) 대부분과 월남(越南) 북부, 중부를 포함한다. 동한말(東漢末)에 교주(交州)로 고쳤다. 월남(越南)이 10세기 30년대 독립하여 건국한 후 송나라가 또 그 나라

## 0304

를 교지(交趾)로 했다.《례기:왕제(禮記:王制)》에 "남방을 일러 만(蠻), 제조(雕題), 교지(交趾)이라 한다."라고 했고,《한서:무제기(漢書:武帝紀)》에 "마침내 월남 지역을 평정했다. 이를 남해(南海), 창오(蒼梧), 울림(鬱林), 합포(合浦), 교지(交阯), 구진(九眞), 일남(日南), 주애(珠厓), 담이군(儋耳郡)으로 한다."라고 했다. 송(宋)나라 조여적(趙汝適)의《제번지:교지국(諸蕃志:交趾國)》에 "교지(交趾), 고교주(古交州), 동남(東南)으로 바다에 닿아 점성(占城)에 접하고, 서쪽으로 백의만(白衣蠻)에 접하고, 북쪽으로 흠주(欽州)와 닿는다. 역대로 수령을 두고 그치지 않았다."라고 했다.

| | |
|---|---|
| 간주(蕳珠) | 월남의 북부 지방 교지(交阯),사람들이 율무를 칭하는 말. |
| 진주(珍珠) | 진주조개가 몸의 상처를 치유하려고 만드는 것. 보석의 일종. |
| 쌍성(雙聲) | 중국어는 성모(聲母)와 운모(韻母)로 구성된다. 한글처럼 초성, 중성, 종성으로 나누지 않는다. 성모는 한글의 초성에 해당된다. 즉 자음(字音)을 말한다. 운모는 한글의 중성과 종성을 합한 개념이다. 즉 한글의 모음(母音)과 받침을 합한 것과 같다. 쌍성은 연속된 두 글자의 초성이 같은 것을 말한다. 즉, 과거, 종자, 사신, 본분 등이다. |
| 의영(薏英) | 본문에서 단옥재도 미상(未詳), 자세한 것은 알 수 없다고 했다. |

## [인경고 引經考]

### ❶『본초경:초부(本艸經:艸部)』

魏 吳普等述 淸 孫星衍 孫馮翼同輯 玉石(上品) 上藥一百二十種, 爲君, 主養命以應天, 無毒. 多服, 久服不傷人. 欲 輕身益氣, 不老延年者, 本上經.

丹沙, 雲母, 玉泉, 石鍾乳, 涅石, 消石, 樸消, 滑石, 石膽, 空青, 曾青, 禹餘糧, 太乙餘糧, 白石英, 紫石英, 五色石脂, 白青, 扁青 (右玉 石, 上品一十八種, 舊同),

菖蒲, 鞠華, 人參, 天門冬, 甘草, 幹地黃, 術, 菟絲子, 牛膝, 充蔚子, 女萎, 防葵, 柴胡, 麥門冬, 獨活, 車前子, 木香, 署豫, 薏苡仁, 澤瀉, 遠志, 龍膽, 細辛, 石斛, 巴戟天, 白英, 白蒿, 赤箭, 奄閭子, 析蓂子, 蓍實, 赤, 黑, 青, 白, 黃, 紫芝, 卷柏, 藍實, 芎藭, 蘪蕪, 黃連, 絡石, 蒺藜子, 黃耆, 肉松容, 防風, 蒲黃, 香蒲, 續斷, 漏蘆, 營實, 天名精, 決明子, 丹參, 茜根, 飛廉, 五味子, 旋華, 蘭草, 蛇床子, 地膚子, 景天, 茵陳, 杜若, 沙參, 白兔藿, 徐長卿, 石龍 芻, 薇銜, 雲實, 王不留行, 升麻, 青蘘, 姑活, 別羈, 屈草, 淮木, (右 草上品七十三種, 舊七十二種)

### ❷<설문해자>

薏[0304] 薏苢. [本艸經 艸部] 上品有薏苡人. 陶隱居云. 生交阯者子取大. 彼土人呼爲薢音幹珠. 馬援大取將還. 人讒以爲珍珠也. 按薢與蘦雙聲. 从艸. 薏聲.〈於力切〉. 1部. 一曰○英. 未詳.

## 0305 茅 모 【máo ㄇㄠˊ】 27
### 띠 모

菅也。 「띠풀」이라는 뜻이다.

《按統言則茅菅是一。 통합하여 말하면 모(茅)와 관(菅)은 같은 사물이다.

析言則菅與茅殊。 쪼개어 말하면 모(茅)와 관(菅)은 다르다.

許菅茅互訓。 허신은 관(菅)과 모(茅)를 서로의 뜻으로 풀이했다.

此從統言也。 이것은 통합적 뜻을 따른 것이다.

陸璣曰。 륙기(陸璣)가 이르기를,

菅似茅而 "관(菅)은 모(茅)와 비슷한데,

滑澤、無毛。 매끄럽고, 윤이 나며, 털이 없다.

根下<當作上>五寸中有白粉者、 뿌리 아래 5촌(寸) 쯤에 희 가루가 있는 것이

柔韌宜爲索。 부드럽고 질겨서 새끼줄을 만들 수 있다.

漚乃尤善矣。 물에 담그면 더욱 좋다."라고 했다.

此析言也。》 이것은 쪼개어 말한 것이다.

从艸。 초(艸)를 따랐고,

矛聲。 모(矛)가 성부가 된다.

《莫交切。古音在3部。》 막교절(莫交切)이다. 고음(古音)은 제 3부에 속한다.

可縮酒爲藉 술이 스며들 수 있게 자리를 만든 것이다.

《各本無此五字。 여러 책에서는 이 다섯 글자가 없다.

依『韵(韻)會』所引補。 『운회(韵會)』가 인용한 것을 근거로 보충했다.

縮酒見『左傳』。 **축주**(縮酒)는 『좌전(左傳)』❶에 보인다.

爲藉見『周易』。 **위자**(爲藉)는 『주역(周易)』❷에 보인다.

此與荶可以香口、 이것은 유(荶)로 입을 향기롭게 하고,

蒻可以爲苹席一例。》 약(蒻)으로 **평석**(苹席)을 만드는 것과 같은 예다.

---

관(菅) 솔새(삿갓, 도롱이 만드는 풀)

인(韌) 질기다

구(漚) 담그다

유(荶) 생강, 새앙

평(苹) 맑은 대쑥, 마름 ■변:적에게 보이지 않게 자기를 엄폐한 수레 ■병:돌.

---

유인(柔韌) 부드럽고 약하지만 질긴 것[柔軟而堅韌].

축주(縮酒) 『좌전(左傳)』<희4년춘> 참조. 제사를 지낼 때 띠를 묶어서 세워놓고 그 위에 술을 부으면 술이 그 사이로 스며 드는데 이것을 신이 마시는 것으로 여기는 것이다. 축(縮)은 삼(滲)이다. <좌전>의 이야기는 초(楚) 나라가 제사 때 이것을 생략해서 제환공(齊桓公)이 이를 빌미로 공격했다는 말이다.

## 0305

**위자**(爲藉)
**평석**(苹席)

자리를 만들다. 깔다.

약(藭)으로 만든 자리.

**[인경고 引經考]**

❶『좌전(左傳)』〈僖, 四年春〉

南至于穆陵, 北至于無棣. 爾貢包茅不入, 王祭不共, 無以縮酒, 寡人是徵.

<包, 裹束也. 茅, 菁茅也. 束茅而灌之以酒爲縮酒.

《尚書》: "包匭菁茅." 茅之爲異未審.

○共音恭, 本亦作供, 下及注同. 縮, 所六反. 裹音果. 菁, 子丁反. 苞, 或作包. 匭音軌, 本或作軌.>

○正義曰: 《禹貢》: "荊州: 包匭菁茅."

孔安國云: "其所包裹而致者, 匭匣也. 菁以爲菹, 茅以縮酒."

《郊特牲》云: "縮酌用茅."

鄭玄云: "泲之以茅, 縮去滓也."

《周禮·甸師》: "祭祀, 共蕭茅."

鄭興云: "蕭字或爲茜, 茜讀爲縮. 束茅立之祭前, 沃酒其上, 酒滲下去, 若神飲之, 故謂之縮. 縮, 滲也. 故齊桓公責楚不貢包茅, 王祭不共, 無以縮酒." 杜用彼鄭興之說也. 孔安國以菁與茅別,

杜云"茅, 菁茅", 則以菁, 茅爲一. 特令荊州貢茅, 必當異於餘處, 但更無傳說, 故云"茅之爲異未審"也.

沈氏云: "太史公《封禪書》云: '江淮之間, 一茅三脊.'" 杜云"未審"者, 以三脊之茅, 比目之魚, 比翼之鳥, 皆是靈物, 不可常貢, 故杜云"未審"也.

❷『주역(周易)』〈大過:第二十八:初六, 〉

初六, 藉用白茅, 无咎.

<以柔處下, 過而可以"无咎", 其唯愼乎!>

〔疏〕正義曰: 以柔處下, 心能謹愼, 薦藉於物, 用絜白之茅, 言以絜素之道奉事於上也. "無咎"者, 旣能謹愼如此, 雖遇大過之難, 而"無咎"也. 以柔道在下, 所以免害. 故《象》云"柔在下也".

## 0306 菅菅 관【jiān ㄐㄧㄢˉ】27

### 솔새 관

0306

茅也。 「띠풀」이라는 뜻이다.

《『詩』。 『시(詩)』❶에,

白華菅兮。 "백화관혜(白華菅兮)"라 했다.

『釋艸』曰。 『석초(釋艸)』❷에 이르기를,

白華野菅。 "백화(白華)는 야관(野菅)이다."라고 했다.

『毛傳』足之曰。 『모전(毛傳)』❸에서 채워서 이르기를,

已漚爲菅。 "물에 담근 것을 관(菅)이라고 한다."고 했다.

按『詩』謂白華旣漚爲菅又以白茅收束 생각건대 『시(詩)』에서

之。 "백화(白華)는 이미 물에 담근 것이 관(菅)이고,

백모(白茅)를 거두어 묶는다."라고 했으므로

菅別於茅。 관(茅)과 모(茅)는 다른 것이다.

野菅又別於菅也。》 야관(野菅)은 또 관(茅)과 다르다.

从艸。 초(艸)를 따랐고,

官聲。 관(官)이 성부가 된다.

《古顔(顔)切。14部。》 고안절(古顔切)이다. 제 14부에 속한다.

구(漚) 담글, 물에 담그어 부드럽게 할.

---

**백화관혜**(白華菅兮) 왕골은 물에 담그고.『시경:소아:어조지십:백화(詩經:少雅:魚藻之什:白華)』

**백화**(白華) ① 왕골. 야관(野菅). ② 주(周) 나라 사람이 효자의 결백을 노래하여 유왕(幽王)을 풍자한 시. ③ 흰꽃.

**야관**(野菅) 다년생초본. 백화(白華). 접골초(接骨草), 대향령초(大響鈴草).

**백모**(白茅) 다년생초본. 꽃이싹 위에 흰 색의 연약한 털이 빽빽하게 난다. 고대에는 제후를 봉할 때나 제사용품을 쌀 때 사용했다.『시경:소남:야유사균(詩經:召南:野有死麕)』

---

**[인경고 引經考]** ❶❸『시(詩)』,『모전(毛傳)』 〈小雅:魚藻之什:白華〉

4, 白茅束兮. 之子之遠, 俾我獨兮.

　　<興也. 白華, 野菅也. 已漚爲菅. 箋云：白華於野, 已漚名之爲菅. 菅柔忍中用矣,

　　而更取白茅收束之. 茅比於白華爲脆. 興者, 喻王取於申, 申後禮儀備, 任妃後之

　　事. 而更納褒姒, 褒姒爲孽, 將至滅國. ○菅音奸. 漚, 烏候反, 柔也. 忍音刃. 脆,

　　七歲反, 又音毳. 任妃後, 音壬, 一本作"任王後".>

英英白雲, 露彼菅茅. 天步艱難, 之子不猶.

滮池北流, 浸彼稻田. 嘯歌傷懷, 念彼碩人.

樵彼桑薪, 卬烘于煁. 維彼碩人, 實勞我心.

鼓鍾于宮, 聲聞于外. 念子懆懆, 視我邁邁.

0306

有鷖在梁, 有鶴在林. 維彼碩人, 實勞我心.

鴛鴦在梁, 戢其左翼. 之子無良, 二三其德. .

❷『석초(釋艸)』

白華, 野菅.

&lt;菅, 茅屬. 《詩》曰 : "白華菅兮." ○菅, 音奸.&gt;

〔疏〕"白華, 野菅".

○釋曰 : 舍人云 : "白華, 一名野菅."

陸機云 : "菅, 似茅而滑澤. 無毛, 根下五寸, 中有白粉者, 柔忍宜爲索, 漚乃尤善矣."

郭云 : "菅, 茅屬." 此白華亦是茅之類也. 漚之柔忍, 異其名謂之爲菅. 因謂在野未漚者爲野菅耳.

《詩·小雅》云"白華菅兮"是也.

❸『모전(毛傳)』 1번 참조.

漚之柔忍, 異其名謂之爲菅.

箋云 : 白華於野, 已漚名之爲菅.

## 0307 蕲蕲蕲 기 【qí ㄑㄧˊ】 27
### 궁궁이싹 기

0307

艸也。
「풀의 일종」이다.

《『釋艸』蕲字四見。
『석초(釋艸)』❶에서는 기(蕲)자가 네 번 보이는데,
不識許所指何物也。》
허신은 무슨 사물을 가리키는지 알 수 없다.

从艸、
초(艸)를 따랐고,
蕲聲。
기(蕲)가 성부가 된다.

《『說文』無蕲字。
『설문(說文)』에는 기(蕲)자가 없다.
蕲當是從單、斤聲。
기(蕲)는 마땅히 전(單)을 따르고, 근(斤)이 성부다.
如[虫部:蠲]字當是從蜀、益聲。
[충부:견(虫部:蠲)]자가 당연히 촉(蜀)을 따르고, 익(益)이 성부가 되는 것과 같다.

不立[單部][蜀部]。
[전부(單部)]나 [촉부(蜀部)]를 설정하지 않는 것은 초(艸)부와 충(虫)부 두 개에 붙이면
是以傅於艸虫二部。
而蕲聲不可通。
기(蕲) 성부와 통하지 않기 때문이다.
或曰當有從單斤聲之蕲字。
혹은 마땅히 "단(單)을 따르고, 근(斤)이 성부가 되는 기(蕲)자가 있어야 한다"고 말할 수도 있다.

『說文』無單部。
『설문(說文)』에는 단(單)이 부수로 설정되지 않다.
因無蕲字也。
그래서 기(蕲)자가 없다.
陸德明曰。
륙덕명(陸德明)이 이르기를,❷
蕲古芹字。
"기(蕲)는 근(芹)의 옛 글자다."라고 했다.
然『說文』有茳字。
그러나 『설문(說文)』에는 근(茳:천변쑥)자가 있다.
則非一字也。
그러므로 같은 글자가 아니다.
汪氏龍曰。
왕씨, 룡(汪氏, 龍)이 이르기를,
蕲字蓋(蓋)失收。
"기(蕲)자를 대개 싣지 않아서 잃어버렸다."고 했다.
『集韵』渠希(希)切。
『집운(集韵)』은 거희절(渠希切)이다.
古音當在 13部。
고음(古音)은 제 13부에 속한다.
古鐘鼎(鼎)欵識多借爲祈字。》
옛 종정(鐘鼎)에서는 기(祈:빌)자로 많이 가차한 것같다.

江夏有蕲春縣。
강하(江夏)에 기춘현(蕲春縣)이 있다.
《見『地理志』
『지리지(地理志)』❸를 보라.
「縣」各本作「亭」。
「현(縣)」을 여러 책에서는 「정(亭)」으로 썼다.
今正。凡縣名系於郡。
지금 바로 잡는다. 대개 현(縣)의 이름은 군(郡)과 관계된다.
亭名鄉名系於某郡某縣。》
정자(亭子)와 시골의 이름은 모군(某郡), 모현(某縣)과 관계된다.

기(蕲) 미무, 궁궁이싹, 말재갈, 풍년들기를 기원할.
기(蕲) 자전에 나오지 않는다.
전(單) 두루미 냉이

## 0307

견(蠲) 노래기, 조촐할, 깨끗할, 밝을, 밝힐 ■규:홀, 물무늬 같은 결이
있는 종이.

근(菦) 천변쑥, 흰쑥.

관(欵) 정성스러울. 관(款)과 같은 글자.

| | |
|---|---|
| 종정관지(鐘鼎欵識) 관지(欵識) | 종정(鐘鼎)이나 종묘에 묘셔둔 제기들인 이기(彝器)에 새겨진 문자. 크게 세 가지 의견이 있다. ① 음각으로 새긴 문자를 관(款), 양각으로 새겨진 문자를 지(識). ② 종정의 외부에 새긴 것을 관(款). 내부에 새긴 것을 지(識). ③ 도안이나 도형을 관. 전각(篆刻)을 지(識)라고 한다. |
| 종정(鐘鼎) | 종과 솥. 동기(銅器)의 총칭. 그 표면에 기사나 공로를 새긴 문자들이 많아서 고대의 역사나 문자를 연구하는데 많은 도움이 된다. |
| 강하(江夏) | ① 장강(長江)과 하수(夏水). ② 한초(漢初)에[ 지금의 호북성 운몽현(雲夢縣)에 동남부에 설치한 군이름. |
| 기춘현(蘄春縣) | 호북성(湖北省)에 있다. 초(楚) 나라 땅이었기 때문에 초기(楚蘄)라고도 한다. 대나무와 쑥이 유명해서 「기죽(蘄竹), 기애(蘄艾)」라고 불렸다. |

**[인경고 引經考]**

❶『석초(釋艸)』에서는 기(蘄)자가 네 번 보이는데,

1. 薜, 白蘄. &lt;即上"山蘄".&gt;

2. 蘄茞, 蘪蕪. &lt;香草, 葉小如菱狀.《淮南子》云"似蛇床".《山海經》云"臭如蘪蕪". ○茞, 昌改切.&gt;

3. 犬生三, 猣; 二, 師; 一, 玂. &lt;此與豬生子義同. 名亦相出入. ○猣, 音宗. 玂, 音祈.&gt;

4. 薜, 山蘄. &lt;《廣雅》曰: "山蘄, 當歸." 當歸今似蘄而粗大. ○薜, 音百. 蘄, 音芹.&gt;

5. 茭, 牛蘄. &lt;今馬蘄. 葉細銳似芹, 亦可食. ○醩, 胡罪切.&gt;

❷륙덕명(陸德明)이 이르기를

厥.

❸『지리지(地理志)』

建安二年, 因河內張炯符命, 遂果僭號, 自稱 "仲家". 以九江太守爲淮南尹, 置公卿百官, 郊祀天地. 乃遣使以竊號告呂布, 並爲子娉布女. 布執術使送許. 術大怒, 遣其將張勳, 橋蕤攻布, 大敗而還. 術又率兵擊陳國, 誘殺其王寵及相駱俊, 曹操乃自征之. 術聞大駭, 即走度淮, 留張勳, 橋蕤於蘄陽.

> 《水經》曰: "蘄水出江夏蘄春縣北山." 酈元注云: "即蘄山也. 西南流經蘄山, 又南對蘄陽, 注於大江, 亦謂之蘄陽口."&gt;

《漢志》曰: 蘄春, 屬江夏郡. 〈태평어람〉

## 0308 莞완【guān 《ㄨㄢ˜】27
### 골풀、왕골 완

| | |
|---|---|
| 艸也。可吕(以)作席。 | 풀의 일종인데, 방석을 만들 수 있다. |
| 《『小雅』。 | 『소아(小雅)』❶에서, |
| 下莞上簟。 | "하완상점(下莞上簟)"이라고 했는데, |
| 『箋』云。 | 『전(箋)』에서 이르기를, |
| 莞、小蒲之席也。 | "완(莞)은 소포(小蒲)로 만든 방석이다. |
| 司几筵。蒲筵加莞席。 | 사궤연(司几筵)과 포연(蒲筵) 위에 완석(莞席)을 간다."라고 했다. |
| 『正義』。 | 『정의(正義)』❷에, |
| 以莞加蒲。 | "완(莞)을 포(蒲) 위에 둔다."라고 했는데 |
| 麤者在下。 | 거친 것을 밑에 두고, |
| 美者在上也。 | 아름다운 것을 위에 두는 것이다. |
| 『列子』。 | 『렬자(列子)』❸에 |
| 老韭之爲莞。 | "부추가 오래되면 완(莞)이 된다. |
| 殷敬順曰。 | 은경순(殷敬順)이 이르기를, |
| 莞音官。 | 완(莞)의 음은 관(官)이고, |
| 似蒲而圓。 | 포(蒲)와 비슷한데 둥글다. |
| 今之爲席者是也。 | 지금의 방석을 만드는 것이다. |
| 『楊承慶-字統』 | 『양승경-자통(楊承慶-字統)』에서는 |
| 音關。 | 음을 관(關)이라고 했다."라고 했다. |
| 玉裁謂。莞之言管也。 | 단옥재는 완(莞)의 음을 관(管)이라고 했다. |
| 凡莖中空者曰管。 | 대개 가운데가 빈 것을 관(管)이라고 한다. |
| 莞葢(蓋)卽今席子艸。 | 완개(莞葢)는 곧 지금의 석자초(席子艸)다. |
| 細莖。圓而中空。 | 줄기가 가늘고, 둥글며 속이 비었다. |
| 鄭謂之小蒲。 | 정(鄭)이 소포(小蒲)라고 했으나 |
| 實非蒲也。 | 실제로는 포(蒲:부들)가 아니다. |
| 『廣雅』謂之葱(蔥)蒲。》 | 『광아(廣雅)』는 총포(蔥蒲)라고 했다. |
| 从艸 | 초(艸)를 따랐고, |
| 完聲。 | 완(完)이 성부가 된다. |
| 《胡官切。在 14部。》 | 호관절(胡官切)이다. 제 14부에 속한다. |

| | |
|---|---|
| 하완상점(下莞上簟) | 아래는 왕골자리, 위에는 대자리.『시경:소아:홍안지십:사간(詩經:小雅:鴻雁之什:斯干)』 |
| 석자초(席子艸) | 厥. |
| 소포(小蒲) | 厥. |
| 사궤연(司几筵) | &lt;주례:춘관:사궤연(周禮:春官:司궤筵)&gt; 주례에서 춘관 소속의 관명. 제사에 앞서 자르를 깔고, 설치하는 사람인데 5궤(五几)와 5석(五席)의 용처와 위치를 살폈다. |

## 0308

땅바닥에 펼치는 자리를 연(筵)이라하고, 밑에 까는 자리를 석(席)라고 한다.[鋪陳曰筵. 藉之曰席]

※ 5궤(五几) 옥궤(玉几), 조궤(雕几), 동궤(彤几), 칠궤(漆几), 소궤(素几)

※ 5석(五席) ① 완석(莞席). 소석(繅席). 차석(次席). 포석(蒲席). 웅석(熊席). ② 다섯가지 재료에 따라 완(莞), 조(藻), 차(次), 포(蒲), 웅(熊).

**포연(蒲筵)** 부들로 짠 자리. 포석(蒲席).

**완석(莞席)** 왕골 자리.

**완개(莞蓋)** 厥.

**총포(蔥蒲)** 厥.

**[인경고 引經考]**

❶『소아(小雅)』〈小雅:鴻鴈之什:斯干〉

..........

殖殖其庭, 有覺其楹, 噲噲其正, 噦噦其冥, 君子攸寧.

下莞上簟. 乃安斯寢. 乃寢乃興, 乃占我夢.

〈箋云：莞, 小蒲之席也. 竹葦曰簟. 寢旣成, 乃鋪席與群臣安燕爲歡以落之.

○莞音官, 徐又九完反, 草叢生水中, 莖圓, 江南以爲席, 形似小蒲而實非也. 鋪, 普吳反, 又音敷. 樂音洛, 本亦作"落"〉

吉夢維何, 維熊維羆, 維虺維蛇. ..........

❷『정의(正義)』

[疏] ○箋"莞小蒲"至"落之".

○正義曰：《釋草》云："莞, 苻蘺." 某氏曰：《本草》云：'白蒲一名苻蘺, 楚謂之莞蒲.'"郭璞曰："今西方人呼蒲爲莞蒲. 今江東謂之苻蘺, 西方亦名蒲, 用爲席. …, 以《司几筵》設席, 皆粗者在下, 美者在上. 其職云："諸侯祭祀之席, 蒲筵繢純, 加莞席紛純."以莞加蒲, 明莞細而用小蒲, 故知"莞, 小蒲之席"也. 竹葦曰簟者, 以常鋪在上, 宜用堅物, 故知竹簟也.

❸『렬자(列子)』

朽瓜之爲魚也, 老韭之爲莧也. 釋文「莧作"莞", 云, 韭, 舉有切. 莞音官, 似蒲而圓, 今之爲席是也. 楊承慶字統音關, 一作莧, 侯辨切, 轉寫誤也. 任大椿曰：李氏易傳「莧陸夬夬」, 虞翻曰, 「莧, 說也. 莧讀夫子莧爾而笑之莧」. 易夬釋文, 「莧三家音期練反, 一本作莞」. 論語釋文, 「莞爾, 華版切, 今作莞」. 楚辭漁父「莞爾」一作「莧爾」, 故莞莧通. 管子地員篇「葉下於〈鬱, 下改"韋"〉, 即鬱也. 〈鬱, 下改"韋"〉下於莧, 莧下於蒲.」山國軌篇「有莞蒲之壤」, 大戴禮勸學篇「莞蒲生焉」, 然則莧與莞皆近於蒲, 故老韭爲莞, 莞一作莧也.

老羭之爲猿也, 魚卵之爲蟲. 亶爰之獸自孕而生曰類.

## 0309 藺藺 린 【lìn ㄌㄧㄣˋ】 27

### 골풀(여러해 살이 풀의 일종 린

莞屬。可爲席。 완(莞)의 일종인데 방석을 만들 수 있다.

《依『韵會』所引補三字。 『운회(韵會)』가 인용한 것을 근거로 [可爲席] 석 자를 보충했다.

『急就篇』有藺席。》 『급취편(急就篇)』❶에 "린석(藺席)"이란 말이 있다.

从艸。 초(艸)를 따랐고,

閵聲。 린(閵)이 성부가 된다.

《良刃切。12部。》 량인절(良刃切)이다. 제 12부에 속한다.

린석(藺席) 골풀로 만든 돗자리.

[인경고 引經考] ❶『급취편(急就篇)』

蒲蒻藺席帳帷幢, 承塵戶㡀絛績總.

참고 린(躙)

# 0310

## 0310 薻蒢 제 【chú ㄔㄨˊ】 28
### 마타리 제

黄蒢、職也。 | 황제(黄蒢)는 직(職)이다.
《『釋艸』。 | 『석초(釋艸)』❶에서
職、黄除。》 | "직(職)은 황제(黄除)다."라고 했다.
从艸。 | 초(艸)를 따랐고,
除聲。 | 제(除)가 성부가 된다.
《直魚切。5部。 | 직어절(直魚切)이다. 제 5부에 속한다.
按〔鍇本〕無蒢。 | 서개(徐鍇)의 책에는 제(蒢)가 없다.
莞藺皆蒲屬。 | 완린(莞藺)은 모두 부들의 일종이다.
故次之以蒲也。 | 그래서 그 다음에 포(蒲)가 나온다.
〔鉉本〕有之。 | 서현(徐鉉)의 책에는 있다.
依『郭-注』藏似酸漿。 | 『곽-주(郭-注)』❷에 따르면 직(藏)은 산장(酸漿)과 비슷하다.
未審亦蒲屬否。》 | 역시 부들의 일종인지 분명히 알 수는 없다.

직(藏) 마타리, 까마중이, 용규.
개(鍇) 좋은 쇠, 정한 쇠, 사람의 이름.

황제(黄蒢) | 1.풀이름. 직(藏).《이아:석초(爾雅:釋草)》에 "직(藏)은 황제(黄蒢)다. 일설에는 곧 지유(地楡)다."라고 했다.《광아:석초(廣雅:釋草)》에 "주제(菗蒢)는 지유(地楡)다."라고 했다. 2. 거제(蘧蒢), 거저(蘧篨), 거제(蘧除). 갈대나 대로 엮은 거친 자리[用葦或竹編成的粗席].

산장(酸漿) | ① 꽈리. 산장초(酸漿草). 가지과의 다년생풀. 6-7월에 흰 꽃이 피고 꽃받침이 비대해져서 주머니 모양이 된다. 뿌리, 줄기, 잎, 열매가 모두 약이 된다. 뿌리는 산장(酸漿)이라 하여 약으로 쓰고, 열매는 익은 뒤에 씨는 빼내고 입에 넣어 불기도 한다. 산장초(酸漿草), 산미(酸迷), 초장(醋漿), 산장(酸漿), 산장초(酸漿草), 홍고랑(紅姑娘), 등롱초(燈籠草), 왕모주(王母珠), 홍낭자(紅娘子), 피변초(皮弁草), 한 장(寒漿), 락신주(洛神珠). ② 식초를 만드는 효모.

[인경고 引經考] | ❶❷『석초(釋艸)』

藏, 黄蒢.
<藏草, 葉似酸漿, 華小而白, 中心黄. 江東以作葅食.
○脫, 音奪. 藏, 音職. 蒢, 音除.>
〔疏〕"藏, 黄蒢".
○釋曰：藏草, 一名黄蒢.
郭云："藏草, 葉似酸漿, 華小而白, 中心黄. 江東以作葅食."

## 0311 蒲 포 【pú ㄆㄨˊ】 28
부들、부들자리 포

水艸也。  수초의 일종이다.

或曰(以)作席。  간혹 이것으로 방석을 만들기도 한다.

《『周禮』  『주례(周禮)』❶에

祭祀席有蒲筵。》  "제사 자리에는 포연(蒲筵)이 있다."고 했다.

从艸。  초(艸)를 따랐고,

浦聲。  포(浦)가 성부가 된다.

《當云從艸水、甫聲。  마땅히 "초(艸)와 수(水)를 따르고,

　　　　　　　　　　보(甫)가 성부가 된다."고 해야 한다.

薄胡切。5部。》  박호절(薄胡切)이다. 제 5부에 속한다.

포연(蒲筵)  가장자리를 흑색과 백색의 실로 일정한 간격을 두고짜서 장식한 자리(席具).

[인경고 引經考]  ❶『주례(周禮)』 &lt;春官:宗伯, 第三:司几筵&gt;

諸侯祭祀席, 蒲筵繢純, 加莞席紛純, 右彫幾.

&lt;繢, 畫文也. 不莞席加繢者, 繢柔嚅, 不如莞清堅, 又於鬼神宜.

○繢, 胡內反. 嚅, 本或作懦, 又作擩, 同如克反.&gt;

○釋曰: 此經論諸侯裪袷及四時祭祀之席, 皆二種席也.

○注"繢畫"至"神宜"

○釋曰: 上文畫純者畫雲氣, 此雲繢, 即非畫雲.

案《繢人職》: "對方爲繢." 是對方爲次畫於繪帛之上, 與席爲緣也. 云"不莞席加繢者, 繢柔嚅, 不如莞清堅, 又於鬼神宜"者, 案: 上文天子祭祀席與酢席同, 此下文諸侯受酢席, 下莞上繢. 今祭祀席, 下莞上莞, 以是故鄭以下文決此. 今諸侯祭祀席不亦如下文莞席加繢者, 以其繢柔嚅, 不如莞清堅, 於鬼神宜, 即於生人不宜, 故下文生人繢在上爲宜也. 又不以繢在莞下者, 繢尊, 不宜在莞下, 故用蒲替之也.

## 0312

蒲子。《句。》 「어린 부들(蒲子)」이다.

可弖(以)爲平席。 평석(平席)을 만들 수 있다.

《蒲子者、蒲之少者也。 포자(蒲子)는 포(蒲)의 어린 것이다.

凡物之少小者謂之子。 대개 사물의 어리고 작은 것을 자(子)라고 한다.

或謂之女。 간혹 녀(女)라고도 한다.

『周書』蔑席。 『주서(周書)』❶에 멸석(蔑席)이 있는데,

[首(齒)部]曰。 [말부(齒部)]에서 이르기를,

纖蒻席也。 "섬약석(纖蒻席)이다."라고 했다.

馬融同。 마융(馬融)도 같다.

王肅曰。 왕숙(王肅)이 이르기를,

纖蒻、苹席也。 "섬약(纖蒻)은 평석(苹席)이다."라고 했다.

『某氏-尙書:傳』曰。 『모씨-상서:전(某氏-尙書:傳)』❷에 이르기를,

底席、蒻苹苹也。 "저석(底席)은 약평(蒻苹)이다."라고 했다.

『鄭-注:閒傳』曰。 『정-주:간전(鄭-注:閒傳)』❸에 이르기를,

苎、今之蒲苹也。 "호(苎)는 지금의 포평(蒲苹)이다."라고 했다.

『釋名』曰。 『석명(釋名)』❹에 이르기를,

蒲苹、以蒲作之。 "포평(蒲苹)은 부들로 만든다.

其體平也。 그 몸체가 편평한 것이다.

苹者、席安隱之偁(稱)。 평(苹)은 방석의 안은(安隱)함을 이른 것이다.

此用蒲之少者爲之。 이것은 부들의 어린 것을 사용하여 만드는데,

較蒲席爲細。 포석(蒲席)과 비교하면 가늘다."라고 했다.

『攷工記:注』曰。 『고공기:주(攷工記:注)』❺에 이르기를,

今人謂蒲本在水中者爲蒻。 "지금 사람들이 포(蒲)의 뿌리가 물 속에서 자라는 것이 약(蒻)이라고 말한다."라고 했다.

蒻卽蒻。蒻必煖。 약(蒻)은 곧 약(蒻)이다. 약(蒻)은 반드시 부드럽다.

故蒲子謂之蒻。 그래서 포자(蒲子)를 약(蒻)이라고 하는 것이다.

非謂取水中之本爲席也。》 물 속의 뿌리를 취해서 방석을 만드는 것이 아니다.

世謂蒲蒻。 세상 사람들은 포약(蒲蒻)이라고 한다.

《『太平御覽』有此四字。 『태평어람(太平御覽)』❻에는 이 네 글자[世謂蒲蒻]가 있다.

从艸。 초(艸)를 따랐고,

蒻聲。 약(蒻)이 성부가 된다.

《而灼切。2部。》 이작절(而灼切)이다. 제 2부에 속한다.

평(苹) 맑은 대쑥, 마름 ▣변:적에게 보이지 않게 자기를 엄폐한 수레
▣병:돌.

*0312*

**호**(苄) 지황, 창포 ▣**하**:같은 뜻.

**저**(底) 밑, 그칠, 막힐, 그릇의 바닥, 무슨(의심하는 말) ▣**지**:이를
(至也), 정할, 숫돌.

**눈**(嫩) 연약할, 젊고 예쁠.

**말**(莯) 눈 바르지 못할

| | |
|---|---|
| **평석**(平席)<br>**평석**(苹席) | 포초(蒲草)로 짠 자리.《석명:석상장(釋名:釋床帳)》에 "포평(蒲平)은 포(蒲)로 만드<br>는 데 몸체가 평평하다."[蒲平, 以蒲作之, 其體平也.]라고 했다. |
| **포자**(蒲子) | 어린 부들[蒲之少者]. |
| **멸석**(薎席) | 도지죽(桃枝竹)으로 만든 대자리. |
| **섬약**(纖蒻) | 멸석(蔑席). 죽멸(竹篾)을 엮어서 짠 자리. 또한 특별히 도지죽(桃枝竹)을 엮어 짠<br>자리를 가리키기도 한다. "멸석(薎席)은 섬약빈석(纖蒻蘋席)이다."라고 했다. 곧<br>허신 또한 당연히 섬(纖)으로 썼다. 섬(纖)과 멸(薎)은 모두 가늘다는 뜻이다. 멸<br>(篾)은 멸(薎)의 가차다. 마(馬)와 왕(王)은 지석(厎席)이 청포석(靑蒲席)이라는 말<br>이다.곧 멸석(薎席)은 섬약석(纖蒻席)이다. 허신의 설명 또한 마땅히 같다. 초부<br>(艸部)에서 이르기를 "약(蒻)은 포자(蒲子)다. 빈석(蘋席)을 만들 수 있다. 포자(蒲<br>子)는 포(蒲)의 어린 것이다. 포(蒲) 보다 가늘다. 그래서 섬약(纖蒻)이라고 한다.<br>"라고 했다. |
| **약석**(蒻席) | 어린 부들로 만든 가늘고 부드러운 자리. |
| **지석**(厎席) | 청포(靑蒲)로 촘촘하게 짠 부들자리. 일설에는 죽석(竹席:대자리)을 가리킨다고도<br>한다. |
| **약평**(蒻苹) | 촘촘하게 엮은 부들로 짠 자리[細密的蒲席], 일설에는 대자리. |
| **포평**(蒲苹) | 완(莞), 부리(苻蘺), 완포(莞蒲), 부리(夫蘺), 총포(蔥蒲), 완초(莞草), 포빈(蒲蘋),<br>수장총(水丈葱), 충천초(沖天草), 취관초(翠管草), 관자초(管子草), 수총(水蔥). |
| **수총**(水蔥) | 1.각총(茖蔥)의 일종. 리시진(李時珍)의《본초강목:채1:각총(本草綱<br>目:菜一:茖蔥)》에 "각총(茖蔥)은 야총(野蔥)이다. 산원평지(山原平地)에 모두<br>있다. 사지(沙地)에서 자라는 것을 사총(沙蔥), 수택(水澤)에서 자라는 것을<br>수총(水蔥)이라고 한다."라고 했다. 2.훤초(萱草)의 별명. 3.수초(水草) 이름.<br>또한 취관(翠菅)이라고도 한다. |
| **각총**(茖蔥) | 야총(野蔥)의 일종. 백합과(百合科), 다년생초본식물(多年生草本植<br>物). 또한 산총(山蔥)이라고도 한다. 明李時珍《本草綱目:草一:茖蔥》:"각총<br>(茖蔥), 야총(野蔥)也, 山原平地皆有之. 生沙地者名沙蔥, 生水澤者名水蔥, 野<br>人皆食之, 開白花, 結子如小蔥頭." |
| **안은**(安隱) | 안정됨. 평온함. |
| **포석**(蒲席) | 부들 잎으로 짠 자리. 포연(蒲筵). |

## 0312

포약(蒲蒻)

책에 따라 다양한 이름이 있다. 포황근(蒲黃根):《산유집험방(產乳集驗方)》, 포순(蒲筍):《일용본초(日用本草)》, 포아근(蒲兒根):《야채보(野菜譜)》, 포포초근(蒲包草根):《상해상용중초약(上海常用中草藥)》.

[인경고 引經考]

❶『상서:주서:고명(周書)』〈顧命〉

牖間南向, 敷重篾席, 黼純, 華玉仍幾.

> <篾, 桃枝竹. 白黑雜繒緣之. 華, 彩色. 華玉以飾憑幾. 仍, 因也. 因生時, 幾不改作. 此見群臣, 覲諸侯之坐.
> ○向, 許亮反. 篾, 眠結反, 馬云: "襪蒻." 純, 之允反, 又之閏反, 下同. 緣, 悅絹反, 本或作純.>

❷『모씨-상서:전(某氏-尙書:傳)』

西序東向, 敷重底席, 綴純, 文貝仍幾.

> <東西廂謂之序. 底, 蒻蒻. 綴, 雜彩. 有文之貝飾幾. 此旦夕聽事之坐.
> ○底, 之履反, 馬云: "青蒲也."蒻音弱. 蒻音平>

❸『정-주:간전(鄭-注:閒傳)』

父母之喪, 居倚廬, 寢苫枕塊, 不說絰帶. 齊衰之喪, 居堊室, 苄翦不納. 大功之喪, 寢有席. 小功, 緦麻, 床可也. 此哀之發於居處者也. 父母之喪, 既虞, 卒哭, 柱楣翦屏, 苄翦不納. 期而小祥, 居堊室, 寢有席. 又期而大祥, 居複寢. 中月而禫, 禫而床.

> <苄, 今之蒲萍也.
> ○倚, 於綺反. 寢, 本亦作"寑", 七審反. 苫, 始占反. 枕, 之鴆反. 塊, 苦對反, 又苦怪反. 說, 吐活反. 苄, 戶嫁反. 翦, 子踐反. 床, 徐仕良反. 柱, 知矩反, 一音張炷反. 楣音眉. 複音伏.>

❹『석명(釋名)』

厥.

❺『고공기:주(攷工記:注)』

故竑其輻廣以爲之弱, 則雖有重任, 轂不折.

> <言力相稱也. 弱, 茵也. 今人謂蒲本在水中者爲弱, 是其類也.
> 鄭司農云: "竑讀如紘綖之紘, 謂度之."
> ○故竑, 獲耕反.>

❻『태평어람(太平御覽)』〈卷九百九十九 ◎百卉部六〉

《說文》曰: 蒲, 草也, 以作席. 蒻, 蒲子也, 以爲平席, 世謂蒲蒻. 《風土記》曰: 蒲生於陸, 葉如鳥扇而紫萉.

## 0313 藻 심【shēn ㄕㄣ-】28
### 부들싹 심

| | |
|---|---|
| 藻蒲、 | 「**심포(藻蒲)**」라는 뜻이다. |
| 《逗。各本脫藻(藻)字。今補。》 | 여러 책에서는 심(藻)자가 빠졌다. 지금 보충한다. |
| 蔛之類也。 | 약(蔛)의 일종이다. |
| 《此釋『周禮』也。 | 이것은 『주례(周禮)』❶를 해석한 것이다. |
| 加豆之實。 | "**두실(豆實)**에 담는 것들은 |
| 藻蒲醓醢。 | **심포(藻蒲)**, **담해(醓醢)**들이다. |
| 先鄭曰。 | 선정(先鄭)이 이르기를, |
| 藻蒲、蒲蔛入水深(深) | **심포(藻蒲)**는 깊은 물 속에서 자란 **포약(蒲蔛)**이다. |
| 故曰藻蒲。 | 그래서 **심포(藻蒲)**다."라고 했다. |
| 鄭曰。 | 정(鄭)이 이르기를, |
| 藻蒲、 | **심포(藻蒲)**는 |
| 蒲始生水中子。 | 포(蒲)가 물 속에서 처음 자라나는 어린 것이다."라고 했다. |
| 是則藻蒲卽蒲蔛在水中者。 | **심포(藻蒲)**는 곧 **포약(蒲蔛)**이 물 속에 있는 것이다. |
| 許君以蒲子別於蒲、 | 허신은 **포자(蒲子)**와 포(蒲)를 구별했고, |
| 以蔛之類別於蔛。 | 약(蔛)의 종류를 약(蔛)과 구별했다. |
| 謂蒲有三種。 | 포(蒲)에 세 가지 종류가 있는 것이다. |
| 似二鄭說爲長。》 | 두 정(鄭)의 설명이 나은 것 같다. |
| 从艸。 | 초(艸)를 따랐고, |
| 深(深)聲。 | 심(深)이 성부가 된다. |
| 《此當云从艸水、窊聲。 | 이것은 당연히 "초(艸)와 수(水)를 따랐고, 심(窊)이 성부가 된다."라고 해야 한다. |
| 式箴切。7部。 | 식잠절(式箴切)이다. 제 7부에 속한다. |
| 此字葢(蓋)出故書。》 | 이것은 대개 옛날 책에서 나온 것이다. |

---

**담(醓)** 장졸임
**해(醢)** 육장, 포를 썰어 누룩 및 소금을 섞어 술에 담근 음식, 장조림, 인체를 소금에 절이는 형벌.

---

| | |
|---|---|
| **심포(藻蒲)** | 물 속에서 처음 자라나는 어린 포(蒲). |
| **두실(豆實)** | 나무제기에 담는 제사 음식. 부추. 대실(敦實)은 대(敦)에 담는 제사 음식으로 벼를 가르킨다. 한편 가변(嘉籩)은 변(籩)에 담는 제사 음식을 말한다. 변(籩)은 대나무 그릇인데 주로 과일과 말린 고기를 담는다. 이 둘을 합쳐서 변두지실(籩豆之實)로 일컬었다. |
| | &lt;례기:교특생(禮記:郊特牲)&gt;에 "제사를 지낼 때에는 정(鼎)과 조(俎)는 기수(奇數)로 하고, 변(籩)과 두(豆)는 우수(偶數)로 하는데, 이것은 음양(陰陽)을 구별하 |

## 0313

는 뜻이다. 변과 두에 담는 내용물은 물이나 흙에서 나는 것으로 한다. 감히 맛을 가미하여 설만하게 하지 않으며, 가지 수를 많이 하는 것을 귀하게 여기지 않으니, 이는 신명과 교감하는 뜻이다."[鼎俎奇而변豆偶 陰陽之義也 변豆之實 水土之品也 不敢用褻味而貴多品 所以交於神明之義也]라고 했다.

**심포담혜**(深蒲醯醢)  심포, 장졸임, 육장.

**포약**(蒲蒻)  책에 따라 다양한 이름이 있다. 포황근(蒲黃根)；《산유집험방(產乳集驗方)》, 포순(蒲筍)；《일용본초(日用本草)》, 포아근(蒲兒根)；《야채보(野菜譜)》, 포포초근(蒲包草根)；《상해상용중초약(上海常用中草藥)》.

**포자**(蒲子)  어린 부들[蒲之少者].

[**인경고** 引經考]  ❶『주례(周禮)』

加豆之實, 芹菹, 兔醢, 深蒲, 醓醢, 箈菹, 雁醢, 筍菹, 魚醢.

&lt;芹, 楚葵也. 鄭司農云：“深蒲, 蒲蒻入水深, 故曰深蒲.

或曰深蒲, 桑耳. 醓醢, 肉醬也. 箈, 水中魚衣.”故書雁或爲鶉.

杜子春云：“當爲雁.”玄謂深蒲, 蒲始生水中子. 箈, 箭萌. 筍, 竹萌.

○芹, 音勤, 徐又音謹,

《說文》作薽, 云：“菜類, 蒿也, 音謹.”箈音迨,《爾雅》作箈, 同,

司農云：“水中魚衣也.”當徒來反,

沈云：“北人音禿改反, 又文之反”, 未知所出. 筍, 息尹反. 蒻, 音若.&gt;

## 0314　蓷 퇴【tui ㄊㄨㄟˊ】28

### 익모초 퇴

| | |
|---|---|
| 隹也。 | 「추(隹)」라는 뜻이다. |
| 《「隹」『各本』作「萑」。 | 「추(隹)」를 여러 책에서는 「추(萑:익모초)」라고 했다. |
| 誤。今正。 | 틀렸다. 지금 바로 잡는다. |
| 『王風』。中谷有蓷。 | 『왕풍(王風)』❶에 "중곡유퇴(中谷有蓷)"라고 했다. |
| 『釋艸』。萑、蓷。 | 『석초(釋艸)』❷에서 "추(萑)는 퇴(蓷)다."라고 하고, |
| 『毛傳』曰。 | 『모전(毛傳)』❸에서 |
| 蓷、雖。 | "퇴(蓷)는 추(雖:송골매)이다."라고 했는데, |
| 葢(蓋)『爾雅』本作「隹」。 | 대개 『이아(爾雅)』❹에서는 「추(隹)」라고 하여 |
| 與『毛傳』雖字同。 | 『모전(毛傳)』❺의 준(雖)자와 같다. |
| 後人輒加艸頭耳。 | 후세 사람들이 머리에 艹를 더한 것이다. |
| 葵亦一名雖。 | 담(葵:물억새)을 일명 추(雖)라고 한다. |
| 皆謂其色似夫不也。 | 모두 다 그 색깔이 **부불**(夫不)과 비슷해서 부른 것이다. |
| 陸機云。 | 륙기(陸機)가 이르기를, |
| 舊說及魏周元明皆云菴閭。 | 옛날의 설명이나 위(魏), 주(周), 원(元), 명(明) 모두 **엄려**(菴閭)라고 말하던 것이다. |
| 『韓詩』及『三蒼』、 | 『한시(韓詩)』❻ 및 『3창(三蒼)』❼, |
| 『說苑』云益母。 | 그리고 『설원(說苑)』에서는 **익모**(益母)라고 한다. |
| 『本艸』云。 | 『본초(本艸)』❽에서 이르기를, |
| 益母、茺蔚也。 | "**익모**(益母)는 **충위**(茺蔚)이다."라고 했다. |
| 劉(劉)歆云。 | 류흠(劉歆)이 이르기를, |
| 蓷、臭穢。＜艸名＞ | "퇴(蓷)는 **취예**(臭穢)다."라고 했다. |
| 臭穢卽茺蔚也。 | **취예**(臭穢)가 곧 **충위**(茺蔚)이다. |
| 按臭茺雙聲。 | 취(臭)와 충(茺)이 쌍성이고, |
| 穢蔚疊韵(疊韻)。 | 예(穢)와 울(蔚)은 첩운이다. |
| 『李、郭-注:爾雅』亦云茺蔚。 | 『리, 곽-주:이아(李、郭-注:爾雅)』❾ 역시 **충위**(茺蔚)라고 말했다. |
| 未知許意何屬。》 | 허신의 뜻이 어느 종류를 말하는지 알 수 없다. |
| 从艸。 | 초(艸)를 따랐고, |
| 推聲。 | 퇴(推)가 성부가 된다. |
| 《他回切。15部。》 | 타회절(他回切)이다. 제 15부에 속한다. |
| 『詩』曰。 | 『시(詩)』❿에 이르기를 |
| 中谷有蓷。 | "중곡유퇴(中谷有蓷)"라고 했다. |
| 《按『鉉本』此下有萑篆。 | 생각건대 서현(徐鉉)의 책에서는 이 아래에 표제자인 추(萑)의 전서가 없다. |
| 萑訓艸多皃(貌)。 | 추(萑)의 뜻은 풀이 많은 모양이다. |

## 0314

則〖鍇本〗在茸蓲二篆閒、是也。

鉉乃移而類居之。
必萑訓蓲也則可矣。》

서개(徐鍇)의 책에서는 용(茸), 전(蓲:풀무성할) 두 표제자의 사이에 이것이 있다.

서현이 옮겨서 한 무리로 실어 놓은 것이다.

반드시 추(萑)의 뜻이 「퇴(蓲)」라면 옳은 것이다.

환(蓲) 물억새 ▣추:풀 우거진 모양, 익모초
추(雛) 작은 비둘기
예(穢) 거칠, 더러울.
담(菼) 물억새, 비 만드는 풀
용(茸) 풀 뾰족뾰족 날
전(蓲) 풀 무성할
충(茺) 익모초.
위(蔚) 제비쑥, 익모초, 초목 무성한 모양, 구름이나 안개 등이 피어오르는 모양, 무늬가 아름다울 ▣울:주이름, 짙은 쪽빛.

**중곡(中谷)** 곡중(谷中).

**중곡유퇴(中谷有蓲)** 『시경:왕풍:중곡유퇴(詩經:王風:中谷有蓲)』에 "골짜기엔 익모초가 말라죽었네. 버려진 그녀는 한숨만 쉬네 한숨만 쉬네 어려운 때를 만나고 말았네.…."가 있다.

**부불(夫不)** 뻐꾸기, 이외에도 많은 이름들이 있다. 모두 그 음을 취한 것이다. 확곡(穫穀), 상구(桑鳩), 졸구(拙鳩), 박곡(搏穀), 탈고(脫袴), 각국(갈鞠), 결고(結誥), 곽공(郭公), 우곡(雨谷) 등이다.

**암려(菴閭)** 국화과의 다년생초본이다. 맑은 대쑥. 개제비쑥, 국화잎쑥, 개쑥이라고도 한다. 엷은 황색꽃이 7-9월에 핀다. 열매를 암려자(菴閭子)라고 한다. 부인의 월경폐색, 산후 어체, 복통 등의 치료에 쓰인다.

**익모(益母)** 암눈비앗. 충위(茺蔚), 야천마(野天麻)라고도 한다. 꿀풀과의 2년초. 잎과 줄기는 부인병 치료에 주로 쓰인다.

**충위(茺蔚)** 익모(益母). 썩어서 구린내가 나고 더러움.

**취예(臭穢)** 익모(益母). 충위(茺蔚).

**[신경고 引經考]**

❶『왕풍(王風)』〈詩經:王風:中谷有蓲〉

中谷有蓲, 暵其乾矣. 有女仳離, 嘅其嘆矣. 嘅其嘆矣, 遇人之艱難矣.

〈興也. 蓲, 雛也. 暵, 菸貌. 陸草生於穀中, 傷於水.

箋云: 興者, 喩人居平之世, 猶雛之生於陸, 自然也.〉

中谷有蓲, 暵其脩矣. 有如仳離, 條其嘯矣. 條其嘯矣, 遇人之不淑矣.

中谷有蓲, 暵其濕矣. 有女仳離, 啜其泣矣. 啜其泣矣, 何嗟及矣.

# 0314

<○蓷, 吐雷反,《韓詩》云 : "茺蔚也."《廣雅》又名"益母". 饑, 本或作"饑", 居疑反, 穀不熟. 饉音覲, 蔬不熟.>

❷『석초(釋艸)』

萑, 蓷. <今茺蔚也. 葉似荏, 方莖, 白華, 華生節間. 又名益母,《廣雅》云.

○萑, 音隹. 蓷, 他回切.>

❸『모전(毛傳)』〈詩經:王風:中谷有蓷〉

中谷有蓷, 暵其乾矣.

<興也. 蓷, 鵻也. 暵, 菸貌. 陸草生於谷中, 傷於水.

箋云 : 興者, 喻人居平之世, 猶鵻之生於陸, 自然也. 遇衰亂凶年, 猶鵻之生谷中, 得水則病將死. ○暵, 呼但反, 徐音漢,《說文》云 : "水濡而乾也." 字作"灘", 又作"灘", 皆他安反. 鵻音隹,《爾雅》又作"萑", 音同. 菸, 於據反, 何音於,《說文》云 : "鬱也."《廣雅》云 : "臰也.>

❹『이아(爾雅)』〈卷十:釋鳥:第十七〉

隹其, 鳺鴀. <今〈孚鳥〉鳩. ○鳺, 方扶切. 鴀, 方浮切.>

〔疏〕"隹其, 鳺鴀". ○釋曰 : 舍人曰 : "鵻, 一名夫不." 李巡曰 : "今楚鳩也." 某氏引《春秋》云 : "祝鳩氏司徒." 祝鳩, 即其, 夫不, 孝, 故爲司徒也.>

❺『모전(毛傳)』〈詩經:王風:大車〉

大車檻檻, 毳衣如菼. 豈不爾思, 畏子不敢.

<菼, 鵻也. 蘆之初生." 則毛意亦以蓷, 菼爲一草也.>

大車哼哼, 毳衣如璊. 豈不爾思, 畏子不奔.

穀則異室, 死則同穴. 謂予不信, 有如皦日.

❻『한시(韓詩)』

中谷有蓷, 暵其乾矣. 有女仳離, 嘅其嘆矣. 嘅其嘆矣, 遇人之艱難矣.

<興也. 蓷, 鵻也. 葉似荏, 方莖白華. 華生節間. 卽今益母草也. 暵, 燥. 仳, 別也. 嘅, 歎聲. 艱難, 窮厄也.

○凶年饑饉, 室家相棄, 婦人覽物起興, 而自述其悲歎之詞也.>

❼『3창(三蒼)』

厥.

❽『본초(本艸)』

充蔚子味辛微溫. 主明目益精, 除水氣. 久服輕身, 莖生癮疹癢, 可作浴湯. 一名益母, 一名益明, 一名大劄. 生池澤.

❾『리, 곽-주:이아(李, 郭-注:爾雅)』

厥.

❿『시(詩)』

〈詩經:王風:中谷有蓷〉 참조.

## 0315

### 0315 茥 규【kui ㄎㄨㄟˉ】28
### 딸기 규

| | |
|---|---|
| 缺盆也。 | 「**결분**(缺盆)」이라는 뜻이다. |
| 《見『釋艸』。 | 『석초(釋艸)』❶를 보라. |
| 郭云覆盆也。 | 곽(郭)은 **복분**(覆盆)이라고 했다. |
| 實可食。》 | 열매를 먹을 수 있다. |
| 从艸 | 초(艸)를 따랐고, |
| 圭聲。 | 규(圭)가 성부가 된다. |
| 《苦圭切。 | 고가절(苦圭切)이다. |
| 古音在 16部。》 | 고음(古音)은 제 16부에 속한다. |

**결분**(缺盆) ① 복분자(**覆盆**子)의 별칭. ② 부셔진 단지. ③ 경혈(經**穴**) 이름, 가슴 위쪽의 오목한 곳.

**복분**(覆盆) 고무딸기.

[**인경고** 引經考]

❶『석초(釋艸)』

茥，蒛葐.

&lt;覆盆也. 實似莓而小，亦可食.

○葐，他涓切. 茥，音奎. 蒛，音缺. 葐，音盆.&gt;

〔疏〕"茥，蒛葐".

○釋曰：茥，一名蒛葐，

郭云："覆葐也. 實似莓而小，亦可食."

案《本草》蓬虆，一名覆盆，一名陵虆，一名陰虆，其實名覆盆子.

今注云蓬虆，是覆盆之苗也. 覆盆乃蓬虆之子也.

唐本注云："然生處不同，沃地則子大而甘，瘠地則子細而酸."是也.

0316 𦵧菮 군 【jùn ㄐㄩㄣˋ】 28

버들말즘(다년생 수초) 군

| | |
|---|---|
| 牛藻也。 | 「우조(牛藻)」라는 뜻이다. |
| 《見『釋艸』。 | 『석초(釋艸)』❶를 보라. |
| 按藻之大者曰牛藻。 | 조(藻)의 큰 것을 우조(牛藻)라고 한다. |
| 凡艸類之大者多曰牛曰馬。 | 대개 풀 중에서 큰 것을 우(牛), 마(馬)라고 한다. |
| 郭云。 | 곽(郭)이 이르기를, |
| 江東呼馬藻矣。 | "강동(江東)에서는 마조(馬藻)라고 부른다."고 했다. |
| 陸機云。 | 륙기(陸機)가 이르기를, |
| 藻二種。 | "조(藻)는 두가지 종류인데, |
| 一種葉如雞(鷄)蘇。 | 하나는 잎이 계소(鷄蘇)와 같고, |
| 莖大如箸。長四五尺。 | 줄기가 저(箸)와 같으며, 길이가 4~5척이다. |
| 一種莖大如釵股。 | 다른 하나는 줄기의 크기가 차고(釵股) 같고, |
| 葉如蓬。 | 잎은 봉(蓬)과 같다. |
| 謂之聚藻。 | 취조(聚藻)라고 하는데, |
| 扶風人謂之藻。 | 부풍 사람들은 조(藻)라고 한다. |
| 聚爲發聲也。 | 취(聚)는 소리를 나타내는 것이다."라고 말했다. |
| 牛藻當是葉如雞蘇者。 | 우조(牛藻)는 마땅히 잎이 계소(鷄蘇)와 같은 것이다. |
| 但析言則有別。 | 다만 쪼개어 말하면 구별이 있을 뿐이다. |
| 統言則皆謂之藻。 | 통합적으로 말하면 조(藻)다. |
| 亦皆謂之菮。 | 또한 군(菮)이라고 한다. |
| 『顏(顔)氏家訓』云。 | 『안씨-가훈(顏氏-家訓)』❷에 이르기를, |
| 菮艸細。 | "군(菮)은 가는 풀인데, |
| 細葉蓬茸水中。 | 가느다란 잎이 어지럽고 뾰죽뾰죽하게 물속에서 자란다. |
| 一節長數寸。細茸如絲。 | 한 마디가 수 촌(寸)이며 실처럼 가늘다. |
| 圓繞可愛。 | 둥글게 애워싸는 것이 아낄만 하다."라고 했다. |
| 『東宮舊事』所云六色闛緄者。 | 『동궁구사(東宮舊事)』에서 말한 여섯 빛깔 계외(闛緄)는 대개 어김없이 색실이다. |
| 凡寸斷(斷)五色絲。 | 고(股:삼각형의 직각을 이룬 긴 변) 사이에 선을 붙여, 애워싸서 군초(菮艸)를 본뜬다. |
| 橫著線股閒。 | |
| 繞之以象菮艸。 | |
| 用以飾物。即名爲菮。 | 장식물로 사용하므로 곧 이름이 군(菮)이다. |
| 於時當縛六色闛。 | 때에 따라 6색의 계(闛:물고기 그물)로 묶었다. |
| 作此菮以飾緄帶。 | 이런 군(菮)을 만들어 곤대(緄帶)를 장식했다. |
| 張敞因造糸旁(旁)畏耳。 | 장창(張敞)이 이걸로 인해 사(糸)를 방으로 하는 외(畏)를[외(緄:짜서 만든 띠)] 만들었다. |
| 據此、則莖如釵股者亦謂之菮也。》 | 이를 근거로 줄기가 차고(釵股) 같은 것도 군(菮)이라고 했다. |
| 从艸。 | 초(艸)를 따랐고, |

**0316**

| | |
|---|---|
| 君聲。 | 군(君)이 성부가 된다. |
| 讀若威。 | 위(威)자 처럼 읽는다. |
| 《渠殞切。13部。 | 거손절(渠殞切)이다. 제 13부에 속한다. |
| 按君聲而讀若威。 | 군(君)을 성부로 하고, 위(威)자 처럼 읽는다는 것은, |
| 此由 13部轉入 15部。 | 제 13부에서 15부로 음이 옮겨지는 것이다. |
| 張敞之變爲緄。 | 장창(張敞)은 변화시켜서 외(緄)로 했다. |
| 緄音隈。 | 외(緄)의 음은 외(隈)다. |
| 『說文:音隱』之音塢瑰反。 | 『설문:음은(說文:音隱)』의 음은 오외반(塢瑰反)이고, |
| 『字林』窘亦音巨畏反。 | 『자림(字林)』의 군(窘)은 음이 거외반(巨畏反)이다. |
| 皆是也。 | 모두 이런 것이다. |
| 『唐韵(韻)』渠殞切。 | 『당운(唐韵)』은 거손절(渠殞切)이다. |
| 則不違本部。 | 그러므로 본래의 부수와 어긋나지 않는다. |
| 地有南北。 | 땅에는 남북(南北)이 있고, |
| 時有古今。 | 때에는 고금(古今)이 있으며, |
| 語言不同之故。 | 어언(語言)에는 같지 않은 것이 있는 까닭이다. |
| 竊疑『左傳』薀藻即菷字。 | 잠시 『좌전(左傳)』❸의 온조(薀藻)가 곧 군(菷)이 아닐까 싶다. |
| 薀與藻爲二。 | 온(薀)과 조(藻)는 두 개의 사물이다. |
| 猶筐與筥、錡與釜皆爲二也。》 | 광(筐)과 거(筥), 기(錡)와 부(釜)가 모두 두 개의 사물인 것과 같다. |

**조(藻)** 조류, 藻의 본래 글자.
**계(罶)** 물고기 그물
**외(緄)** 오색실 꾸미개
**선(緄)** 짜서 만든 허리띠
**차(釵)** 두 갈래진 비녀, 약이름
**고(股)** 직각삼각형의 직각을 이룬 긴 변, 다리
**외(隈)** 물굽이
**온(薀)** 쌓을, 붕어마름
**광(筐)** 밥소쿠리, 대광주리
**거(筥)** 쌀담는 광주리
**저(錡)** 세 발달린 가마솥

| | |
|---|---|
| **우조(牛藻)** | 가래과의 다년생 수초. 대개 풀 중에서 큰 것을 우(牛), 마(馬)라고 한다. |
| **마조(馬藻)** | 우조의 큰 것. |
| **계소(雞蘇)** | 수소(水蘇). 잎에 매운 향이 있어 닭을 삶을 수 있어서 붙인 이름이다. 룡뇌(龍惱), |

0316

소계(韶鷄)라고도 한다.

**차고**(釵股) ① 묵죽화에서 대나무의 곧은 가지를 이르는 말. ② 두 갈래진 비녀의 가지. ③ 절차고(折釵股)로 운필법(運筆法)을 말한다. 꺾이는 획이 둥글고 힘이 있어서(**其屈折圓而有力**) 마치 비녀의 구부정한 부분이 둥글고 자연스러운 것과 같아서 붙인 이름.

**취조**(聚藻) 우조(牛藻).《좌전(左傳)》에 "빈번온조(蘋蘩蘊藻)의 채소. 이 풀들은 모여서 자라는 것을 좋아한다(此草好聚生). 그래서 온조(溫藻)라고 한다. 온(溫)의 뜻은 취(聚)다. <모전(毛傳)>에서 이르기를 "조(藻)는 취조(聚藻)다."라고 했다. 륙기(陸機)가 이르기를 "조(藻)는 수초(水草)다. 물 밑에서 자란다. 두 종류가 있다. 그 중 하나는 잎이 계소(雞蘇)와 같고, 줄기의 굵기가 젓가락 만 한 것으로 4, 5척 까지 자란다. 또 다른 하나는 줄기의 굵기가 채고(釵股) 만 하고, 4, 5척 까지 자란다. 잎이 봉호(蓬蒿) 같다. 취조(聚藻)라고 한다. 부풍인(扶風人)들은 조(藻)라고 하는데 취(聚)는 발성(發聲)이다. 이 두가지는 먹을 수 있다. 쪄서 익히면 비린내를 제거할 수 있다. 미면삼증(米麵糝蒸)하여 여(茹)로 만들면 더욱 맛있다. 양주인(楊州人)들은 기황(饑荒) 때 곡식으로 삼았다. 축탕(遂薚)은 마미(馬尾)다.《광아(廣雅)》에 이르기를 "마미(馬尾)는 상륙(蒿陸)이다."라고 했다.《본초(本草)》에서 이르기를 "별명이 탕(薚)이다"라고 했다. 지금의 관서(關西)에서도 역시 탕(薚)으로 부르고, 강동(江東) 지방에서는 륙(陸)으로 부른다.

**군초**(莙艸) 우조(牛藻).《이아:석초(爾雅:釋草)》에 "군(莙)은 우조(牛藻)다."라고 했다.《주(註)》에서 "강동(江東)에서는 마조(馬藻)라고 하는데 조(藻)의 잎이 큰 것이다."라고 했다. 之葉大者也.《안씨가훈(顏氏家訓)》에서 "륙기(陸璣)가 말한 취조(聚藻)다. 잎이 쑥(蓬)과 같고 물 속에 이것이 있다."라고 했다. 말 군(水藻). 우조(牛藻). 가래과의 다년생 수초.

**곤대**(緄帶) 색실로 수 놓은 띠.

**온조**(蘊藻) 모여있는 조초(聚集之藻草).

**[인경고 引經考]**

**❶『석초(釋艸)』**

莙, 牛藻.

　<似藻, 葉大, 江東呼爲馬藻.

　○莙, 其隕切. 藻, 音早.>

　[疏]"莙, 牛藻".

　○釋曰：莙, 一名牛藻, 藻之葉大者也.

　《詩:召南》云："於以采藻."

　《左傳》云："蘋蘩蘊藻之菜."以此草好聚生, 故言溫藻. 溫訓聚也.

　毛傳云："藻, 聚藻也."

**0316**

陸機云："藻, 水草也. 生水底. 有二種：其一種葉如雞蘇, 莖大如箸, 長四五尺；其一種莖大如釵股, 葉如蓬蒿, 謂之聚藻."又云："扶風人謂之藻, 聚爲發聲也. 此二藻皆可食, 煮熟, 挼去腥氣, 米面糝蒸爲茹, 嘉美. 楊州人饑荒可以當穀食."

### ❷『안씨-가훈(顏氏-家訓)』

又問：「東宮舊事『六色罽(糸畏)』, 是何等物? 當作何音?」答曰：「案：說文云：『菉, 牛藻也, 讀若威.』音隱：『塢瑰反.』即陸機所謂『聚藻, 葉如蓬』者也. 又郭璞注三蒼亦云：『薀, 藻之類也, 細葉蓬茸生.』然今水中有此物, 一節長數寸, 細茸如絲, 圓繞可愛, 長者二三十節, 猶呼為菉. 又寸斷五色絲, 橫著線股間繩之, 以象菉草, 用以飾物, 即名為菉；於時當紺六色罽, 作此菉以飾縆帶, 張敞因造糸旁畏耳, 宜作隈.」

### ❸『좌전(左傳)』

蘋蘩薀藻之菜.

<蘋, 大荓也. 蘩, 皤蒿. 薀藻, 聚藻也.

○蘋音頻. 蘩音煩. 薀, 紆紛反. 藻音早. 荓, 蒲丁反. 皤, 蒲多反, 白蒿也.>

## 0317 𤎡 蔬 환【huán ㄏㄨㄢˊ】28
### 왕골 환

夫離也。
《見『釋艸』。
「蔬」『釋艸』亦作「莞」、
「夫」作「苻」。》
从艸。
睆聲。
《胡官切。14部。》

「부리(夫離)」라는 뜻이다.
『석초(釋艸)』❶를 보라.
「환(蔬)」을 『석초(釋艸)』에서는 또 「완(莞)」으로,
「부(夫)」를 「부(苻)」로도 썼다.

초(艸)를 따랐고,
환(睆)이 성부가 된다.
호관절(胡官切)이다. 제 14부에 속한다.

**부리(夫離)** 다년생 초본. 부리(夫리), 여름날에 황갈색의 작은 꽃이 핀다. 소택지의 물이 얕은 곳에서 자란다. 가을에 그 줄기로 자리를 만든다. 석자초(席子草)라고 한다. 그외에 포평(蒲蓱), 완(莞), 부리(苻蘺), 완포(莞蒲), 부리(夫蘺), 총포(蔥蒲), 완초(莞草), 포빈(蒲蘋), 수장총(水丈蔥), 충천초(沖天草), 취관초(翠管草), 관자초(管子草), 수총(水蔥).

**[인경고 引經考]**

### ❶『석초(釋艸)』

莞, 苻蘺. 其上蒚.

<今西方人呼蒲爲莞蒲. 蒚謂其頭台首也. 今江東謂之苻蘺, 西方亦名蒲中莖爲蒚, 用之爲席. 音羽翻.>

〔疏〕"莞, 苻蘺. 其上蒚".

○釋曰：某氏曰：《本草》云白蒲, 一名苻蘺, 楚謂之莞蒲, 其上台別名蒚.

郭義具注.《詩:小雅:斯幹》云："下莞上簟."

鄭箋云"莞, 小蒲" 也者, 以莞, 蒲一草之名. 而《司幾筵》有莞筵, 蒲筵, 則有大小之異. 爲席有精有粗, 故得爲兩種席也.

# 0318

## 0318 蘜蘜 핵【ㄌ·ㄌㄟˋ】28
### 산마늘 핵

| | |
|---|---|
| 夫離上也。 | 「**부리**(夫離)의 **경대**(莖臺)」라는 뜻이다. |
| 《見『釋艸』。 | 『석초(釋艸)』❶를 보라. |
| 从艸。 | 초(艸)를 따랐고, |
| 鬲聲。 | 격(鬲)이 성부가 된다. |
| 《力的切。16部。 | 력적절(力的切)이다. 제 16부에 속한다. |
| 按前旣有莞艸可以作席之文。 | 앞에서 이미 "**완초**(莞艸)는 가히 방석을 만들 수 있다."는 말이 있는데 |
| 復出蓆字。 | 다시 환(蓆:왕골)자가 나왔다. |
| 則『爾雅』蓆苻離、 | 『이아(爾雅)』❷에서 환(蓆)은 **부리**(苻離)라고 했다. |
| 非可以作席之莞也。》 | 방석을 만들 수 있는 완(莞:골풀)이 아니다. |

| | |
|---|---|
| **부리**(夫離) | 다년생 초본. 부리(夫蘺), 여름날에 황갈색의 작은 꽃이 핀다. 소택지의 물이 얕은 곳에서 자란다. 가을에 그 줄기로 자리를 만든다. 석자초(席子草)라고 한다. |
| **경대**(莖臺) | 채소나 꽃이 피는 목부분. |
| **상**(上) | 경대. 上指莖臺, 蔬菜和華開花的莖部. |
| **완초**(莞艸) | 부리(苻蘺). |
| **부리**(苻離) | 포평(蒲荓), 완(莞), 부리(苻蘺), 완포(莞蒲), 부리(夫蘺), 총포(蔥蒲), 완초(莞草), 포빈(蒲蘋), 수장총(水丈蔥), 충천초(沖天草), 취관초(翠管草), 관자초(管子草), 수총(水蔥). |

**[인경고 引經考]**

❶❷『이아:석초(爾雅:釋艸)』

莞, 苻蘺. 其上萬.

<今西方人呼蒲爲莞蒲. 萬謂其頭台首也. 今江東謂之苻蘺, 西方亦名蒲中莖爲萬, 用之爲席. 音羽翻.>

〔疏〕"莞, 苻蘺. 其上萬".

○釋曰 : 某氏曰 : 《本草》云白蒲, 一名苻蘺, 楚謂之莞蒲, 其上台別名萬. 郭義具注.《詩:小雅:斯幹》云 : "下莞上簞."

鄭箋云"莞, 小蒲 也者, 以莞, 蒲一草之名. 而《司幾筵》有莞筵, 蒲筵, 則有大小之異. 爲席有精有粗, 故得爲兩種席也.>

<徐鍇-繫傳>

| | |
|---|---|
| 초목의 꽃이 장차 피어나려고 할 때 | 草木將生花, |
| 먼저 경대가 빼어난다. | 先抽莖臺. |
| 지금 채대(菜臺)라고 하는 것이다. | 今謂菜臺是也. |

## 0319 𦬠芣苢 이 【yǐ ㅣˇ】 28
### 질경이 이

芣苢。《逗。》一名馬舃。
「**부이**(芣苢)는 일명 **마석**(馬舃)」이다.

其實如李。
그 열매는 오얏과 같다.

令人宜子。
사람을 편안하게 하는 것이다.

《『釋艸』。
『석초(釋艸)』❶에

芣苢、馬舃。
"**부이**(芣苢)는 **마석**(馬舃)이고,

馬舃、車前。
**마석**(馬舃)은 **차전**(車前)이다."라고 했다.

『說文』凡云一名者
『설문(說文)』에서 대개 일명이라고 하는 것은

皆後人所改竄。
모두 후세 사람들이 고쳐 넣은 것이다.

『爾雅音義』引作
『이아:음의(爾雅:音義)』❷에서 인용하기를,

「芣苢」、馬舃也。
"**부이**(芣苢)는 **마석**(馬舃)이다."라고 했다.

可證其實如李。
그 열매가 오얏과 같다는 것을 증명할 수 있다.

徐鍇謂其子亦似李。
서개(徐鍇)는 "그 씨도 역시 오얏과 비슷한데

但微而小耳。
다만 미약하고 작다."고 했다.

按『韵(韻)會』所引「李」作「麥」。
생각건대 『운회(韵會)』에서는 「리(李)」를 「맥(麥)」으로 써서 인용했다.

似近之。但未知其何本。
비슷한 것 같은데 어느 책을 근거했는지 알 수 없다.

陸德明、徐鍇所據已作「李」矣。
륙덕명(陸德明), 서개(徐鍇)가 이전에 인용한 것은 「리(李)」로 되어 있다.

令人宜子。
"자식을 편하게 한다."는 것을

陸機所謂治婦人產(產)難也。》
륙기(陸機)는 부인의 출산의 어려움을 치료한다는 말이다.❸

从艸、
초(艸)를 따랐고,

㠯聲。
이(㠯)가 성부가 된다.

《羊止切。1部。》
양지절(羊止切)이다. 제 1부에 속한다.

『周書』所說。
『주서(周書)』에서 설명하는 것이다.

《[示部]曰『逸周書』。
"[시부(示部)]에서는『逸周書』라고 했다.

此不言逸。
여기서 일(逸)이라고 말하지 않은 것은

或詳或略。
때로는 자세히, 때로는 간략히 설명하는 것이

錯見也。
뒤섞여 보인 것이다.

『王會篇』曰、
『왕회편(王會篇)』❹에 이르기를,

康民以桴苢、
"**강민**(康民)은 부이(桴苢)로 한다.

桴苢者、其實如李。
**부이**(桴苢)는 그 열매가 오얏과 같다.

食之宜子。
먹으면 아들을 편안하게 한다."라고 했다.

『詩音義』云、
『시:음의(詩:音義)』❺에 이르기를,

『山海經』及『周書』皆云
"『산해경(山海經)』과 『주서(周書)』❻에 모두

芣苢、木也。
'**부이**(芣苢)는 나무다.'라고 했다."고 했다.

## 0319

『今-山海經』無芣苢之文。
若『周書正文』未嘗言芣苢爲木。

陶隱居又云。
『韓詩』言芣苢是木。
食其實宜子孫。
此葢(蓋)誤以說『周書』者語系之『韓
詩』。
德明引『韓詩』直曰車前。

瞿曰芣苢。
李善引薛君曰。
芣苢、澤瀉也。
『韓詩』何嘗說是木哉。
竊謂古者殊方之貢獻
自出其珍異以將其誠。
不必知中國所無而後獻之。
然則芣苢無二。
不必致疑於許偁(稱)『周』也 》

『금-산해경(今-山海經)』에는 **부이(芣苢)**의 문장이 없다.
『주서:정문(周書:正文)』 같은 경우에도 "**부이(芣苢)**가 나무"라는 말을 한 적이 없다.
도은거(陶隱居)가 또 이르기를,
"『한시(韓詩)』에서 '**부이(芣苢)**는 나무다.
그 열매를 먹으면 아이를 쉽게 낳는다.'라고 했다."고 했다.
이것은 대개 『주서(周書)』가 설명한 것을 잘못 『한시(韓詩)』에 연계시킨 것이다.
덕명(德明)이 『한시(韓詩)』를 인용하며 직접 **차전(車前)**이라고 말한 것은
**부이(芣苢)**를 말하기 두려웠기 때문이다.
리선(李善)이 설군(薛君)을 인용하기를,
"**부이(芣苢)**는 **택사(澤瀉)**다."라고 했다.
『한시(韓詩)』는 일찌기 왜 이 나무라는 말을 했을까?
어쩌면 특수한 나라의 공물이 아니었을까?
그 **진이(珍異:**진귀하고 이상함)에서 나와 그 성실함으로 가야 한다.
중국에 없다는 것을 알고 바칠 필요는 없다.
그러므로 **부이(芣苢)**는 두 가지 사물이 아니다.
허신이 『주서(周書)』라고 칭한 말에 너무 지나친 의심을 둘 필요는 없다.

부(芣) 질경이, 꽃 성할
석(舃) (바닥이 겹으로 된)신
부(枎) 마룻대

| | |
|---|---|
| **부이(芣苢, 芣苢)** | 차전초(車前草). |
| **마석(馬舃)** | 차전초(車前草). <이아:석초(爾雅:釋草)>에 "부이(芣苢)는 마석(馬舃)이다. 마석(馬舃)은 차전(車前)이다."라고 했다. |
| **차전(車前)** | |
| **강민(康民)** | 서융(西戎)의 백성. |
| **부이(枎苢)** | 부이(芣苢). |
| **택사(澤瀉)** | 택사과에 속하는 다년초. 못 또는 습지에서 자란다. 괴근을 약재로 쓴다. |
| **진이(珍異)** | 진귀하고 특이한 먹을거리나 물품. |

0319

[인경고 引經考]

**❶『석초(釋艸)』**

芣苢, 馬舄; 馮舄, 車前.

<今車前草, 大葉長穗, 好生道邊, 江東呼爲蝦蟆衣.

○芣, 音浮. 苢音以.>

[疏] ○釋曰 : 藥草也, 別三名.

郭云 : "今車前草, 大葉長穗, 好生道邊, 江東呼爲蝦蟆衣."

《詩:周南》云 : "采采芣苢."

陸機《疏》云 : "馬舄, 一名車前, 一名當道. 喜在牛跡中生, 故曰車前, 當道也. 今藥中車前子是也. 幽州人謂之牛舌草. 可鬻作茹, 大滑. 其子治婦人難產."

王肅引《周書:王會》云 : "芣苢如李, 出於西戎."

王基駁云 : "《王會》所記雜物奇獸, 皆四夷遠國各齎土地異物以爲貢贄, 非《周南》婦人所得采." 是芣苢爲馬舄之草, 非西戎之木也.

**❷『이아:음의(爾雅:音義)』**1번 참조.

芣苢爲馬舄之草,

**❸륙기(陸機)**는 1번 참조.

"陸機《疏》云 : "馬舄, 一名車前, 一名當道. 喜在牛跡中生, 故曰車前, 當道也. 今藥中車前子是也. 幽州人謂之牛舌草. 可鬻作茹, 大滑. 其子治婦人難產."

**❹『[일]주서([逸]周書)』『왕회편(王會篇)』**

康民以桴苢, 苢者, 其實如李, 食之宜子. 周靡費費, 其形人身反踵, 自笑, 笑則上唇翕其目, 食人, 北方謂之吐嘍. 都郭生生, 欺羽生生, 若黃狗人面能言. 奇幹善芳, 善芳者, 頭若雄雞, 佩之令人不昧. 皆東向.

**❺『시:음의(詩:音義)』**

《芣苢》, 後妃之美也. 和平則婦人樂有子矣.

<天下和, 政教平也.

○芣苢, 音浮. 苢, 本亦作"苡", 音以.

《韓詩》云 : "直曰車前, 瞿曰芣苢."

郭璞云 : "江東呼爲蝦蟆衣."

《草木疏》云 : "幽州人謂之牛舌, 又名當道, 其子治婦人生難."

《本草》云 : "一名牛遺, 一名勝舄."

《山海經》及《周書:王會》皆云 : "芣苢, 木也, 實似李, 食之宜子, 出於西戎." 衛氏傳及許愼並同此. 王肅亦同, 王基已有駁難也. 舄音昔.>

**❻『일주서(逸周書)』**

氐羌以鸞鳥. 巴人以比翼鳥. 反煬以皇鳥, 蜀人以文翰, 文翰者, 若皋雞. 方人以孔鳥, 蔔人以丹沙, 夷用 閭焦)木. 康民以桴苢, 苢者, 其實如李, 食之宜子. 周靡費費, 其形人身反踵, 自笑, 笑則上唇翕其目, 食人, 北方

## 0319

謂之吐嘍. 都郭生生, 欺羽生生, 若黃狗人面能言. 奇幹善芳, 善芳者, 頭若雄雞, 佩之令人不昧. 皆東向.

〈詩經:周南:芣苢〉<전문>

采采芣苢, 薄言采之. 采采芣苢, 薄言有之.

〈[疏] ○正義曰:《釋草》文也.

郭璞曰:"今車前草大葉長穗, 好生道邊. 江東呼爲蝦蟆衣."

陸機《疏》云:"馬鳥, 一名車前, 一名當道, 喜在牛跡中生, 故曰車前, 當道也. 今藥中車前子是也. 幽州人謂之牛舌草, 可爲作茹, 大滑. 其子治婦人難產.

王肅引《周書:王會》云:'芣苢如李, 出於西戎.'

王基駮云:《王會》所記雜物奇獸, 皆四夷遠國各齎土地異物以爲貢贄, 非《周南》婦人所得采.'是芣苢爲馬鳥之草, 非西戎之木也."言宜懷任者, 即陸機《疏》云所治難產是也. … 〉

采采芣苢, 薄言掇之. 采采芣苢, 薄言捋之.

采采芣苢, 薄言袺之. 采采芣苢, 薄言襭之.

## 0320 薴 蕁 담 【tán ㄊㄢˊ】 28
### 지모풀 담

芤蕃也。
《今本篆文無彡。誤。
「芤」當是本作「尣」。
俗加艸。
『本艸』作沈<直林切>燔。
說『爾雅』者謂卽今之知母。》

从艸。
尋(尋)聲。
《「尋」各本作「尋」。
誤。
徒南切。古音在 7部。》
薴蕁(蕁)或从爻。

| | |
|---|---|
|「**침번**(芤蕃)」이라는 뜻이다.| |

지금의 전서(篆書)에는 삼(彡)이 없는데 틀렸다.
「침(芤)」을 원래는 「임(尣)」으로 썼다.
속자에서 초(艸)를 덧붙인 것이다.
『본초(本艸)』❶에서는 「**침번**(沈燔)」으로 썼다.
『이아(爾雅)』❷를 풀이하는 사람이 말하는 것은 지금의 **지모**(知母)다.
초(艸)를 따랐고,
심(尋)이 성부가 된다.
「심(尋)」을 여러 책에서 「심(尋)」으로 썼는데
틀린 것이다.
도남절(徒南切)이다. 고음(古音)은 제 7부에 속한다.
薴담(蕁)이 간혹 효(爻)를 따르기도 한다.

**침**(芤) 지모
**임**(尣) 다니다 ■유:머뭇거리다

**침번**(芤蕃)
**침번**(沈燔)

백합과 식물 지모(知母)의 근경. 수많은 별명들이 있다.지모(知母), 야료(野蓼), 동근(東根), 아초(兒草), 수수(水須), 산판자초(蒜瓣子草), 토자유초(兎子油草), 양호자근(羊胡子根), 하초(蝦草), 마마초(馬馬草), 회지모(淮知母), 수삼(水參), 화모(貨母), 제모(提母), 녀뢰(女雷), 녀리(女理), 록렬(鹿列), 광지모(光知母), 모지모(毛知母), 육지모(肉知母), 염지모(鹽知母), 창지(昌支), 아종초(兒踵草), 련모(連母), 지삼(地參), 수준(水浚).

**지모**(知母)
지모과에 속하는 다년초. 관상용으로 쓴다. 뿌리줄기를 해수(咳嗽), 담(痰) 등의 치료에 쓴다.

**[인경고 引經考]**

❶『본초(本艸)』

知母 味苦寒. 主消渴, 热中, 除邪气, 肢体浮肿, 下水, 补不足, 益气.
<一名蚳母, 一名連母, 一名野蓼, 一名地參, 一名水參, 一名水浚, 一名貨母, 一名蝭母. 生川谷.
吳普曰：知母, 神農桐君無毒, 補不足益氣. (禦覽引云：一名提母)
名醫曰：一名女雷, 一名女理, 一名兒草, 一名鹿列, 一名韭蓬, 一名兒踵草, 一名東根, 一名水須, 一名沈燔, 一名薅, 生河內, 二月八月, 采根暴幹.
案說文云：芤, 芤母也. 蕁, 莧藩也, 或從爻作薅. 廣雅云：芤母兒踵, 東根也.
爾雅云：薅, 莐藩. 郭璞云：生山上, 葉如韭, 一曰蝭母. 範子計然云：蝭母,

**0320**

出三輔, 黃白者善. 玉篇作母.>

❷『이아(爾雅)』

蘉, 莐藩.

<生山上, 葉如韭, 一曰提母.

○蘉, 徒南切. 莐, 音沈.>

○釋曰:藥草知母也. 一名蘉, 一名莐藩.

郭云:"生山上, 葉如韭, 一名提母."

案,《本草》此名之外更有十餘名, 文多不載.

陶注云:"形似昌蒲而柔潤, 葉至難死, 掘出隨生, 須燥乃止也."

## 0321 䕂藃 격 【jī ㄐㄧˉ】 28

### 풀 이름 격

艸也。 「풀의 일종」이다.

从艸。 초(艸)를 따랐고,

藃聲。 격(藃)이 성부가 된다.

《古歷切 16部。》 고력절(古歷切)이다. 제 16부에 속한다.

격(藃) 칠 ▣계:먹여기를.

# 0322

| | |
|---|---|
| 烏蔰、 | 「오구(烏蔰)」는 |
| 《逗。二字依『爾雅音義』補。》 | 두 글자는 『이아:음의(爾雅:音義)』를 근거로 보충했다. |
| 艸也。 | 풀의 일종이다. |
| 《『廣韵』曰。 | 『광운(廣韵)』에 이르기를, |
| 烏蔰、艸名。 | "오구(烏蔰)는 풀이름이다."라고 했다. |
| 本『說文』。 | 『설문(說文)』을 본뜬 것이다. |
| 『郭-注:爾雅』菼薍云。 | 『곽-주:이아(郭-注:爾雅)』❶의 담란(菼薍)에 이르기를, |
| 江東呼爲烏蔰。 | "강동(江東) 지방에서는 오구(烏蔰)라고 부른다. |
| 音丠。 | 음은 구(丠:언덕)다."라고 했다. |
| 許不與蒹薍薕四字類廁。 | 허신은 겸(蒹:물억새), 란(薍:물억새), 담(薍:물억새), 렴(薕:갈대) 넉 자를 무리지어 나란히 두지는 않았다. |
| 則許意不同郭也。》 | 허신의 뜻은 곽(郭)과 다른 것이다. |
| 从艸。 | 초(艸)를 따랐고, |
| 區聲。 | 구(區)가 성부가 된다. |
| 《去鳩切。 | 거구절(去鳩切)이다. |
| 古音在4部。》 | 고음(古音)은 제 10부에 속한다. |

**완**(薍) 물억새 ▣란:작은 마늘, 달래 뿌리.
**담**(菼) 물억새, 비 만드는 풀
**담**(薍) 물억새, 달, 비 만드는 풀.
**겸**(蒹) 갈대, 어린 물억새.
**렴**(薕) 물억새

| | |
|---|---|
| **오구**(烏蔰) | 갈대의 별명. |
| **담란**(菼薍) | <곽주-이아:담란(郭注-爾雅:菼薍)>에 이르기를 "강동(江東)에서는 오구(烏蔰)라고 한다."라고 했다. |
| | ※ 오구(烏蔰) 로위(蘆葦)의 별명(別名).《사기:사마상여렬전(史記:司馬相如列傳)》에 "其卑溼則生藏莨兼葭."가 있는데 배인의 <집해(裴駰集解)>에서 진(晉)나라 곽박(郭璞)을 인용하여 이르기를 "가(葭)는 로(蘆)다. 위(葦)와 비슷한데 가늘고 작다. 강동인(江東人)들은 오구(烏蔰)라고 부른다."라고 했다. |
| **강동**(江東) | 양자강 이동(以東) 지구를 말한다. 옛 사람들은 동쪽을 좌(左)라고 했기 때문에 강좌(江左)로도 불렸다. 양자강(揚子江)이 구강(九江)에서 남경(南京)까지 동북방으로 비스듬히 흘렀으므로 동서(東西)와 좌우(左右)를 확정하는 기준이 되었다. 옛날에는 중원(中原)으로 진입하는 오지(吳地)의 중요한 항구(港口)가 있어서 강의 동쪽지구가 강동(江東)이 되었다. 역사가 흘러 중원이 중앙이 되고, 양자강 이남이 |

**0322**

바깥, 표(表)가 되어 강남을 강표(江表)로 칭했다. 강표(江表)는 또 양자강의 동쪽에 있었으므로 또한 강동(江東)으로도 불렀다. 진(晉), 남조(南朝) 때에는 강동(江東)을 강좌(江左)로 불렀다. 삼국(三國) 때에 강동(江東)이 손오정권(孫吳政權)의 속지(屬地)였었기 때문에 손오(孫吳)의 통치지구(統治地區) 전체를 강동(江東)으로 불렀다.

[인경고 引經考]

❶『곽-주:이아(郭-注:爾雅)』

薂, 薻.

　　&lt;似葦而小, 實中, 江東呼爲烏蓲.

　　○薂, 他敢切. 薻, 五患切. 蓲, 音丘.&gt;

其萌虇.

　　&lt;今江東呼蘆筍爲虇, 然則葦葭之類, 其初生者皆名虇. 虇, 音纏綣.&gt;

　　〔疏〕"葭華"至"萌虇".

　　○釋曰: 此辨蒹葭等生成之異名也. 葭, 一名華, 即今蘆也. 葦之未成者菼, 一名薕.

　　郭云: "似萑而細, 高數尺, 江東呼爲薕薍."

　　《詩:秦風》云: "蒹葭蒼蒼."

　　陸機云: "蒹, 水草也. 堅實, 牛食令牛肥強. 青徐人謂之蒹. 兗州, 遼東通語也. 葭, 一名蘆菼, 一名薻."

　　李巡曰: "分別葦類之異名."

　　郭云: 蘆, "葦也". 薂, "似葦而小, 實中, 江東呼爲烏蓲".

　　如李巡云, 蘆, 薻共爲一草. 如郭云, 則蘆, 薻別草.

　　案《詩:大車》傳云: "菼, 騅也, 蘆之初生." 則毛意亦以葭, 菼爲一草也.

　　案《詩:衛風:碩人》云: "葭菼揭揭."

　　陸機云: "薻或謂之荻. 至秋堅成則謂之萑. 其初生三月中, 其心挺出, 其下本大如箸, 上銳而細, 揚州人謂之馬尾. 以今語驗之, 則蘆, 薻別草也." 其萌名虇.

　　郭云: "今江東人呼蘆筍爲虇, 然則葦葭之類, 其初生者皆名虇."

　　○注"音纏綣".

　　○釋曰:《大雅:民勞》云: "以謹繾綣."

　　昭二十五年《左傳》云: "繾綣從公, 無通外內." 此取虇與綣字音同, 不爲義也.

참고　우(樌)

| 0323 | 0323 菡菡 고【gù 《ㄨˋ】29<br>풀 고 |
|---|---|

艸也。　　「풀의 일종」이다.
从艸。　　초(艸)를 따랐고,
固聲。　　고(固)가 성부가 된다.
《古慕切 5部 》　고모절(古慕切)이다. 제 5부에 속한다.

0324 蘇蘇 간【gàn ㄍㄢˋ】29

벼줄기 간

0324

艸也。 「풀의 일종」이다.

从艸。 초(艸)를 따랐고,

榦聲。 간(榦)이 성부가 된다.

《古案切 14部。》 고안절(古案切)이다. 제 14부에 속한다.

간(榦) 줄기 간(幹)의 본래 글자.

# 0325

## 0325 諸 저【zhū ㄓㄨˉ】29
## 마、고구마 저

| | |
|---|---|
| 藷蔗也。 | 「**저자**(藷蔗)」라는 뜻이다. |
| 《三字句。 | 세 글자가 한 구절이다. |
| 或作藷蔗、或都蔗。 | 혹은 **제자**(藷蔗), **도자**(都蔗)로도 쓴다. |
| 藷蔗二字疊韵(疊韻)也。 | 제(藷)와 자(蔗) 두 글자는 첩운이다. |
| 或作「竿蔗」、或「干蔗」、 | 혹은 「**간자**(竿蔗)」, 「**간자**(干蔗)」로도 쓰는데, |
| 象其形也。 | 그 모양을 본뜬 것이다. |
| 或作「甘蔗」。 | 혹은 「**감자**(甘蔗)」로도 쓰는 것은 |
| 謂其味也。 | 그 맛을 본뜬 것이다. |
| 或作「邯睹」。 | 혹은 「**감도**(邯睹)」로도 쓴다. |
| 『服虔(虔)-通俗文』曰、 | 『**복건-통속문**(服虔(虔)-通俗文)』❶에 이르기를, |
| 荊(荊)州「竿蔗」。》 | "형주(荊州) 지방에서는 「**간자**(竿蔗)」라고 쓴다."라고 했다. |
| 从艸、 | 초(艸)를 따랐고, |
| 藷聲。 | 제(藷)가 성부가 된다. |
| 《章魚切。5部。》 | 장어절(章魚切)이다. 제 5부에 속한다. |

**자**(蔗) 사탕수수
**한**(邯) 현이름 ▣**함**·풍성할
**자**(睹) 사탕수수

| | |
|---|---|
| **저자**(藷蔗) **제자**(藷蔗) **도자**(都蔗) | 요본과(禾本科)의 다년생초. 사탕수수. 제자(藷蔗), 도자(都蔗), 감자(甘蔗), 간자(竿蔗). |
| | 감자(甘蔗). 청(淸)나라 리조원(李調元)의《남월필기:자(南越筆記:蔗)》에 "蔗正本少, 庶本多, 그래서 자(蔗)를 또한 제자(藷蔗)라고 하는데 제(藷)는 중(衆)이다. 서출(庶出)을 말한다. 서출(庶出)이면서 달기 까지 하니 그래서 그 서(庶)를 귀하게 여긴다. 도자(都蔗)라고 하는 것은 정출자(正出者)를 말한다."라고 했다. |
| | ※ 정출(正出) 1. 샘물이 솟아나옴. 2. 본 처(本妻)에게서 태어난 자녀. |
| **간자**(竿蔗), **간자**(干蔗), **감자**(甘蔗), **감도**(邯睹) | 사탕수수. 감자(甘蔗). 간자(幹柘) 감자(甘蔗). 당현응《일체경음의:권11(唐-玄應《一切經音義:卷11》): "간자(幹柘)는 …或作 감자(甘蔗), 或作 간자(竿蔗). 이것은 모두 서국어(西國語)로 정해진 정체(正體)가 없다."라고 했다. |
| [**인경고** 引經考] | ❶『**복건-통속문**(服虔(虔)-通俗文)』 |
| | 厥. |

## 0326 蔗 자 【zhè 业亡ˋ】 29

### 0326

사탕수수 자

藷蔗也。 「**저자**(藷蔗)」라는 뜻이다.
从艸。 초(艸)를 따랐고,
庶聲。 서(庶)가 성부가 된다.
《之夜切。   지야절(之夜切)이다.
古音在 3部。》   고음(古音)은 제 3부에 속한다.

---

**저자**(藷蔗) | 요본과(禾本科)의 다년생초. 사탕수수. 제자(藷蔗), 도자(都蔗), 감자(甘蔗), 간자(竿蔗).

# 0327

새끼 꼴 수 있는 풀 이름 녕

䒩䔻、《逗。》
可㠯(以)作麋綆。
《麋、牛轡也。
綆、汲井綆也。》
从艸。
㪷聲。
《女庚切》
古音在 10部。
䒩䔻疊韵(疊韻)。》

「장녕(䒩䔻)」은
고삐와 두레박줄을 만들 수 있는 풀이다.
『미(麋)는 쇠고삐다.
경(綆)은 우물에서 물을 깃는 두레박줄이다.
초(艸)를 따랐고,
양(㪷)이 성부가 된다.
녀경절(女庚切)이다.
고음(古音)은 제 10부에 속한다.
장(䒩)과 녕(䔻)은 첩운(疊韻)이다.

미(麋) 쇠고삐
장(䒩) 양의 암컷
비(轡) 고삐
경(綆) 두레박줄

미경(麋綆) | 새끼줄(繩索).

## 0328 藸藸 저 【zhū 뽀ㄨˉ】 29

### 개당근、오미자 저

0328

艸也。 「풀의 일종」이다.

从艸。 초(艸)를 따랐고,

藸聲。 저(藸)가 성부가 된다.

《直魚切。5部。 직어절(直魚切)이다. 제 5부에 속한다.

鉉本移此字於莖篆下。 서현(徐鉉)의 책에서 이 글자를 치(莖)자 아래로 옮긴 것은

以莖藸二字當類列。 치(莖), 저(藸) 두 글자를 종류에 의해 무리지어 나열한 것이지만

而不知許意單呼藸者、 허신이 단독으로 저(藸)라고 부른 것은

別是一物也。》 다른 한 사물이었기 때문이라는 것을 몰랐기 때문이다.

## 0329

### 0329 蕼蕼 사【sì ㄙˋ】 29
### 풀 이름 사

艸也。 「풀의 일종」이다.

从艸。 초(艸)를 따랐고,

賜聲。 사(賜)가 성부가 된다.

《斯義切　16部。》 사의절(斯義切)이다. 제 10부에 속한다.

## 0330 茻茻 중【zhōng ㄓㄨㄥ】 29
풀 중

艸也。
从艸。
中聲。
《陟宮切 9部。》

「풀의 일종」이다.
초(艸)를 따랐고,
중(中)이 성부가 된다.
　척궁절(陟宮切)이다. 제9부에 속한다.

성부 浃옥

## 0331  蒠蒠 부 【fù ㄈㄨˋ】 29
### 쥐참외 부

| | |
|---|---|
| 王蒠也。 | 「왕부(王蒠)」라는 뜻이다. |
| 《『夏小正』。 | 『하소정(夏小正)』❶에 |
| 四月王蒠秀。 | "4월이면 왕부(王蒠)가 싹튼다."라고 했고, |
| 『月令』。 | 『월령(月令)』❷에 |
| 四月王瓜生。 | "4월이면 **왕과(王瓜)**가 싹튼다."라고 했고, |
| 『注』云。 | 『주(注)』에 이르기를, |
| 『今-月令』云王蒠秀。 | "『금-월령(今-月令)』에서 '왕부(王蒠)가 싹튼다.' 라고 했는데, |
| 『豳風:四月秀葽:箋』。 | 『빈풍:4월수요:전(豳風:四月秀葽:箋)』❸에서는 |
| 疑葽卽王蒠。 | "요(葽)가 곧 왕부(王蒠)일 것이다."라고 했다. |
| 『管子:地員』 | 『관자:지원(管子:地員)』❹ 에 |
| 有蒠。有大蒠細蒠。》 | "부(蒠)가 있다. **대부(大蒠)**와 **세부(細蒠)**가 있다."라고 했다. |
| 从艸 | 초(艸)를 따랐고, |
| 負聲。 | 부(負)가 성부가 된다. |
| 《房九切。古音在 1部。》 | 방구절(斯義切)이다. 제 1부에 속한다. |

요(葽) 애기풀, 풀더부룩한 모양

| | |
|---|---|
| **왕부(王蒠)** | 왕과(王瓜). |
| **왕과(王瓜)** | 쥐참외, 토과(土瓜). |
| **지원(地員)** | 『관자(管子)』의 한 편명. 제 58편이다. |
| **대부(大蒠), 세부(細蒠)** | <월령(月令)>에서 "왕과(王瓜)가 난다."라고 했는데 정원(鄭元)이 이르기를 "<월령(月令)>에서 왕부(王蒠)가 난다."라고 했다. 공영련(孔穎連)이 이르기를 아마도 왕부(王蒠)가 곧 왕과(王瓜)일 것이다."라고 했다. <관자:지원편(管子:地員篇)>에서 "剝土之次, 日 : 五沙 : 其種大蒠細蒠), 白莖靑秀以蔓."라고 했는데 <본초도경(本草圖經)>에서 이르기를 "큰 것이 곧 왕부(王蒠)이다. 또한 토과(土瓜)라고도 한다."라고 했다. |

| | |
|---|---|
| **[인경고 引經考]** | ❶『하소정(夏小正)』 |
| | 四月昴則見初昏南門正鳴札囿有見杏鳴蜮王蒠莠. |
| | ❷『월령(月令)』 |
| | 螻蟈鳴, 蚯蚓出, 王瓜生, 苦菜秀. |
| | <皆記時候也. 螻蟈, 蛙也. 王瓜, 萆挈也. 今《月令》云"王蒠生",《夏小正》云"王蒠秀", 未聞孰是. ○螻音樓. 蟈, 古獲反, 螻蟈, 蛙也 ; 蔡云 : "螻, 螻蛄. 蟈, 蛙也." 蛙, 烏蝸反, 卽蝦蟆也. 蚓, 以忍反. 萆挈, 上反八反, 下起八反. 蒠, 戾九反.> |
| | ❸<豳風:七月> |

○ 七月，陳王業也. 周公遭變，故陳后稷先公風化之所由，致王業之艱難也.

七月流火，九月授衣. 一之日觱發，二之日栗烈. 無衣無褐，何以卒歲. 三之日于耜，四之日舉趾. 同我婦子，饁彼南畝. 田畯至喜.

七月流火，九月授衣. 春日載陽，有鳴倉庚. 女執懿筐，遵彼微行. 爰求柔桑. 春日遲遲，采蘩祁祁. 女心傷悲，殆及公子同歸.

七月流火，八月萑葦. 蠶月條桑，取彼斧斨，以伐遠揚，猗彼女桑. 七月鳴鵙，八月載績. 載玄載黃，我朱孔陽，爲公子裳.

四月秀葽，五月鳴蜩. 八月其穫，十月隕蘀.

<不榮而實曰秀葽. 葽，草也. 蜩，蟬也. 穫，禾可穫也. 隕，墜. 蘀，落也. 箋云:《夏小正》"四月，王葽秀." 葽其是乎? 秀葽也，鳴蜩也，穫禾也，隕蘀也，四者皆物成而將寒之候，物成自秀葽始.

○葽，於遙反. 蜩，徒彫反. 穫，戶郭反，下同. 隕，於敏反. 蘀音託. 蟬音蟬. 墜，直類反. 黃音婦.>

一之日于貉，取彼狐狸，爲公子裘. 二之日其同，載纘武功，言私其豵，獻豜于公.

<[疏] "四月"至"於公"···

○正義曰:《夏小正》者，《大戴禮》之篇名也. 葽之爲草，《書傳》無文. 四月已秀，物之鮮矣，故疑王葽正與葽爲一，言"葽其是乎"? 爲疑之辭也.《月令》孟夏"王瓜生"，注云: "今曰王葽生.《夏小正》云'王葽秀'，未聞孰是." 鄭以四月生者，自是王瓜. 今《月令》與《夏小正》皆作"王葽"，而生，秀字異，必有誤者，故云"未知孰是".>

五月斯螽動股，六月莎雞振羽. 七月在野，八月在宇，九月在戶. 十月蟋蟀入我牀下. 穹窒熏鼠，塞向墐戶. 嗟我婦子，曰爲改歲，入此室處.

六月食鬱及薁，七月亨葵及菽，八月剝棗，十月穫稻. 爲此春酒，以介眉壽. 七月食瓜，八月斷壺，九月叔苴，采荼薪樗. 食我農夫.

九月築場圃，十月納禾稼. 黍稷重穋，禾麻菽麥. 嗟我農夫，我稼既同，上入執宮功. 晝爾于茅，宵爾索綯. 亟其乘屋，其始播百穀.

二之日鑿冰沖沖，三之日納于凌陰. 四之日其蚤，獻羔祭韭. 九月肅霜，十月滌場. 朋酒斯饗，曰殺羔羊. 躋彼公堂，稱彼兕觥，萬壽無疆.

❹『관자:지원(管子:地員)』 ※ 본문과 조금 다르다.

剽土之次曰五沙. 五沙之狀，粟焉如屑塵厲，其種大貰細貰，白莖青秀以蔓，蓄殖果木，不如三土以十分之四. 沙土之次曰五塥，五塥之狀，累然如僕累，不忍水旱，其種大樛杞，細樛杞黑莖黑秀，蓄殖果木，不若三土以十分之四.

## 0332

艸也。「풀의 일종」이다.
味苦。맛이 쓰다.
江南食之目(以)下气　강남에서는 기운을 내릴 때 먹는다.
《『名醫別錄』云。　『명의별록(名醫別錄)』❶에 이르기를,
苦芺主㯃瘡。　"고요(苦芺)는 칠창(㯃瘡)에 주효하다."라고 했다.
不云可下氣。　하기(下氣)를 할 수 있다는 말은 하지 않았다.
漢人謂豫章長沙爲江南。　한나라 사람들은 예장(豫章)과 장사(長沙) 지방을 강남(江南)이라고 불렀다.
从艸。　초(艸)를 따랐고,
夭聲。　요(夭)가 성부가 된다.
《烏浩切。2部。》　오호절(烏浩切)이다. 제 2부에 속한다.

칠(㯃) 옻나무, 물이름.

**고요(苦芺)** 한방 약이름. 청열해독(淸熱海毒) 작용. 구요(鉤了芺), 고판(苦板), 고채(苦菜), 패장(敗醬), 패장초(敗醬草).

**칠창(㯃瘡)** 옻독이 올라 생긴 급성피부병.

**하기(下氣)** 기운을 내리게 함. 흥분을 가라 앉힘.

**예장(豫章)** 고대지역 명칭. 한고제(漢高帝) 초년에 설치되었다. 수(隋) 개황(開皇9년:589) 폐지되고 홍주(洪州)가 되었다가, 대업(大業) 2년 다시 예장현(豫章縣)이 되었다. 당(唐) 대종(代宗)의 이름이 예(606豫)여서 종릉현(鍾陵縣)으로 바뀌었다. 다시 원래의 이름을 회복하지 못하고 남창(南昌)의 별칭이 되었다.

**장사(長沙)** 초(楚)문명 발상지. 문자로 고증할 수 있는 역사가 3,000년이나 된다. 굴원(屈原)과 가의(賈誼)의 영향으로 굴가지향(屈賈之鄕)으로 불리운다. 유명한 마왕퇴묘(馬王堆墓)가 있다.

**[인경고 引經考]**

❶『명의별록(名醫別錄)』에는 없고 <이아>에
鉤, 芺.
<大如拇指, 中空, 莖頭有台似薊. 初生可食. >
○釋曰 : 薊類也. 一名鉤, 一名芺.
郭云 : "大如拇指, 中空, 莖頭有台似薊. 初生可食."
《說文》云"味苦, 江南食以下氣"是也.

**[요(芺)가 성부가 되어 만드는 형성자들] 4자**

형성 (4자)　요(祆聯)8-69오(鴞鷂)2285
어(鴃鸒)3101 요(妖㜘)7891

## 0333 茲 弦 현【xián ㄒㄧㄢˊ】29
### 풀 현

艸也。　　　「풀의 일종」이다.
从艸。　　　초(艸)를 따랐고,
弦聲。　　　현(弦)이 성부가 된다.
《胡田切。12部。》　　호전절(胡田切)이다. 제 12부에 속한다.

0334 𦳞 䕡 유【yòu ㅣㄡˋ】29

본[풀이름] 동산 유

| 艸也。 | 「풀의 일종」이다. |
| 从艸。 | 초(艸)를 따랐고, |
| 䕡聲。 | 유(䕡)가 성부가 된다. |
| 《于救切。 | 우구절(于救切)이다. |
| 古音在 1部。》 | 고음(古音)은 제 1부에 속한다. |
| 𦳞籒文囿。 | 𦳞은 주문(籒文) 유(囿)자다. |

## 0335 芣 부【fú ㄈㄨˊ】 29

갈대청 부

0335

艸也。　「풀의 일종」이다.

从艸。　초(艸)를 따랐고,

孚聲。　부(孚)가 성부가 된다.

《芳無切。　방무절(芳無切)이다.

古音在 3部。》　고음(古音)은 제 3부에 속한다.

## 0336

## 0336 蘭黃 인【yín ㅣㄣˊ】29
쥐참외 인

| | |
|---|---|
| 兔瓜也。 | 「토과(兔瓜)」라는 뜻이다. |
| 《見『釋艸』。》 | 『석초(釋艸)』❶를 보라. |
| 从艸。 | 초(艸)를 따랐고, |
| 寅聲。 | 인(寅)이 성부가 된다. |
| 《翼眞切。12部。》 | 익진절(翼眞切)이다. 제 12부에 속한다. |

**토과(兔瓜)**  왕과(王瓜). <이아:곽박:주(爾雅:郭樸-注)>에 "兔瓜似土瓜."라고 했다. 형병-소(刑昺-疏)에 "土瓜者, 卽王瓜也."라고 했다.

**[인경고 引經考]**  ❶『석초(釋艸)』

蘭, 菟瓜.

<菟瓜似土瓜.

○蘭, 戶怪切. 蘪, 音孫. 萯, 音練. 菟, 音兔. 荄, 音垓. 莫, 音兮. 蘭, 音演.>

〔疏〕○釋曰 : 菟瓜, 一名蘭. 苗及實似土瓜. 土瓜者, 卽王瓜也.

《月令》"王瓜生"是也.

## 0337 鞸萍 병【píng ㅊㅣㄥˊ】 29 0337
본[풀이름] 하여금 병

馬帚也。 「마추(馬帚)」라는 뜻이다.
《見『釋艸』。 『석초(釋艸)』❶를 보라.
『夏小正』。 『하소정(夏小正)』❷에
七月萍秀。 "7월이면 병(萍)이 싹튼다.
萍也者、馬帚也。 병(萍)은 마추(馬帚)다."라고 했다.
『廣雅』曰。 『광아(廣雅)』에 이르기를,
馬帚、屈馬萍也。》 "마추(馬帚)는 굴마병(屈馬萍)이다."라고 했다.
从艸、 초(艸)를 따랐고,
并聲。 병(并)이 성부가 된다.
《薄經切。11部。 박경절(薄經切)이다. 제 11부에 속한다.
『詩:大雅』 『시:대아(詩:大雅)』❸는
萍使也。》 "병(萍)은 사(使)다."라고 했다.

추(帚) 빗자루
소(埽) 쓸다, 언덕, 소(掃)와 같은 글자.
려(蠡) 나무좀
여(茢) 염교, 뿌리로 빗자루를 만든다.
세(萍) 비수리.

**마추(馬帚)** 우리 말로 비수리다. 수많은 별명이 있다. 마린자(馬藺子), 극초(劇草), 한포(旱蒲), 시수(豕首), 삼견(三堅), 삼엽초(三葉草), 봉초(封草), 균관자(菌串子), 백마편(白馬鞭), 조공편(趙公鞭), 철선팔초(鐵線八草), 사도퇴(蛇倒退), 사퇴초(蛇退草), 천리광(千裏光), 호승익(胡蠅翼), 반천뢰(半天雷), 황충관(蝗蟲串), 폐문초(閉門草), 공모초(公母草), 철마편(鐵馬鞭), 퇴소초(退燒草), 소종야관문(小種夜關門), 사탈각(蛇脫殼), 일지전(一枝箭), 천리급(千裏及), 풍교미(風交尾), 화식초(化食草), 백관문초(白關門草), 광문죽(光門竹), 야합초(夜合草), 삼엽공모초(三葉公母草), 철소파(鐵掃把), 음양초(陰陽草), 호류관(胡流串), 대력왕(大力王), 관문초(關門草), 마미초(馬尾草), 야폐초(夜閉草), 화어초(火魚草), 백관문초(白關門草)등등. 양기가 허약한 노인들의 양기보충에 탁월한 효과가 있다.

**굴마병(屈馬萍)** 마추의 다른 이름.

**[인경고 引經考]**

❶『석초(釋艸)』
萍, 馬帚.<似著, 可以爲埽蔧. ○萍, 音並.>
❷『하소정(夏小正)』<夏小正第四十七>
七月: 萍秀.<萍也者, 馬帚也.>

## 0337

❸『시:대아(詩:大雅)』〈大雅:蕩之什:桑柔〉

…　…

爲謀爲毖, 亂況斯削. 告爾憂恤, 誨爾序爵. 誰能執熱, 逝不以濯. 其何能淑, 載胥及溺.

如彼遡風, 亦孔之僾. 民有肅心, 荓云不逮. 好是稼穡, 力民代食. 稼穡維寶, 代食維好.

〈遡, 鄕. 僾, 唈. 荓, 使也. "力民代食", 代無功者食天祿也.

箋云：肅, 進. 逮, 及也. 今王之爲政, 見之使人唈然, 如鄕疾風, 不能息也. 王爲政, 民有進於善道之心, 當任用之, 反卻退之, 使不及門. 但好任用是居家嗇嗇, 於聚斂作力之人, 令代賢者處位食祿. 明王之法, 能治人者食於人, 不能治人者食人.

《禮記》曰："與其有聚斂之臣, 寧有盜臣. 聚斂之臣害民, 盜臣害財."〉

天降喪亂, 滅我立王. 降此蟊賊, 稼穡卒痒. 哀恫中國, 具贅卒荒. 靡有旅力, 以念穹蒼. …　…

**마추(馬帚)**

<이아;석초[爾雅:釋艸]>

병(荓)은 마추(馬帚)다. 　　　"荓、馬帚."

<곽박의 주>에 　　　　　　　<郭璞注>

"시초와 비슷한데 　　　　　　"似著,

빗자루를 만들 수 있다." 　　可以爲埽彗."

라고 했다.

<본초강목:초부:려실[本艸綱目:艸部:蠡實]>

려실, … 마린자, … 　　　　蠡實. … 馬藺子,

마추, 철소추. 　　　　　　　馬帚, 鐵掃帚.

시진이 이르기를 　　　　　　時珍曰. …

"이것은 여초다. 　　　　　　此則荔艸.

말잔등을 긁어줄 수 있다. 　謂其可爲馬刷,

그래서 이름지은 것이다. 　故名.

지금의 황하 남북사람들이 　今河南北人

마철추라고 하는 것이다." 　呼爲馬鐵帚是矣.

라고 했다.

## 0338 蕕 유【yóu ㅣㄡˊ】29

### 물풀 이름 유

| | |
|---|---|
| 木邊艸也。 | 「나무 주변에서 자라는 풀」이다. |
| 《『漢書:子虛賦音義』曰。 | 『한서:자허부:음의(漢書:子虛賦:音義)』❶에 이르기를, |
| 軒于、蕕艸也。 | "헌우(軒于)는, 유초(蕕艸)다. |
| 生水中。楊州有之。 | 물 속에서 자란다. 양주(楊州)에 있다."라고 했다. |
| 『釋艸』。 | 『석초(釋艸)』❷에, |
| 茜、蔓于。 | "유(茜)는 만우(蔓于)다."라고 했다. |
| 茜卽蕕。 | 유(茜)가 곧 유(蕕)다. |
| 蔓于卽軒于。》 | 만우(蔓于)는 곧 헌우(軒于)다. |
| 从艸。 | 초(艸)를 따랐고, |
| 蕕聲。 | 유(蕕)가 성부가 된다. |
| 《以周切。3部。》 | 이주절(以周切)이다. 제 3부에 속한다. |

**저**(蘆) 갈대
**숙**(茜) 모사, 거를 ▣유:물풀
**저**(儲) 쌓을, 버금

| | |
|---|---|
| **헌우**(軒于) | 헌우(軒芋), 헌어(軒於)라고도 한다. 유초(蕕艸)다. |
| **유초**(蕕艸) | 헌우(軒芋). |
| **양주**(楊州) | 강소(江蘇), 안휘(安徽), 절강(折江) 등 여러 성에 걸쳐 있던 주. 양주(揚州)는 장강(長江) 하류가 흐르고 있어서 옛날에는 강남(江南)으로 불렸고 당조(唐朝) 이후 발달하기 시작했다. 수(隋) 나라 때 경항대운하(京杭大運河)의 경유지가 되면서 양주는 강남에서 경제가 가장 발달한 곳이 되었다. 명청(明淸) 때 북경(北京)으로 가는 물자들이 이곳을 통과했으나 19세기 상해(上海)를 거치는 철로가 개통되면서 양주경제는 쇠락했다. |
| **만우**(蔓于) | ① 수초이름. 누린내풀의 별명. 마당(馬唐).&lt;교학사 사전&gt; ② 마당(馬唐). 화본과(禾本科) 1년생 초본식물. 잡초의 하나. 북미와 구주(歐洲)의 평원(草坪)과 밭, 그리고 황무지(荒蕪地)에서 자란다. 아랫 부분의 경절(莖節:줄기 마디)이 땅에 붙어서 뿌리를 내리고 덩굴로 뻗어나가기 때문에 뽑아내기 어렵다. 잎은 긴 털로 덮혀 있다. 마당(馬唐), 양마(羊麻), 양속(羊粟), 마반(馬飯), 조근초(조根草), 계조초(鷄爪草), 지초(指草), 실슬초(실슬草), 조지룡(조地龍). 등이다.&lt;百度&gt; |
| **[인경고 引經考]** | ❶『한서:자허부:음의(漢書:子虛賦:音義)』&lt;자허부&gt; |

蓮藕觚盧, 菴閭軒於.

&lt;張揖曰：庵閭, 蒿也, 子可醫疾. 軒於, 蕕草也, 生水中, 楊州有之.

善曰：庵, 音淹. 蕕音蕕.&gt;

## 0338

0338 菌藠 유 [艸]13) 유 풀 이름 유

❷『석초(釋艸)』 ※ 본문과 조금 다르다.

菌, 蔓於.

<草生水中, 一名軒於, 江東呼菌. 音猶.>

[疏] "菌, 蔓於".

○ 釋曰 : 菌, 水草也, 一名蔓於.

郭云 : 一名軒於, 江東呼菌.


### 유(藗)

&lt;서개(徐鍇) 계전(繫傳)&gt;

| 가는 갈대와 비슷하다. | 似細蘆. |
|---|---|
| 물위에서 덩굴로 자란다. | 蔓生水上. |
| 수면의 높낮이에 따라, | 隨水高下, |
| 둥둥 다닌다. | 泛泛然也. |
| 그래서 유라고 한다. 뜨는 것이다. | 故曰藗, 游也 |

&lt;좌전:희공4년(左傳:僖公四年)&gt;

| 훈도 있고, 유도 있다. | 一薰一藗. |
|---|---|
| 10년인데도 오히려 악취가 있다. | 十年尙猶有臭. |
| &lt;두예의 주&gt;에서 | &lt;杜預注&gt; |
| "훈은 향초이고 | "薰, 香艸. |
| 유는 악취나는 풀이다."라고 했다. | 藗, 臭艸." |

&lt;0274 薰 참조&gt;

## 0339 薆 蒌 안【àn ㄢˋ】29

풀 안

| | |
|---|---|
| 艸也。 | 「풀의 일종」이다. |
| 从艸。 | 초(艸)를 따랐고, |
| 安聲。 | 안(安)이 성부가 된다. |
| 《烏旰切 14部》 | 오한절(烏旰切)이다. 제 14부에 속한다. |

0339

## 0340 蘎蘎 기【qí ㄑㄧˊ】29
### 고비 나물 기

| | |
|---|---|
| 土夫也。 | 「토부(土夫)」라는 뜻이다. |
| 《各本作「蘎月爾也」。 | 여러 책에서는 「기월이야(蘎月爾也)」라고 했다. |
| 今依『爾雅音義』。 | 지금은 『이아:음의(爾雅:音義)』❶를 따랐다. |
| 改『今本-釋艸』。 | 『금본-석초(今本-釋艸)』❷를 보면, |
| 芏、夫王。 | "토(芏)는 **부왕(夫王)**이다."라고 했다. |
| 郭云。 | 곽(郭)이 이르기를, |
| 芏艸生海邊。 | **토초(芏艸)**는 해변에서 자란다. |
| 蘎月爾。 | 기(蘎)는 월이(月爾)다. |
| 郭云。 | 곽(郭)이 이르기를, |
| 卽紫蘎也。 | 곧, **자기(紫蘎)**다. |
| 似蕨可食。 | 고사리와 비슷하며 먹을 수 있다."라고 했다. |
| 陸德明曰。 | 륙덕명(陸德明)이 이르기를,❸ |
| 蘎字亦作蘎。 | "기(蘎)자를 또 기(蘎)자로도 쓴다. |
| 紫蘎菜也。 | **자기채(紫蘎菜)**를 말한다. |
| 『說文』云 | 『설문(說文)』에서는 |
| 蘎土夫也。 | '기(蘎)는 토부(土夫)다.'라고 했다."고 했다. |
| 其所據『說文』。 | 그가 근거한 『설문(說文)』은 |
| 必與『爾雅』殊異而侔(稱)之。 | 반드시 『이아(爾雅)』와 완전히 다르게 칭한 것이다. |
| 不則何容侔也。 | 그렇지 않다면 뭘로 칭했겠는가? |
| 『今本-說文』恐是據『爾雅-郭本: | 『금본-설문(今本-說文)』은 곽(郭)이 주(注)를 달면서 『이아- |
| 郭-注』改者。 | 곽본(爾雅-郭本)』을 근거로 한 고친 것으로 여겨진다. |
| 但許君『爾雅』之讀今不可知矣。》 | 다만 허신이 『이아(爾雅)』를 어떻게 읽었는 지를 지금은 알 수 없다. |
| 从艸。 | 초(艸)를 따랐고, |
| 蘎聲。 | 기(蘎)가 성부가 된다. |
| 《渠之切。1部。》 | 거지절(渠之切)이다. 제 1부에 속한다. |

| | |
|---|---|
| **월이**(月爾) | 고사리의 일종. |
| **토부**(月爾) | 고사리의 일종. |
| **부왕**(夫王) | 고사리의 일종. |
| **토초**(芏艸) | 고사리류의 일종. 먹을 수 있다. 운조(芸蒩), 창본(昌本), 심포(深蒲). |
| **자기**(紫蘎), **자기채**(紫蘎菜) | 미채(薇菜). |

※ **미채**(薇菜) 자기(紫萁). 기(蘎), 월이(月爾), 자기(紫蘎), 기궐(蘎蕨), 자기(茈萁), 자궐(紫蕨), 미궐(迷蕨), 궐기(蕨蘎), 대관중(大貫眾), 모로서(毛老鼠), 모구자(毛狗子), 관중(貫眾), 미관중(薇貫眾), 대엽랑의(大葉狼衣). 미채(薇菜)는 궐류

## 0340

식물(蕨類植物) 중에서 자기과(紫其科) 자기속(紫其屬)이다. 자기류(紫其類) 포자체(孢子體)의 어린 싹을 가공한 것이다. 포괄자기(包括紫其)와 분주자기(分株紫其)가 있다. 우모광(牛毛廣)이라고도 한다. 다년생초본식물(多年生草本植物)이다. 과거에는 흉년을 견디는 구황초(救荒草)였다.

❶『이아:음의(爾雅:音義)』

蘬, 月爾.

&lt;即紫蘬也. 似蕨, 可食.

○蘬, 音其.&gt;

〔疏〕"蘬, 月爾".

○釋曰 : 蘬, 一名月爾, 可食之菜也.

郭云: "即紫蘬也. 似蕨, 可食."

❷『금본-석초(今本-釋艸)』

芏, 夫王.

&lt;芏草, 生海邊, 似莞藺. 今南越人采以爲席.

○芲, 音包. 芏, 音杜.&gt;

〔疏〕"芏, 夫王".

○釋曰 : 芏草, 一名夫王.

郭云: "芏草, 生海邊, 似莞藺. 今南方越人采以爲席."

❸륙덕명(陸德明)이 이르기를,

厥.

## 0341

0341

## 0341 薲蒻 희 【xī ㄒㄧ】29
### 토규 희

兔葵也。
《見『釋艸』。》
从艸。
希(希)聲。
《香衣切。15部。》

「토규(兔葵)」라는 뜻이다.
　『석초(釋艸)』❶를 보라.
초(艸)를 따랐고,
희(希)가 성부가 된다.
　향의절(香衣切)이다. 제 15부에 속한다.

토규(兔葵)　식물의 일종. 송(宋) 나라 섭정규(葉廷珪) <해록쇄사(海錄碎事)>에 "토규(兔葵)는 룡예(龍芮)다」「兔葵苗如龍芮。」라고 했다.

룡예(龍芮)는 보이지 않고, 석룡예(石龍芮)가 있는데「미나리 아재비과의, ㅣ 일년생독초. 개구리자리」라고 했다.

[인경고 引經考]

### ❶『석초(釋艸)』

蒻, 莵葵.

<頗似葵而小, 葉狀如藜, 有毛, 汋啖之滑. ○蒻, 音希.>

〔疏〕"蒻, 莵葵.

○釋曰 : 蒻, 一名莵葵.

郭云 : "頗似葵而小, 葉狀如藜, 有毛, 汋啖之滑"者, 汋, 煮也. 案,

《本草》唐本注云 : "苗如石龍芮, 葉光澤, 花白似梅, 莖紫色, 煮汁極滑, 堪啖."

《爾雅:釋草》一名 蒻. 所在平澤皆有, 田間"人多識之". 是也.

## 0342 蕄夢 몽【mèng ㄇㄥˋ】29
### 대 싸리 몽

| | |
|---|---|
| 灌渝。 | 「관투(灌渝)」라는 뜻이다. |
| 《『今-釋艸』。 | 『금-석초(今-釋艸)』❶에, |
| 葭蘆菼薍其萌虇。 | "가로담란(葭蘆菼薍)의 그 싹이 관(虇)이다. |
| 郭云。 | 곽(郭)이 이르기를, |
| 今江東呼蘆筍爲虇。 | 지금 강동지방에서는 **로순**(蘆筍)을 관(虇)이라고 한다. |
| 音繾綣。 | 음은 **견권**(繾綣)이다."라고 했다. |
| 下文藘芛葟華榮。 | 그 다음의 표제자는 유(藘:택사), 유(芛:꽃 번화할), 황(葟:꽃 아름다울), 화(華), 영(榮)이다. |
| 郭別爲一條。 | 곽(郭)은 별도로 한 조목으로 한 것이다. |
| 許君所據『爾雅』夢灌渝。 | 허신이 근거한 『이아:몽관투(爾雅:夢灌渝)』❷의 구절은 지금의 |
| 句字皆與今本大乖。 | 책과는 아주 다르다. |
| 今不可得其讀矣。》 | 지금은 그 독해를 알 수 없다. |
| 从艸。 | 초(艸)를 따랐고, |
| 夢聲。 | 몽(夢)이 성부가 된다. |
| 讀若萌。 | 맹(萌)자 처럼 읽는다. |
| 《古音在 6部。 | 고음(古音)은 제 6부에 속한다. |
| 而讀若萌者、轉入 10部也。 | 맹(萌)자처럼 읽는 것은 제 10부로 옮겨 간 것이다. |
| 今莫中切。》 | 지금은 막중절(莫中切)이다. |

**가**(葭) 어린 갈대

**로**(蘆) 갈대, 호리병박

**담**(菼) 물억새, 비 만드는 풀

**완**(薍) 물억새 ▣란:작은 마늘, 달래 뿌리.

**권**(虇) 갈대순

**투**(渝) 변할, 변경할 ▣유:속음 ▣두:물이름

**유**(藘) 택사

**유**(芛) 꽃 번화할

**황**(葟) 꽃 아름다울

**순**(筍) 댓순, 죽순, 종 달아매는 가로대나무 ▣윤:어린 대, 죽순 껍질로 만든 방석.

| | |
|---|---|
| 관투(灌渝) | 厥. |
| 로순(蘆筍) | 갈대의 연약한 어린 싹이다. 죽순과 비슷한데 작다. 먹을 수 있다(蘆葦的嫩芽. 形似竹筍而小, 可食用). |
| 견권(繾綣) | 마음 속에 굳게 맺히어서 못내 잊혀지지 않음[固結不解]. |

## 0342

**몽관투(夢灌渝)** 몽(夢)은 관투(灌渝)다.

**[인경고 引經考]**

### ❶『금-석초(今-釋艸)』

葭華.<卽今蘆也.>

**蒹, 薕.**<似萑而細, 高數尺, 江東呼爲蒹薍. ○薕, 音廉.>

葭, 蘆.<葦也.>

菼, 薍.<似葦而小, 實中, 江東呼爲烏蘆. ○菼, 他敢切. 薍, 五患切. 蘆, 音丘.>

其萌虇.<今江東呼蘆笋爲虇, 然則萑葦之類, 其初生者皆名虇. 虇, 音繾綣.>

〔疏〕"葭華"至"萌虇".

○釋曰 : 此辨蒹葭等生成之異名也. 葭, 一名葦, 卽今蘆也. 葦之未成者蒹, 一名薕.

郭云 : "似萑而細, 高數尺, 江東呼爲薕薍."

《詩:秦風》云 : "蒹葭蒼蒼."

陸機云 : "蒹, 水草也. 堅實, 牛食令牛肥强. 青徐人謂之蒹. 兗州, 遼東通語也. 葭, 一名蘆菼, 一名薍."

李巡曰 : "分別葦類之異名."

郭云 : 蘆, "葦也". 菼, "似葦而小, 實中, 江東呼爲烏蘆".

如李巡云, 蘆, 薍共爲一草. 如郭云, 則蘆, 薍別草.

案《詩:大車》傳云 : "菼, 雜也, 蘆之初生." 則毛意亦以葭, 菼爲一草也.

案《詩:衛風:碩人》云 : "葭菼揭揭."

陸機云 : "薍或謂之荻. 至秋堅成則謂之萑. 其初生三月中, 其心挺出, 其下本大如箸, 上銳而細, 揚州人謂之馬尾. 以今語驗之, 則蘆, 薍別草也." 其萌名虇.

郭云 : "今江東人呼蘆笋爲虇, 然則萑葦之類, 其初生者皆名虇."

○注"音繾綣".

○釋曰 :《大雅:民勞》云 : "以謹繾綣."

昭二十五年《左傳》云 : "繾綣從公, 無通外內." 此取虇與綣字音同, 不爲義也.

### ❷『이아:몽관투(爾雅:夢灌渝)』

몽(夢)은 관투(灌渝)다.

## 0343 蕧蘆 복【fù ㄈㄨˋ】29

본[하국]선복화 복

0343

盗庚也。 「도경(盜庚)」라는 뜻이다.

《見『釋艸』。》 『석초(釋艸)』❶를 보라.

从艸。 초(艸)를 따랐고,

復聲。 복(復)이 성부가 된다.

《房六切。3部。》 방륙절(房六切)이다. 제 3부에 속한다..

**도경(盜庚)** 식물이름, 선복화(旋覆花). 국화와 비슷하다. 여름에 노란 꽃을 피우는데 금(金)의 기운을 훔친 것 같다고 해서 두경(盜庚)이라 했고, 꽃을 보면 황금빛이 끓어오르는 것 같다고 해서 금불초(金沸草)라고 했다. 선복화(旋覆花). 금불초(金沸草), 금전화(金錢花), 하국(夏菊), 합경자(盍庚子).

※ **비(沸)** 끓을, 물이름 ▣**불**:물 뿌릴, 샘물 용솟음칠 ▣**배**:물결 용솟음칠, 성낼, 편안치 못할.

**[신경고 引經考]** **❶『석초(釋艸)』**

蕧, 盗庚.

<旋蕧, 似菊. ○蕧, 音服.>

〔疏〕"蕧, 盗庚".

○釋曰：蕧, 一名盗庚.

郭云："旋蕧, 似菊."

《本草》旋蕧, 一名戴椹, 一名金沸草, 一名盛椹.

陶注云"出近道下濕地, 似菊花而大"是也.

## 0344 薓苓 령【líng ㄌ丨ㄥˊ】29
도꼬마리 령

| | |
|---|---|
| 苓耳、 | 「령이(苓耳)」라는 뜻이다. |
| 《逗。二字各本脫。 | 끊는다. 두 글자가 여러 책에서는 빠졌다. |
| 今補。說見苦字下。》 | 지금 보충한다. 설명은 고(苦)자 아래를 보라. |
| 卷耳艸 | 권이초(卷耳艸)다. |
| 《「艸」字各本作「也」。 | 「초(艸)」자를 여러 책에서는 「야(也)」자로 썼다. |
| 今依『韵(韻)會』所引, 『釋艸』、『毛 | 지금은 『운회(韵會)』에서 인용한 것을 따랐다. |
| 傳』皆日. | 『석초(釋艸)』❶, 『모전(毛傳)』❷은 모두 이르기를, |
| 卷耳、苓耳也。》 | "권이(卷耳)는 령이(苓耳)다."라고 했다. |
| 从艸。 | 초(艸)를 따랐고, |
| 令聲。 | 령(令)이 성부가 된다. |
| 《郞(郎)丁切。 | 랑정절(郎丁切)이다. |
| 古音在 12部。》 | 고음(古音)은 제 12부에 속한다. |

| | |
|---|---|
| 령이(苓耳) | 풀이름, 씀바귀, 권이(卷耳). |
| 권이초(卷耳艸) | 도꼬마리. 권이(卷耳), 이채(耳菜), 파파(婆婆), 지갑채(指甲菜)라고도 한다. |

**[인경고 引經考]**

### ❶『석초(釋艸)』

薓, 苓耳.

<《廣雅》云"枲耳也". 亦云胡枲, 江東呼爲常枲, 或日苓耳. 形似鼠耳, 叢生如盤. ○薓, 音捲.>

### ❷『모전(毛傳)』<周南:卷耳>

采采卷耳, 不盈頃筐.　　嗟我懷人, 寘彼周行.

<○卷耳, 卷勉反, 苓耳也.

《廣雅》云: "枲耳也."

郭云: "亦日胡枲, 江南呼常枲."

《草木疏》云: "幽州人謂之爵耳." 誗, 彼寄反, 妄加人以罪也.

崔云: "險詖, 不正也." 苓音零.>

陟彼崔嵬, 我馬虺隤.　　我姑酌彼金罍, 維以不永懷.

陟彼高岡, 我馬玄黃.　　我姑酌彼兕觥, 維以不永傷.

陟彼砠矣, 我馬瘏矣.　　我僕痡矣, 云何吁矣.

## 0345 虉蘸 감【gǎn ㄍㄢˇ】29
풀 감

0345

|  |  |
|---|---|
| 艸也。 | 「풀의 일종」이다. |
| 从艸。 | 초(艸)를 따랐고, |
| 蘸聲。 | 감(蘸)이 성부가 된다. |
| 《古送切 又古禫切。 | 고송절(古送切)이다. 또 고담절(古禫切)이다. |
| 古音在7、8部。 | 고음(古音)은 제 7, 8부에 속한다. |
| 轉入9部。》 | 옮겨가서 9부에 속한다. |
| 一曰薏苢。 | 일명 **억이**(薏苢)라고 한다. |
| 《『本艸』曰。 | 『본초(本艸)』❶에 이르기를, |
| 一名蘸。音感。 | "일명 감(蘸)이라고 한다. 음은 감(感)이다."라고 했는데 곧 이 글자다. |
| 卽此字。 | |
| 陶隱居云。 | 도은거(陶隱居)가 이르기를, ❷ |
| 交阯實大者名蘚珠。 | "교지(交阯)에서는 충실하고 큰 것을 **간주**(蘚珠)라고 한다."라고 말했다. |
| 蘚與蘸雙聲字也。》 | 감(蘸)과 간(蘚)은 쌍성의 글자다. |

**간**(蘚) 볏줄기, 짚
**권**(蘿) 갈대순.
**담**(炎) 물억새, 비 만드는 풀.
**완**(蒍) 물억새 ■란:작은 마늘, 달래 뿌리.
**담**(禫) 담제사.
**지**(阯) 기초, 터전.

**억이**(薏苢) 의이로도 읽는다. 율무. 1년생 혹은 다년생 초본. 줄기는 곧게 선다. ㅂ ㅣ 표은 피침형(披針形)이다. 열매는 계란형이다. 줄기잎(莖葉)은 종이 재료가 될 수도 있다.

※ **낭중의이**(囊中薏苡), 명주의이(明珠薏苡) 후한(後漢) 때 마원(馬援)이 복파 장군(伏波將軍)으로 교지(交趾)의 태수(太守)로 나갔다가 돌아올 적에 약으로 상용하던 율무[薏苡]를 많이 싣고 왔는데 사람들은 구슬과 물소뿔이라고 참소했다.《後漢書 馬援傳》

**간주**(蘚珠) 월남의 북부 지방 교지(交阯),사람들이 율무를 칭하는 말.

**교지**(交阯) 북베트남. 원래는 옛날의 한 지역이름. 대개 5령이남(五嶺以南)을 말한다. 한무제(漢武帝) 때 설치한 13자사부(十三刺史部)의 하나다. 관할 국경은 지금의 광동(廣東), 광서(廣西) 대부분과 월남(越南) 북부, 중부를 포함한다. 동한말(東漢末)에 교주(交州)로 고쳤다. 월남(越南)이 10세기 30년대 독립하여 건국한 후 송나라가 또 그 나라를 교지(交阯)로 했다. 於十世紀三十年代獨立建國后, 宋亦稱其國爲.《례기:왕제(禮記:王制)》에 "남방을 일러 만(蠻), 제조(雕題), 교지(交阯)라 한다."라

## 0345

고 했고, 《한서:무제기(漢書:武帝紀)》에 "마침내 월남 지역을 평정했다. 이를 남해(南海), 창오(蒼梧), 울림(鬱林), 합포(合浦), 교지(交阯), 구진(九眞), 일남(日南), 주애(珠厓), 담이군(儋耳郡)으로 한다."라고 했다. 송(宋) 나라 조여적(趙汝適)의 《제번지:교지국(諸蕃志:交趾國)》에 "교지(交阯), 고교주(古交州), 동남(東南)으로 바다에 닿아 점성(占城)에 접하고, 서쪽으로 백의만(白衣蠻)에 접하고, 북쪽으로 흠주(欽州)와 닿는다. 역대로 수령을 두고 그치지 않았다."라고 했다.

### ❶ 『본초(本艸)』

案說文云： 苢，一曰 英，贛，一曰薏 ；廣雅云： 贛，起實，目也，吳越春秋，鯀娶於有莘氏之女，名曰女嬉，年壯未孳，嬉於砥山，得 薏苡而吞之，意若爲人所感，因而妊孕，後漢書馬援傳，援在交阯，常餌薏 苡實，用能輕身省欲以勝瘴，，俗作薏，非.

### ❷ 교지(交阯)에서는 <설문해자>

薏[0304] 薏苢. [本艸經 :艸部] 上品有薏苡人. 陶隱居云. 生交阯者子㝡大. 彼土人呼爲𦵸音幹珠. 馬援大取將還. 人讒以爲珍珠也. 按𦵸與贛雙聲. 从艸. 音聲. <於力切>. 1部. 一曰○英. 未詳.

# 0346 藑 경 【qióng ⟨ㄑㄩㄥˊ⟩ 29

## 풀 이름 경

藑茅、
「**경모(藑茅)**」라는 뜻이다.

《逗。各本無藑字。
끊는다. 여러 책에서는 경(藑)자가 없다.

此淺人不知其不可刪(刪)而刪之。
천박한 인간이 그것을 지울 수 없다는 것을 모르고 지운 것이다.

如鶺周、燕也。
"휴주(鶺周)는 연(燕)이다."를

今本刪鶺字。
지금의 책에서는 휴(鶺)자를 지워버린 것과 같다.

其誤正同。今補。》
그 잘못이 진짜 똑 같다. 지금 보충한다.

葍也。
복(葍:무의 얼치기 같은 채소)이다.

《『釋艸』曰。
『석초(釋艸)』❶에 이르기를,

葍、藑茅。》
"복(葍)은 **경모(藑茅)**다."라고 했다.

一名舜。
일명 순(舜)이라고도 한다.

《舜(舜)字下曰。
순(舜)자 아래에서는 이르기를,❷

楚謂之葍、
"초(楚)나라에서 복(葍)이라 하고,

秦謂之藑是也。
진(秦)나라에서 경(藑)이라고 하는 것이 이것이다."라고 했다.

今本作一名舜。
지금의 책에서 "일명 순(舜:무궁화나무)이라고도 한다."고 했다.

是以木堇爲葍矣。》
그러므로 **목근(木堇)**은 복(葍)이다.

从艸。
초(艸)를 따랐고,

敻聲。
경(敻)이 성부가 된다.

《渠營切。
거영절(渠營切)이다.

古音在14部。》
고음(古音)은 제 14부에 속한다.

맹(萌)자 처럼 읽는다.

---

**휴(鶺)** 소쩍새, 접동새, 수레 바퀴의 일회전.
**복(葍)** 겨자과에 속하는 갓과 무우의 얼치기 같은 채소, 향풀, 나복
　■부:같은 뜻.
**순(舜舜)** 나팔꽃, 무궁화, 순임금.
**현(敻)** 구할 ■형:멀, 아득할.
**근(堇墓)** 찰흙, 진흙, 맥질할, 적을(少也).

**경모(藑茅)**
1. 선화(旋花). 다년생(多年生) 만초(蔓草)의 일조이다. 전야(田野)에서 자란다. 땅속의 줄기는 쪄서 먹을 수 있다. 단맛이 있다. 지금은 술도 담그고 약으로도 쓴다. 《이아:석초(爾雅:釋草)》에서 "복(葍)은 경모(藑茅)다."라고 했는데 <형병-소(邢昺-疏)>에서 "복(葍)과 경모(藑茅)는 같은 풀이다. 흰꽃, 화백자(花白者)를 복(葍)이라 하고, 붉은 꽃, 화적자(花赤者)를 경모(藑茅)라고 한다."라고 했다. 2.령초(靈草).

**0346**

휴주(鵂周)
목근(木菫)

[인경고 引經考]

원래는 제비의 별명. 또한 자규(子規)를 이르는 말이기도 하다.

락엽관목(落葉灌木). 무궁화.

❶『석초(釋艸)』

蕣, 蕣茅.

<蕣, 華有赤者爲蓚. 蓚, 蕣一種耳. 亦猶菱苕, 華黃白異名.

○蓚, 音瓊.>

[疏]"蕣, 蕣茅".

○釋曰 : 蕣與蕣茅一草也. 華白者即名蕣, 華赤者別名蕣茅.

故郭云 : "亦猶菱苕, 華黃白異名"也.

❷순(舜)자 아래에서는　　　<설문해자>

舜(3235) 舜艸也. 楚謂之蕣. 秦謂之蔆. 蔀曰. 蓚, 茅蕣也. 一名舜. 是一物三名也. 蔓地生而連蕣. 象形. 生而二字依[爾雅音義]補.

## 0347 蕾蔔 부【fù ㄈㄨˋ】29
### 무、소채 이름 부

0347

蔔也。 「복(蔔:무 비슷한 채소)」이라는 뜻이다.
从艸。 초(艸)를 따랐고,
富聲。 부(富)가 성부가 된다.
《方布切 방포절(方布切)이다.
古音在 1部。 고음(古音)은 제 1부에 속한다.
布字依〖宋刻〗。》 포(布)자는 송각본(宋刻本)을 따른 것이다.

**복(蔔)** 겨자과에 속하는 갓과 무우의 얼치기 같은 채소, 향풀, 나복
　■부:같은 뜻

## 0348 蕾蕾 복 【fú ㄈㄨˊ】 29

겨자과에 속하는 갓과 무의 얼치기 같은 채소 복

| 蕾也。 | 「부(蕾:무)」다. |
|---|---|
| 《見『釋艸』。 | 『석초(釋艸)』❶를 보라. |
| 郭云。 | 곽(郭)이 이르기를, |
| 大葉白華。根如指。 | "잎이 크고, 흰 꽃이 핀다. 뿌리가 손가락 같다. |
| 正白。可啖。 | 완전히 희다. 먹을 수 있다."라고 했다. |
| 按『邶風:箋』云。 | 『패풍:전(邶風:箋)』❷에 이르기를, |
| 葑菲。二菜、 | "봉(葑:순무), 비(菲:채소이름) 두 가지 채소는 |
| 蔓菁與蕾之類也。 | 만정(蔓菁)과 복(蕾)의 종류다. |
| 皆上下可食。 | 그 아래 위를 모두 먹을 수 있다."라고 했다. |
| 此根可啖之證也。 | 이것이 뿌리를 먹을 수 있다는 증거다. |
| 郭又云。 | 곽(郭)이 또 이르기를,❸ |
| 蕾華有赤者爲蔓。 | "복(蕾)의 꽃에 붉은 것이 있는 것을 경(蔓)이라고 한다. |
| 蔓、蕾一種耳。 | 경(蔓)과 복(蕾)은 한 종류다. |
| 亦猶蔆苕華黃白異名。 | 또한 릉소화(蔆苕華)의 누렇고, 흰 것의 이름이 다른 것과 같다."라고 했다. |
| 陸機云。 | 륙기(陸機)가 이르기를, ❹ |
| 蕾有兩種。 | "복(蕾)은 두 가지가 있는데, |
| 一種莖葉細而香。 | 한 종류는 줄기와 잎이 가늘고 향기롭고, |
| 一種莖赤有臭氣。 | 한 종류는 줄기가 붉고, 냄새가 난다."라고 했다. |
| 按毛公云蕾惡菜。 | 모공(毛公)이 복(蕾)을 악채(惡菜)라고 한 것도,❺ |
| 殆因有臭氣與 》 | 거의 냄새가 있기 때문일 것이다. |
| 从艸。 | 초(艸)를 따랐고, |
| 畐聲。 | 복(畐)이 성부가 된다. |
| 《方六切。古音在 1部。》 | 방륙절(方六切)이다. 고음(古音)은 제 1부에 속한다. |

부(蕾) 무, 소채이름.

봉(葑) 순무, 줄의 뿌리

비(菲) 짚신(草履), 채소이름, 향초.

릉(蔆) 마름

초(苕) 완두 ▣소:능소화

경(蔓) 풀이름, 무우

정(菁) 부추꽃, 세골진띠, 순무 ▣청:꽃이 성한 모양, 초목 무성한 모양, 땅이름.

---

만정(蔓菁)  순무.

**0348**

**릉소화**(薐苕華)
**악채**(惡菜)

**[신경고 引經考]**

집안의 정원에서 자라는 낙엽덩굴나무.

먹기에 부적합한 채소.

❶『석초(釋艸)』

葍, 薑.

&lt;大葉, 白華, 根如指, 正白, 可啖. ○葍, 音福. 薑, 音富.&gt;

❷『패풍:전(邶風:箋)』 &lt;邶風:谷風&gt;

習習谷風, 以陰以雨. 黽勉同心, 不宜有怒.

采葑采菲, 無以下體. 德音莫違, 及爾同死.

&lt;葑, 須也. 菲, 芴也. 下體, 根莖也. 箋云：此二菜者, 蔓菁與葍之類也, 皆上下可食. 然而其根有美時, 有惡時, 采之者不可以根惡時並棄其葉, 喻夫婦以禮義合, 顏色相親, 亦不可以顏色衰, 棄其相與之禮.&gt;

行道遲遲, 中心有違. 不遠伊邇, 薄送我畿.

誰謂荼苦, 其甘如薺. 宴爾新昏, 如兄如弟.

……

❸곽(郭)이 또 이르기를 『석초(釋艸)』

葍, 蔓茅.

&lt;葍, 華有赤者爲藑. 藑, 葍一種耳. 亦猶菱茖, 華黃白異名. ○藑, 音瓊.&gt;

〔疏〕"藑, 蔓茅". ○釋曰：葍與蔓茅一草也. 華白者即名葍, 華赤者別名藑茅. 故郭云："亦猶菱茖, 華黃白異名"也.

❹륙기(陸機)가 이르기를

葍六五 &lt;爾雅&gt;云："葍, 蔓茅也."郭璞曰："葍, 大葉白華, 根如指, 正白, 可啖.""葍, 華有赤者爲藑；藑, 葍一種耳. 亦如陵茖, 華黃, 白異名."&lt;詩&gt;曰："言采其葍."毛云："惡菜也."〈義疏〉曰："河東, 關內謂之'葍', 幽, 兗謂之'燕葍', 一名'爵弁', 一名'藑'. 根正白, 著熱灰中, 溫啖之. 饑荒可蒸以禦饑. 漢祭甘泉或用之. 其華有兩種：一種莖葉細而香, 一種莖赤有臭氣."

❺모공(毛公)이 복(葍)을 4번 참조.

&lt;小雅:鴻鴈之什:我行其野&gt;

我行其野, 蔽芾其樗. 昏姻之故, 言就爾居. 爾不我畜, 復我邦家.

我行其野, 言采其蓫. 昏姻之故, 言就爾宿. 爾不我畜, 言歸斯復.

我行其野, 言采其葍. 不思舊姻, 求爾新特. 成不以富, 亦祇以異.

&lt;葍, 惡菜也. 新特, 外昏也. 箋云：葍, 藑也, 亦仲春時生, 可采也. 婿之父曰姻. 我采葍之時, 以禮來嫁女. 女不思女老父之命而棄我, 而求女新外昏特來之女. 責之也, 不以禮嫁, 必無肯滕之. ○葍音福. 藑音富. 女並音汝. 滕音孕, 又繩證反&gt;

**0349**

## 0349 藤蓨 척 【tiāo ㄊㄧㄠˉ】 29
### 모, 싹, 소루쟁이 척

| | |
|---|---|
| 苗也。 | 「적(苗:소루쟁이)」이라는 뜻이다. |
| 《『釋艸』曰。 | 『석초(釋艸)』❶ 에 이르기를, |
| 苗、蓨也。 | "적(苗)은 척(蓨)이다."라고 했다. |
| 『管子』。 | 『관자(管子)』❷ 에 |
| 黑埴、其草宜莃蓨。 | "검은 찰흙(黑埴)에는 쑥과 소루쟁이가 잘 자란다."라고 했다. |
| 按莃蓨二艸名。》 | 생각건대 평(莃), 척(蓨)은 두 가지 풀의 이름이다. |
| 从艸。 | 초(艸)를 따랐고, |
| 脩聲。 | 수(脩)가 성부가 된다. |
| 《徒聊切。又湯彫切。 | 도료절(徒聊切), 또 탕조절(湯彫切)이다. |
| 古 3部。 | 고음(古音)은 제 3부에 속한다. |
| 按〖小徐本〗無蓨。》 | 『소서본(小徐本)』에는 척(蓨)자가 없다. |

**척**(蓨) 소루쟁이
**적**(苗) 소루쟁이
**식**(埴) 찰흙 ▣**치**:찰흙
**평**(莃) 맑은 대쑥, 마름 ▣**변**:적에게 보이지 않게 자기를 엄폐한 수레
　　▣**병**:돌.
**료**(聊) 귀 울, 어조사

**[인경고 引經考]**

❶『석초(釋艸)』

苗, 蓨.&lt;未詳.&gt;

菫, 蕨薞.&lt;覆盆也. 實似莓而小, 亦可食. ○蓨, 他凋切. 菫, 音奎. 蕨, 音缺. 薞, 音盆.&gt;

蓧, 蓨.&lt;未詳.&gt;&lt;○蓧, 他凋切. 蓨, 音惕.&gt; 등 세 곳에 蓨자가 보이는데 문제가 있다.

❷『관자(管子)』&lt;卷十九 地員第五十八　雜篇九&gt;

斥埴, 宜大菽與麥, 其草宜萯, 薞, 其木宜杞. 見是土也, 命之日再施, 二七十四尺而至于泉, 呼音中羽. 其泉鹹, 水流徙.

黑埴, 宜稻麥, 其草宜苹蓨, 其木宜白棠. 見是土也, 命之日一施, 七尺而至于泉, 呼音中徵. 其水黑而苦.

0350 苖 적 【dí ㄉ一ˊ】29

苖 적

소루쟁이 적

0350

蓨也。

《按小徐本苖字在後蒂下荼上。》

从艸。

由聲。

《徒歷切。又池六切。

3部。》

「척(蓨:소루쟁이)」이라는 뜻이다.

『소서본(小徐本)에는 적(苖)자가 뒤에 있는데,
묘(蒂:순채)자 뒤, 도(荼:씀바귀)자 앞에 있다.
초(艸)를 따랐고,
유(由)가 성부가 된다.
도력절(徒歷切) 또는 우지절(又池切)이다.
고음(古音)은 제 3부에 속한다.

척(蓨) 소루쟁이

묘(蒂) 순채

도(荼) 씀바귀, 억새 ▣차:속음 ▣다:같은 뜻 ▣서:느릿느릿할, 귀신
이름 ▣사:갈대꽃 ▣채:머리가 둘 있는 사슴 이름 ▣야:현이름 ▣
호:띠꽃 ▣여:같은 뜻

&lt;통아(通雅)&gt; 도(荼)자가 중당(中唐) 때부터 다(茶)자로 변하기
시작했다.[荼字自中唐始變作茶]

소서본(小徐本)

소서(小徐)인 서개(徐鍇)가 쓴『설문해자계전(說文解字繫傳)』40
권을 이른다.

## 0351

0351 茻 蔃 양 【cháng ㄔㄤˊ】 29

풀 이름 양

| | |
|---|---|
| 艸也。 | 「풀의 일종」이다. |
| 《「也」字各本無。今補。 | 「야(也)」자가 여러 책에서는 없다. 지금 보충했다. |
| 按『說文』凡艸名篆文之下。 | 『설문(說文)』은 거의 모든 풀이름 표제자 아래에 |
| 皆複擧(擧)篆文 | 모두 다시 전서(篆書)를 싣고, "어느 글자는 어느 풀이다."라고 |
| 某字曰某艸也。 | 했다. |
| 如葵篆下必云葵菜也。 | 규(葵)자의 전서 아래에서는 꼭 '규채(葵菜)다.' 라고 말했다. |
| 蓋篆下必云蓋艸也。 | 신(蓋)자의 전서 아래에서는 꼭 '신초(蓋艸)다.' 라고 말했다. |
| 篆文者其形。說解者其義。 | 전서(篆書)는 글자의 형태이고, 풀이는 그 뜻이다. |
| 以義釋形。 | 뜻으로 형태를 풀이 하는 것이다. |
| 故『說文』爲小學家言形之書也。 | 그래서 소학가(小學家)들이 『설문(說文)』을 형서(形書)라고 한다. |
| 淺人不知。 | 천박한 인간이 이것을 모르고 곧 모조리 군더더기라고 지워버린 |
| 則盡以爲贅而删(刪)之。 | 것이다. |
| 不知葵菜也。 | 규채(葵菜)를 몰랐다. |
| 蓋艸也、河水也、江水也皆三字句。 | "규채다, 신초다, 하수다, 강수다."하는 것이 모두 3자구라는 것을 몰랐다. |
| 首字不逗。 | 머리글자는 끊어 읽지 않는다. |
| 今雖未復其舊。 | 지금 옛날 것으로 복구하지는 않았지만 |
| 爲擧其例於此。 | 이 때문에 그 예를 들어 둔 것이다. |
| 此茻篆之下。 | 이 양(茻)자의 표제자 아래에 |
| 本云茻艸也。 | 본래는 "양초다(茻艸也)."라고 말했을 것이지만 |
| 各本旣删茻字。 | 여러 책들에서 이미 양(茻)자를 지워버렸고 |
| 又去也字。 | 또 야(也)자를 없애버렸으므로 |
| 則茻篆不爲艸名。 | 양(茻)자는 풀이름이 되지 못하게 되었다. |
| 似爲凡枝枝相値、 | 가지들이 서로 닿은 것과 비슷하여서, |
| 葉葉相當之偁(稱)矣。 | 잎들이 서로 나란하다는 뜻을 칭하게 되었다. |
| 『玉篇:茻』下引『說文』謂卽 | 『옥편:양(玉篇:茻)』 아래에서 『설문(說文)』을 인용하여 이르기를 |
| 蓫茻、<句> 馬尾、蔏陸也。 | "축양(蓫茻), 마미(馬尾), 상륙(蔏陸)이다."라고 했다. 양(蔼)은 양 |
| 蔼同茻。 | (茻)과 같다. |
| 攷『本艸經』曰。 | 『본초경(本艸經)』❶을 살펴보면, |
| 商陸一名茻。 | "상륙(商陸, 蔏陸)을 일명 양(茻)이라고도 한다. |
| 句根一名夜呼。 | 굽은 뿌리를 일명 야호(夜呼)라고도 한다."고 했다. |
| 陶隱居曰。 | 도은거(陶隱居)가 이르기를❷ |
| 其花名茻。<句> | "그 꽃을 양(茻)이라고 한다."고 했다. |

*0351*

| | |
|---|---|
| 是則絫呼曰蓫薚。 | 이것은 곧 겹쳐서 말하면 **축양**(蓫薚)이고, |
| 單呼曰薚。 | 홀으로 말하면 양(薚)이다. |
| 或謂其花薚。 | 혹은 그 꽃을 양(薚)이라고 한다. |
| 或謂其莖葉薚也。》 | 혹은 그 줄기와 잎을 양(薚)이라고 한다. |
| 枝枝相值。 | **지지상치**(枝枝相值). |
| 葉葉相當。 | **엽엽상당**(葉葉相當). |
| 从艸 | 초(艸)를 따랐고, |
| 易聲。 | 양(易)이 성부가 된다. |
| 《褚羊切。10部。》 | 저양절(褚羊切)이다. 제 10부에 속한다. |

**축**(蓫) 나쁜 나물, 소루쟁이, 모자반 ■추:같은 뜻.

**상**(薔) 명아주

**루**(絫) 더할, 무게, 기장 열 알의 무게 ■류:속음.

**양**(易) 열(開也), 날아오를, 굳센 사람 많은 모양, 빛.

| | |
|---|---|
| **규채**(葵菜) | 동규(冬葵)라고도 한다. 민간에서는 동현채(冬莧菜) 혹은 활채(滑菜)라고 한다. 금규과(金葵科)에 속하는 식물이다. 아욱. 한 달에 한 번만 아욱을 먹으면 5장의 막힌 기운을 잘 통하게 한다. 아욱은 채소의 으뜸이다. 왕정(王幀)의 &lt;농서(農書)&gt;에 "100가지 채소의 으뜸이다. 4계절 반찬으로 준비한다. 흉년의 어려움에 대비할 수 있다. 소금에 절여 말릴 수 있다. 그 뿌리는 치료제로 쓴다." 「葵爲百菜之王. 備四時之饌. 可防荒儉, 可以葅臘(鹽乾菜), 其根可療疾.」라고 했다. 야생의 규채를 려규(旅葵)라고 한다. |
| **신초**(藎艸) | 양(薚)의 여러 별명 중의 하나. |
| **축양**(蓫薚) | 양(薚)의 여러 별명 중의 하나. |
| **마미**(馬尾) | 양(薚)의 여러 별명 중의 하나. |
| **상륙**(蔏陸)<br>**야호**(夜呼) | 기(氣)를 따뜻하게 하고 각질을 부드럽게 한다. 상륙(商陸) 뿌리를 대두(大豆)만큼 작게 잘라서 먼저 볶은 후, 록두(綠豆) 볶은 것을 더해서 밥을 지어 만든다. 매일 먹으면 병이 치유되어 그친다. |
| **상치**(相值) | 서로 만남, 서로 필적함. |
| **지지상치**(枝枝相值) | 나무가지가 서로 닿음. |
| **상당**(相當) | ① 마주 대함, ② 서로 만남, ③ 서로 맞먹음, 서로 맞비김. ④ 어느 정도에 가까움, 또는 대단함. |
| **엽엽상당**(葉葉相當) | 나무잎이 서로 닿음. |
| **엽엽**(葉葉) | 세세(世世), 대대(代代). 조각조각(片片). |

# 0351

❶『본초경(本艸經)』 ※ 본문과 조금 다르다.

商陸味辛平. 主水張疝瘕痺, 熨除癰腫, 殺鬼精物, 一名募, 一名夜呼. 生川谷.

<名醫曰 : 如人行者, 有神, 生鹹陽.

案說文 : 菫草, 枝枝相值, 葉葉相當.

廣雅云 : 常蓼, 馬尾, 商陸也.

爾雅云 : 蓫蕩馬尾.

郭璞云 : 今關西亦呼爲蕩, 江東爲當陸.

周易夬云 : 莧陸夬夬.

鄭元云 : 莧陸, 商陸也, 蓋蕩即俗字, 商即假音.>

❷도은거(陶隱居)가 이르기를

厥.

형성 (1자)          탕(蕩蕩)6697

[양(募)이 포함된 글자들] 1자

## 0352 薁薁 욱 【yù ㄩˋ】 30
### 앵두나무 욱

| | |
|---|---|
| 嬰薁也。 | 「영욱(嬰薁)」라는 뜻이다. |
| 《「嬰」》〔鍇本〕作「蘡」。 | 「영(嬰)」을 서개(徐鍇)의 책에서는 「영(蘡:까마귀머루)」으로 |
| 俗加艸頭耳。 | 썼다. 속자에서 초두(艸頭)를 더했다. |
| 『豳風』 | 『빈풍(豳風)』❶에서 |
| 六月食鬱及薁。 | "6월에 울(鬱)과 욱(薁)을 먹는다. |
| 『傳』曰。 | 『전(傳)』❷에서 이르기를, |
| 鬱、棣屬。 | 울(鬱)은 체(棣)의 일종이다. |
| 薁、嬰薁也。 | 욱(薁)은 영욱(嬰薁)이다. |
| 『正義』曰。 | 『정의(正義)』❸에 이르기를, |
| 『劉(劉)稹-毛詩:義問』云。 | 『류진-모시:의문(劉稹-毛詩:義問)』에서 |
| 鬱樹高五六尺。 | '울(鬱)나무는 높이가 5~6척이다. |
| 其實大如李。 | 그 열매는 오얏과 같다.'고 했다."라고 말했다. |
| 『本艸』。 | 『본초(本艸)』❹에서 |
| 鬱一名棣。 | "울(鬱)은 일명 체(棣)라고도 한다. |
| 則與棣相類。 | 곧 체(棣)와 서로 무리를 이룬다. |
| 嬰薁亦是鬱類。 | 영욱(嬰薁) 역시 울(鬱)의 일종이다. |
| 『晉宮閣銘』 | 『진궁각명(晉宮閣銘)』에 |
| 車下李三百一十四株。 | '거하리(車下李) 314 그루'라고 했는데, |
| 車下李卽鬱也。 | 거하리(車下李)가 곧 울(鬱)이다. |
| 薁李一株。薁李卽薁也。 | '욱리(薁李)가 한 그루'에서 욱리(薁李)는 곧 욱(薁)이다. |
| 二者相類而同時熟。 | 두 개는 서로 비슷하고 같은 시기에 익는다."라고 했다. |
| 玉裁按。 | 단옥재의 생각으로 |
| 『說文』李棣皆在〔木部〕。 | 『설문(說文)』에서 리(李)와 체(棣)는 모두 〔목부(木部)〕에 있다. |
| 薁在〔艸部〕。 | 욱(薁)은 〔초부(艸部)〕에 있다. |
| 毛公但云鬱棣屬。 | 모공(毛公)은 단지 "울(鬱)은 체(棣)의 무리"이라고 말했다. |
| 未嘗云薁鬱屬。 | 욱(薁)이 울(鬱)의 무리라고는 하지 않았다. |
| 『廣雅:釋艸』 | 『광아:석초(廣雅:釋艸)』에, |
| 燕薁、蘡舌也。 | "연욱(燕薁)은 영설(蘡舌)이다."라고 했다. |
| 『釋木』云。 | 『석목(釋木)』❺에 이르기를, |
| 山李、雀李、<二字今正未知是否> 鬱也。 | "산리(山李), 작리(雀李)는 <두 글자는 지금 고쳤다. 맞는지는 모르겠다.> 울(鬱)이다."라고 했다. |
| 然則薁之非木實明矣。 | 그러므로 욱(薁)이 나무열매가 아닌 것은 명백하다. |
| 『晉宮閣銘』所謂車下李、薁李皆非毛 | 『진궁각명(晉宮閣銘)』에서 말한 거하리(車下李)는 모두 모공 |
| 許之嬰薁也。 | (毛公)과 허신(許愼)이 말하는 영욱(嬰薁)이 아니다. |

## 0352

『齊民要術』引『詩:義疏』曰。
櫻薁、實大如龍眼。
黑色。
今車鞅藤實是。
按賈氏凡引『詩:艸木蟲魚:疏』皆謂之
『詩:義疏』。
〖陸璣一本〗有釋薁云云。
〖今本〗脫之耳。
『魏王花木志』引『詩:疏』亦同。
从艸
奧聲。
《於六切。3部。》

『제민요술(齊民要術)』❻에서 『시:의소(詩:義疏)』를 인용하여 "앵욱(櫻薁)은 열매의 크기가 룡안(龍眼)만하다. 검은 색이다. 지금의 거양등(車鞅藤) 열매가 이것이다."라고 했다.

대개 가씨(賈氏)가 『시:초목충어:소(詩:艸木蟲魚:疏)』를 인용한 것은 모두 『시:의소(詩:義疏)』를 말했다.

륙기(陸璣)의 책에서는 욱(薁)을 풀이한다고 했지만 지금의 책에서는 탈락시켰다.

『위왕화목지(魏王花木志)』❼가 『시:소(詩:疏)』를 인용한 것 역시 마찬가지다.

초(艸)를 따랐고, 오(奧)가 성부가 된다.

어륙절(於六切)이다. 제 3부에 속한다.

---

**영**(嬰) 어릴, 구슬드림, 얽힐, 어린애.
**영**(薁) 영욱, 까마귀 머루, 까마귀 머루알.
**체**(棣) 산앵두나무, 산 이스랏나무, 수레 아래채나무.
**진**(稹) 빽빽할, 모을, 초목 다복히 날 ■전:나무 뿌리 서로 맞붙을
　　■변:강남콩.
**앙**(鞅) 마소의 가슴에 걸어 매는 끈, 쇠굴레, 자유를 속박하는 물건.

---

| | |
|---|---|
| **영욱**(薁薁), **영욱**(嬰薁) | 식물이름. 락엽등목(落葉藤木). 가지 줄기가 가늘고 길며 릉각(稜角)이 있다. 잎은 손바닥 모양인데 3-5개로 깊게 갈라져 있다. 주변은 톱니 모양 이가 있다. 아랫면에 회백색의 면모(綿毛)가 빽빽히 나 있다. 열매는 흑자색이다. 앵욱(櫻薁)이라고도 한다. 민간에서는 야포도(野葡萄), 산포도(山葡萄)라고 한다. 술을 담글 수 있다. 약이나 보양식을 만들 수도 있다. 줄기섬유로 새끼줄을 만들기도 한다. |
| **거하리**(車下李) | 나무 이름. 당체(唐棣)의 별칭(別稱). 3국(三國) 오(吳) 나라 륙기(陸璣)의 《모시:초목조수충어소(毛詩:草木鳥獸蟲魚疏)》에 "唐棣之華"의 풀이에 "당체(唐棣)는 욱리(薁李)다. 일명, 작매(雀梅)라고도 한다. 또한 거하리(車下李)라고도 한다. 산 속에서 자란다.모두 꽃이 있는데 혹은 희고, 혹은 붉다. 6월 중에 열매 맺는다. 크기가 오얏 만 하다. 먹을 수 있다."라고 했다. |
| **욱리**(薁李) | 당체(唐棣)의 별명(別名). 곧 울리(鬱李). |
| **연욱**(燕薁), **영설**(薁舌) | 책에 따라 다양한 이름이 있다. 욱(薁)《詩經》, 연욱(燕薁), 영설(薁舌)《광아(廣雅)》, 산포도(山葡萄)《당본초(唐本草)》, 산포도(山蒲桃)《본초습유(本草拾遺)》, 야포도등(野葡萄藤), 목룡(木龍)《백일선방(百一選方)》, 연흑(煙黑)《구황본초(救荒 |

*0352*

本草)》, 접골등(接骨藤);《귀주민향방약집(貴州民向方藥集)》, 감고등(甘古藤), 산고등,(酸古藤), 화황등(禾黃藤);《중의약실험연구(中醫藥實驗研究)》, 묘안정(貓眼睛);《민간상용초약휘편(民間常用草藥彙編)》, 화화자등(禾花子藤);《강서민간초약(江西民間草藥)》, 묘이등(貓耳藤), 산홍양(山紅羊), 산고과(山苦瓜)《천주본초(泉州本草)》.

**산리**(山李)    울(鬱).

**작리**(雀李)    과수(果樹) 이름. 곧, 울리(鬱李).《시:빈풍:칠월(詩:豳風:七月)》에 "6월에 울과 욱을 먹는다.(六月食鬱及薁)."라고 했는데 <공영달-소(孔穎達-疏)>에서 《본초(本草)》를 인용하기를 "울(鬱)은 일명 작리(雀李), 일명 차하리(車下李), 일명 체(棣)라고도 한다. 고산(高山) 천곡(川谷), 간혹 평전(平田) 중에서 자란다. 5월(五月)에 먹을 수 있다."라고 했다.

**앵욱**(櫻薁)    영욱(蘡薁).

**룡안**(龍眼)    ① 무환수과(無患樹科)의 상록교목(常綠喬木). 깃털모양의 겹잎. 작은 잎은 타원형이다. 황백색의 작은 꽃이 핀다. 꽃은 원형의 순서로 핀다. 목질이 치밀하다. 목기를 만들 수 있다. 복건(福建), 광동(廣東)의 특산품이다. 룡목(龍目), 려지(荔枝)라고도 한다. ② 룡안(龍眼)의 열매.

   ※ **창룡안**(唱龍眼) 복건성(福建省)풍속. 룡안(龍眼)의 열매를 수확하는 고용인들이 룡안(龍眼)의 열매를 먹을 수 없도록 하기 위해 계속해서 노래를 시켰다고 한다.

**거앙등**(車鞅藤)    영욱(蘡薁).

**거앙**(車鞅)    옛날 말을 이용해서 수레를 끌고갈 때 말의 배꼽 부분에 매단 주머니.

**[인경고 引經考]**    ❶『빈풍(豳風)』〈豳風:七月〉 ❷『전(傳)』
         …‥

五月斯螽動股, 六月莎雞振羽. 七月在野, 八月在宇, 九月在戶. 十月蟋蟀入我牀下. 穹窒熏鼠, 塞向墐戶. 嗟我婦子, 曰爲改歲, 入此室處.

六月食鬱及薁, 七月亨葵及菽, 八月剝棗, 十月穫稻. 爲此春酒, 以介眉壽. 七月食瓜, 八月斷壺, 九月叔苴, 采荼薪樗. 食我農夫.

   <鬱, 棣屬. 薁, 蘡薁也. 剝, 擊也. 春酒, 凍醪也. 眉壽, 豪眉也. 箋云：介, 助也. 既以鬱下及棗助男功, 又獲稻而釀酒以助其養老之具, 是謂豳雅.>

九月築場圃, 十月納禾稼. 黍稷重穋, 禾麻菽麥. 嗟我農夫, 我稼既同, 上入執宮功. 晝爾于茅, 宵爾索綯. 亟其乘屋, 其始播百穀.

二之日鑿冰沖沖, 三之日納于凌陰. 四之日其蚤, 獻羔祭韭. 九月肅霜, 十月滌場. 朋酒斯饗, 曰殺羔羊. 躋彼公堂, 稱彼兕觥, 萬壽無疆.

   ❸『정의(正義)』

**0352**

○正義曰：“鬱, 棣屬”者, 是唐棣之類屬也. 劉楨《毛詩義問》云：“其樹高五六尺, 其實大如李, 正赤, 食之甜.”《本草》云：“鬱一名雀李, 一名車下李, 一名棣. 生高山川穀或平田中, 五月時實.”言一名棣, 則與棣相類, 故云棣屬. 奠薁者, 亦是鬱類而小別耳.《晉宮閣銘》云：“華林//中有車下李三百一十四株, 奠李一株.”車下李即鬱, 奠李即奠, 二者相類而同時熟, 故言鬱, 奠也. 棗須樹擊之, 所以剝爲擊也.“春酒, 凍醪”者, 醪是酒之別名, 此酒凍時釀之, 故稱東醪.

### ❹『본초(本艸)』

鬱李仁味酸平. 主大腹水腫, 面目四肢浮腫, 利小便水道. 根, 主齒䶤腫, 齲齒. 一名爵李. 生堅齒川穀. <吳普曰：鬱李, 一名雀李, 一名車下李, 一名棣(御覽). 名醫曰：一名車下李, 一名棣, 生高山及邱陵上, 五月六月采根. 案說文云：棣, 白棣也. 廣雅云：山李, 雀李也. 爾雅云：常棣, 棣. 郭璞云：今關西有棣樹, 子如櫻桃可食. 毛詩云：六月食鬱. 傳云：鬱, 棣屬. 劉楨毛詩義問云：其樹高五六尺, 其實大如李, 正赤, 食之甜. 又詩云：常棣之華. 傳云：常棣, 棣也. 陸璣云：奧李. 一名雀李, 一曰車下李, 所在山中皆有其花, 或白或赤, 六月中熟大, 子如李子可食. 沈括補筆談云：晉宮閣銘曰：華林園中有車下李, 三百一十四株, 奠李一株.>

### ❺『석목(釋木)』

※ 산리(山李), 작리(雀李)는 4번 &lt;본초&gt;에 흩어져 나타난다.

### ❻『제민요술(齊民要術)』 ※ 본문의 문장은 보이지 않는다.

“杬”, 音求；“櫐”, 音計. 李時珍認爲《爾雅》的“杬, 櫐梅”就是山楂. 並說：“其類有二種, 皆生山中. 一種小者, 山人呼爲‘棠杬子’, ……一種大者, 山人呼爲‘羊杬子’”《本草綱目》卷三十“山楂”). 所指二種是薔薇科的野山楂和山楂. 唐段公路《北戶錄》卷三：“楊梅, 葉如龍眼, 樹似冬青, 一名杬.”非此所指.

※【今本】脫之耳. 룡안(龍眼)은 여기에 한번 나올 뿐이다.

………《藝文類聚》卷八九“夫栘”引有《禮記疏》一條, 是：“夫栘, 一名奠李, 一名□(應是‘爵’字)梅, 一名車下李, 一名鬱.”郭璞說唐棣是夫栘, 陸璣說唐棣是鬱李, 這條直指夫栘爲鬱李, 將郭璞和陸璣二說聯系起來了.《類聚》又引有《詩經·豳風·七月》“六月食鬱及奠”的詩句, 下面有雙行小注, 沒有說明是誰的注, 文作：“奠, 夫栘也. 音鬱.”直指“奠”也是夫栘, 而且從“音鬱”看來, 也是指鬱李, 與“鬱”同物, 和一般對《七月》這句的解釋以“鬱”爲鬱李, 而以“奠”爲蘡奠不同. 說明古人對於唐棣, 常棣和鬱, 奠的解釋, 也就是對薔薇科的鬱李和扶栘以及葡萄科的蘡奠的說法很混亂. 孔穎達亦以《七月》的“奠”當作鬱李類, 和上引《類聚》注相同(參看“奠”注釋). 明淸以後, 漸趨統一(雖然也有例外), 即“棠棣”, “常棣”, “鬱”都是鬱李, “唐棣”是扶栘, “奠”是蘡奠.

## 0353 蒇蒇 침【zhēn ㄓㄣˉ】30

### 마람(馬藍) 침

| | |
|---|---|
| 馬藍也。 | 「**마람**(馬藍)」이라는 뜻이다. |
| 《見『釋艸』。 | 『석초(釋艸)』❶를 보라. |
| 郭云。 | 곽(郭)이 말하기를 |
| 今大葉冬藍也。 | "지금 잎이 큰 **동람**(冬藍)이다."라고 했다. |
| 『釋艸』又云。 | 『석초(釋艸)』❷에서 또 이르기를, |
| 蒇、寒漿。 | "침(蒇)은 **한장**(寒漿)이다. |
| 郭云。 | 곽(郭)이 말하기를 |
| 今酸漿艸。 | '지금의 **산장초**(酸漿艸)다. |
| 江東呼曰苦蒇。 | 강동지방에서 **고침**(苦蒇)이라고 부른다.'고 했다."라고 했다. |
| 『子虛賦』。 | 『자허부(子虛賦)』❸에서 |
| 蒇析苞荔。 | "**침석포려**(蒇析苞荔)"라고 했다. |
| 張揖釋以馬藍。 | 장읍(張揖)은 이것을 **마람**(馬藍)으로 풀이했다. |
| 郭樸云。 | 곽박(郭樸)이 이르기를❹ |
| 蒇、酸漿、江東名烏蒇。》 | "침(蒇), **산장**(酸漿)은 강동지방에서 **오침**(烏蒇)이라고 하는 것이다." |
| 从艸。 | 초(艸)를 따랐고, |
| 咸聲。 | 함(咸)이 성부가 된다. |
| 《職湥(深)切。7部。》 | 직심절(職湥切)이다. 제 7부에 속한다. |

| | |
|---|---|
| | 장(漿) 초, 장 |
| | 려(荔) 솔풀, 려주, 줄사철나무. |

| | |
|---|---|
| **마람**(馬藍) | 상록초본식물. 다년생초본. 잎이 마주보며 난다. 담자색 꽃이 핀다. 잎과 뿌리가 모두 약으로 사용된다. |
| **동람**(冬藍) | 마람(馬藍). |
| **한장**(寒漿) | 풀이름. 꽈리. 산장(酸醬). &lt;학의행-의소()&gt;에 "지금 경사(京師) 사람들이 차에 넣어 먹으면 번열(煩熱)을 내려 준다고 해서 한장(寒醬)이라고 한다. 그 맛이 시큼해서 산장(酸醬)이라고도 한다."「보충」라고 했다. |
| **산장초**(酸漿艸) | |
| **산장**(酸漿) | |
| **고침**(苦蒇) | 산장초(酸醬草)의 강동(江東) 사투리. |
| **침석포려**(蒇析苞荔) | 蒇(마람), 菥(연맥의 일종), 苞(포모), 荔(줄사철나무). |
| **오침**(烏蒇) | 산장(酸醬)의 강동(江東) 사투리. |

**[신경고 引經考]**

❶『석초(釋艸)』

蒇, 馬藍. &lt;今大葉冬藍也. ○蒇, 音針.&gt;

[疏] "蒇, 馬藍". ○釋曰 : 蒇, 一名馬藍. 郭氏"今大葉冬藍也". 今爲澱者是也.

**0353**

### ❷『석초(釋艸)』

葳, 馬藍. <今大葉冬藍也. ○葳, 音針. >

　〔疏〕“葳, 馬藍”. ○釋曰 : 葳, 一名馬藍.

郭氏“今大葉冬藍也”. 今爲澱者是也.

葳, 寒漿. <今酸棗草. 江東呼曰苦葳. 音針.>

　〔疏〕“葳, 寒漿”. ○釋曰 : 葳, 一名寒漿.

　郭云 : “今酸漿草. 江東呼曰苦葳.”案, 《本草》: 酸漿, 一名醋漿.

　陶注云 : 處處人家多有, “葉亦可食. 子作房, 房中有子如梅李大, 皆黃赤色”.

### ❸『자허부(子虛賦)』

其高燥則生葴菥苞荔, <張揖曰 : 葴, 馬藍也. 菥, 似燕麥也. 苞, 藨也. 荔, 馬荔也. 苞音包. 荔音隸.> 薛莎青薠. <張揖曰 : 薛, 藾蒿也. 莎, 氵蒿侯也. 青薠, 似莎而大, 生江湖, 雁所食. 善曰 : 薠音煩.> 其埤濕則生藏莨兼葭, <郭璞曰 : 藏莨, 草名, 中牛馬苔. 張揖曰 : 兼廉 ; 葭, 蘆也. 善曰 : 埤音婢. 葭音郎.> 東薔雕胡, <張揖曰 : 東牆, 實可食. 雕胡, 菰米也.> 蓮藕觚 <張揖曰 : 蓮, 荷之實也. 其根藕. 張晏曰 : 觚盧, 扈魯也.> 菴䕡軒於. <張揖曰 : 菴䕡, 蒿也, 子可醫疾. 軒於, 蕕草也, 生水中, 揚州有之. 善曰 : 菴, 音淹. 蕕音猶.>

### ❹곽박(郭樸)이 이르기를

※ 오침(烏葴)이 아니라 고침(苦葴)이다. 단옥재의 착각?

<신농본초>에 고침(苦葴)

酸醬.

味酸平. 主熱煩滿, 定志益氣, 利水道, 産難吞其實立産. 一名醋醬. 生川澤.

　吳普曰 : 酸醬, 一名酢醬. (禦覽)

　名醫曰 : 生荊楚, 及人家田園中, 五月采, 陰幹.

　案爾雅云 : 葴, 寒醬. 郭璞云 : 今酸醬草, 江東呼曰苦葴.

　　<이;아:석초>에도 고침(苦葴)으로 나온다.

葴, 寒漿.

　<今酸棗草. 江東呼曰苦葴. 音針.>

　〔疏〕“葴, 寒漿”. ○釋曰 : 葴, 一名寒漿.

　郭云 : “今酸漿草. 江東呼曰苦葴.”

　案, 《本草》: 酸漿, 一名醋漿.

　陶注云 : 處處人家多有, “葉亦可食. 子作房, 房中有子如梅李大, 皆黃赤色”.

# 0354 蕾簪 로【lǔ ㄌㄨˇ】30

## 기름새 로

| | |
|---|---|
| 艸也。可吕(以)束。 | 「풀의 일종이다. [물건을] 묶을 수 있다. |
| 从艸。 | 초(艸)를 따랐고, |
| 魯(魯)聲。 | 로(魯)가 성부가 된다. |
| 《郞(郞)古切。5部。》 | 랑고절(郞古切)이다. 제 5부에 속한다. |
| 簪 蕾或从鹵。 | 簪 로(蕾)가 간혹 로(鹵)를 따른다. |
| 《『釋艸』云。 | 『석초(釋艸)』❶에 이르기를 |
| 菡蘆。 | "로(菡)는 차(蘆)다. |
| 郭云。 | 곽(郭)이 이르기를, |
| 作履苴艸。 | '신발 바닥에 까는 풀이다.' 라고 했다. |
| 按『說文』云。 | 『설문(說文)』에서 |
| 苴、履中艸。 | '저(苴)는 신발 속의 풀이다.' 라고 했다."고 했다. |
| 謂以艸襯履底曰苴。 | 풀을 신발 바닥에 까는 것을 저(苴)라고 한다. |
| 賈子曰。 | 가자(賈子)가 이르기를.❷ |
| 冠雖敝不以苴履是也。 | "갓이 비록 낡아도 신발 바닥에 깔지는 않았다."는 것이 이것이다. |
| 許云可用束。 | 허신은 '[물건을]묶는데 쓸 수 있다'고 했고, |
| 郭云可苴履。 | 곽(郭)은 '신발 바닥에 간다'고 했지만 |
| 大約是一物。》 | 대체로 같은 사물이다. |

**로**(菡) 기름새, 족두리풀

**차**(蘆) 기름새 ▣**추**:풀 말라 죽을

**처**(苴) 삼씨, 씨있는 삼, 암삼, 대지팡이 ▣**저**:신 속에 까는 풀, 꾸러미, 짚으로 쌀 ▣**제**:나무이름, 땅이름 ▣**차**:물 위에 떠 있는 말라죽은 초목 ▣**조**:거친 자리, 제사에 까는 거친 자리 ▣**자**:두엄풀

**폐**(敝) 해질, 떨어질

**친**(襯) 속옷, 베풀다, 가까이하다

**로차**(菡蘆) 신발바닥에 까는 풀이름.<집운(集韻)> 草名. 可苴草.

**[인경고 引經考]**

❶『석초(釋艸)』 ※ 방점 주의

菡, 蘆.

<作履苴草. ○菡, 音魯. 蘆, 才古切.>

[疏]"菡, 蘆". 注"作履苴草".

○釋曰：菡,《說文》云："菡, 草也. 可以束."一名蘆, 即蒯類也. 中作履底.

《字苑》云"苴履底". 故說"作履苴草"也.

❷가자(賈子) <治安策>

**0354**

신이 듣건데 "신발이 비록 깨끗하다고 해도 베개 속에 넣지는 않고, 관이 비록 낡았다 하더라도 신발 속에 깔지는 않는다."라고 하였습니다. 대개 일찍이 귀총(貴寵)의 지위에 있으면서 천자가 외모를 고치는 것은 백성들로 하여금 경외(敬畏)케 하여 부복(俯伏)하게 하려는 것입니다. 이제 과오가 있다하여 황제가 명령하여 이를 폐지하는 것이 옳을까요? 물리치는 것이 옳을까요? 죽음을 내리는 것이 옳을까요? 멸족을 시켜버리는 것이 옳을까요? …

臣聞之, 履雖鮮不加於枕, 冠雖敝不以苴履. 夫嘗已在貴寵之位, 天子改容而體貌之矣, 吏民嘗俯伏以敬畏之矣, 今而有過, 帝令廢之可也, 退之可也, 賜之死可也, 滅之可也; 若夫束縛之, 系絏之, 輸之司寇, 編之徒官, 司寇小吏*罵而榜笞之, 殆非所以令衆庶見也. 夫卑賤者習知尊貴者之一旦, 吾亦乃可以加此也, 非所以習天下也, 非尊尊貴貴之化也. 夫天子之所嘗敬, 衆庶之所嘗寵, 死而死耳, 賤人安宜得如此而頓辱之哉!

## 0355 茥蔽 괴【guài 《ㄨㄞˋ】30

### 풀 이름 괴

艸也。 「풀의 일종」이다.

《『左傳』引『詩』曰。 『좌전(左傳)』❶에서 『시(詩)』를 인용하며 이르기를,

雖有絲麻。 "비록 **사마**(絲麻:명주와 삼실)가 있으나,

無棄菅蒯。 **관괴**(菅蒯)를 버리지는 않는다."라고 했다.

李善引『聲類』曰。 리선(李善)이 『성류(聲類)』를 인용하여 이르기를,

蒯艸中爲索。苦怪切。 "**괴초**(蒯艸) 속으로 새끼줄을 만든다. 고괴절(苦怪切)이다."라고 했다.

『史記』 『사기(史記)』❷에

馮驩有一劍。蒯緱。 "풍환(馮驩)이 검을 하나 가졌는데, **괴후**(蒯緱)다."라고 했다.

裴駰曰。 배인(裴駰)이 이르기를,

蒯、茅之類。可爲繩。 '괴(蒯)는 띠의 일종인데 새끼줄을 만들 수 있다.

其劒把無物可裝。 그 칼자루에 아무런 장식이 없고,

以小繩纏之也 》 작은 끈으로 묶었을 뿐이다.'라고 했다."고 했다.

从艸。 초(艸)를 따랐고,

叔聲。 괴(叔)가 성부가 된다.

《按『說文』無叔字。 『설문(說文)』에는 괴(叔)자가 없고,

而『爾雅』有之。 『이아(爾雅)』에는 있다.

『釋詁』曰。 『석고(釋詁)』❸에 이르기를,

叔、息也。 "괴(叔)는 숨을 쉬는 것이다.

『音義』曰。 『음의(音義)』에 이르기를,

叔古怪反。 '괴(叔)는 고괴절(古怪反)이다.

又墟季反。 또 허계절(墟季反)이다.'라고 했다."고 했다.

『字林』以爲喟、丘懷反。 『자림(字林)』은 "위(喟:한숨 쉴)로, 구회절(丘懷反)이다."라고 했다.

孫本作「快」。 손(孫)의 책에서는 「쾌(快)」라고 했다.

郭文作「嘳」。 곽(郭)의 글에서는 「괴(嘳:한숨 쉴)」라고 했다.

按叔字今不可得其左旁所從何等。 지금은 괴(叔)자의 왼쪽에 무슨 글자가 오든

字之本訓何屬。 글자의 본래 뜻이 어디에 속하는지 알 수 없다.

但其古音在15部甚明。 다만 그 옛 음이 제 15부에 속한다는 것은 아주 명백하다.

『說文』鑎蔽皆以爲聲。 『설문(說文)』의 괴(鑎), 괴(蔽)자는 모두 괴(叔)를 성부로 한다.

而鑎字亦作「聭蔽」字。 외(鑎:귀 막힐)자 역시 「**외괴**(聭蔽)」자에 쓰인다.

『逸詩』與萃匱爲韵(韻)。 『일시(逸詩)』에서는 췌궤(萃匱)와 운(韵)이 된다.

皆在 15部也。 모두 제 15에 속한다.

不知何時「蔽」改作「蒯」。 언제부터 「괴(蔽)」자를 「괴(蒯)」자로 고쳤는지 알 수 없다.

## 0355

| | |
|---|---|
| 從朋、從刃。 | 붕(朋)을 따르고, 인(刃)을 따른다. |
| 殊不可曉。 | 나머지는 알 수 없다. |
| 葢(蓋)扶風䣌鄉之字誤。 | 대개 부풍(扶風) 붕향(䣌鄉)의 글자가 잘못되어 |
| 䣌讀若陪。 | 붕(䣌)을 배(陪)로 읽은 것이다. |
| 在第1部第6部。 | 제 1부, 6부에 있다. |
| 與15部相隔絕(絶)遠。 | 15부와는 현격히 멀리 떨어져 있다. |
| 而誤其形作劕。 | 게다가 그 형태를 오인하여 괴(劕)로 쓴 것인데, |
| 且用爲蒯字。 | 또 괴(蒯)자로 사용한 것이다. |
| 不可從也。 | 따를 수 없다. |
| 『玉篇』引「無棄菅蒯」不作「劕」。 | 『옥편(玉篇)』에서 「무기관괴(無棄菅蒯)」를 인용할 때 「괴(劕)」로 쓰지는 않았다. |
| 苦怪切。》 | 고괴절(苦怪切)이다. |

**관(菅)** 솔새(도롱이, 삿갓, 지붕을 인다)

**괴(劕)** 고을 이름

**환(驩)** 말 이름, 말이 기뻐하는 모양

**구(緱)** 칼자루 감을

**괴(䣌)** 숨쉴

**괴(蒯)** 풀이름, 기름새

**구(丠)** 언덕 丘.

**위(喟)** 한숨 쉴

**괴(嘳)** 한숨 쉴

**외(聵)** 귀머거리

**외(𦕈)** 귀 막힐

**궤(匱)** 함, 삼태기

**배(䣌)** 나라 이름

| | |
|---|---|
| **사마(絲麻)** | 명주와 삼베. 칡이나 기타 싸구려 천이 아닌 비싼 천. 뜻이 확대되어 보다 비싼 것을 뜻한다. |
| **관괴(菅蒯)** | 새끼줄을 만들 수 있는 풀. 뜻이 확대되어 아주 좋지는 않지만 나름 쓸모가 있는 물건. |
| **괴초(蒯艸)** | 띠풀의 일종. |
| **괴구(蒯緱)** | 값비싼 장식이 없어서 칼자루에 띠풀로 감아 놓은 검이름. |
| **외괴(聵蒯)** | 厥. |

# 0355

**[인경고 引經考]**

**❶『좌전(左傳)』〈卷二十六 成9年〉**

《詩》曰：‘雖有絲，麻，無棄菅，蒯；雖有姬，薑，無棄蕉萃．凡百君子，莫不代匱．’言備之不可以已也．”

<逸《詩》也. 姬, 薑, 大國之女. 蕉萃, 陋賤之人.

○菅, 古顏反. 蒯, 苦怪反. 蕉, 在遙反. 萃, 在醉反. 匱, 其位反.>

〔疏〕“無棄菅蒯”.

○正義曰 : 《釋草》云: “白華, 野菅.”

郭璞曰 : “菅, 茅屬.”

陸璣《毛詩疏》曰 : “菅似茅, 滑澤無毛, 肋宜爲索, 漚及曝尤善.” 蒯與菅連, 亦菅之類.

《喪服》疏 : 屨者, 傳曰“藨, 蒯之菲也, 可以爲屨”. 明肋如菅, 並可代絲, 麻之乏, 故云“無棄”也.

**❷『사기(史記)』〈卷七十五　孟嘗君列傳第十五〉**

初，馮驩，聞孟嘗君好客，躡蹻而見之．孟嘗君曰；“先生遠辱，何以教文也？”馮驩曰：“聞君好士，以貧身歸於君．”孟嘗君置傳舍十日，孟嘗君問傳舍長曰：“客何所爲？”答曰：“馮先生甚貧，猶有一劍耳，又蒯緱．

<【集解】: 蒯音苦怪反. 茅之類, 可爲繩. 言其劍把無物可裝, 以小繩纏之也. 緱音侯, 亦作“候”, 謂把劍之處.

索隱蒯, 草名, 音“蒯聵”之“蒯”. 緱音侯, 字亦作“候”, 謂把劍之物. 言其劍無物可裝, 但以蒯繩纏之, 故云“蒯緱”>

彈其劍而歌曰 長鋏歸來乎，食無魚’．”孟嘗君遷之幸舍，食有魚矣．五日，又問傳舍長．答曰：“客複彈劍而歌曰 長鋏歸來乎，出無輿’．”孟嘗君遷之代舍，出入乘輿車矣．五日，孟嘗君複問傳舍長．舍長答曰：‘先生又嘗彈劍而歌曰 長鋏歸來乎，無以爲家’．”孟嘗君不悅．……．

**❸『석고(釋詁)』**

棲遲，憩，休，苦，㕡，齂，呬，息也．

<棲遲, 遊息也. 苦勞者, 宜止息. 憩見《詩》. 㕡, 齂, 呬皆氣息貌. 今東齊呼息爲呬也. ○憩, 去例切. 㕡, 苦怪切. 齂, 詞戒切. 呬, 許四切.>

〔疏〕“棲遲”至“息也”.

○釋曰 : 皆止息也. 舍人曰 : 棲遲, 行步之息. 郭云 : “棲遲, 遊息也.”《陳風:衡門》云 : “衡門之下, 可以棲遲.” 憩者, 《召南:甘棠》云 : “召伯所憩.” 休者, 止而息也. 《周南:漢廣》云 : “不可休息.” 苦者, 郭云 : “苦勞者, 宜止息.” 㕡, 齂, 呬者, 郭云 : “皆氣息貌.” 案《方言》云 : “餽(消息), 喙, 呬, 息也. 周鄭宋沛之間曰餽, 自關而西, 秦晉之間或曰喙, 或曰餽, 東齊曰呬.” 故郭云“今東齊呼息爲呬也”.

성부 春菅춘

## 0356 蔞蔞루 【lóu ㄌㄡˊ】30
산쑥 루

| | |
|---|---|
| 艸也。 | 「풀의 일종」이다. |
| 可㠯(以)亯魚。 | 생선국을 끓일 수 있다. |
| 《『召南』言刈其蔞。 | 『소남(召南)』❶에 "산쑥을 베다."라고 했다. |
| 陸璣云。 | 륙기(陸璣)가 이르기를, |
| 蔞、蔞蒿也。 | "루(蔞)는 루호(蔞蒿)다."라고 했다. |
| 『爾雅』。 | 『이아(爾雅)』❷에, |
| 購蔏蔞。 | "구(購)는 상루(蔏蔞)다. |
| 郭云。 | 곽(郭)은 |
| 蔞、蒿也。 | '루(蔞)는 호(蒿)다. |
| 江東用羹魚。 | 강동지방에서는 생선국을 끓일 때 쓴다.'라고 했다."고 했다. |
| 『楚辭』曰。 | 『초사(楚辭)』❸에 |
| 吳酸芼蔞。 | "오산모루(吳酸芼蔞)"라고 했는데, |
| 按蔞蒿俗語耳。 | 루호(蔞蒿)는 속어다. |
| 古衹呼蔞。 | 옛날에는 단지 루(蔞)라고만 했다. |
| 『釋艸』 | 『석초(釋艸)』를 |
| 古讀或於購□句絕(絕)。》 | 옛날에 읽을 때는 구상(購蔏)에서 구절을 끝내기도 했다. |
| 从艸。 | 초(艸)를 따랐고, |
| 婁聲。 | 루(婁)가 성부가 된다. |
| 《力朱切。 | 력주절(力朱切)이다. |
| 古音在 4部。》 | 고음(古音)은 제 4부에 속한다. |

상(蔏) 명아주
호(蒿) 다북쑥, 김 오르는 모양, 고달플
모(芼) 풀 미만할, 채소를 골라 뽑을, 나물 섞은 닭고기 죽.

| | |
|---|---|
| 루호(蔞蒿) | 물쑥. 엉거시과의 다년생 초본식물. 물가나 진펄을 좋아한다. 그 잎은 쑥과 같고 흰 색이다. 어린 싹과 잎은 먹을 수 있다. 정월에 뿌리와 새싹이 난다. 방경(旁莖)은 순 흰색으로 날 것으로 먹을 수 있다. 향기롭고 부드러우며 맛있다. 잎을 쪄서 소를 먹일 수 있다. 상루(蔏蔞)라고도 한다. |
| 상루(蔏蔞) | 물쑥의 별명. |
| 오산(吳酸) | 오나라 사람들이 조리한 시큼한 맛(吳人所調咸酸之味). |
| 오산모루(吳酸芼蔞) | 오산호루(吳酸蒿蔞)로 된 책도 있다. |
| [인경고 引經考] | ❶『주남(周南)』〈周南:漢廣〉 |

南有喬木, 不可休息. 漢有游女, 不可求思.

0356

漢之廣矣, 不可泳思. 江之永矣, 不可方思.

翹翹錯薪, 言刈其楚. 之子于歸, 言秣其馬.

漢之廣矣, 不可泳思. 江之永矣, 不可方思.

翹翹錯薪, 言刈其蔞. 之子于歸, 言秣其駒.

漢之廣矣, 不可泳思. 江之永矣, 不可方思.

&lt;蔞, 草中之翹翹然.

○蔞, 力俱反, 馬云 : "蔞, 蒿也."

郭云 : "似艾."音力侯反&gt;

[疏]傳"蔞, 草中之翹翹然".

○正義曰 : 傳以上楚是木, 此蔞是草, 故言草中之翹翹然.

《釋草》云 : "購, 蔏蔞."舍人曰 : "購一名蔏蔞."

郭云 : "蔏蔞, 蔞蒿也. 生下田, 初出可啖, 江東用羹魚也."

陸機《疏》云 : "其葉似艾, 白色, 長數寸, 高丈餘. 好生水邊及澤中, 正月根牙生, 旁莖正白, 生食之, 香而脆美. 其葉又可蒸爲茹."是也.

### ❷「이아(爾雅)」

購, 蔏蔞.

&lt;蔏蔞, 蔞蒿也. 生下田. 初出可啖, 江東用羹魚.

○購, 古豆切. 蔞, 力朱切.&gt;

[疏]"購, 蔏蔞".

○釋曰 : 舍人曰 : "購, 一名蔏蔞."

郭云 : "蔏蔞, 蔞蒿也. 生下田. 初出可啖, 江東用羹魚."

《詩:周南:漢廣》云 : "翹翹錯薪, 言刈其蔞."

陸機《疏》云 : "其葉似艾, 白色, 長數寸, 高丈餘, 好生水邊及澤中. 正月根牙生旁莖, 正白, 生食之, 香而脆美. 其葉又可蒸爲茹."是也.

### ❸「초사(楚辭)」

吳酸蒿蔞,

&lt;蒿, 蘩草也. 蔞, 香草也.

《詩》曰「言采其蔞」也. 一作芼蔞.

注云 : 芼, 茱也. 言吳人善爲羹, 其茱若蔞, 味無沾薄, 言其調也.&gt;

不沾薄只.

## 0357 𧀡 蘽 류 【lěi ㄌㄟˇ】 30

덩굴풀 류

| 艸也。 | 「풀의 일종」이다. |
|---|---|
| 《『詩』七言葛藟。 | 『시(詩)』❶에서 일곱 번 갈뢰(葛藟)를 언급했다. |
| 陸璣云。 | 륙기(陸璣)가 이르기를, |
| 藟一名巨荒。 | "류(藟)는 일명 거황(巨荒)이다. |
| 似燕薁。亦延蔓生。 | 연욱(燕薁)과 비슷하다. 역시 덩굴로 자란다. |
| 葉如艾。白色。其子赤。 | 잎은 쑥과 비슷하다. 흰색이다. 그 씨는 붉은 색이다. |
| 可食酢而不美。 | 먹을 수 있으나 신맛이고 맛이 좋지 않다."라고 했다. |
| 幽州謂之椎藟。 | 유주(幽州)지방에서는 추류(椎藟)라고 한다. |
| 『開寶－本艸』及『圖經』皆謂卽千歲虆也。 | 『개보－본초(開寶－本艸)』와 『도경(圖經)』에서는 모두 곧 천세류(千歲虆)라고 했다. |
| 按凡藤者謂之虆。 | 생각건대 대개 모든 나무덩굴을 류(虆)라고 하므로, |
| 系之艸則有藟字。 | 풀에 연계한 것으로는 류(藟)자가 있고, |
| 系之木則有虆字。 | 나무에 연계한 것으로는 류(虆)자가 있으나 |
| 其實一也。 | 그 열매는 같다. |
| 『戴先生詩:補注』說葛藟猶言葛藤。 | 『대선생－시:보주(戴先生－詩:補注)』에서는 갈류(葛藟)를 갈등(葛藤)과 같은 것으로 설명했다. |
| 『爾雅』山櫐、虎櫐。 | 『이아(爾雅)』❷의 산류(山櫐), 호류(虎櫐)나 |
| 『山解經』卑<一作畢>山多藥<古本從木>皆是也。 | 『산해경(山海經)』❸의 "비산(卑山)에 다류(多藥)"가 다 이런 것이다. |
| 然『鄭君－周南:箋』 | 그러나 『정군－주남:전(鄭君－周南:箋)』❹에서는 |
| 云葛也。藟也。 | "갈(葛:칡)이다. 류(藟:덩굴풀)다."하여 |
| 分爲二物。與許合。 | 두 개의 사물로 나누어서 허신과 합치한다. |
| 葛與藟皆藤生。 | 갈(葛)과 류(藟)는 모두 덩굴로 자란다. |
| 故『詩』多類舉(舉)之。 | 그래서 『시(詩)』에서는 무리지어 예를 드는 것이다. |
| 『左氏』亦云。 | 『좌씨(左氏)』❺ 또한 이르기를, |
| 葛藟猶能庇其木根。 | "갈(葛)과 류(藟)는 그 나무의 뿌리를 덮을 수 있다."고 했다. |
| 藤故祇作滕。 | 덩굴져 얽히므로 등(滕)이라고 쓴 것이다. |
| 謂可用緘滕也。 | 함등(緘滕)으로 쓸 수 있다는 말이다. |
| 『山解經:傳』曰。 | 『산해경:전(山海經:傳)』❻에 이르기를, |
| 櫐一名滕。》 | "류(櫐)는 일명 등(滕)이라고도 한다."고 했다. |
| 从艸。 | 초(艸)를 따랐고, |
| 畾聲。 | 뢰(畾)가 성부가 된다. |
| 《力軌切。15部。 | 력궤절(力軌切)이다. 제 15부에 속한다. |
| 『詩』曰。 | 『시(詩)』❼에 |
| 莫莫葛藟。 | "막막갈류(莫莫葛藟)"라고 했다. |

*0357*

《『大雅:旱麓』文。》

一曰秬鬯。

《此字義別說也。

秬鬯之酒。鬱而後鬯。

凡字從畾聲者、

皆有鬱積之意。

是以神名鬱壘。

『上林賦』云。

隱轔鬱壘。

秬鬯得名薑者、

義在乎是。

其字從艸者、

釀芳艸爲之也。》

『대아:한록(大雅:旱麓)』❼에 있는 글이다.

일명 *거창*(秬鬯)이라고도 한다.

이 뜻은 또 다른 설명이다.

*거창*(秬鬯)의 술은 울(鬱) 이후 창(鬯)이 된 것이다.

대개 뢰(畾)자를 성부로 하는 글자들은

모두 **울적**(鬱積:쌓인다)는 뜻이 있다.

그래서 신(神) 중에는 **울루**(鬱壘)가 있다.

『상림부(上林賦)』❽에 이르기를

"은린울뢰(隱轔鬱壘)"라고 했다.

*거창*(秬鬯)이 류(薑)라는 이름을 얻은 것은

그 뜻이 여기에 있다.

그 글자가 초(艸)를 따른 것은

향기로운 풀이기 때문이다.

욱(薁) 앵두나무

초(酢) 초, 신맛, 실 ▣작:잔 돌릴

추(椎) 칠, 쇠망치

류(藟) 덩굴

류(蔂) 덩굴풀

류(櫐) 등, 굵은 칡

함(緘) 묶을, 봉하여 묶을

등(縢) 봉할, 꿰맬

지(祇) 마침 ▣기:중의 옷

거(秬) 검은 기장(과 향초로 빚은 술)

창(鬯) 강신제에 쓰는 향기로운 술

울(鬱) 울금향, 나무 무성할

울(鬱) 나무 다부룩할, 우거질, 마음에 맺힐

뢰(畾) 밭갈피

린(轔) 수렛소리, 삐걱거릴

뢰(壘) 산모양, 겹겹이 쌓일.

양(釀) 술빚을

**거황**(巨荒)

양백준(楊伯峻)의 주(注)에 "갈류(葛藟)와 같은 사물이다. 한 글자로는 류(藟)다. 또한 천세류(千歲藟), 류무(蔂蕪), 퇴류(蓷蔂), 거과(苣瓜), 거황(巨荒)이라고도 한다. 포도과(葡萄科)에 속한다. 자생하는 만성식물(蔓性植物)이다."라고 했다.

## 0357

**연욱(燕薁)**
앵욱(蘡薁)의 별명. 식물이름. 락엽등목(落葉藤木). 가지 줄기가 가늘며 길며 릉각(稜角)이 있다. 잎은 손바닥 모양인데 3-5개로 깊게 갈라져 있다. 주변은 톱니 모양 이가 있다. 아랫 면에 회백색의 면모(綿毛)가 빽빽히 나 있다. 열매는 흑자색이다. 앵욱(櫻薁)이라고도 한다. 민간에서는 야포도(野葡萄), 산포도(山葡萄)라고 한다. 술을 담글 수 있다. 약이나 보양식을 만들 수도 있다. 줄기섬유로 새끼줄을 만들기도 한다. 책에 따라 여러 이름이 있다. 욱(薁);《시경(詩經)》, 연욱(燕薁), 영설(蘡舌);《광아(廣雅)》, 산포도(山葡萄);《당본초(唐本草)》, 산포도(山蒲桃);《본초습유(本草拾遺)》, 야포도등(野葡萄藤), 목롱(木龍);《백일선방(百一選方)》, 연흑(煙黑);《구황본초(救荒本草)》, 접골등(接骨藤);《귀주민향방약집(貴州民向方藥集)》, 감고등(甘古藤), 산고등(酸古藤), 화황등(禾黃藤);《중의약실험연구(中醫藥實驗研究)》, 묘안정(貓眼睛);《민간상용초약휘편(民間常用草藥彙編)》, 화화자등(禾花子藤);《강서민간초약(江西民間草藥)》, 묘이등(貓耳藤), 산홍양(山紅羊), 산고과(山苦瓜);《천주본초(泉州本草)》.

**유주(幽州)**
옛 12주(州)의 하나. 순(舜) 임금 때 기주(冀州) 동북의 땅을 나누어 유주(幽州)라 했다. 지금의 하북성(河北省) 북부와 료녕성(遼寧省) 일대(一帶). 유도(幽都)라고도 한다.

【유연노장(幽燕老將)】 전쟁 경험이 많은 장수(將帥). 한(漢) 이후에 유주(幽州)와 연지(燕地)로 나아가 북호(北胡)와 싸운 명장(名將)이라는 뜻.

**추류(椎藟)**
《시:의소(詩:義疏)》에 "류(藟)는 거황(苣荒)이다. 연욱(燕薁)과 비슷하다. 련만생(連蔓生)이다, 잎은 백색이다. 열매는 먹을 수 있지만 시큼하고 맛이 없다. 유주(幽州)에서는 추류(椎藟)라고 한다. 거황(苣荒)을 명(明) 나라 때 옮겨 쓴 호상본(湖湘本),《진체(津逮)》본도 같다. 금(金) 나라 때 옮겨 쓴 것은 잘못하여 "신황(苣荒)"으로 썼다.《학진(學津)》본은 "거중(苣朮)"으로 썼다. 점서본(漸西本)은 "거과(苣瓜)"로 썼다. 이 두 글자는 여러 책에서 인용한 것이 다양하게 갈래졌다. 앞에서 본 교기(校記) 이외에도《본초습유(本草拾遺)》에서 인용한《초목소(草木疏)》와 금본(今本) 륙기(陸璣)의《모시:초목조수충어소(毛詩:草木鳥獸蟲魚疏)》권상(卷上)에 모두 똑같이 "거중(巨朮)"으로 썼다. <완원-교감(阮元-校勘)>에 근거하면 "과(瓜)"와 "중(朮)" 모두 잘못이다. 마땅히 "황(荒)"으로 써야 한다.《초사:9가(楚辭:九歌)》의 <왕일-주(王逸-注)>에서도 역시 황(荒)으로 썼다.

**천세류(千歲藟)**
갈류(葛藟)의 별명.

**갈류(葛藟)**
칡이나 등나무와 같은 덩굴 식물.

**갈등(葛藤)**
① 칡덩굴. ②일이 복잡하게 뒤얽힘.③ 일이나 인간 관계가 칡이나 등나무 처럼 복잡하게 뒤엉김.

**산류(山樏)**
제려(諸慮)는 산류(山樏)다.

**호류(虎樏)**
류목(樏木)이다. <석목(釋木)> 제려(諸慮), 산루(山樏). 섭(欇), 호류(虎樏). 곽박이

이르기를 "지금 강동(江東)에서는 류(虆)를 등(藤)이라고 한다. 호류(虎虆)는 지금 의 호두(虎豆)다."라고 했다. **纏蔓林樹而生**. <중산경(中山經)>에 "필산(畢山)의 꼭대기에, 류(虆)가 많다."라고 했는데 곽박이 이르기를 "지금의 호두(虎豆), 리두 (貍豆)의 무리다. 루(虆)를 일명 등(滕)이라고도 한다."라고 했다. 생각건대 류(虆) 는 류(藟)의 생략형이다. 그것이 초목(艸木)의 사이에서 자라는데, 풀에 가까운 것 이 초부(艸部)의 류(藟)로 . <시(詩)>에서 말하는 류(藟)다. 나무에 가까운 것이 목 부(木部)의 류(虆)다. <석목(釋木)>에서 "산류(山虆)는 호루(虎虆)다. 등(滕)과 등 (藤)은 고금자(古今字)다."라고 했다.

**비산(卑山)** <초한춘추(楚漢春秋)>는 비산(卑山)으로 썼다. <한서(漢書)> 비산(箄山)으로 썼 다.

**다류(多虆)** 류(虆)가 많다.

**함등(緘滕)** ① 끈(繩索). ② 꿰매어 봉함.

※ **금구계함등(金口戒緘藤)**공자가 주(周)나라에 갔을 때 태묘(太廟) 오른편 뜰 앞 에 입을 세 군데를 봉한 금인(金人)을 세워두고 그 등에다가 "옛날에 말을 삼 가하던 사람이다(古之慎言人也)"라고 써붙인 것을 보았다는데, 이것으로 말을 삼가할 것을 가르쳤다고 한다. 금인삼함(金人三緘), 삼함계금구(三緘戒金口) 라고도 한다.

**막막(莫莫)** ① 울창하게 우거진 모양. ② 먼지가 날리는 모양. ③ 삼가고 공경하는 모양. ④ 어 리석고 무지한 모양.

**막막갈류(莫莫葛藟)** 칡이나 등나무와 같은 덩굴 식물들이 울창하게 우거진 모양.

**거창(秬鬯)** 검은 기장을 넣어서 만든 울창주. 고대에 검은 기장과 울금향으로 빚은 술. 제사 에서 강신할 때나 공훈이 있는 제후들에게 상으로 내렸다. 거창(巨鬯)이라고도 한 다.

**울적(鬱積)** 쌓임.

**울루(鬱壘)** 신서(神荼)와 더불어 전설에서 악귀를 잘 다스린다는 두 문신(門神)의 이름. 창해 (滄海) 속에 도삭산(度朔山)이 있는데 꼭대기에 커다란 복숭아 나무가 있다. 그나 무가 삼천리를 뒤덮는다. 그 가지 사이로 동북에 귀문(鬼門)이 있는데 그곳으로 온갖 귀신들이 드나든다. 그 위에 울루와 신서라는 두 문신이 지키고 서서 검열하 다가 나쁜 짓을한 악귀(惡鬼)는 갈대끈으로 묶어서 호랑이에게 먹였다. 이에 황제 가 예를 차려서 내보내고 복숭아 나무로 만든 사람을 문에 세우고, 울루와 신서, 호랑이를 문에 그리고, 갈대끈을 걸어서 악귀를 막았다. ※ 일부 자전에서 울루 (鬱壘)를 「울률」로 발음한다고 했다.

※ **도**(荼) 씀바귀, 억새, 띠꽃 ■**서**:느릿느릿할, 귀신이름 ■**사**:갈대

**은린울뢰(隱鱗鬱壘)** 산이 울퉁불퉁한 모양(指山堆積不平的樣子).

## 0357

❶『시(詩)』七言葛藟〈王風:葛藟〉

※ 시(詩)에서 일곱 번 갈뢰(葛藟)를 언급했다.
　본문과 정확히 일치하는 것들은 없다.

緜緜葛藟[1], 在河之滸. 終遠兄弟, 謂他人父. 謂他人父, 亦莫我顧.

　<興也. 綿綿, 長不絕之貌. 水厓曰滸.

　箋云 : 葛也藟也, 生於河之厓, 得其潤澤, 以長大而不絕. 興者, 喻王之同姓, 得王之恩施, 以生長其子孫.>

緜緜葛藟[2], 在河之涘. 終遠兄弟, 謂他人母. 謂他人母, 亦莫我有.

緜緜葛藟[3], 在河之漘. 終遠兄弟, 謂他人昆. 謂他人昆, 亦莫我聞.

〈周南:樛木〉

南有樛木, 葛藟纍之[4]. 樂只君子, 福履綏之. 南有樛木, 葛藟[5]荒之.

樂只君子, 福履將之. 南有樛木, 葛藟縈之[6]. 樂只君子, 福履成之.

　<興也. 南, 南土也. 木下曲曰樛. 南土之葛藟茂盛.

　箋云 : 木枝以下垂之故, 故葛也藟也得累而蔓之, 而上下俱盛. 興者, 喻後妃能以意下逮眾妾, 使得其次序, 則眾妾上附事之, 而禮義亦俱盛. 南土謂荊, 楊之域. ○藟, 本亦作"虆", 力軌反, 似葛之草.

　《草木疏》云 : "一名巨荒, 似燕薁, 亦連蔓, 葉似艾, 白色, 其子赤, 可食." 累, 力追反, 纏繞也, 木又作"累". "上附", 時掌反.

　[疏]傳"南, 南土"至"茂盛".

　○正義曰 : 諸言南山者, 皆據其國內,

　雲傳云"周南山", "曹南山"也. 今此樛木言南, 不必己國. 何者? 以興必取象, 以興後妃上下之盛, 宜取木之盛者, 木盛莫如南土, 故言南土也. "下曲曰樛"者, 《釋木》文. 藟與葛異, 亦葛之類也.

　陸機云 : "藟一名巨荒, 似燕薁, 亦延蔓生, 葉艾, 白色, 其子赤, 亦可食, 酢而不美是也." ○箋"木枝"至"之域". ………

〈大雅:文王之什:旱麓〉

瞻彼旱麓, 榛楛濟濟. 豈弟君子, 干祿豈弟.

瑟彼玉瓚, 黃流在中. 豈弟君子, 福祿攸降.

鳶飛戾天, 魚躍于淵. 豈弟君子, 遐不作人.

清酒既載, 騂牡既備. 以享以祀, 以介景福.

瑟彼柞棫, 民所燎矣. 豈弟君子, 神所勞矣.

莫莫葛藟[7], 施于條枚. 豈弟君子, 求福不回.

　<莫莫, 施貌.

　箋云 : 葛也藟也, 延蔓於木之枚本而茂盛. 喻子孫依緣先人之功而起.

　○藟, 力軌反, 字又作"虆", 同. 施, 以豉反. 注同. 枚, 芒回反. 蔓者萬.>

**0357**

❷『이아(爾雅)』

諸慮, 山櫐. <今江東呼櫐爲藤, 似葛而粗大. ○櫐, 音壘>

〔疏〕“諸慮, 山櫐”. ○釋曰 : 諸慮, 一名山櫐. 郭云 : “今江東呼櫐爲藤, 似葛而粗大.”

❸『산해경(山海經)』

又東四十里, 曰卑山, 其上多桃李苴梓, 多纍.

<郭璞云 :「今虎豆貍豆之屬 ; 纍一名縢, 音誄.>

❹『정군-주남:전(鄭君-周南:箋)』

莫莫葛藟, 施於條枚.

<莫莫, 施貌. 箋云 : 葛也藟也, 延蔓於木之枚本而茂盛. 喻子孫依緣先人之功而
起.>

❺『좌씨(左氏)』<설문>의 본문은 기목근(其木根).

昭公將去群公子, 樂豫曰 : “不可. 公族, 公室之枝葉也. 若去之, 則本相
無所庇陰矣. 葛藟猶能庇其本根.

<葛之能藟蔓繁滋者, 以本枝蔭庥之多. ○去, 起呂反, 下及注同. 庇, 必利反, 又
悲位反, 下同.〈廣陰〉, 本又作“蔭”, 於鴆反. 藟, 本或作“蘽”, 力軌反. 蔓音萬.
庥, 許求反, 又作“庇”. 蘽, 類龜反.>

故君子以爲比.

❻『산해경:전(山海經:傳)』

又東四十里, 曰卑山, 其上多桃李苴梓, 多纍.

<郭璞云 :「今虎豆貍豆之屬 ; 纍一名縢, 音誄.>

❼『대아:한록(大雅:旱麓)』〈大雅:文王之什:旱麓〉

瞻彼旱麓, 榛楛濟濟. 豈弟君子, 干祿豈弟.

瑟彼玉瓚, 黃流在中. 豈弟君子, 福祿攸降.

鳶飛戾天, 魚躍于淵. 豈弟君子, 遐不作人.

淸酒旣載, 騂牡旣備. 以享以祀, 以介景福.

瑟彼柞棫, 民所燎矣. 豈弟君子, 神所勞矣.

莫莫葛藟, 施于條枚. 豈弟君子, 求福不回.

<莫莫, 施貌.

箋云 : 葛也藟也, 延蔓於木之枚本而茂盛. 喻子孫依緣先人之功而起.>

❽『상림부(上林賦)』<설문>의 본문은 울뢰(鬱礧).

嵔瘣崴魁, 丘虛堀礨, 隱轔鬱礨,

<郭璞曰 : 隱轔鬱礨, 堆壟不平貌. 轔, 洛盡切.〈山壘〉, 音壘. 施, 式氏切.>

陂池貏豸.

형성 (1자)  류(蘽𧀼)3307

[류(藟)가 포함된 글자들] 1자

## 0358

## 0358 蒬 원【yuān ㄩㄢ⁻】30
### 원지、애기풀 원

棘菀也。 「극원(棘菀)」이다.

《見『釋艸』。 『석초(釋艸)』❶를 보라.

『本艸經』云。 『본초경(本艸經)』❷에 이르기를,

遠志一名棘菀。 "원지(遠志)는 일명 **극완**(棘菀)이라고 한다.

一名葽繞。 일명 요요(葽繞),

一名細艸。》 일명 **세초**(細艸)라고도 한다.”고 했다.

从艸。 초(艸)를 따랐고,

冤聲。 원(冤)이 성부가 된다.

《於元切。14部。》 어원절(於元切)이다. 제 14부에 속한다.

완(菀) 자완, 반혼초(返魂草), 여자의 창자(女腸).

요(葽) 강아지풀, 풀더부룩한 모양, 애기풀.

**원지**(遠志) 령신초(靈神草). 애기풀. 여러해살이풀. 온몸에 잔 털이 나 있다. 4-5월경 연한 자주빛 꽃을 피운다. 봄에 어린 싹은 나물로 먹ㄴ 든다. 가을에 줄기와 잎을 그늘에서 말린 것이 영신초다.뿌리는 가늘고 길다. 거담, 지혈작용이 있다.

**극완**(棘菀) 원지(遠志). 약초이름.

**요요**(葽繞) 원지(遠志). 약초이름.

**세초**(細艸) 원지(遠志). 약초이름.

## [인경고 引經考]

### ❶『석초(釋艸)』

葽繞, 蕀菀.

<今遠志也. 似麻黃, 赤華, 葉銳而黃, 其上謂之小草,

《廣雅》云. ○葽, 烏了切. 菀, 音冤>

〔疏〕“葽繞, 蕀菀.

○釋曰: 藥草也. 葽繞, 一名蕀菀.

郭云“今遠志也. 似麻黃, 赤華, 葉銳而黃, 其上謂之小草,

《廣雅》云者, 案《本草》遠志, 一名細草, 其葉名小草.

陶注云:“小草狀似麻黃而青.”

今注云遠志“莖葉似大青而小”.

《廣雅》云:“蕀菀, 遠志也. 其上謂之小草.”是也.

### ❷『본초경(本艸經)』

遠志味苦溫. 主咳逆, 傷中, 補不足, 除邪氣, 利九竅, 益智慧, 耳目 聰明, 不忘, 強志倍力. 久服, 輕身不老. 葉名小草, 一名棘菀 (陸德明爾雅音義引作㝹), 一名棘繞 (禦覽作要繞), 一名細草. 生川穀.

## 0359 茈茈 자 【zǐ ㄗˇ】30
### 자주풀 자

**0359**

|  |  |
|---|---|
| 茈艸也。 | 「자초(茈艸)」다. |
| 《三字句。 | 석 자가 한 구절이다. |
| 茈字僅得免刪(删)。 | 자(茈)자는 겨우 지워지는 것을 면했다. |
| 可以證藄下必云藄艸也、 | 그래서 괴(藄) 아래에서 분명히 **괴초**(藄艸)라고 했고, |
| 䕞下必云䕞艸也。 | 류(䕞) 아래에서 분명히 **류초**(䕞艸)라고 했던 것을 증명한다. |
| 皆淺人刪(删)之。 | 모두 천박한 인간들이 삭제한 것들이다. |
| 『周禮:注』云。 | 『주례:주(周禮:注)』❶에 이르기를, |
| 染艸。茅蒐、橐盧、豕首、紫𦸼之屬。 | "염초에 **모수**(茅蒐), **탁로**(橐盧), **시수**(豕首), **자렬**(紫𦸼) 등속이 있다."라고 했다. |
| 按紫𦸼卽紫戾也。 | **자렬**(紫𦸼)은 곧 **자려**(紫戾)이고, |
| 紫戾卽茈艸也。 | **자려**(紫戾)가 곧 **자초**(茈艸)이다. |
| 『廣雅』云。 | 『광아(廣雅)』에 이르기를, |
| 茈戾、茈草也。 | "**자려**(茈戾)는 **자초**(茈草)다. |
| 古列戾同音。 | 옛날에는 렬(列)과 려(戾)가 같은 음이었고, |
| 茈紫同音。 | 자(茈)와 자(紫)가 같은 음이었다."라고 했다. |
| 『本艸經』云。 | 『본초경(本艸經)』❷에 이르기를, |
| 紫草一名紫丹。 | "**자초**(紫草)를 일명 **자단**(紫丹), |
| 一名紫芙。 | 일명 **자요**(紫芙)라고 한다."고 했다. |
| 陶隱居云。 | 도은거(陶隱居)가 이르기를 |
| 卽是今染紫者。 | "곧 지금의 보라색으로 물들이는 것이다. |
| 『說文』云。 | 『설문(說文)』에 이르기를, |
| 戾艸可以染畱(留)黃。 | '려초(戾艸)로 류황(畱黃)을 물들일 수 있다.'"라고 했다."고 했다. |
| 謂之紫戾者。 | **자려**(紫戾)라고 일컫는 것은 |
| 以染紫之戾別於染騮黃之戾也。 | 염자(染紫)의 려(戾)와 염류황(染騮黃)의 려(戾)를 구별하려는 것이다. |
| 『西山經』曰。 | 『서산경(西山經)』❸에 이르기를, |
| 勞山多茈艸。 | "로산(勞山)에 **자초**(茈艸)가 많다."라고 했다. |
| 『司馬彪-注:上林賦』曰。 | 『사마표-주:상림부(司馬彪-注:上林賦)』❹에 이르기를, |
| 茈薑、紫色之薑。 | "**자강**(茈薑)은 자색(紫色)의 생강이다."라고 했다. |
| 『郭-注:南山經』曰。 | 『곽-주:남산경(郭-注:南山經)』❺에 이르기를, |
| 茈蠃(蠃)、紫色蠃。 | "**자라**(茈蠃)는 보라색 라(蠃)다."라고 했다. |
| 故知古紫茈通用。》 | 그러므로 옛날에는 자(紫)와 자(茈)를 통용한 것이다. |
| 从艸 | 초(艸)를 따랐고, |
| 此聲。 | 차(此)가 성부가 된다. |
| 《將此切。 | 장차절(將此切)이다. |

**0359**

| | |
|---|---|
| 古音在 15部。轉入 16部。》 | 고음(古音)은 제 15부에 속한다. 변해서 제 16부에 속한다. |

**괴**(葤) 풀이름, 기름새
**류**(虆) 덩굴풀, 멍석딸기의 열매.
**탁**(橐) 전대, 자루, 도가니, 흙삼태기.
**렬**(劦) 부정 쓰는 비, 누른 물감풀, 풀이름.
**려**(莫) 초록빛 물들이는 풀.
**류**(駠) 월다말, 꽃빛깔처럼 붉은 말.
**라**(臝蠃) 나나니벌, 고둥, 풀이름 ■**과**:상제가 타는 수레.

| | |
|---|---|
| **자초**(茈艸) | 자초(紫草). |
| **류초**(虆艸) | 풀의 일종. |
| **모수**(茅蒐) | 꼭두서니풀. 뿌리가 진한 홍색 염료를 만드는 재료가 되는 풀. |
| **탁로**(橐盧) | 《이아(爾雅)》에 "여로(茹蘆) 모수(茅蒐)"가 있는데 곽-주(郭-注)에서 이르기를 "지금의 천(蒨)이다. 진홍색을 물들일 수 있다."라고 했다. "탁로(橐盧)라는 것이 《이아(爾雅)》에는 없다. 시수(豕首)라는 것은, 《이아(爾雅)》에서 이르기를 "렬진(劦藋) 시수(豕首)"라고 했는데, 곽-주(郭-注)에서 이르기를 《본초(本草)》에서 '체로(彘盧), 일명 섬저란(蟾蠩蘭)이다. 지금의 강동(江東)에서는 희수(豨首)라고 부른다."라고 했다. 곽박이 비록 이렇게 주를 달았으나 무슨 색으로 염색하는 지는 말하지 않았다. 이는 곧 탁로(橐蘆)와 시수(豕首)가 정현이 근거한 것을 살피지 않은 것이다. 자렬(紫劦)이란 것은 《이아(爾雅)》에서 이르기를 "막(藐)은 자초(茈草)다."라고 했다. 곽박이 이르기를 "자색으로 물들일 수 있다. 일명 자려(茈{艸戾})라고 한다."라고 했다. 《광아(廣雅)》에서 이르기를 "이것은 곧 자렬(紫劦)이다."라고 했다. "지속(之屬)"이라고 말하는 것은 다시 람조(藍皂), 상두(象鬥) 같은 것들이 있기 때문이다. 많기 때문에 "지속(之屬)"으로 겸칭한 것이다. |
| **시수**(豕首) | 1.저두(豬頭). 2. 천명정(天名精)의 별명(別名). 국과(菊科), 다년생초본(多年生草本). 근(根), 엽(葉), 과실(果實) 모두 똑 같이 약으로 쓴다.《주례:지관:장염초(周禮:地官:掌染草)》"봄가을로 염초의 사물을 모으는 것을 담당한다.(掌以春秋斂染草之物)"라고 했다. 한(漢)나라의 <정현-주(鄭玄-注)>에 "염초(染草)는, 모수(茅蒐), 탁로(橐蘆), 시수(豕首), 자렬(紫劦)의 등속이다."라고 했다. 명(明) 나라 리시진(李時珍)의 《본초강목:초사:천명정(本草綱目:草四:天名精)》에 "천명정(天名精)은 천만정(天蔓精)의 잘못이다. 그 기운이 시체(豕彘)와 같다. 그래서 시수(豕首), 체로(彘顱)의 이름이 있다."라고 했다. |
| **자렬**(紫劦) | 자초(紫草). |
| **자려**(紫莫) | 자초(紫草). |

0359

| | |
|---|---|
| **자려**(芷莫) | 자초(紫草). |
| **자초**(紫草) | 지치. 뿌리를 자색(紫色) 염료로 쓴다. 자초과(紫草科) 자초속(紫草屬) 식물. 일본, 한국, 중국의 산서, 산동, 사천 귀주, 하북, 하남 등지에서 자란다. 지혈(地血), 자요(紫芺), 자초(紫草), 자초용(紫草茸), 산자초(山紫草), 홍석근(紅石根), 야자초(野紫草), 유량혈(有涼血), 활혈(活血), 투진(透疹) 등이 있다. 해독작용을 한다. 뿌리가 찬 성질을 지녀서 오줌을 순하게 하고 피를 맑게 한다. |
| **자단**(紫丹) | |
| **자요**(紫芺) | |
| **려초**(莫艸) | 류황(駵黃) 색 염료로 쓰는 풀. |
| **류황**(駵黃) | 흑황색(黑黃色). |
| **로산**(勞山) | 지금은 로산(勞山)으로 쓴다. 뢰산(牢山)이라고도 한다. 청도시(靑島市) 황해 바닷가에 있다. 중국에서 제일 유명한 려유명산(旅遊名山)이다. 산동성에서 세번째로 높은 봉우리다. 정상에 도교관(道敎觀)인 태청궁(太淸宮)이 있다.<br>※ 려유(旅遊) 여행유람. |
| **자강**(芷薑) | 자강(紫薑), 눈강(嫩薑). 보랏빛 생강(紫色之薑).<br>자강(紫薑), 눈강(嫩薑).《사기:사마상여렬전(史記:司馬相如列傳)》: "자강양하(芷薑蘘荷), 침등약손(葴橙若蓀)."이 있는데 사마정-색은(司馬貞-索隱)에서 장읍(張揖)을 인용하여 이르기를 "자강(子薑)이다."라고 했다. |
| **자라**(芷蠃) | 풀의 일종. |
| **[인경고 引經考]** | **❶『주례:주(周禮:注)』**&lt;地官司徒:第二&gt;<br>掌葛, 下士二人, 府一人, 史一人, 胥二人, 徒二十人. 掌染草, 下士二人, 府一人, 史二人, 徒八人.<br><染草, 藍, 蒨, 象鬥之屬.><br>○蒨, 千見反. 象, 本或作橡, 音同.><br>○釋曰：案其職"掌以春秋斂染草之物", 亦徵斂之官, 故在此. 藍以染靑, 蒨以染赤, 象鬥染黑.<br>案其職注云"染草, 茅蒐, 橐蘆, 豕首, 紫荊之屬", 二注不同者, 染草既多, 言不可盡, 故互見略言耳.<br>**❷『본초경(本艸經)』**<br>紫草味苦寒. 主心腹邪氣五疸, 補中益氣, 利九竅, 通水道. 一名紫丹, 一名紫芺. (禦覽引云：一名地血, 大觀本, 無文). 生山穀.<br>吳普曰：紫草節赤, 二月花. (禦覽) 名醫曰：生碭山及楚地, 三月采根, 陰幹.<br>案說文云：芷, 草也, 蒤, 芷草也, 草也, 可以染留黃. 廣雅云：芷, 草也. 山海經云：勞山多芷草. 郭璞云：一名紫, 中染紫也. 爾雅云：蒤, 芷草. 郭璞云：可以染紫. |

**0359**

【集解】《別錄》曰：紫草，生碭山山谷及楚地. 三月采根，陰幹. 弘景曰：今出襄陽，多從南陽新野來，彼人種之，即是今染紫者，方藥都不複用.《博物志》云：平氏陽山，紫草特好. 魏國者，染色殊黑. 比年東山亦種之，色小淺於北者. 恭曰：所在皆有，人家或種之. 苗似蘭香，莖赤節青. 二月開花紫白色. 結實白色，秋月熟. 時珍曰：種紫草，三月逐壟下子，九月子熟時刈草，春社前後采根陰幹，其根頭有白毛如茸. 未花時采，則根色鮮明；花過時采，則根色黯惡. 采時，以石壓扁，曝幹；收時，忌人溺及驢馬糞並煙氣，皆令草黃色.

**❸『서산경(西山經)』**

北五十里，曰勞山，多茈草.<吳任臣云：即紫草.> 弱水出焉，而西流注于洛.

**❹『상림부(司馬彪-注：上林賦)』<곽박주>**

布結縷，攢車衡蘭，槀本射幹，茈薑蘘荷，

<張揖曰：茈薑，子薑也. 茈音紫.>

**❺『곽-주:남산경(郭-注：南山經)』**

又南三百里，曰竹山，錞于江，<郭璞云：一作涯. >

無草木，多瑤碧. 激水出焉，而東南流注于娶檀之水，其中多茈蠃.

<郝懿行云：「蠃當為蠃，字之訛；茈蠃，紫色蠃也.」珂案：吳任臣，何焯，畢沅校同；汪紱本正作蠃.>

## 0360 藐藐藐 막【miǎo ㄇㄧㄠˇ】30
### 작을 막/묘

茈艸也。 「**자초(茈艸)**」다.

《見『釋艸』。》 『석초(釋艸)』❶를 보라.

从艸。 초(艸)를 따랐고,

藐聲。 모(藐)가 성부가 된다.

《莫覺切。 막각절(莫覺切)이다.

古音在 2部。 고음(古音)은 제 2부에 속한다.

古多借用爲眇字。 옛날에는 묘(眇)자로 많이 가차했다.

如說大人則藐之及凡言藐藐者皆是。》 큰 사람을 작다고 하거나 **막막(藐藐)**하다는 것이 다 이런 것이다.

**자**(茈) 자주풀, 고비, 새앙과식물 ■**차**:가지런치 않을.

**묘**(藐藐) 작을, 업신여길, 멀, 좋게 보는 모양 ■**막**:지치, 아름다울, 넓고 크며 가 없는 모양. 자기에게 이로운 말을 귀담아 듣지 않을.

**자초(茈艸)** 지치. 뿌리를 자색(紫色) 염료로 쓴다. 자초과(紫草科) 자초속(紫草屬) 식물. 일본, 한국, 중국의 산서, 산동, 사천 귀주, 하북, 하남 등지에서 자란다. 지혈(地血), 자요(紫芙), 자초(紫草), 자초용(紫草茸), 산자초(山紫草), 홍석근(紅石根), 야자초(野紫草), 유량혈(有凉血), 활혈(活血), 투진(透疹) 등이 있다. 해독작용을 한다. 뿌리가 찬 성질을 지녀서 오줌을 순하게 하고 피를 맑게 한다.

**막막(藐藐)** ① 남의 말을 흘려듣는 모양. ② 어린 모양. ③ 아름답고 왕성한 모양. ④ 높고 먼 모양.

※ **언지순순 청지막막**(言之諄諄 廳之藐藐) 말하는 사람은 정성을 다하나 듣는 이는 흘려 들음.

**[인경고 引經考]**

### ❶『석초(釋艸)』

藐, 茈草.

&lt;可以染紫, 一名茈茛,

《廣雅》云. ○藐, 亡角切. 茈, 子爾切.&gt;

〔疏〕"藐, 茈草".

○釋曰﹕藐, 一名茈草, 根可以染紫之草.

《廣雅》一名茈茛,《本草》一名紫丹.

唐本注云﹕苗似蘭香, 莖赤節青, 花紫白色, 而實白也.

## 0361 蕥 萴 즉【zé ㄗㄜˊ】30
### 부자(附子) 즉

烏喙也。

「오훼(烏喙)」다.

《『廣雅』。

『광아(廣雅)』에

橫、奚毒、附子也。

"초(橫), 해독(奚毒)은 부자(附子)다.

一歲爲萴子。

1년 된 것을 즉자(萴子),

二歲爲烏喙。

2년 된 것을 오훼(烏喙),

三歲爲附子。

3년 된 것을 부자(附子),

四歲爲烏頭。

4년 된 것을 오두(烏頭),

五歲爲天雄。

5년 된 것을 천웅(天雄)이라고 한다."라고 했다.

按『本艸經』有附子、烏頭、天雄三條。

생각건대 『본초경(本艸經)』❶에 부자(附子), 오두(烏頭), 천웅(天雄) 세 개의 조항이 있다.

云烏頭一名奚毒。

오두(烏頭)를 일러 일명 해독(奚毒)이라고 한다.

一名卽子。一名烏喙。

일명 즉자(卽子), 일명 오훼(烏喙)라고도 한다.

卽子卽萴子、

즉자(卽子)가 곧 즉자(萴子)다.

猶鰂鯽一字也。

적(鰂)과 적(鯽)이 같은 글자인 것과 같다.

『名醫別錄』又沾側子一條。

『명의별록(名醫別錄)』❷에는 또 측자(側子) 한 조항을 붙여 넣었다.

誤矣。》

잘못된 것이다.

从艸。

초(艸)를 따랐고,

則聲。

칙(則)이 성부가 된다.

《阻力切。1部。

조력절(阻力切)이다. 제 1부에 속한다.

按茈蘹蒐茜等字皆染艸也。

이 자(茈), 묘(蘹), 수(蒐), 천(茜) 등의 글자는 모두 염초(染艸)다. 그런데 한참을 띄워서 즉(萴)자가 나온다.

乃中隔以萴字。

恐後人妄移。》

아마도 후세 사람들이 함부로 옮겼을 것이다.

초(橫) 땔나무

훼(喙) 부리, 주둥아리

적(鰂) 오징어

적(鯽) 붕어, 망성어

묘(蘹) 작을,

수(蒐) 꼭두서니풀, 모을

천(茜) 꼭두서니.

첨(沾) 물이름, 더할 ▣점:물이름, 스스로 저온할, 경박할.

자(茈) 자주풀, 고비, 새양과식물 ▣차:가지런치 않을.

오훼(烏喙)  ① 오두(烏頭)의 별칭. 부자(附子). ② 까마귀 주둥이. 입이 튀어나온 사람.

※ 장경오훼(長頸烏喙) 목이 길고 입이 뾰죽한 사람. 월왕(越王) 구천(句踐)의 인

상(人相). 참을 성이 많아서 고생은 함께 할 수 있으나, 욕심이 많아서 안락(安樂)은 함께 할 수 없는 사람이라고 한다.

**해독**(奚毒) 오두(烏頭)의 별칭.

**즉자**(萴子) 부자(附子)의 옆구리에서 난다(生於附子之側)고 해서 붙인 이름이다.

**즉자**(即子) 즉자(萴子).

**부자**(附子) 풀이름. 다년생 초목. 잎은 손바닥 모양이고 쑥과 비슷하다. 가을에 꽃이 피는데 스님의 신발을 닮아서 승혜국(僧鞋菊)이라고도 한다. 잎줄기에 독이 있다. 뿌리는 훨씬 더 독하다. 체온이 부족해서 생기는 모든 병에 유효하다. 손발이 찬데 신경통 등에 쓰는데, 과용하면 극약(劇藥)이 된다.

※ 백부자(白附子) 흰 부자. 바곳의 흰 뿌리. 중풍약으로 쓴다.

　토부자(土附子) 바곳의 뿌리. 적취(積聚), 심복통(心腹痛), 치통(齒痛) 약.

　향부자(香附子) 방동사니과의 다년초.

**오두**(烏頭) ① 바곳. ②《醫》川烏頭. ③=烏喙 ③.【烏頭】오두) 4, 까마귀의 머리.　4, 머리털이 검은 사람. 연소자(年少者)를 가리킴. &lt;劉禹錫?望賦&gt;鶴頸長引 烏頭未改.　4, 성탄꽃과의 다년초. 뿌리는 독이 있어 마취제로 쓰임. 바곳.　4, 한약 재료인 천오두(川烏頭), 초오두(草烏頭).

**천웅**(天雄) 한약이름. 오두(烏頭)의 덩이뿌리에서 곁뿌리가 나지 않은 것이다. 부자와 효능이 비슷하지만 더 독하다.

**염초**(染艸) 염료가 되는 풀. 쪽.

**[인경고 引經考]**

**❶『본초경(本艸經)』** &lt;草(下品)&gt;

[附子] 味辛溫. 主風寒咳逆邪氣, 溫中, 金創, 破症堅積聚, 血瘕, 寒溫, 踒(禦覽作痿). 躄拘攣, 腳痛, 不能行步(禦覽引云: 爲百藥之長, 大觀本, 作黑字). 生山穀. 吳普曰: 附子一名莨, 神農辛, 岐伯雷公甘有毒, 李氏苦有毒, 大溫, 或生廣漢, 八月采, 皮黑肥白(禦覽).. 名醫曰: 生楗爲及廣漢東, 月采爲附子, 春采爲烏頭(禦覽).. 案範子計然云: 附子出蜀武都中, 白色者善.

[烏頭] 味辛溫. 主中風, 惡風, 洗洗, 出汗, 除寒濕痹, 咳逆上氣, 破積聚, 寒熱. 其汁煎之, 名射罔, 殺禽獸. 一名奚毒, 一名即子, 一名烏喙. 生山穀. 吳普曰: 烏頭, 一名莨, 一名千狄, 一名毒公, 一名卑負 (禦覽作果負), 一名耿子, 神農雷公桐君黃帝甘有毒, 正月始生. 葉厚, 莖方, 中空, 葉四四相當, 與蒿相似. 又云: 烏喙, 神農雷公桐君黃帝有毒, 李氏小寒, 十月采, 形如烏頭, 有兩岐相合, 如烏之喙, 名曰烏喙也, 所畏惡使, 盡與烏頭同, 一名萴子, 一名莨, 神農岐伯有大毒, 李氏大寒, 八月采, 陰幹. 是附子角之大者, 畏惡與附子同.　(禦覽, 大觀本節文)名醫曰: 生朗

## 0361

陵, 正月二月采, 陰乾, 長三寸, 已上爲天雄.

按說文云：蒴, 烏喙也. 爾雅云：茛, 堇草. 郭璞云：即烏頭也, 江東呼爲堇. 範子計然云：烏頭出三輔中, 白者善. 國語云：驪姬置堇於肉. 韋昭云：堇, 烏頭也. 淮南子主術訓云：莫凶於雞毒. 高誘云：雞毒, 烏頭也, 按雞毒即奚毒, 即子, 即蒴子側子也, 名醫別出側子條, 非.

[天雄]味辛溫. 主大風, 寒濕痺, 瀝節痛, 拘攣, 緩急, 破積聚, 邪氣, 金創, 強筋骨, 輕身健行. 一名白幕. (禦覽引云, 長陰氣, 強志, 令人武勇, 力作不倦, 大觀本, 作黑字)生山谷. 名醫曰：生少室, 二月采根, 陰乾. 案廣雅云：, 奚毒, 附子也, 一歲爲蒴子, 二歲爲烏喙, 三歲爲附子, 四歲爲烏頭, 五歲爲天雄. 淮南子繆稱訓云：天雄, 烏喙, 藥之凶毒也, 良醫以活人.

❷『명의별록(名醫別錄)』

[側子]. 味辛, 大熱, 有大毒. 主治癰腫, 風痺, 曆節, 腰腳疼冷, 寒熱鼠, 又墮胎.

## 0362 蒐 수 【sōu ㄙㄡˉ】31

### 본[꼭두서니 풀] 모을 수

| | |
|---|---|
| 茅蒐、《逗。》茹藘。 | 「모수(茅蒐)는 여로(茹藘)」라는 뜻이다. |
| 《藘音閭。 | 로(藘)의 음은 려(閭)다. |
| 〖鉉本〗作蘆。 | 서현(徐鉉)의 책에서는 려(蘆)로 썼다. |
| 『鄭風』茹藘在阪。 | 『정풍(鄭風)』❶에 "여려재판(茹藘在阪:여로가 언덕에 있다.)"는 말이 있다. |
| 『釋艸』、『毛傳』皆云。 | 『석초(釋艸)』❷,『모전(毛傳)』❸ 모두에 이르기를, |
| 茹藘、茅蒐也。 | "여려(茹藘)는 모수(茅蒐)다. |
| 陸璣云。 | 륙기(陸璣)가 이르기를, |
| 茹藘、茅蒐、蒨艸也。 | '여려(茹藘), 모수(茅蒐)는 천초(蒨艸)다. |
| 一名地血(血)。 | 일명 지혈(地血)이다. |
| 齊人謂之茜。 | 제나라 사람들은 천(茜)이라고 한다. |
| 徐州人謂之牛蔓。 | 서주(徐州) 사람들은 우만(牛蔓)이라고 한다.' 라고 했다."고 했다. |
| 今圃人或作畦種蒔。 | 지금 포인(圃人)들이 밭두둑에 모종하기도 한다. |
| 『故-貨殖傳』云。 | 『고-화식전(故-貨殖傳)』에 이르기를, |
| 巵茜千石、亦比千乘之家。 | "치천(巵茜)이 천석(千石)이면 또한 천승(千乘)의 집과 비견한다."이라고 했다. |
| 按『本艸經』有茜根。 | 생각건대 『본초경(本艸經)』❹에 천근(茜根)이 있고, |
| 『蜀本-圖經』、『蘇頌-圖經』言其狀甚悉。 | 『촉본-도경(蜀本-圖經)』、『소송-도경(蘇頌-圖經)』에 그 모양이 아주 상세히 다 언급하고 있다. |
| 『徐廣-注:史記』云。 | 『서광-주:사기(徐廣-注:史記)』❺에 이르기를, |
| 茜一名紅藍。 | "천(茜)은 일명 홍람(紅藍)이라고도 한다. |
| 其花染繒赤黃。 | 그 꽃으로 비단을 적황색으로 물들인다."라고 했다. |
| 此卽今之紅花。 | 이것은 곧 지금의 홍화(紅花)다. |
| 張騫得諸西域者。 | 장건(張騫)이 서쪽 나라에서 얻은 것이다. |
| 非茜也。 | 천(茜)이 아니다. |
| 陳藏器云。 | 진장기(陳藏器)가 이르기를, |
| 茜與蘘荷皆『周禮』攻蠱嘉艸之冣(最)。》 | "천(茜)이나 양하(蘘荷)는 모두 『주례(周禮)』❻에서 고(蠱:뱃속 벌레)를 퇴치하는데 가장 좋은 풀(嘉艸)이다."라고 했다. |
| 人血所生。 | 사람의 피에서 자란다. |
| 可目(以)染絳。 | 강(絳:장군의 붉은 옷)을 염색할 수 있다. |
| 《云人血所生者。 | '사람의 피에서 자란다'는 것은 |
| 釋此字所以從鬼也。》 | 이 글자가 귀(鬼)자를 따르는 것을 설명한 것이다. |
| 从艸鬼。 | 초(艸)와 귀(鬼)를 따랐다. |
| 《會意。所鳩切。3部。 | 회의자다. 소구절(所鳩切)이다. 제 3부에 속한다. |
| 茅古音矛。 | 모(茅)자의 옛음은 모(矛)다. |

## 0362

茅蒐、茹藘皆曡(疊)韵也。
經傳多以爲春獵字。》

모수(茅蒐), 여로(茹藘)는 모두 첩운(曡韵)이다.
경전(經傳)은 이것을 춘렵(春獵)자로 많이 쓴다.

로(蘆) 무우, 나복
려(藘) 꼭두서니
여(茹) 여물
천(蒨) 풀 더부룩한 모양
천(茜) 꼭두서니
휴(畦) 밭두둑
시(蒔) 서다, 모종낼
등(蘘) 양하
고(蠱) 뱃속 벌레, 굿에 쓰는 벌레
강(絳) 깊게 붉을, 장군이 입는 붉은 옷
치(巵) 술잔, 둥근 그릇, 연지.

---

**모수**(茅蒐) 꼭두서니풀. 뿌리가 진한 홍색 염료를 만드는 재료가 되는 풀.

**여로**(茹藘) 다년생반원초본식물(多年生攀援草本植物). 줄기에 네 모서리가 있고, 그 모서리를 따라 거꾸로 난 가시가 있다. 다른 이름으로 홍사선(紅絲線), 8선초(八仙草), 추근초(抽筋草), 천지혈(川地血), 천골초(穿骨草), 천심초(穿心草), 대활혈단(大活血丹), 대거거등(大鋸鋸藤), 대맥주자(大麥珠子), 대천초(大茜草), 지홍(地紅), 지소(地蘇), 목조경초(木調經草), 정독초(疔毒草).천초(茜草) 등이 있다.

**여려**(茹藘) 천초과다년생반연초본식물(茜草科多年生攀緣草本植物). 열매는 자홍색 혹은 등홍색이다. 거꾸로 나는 작은 가시가 있다. 잎은 바퀴 모양이다.

**여려재판**(茹藘在阪) 《시:정풍·동문지선(詩:鄭風:東門之墠)》:"東門之墠, 茹藘在阪, 其室則邇, 其人甚遠." <주희-집전(朱熹-集傳)>에 "室邇人遠者, 思之而未得見之辭也." 後常用爲懷念親故或悼念亡者之詞.

**천초**(蒨艸) 천초(茜草)의 별명의 하나. 혈천초(血茜草), 혈견수(血見愁), 천초(蒨草), 지소목(地蘇木), 활혈단(活血丹), 토단삼(土丹參), 홍내소(紅內消).

**지혈**(地血) 꼭두서니. 단초(團草), 토단초(土團草) 서초(團草:꼭두서니)의 일명. 염비초(梁排草) 꼭두서니[정초(靜草)]의 다른 이름.)

**서주**(徐州) 옛날에는 팽성(彭城)으로 불렸다. 현 중국국무원이 인정하는 역사문화 명성(名城)이다. 진말 민란 후 서초(西楚)의 패왕 항우(項羽)의 도성이다. 한고조(漢高祖) 류방(劉邦)의 고향도 현재의 서주 풍현(楓縣)이다.

**우만**(牛蔓) 천초(蒨艸)의 다른 이름.

**포인**(圃人) 밭을 가꾸는 사람. 포사(圃師). 포정(圃丁).

*0362*

**치천**(茝茜)

1. 풀 이름. 천초(茜草). 다년생초본식물(多年生草本植物). 뿌리는 황적색(黃赤色)이다. 줄기는 방형(方形)이고, 거꾸로 자라는 가시가 있다. 가으레 황색의 작은 꽃을 피운다. 과실은 구형(球形)이다. 뿌리로 홍색염료(紅色染料)를 만들 수 있다. 약으로 쓴다. , 也可入藥.《사기:화식렬전(史記:貨殖列傳)》에 "千畝茝茜, 千畦薑韭."가 있다. <사마정-색은(司馬貞-索隱)>에 "천(茜)의 은 천(倩)이다. 일명 홍람화(紅藍花)라고도 한다. 비단을 황색으로 물들일 수 있다."라고 했다. 2.강홍색(絳紅色). 3. 빼나게 아름다움.

※ **천호후**(千戶侯) 식읍(食邑)이 천호(千戶)인 후작(侯爵).《사기:화식렬전(史記:貨殖列傳)》에 "만약 천무(千畝)에 치천(茝茜)을 심고, 천휴(千畦)에 강구(薑韭)를 심으면그 사람들은 모두 천호후(千戶侯)와 같다[부유하다]."라고 했다.

**천근**(茜根)

《본경(本經)》에 천근(茜根)은 맛은 쓰고, 성질은 차갑다. 한습풍비(寒濕風痹)와 황담(黃膽)에 주효하다. 속을 보한다. 천곡(川谷)에서 자란다."라고 했다.

**홍람**(紅藍)

잇꽃. 엉거시과의 2년생. (百度 자료에서는 菊科, 一年生草本植物). 여름에 여뀌 비슷한 두상화가 핀다. 꽃의 뿌리는 붉은 색 물감원료가 된다.

**홍화**(紅花)

홍람화(紅藍花). 잇꽃. 엉거시과에 딸린 일년초. 성질은 따뜻하고 맛은 맵다. 통경활혈(通經活血)하고 통증을 멎게 한다.

**양하**(襄荷)

채소의 일종. 시화. 고매채(苦口菜). 곡곡채(曲曲菜). 전정채(田菁菜).

**춘렵**(春獵)

수수(蒐狩) 봄 사냥은 수(蒐), 여름 사냥은 묘(苗), 겨울 사냥은 수(狩). 모든 수렵(狩獵)의 범칭.

**[인경고 引經考]**

❶『정풍(鄭風)』〈鄭風:東門之墠〉

東門之墠, 茹藘在阪. 其室則邇, 其人甚遠.

<東門, 城東門也. 墠, 除地町町者. 茹藘, 茅蒐也. 男女之際, 近則如東門之墠, 遠而難則茹藘在阪.

箋云: 城東門之外有墠, 墠邊有阪, 茅蒐生焉. 茅蒐之爲難淺矣, 易越而出. 此女欲奔男之辭.>

東門之栗, 有踐家室. 豈不爾思, 子不我卽.

❷『석초(釋艸)』

茹藘, 茅蒐.

<今之蒨也. 可以染絳. ○茹, 音如. 藘, 力居切.>

[疏]"茹藘, 茅蒐". ○釋曰 : 今染絳蒨也. 一名茹藘, 一名茅蒐.

《詩:鄭風》云 : 茹藘在阪."陸機云:"一名地血, 齊人謂之牛蔓, 卽今之蒨草是也.

❸『모전(毛傳)』1번 참조.

茹藘, 茅蒐也. 陸機《疏》云:"一名地血, 齊人謂之茜, 徐州人謂之牛蔓."

❹『본초경(本艸經)』

## 0362

茜根, 畏鼠姑.

茜根味苦寒. 主寒濕, 風痺, 黃疸, 補中. 生川谷. 名醫曰：可以染絳, 一名地血, 一名茹藘, 一名茅蒐, 一名茜, 生喬山, 二月三月, 采根, 暴乾.

案說文云：茜, 茅搜也, 搜, 茅搜, 茹藘, 人血所生, 可以染絳, 從草 從鬼；廣雅云：地血, 茹藘, 茜也；爾雅云：茹藘茅蒐；郭璞云：今茜也, 可以染絳；毛詩云：茹藘在阪；傳云：茹藘, 茅搜也；陸璣云：一名地血, 齊人謂之茜, 徐州人謂之牛蔓, 徐廣注史記云：茜一名紅藍, 其花染繪, 赤黃也, 按名醫別出紅藍條, 非.

⑤『서광－주:사기(徐廣－注:史記)』 4번 참조.

徐廣注史記云：茜一名紅藍, 其花染繪, 赤黃也, 按名醫別出紅藍條, 非.

〈匈奴列傳第五十〉

單於有太子名冒頓. 後有所愛閼氏,

<[索隱] 舊音於連, 於易反二音. 匈奴皇後號也.

習鑿齒與燕王書曰："山下有紅藍, 足下先知不？北方人探取其花染緋黃, 挼取其上英鮮者作煙肢, 婦人將用爲顏色. 吾少時再三過見煙肢, 今日始視紅藍, 後當爲足下致其種. 匈奴名妻作‘閼支’, 言其可愛如煙肢也. 閼音煙. 想足下先亦不作此讀漢書也."〉

⑥『주례(周禮)』

※ <주례>에서는 오히려 그 모양을 잘 모르겠다[其狀未聞.]고 했다.

庶氏掌除毒蠱, 以攻說襘之, 嘉草攻之.

<毒蠱, 蟲物而病害人者.

《賊律》曰："敢蠱人及教令者, 棄 市." 攻說, 祈名, 祈其神求去之也. 嘉草, 藥物, 其狀未聞. 攻之, 謂燻之.

鄭司農云："襘, 除也."玄謂此襘讀如潰癰之潰.

○庶, 章預反. 毒蠱, 音古. 襘, 劉音潰, 戶內反. 艸, 音草, 本亦作草. 令, 力呈反. 去, 起呂反. 燻, 許雲反.

[疏]"庶氏"至"攻之"

○釋曰："除毒蠱", 目言之."攻說襘之", 據去其神也."嘉草攻之", 據去其身者也.

○注"毒蠱"至"之潰"

○釋曰：云"攻說, 祈名"者, 《大祝》六祈有類, 造, 艸, 禜, 攻, 說, 故知也. 先鄭云"艸, 除也", 後鄭增成其義, 潰癰之潰, 俗讀也.

## 0363 茜 천 【qiàn 〈1ㄢˋ】31
### 꼭두서니 풀 천

0363

茜蒐也。 「모수(茅蒐)」다.
从艸。 초(艸)를 따랐고,
西聲。 서(西)가 성부가 된다.
《倉見切。 창견절(倉見切)이다.
古音在 13部。 고음(古音)은 제 13부에 속한다.
蒨卽茜字也。 천(蒨)은 곧 천(茜)자다.
古音當在 11部 고음(古音)은 당연히 제 11부에 속한다.
其音變適同耳。》 그 음이 변하여 같은 것으로 옮겨간 것이다.


천(蒨) 풀 더부룩한 모양


모수(茅蒐) 꼭두서니풀. 뿌리가 진한 홍색 염료를 만드는 재료가 되는 풀.
변적(變適) 적응해서 변화한 것이다(適應變化).


[참고] <이아:석초(釋艸)>
茹藘, 茅蒐.

<今之蒨也. 可以染絳. ○茹, 音如. 藘, 力居切.>

〔疏〕"茹藘, 茅蒐". ○釋曰 : 今染絳蒨也. 一名茹藘, 一名茅蒐.

《詩:鄭風》云 : "茹藘在阪."

陸機云 : "一名地血, 齊人謂之牛蔓, 卽今之蒨草是也.

[참고] <본초경(釋艸)>
茜根味苦寒. 主寒濕, 風痹, 黃疸, 補中. 生川穀.

名醫曰 : 可以染絳, 一名地血, 一名茹藘, 一名茅蒐, 一名茜, 生喬山, 二月三月, 采根, 暴幹.

案說文云 : 茜, 茅搜也. 搜, 茅搜, 茹藘, 人血所生, 可以染絳, 從草 從鬼; 廣雅云 : 地血, 茹藘, 茜也; 爾雅云 : 茹藘茅鬼; 郭璞云 : 今茜也, 可以染絳; 毛詩云 : 茹藘在阪; 傳云 : 茹藘, 茅搜也; 陸璣云 : 一名地血, 齊人謂之茜, 徐州人謂之牛蔓, 徐廣注史記云 : 茜一名紅藍, 其花染繪, 赤黃也, 按名醫別出紅藍條, 非.

| 0364 | 0364 虄 사【sì ㄙˋ】31 |
|------|------------------------|
|      | 제비꽃 사 |

赤虄也。 「**적사**(赤虄)」다.

从艸。 초(艸)를 따랐고,

肆聲。 사(肆)가 성부가 된다.

《息利切。15部。》 식리절(息利切)이다. 제 15부에 속한다.

**사**(肆) 베풀, 힘을 다할, 방자할, 사형한 시체를 저자에 드러내 놓을. 용서할, 크게 할.

**적사**(赤虄) 풀의 일종.

## 0365 薜 薜 폐【bì ㄅㄧˋ】31

왕모람 폐

| | |
|---|---|
| 牡贊也。 | 「모찬(牡贊)」이다. |
| 《見『釋艸』。》 | 『석초(釋艸)』❶를 보라. |
| 从艸。 | 초(艸)를 따랐고, |
| 薜聲。 | 벽(薜)이 성부가 된다. |
| 《蒲計切。 | 포계절(蒲計切)이다. |
| 古音在 16部。》 | 고음(古音)은 제 16부에 속한다. |

**모찬(牡贊)** 　풀의 일종.

**[인경고 引經考]**　❶『석초(釋艸)』

薜, 牡 艸贊.<未詳.>

## 0366

## 0366 蕘 萗 망 【wáng ㄨㄤˊ】 31
### 참억새 망

| | |
|---|---|
| 杜榮也。 | 「두영(杜榮)」이다. |
| 《見『釋艸』。 | 『석초(釋艸)』❶를 보라. |
| 郭云 | 곽(郭)이 이르기를 |
| 今芒艸也。 | "지금의 **망초**(芒艸)다. |
| 似茅。 | 모(茅)와 비슷하다. |
| 皮可以爲繩索履屬也。 | 껍질은 능히 새끼줄을 만들거나 신발을 만들 수 있다."라고 했다. |
| 按『太平御覽』引『襍(雜)字解詁』。 | 생각건대 『태평어람(太平御覽)』❷이 『잡자해고(襍字解詁)』를 인용하기를 |
| 芒、杜榮。 | "망(芒)은 **두영**(杜榮)이다."라고 했다. |
| 而芒譌作芸。》 | 망(芒)을 잘못 써서 운(芸)으로 했다. |
| 从艸。 | 초(艸)를 따랐고, |
| 忘聲。 | 망(忘)이 성부가 된다. |
| 《武方切。10部。》 | 무방절(武方切)이다. 제 10부에 속한다. |

**잡**(襍) 섞일.

| | |
|---|---|
| **두영**(杜榮) | 억새. 망경초(芒莖草). <한국자원식물총람>에서는 물억새라고 했다. 다년생초본. 8-9월에 꽃이 핀다. 이뇨, 해수 해열에 효험이 있다. 참억새와 비슷하지만 조금 작다. |
| **망초**(芒艸) | 일명(一名) 두영(杜榮). |

**[인경고 引經考]**

❶『석초(釋艸)』

萗, 杜榮.

<今萗草, 似茅, 皮可以爲繩索, 履屬也. ○萗, 音忘.>

〔疏〕"萗, 杜榮". ○釋曰：萗草, 一名杜榮,

郭云"今萗草, 似茅, 皮可以爲繩索, 履屬也"者. 屬, 草履也.

❷『태평어람(太平御覽)』〈卷九百八十二 ◎香部二〉

○芸香

《說文》曰：芸香, 似苜蓿.

《淮南子》曰：芸, 可以死而複生.

《襍字解詁》曰：芸, 杜榮.

# 0367 苞 포 【bāo ㄅㄠ¯】 31
## 풀 이름 포

| | |
|---|---|
| 艸也。 | 「풀의 일종」이다. |
| 《『曲禮:苞屨不入公門:注』 | 『곡례:포구불입공문:주(曲禮:苞屨不入公門:注)』❶에 |
| 苞、藨也。 | "포(苞)는 표(藨:기름사초)다. |
| 齊衰藨蒯之菲也。 | **자최**(齊衰) **표괴**(藨蒯)의 비(菲:짚신)다."라고 했다. |
| 『子虛賦』。 | 『자허부(子虛賦)』❷의 |
| 葳析苞荔。 | **침석포려**(葳析苞荔)에 |
| 張揖曰。 | "장읍(張揖)이 이르기를, |
| 苞、藨也。 | '포(苞)는 표(藨)다.'라고 했다."고 했다. |
| 玉裁按。當是藨是正字。 | 단옥재(段玉裁)가 생각건대 표(藨)가 정자다. |
| 苞是叚(假)借。 | 포(苞)는 가차다. |
| 故『喪服』作『藨蒯』之菲。 | 그래서 『상복(喪服)』❸은 "**표괴지비**(藨蒯之菲:표괴풀로 만든 짚신)"라고 했다. |
| 『曲禮』作苞屨。 | 『곡례(曲禮)』❹는 **포구**(苞屨:초상 때 신는 신, 초구, 초리)라고 썼다. |
| 『南都賦』說艸有藨。 | 『남도부(南都賦)』❺에서 설명하기를 "표(藨)라는 풀이 있다."라고 했다. |
| 卽『子虛』之苞也。 | 곧 『자허(子虛)』에서 말하는 포(苞) |
| 『斯干』、『生民傳』曰。 | 『사간(斯干)』❻, 『생민전(生民傳)』❼에 이르기를, |
| 苞、本也。 | "포(苞)는 밑둥이다."라고 했다. |
| 此苞字之本義。 | 이것이 포(苞)자의 원래 뜻이다. |
| 凡『詩』云苞櫟苞棣、 | 대개 『시(詩)』❽에서 말하는 **포력**(苞櫟), **포체**(苞棣)와 |
| 『書』云艸木蕲苞者皆此字。 | 『서(書)』❾의 "**초목**(艸木) **점포**(蕲苞:漸包, 相包裹)"가 모두 이 글자다. |
| 叚(假)借爲包裹。 | 가차해서 '둘러싼다'는 뜻으로 쓴 것이다. |
| 凡『詩』言白茅苞之、 | 대개 『시(詩)』❿에서 말하는 **백모포지**(白茅苞之)나 |
| 『書』言厥苞橘柚、 | 『서(書)』⓫에서 언급한 **궐포귤유**(厥苞橘柚)나, |
| 『禮』言苞苴、 | 『례(禮)』⓬에서 언급한 **포저**(苞苴)나, |
| 『易』言苞蒙苞荒苞承苞羞苞桑苞瓜、 | 『역(易)』⓭에서 언급한 **포몽**(苞蒙), **포황**(苞荒), **포승**(苞承), **포수**(苞羞), **포상**(苞桑), **포과**(苞瓜)나, |
| 『春秋傳』言苞茅不入皆用此字。 | 『춘추전(春秋傳)』에서 언급한 **포모불입**(苞茅不入)은 모두 이 글자를 쓴 것이다. |
| 〔近時-經典〕凡訓包裹者皆徑改爲包字。 | 최근 경전에서 **포과**(包裹)의 뜻으로 쓰이는 것은 모두 포(包)자로 고쳐졌다. |
| 郭忠恕之說誤之也。 | 곽충서(郭忠恕)의 설이 틀리게 한 것이다. |
| 許君立文當云苞本也、從艸、包聲。 | 허신은 표제자를 설정할 때 당연히 "포본야, 종초, 포성(苞本也、 |

0367

## 0367

《從艸、包聲。》"이라고 말했다.

若不謂爲叚借。
　만약 가차(叚借)가 아니라면

則當云苞、薦也。
　당연히 "포(苞)는 표(薦)다."라고 말했을 것이다.

下文卽云薦、蕨屬。
　뒤쪽에서 나오는 글에서는 "표(薦:기름사초)는 괴(蕨)의 일종이
다."라고 하고 있다.

使讀者知『曲禮』之苞卽『喪服』之薦。
　독자로 하여금 『곡례(曲禮)』의 포(苞)는 곧 『상복(喪服)』의 표
(薦)임을 알 수 있게 한 것이다.

葢(蓋)艸木旣難多識。
　대개 초목을 이미 많이 알기는 어렵고,

文字古今屢變。
　문자는 여러번의 변화를 겪었으니

雖曰至精。
　아무리 정밀하다 해도

豈能無誤。
　어찌 잘못이 없을 수 있겠는가?

善學古者不泥於古可也。》
　옛 것을 제대로 배우려는 사람은 옛 일에 너무 구애받지 않는 것
이 옳다.

南陽吕(以)爲麤履(履)。
**남양**(南陽)지방에서는 이것을 **추리**(麤履:짚신)라
고 한다.

《「麤」各本不從艸。
　「추(麤)」를 여러 책에서는 초(艸)를 따르지 않았다.

誤。麤、艸履(履)也。
　틀렸다. 추(麤)는 초리(艸履:초상 때 신는 신)다.

見後。》
　책의 뒤쪽을 보라.

从艸。
초(艸)를 따랐고,

包聲。
포(包)가 성부가 된다.

《布交切。古音在 3部。
　포교절(布交切)이다. 고음(古音)은 제 3부에 속한다.

按『曲禮:音義』曰。
　『곡례:음의(曲禮:音義)』에 이르기를,

苞白表反。
　"포(苞)는 백표절(白表反)이다."라고 했다.

爲欲讀同薦耳。》
　표(薦)와 같이 읽게 하려는 것이다.

**표**(薦) 쥐눈이콩, 기름사초, 검은 딸기, 목매자, 대싸리.

**괴**(蕨) 풀이름, 기름새

**침**(蔵) 마람, 쪽의 일종

**려**(茘) 염교(다년생 풀)

**비**(菲) 짚신(草履), 채소이름, 향초.

**구**(履) 짚신

**력**(櫟) 상수리나무

**체**(棣) 산앵도나무

**점**(蘄) 풀 더부룩할, 보리 벨

**귤**(橘) 귤

0367

**처**(苴) 삼씨, 씨있는 삼, 암삼, 대지팡이 ■**저**:신 속에 까는 풀, 꾸러미, 짚으로 쌈 ■**제**:나무이름, 땅이름 ■**차**:물 위에 떠 있는 말라죽은 초목 ■**조**:거친 자리, 제사에 까는 거친 자리 ■**자**:두엄풀

**루**(屢) 여러, 자주

**추**(麤) 짚신

**과**(裹) 물건을 쌈, 꾸러미

| | |
|---|---|
| **포구**(苞屨) | 초상 때 신는 풀로 만든 신(草鞋). |
| **초리**(艸屨) | 짚신. |
| **자최**(齊衰) | 5복의 하나. 1년. 모마질(牡麻絰)을 쓴다. 씨가 없는 수삼을 시마(枲麻), 모마(牡麻), 화마(花麻)라고도 한다. |
| **표괴**(薦蔽) | 표괴풀. |
| **침석포려**(蔵析苞荔) | 침(蔵)은 마람(馬藍), 석(析)은 석(析)으로 연맥(燕麥) 비슷한 것, 포(苞)는 원추리(鹿), 려(荔)는 마려(馬荔)다. |
| **표괴지비**(薦蔽之菲) | 표괴풀로 만든 짚신. |
| **포력**(苞櫟) | 상수리 나무. |
| **포체**(苞棣) | 아가위 나무 |
| **점포**(蔪苞) | 점포(漸包). 점차 자라서 총생(叢生)하게됨. |
| **백모포지**(白茅苞之) | 흰 띠풀로 싸다. |
| **궐포귤유**(厥苞橘柚) | 귤과 유자를 싸서 바치다. ＜상서:夏:禹貢＞ 11번 인경고 참조. |
| **포저**(苞苴) | ① 생선이나 고기를 싸는데 사용하는 풀자루. ② 예물로 보내는 음식. |
| **포몽**(苞蒙) | 초목이 총생하는 모양(草木叢生貌). ※ 총생(叢生) 간격이 급히 좁아서 한 군데서 나는 것 처럼 보이는 모양. |
| **포황**(苞荒) | ＜泰卦:九二＞ 荒, 讀為康, 虛也. |
| **포승**(苞承) | ＜否卦:六二＞ |
| **포수**(苞羞) | ＜否卦:六三＞ |
| **포상**(苞桑) | ① 뽕나무의 뿌리(桑樹之本). ② 근본이 확고부동함. 뽕나무는 뿌리기 깊어서 쉽게 뽑히지 않는다. |
| **포과**(苞瓜) | 호과(瓠과). 포(苞)는 호(瓠)와 통한다. |
| **포모**(苞茅) | ① 제[사 Z때 술거르는데 쓰던 띠풀다발. ② 화본과(禾本科) 포모속(苞茅屬). 다년생초본. 9~10월에 꽃피고 열매 맺는다.※ 포모축주(苞茅縮酒) 고대에 초(楚) 나라 사람들이 제사 의식 때 사용하던 술. |
| **포과**(包裹) | 넣고 덮어서 포장하는 것. |
| **남양**(南陽) | 하남성(河南省) 서남부.예악현(豫鄂협) 3성과 접하는 지역이다. 초한문화(楚漢文化)의 발원지다. 서한 6대 도시의 하나. 동한 광무제(光武帝) 류수(劉秀)의 발적지 |

## 0367

(發迹地)여서 남도(南都), 제향(帝鄉)으로도 불렸다. 의성(醫聖) 장형(張衡), 지성(智聖) 제갈량(諸葛亮), 모성(謀聖) 강자ㅣ아(姜子牙) 등의 출신지역이다.

**추리**(蘆屨) 짚신.

[인경고 引經考]

**❶『곡례:포구불입공문:주(曲禮:苞屨不入公門:注)』**

苞屨, 扱衽, 厭冠, 不入公門.

<此皆凶服也. 苞, 藨也, 齊衰藨蒯之菲也.《問喪》曰：“親始死, 扱上衽.”厭猶伏也, 喪冠厭伏. 苞或爲菲.> [疏] ○“苞屨”至“公門”. ○苞屨, 謂藨蒯之草爲齊衰喪屨. ○“扱衽”者, 親始死, 孝子徒跣扱上衽也. ○“厭冠”者, 喪冠也. 厭帖無者強, 爲五服喪所著也. ○“不入公門”者, 此並五服之內, 喪服差次, 不合入, 不得著入公門也. 苞謂杖齊衰之屨, 故《喪服》杖齊衰章云：“疏屨者, 藨蒯之菲也.” 此云苞屨, 扱衽不入公門,《服問》云：“唯公門有稅齊.”注云：“不杖齊衰也, 於公門有免齊衰, 則大功有免絰也.”如鄭之言, 五服入公門與否, 各有差降. 熊氏云：“父之喪唯扱上衽不入公門, 冠絰衰屨皆得入也. 杖齊衰, 則屨不得入, 不杖齊衰, 衰又不得入, 其大功絰又不得入, 其小功以下, 冠又不得入. 此厭冠者, 謂小功以下之冠, 故云不入公門. 凡喪冠皆厭, 大功以上, 厭冠宜得入公門也”. 凡喪屨, 案《喪服》斬衰用菅屨, 杖齊衰用苞, 不杖齊衰用麻, 大功用繩. 故《小記》云：“齊衰三月, 與大功同者繩屨.”其小功以下, 鄭引舊說云：“小功以下, 吉屨無絇.

**❷『자허부(子虛賦)』**

緣以大江, 限以巫山. 其高燥則生葴菥苞荔,

<張揖曰：葴, 馬藍也. 菥, 似燕麥也. 苞, 藨也. 荔, 馬荔也. 苞音包. 荔音隸.>

**❸『상복(喪服)』**

苞屨, 扱衽, 厭冠, 不入公門.

<此皆凶服也. 苞, 藨也, 齊衰藨蒯之菲也.《問喪》曰：“親始死, 扱上衽.”厭猶伏也, 喪冠厭伏. 苞或爲菲.>

**❹『곡례(曲禮)』**

○苞屨 謂藨蒯之草爲齊衰喪屨.

**❺『남도부(南都賦)』** ※ 본문과 조금 다르다.

於其陂澤, 則有鉗盧玉池, 赭陽東陂. 貯水渟洿, 互望無涯. 其草則薦芋蘋莞, 蔣蒲兼葭.

<《說文》曰：藘, 舜之屬. 又曰：芋可以爲索. 郭璞《山海經》注曰：蘋, 青蘋, 似莎而大. 鄭玄毛詩箋曰：莞, 小蒲也.《說文》曰：蔣, 菰蔣也.《爾雅》曰：兼, 薕也. 葭, 蘆也.>

[참고] <曹風:下泉>

冽彼下泉, 浸彼苞稂. 愾我寤嘆, 念彼周京.

&lt;興也. 冽, 寒也. 下泉, 泉下流也. 苞, 本也. 稂, 童粱. 非溉草, 得水而病也. 箋云 : 興者, 喩共公之施政教, 徒困病其民. 稂當作"涼", 涼草, 蕭著之屬.&gt;

冽彼下泉, 浸彼苞蕭. 愾我寤嘆, 念彼京周.

冽彼下泉, 浸彼苞蓍. 愾我寤嘆, 念彼京師.

芃芃黍苗, 陰雨膏之. 四國有王, 郇伯勞之.

### ⑥ 『사간(斯干)』 &lt;小雅:鴻鴈之什:斯干&gt;

秩秩斯干, 幽幽南山. 如竹苞矣, 如松茂矣.

兄及弟矣, 式相好矣, 無相猶矣.

&lt;苞, 本也. 箋云 : 言時民殷衆, 如竹之本生矣 ; 其佼好, 又如松柏之暢茂矣.&gt;

似續妣祖, 築室百堵, 西南其戶. 爰居爰處, 爰笑爰語.

約之閣閣, 椓之橐橐. 風雨攸除, 鳥鼠攸去, 君子攸芋.

如跂斯翼, 如矢斯棘, 如鳥斯革, 如翬斯飛, 君子攸躋.

殖殖其庭, 有覺其楹, 噲噲其正, 噦噦其冥, 君子攸寧.

下莞上簟, 乃安斯寢. 乃寢乃興, 乃占我夢.

吉夢維何, 維熊維羆, 維虺維蛇.

大人占之, 維熊維羆, 男子之祥. 維虺維蛇, 女子之祥.

乃生男子, 載寢之牀, 載衣之裳, 載弄之璋.

其泣喤喤, 朱芾斯皇, 室家君王.

乃生女子, 載寢之地, 載衣之裼, 載弄之瓦.

無非無儀, 唯酒食是議, 無父母詒罹.

### ⑦ 『생민전(生民傳)』 &lt;大雅:生民之什:生民&gt;

厥初生民, 時維姜嫄. 生民如何, 克禋克祀, 以弗無子.

履帝武敏, 歆攸介攸止, 載震載夙, 載生載育, 時維后稷.

誕彌厥月, 先生如達. 不坼不副, 無菑無害.

以赫厥靈, 上帝不寧, 不康禋祀, 居然生子.

誕寘之隘巷, 牛羊腓字之. 誕寘之平林, 會伐平林.

誕寘之寒冰, 鳥覆翼之. 鳥乃去矣, 后稷呱矣. 實覃實訏, 厥聲載路.

誕實匍匐, 克岐克嶷, 以就口食.

蓺之荏菽, 荏菽旆旆, 禾役穟穟, 麻麥幪幪, 瓜瓞唪唪.

誕后稷之穡, 有相之道. 茀厥豐草, 種之黃茂.

實方實苞, 實種實褎, 實發實秀, 實堅實好, 實穎實栗. 卽有邰家室.

&lt;茀, 治也. 黃, 嘉穀也. 茂, 美也. 方, 極畝也. 苞, 本也. 種, 雜種也. 褎, 長也. 發, 盡發也. 不榮而實曰秀. 穎, 垂穎也. 栗, 其實栗栗然. 邰, 姜嫄之國也. 堯見天因邰而生後稷, 故國後稷於邰, 命使事天, 以顯神順天命耳. 箋云 : 豐, 苞亦茂&gt;

## 0367

也. 方, 齊等也. 種, 生不雜也. 褢, 枝葉長也. 發, 發管時也. 栗, 成就也. 後稷敎
民除治茂草, 使種黍稷. 黍稷生則茂好, 執則大成. 以此成功, 堯改封於邰, 就其成
國之家室無變更也.>

誕降嘉種, 維秬維秠, 維穈維芑. 恒之秬秠, 是穫是畝.

恒之穈芑, 是任是負. 以歸肇祀.

誕我祀如何. 或舂或揄, 或簸或蹂. 釋之叟叟, 烝之浮浮.

載謀載惟, 取蕭祭脂, 取羝以軷. 載燔載烈, 以興嗣歲.

卬盛于豆, 于豆于登. 其香始升, 上帝居歆. 胡臭亶時.

后稷肇祀, 庶無罪悔, 以迄于今.

### ⑧『시(詩)』포력(苞櫟), 포체(苞棣) <秦風:晨風>

鴥彼晨風, 鬱彼北林. 未見君子, 憂心欽欽. 如何如何, 忘我實多.

山有苞櫟, 隰有六駮. 未見君子, 憂心靡樂. 如何如何, 忘我實多.

<櫟, 木也. 駮如馬, 倨牙, 食虎豹. 箋云：山之櫟, 隰之駮, 皆其所宜有也. 以言賢
者亦國家所宜有之.>

山有苞棣, 隰有樹檖. 未見君子, 憂心如醉. 如何如何, 忘我實多.

醅.<棣, 唐棣也. 檖, 赤羅也.>

### ⑨『서(書)』"초목(艸木) 점포(蔪苞:漸包, 相包裹)

厥土赤埴墳, 草木漸包.

<土黏曰埴. 漸, 進長. 包, 叢生.>

[疏]傳"土黏"至"叢生" ○正義曰："黏"埴", 音義同.《考工記》用土爲瓦, 謂之"摶
埴之工", 是"埴"謂黏土, 故"土黏曰埴".《易·漸卦》象云："漸, 進也."《釋言》
云："苞, 稹也."孫炎曰"物叢生曰苞, 齊人名曰稹". 郭璞曰："今人呼叢致者爲稹.
"漸苞"謂長進叢生, 言其美也.

### ⑩『시(詩)』<召南:野有死麕>

野有死麕, 白茅包之. 有女懷春, 吉士誘之.

<郊外曰野. 包, 裹也. 凶荒則殺禮, 猶有以將之. 野有死麕, 群田之獲而分其肉. 白
茅, 取絜清也. 箋云：亂世之民貧, 而強暴之男多行無禮, 故貞女之情, 欲令人以白
茅裹束野中田者所分麕肉爲禮而來.>

林有樸樕, 野有死鹿. 白茅純束, 有女如玉.

舒而脫脫兮, 無感我帨兮, 無使尨也吠.

### ⑪『서(書)』

厥包橘柚錫貢.<小曰橘, 大曰柚. 其所包裹而致者, 錫命乃貢. 言不常.>

### ⑫『례(禮)』<례기:少儀:第十七>

1. 笏, 書, 脩, 苞苴, 弓, 茵, 席, 枕, 幾, 頴, 杖, 琴, 瑟, 戈有刃者
櫝, 筴, 籥, 其執之, 皆尚左手.

## 0367

&lt;苞苴, 謂編束萑葦以裹魚肉也. 茵, 著蓐也. 頹, 警枕也. 茭, 著也. 籥如笛, 三孔. 皆, 十六物也. 左手執上, 上陽也. 右手執下, 下陰也.&gt;

○正義曰: "苞苴, 謂編束萑葦以裹魚肉"者, 案《既夕禮》云"葦苞長三尺." 《內則》云: "炮取豚, 編萑以苞之." 是編萑葦以裹魚及肉也, 亦兼容他物, 故《禹貢》云"厥包橘柚", 《孔叢子》云"吾於《木瓜》之惠, 見苞苴之禮行"是也.

2. &lt;卷三 曲禮上第一&gt;

凡以弓劍, 苞苴, **簞笥問人者.**

&lt;問猶遺也. 苞苴, 裹魚肉, 或以葦, 或以茅. 簞笥, 盛飯食者, 圜曰簞, 方曰笥.&gt;

⑬『역(易)』포몽(苞蒙), 포황(苞荒), 포승(苞承), 포수(苞羞), 포상(苞桑), 포과(苞瓜)

&lt;否卦第十二&gt; 否卦12, 九五, 休否, 大人吉, 其亡其亡, 繫于苞桑.

&lt;大人者知存亡之道也. 羣小並進雖可全正, 雖得尊位憂其危亡. 順而從之, 不敢以力, 息於否之時也. 其道乃固矣. 正當其位, 物猶不陵, 故保其吉, 而終遇也.&gt;

象曰: 大人之吉, 位正當也.

苞蒙&lt;厥&gt;

苞荒

苞承&lt;厥&gt;

苞羞&lt;厥&gt;

⑭『춘추전(春秋傳)』 포모(苞茅)

南至於穆陵, 北至於無棣. 爾貢包茅不入, 王祭不共, 無以縮酒, 寡人是徵.

&lt;包, 裹束也. 茅, 菁茅也. 束茅而灌之以酒爲縮酒. 《尙書》: "包匭菁茅." 茅之爲異未審. ○共音恭, 本亦作供, 下及注同. 縮, 所六反. 裹音果. 菁, 子丁反. 苞, 或作包. 匭音軌, 本或作軌&gt;

### &lt;한어대사전&gt;

옛날 초상 때 신던 일종의 짚신. 표괴(藨蒯)풀로 만들어 상복에 신는 것을 말한다.

[古人居喪所穿的一種草鞋. 謂藨蒯之草爲齊衰喪屨.]

추(藨)

### &lt;의례 상복전 儀禮 喪服傳&gt;

소구(疏屨) 소(疏)는 추(藨:거칠)와 같다. 소구(疏屨)는 표최(藨芔蔽)의 풀로 만든 짚신이다. 풀로 만든 것이다.

[疏猶藨也. 疏屨者, 藨芔蔽之菲. 則是芔爲之.]

## 0368 艾 애 【ài 꿍】 31

쑥, 늙을 애

仌(氷)臺也。

「빙대(氷臺:쑥의 별명)」라는 뜻이다.

《見『釋艸』。

『석초(釋艸)』❶를 보라.

『張華-博物志』曰。

『장화-박물지(張華-博物志)』❷에

削冰(氷)令圓。

"얼음을 깎아 둥글게 만들어,

擧(擧)以向日。

태양을 향해 치켜들고

以艾於後承其影、則得火。》

쑥으로 뒤에서 그 그림자를 이으면 불을 얻을 수 있다."라고 했다.[그래서 빙대라고 한다.]

从艸。

초(艸)를 따랐고,

乂聲。

예(乂)가 성부가 된다.

《五蓋(蓋)切。15部。

오개절(五蓋切)이다. 제 15부에 속한다.

古多借爲乂字。

옛날에는 자주 예(乂:벨)자로 가차했다.

治也。又訓養也。》

다스린다는 뜻이다. 또 기른다는 뜻이다.

**상**(蔏) 명아주
**현**(莧) 비름, 자리공 ▣한:패모
**류**(桺) 버들 류(柳)의 본래 글자.

**빙대**(氷臺) ① 쑥의 다른 이름. 사재발쑥. ② 위무제(魏武帝)가 지은 누대(樓臺) 이름. 빙정대(氷井臺)

[**인경고 引經考**]

❶『석초(釋艸)』

艾, 冰台.

<今艾蒿.>

〔疏〕"艾, 冰台".

○釋曰：艾, 一名冰台, 卽今艾蒿也.

《詩:王風》"彼采艾兮" 是也.

❷『장화-박물지(張華-博物志)』 ※ 본문과 조금 다르다.

戲術　削木令圓, 擧以向日, 以艾於後成其影, 則得火. 取火法, 如用珠取火, 多有說者, 此未試.

<정복보 설문해자 고림>
<박물지>의 얼음은 '얼음과 서리'의 얼음이다. 틀린 것 같다.<이아>와 <설문>에서 말하는 얼음은 수정이다. 얼음은 수정과 비슷하다. 그래서 옛 사람들은 수정으로 빙인(氷人)이라고 했다.
다만 목(木)이 불을 낳을 수 있다[木生火]는 것은 알 수 있지만,

*0368*

물(水)이 또한 불을 낳을 수 있다는 것은 알지 못한다.

　화해(火海:불바다)나 화정(火井:불우물)을 그 명백한 증거로 삼을 수 있다면 물도 불의 어머니가 될 수 있다는 뜻이다. 만약 '얼음과 서리'의 얼음이라면 어찌 불을 얻을 수 있겠는가? 단옥재(段玉裁)가 <박물지>를 인용하여 설명한 것은 잘못된 것이다.

　<博物志>以水爲氷霜之氷. 似誤. <爾雅>及<說文>所謂氷是水晶. 氷如水晶. 故古以水晶爲氷人. 但知木能生火而不知水亦能生火. 火海, 火井其明證也. 此水爲火母之義也. 若氷霜之氷. 焉能取火. 段氏說文引<博物志>爲說, 非也.

※ 장화(張華)는 볼록렌즈를 이용하여 불을 붙이는 것을 봤지만 다른 사람들은 못 봐서 생긴 문제 같다.

**[애(艾)가 포함된 글자들] 1자**

형성 (1자)　　해(䊻)3106

## 0369 𦬖葦 장【zhāng ㄓㄤ¯】31
### 자리공 장

艸也。
《『玉篇』曰。
葦、柳(柳)根。
卽薚陸也。
此非許意。》
从艸。
章聲。
《諸良切。10部。》

「풀의 일종」이다.
『옥편(玉篇)』에 이르기를,
"장(柳根)은 버드나무 뿌리다.
즉, 상륙(薚陸:자리공의 뿌리)이다."라고 했다.
이것은 허신(許愼)의 뜻이 아니다.
초(艸)를 따랐고,
장(章)이 성부가 된다.
제량절(諸良切)이다. 제 10부에 속한다.

**상**(薚) 명아주

**상륙**(薚陸)

양(募)의 여러 별명 중의 하나. 축양(薚募), 마미(馬尾), 상육(薚陸).

<한어대사전>

자리공의 뿌리, 성질이 극렬하다. 이뇨제로 쓴다. 현륙(莧陸)이라고도 한다.

## 0370 芹 근 【qín ㄑㄧㄣˊ】 31
미나리 근

楚葵也。
从艸。
斤聲。
《詳菦字下。
巨巾切。
古音在 13部。》

「**초규**(楚葵:물 속 미나리)」라는 뜻이다.
초(艸)를 따랐고,
근(斤)이 성부가 된다.
　자세한 것은 근(菦)자 아래에 있다.
　거건절(巨巾切)이다.
　고음(古音)은 제 10부에 속한다.

　　근(菦) 미나리

**초규**(楚葵)　물 속 미나리.

### <한어대사전>

물속 미나리 [水中芹菜]

# 0371

## 0371 薽 진【zhén 뽀ㄣˊ】31
### 여우오줌풀 진

| | |
|---|---|
| 豕首也。 | 「시수(豕首:천명전)」라는 뜻이다. |
| 《『釋艸』曰。 | 『석초(釋艸)』❶에 이르기를, |
| 莂薽、豕首。 | "렬진(莂薽)은 시수(豕首)다."라고 했다. |
| 許無莂字者。 | 허신의 <설문>에는 렬(莂)자가 없다. |
| 攷『太平御覽』引『爾雅』黃土瓜 | 『태평어람(太平御覽)』❷이 『이아(爾雅)』❸의 인토과(黃土瓜) |
| | 를 인용한 것을 보라. |
| 孫炎曰 | 손염(孫炎)이 이르기를, |
| 一名列也。 | "일명 렬(列)이라고 한다."고 했다. |
| 按叔然以列上屬。 | 허신은 대체로 숙연(손염의 자)과 같게 읽었다. |
| 許君讀薽(蓋)與孫同。 | 『정-주:주례(鄭-注:周禮)』❹에서는 시수(豕首)를 염초(染艸) |
| 『鄭-注:周禮』豕首爲染艸之屬。 | 의 일종이라고 했다. |
| 『呂氏春秋』曰。 | 『려씨-춘추(呂氏-春秋)』❺에 이르기를, |
| 豨首生而麥無葉。 | "희수(豨首:豕首)는 보리잎이 나기 전에 자란다."라고 했다. |
| 『本艸經』曰。 | 『본초경(本艸經)』❻에 이르기를, |
| 天名精一名豕首。》 | "천명정(天名精, 天蔓精之訛)을 일명 시수(豕首)라고 한다."고 했다. |
| 从艸。 | 초(艸)를 따랐고, |
| 甄聲。 | 견(甄)이 성부가 된다. |
| 《側鄰(隣)切。 | 측린절(側鄰切)이다. |
| 古音在 13部 | 고음(古音)은 제 13부에 속한다. |

렬(莂) 부정 쓰는 비, 누른 물감풀, 풀이름.

인(黃) 쥐참외, 하눌타리(여러해살이 덩굴풀)

희(豨) 멧돼지

견(甄) 질그릇

| | |
|---|---|
| 시수(豕首) | 저두(豬頭). 천명정(天名精)의 별명. 국화과의 다년생초본. 잎과 열매를 약으로 쓴다. |
| 렬진(莂薽) | <이아(爾雅)>에 "렬진(莂薽)은 시수(豕首)다."라고 했다.《이아:석초(爾雅:釋草)》에 진(莂薽)은 시수(豕首)다."라고 했는데 곽박의 주에서 "강동(江東)에서는 희수(豨首)라고 한다. 그러므로 희수(豨首)가 곧 희수(豨首)다. 지금 약 중에 천명정(天名精) 희수(豨首)다."라고 했다. |
| 천명정(天名精) | 여우오줌풀. 국화과의 다년생초본. 가늘고 연약한 털이 있다. 어릴 때는 많다가 늙으면 줄어든다. 향기가 난초 같다. 6-10월에 자백색 꽃을 피우고 열매 맺는다. 약으로도 쓰고 염료로도 쓴다. |

# 0371

**❶『석초(釋艸)』**

薽薽, 豕首.

&lt;《本草》曰彘盧, 一名蟾蜍諸蘭. 今江東呼豨首, 可以燭竈蜻. ○薽, 音列. 薽, 音其. 豕, 傷氏切.&gt;

**❷『태평어람(太平御覽)』**

菟瓜.《爾雅》曰: 黃, 菟瓜也. &lt;郭璞證曰: 似土瓜也. 孫炎曰: 一明迷裂也.&gt;

**❸『이아(爾雅)』**

黃, 菟瓜.

&lt;菟瓜似土瓜. ○蘾, 戶怪切. 薽, 音孫. 薁, 音練. 菟, 音兔. 荄, 音垓. 莫, 音兮. 黃, 音演.)

〔疏〕"黃, 菟瓜". ○釋曰: 菟瓜, 一名黃. 苗及實似土瓜. 土瓜者, 即王瓜也.《月令》"王瓜生"是也. &gt;

**❹『정-주:주례(鄭-注:周禮)』**

掌葛, 下士二人, 府一人, 史一人, 胥二人, 徒二十人. 掌染草, 下士二人, 府一人, 史二人, 徒八人. 〔疏〕注"染草"至"之屬"

○釋曰: 案其職"掌以春秋斂染草之物", 亦徵斂之官, 故在此. 藍以染青, 蒨以染赤, 象鬥染黑. 案其職注云"染草, 茅蒐, 橐蘆, 豕首, 紫茢之屬", 二注不同者, 染草既多, 言不可盡, 故互見略言耳.

**❺『려씨-츈추(呂氏-春秋)』** &lt;上農&gt; 4

草端大月. 冬至後五旬七日, 菖始生, 菖者百草之先生者也, 於是始耕. 孟夏之昔, 殺三葉而穫大麥. 日至, 苦菜死而資生, 而樹麻與菽, 此告民地寶盡死. 凡草生藏日中出, 豨首生而麥無葉, 而從事於蓄藏, 此告民究也. 五時見生而樹生, 見死而穫死. 天下時, 地生財, 不與民謀.

**❻『본초경(本艸經)』**

天名精味甘寒. 主淤血, 血瘕欲死, 下血, 止血, 利小便. 久服輕身耐老. 一名麥句薑, 一名蝦蟆藍, 一名豕首. 生川澤.

&lt;名醫曰: 一名天門精, 一名玉門精, 一名彘顛, 一名蟾蜍蘭, 一名覲. 生平原, 五月朵. 案說文云: 薽, 豕首也; 爾雅云: 薽薽豕首; 郭璞云: 今江東呼豨首, 可以焰竈蜻; 陶宏景云: 此即今人呼爲豨薟; 唐本云: 鹿活草是也, 別錄一 名天蔓菁, 南文呼爲地松; 掌禹錫云: 陳藏器別立地菘條, 後人不當仍其謬.&gt;

&lt;한어대사전&gt;

천명정(天名精)의 별명이다. 국화과다. 천만정(天蔓精)이 와전된 것이다. 그 기운이 멧돼지 같아서 생긴 이름이다.

[天名精的別名. 菊科. … 天蔓精之訛. 其氣如豕彘故有豕首.]

# 0372

## 0372 蔦 조 【niǎo ㄋㄧㄠˇ】 31
누홍초 조

| | |
|---|---|
| 寄生艸也。 | 「기생하는 풀」이다. |
| 《「艸」字各本脫。 | 「초(艸)」자가 여러 책에서는 누락되었다. |
| 依『毛詩:音義』及『韵(韻)會』補。 | 『모시:음의(毛詩:音義)』❶와 『운회(韵會)』를 근거로 보충했다. |
| 『小雅:傳』曰。 | 『소아:전(小雅:傳)』❷에 이르기를, |
| 蔦、寄生也。 | "조(蔦)는 기생이다. |
| 陸璣曰。 | 륙기(陸璣)가 이르기를, |
| 蔦一名寄生。 | '조(蔦)를 일명 기생(寄生)이라고도 한다. |
| 葉似當盧。 | 잎은 당로(當盧:말 이마 장식물)와 비슷하다. |
| 子如覆盆子。 | 그 씨는 복분자(覆盆子:산딸기)와 같다.' 라고 했다."고 했다. |
| 『本艸經』。 | 『본초경(本艸經)』❸에서는 |
| 桑上寄生。 | "상상기생(桑上寄生)이라고 한다. |
| 一名寓木。 | 일명 우목(寓木:겨우살이), |
| 一名宛童。》 | 일명 완동(宛童:기생수)이라고도 한다."고 했다. |
| 按寓木、宛童見『釋木』。》 | 우목(寓木), 완동(宛童)은 『석목(釋木)』을 보라. |
| 从艸。 | 초(艸)를 따랐고, |
| 《毛、陸皆曰寄生耳。 | 모(毛), 륙(陸) 모두 「기생(寄生)」이라고 했지만 |
| 許獨云寄生艸者。 | 허신 홀로 「기생초(寄生艸)」라고 했는데, |
| 爲其字之從艸也。》 | 그 글자가 초(艸)를 따랐기 때문이다. |
| 鳥聲。 | 조(鳥)가 성부가 된다. |
| 《『詩:音義』云。 | 『시:음의(詩:音義)』에 이르기를, |
| 『說文』音弔。 | "『설문(說文)』의 음은 조(弔)다."라고 했다. |
| 『唐韵(韻)』都了切。 | 『당운(唐韵)』은 도료절(都了切)이다. |
| 2部。》 | 제 2부에 속한다. |
| 『詩』曰。 | 『시(詩)』❹에 |
| 蔦與女蘿。 | "조여녀라(蔦與女蘿:담쟁이와 송라)"라고 했다. |
| 《『小雅:頍弁』文。》 | 『소아:규변(小雅:頍弁)』에 있는 글이다. |
| 樢 蔦或從木。 | 조(蔦)가 간혹 목(木)을 따른다。 |
| 《艸屬故從艸。 | 풀의 일종이므로 초(艸)를 따랐다. |
| 寓木故從木。 | 나무에 붙어 살므로 목(木)을 따랐다. |
| 『廣雅:釋木』作樢字。》 | 『광아:석목(廣雅:釋木)』에서는 조(樢)자로 썼다. |

규(頍) 머리 들, 고깔비녀 ■견:머리통이 작고 뾰족할 ■위:고깔 모양.

조(樢) 담장이 덩굴 ■목:새이름.

라(蘿) 여라, 토사, 새삼, 쑥, 풀가사리, 무우.

**0372**

| | |
|---|---|
| **당로**(當盧) | 말 이마의 금속 장식물.[ 飌》有 "仔之淸揚”, 冹若揚兮”, 是揚者人面眉上之名, 故云 "眉上曰錫”. 人旣如此, 則馬之鏤錫, 施鏤於揚之上矣. 《釋器》云: "盆謂之鏤.”故知刻金爲飾, 若今之當盧. 《巾車》注亦云: "錫馬面, 當盧刻金爲之.”所謂鏤錫當盧者, 當馬之額盧, 在眉眼之上. 所謂鏤錫, 指此文也.] |
| **복분자**(覆盆子) | 고무딸기. 비슷한 말로「결분(缺盆)」이 있는데, ① 복분자(覆盆子)의 별칭. ② 부셔진 단지. ③ 경혈(經穴) 이름, 가슴 위쪽의 오목한 곳늘 뜻한다. |
| **우목**(寓木) **완동**(宛童) | 겨우살이. 나무에 기생하는 식물. 일명 완동(宛童). 새가 나무 위에 서 있는 것 같다고 해서 기생(寄生), 우목(寓木), 조목(蔦木)이라고 한다. 민간에서는 기생초(寄生草)라고 한다. |
| **조여녀라**(蔦與女蘿) | 담쟁이와 송라. |
| **녀라**(女蘿) | 식물이름. 송라(松蘿). 소나무 위에 붙어 살면서 실 모양으로 아래로 드리운다. |

蔦, 寄生也. 女蘿, 菟絲, 松蘿也. 喻諸公非自有尊, 讬王之尊.

**[인경고 引經考]**

❶『모시:음의(毛詩:音義)』 ❷『소아:전(小雅:傳)』

〈小雅:甫田之什:頍弁〉

有頍者弁, 實維伊何. 爾酒旣旨, 爾殽旣嘉. 豈伊異人, 兄弟匪他.

蔦與女蘿, 施于松柏. 未見君子, 憂心弈弈. 旣見君子, 庶幾設懌.

> <蔦, 寄生也. 女蘿, 菟絲, 松蘿也. 喻諸公非自有尊, 讬王之尊.
> 箋云 : 讬王之尊者, 王明則榮, 王衰則微. 刺王不親九族, 孤特自恃, 不知己之將危亡也.>

有頍者弁, 實維何期. 爾酒旣旨, 爾殽旣時. 豈伊異人, 兄弟具來.

蔦與女蘿, 施于松上. 未見君子, 憂心怲怲. 旣見君子, 庶幾有臧.

> <蔦, 寄生也. 女蘿, 菟絲, 松蘿也. 喻諸公非自有尊, 讬王之尊.
> 箋云 : 讬王之尊者, 王明則榮, 王衰則微. 刺王不親九族, 孤特自恃, 不知己之將危亡也.
> ○蔦音鳥, 《說文》音吊, 寄生草也.
> 《爾雅》云"寓木, 宛童”, 是也. 女蘿, 力多反, 在草曰兔絲, 在木曰松蘿. 又唐蒙. 施, 以豉反. 下同. 有頍者弁, 實維在首. 爾酒旣旨, 爾殽旣阜. 豈伊異人, 兄弟甥舅.>
> 陸機《疏》云 : "蔦, 一名寄生, 葉似當盧子, 如覆盆, 子赤黑, 恬美.”如彼雨雪, 先集維霰. 死喪無日, 無幾相見. 樂酒今夕, 君子維宴.

陸機《疏》云: "蔦, 一名寄生, 葉似當盧子, 如覆盆, 子赤黑, 恬美.

※ 본문과 방점이 조금 다르다.

❸『본초경(本艸經)』

# 0372

桑上寄生味苦平. 主腰痛, 小兒背強, 癰腫, 安胎, 充肌膚, 堅髮齒, 長須眉, 其實明目, 輕身通神. 一名寄屑, 一名寓木, 一名宛童. 生川谷.

<[名醫]曰 : 一名蔦, 生宏農桑樹上, 三月三日, 采莖, 陰幹.

案<說文>云 : 蔦, 寄生也 ;

詩曰 : 蔦與女蘿, 或作槝 ;

<廣雅>云 : 宛童, 寄 生槝也, 又寄屏, 寄生也 ;

<中山經>云 : 龍山上多寓木 ;

郭璞云 : 寄生也 ;

<爾雅云> : 寓木宛童 ;

郭璞云 : 寄生樹一名蔦 ;

<毛詩>云 : 蔦與女蘿 ;

<傳>云 : 蔦, 寄生山也 ;

陸璣云 : 蔦, 一名寄生, 葉似當盧, 子如覆盆子, 赤黑甜美.>

❹『시(詩)』『소아:규변(小雅:頍弁)』 2번 참조.

有頍者弁, 實維伊何. 爾酒既旨, 爾殽既嘉. 豈伊異人, 兄弟匪他.
蔦與女蘿, 施于松柏. 未見君子, 憂心奕奕. 既見君子, 庶幾說懌.

<蔦, 寄生也. 女蘿, 菟絲, 松蘿也. 喻諸公非自有尊, 託王之尊.

箋云 : 託王之尊者, 王明則榮, 王衰則微. 剌王不親九族, 孤特自恃, 不知己之將危亡也.>

有頍者弁, 實維何期. 爾酒既旨, 爾殽既時. 豈伊異人, 兄弟具來.
蔦與女蘿, 施于松上. 未見君子, 憂心怲怲. 既見君子, 庶幾有臧.

.........

## 0373 芸 운 【yún ㄩㄣˊ】31

훈향초 운

| | |
|---|---|
| 艸也。 | 「풀의 일종」이다. |
| 侶(似)目宿。 | 목숙(目宿:개자리, 알팔파)과 비슷하다. |
| 《『夏小正』。 | 『하소정(夏小正)』❶에, |
| 正月采芸。 | "정월(正月)이면 운초(芸艸)를 뜯어 |
| 爲廟采也。 | 종묘제사에 쓰는 나물을 만든다."라고 했다. |
| 二月榮芸。 | 2월이면 운초는 무성해진다. |
| 『月令』。 | 『월령(月令)』❷에, |
| 仲冬芸始生。 | "중동(仲冬)에 운초(芸艸)가 처음 난다."고 했는데, |
| 『注』。 | 『주(注)』에, |
| 芸、香艸。 | "운(芸)은 향초다."라고 했다. |
| 『高-注:淮南、呂覽』皆曰。 | 『고-주:회남, 려람(高-注:淮南、呂覽)』❸ 모두에, |
| 芸、芸蒿。菜名也。 | "운(芸)은 운호(芸蒿)로, 나물 이름이다."라고 했다. |
| 『呂覽』曰。 | 『려람(呂覽)』❹에 이르기를, |
| 菜之美者、 | "나물 중에 맛있는 것은, |
| 陽華之芸。 | 양화(陽華:소택지 이름)의 운초(芸艸)다."라고 했다. |
| 『注』。 | 『주(注)』❺에서, |
| 芸、芳菜也。 | "운(芸)은 향기로운 나물이다."라고 했다. |
| 賈思勰引『倉頡解詁』曰。 | 가사협(賈思勰)이 『창힐해고(倉頡解詁)』를 인용하여 이르기를, |
| 芸蒿似斜蒿。 | "운호(芸蒿)는 사호(斜蒿)와 비슷하고, |
| 可食。 | 먹을 수 있다."라고 했다. |
| 沈括曰。 | 심괄(沈括)이 이르기를, |
| 今謂之七里香者是也。 | "지금 7리향(七里香)이라고 부르는 것이 이것이다." |
| 葉類豌豆。 | 잎은 완두와 같은데, |
| 其葉極芬香。 | 그 잎이 극히 향기롭다. |
| 古人用以藏書辟蠹。 | 옛 사람들은 이것으로 책을 보관할 때 벌레를 쫓는데 썼다. |
| 采置席下。 | 따서 방석 아래에 두면 |
| 能去蚤蝨。》 | 능히 이나 벼룩을 물리칠 수가 있다."라고 했다. |
| 从艸。 | 초(艸)를 따랐고, |
| 云聲。 | 운(云)이 성부가 된다. |
| 《王分切。13部 》 | 왕분절(王分切)이다. 제 13부에 속한다. |
| 淮南王說。 | 회남왕(淮南王)이 설명하기를,❻ |
| 芸艸可吕(以)死復生。 | "운초(芸艸)는 가히 죽음에서 다시 살려낸다."고 했다. |
| 《淮南王劉(劉)安也。 | 회남왕 류안(劉安)이다. |
| 可以死復生。 | '가히 죽음에서 다시 살려낸다'는 것은 |

## 0373

謂可以使死者復生<br>
蓋(盖)出『萬畢術』、『鴻寶』等書.<br><br>

今失其傳矣.》

'가히 죽은 이도 되살린다'는 것이다.

대개 『만필술(萬畢術)』이나 『홍보(鴻寶)』❻ 등의 책에서 나온 말이다.

지금은 전해지지 않는다.

**협**(㹋) 뜻 맞을<br>
**두**(蠹) 나무 굼벵이<br>
**호**(蒿) 다북쑥, 김 오르는 모양, 고달플

| | |
|---|---|
| **목숙**(目宿) | 다년생 초본식물, 개자리, 알팔파 |
| **양화**(陽華) | 옛날 소택지 이름이다. 초나라의 운몽(雲夢)과 진나라의 양화(陽華)가 유명하다. [古澤藪名. 楚之雲夢, 秦之陽華.] |
| **홍보**(鴻寶) | 도교 수련 도술서. [道敎修仙煉丹之書] |
| **침중홍보**(枕中鴻寶) | 회남왕이 베개 속에 숨겨두었던 책이다. |
| **운초**(芸艸) | 화본과다년생초본식물. 운향초(芸香草), 칠리향(七里香), 령향초(靈香草), 향초(香草) 등으로도 불린다. 구충제로 사용된다. 특히 책벌레[에 강하다. |
| **중동**(仲冬) | 12달을 4계절로 나누면 한 계절은 석달이 된다. 각 계절의 첫째달에 맹(孟), 둘째 달에 중(仲), 셋째 달에 계(季)를 붙인다. 봄의 첫달은 맹춘(孟春), 둘째 달은 중춘(仲春), 셋째 달은 계춘(季春)이다. 나머지도 같다. |
| **운호**(芸蒿) | 롱상(隴上), 현재의 섬북(陝北), 감숙(甘肅) 및 그 이서(以西) 지역 일대 지방. 강남(江南), 천수(天水) 지구의 일종 야채. |
| **사호**(斜蒿) | |
| **7리향**(七里香) | 운초(芸草)의 별명. |
| **가이사부생**(可目死復生) | 왕소란(王紹蘭)의 <단주정보(段注訂補)>에 "내가 한 그루를 화분으로 옮겨 심었는데, 서리가 내린 후에 말라 문드러져 버렸다. 두 달이 후딱 지난 후, 묵은 뿌리에서 과연 그 싹이 나더니 3-5 가지가 모여 자랐다. '운초가 죽은 나무도 살린다'는 것을 볼 수 있었다." 「余乃蒔一本於盆盎中, 霜降後枝葉枯爛, 越兩月, 日短至矣, 宿根果出其芽, 叢生三五枝. 可見芸草可以死而復生.」이라고 했다. |

**[인경고 引經考]**

❶『하소정(夏小正)』

初服於公田. 古有公田焉者. 古者先服公田, 而後服其田也. 采芸. 爲廟采也. 鞠則見. 鞠者何? 星名也. 鞠則見者, 歲再見爾.

<又記時候也. 芸, 香草也. 荔挺, 馬//也. 水泉動, 潤上行.>

❷『월령(月令)』

芸始生, 荔挺出, 蚯蚓結, 麋角解, 水泉動.<>

0373

❸『주(注)』

<又記時候也. 芸, 香草也. 荔挺, 馬//也. 水泉動, 潤上行.>

《月令》注云: 芸, 香草也.

❹『고-주:회남, 려람(高-注:淮南, 呂覽)』<려씨춘추>

魚之美者: 洞庭之鱄, 東海之鮞. 醴水之魚, 名曰朱鱉, 六足, 有珠百碧. 藋水之魚, 名曰鰩, 其狀若鯉而有翼, 常從西海夜飛, 游於東海. 菜之美者: 崐崙之蘋, 壽木之華. 指姑之東, 中容之國, 有赤木玄木之葉焉. 餘瞀之南, 南極之崖, 有菜, 其名曰嘉樹, 其色若碧. 陽華之芸. 雲夢之芹. 具區之菁. 浸淵之草, 名曰土英.

❺『주(注)』

《淮南, 呂覽》注云: 芸, 香草也.

❻『만필슐(萬畢術)』이나『홍보(鴻寶)』

《淮南子》說 '芸草, 可以死複生'.

<이아>,등에 이렇게 인용은 되어 있으나 본문은 전해지지 않는다. 그래서 단옥재도 대개 『만필술(萬畢術)』이나 『홍보(鴻寶)』 등의 책에서 나온 말이다. 지금은 전해지지 않는다.[蓋出『萬畢術』,『鴻寶』等書. 今失其傳矣.]"라고 했다.

## 0374

## 0374 𦳊𦳊 최【chuì ㄔㄨㄟˋ】31
### 풀 최

艸也。
从艸。
叕聲。

《麤最切。15部 》

「풀의 일종」이다.
초(艸)를 따랐고,
최(叕)가 성부가 된다.

추최절(麤最切)이다. 제 15부에 속한다.

**체**(叕) 점칠 ▣**세**:같은 뜻.
**추**(麤) 멀리 갈, 경계하고 막을, 클, 성길, 대략, 거친 것, 매조미쌀, 성질
   이 조포할.

## 0375 藬蘆 蘱【lǜ ㄌㄩˋ】31

갈퀴덩굴 률

| | |
|---|---|
| 艸也。 | 「한삼덩굴(뽕나뭇과의 한해살이 덩굴풀)」이다. |
| 《『唐-本艸』曰。 | 『당-본초(唐-本艸)』에 이르기를 |
| 葛蘆蔓。 | "*갈률만*(葛蘆蔓)"이라고 했다. |
| 『宋-本艸』曰。 | 『송-본초(宋-本艸)』에 이르기를 |
| 葛勒蔓。 | "*갈륵만*(葛勒蔓)"이라고 했다. |
| 似葛有刺。》 | 갈(葛:츩)과 비슷한데, 가시가 있다. |
| 从艸。 | 초(艸)를 따랐고, |
| 律聲。 | 률(律)이 성부가 된다. |
| 《呂戌切。15部。》 | 려술절(呂戌切)이다. 제 15부에 속한다. |

| | |
|---|---|
| *갈률만*(葛蘆蔓) | 한삼덩굴(뽕나뭇과의 한해살이 덩굴풀) |
| *갈륵만*(葛勒蔓) | 한삼덩굴(뽕나뭇과의 한해살이 덩굴풀) |

[**인경고 引經考**]

❶『당-본초(唐-本艸)』

厥.

❷『송-본초(宋-本艸)』

厥.

## 0376 茦 책【cè ㄘㄜˋ】31
### 풀가시 책

| | |
|---|---|
| 莿也。 | 「풀가사리(풀가사릿과의 **해조**:海藻)」다. |
| 《茦莿見『釋艸』。 | 책(茦)과 자(莿)는 『석초(釋艸)』❶를 보라. |
| 莿不從艸。 | 자(莿)는 초(艸)를 따르지 않았다. |
| 『方言』曰。 | 『방언(方言)』❷에 이르기를 |
| 凡艸木刺人。 | "대개 초목(艸木)들은 사람을 찌른다. |
| 北燕朝鮮之閒謂之策。 | 북연(北燕)과 조선(朝鮮) 사이에서는 책(策)이라고 한다. |
| 或謂之壯。 | 혹은 장(壯)이라고도 한다."라고 했다. |
| 按木芒(芒)曰朿。 | 생각건대 나무의 가시를 차(朿)라고 한다. |
| 艸芒曰茦。 | 풀의 가시를 책(茦)이라고 한다. |
| 因木芒之字爲義與聲也。 | 나무 가시의 글자는 뜻과 소리를 함께 한다. |
| 但許君上下文皆係艸名。 | 다만 허신(許愼)의 아래 위 글자는 대개 풀이름이다. |
| 不當泛釋凡艸之刺。 | 풀의 가시로 넓게 해석하는 것은 부당하다. |
| 或因上文葎艸有刺聯及之。 | 혹은 앞 글자인 **률초**(葎艸)가 가시가 있어서 연관된 것이다. |
| 或自有艸名茦。 | 혹은 스스로 풀이름이 있어서 책(茦)이라고 했다. |
| 一名莿。 | 혹은 자(莿)라고도 한다. |
| 與『方言異義』。 | 『방언:이의(方言異義)』와는 |
| 未可定也。》 | 확정할 수 없다. |
| 从艸。 | 초(艸)를 따랐고, |
| 朿聲。 | 차(朿)가 성부가 된다. |
| 《楚革切。 | 초혁절(楚革切)이다. |
| 古音在 16部。》 | 고음(古音)은 제 16부에 속한다. |

**자**(莿) 풀가시

| | |
|---|---|
| **해조**(海藻) | 바닷말. 바다에서 자라는 조류(藻類). |
| **률초**(葎艸) | 한삼덩굴(뽕나뭇과의 한해살이 덩굴풀) |

**[인경고 引經考]**

❶『석초(釋艸)』

茦, 莿.

<草刺針也. 關西謂之刺, 燕北, 朝鮮之間曰茦, 見《方言》.>

〔疏〕"茦, 莿". ○釋曰 : 謂草針刺人也. 一名茦, 又名莿.

郭云"草刺針也. 關西謂之刺, 燕北, 朝鮮之間曰茦, 見《方言》"者,

案《方言》"凡草木刺人, 北燕, 朝鮮之間謂之茦, 或謂之壯. 自關而東或謂之梗, 或

謂之劌. 自關而西謂之刺. 江, 湘之間謂之棘" 是也.

❷『방언(方言)』제 3 권

莜, 芡,<音儉.>

雞頭也. <今江東亦呼莜耳.>

青徐淮泗之間謂之芡. 南楚江湘之間謂之雞頭, 或謂之鴈頭, 或謂之烏頭.<狀似烏頭, 故傳以名之.>

凡草木刺人, 北燕朝鮮之間謂之莿,<爾雅曰茦刺也.>

或謂之壯.<今淮南人亦呼壯. 壯, 傷也, 山海經謂刺為傷也.>

自關而東或謂之梗,<今云梗榆.>

或謂之劌.<劌者傷割人名, 音鱖魚也.>

自關而西謂之刺. 江湘之間謂之棘. <楚詞曰曾枝剡棘. 亦通語耳. 音己力反.>

凡飲藥傅藥而毒, 南楚之外謂之瘌,<乖瘌.>

北燕朝鮮之間謂之癆,<瘌皆辛螫也. 音聊.>

東齊海岱之間謂之眠, 或謂之眩.<眠眩亦今通語耳.>

自關而西謂之毒. 瘌, 痛也.

## 0377

苦(蓏)蔞《逗。》　괄루(蓏蔞)는
果蠃(蠃)也。　과라(果蠃)다.
《「果蠃」「宋─鉉本」作「果蓏」。　「과라(果蠃)」가 송(宋)나라의 서현(徐鉉)의 책에서는 「과라(果蓏)」로 쓰였다.

依鍇本。與『詩』合。　서개(徐鍇)를 따른 것인데 『시(詩)』와 합치한다.
『幽風』。　『빈풍(幽風)』❶에
果蠃之實。　"과라(果蠃)의 열매가
亦施于宇。　그 덩쿨이 처마까지 뻗었네"라고 했다.
『釋艸』曰。　『석초(釋艸)』❷에 이르기를
果蠃之實、栝樓也。　"과라(果蠃)의 열매는 괄루(栝樓)다."라고 했다.
『毛傳』同。　『모-전(毛─傳)』❸도 같다.
李巡曰。　리순(李巡)이 이르기를
栝樓、子名也。　"괄루(栝樓)는 씨이름이다."라고 했다.
『本艸經』。　『본초경(本艸經)』❹에서는
栝樓一名地樓。　"괄루(栝樓)는 일명 지루(地樓)라고 한다."라고 했다.
玉裁按。　단옥재(段玉裁)의 생각에
苦果、蔞蠃皆雙聲。　괄과(苦果), 루라(蔞蠃)는 모두 쌍성이다.
藤生蔓於木。　나무에 덩굴로 뻗어 엉킨다.
故『今─爾雅』、『本艸』字從木。　그래서 『금-이아(今─爾雅)』와 『본초(本艸)』에서는 목(木)을 따랐다.

艸屬也。　풀의 일종이다.
故『說文』字從艸。》　그래서 『설문(說文)』은 초(艸)를 따랐다.
从艸。　초(艸)를 따랐고,
昏聲。　괄(昏)이 성부가 된다.
《古活(浯)切。15部。》　고활절(古活切)이다. 제15부에 속한다.


괄(浯, 蓏) 물 콸콸 흐르는 소리
라(蠃) 벌거벗을
루(蔞) 물쑥, 땅이름

---

**괄루(蓏蔞)** 하눌타리.
**과라(果蠃)** 하눌타리.
**지루(地樓)** 하눌타리. 괄루(括樓). 이무기.

**[인경고 引經考]**

**❶『빈풍(豳風)』**〈豳風:東山〉

我徂東山, 慆慆不歸. 我來自東, 零雨其濛. 我東曰歸, 我心西悲.

制彼裳衣, 勿士行枚. 蜎蜎者蠋, 烝在桑野. 敦彼獨宿, 亦在車下.

我徂東山, 慆慆不歸. 我來自東, 零雨其濛. 果臝之實, 亦施于宇.

伊威在室, 蠨蛸在戶. 町畽鹿場, 熠燿宵行. 不可畏也, 伊可懷也.

<果臝, 栝樓也. 伊威, 委黍也. 蠨蛸, 長踦也. 町畽, 鹿跡也. 熠燿, 燐也. 燐, 螢火也. 箋云: 此五物者, 家無人則然, 令人感思>

我徂東山, 慆慆不歸. 我來自東, 零雨其濛. 鸛鳴于垤, 婦歎于室.

洒埽穹窒, 我征聿至. 有敦瓜苦, 烝在栗薪. 自我不見, 于今三年.

我徂東山, 慆慆不歸. 我來自東, 零雨其濛. 倉庚于飛, 熠燿其羽.

之子于歸, 皇駁其馬. 親結其縭, 九十其儀. 其新孔嘉, 其舊如之何.

**❷『석초(釋艸)』**

果臝之實, 栝樓. <今齊人呼之爲天瓜. ○臝, 方果切.>

〔疏〕"果臝之實, 栝樓".

○釋曰: 果臝之草, 其實名栝樓, 實卽子也. 故李巡云"栝樓, 子名也".

郭云"今齊人謂之天瓜".

《本草》云: "栝樓, 葉如瓜葉形, 兩兩相値, 蔓延, 青黑色. 六月華, 七月實, 如瓜瓣." 是也.

**❸『모-전(毛-傳)』** 1번 참조.

果臝, 栝樓也. 伊威, 委黍也.

**❹『본초경(本艸經)』**

括樓根味苦寒. 主消渴, 身熱, 煩滿, 大熱, 補虛安中, 續絶傷.

一名 地樓. 生川穀, 及山陰.

<吳普曰: 括樓, 一名澤巨, 一名澤姑 (御覽).

名醫曰: 一名果裸, 一名天瓜, 一名澤姑, 實名黃瓜, 二月八月, 采根, 暴乾, 三十日成, 生宏農.

案說文云: , 蔞, 果蓏也.

廣雅云: 王白, 也. (黨爲王) 爾 雅云: 果裸之實, 括樓.

郭璞云: 今齊人呼之爲天瓜.

毛詩云: 果裸之實, 亦施於宇.

傳云: 果裸, 括樓也.

呂氏春秋云: 王善生.

高誘云: 善或作瓜, 也. 案呂氏春秋善字乃 之誤. >

## 0378

| | |
|---|---|
| 須從也。 | 「수종(須從)」이다. |
| 《『邶風』。 | 『패풍(邶風)』❶에 |
| 采葑采菲。 | "**채봉채비**(采葑采菲:순무를 캐고, 무를 캐내)"라고 했다. |
| 『毛傳』曰。 | 『모전(毛傳)』❷에 이르기를 |
| 葑、須也。 | "봉(葑)은 수(須:순무)다."라고 했다. |
| 『釋艸』曰。 | 『석초(釋艸)』❸에 이르기를 |
| 須、&lt;逗&gt; 葑蓯。 | "수(須)는 **봉총**(葑蓯)이다."라고 했다. |
| 『說文』曰。 | 『설문(說文)』에 이르기를 |
| 葑、須從也。 | "봉(葑)은 **수종**(須從)이다."라고 했다. |
| 三家互異而皆不誤。 | 세 사람이 서로 다르지만 틀리지 않았다. |
| 葑須爲雙聲。 | 봉(葑)과 수(須)는 쌍성(雙聲)이다. |
| 葑從爲疊韵(疊韻)。 | 봉(葑)과 종(從)은 첩운(疊韵)이다. |
| 單評之爲葑。 | 홀로 말하면 봉(葑)이다. |
| 余評之爲葑從。 | 겹쳐서 말하면 **봉종**(葑從)이다. |
| 單評之爲須。 | 홀로 말하면 수(須)다. |
| 余評之爲須從。 | 겹쳐서 말하면 **수종**(須從)이다. |
| 語言之不同也。 | 어언(語言)이 다른 것이다. |
| 或『許-所據:爾雅』與『今-本』異矣。 | 혹은 허신(許愼)이 근거한 『이아(爾雅)』와 『금-본(今-本)』의 차이일 수도 있다. |
| 『坊記:注』云。 | 『방기:주(坊記:注)』❹에 이르기를 |
| 葑、蔓菁也。 | "봉(葑)은 만정(蔓菁)이다. |
| 陳宋之閒謂之葑。 | 진(陳)과 송(宋)나라 사이에서는 봉(葑)이라고 한다."라고 했다. |
| 『方言』云。 | 『방언(方言)』❺에 이르기를 |
| 蘴蕘、蕪菁也。 | "풍요(蘴蕘)는 **무정**(蕪菁)이다. |
| 陳、楚之郊謂之蘴。 | 진(陳)나라와 초(楚)나라의 교외에서는 풍(蘴)이라고 한다."라고 했다. |
| 『郭-注』。 | 『곽-주(郭-注)』❻에 이르기를 |
| 蘴舊音蜂。 | "풍(蘴)의 옛날 음은 봉(蜂)이었다. |
| 今江東音嵩。 | 지금 **강동**(江東)의 음은 숭(嵩)이다. |
| 字作菘也。 | 글자로는 숭(菘)을 썼다."라고 했다. |
| 玉裁按。 | 단옥재(段玉裁)의 생각으로는 |
| 蘴菘皆卽葑字。 | 풍(蘴)이나 숭(菘)이나 모두 봉(葑)자다. |
| 音讀稍異耳。 | 음독(音讀)이 조금 다르다. |
| 須從正切菘字。 | **수종**(須從)은 정확히 숭(菘)자로 반절(反切)한다. |
| 陸佃、嚴粲、羅願皆言在南爲菘。 | 륙전(陸佃)과 엄찬(嚴粲)과 라원(羅願) 모두 남쪽지방에서는 |

在北爲蕪菁、蔓菁。

若菰葑讀去聲。

別是一物 》

从艸。

封聲。

《府容切。9部。》

숭(菘)이라고 한다고 했다.

　북쪽지방에서는 **무정**(蕪菁), **만정**(蔓菁)이라고 한다.

　**고봉**(菰葑)을 거성(去聲)으로 읽는 것과 같다.

　또 다른 한 사물이다.

　초(艸)를 따랐고,

　봉(封)이 성부가 된다.

　부용절(府容切)이다. 제 9부에 속한다.


　**수**(須) 순무, 수염, 모름지기, 머물러 기다릴.

　**총**(蓯) 풀 무성한 모양

　**풍**(葑) 순무의 싹 ▣**숭**:배추 &lt;주준성-통훈정성(朱駿聲-通訓定聲)&gt;
　　에 "葑字亦作葼, 作菘. 須從之合音爲菘."라고 했다.

　**요**(蕘) 순무의 싹, 땔나무

　**숭**(菘) 배추

　**고**(菰) 줄, 고미, 땅이름

　**정**(菁) 부추꽃, 세골진띠, 순무 ▣**청**:꽃이 성한 모양, 초목 무성한 모
　　양, 땅이름.

| | |
|---|---|
| **수종**(須從)」 | 순무. |
| **채봉채비**(采葑采菲) | 순무를 캐고, 무를 캐내 |
| **봉총**(葑蓯) | 수(須). |
| **봉종**(葑從) | 수(須)와 종(從)을 겹쳐서 부르는 말. |
| **풍요**(葑蕘) | 무정(蕪菁). |
| **무정**(蕪菁) | 만청(蔓菁), 손무(蓀蕪), 대개(大芥), 봉(葑), 수(須), 요(蕘), 개(芥). |
| **강동**(江東) | 양자강 이동(以東) 지구를 말한다. 옛 사람들은 동쪽을 좌(左)라고 했기 때문에 강좌(江左)로도 불렸다. 양자강(揚子江)이 구강(九江)에서 남경(南京)까지 동북방으로 비스듬히 흘렀으므로 동서(東西)와 좌우(左右)를 확정하는 기준이 되었다. 옛날에는 중원(中原)으로 진입하는 오지(吳地)의 중요한 항구(港口)가 있어서 강의 동쪽지구가 강동(江東)이 되었다. 역사가 흘러 중원이 중앙이 되고, 양자강 이남이 바깥, 표(表)가 되어 강남을 강표(江表)로 칭했다. 강표(江表)는 또 양자강의 동쪽에 있었으므로 또한 강동(江東)으로도 불렸다. 진(晉), 남조(南朝) 때에는 강동(江東)을 강좌(江左)로 불렀다. 삼국(三國) 때에 강동(江東)이 손오정권(孫吳政權)의 속지(屬地)였기 때문에 손오(孫吳)의 통치지구(統治地區) 전체를 강동(江東)으로 불렀다. |
| **만정**(蔓菁) | 순무 또는 무. 만청(蔓菁). 무청(蕪菁). 청만(靑蔓) 속칭 대두채(大頭菜). 청청(靑 |

## 0378

菁).

[신경고 引經考]

**❶『패풍(邶風)』** 〈邶風:谷風〉

習習谷風, 以陰以雨. 黽勉同心, 不宜有怒.

采葑采菲, 無以下體. 德音莫違, 及爾同死.

<葑, 須也. 菲, 芴也. 下體, 根莖也.

箋云：此二菜者, 蔓菁與葍之類也, 皆上下可食. 然而其根有美時, 有惡時, 采之者 不可以根惡時並棄其葉, 喻夫婦以禮義合, 顏色相親, 亦不可以顏色衰, 棄其相與 之禮. >

行道遲遲, 中心有違. 不遠伊邇, 薄送我畿.

誰謂荼苦, 其甘如薺. 宴爾新昏, 如兄如弟.

涇以渭濁, 湜湜其沚. 宴爾新昏, 不我屑以.

毋逝我梁, 毋發我笱. 我躬不閱, 遑恤我後.

就其深矣, 方之舟之. 就其淺矣, 泳之游之.

何有何亡, 黽勉求之. 凡民有喪, 匍匐救之.

不我能慉, 反以我爲讐. 既阻我德, 賈用不售.

昔育恐育鞠, 及爾顛覆. 既生既育, 比予于毒.

我有旨蓄, 亦以御冬. 宴爾新昏, 以我御窮, 有洸有潰, 既詒我肆.

不念昔者, 伊余來墍.

**❷『모전(毛傳)』** 1번 참조.

葑, 須也. 菲, 芴也.

**❸『석초(釋艸)』**

須, 蕵蕪. <蕵蕪, 似羊蹄, 葉細, 味酢, 可食.>

[疏] "須, 蕵蕪".

○釋曰：案《詩:谷風》云："采葑采菲."

毛傳云："葑, 須也." 先儒即以"葑, 須蕵"當之.

孫炎云："須, 一名葑蕵."

今郭注上"葑蕵"云"未詳",

注此云："蕵蕪, 似羊蹄, 葉細, 味酢, 可食."

則郭意以毛云"葑, 須"者謂此 蕵蕪也.

《坊記》注云："葑, 蔓菁也. 陳, 宋之間謂之葑."

陸機云："葑, 蕪菁. 幽州人或謂之芥."

《方言》云："蕿, 蕘, 蕪菁也. 陳, 楚謂之蕿, 齊, 魯謂之蕘, 關西謂之蕪菁, 趙, 魏 之部謂之大芥." 蕿與葑, 字雖異, 音實同. 則葑也, 須也, 蕪菁也, 蔓菁也, 蕵蕪也, 蕘也, 芥也, 七者一物也.

0378

❹『방기:주(坊記:注)』 &lt;례기:30&gt;

《詩》云：‘采葑采菲, 無以下體. 德音莫違, 及爾同’死.

&lt;葑, 蔓菁也. 陳, 朱之間謂之“葑”. 菲, 葍類也. 下體, 謂其根也. 采葑菲之菜
者, 采其葉而可食, 無以其根美則並取之, 苦則棄之. 並取之, 是盡利也. 此詩
故親, 今疏者, 言人之交, 當如采葑采菲, 取一善而已. 君子不求備於一人, 能
如此, 則德美之音不離令名, 我原與女同死矣.

《論語》曰：“故舊無大故, 則不棄也.” ○葑, 芳容反. 菲, 芳尾反. 蔓音萬, 徐
音蠻. 菁音精, 又子丁反. 葍音富, 又音福. 並, 必政反, 又如字, 下同. 離, 力智
反. 女音汝.&gt;

❺『방언(方言)』 본문은 풍요(葑蕘)를 끊지 않았다. 두 개다.

葑, &lt;舊音蜂. 今江東音嵩, 字作菘也.&gt; 蕘, &lt;鈴鐃.&gt; 蕪菁也. 陳楚之郊謂之葑,
魯齊之郊謂之蕘, 關之東西謂之蕪菁, 趙魏之郊謂之大芥, 其小者謂之辛
芥, 或謂之幽芥；其紫華者謂之蘆菔.&lt;今江東名為溫菘, 實如小豆. 羅菔二音&gt;
東魯謂之菈[艹遝]. &lt;洛荅大合兩反.&gt;

❻『곽-주(郭-注)』

葑, &lt;舊音蜂. 今江東音嵩, 字作菘也.&gt; 蕘, &lt;鈴鐃.&gt; 蕪菁也. 陳楚之郊謂之葑, 魯
齊之郊謂之蕘, 關之東西謂之蕪菁, 趙魏之郊謂之大芥, 其小者謂之辛芥,
或謂之幽芥；其紫華者謂之蘆菔.&lt;今江東名為溫菘, 實如小豆. 羅菔二音&gt; 東魯
謂之菈[艹遝]. &lt;洛荅大合兩反.&gt;

## 0379 薺薺 제【ㄐㄧˋ】 32
### 냉이 제

疾黎也。
「질려(疾黎)」라는 뜻이다.

《『今-詩:鄘風』、『小雅』皆作「茨」。
지금 시(詩)의 『용풍(今-詩:鄘風)』❶이나 『소아(小雅)』❷에서는 모두 자(茨)로 썼다.

『釋艸』、『傳』、『箋』皆曰。
『석초(釋艸)』❸、『전(傳)』、『전(箋)』에 모두 이르기를

茨、蒺藜也。
"자(茨)는 질려(蒺藜)다."라고 했다.

『易』曰。
『역(易)』❹에 이르기를

據于蒺藜。
"질려(蒺藜)를 의거한다."라고 했다.

陶隱居曰。
도은거(陶隱居)가 이르기를❺

子有刺。
"씨에 가시가 있다."라고 했다.

軍家鑄鐵作之。
군부대에서 쇠로 주조해서

以布敵路。
적군의 길에 뿌렸다.

亦呼(鐵)蒺藜。》
또한 (철)질려(鐵蒺藜)라고 불렀다."라고 했다.

从艸、
초(艸)를 따랐고,

㿠(齊)聲。
제(㿠)가 성부가 된다.

《疾咨切。15部。》
질자절(疾咨切)이다. 제 15부에 속한다.

『詩』曰。
『시(詩)』❻에 이르기를

牆有薺。
"장유제(牆有薺:담장에 냉이가 있다)."라고 했다.

자(茨) 새이엉, 새로 집이을, 납가새, 쌓을

질(蒺) 질려, 납가새

질려(疾黎)
장유제(牆有薺)

질려(蒺藜) 布地, 蔓生, 細葉. 子有三角. 刺人. 茨則薺字.<곽박주>
질려(蒺藜). 《시:용풍:장유자(詩:鄘風:牆有茨)》는 "자(茨)"로 썼다. 주희-집전(朱熹-集傳)에서 "자(茨)는 질려(蒺藜)다."라고 했다.

[인경고 引經考]

❶『용풍(今-詩:鄘風)』〈鄘風:牆有茨〉

牆有茨, 不可埽也. 中冓之言, 不可道也. 所可道也, 言之醜也.

　　<興也. 牆所以防非常. 茨, 蒺藜也. 欲埽去之, 反傷牆也.

　　箋云：國君以禮防制一國, 今其宮内有淫昏之行者, 猶牆之生蒺藜也.>

牆有茨, 不可襄也. 中冓之言, 不可詳也. 所可詳也, 言之長也.

牆有茨, 不可束也. 中冓之言, 不可讀也. 所可讀也, 言之辱也.

❷『소아(小雅)』〈小雅:谷風之什:楚茨〉

楚楚者茨, 言抽其棘. 自昔何爲, 我蓺黍稷. 我黍與與, 我稷翼翼. 我倉旣盈, 我庾維億. 以爲酒食, 以享以祀, 以妥以侑, 以介景福.

　　<楚楚, 茨棘貌. 抽, 除也. 箋云：茨, 蒺藜也. 伐除蒺藜與棘, 自古之人, 何乃勤苦

**0379**

0380 棘柳 자 [ㄱ…] ㅅㅈ

爲此事乎？我將得黍稷焉.爲稷.言古者先生之政以農爲本.茨言楚楚,棘言抽,互辭也.>

濟濟蹌蹌, 絜爾牛羊, 以往烝嘗. 或剝或亨, 或肆或將. 祝祭于祊, 祀事孔明. 先祖是皇, 神保是饗. 孝孫有慶. 報以介福, 萬壽無疆.

執爨踖踖, 爲俎孔碩, 或燔或炙. 君婦莫莫, 爲豆孔庶. 爲賓爲客, 獻酬交錯. 禮儀卒度, 笑語卒獲. 神保是格. 報以介福, 萬壽攸酢.

………

### ❸『석초(釋艸)』、『전(傳)』、『전(箋)』

茨, 蒺藜.<布地蔓生, 細葉, 子有三角, 刺人, 見《詩》.>

〔疏〕"茨, 蒺藜".

○釋曰：茨, 一名蒺藜.

郭云："布地蔓生, 細葉, 子有三角, 刺人, 見《詩》"者,

案《詩·小雅》云"楚楚者茨"是也.

○正義曰："茨, 蒺藜", <장유자(牆有茨)>茨, 蒺藜也.

箋云：茨, 蒺藜也.

### ❹『역(易)』 <繫辭下傳>

"困于石, 據于蒺藜, 入于其宮, 不見其妻, 凶." 子曰, "非所困而困焉, 名必辱, 非所據而據焉, 身必危. 旣辱且危, 死期將至, 妻其可得見邪?"

<○正義曰："困於石, 據於蒺藜"者, 石之爲物, 堅剛而不可入也. 蒺藜之草, 有刺而不可踐也. 六三以陰居陽, 志懷剛武, 己又無應, 欲上附於四, 四自納於初, 不受己者也, 故曰"困於石"也. 下欲比二, 二又剛陽, 非己所據, 故曰"據於蒺藜"也. "入於其宮, 不見其妻凶"者, 無應而入, 難得配偶, 譬於入宮, 不見其妻, 處困以斯, 凶其宜也, 故曰"入於其宮, 不見其妻, 凶"也.>

………

### ❺도은거(陶隱居)가 이르기를 <本草綱目:草部第十六卷>

弘景曰：多生道上及牆上, 葉布地, 子有刺, 狀如菱而小. 長安最饒, 人行多著木履. 今軍家乃鑄鐵作之, 以布敵路, 名鐵蒺藜. 《易》云：據於蒺藜, 言其凶傷；《詩》云：牆有茨, 不可掃也, 以刺梗穢. 方用甚稀.

時珍曰：蒺, 疾也；藜, 利也；茨, 刺也. 其刺傷人, 甚疾而利也. 屈人, 止行, 皆因其傷人也.

### ❻『시(詩)』 1번의 <鄘風:牆有茨> 참조.

牆有茨, 不可埽也. 中冓之言, 不可道也. 所可道也, 言之醜也.

牆有茨, 不可襄也. 中冓之言, 不可詳也. 所可詳也, 言之長也.

牆有茨, 不可束也. 中冓之言, 不可讀也. 所可讀也, 言之辱也.

## 0380 薊 莿 자【cì ㄘˋ】32

풀가시 자

莿也。

「까끄라기(벼,보리 등의 깔끄러운 수염)」라는 뜻이다.

《按『方言』祇作刺。

『방언(方言)』❶에서는 단지 자(刺)라고만 했다.

即從艸亦當與莱篆相屬。

초(艸)를 더한 것 역시 책(莱)자와 서로 무리짓는다.

恐後人增之。》

아마도 후인들이 늘린 것일 것이다.

从艸,

초(艸)를 따랐고,

刺聲。

자(刺)가 성부가 된다.

《七賜切。16部。》

칠사절(七賜切)이다. 제 16부에 속한다.

책(莱) 풀가시 ◨자:풀까락.

[신경고 引經考]

❶『방언(方言)』 책(莱) [0736] 참조.

柢, 杝, 刺也.<皆矛戟之〔矛堇〕, 所以刺物者也. 音觸抵.>

莜, 芡,<音儉.>

雞頭也.<今江東亦呼莜耳.>

青徐淮泗之間謂之芡. 南楚江湘之間謂之雞頭, 或謂之鴈頭, 或謂之烏頭. <狀似烏頭, 故傳以名之.>

凡草木刺人, 北燕朝鮮之間謂之莱,<爾雅曰莱刺也.>

或謂之壯.<今淮南人亦呼壯. 壯, 傷也, 山海經謂刺為傷也.>

自關而東或謂之梗,<今云梗榆.>

或謂之劌.<劌者傷割人名, 音鱥魚也.>

自關而西謂之刺. 江湘之間謂之棘. <楚詞曰曾枝剡棘. 亦通語耳. 音己力反.>

凡飲藥傅藥而毒, 南楚之外謂之瘌,<乖瘌.>

北燕朝鮮之間謂之癆,<癆瘌皆辛螫也. 音聊.>

東齊海岱之間謂之眠, 或謂之眩.<眠眩亦今通語耳.>

自關而西謂之毒. 瘌, 痛也.

## 0381 薑董 동【dǒng ㄉㄨㄥˇ】32

기름사초 동

| | |
|---|---|
| 鼎(鼎)董也。 | 「정동(鼎董)」이라는 뜻이다. |
| 《『釋艸』曰。 | 『석초(釋艸)』❶에 이르기를 |
| 蘱、蒯董。 | "류(蘱)는 **정동(蒯董)**이다. |
| 郭云。 | 곽박이 이르기를 |
| 似蒲而細。 | '포(蒲)와 비슷한데 가늘다.'❷라고 했다."고 했다. |
| 按『說文』無蘱字者、 | 생각건대 『설문(說文)』에는 류(蘱)자가 없다. |
| 葢(蓋)許所據祇作類。》 | 대개 허신이 근거한 것은 다만 류(類)로만 썼다. |
| 从艸。 | 초(艸)를 따랐고, |
| 童聲。 | 동(童)이 성부가 된다. |
| 《多動切。9部。 | 다동절(《多動切)이다. 제 9부에 속한다. |
| 亦作董。 | 또한 동(董)으로도 썼다. |
| 古童重通用。 | 옛날에는 동(童)자와 중(重)자를 통용했다. |
| 或用爲童蓈字。誤。》 | 간혹 동랑(童蓈)자로 쓰기도 하는데 틀린 것이다. |
| 杜林曰。藕根。 | 두림(杜林)은 우근(藕根)이라고 말했다. |
| 《『漢志』有『杜林-倉頡訓纂』一篇、 | 『한지(漢志)』에 『두림-창힐훈찬(杜林-倉頡訓纂)』한 편과 |
| 『杜林-倉頡故』一篇。 | 『두림-창힐고(杜林-倉頡故)』한 편이 있다. |
| 此葢二篇中語。 | 이것은 모두 이 두 편에 있는 것이다. |
| 藕當從後文作藕。 | 우(藕)는 마땅히 나중의 글자를 따라 우(藕)로 써야 한다. |
| 藕根猶荷根也。 | 우근(藕根)은 하근(荷根)과 비슷하다. |
| 郭樸曰。 | 곽박(郭樸)이 이르기를 |
| 北方人以藕爲荷。 | "북방 사람은 우(藕)를 하(荷)라고 한다."❸라고 했다. |
| 用根爲母號也。 | 뿌리를 바탕삼아 호칭으로 쓴 것이다. |
| 然則杜林謂藕爲董。》 | 그래서 두림(杜林)은 우(藕)를 일러 동(董)으로 한 것이다. |
| | |
| | **포**(蒲) 창포, 부들, 냇버들, 부들 밑둥으로 만든 잔. |
| | **류**(蘱) 기름새, 자오락, 땅이름. |
| | **우**(藕) 연뿌리, 연, 땅이름. |
| | **우**(藕) 연근. |
| | **동**(董) 바로잡을, 감독할, 굳을, 간직하여둘. |

| | |
|---|---|
| **정동**(鼎董) | 포(蒲)와 비슷한데 가는 풀. |
| **동랑**(童蓈) | 정동(鼎董)의 오기(誤記). |
| **우근**(藕根) | 연뿌리. 연근(蓮根). |
| **하근**(荷根) | 연뿌리. |

## 0381

[인경고 引經考]

❶『석초(釋艸)』

蘱, 蕭蕫.<似蒲而細.>

　〔疏〕"蘱, 蕭蕫".

　○釋曰：蘱, 一名蕭蕫. 狀似蒲而細, 可爲屬, 亦可絢以爲索.

❷포(蒲)와 비슷한데 가늘다. 1번 참조.

蘱, 蕭蕫.<似蒲而細.>

　〔疏〕"蘱, 蕭蕫".

　○釋曰：蘱, 一名蕭蕫. 狀似蒲而細, 可爲屬, 亦可絢以爲索.

❸"북방 사람은 우(藕)를 하(荷)라고 한다.

荷, 芙渠.<別名芙蓉, 江東呼荷.>

其莖茄, 其葉蕸, 其本蔤,<莖下白蒻在泥中者.>

其華菡萏,<見《詩》.>

其實蓮,<蓮謂房也.>

其根藕, 其中的,<蓮中子也.>

的中薏.<中心苦.>

　〔疏〕"荷芙"至"中薏".

　○釋曰：李巡曰：皆分別蓮, 莖, 葉, 華, 實之名. 芙渠, 其總名也. 別名芙蓉, 江東呼荷. 菡萏, 蓮華也. 的, 蓮實也. 薏, 中心也.

　郭璞云："蔤, 莖下白蒻在泥中者." 今江東人呼荷華爲芙蓉, 北方人便以藕爲荷, 亦以蓮爲荷, 蜀人以藕爲茄. 或用其母爲華名, 或用根子爲母葉號, 此皆名相錯, 習俗傳誤, 失其正體者也.

　陸機《疏》云：蓮青皮裏白子爲的, 的中有青爲薏, 味甚苦,

　故裏語云"苦如薏"是也.

　○注"見《詩》".

　○釋曰：《詩:陳風》云："彼澤之陂, 有蒲與荷." 又曰"有蒲與蓮", 又曰"有蒲菡萏"

　是也.

## 0382 藝藝 계【ㄐㄧ丶】 32

### 쓴 너삼 계

| | |
|---|---|
| 狗毒也。 | 「구독(狗毒)」이다. |
| 《見『釋艸』。 | 『석초(釋艸)』❶를 보라. |
| 樊光云。 | 번광(樊光)이 이르기를 |
| 俗語苦如藝。》 | "속어로 고(苦)를 **여계(如藝)**라고 한다."라고 했다. |
| 从艸。 | 초(艸)를 따랐고, |
| 繫聲。 | 계(繫)가 성부가 된다. |
| 《古詣切。16部。》 | 고예절(古詣切)이다. 제 16부에 속한다. |

**구독(狗毒)** 풀 이름. 낭독(狼毒).

**여계(如藝)** &lt;소이아&gt;의 소(疏)에 "계(藝)는 구독(狗毒)이다."라고 했는데, 그 풀이에 "계(藝)는 일명 구독(狗毒)이다."라고 했다. 번광(樊光)이 이르기를 "속어(俗語)에서는 고여계(苦如藝)라고 한다."라고 했다.

**[인경고 引經考]**

### ❶『석초(釋艸)』

藝, 狗毒. &lt;樊光云: "俗語苦如藝." ○藝, 音計. &gt;

〔疏〕藝, 狗毒.

○釋曰 : 藝, 一名狗毒.

樊光云 : "俗語苦如藝." 樊光者, 京兆人, 後漢中散大夫.

注《爾雅》六卷. 故郭氏取以爲說.

## 0383 藬薽 수【sǎo ㄙㄠˇ】32
### 닭의장풀 수

艸也。 풀의 일종이다.

《『釋艸』曰。 『석초(釋艸)』❶에 이르기를

薂(薽)、蔜藬。 "오(薂)는 **수루(蔜藬)**다."라고 했다.

未知許斲(斷)句如此否。》 허신(許愼)이 이렇게 구절을 끊었는지는 알 수 없다.

从艸。 초(艸)를 따랐고,

薽聲。 수(薽)가 성부가 된다.

《蘇老切。古音在 3部。 소로절(蘇老切)이다. 고음(古音)은 제 3부에 속한다.

『說文』無薂字者。 『설문(說文)』에는 오(薂)자가 없다.

葢(蓋)所據秖作「敖(敖)」。》 대개 근거한 책에서는 오(敖)로만 썼다.

**오(薂)** 닭의장풀
**루(薽)** 의장풀
**오(敖)** 놀, 희롱할

**수루(蔜藬)** 쌓을, 버금

[신경고 引經考] ❶『석초(釋艸)』

薂, 蔜藬.

<今蘩蔞也. 或曰雞腸草.

釋曰 : 薂, 一名蔜藬, 一名蘩蔞, 一名雞腸草.

《本草》云 : 蘩蔞味辛.

陶注 : 此荣人以作羹.

唐本注云 : "此即雞腸草也. 多生下濕坑渠之側." 人家園庭亦有此草是也.>

## 0384 芐芐 호【hù ㄏㄨˋ】 32

### 지황(다년생 약초) 호

地黃也。　「**지황**(地黃)」이라는 뜻이다.

《見『釋艸』。　『석초(釋艸)』❶를 보라.

『本艸經』謂之乾地黃。》　『본초경(本艸經)』❷에서는 **건지황**(乾地黃)이라고 했다.

从艸　초(艸)를 따랐고,

下聲。　하(下)가 성부가 된다.

《庋古切。5部。》　후고절(庋古切)이다. 제 5부에 속한다.

『禮記』❸。　『례기(禮記)』❸。

《依〔『宋本』〕及『韵(韻)』會』補「記」字。　송본(宋本)과 『운회(韵會)』에 근거하여 기(記)자를 보탰다.

按下文『公食大夫禮:記』文。》　생각건대 아래 문장은 『공사대부례:기(公食大夫禮:記)』❹의 글이다.

鉶毛:牛、藿(藿);羊、芐;豕、薇、　**형모**(鉶毛:고기국의 나물):소고기에는 곽(藿:**곽향**), 양고기에는 호(芐:**지황**), 돼지고기에는 (薇:고비)다.

是。

《『今-儀禮』「毛」作「芼」。　『금-의례(今-儀禮)』에서는 모(毛)를 모(芼)로 했다.

與許所據不同。　허신과는 근거한 것이 다르다.

『今-儀禮』曰。　『금-의례(今-儀禮)』에 이르기를

羊苦。　"**양고**(羊苦)다."라고 했다.

『注』　『주(注)』❺에서

苦、苦荼也。　"고(苦)는 **고도**(苦荼)다.

今文苦爲芐　금문(今文)에서는 고(苦)를 호(芐)로 했다."라고 했다.

然則許從今文。　그러므로 허신은 금문(今文)을 따른 것이다.

鄭從古文也。　정현(鄭玄)은 고문(古文)을 따랐다.

『士虞禮』、『特牲:饋食禮』二記　『사우례(士虞禮)』❻、『특생:궤사례(特牲:饋食禮)』❼ 두 기(記)에

鉶芼用苦若薇。　"**형모**(鉶芼)에 고(苦)를 쓰는데 미(薇)와 같다."❽라고 했다.

『注』皆云　『주(注)』마다 이르기를

今文苦爲芐　"금문(今文)은 고(苦)를 호(芐)로 한다."라고 했다.

『特牲』又正之曰。　『특생(特牲)』❾은 또 바로잡아 이르기를

芐乃地黃。非也。》　"호(芐)는 **지황**(地黃)이다."라고 했는데 잘못이다.

---

**형**(鉶) 목이 긴 병(酒器似鐘頸長), 술그릇 ▣견:인명

**곽**(藿) 푸른 콩, 곽향, 청대콩

**모**(芼) 풀 미만할(草覆蔓), 채소를 골라 뽑을, 나물 섞은 닭고기 국(用菜鷄肉爲羹)

**도**(荼) 씀바귀, 억새 ▣차:속음 ▣다:같은 뜻 ▣서:느릿느릿할, 귀신

**0384**

이름 ▣**사**:갈대꽃 ▣**채**:머리가 둘 있는 사슴 이름 ▣**야**:현이름 ▣
**호**:띠꽃 ▣**여**:같은 뜻

<통아(通雅)> 도(茶)자가 중당(中唐) 때부터 다(茶)자로 변하기 시작했다.[茶字自中唐始變作茶]

**미**(薇) 고비, 향초의 한가지, 장미

**곽향**(藿香)  순형과의 풀. 다년생초본식물(多年生草本植物). 잎과 뿌리에 향기가 있으며, 약재로 씀.

**양고**(羊苦)  양고기국에 넣는 나물. 우곽(牛藿) 소고기를 콩잎에 섞어 만드는 국.《의례:공사대부례(儀禮:公食大夫禮)》에 "형모(鉶芼)는 우곽(牛藿), 양고(羊苦), 시미(豕薇)가 있는데 모두 활(滑)이 있다."라고 했는데 <정현-주(鄭玄-注)>에 "곽(藿)은 콩잎이다."라고 했다. **胡培翬正義** : "이 사례(食禮)는 대뢰(大牢)를 쓴다. 소와 양과 돼지를 갖춘다. 그래서 따로 말한 것이다. 소는 곽(藿)을 쓴다. 양은 고(苦)를 쓴다. 돼지는 미(薇)를 쓴다."라고 했다.

**고도**(苦茶)  고도(苦茶)는 곧 고다(苦茶)다. 다(茶)자는 나중에 나왔다. 당(唐) 나라 때 륙우(陸羽)가 처음 사용했다. 고명(苦茗) 곧 고도(苦茶)다.《병아:석초(駢雅:釋草)》에 "구라(拘羅), 과라(過羅), 고로(皋蘆)는 고명(苦茗)이다."라고 했다.

**지황**(地黄), **건지황**(乾地黄)  약초 이름. 뿌리는 약으로 쓴다. 날 것은 생지황, 찐 것은 숙지황, 말린 것은 건지황이라 한다. 보혈의 약재로 쓰인다. 천황(天黃)은 물 위에 뜨는 지황(地黃)의 이름. 지구(地購)는 지황(地黄)의 별칭. 생지황(生地黄)은 지황 뿌리의 날것. 생지(生地). ↔숙지황(熟地黄). 생건지황(生乾地黄)은 날 것으로 말린 지황의 뿌리. 보혈(補血) 또는 지혈제로 쓴다. 숙지황(熟地黄) 생지황(生地黄)에 술을 뿌려 여러 번 찐 것으로, 허손증(虛損症), 보혈(補血), 보음(補陰)의 강장제로 쓰임. 숙변(熟架). 숙하(熟芐). ↔생지황(生地黄). 숙하(熟芐)는 숙지황(熟地黄)이다. 건하(乾芐)는 날로 말린 지황의 뿌리.

**형모**(鉶毛)  고깃국을 담은 작은 솥에 넣는 나물(盛羹的小鼎中放菜). 맛을 돕는 재료들이다.

**[인경고 引經考]**

❶『석초(釋艸)』

芐, 地黄.<一名地髓, 江東呼芐. ○芐, 音戶.>

〔疏〕"芐, 地黃".

○釋曰 : 藥草也. 郭云 : "一名地髓, 江東人呼芐."

案《本草》地黄, 一名地髓, 一名芐, 一名芑.

陶注云 : "生渭城者乃有子實, 實如小麥."

❷『본초경(本艸經)』

乾地黄味甘寒. 主折跌絕筋, 傷中, 逐血痹, 填骨髓, 長肌肉, 作湯, 除寒熱積聚, 除痹, 生者尤良. 久服, 輕身不老. 一名地髓, 生川澤.

&lt;名醫曰 : 一名芐, 一名芑, 生鹹陽, 黃土地者佳, 二月八日采根陰幹.

案說文云 : 芐, 地黃也, 禮曰鈃毛牛藿, 羊芐, 豕薇 ;

廣雅云 : 地髓, 地黃也 ;

爾雅云 : 芐, 地黃 ;

郭璞云 : 一名地髓, 江東呼芐 ;

列仙傳云 : 呂尚服地髓. &gt;

❸『례기(禮記)』 &lt;례기&gt;가 아니라 &lt;의례&gt;에 &lt;공사대부례&gt;
가 있다. 기(記)를 덧붙인 것은 단옥재의 착각(?)이다.

❹『공사대부례:기(公食大夫禮:記)』

鈃毛, 牛藿, 羊苦, 豕薇, 皆有滑.

&lt;藿, 豆葉也. 苦, 苦茶也. 滑, 堇荁之屬. 今文苦爲芐.&gt;

〔疏〕"鈃毛"至"有滑".

○注"藿豆"至"爲芐".

○釋曰 : 云"滑, 堇荁之屬"者,

案《士虞記》云 : "鈃毛, 用苦若薇, 有滑. 夏用葵, 冬用荁."

鄭注云 : "荁, 堇類也. 乾則滑. 夏秋用生葵, 冬春用乾荁."

此經云"皆有滑", 不言所用之物, 故取《士虞記》解之. 云"之屬"者, 其中兼有葵也.

❺『주(注)』

3번 참조. 苦, 苦茶也.

❻『사우례(士虞禮)』 &lt;卷四十二 士虞禮第十四&gt;

鈃毛, 用苦, 若薇, 有滑. 夏用葵, 冬用荁, 有柶.&lt;苦, 苦茶也. 荁, 堇類也.
乾則滑. 夏秋用生葵, 冬春用乾荁. 古文苦爲枯, 今文或作芐&gt;

❼『특생:궤사례(特牲:饋食禮)』 &lt;卷四十六 特牲饋食禮第十五&gt;

鈃毛, 用苦, 若薇, 皆有滑, 夏葵, 冬荁.&lt;苦, 苦茶也. 荁, 堇屬, 乾之, 冬滑
於葵.《詩》云 : "周原膴々, 堇茶如飴." 今文苦爲芐, 芐乃地黃, 非也.&gt;

❽"금문(今文)은 고(苦)를 호(芐)로 한다."

云, "今文苦爲芐, 芐乃地黃, 非也"者, 8번 참조.

❾『특생(特牲)』

〔疏〕注"苦苦"至"非也".

○釋曰 : 云, 乾之, 冬滑於葵"者, 以其冬乾用之, 不用葵而用荁, 明知冬則滑於葵
也. 引《詩》證之,

《詩》言"堇茶", 即經"荁苦之類.

云, "今文苦爲芐, 芐乃地黃, 非也"者,

《爾雅:釋草》云 : "芐, 地黃."非者, 以其與薇, 葵等菜爲不類, 故知非也.

## 0385  蘞 렴【liàn ㄌㄧㄢˋ】32
### 거지덩굴 렴

白蘞也。
　　「백렴(白蘞)」이다.
《『本艸經』作「白斂」。》
　　『본초경(本艸經)』❶에서는 백렴(白斂)으로 썼다.
从艸。
　　초(艸)를 따랐고,
僉聲。
　　첨(僉)이 성부가 된다.
《良冄切。7部。》
　　량염절(良冄切)이다. 제 7부에 속한다.
蘞或从斂。
　蘞렴(蘞)은 간혹 렴(斂)을 따른다.
《『唐風』。
　　『당풍(唐風)』❷에 이르기를
蘞蔓于野。
　　“렴(蘞)이 들판에 퍼져있다.”라고 했다.
陸璣云。
　　륙기(陸璣)가 이르기를
似栝樓。葉盛而細。
　　'괄루(栝樓)와 비슷한데, 잎이 무성하고 가늘다.
其子正黑。
　　그 씨는 정말로 검다.
如燕薁。
　　연욱(燕薁)과 같다.
不可食。
　　먹을 수 없다.'라고 했다."고 했다.
『陸疏廣要』曰。
　　『륙-소:광요(陸-疏:廣要)』❸에 이르기를
『本艸:蘞』有赤白黑三種。
　　"『본초:렴(本艸:蘞)』에 '적백흑(赤白黑) 세 가지가 있다.'"라고 했다.
疑此是黑蘞也。》
　　아마도 흑렴(黑蘞)일 것이다.

　　렴(蘞) 덩굴풀, 오렴매, 가위톱, 거지덩굴 ▣험:희험할, 진득할.
　　괄(栝) 노송나무 ▣첨:부지깽이, 몽둥이 ▣괴:같은 뜻.
　　욱(薁) 까마귀머루 ▣오:같은 뜻, 풀이름.

**백렴(白斂)**
백렴(白蘞). 일명 토해(兎荄).
**괄루(栝樓)**
괄루(栝蔞). 하눌타리. 다년생초본식물(多年生草本植物), 莖上有卷須, 以攀緣他物；. 과실(果實)은 란원형(卵圓形), 등황색(橙黃色). 중의(中醫)에서 진해(鎭咳) 거담약(祛痰藥)으로 썼다. 그 열매도 역시 "괄루(栝樓)"라고 한다. 3국(三國) 촉(蜀)나라 제갈량(諸葛亮)의《편의십륙책:찰의(便宜十六策:察疑)》에 "괄루는 오이와 비슷하다. 어리석은 자들은 먹는다(栝蔞似瓜, 愚者食之)."라고 했다. 명(明) 나라 리시진(李時珍)의《본초강목:초7:괄루(本草綱目:草七:栝樓)》에 "괄루(栝樓)는 곧 과라(果蓏)다. 두 글자는 음이 변한 것이다."라고 했다. 왕국유(王國維)의《관당집림:<이아>초목충어조수명석례하(觀堂集林:<爾雅>草木蟲魚鳥獸名釋例下)》에 "괄루(栝樓)는 또한 과라(果蓏)의 음이 변한 것이다."라고 했다.
※ **과라(果蓏)** 호로과식물(葫蘆科植物). 여름에 꽃이 핀다. 가을에 황색 과실을 맺는다. 과실은 약으로 쓰인다. 진해(鎭咳) 거담(祛痰)의 효능이 있다.《시:빈풍:동산(詩:豳風:東山)》에 "果蓏之實, 亦施於宇."이 있는데 <모전(毛傳)>에 "과

*0385*

**연욱(燕薁)**

라(果蠃)는 괄루(括樓)다."라고 했다.

책에 따라 다양한 이름이 있다. 욱(薁),《詩經)》, 연욱(燕薁), 영설(蔓舌)《광아(廣雅)》, 산포도(山葡萄);《당본초(唐本草)》, 산포도(山蒲桃);《본초습유(本草拾遺)》, 야포도등(野葡萄藤), 목룡(木龍)《백일선방(百一選方)》, 연흑(煙黑);《구황본초(救荒本草)》, 접골등(接骨藤);《귀주민향방약집(貴州民向方藥集)》, 감고등(甘古藤), 산고등,(酸古藤,) 화황등(禾黃藤);《중의약실험연구(中醫藥實驗研究)》, 묘안정(貓眼睛);《민간상용초약휘편(民間常用草藥彙編)》, 화화자등(禾花子藤);《강서민간초약(江西民間草藥)》, 묘이등(貓耳藤), 산홍양(山紅羊), 산고과(山苦瓜)《천주본초(泉州本草)》.

**흑렴(黑薟)**

『본초:렴(本艸:薟)』에서 말하는 '적백흑(赤白黑) 세 가지가 있다.'의 하나.

[인경고 引經考]

❶『본초경(本艸經)』

白斂味苦平. 主癰腫疽創, 散結氣, 止痛除熱, 目中赤, 小兒驚癇, 溫瘧, 女子陰中腫痛. 一名兔核, 一名白草, 生山穀.

<名醫曰 : 一名白根, 一名昆侖, 生衡山, 二月八月, 采根暴幹.

案說文云 : 薟, 白薟也, 或作蘝.

毛詩云 : 蘝蔓於野.

陸璣疏云 : 蘝似栝樓, 葉盛而細, 其子正黑, 如燕薁, 不可食也, 幽人謂之烏服, 其莖葉鬻以哺牛, 除熱.

爾雅云 : 菉, 蒬蔥. 郭璞云 : 未詳. 據玉篇云 : 菉, 白蘝也.>

❷『당풍(唐風)』〈唐風:葛生〉

葛生蒙楚, 蘝蔓于野. 予美亡此, 誰與獨處.

<興也. 葛生延而蒙楚, 蘝生蔓於野, 喻婦人外成於他家.

○蘝音廉, 又力恬反, 又力儉反, 徐又力劍反,

《草木疏》云 : 似栝樓, 葉盛而細, 子正黑如燕薁, 不可食.>

[疏]"葛生"至"獨處".

○正義曰 : 此二句互文而同興, 葛言生則蘝亦生, 蘝言蔓則葛亦蔓, 葛言蒙則蘝亦蒙, 蘝言於野則葛亦當言於野. 言葛生於此, 延蔓而蒙於楚木；蘝亦生於此, 延蔓而蒙於野中, 以興婦人生於父母, 當外成於夫家. 既外成於夫家, 則當與夫偕老. 今我所美之人, 身無於此, 我誰與居乎？獨處家耳. 由獻公好戰, 令其夫亡, 故婦人怨之也.

○傳"葛生"至"他家".

○正義曰 : 此二者皆是蔓草, 發此蒙彼, 故以喻婦人外成他家也.

陸機《疏》云 : 蘝似栝樓, 葉盛而細, 其子正黑如燕薁, 不可食也. 幽州人謂之烏服. 其莖葉煮以哺牛, 除熱.

**0385**

葛生蒙棘, 蘝蔓于域. 予美亡此, 誰與獨息.

角枕粲兮, 錦衾爛兮. 予美亡此, 誰與獨旦.

夏之日, 冬之夜, 百歲之後, 歸于其居.

冬之夜, 夏之日, 百歲之後, 歸于其室.

❸『륙-소:광요(陸-疏:廣要)』

厥.

## 0386 𨫤 𦳋 금【qin ⟨ㅣㄅ-⟩ 32
### 향풀 금

黃𦳋也。
《『本艸經』、『廣雅』皆作黃芩。

今藥中黃芩也。》
从艸,
金聲。
《巨今切。7部。》

「**황금**(黃𦳋)」이다.
　『본초경(本艸經)』❶과 『광아(廣雅)』 모두 **황금**(黃芩)으로 썼다.
　지금의 약(藥) 중 **황금**(黃芩)이다.
초(艸)를 따랐고,
금(金)이 성부가 된다.
　거금절(巨今切)이다. 제 7부에 속한다.

　　**금**(芩) 녹식초(鹿食草), 황금, 사슴먹이풀, 속서근풀 ▣**검**:같은 뜻
　　▣**음**:나물이름.

황금(黃𦳋), 황금(黃芩)
꿀풀과의 다년초. 속서근풀이 뿌리. 성질이 차기 때문에 해열제(解熱劑)로 쓴다. 숙금(宿芩)은 황금(黃芩)의 묵은 뿌리를 말한다.

[신경고 引經考]

❶『본초경(本艸經)』

黃芩味苦平. 主諸熱黃疸, 腸澼, 泄利, 逐水, 下血閉, 惡創恒蝕, 火瘍. 一名腐腸. 生川穀.

<吳普曰：黃芩, 一名黃文, 一名妒婦, 一名虹勝, 一名經芩, 一名印頭, 一名內虛, 神農桐君黃帝雷公扁鵲苦無毒. 李氏小溫, 二月生赤黃葉, 兩兩 四四相值, 莖空中, 或方員, 高三四尺, 四月花紫紅赤, 五月實黑根黃, 二 月至九月采. (禦覽)

名醫曰：一名空腸, 一名內虛, 一名黃文, 一名經芩, 一名妒婦, 生秭 歸及冤句, 三月三日, 采根陰幹.

案說文云：川川, 黃川川也.

廣雅云：菳, 黃文, 內虛, 黃芩也.

範子計然云：黃芩出三輔, 色黃者, 善. >

## 0387

| | |
|---|---|
| 艸也。 | 「풀의 일종」이다. |
| 《『小雅』。 | 『소아(小雅)』❶에 |
| 呦呦鹿鳴。 | "유유록명(呦呦鹿鳴:우우 우는 사슴 소리. |
| 食野之芩。 | 들판의 **금초(芩艸)**를 먹네.)"라고 했다. |
| 『傳』曰。 | 『전(傳)』❷에 이르기를 |
| 芩艸也。 | "**금초(芩艸)**다. |
| 陸璣云。 | 륙기(陸璣)가 이르기를❸ |
| 芩艸莖如釵股。 | '**금초(芩艸)** 줄기는 **차고(釵股)**와 같다. |
| 葉如竹。 | 잎은 대나무와 같고, |
| 蔓生澤中下地鹹處。 | 소택지의 낮은 곳, 소금기 있는 땅에 널리 퍼진다. |
| 爲艸眞實。 | 풀 됨이 참으로 알차서 |
| 牛馬皆喜食之。 | 소와 말이 모두 즐겨 먹는다.'라고 했다."고 했다. |
| 按如陸說。 | 륙기(陸璣)의 설(說) 같으면 |
| 則非黃芩藥也。 | **황금(黃芩)** 약초가 아니다. |
| 許君黃芩字從金聲。 | 허신의 **황금(黃芩)**자는 금(金)성부를 따랐다. |
| 『詩:野芩』字從今聲。 | 『시:야금(詩:野芩)』은 금(今) 성부를 따랐다. |
| 截然分別。 | 분명하게 구별된다. |
| 他書亂之。非也。 | 다른 책들이 어지럽혔는데, 잘못된 것이다. |
| 『毛詩音義』引『說文』云。 | 『모시:음의(毛詩:音義)』❹가 『설문(說文)』을 인용하기를 |
| 蒿也。以別於毛公之艸也。 | "쑥이다. 모공(毛公)의 풀과 다르다."라고 했다. |
| 甚爲可據。 | 아주 근거할 만하다. |
| 但訓蒿則與弟二章不別。 | 다만 쑥으로 풀이하는 것은 제 2장과 더불어 다르지 않다. |
| 且『說文』當以芩與蒿篆類廁。 | 또 『설문(說文)』은 당연히 금(芩)과 호(蒿)의 전서(표제자)를 무리지어 곁에 두었다. |
| 恐是一本作蒿屬。 | 어쩌면 어떤 책은 호속(蒿屬)이라고도 했을 것이다. |
| 釋文「也」字或「屬」字之誤。 | 해석문의 야(也)자는 아마도 속(屬)의 오자일 것이다. |
| 又按『集韻(韻)』、『類篇』皆曰 | 또 생각건대 『집운(集韻)』과 『류편(類篇)』이 모두 |
| 芕蕨芩三字同、魚音切。 | "음(芕), 엄(蕨), 금(芩) 석 자가 모두 어음절(魚音切)이다. |
| 菜名。似蒜。生水中。 | 나물 이름이다. 마늘과 비슷하다. 물 속에서 자란다."라고 했고, |
| 攷『字林』、『齊民要術』皆云 | 『자림(字林)』과 『제민요슐(齊民要術)』❺을 살펴보면 모두 이르기를 |
| 芕似蒜。 | "음(芕)은 마늘과 비슷하다. |
| 生水中。 | 물 속에서 자란다."라고 했다. |
| 此則別是一物。》 | 이것은 곧 다른 한 사물이다. |
| 从艸。 | 초(艸)를 따랐고, |

0387

今聲。 금(今)이 성부가 된다.

《巨今切。7部。》 거금절(巨今切)이다. 제 7부에 속한다.

『詩』曰。 『시(詩)』❻에 이르기를

食野之芩。 "들판의 금(芩)을 먹네."라고 했다.

유(呦) 사슴 우는 소리 ▣요:가르칠

차(釵) 두 갈래진 비녀, 약이름

함(鹹) 짤, 소금기

금(莶) 향풀, 까치무릇

호(蒿) 다북쑥, 김 오르는 모양, 고달플

음(蒒) 물마늘

엄(蘝) 풀이름 ▣음:물마늘

산(蒜) 마늘

**유유록명(呦呦鹿鳴)** 우우 우는 사슴소리. <小雅:鹿鳴之什:鹿鳴>

**차고(釵股)** ① 묵죽화에서 대나무의 곧은 가지를 이르는 말. ② 두 갈래진 비녀의 가지. ③ 절차고(折釵股)로 운필법(運筆法)을 말한다. 꺾이는 획이 둥글고 힘이 있어서(其屈折圓而有力) 마치 비녀의 구부정한 부분이 둥글고 자연스러운 것과 같아서 붙인 이름.

**금초(芩艸)** 금(芩)은 풀이다. 속칭 만초(蔓草). <오월춘추:구천입신외전(吳越春秋:勾踐入臣外傳)>에 "구천이 똥의 해로움을 맛본 후 병이나서 입에서 악취가 났다. 범려가 모두에게 금초(芩艸)를 먹게 해서 그 냄새를 흐트렸다.(越王從嘗糞惡之後, 遂病, 口臭. 范蠡乃令左右皆食芩艸, 以亂其氣.)"라고 했다.

**황금(黃芩), 황금(黃莶)** 꿀풀과의 다년초. 속서근풀이 뿌리. 성질이 차기 때문에 해열제(解熱劑)로 쓴다.

**[인경고 引經考]**

❶『소아(小雅)』 <小雅:鹿鳴之什:鹿鳴>

呦呦鹿鳴, 食野之苹. 我有嘉賓, 鼓瑟吹笙.

吹笙鼓簧, 承筐是將. 人之好我, 示我周行.

呦呦鹿鳴, 食野之蒿. 我有嘉賓, 德音孔昭.

視民不恌, 君子是則是傚. 我有旨酒, 嘉賓式燕以敖.

呦呦鹿鳴, 食野之芩. 我有嘉賓, 鼓瑟鼓琴.

鼓瑟鼓琴, 和樂且湛. 我有旨酒, 以燕樂嘉賓之心.

<芩, 草也. ○芩, 其今反,《說文》云:"蒿也." 又其炎反.>

❷『전(傳)』※ 본문과 방점이 다르다.

<芩, 草也. ○芩, 其今反,《說文》云:"蒿也." 又其炎反.>

## 0387

❸**금초**(芩艸) 줄기는 **차고**(釵股)와 같다.

[疏]傳"芩, 草".

○正義曰：陸機云："莖如釵股, 葉如竹蔓, 生澤中下地鹹處, 爲草貞實, 牛馬亦喜食之."

❹『설문(說文)』

芩[0387] 艸也. 〈小雅〉. 呦呦鹿鳴. 食野之芩. 〈傳〉曰. 芩艸也. 陸璣云. 芩艸莖如釵股. 葉如竹. 蔓生澤中下地鹹處. 爲艸眞實. 牛馬皆喜食之. 按如陸說. 則非黃芩藥也. 《許君》黃荃字從金聲. 詩野芩字從今聲. 截然分別. 他書亂之. 非也. 〈毛詩音義〉引〈說文〉云. 蔏也. 以別於毛公之艸也. 甚爲可據. 但訓蔏則與弟二章不別. 且〈說文〉當以芩與蔏篆類厠. 恐是一本作蔏屬. 釋文也字或屬字之誤. 又按〈集韵〉, 〈類篇〉皆曰苙虇芩三字同, 〈魚音切〉. 菜名. 似蒜. 生水中. 玫〈字林〉, 〈齊民要術〉皆云苙似蒜. 生水中. 此則別是一物. 从艸. 今聲. 〈巨今切〉. 7部. 〈詩〉曰. 食野之芩.

❺『제민요술(齊民要術)』

苙, 似蒜, 生水中.

《北戶錄》卷二"水韭"："又苙, 見《字林》："似蒜, 生水中." 《太平御覽》卷九八○"苙"引《字林》同. "苙"音吟.《玉篇》："艸, 似蒜, 生水中."也應是轉錄《字林》的. >

❻『시(詩)』 1번 참조.

呦呦鹿鳴, 食野之芩. 我有嘉賓, 鼓瑟鼓琴.

## 0388 蔍 표【biāo ㄅㄧㄠ⁻】32
### 쥐눈이 콩 표

| | |
|---|---|
| 鹿藿(藿)也。 | 「록곽(鹿藿)」이다. |
| 《前茁篆訓鹿藿之實。 | 앞[230]에 나온 뉴(茁:돌콩)자의 훈이 「록곽의 열매」였다. |
| 此蔍訓鹿藿。 | 이 표(蔍)자의 훈이 **록곽(鹿藿)**이니 |
| 則當類處。 | 곧 마땅히 무리져 [함께] 있어야 한다. |
| 徐鍇曰。 | 서개(徐鍇)가 이르기를 |
| 『釋艸』。 | "『석초(釋艸)』❶에 |
| 薗、鹿藿。 | 권(薗)은 **록곽(鹿藿)**이다."라고 했다. |
| 蔍、麃。二者各物。 | 표(蔍)와 표(麃)는 두 개가 서로 다른 사물이다. |
| 疑字形之誤。 | 아마도 글자의 모양을 착각해서 |
| 以蔍麃爲鹿藿也。 | 표(蔍), 포(麃)를 **록곽(鹿藿)**이라고 했을 것이다. |
| 玉裁按。 | 단옥재가 생각건대는 |
| 葢(蓋)麃誤爲鹿。 | 대체로 포(麃)를 록(鹿)으로 착각해서 |
| 淺人因妄增藿字耳。》 | 천박한 사람이 이로 인해 곽(藿)자를 늘렸을 것이다. |
| 从艸。 | 초(艸)를 따랐고, |
| 麃(麃)聲。 | 표(麃)가 성부가 된다. |
| 讀若剽。 | 표(剽)자 처럼 읽는다. |
| 《平表切。2部。》 | 평표절(平表切)이다. 제 2부에 속한다. |
| 一曰蔽之屬。 | 일설에는 **괴(蔽)의 무리**라고도 한다. |
| 《此字義別說也。 | 이 자의(字義:뜻)는 또 다른 설명이다. |
| 『南都賦』。 | 『남도부(南都賦)』❷에 |
| 其艸則蔍芋煩莞。 | "그 풀은 곧 **표저번.환**(蔍芋煩莞)이다."라고 했다. |
| 『廣韵(韻)』曰。 | 『광운(廣韵)』에 이르기를 |
| 可爲席。 | "자리를 만들 수 있다. |
| 或作蒪苞。》 | 혹은 **표포**(蒪苞)라고도 쓴다."라고 했다. |

곽(藿藿) 콩잎

뉴(茁) 돌콩, 쥐눈이콩

군(薗) 여우콩, 녹두, 새콩 ■균:같은 뜻 ■균:버섯

포(麃) 큰 사슴 ■표:군셀, 김맬, 풀 벨

괴(蔽) 풀이름, 기름새

저(芋) 모시, 매자기의 뿌리 ■세:상수리 나무

번(煩) 떼, 솔새, 사초 ■분:삼베

표(蒪) 기름새

포(苞) 그령풀, 밑둥, 초목이 날, 쌀, 선사품, 바가지.

표(蔍) 쥐눈이콩, 기름사초, 검은 딸기, 목매자, 대싸리.

0388

0388 蔨蔖 표 [biāo う] [초] う
제 01 의 풀 표

환(莞) 왕골, 부들(자리) ▣관:땅이름 ▣완:빙그레 웃을 ▣권:창포.

**록곽(鹿藿)** 여우콩. 쌍떡잎 식물. 장미목 콩과의 여러해살이풀. 콩잎을 곽(藿)이라고 하는데 사슴이 특히 좋아하므로 록곽(鹿藿)이라고 한다.

**괴지속(蒯之屬)** 표초(藨草)를 가리킨다. 물가에서 총생으로 많이 자란다. 통채로 종이나 편석(扁蓆)을 만든다.

**표저번환(藨芧煩莞)** 기름사초, 모시, 사초, 왕골

**표초(藨草)** 세모고랭이. 지면이 편평한 물가 터에서 사는 키 큰 다년생초본식물. 노끈을 꼬아 방석이나 신발 등을 만드는데 쓰였다.

**[인경고 引經考]**

❶『석초(釋艸)』

蔨, 鹿藿. 其實莥.

&lt;今鹿豆也. 葉似大豆, 根黃而香, 蔓延生.

○蔨, 巨員切. 藿, 音霍. 莥, 女九切.&gt;

〔疏〕"蔨, 鹿藿. 其實莥".

○釋曰 : 蔨, 一名鹿藿. 其實名莥.

郭云 : "今鹿豆也. 葉似大豆, 根黃而香, 蔓延生."

《本草》云 "味苦".

唐本注云 : "此草所在有之. 苗似豌豆, 有蔓而長大. 人取以爲菜, 亦微有豆氣, 名爲鹿豆也."

❷『남도부(南都賦)』

於其陂澤, 則有鉗盧玉池, 赭陽東陂. 貯水渟洿, 亙望無涯. 其草則藨芋蘋莞, 蔣蒲兼葭.

&lt;《說文》曰 : 藨, 莽之屬. 又曰 : 芋可以爲索.

郭璞《山海經》注曰 : 蘋, 青蘋, 似莎而大.

鄭玄毛詩箋曰 : 莞, 小蒲也.

《說文》曰 : 蔣, 菰蔣也.

《爾雅》曰 : 蒹, 薕也. 葭, 蘆也.&gt;

## 0389 鷊䳏 역【yì ㅣˋ】 32

### 청모(靑茅) 역

*0389*

| | |
|---|---|
| 綬艸也。 | 「수초(綬艸)」다. |
| 《「艸」字依『韵(韻)會』補。 | 초(艸)자는 『운회(韻會)』를 근거로 보충했다. |
| 『陳風:邛有旨鷊傳』曰 | 『진풍:공유지역:전(陳風:邛有旨鷊:傳)』❶에 이르기를 |
| 鷊、綬艸也。 | "역(鷊)은 **수초(綬艸)**다." 라고 했다. |
| 『釋艸』曰 | 『석초(釋艸)』❷에 이르기를 |
| 虉綬。 | "역(虉)은 수(綬)다." 라고 했다. |
| 按『毛詩』作「鷊」。 | 『모시(毛詩)』❸에서 역(鷊)으로 쓴 것을 생각하면 |
| 叚(假)借字也。 | 가차한 것이다. |
| 『今-爾雅』作「虉」、 | 『금-이아(今-爾雅)』에서 역(虉)으로 써서 |
| 與『說文』作「䳏」不同者。 | 『설문(說文)』의 역(䳏)과 더불어 다른 것은 |
| 鷊䳏同在 16部也。 | 역(鷊)과 격(䳏)이 함께 16부에 있기 때문이다. |
| 陸璣曰 | 륙기(陸璣)가 이르기를 |
| 鷊五色。作綬文。 | "역(鷊)은 5색을 이루고 인끈의 무늬를 짓는다. |
| 故曰綬艸。》 | 그래서 **수초(綬艸)**라고 한다." 라고 했다. |
| 从艸。 | 초(艸)를 따랐고, |
| 䳏聲。 | 격(䳏)이 성부가 된다. |
| 《五狄切。16部。》 | 오적절(五狄切)이다. 제 16부에 속한다. |
| 『詩』曰。 | 『시(詩)』❹에 이르기를 |
| 邛有旨虉是。 | "**공유지역(邛有旨虉**:작은 언덕에 달콤한 수초가 있네)" 한 것이 이것이다. |

|   |   |
|---|---|
| | 공(邛) 읍이름, 산이름, 언덕. |
| | 역(鷊) 칠면조, 억새, 청모 |
| | 격(䳏) 개고마리, 때까치 |
| | 수(綬) 인끈, 장막끈. |

| | |
|---|---|
| 공유지역(邛有旨虉)<br>수초(綬艸) | <국풍:진풍:방유작소(國風:陳風:防有鵲巢)><br>인끈의 무늬를 닮은 잡색의 작은 풀(小草, 有雜色. 似綬.) |

| | |
|---|---|
| [인경고 引經考] | ❶『진풍:공유지역:전(陳風:邛有旨鷊:傳)』<陳風:防有鵲巢> |
| | 防有鵲巢, 邛有旨苕. 誰侜予美, 心焉忉忉. |
| | 中唐有甓, 邛有旨鷊. 誰侜予美, 心焉惕惕. |
| | <中, 中庭也. 唐, 堂塗也. 甓, 令適也. 鷊, 綬草也.> |
| | ❷『석초(釋艸)』 |
| | 虉, 綬. <小草, 有雜色. 似綬. ○虉, 音逆.> |

## 0389

〔疏〕"虉綬".

○釋曰 : "虉者, 雜色如綬文之草也.

《詩:陳風》云 : "邛有旨虉."

陸機《疏》云 : "虉, 五色作綬文, 故曰綬草." 是也.

❸『모시(毛詩)』1번 참조.

邛有旨虉.

❹『시(詩)』1번 참조.

## 0390 薐 릉【líng ㄌㄧㄥˊ】32
### 마름 릉

| | |
|---|---|
| 芰也。 | 「세발마름」이다. |
| 《『周禮:加籩之實有薐:注』。 | 『주례:가변지실유릉:주(周禮:加籩之實有薐:注)』❶에 |
| 薐、芰也。 | "릉(薐)은 기(芰:세발마름)다."라고 했다. |
| 『子虛賦:應劭-注』同。》 | 『자허부:응소-주(子虛賦:應劭-注)』❷도 같다. |
| 从艸, | 초(艸)를 따랐고, |
| 淩聲。 | 릉(淩)이 성부가 된다. |
| 《力膺切。6部。》 | 력응절(力膺切)이다. 제 6부에 속한다. |
| 楚謂之芰。 | 초(楚)나라에서는 기(芰)라고 한다. |
| 《『楚語』。 | 『초어(楚語)』❸에 |
| 屈到嗜芰。 | "굴도기기(屈到嗜芰:굴도가 기를 좋아한다)"라고 했다. |
| 韋曰。 | 위가 이르기를 |
| 芰、薐也。》 | "기(芰:세발마름)는 릉(薐)이다."라고 했다. |
| 秦謂之薢茩。 | 진(秦)나라에서는 **해구**(薢茩)라고 한다. |
| 《『釋艸』曰。 | 『석초(釋艸)』❹에 이르기를 |
| 薢茩、芙光。 | "해구(薢茩)는 결광(芙光)이다."라고 했다. |
| 郭云。 | 곽경순(郭景純)이 이르기를 |
| 芙明也。或曰蓤也。 | '결명(芙明)이다. 혹은 릉(蓤)이라고 한다.❺ |
| 關西謂之薢茩。 | 관서지방에서는 **해구**(薢茩)라고 한다.'라고 했다."고 했다. |
| 按景純兩解。 | 경순(景純)의 두 가지 해석을 보면 |
| 後解與『說文』、『字林』合。 | 나중의 해석이 『설문(說文)』이나 『자림(字林)』과 합치한다. |
| 『釋艸』又曰。 | 『석초(釋艸)』에서 또 이르기를 |
| 薐、蕨攗。<孫炎居郡反> | "릉(薐)은 궐군(蕨攗)이다."라고 했다. |
| 郭云。 | 곽경순(郭景純)이 이르기를 |
| 今水中芰。 | "지금은 물 속의 기(芰)를 말한다."라고 했다. |
| 按蕨攗、芙光皆雙聲。 | **궐군**(蕨攗)이나 **결광**(芙光)이 모두 쌍성인 것을 보면 |
| 『爾雅』。 | 『이아(爾雅)』❻에서 |
| 薢茩、芙光。 | " '해구(薢茩)는 결광(芙光)이다.'라고 한 것이 |
| 或可以決明子釋之。 | 어쩌면 **결명자**(決明子)라고 해석할 수도 있겠다. |
| 不嫌異物同名也。 | 다른 사물들이 이름이 같다고 해서 꺼릴 것은 없다. |
| 而『說文』之芰、薢茩。 | 『설문(說文)』의 기(芰)나 **해구**(薢茩)가 |
| 即今薐角。本無疑義。 | 곧 지금의 **릉각**(薐角)인 것은 본래 의심할 뜻이 없다. |
| 不知徐鍇何以淆惑。》 | 서개(徐鍇)가 왜 뒤섞여서 혼란에 빠졌는지 모르겠다. |
| 薐司馬相如說薐从遴。 | 사마상여(司馬相如)는 릉(薐)이 린(遴)을 따른다고 했다. |
| 《此當是『凡將篇』中字。 | 이것은 『범장편(凡將篇)』❼에 있는 글자다. |

## 0390

『藝文志』曰。

『예문지(藝文志)』⑧에 이르기를

史游作『急就篇』。

"사유(史游)가 『급취편(急就篇)』을 지었고,

李長作『元尙篇』。

리장(李長)이 『원상편(元尙篇)』을 지었다."고 했다.

皆『倉頡』中正字也。

모두 『창힐(倉頡)』에 표제자로 실린 것들이다.

『司馬相如-凡將篇』則頗有出矣。

『사마상여-범장편(司馬相如-凡將篇)』에는 아주 많이 나온다.

이것을 근거로 한다면 『창힐편(倉頡篇)』⑨의 표제자에서는 릉(薐)으로 썼다.

據是則『倉頡篇』正字作薐。

『범장(凡將)』에서 별도로 릉(蘧)을 썼다.

『凡將』別作蘧。

궁(莒)과 궁(芎)도 이것과 같다.

营、芎同此。

릉성(薐聲)의 고음(古音)은 제 6부에 있다.

薐聲古音在 6部。

린성(蘧聲)의 고음(古音)은 제 12부에 있다.

蘧聲古音在 12部。

그런데 합친 것은 **쌍성**(雙聲)으로 합한 것이다.

而合之者、以雙聲合之也。

『금-사, 한, 문선:자허부(今-史, 漢, 文選:子虛賦)』⑩에서는 단지 **릉화**(薐華)만 썼을 뿐이다.

『今-史、漢、文選:子虛賦』祇作薐華。》

**변**(籩) 변두, 대제기, 벼슬이름.

**기**(芰) 세발마름, 네뿔마름, 세뿔마름.

**릉**(薐) 달리다. 헤어나다, 오르다.

**해**(薢) 마름, 여래뿌리, 초결명

**구**(苺) 초결명

**결**(英) 초결명, 이 것의 씨를 결명자(決明子)라고 한다.

**군**(攈) 주울,

**린**(蘧) 어려워할, 어렵게 여겨 주저할.

**릉**(蘧) 마름 릉(薐)과 같은 글자.

**개**(鍇) 질 좋은 쇠

**효**(淆) 뒤섞일,

**릉**(菱)

기(芰), 수릉(水菱), 풍릉(風菱), 조릉(鳥菱), 릉각(菱角), 수률(水栗), 릉실(菱實), 기실(芰實)이라고도 한다. 릉과(菱科) 릉속(菱屬). 1년생 수생초본이다.

**해구**(薢苺)

식물이름. 릉과(菱科) 릉속(菱屬). 1년생 초목이다. 앞이 3각형이인데 잎자루가 길고, 여름날 잎 사이에 꽃이 핀다. 견핵과(堅核果)를 맺는다.

**굴도기기**(屈到嗜芰)

초나라 사람인 굴도(屈到)가 마름을 좋아 한다. &lt;한비자(韓非子) 론난(論難) 3편(三篇)&gt;에 나오는 글이다.

屈到嗜芰. 文王嗜菖蒲菹. 非正味也.(초나라 사람 굴도는 마름을 좋아했고, 문왕은 창포김치를 좋아했으나 정상적인 맛은 아니었다.

*0390*

| | |
|---|---|
| **결명**(茾明) | 식물이름. 다년생 초목이다. 깃털모양의 겹잎(羽狀複葉)이다. 가을에 담황색의 꽃을 피운다. 열매는 광저기(豇-豆)를 닮았다. 결광(茾光), 결광(茾芫)이라고도 한다. |
| **결광**(茾光) | 결명(茾明)의 별명. |
| **결명자**(決明子) | 눈을 밝게 해주는 씨앗. 양명(陽明), 양각(陽角), 마제결명(馬蹄決明), 초결명(草決明), 야녹두, 가녹두라고도 한다. |
| **궐군**(蕨攓) | 결명(茾明)의 별명. |
| **릉각**(菱角) | 릉각(菱角). 요릉(腰菱), 수률(水栗), 릉실(菱實), 미감(味甘), 평(平), 무독(无毒)이라고도 한다. 일년생초본식물인 릉(菱)의 과실이다. 다려서 먹거나 볶아서 죽을 만들어 먹는다. 단백질, 비타민(維生素), 불포화지방산, 그리고 미량원소가 풍부하다. 오줌을 잘 나오게 하고, 젖을 나오게 한다. 소갈을 멈추고, 술독(酒毒)을 해소한다. |
| **쌍성**(雙聲) | 중국어에서는 우리말의 초성에 해당하는 음을 성모(聲母)라고 하는데 령린 처럼 연속된 두 글자의 초성이 같을 때를 쌍성이라고 한다. |
| **릉화**(菱華) | 厥. |
| **효혹**(淆惑) | 혼효미혹(混淆迷惑). 뒤섞이어 미혹됨. |

### [인경고 引經考]

❶『주례:가변지실유릉:주(周禮:加籩之實有菱:注)』

加籩之實, 菱芡, 㯉, 脯, 菱, 芡, 㯉, 脯.&lt;加籩, 謂屍既食, 後亞獻屍所加之籩. 重言之者, 以四物爲八籩. 菱, 芰也. 芡, 雞頭也. 栗與饋食同. 鄭司農云: "菱芡脯脩.&gt;

❷『자허부:응소-주(子虛賦:應劭-注)』

※&lt;자허부&gt;에는 '陵, 芰也.'가 없다. 단옥재의 착각?

〈東京賦〉

我後好約, 乃宴斯息. 於東則洪池清藥, 淥水澹澹, 內阜川禽, 外豊葭菱 獻鱉蜃與龜魚, 供蝸廬與菱芡.&lt;蝸, 螺也. 菱, 芰也. 芡, 雞頭也. 善曰:《周禮》曰: 春獻鱉蜃, 秋獻龜魚, 祭祀供蚌蠃. 鄭玄曰: 蜃, 大蛤也. 杜子春曰: 蜃, 蜯也. 蚌與廬同.《禮記》曰: 蝸醢而菰食.《周禮》曰: 加籩豆之實, 有菱芡.

〈魏都賦〉

…兼葭贊, 藿蒻森. 丹藕淩波而的皪,…&lt;也.&gt;《說文》曰: 贊, 分別也.《本草》曰: 藕, 一名水芝.《爾雅》曰: 荷, 芙蕖, 其根藕. 此文云, 淩波而的皪, 即藕爲遍名, 非唯根矣. 的皪, 光明也.《上林賦》曰: 的皪江靡. 鄭玄《周禮注》曰: 陵, 芰也.…&gt;

❸『초어(楚語)』 ※ 본문과 조금 다르다.

加籩之實, 菱芡, 㯉, 脯, 菱, 芡, 㯉, 脯.&lt;加籩, 謂屍既食, 後亞獻屍所加之籩. 重言之者, 以四物爲八籩. 菱, 芰也. 芡, 雞頭也. 栗與饋食同. 鄭司農云: "菱芡

## 0390

脯脩.>

　　○釋日:知籩是"屍旣食, 後亞獻屍所加之籩"者, 案《春官:內宗》云:"掌宗廟之祭祀, 薦加豆籩."以其內宗所薦, 明主於後. 又見《特牲》主婦獻屍云:"宗婦執兩籩於戶外, 主婦受, 設於敦南."主人獻屍之時, 不見有設籩之事, 故知唯主於後也.

《少牢》主婦不設籩者, 以其當日賓屍故也. 其下大夫不賓屍者, 亦與士同也.

云"菱芰也"者, 屈到嗜芰, 即菱角者也. 云"芡, 雞頭也"者, 俗有二名, 今人或謂之雁頭也. 先鄭云"菱芡, 脯脩"者, 先鄭意怪饋食重言, 故爲脩替栗, 得爲一義, 故引之在下也. ………

**公父文伯之母欲室文伯, 饗其宗老.** <家臣稱老. 宗, 宗人, 主禮樂者也. 楚語曰: 「屈到嗜芰, 有疾, 屬其宗, 老曰『祭我必以芰』」也.>

### ❹『석초(釋艸)』

薢茩, 芙芡. <芙明也. 葉黃銳, 赤華, 實如山茱萸. 或曰蔆也. 關西謂之薢茩. ○薢, 音皆. 茩, 音狗. 芙, 音決. 芡, 音光.>

〔疏〕"薢茩, 芙芡". ○釋日:藥草芙明也. 一名芙芡, 一名決明. 郭云:"葉黃銳, 赤華, 實如山茱萸. 陶注《本草》云:"葉如茳豆. 子形似馬蹄, 呼爲馬蹄決明."《廣雅》謂之羊躑躅也. ○注"或曰〈艸陵〉也"至"薢茩". ○釋日:知者案:《說文》云:〈艸陵〉, 楚曰芰, 秦曰薢茩. 是也.

### ❺ "**결명**(芙明)이다. 혹은 릉(蔆)이라고 한다."

본문에서는 릉(蔆)으로 되어 있다.

### ❻『석초(釋艸)』  4번 참조.

### ❼『범장편(凡將篇)』

厥.

### ❽『예문지(藝文志)』 <漢書卷三十 藝文志第十>

史籀十五篇. <周宣王太史作大篆十五篇, 建武時亡六篇矣.> 八體六技. <韋昭曰: 「八體, 一曰大篆, 二曰小篆, 三曰刻符, 四曰蟲書, 五曰摹印, 六曰署書, 七曰殳書, 八日隸書.」> 蒼頡一篇. <上七章, 秦丞相李斯作; 爰歷六章, 車府令趙高作; 博學七章, 太史令胡母敬作.> 凡將一篇. <司馬相如作.> 急就一篇 <成〔元〕帝時黃門令史游作.> 元尚一篇. <成帝時將作大匠李長作.> 訓纂一篇. <揚雄作.> 別字十三篇. 蒼頡傳一篇. 揚雄蒼頡訓纂一篇. 杜林蒼頡訓纂一篇. 杜林蒼頡故一篇. 凡小學十家, 四十五篇.

### ❾『창힐편(倉頡篇)』 蔆)

厥.

### ❿『금-사, 한, 문선:자허부(今-史、漢、文選:子虛賦)』

外發芙蓉蔆華, 內隱鉅石白沙. <應劭曰:芙蓉, 蓮花也.>

## 0391　薟 芰 기【jì ㄐㄧˋ】33
마름풀 기

| | |
|---|---|
| 薢也。 | 「마름」이다. |
| 《是謂轉注。》 | 이것을 전주(轉注)라고 이른다. |
| 从艸。 | 초(艸)를 따랐고, |
| 支聲。 | 지(支)가 성부가 된다. |
| 《奇寄切。16部。》 | 기기절(奇寄切)이다. 제 16부에 속한다. |
| 薢 杜林說芰从多。 | 薢 두림(杜林)은 기(芰)가 다(多)를 따른다고 설명했다. |
| 《此葢(蓋)『倉頡訓纂』、 | 이것은 모두 『창힐훈찬(倉頡訓纂)』❶과 |
| 『倉頡故』二篇中語。 | 『창힐고(倉頡故)』❷ 중에 있는 말이다. |
| 支聲在 16部。 | 지성(支聲)은 제 16부에 있고, |
| 多聲在 17部。 | 다성(多聲)은 제 17부에 있다. |
| 2部合音冣(最)近。 | 두 부(部)간의 합음이 가장 가깝다. |
| 古弟 17部中字多轉入弟 16部。》 | 옛날에 제 17부 중에 있던 글자들이 제 16부로 전입된 것이 많다. |

### [인경고 引經考]

❶『창힐훈찬(倉頡訓纂)』

厥.

❷『창힐고(倉頡故)』

厥.

## 0392 薢薢 해【xiě ㄒㄧㄝˇ】33
### 도꼬로마 해

薢茩也。
《不云薢也者、
已見上矣。
『王-注:離騷』曰。
茞、薢也。
秦人曰薢茩。
按薢與茞同在 16部。
徐言之則云薢茩。》
从艸。
解聲。
《胡買切。16部。》

「해구(薢茩)」다.
　"릉(蔆也)이다."라고 말하지 않은 것은,
　이미 앞에서 나왔기 때문이다.
『왕-주:리소(王-注:離騷)』❶에 이르기를
　"기(茞)는 릉(蔆)이다.
　진나라 사람은 해구(薢茩)라고 한다."라고 했다.
　생각컨대 해(薢)와 기(茞)는 모두 제 16부에 있다.
　서개(徐鍇)가 언급한 것은 해구(薢茩)를 이른 것이다.
초(艸)를 따랐고,
해(解)가 성부가 된다.
호매절(胡買切)이다. 제 16부에 속한다.

**구**(茩) 초결명.
**기**(茞) 세발마름, 네뿔마름, 세뿔마름.

**해구**(薢茩)

1. 식물이름. 릉과(菱科) 릉속(菱屬). 1년생 초목이다. 앞이 3각형이인데 잎자루가 길고, 여름날 잎 사이에 꽃이 핀다. 견핵과(堅核果)를 맺는다. 2. 초결명(草決明).

**[인경고 引經考]**

❶『왕-주:리소(王-注:離騷)』
進不入以離尤兮，退將復脩吾初服.
<退，去也. 言己誠欲逕進，竭其忠誠，君不肯納，恐重遇禍，故將復去，脩吾初始淸潔之服也. 一無「復」字. 五臣云：尤，過也.>
製茞荷以爲衣兮.
<製，裁也. 茞，蔆也，秦人曰薢茩. 荷，芙蕖也.>

## 0393 薢茩 구【hòu ㄏㄡˋ】33
### 초결명(약초) 구

0393

| | |
|---|---|
| 薢茩也。 | 「해구(초결명)」이다. |
| 从艸。 | 초(艸)를 따랐고, |
| 后聲。 | 후(后)가 성부가 된다. |
| 《薢以角得名。 | 릉(薢)은 각(角) 때문에 얻어진 이름이다. |
| 薢之言棱也。 | 릉(棱)은 각(角)이라는 말이다. |
| 茩之言角也。 | 구(茩)도 각(角)이라는 말이다. |
| 茩角雙聲。 | 구(茩)와 각(角)은 쌍성이다. |
| 同在第3部。『唐韵(韻)』胡口切。 | 모두 제 3부에 속한다. |
| 薢茩雙聲。》 | 『당운(唐韵)』은 호구절(胡口切)이다. |
| | 해(薢)와 구(茩)는 쌍성이다. |

**릉**(棱) 모
**릉**(薢) 마름

## 0394

### 0394 蔇芡 검 【qiàn ㄑㄧㄢˋ】 33
### 가시연(일년생 수초) 검

雞(鷄)頭也。
「계두(雞頭)」다.

《『周禮:加邊之實有芡:注』同此。
『주례:가변지실유릉:주(周禮:加邊之實有蔆:注)』❶도 이것과 같다.

『方言』
『방언(方言)』❷에

茷、芡、雞頭也。
"역(茷)과 검(芡)은 계두(雞頭)다.

北燕謂之茷。
북연(北燕)에서는 역(茷)이라 하고

青徐淮泗之閒謂之芡。
청서(青徐)와 회사(淮泗) 사이에서는 검(芡)이라고 한다.

南楚江湘之閒謂之雞頭。
남초(南楚)와 강상(江湘) 사이에서는 계두(雞頭)라고 한다.

或謂之鴈頭。
혹은 안두(鴈頭)라고도 한다.

或謂之烏頭。》
혹은 오두(烏頭)라고도 한다."라고 했다.

从艸。
초(艸)를 따랐고,

欠聲。
흠(欠)이 성부가 된다.

《巨儉切。古音。在 8部。》
거검절(巨儉切)이다. 고음(古音)은 제 8부에 속한다.

변(邊) 변두, 대제기, 벼슬이름.
역(茷) 가시연.
안(鴈) 기러기.

| | |
|---|---|
| 계두(雞頭) | 안두(雁頭), 맨드라미, 닭벼슬. |
| 청서(青徐) | 청주(青州)와 서주(徐州). 지금의 산동성(山東省) 동부와 강소성(江蘇省) 북부 일대. |
| 회사(淮泗) | 회수(淮水)와 사수(泗水). |
| 남초(南楚) | 옛 지구(地區) 이름. 춘추 전국 시 초국(楚國)은 중원 남부에 있었다. 후세에 남초(南楚)로 불렀다. 동초(東楚), 서초(西楚)와 더불어 3초(三楚)의 하나다. 북쪽 회한(淮漢)에서 일어나 남으로 강남(江南)에 이르고, 지금의 안휘(安徽) 중부와 서남부, 하남(河南) 동남부, 호남(湖南)과 호북(湖北) 동부와 강서(江西) 등에 이르렀다. |
| 강상(江湘) | 양자강 이남과 호남성. |
| 안두(鴈頭) | 줄기 위의 꽃 모양이 닭벼슬 같다고해서 붙여진 이름이다. 계두(鷄頭), 안훼(雁喙), 홍두(鴻頭), 계옹(鷄雍), 묘릉(卯菱), 위자(薳子), 수류황(水流黃)이라고도 한다. |
| 오두(烏頭) | 바곳. 검실(芡實)의 속칭. |

※ 천오두(川烏頭) 중국 사천성에서 난다. 오두의 처음 생긴 원뿌리. 부자와 성질이 거의 비슷하다.

※ 초오두(草烏頭) 바곳의 뿌리.

[인경고 引經考]
❶『주례:가변지실유릉:주(周禮:加邊之實有蔆:注)』

*0394*

加籩之實, 蔆芡, 㰐, 脯, 蔆, 芡, 㰐, 脯.

<加籩, 謂尸旣食, 後亞獻尸所加之籩. 重言之者, 以四物爲八籩. 蔆, 芰也. 芡, 雞頭也. 栗與饋食同. 鄭司農云: "蔆芡脯脩."

○蔆, 音陵. 芡, 音儉. 㰐, 古栗字. 重, 直栗反. 芰, 其寄反.>

○釋曰: 知籩是"尸旣食, 後亞獻尸所加之籩"者,

案《春官:內宗》云: "掌宗廟之祭祀, 薦加豆籩." 以其內宗所薦, 明主於後.

又見《特牲》主婦獻尸云: "宗婦執兩籩於戶外, 主婦受, 設於敦南." 主人獻尸之時, 不見有設籩之事, 故知唯主於後也.

《少牢》主婦不設籩者, 以其當日賓尸故也. 其下大夫不賓尸者, 亦與士同也.

云"蔆芰也"者, 屈到嗜芰, 即蔆角者也.

云"芡, 雞頭也"者, 俗有二名, 今人或謂之雁頭也.

先鄭云"蔆芡, 脯脩"者, 先鄭意怪饋食重言, 故爲脩替栗, 得爲一義, 故引之在下也.

❷『방언(方言)』권 3

蔆, 芡, <音儉.> 雞頭也. 北燕謂之蔆, <今江東亦呼蔆耳.> 青徐淮泗之間謂之芡. 南楚江湘之間謂之雞頭, 或謂之鴈頭, 或謂之烏頭.<狀似烏頭, 故傳以名之.>

<려씨춘추:시군(**呂氏春秋:恃君**)>에 "여름에는 릉(菱)과 검(芡)을 먹고, 겨울에는 상(橡)과 률(橡栗)을 먹는다(夏日則食菱芡, 冬日則食橡栗)."라고 했다.

## 0395

### 0395 鞠 蘜 국【jú ㄐㄩˊ】33
푸르고 노란 꽃 피는 풀 국

| | |
|---|---|
| 日精也。 | 「일정(日精:국화의 별칭)」이다. |
| 曰(以)秋華。 | 가을에 꽃핀다. |
| 《「以」各本作「似」。 | 이(以)자를 여러 책에서는 사(似)로 썼다. |
| 今依宋本及『韵(韻)會』正。 | 지금은 송본(宋本)과 『운회(韵會)』를 근거로 바로 잡는다. |
| 『本艸經』。 | 『본초경(本艸經)』❶에 |
| 菊花一名節花。 | "국화(菊花)는 일명 **절화**(節花)다. |
| 又曰。一名日精。 | 또 이르기를 '일명 **일정**(日精)이다.'"라고 했다. |
| 按一名節花、 | 생각건대 일명 **절화**(節花)라고 하는 것은 |
| 卽許所謂以秋華也。 | 곧 허신이 말한 가을에 피는 꽃이다. |
| 一名日精與許合。 | 일명 **일정**(日精)이라고 한 것은 허신과 합치한다. |
| 『夏小正』。 | 『하소정(夏小正)』❷에 이르기를 |
| 九月榮鞠。鞠艸也。 | "9월 국(鞠)이 성한다. 국(鞠)은 풀이다. |
| 鞠榮而樹麥。 | 국(鞠:국화)이 성하면 보리를 심는다. |
| 時之急也。 | 때가 바쁘다."라고 했다. |
| 『月令』。 | 『월령(月令)』❸에 이르기를 |
| 鞠有黃華。 | "국화에는 황색꽃이 있다."라고 했다. |
| 『離騷』。 | 『리소(離騷)』❹에 |
| 夕餐秋菊之落英。 | "저녁 식사에 **추국**(秋菊)의 **락영**(落英:떨어진 꽃)을 먹었다."라고 했다. |
| 字或作「菊」、或作「鞠」。 | 글자는 혹은 국(菊), 혹은 국(鞠)으로도 쓴다. |
| 以『說文』繩之。皆叚(假)借也。 | 『설문(說文)』을 이은 것은 모두 가차다. |
| 『釋艸』。 | 『석초(釋艸)』❺에 |
| 蘜、治牆。 | "국(蘜)은 **치장**(治牆)이다. |
| 郭云。 | 곽(郭)이 이르기를 |
| 今之秋華菊。 | '지금의 가을 꽃 국화다.'"라고 했다."고 했다. |
| 郭意蘜菊爲古今字玉裁謂。 | 곽(郭)이 국(蘜)과 국(菊)이 **고금자**(古今字)로 본 것이라고 단옥재(段玉裁)는 말한다. |
| 許君剖析菊爲大菊、蘧麥、 | 허신(許愼)은 국(菊)은 **대국**(大菊), **거맥**(蘧麥)이고, |
| 蘜爲治牆、 | 국(蘜)은 **치장**(治牆)이라고 했다. |
| 蘜爲日精。分廁三所。 | 국(蘜)은 **일정**(日精)으로 세 곳에 나누어 두었다. |
| 又恐學者以其同音易溷也。 | 또 학자들이 그 음이 같아서 혼동할까봐 |
| 著之曰以秋華、 | **추화**(秋華)를 덧붙여 이르기를 |
| 言此蘜字乃『小正』、『月令』之布華玄 | 이 국(蘜)자는 『소정(小正)』과 『월령(月令)』의 |
| 月者也。 | **포화현월**(布華玄月)❽이란 것이라고 말했다. |
| 然則許意治牆別是一物。 | 그러므로 허신의 뜻으로 **치장**(治牆)은 별도의 한 사물이다. |

*0395*

種類甚殊。如大菊之非蘜。
『郭-注:爾雅』與許全乖。
攷『郭氏所-注:小學』三書。
今存者二。
有時涉及『字林』、
而絕(絶)未嘗偁(稱)用『說文』也。
『本艸經』、『名醫(醫)別錄』秋華有九
名而無治牆。
則治牆之非秋華亦略可見。》
从艸。
蘜(蘜)省聲。
《居六切。3部。》
𮋯 蘜或省。
《按[米部:蘜]從米、
蘜省聲。
省竹則爲蘜。
又省米則爲𦹋。
卽[𡴀部]之𡱀之省聲也。》

종류가 심히 다르다. **대국**(大菊)이 국(蘜)이 아닌 것과 같다.
『**곽-주:이아**(郭-注:爾雅)』가 허신과 더불어 완전히 어긋난다.
『**곽씨-소주:소학**(郭氏-所注:小學)』세 책❼을 살펴보면
지금까지 두 책이 남아 있다.
한 때『**자림**(字林)』을 섭렵하기에 이르러서도
절대로『**설문**(說文)』을 사용했다는 말을 하지 않았고,
『**본초경**(本艸經)』❽이나『**명의별록**(名醫別錄)』❾에도 추화(秋華)
가 아홉가지 이름이 있으나 **치장**(治牆)은 없었다.
그러므로 **치장**(治牆)은 **추화**(秋華)가 아님을 또한 알 수 있다.
초(艸)를 따랐고,
국(蘜)의 일부가 생략되어 성부가 된다.
거륙절(居六切)이다. 제 3부에 속한다.
**𮋯** 국(蘜)의 일부가 간혹 생략되기도 한다
생각건대 [미부:국(米部:蘜)]은 미(米)를 따랐다.
국(蘜)의 일부가 생략된 것이다.
죽(竹)을 생략하면 국(蘜)이 되고,
또 다시 미(米)를 생략하면 국(𦹋)이 된다.
일부가 생략되어 성부가 된 것이 [녑부(𡴀部)]의 국(𡱀)
자다.

**국**(鞠) 공, 제기, 어린아이, 국문할, 몸을 굽힐.
**국**(蘜) 국화.
**국**(蘜) 푸르고 노란꽃 피는 풀이름.
**국**(𡱀) 치죄할, 죄인 문초할.
**거**(蘧) 석죽화, 패랭이꽃, 구맥, 줄풀.
**혼**(溷) 어지러울, 물 흐릴, 더러울, 답답하고 열나는 모양.

| | |
|---|---|
| **수맥**(樹麥) | 보리를 심다. |
| **락영**(落英) | 떨어진 꽃. 낙화(落花). |
| **석찬추국**(夕餐秋菊) | <초사:리소(楚辭:離騷)> |
| | 조음목란지추로혜(朝飮木蘭之墜露兮) |
| | 아침에는 목란에 떨어진 이슬을 마시고 |
| | 석찬추국지락영(夕餐秋菊之落英) |
| | 저녁에는 가을 국화의 지는 꽃을 먹는다. |
| **거맥**(遽麥) | 술패랭이꽃. 관상용 화초. |

## 0395

| | |
|---|---|
| **포화현월**(布華玄月) | <이아:도찬(爾雅:圖贊)>에 "국화의 이름으로 일정(日精), 포화현월(布華玄月), 선 객박채(仙客博採), 하우화발(何憂華髮)이 있다."라고 했다. |
| **치장**(治牆) | 국화의 별명. |
| **절화**(節花) | 국화의 다른 이름. |
| **일정**(日精) | 국화의 다른 이름. |
| **황화**(黃華) | 황화(黃花). 황색꽃. 국화. |

※ **황화곡**[黃華曲] 황화는 중국 조(趙) 나라 서울 한단(邯鄲)에 있는 산 이름으로
　그 주위의 민간에서 부르는 평범한 곡이다. <백락천시집(白樂天詩集) 권2 속
　고시십수(續古詩十首)>에 "한단에서 창녀를 진상했는데 황화라 그 곡조를 능
　히 부르네[邯鄲進倡女 能唱黃華曲]." 하였다.

| | |
|---|---|
| **추국**(秋菊) | 국화의 다른 이름. |
| **고금자**(古今字) | 운(云)과 운(雲) 같은, 한 글자의 옛날의 글자와 지금의 글자 관계. 대체로 옛날의 글자들이 획수가 적고 단순하다. |
| **대국**(大菊) | 거맥(蘧麥). |
| **추화**(秋華) | 추화(秋花). 가을꽃. 추영(秋英). 추영(秋榮). |

### [신경고 引經考]

#### ❶『본초경(本艸經)』

鞠華味苦平. 主風, 頭眩腫痛, 目欲脫, 淚出, 皮膚死肌, 惡風濕痹.

<久服, 利血氣, 輕身, 耐老延年. 一名節華, 生川澤及田野. >

吳普曰: 菊華一名白華 (初學記), 一名女華, 一名女莖.

名醫曰: 一名日精, 一名女節, 一名女華, 一名女莖, 一名更生, 一名 周盈, 一名 傅延年, 一名陰成, 生雍州. 正月采根, 三月采葉, 五月采莖, 九月采花, 十一月采 實, 皆陰幹.

案說文云: 蘜治牆也, 蘜日精也, 似秋華, 或省作, 爾雅云, 蘜治牆;

郭璞云: 今之秋華菊, 則蘜, , , 皆秋華, 字, 惟今作菊, 說文以爲大 菊蘧麥, 假音 用之也.

#### ❷『하소정(夏小正)』

夏小正: 九月: 內火. 內火也者, 大火; 大火也者, 心也. 遭鴻雁. 遭, 往 也. 主夫出火. 主以時縱火也. 陟玄鳥蟄. 陟, 升也. 玄鳥也者, 燕也. 先 言"陟"而後言"蟄", 何也? 陟而後蟄也. 熊, 羆, 貊, 貉, 鼲, 鼬則穴, 若 蟄而. 榮鞠樹麥. 鞠, 草也. 鞠榮而樹麥, 時之急也. 王始裘. 王始裘者, 何也? 衣裘之時也. 辰系於日. 雀入於海爲蛤. 蓋有矣, 非常入也.

#### ❸『월령(月令)』鞠有黃華

鴻雁來賓, 爵入大水爲蛤, 鞠有黃華, 豺乃祭獸戮禽.

<皆記時候也. 來賓, 言其客止未去也. 大水, 海也. 戮猶殺也.>

0395

### ❹『리소(離騷)』

朝飮木蘭之墜露兮, 夕餐秋菊之落英.

<英, 華也. 言己旦飮香木之墜露, 吸正陽之津液；暮食芳菊之落華, 呑正陰之精蕊, 動以香淨, 自潤澤也. 餐, 一作?. 五臣云：取其香潔以合己之德.>

### ❺『석초(釋艸)』

蘜, 治蘠.

<今之秋華菊. ○蘜, 音菊.>

〔疏〕"蘜, 治蘠". ○釋曰：蘜, 一名治蘠. 郭云："今之秋華菊."

案《月令》季秋云："菊有黃華."

《本草》云菊華, 一名節華.

陶注云："菊有兩種：一種莖紫氣香而味甘, 葉可作羹而食者, 爲眞；一種莖靑而大, 作蒿艾氣, 味苦不堪食者, 名苦薏, 非眞也."

### ❻布華玄月

藝文類聚：爾雅圖贊曰・菊名日精・布華玄月・仙客薄採・何憂華髮

태평어람：○菊 《爾雅》曰：菊, 治蘠. 今之秋華菊也.

又《圖贊》曰：菊名日精, 布華玄月, 仙客是尋, 薄彩薄捋.

《禮記:月令》曰：季秋之月, 菊有黃華.

《周書》曰：寒露之日, 鴻雁來賓. 又五日, 菊有黃華. 伍陌, 土不稼穡.

《晉書》曰：羅含致仕還家, 階庭忽蘭菊叢生, 人以爲德行之感.

《續晉陽秋》曰：陶淵明, 常九月九日無酒, 出菊叢中, 摘盈把, 坐其側. 久之, 望見一白衣人至, 乃王弘送酒, 卽便就酌.

《山海經》曰：九九之山, 其草多菊.

《廣志》曰：菊有白菊.

《風俗通》曰：南陽酈縣有甘穀, 穀中水甘美. 云其山上有大菊菜, 水從山流下, 得其滋液. 穀中三十餘家, 不複穿井, 仰飮此水, 上壽百二三十, 其中百餘, 七十, 八十名之爲夭. 司空王暢, 太尉劉寬, 袒緣袁隗爲南陽太守, 聞有此事, 令酈月送水三十斛, 用飮食澡浴, 終然尾婁.

《抱樸子》曰：劉生丹法：用白菊花汁, 蓮花汁, 地血汁, 樗汁, 和丹蒸之, 服一年, 得五百歲, 仙方所謂日精. 又曰：日精, 更生, 周盈, 皆一菊也, 而根莖花實異名. 或無效者, 以由不得眞菊. 菊花與薏苡相似, 直以甘苦別之耳, 菊甘而薏苦. 今所有眞菊, 但爲少耳.

《神仙傳》曰：康風子服甘菊花, 柏實散, 得仙.

《博物志》曰：菊有二種, 苗花如一, 惟味小異, 苦者不宜服.

崔實《四民月令》曰：九月九日, 可彩菊華.

王韶之《神境記》曰：苜眶郡西有靈源山, 其澗生靈芝, 石茵, 岩有紫菊.

## 0395

《風土記》曰：日精者，菊(音茗．)蕪，皆菊華莖稙吲名．九月，律中無射而數九，俗尚九日而用候時之草也．

盛弘之《荊州記》曰：酈縣北八裏，有菊水，其源悉芳．菊被崖，水甚甘馨．太尉胡廣久患風羸，恒汲飲水，後疾遂瘳，年及百歲．非惟天壽，亦菊所延也．

《名山記》曰：道士朱孺子，吳末入王笥山，服菊花，乘雲升天．

《吳氏本草經》曰：菊華，一名女華，一名女室．

《雞南萬畢術》曰：以壯菊灰散池中，蛙盡死．

鍾會《菊賦》曰：縹幹綠葉，青柯紅芒，華實規圓，芳穎四張．故夫菊有五美焉：圓華高懸，准

### ❼『곽씨-소주:소학(郭氏-所注:小學)』세 책

<이아주(爾雅注)>，<3창주(三蒼注)>，<방언주(方言注)>．

### ❽『본초경(本艸經)』

鞠華味苦平．主風，頭眩腫痛，目欲脫，淚出，皮膚死肌，惡風濕痹．

<久服，利血氣，輕身，耐老延年．一名節華，生川澤及田野．

吳普曰：菊華一名白華 (初學記)，一名女華，一名女莖．

名醫曰：一名日精，一名女節，一名女華，一名女莖，一名更生，一名周盈，一名傅延年，一名陰成．生雍州．正月采根，三月采葉，五月采莖，九月采花，十一月采實，皆陰幹．

案說文云：鞠治牆也，蘜日精也，似秋華，或省作，

爾雅云，蘜治牆；

郭璞云：今之秋華菊，則蘜，//，//，皆秋華，字，惟今作菊，說文以爲大 菊瞿麥，假音用之也．>

### ❾『명의별록(名醫別錄)』

菊花：味甘，無毒．主治腰痛去來陶陶，除胸中煩熱，安腸胃，利五脈，調四肢．一名曰精，一名女節，一名女華，一名女莖，一名更生，一名周盈，一名傅延年，一名陰成．生雍州田野．正月采根，三月采葉，五月采莖，九月采花，十一月采實，皆陰幹．(術，枸杞根桑根白皮爲之使．)

《本經》原文：鞠華，味苦，平．主風頭眩腫痛，目欲脫，淚出，皮膚死肌，惡風濕痹．久服利血氣，輕身

## 0396 虈藿 약【yuè ㄩㄝˋ】33
### 귀리 약

| | |
|---|---|
| 爵麥也。 | 「**작맥**(爵麥)」이다. |
| 《見『釋艸』。 | 『석초(釋艸)』❶를 보라. |
| 「爵」當依『今-釋艸』作「雀」。 | 작(爵)은 마땅히 『금-석초(今-釋艸)』에 의거하여 작(雀)으로 써야 한다. |
| 許君從所據耳。 | 허군(許君)은 근거한 것을 따랐다. |
| 郭云。 | 곽(郭)이 이르기를 |
| 卽燕麥也。 | "곧 **연맥**(燕麥)이다. |
| 生故墟野林下。 | 옛 터전의 **야림**(野林)에서 자란다. |
| 苗實俱似麥。 | 싹과 열매가 모두 보리와 비슷하다."라고 했다. |
| 或云爵麥卽穦麥。 | 간혹 '**작맥**(爵麥)이 곧 **착맥**(穦麥)'이라고도 하는데 |
| 誤也。 | 잘못이다. |
| 『招蒐(魂)』、『七發』皆云穦麥。 | 『초혼(招蒐)』❷과 『7발(七發)』❸이 모두 **착맥**(穦麥)을 말했다. |
| 穦卽糕字之異者。 | 착(穦)은 착(糕)의 이형(異形)이다. |
| 古爵焦聲同在弟 2部。 | 옛날에는 작성(爵聲)과 초성(焦聲)이 함께 제2부에 속해있었다. |
| 許云糕、早取穀也。 | 허신이 이르기를 "착(糕)은 일찍 익는다."라고 했다. |
| 『招魂:王-注』云。 | 『초혼:왕-주(招魂:王-注)』❹에 이르기를 |
| 擇麥中先熟者也。 | "보리 중에서 먼저 익는 것을 선택한다."라고 했다. |
| 義正同。》 | 뜻이 똑 같다. |
| 从艸。 | 초(艸)를 따랐고, |
| 龠聲。 | 약(龠)이 성부가 된다. |
| 《以勻切。2部。》 | 이작절(奇寄切)이다. 제 2부에 속한다. |

**착**(穦) 올벼.

**착**(糕) 풋바심.

| | |
|---|---|
| **연맥**(燕麥) | 爵麥也. 不同屬, 古人往往混而爲一. |
| **야림**(野林) | 지금의 『석초(釋艸)』. |
| **작맥**(爵麥) | 전국시대 굴원(屈原)의 대표작 중의 하나인 초사(楚辭). |
| **착맥**(穦麥) | 早熟的麥子. 服處：謂飼馬使服食草料. 躁中煩外：穦麥飼馬則馬肥，馬肥則易煩躁而亟思奔馳. |

### [**신경고** 引經考]

❶『석초(釋艸)』 ※ 본문과 조금 다르다.

蕭, 雀麥. <卽燕麥也. ○藿, 兌轉切. 蕭, 音藥.>

〔疏〕"蕭, 雀麥.

○釋曰：蕭, 一名雀麥, 一名燕麥.

## 0396

《本草》云："生故墟野林下. 苗似小麥而弱, 實似穬麥而細. 在處亦有之." 是也.

❷『7발(七發)』〈枚乘(國學治要五-古文治要卷二〉

客曰：鍾, 岱之牡, 齒至之車；

　　<鍾, 岱：皆地名, 屬古趙國, 其地以產馬著名. 牡：雄馬. 齒至：指馬之年齒適中.>

前似飛鳥, 後類距虛；

　　<飛鳥：應作「飛鳬」, 駿馬名. 距虛：駿馬名. >

穭麥服處, 躁中煩外.

　　<穭麥：早熟的麥子. 服處：謂飼馬使服食草料. 躁中煩外：穭麥飼馬則馬肥, 馬肥

　　則易煩躁而亟思奔馳. >

羈堅轡, 附易路.<依附, 憑藉. 易路：平坦的道路. >

於是伯樂相其前後, 王良, 造父為之御, 秦缺, 樓季為之右.

　　<王良：是春秋時晉國最善於駕車的人. 造父：周穆王的禦者. 秦缺：古之勇士. 善

　　疾走. 樓季：戰國時魏國勇士. >

此兩人者, 馬佚能止之,<佚：同「逸」, 奔跑. >

車覆能起之. 於是使射千鎰(丨, 益)之重, 爭千里之逐.

　　<射：賭馬. 爭：競賽. 逐：奔跑. >

此亦天下之至駿也, 太子能彊起乘之乎？」太子曰：「僕病未能也.

❸『초혼(招魂)』

室家遂宗, 食多方些. 稻粢穱麥,

　　<稻, 稌. 粢, 稷. 穱, 擇也. 擇麥中先熟者也. >

挐黃粱些.

❹『초혼:왕-주(招魂:王-注)』 3번 참조.

　　<稻, 稌. 粢, 稷. 穱, 擇也. 擇麥中先熟者也.>

## 0397 𧆜蔌 속【sù ㄙㄨˋ】 33

띠 [열매를 맺지 않는 백모(白茅)의 일종] 속

牡茅也。

《見『釋艸』。

此當與菅茅二篆類厠而不爾者、

葢(蓋)其種類殊也。》

从艸。

遬聲。

《桑谷切。3部。》

遬籒文速。

《凡速聲字皆从速。

則牡茅字作「蓮」可矣。

而小篆偶從遬。

與他速聲字不畫(畵)一。

故箸之。

『序』曰。

小篆取史籒大篆或頗省改。

蔌者、大篆文應省改而不省改者也。》

「두모(牡茅)」다.

『석초(釋艸)』❶를 보라.

　이것은 마땅히 관(菅), 모(茅) 두 표제자 곁에 붙어 있어야 하는데 그렇게 하지 않은 것은

　대체로 그 종류가 다르기 때문이다.

초(艸)를 따랐고,

속(遬)이 성부가 된다.

상곡절(桑谷切)이다. 제 3부에 속한다.

속(遬)은 **주문**(籒文) 속(速)자다.

　대개 속(速)을 성부로 하는 글자는 모두 속(遬)을 따른다.

　곧 **두모**(牡茅)자를 속(蓮)으로 쓰는 것이 가능하다.

　그런데 **소전**(小篆)은 뜻하지 않게 속(遬)을 따랐다.

　그 나머지 속(速)을 성부로 하는 글자들과 더불어 획일적이지 않다.

　그래서 붙인 것이다.

　『서(序)』❷에 이르기를

　"**소전**(小篆)은 사주(史籒)의 **대전**(大篆)을 일부를 간혹은 생략하여 고친 것을 많이 취했다."라고 했다.

　속(蔌)자는 **대전**(大篆)의 글자체가 마땅히 생략되어 고쳐져야 하는 것을 생략하여 고치지 못한 것이다.

**속**(遬) 빠를.

**속**(蓮) 약풀(藥草).

**우**(偶) 뜻하지 않게

---

두모(牡茅)

<리소:초목소(離騷:草木疏)>

형병(刑昺)이 이르기를 "띠 중에서 열매 맺지 않은 것이다."라고 했다. [刑昺云茅之不實者也]

<본초:모근조(本草:茅根條)>

일명 란근(蘭根), 가근(茄根), 지관(地菅), 지근(地筋), 겸두(兼頭)라고도 한다.

주문(籒文)

고대(古代)에 사주(史籒)가 만들었다는 글자체이다.

소전(小篆)

진나라 때 통용되던 글자체. 대전(大篆)을 간략히 고친 것이다. 진전(秦篆)이라고도 한다. 통칭 전서(篆書)라고 한다.

대전(大篆)

주문(籒文). 태사 주(籒)가 만들었다고 한다. 서주(西周) 만기(晚期)에 사용하던 문자. 이를 간략히 한 것이 소전(小篆)이다.

0397

[인경고 引經考]

❶『석초(釋艸)』

蓷, 牡茅.

<白茅屬. ○蓷, 音速.>

〔疏〕"蓷, 牡茅".

○釋曰 : 茅之不實者也. 一名蓷, 一名牡茅.

郭云 : "白茅屬".

❷『서(序)』<설문해자 서> 허신

古者庖犧氏之王天下也, 仰則觀象於天, 俯則觀法於地, 觀鳥獸之文與地之宜, 近取諸身, 遠取諸物; 於是始作易八卦, 以垂憲象. 及神農氏, 結繩為治, 而統其事. 庶業其繁, 飾偽萌生. 黃帝史官倉頡, 見鳥獸蹄迒之跡, 知分理可相別異也, 初造書契. 百工以乂, 萬品以察, 蓋取諸夬. 夬, 揚於王庭」, 言文者, 宣教明化於王者朝庭, 君子所以施祿及下, 居德則 明)忌」也.倉頡之初作書也, 蓋依類象形, 故謂之文. 其後形聲相益, 即謂之字. 文者, 物象之本; 字者, 言孳乳而寖多也. 著於竹帛謂之書. 書者, 如也. 以迄五帝三王之世, 改易殊體, 封於泰山者七十有二代, 靡有同焉. 周禮: 八歲入小學, 保氏教國子, 先 以六書. 一曰指事. 指事者, 視而可識, 察而見意, 上, 下」是也. 二曰象形. 象形者, 畫成其物, 隨體詰詘, 日, 月」是也. 三曰形聲. 形聲者, 以事為名, 取譬相成, 江, 河」是也. 四曰會意. 會意, 比類合誼, 以見指撝, 武, 信」是也. 五曰轉注. 轉注者, 建類一首, 同意相受, 考, 老」是也. 六曰假借. 假借者, 本無其事, 依聲託事, 令, 長」是也. 及宣王太史籀, 著大篆十五篇, 與古文或異. 至孔子書六經, 左丘明述春秋傳, 皆以古文, 厥意可得而說也. 其後諸侯力政, 不統於王. 惡禮樂之害己, 而皆去其典籍. 分為七國, 田疇異畝, 車涂異軌, 律令異法, 衣冠異制, 言語異聲, 文字異形. 秦始皇帝初兼天下, 丞相李斯乃奏同之, 罷其不與秦文合者. 斯作倉頡篇. 中車府令趙高作爰歷篇. 大史令胡毋敬作博學篇. 皆取史籀大篆, 或頗省改, 所謂小篆也. 是時, 秦滅書籍, 滌除舊典. 大發吏卒, 興戍役. 官獄職務繁, 初有隷書, 以趣約易, 而古文由此而絕矣. 自爾秦書有八體: 一曰大篆, 二曰小篆, 三曰刻符, 四曰蟲書, 五曰摹印, 六曰署書, 七曰殳書, 八曰隷書. 漢興有草書. 尉律: 學僮十七以上始試. 諷籀書九千字, 乃得為史. 又以八體試之. 郡移太史並課. 最者以為尚書史. 書或不正, 輒舉劾之. 今雖有尉律, 不課, 小學不修, 莫達其說久矣. 孝宣皇帝時, 召通倉頡讀者, 張敞從受之. 涼州刺史杜業, 沛人爰禮, 講學大夫秦近, 亦能言之. 孝平皇帝時, 徵禮等百餘人, 令說文字未央廷中, 以禮為小學元士. 黃門侍郎揚雄, 采以作訓纂篇. 凡倉頡以下十四篇, 凡五千三百四十字, 群書所載, 略存之矣. 及亡新居攝, 使大司空甄豐等校

0397

文書之部. 自以為應制作, 頗改定古文. 時有六書: 一曰古文, 孔子壁中書也. 二曰奇字, 即秦隸書. 秦始皇帝使下杜人程邈所作. 五曰繆篆, 所以摹印也. 六曰鳥蟲書, 所以書幡信也. 壁中書者, 魯共王壞孔子宅, 而得禮記, 尚書, 春秋, 論語, 孝經. 又北平侯張蒼獻春秋左氏傳. 郡國亦往往於山川得鼎彝, 其銘即前代之古文, 皆自相似. 雖叵復見遠流, 其詳可得略說也. 而世人大共非訾, 以為好奇者也, 故詭更正文, 鄉壁虛造不可知之書, 變亂常行, 以耀於世. 諸生競逐說字, 解經誼, 稱秦之隸書為倉頡時書, 云:「父子相傳, 何得改易!」乃猥曰:「馬頭人為長, 人持十為斗, 虫者, 屈中也.」廷尉說律至以字斷法:「苛人受錢, 苛之字止句也.」若此者甚眾, 皆不合孔氏古文, 謬於史籀. 鄙夫俗儒, 翫其所習, 蔽所希聞. 不見通學, 未嘗睹字例之條. 怪舊執而善野言, 以其所知為秘妙, 究洞聖人之微恉. 又見倉頡篇中 幼子承詔」, 因曰:「古帝之所作也, 其辭有神僊之術焉.」其迷誤不諭, 豈不悖哉! 書曰:「予欲觀古人之象.」言必遵 修舊文而不穿鑿. 孔子曰:「吾猶及史之闕文, 今亡矣夫.」蓋非其不知而不問. 人用己私, 是非無正, 巧說邪辭, 使天下學者疑. 蓋文字者, 經藝之本, 王政之始. 前人所以垂後, 後人所以識古. 故曰:「体立而道生.」知天下之至賾而不可亂也. 今敘篆文, 合以古籀. 博采通人, 至於小大. 信而有證, 稽譔其說. 將以理群類, 解謬誤, 曉學者, 達神恉. 分別部居, 不相雜廁也. 萬物咸睹, 靡不兼載. 厥誼不昭, 爰明以喻. 其稱易孟氏, 書孔氏, 詩毛氏, 禮周官, 春秋左氏, 論語, 孝經, 皆古文也. 其於所不知, 蓋闕如也.

## 0398

## 0398 䔸 蒬 사【sì ㄙˋ】33
## 띠꽃 사

茅秀也。

「모수(茅秀)」라는 뜻이다.

《『廣雅』曰。

『광아(廣雅)』에 이르기를

䔸、蒬、茅穗也。

"사(䔸)와 사(蒬)는 모수(茅穗)다.

䔸卽荼字之變。

사(䔸)는 도(荼)자가 변한 것이다."라고 했다.

『周禮、儀禮:注』、『鄭風:箋』、『吳語:注』皆云。

『주례(周禮)❶、의례:주(儀禮:注)』❷、『정풍:전(鄭風:箋)』❸、그리고『오어:주(吳語:注)』❹ 모두에 이르기를

荼、茅秀。

"도(荼)는 모수(茅秀)다."라고 했다.

當是荼爲茅之秀。

마땅히 이것은 모(茅)의 이삭이다.

蒬爲薍之秀。

사(蒬)는 속(薍)의 이삭이다.

統言之則曰茅秀而已。

통틀어 말하면 곧 모수(茅秀)일 뿐이다.

其色正白。》

그 색이 진정으로 하얗다.

从艸

초(艸)를 따랐고,

私(松)聲。

사( 私)가 성부가 된다. ❺

《息夷切。15部。》

식이절(息夷切)이다. 제 15부에 속한다.

도(荼) 씀바귀, 억새 ■차:속음 ■다:같은 뜻 ■서:느릿느릿할, 귀신 이름 ■사:갈대꽃 ■채:머리가 둘 있는 사슴 이름 ■야:현이름 ■호:띠꽃 ■여:같은 뜻

<통아(通雅)> 도(荼)자가 중당(中唐) 때부터 다(茶)자로 변하기 시작했다.[荼字自中唐始變作茶]

사(䔸) 띠풀의 이삭.

모(茅) 띠, 나라이름, 정자이름.

저(芧茅) 모시, 메자기의 뿌리 ■서:상수리나무, 도토리나무 ■여:같은 뜻.

수(穗) 이삭.

속(薍) 띠.

**모수(茅穗), 모수(茅秀)**

띠꽃. 띠풀의 이삭. <서개-계전(徐鍇-繫傳)>에 "이것은 띠가 아직 패지 않은 것인데 사람들이 먹는다. 모언이라고 부른다(此卽今茅之未放者也. 今人食之. 謂之茅根)."라고 했다.

**[신경고 引經考]**

❶『주례:주(周禮:注)』

掌荼, 下士二人, 府一人, 史一人, 徒二十人.

<荼, 茅莠. ○荼, 音徒, 徐音餘. 莠, 劉音酉,《毛詩》注作秀.>

❷『의례:주(儀禮:注)』

0398

茵著，用荼，實綏澤焉.

<茶，茅秀也. 綏，廉薑也. 澤，澤蘭也. 皆取其香，且禦濕.>

❸『정풍:전(鄭風:箋)』 <鄭風:出其東門>

出其東門，有女如雲. 雖則如雲，匪我思存. 縞衣綦巾，聊樂我員.

出其闉闍，有女如荼. 雖則如荼，匪我思且. 縞衣茹藘，聊可與娛.

<闍，曲城也. 瘏，城台也. 荼，英荼也. 言皆喪服也. 箋云：瘏讀當如"彼都人士"之"都"，謂國外曲城之中市裏也. 荼，茅秀，物之輕者，飛行無常.>

❹『오어:주(吳語:注)』

吳王昏乃戒，令秣馬食士. 夜中，乃令服兵擐甲，系馬舌，出火灶，陳士卒百人，以爲徹行百行. 行頭皆官師，擁鐸拱稽，建肥胡，奉文犀之渠. 十行一嬖大夫，建旌提鼓，挾經秉枹. 十旌一將軍，載常建鼓，挾經秉枹. 萬人以爲方陣，皆白裳，白旂，素甲，白羽之矰，望之如荼<>. 王親秉鉞，載白旗以中陳而立. 左軍亦如之，皆赤裳，赤旟，丹甲，朱羽之矰，望之如火. 右軍亦如之，皆玄裳，玄旗，黑甲，烏羽之矰，望之如墨. 爲帶甲三萬，以勢攻，雞鳴乃定. 既陳，去晉軍一裏. 昧明，王乃秉枹，親就鳴鍾鼓，丁寧，錞於振鐸，勇怯盡應，三軍皆譁扣以振旅，其聲動天地.

<交龍爲旂. 素甲，白甲. 矰，矢名，以白羽爲衛. 荼，茅秀也.>

❺사( 私)가 성부가 된다.

경운루(慶雲樓) 판본에는 송성(松聲)으로 나온다.

## 0399 蒹 겸 【jiān ㄐㄧㄢ-】 33
물억새(다년초) 겸

萑之未秀者。
「이삭이 패지 않은 갈대」다.

《蒙上茅秀而及萑之秀與未秀也。
앞의 **모수**(茅秀)를 이어받아서 환(萑)의 이삭이 팬 것과 패지 않은 것에 이르렀다.

凡經言萑葦、言蒹葭、言葭菼、
다부분의 경전(經傳)에서 말하는 **환위**(萑葦), **겸가**(蒹葭), **가담**(葭菼)들은

皆竝舉(舉)二物。
모두 두 개의 사물을 나란히 든 것이다.

蒹、菼、萑一也。
렴(蒹)과 담(菼)과 환(萑)은 한가지다.

今人所謂荻也。
요즘의 사람들이 말하는 바의 적(荻)이다.

葭、葦一也。
가(葭)와 위(葦)는 한가지다.

今人所謂蘆也。
요즘의 사람들이 말하는 바의 로(蘆)이다.

萑一名薍、一名雚、一名蒹。
환(萑)은 일명 란(薍)이고 추(雚)이고, 겸(蒹)이다.

葦一名華。
위(葦)는 일명 화(華)다.

『釋艸』曰。
『석초(釋艸)』❶에 이르기를

葭華、蒹薕。
"가화(葭華)는 겸렴(蒹薕)이다."라고 했다.

每二字爲一物。
매번 두 글자를 한 사물로 했다.

又曰。
또 이르기를

葭蘆、菼薍。
"가로(葭蘆)는 담란(菼薍)이다."라고 했다.

亦每二字爲一物。
역시 매번 두 글자를 한 사물로 했다.

葭蘆即葭華也。
**가로**(葭蘆)는 곧 **가화**(葭華)다.

菼薍即蒹薕也。
**담란**(菼薍)은 곧 **겸렴**(蒹薕)이다.

『夏小正傳』、毛公、
許君說皆同此。
『하소정:전(夏小正:傳)』과 **모공**(毛公)과 **허군**(許君)의 설명이 모두 이것과 같다.

『舍人』、李巡、樊光則云蘆薍爲一艸。
『사인(舍人)』과 **리순**(李巡), **번광**(樊光)은 로(蘆)와 란(薍)이 하나의[같은] 사물이다.

陸璣、郭樸則又蒹葭菼爲三矣。
**륙기**(陸璣)와 **곽박**(郭樸)은 겸(蒹), 가(葭), 담(菼)을 세 개의 사물로 했다.

『夏小正:七月秀萑葦:傳』曰。
『하소정:7월수환위:전(夏小正:七月秀萑葦:傳)』❷에 이르기를

未秀則不爲萑葦。
"이삭이 패지 않으면 **환위**(萑葦)가 되지 못한다.

秀然後爲萑葦。
이삭이 팬 후 **환위**(萑葦)가 된다.

又曰。
또 이르기를

萑未秀爲菼。
"환(萑)의 이삭이 패지 않은 것을 담(菼)이라 하고,

葦未秀爲蘆。
위(葦)의 이삭이 패지 않은 것을 로(蘆)라고 한다."라고 했다.

按已秀曰萑。
생각건대 이미 이삭이 패었으면 환(萑)이고

未秀則曰蒹、曰薍、曰菼也。
이삭이 패지 않은 것은 겸(蒹), 란(薍), 담(菼)이다.

於此不列萑篆者。
이곳에 환(萑)의 전서(篆書)를 배열하지 않은 것은

0399

| | |
|---|---|
| 以小篆大篆隔之也。》 | 소전(小篆)과 대전(大篆)의 사이가 떨어졌기 때문이다. |
| 从艸。 | 초(艸)를 따랐고, |
| 兼聲。 | 겸(兼)이 성부가 된다. |
| 《古恬切。7部。》 | 고념절(古恬切)이다. 제 7부에 속한다. |

**환(萑)** 물억새 ▣**추**:풀 우거진 모양, 익모초

**적(荻)** 갈대

**위(葦)** 갈대, 거룻배, 산이름, 갈대꽃.

**가(葭)** 어린 갈대, 갈대.

**담(菼)** 물억새, 비 만드는 풀

**완(薍)** 물억새 ▣**란**:작은 마늘, 달래 뿌리.

**로(蘆)** 갈대

**추(雛)** 산비둘기. 호도애.

**렴(�)** 물억새.

**겸(蒹)** 갈대, 어린 물억새.

| | |
|---|---|
| **모수(茅秀)** | 띠의 이삭. |
| **환위(萑葦)** | 두 종류의 갈대. |
| **겸가(蒹葭)** | ① 수초(水草) 이름. 갈대. |
| | ※ **겸가의옥(蒹葭倚玉)** <세설신어:용지(世說新語:容止)>의 "위 명제(魏明帝)가 왕후의 동생 모증(毛曾)에게 하후현(夏侯玄)과 함께 앉게 하였는데, 당시 사람들이 갈대가 옥나무에 기대어 있다고 말하였다."에서 나온 것으로 못난 사람이 뛰어난 사람과 어울리는 것을 비유한 말이다. |
| **가담(葭菼)** | 수생식물(水生植物). |
| **가화(葭華)** | 가화(葭華)는 겸렴(蒹薕), 겸렴(蒹薕)은 담란(菼薍). |
| **겸렴(蒹薕)** | 가화(葭華)는 겸렴(蒹薕), 겸렴(蒹薕)은 담란(菼薍). |
| **가로(葭蘆)** | 갈대. |
| **담란(菼薍)** | 가화(葭華)는 겸렴(蒹薕), 겸렴(蒹薕)은 담란(菼薍). |
| **환위(萑葦)** | 이삭이 팬 후의 갈대. |

**[인경고 引經考]**

❶『석초(釋艸)』

본문과 달리 **가로담란(葭蘆菼薍)**은 4개의 사물이다.

葭華.<卽今蘆也.> 蒹, 薕.<似萑而細, 高數尺, 江東呼爲蒹蓮. ○薕, 音廉.> 葭, 蘆. <葦也.> 菼, 薍.<似葦而小, 實中, 江東呼爲烏蘆.>

[疏]"葭華"至"萌薕".

## 0399

○釋曰: 此辨蒹葭等生成之異名也. 葭, 一名葦, 即今蘆也. 葦之未成者蒹, 一名薕. 郭云: "似萑而細, 高數尺, 江東呼爲薕薍."

《詩:秦風》云: "蒹葭蒼蒼."

陸機云: "蒹, 水草也. 堅實, 牛食令牛肥強. 靑徐人謂之蒹. 兗州, 遼東通語也. 葭, 一名蘆菼, 一名薍."

李巡曰: "分別葦類之異名."

郭云: 蘆, "葦也". 菼, "似葦而小, 實中, 江東呼爲鳥蘆".

如李巡云, 蘆, 薍共爲一草. 如郭云, 則蘆, 薍別草.

案《詩:大車》傳云: "菼, 騅也, 蘆之初生." 則毛意亦以葭, 菼爲一草也.

案《詩:衛風:碩人》云: "葭菼揭揭."

陸機云: "薍或謂之荻. 至秋堅成則謂之萑. 其初生三月中, 其心挺出, 其下本大如箸, 上銳而細, 揚州人謂之馬尾. 以今語驗之, 則蘆, 薍別草也." 其萌名虇.

郭云: "今江東人呼蘆筍爲虇, 然則萑葦之類, 其初生者皆名虇.

### ❷『하소정:7월수환위:전(夏小正:七月秀雚葦:傳)』

&lt;夏小正戴氏傳卷三&gt;

秋七月莠雚葦狸子肇肆湟潦生苹爽死苹莠.

&lt;爾雅苹藾/ 蕭又曰萍莘其\大者蘋又曰苹馬帚據此則/ 上苹當作萍下苹當作苹傳同&gt;

漢案戶寒蟬鳴初昏織女正東鄕時有霖雨灌茶斗柄縣在下則旦傳七月莠雚葦未莠則不爲雚葦莠然後爲雚葦故先.

## 0400 蘭 란【luàn ㄌㄨㄢˋ】33

물억새(여러해살이 풀) 란

薍也。 「물억새」다.

从艸。 초(艸)를 따랐고,

亂聲。 란(亂)이 성부가 된다.

《五患切 14部。》 오환절(五患切)이다. 제 14부에 속한다.

八月蘭爲雚。 8월이면 란(亂)이 환(雚)이 된다.

葭爲葦, 가(葭)는 위(葦)가 된다.

《各本脫雚葭爲三字。 여러 책에서는 「환가위(雚葭爲)」석 자가 빠졌다.

今補正。 지금 보충해서 바로 잡는다.

按此正申明未秀爲薍、 생각건대 이것은 이삭이 패지 않은 것은 담(薍)이고, 이삭이 이

旣秀爲雚之恉(恉)。 미 팬 것은 환(雚)이라는 뜻을 바로 펼쳐 밝힌 것이다.

八月、秀之時也。 8월은 이삭이 패는 때이다.

言葭爲葦者、類言之也。 가(葭)가 위(葦)가 된다는 말은 류추하는 말이다.

『幽詩:八月雚葦:傳』云。 『빈시:8월환위:전(幽詩:八月雚葦:傳)』❶에 이르기를

薍爲雚、 "란(薍)은 환(雚)이 되고,

葭爲葦。 가(葭)는 위(葦)가 된다."라고 했다.

謂至是月而薍秀爲雚、 "이 달에 이르러 란(薍)의 이삭이 패어 환(雚)이 되고,

葭秀爲葦矣。 가(葭)의 이삭이 패어 위(葦)가 된다는 말이다.

許正用毛語。》 허신(許愼)은 바로 **모어(毛語)**를 쓴 것이다.

**가(葭)** 어린 갈대, 갈대.

**환(雚)** 물억새 ■추:풀 우거진 모양, 익모초

**위(葦)** 갈대, 거룻배, 산이름, 갈대꽃.

**담(薍)** 물억새, 달, 비 만드는 풀.

**빈(幽)** 나라이름 ■반:아롱질. <豕부 10획>

**완(薍)** 물억새 ■란:작은 마늘, 달래 뿌리.

**모어(毛語)** 『모시:전(毛詩:傳)』에서 모공(毛公)이 설명하는 말.

**[인경고 引經考]** ❶『빈시:8월환위:전(幽詩:八月雚葦:傳)』 <幽風:七月>

.........

七月流火, 八月雚葦. 蠶月條桑, 取彼斧斨, 以伐遠揚, 猗彼女桑. 七月鳴鵙, 八月載績. 載玄載黃, 我朱孔陽, 爲公子裳.

<薍爲雚. 葭爲葦. 豫畜雚葦, 可以爲曲也.

箋云：將言女功自始至成, 故亦又本於此.>

## 0401 藫菼 담【tǎn ㄊㄢˇ】33
물억새 담

| | |
|---|---|
| 萑之初生。 | 환(萑)이 처음 나는 것이다. |
| 一曰薍。 | 혹은 란(薍)이라고 한다. |
| 一曰雗。 | 혹은 추(雗)라고 한다. |
| 《「雗」各本作「雊」。 | 추(雗)를 여러 책에서는 추(雊)라고 썼다. |
| 今依『爾雅』。 | 지금은 『이아(爾雅)』를 근거했다. |
| 兩一曰、謂菼之一名也。 | 두 개의 **일왈**(一曰)은 담(菼)의 다른 이름(一名)이다. |
| 『釋言』云、 | 『석언(釋言)』❶에 이르기를 |
| 菼、雗也。 | "담(菼)은 추(雗)다. |
| 菼、薍也。 | 담(菼)은 란(薍)이다. |
| 『王風傳』云、 | **『왕풍:젼**(王風:傳)❷에 이르기를 |
| 菼、雗也。 | '담(菼)은 추(雗)다.' |
| 蘆之初生者也。 | 로(蘆)가 처음 나는 것이다. |
| 『箋』云、 | 『젼(箋)』❸에 이르기를 |
| 菼、薍也。 | '담(菼)은 란(薍)이다.'라고 했다."고 했다. |
| 按毛釋爲雗、 | 생각건대 모공(毛公)은 추(雗)라고 해석했으니 |
| 恐其與萑無別也。 | 어쩌면 퇴(萑)와 다르지 않을 것이다. |
| 故又申之曰、 | 그러므로 다시 펼쳐 이르기를 |
| 蘆之初生者也。 | 로(蘆)가 처음 생겨나는 것이라고 한 것이다. |
| 菼別於蘆、 | 담(菼)이 로(蘆)와 다르다는 것은 |
| 析言之也。 | 나누어 말한 것이다. |
| 統言之則菼亦倘(稱)蘆。 | 통틀어 말하면 담(菼) 역시 로(蘆)로 칭할 수 있다. |
| 鄭恐萑葦無別也。 | 정현(鄭玄)은 완(萑)과 위(葦)가 구별이 되지 않을까봐 |
| 故又申之曰薍也。 | 다시 펼쳐서 이르기를 "란(薍)이다."라고 한 것이다. |
| 菼與雗皆言其靑色。 | 담(菼)과 추(雗)는 모두 그 청색을 말한다. |
| 薍言其形。 | 란(薍)은 그 형태를 말한다. |
| 細莖積密。 | 가는 줄기가 빽빽하게 떨기로 난다. |
| 許云萑之初生。 | 허신(許愼)이 이르기를 "환(萑)이 처음 나는 것"이라고 한 것은 |
| 亦以正毛也。》 | 역시 바로 모공(毛公)을 따른 것이다. |
| 从艸、 | 초(艸)를 따랐고, |
| 剡聲。 | 섬(剡)이 성부가 된다. |
| 《土敢切。8部。 | 토감절(土敢切)이다. 제 8부에 속한다. |
| 藫菼或从炎。 | 藫 담(菼)이 간혹 염(炎)을 따른다. |
| 《經典皆作此字。》 | 경전(經典)은 모두 이 글자를 쓴다. |

**환**(萑) 물억새 ■**추**:풀 우거진 모양, 익모초

*0401*

완(蔬) 물억새 ▣란:작은 마늘, 달래 뿌리.

추(騅) 오추마, 검푸른 털에 흰 털이 섞인 말, 사람이름, 물고기 이름, 노랑잉어.

추(雛) 작은 비둘기.

퇴(蓷) 익모초 ▣추:같은 뜻.

담(葵) 물억새, 비 만드는 풀

진(稹) 떨기로 날,

담(薚) 물억새, 달, 비 만드는 풀.

염(剡) 날카로울, 뾰족할, 벨번쩍번쩍할, 몸일으키는 모양 ▣섬:고을 이름.

**일왈**(一日) | 다른 이름(一名)이다. 같은 것이 또 하나 더 있다.

**[인경고 引經考]**

❶『석언(釋言)』

葵, 騅也. 葵, 蔬也.

&lt;詩&gt;曰：“毳衣如葵.”葵草色如騅, 在靑白之間.

○葵, 他敢切. 蔬, 五患切.&gt;

[疏]“葵, 騅也. 葵, 蔬也”.

○釋曰：廣異言也.

○注《詩》曰：毳衣如葵”者,

《王風:大車》文也.

毛傳云：“葵, 騅也, 蘆之初生者也.”

鄭箋云：“葵, 蔬也.”以傳解葵色, 未辨草名, 故定之也.

郭云“葵草色如騅, 在靑白之間”者, 以《釋畜》云“蒼白雜毛騅”故也.

❷『왕풍:전(王風:傳)』 &lt;王風:大車&gt;

大車檻檻, 毳衣如葵. 豈不爾思, 畏子不敢.

&lt;大車, 大夫之車. 檻檻, 車行聲也. 毳衣, 大夫之服. 葵, 騅也. 蘆之初生者也. 天子大夫四命, 其出封五命, 如子男之服. 乘其大車檻檻然, 服毳冕以決訟.

箋云：葵, 蔬也. 古者, 天子大夫服毳冕以巡行邦國, 而決男女之訟, 則是子男入爲大夫者. 毳衣之屬, 衣繢而裳繡, 皆有五色焉, 其靑者如騅.&gt;

大車啍啍, 毳衣如璊. 豈不爾思, 畏子不奔.

穀則異室, 死則同穴. 謂予不信, 有如皦日.

[참고] &lt;魯頌:駉&gt;

駉駉牡馬, 在坰之野. 薄言駉者, 有驈有皇, 有驪有黃, 以車彭彭.

思無疆, 思馬斯臧. 駉駉牡馬, 在坰之野.

## 0401

薄言駉者，有驒有駱，有駵有雒，以車伭伭.

思無期，思馬斯才.

<蒼白雜毛曰驒. 黃白雜毛曰駓. 赤黃曰駵. 蒼祺曰騏. 伭々, 有力也.>

○正義曰：《釋畜》云："倉白雜毛驒."

郭璞曰："即今驒馬也."又云："黃白雜毛駓."

郭璞曰："今之桃華馬也.

駉駉牡馬，在坰之野. 薄言駉者，有驛有駱，有驕有雒，以車繹繹.

思無斁，思馬斯作.

駉駉牡馬，在坰之野. 薄言駉者，有駰有騢，有驔有魚，以車祛祛.

思無邪，思馬斯徂.

❸『전(箋)』 2번 참조.

箋云：菼，薍也. 古者, 天子大夫服毳冕以巡行邦國, 而決男女之訟, 則是子男入爲大夫者. 毳衣之屬, 衣繢而裳繡, 皆有五色焉, 其靑者如菼.>

## 0402 蘽蒹 렴【lián ㄌㄧㄢˊ】33
갈대、화살에 꽂는 깃 같은 풀 이름 렴

| | |
|---|---|
| 蒹也。 | 「물억새」다. |
| 《二字疊韵(疊韻)。》 | 두 글자는 **첩운**(疊韵)이다. |
| 从艸。 | 초(艸)를 따랐고, |
| 廉聲。 | 렴(廉)이 성부가 된다. |
| 《力鹽切。7部。》 | 력염절(力鹽切)이다. 제 7부에 속한다. |

| | |
|---|---|
| **첩운**(疊韵) | ① 동몽(童蒙), 당랑(螳螂) 등과 같이 연이은 두 글자 또는 몇 글자의 운이 모두 같은 것. ② 한시에서, 같은 운자를 거듭 쓰는 일. |

## 0403 蘨蘨 번【fán ㄷㄢˊ】 33

사초(莎草) 번

| | |
|---|---|
| 靑蘨。《句。》 | 「청번(靑蘨)」은 |
| 佀(似)莎而大者。 | 사(莎)와 비슷한데 크다. |
| 《「而大」二字依『韵(韻)會』所引補。 | 「이대(而大)」 두 글자는 『운회(韵會)』를 근거로 인용하여 보충했다. |
| 『子虛賦』。 | 『자허부(子虛賦)』❶의 |
| 薛莎靑蘨。 | "설사청번(薛莎靑蘨)을 |
| 張揖曰。 | 장읍(張揖)이 이르기를 |
| 靑蘨似莎而大。 | '청번(靑蘨)은 사(莎)와 비슷하고 크다. |
| 生江湖。鴈所食。 | 강호(江湖)에서 자라며 기러기가 먹는다.'라고 했다."고 했다. |
| 按『高-注:淮南』曰。 | 생각건대 『고-주:회남(高-注:淮南)』❷에 이르기를 |
| 蘨狀如蔵。 | "번(蘨)의 모양이 침(蔵)과 같다."라고 했다. |
| 與張說不同。 | 장읍(張揖)의 설명과 같지 않다. |
| 『楚辭』有白蘨。 | 『초사(楚辭)』❸에 백번(白蘨)이 있다. |
| 殆與靑蘨一種。 | 거의 청번(靑蘨)의 일종이다. |
| 色少異耳。》 | 색이 조금 다를 뿐이다. |
| 从艸。 | 초(艸)를 따랐고, |
| 蘨聲。 | 번(蘨)이 성부가 된다. |
| 《附袁切。14部。》 | 부원절(附袁切)이다. 제 14부에 속한다. |
| | **사**(莎) 향부자, 베짱이, 손을 비비다. |
| | **침**(蔵) 쪽풀, 산쪽풀. |

| | |
|---|---|
| 설사청번(薛莎靑蘨) | 설(薛)은 뢰호(藾蒿), 사(莎)는 호후(蒿侯),청번(靑蘨)은 사(莎)와 비슷하고 큰 것. |
| 백번(白蘨) | 청번(靑蘨)의 일종. |
| 청번(靑蘨) | 사(莎)와 비슷하고 큰 것. |

**[인경고 引經考]**

❶『자허부(子虛賦)』

其高燥則生葴菥苞荔, 薛莎靑蘨.<張揖曰：薛, 藾蒿也. 莎, 氵蒿侯也. 靑蘨, 似莎而大, 生江湖, 雁所食. 善曰：蘨音蘨.>

❷『고-주:회남(高-注:淮南)』

……… 走獸廢腳, 山無峻幹, 澤無窪水, 狐狸首穴, 馬牛放失, 田無立禾, 路無莎蘨, 金積折廉, 壁襲無理, 磬龜無腹, 著策日施<厥>

❸『초사(楚辭)』

嫋嫋兮秋風, 洞庭波兮木葉, 白蘨兮騁望,<蘨, 草, 秋生, 今南方湖澤皆有之. 騁, 平也. 蘨, 或作蘋. 一本此句上有「登」字, 皆非也.>

## 0404 茚 앙【áng ㄤˊ】34 0404
창포 앙

茚蕵、 **앙야**(茚蕵)는
《逗。二字各本脫。 멈춘다. 두 글자는 여러 책에서 누락되었다.
今依全書通例補之。》 지금은 책 전체의 통례(通例)에 따라 보충했다.
昌蒲也。 **창포**(昌蒲)다.
《『周禮:朝事之豆實有昌本:注』。 『주례:조사지두실유창본:주(周禮:朝事之豆實有昌本:注)』❶에 이르기를
昌本、昌蒲根。 "**창본**(昌本)은 **창포**(昌蒲)의 뿌리다.
切之四寸爲菹。 4촌 크기로 잘라서 김치를 만든다."라고 했다.
左氏謂之昌歜。 『좌씨(左氏)』에서는 이를 일러 **창잠**(昌歜)이라고 했다.❷
『本艸經』。 『본초경(本艸經)』❸에
菖蒲一名昌陽。 "**창포**(菖蒲)는 일명 **창양**(昌陽)이라고 한다."고 했다.
按或單呼曰昌。 생각건대는 홑으로 말하면 창(昌)이다.
或曰堯韭。或曰荃。或曰蓀。 혹은 요구(堯韭), 전(荃), 손(蓀)이라고도 한다.
茚蕵之名今未見所出。》 앙야(茚蕵)의 이름은 지금은 그 나오는 곳을 볼 수가 없다.
从艸。 초(艸)를 따랐고,
卬聲。 앙(卬)이 성부가 된다.
《五剛切。10部。》 오강절(五剛切)이다. 제 10부에 속한다.
益州云。 **익주**(益州)에 이르기를
《『本艸經』曰。 『본초경(本艸經)』❹에 이르기를
生上洛池澤及蜀郡嚴道。 "**상락**(上洛)의 **지택**(池澤)과 **촉군**(蜀郡)의 **엄도**(嚴道)에서 자란다."라고 했다.
云、毛扆改生。》 운(云)자를 모의(毛扆)가 생(生)자로 고쳤다.

**야**(蕵) 명협풀, 책력풀, 나무이름 ▣**사**:풀이름.
**저**(菹) 채소절임, 젓갈.
**전**(荃) 겨자무침, 향초이름.
**손**(蓀) 향풀이름, 창포이름. 전(荃)과 통용.
**잠**(歜) 창포김치, 나라이름 ▣**촉**:화낼, 사람이름
**의**(扆) 병풍, 칸막이, 숨기다.

| | |
|---|---|
| **앙야**(茚蕵) | 창포(菖蒲)의 별명. |
| **창본**(昌本) | 창포(菖蒲) 뿌리. 창(昌)은 창(菖)과 통한다.《주례:천관:해인(周禮:天官:醢人)》에 "조사(朝事)의 제기에는 구저(韭菹), 탐해(醓醢), 창본(昌本), 미니(麋臡), 청저(菁菹), 록니(鹿臡), 묘저(茆菹), 균니(麇臡)를 담는다."가 있는데 <정현-주(鄭玄-注)>에 "창본(昌本)은 창포(昌蒲) 뿌리다. 4촌(寸)으로 잘라서 김치를 담근다."라 |

0404

고 했다.

※ **조사**(朝事) 고대(古代)의 조신제사종묘지사(早晨祭祀宗廟之事).《례기:제의(禮記:祭義)》에 "建設朝事, 燔燎羶薌."가 있는 데 <진호-집설(陳澔-集說)>에 "조사(朝事)는 제삿날 아침 일찍 행하는 일이다."라고 했다.

**창포**(昌蒲)　창포(菖蒲). 창(昌)은 창(菖)과 통한다. 천남성과의 다년초. 향기가 있으며 줄기와 뿌리는 약재로 씀. 창포(菖蒲). 창양(昌羊)이라고도 한다.　다년생초본식물(多年生草本植物)로 물가에서 자란다. 有담홍색(淡紅色) 뿌리줄기가 있다. 잎은 정검형(呈劍形)이다. 여름에 꽃이 피는데 담황색(淡黃色)이다, 肉穗花序. 根莖可做香料, 중의(中醫)에서 건위제(健胃劑)로 쓴다. 그 외에 아통(牙痛), 치간(齒齦)의 출혈(出血) 등을 치료한다.《사기:사마상여렬전(史記:司馬相如列傳)》에 "其東則有蕙圃衡蘭, 茝若射幹, 穹窮昌蒲, 江離糜蕪, 諸蔗猼且."이 있는데《문선:사마상여<자허부>(文選:司馬相如<子虛賦>)》에서는 "창포(菖蒲)"로 썼다.

**창잠**(昌歜)　창포 뿌리로 담근 김치[昌蒲根的醃制品]. <좌전:희공 30년주(左傳:僖公三十年:注)> [昌歜, 昌蒲菹.] 자전에 따르면 [창촉]이 아닌 [창잠]으로 읽어야 한다.

※ **잠**(歜) 창포김치, 나라이름 ■**촉**:화낼, 사람이름 >

좌전(左傳) 희공(僖公) 30년에 "향례(饗禮)에 창촉이 있었다."는 주에 "창촉은 창포저(菖蒲菹)다."라고 했다.

**창잠양조**(昌歜羊棗)　주(周)나라 문왕(文王)은 창촉을 좋아했고, 로(魯)나라 증점(曾點)은 양조를 좋아했다. 나중에 사람의 편벽된 사물을 가리키게 되었다. [周文王嗜昌歜. 春秋魯曾點(曾晳)嗜羊棗. 后以昌歜羊棗指人所偏好之物.]

**요구**(堯韭)　창양(昌陽), 수검초(水劍草).

**익주**(益州)　옛 지명, 서한(西漢) 때 처음 설치했다. 현재의 사천(四川) 분지와 한중(漢中) 분지 일대다.

**상락**(上洛)　현재 섬서성(陝西省) 상락시(商洛市). 서한(西漢) 때 설치되었다. "고상락(古上洛)"으로도 칭한다. 치소(治所)는 현재의 한천(寒川) 불탄공원(佛誕公園) 아래에 있는 효의고성(孝義古城)이다. 이 치소(治所)는 조대(朝代)에 따라 지역과 명칭이 달라져서 상락현(上洛縣),, 상락군(上洛郡),, 상락후국(上洛侯國),, 형주(荊州),, 락주(洛州)로 불렸다. 현재 상락(上洛)은 세 개를 가리키는데 고상락(古上洛), 상주성(商州城), 일본(日本)의 상락(上洛)이다.

**지택**(池澤)　연못과 습지.

**촉군**(蜀郡)　지금의 사천성(四川省) 지역.

**엄도**(嚴道)　옛 현이름. 현재의 형경현(滎經縣). 사천분지(四川盆地) 서편, 아안시(雅安市) 중부. 고대 남사주지로(南絲綢之路:남쪽 실크로드)의 주요역참이었다.

**[인경고 引經考]**　❶『주례:조사지두실유창본:주(周禮:朝事之豆實有昌本:注)』

0404

醢人掌四豆之實. 朝事之豆, 其實韭菹, 醓醢, 昌本, 麋臡, 菁菹, 鹿臡,
茆菹, 麇臡.

<醢, 肉汁也. 昌本, 昌蒲根, 切之四寸爲菹. 三贊亦醢也. 作醢及贊者, 必先膊乾
其肉, 乃後莝之, 雜以梁麴及鹽, 漬以美酒, 塗置甄中百日則成矣. 鄭司農云: "麋
臡, 麋骭髓醢. 或曰麋臡, 醬也. 有骨爲臡, 無骨爲醢. 菁菹, 韭菹." 鄭大夫讀茆爲
茅. 茅菹, 茅初生. 或曰茆, 水草. 杜子春讀茆爲卯. 玄謂菁, 蔓菁也. 茆, 鳧葵也.
凡菹醢皆以氣味相成, 其狀未聞.>

### ❷『좌씨(左氏)』〈僖30年〉

王使周公閱來聘, 饗有昌歜, 白黑, 形鹽. 辭曰, "國君, 文足昭也, 武可
畏也, 則有備物之饗, 以象其德; 薦五味, 羞嘉穀, 鹽虎形, 以獻其功. 吾
何以堪之?".

<加豆之實, 芹菹, 兔醢, 深蒲, 醓醢, 箈菹, 雁醢, 筍菹, 魚醢. 羞豆之實, 酏
食, 糝食."此等所陳, 雖爲祭祀, 下云賓客亦如之, 是賓客與祭祀不異. 故三十年
"饗有昌歜, 白, 黑, 形鹽".《公食大夫禮》亦有昌本之屬, 此云加籩豆六品, 必是
此等之物, 但傳文不具, 無以言之.>

### ❸『본초경(本艸經)』

草(上品) 菖蒲味辛溫. 主風寒濕痺, 咳逆上氣, 開心孔, 補五臟, 通九竅,
明耳 目, 出聲音. 久服輕身, 不忘不迷或延年. 一名昌陽(御覽引云, 生石上,
一寸九節者, 久服輕身云, 大觀本, 無生石上三字, 有云一寸九節者良, 作黑字), 生
池澤. <吳普日: 菖蒲一名堯韭 (藝文類聚引云, 一名昌陽).

名醫曰: 生上洛, 及蜀郡嚴道, 五月十二日采根, 陰乾.

案說文云: //, 菖蒲也, 益州生, //也,

廣雅云: 邛昌陽, 菖蒲也,

周禮醢人云, 菖本, 鄭云菖本, 菖蒲根, 切之四寸爲菹,

春秋左傳云, 食以 菖歜;

杜預云: 菖歜, 菖蒲菹;

呂氏春秋云: 冬至後五旬七日, 菖始生, 菖 者百草之先, 於是始耕;

淮南子說山訓云: 菖羊去蚤虱而來蛉窮;

高誘云: 菖羊, 菖蒲;

列仙傳云: 商邱子胥食菖蒲根, 務光服蒲韭根,

離騷草木疏云, 沈存中云: 所謂蘭蓀, 即今菖蒲是也.>

### ❹『본초경(本艸經)』2번 참조. ※ 본문과 조금 다르다.

名醫曰: 生上洛, 及蜀郡嚴道, 五月十二日采根, 陰乾.

案說文云: , 菖蒲也, 益州生, 也,

# 0405

## 0405 䔣茒 야【yé ㅣㅂㅓˊ】34
### 명협풀、책력풀 야

茒茒也。
从艸。
邪聲。
《以遮切。古音在 5部。》

「앙야(茒茒)」다.
초(艸)를 따랐고,
사(邪)가 성부가 된다.
　이차절(以遮切)이다. 제 5부에 속한다.

　　**앙(茒)** 창포, 물가에서 나는 풀.

**앙야(茒茒)**

앞[0404]에 나온 앙(茒)에서 "앙야(茒茒)는 창포(昌蒲)다."라고 했다. &lt;집운(集韻)&gt;에 "茒亦作辥. 古作茶."라고 했다.

## 0406 芀芀 초【tiáo 去1幺】34
### 갈대꽃 초

| | |
|---|---|
| 葦華也。 | 「**위화**(葦華)」다. |
| 《『釋艸』曰。 | 『석초(釋艸)』❶에 이르기를 |
| 葦、醜芀。 | "위(葦)는 추초(醜芀)다."라고 했다. |
| 『顔(顔)-注:漢書』云 | 『안-주:한서(顔-注:漢書)』❷에 이르기를 |
| 蒹錐者是也。 | "겸추(蒹錐)라는 것이 이것이다."라고 했다. |
| 取其脫穎秀出故曰芀。 | 그 이삭에서 빠져나온 모습을 취했기 때문에 초(芀)라고 한다. |
| 『方言』。 | 『방언(方言)』❸에 |
| 錐謂之銚。&lt;音苕&gt; | "추(錐)를 초(銚)라고 한다."라고 했다. |
| 因此凡言芀秀者、 | 이로 인해서 대개 갈대꽃 이삭을 말할 때 |
| 多借苕字爲之。 | 초(苕:완두)자를 가차하는 일이 많아졌다. |
| 『韓詩』葦茢字作茢。 | 『한시(韓詩)』❹에서 위주(葦茢)자를 주(茢)로 썼다. |
| 『釋艸』。 | 『석초(釋艸)』❺에 이르기를 |
| 蔈荂荼薞蔍芀。 | "표과도표표려(蔈荂荼薞蔍芀)는 |
| 皆謂艸之秀。 | 모두 풀의 이삭이 팬 것이다."라고 했다. |
| 『豳風傳』曰。 | 『빈풍:전(豳風:傳)』❻에 이르기를 |
| 荼、萑苕也。 | "도(荼)는 환초(萑苕)다."라고 했다. |
| 『夏小正傳』曰。 | 『하소정:전(夏小正:傳)』에 이르기를❼ |
| 荼、萑葦之秀。 | "도(荼)는 환위(萑葦)의 이삭이 팬 것이다."라고 했다. |
| 是與茅秀同名荼矣。 | 이것이 모수(茅秀)와 더불어 이름이 같은 도(荼)다. |
| 葦華大於萑華。 | 이것과 모수(茅秀)가 더불어 이름이 같은 도(荼)다. |
| 故。一名華。》 | 그래서 일명 화(華)라고도 한다. |
| 从艸 | 초(艸)를 따랐고, |
| 刀聲 | 도(刀)가 성부가 된다. |
| 《徒聊切。2部。》 | 도료절(徒聊切)이다. 제 2부에 속한다. |

**겸**(蒹) 갈대, 어린 물억새.

**영**(穎) 이삭, 뾰족한 끝, 빼어나다.

**초**(銚) 송곳.

**초**(苕) 완두, 능토풀.

**주**(茢) 5색촉규화.

**표**(蔈) 능토풀, 갈대꽃.

**부**(荂) 영화(榮也) ■과:같은 뜻 ■후:삽주열매 ■화:가곡이름.

**도**(荼) 씀바귀, 억새 ■차:속음 ■다:같은 뜻 ■서:느릿느릿할, 귀신
이름 ■사:갈대꽃 ■채:머리가 둘 있는 사슴 이름 ■야:현이름 ■

**호**:띠꽃 ■여:같은 뜻       &lt;통아(通雅)&gt; 도(荼)자가 중당(中

## 0406

唐) 때부터 다(茶)자로 변하기 시작했다.[茶字自中唐始變作茶]

**표(莍)** 개 달아나는 모양, 회오리 바람, 갈대풀.

**표(藨)** 쥐눈이콩, 기름사초, 검은 딸기, 목매자, 대싸리.

**위(葦)** 갈대, 거룻배, 산이름, 갈대꽃.

**료(聊)** 애오라지, 귀 울, 구차히, 방탕한 모양. 료(聊)와 같은 글자.

[인경고 引經考]

❶『석초(釋艸)』 본문과 방점이 다르다.

葦醜. 芀,

<其類皆有芳秀.>

〔疏〕"葦醜. 芀". ○釋曰 : 葦即蘆之成者. 其類皆有芀秀也.

❷『안-주:한서(顔-注:漢書)』〈郊祀歌十九章〉

其詩曰 : 練時日, 侯有望, (火芮)膋蕭, 延四方. 九重開, 靈之游, 垂惠恩,
鴻祜休. 靈之車, 結玄雲, 駕飛龍, 羽旄紛. 靈之下, 若風馬, 左倉龍, 右
白虎. 靈之來, 神哉沛, 先以雨, 般裔裔. 靈之至, 慶陰陰, 相放怫, 震澹
心. 靈已坐, 淥盛香, 尊桂酒, 賓八鄉. 靈安留, 吟靑黃, 遍觀此, 眺瑤堂.
眾嫭並, 綽奇麗, 顏如荼, <應劭曰 :「荼, 野菅白華也. 言此奇麗, 白如荼也.」孟
康曰 :「兆逐靡者, 兆民逐觀而猗靡也.」師古曰 :「菅, 茅也. 言美女顏貌如茅荼之柔
也. 荼者, 今俗所謂蒹錐也. 荼音塗. 菅音姦. 靡, 合韻音武義反.> 兆逐靡. 被華文,
厠霧縠, 曳阿錫, 佩珠玉. 俠嘉夜, 茝蘭芳, 澹容與, 獻嘉觴. 練時日一.

❸『방언(方言)』

錐謂之鍣. <廣雅作鉊字>

❹『한시(韓詩)』

厥.

❺『석초(釋艸)』

蔈, 荂, 荼. <即芀.> 猋, 藨, 芀.

<皆芀, 荼之別名. 方俗異語, 所未聞.

○蔈, 方腰切. 猋, 必遙切. 藨, 方驕切. 芀, 音調.>

〔疏〕"蔈, 荂, 荼. 猋, 藨, 芀".

○釋曰 : 此辨茗, 荼之別名也.

案鄭注《周禮》"掌荼"及《詩》"有女如荼"皆云 :「荼, 茅秀也.」蔈也, 荂也其別名. 荼
即茗也. 茗, 又一名猋, 又名雀芀之屬. 華, 秀名也.

故注云"皆芀, 荼之別名. 方俗異語, 所未聞". 言"未聞"者, 謂未聞其所出也.

❻『빈풍:전(豳風:傳)』〈鴟鴞:鴟鴞〉

鴟鴞鴟鴞, 旣取我子, 無毀我室. 恩斯勤斯, 鬻子之閔斯.

迨天之未陰雨, 徹彼桑土, 綢繆牖戶. 今女下民, 或敢侮予.

0406

予手拮据, 予所将荼, 予所蓄租, 予口卒瘏, 曰予未有室家.

<拮據, 撠挶也. 荼, 萑苕也. 租, 爲. 瘏, 病也. 手病口病, 故能免乎大鳥之難.

箋云：此言作之至苦, 故能攻堅, 人不得取其子.>

予羽譙譙, 予尾翛翛, 予室翹翹, 風雨所漂搖, 予維音嘵嘵.

❼『하소정:전(夏小正:傳)』

夏小正：七月：

秀雚葦. 未秀則不爲雚葦, 秀然後爲雚葦, 故先言秀.

狸子肇肆. 肇, 始也. 肆, 遂也. 言其始遂也. 其或曰：肆殺也.

湟潦生蘋. 湟, 下處也. 有湟, 然後有潦；有潦, 而後有蘋草也.

爽死. 爽也者, 猶疏也.

荓秀. 荓也者, 馬帚也.

漢案戶. 漢也者, 河也. 案戶也者, 直戶也, 言正南北也.

寒蟬鳴. 寒蟬也者, 蜺??也.

初昏織女正東鄉. 時有霖雨.

灌荼. 灌, 聚也. 荼, 雚葦之秀, 爲蔣褚之也. 雚未秀爲菼, 葦未秀爲
蘆. 鬥柄縣在下則旦.

## 0407

### 0407 䔾茢 렬【liè ㄌㄧㄝˋ】34
### 갈대 이삭 날 렬

| | |
|---|---|
| 艻也。 | 「갈대꽃」이다. |
| 《『檀弓』。 | 『단궁(檀弓)』❶에 이르기를 |
| 君臨臣喪。 | "임금이 신하의 초상에 임할 때 |
| 以巫祝桃茢執戈。 | 무축(巫祝)으로 하여금 도렬(桃茢)과 창을 잡게 했다."라고 했다. |
| 『注』。 | 『주(注)』❷에 이르기를 |
| 茢、萑苕。 | "렬(茢)은 환초(萑苕)다. |
| 可埽不祥。 | 나쁜 기운을 쓸어버릴 수 있다."라고 했다. |
| 『玉藻』。 | 『옥조(玉藻)』❸에 이르기를 |
| 膳於君有葷桃茢。 | "임금에게 바치는 것으로 훈도렬(葷桃茢)이 있다."라고 했다. |
| 『注』。 | 『주(注)』❹에 이르기를 |
| 茢、菼帚也。 | "렬(茢)은 담추(菼帚)다."라고 했다. |
| 按許云葦。 | 생각건대 허신(許愼)이 위(葦)를 일렀는데 |
| 鄭云萑菼者。 | 정현(鄭玄)이 환담(萑菼)을 말한 것은 |
| 此統言不別也。 | 여기서는 통틀어 말해서 분별하지 않은 것이다. |
| 艻帚、花退用穎爲之。 | 초추(艻帚)는 꽃이 지면 이삭을 써서 만드는 것이다. |
| 艻一名茢。 | 초(艻)를 일명(一名) 렬(茢)이라고 한다. |
| 故帚一名茢。》 | 그러므로 추(帚)를 일명 렬(茢)이라고 하는 것이다. |
| 从艸。 | 초(艸)를 따랐다. |
| 列聲。 | 렬(列)이 성부가 된다. |
| 《良薛切。15部。》 | 량설절(良薛切)이다. 제 15부에 속한다. |

환(萑) 물억새 ▣추:풀 우거진 모양, 익모초
훈(葷) 매운 채소, 생강과 같이 매운 채소, 냄새날.
초(苕) 완두, 능토풀, 능소화.
소(埽) 쓸다, 언덕, 소(掃)와 같은 글자.
담(菼) 물억새, 비 만드는 풀
초(艻) 갈대꽃.
추(帚) 비, 소제할, 대싸리.
위(葦) 갈대, 거룻배, 산이름, 갈대꽃.

| | |
|---|---|
| 훈도렬(葷桃茢) | 훈(葷)은 생강 같은 매운 채소, 도(桃)는 복숭아, 렬(茢)은 갈대이삭으로 만든 빗자루(菼帚). |
| 무축(巫祝) | 고대(古代)에 귀신을 모시는 자를 무(巫), 제사를 돕는 자를 축(祝)이라고 했다. 후에 붙여서 점복(占葡)과 제사(祭祀)를 담당하는 자를 지칭했다. 무사(巫史) 공축(工祝) 제사 때 고축(告祝)을 맡은 사람. 무축(巫祝). 축관(祝官). |

## 0407

**도렬**(桃茢) 복숭아 나무와 갈대이삭으로 만든 빗자루. 이것으로 집안의 사기(邪氣)를 쓸어낸다.

**환초**(萑苕) 갈대꽃.

**환담**(萑菼) 갈대꽃.

**초추**(芀帚) 갈대이삭으로 만든 빗자루.

[**인경고 引經考**]

❶『**단궁(檀弓)**』 <례기:단궁>

殷練而祔, 周卒哭而祔, 孔子善殷. 君臨臣喪, 以巫祝桃茢執戈, 惡之也.

<爲有凶邪之氣在側. 君聞大夫之喪, 去樂卒事而往, 未襲也. 其已襲, 則止巫, 去桃茢. 桃, 鬼所惡. 茢, 萑苕, 可掃不祥.

○茢音列, 徐音例, 杜預云：“黍穰也.”

鄭注《周禮》云：“苕帚.”惡, 烏路反, 注及下注同. 凶邪, 似嗟反, 下注同. 萑音完. 苕, 大雕反.>

所以異於生也.

<生人無凶邪.>

❷『**주(注)**』 1번 참조.

桃, 鬼所惡. 茢, 萑苕, 可掃不祥.

〔疏〕“君臨”至“生也”.

○正義曰：此一節論君臨臣喪之禮. “君”謂天子, 臣喪未襲之前, 咀齊臨吊, 則以巫執桃, 祝執茢, 又使小臣執戈. 所以然者, 惡其凶邪之氣. 必惡之者, 所以異於生人也. 若往臨生者, 但有執戈, 無巫祝執桃茢之事, 今有巫祝, 故云“異於生”也.

○注“君聞”至“桃茢”.

❸『**옥조(玉藻)**』 본문과 방점이 다르다. 세 개의 사물이다.

凡獻於君, 大夫使宰, 士親, 皆再拜稽首送之. 敬也. 膳於君, 有葷, 桃, 茢, 於大夫去茢, 於士去葷, 皆造於膳宰. 膳, 美食也. 葷, 桃, 茢, 辟凶邪也. 大夫用葷, 桃, 士桃而已. 葷, 薑及辛菜也. 茢, 菼帚也. “造於膳宰”, 既致命而授之. 葷, 或作“焄”.

❹『**주(注)**』 3번 참조.

大夫用葷, 桃, 士桃而已. 葷, 薑及辛菜也. 茢, 菼帚也. “造於膳宰”,

# 0408

0408 菡菡 함 【hàn ㄏㄢˋ】 34

연꽃、연꽃 봉오리 함

菡萏也。
从艸。
圅聲。
《胡感切。8部。》

「함담(菡萏)」이다.
초(艸)를 따랐고,
함(圅)이 성부가 된다.
호감절(胡感切)이다. 제 8부에 속한다.

담(萏) 연꽃봉오리.
함(圅) 용납할, 혀, 담을, 함.

함담(菡萏)

부용(芙蓉)은 핀 연꽃.

부거(芙渠), 함담(菡萏)은 맺힌 연꽃,

하(荷) 하(蕸)는 연잎,

밀(蔤)은 연 밑둥,

가(茄)는 연줄기,

련(蓮)은 연실,

약(蒻)은 연뿌리, 우(藕)도 연뿌리,

수지단(水芝丹)과 적(的)은 연씨,

의(薏)는 연밥이다. <이아주소> 이충구외 역. p.356-537.

[이아: 석초] 荷, 芙渠. 其莖茄, 其葉蕸, 其本蔤, 其華菡萏, 其實蓮, 其根
藕, 其中的, 的中薏.

<釋曰 : 李巡曰 : 皆分別蓮, 莖, 葉, 華, 實之名. 芙渠, 其總名也. 別名芙蓉, 江東
呼荷. 菡萏, 蓮華也. 的, 蓮實也. 薏, 中心也.>

## 0409 菡萏 담【dàn ㄉㄢˋ】34
### 연 봉오리 담

| | |
|---|---|
| 菡萏、《逗。》扶渠華。 | **함담**(菡萏)은 **부거화**(扶渠華)다. |
| 《句絕(絶)。 | 구(句)를 끊는다. |
| 扶渠、各本作芙蓉。 | **부거**(扶渠)를 여러 책에서는 **부용**(芙蓉)으로 썼다. |
| 誤。 | 잘못이다. |
| 今從釋玄應所引。 | 지금은 석현응(釋玄應)이 인용했던 것을 따랐다. |
| 許意扶渠爲華、葉、莖、實、本、根之總(總)名。 | 허신의 뜻은 꽃과 잎과 줄기와 열매와 밑둥과 뿌리를 통칭한 것이다. |
| 『爾雅』說此艸、以夫渠建首。 | 『이아(爾雅)』❶에서 이 글자를 설명하는데 **부거**(扶渠)를 부수로 세웠다. |
| 毛公亦曰。 | 모공(毛公) 또한 이르기를 |
| 荷、扶渠也。 | "하(荷)는 **부거**(扶渠)다. |
| 其華菡萏。 | 그 꽃이 **함담**(菡萏)이다."라고 했다. |
| 「扶渠」一作「夫渠」。 | **부거**(扶渠)를 또한 **부거**(夫渠)로도 쓴다. |
| 『今-爾雅』作「芙蕖」、俗字也。》 | 『금-이아(今-爾雅)』는 **부거**(芙蕖)로 썼는데 속자다. |
| 未發爲菡萏 | 이삭이 패지 않았으면 **함담**(菡萏)이고, |
| 已發爲夫容。 | 이미 이삭이 패었으면 **부용**(夫容)이다. |
| 《此就華析言之也。 | 이것은 꽃을 가지고 분석하여 말한 것이다. |
| 『陳風』。有蒲菡萏。 | 『진풍(陳風)』❷에 유포함담(有蒲菡萏)이 있다. |
| 『爾雅』、『毛傳』皆曰。 | 『이아(爾雅)』❸와 『모전(毛傳)』❹ 모두에 이르기를 |
| 其華菡萏。 | "그 꽃이 **함담**(菡萏)이다."라고 했다. |
| 此統言之。 | 이것은 통틀어 말한 것이다. |
| 不論其未發已發也。 | 그 패고 안 패고를 따지지 않았다. |
| 屈原、宋玉言芙蓉不言菡萏。 | 굴원(屈原)과 송옥(宋玉)은 **부용**(芙蓉)을 언급하고 **함담**(菡萏)을 말하지 않았는데 |
| 亦猶是也。 | 그 또한 이와 같은 것이다. |
| 許意菡之言含也。 | 허신의 뜻으로 함(菡)이 말하려는 것은 함(含:머금다)이다. |
| 夫之言敷也。 | 부(夫)가 말하려는 것은 부(敷:펴다)다. |
| 故分別之。 | 그래서 나누어 구별한 것이다. |
| 高誘曰。 | 고유(高誘)가 이르기를 |
| 其華曰夫容。 | "그 꽃은 **부용**(夫容)이고, |
| 其秀曰菡萏。 | 그 이삭은 **함담**(菡萏)이다."라고 했다. |
| 與許意合。 | 허신의 뜻과 합치된다. |
| 華與秀散文則同。 | 꽃과 이삭이 산문(散文)에서는 같고, |
| 對文則別。 | **대문**(對文)에서는 다르다. |
| 夫容今本作芙蓉、俗字也。》 | **부용**(夫容)을 지금 책은 **부용**(芙蓉)으로 썼다.속자다. |

## 0409

从艸。 초(艸)를 따랐고,
閻聲。 염(閻)이 성부가 된다.
《徒感切。8部。》 도감절(徒感切)이다. 제 8부에 속한다.

**함**(菡) 연꽃 봉오리.
**담**(萏) 연꽃, 연꽃 봉오리.
**거**(蕖) 연꽃, 연.
**부**(敷) 베풀, 펼.

**함담**(菡萏) 연꽃. 하화(荷花)의 별칭(荷花的別稱).

**부거화**(扶渠華) 부거(扶蕖), 부거(芙蕖).

**부거**(扶渠), **부거**(夫渠) 부거(扶蕖), 부거(芙蕖). 하화(荷花).《시:정풍:산유부소(詩:鄭風:山有扶蘇)》에 "隰有荷華"가 있는데 모전(毛傳)에서 "하화(荷華)는 부거(扶渠)다."라고 했다.

**부용**(夫容), **부용**(芙蓉) 부거(芙蕖). 하화(荷花). 부용(芙蓉). 부용(夫容). 하화(荷花)의 별명(別名). 연(蓮)의 이칭(異稱) ①연꽃. ②木芙蓉. ③美人의 形容.

**포함담**(蒲菡萏) 부용(芙蓉)은 핀 연꽃. 부거(芙蕖), 함담(菡萏)은 맺힌 연꽃, 하(荷) 하(蕸)는 연잎, 밀(蔤)은 연 밑동, 가(茄)는 연줄기, 련(蓮)은 연실, 약(蒻)은 연뿌리, 우(藕)도 연뿌리, 수지단(水芝丹),과 적(的)은 연씨, 의(薏)는 연밥이다.

**대문**(對文) 시문 중에서 짝을 이루는 구절[詩文中詞句相對偶].

**[인경고 引經考]**

**❶『이아(爾雅)』**

荷, 芙渠. 其莖茄, 其葉蕸, 其本蔤, 其華菡萏, 其實蓮, 其根藕, 其中的, 的中薏.

  ◁釋曰 : 李巡曰 : 皆分別蓮, 莖, 葉, 華, 實之名. 芙渠, 其總名也. 別名芙蓉, 江東
  呼荷. 菡萏, 蓮華也. 的, 蓮實也. 薏, 中心也.▷

**❷『진풍(陳風)』** 〈陳風:澤陂〉

彼澤之陂, 有蒲與荷. 有美一人, 傷如之何. 寤寐無爲, 涕泗滂沱.
彼澤之陂, 有蒲與蕳. 有美一人, 碩大且卷. 寤寐無爲, 中心悁悁.
彼澤之陂, 有蒲菡萏. 有美一人, 碩大且儼. 寤寐無爲, 輾轉伏枕.

  <菡萏, 荷華也. 箋云 : 華以喻女之顏色.▷

**❸『이아(爾雅)』** 1번 참조.

荷, 芙渠. 其莖茄, 其葉蕸, 其本蔤, 其華菡萏, 其實蓮, 其根藕,

**❹『모전(毛傳)』** 〈鄭風:山有扶蘇〉

山有扶蘇, 隰有荷華. 不見子都, 乃見狂且.
山有喬松, 隰有游龍. 不見子充, 乃見狡童.

0409

<興也. 扶蘇, 扶胥, 小木也. 荷華, 扶渠也, 其華菡萏. 言高下大小各得其宜也.
箋云 : 興者, 扶胥之木生於山, 喻忽置不正之人於上位也. 荷華生於隰, 喻忽置有美德者於下位. 此言其用臣顛倒, 失其所也.>

## 0410

### 0410 蘱蓮 련【lián ㄌㄧㄢˊ】34
### 연(다년생 수초) 련

扶渠之實也。

「부거(扶渠)의 열매」다.

《『陳風』》。

『진풍(陳風)』❶에

有蒲與蕳。

"유포여간(有蒲與蕳)"이 있다.

『箋』云。

『전(箋)』❷에 이르기를

「蕳」當作「蓮」。

"간(蕳)은 마땅히 련(蓮)으로 써야 한다.

蓮、夫渠實也。

련(蓮)은 부거(夫渠)의 열매다."라고 했다.

鄭意欲合三章爲一物耳。

정현(鄭玄)의 의도는 3장(三章)을 합쳐서 한 사물로 하는 것이다.

『本艸經』謂之藕實。

『본초경(本艸經)』❸에서는 우실(藕實)이라고 했다.

一名水芝丹。》

일명 수지단(水芝丹)이라고 한다.

从艸。

초(艸)를 따랐고,

連聲。

련(連)이 성부가 된다.

《洛賢切。古音在 14部。》

락현절(洛賢切)이다. 제 14부에 속한다.

포(蒲) 부들.
간(蕳) 난초.
우(藕) 연뿌리.

부거(夫渠)    부거(扶蕖), 부거(芙蕖). 하화(荷花).《시:정풍:산유부소(詩:鄭風:山有扶蘇)》에 "隰有荷華"가 있는데 모전(毛傳)에서 "하화(荷華)는 부거(扶渠)다."라고 했다.

우실(藕實)    연의 열매. 연밥. 연실(蓮實). 연자(蓮子).

수지단(水芝丹)    우실(藕實).

[신경고 引經考]    ❶『진풍(陳風)』〈陳風:澤陂〉

彼澤之陂, 有蒲與荷. 有美一人, 傷如之何. 寤寐無爲, 涕泗滂沱.

彼澤之陂, 有蒲與蕳. 有美一人, 碩大且卷. 寤寐無爲, 中心悁悁.

<蕳, 蘭也. 箋云: 蕳當作"蓮". 蓮, 芙蕖實也. 蓮以喻女之言信.>

彼澤之陂, 有蒲菡萏. 有美一人, 碩大且儼. 寤寐無爲, 輾轉伏枕.

❷『전(箋)』1번 참조.

<蕳, 蘭也. 箋云: 蕳當作"蓮". 蓮, 芙蕖實也. 蓮以喻女之言信.>

❸『본초경(本艸經)』

果 (上品) 藕實莖味甘平. 主補中養神, 益氣力, 除百疾. 久服, 輕身耐老, 不饑 延年. 一名水芝丹. 生池澤. <名醫曰:一名蓮, 生汝南, 八月采.

案說文云: 藕, 夫渠根. 蓮, 夫渠之實也. 茄, 夫渠莖. 爾雅云: 荷, 芙渠. 郭璞云:別名芙蓉, 江東呼荷, 又其莖茄, 其實蓮. 郭璞云: 蓮謂房 也, 又其根藕.>

## 0411 茄 가【jiā ㄐㄧㄚ-】34

### 연줄기、 가지(채소) 가

扶渠莖。「**부거**(扶渠)의 줄기」이다.

《謂華與葉之莖皆名茄也。 꽃과 잎의 줄기가 모두 가(茄)로 이름한다.

茄之言柯也。 가(茄)가 말하려는 것은 가(柯)다.

古與荷通用。 옛날에는 하(荷)와 통용했다.

『陳風』有蒲與荷。 『진풍(陳風)』❶에 "유포여하(有蒲與荷)"가 있다.

『鄭-箋』。 『정-전(鄭-箋)』❷에

夫渠之莖曰荷。 "**부거**(夫渠)의 줄기를 하(荷)라고 한다."라고 했다.

『樊光-注:爾雅』引『詩』有蒲與茄。 『번광-주:이아(樊光-注:爾雅)』❸에서 『시(詩)』를 인용한 것에 포(蒲)와 가(茄)가 있다.

屈原曰 굴원(屈原)이 이르기를❹

製芰荷以爲衣纂(集)芙蓉以爲裳。 "**기하**(芰荷)로 윗 옷을 짓고, **부용**(芙蓉)을 모아 아랫 옷을 짓는다." 라고 했다.

楊雄則曰 양웅(楊雄)이 본떠서 이르기를

袀芰茄之綠衣。 "**기가**(芰茄)의 **록의**(綠衣)와

被芙蓉之朱裳。 **부용**(芙蓉)의 붉은 치마 입는 것을 자랑스럽게 여긴다."라고 했다.

漢樂府鷺何食。 『한악부(漢樂府)』❻에 "로하식(鷺何食:백로는 뭘 먹나)"이 있다.

食茄下。 가(茄)의 아래를 먹는다.

亦謂葉下。》 또한 잎 아래를 말한다.

从艸。 초(艸)를 따랐고,

加聲。 가(加)가 성부가 된다.

《古牙切。17部。》 고아절(古牙切)이다. 제 17부에 속한다.

**기**(芰) 세발마름, 네뿔마름, 세뿔마름.

**집**(纂) 모을 집(集)의 본래 글자.

| | |
|---|---|
| **부거**(夫渠) | 부거(扶蕖), 부거(芙蕖). 하화(荷花).《시:정풍:산유부소(詩:鄭風:山有扶蘇)》에 "隰有荷華"가 있는데 모전(毛傳)에서 "하화(荷華)는 부거(扶渠)다."라고 했다. |
| **기하**(芰荷) | 초사(楚辭) 리소(離騷)에 "연꽃 잎 따다 옷 만들어 입는다.[製芰荷以爲衣兮, 集芙蓉以爲裳.]"라고 하였다. |
| **기하의**(芰荷衣) | 마름이나 연잎을 엮어 만든 옷으로 은자(隱者)들이 입는 옷이다. <초사:리소(楚辭:離騷)> 製芰荷以爲衣兮, 纂(集)芙蓉以爲裳. |
| **기가**(芰茄) | 곧 기하(芰荷). |
| **부용**(芙蓉) | 부거(芙蕖). 하화(荷花). 부용(芙蓉). 부용(夫容). 하화(荷花)의 별명(別名). 연(蓮)의 이칭(異稱) ①연꽃. ②木芙蓉. ③美人의 形容. |
| **록의**(綠衣) | ① 정색(正色)이 아닌 잡색의 천한 옷. ② 정색인 황색을 안감으로 대고 간색인 록 |

0411

## 0411

색을 겉감으로 한 옷. 존비가 뒤바뀜을 상징한다. <시경:패풍:록의장(詩經:ㅍ風:綠衣章)>에서 유래. ③ 하녀나 첩. ④ 지위가 낮은 관원.

**❶『진풍(陳風)』** <陳風:澤陂>

彼澤之陂, 有蒲與荷. 有美一人, 傷如之何. 寤寐無爲, 涕泗滂沱.

<興也. 陂, 澤障也. 荷, 芙蕖也.

箋云 : 蒲, 柔滑之物. 芙蕖之莖曰荷, 生而佼大. 興者, 蒲以喻所說男之性, 荷以喻所說女之容體也. 正以陂中二物興者, 喻淫風由同姓生.>

彼澤之陂, 有蒲與蕑. 有美一人, 碩大且卷. 寤寐無爲, 中心悁悁.

彼澤之陂, 有蒲菡萏. 有美一人, 碩大且儼. 寤寐無爲, 輾轉伏枕.

**❷『정-전(鄭-箋)』** 1번 참조.

箋云 : 蒲, 柔滑之物. 芙蕖之莖曰荷, 生而佼大.

**❸『번광-주:이아(樊光-注:爾雅)』**

[蒲] 菜謂之藼.

<藼者菜茹之總名. 見《詩》. ○藼音速.>

[疏]"菜謂之藼". ○釋曰 : 菜茹名藼. 郭云"藼者, 菜茹之總名. 見《詩》"者, 案《大雅:韓奕》云 : "其藼維何, 維筍及蒲."

毛傳云 : "藼, 菜殽也." 是矣.

[茄] 荷, 芙蕖.<別名芙蓉, 江東呼荷.> 其莖茄, 其葉蕸, 其本蔤,<莖下白蒻在泥中者.> 其華菡萏,<見《詩》.> 其實蓮,<蓮謂房也.> 其根藕, 其中的,<蓮中子也.> 的中薏.<中心苦.>

[疏]"荷芙"至"中薏". ○釋曰 : 李巡曰 : 皆分別蓮, 莖, 葉, 華, 實之名. 芙蕖, 其總名也. 別名芙蓉, 江東呼荷, 菡萏, 蓮華也. 的, 蓮實也. 薏, 中心也. 郭璞云 : "蔤, 莖下白蒻在泥中者." 今江東人呼荷華爲芙蓉, 北方人便以藕爲荷, 亦以蓮爲荷, 蜀人以藕爲茄. 或用其母爲華名, 或用根子爲母葉號, 此皆名相錯, 習俗傳誤, 失其正體者也.

陸機《疏》云 : 蓮青皮裏白子爲的, 的中有青爲薏, 味甚苦, 故裏語云"苦如薏"是也. ○注"見《詩》".

○釋曰 : 《詩:陳風》云 : "彼澤之陂, 有蒲與荷." 又曰"有蒲與蓮", 又曰"有蒲菡萏"是也.

**❹굴원(屈原)이 이르기를** <초사(楚辭) 리소(離騷)>

進不入以離尤兮, 退將復脩吾初服 製芰荷以爲衣兮 纍芙蓉以爲裳.

<進不入以離尤兮, 退將復脩脩吾初服 製芰荷以爲衣兮 纍芙蓉以爲裳.>

**❺『한악부(漢樂府)』로하식(鷺何食:백로는 뭘 먹나)**

厥.

## 0412 荷 하【hé ㄏㄜˊ】34
### 본[연(다년생 수초)] 하

0412

| | |
|---|---|
| 扶渠葉。 | 「**부거**(扶渠)의 잎」이다. |
| 《『今-爾雅』曰。 | 『금-이아(今-爾雅)』❶에 이르기를 |
| *其葉蕸。* | *“그 잎이 하(蕸)다.”*라고 했다. |
| 『音義』云。 | 『음의(音義)』에 이르기를 |
| *衆家無此句。* | *“많은 책에서 이 구절은 없고,* |
| *惟郭有。* | *오직 곽(郭)만 있다.”*라고 했다. |
| 就郭本中或復無此句。 | 곽본(郭本)을 보면 혹은 또 이 구절이 없기도 하다. |
| 亦竝闕讀。 | 역시 마찬가지로 읽을 수 없다. |
| 玉裁按。 | 단옥재의 생각으로는 |
| 無者是也。 | 없는 것이 옳다. |
| 『高-注:淮南』云。 | 『고-주:회남(高-注:淮南)』❷에 이르기를 |
| *荷夫渠也。* | *“하(荷)는 **부거**(夫渠)다.* |
| *其莖曰茄。* | *그 줄기가 가(茄)이고,* |
| *其本曰蔤。* | *그 밑둥이 밀(蔤)이며,* |
| *其根曰藕。* | *그 뿌리가 우(藕)이고,* |
| *其華曰夫容。* | *그 꽃이 **부용**(夫容)이며,* |
| *其秀曰菡萏。* | *그 이삭이 **함담**(菡萏)이고,* |
| *其實蓮。* | *그 열매가 련(蓮)이며,* |
| *蓮之藏者菂。* | *련(蓮) 속에 숨겨진 것이 적(菂)이고,* |
| *菂之中心曰薏。* | *적(菂)의 중심이 억(薏)이다.”*라고 했다. |
| 大致與『爾雅』同。 | 대부분이 『이아(爾雅)』와 같다. |
| 亦無「其葉蕸」三字、 | 역시 「기엽하(其葉蕸)」 석 자가 없다. |
| 葢(蓋)大葉駭人。 | 대체로 큰 잎은 사람을 놀라게 한다. |
| 故謂之荷。 | 그래서 하(荷)라고 한다. |
| 大葉扶搖而起。 | 큰 잎은 회오리 바람을 일으키며 일어나서 |
| 渠央寬大。 | 마침내 넓직하고 커진다. |
| 故曰夫渠。 | 그래서 ***부거***(夫渠)라고 한다. |
| 『爾雅』假葉名其通體。 | 『이아(爾雅)』는 잎의 이름을 빌려 그 몸체와 통한다. |
| 故分別莖華實根各名而冠以荷夫渠三字。 | 그래서 줄기, 꽃, 열매, 뿌리를 각각 이름짓고 ***하부거***(荷夫渠) 석 자를 앞에 두었다. |
| 則不必更言其葉也。 | 그러므로 곧 다시 그 잎을 언급할 필요가 없다. |
| 荷夫渠之華爲菡萏。 | ***하부거***(荷夫渠)의 꽃이 ***함담***(菡萏)이다. |
| 菡萏之葉爲荷夫渠。 | ***함담***(菡萏)의 잎이 ***하부거***(荷夫渠)다. |
| 省文互見之法也。 | 생략된 문장을 서로 살피는 방법이다. |
| 或疑闕葉而補之。 | 어쩌면 엽(葉)자가 없어서 보충한 것은 아닐까? |

## 0412

| | |
|---|---|
| 亦必當曰其葉荷 | 또한 꼭 그 잎을 하(荷)로 이르는 것이 마땅하다. |
| 不嫌重複。 | 중복을 꺼릴 필요는 없으니, |
| 無庸肊造蕅字。 | 억지로 하(蕅)자를 만드는 것은 쓸 데없는 일이다. |
| 又案屈原、宋玉、楊雄皆以芙蓉與茇 | 또 생각건대 굴원(屈原)과 송옥(宋玉), 양웅(楊雄)이 **부용**(芙 |
| 荷對文。 | 蓉)을 **기하**(茇荷)와 **대문**(對文)으로 썼다.❸ |
| 然則茇者菠之葉。 | 그러므로 기(茇)라는 것은 릉(菠)의 잎이다. |
| 菠者茇之實。 | 릉(菠)은 기(茇)의 열매다. |
| 菠之言棱角也。 | 릉(菠)이 말하려는 것은 모(角)다. |
| 茇之言支起也。》 | 기(茇)가 말하려는 것은 갈래다. |
| 从艸。 | 초(艸)를 따랐고, |
| 何聲。 | 하(何)가 성부가 된다. |
| 《胡哥切。17部。》 | 호가절(胡哥切)이다. 제 17부에 속한다. |

**하**(蕅) 연잎,

**밀**(藌) 연근,

**기**(茇) 세발마름, 네뿔마름, 세뿔마름.

**함**(蓞) 연꽃 봉오리.

**담**(萏) 연꽃, 연꽃 봉오리.

**적**(菂) 연밥,

**억**(薏) 율무,

| | |
|---|---|
| **거앙**(渠央) | 다함. 끝남. |
| **부거**(夫渠), **하부거**(荷夫渠) | 부거(扶蕖), 부거(芙蕖). 하화(荷花).《시:정풍:산유부소(詩:鄭風:山有扶蘇)》에 "隰有荷華"가 있는데 모전(毛傳)에서 "하화(荷華)는 부거(扶蕖)다."라고 했다. |
| **부용**(夫容), **부용**(芙蓉) | 부거(芙蕖). 하화(荷花). 부용(芙蓉). 부용(夫容). 하화(荷花)의 별명(別名). 연(蓮)의 이칭(異稱) ①연꽃. ②木芙蓉. ③美人의 形容. |
| **함담**(蓞萏) | 부용(芙蓉)은 핀 연꽃. 부거(芙渠), 함담(菡萏)은 맺힌 연꽃, 하(荷) 하(蕅)는 연잎, 밀(藌)은 연 밑동, 가(茄)는 연줄기, 련(蓮)은 연실, 약(蒻)은 연뿌리, 우(藕)도 연뿌리, 수지단(水芝丹)과 적(的)은 연씨, 의(薏)는 연밥이다. |
| **기하**(茇荷) | 초사(楚辭) 리소(離騷)에 "연꽃 잎 따다 옷 만들어 입는다.[製茇荷以爲衣兮, 集芙蓉以爲裳.]"라고 하였다. |
| **대문**(對文) | 시문 중에서 짝을 이루는 구절[詩文中詞句相對偶]. |
| **[인경고 引經考]** | ❶ 『금-이아(今-爾雅)』 |
| | 荷, 芙渠. 其莖茄, 其葉蕅, <莖下白蒻在泥中者.> 其本藌, |

0412

❷『고-주:회남(高-注:淮南)』

※ <이아>를 거의 그대로 옮겨 놓은 것이다

荷, 芙渠.<別名芙蓉, 江東呼荷.> 其莖茄, 其葉蕸, 其本蔤,<莖下白蒻在泥中者.> 其華菡萏,<見《詩》.> 其實蓮,<蓮謂房也.> 其根藕, 其中的,<蓮中子也.> 的中薏.<中心苦.>

[疏]"荷芙"至"中薏".

○釋曰:李巡曰:皆分別蓮, 莖, 葉, 華, 實之名. 芙渠, 其總名也. 別名芙蓉, 江東呼荷. 菡萏, 蓮華也. 的, 蓮實也. 薏, 中心也.

郭璞云:"蔤, 莖下白蒻在泥中者."今江東人呼荷華爲芙蓉, 北方人便以藕爲荷, 亦以蓮爲荷, 蜀人以藕爲茄. 或用其母爲華名, 或用根子爲母葉號, 此皆名相錯, 習俗傳誤, 失其正體者也.

陸機《疏》云:蓮青皮裏白子爲的, 的中有青爲薏, 味甚苦,

故裏語云"苦如薏"是也.

○注"見《詩》".

○釋曰:《詩:陳風》云:"彼澤之陂, 有蒲與荷."又曰"有蒲與蓮", 又曰"有蒲菡萏"是也.

❸부용(芙蓉)을 **기하**(芰荷)와 **대문**(對文)으로

<초사(楚辭) 리소(離騷)>

進不入以離尤兮, 退將復脩吾初服 製芰荷以爲衣兮 集芙蓉以爲裳.

<進不入以離尤兮, 退將復脩吾初服 製芰荷以爲衣兮 集芙蓉以爲裳.>

※ 의(衣)는 윗 옷, 상(裳)은 아래 옷, 치마.

제기하(製芰荷)와 잡부용(集芙蓉).

## 0413

## 0413 崗蔧 밀【mì ㄇㄧˋ】34

연뿌리 밀

| 扶渠本。 | 「부거(扶渠)의 밑동」이다. |
|---|---|
| 《『釋艸』。 | 『석초(釋艸)』❶에 이르기를 |
| 其本蔧。 | "그 밑동을 밀(蔧)이라고 한다. |
| 郭云。 | 곽(郭)이 이르기를 |
| 莖下白蒻在泥中者。 | '줄기 아래 백약(白蒻)이 진흙 속에 있는 것'이라고 했다."고 했다. |
| 按蔧之言入水深密也。 | 생각건대 밀(蔧)이 말하려는 것은 물 속 깊이 들어간다는 것이다. |
| 蒲本亦偁(稱)蔧。 | 포(蒲)의 밑둥도 역시 밀(蔧)이라고 한다. |
| 『周書』莫席。 | 『주서(周書)』❷의 말석(莫席)을 |
| 今作蔑席。 | 지금은 멸석(蔑席)으로 쓴다. |
| 纖蒻席也。 | 섬약석(纖蒻席)이다. |
| 『檀弓』。 | 『단궁(檀弓)』❸에 |
| 子蒲卒。 | "자포(子蒲)가 죽었다. |
| 哭者呼滅。 | 곡(哭)을 하는 사람이 멸(滅)을 불렀다. |
| 『注』曰。 | 『주(注)』❹에 이르기를 |
| 滅蓋(蓋)子蒲名。 | '멸(滅)은 대개 자포(子蒲)의 이름이다. |
| 哭呼名。 | 곡(哭)을 할 때 이름을 불렀다. |
| 故子皐非之。 | 그래서 자고(子皐)가 비난한 것이다.'라고 했다."고 했다. |
| 莫滅皆蔧之叚(假)借也。 | 말(莫)과 멸(滅)은 모두 밀(蔧)의 가차다. |
| 名蔧。故字蒲。》 | 이름이 밀(蔧)이므로 자(字)가 포(蒲)다. |
| 从艸、 | 초(艸)를 따랐고, |
| 密聲。 | 밀(密)이 성부가 된다. |
| 《美必切。12部》 | 미필절(美必切)이다. 제 12부에 속한다. |

**멸**(莫) 불 흐미할, 부들자리 ▣**말**:같은 뜻.

| 부거(扶渠) | 부거(扶蕖), 부거(芙蕖). 하화(荷花).《시:정풍:산유부소(詩:鄭風:山有扶蘇)》에 "隰有荷華"가 있는데 모전(毛傳)에서 "하화(荷華)는 부거(扶渠)다."라고 했다. |
|---|---|
| 백약(白蒻) | 우(藕)의 별명(別名).《이아:석초(爾雅:釋草)》에 "<荷>其本蔧"가 있는데 진(晉) 나라 곽박-주(郭璞-注)에 "줄기 아래가 백약(白蒻)이다. 진흙 속에 있는 것이다."라고 했다. 청(淸) 나라 고사기(高士奇)의《천록식여:백약(天祿識餘:白蒻)》에 "백약(白蒻)은 우(藕)다."라고 했다. |
| 말석(莫席), 멸석(蔑席) 섬약석(纖蒻席) | 멸석(籛席). 죽멸(竹籛)을 엮어서 짠 자리. 또한 특별히 도지죽(桃枝竹)을 엮어 짠 자리를 가리키기도 한다. "멸석(蔑席)은 섬약빈석(纖蒻蘋席)이다."라고 했다. 곧 허신 또한 당연히 섬(纖)으로 썼다. 섬(纖)과 멸(蔑)은 모두 가늘다는 뜻이다. 멸 |

**0413**

(箋)은 멸(蔑)의 가차다. 마(馬)와 왕(王)은 지석(底席)이 청포석(靑蒲席)이라는 말
이다.곧 멸석(蔑席)은 섬약석(纖蒻席)이다. 허신의 설명 또한 마땅히 같다. 초부
(艸部)에서 이르기를 "약(蒻)은 포자(蒲子)다. 빈석(蘋席)을 만들 수 있다. 포자(蒲
子)는 포(蒲)의 어린 것이다. 포(蒲) 보다 가늘다. 그래서 섬약(纖蒻)이라고 한다.
"라고 했다.

## [인경고 引經考]

### ❶『석초(釋艸)』

荷, 芙渠. 其莖茄, 其葉蕸, 其本蔤, 其華菡萏, 其實蓮, 其根藕, 其中
的, 的中薏.

<釋曰:李巡曰:皆分別蓮, 莖, 葉, 華, 實之名. 芙渠, 其總名也. 別名芙蓉, 江東
呼荷. 菡萏, 蓮華也. 的, 蓮實也. 薏, 中心也. 郭璞云:"蔤, 莖下白蒻在泥中者."
今江東人呼荷華爲芙蓉, 北方人便以藕爲荷, 亦以蓮爲荷, 蜀人以藕爲茄. 或用其
母爲華名, 或用根子爲母葉號, 此皆名相錯, 習俗傳誤, 失其正體者也.

陸機《疏》云:蓮青皮裏白子爲的, 的中有青爲薏, 味甚苦, 故裏語云"苦如薏"是也>

### ❷『주서(周書)』 <尚書:卷十八 顧命第二十四>

牖間南向, 敷重篾席, 黼純, 華玉仍幾.

<蔑, 桃枝竹. 白黑雜繪緣之. 華, 彩色. 華玉以飾憑幾. 仍, 因也. 因生時, 幾不改
作. 此見群臣, 觀諸侯之坐.>

《周禮》天子之席三重, 諸侯之席再重, 則此四坐所言數重席者, 其席皆數三重. 舉
其上席而言"重", 知其下更有席也. 此牖間之坐即是《周禮》扆前之坐, 篾席之下二
重, 其次是繅席畫純, 其下是莞筵紛純也. 此一坐有《周禮》可據, 知其下二席必然.

### ❸『단궁(檀弓)』 <례기:단궁>

子蒲卒, 哭者呼滅. 子皐曰:"若是野哉! 哭者改之."

<非之也. 唯複呼名. 子皐, 孔子弟子高柴.>

<禮記> 자포가 죽었을 때 곡을 하던 사람이 자포의 이름인 멸(滅)을 외쳤다.
공자의 제자인 자고가 '이것은 야비한(천한) 일이다' 하니 곡하던 자가 고쳤
다.[子蒲卒, 哭者呼滅. 子皐曰, "若是野哉!" 哭者改之.]

### ❹『주(注)』

<〔疏〕"子蒲"至"改之".

○正義曰:此一節論哭者呼名非禮之事. 滅, 子蒲名. 子蒲卒, 哭者呼其名, 故子
皐曰:"若是野哉!"野, 不達禮也. 唯複呼名, 冀其聞名而反, 哭則敬鬼神, 不複
呼其名, 而此家哭獨呼滅, 子皐深譏之, 故云"野哉"也. 非之乃改也.>

## 0414

## 0414 藕藕 우【ǒu ㄡˇ】 34
### 연근 우

扶渠根。 「**부거**(扶渠)의 뿌리」다.

《『釋艸』。其根藕。 『석초(釋艸)』❶에 "그 뿌리가 우(藕)다."라고 했다.

按『釋艸』以其本蔤系於荷扶渠其莖茄 생각건대 『석초(釋艸)』는 그 밑둥의 연뿌리가 연꽃의 줄기 아래

之下者、 에 연결된 것,

謂此乃全荷之本。 이것을 일러 연꽃 전체의 근본이라고 했다.

今俗所謂藕者是也。 지금 민간에서 우(藕)라고 하는 것이 이것이다.

蔤之言滅沒(沒)於泥中也。 밀(蔤)이 말하려는 것은 진흙 속으로 사라진다는 뜻이다.

以其根藕系於其華菡萏其實蓮之下者、 그 뿌리인 우(藕)는 그 꽃인 함담(菡萏)과 그 열매인 련(蓮)에
붙어 있어

謂此乃花實之根。 이를 「화실지근(花實之根)」이라고 한다.

凡花實之莖必偕葉一莖同出。 화실(花實)의 줄기는 반드시 잎과 함께 한 줄기에서 나온다.

似有藕然。 마치 뿌리 처럼.

故下近蔤。 그래서 뿌리인 밀(蔤)과 가깝다

上近花莖之根曰藕。 화경(花莖)의 밑둥에 가까운 것을 우(藕)라고 한다.

本言其全、 본(本)은 그 전체를 말하는 것이고,

根言其偏。 근(根)은 부분적인 것을 말한다.

本在下。 본(本)이 아래쪽에 있고,

根上於本。 근(根)은 본(本) 위에 있는 것이다.

下文的薏仍冢花實言之。 아래 문장의 억(薏)은 곧 화실(花實)을 이어받아 말한 것이다.

此作『爾雅』之精意也。 이렇게 『이아(爾雅)』의 핵심적인 뜻을 만든다.

叔重列字次弟、 허신이 차례를 나열할 때

未得其解矣。 미쳐 그 뜻을 헹라리지 못한 것이다.

从艸水。 초(艸)와 수(水)를 따랐고,

《會意。》 회의다.

禺聲。 우(禺)가 성부가 된다.

《五厚切。4部 오후절(五厚切)이다. 제4부에 속한다.

今訂之乃從艸從耦。 지금 바로 잡아서 초(艸)를 따르고, 우(耦)를 따르게 했다.

會意兼形聲。》 회의를 겸한 형성이다.


**우**(耦) 두 사람이 어깨를 나란히 하고 밭을 갈다, 두 사람이 한 조가 되
다, 짝수

**밀**(蔤) 연뿌리

**가**(茄) 연줄기

**함**(菡) 연꽃 봉오리.

**담**(萏) 연꽃봉오리.

0414

**몽(冡)** 덮을, 어릴, 속일.
**억(薏)** 연밥알, 율무 ■의:풀이름.

**❶『석초(釋艸)』**

荷, 芙渠. 其莖茄, 其葉蕸, 其本蔤, 其華菡萏, 其實蓮, 其根藕, 其中的, 的中薏.

◁釋曰 : 李巡曰 : 皆分別蓮, 莖, 葉, 華, 實之名. 芙渠, 其總名也. 別名芙蓉, 江東呼荷. 菡萏, 蓮華也. 的, 蓮實也. 薏, 中心也.

郭璞云 : "蔤, 莖下白蒻在泥中者." 今江東人呼荷華爲芙蓉, 北方人便以藕爲荷, 亦以蓮爲荷, 蜀人以藕爲茄. 或用其母爲華名, 或用根子爲母葉號, 此皆名相錯, 習俗傳誤, 失其正體者也.

陸機《疏》云 : 蓮靑皮裏白子爲的, 的中有靑爲薏, 味甚苦, 故裏語云"苦如薏"是也▷

[참고] 時珍曰 : 蓮藕, 荊, 揚, 豫, 益諸處湖澤陂池皆有之. 以蓮子種者生遲, 藕芽種者最易發. 其芽穿泥成白, 卽也. 長者至丈餘, 五, 六月嫩時, 沒水取之, 可作蔬茹, 俗呼藕絲菜. 節生二莖 : 一爲藕荷, 其葉貼水, 其下旁行生藕也 ; 一爲芰荷, 其葉出水, 其旁莖生花也. 其葉淸明後生. 六, 七月開花, 花有紅, 白, 粉紅三色. 花心有黃須, 蕊長寸餘, 須內卽蓮也. 花褪連房成, 在房如蜂子在窠之狀. 六, 七月采嫩者, 生食脆美. 至秋房枯子黑, 其堅如石, 謂之石蓮子. 八, 九月收之, 斫去黑殻, 貨之四方, 謂之蓮肉. 冬月至春掘藕食之, 藕白有孔有絲, 大者如肱臂, 長六, 七尺, 凡五, 六節. 大抵野生及紅花者, 蓮多藕劣 ; 種植及白花者, 蓮少藕佳也. 其花白者香, 紅者豔, 千葉者不結實.

## 0415 龗蘢 롱【lóng ㄌㄨㄥˊ】34

말여뀌 롱

天蕭也。

《見『釋艸』。》

从艸，

龍聲。

《盧紅切。9部。》

[신경고 引經考]

「천약(天蕭)」이다.

『석초(釋艸)』❶를 보라.

초(艸)를 따랐고,

룡(龍)이 성부가 된다.

로홍절(盧紅切)이다. 제 9부에 속한다.

❶『석초(釋艸)』

蘢, 天蕭. 須, 葑蓯.〈未詳.〉

## 0416 薔薔 시 【shì ㄕˋ】34

### 톱풀 시

| | |
|---|---|
| 蒿屬。 | 쑥의 종류다. |
| 《謂似蒿而非蒿也。 | 쑥과 비슷하지만 숙이 아니라는 말이다. |
| 陸璣曰。 | 륙기(陸璣)가 이르기를 |
| 似藾蕭。靑色。》 | "뢰소(藾蕭)와 비슷하고, 청색이다."❶라고 했다. |
| 生千世三百莖。 | 천년을 살고 300개의 줄기가 난다. |
| 《『艸木疏』、『博物志』說皆同。 | 『초목:소(艸木:疏)』❷와 『박물지(博物志)』❸의 설명이 모두 같다. |
| 『尙書大傳』曰。 | 『상서:대전(尙書:大傳)』❹에 이르기를 |
| 蓍之爲言耆也。 | "시(蓍)가 말하려는 것은 기(耆)다. |
| 百年一本生百莖。》 | 100년 동안 한 그루에서 100개의 줄기가 난다."라고 했다. |
| 『易』旨(以)爲數。 | 『역(易)』에서 이것으로 셈을 한다. |
| 《數、筭(算)也。 | 수(數)는 셈하는 것이다. |
| 謂占易者必以是計筭也。 | 옛날의 점치는 자들은 반드시 이것으로 셈을 했다. |
| 詳『易:毄(繫)辭』。》 | 자세한 것은 『역:계사(易:毄辭)』❺에 있다. |
| 天子蓍九尺。 | 천자의 **시초**(蓍草)는 9척이다. |
| 례諸侯七尺。 | 제후(諸侯)는 7척이다. |
| 大夫五尺。 | 대부(大夫)는 5척이다. |
| 士三尺。 | 사(士)는 3척이다. |
| 《此『禮:三正記』文也。 | 이것은 『례:3정기(禮:三正記)』❻의 글이다. |
| 亦見『白虎通』。 | 또한 『백호통(白虎通)』❼에도 보인다. |
| 『儀禮:特牲:饋食』。 | 『의례:특생:궤사(儀禮:特牲:饋食)』❽에 |
| 筮者坐筮。 | "점치는 이가 앉아서 점친다."라고 했다. |
| 『少牢:饋食』。 | 『소뢰:궤사(少牢:饋食)』❾에 |
| 筮者立筮。 | "점치는 이가 서서 점친다."라고 했다. |
| 『鄭-注』。 | 『정-주(鄭-注)』❿에 |
| 卿大夫蓍五尺。 | "경대부(卿大夫)는 시초(蓍草)가 5척이니 |
| 立筮。 | 서서 점친다. |
| 士之蓍短。坐筮。 | 사(士)의 시초는 짧아서 앉아서 점친다."라고 했다. |
| 皆由便也。 | 모두 편하기 때문이다. |
| 賈公彦曰。 | 가공언(賈公彦)이 이르기를⓫ |
| 然則天子諸侯立筮可知。》 | "그러므로 천자와 제후도 서서 점친 것을 알 수 있다."라고 했다. |
| 从艸。 | 초(艸)를 따랐다. |
| 耆聲。 | 기(耆)가 성부가 된다. |
| 《式脂切。15部。》 | 무지절(式脂切)이다. 제 15부에 속한다. |

**0416**

뢰(蘱) 산흰쑥, 덮을.
궤(饋) 먹일, 진지 올릴, 음식 보낼.
산(筭) 수판, 셈본, 수놓을, 헤아릴.

쑥. = 뢰호(蘱蒿).

**뢰소(蘱蕭)**
**시초(蓍草)**

옛날에 점을 칠 때 사용하던 풀로, 이것을 손가락 사이에 끼우며 수를 헤아려서 괘(卦)를 얻는다.

**[인경고 引經考]**

❶**뢰소(蘱蕭)와 비슷하고,** 〈卷一 曲禮上第一〉

外事以剛日, 內事以柔日. 凡卜筮日, 旬之外曰"遠某日", 旬之內曰"近某日". 喪事先遠日, 吉事先近日. 曰: "爲日, 假爾泰龜有常, 假爾泰筮有常." 卜筮不過三, 卜筮不相襲.

&lt;○"凡卜筮日"者, 凡先聖王之所以立卜筮者, 下云"所以使民信時日, 敬鬼神, 決嫌疑, 定猶與"也. 卜筮必用龜蓍者,

案劉向云: "蓍之言耆, 龜之言久. 龜千歲而靈, 蓍百年而神, 以其長久, 故能辯吉凶也."

《說文》云: "蓍, 蒿屬也. 生千歲, 三百莖,

《易》以爲數. 天子九尺; 諸侯七尺, 大夫五尺, 士三尺."

陸機《草木疏》云: "似蘱蕭, 青色, 科生."

《洪範五行傳》曰: "蓍生百年, 一本生百莖."

《論衡》云: "七十年生一莖, 七百年十莖, 神靈之物, 故生遲也."

《史記》曰: "滿百莖者, 其下必有神龜守之, 其上常有雲氣覆之."

《淮南子》云: "上有叢蓍, 下有伏龜. 卜筮實問於神, 龜筮能傳神命以告人. 故《金滕》告大王, 王季, 文王云'爾之許我', 乃卜三龜, 一襲吉. 是能傳神命也."

又鄭注《天府》云: "卜筮實問於鬼神, 龜筮能出其卦兆之占耳."

案《白虎通》稱: "《禮·三正記》天子龜一尺二寸, 諸侯一尺, 大夫八寸, 士六寸. 龜, 陰也, 故其數偶." 筮者,

案《少牢》"大夫立筮" 鄭云: "大夫蓍長五尺." 推此而言, 天子九尺, 諸侯七尺, 士三尺. 蓍, 陽也, 故其數奇. 所以謂之"卜筮"者,

師說云: 卜, 覆也, 以覆審吉凶; 筮, 決也, 以決定其惑. &gt;

❷『초목:소(艸木:疏)』

茾, 馬帚. &lt;似蓍, 可以爲埽蔧. ○茾, 音並.&gt;

〔疏〕"茾, 馬帚".

○釋曰: 茾草似蓍者, 今俗謂蓍茾. 可以爲埽蔧, 故一名馬帚.

○注"似蓍".

*0416*

○釋曰：蓍, 蒿屬也. 年千歲三百莖, 可以爲簭策.

《白虎通》云"此天地之間壽考物也, 故問之"是也.

### ❸『박물지(博物志)』

子胥伐楚, 燔其府庫, 破其九龍之鍾.

<蓍一千歲而三百莖, 其本以老, 故知吉凶. 蓍末大於本爲上吉, 筮必沐浴齋潔食香, 每日望浴蓍, 必五浴之. 浴龜亦然. 明夷曰："昔夏後筮乘飛龍而登於天. 而牧占四華陶, 陶曰：'吉. 昔夏啟筮徙九鼎, 啟果徒之.'">

### ❹『상서:대전(尙書:大傳)』《且》※ 본문과 조금 다르다.

53　月生酬日謂之魄. 鄭注云魄亦作罔. 尙書五行傳心之大星天王也. 基剛星太子也. 後星庶予也. 徹範五傳辰星者北方水精也. 文選注己地者成萬物也. 馴鱗霄鈔五行嗣夏不數浴非愛水也. 冬不數湯非愛火也. 蓄之別言蓍也. 百年口本生百莖. 此草木之壽. 亦知口凶者聖人以間鬼神酬. 易音義藝文類引拱範五行傳季夏可以大赦罪人.

[참고]　　〈禮記:曲禮〉

○"凡卜筮日"者, 凡先聖王之所以立卜筮者, 下云"所以使民信時日, 敬鬼神, 決嫌疑, 定猶與"也. 卜筮必用龜蓍者, 案劉向云："蓍之言耆, 龜之言久. 龜千歲而靈, 蓍百年而神, 以其長久, 故能辯吉凶也."《說文》云："蓍, 蒿屬也. 生千歲, 三百莖,《易》以爲數. 天子九尺；諸侯七尺, 大夫五尺, 士三尺." 陸機《草木疏》云："似藕蕭, 青色, 科生."《洪範五行傳》曰："蓍生百年, 一本生百莖."《論衡》云："七十年生一莖, 七百年十莖, 神靈之物, 故生遲也."《史記》曰："滿百莖者, 其下必有神龜守之, 其上常有云氣覆之."《淮南子》云："上有叢蓍, 下有伏龜. 卜筮實問於神, 龜筮能傳神命以告人. 故《金滕》告大王, 王季, 文王云'爾之許我', 乃蔔三龜, 一襲吉. 是能傳神命也." 又鄭注《天府》云："卜筮實問於鬼神, 龜筮能出其卦兆之占耳." 案《白虎通》稱："《禮三正記》天子龜一尺二寸, 諸侯一尺, 大夫八寸, 士六寸. 龜, 陰也, 故其數偶." 筮者, 案《少牢》"大夫立筮" 鄭云："大夫蓍長五尺." 推此而言, 天子九尺, 諸侯七尺, 士三尺. 蓍, 陽也, 故其數奇. 所以謂之"卜筮"者, 師說云：卜, 覆也, 以覆審吉凶；筮, 決也, 以決定其惑. 劉氏以爲卜, 赴也, 赴來者之心；筮, 問也, 問筮者之事. 赴, 問互言之. 案《易:系辭》云："定天下之吉凶, 成天下之亹亹者, 莫大乎蓍龜." 又云："蓍之德圓而神, 卦之德方以知, 神以知來, 知以藏往."又《說卦》云："昔者聖人幽贊於神明而生蓍." 據此諸文, 蓍龜知靈相似, 無長短也. 所以僖四年《左傳》云, "筮短龜長, 不如從長者", 時晉獻公蔔娶驪姬, 不吉, 更欲筮之, 故太史史蘇欲止公之意, 讬雲筮短龜長耳, 實無優劣也. 若杜預, 鄭玄因筮短龜長之言, 以爲實有長短, 故杜預注傳云"物生而後有象, 象而

## 0416

後有滋, 滋而後有數, 龜象筮數, 故象長數短"是也. 象所以長者, 以物初生則有象, 去初既近, 且包羅萬形, 故爲長. 數短者, 數是終末, 去初既遠, 推尋事數, 始能求象, 故以爲短也.

### ⑤『역:계사(易:繫辭)』

《系辭》云: "爻也者, 效此者也." 聖人畫爻, 以仿效萬物之象. 先儒云, 後代聖人以《易》占事之時, 先用蓍以求數, 得數以定爻, 累數而成卦, 因卦以生辭, 則蓍爲爻卦之本, 爻卦爲蓍之末. 今案:《說卦》云: "聖人之作《易》也, 幽贊於神明而生蓍, 三天兩地而倚數, 觀變於陰陽而立卦, 發揮於剛柔而生爻."《系辭》云: "成天下之亹亹者, 莫大乎蓍龜. 是故天生神物, 聖人則之."又《易:乾鑿度》云: "垂皇策者犧." 據此諸文, 皆是用蓍以求卦. 先儒之說, 理當然矣. 然陽爻稱"九", 陰爻稱"六", 其說有二; 一者《乾》體有三畫,《坤》體有六畫, 陽得兼陰, 故其數九, 陰不得兼陽, 故其數六. 二者老陽數九, 老陰數六, 老陰老陽皆變,

### ⑥『례:3정기(禮:三正記)』???

天子龜長一尺二寸, 諸侯一尺, 大夫八寸, 士六寸. 龜陰, 故數偶也. 天子蓍長九尺, 諸侯七尺, 大夫五尺, 士三尺. 蓍陽, 故數奇也.

### ⑦『백호통(白虎通)』

厥.

### ⑧『의례:특생:궤사(儀禮:特牲:饋食)』

筮者許諾, 還, 即席, 西面坐, 卦者在左. 卒筮, 寫卦. 筮者執以示主人.

&lt;士之筮者坐, 蓍短由便. 卦者主畫地識爻, 爻備, 以方寫之.&gt;

〔疏〕注"士之"至"寫之".

○釋曰: 云"士之筮者坐, 蓍短由便"者,

決下《少牢》云: 史曰若, 遂述命旣, "乃釋韇立筮",

鄭注云: "卿大夫之蓍長五尺, 立筮由便."與士不同. 知蓍有長短者,

案《三正記》云"天子蓍長九尺, 諸侯七尺, 大夫五尺, 士三尺"是也.

云"卦者主畫地識爻, 爻備, 以方寫之"者,

案《士冠禮》云: "筮人許諾, 右還, 即席坐, 西面, 卦者在左. 卒筮書卦, 執以示主人."

鄭云: "卒, 已也. 書卦者, 筮人以方寫所得之卦."

彼云書卦, 即云筮執以示主人, 則筮者書寫以示主人也.

此經云"卒筮寫卦", 乃云"筮者執以示主人", 則寫卦者非筮人, 故此鄭云卦者主畫地識爻, 爻備, 以方寫之也.

### ⑨『소뢰:궤사(少牢:饋食)』

乃釋韇, 立筮.&lt;卿大夫之蓍長五尺, 立筮由便.&gt;

❿『정-주(鄭-注)』 8번 참조.

&lt;[疏] "乃釋犢立筊".

○注 "卿大"至"由便".

○釋曰 : 云 "卿大夫之著長五尺" 者,

《大戴禮》,《三正記》皆有此文. 立筊由便, 以其著長, 立筊爲便. 對士之著三尺,

坐筊爲便. 若然, 諸侯著七尺, 天子著九尺, 立筊可知. &gt;

❶가공언(賈公彦)

厥.

## 0417

제비쑥 긴

| | |
|---|---|
| 香蒿也。 | 「향호(香蒿)」다. |
| 《『詩』。 | 『시(詩)』❶에 |
| 食野之蒿。 | "들판의 호(蒿)를 먹네."라고 했다. |
| 『爾雅』、『毛傳』皆云。 | 『이아(爾雅)』❷와 『모전(毛傳)』❸에서 이르기를 |
| 蒿、蔇也。 | "호(蒿)는 긴(蔇)이다."라고 했다. |
| 郭樸云。 | 곽박(郭樸)이 이르기를❹ |
| 今人呼爲青蒿。 | "지금의 사람들은 청호(青蒿)라고 한다."라고 했다. |
| 香中炙啖者爲蔇。》 | 향(香) 중에서 **적담**(炙啖)한 것이 긴(蔇)이다. |
| 从艸。 | 초(艸)를 따랐고, |
| 臤聲。 | 간(臤)이 성부가 된다. |
| 《去刃切。12部。》 | 거인절(去刃切)이다. 제 12부에 속한다. |
| 堅 蔇或从堅 | 堅 긴(蔇)이 간혹 견(堅)을 따른다. |
| 《按陸德明曰。 | 생각건대 륙덕명(陸德明)이 이르기를 |
| 蔇、『字林』作「蘡」。》 | "긴(蔇)을 『자림(字林)』에서는 긴(蘡)으로 썼다."라고 했다. |

호(蒿) 다북쑥, 김 오르는 모양, 고달플
긴(蘡) 제비쑥.
적(炙) 고기구이, 구을, 김 쏘일, 친근할, 더울, 노할 ■자:같은 뜻.
담(啖) 씹을, 통으로 삼킬.

| | |
|---|---|
| 향호(香蒿) | 청호(青蒿)의 일종. 송(宋) 나라 침괄(沈括)의 《몽계필담:약의(夢溪筆談:藥議)》에 "섬서(陝西)의 수은(綏銀) 사이에 청호(青蒿)가 있는데 호총(蒿叢) 사이에 있다. 때로는 문득 청색의 두 그루가 있어서 사람들은 '향호(香蒿)'라고 부른다.줄기와 잎은 보통의 호(蒿)와 모두 똑 같으나 이것만 청취(青翠)색으로 송회(松檜)의 색과 비슷하다. 가을이 깊어지면 여타의 호(蒿)는 모두 노래지지만 이것만 홀로 청색(青色)이다. 향기가 조금 분방(芬芳)하다."라고 했다. |
| 적담(炙啖) | 불을 사용하여 구워서 먹는다. |
| 청호(青蒿) | 국과 2년생초본식물. 잎은 호생(互生)하는데 실처럼 가늘게 갈라진다. 특별한 기미(氣味)가 있다. 줄기는 약으로 쓴다. 어린 싹을 먹는다. 향호(香蒿)라고 한다. |

| | |
|---|---|
| [인경고 引經考] | ❶『시(詩)』 <小雅:鹿鳴之什:鹿鳴> |
| | 呦呦鹿鳴, 食野之苹. 我有嘉賓, 鼓瑟吹笙. |
| | 吹笙鼓簧, 承筐是將. 人之好我, 示我周行. |
| | 呦呦鹿鳴, 食野之蒿. 我有嘉賓, 德音孔昭. |
| | 視民不恌, 君子是則是傚. 我有旨酒, 嘉賓式燕以敖. |

**0417**

&lt;蒿, 菣也.&gt;

呦呦鹿鳴, 食野之芩. 我有嘉賓, 鼓瑟鼓琴.

鼓瑟鼓琴, 和樂且湛. 我有旨酒, 以燕樂嘉賓之心.

❷『이아(爾雅)』

蘩, 皤蒿.&lt;白蒿.&gt; 蒿, 菣.&lt;今人呼青蒿, 香中炙啖者爲菣.&gt; 蔚, 牡菣.&lt;無子者.&gt;

[疏] "蘩皤"至"牡菣".

○釋曰: 此辨蒿色及有子無子者之異名也.

《詩:召南》云: "於以采蘩, 於沼於沚."

毛傳云: "蘩, 皤蒿也." 郭氏云"白蒿", 然則皤猶白也.

《本草》云"白蒿".

唐本注云: 此蒿葉粗於青蒿. 從初生至枯, 白於衆蒿. 欲似艾者, 所在有之. 又云葉似艾葉, 上有白毛粗澀, 俗呼蓬蒿, 可以爲菹.

故《詩》箋云"以豆薦蘩菹".

陸機云: "凡艾白色爲皤蒿, 今白蒿. 春始生, 及秋香美可生食, 又可烝. 一名遊胡, 北海人謂之旁勃.

故《大戴禮:夏小正傳》曰: 蘩, 遊胡; 遊胡, 旁勃也." 是蒿一名菣.

《詩:小雅:鹿鳴》云: "食野之蒿."

陸機云: "蒿, 青蒿也. 荊, 豫之間, 汝南, 汝陰皆云菣."

孫炎云: "荊, 楚之間謂蒿爲菣."

郭云: "今人呼青蒿, 香中炙啖者爲菣." 是也. 蔚, 卽蒿之雄無子者,

故云牡菣. 舍人曰: "蔚一名牡菣."

《詩:蓼莪》云: "匪我伊蔚."

陸機云: "牡蒿也. 三月始生, 七月華, 華似胡麻華而紫赤. 八月爲角, 角似小豆角, 銳而長. 一名馬新蒿." 是也.

❸『모전(毛傳)』 1번 참조.

呦呦鹿鳴, 食野之蒿.&lt;蒿, 菣也.&gt;

❹지금의 사람들은 **청호**(靑蒿)라고 한다. 2번 참조.

郭云: "今人呼青蒿, 香中炙啖者爲菣." 是也. 蔚, 卽蒿之雄無子者,

## 0418 莪莪 아 【é ㄜˊ】 35
### 쑥 아

| | |
|---|---|
| 莪《逗。》蘿也。 | 아(莪)는 라(蘿)다. |
| 《此三字舊作「蘿莪」二字。 | 이 석 자를 옛날에는 「라아(蘿莪)」두 자로 썼다. |
| 今正。 | 지금 바로 잡는다. |
| 莪系複擧(擧)。 | 아(莪)는 중복되어 나온 것이다. |
| 不當倒於蘿下。 | 부당하게 라(蘿) 뒤로 거꾸로 나온 것이다. |
| 『小雅』 | 『소아(小雅)』❶에 |
| 菁菁者莪、蓼蓼者莪。 | "청청자아(菁菁者莪), **료료자아**(蓼蓼者莪)"라고 했다. |
| 『釋艸』曰。 | 『석초(釋艸)』❷에 이르기를 |
| 莪、蘿。 | "아(莪)는 라(蘿)다."라고 했다. |
| 以蘿釋莪。 | 라(蘿)로 아(莪)를 풀이 한 것이다. |
| 『毛傳』曰。 | 『모전(毛傳)』❸에 이르기를 |
| 莪、蘿蒿也。 | "아(莪)는 **라호**(蘿蒿)다."라고 했다. |
| 以蘿蒿釋莪。 | **라호**(蘿蒿)로 아(莪)를 풀이 한 것이다. |
| 陸璣亦云。 | 륙기(陸璣) 또한 이르기를 |
| 莪蒿一名蘿蒿。》 | "**아호**(莪蒿)는 일명 **라호**(蘿蒿)다."라고 했다. |
| 蒿屬。 | 쑥의 종류다. |
| 《凡言屬則別在其中。 | 대개 속(屬)이라고 하면 따로 그 가운데 있는 것이다. |
| 故『鄭-注』同禮每云屬別》 | 그러므로 『정-주(鄭-注)』도 『례(禮)』처럼 매번 속(屬)이라고 분별했다. |
| 从艸。 | 초(艸)를 따랐고, |
| 我聲。 | (我)가 성부가 된다. |
| 《五何切。17部。》 | 오하절(五何切)이다. 제 17부에 속한다. |

**라**(蘿) 여라, 토사, 새삼, 쑥, 풀가사리, 무우.

**정**(菁) 부추꽃, 세골진띠, 순무 ■**청**:꽃이 성한 모양, 초목 무성한 모양, 땅이름.

**료**(蓼) 여뀌, 나라이름 ■**로**:찾을 ■**륙**:클 ■**류**:서로 끌.

**호**(蒿) 다북쑥, 김 오르는 모양, 고달플

| | |
|---|---|
| **라호**(蘿蒿) | 무성한 것은 다북쑥.『시경:소아:남유가어지십:청청자아(詩經:小雅:南有嘉魚之什:菁菁者莪)』의 첫 구절이다. |
| **아호**(莪蒿) | 우북한 것은 햇쑥.『시경:소아:곡풍지십:료아(詩經:小雅:谷風之什:蓼莪)』의 첫 구절이다. |
| **청청자아**(菁菁者莪) | 길고 큰 것은 지칭개. |
| **료료자아**(蓼蓼者莪) | |

**0418**

[신경고 引經考]

**❶『소아(小雅)』**〈小雅: 南有嘉魚之什: 菁菁者莪〉

菁菁者莪, 在彼中阿. 旣見君子, 樂且有儀.

〈樂育材者, 歌樂人君敎學國人秀士, 選士俊士, 造士進士, 養之以漸, 至於官之.〉

菁菁者莪, 在彼中沚. 旣見君子, 我心則喜.

菁菁者莪, 在彼中陵. 旣見君子, 錫我百朋.

汎汎楊舟, 載沈載浮. 旣見君子, 我心則休.

〈小雅: 谷風之什: 蓼莪〉

蓼蓼者莪, 匪莪伊蒿. 哀哀父母, 生我劬勞.

〈蔚, 牡菣也.〉

蓼蓼者莪, 匪莪伊蔚. 哀哀父母, 生我勞瘁.

缾之罄矣, 維罍之恥. 鮮民之生, 不如死之久矣.

無父何怙, 無母何恃. 出則銜恤, 入則靡至.

父兮生我, 母兮鞠我, 拊我畜我, 長我育我,

顧我復我, 出入腹我. 欲報之德, 昊天罔極.

南山烈烈, 飄風發發. 民莫不穀, 我獨何害.

南山律律, 飄風弗弗. 民莫不穀, 我獨不卒.

**❷『석초(釋艸)』**

莪, 蘿.〈今莪蒿也. 亦曰廩蒿.〉

**❸『모전(毛傳)』**

[疏] "莪, 蘿".

○釋曰 : 舍人云 "莪一名蘿".

郭云 "今莪蒿也. 亦曰廩蒿".

《詩: 小雅》云 : "菁菁者莪."

陸機云 : "莪, 蒿也. 一名蘿蒿. 生澤田漸洳之處. 葉似邪蒿而細, 科生三月中, 莖可生食, 又可烝, 香美, 味頗似蔞蒿." 是也.

| 0419 | 0419 䕞蘿 라【luó ㄌㄨㄛˊ】35 쑥、풀가사리 라 |
|---|---|

| 莪也。 | 쑥이다. |
| 《是謂轉注。》 | 이것이 **전주**(轉注)다. |
| 从艸。 | 초(艸)를 따랐고, |
| 羅聲。 | 라(羅)가 성부가 된다. |
| 《魯何切。17部。》 | 로하절(魯何切)이다. 제17부에 속한다. |

아(莪) 새발쑥.

## 0420 䕞菻 菻【lín ㄌㄧㄣˊ】35
빵때쑥、지칭개 菻

| 蒿屬。 | 「쑥의 무리」다. |
| 《郭樸曰 | 곽박(郭樸)이 이르기를 |
| 莪蒿亦曰菻蒿。 | "아호(莪蒿)를 또한 **菻호**(菻蒿)라고도 한다."❶고 했다. |
| 按菻同菻。 | 생각건대 菻(菻)은 菻(菻)과 같다. |
| 許不言莪菻一物也。》 | 허신(許愼)은 아(莪)와 菻(菻)이 같은 사물이라고 말하지 않았다. |
| 从艸。 | 초(艸)를 따랐고, |
| 林聲。 | 림(林)이 성부가 된다. |
| 《力稔切。7部。》 | 력임절(力稔切)이다. 제 7부에 속한다. |

**菻**(菻) 빵때쑥. &lt;광아(廣雅)&gt; 菻卽菻字.
**아**(莪) 새발쑥.
**임**(稔) 여물, 풍년들, 자세히 알.
**호**(蒿) 다북쑥, 김 오르는 모양, 고달플

**아호**(莪蒿) 물가에 나는 다년생초본 식물. 황록색 꽃이 피는데 어린 싹은 식용한다.
**菻호**(菻蒿) 아호(莪蒿)의 별명.

**[인경고 引經考]**

❶&lt;이아&gt;
莪，蘿.&lt;今莪蒿也. 亦曰菻蒿.&gt;
〔疏〕"莪，蘿".
○釋曰：舍人云"莪一名蘿".
郭云"今莪蒿也. 亦曰菻蒿".
《詩:小雅》云："菁菁者莪."
陸機云："莪，蒿也. 一名蘿蒿. 生澤田漸洳之處. 葉似邪蒿而細, 科生三月中, 莖可生食, 又可烝, 香美, 味頗似蔞蒿."是也.

## 0421

牡蒿也。　「모호(牡蒿)」다.

《『小雅』。　『소아(小雅)』❶에

匪莪伊蔚　"비아이울(匪莪伊蔚)"이라고 했다.

『釋艸』、『山傳』皆云。　『석초(釋艸)』❷와 『산전(山傳)』❸ 모두에 이르기를

牡蔚　"모긴(牡蔚)"이라고 했다.

按牡蔚猶牡蒿也。　생각건대 모긴(牡蔚)은 모호(牡蒿)와 유사하다.

郭云。　곽(郭)이 이르기를❹

無子者。　"씨가 없다."라고 했다.

陸璣云。　륙기(陸璣)가 이르기를

牡蒿、七月華。八月角。　"모호(牡蒿)는 7월에 꽃 피고, 8월에 결명이 된다(角).

一名馬薪蒿。　일명 마신호(馬薪蒿)라고 한다."라고 했다.

與郭異。　곽(郭)과 더불어 다르다.

『名醫別錄』有牡蒿一條。　『명의별록(名醫別錄)』❺에 모호(牡蒿) 1조(條)가 있다.

『唐人-注』曰。　『당인-주(唐人-注)』❻에 이르기를

齊頭蒿也。》　"제두호(齊頭蒿)다."라고 했다.

从艸。　초(艸)를 따랐고,

尉聲。　위(尉)가 성부가 된다.

《於胃切。15部　어위절(於胃切)이다. 제 15부에 속한다.

古多借爲茂鬱字。》　옛날에는 무울(茂鬱)자로 많이 가차했다.

---

**긴(蔚)** 개사철쑥

**울(鬱)** 나무 다부룩할, 나무 무성할, 산앵도 나무, 소리 퍼지지 아니할, 막힐, 썩은 냄새.

**위(蔚)** 제비쑥, 익모초, 초목 무성한 모양, 구름이나 안개 등이 피어오르는 모양, 무늬가 아름다울 ■울:주이름, 짙은 쪽빛.

**호(蒿)** 다북쑥, 김 오르는 모양, 고달플

**아(莪)** 새발쑥.

**각(角)** 풀이름, 결명(ㄱ明).

---

**비아이울(匪莪伊蔚)**　모호(牡蒿).

**모긴(牡蔚)**　제비쑥, 엉거시과의 다년초.

**모호(牡蒿)**　모호(牡蒿). 풀이름. 다년생초본(多年生草本). 풀 전체를 모두 약으로 쓴다. 민간에서는 잎을 차로 대용한다. 혹은 줄기를 태워서 모기를 쫓는다. 《시:소아:료아(詩:小雅:蓼莪)》에 "匪莪伊蔚"가 있는데 한(漢) 나라 정현-전(鄭玄-箋)에 "위(蔚)는 모긴(牡蔚)이다."라고 했다. 공영달-소(孔穎達-疏)에서 32국(三國) 오(吳) 나라 륙

*0421*

기(陸璣)를 인용하여 이르기를 "모호(牡蒿)다."라고 했다. 리시진(李時珍)의 《본초강목:초4:모호(本草綱目:草四:牡蒿)》에 "《이아(爾雅)》에 '위(蔚)는 모긴(牡菣)이다.' 라고 했다. 호(蒿) 중에서 씨가 없는 것이다. 이름에 모(牡)를 붙인 것은 이 때문이다."라고 했다.

※ **위**(蔚) 익모초, 재바쑥, 충울, 초목이 무성한 모양 ■**울**:주(州) 이름, 짙은 쪽빛 하늘.

| | |
|---|---|
| **마신호**(馬薪蒿) | 모호(牡蒿). |
| **제두호**(齊頭蒿) | 모호(牡蒿). |
| **무울**(茂鬱) | 우거짐. 울창함. |

**[인경고 引經考]**

**❶『소아(小雅)』** &lt;小雅:谷風之什:蓼莪&gt;

蓼蓼者莪, 匪莪伊蒿. 哀哀父母, 生我劬勞.

蓼蓼者莪, 匪莪伊蔚. 哀哀父母, 生我勞瘁.

&lt;蔚, 牡菣也.&gt;

缾之罄矣, 維罍之恥. 鮮民之生, 不如死之久矣. 無父何怙, 無母何恃. 出則銜恤, 入則靡至.

父兮生我, 母兮鞠我. 拊我畜我, 長我育我, 顧我復我, 出入腹我. 欲報之德, 昊天罔極.

南山烈烈, 飄風發發. 民莫不穀, 我獨何害.

南山律律, 飄風弗弗. 民莫不穀, 我獨不卒.

**❷『석초(釋艸)』**

蘩, 皤蒿. &lt;白蒿.&gt;

蒿, 菣. &lt;今人呼青蒿, 香中炙啖者爲菣.&gt;

蔚, 牡菣. &lt;無子者.&gt;

　[疏]"蘩皤"至"牡菣".

　○釋曰:此辨蒿色及有子無子者之異名也.

　《詩:召南》云:"於以采蘩, 於沼於沚."

　毛傳云:"蘩, 皤蒿也."

　郭氏云"白蒿", 然則皤猶白也.

　《本草》云"白蒿".

　唐本注云:此蒿葉粗於青蒿. 從初生至枯, 白於眾蒿. 欲似艾者, 所在有之. 又云葉似艾葉, 上有白毛粗澀, 俗呼蓬蒿, 可以爲菹.

　故《詩》箋云"以豆薦蘩菹".

　陸機云:"凡艾白色爲皤蒿, 今白蒿. 春始生, 及秋香美可生食, 又可烝. 一名遊胡, 北海人謂之旁勃.

## 0421

故《大戴禮:夏小正傳》曰：蘩，遊胡；遊胡，旁勃也."是蒿一名菣.

《詩:小雅:鹿鳴》云："食野之蒿."

陸機云："蒿，青蒿也. 荊，豫之間，汝南，汝陰皆云菣."

孫炎云："荊，楚之間謂蒿爲菣."

郭云："今人呼青蒿，香中炙啖者爲菣."是也. 蔚，即蒿之雄無子者，故云牡菣.

舍人曰："蔚一名牡菣."

《詩:蓼莪》云："匪我伊蔚."

陸機云："牡蒿也. 三月始生，七月華，華似胡麻華而紫赤. 八月爲角，角似小豆角，銳而長. 一名馬新蒿."是也.

### ❸『산전(山傳)』
厥.

### ❹곽(郭)이 이르기를 <2번 참조.>
郭云："今人呼青蒿，香中炙啖者爲菣."是也. 蔚，即蒿之雄無子者，故云牡菣.

### 륙기(陸璣)가 이르기를 <2번 참조.>
陸機云："牡蒿也. 三月始生，七月華，華似胡麻華而紫赤. 八月爲角，角似小豆角，銳而長. 一名馬新蒿."是也.

### ❺『명의별록(名醫別錄)』
牡蒿. ◁味苦，溫，無毒. 主充肌膚，益氣，令人暴肥，血脈滿盛，不可久服. 生田野，五月八月采. ▷

### ❻『당인-주(唐人-注)』 ???
厥.

0422　蕭蕭　소【xiāo ㄒㄧㄠ¯】35　0422

쑥, 시끄러울 소

| 艾蒿也。 | 「애호(艾蒿)」다. |
| 《『大雅』。 | 『대아(大雅)』❶에 이르기를 |
| 取蕭祭脂。 | "취소제지(取蕭祭脂:쑥기름으로 제사함)"라고 했다. |
| 『郊特牲』。 | 『교특생(郊特牲)』❷에 이르기를 |
| 焫蕭合馨香。 | "설소합형향(焫蕭合馨香)"라고 했다. |
| 故毛公曰。 | 그러므로 모공(毛公)이 이르기를 |
| 蕭所以共祭祀。 | "쑥은 그것으로 제사를 받드는 것이다."라고 했다. |
| 鄭君曰。 | 정군(鄭君)이 이르기를❸ |
| 蕭、藜蒿也。 | "쑥은 향호(藜蒿)다."라고 했다. |
| 陸璣曰。 | 륙기(陸璣)가 이르기를❹ |
| 今人所謂萩蒿也。 | "지금 사람들이 말하는 추호(萩蒿)라는 것이다. |
| 或云牛尾蒿。 | 혹은 우미호(牛尾蒿)라고도 한다."고 했다. |
| 許愼以爲艾蒿。 | 허신(許愼)은 이것을 애호(艾蒿)라고 했는데 |
| 非也。 | 잘못이다. |
| 按陸語非是。 | 생각건대 륙기(陸璣)의 말은 옳지 않다. |
| 此物蒿類而似艾。 | 이것은 호(蒿:쑥)의 일종인데 애(艾)와 비슷하다. |
| 一名艾蒿。 | 일명 애호(艾蒿)라고 한다. |
| 許非謂艾爲蕭也。 | 허신은 애(艾)를 호(蒿)라고 하지 않았다. |
| 齊高帝云。 | 제(齊)나라의 고제(高帝)가 이르기를 |
| 蕭卽艾也。 | "소(蕭)는 곧 애(艾)다."라고 했다. |
| 乃爲誤耳。 | 이에 잘못되었다. |
| ○ 又按『曹風傳』曰。 | ○ 생각건대 『조풍:전(曹風:傳)』❺에 이르기를 |
| 蕭、蒿也。 | "소(蕭)는 호(蒿)다."라고 했다. |
| 此統言之。 | 이것은 통틀어 말한 것이다. |
| 諸家云藜蒿艾蒿者、 | 여러 분야의 사람들이 향호(藜蒿), 애호(艾蒿)라고 말하는 것은 |
| 析言之。》 | 나누어 말하는 것이다. |
| 从艸 | 초(艸)를 따랐고, |
| 肅聲。 | 숙(肅)이 성부가 된다. |
| 《蘇彫切。古音在 3部。 | 소조절(蘇彫切)이다. 고음(古音)은 제 3부에 속한다. |
| 音修。亦與肅同音通用。 | 음은 수(修)다. 또한 숙(肅)과 같은 음으로 통용한다. |
| 『甸師』。 | 『전사(甸師)』❻에 |
| 共蕭茅。 | "공숙모(共蕭茅:쑥과 띠를 함께)."라고 했다. |
| 杜子春讀肅爲蕭。 | 두자춘(杜子春)이 숙(肅)을 소(蕭)로 읽었다. |
| 蕭牆、蕭斧皆訓肅。》 | 소장(蕭牆), 소부(蕭斧)의 훈이 모두 숙(肅)이다. |

**0422**

> 향(薌) 곡기(穀氣), 메기장.
> 추(萩) 다북쑥, 가래나무 ■초:사람의 이름.
> 설(焫) 불 사를,
> 호(蒿) 다북쑥, 김 오르는 모양, 고달플

**애호**(艾蒿) 사재발쑥. 소(蕭)의 별명.

**취소제지**(取蕭祭脂) 쑥 기름을 태워 하늘에 제사하다.『시경:대아:생민지십:생민(詩經:大雅:生民之什:生民)』

**설소합형향**(焫蕭合馨香) 애호(艾蒿)를 불살라서 형향(馨香)을 합하다.

**※ 설소**(焫蕭) 애호(艾蒿)를 불사르다.《통전:례3(通典:禮三)》에 "제천(祭天)에는 번시(燔柴), 제지(祭地)에는 예혈(瘞血), 종묘(宗廟) 제사(祭祀)에는 설소(焫蕭)."라고 했다.

**형향**(馨香) 1. 멀리까지 풍기는 향기(芳馨之升聞者也). 또는 후대에까지 전하여지는 명성의 비유. 2. 향기가 매우 짙은 모양(馥鬱貌). 3. 제물로 쓰는 서직(黍稷)

**향호**(薌蒿)

**추호**(萩蒿) 우미호(牛尾蒿).

**우미호**(牛尾蒿) 추호(萩蒿). 애호(艾蒿).

**공숙모**(共肅茅) 쑥과 띠를 함께.

**소장**(蕭牆) 1.소(蕭)는 숙(肅)과 통한다. 고대(古代)에 궁실내(宮室內)에서 병장(屛障)을 만들기 위한 나지막한 담장. 내부(內部)를 뜻한다.

**※ 병장**(屛障) 병풍을 말하는데, 호화 건물을 가리키기도 한다.

**소병**(蕭屛) 1. 소장(蕭牆). 2. 조정(朝廷).

**소장지우**(蕭牆之憂) 내부에서 일어나는 근심거리. 내환(內患).

**소장지변**(蕭牆之變) 내부에서 일어난 변고(變故).

**화기소장**(禍起蕭牆) 화환(禍患)은 집안 내부에서 일어난다는 말이다. 소장(蕭牆)은 고대에 궁실내에 있는 작은 문의 담장으로 내부(內部)를 비유한다.《진병륙국평화(秦倂六國平話)》권하(卷下)에 "순(舜)은 요(堯)를 본받아 致태평(太平)에 이르렀는데, 진황(秦皇)은 무슨 일로 창생(蒼生)을 고생시키면서 화(禍)가 소장(蕭牆) 내에서 일어난다는 것을 모르고, 헛되이 호(胡)를 막으려 만리성(萬裏城)을 쌓는가?."라고 했다.

**소부**(蕭斧) 고대 병기인 부월(斧鉞). 소(蕭)는 숙(肅)과 통한다.《설문:초부(說文:艸部)》에 "蕭, 艾蒿也. 從艸, 肅聲"가 있는데 청(淸) 나라 <단옥재-주(段玉裁-注)>에 "與숙(肅)과 음을 같이하여 통용한다. 소장(蕭牆), 소부(蕭斧)의 훈이 모두 숙(肅)이다."라고 했다. 생각건대 부월(斧鉞)은 用於형벌(刑罰)에 사용하기 때문에 엄숙(嚴肅)의 뜻을 취한 것이다. 한(漢) 나라 류향(劉向)의《설원:선설(說苑:善說)》에 "무릇 진초(秦楚)의 막강함으로 약한 설(薛)에 원수를 갚는 것은 비유하자면 소부(蕭斧)를 어

0422

루만져 조균(朝菌)을 치는 것과 같다.〔夫以秦楚之强而報讐於弱薛, 譬猶摩蕭斧而伐朝菌也).”라고 했다.

※ **부월**(斧鉞) 큰 도끼와 작은 도끼.

❶『**대아**(大雅)』　　　&lt;大雅:生民之什:生民&gt;

誕彌厥月, 先生如達. 不拆不副, 無菑無害.

以赫厥靈, 上帝不寧, 不康禋祀, 居然生子.

誕寘之隘巷, 牛羊腓字之. 誕寘之平林, 會伐平林.

誕寘之寒冰, 鳥覆翼之. 鳥乃去矣, 后稷呱矣.

實覃實訏, 厥聲載路. 誕實匍匐, 克岐克嶷, 以就口食.

蓺之荏菽, 荏菽旆旆, 禾役穟穟, 麻麥幪幪, 瓜瓞唪唪.

誕后稷之穡, 有相之道. 茀厥豐草, 種之黃茂.

實方實苞, 實種實襃, 實發實秀, 實堅實好, 實穎實栗. 卽有邰家室.

誕降嘉種, 維秬維秠, 維穈維芑. 恒之秬秠, 是穫是畝.

恒之穈芑, 是任是負. 以歸肇祀.

誕我祀如何. 或舂或揄, 或簸或蹂. 釋之叟叟, 烝之浮浮.

載謀載惟, 取蕭祭脂, 取羝以軷. 載燔載烈, 以興嗣歲.

　　&lt;嘗之日滌濯葄來歲之芟, 獮之日滌濯葄來歲之戒, 社之日滌濯葄來歲之稼, 所以興來而繼往也. 穀熟而謀, 陳祭而葄矣. 取蕭合黍稷, 臭達牆屋. 既奠而後爇蕭合馨香也. 羝, 羊牡羊也. 軷, 道祭也. 傅火曰燔, 貫之加於火曰烈.

　　箋云 : 惟, 思也. 烈之言爛也. 後稷既爲郊祀之酒及其米, 則諏謀其日, 思念其禮. 至其時, 取蕭草與祭牲之脂, 爇之於行神之位. 馨香既聞, 取羝羊之體以祭神. 又燔烈其肉, 爲尸羞焉. 自此而往郊.&gt;

卬盛于豆, 于豆于登. 其香始升, 上帝居歆. 胡臭亶時.

后稷肇祀, 庶無罪悔, 以迄于今.

❷『**교특생**(郊特牲)』

○正義曰 : 凡祭血腥之時, 已有脾脊燔燎, 故前文“詔祝於室” 鄭注云“取牲脾脊, 燎於爐炭, 洗肝於鬱鬯而燔之”, 是也. 至薦熟之時, 又取脾脊而燔之, 故上經云“蕭合黍, 稷”, “故既奠, 然後炳蕭合馨香”, 故鄭此注云“與蕭合燒之”, 謂饋熟時也. 云“亦有黍稷也”者, 非但有蕭與脾脊, 兼有黍稷, 故云“亦”也.

❸**정군**(鄭君)이 이르기를 &lt;례기&gt;

周人尚臭, 灌用鬯臭, 鬱合鬯, 臭陰達於淵泉. 灌以圭璋, 用玉氣也. 既灌, 然後迎牲, 致陰氣也. 蕭合黍, 稷, 臭陽達於牆屋, 故既奠, 然後炳蕭合膻, 薌.

## 0422

<灌, 謂以圭瓚酌鬱始獻神也, 已, 乃迎牲於庭殺之, 天子諸侯之禮也. 奠, 謂薦孰時也, 《特牲饋食》所云 "祝酌奠於鉶南" 是也. 蕭, 薌蒿也, 染以脂, 合黍, 稷燒之. 《詩》云 : "取蕭祭脂." 膟當爲 "膋", 聲之誤也. 奠或爲 "薦".>

### ❹륙기(陸璣)가 이르기를 <이아>

蕭, 荻.<即蒿. ○荻, 音秋>

〔疏〕 "蕭, 荻".

○釋曰 : 李巡云 : "荻, 一名蕭."

陸機云 : "今人所謂荻蒿者是也.

或云牛尾蒿, 似白蒿, 白葉, 莖粗, 科生多者數十莖, 可作燭, 有香氣, 故祭祀以脂爇之爲香. 許愼以爲艾蒿, 非也.

《郊特牲》云 '既奠, 然後爇蕭, 合馨香'." 是也.

### ❺『조풍:전(曹風:傳)』〈曹風:下泉〉

洌彼下泉, 浸彼苞稂. 愾我寤嘆, 念彼周京.

洌彼下泉, 浸彼苞蕭. 愾我寤嘆, 念彼京周.

　　<蕭, 蒿也.>

洌彼下泉, 浸彼苞蓍. 愾我寤嘆, 念彼京師.

芃芃黍苗, 陰雨膏之. 四國有王, 郇伯勞之.

### ❻『전사(甸師)』

공숙모(共蕭茅)를 찾을 수 없다.

[소(蕭)가 포함된 글자들] 1자

형성 (+1)　　　　　　　　소(瀟藕)

## 0423 萩萩 추【qiū ㄑㄧㄡ】35

### 사철쑥 추

| | |
|---|---|
| 蕭也。 | 「쑥」이다. |
| 从艸。 | 초(艸)를 따랐고, |
| 烌(秋)聲。 | 추(烌)가 성부가 된다. |
| 《七由切。3部。 | 칠유절(七由切)이다. 제 3부에 속한다. |
| 古多以萩爲楸。 | 옛날에는 추(萩)자를 추(楸)자로 많이 썼다. |
| 如『左氏傳』伐雍門之萩,『史漢』河濟 | 『좌씨:전(左氏:傳)』❶의 **벌옹문지추**(伐雍門之萩)나, |
| 之閒千樹萩是也。》 | 『사기(史記)❷, 한서(漢書❸)』의 |
| | **하제지간천수추**(河濟之閒千樹萩) 같은 것들이다. |
| | |
| | **추**(楸) 가래나무, 산유자나무, 바둑판. |

| | |
|---|---|
| **벌옹문지추**(伐雍門之萩) | 『좌전:양:18년(左傳:襄:18년)』及秦周伐雍門之萩. |
| **하제지간천수추**(河濟之閒千樹萩) | 『사기:권 129, 화식렬전:제 69(史記:貨殖列傳)』安邑千樹棗; 燕, 千樹秦栗; 蜀, 漢, 江陵千樹橘; 淮北, 常山巳南, 河濟之閒千樹萩; 陳, 夏千畝漆; 魯千畝桑麻; 渭川千畝竹; …… 此其人皆與千戶侯等. |
| **천수**(千樹) | 많은 나무. |
| **천묘죽**(千畝竹) | 위천(渭川:위수)가에 대나무가 유명한데 1,000묘(畝)의 대나무를 가진 사람은 천호후(千戶侯)와 맞먹었다. |

## [신경고 引經考]

**❶『좌씨:전(左氏:傳)』〈襄十六年〉**

坐於中軍之鼓下. 晉人欲逐歸者, 魯, 衛請攻險. 己卯, 荀偃, 士匄以中軍克京茲. 乙酉, 魏絳, 欒盈以下軍克邿. 趙武, 韓起以上軍圍盧, 弗克. 十二月, 戊戌, 及秦周伐雍門之萩.

〈秦周, 魯大夫. 趙武及之共伐萩也. 雍門, 齊城門. ○雍, 於用反. 萩音秋, 本又作"秋".〉

**❷『사기(史記)』〈史記列傳〉**

衣食之欲, 恣所好美矣. 故曰陸地牧馬二百蹄, 牛蹄角千, 千足羊, 澤中千足彘, 水居千石魚陂, 山居千章之材. 〈安邑〉千樹棗;〈燕〉=〈秦〉千樹栗;〈蜀〉=〈漢〉=〈江陵〉千樹橘;〈淮北〉=〈常山〉巳南, 〈河濟〉之閒千樹萩;〈陳〉=〈夏〉千畝漆;〈齊〉=〈魯〉千畝桑麻;〈渭川〉千畝竹; 及名國萬家之城, 帶郭千畝畝鍾之田, 若千畝巵茜, 千畦薑韭:此其人皆與千戶侯等. 然是富給之資也, 不窺市井, 不行異邑, 坐而待收, 身有處士之義而取給焉.

**❸『한서(漢書)』**

厥.

## 0424

### 0424 芍 작【shuò ㄕㄨㄛˋ】35
작약 작

| | |
|---|---|
| 鳧茈也。 | 「부자(鳧茈)」라는 뜻이다. |
| 《見『釋艸』。 | 『석초(釋艸)』❶를 보라. |
| 今人謂之荸臍。 | 지금 사람들은 **발제(**荸臍)라고 한다. |
| 卽鳧茈之轉語。 | 곧 **부자(鳧茈)의 전어(轉語)**다. |
| 郭樸云。 | 곽박(郭樸)이 이르기를 |
| 苗似龍須。 | "싹은 **룡수(**龍須)와 비슷하고, |
| 根可食。 | 뿌리는 먹을 수 있다. |
| 黑色。是也。 | 검은 색이다."라고 한 이것이다. |
| 『廣雅』云。 | 『광아(廣雅)』에 이르기를 |
| 芍姑、水芋、烏芋也。 | "적고(芍姑), 수우(水芋), 오우(烏芋)다."라고 했다. |
| 『名醫別錄』云。 | 『명의별록(名醫別錄)』❷에 이르기를 |
| 烏芋一名藉姑。 | "오우(烏芋)를 일명 적고(藉姑), |
| 一名水萍。 | 일명 수평(水萍)이라고도 한다."라고 했다. |
| 藉與芍同音。 | 적(藉)과 적(芍)은 동음(同音)이다. |
| 萍必芋之誤。 | 평(萍)은 필시 우(芋)의 오류일 것이다. |
| 此專謂茨菰。 | 이것은 오로지 자고(茨菰)만을 이른다. |
| 不必因烏字牽合鳧茈也。 | 오(烏)자 때문에 **부자(**鳧茈)와 끌어합칠 필요는 없다. |
| 茈徂咨切。》 | 자(茈)는 조자절(徂咨切)이다. |
| 从艸、 | 초(艸)를 따랐고, |
| 勺聲。 | 작(勺)이 성부가 된다. |
| 《胡了切。2部。 | 호료절(胡了切)이다. 제 2부에 속한다. |
| 古勺聲與弱聲同。 | 옛날에는 작성(勺聲)과 약성(弱聲)이 같았다. |
| 芍之可食者、其蒻也。》 | 작(芍) 중 먹을 수 있는 것 그 약(蒻)이다. |

**발**(荸) 산흰쑥, 성할, 향기가 몹시 풍기는 모양.
**자**(茈) 자주풀, 고비, 새앙과식물 ▣**차**:가지런치 않을.
**적**(芍) 연밥 ▣**효**:같은 뜻.
**조**(徂) 갈, 있을, 죽을, 겨눌.
**자**(茨) 새이엉, 새로 집이을, 납가새, 쌓을
**약**(蒻) 부들, 구약 ▣**냑**:콩.

| | |
|---|---|
| **발제(**荸臍) | 오우(烏芋). |
| **부자(**鳧茈) | 오우(烏芋). 올방개. 오리가 잘 먹기 때문에(鳧喜食之) 붙인 이름. |
| **전어(**轉語) | 세월이나 지리적, 또는 기타의 원인으로 어음(語音)에 변화가 생기는 현상. 1. 본래의 뜻에서 변하여 다른 뜻이 됨. 2. 남을 시켜 말을 전함. 3. 불교어(佛敎語). 선 |

*0424*

종(禪宗)에서, 마음을 바꾸어 갑자기 크게 깨우치게 하는 말. 운문3전어(雲門三轉語), 조주3전어(趙州三轉語). 4. 훈고학술어(訓詁學術語). 때와 지역이 다르거나 기타 원인으로 음의 변화가 생김. 음은 변하지만 뜻은 같은 것이 있고, 음과 뜻이 모두 변하는 것이 있다.

| | |
|---|---|
| **룡수(龍須)** | 용복초(龍覆草). 룡수석(龍須席) 용수초 (龍覆草) 줄기로 엮 어 만든 자 리. |
| **적고(药姑)** | 오우(烏芋)의 별명. |
| **수우(水芋)** | 오우(烏芋)의 별명. 다년생숙근수생초본. 잎은 계란형. |
| **오우(烏芋)** | 오우(烏芋)의 별명. 남방개. 올방개. 남올방개. 흰자위가 빨갛게 충혈될 때 유효하다. |
| **적고(藉姑)** | 자고(慈姑), 수평(水萍), 하부자(河凫茈), 백지률(白地栗), 묘명전도초(苗名剪刀草). |
| **수평(水萍)** | ①물 위에 떠 있는 개구리밥. 수렴(水簾). ②자화(慈花)의 별명(別名). 쇠귀나물. |

**[인경고 引經考]**

**❶『석초(釋艸)』** ※ 본문과 조금 다르다.

芍, 凫茈.

〈生下田. 苗似龍須而細, 根如指頭, 黑色可食. ○芍, 戸了切. 〉

〔疏〕"芍, 凫茈".

○釋曰 : 芍, 一名凫茈.

郭云 : "生下田中, 苗似龍須而細, 根如指頭, 黑色可食." 今俗渝而鬻之者是也.

**❷『명의별록(名醫別錄)』**

烏芋, 味苦, 甘, 微寒, 無毒. 主治消渴, 痺熱, 熱中, 益氣. 一名藉姑, 一名水萍. 二月葉, 葉如芋. 三月三日采根, 曝幹.

## 0425

## 0425 蕳藆 전【qián 〈|ㄢˊ】 35
### 산딸기 전

王彗也。
《『釋艸』字作「藆」。
郭云。
似藜可爲彗。
按凡物呼王者皆謂大。》
从艸。
湔聲。
《昨先切。12部。》

「왕혜(王彗)」다.
『석초(釋艸)』❶에서는 글자를 전(藆)으로 썼다.
곽(郭)이 이르기를❷
"려(藜:명아주)와 비슷한데 빗자루를 만들 수 있다."라고 했다.
대체로 왕(王)자를 붙여 부르는 사물은 모두 큰 것을 이른다.
초(艸)를 따랐고,
전(湔)이 성부가 된다.
작선절(昨先切)이다. 제12부에 속한다.

전(藆) 산딸기, 대싸리, 질경이. 왕추(王帚), 락추(落帚).
전(湔) 물이름, 빨래할, 씻을, 물 번질.
세(彗) 비, 풀이름, 살별 ▣혜:같은 뜻.

[신경고 引經考]

### ❶『석초(釋艸)』

藆, 王彗.
<王帚也, 似藜, 其樹可以爲埽彗. 江東呼之曰藜帚.
○藆, 音箭. 彗, 音邃.>
〔疏〕"藆, 王彗".
○釋曰：此即藜之科, 大爲樹, 可以作埽彗者, 一名藆, 一名王彗, 一名王帚, 江東呼落帚.

### ❷곽(郭)이 이르기를  1번 참조.

似藜, 其樹可以爲埽彗.

## 0426 蒍 위【wěi ㄨㄟˇ】35
### 풀、고을 이름 위

艸也。 「풀의 일종」이다.

《晉有士蒍。 진(晉)나라에 **사위**(士蒍)가 있다.

楚有蒍姓。》 초나라에 **위성**(蒍姓)이 있다.

从艸 초(艸)를 따랐고,

爲聲。 위(爲)가 성부가 된다.

《于委切。 우위절(于委切)이다.

古音在 17部。 고음(古音)은 제 17부에 속한다.

大徐引『唐韵(韻)』于鬼切。 대서(大徐)가 인용한 『당운(唐韵)』은 우귀절(于鬼切)이다.

鬼字恐誤。 귀(鬼)자는 아마도 오류일 것이다.

『左傳』蒍薳錯出。 『좌:전(左:傳)』❶에서는 위(蒍)와 원(薳)이 뒤섞여 나온다.

薳卽蒍字。》 원(薳)은 곧 위(蒍)자다.


원(薳) 애기풀, 성씨.


**사위**(士蒍) 춘추시대 진(晉)의 대부(大夫).


[**인경고** 引經考] ❶『좌:전(左:傳)』

蒍子馮, 公子格率銳師侵費滑, 胥靡, 獻於, 雍梁.

&lt;胥靡, 獻於, 雍梁, 皆鄭邑. 河南陽翟縣東北有雍氏城.

○蒍, 本又作“薳”, 於委反. 馮, 皮冰反. 費, 扶味反. 滑, 於八反. 雍, 於用反.&gt;

夏, 楚子庚卒, 楚子使薳子馮爲令尹. 訪於申叔豫, &lt;叔豫, 叔時孫&gt;

複使薳子馮爲令尹, 公子齮爲司馬, 屈建爲莫敖.&lt;屈建, 子木也.&gt;

子輿, 士蒍字. 武子, 士會也. 會, 士蒍之孫, 是隰叔四世及士會, 食邑於

範, 爲範氏也

其實蒍子馮卒在此盟前, 故服, 杜皆以令尹爲屈建也.

## 0427

### 0427 薞芢 침 【chén ㄔㄣˊ】 35
### 지모 침

| | |
|---|---|
| 艸也。 | 「풀의 일종」이다. |
| 《此與芢蕃各物。》 | 이것과 **침번**(芢蕃)은 별개의 사물이다. |
| 从艸。 | 초(艸)를 따랐고, |
| 尤聲。 | 임(尤)이 성부가 된다. |
| 《直深切。 | 직심절(直深切)이다. |
| 古在 8部。》 | 고음(古音)은 제 8부에 속한다. |

**유**(尤) 망상거릴, 머뭇거릴 ▣**음**:다닐.

**침번**(芢蕃) | 지금의 지모(知母).

## 0428 鞠 국 【jú ㄐㄩˊ】 35

국화 국

治牆也。

《未詳何物。

『集韵(韻):七之』曰。

涺藭、艸名。》

从艸。

鞠聲。

《居六切。3部。》

「**치장**(治牆)」이다.

어던 사물인지 자세히 알 수 없다.

『집운:7지(集韵):七之』에 이르기를

"**치장**(涺藭)은 풀이름이다."라고 했다.

초(艸)를 따랐고,

국(鞠)이 성부가 된다.

거륙절(居六切)이다. 제 3부에 속한다.

**치**(涺) 국화 ▣**지**:물이끼 ▣**태**:이끼.

**장**(藭) 문동, 겨우살이풀, 맥문동, 흰비름, 국화, 동장자.

**치장**(涺藭) | 국화. = 일정(日精), 추화국(秋華菊), 절화(節華), 고의(苦薏).

## 0429 蘠蘼 장【qiáng ⟨丨尢ˊ⟩ 35

문동 장

蘠蘼，《逗。》 靡冬也。
《見『釋艸』。》
按『本艸經』有天門冬、麥門冬。

未知『爾雅』、『說文』謂何品也。》

從艸。
牆聲。
《賤羊切。10部 》

장미(蘠蘼)는 문동(虋冬)이다.
『석초(釋艸)』❶를 보라.
생각건대 『본초경(本艸經)』❷에 천문동(天門冬), 맥문동(麥門冬)이 있다.
『이아(爾雅)』❸와 『설문(說文)』에서 어떤 사물을 말하는 지 알 수 없다.
초(艸)를 따랐고,
장(牆)이 성부가 된다.
천양절(賤羊切)이다. 제 10부에 속한다.

문(虋) 맥문동, 붉은 차조.
장(牆) 담, 관 곁에 대는 널, 차면할, 둘러막을.
미(蘼) 쓰러질, 초목이나 기 따위가 세찬 바람에 의해 쓰러지거나 쏠릴, 사치할, 호사할.

**장미(蘠蘼)**
1. 장미(蘠蘼) 문동(虋冬), 만동(滿冬), 천문동(天門冬), 전륵(顚勒), 맥문동(麥門冬), 양구(羊韭), 애구(愛韭), 마구(馬韭), 양시(羊蓍), 우가(禹葭), 우여량(禹餘糧).
2. 훼상(虺牀) 미나리과의 2년초. 뱀도랏. = 사상(蛇牀), 마상(馬牀), 사상자(蛇牀子), 사속(蛇粟), 사미(蛇米), 사익(思益), 승독(繩毒), 조극(爪棘), 장미(牆蘼).
<이아주소> 이충구 외 역. 367. 419쪽.

**문동(虋冬)**
**천문동(天門冬)**
문동(門冬)으로도 쓴다. 간혹 천문동의 약칭으로도 쓴다.
백합과. 다년생반원초본식물(多年生攀援草本植物). 줄기는 가늘고 길다. 잎은 퇴화되었다. 잎모양의 가지가 잎을 대체한 작용을 한다. 모여서 자란다.약으로 쓴다. 폐를 윤택과 l 게 하고, 기침을 멈춘다.

**맥문동(麥門冬)**
겨우살이풀. 맥문동(麥虋冬). 다년생초본식물. 맥문아재비과. 잎은 나무가지 모양이다. 총생(叢生)한다.초여름에 자색의 작은 꽃을 피운다. 열매가 터져서 씨를 드러낸다. 괴근(塊根)이 방추형(紡錐形)이다. 자양강장약으로 쓴다. 기침을 진정시킨다. 맥동(麥冬), 맥문(麥門)으로 약칭하기도 한다. 호계군자(護階君子), 우가(禹葭), 우구(禹韭)를 별명으로 한다.

**[인경고 引經考]**
❶『석초(釋艸)』
蘠蘼, 虋冬.
　　<虋冬, 一名滿冬,《本草》云. ○蘼, 音美>
　　[疏] "蘠蘼, 虋冬".
　　○釋曰 : 藥草也. 一名蘠蘼, 一名虋冬.

*0429*

○注"蘽冬"至"草云".

○釋曰：案《山海經》云：條穀山"其草多芍藥, 蘽冬".

郭注亦云《本草》一名滿冬. 今檢《本草》有天門冬, 一名顚勒, 麥門冬, 秦名羊韭, 齊名爱韭, 楚名馬韭, 越名羊蓍, 一名禹葭, 一名禹餘糧. 無名滿冬者, 蓋所見本異也. 蘽, 門字異音同耳.

❷『본초경(本艸經)』

[天門冬] 味苦幹. 主諸暴風濕偏痺, 強骨髓, 殺三蟲, 去伏屍. 久服輕身, 益氣延年. 一名顚勒 (爾雅注引云, 門冬一名滿冬, 今無文). 生山穀.

<名醫曰：生奉高山, 二月七月八月采根, 暴幹.

案說文云牆, 牆薇, 滿冬也；

中山經云：條穀之山, 其草多宜冬；

爾雅 云：牆薇, 滿冬；

列仙傳云：赤須子食天門冬；

抱樸子仙藥篇云；天門冬, 或名地門冬, 或名筵門冬, 或名顚棘, 或名洀羊食, 或名管松. >

[麥門冬] 味甘平. 主心腹, 結氣傷中傷飽, 胃絡脈絕, 羸瘦短氣. 久服輕身, 不老不饑. 生川穀及堤阪.

<吳普曰：一名馬韭, 一名釁冬, 一名忍冬, 一名忍陵, 一名不死藥, 一名仆壘, 一名隨脂 (太平禦覽引云, 一名羊韭, 秦, 一名馬韭, 禹韭, 韭, 越一名羊齊, 一名麥韭, 一名禹韭, 一名釁韭, 一名禹餘糧) 神農岐伯甘平, 黃帝桐君雷公甘無毒, 李氏甘小溫, 扁鵲無毒, 生山穀肥地, 葉如韭, 肥澤叢生, 采無時, 實青黃.

名醫曰：秦名羊韭, 齊名麥韭, 楚名馬韭, 越名羊蓍, 一名禹葭, 一名 禹餘糧, 葉如韭, 冬夏長生, 生函穀肥土, 石間久廢處, 二月三月八月十月 采, 陰幹.

案說文云：葱, 葱冬草；

中山經云：青要之山, 是多仆累, 據吳普說, 即麥門冬也, 忍, 葱, 壘, 累, 音同；

陶宏景云：實如青珠, 根似穬麥, 故 謂麥門冬. >

❸『이아(爾雅)』 1번 참조.

## 0430

## 0430 芪 기【qí ㄑㄧˊ】35
치모(다년생 풀) 기

芪母也。
「기모(芪母)」다.

《三字一句。
석 자가 한 구절이다.

按前已有蕛(蕛)、
생각건대 앞에 이미 심(蕛)이 있었다.

不與芪字爲伍。
기(芪)자와 더불어 줄서지 않았다.

則說『爾雅』者謂蕛卽芪母
곧 『이아(爾雅)』❶를 설명하는 사람이 심(蕛)이 곧 기모(芪母)라는 것을 말하는 것이다.

非許意也。》
허신(許愼)의 뜻이 아니다.

从艸、
초(艸)를 따랐고,

氏聲。
씨(氏)가 성부가 된다.

《常支切。16部。
상지절(常支切)이다. 제 16부에 속한다.

一名蝭母。
일명 제모(蝭母)라고도 한다.

一名知母。
일명 지모(知母)라고도 한다.

一名蚔母。
일명 기모(蚔母)라고도 한다.

皆同部同音。》
모두 같은 부(部)에 속하고, 같은 음이다.

**름**(蕛蕛)
**제**(蝭) 씽씽매미 ■**시**:지모, 새이름.
**기**(蚔) 개구리, 흙등애 ■**지**:개미알 ■**치**:같은 뜻.

**기모(芪母)**  제모(蝭母) 지모(知母), 기모(蚔母), 야료(野蓼), 지삼(地參), 수삼(水參), 화모(貨母), 제모(蝭母), 녀뢰(女雷), 녀리(女理), 아초(兒草), 록렬(鹿列), 구봉(韭逢), 아종(兒踵), 동근(東根), 수수(水須), 침번(茊藩), 담(蕁).> 이충구 외 역<이아주소> 347쪽

**제모(蝭母), 지모(知母) 기모(蚔母)**  지모(蚔母). 지모(知母)의 별명(別名). 리시진(李時珍)의 《본초강목:초1:지모(本草綱目:草一:知母)》에 "숙근(宿根) 곁에 자근(子根)이 새로 나는 것이다. 모양이 지맹(蚔蝱)을 닮아서 지모(蚔母)라고 한다. 잘못하여 지모(知母), 제모(蝭母)가 되었다."라고 했다.

※ **숙근(宿根)** 1. 다년생의 묵은 뿌리. 겨울에 줄기는 말라 죽고 뿌리만 남았다가 이듬해 봄에 새로 움이 트는 묵은 뿌리. 2. 전생(前生)으로부터 정해진 그 사람의 능력.

**[인경고 引經考]**  ❶『이아(爾雅)』

厥.

## 0431 䓕菀 완 【wǎn ㄨㄢˇ】 35

(초목)우거질 완/원

茈菀。 | 「**자완**(茈菀)」이다.
《句。『本艸經』作紫菀。 | 『**본초경**(本艸經)』❶에서는 **자완**(紫菀)으로 썼다.
古紫通用茈。見上。 | 옛날에는 자(紫)와 자(茈)를 통용했다.
『唐-本艸:注』云。 | 『**당-본초:주**(唐-本艸:注)』에 이르기를
白菀謂之女菀。 | "**백완**(白菀)은 **녀완**(女菀)을 말한다."라고 했다.
『急就篇』。 | 『**급취편**(急就篇)』❷에 이르기를
牡蒙甘艸菀藜蘆。 | "**모몽감초완려로**(牡蒙甘艸菀藜蘆)"라고 했다.
師古曰。 | 사고(師古)가 이르기를
菀謂紫菀、 | "**완**(菀)은 **자완**(紫菀)을 말하는데
女菀之屬也。》 | **녀완**(女菀)의 무리다."라고 했다.
出漢中房陵。 | **한중**(漢中)의 **방릉**(房陵)에서 난다.❸
《『本艸』亦曰。 | 『**본초**(本艸)』에도 또한 이르기를
生房陵山谷。》 | "**방릉**(房陵)의 산골짜기에서 난다."라고 했다.
从艸。 | 초(艸)를 따랐고,
宛聲。 | 완(宛)이 성부가 된다.
《於阮切。14部。 | 어완절(於阮切)이다. 제 14부에 속한다.
『詩』菀彼北林、 | 『**시**(詩)』❹에 이르기를
有菀者柳(柳)。 | "**완피북림**(菀彼北林), **유완자류**(有菀者柳)"라고 했다.
假借爲鬱字也。》 | 가차해서 울(鬱)자로 한다.

**자**(茈) 자주풀, 고비, 새앙과식물 ▣**차**:가지런치 않을.
**완**(菀) 자완, 반혼초(返魂草), 여자의 창자(女腸).

| | |
|---|---|
| **자완**(茈菀) | 녀완(女菀)의 일종. |
| **자완**(紫菀) | 탱알, 기침과 가래를 막는 약으로 쓴다. |
| **백완**(白菀) | ① 녀완초(女菀草)의 별명. ② 자완초(紫菀草)의 일종. |
| **녀완**(女菀) | <명의별록>에 "일명(一名) 직녀완(織女菀), 일명(一名) 완(菀). 한중(漢中)의 천곡(川谷)이나 간혹 산양(山陽:산의 남쪽)에서 자란다. 정월(正月), 2월(二月)에 채취한다."라고 했다. |
| **모몽**(牡蒙) | ① 자삼(紫參)의 별명. ② 왕손(王孫)의 별명. |
| **한중**(漢中) | 중국 산서성(山西省) 서남부에 있다. 초한전이 벌어질 때 류방이 항우를 피해서 이곳에서 힘을 길렀다. 조조(曹操)가 계륵(鷄肋)이라고 말했던 곳, 제갈량이 죽은 곳이다. |
| **방릉**(房陵) | 동한(東漢) 건안(建安) 말년 한중군(漢中郡) 방릉현(房陵縣)을 설치. 삼국 조위(曹魏) 황초(黃初) 원년(220년) 상용군(上庸郡)과 통합하여 신성군(新城郡)이 되었 |

# 0431

다. 수조(隋朝) 대업(大業) 2년 방주(房州)로 고치고 다시 방릉군(房陵郡)을 설치했다.

**완피북림**(菀彼北林)
울창한 북쪽 숲으로 가네.『시경:진풍:신풍(詩經:秦風:晨風)』에 있다. 未見君子, 憂心欽欽.으로 이어진다.

**유완자류**(有菀者栁)
울창한 것은 버드나무.『시경:소아:어조지십:완류(詩經:小雅:魚藻之什:菀柳)』에 있다.

[**인경고 引經考**]

### ❶『본초경(本艸經)』

紫菀味苦溫. 主咳逆上氣, 胸中寒熱結氣, 去蠱毒痿蹶, 安五藏. 生山 穀.

&lt;吳普曰：紫菀, 一名青菀. (御覽)

名醫曰：一名紫菁, 一名青菀, 生房陵及真定邯鄲, 二月三月, 采根, 陰幹.

案說文云：菀, 茈菀, 出漢中, 房陵.

陶玄景云：白者名白菀. 唐本注 云：白菀, 即女菀也. &gt;

### ❷『급취편(急就篇)』

灸刺和药逐去邪, 黄芩伏苓礜茈胡.

牡蒙甘草菀藜芦, 乌喙附子椒芫华.

半夏皂荚艾囊吾, 芎藭厚朴桂栝楼.

### ❸ 한중(漢中)의 **방릉**(房陵) 1번 참조.

出漢中, 房陵.

### ❹『시(詩)』〈秦風:晨風〉

鴥彼晨風, 鬱彼北林. 未見君子, 憂心欽欽. 如何如何, 忘我實多.

&lt;興也. 鴥, 疾飛貌. 晨風, 鸇也. 鬱, 積也. 北林, 林名也. 先君招賢人, 賢人往之, 駛疾如晨風之飛入北林. 箋云：先君謂穆公.&gt;

山有苞櫟, 隰有六駮. 未見君子, 憂心靡樂. 如何如何, 忘我實多.

山有苞棣, 隰有樹檖. 未見君子, 憂心如醉. 如何如何, 忘我實多.

〈小雅:魚藻之什:菀柳〉

有菀者柳, 不尙息焉. 上帝甚蹈, 無自暱焉. 俾予靖之, 後予極焉.

&lt;興也. 菀, 茂木也. 箋云：尚, 庶幾也. 有菀然枝葉茂盛之柳, 行路之人, 豈有不庶幾欲就之止息乎？興者, 喻王有盛德, 則天下皆庶幾原往朝焉. 憂今不然.&gt;

有菀者柳, 不尙愒焉. 上帝甚蹈, 無自瘵焉. 俾予靖之, 後予邁焉.

有鳥高飛, 亦傅于天. 彼人之心, 于何其臻. 曷予靖之, 居以凶矜.

## 0432 鬿 茵 맹 【méng ㄇㄥˊ】 35　　0432

### 패모 맹

| | |
|---|---|
| 貝母也。 | 「패모(貝母)」다. |
| 《『詩』。 | 『시(詩)』❶에 이르기를 |
| 言采其蝱。 | "언채기맹(言采其蝱)"라고 했다. |
| 『毛傳』曰。 | 『모전(毛傳)』❷에 이르기를 |
| 蝱、貝母。 | "맹(蝱)은 패모(貝母)다."라고 했다. |
| 『釋艸』、『說文』作茵。 | 『석초(釋艸)』❸와 『설문(說文)』에서는 맹(茵)으로 썼다. |
| 茵正字。 | 맹(茵)이 정자(正字)다. |
| 蝱假借字也。 | 맹(蝱)은 가차자다. |
| 根下子如聚小貝。 | 뿌리 아래에 씨앗이 작은 조개들 처럼 모여있다. |
| 『韵會(韻會)』引作貝母艸、 | 『운회(韻會)』는 인용하여 「패모초, 료사독(貝母艸, 療蛇毒:뱀독 |
| 療蛇毒六字。》 | 을 치료한다.」라는 여섯 자를 썼다. |
| 从艸。 | 초(艸)를 따랐고, |
| 朙(明)省聲。 | 명(朙)의 일부가 생략되어 성부가 된다. |
| 《武庚切。 | 무경절(武庚切)이다. |
| 古音在 10部。 | 고음(古音)은 제 10부에 속한다. |
| 不曰囧聲、而曰省聲者。 | 경(囧)이 성부인데 일(日)이 생략된 것이라고 말하지 않은 것은 |
| 取皆讀如茫也。》 | 모두 망(茫)과 같이 읽는 것을 취했기 때문이다. |

**맹(蝱)** 등에.

**경(囧)** 빛날

| | |
|---|---|
| **언채기맹**(言采其茵) | '패모나 캐어볼까' 하고 말하네. 여기서 맹(蝱)은 등에가 아니라 패모 맹(茵)의 가차다. 『시경:용풍:재치(詩經:鄘風:載馳)』 |
| **패모**(貝母) | 백합과의 다년생초본식물(多年生草本植物). 잎은 장형(長形)으로 부추와 비슷하고, 황록색(黃綠色)꽃이 종(鍾)처럼 아래로 늘어진다. 관상용으로 심으며 지해(止咳), 거담(祛痰)의 작용이 있다.《시:용풍:재치(詩:鄘風:載馳)》에 "陟彼阿丘, 言采其蝱"가 있는데 &lt;모-전(毛-傳)&gt;에 : "맹(蝱)은 패모(貝母)다."라고 했다. |
| **패모초, 료사독**(貝母艸, 療蛇毒) | 패모초인데 뱀의 독을 치료한다. |
| **[인경고 引經考]** | ❶『시(詩)』〈鄘風:載馳〉 |
| | 載馳載驅, 歸唁衛侯. 驅馬悠悠, 言至于漕. 大夫跋涉, 我心則憂. |
| | 旣不我嘉, 不能旋反. 視爾不臧, 我思不遠. |
| | 旣不我嘉, 不能旋濟. 視爾不臧, 我思不閟. |
| | 陟彼阿丘, 言采其蝱. 女子善懷, 亦各有行. 許人尤之, 衆穉且狂. |
| | &lt;偏高曰阿丘. 蝱, 貝母也. 升至偏高之丘, 采其蝱者, 將以療疾. |

**0432**

0432 菌 茵 莔 [méng ㄇㄥ/] 15

멍 몽

箋云 : 升丘采貝母, 猶婦人之適異國, 欲得力助, 安宗國也.>

我行其野, 芃芃其麥. 控于大邦, 誰因誰極. 大夫君子, 無我有尤. 百爾所思, 不如我所之.

❷『모전(毛傳)』 1번 참조.

<偏高曰阿丘. 莔, 貝母也. 升至偏高之丘, 采其莔者, 將以療疾.

箋云 : 升丘采貝母, 猶婦人之適異國, 欲得力助, 安宗國也.>

❸『석초(釋艸)』

蝱. 莔, 貝母.

<根如小貝, 圓而白華, 葉似韭.

○蝱, 音甍. 茵, 音伐. 莔, 音萌.>

〔疏〕"莔, 貝母".

○釋曰 : 藥草貝母, 一名莔.

郭云 : "根如小貝, 員而白華, 葉似韭."

《詩:鄘風:載馳》云 : "陟彼阿丘, 言采其蝱."

陸機云 : "蝱, 今藥草貝母也. 其葉如栝樓而細小. 其子在根下, 如芋子, 正白, 四方連累相著, 有分解也."

《本草》一名空草. 陶注云 : 出近道, "形似聚貝子, 故名貝母", 是也.

## 0433 茪 출【zhú ㄓㄨˊ】35
### 삽주뿌리 출

山薊也。
《見『釋艸』、『本艸經』》
从艸。
尤聲。
《直律切。15部。》

「산계(山薊)」다.
『석초(釋艸)』❶나『본초경(本艸經)』❷을 보라.
초(艸)를 따랐고,
출(尤)이 성부가 된다.
직률절(直律切)이다. 제 15부에 속한다.

계(薊) 삽주,
출(尤) 삽주뿌리,

**산계(山薊)**

술(術)의 별명(別名). 《이아:석초(爾雅:釋草)》에 "술(術)은 산계(山薊)다."라고 했다. <형병-소(邢昺-疏)>에 《본초(本草)》에서 이르기를 출(尤)은 일명(一名) 산계(山薊), 일명(一名) 산강(山薑)이다."라고 했다. 리시진(李時珍)의 《본초강목:초1:술(本草綱目:草一:術)》에 "창술(蒼術)은 산계(山薊)다. 곳곳의 산 속에 있다."라고 했다.

포계(枹薊) 술(術)의 별명(別名). 《이아:석초(爾雅:釋草)》에 "술(術)은 산계(山薊)다. 양(楊)은 포계(枹薊)다."라고 했다. 소진함-정의(邵晉涵-正義)에 "이것은 술(術)의 다른 명류(名類)다. 술(術)이 산에서 자라는 것을 산계(山薊)라고 한다. 양(楊)을 일명 포계(枹薊)라고 하는데 곧 술(術)이다."라고 했다. 리시진(李時珍)의 《본초강목:초1:술(本草綱目:草一:術)》에 "양주(揚州) 지역에 여러 종류의 백술(白術)이 있는데 그 모양이 포(枹)와 같다. 그래서 양포(楊枹)와 포계(枹薊)의 이름이 있다. 지금의 사람들이 오술(吳術)이라고 하는 것이다. 어떤 책에서는 "부계(桴薊)"라고 한다."라고 했다.

**[인경고 引經考]**

❶『석초(釋艸)』

術, 山薊.

《木草》云：術, 一名山薊. 今術似薊而生山中. ○薊, 音計.>

楊, 枹薊.

<似薊而肥大, 今呼之馬薊. ○枹, 音孚.>

〔疏〕"術, 山薊. 楊, 枹薊.

○釋曰：此辨薊生山中及平地者名也. 生平地者即名薊, 生山中者一名術.

《本草》云：一名山薊, 一名山薑, 一名山連.

陶注云："有兩種：白術葉大有毛, 甜而少膏；赤術葉細小, 苦而多膏."是也. 其生平地而肥大於衆者, 名楊. 枹薊, 今呼之馬薊.

❷『본초경(本艸經)』

術味苦溫. 主風寒濕痹死肌, 痙疸, 止汗, 除熱, 消食, 作煎餌. 久服, 輕

**0433**

身延年, 不饑. 一名山薊 藝文類聚引作山筋), 生山谷.

<吳普曰 : 術, 一名山連, 一名山芥, 一名天蘇, 一名山薑(藝文類聚).

名醫曰 : 一名山薑, 一名山連, 生鄭山, 漢中, 南鄭, 二月三月八月九 月, 采根暴乾.

案說文云 : 術, 山薊也;

廣雅云 : 山薑, 術也, 白術, 牡丹也;

中山經 云 : 首山草多術;

郭璞云 : 術, 山薊也;

爾雅云 : 術, 山薊;

郭璞云 : 今術 似薊, 而生山中;

範子計然云 : 術出三輔, 黃白色者善;

列仙傳云 : 涓子好 餌術; 抱樸子仙藥篇云 : 術一名山薊, 一名山精,

故神藥經曰 : 必欲長生, 長服山精. >

## 0434 蓂 명 【míng ㄇㄧㄥˊ】 35

### 0434

명협(시간을 알려준다는 풀) 명

析蓂、

《二字逗。》

大薺也。

《此「薺」當作「齊」。

許君薺爲蒺藜字。

則薺菜必當作齊。

如洛爲歸德水名。

則知豫州水名必作雒也。

『說文』字多與『爾雅』異。

後人依『爾雅』改之。

『釋艸』曰。

菥蓂、大薺。

郭云。

似薺葉細。

按此齊菜中之一種也。》

从艸。

冥聲。

《莫歷切。

古音在 11部。》

**기명**(析蓂)은,

두 글자에서 끊는다.

**대제**(大薺)다.

여기의 제(薺)는 마땅히 제(齊)로 써야 한다.

허군(許君)은 제(薺)를 **질려**(蒺藜)자로 썼다.

곧 **제채**(薺菜)는 반드시 제(齊)로 써야 마땅하다.

락(洛)이 **귀덕**(歸德)의 물이름인 것과 같다.

그러므로 **예주**(豫州)의 물이름은 틀림없이 락(雒)인 것을 알 수
있다.

『설문(說文)』의 글자들이 『이아(爾雅)』와 다른 것이 많다.

후세 사람들이 『이아(爾雅)』에 근거하여 고친 것이다.

『석초(釋艸)』❶에 이르기를

"석명(菥蓂)은 **대제**(大薺)다."라고 했다.

곽(郭)이 이르기를

"제(薺) 잎과 비슷한데 가늘다."라고 했다.

생각건대 이것은 **재채**(齊菜) 중의 일종일 것이다.

초(艸)를 따랐고,

명(冥)이 성부가 된다.

막력절(莫歷切)이다.

고음(古音)은 제 11부에 속한다.

**질**(蒺) 질려, 납가새.

**락**(雒) 올빼미, 꺼릴, 몸은 검고 갈기는 흰 말, 나라이름. 현이름

　▣액:땅이름.

**석**(菥) 굵은 냉이, 한새냉이 ▣사:풀이름.

| | |
|---|---|
| **기명**(析蓂) | 대제(大薺). |
| **대제**(大薺) | 황새냉이. = 석명(菥蓂), 로제(老薺), 멸석(蔑菥), 태즙(太蕺), 마신(馬辛). |
| **질려**(蒺藜) | 겨자과의 2년생초본 식물. 잎이 총생한다. 꽃은 작고 흰색이다. 어린 잎은 먹을 수 있다. 냉이. |
| **제채**(薺菜) | 겨자과의 2년초. 냉이. 봄에 흰색의 작은 꽃을 피운다. 어린 싹을 먹는다. |
| **귀덕**(歸德) | 덕정(德政)에 감화하여 복속됨. 또는 귀순함. |
| **예주**(豫州) | 옛날 9주(九州)의 하나. |
| **석명**(菥蓂) | 제채(薺菜)의 일종. 제(薺:냉이)와 비슷한데 늙은 것이다. 그 잎은 가늘다. |

## 0434

[인경고 引經考]

❶『석초(釋艸)』

菥蓂, 大薺.

<薺葉細, 俗呼之曰老薺.

○菥, 音惜. 蓂, 音覓

[疏] "菥蓂, 大薺".

○釋曰 : 菥蓂, 一名大薺而葉細.

《本草》又名蕿菥, 一名太蕺, 一名馬辛是也.>

0435 薟 蒾 미【wèi ㄨㄟˋ】35

오미자 미

| | |
|---|---|
| 莄藔也。 | 「*치저*(莄藔)」다. |
| 《見『釋艸』。 | 『석초(釋艸)』**❶**를 보라. |
| 郭云。 | 곽(郭)이 이르기를 |
| 五味也。》 | *"다섯 가지 맛이다."*라고 했다. |
| 从艸。 | 초(艸)를 따랐고, |
| 味聲。 | 미(味)가 성부가 된다. |
| 《無沸切。15部。》 | 무비절(無沸切)이다. 제 15부에 속한다. |

**치**(莄) 오미자, 스무나무, 느릅나무.

**저**(藔) 개당근, 오미자 ▣**차**:뱀도랏, 개미나리.

**치저**(莄藔)　오미자(五味子).

**[신경고 引經考]**　　　　　**❶**『석초(釋艸)』

蒾, 莄藔.

&lt;五味也. 蔓生, 子叢在莄頭.

○蒾, 晉未. 莄, 直其切. 藔, 晉除.&gt;

〔疏〕"蒾, 莄藔".

○釋曰 : 藥草也. 一名蒾, 一名莄藔.

郭云 : "五味也. 蔓生, 子叢在莄頭."

案《本草》五味子, 一名會及, 一名玄及.

唐本注云 : "五味, 皮肉甘酸, 核中辛苦, 都有鹹味, 此則五味具也."　"其葉似杏而大, 蔓生木上. 子作房如落葵, 大如蔞子."

## 0436

## 0436 蓳莄 치【chí ㄔˊ】35
### 오미자 치

| | |
|---|---|
| 莄蕏艸也。 | 「치저초(莄蕏艸)」다. |
| 《四字句。 | 넉 자가 한 구절이다. |
| 『釋艸』有味莄蕏。 | 『석초(釋艸)』❶에 미치저(味莄蕏)가 있다. |
| 『釋木』有味莄蕏。 | 『석목(釋木)』❷에 미치저(味莄蕏)가 있다. |
| 實一物也。 | 실제로는 한 사물이다. |
| 春初生苗。 | 봄 초에 싹을 틔우고, |
| 引赤蔓於高木。 | 고목(高木)에 붉게 퍼져 올라간다. |
| 長六七尺。 | 길이가 6, 7척이다. |
| 故又入『釋木』。》 | 그래서 또 『석목(釋木)』에 넣는다. |
| 从艸, | 초(艸)를 따랐고, |
| 至聲。 | 지(至)가 성부가 된다. |
| 《直尼切。古音在12部。》 | 직니절(直尼切)이다. |
| | 고음(古音)은 제 12부에 속한다. |

저(蕏) 개당근, 오미자 ◼차:뱀도랏, 개미나리.

| | |
|---|---|
| 치저초(莄蕏艸) | 치저(莄蕏). |
| 미치저(味莄蕏) | 미(味)는 치저(莄蕏)다. 방점이 빠졌다. |
| 미치저(味莄蕏) | 미(味)는 치저(莄蕏)다. 방점이 빠졌다. |

**[신경고 引經考]**

❶『석초(釋艸)』

葋, 莄蕏.

<五味也. 蔓生, 子叢在莖頭. ○葋, 音未. 莄, 直其切. 蕏, 音除.>

〔疏〕“葋, 莄蕏”. ○釋曰 : 藥草也. 一名葋, 一名莄蕏.

郭云 : “五味也. 蔓生, 子叢在莖頭.”

案《本草》五味子, 一名會及, 一名玄及.

唐本注云 : “五味, 皮肉甘酸, 核中辛苦, 都有鹹味, 此則五味具也.” “其葉似杏而大, 蔓生木上. 子作房如落葵, 大如蔞子.”

❷『석목(釋木)』

味, 莄蕏.

<今之刺楡. ○蕏, 音歐. 莄, 大結反.>

〔疏〕“蕏, 莄”. ○釋曰 : 別二名也. 郭云 : “今之刺楡.”

《詩:唐風》云 : “山有樞.”

陸機《疏》 : “其針刺如柘, 其葉如楡. 瀹爲茹, 美滑於白楡也. 楡之類有十種, 葉皆相似, 皮及木理異耳.”

## 0437 葛 갈【gě 《ㄜˇ】35

0437

칡, 갈포 갈

絺綌艸也。

《『周南』。

葛之覃兮。

爲絺爲綌。》

从艸。

曷聲。

《古達切。15部。》

「**치격초**(絺綌艸)」다.

『주남(周南)』❶에 이르기를

"**갈지담혜**(葛之覃兮)

**위치위격**(爲絺爲綌)." 라고 했다.

초(艸)를 따랐고,

갈(曷)이 성부가 된다.

고달절(古達切)이다. 제 15부에 속한다.

**치**(絺) 가는 칡베, 가는 갈포, 성씨, 바느질할.

**격**(綌) 굵은 칡베.

---

**치격초**(絺綌艸)

**갈지담혜**(葛之覃兮)

**위치위격**(爲絺爲綌)

풀이름. 치(絺)는 가는 칡베, 격(綌)은 굵은 칡베.

초목이 무성한 모양. 2.구름이 느긋하게 흐르는 모양. 3.화려한 모양.

---

[**인경고** 引經考]

❶『주남(周南)』〈周南:葛覃〉

葛之覃兮, 施于中谷.　　維葉萋萋, 黃鳥于飛,

<興也. 覃, 延也. 葛所以爲絺綌, 女功之事煩辱者. 施, 移也. 中谷, 谷中也. 萋萋, 茂盛貌.

箋云 : 葛者, 婦人之所有事也, 此因葛之性以興焉. 興者, 葛延蔓於谷中, 喩女在父母之家, 形體浸浸日長大也. 葉萋萋然, 喩其容色美盛.>

集于灌木, 其鳴喈喈.　　葛之覃兮, 施于中谷.

維葉莫莫, 是刈是濩,　　爲絺爲綌, 服之無斁.

言告師氏, 言告言歸.　　薄汙我私, 薄澣我衣,

害澣害否, 歸寧父母.

[갈(葛)이 포함된 글자들] 1자

형성 (1자) 갈(鄡𪇛)3917 갈(擖𢵸)7566

성부 諧애

## 0438

0438 蔓 **만** 【màn ㄇㄢˋ】 35

덩굴, 퍼질 만

葛屬也。

칡의 무리다.

《此專謂葛屬、
則知滋蔓字古秖作曼。

이것은 오로지 칡의 무리만 말하는 것이다.

그래서 **자만**(滋蔓)의 글자가 옛날에는 단지 만(曼)으로 썼던 것을 알 수 있다.

正如漫延字多作「莚」。》

정말로 **만연**(漫延)의 글자는 연(莚)으로 많이 썼다.

从艸。

초(艸)를 따랐고,

曼聲。

만(曼)이 성부가 된다.

《無販切。14部。》

무판절(無販切)이다. 제 14부에 속한다.

연(莚) 풀이름, 만연할, 넌출질.

**자만**(滋蔓)

① 잡초 같은 것들이 번식하여 늘어남. 뻗어감. ② 세력이 더욱 더 강대해짐의 비유.

**만연**(漫延)

① 널리 퍼짐. ② 길게 이어져 끊이지 않음.

형성 (1자)   만(䒪)3931

**[만(蔓)이 포함된 글자들]** 1자

## 0439 藁藁 고 【gāo ≪쇼-ㄱ】 36

### 풀 이름 고

葛屬也。 칡의 무리이다.

白華。 **백화**(白華)가 핀다.

《『南山經』。 『남산경(南山經)』❶에 이르기를

其名曰白菩。 "그 이름이 **백구**(白菩)다."라고 했다.

『廣雅』曰。 『광아(廣雅)』에 이르기를

藁蘇、白菩也。 "**고소**(藁蘇)는 **백구**(白菩)다."라고 했다.

按未知卽此物與否。》 생각건대 곧 이 사물을 가리키는 지는 알 수 없다.

从艸。 초(艸)를 따랐고,

皋(皐)聲。 고(皋)가 성부가 된다.

《古勞切。古音在 3部。菩音同。》 고로절(古勞切)이다. 고음(古音)은 제 3부에 속한다.

**고**(菩) 풀이름, 물이름 ■**구**:풀이름.

---

**백화**(白華) 효자의 결백을 노래한 <시경:소아:녹명지십(詩經:小雅:鹿鳴之什)>의 한 편명. 본시(本詩)는 없어졌다.

**백구**(白菩) 증산해경(增山海經)에 이르기를 륜자지산(侖者之山)에 목마(木馬)가 있는데 그 모양이 곡식(穀) 같고, 붉은 결이 있었다. 땀을 흘리면 검은 칠(漆)과 같았다. 그 맛은 엿과 같고, 먹으면 배가 고프지 않게 되었으며 피로를 해소했다.

**고소**(藁蘇) 백구(白菩).

---

**[인경고 引經考]**

### ❶『남산경(南山經)』

又東三百七十里, 曰侖者之山<阿案：太平御覽卷五0引無者之二字.>,

其上多金玉, 其下多靑藬. 有木焉, 其狀如穀<阿案：穀當爲穀, 字之訛也.>

而赤理, 其汗如漆, 其味如飴, 食者不飢, 可以釋勞<郝懿行云：高誘注淮南精神訓云：勞, 憂也.>,

其名曰白菩<或作辠蘇；辠蘇一名白咎, 見廣雅, 音羔.>,

可以血玉<血請可用染玉作光彩.>.

# 0440

## 0440 薺莕 행【xìng ㄒㅣㄥˋ】36
### 순채 행

荇餘也。 접여(荇餘)다.

《『周南』。 『주남(周南)』❶에 이르기를

參差荇菜。 "참치행채(參差荇菜)"라고 했다.

『毛傳』。 『모전(毛傳)』❷에 이르기를

荇、接余也。 "행(荇)은 접여(接余)다."라고 했다.

『釋艸』荇作莕。》 『석초(釋艸)』❸에서는 행(荇)을 행(莕)으로 썼다.

从艸。 초(艸)를 따랐고,

杏聲。 행(杏)이 성부가 된다.

《何梗切。 하경절(何梗切)이다.

古音在 10部。》 고음(古音)은 제 10부에 속한다.

薪莕或从洐。同。 薪행(莕)이 간혹 행(洐)을 따른다. 같다.

《各本作荇。 여러 책에서는 행(荇)으로 썼다.

『注』云 『주(注)』❹에 이르기를

或從行。 "간혹 행(行)을 따른다."라고 했다.

今依『爾雅:音義』、『五經文字』正。》 지금은 『이아:음의(爾雅:音義)』와 『5경문자(五經文字)』에 근거해서 바로 잡는다.

---

접(荇) 개연꽃.

행(荇) 순채, 노랑어리연꽃, 성씨.

---

접여(荇餘), 접여(接余) | 행채(荇菜).《시:주남:관저(詩周南:關雎)》에 "參差荇菜"가 있다. <모-전(毛-傳)>에 "행(荇)은 접여(接餘)다."라고 했다.《륙기-소(陸機-疏)》에 이르기를 "접여(接餘)는 줄기가 희고, 잎은 자적색(紫赤色)이다. 정원(正圓)이며 줄기는 1촌(寸,) 정도이다. 물 위에 떠 있으나 뿌리는 물 밑에 있다. 물에 따라 높이가 물높이와 같아진다. 채고(釵股) 만 하다. 위는 푸르고 아래는 하얗다. 흰 뿌리를 죽으로 써서 쓴 술에 담그면 부드러운 맛이 있어 안주(案酒)로 삼을 만하다."라고 했다.

참치행채(參差荇菜) | 올망졸망 마름풀.『시경:주남:관저(詩經:周南:關雎)』

※ 행채(荇菜). 다년생초본(多年生草本). 담수호박(淡水湖泊) 혹은 지소(池沼) 중에서 자란다. 줄기는 가늘고 길다. 잎은 마주보고 나며 타원형(橢圓形)이다. 표면(表面)은 록색(綠色)인데 배면(背面)은 자색(紫色)이다. 물 위에 떠 있으나 뿌리는 물 밑에 있다. 여름에 황색(黃色) 꽃을 피운다. 어린 싹은 먹을 수 있다. 잎과 뿌리를 약으로 쓴다. 해열(解熱)과 리뇨(利尿)에 효과가 있다. 또 사료(飼料)나 록비(綠肥)로도 쓴다.

0440

[**인경고 引經考**]

❶『**주남(周南)**』

關關雎鳩, 在河之洲.　　窈窕淑女, 君子好逑.

參差荇菜, 左右流之.　　窈窕淑女, 寤寐求之.

<荇, 接餘也. 流, 求也. 後妃有關雎之德, 乃能共荇菜, 備庶物, 以事宗廟也.

箋云: 左右, 助也. 言後妃將共荇菜之菹, 必有助而求之者. 言三夫人, 九嬪以下, 皆樂後妃之樂>

求之不得, 寤寐思服.　　悠哉悠哉, 輾轉反側.

參差荇菜, 左右采之.　　窈窕淑女, 琴瑟友之.

參差荇菜, 左右芼之.　　窈窕淑女, 鍾鼓樂之.

❷『**모전(毛傳)**』 1번 참조.

<荇, 接餘也. 流, 求也. 後妃有關雎之德, 乃能共荇菜, 備庶物, 以事宗廟也.

箋云: 左右, 助也. 言後妃將共荇菜之菹, 必有助而求之者. 言三夫人, 九嬪以下, 皆樂後妃之樂>

❸『**석초(釋艸)**』

莕, 接餘. 其葉苻.<叢生水中, 葉圓, 在莖端, 長短隨水深淺, 江東食之. 亦呼爲莕. 音杏. ○莕, 音荇. 絰, 待節切.>

〔疏〕"莕, 接餘. 其葉苻".

○釋曰: 莕菜, 一名接餘, 其葉名苻.

郭云: "叢生水中, 葉圓, 在莖端, 長短隨水深淺, 江東食之. 亦呼爲莕."

《詩:周南:關雎》云"參差荇菜"是也. 荇與莕同.

陸機《疏》云: "接餘, 白莖, 葉紫赤色, 正圓, 徑寸餘, 浮在水上, 根在水底, 與水深淺等. 大如釵股, 上青下白, 鬻其白莖, 以苦酒浸之, 脆美, 可案酒."

❹『**주(注)**』단옥재가 본 어떤 <설문해자>의 주.

## 0441

### 0441 蕼莕 접【jiē ㄐㄧㄝ-】 36
### 노랑어리연꽃 접

| | |
|---|---|
| 莕餘也。 | 접여(莕餘)다. |
| 《三字句。 | 석 자가 한 구절이다. |
| 『毛傳』、『陸-疏』作「接余」。 | 『모전(毛傳)』❶과 『륙-소(陸-疏)』❷에서는 **접여**(接余)로 썼다. |
| 按莕菜、今江浙池沼閒多有。 | 생각건대 **행채**(莕菜)는 지금의 **강절**(江浙)의 **지소**(池沼) 사이에 많이 있다. |
| 葉不正圜。 | 잎은 정확하게 둥글지는 않았다. |
| 花黃六出。 | 여섯 개의 노랑 꽃이 핀다. |
| 北方以人莧當之。 | 북방 사람들은 **인한**(人莧)으로 감당하고, |
| 南方以蓴絲當之。 | 남방 사람들은 **순사**(蓴絲)로 감당했다. |
| 皆非也。》 | 모두 옳지 않다. |
| 从艸、 | 초(艸)를 따랐고, |
| 姜聲。 | 첩(姜)이 성부가 된다. |
| 《子葉切。8部。》 | 자엽절(子葉切)이다. 제 8부에 속한다. |

**행**(莕) 순채.
**환**(圜) 둘릴, 에울, 깜짝 놀라 볼, 고을이름.
**순**(蓴) 순채, 순나물, 부들떨기, 창포떨기.
**한**(莧) 패모 ▣**현**:상륙 ▣**완**:빙그레 웃을.

| | |
|---|---|
| **접여**(莕餘), **접여**(接余) | 《륙기-소(陸機-疏)》에 이르기를 "접여(接餘)는 줄기가 희고, 잎은 자적색(紫赤色)이다. 정원(正圜)이며 줄기는 1촌(寸,) 정도이다. 물 위에 떠 있으나 뿌리는 물 밑에 있다. 물에 따라 높이가 물높이와 같아진다. 채고(釵股) 만 하다. 위는 푸르고 아래는 하얗다. 흰 뿌리를 죽으로 써서 쓴 술에 담그면 부드러운 맛이 있어 안주(案酒)로 삼을 만하다."라고 했다. |
| **행채**(莕菜) | 행채(荇菜). 다년생초본(多年生草本). 담수호박(淡水湖泊) 혹은 지소(池沼) 중에서 자란다. 줄기는 가늘고 길다. 잎은 마주보고 나며 타원형(橢圜形)이다. 표면(表面)은 록색(綠色)인데 배면(背面)은 자색(紫色)이다. 물 위에 떠 있으나 뿌리는 물 밑에 있다. 여름에 황색(黃色) 꽃을 피운다. 어린 싹은 먹을 수 있다. 잎과 뿌리를 약으로 쓴다. 해열(解熱)과 리뇨(利尿)에 효과가 있다. 또 사료(飼料)或나 록비(綠肥)로도 쓴다. |
| **강절**(江浙) | 강절지구(江浙地區), 중국동부(中國東部), 장강(長江) 하류. 강소(江蘇), 절강(浙江)량성(兩省)을 포괄한다. 고대(古代)에 있어 협의상(狹義上) 강절지구(江浙地區)는 장강(長江)과 전당강(錢塘江) 사이의 지구(地區)를 지칭한다. 소남문화(蘇南文化)와 절강문화(浙江文化)가 모두 오월문화(吳越文化)를 따라 생겨났으므로 현실 |

문화성격(現實文化性格) 역시 서로 가깝다. 그래서 사람들은 강소(江蘇)와 절강(浙江)을 합하여 "강절(江浙)"로 부른다.

| | |
|---|---|
| **지소**(池沼) | 못과 늪지대. |
| **인한**(人覓) | 지당(池塘). 소(沼). 천연적으로 물이 모인 곳. |
| **순사**(蓴絲) | 순채(蓴菜). |

**[인경고 引經考]**

❶『**모전**(毛傳)』앞 페이지 <주남> 참조.

<荇, 接餘也. 流, 求也. 後妃有關雎之德, 乃能共荇菜, 備庶物, 以事宗廟也.>

❷『**룩-소**(陸-疏)』앞 페이지 <주남> 참조.

陸機《疏》云："接餘, 白莖, 葉紫赤色, 正圓, 徑寸餘, 浮在水上, 根在水底, 與水深淺等. 大如釵股, 上青下白, 鬻其白莖, 以苦酒浸之, 脆美, 可案酒."

## 0442

0442 蔜薡 곤【kūn ㄎㄨㄣ⁻】36
향풀 곤

| | |
|---|---|
| 艸也。 | 풀이다. |
| 从艸。 | 초(艸)를 따랐고, |
| 薡聲。 | 곤(薡)이 성부가 된다. |
| 《古渾切 13部。》 | 고혼절(古渾切)이다. 제13부에 속한다. |

## 0443 芫 원【yuán ㄩㄢˊ】 36
### 팔꽃나무 원

| | |
|---|---|
| 魚毒也。 | 「**어독**(魚毒)이다. |
| 《『爾雅:釋木』。 | 『이아:석목(爾雅::釋木)』❶에 이르기를 |
| 杬、魚毒。 | "원(杬)은 **어독**(魚毒)이다. |
| 郭云 | 곽(郭)이 이르기를 |
| 大木。皮厚。 | "큰 나무인데, 껍질이 두텁고, |
| 汁赤。 | 붉은 즙이 난다. |
| 堪藏卵果。 | **란과**(卵果)를 저장할 수 있다.라고 했다.”고 한다. |
| 『顏(顔)師古-注:急就篇:芫華』曰。 | 『안사고-주:급취편(顏師古-注:急就篇)』❷의 원화(芫華)는 곽 경순(郭景純)이 설명한 것이다. |
| 景純所說。 | |
| 乃『左思-吳都賦』 | 『좌사-오도부(左思-吳都賦)』에서 말한 ❸ |
| 所謂縣(綿)杬杶櫨者耳。 | 면, 원, 춘, 로(縣杬杶櫨) 같은 것들이다. |
| 非魚毒也。 | **어독**(魚毒)이 아니다. |
| 芫草一名魚毒。 | **원초**(芫草)는 일명 **어독**(魚毒)이라고 한다. |
| 煑之以投水中。 | 끓여서 물 속에 던지면 |
| 魚則死而浮出。 | 물고기가 즉사하여 둥둥 뜬다. |
| 故以爲名。 | 그래서 이름한 것이다. |
| 其華可以爲藥。 | 그 꽃으로 약을 만들 수 있다. |
| 「芫」字或作「杬」。 | 원(芫)자를 간혹 원(杬)으로 쓴다. |
| 玉裁按。 | 단옥재(段玉裁)의 생각으로는 |
| 『爾雅』杬字本或作「芫」。 | 『이아(爾雅)』의 원(杬)자는 본래 혹시 원(芫)이어서 |
| 入於『釋木』。 | 『석목(釋木)』에 넣은 것이다. |
| 『本艸』及許君皆入[艸部]。》 | 『본초(本艸)』❹와 허군(許君)은 모두 [초부(艸部)]에 넣었다. |
| 从艸。 | 초(艸)를 따랐고, |
| 元聲。 | 원(元)이 성부가 된다. |
| 《愚袁切。14部。》 | 우원절(愚袁切)이다. 제 10부에 속한다. |

| | |
|---|---|
| **원**(杬) | 나무이름. |
| **춘**(杶) | 참죽나무. |
| **로**(櫨) | 두공, 주두, 겨망옻나무. |
| **감**(堪) | 견딜 |

| | |
|---|---|
| **어독**(魚毒) | 원화의 별명. 볶아서 물 속에 던지면 즉시로 물고기들이 떠오르게 되므로 붙인 이름이다. |
| **란과**(卵果) | 귤. |
| **원화**(芫華) | 낙엽관목. 잎은 작은 타원형. 관상용으로 키운다. |

0443

0443

원초(芫草)

어독(魚毒). 어부가 이것을 볶아서 물 속에 던지면 물고기들이 죽어서 물 위로 떠오른다. 그 뿌리를 촉상(蜀桑)이라고 한다.

[신경고 引經考]

**❶『이아:석목(爾雅::釋木)』**

杬, 魚毒.&lt;杬, 大木. 子似栗, 生南方, 皮厚, 汁赤, 中藏卵果.&gt;

[疏] "櫰, 大椒".

○釋曰：櫰者, 大椒之別名也.

郭云："今椒樹叢生, 實大者名爲櫰."

《詩:唐風》云："椒聊且."

陸機《疏》云："椒樹似茱萸, 有針刺, 葉堅而滑澤. 蜀人作茶, 吳人作茗, 皆合煮其葉以爲香. 今成皋諸山間有椒, 謂之竹葉椒, 其樹亦如蜀椒, 少毒熱不中合藥也. 可著飲食中, 又用烝雞豚, 最佳香. 東海諸島上亦有椒樹, 枝葉皆相似, 子長而不圓, 甚香. 其味似橘皮, 島上獐鹿食此椒葉, 其肉自然作椒橘香."

**❷『안사고-주:급취편(顔師古-注:急就篇)』**

灸刺和藥逐去邪, 黃芩伏苓礜茈胡.

牡蒙甘草菀藜蘆, 烏喙附子椒芫華.

半夏皁莢艾槖吾, 芎藭厚樸桂栝樓.

**❸『좌사-오도부(左思-吳都賦)』**

木則楓柙櫲樟, 栟櫚枸桹, 綿杬杶櫨, 文欀楨僵, 平仲桾櫏, 松梓古度. 楠榴之木, 相思之樹.

&lt;楓, 柙, 皆香木名也. 櫲樟, 木也.

《異物志》曰：栟櫚, 棕也, 皮可作索. 枸桹, 樹也, 直而高, 其用與栟櫚同. 栟櫚, 出武陵山. 枸桹出廣州. 木綿樹高大, 其實如酒杯, 皮薄, 中有如絲綿者, 色正白, 破一實, 得數斤. 廣州, 日南, 交趾, 合浦皆有之. 杬, 大樹也, 其皮厚, 味近苦澀, 剝乾之, 正赤, 煎訖, 以藏眾果, 使不爛敗, 以增其味, 豫章有之. 杶櫨, 二木名, 文, 文木也. 材密致無理, 色黑, 如水牛角, 日南有之, 欀木, 樹皮中有如白米屑者, 乾搗之, 以水淋之, 可作餅, 似面, 交趾, 盧亭有之. 楨櫨, 二木名. 劉成曰：平仲之木, 實白如銀. 君遷之樹, 子如瓠形. 松梓, 二木名. 古度樹也, 不華而實, 子皆從皮中出, 大如安石榴, 正赤, 初時可煮食也, 廣州有之. 南榴, 木之盤結者, 其盤節文尤好, 可以作器, 建安所出最大長也. 相思, 大樹也. 材理堅, 邪斫之, 則文, 可作器, 其實如珊瑚, 歷年不變, 東冶有之.

善曰：桹音郎. 杬音元. 欀音襄. 楨音貞.&gt;

**❹『본초(本艸)』**

芫華味辛溫. 主咳逆上氣, 喉鳴, 喘咽腫, 短氣, 蠱毒, 鬼瘧, 疝瘕, 癰腫, 殺蟲魚. 一名去水. 生川穀.&lt;舊在木部, 非&gt;

0443

吳普曰:芫華一名去水,一名敗華,一名兒草根,一名黃大戟,神農黃帝有毒,扁鵲岐伯苦,李氏大寒,二月生,葉青,加厚則黑,華有紫赤白者,三月實落盡,葉乃生,三月五月釆華,芫花根,一名赤芫根,神農雷公苦有毒,生邯鄲,九月八月釆,陰乾,久服令人泄,可用毒魚(禦覽亦見圖經節文).

名醫曰:一名毒魚,一名杜芫,其根名蜀桑,可用毒魚,生淮源,三月三日釆花,陰乾.

案說文云:芫,魚毒也,爾雅云:杬,魚毒.

郭璞云:杬,大木,子似栗,生南方,皮厚,汁赤,中藏卵果.

範子計然云:芫華出三輔,史記倉公傳,臨菑女子病蟯瘕,飲以芫花一撮,出蟯可數升,病已顏師古注急就篇云:郭景純說,誤耳,其生南方用藏卵果,自別一杬木,乃左思所云:綿杬杶櫨者耳,非毒魚之櫨右草,下品四十九種,舊四十八種,考木部芫華宜入此.

## 0444

### 0444 蘦蘦 령【líng ㄌㄧㄥˊ】36
### 감초 령

大苦也。
《此與前大苦口也相乖剌。

說詳苦字下。》
从艸。
靁聲。
《郎(郞)丁切。11部。》

「대고(大苦)」다.

이것과 앞에서 「대고령야(大苦蔆也)」라고 한 것이 서로 어긋난다.

자세한 설명은 고(苦)[0302]자 아래에 있다.

초(艸)를 따랐고,

령(靁)이 성부가 된다.

랑정절(郎丁切)이다. 제 11부에 속한다.

**령(蘦)** 감초, 도꼬마리
**름(蔆)** 도꼬마리, 복령, 풍냉이.

[참고]      <석초>

蘦, 大苦.

<今甘草也. 蔓延生, 葉似荷, 青黃, 莖赤有節, 節有枝相當. 或云蘦似地黃.>

〔疏〕"蘦, 大苦".

○釋曰 : 藥草也. 蘦, 一名大苦.

郭云 : "今甘藥也. 蔓延生, 葉似荷, 青黃, 莖赤有節, 節有枝相當. 或云蘦似地黃.

《詩:唐風》云"采苓采苓, 首陽之巔"是也. 蘦與苓, 字雖異, 音義同.

| | |
|---|---|
| 0445 | 稊 **제** 【tí ㄊㄧˊ】 36 |
| | 돌피 제 |

稊芛也。

《見『釋艸』。

郭云。

稊似稗。

布地生。

邵氏晉涵云。

『孟子』之莠稗、

『莊子』之稊稗皆是也。》

从艸。

梯聲。

《按今本篆作稊。

稊聲。從禾。

考[禾部]無稊字。

則稊聲乃梯聲之誤。

稊乃稊之誤。

大兮切。15部。》

---

제(稊)는 절(芛)이다.

『석초(釋艸)』❶를 보라.

"곽(郭)이 이르기를

제(稊)는 패(稗:피)와 비슷하다.

땅 위에 펼쳐지면서 자란다.'라고 했다.

소씨진함(邵氏晉涵)이 이르기를

"『맹자(孟子)』❷의 이패(莠稗)와

『장자(莊子)』❸의 제패(稊稗)가 이것이다."라고 했다.

초(艸)를 따랐고,

제(梯)가 성부가 된다.

생각건대 지금 책은 표제자를 제(稊)로 썼다.

제(稊)가 성부이고, 화(禾)를 따랐다.

[화부(禾部)]에 제(稊)가 없는 것을 생각하면

제성(稊聲)은 곧 제성(梯聲)의 잘못이니

제(稊)는 곧 제(稊)의 잘못이다.

대혜절(大兮切)이다. 제 15부에 속한다.

---

제(稊) 돌피.

제(稊) 강아지풀, 피의 한가지, 버들개지.

제(梯) 사닥다리, 의지할, 모 없을, 휘추리.

제(莠) 띠싹 처음 날, 초목 처음 날, 잡초가 우거진 땅.

패(稗) 피, 잘(細也).

---

**제절**(稊芛)  제(稊)는 절(芛)이다.

**이패**(莠稗)  이(莠)와 패(稗)는 두 가지 식물로 돌피와 피다. 벼와 비슷하나 알맹이가 작다. 역시 먹을 수 있다. 이(莠)는 제(梯)와 통한다.《맹자:고자상(孟子:告子上)》에 "5곡은 종자의 아름다우 것이지만 진실로 익지 않는다면 제패(莠稗)만도 못하다.(五穀者, 種之美者也 ; 苟爲不熟, 不如莠稗)."라고 했다.

**제패**(稊稗)  돌피와 피.

---

**[인경고 引經考]**

❶『석초(釋艸)』

稊, 芛.

<大如拇指, 中空, 莖頭有台似薊. 初生可食.

〔疏〕"鉤, 芛".

○釋曰 : 薊類也. 一名鉤, 一名芛.

## 0445

郭云：“大如拇指, 中空, 莖頭有台似薊. 初生可食.”

《說文》云“味苦, 江南食以下氣”是也.>

### ❷『맹자(孟子)』

孟子曰：“五穀者，種之美者也. 苟爲不熟，不如荑稗. 夫仁亦在乎熟之而已矣.

<熟, 成也. 五穀雖美, 種之不成, 則不如荑稗之草甚實可食. 爲仁不成, 猶是也.>

### ❸『장자(莊子)』

東郭子問於莊子曰<所謂道. 惡乎在?>

莊子曰：無所不在<道無不遍. 在處有之. >

東郭子曰：期而後可<郭注云：欲令莊子指名所在也.>

莊子曰：在螻蟻.<曰：何其下邪? >

曰：<在稊稗.>

曰：<何其愈下邪? >

曰：<在瓦甓.>

曰：<何其愈甚邪? >

曰：<在屎溺.>

## 0446 芚芺 절【dié ㄉㄧㄝˊ】36
### 돌피(일년초의 일종) 절

| | |
|---|---|
| 稊芺也。 | 제(稊)는 절(芺)이다. |
| 《郭於稊字逗。 | 곽(郭)은 제(稊)자에서 |
| 以芺釋稊。 | 절(芺)자로 제(稊)자를 풀이했다. |
| 許合稊芺二字爲艸名。 | 허신(許愼)은 제(稊)와 절(芺) 두 글자를 합쳐서 풀이름(艸名)으로 삼았다. |
| 凡『爾雅』固有擧其名而無訓釋者。 | 대개 『이아(爾雅)』는 확실하게 그이름을 거론은 했지만 훈석은 하지 않았다. |
| 不當強(强)爲句絕也。》 | 억지로 구절을 끊는 것은 부당하다. |
| 从艸。 | 초(艸)를 따랐고, |
| 失聲。 | 실(失)이 성부가 된다. |
| 《徒結切。12部。》 | 도결절(徒結切)이다. 제 12부에 속한다. |

제(稊) 돌피.

---

**제절**(稊芺)　제(稊)는 절(芺)이다.

---

**[인경고 引經考]**　❶『이아(爾雅)』

蕛, 蕭薅.

<似蒲而細.

○蕛, 音類. 蕭, 音鼎. 薅, 音董.>

〔疏〕"蕛, 蕭薅".

○釋曰 : 蕛, 一名蕭薅. 狀似蒲而細, 可爲屬, 亦可絢以爲索.

蕛似稗, 布地生, 穢草.

○蕛, 音帝. 芺, 大結切.

〔疏〕"蕛, 芺".

○釋曰 : 蕛, 一名芺, 似稗之穢草也, 布生於地.

《莊子》曰"道在蕛稗", 是亦有米, 細小.

《莊子》又曰"若蕛米之在太倉"是也.

# 0447

## 0447 芌荧 정【ting ㄊㄧㄥ-】36
### 풀이름 정

芌荧胸也。

《『釋艸』曰。

蒀芌荧。

未知許於荧字逗。

抑以芌逗荧胸也句、

與『今-爾雅』異也 》

从艸。

丁聲。

《天經切。11部。》

정형(芌荧)은 구(胸)다.

『석초(釋艸)』❶에 이르기를

"구정형(蒀芌荧)"이라고 했다.

허신(許愼)이 형(荧)자에서 멈추었는지 알 수 없다.

대체로 정(芌)에서 그치고 「형구야(荧胸也)」를 한 구(句)로 하는 것은

지금의 『이아(今-爾雅)』와 더불어 다르다.

초(艸)를 따랐고,

정(丁)이 성부가 된다.

천경절(天經切)이다. 제11부에 속한다.


구(蒀) 풀이름.

구(胸) 포, 가는 포, 멸, 풀이름.

정형구(芌荧胸)

구정형(蒀芌荧)

정형(芌荧)은 구(蒀)다.

구(蒀)는 정형(芌荧)이다.

[인경고 引經考]

❶『석초(釋艸)』 ※ 본문과 조금 다르다.

蒀, 芌荧. <未詳.>

[참고] <산해경:중산경>

又西二百裏曰熊耳之山. 其上多漆，其下多棕. 浮濠之水出焉，而西流注於洛，其中多水玉，多人魚. 有草焉，其狀如蘇而赤華，名曰葶薴，可以毒魚.

## 0448 蔣蔣 장【jiǎng ㄐㄧㄤˇ】 36
줄(포아풀과의 다년생 수초) 장

| | |
|---|---|
| 苽也。 | 「줄풀」이다. |
| 《各本作苽蔣也。 | 여러 책에서는 **고장**(苽蔣)이라고 했다. |
| 此蔣苽也之誤倒耳。 | 이것은 「장고야(蔣苽也)」가 뒤바뀐 것이다. |
| 今依『御覽』正。 | 지금 『어람(御覽)』❶을 근거로 바로 잡는다. |
| 『蜀都賦』曰。 | 『촉도부(蜀都賦)』❷에 이르기를 |
| 攢蔣叢蒲。》 | "**찬장총포**(攢蔣叢蒲)"라고 했다. |
| 从艸、 | 초(艸)를 따랐고, |
| 將聲。 | 장(將)이 성부가 된다. |
| 《子良切。10部。》 | 자량절(子良切)이다. 제 10부에 속한다. |

고(苽) 줄풀.
**찬**(攢) 옹기종기 모일, 토롱할, 골라낼, 모을.
**장**(蔣) 줄풀, 산이름, 성씨.

| | |
|---|---|
| 고장(苽蔣)<br>장고(蔣苽) | 읍장(裛蔣) 마르고 어린 교백(茭白). 두보(杜甫)의 《과남악입동정호(過南嶽入洞庭湖)》 시(詩)에 "翠牙穿裛蔣, 碧節吐寒蒲."가 있다. <구조오-주(仇兆鼇-注)>와 <조-주(趙-注)>에 장(蔣)은 고장(苽蔣)의 장(蔣)이다. 대개 포(蒲)는 마디가 있고, 장(蔣)은 이빨이 있다."라고 했다. 《회남자(淮南子)》에 "浸潭苽蔣."이 있는데 <주(注)>에 "고(苽)는 장실(蔣實:고장의 열매)이다."라고 했다. 《당아(唐雅)》에 "고장(苽蔣)은 그 씨를 호(胡)라고 부른다. 읍장(裛蔣)은 장(蔣)이 수척하고 성장하지 않은 것이다."라고 했다. |
| 찬장총포(攢蔣叢蒲) | 줄풀과 부들이 무더기로 자란 것. |

| | |
|---|---|
| [신경고 引經考] | ❶『어람(御覽)』에 「장고야(蔣苽也)」는 보이지 않는다.<br>가장 근접한 것으로 들었다. [0449] 참조. |

苽.

《廣雅》日 : 茉, 蔣也. 其米謂之雕胡.> (鄭玄注日 : 茉, 彫胡.)

《說文》日 : 蔣, 苽也. 彫胡一名蔣.

❷『촉도부(蜀都賦)』

其沃瀛則有攢蔣叢蒲, 綠菱紅蓮, 雜以蘊藻, 糅以蘋蘩.

《楚辭》日 : 倚沼畦瀛.

王逸云 : 瀛, 澤中也. 班固以爲畦. 蔣, 苽名也. 蘊藻蘋蘩, 皆水草也. 蘊, 叢也.>

## 0449 茷苽 고【gū 《ㄨ﹣】 36
줄풀 고

雕胡。一名蔣。 「조호(雕胡). 일명 장(蔣)」이다.

《各本「胡」字作「苽」。 여러 책에서는 호(胡)자를 고(苽)자로 썼다.

今依『御覽』正。 지금은 『어람(御覽)』❶을 근거로 바로 잡는다.

『食醫』、『內則』皆有苽食。 『식의(食醫)』❷와 『내칙(內則)』❸ 모두에 **고식**(苽食)이 있다.

鄭云。 정(鄭)이 이르기를

苽、彫胡也。 "고(苽)는 **조호**(彫胡)다."라고 했다.

『廣雅』曰。 『광아(廣雅)』에 이르기를

菰、蔣也。 "고(菰)는 장(蔣)이다.

其米謂之彫胡。 그 알맹이를 **조호**(彫胡)라고 한다."라고 했다.

然則猶扶渠實名蓮。 그래서 **부거**(扶渠)의 열매를 련(蓮)이라고 하는 것과 비슷하다.

亦因以爲華葉名也。 또한 이로써 꽃잎의 이름으로 삼기도 했다.

彫胡、『枚乘﹣七發』謂之安胡。 **조호**(彫胡)를 『매승-7발(枚乘-七發)』❹에서는 **안호**(安胡)라고 했다.

其葉曰苽、曰蔣。俗曰茭。 그 잎을 고(苽)라 하고, 장(蔣)이라 하고, 속칭 교(茭)라고 한다.

其中臺如小兒臂。 그 **중대**(中臺)가 어린 아이의 팔과 같다.

可食。曰苽手。 먹을 수 있다. **고수**(苽手)라고 한다.

其根曰葑。<封去聲。》 그 뿌리를 봉(葑)이라고 한다.<봉은 거성이다>

从艸。 초(艸)를 따랐고,

瓜聲。 과(瓜)가 성부가 된다.

《古胡切。5部。》 고호절(古胡切)이다. 제 5부에 속한다.

---

**고**(苽) 줄풀.

**교**(茭) 마른 풀, 풀이름, 당귀, 속이는 말 ▣**효**:연뿌리.

**봉**(葑) 순무, 줄의 뿌리.

**비**(臂) 팔뚝, 희생의 어깨.

---

| | |
|---|---|
| **조호**(彫胡) | 고미(苽米). 6곡(六穀)의 하나. |
| **고식**(苽食) | 고미(苽米). 로 지은 밥. |
| **부거**(扶渠) | 연꽃(荷花). |
| **안호**(安胡) | 고미(苽米). |
| **중대**(中臺) | 1. 식물체의 한 부분. 2. 3대(三臺)의 하나로 상서성(尙書省)의 별칭이다. |
| **고수**(苽手) | 고(苽)의 중대(中臺). |

---

[**인경고** 引經考]

❶『어람(御覽)』

菰.《廣雅》曰 : 苽, 蔣也. 其米謂之雕胡.

《周官》曰:鳥宜菰.(鄭玄注曰:茭,彫胡.)

《說文》曰:蔣,菰也.彫胡一名蔣.

《晉中興書》曰:毛璩爲譙主司馬時,海陵縣地多菰蒲,處所幽邃,亡戶保之.璩請討,放禍獰襄進.天旣旱,地皆菰封.封燃,叛人走出,近得萬戶.

《廣志》曰:茭可食.以爲席,溫於蒲.生南方.

《莊子》曰:孔子之楚,舍於蟻丘之蔣.

《宋玉賦》曰:主人之女,爲臣炊彫胡之飲.

❷『식의(食醫)』〈周禮:卷四〉 ※ 본문과 다르다.

凡王之饋,食用六穀,膳用六牲,飲用六清,羞用百二十品,珍用八物,醬用百有二十甕.

<進物於尊者曰饋.此饋之盛者,王舉之饌也.六牲,馬牛羊豕犬雞也.羞,出於牲及禽獸,以備滋味,謂之庶羞.《公食大夫禮》,《內則》下大夫十六,上大夫二十,其物數備焉.天子諸侯有其數,而物未得盡唱.珍謂淳熬,淳毋,炮豚,炮牂,搗珍,漬熬,肝脅也.醬謂醯醢也.王舉則醯人共醢六十甕,以五齋,七醢,七菹,三臡實之.醢人共齋菹醢物六十甕,鄭司農云:"羞,進也.六穀,稌,黍,稷,梁,麥,苽.苽,彫胡也.>

〈周禮:卷五:天官塚宰下:식의〉

凡會膳食之宜,牛宜稌,羊宜黍,豕宜稷,犬宜梁,雁宜麥,魚宜苽.

<會,成也,謂其味相成.

鄭司農云:"稌,粳也,《爾雅》曰'稌,稻',苽,彫胡也."

○稌,音杜,又他杜反.苽,音孤.粳,本亦作秔,音庚.彫,劉本作凋,音彫.>

〔疏〕"凡會"至"宜苽"

………

○釋曰:云"稌,粳也"者,亦方俗異名.

云"《爾雅》曰稌,稻也,苽,彫胡也"者,今南方見有苽米是也.

❸『내칙(內則)』〈禮記:卷二十七:內則:第十二〉

蝸醢而菰食,雉羹,麥食,脯羹,雞羹,析稌,犬羹,兔羹,和糝不蓼.

<菰,彫胡也.稌,稻也.凡羹齊宜五味之和,米屑之糝,蓼則不矣.此脯,所謂析乾牛羊肉也.>

❹『매승-7발(枚乘-七發)』

客曰: 犓牛之腴,菜以筍蒲 <犓牛:即小牛.腴:腹下肥肉.筍:竹筍.蒲:即蒲荼,多年生草,葉細長而尖,其莖心細嫩可食.>.肥狗之和,冒以山膚.楚苗之食,安胡之飯,搏之不解,一嚼而散 <和:羹.冒:用菜調和.山膚:植物名,即石耳,可食用.>.於是使伊尹煎熬,易牙調和.

## 0450

풀 육

艸也。 풀이다.

从艸。 초(艸)를 따랐고,

育聲。 육(育)이 성부가 된다.

《余六切　3部。》　여륙절(余六切)이다. 제 3부에 속한다.

## 0451 蘿 파【pí ㄆㄧˊ】36
### 풀 파/피

艸也。　　풀이다.

《『爾雅:釋器』。　『이아:석기(爾雅:釋器)』❶에 이르기를

㫃謂之蘿、作此字。　"모(㫃)를 피(蘿)라고 할 때 이 글자를 쓴다.

假借爲麾字也。》　가차하여 휘(麾)자로 쓴다."라고 했다.

从艸。　　초(艸)를 따랐고,

罷聲。　　파(罷)가 성부가 된다.

《符羈切。　부기절(符羈切)이다.

古音在 17部。》　고음(古音)은 제 17부에 속한다.

---

파(蘿) 풀 ▣피: 악기 다는 틀 장식, 춤출 때 가지고 추는 쇠꼬리.

모(㫃) 쇠꼬리 달은 기, 언덕 앞이 낮고 뒤가 높을.

휘(麾) 대장기, 장수가 군대를 지휘는데 사용하는 기.

---

[신경고 引經考]　　❶『이아:석기(爾雅:釋器)』

㫃謂之蘿.

<㫃牛尾也. ○蘿, 卑.>

〔疏〕"㫃謂之蘿".

○釋曰 : 郭云 : "㫃牛尾." 一名蘿, 舞者所執也.

## 0452

0452 蘸 蘸 난 【rán ㅁㄢˊ】 36

풀 난

艸也。 풀이다.
从艸。 초(艸)를 따랐고,
難聲。 난(難)이 성부가 된다.
《如延切。14部 여연절(如延切)이다. 제 14부에 속한다.

참고 연(藥)

## 0453 蒗 **莨 랑【láng ㄌㄤˊ】 36**
### 풀 이름 랑

艸也。 | 풀이다.
《『子虛賦』。 | 『자허부(子虛賦)』❶에 이르기를
卑淫(濕)則生藏莨。 | "낮고 습하면 **장랑(藏莨)**이 자란다."라고 했다.
『漢書:音義』曰。 | 『한서:음의(漢書:音義)』❷에 이르기를
莨、莨尾艸也。 | "랑(莨)은 **랑미초(莨尾艸)**다."라고 했다.
按『釋艸』曰。 | 생각건대 『석초(釋艸)』❸에 이르기를
孟狼尾。 | "맹(孟)은 **랑미(狼尾)**이다."라고 했는데
狼與莨同音。 | 랑(狼)과 랑(莨)은 음이 같다.
狼尾似狗尾而麤壯者也。 | **랑미(狼尾)**는 **구미(狗尾:개꼬리)**와 비슷한데 거칠고 큰 것이다.
孟作盂者譌。》 | 맹(孟)을 우(盂)로 쓴 것은 잘못이다.
从艸 | 초(艸)를 따랐고,
艮聲。 | 량(艮)이 성부가 된다.
《魯當切。10部。》 | 로당절(魯當切)이다. 제 10부에 속한다.

**름**(淫濕) 젖을, 진펄, 물놀이칠, 소 귀음직이는 모양.

**추**(麤) 멀리 갈, 경계하고 막을, 클, 성길, 대략, 거친 것, 매조미쌀, 성질이 조포할.

**와**(譌) 사투리, 거짓, 잘못될, 요괴한 말.

**장랑(藏莨)** | 랑미(狼尾).
**랑미초(莨尾艸)** | 강아지풀. 포아풀과의 일년초.
**맹랑미(孟狼尾)** | 맹(孟)은 랑미(狼尾)다.
**랑미(狼尾)** | 풀 이름. 강아지풀. 줄기와 뿌리는 종이원료로 쓴다. 자루를 짜거나 짚신을 만든다.《이아:석초(爾雅:釋草)》에 "孟, 狼尾."가 있다. <곽박-주(郭璞注)>에 "띠와 비슷하다. 지금 사람들은 이것으로 지붕을 덮는다."라고 했다. 리시진(李時珍)의《본초강목:곡2:랑미초(本草綱目:穀二:狼尾草)》에 "랑미(狼尾)는 줄기와 잎, 이삭, 낟알이 모두 속(粟)과 같다. 이삭은 자황색(紫黃色)인데 털이 있다. 흉년이 들면 먹는다."라고 했다.
**구미(狗尾)** | ① 풀이름. 유(莠:강아지풀). ② 어리석거나 직급이 낮은 관리. ③ 불효자.

**[인경고 引經考]**

❶『자허부(子虛賦)』
其高燥則生葳菥苞荔, 薛莎青蘋. 其埤濕則生藏莨蒹葭,

<郭璞曰 : 藏莨, 草名, 中牛馬苗.

張揖曰 : 蒹廉 ; 葭, 蘆也.

善曰 : 埤音婢. 莨音郎.> 東薔雕胡,

**0453**

❷『한서:음의(漢書:音義)』<한서>

其高燥則生葳菁苞荔, 薜莎青薠. 其卑濕, 生藏莨兼葭, 東薔

《集解》: 徐廣曰: "烏桓國有薔, 似蓬草, 實如葵子, 十月熟."

駰案:《漢書音義》曰"葳, 似艸亂而葉大. 苞, 苞尾草也. 兼, 廉也. 葭, 蘆也".

【索隱】: 藏莨, 郭璞云"狼尾, 似茅". 兼葭音兼加.

孟康云"兼葭似蘆也".

郭璞云"兼, 薕也. 似藋而細小, 高數尺, 江東人呼爲兼蒿".

又云"葭, 蘆也. 似葦而細小, 江東人呼爲烏蓲". 艸亂音五患反. 薕音敵. 東薔,

案《續漢書》云"東薔似蓬草, 實如葵子, 十一月熟".

《廣志》云"子色青黑, 河西語云'貸我東薔, 償我白粱' 也".>

❸『석초(釋艸)

孟, 狼尾.

<似茅, 今人亦以覆屋.>

[疏] 孟, 狼尾.

○釋曰: 草似茅者, 一名孟, 一名狼尾. 今人亦以覆屋.

## 0454 薻 요【yāo ㅣㄠ】36
### 애기풀 요

| | |
|---|---|
| 艸也。 | (애기)풀이다. |
| 从艸。 | 초(艸)를 따랐고, |
| 要聲。 | 요(要)가 성부가 된다. |
| 《於消切 2部。》 | 어소절(於消切)이다. 제 2부에 속한다. |
| 『詩』曰。 | 『시(詩)』에 이르기를 |
| 四月秀薻。 | "4월수요(四月秀薻)"라고 했다. |
| 劉(劉)向說此味苦。 | 류향(劉向)은 이것을 미고(味苦)라고 설명했다. |
| 苦薻也。 | 고요(苦薻)다. |
| 《四月秀薻。『豳風』文。 | 「4월수요(四月秀薻)」는 『빈풍(豳風)』❶의 글이다. |
| 毛曰。 | 모(毛)가 이르기를 |
| 薻者、薻艸也。 | "요(薻)는 요초(薻艸)다."라고 했다. |
| 『箋』云。 | 『전(箋)』❷에 이르기를 |
| 『夏小正』四月王萯秀。 | "『하소정(夏小正)』에 '4월이면 왕부(王萯)가 싹튼다."라고 했는데 |
| 薻其是乎。 | 요(薻)가 이것일까? |
| 物成自秀薻始。 | 사물이 자라서 싹이 틀 때 요(薻)가 시작한다. |
| 玉裁按 | 단옥재(段玉裁)가 생각건대는 |
| 『小正』四月秀幽 | 『소정(小正)』에 "4월이면 수유(秀幽)"라고 했는데 |
| 幽薻一語之轉。 | 유요(幽薻)는 하나의 말이 바뀐 것이므로 |
| 必是一物。 | 반드시 같은 사물일 것이다. |
| 似鄭不當援王萯秀。 | 정(鄭) 같으면 부당하게 왕부(王萯)를 받은 것 같다. |
| 劉(劉)向說此味苦、苦薻也。 | 류향(劉向)은 이것을 미고(味苦), 고요(苦薻)라고 설명했다. |
| 苦薻當是漢人有此語 | 고요(苦薻)는 그 당시 한인(漢人)들에게 이 말이 있었다. |
| 漢時目驗。今則不識。 | 한나라 때의 목험(目驗)을 지금은 알 수 없다. |
| 其味苦則應夏令也。 | 그 맛이 쓴 즉 마땅히 하령(夏令)이다. |
| 小徐按『字書』云狗尾艸。 | 소서(小徐)는 『자서(字書)』를 빌어 이르기를 구미초(狗尾艸)라고 했다. |
| 夫狗尾卽莠。 | 무릇 구미(狗尾)가 유(莠)다. |
| 莠、四月未秀。 | 유(莠)는 4월에 아직 피지 않는다. |
| 非莠明矣。》 | 유(莠)가 아닌 것이 분명하다. |

빈(豳) 나라이름 ■반:아롱질. <豕부 10획>

부(萯) 쥐참외.

| | |
|---|---|
| 4월수요(四月秀薻) | 4월이면 애기풀이 싹튼다. |

## 0454

1.풀이름.《시:빈풍:칠월(詩:豳風:七月)》에 "四月秀葽."가 있는데 모전(毛傳)에서 "꽃이 피지 않고 열매 맺는 것을 수(秀)라고 한다. 요(葽)는 요초(葽草)다."라고 했다. <고형-주(高亨-注)>에 "舊說 : 요(葽)는 약초 이름으로 곧 원지(遠志)다."라고 했다.《목천자전(穆天子傳)》권2(卷二)에 "원(爰)에는 관(蓲), 위(葦), 완(莞), 포(蒲), 서(芧), 부(莔), 겸(蒹), 요(葽)이 있다. 백옥을 바쳤다."라고 했다. 2. 풀이 무성한 모양.

**미고**(味苦), **고요**(苦葽)  厥.

**요초**(葽艸)  애기풀.

**왕부**(王萯)  왕과(王瓜).《례기:월령(禮記:月令)》에 "<孟夏之月>王瓜生."이 있는데 <정현-주(鄭玄-注)>에 "지금의《월령(月令)》에서는 '王萯生.'이라고 한다."라고 했다. <공영달-소(孔穎達-疏)>에 "여기서 '왕과생(王瓜生)'을 ,《금-월령(今-月令)》에서는 '왕부생(王萯生)'으로 했으니 아마도 왕부(王萯)가 곧 왕과(王瓜)일 것이다."라고 했다.

**수유**(秀幽), **유요**(幽葽)  厥.

**목험**(目驗)  자신의 눈으로 직접 살펴 봄.

**하령**(夏令)  여름의 절기, 여름철.

**구미초**(狗尾艸)  ① 풀이름. 유(莠:강아지풀). ② 어리석거나 직급이 낮은 관리. ③ 불효자.

**구미**(狗尾)  1. 강아지풀. 유(莠)라고도 한다. 2. 어리석거나 직급이 낮은 관리를 비유하는 말. 3. 불초(不肖)한 자손을 비유하는 말.

### [인경고 引經考]

**❶『시(詩)』**〈豳風:七月〉

七月流火, 九月授衣. 一之日觱發, 二之日栗烈.

無衣無褐, 何以卒歲. 三之日于耜, 四之日舉趾.

同我婦子, 饁彼南畝. 田畯至喜.

七月流火, 九月授衣. 春日載陽, 有鳴倉庚.

女執懿筐, 遵彼微行. 爰求柔桑. 春日遲遲, 采蘩祁祁.

女心傷悲, 殆及公子同歸.

七月流火, 八月萑葦. 蠶月條桑, 取彼斧斨, 以伐遠揚, 猗彼女桑.

七月鳴鵙, 八月載績. 載玄載黃, 我朱孔陽, 爲公子裳.

四月秀葽, 五月鳴蜩. 八月其穫, 十月隕蘀.

一之日于貉, 取彼狐狸, 爲公.

　　<不榮而實曰秀葽. 葽, 草也. 蜩, 蟬也. 穫, 禾可穫也. 隕, 墜. 蘀, 落也.

　　箋云 :《夏小正》"四月, 王萯秀." 葽其是乎? 秀葽也, 鳴蜩也, 穫禾也, 隕蘀也, 四者皆物成而將寒之候, 物成自秀葽始.>

子裘. 二之日其同, 載纘武功, 言私其豵, 獻豜于公.

0454

五月斯螽動股, 六月莎雞振羽. 七月在野, 八月在宇, 九月在戶.

十月蟋蟀入我牀下. 穹窒熏鼠, 塞向墐戶.

嗟我婦子, 曰爲改歲, 入此室處.

六月食鬱及薁, 七月亨葵及菽, 八月剝棗, 十月穫稻.

爲此春酒, 以介眉壽. 七月食瓜, 八月斷壺, 九月叔苴, 采荼薪樗.

食我農夫.

九月築場圃, 十月納禾稼. 黍稷重穋, 禾麻菽麥.

嗟我農夫, 我稼旣同, 上入執宮功. 晝爾于茅, 宵爾索綯.

亟其乘屋, 其始播百穀.

二之日鑿冰沖沖, 三之日納于凌陰. 四之日其蚤, 獻羔祭韭.

九月肅霜, 十月滌場. 朋酒斯饗, 曰殺羔羊.

躋彼公堂, 稱彼兕觥, 萬壽無疆.

❷「전(箋)」 1번 참조.

《夏小正》“四月, 王萯秀.

# 0455

## 0455 䕏薖 과【kē ㄎㄜ⁻】36
### 풀이름 과

| | |
|---|---|
| 艸也。 | 풀이다. |
| 《『衞(衛)風』碩人之薖。 | 『위풍(衞風)』❶의 "석인지과(碩人之薖)"는 |
| 假借此字。 | 이 글자를 가차한 것이다. |
| 毛云。 | 모(毛)가 이르기를 |
| 寬大皃(貌)。 | "관대(寬大)한 모양이다."라고 했다. |
| 鄭云饑意。 | 정(鄭)은 이르기를 "배고프다는 뜻이다."라고 했다. |
| 按毛、鄭意謂薖爲款之假借。 | 모(毛)와 정(鄭)의 뜻은 과(薖)가 관(款)의 가차라는 것이다. |
| 『爾雅』款足者謂之鬲(鬲)。 | 『이아(爾雅)』❷에서는 '관족(款足)을 력(鬲)'이라고 했는데 |
| 『漢志』作空足曰鬲。 | 『한지(漢志)』❸에서는 공족(空足)을 력(鬲)이라고 했다. |
| 『楊王孫傳』。 | 『양왕손:전(楊王孫:傳)』❹에 이르기를 |
| 窾木爲匵。 | "관목(窾木)은 독(匵)이다."라고 했다. |
| 服虔曰。 | 복건(服虔)이 이르기를 |
| 窾、空也。 | "관(窾)은 공(空)이다."라고 했다. |
| 『淮南書:窾者主浮:注』。 | 『회남서:관자주부:주(淮南書:窾者主浮:注)』❺에 |
| 窾、空也。 | "관(窾)은 공(空)이다. |
| 讀如科條之科。 | 독음은 과조(科條)의 과(科)와 같다."라고 했다. |
| 然則薖款古同音。 | 그러므로 과(薖)와 관(款)이 옛날에는 같은 음이었다. |
| 許君亦曰。 | 허군(許君) 역시 이르기를 |
| 窠、空也。 | "과(窠)는 공(空)이다."라고 했다. |
| 毛、鄭說皆取空中之意。》 | 모(毛)와 정(鄭)은 모두 비었다는 뜻을 취했다. |
| 从艸。 | 초(艸)를 따랐고, |
| 過聲。 | 과(過)가 성부가 된다. |
| 《苦禾切。17部。》 | 고화절(苦禾切)이다. 제 17부에 속한다. |

**관(窾)** 빌, 마를 ■공:같은 뜻.
**독(匵)** 손궤.
**관(款)** 막힐, 정성스러울, 사랑할, 방문할 ■흔:사람이름.

| | |
|---|---|
| **관족(款足)** | 속이 빈 솥 다리(中間空的鼎足). 속이 비어 있는 솥다리(中間空的鼎足).《이아:석기(爾雅:釋器)》:"鼎款足者謂之鬲." <곽박-주(郭璞-注)>에 "鼎曲腳也." <학의행-의소(郝懿行-義疏)>에 "鼎款足, 謂足中空也." 王引之《경의술문:이아중(經義述聞:爾雅中)》에 "家大人曰:'款足, 謂空足也.'……郭以款足爲曲腳, 失之." |
| **공족(空足)** | 속이 빈 다리. |
| **관목(窾木)** | 1.속을 파낸 나무(當中挖空的木頭).《회남자:설산훈(淮南子:說山訓)》에 속을 파낸 나무가 물 위에 뜨는 것을 보고 배를 만들 줄 알았고, 바람에 날리는 쑥부쟁이를 |

보고 수레를 만들 줄 알았다(見竅木浮而知爲舟, 見飛蓬轉而知爲車)."라고 했다.

2.구멍이 있는 나무(有孔洞的樹木).

※ 비봉(飛蓬) 1.뿌리가 말라 떨어져 바람에 떠 날리는 쑥. 2.경미한 사물. 3. 어지러운 두발 모양의 비유. 4.정처없이 떠도는 모양.

**과조(科條)** 법령(法令)의 조문. 조례(條例). 항목.

[**인경고 引經考**]

❶『위풍(衞風)』〈衞風:考槃〉

考槃在澗, 碩人之寬. 獨寐寤言, 永矢弗諼.

考槃在阿, 碩人之薖. 獨寐寤歌, 永矢弗過.

〈曲陵曰阿. 薖, 寬大貌.

箋云: 薖, 饑意.

○薖, 若禾反,《韓詩》作"彳過". 彳過, 美貌. 獨寐寤歌, 永矢弗過.

箋云: 弗過者, 不複入君之朝也.〉

考槃在陸, 碩人之軸. 獨寐寤宿, 永矢弗告.

❷『이아(爾雅)』

鼎絕大謂之鼐,〈最大者.〉圜弇上謂之鼒, 附耳外謂之釴,〈鼎耳在表.〉款足者謂之鬲.〈鼎曲腳也. ○鼐, 耐. 圜, 袁. 鼒, 咨. 釴, 亦. 款, 苦管反. 鬲, 力.〉

❸『한지(漢志)』

一者一統, 天地萬物所系終也. 黃帝作寶鼎三, 象天地人也. 禹收九牧之金, 鑄九鼎, 皆嘗■烹〈索隱〉: 言鼎烹牲而饗嘗也. "■"字又作"䰜"字, 音癀. 漢書郊祀志云鼎空足曰鬲, 以象三德. 鬲音曆. 謂足中不實者名之也.〉上帝鬼神. 遭聖則興,

❹『양왕손:전(楊王孫:傳)』

昔〈帝堯〉之葬也, 窾木爲匵, 葛藟爲緘, 其穿下不亂泉, 上不泄殠. 故聖王生易尙, 死易葬也. 不加功於亡用, 不損財於亡謂. 今費財厚葬, 留歸鬲至, 死者不知, 生者不得, 是謂重惑. 於戲! 吾不爲也.◇

❺『회남서:관자주부:주(淮南書:窾者主浮:注)』

夫萍樹根於水, 木樹根於土, 鳥排虛而飛, 獸蹠實而走, 蛟龍水居, 虎豹山處, 天地之性也. 兩木相摩而然, 金火相守而流, 員者常轉, 窾者主浮, 自然之勢也. ◇

## 0456

## 0456 菌 균 【jùn ㄐㄩㄣˋ】36
### 버섯 균

地蕈也。 「**지심**(地蕈)」이다.

《[屮部]所謂菌先也。》 [철 부(屮部)]에서 **균록**(菌先)이라고 이르던 것이다.

从艸, 초(艸)를 따랐고,

囷聲。 균(囷)이 성부가 된다.

《渠殞切。13部。》 거손절(渠殞切)이다. 제13부에 속한다.

**록**(先先) 버섯, 두꺼비, 느릿느릿 걸을.

**균**(囷) 둥근 곳집, 서릴 ▣**착**:같은 뜻.

**지심**(地蕈) 균록(菌先). 버섯의 일종.

**균록**(菌先) 버섯의 일종.

[참고]              <이아>

中馗, 菌.

    <地蕈也, 似蓋, 今江東名爲土菌, 亦曰馗廚. 可啖之.

    ○馗, 音逵. 菌, 巨隕切.>

## 0457 蕈 심【xùn ㄒㄩㄣˋ】36
### 버섯 심

桑黄也。

《黄之生於桑者曰蕈。
蕈之生於田中者曰菌先。『鄭司農－
注:周禮』云
深蒲。或曰桑耳。》
从艸。
覃聲。
《慈衽切。7部。》

「상연(桑黄)」이다.

목이버섯이 뽕나무에서 자란 것을 심(蕈)이라고 한다.

심(蕈)이 밭에서 자란 것은 균록(菌先)이라고 한다.

『정사농－주:주례(鄭司農－注:周禮)』❶에 이르기를

"심포(深蒲)다. 혹은 상이(桑耳)라고도 한다."라고 했다.

초(艸)를 따랐고,

담(覃)이 성부가 된다.

자임절(慈衽切)이다. 제 7부에 속한다.

록(先光) 버섯, 두꺼비, 느릿느릿 걸을.

연(黄) 목이버섯.

| | |
|---|---|
| 상연(桑黄) | 뽕나무버섯. 상이(桑耳). |
| 균록(菌先) | 밭에서 자라는 버섯. |
| 심포(深蒲) | 상이(桑耳)의 별명. |
| 상이(桑耳) | 뽕나무버섯. 식용이나 약용으로 사용된다. 상신(桑臣), 상황(桑黃), 상균(桑菌), 상계(桑鷄), 상아(桑蛾), 상아(桑鵝), 이라고도 불린다. |

[신경고 引經考]

### ❶『정사농（鄭司農－注:周禮)』

加豆之實，芹菹，兔醢，深蒲，醓醢，箈菹，雁醢，筍菹，魚醢.

&lt;芹，楚葵也.

鄭司農云："深蒲，蒲蒻入水深，故曰深蒲. 或曰深蒲，桑耳. 醓醢，肉醬也. 箈，水中魚衣."故書雁或爲鶉.

杜子春云："當爲雁."玄謂深蒲，蒲始生水中子. 箈，箭萌. 筍，竹萌.&gt;

○注"芹楚"至"竹萌"

○釋曰："芹，楚葵，出《爾雅》."

鄭司農云，深蒲，蒲蒻入水深，故曰深蒲"者，

史遊《急就章》云："蒲蒻，藺席."蒲蒻只堪爲席，不可爲菹，故後鄭不從. 云"或曰深蒲，桑耳"者，既名爲蒲，何得更爲桑耳？故後鄭亦不從. 云"箈，水中魚衣"者，此箈字既下爲之，非是水物，不得爲魚衣，故後鄭不從. "玄謂深蒲，蒲始生水中子"者，此後鄭以時事而知，破先鄭也. 云"箈，箭萌"者，一名筱者也. "筍，竹萌"者，一名籜者也. 萌皆謂新生者也，見今皆爲菹.

## 0458 檽蕠 연【ruǎn ㄖㄨㄢˇ】36
### 목이버섯 연

| | |
|---|---|
| 木耳也。 | 「목이(木耳)」이다. |
| 《『內則記』 | 『내칙:기(內則:記)』❶에 |
| 燕食所加庶羞有芝栭。 | '연식(燕食)에 더하는 서수(庶羞)에 지이(芝栭)가 있다.'고 했다. |
| 『正義』曰。 | 『정의(正義)』❷에 이르기를 |
| 盧植云。芝、木芝也。 | "로식(盧植)이 '지(芝)는 목지(木芝)다.'라고 했다. |
| 王肅云。 | 왕숙(王肅)이 이르기를 |
| 無華而實者名栭。 | '꽃 피지 않고 열매 맺는 것을 이(栭)라고 이름한다.'라고 했다.'고 했다. |
| 按『芝栭』猶『攷工記』之「之而」。 | 생각건대 지이(芝栭)는 『고공기(攷工記)』❸의 지이(之而)와 비슷하므로 |
| 鄭君謂芝栭爲一物。 | 정군(鄭君)은 지(芝)와 이(栭)가 같은 사물로, 이(栭)가 곧 연(蕠)자라고 말했다. |
| 栭卽蕠字也。 | |
| 今人謂光滑者木耳。皺者蕈。 | 지금의 사람들은 광택이 나고 매끄러운 것을 목이(木耳)라 하고, 주름진 것을 심(蕈)이라고 한다. |
| 許意謂蕈爲木耳。》 | 허신(許愼)의 뜻은 심(蕈)을 목이(木耳)라고 한다. |
| 从艸。 | 초(艸)를 따랐고, |
| 蕠聲。 | 연(蕠)이 성부가 된다. |
| 《而沇切。14部。 | 이연절(而沇切)이다. 제 14부에 속한다. |
| 按蕠從大而聲。 | 생각건대 연(蕠)은 대(大)를 따랐고, 이(而)가 성부다. |
| 『內則』作「栭」。 | 『내칙(內則)』❹은 이(栭)로 썼다. |
| 又作「檽」。 | 또 이(檽)로도 썼다. |
| 賀氏云。 | 하씨(賀氏)가 이르기를 |
| 栭、檽棗。 | "이(栭)는 이조(檽棗)다."라고 했다. |
| 其所據本作「檽」也。 | 그가 근거한 책에서는 이(檽)로 썼다. |
| 釋文云。 | 해석문에 이르기를 |
| 又作「檽」。 | "또 이(檽)로도 쓴다.❺ |
| 檽字誤。》 | 이(檽)자는 잘못된 것이다."라고 했다. |
| 一曰荋茈。 | 혹은 유자(荋茈)라고도 한다. |
| 《未聞。 | 들어보지 못했다. |
| 『說文』亦無荋字。 | 『설문(說文)』에도 역시 유(荋)자는 없다. |
| 『集韵(韻):九, 麌』 | 『집운:9, 우(集韵:九, 麌)』에 |
| 荋勇主切。 | 유(荋)는 용주절(勇主切)이다. |
| 荋茈、木耳。 | 유자(荋茈)는 목이(木耳)다. |
| 是謂蕠之一名也。》 | 그래서 연(蕠)의 또 다른 한 이름이라고 했다. |

*0458*

이(栭) 주두, 산밤나무, 개암, 버섯.

이(梗) 버섯 ◼**연**:잇꽃, 홍화, 고욤나무.

누(橉) 누구나무 ◼**이**:같은 뜻 ◼**연**:잇꽃, 홍화, 고욤나무.

준(皴) 살터질, 살갗주름살, 쇠목 맡에 늘어진 가죽, 여주.

심(蕈) 버섯.

연(兖) 연주, 믿을.

자(茈) 자주풀, 고비, 새앙과식물 ◼**차**:가지런치 않을.

**목이**(木耳)  우리 말로는 흐르레기라고 한다. 주로 참나무에 기생하는 담자균문( )에 속하는 버섯의 일종. 수분을 머금으면 젤리 처럼 말랑말랑하고 마르면 딱딱해진다. 많은 약효를 가졌다. 버섯 중에서 식이성 섬유가 가장 많다고 한다. 철분부족에 의한 빈혈과 고혈압 치료를 돕는다. 별명으로 목균(木菌), 광목이(光木耳), 수이(樹耳), 목아(木蛾), 흑채(黑菜), 운이(云耳) 등이 있다.

**연식**(燕食)  사대부들이 먹는 것을 연식(燕食), 군왕이 솥을 벌려놓고 먹는 진수성찬(珍羞盛饌)을 정식(鼎食)이라고 한다.&lt;墨子:七患&gt;

**서수**(庶羞)  여러가지 음식.

**지이**(芝栭)  1. "지누(芝橉)", "지이(芝茸)"로도 쓴다. 령지(靈芝)와 목이(木耳). 두 개 모두 나무 위에서 많이 자란다. 먹을 수 있다. 《례기:내칙(禮記:內則)》에 "芝栭菱椇, 棗栗榛柿."가 있는데 &lt;정현-주(鄭玄-注)&gt;에 "지(芝)의 음은 지(之)다. 이(栭)의 음은 이(而)다. 또 누(橉)로도 쓴다."라고 했다. &lt;공영달-소(孔穎達-疏)&gt;에 "지이(芝栭)를 유울(庾蔚)이 이르기를 '꽃도 잎도 없이 자라는 것을 지이(芝栭)라고 한다.'고 했고, 로씨(盧氏)는 이르기를 '지(芝)는 목지(木芝)다.'라고 했다. 왕숙(王肅)이 이르기를 '꽃이 피지 않고 열매가 맺히는 것을 이(栭)라고 하는 데 모두 지속(芝屬)이다.'라고 했다.

**지이**(之而)  지이(之而) 구레나룻. 수염. 동물의 수염. 또는 동물의 수염처럼 생긴 물건이나 조각된 새나 짐승이나 용(龍) 따위의 수염.《주례:고공기:재인(周禮:考工記:梓人)》에 "深其爪, 出其目, 作其鱗之而."이 있는데 &lt;대진-보주(戴震-補注)&gt;에 "뺨 곁에 난 것을 지(之)라 하고, 아래로 늘어진 것을 이(而)라고 한다. 수렵(鬚鬣:수염과 갈기)의 무리다."라고 했다. 왕인지(王引之)의 《경의술문:주관하(經義述聞:周官下)》에 "이(而)는 뺨에 있는 털이다. 지(之)는 여(與)와 같다. "작기린지이(作其鱗之而)"는 비늘과 뺨의 털을 일으키는 것이다. 그러므로 지(之)는 어사(語詞)로 실제로는 의미가 없는 것이다."라고 하여 대-설(戴-說)과 같지 않다. 후인(後人)들이 시문중(詩文中)에서 자주 사용하여 수염의 형상이나 조각된 새, 짐승, 룡 따위를 지칭했다.

**목지**(木芝)  나무에 자라는 진균류식물(眞菌類植物). 일설에는 자지(紫芝)의 별명(別名).

## 0458

**이조**(檏棗), **유자**(薿芷)

[신경고 引經考]

목이(木耳).

### ❶『내칙:기(內則:記)』<내칙>

芝栭, 菱, 椇, 棗, 栗, 榛, 柿, 瓜, 桃, 李, 梅, 杏, 柤, 梨, 薑, 桂.

<菱, 芰也. 椇, 枳椇也. 椇, 藜之不藏者. 自"牛脩"至此三十一物, 皆人君燕食所加庶羞也.《周禮》天子羞用百有二十品, 記者不能大錄.>

### ❷<內則:第十二>

芝栭, 菱, 椇, 棗, 栗, 榛, 柿, 瓜, 桃, 李, 梅, 杏, 柤, 梨, 薑, 桂.

〔疏〕 … 芝栭者, 庾蔚云 : "無華葉而生者曰芝栭."

盧氏云 : "芝, 木芝也."

王肅云 : "無華而實者名栭, 皆芝屬也.

"庾又云 : "自'牛脩'至'薑桂' 凡三十一物."則芝栭應是一物也. 今春夏生於木, 可用爲葅, 其有白者不堪食也.

賀氏云 : "栭, 軟棗, 亦云芝, 木槿也."以芝栭爲二物.

鄭下注云"三十一物", 則數芝栭爲一物也, 賀氏說非也.

### ❸『고공기(攷工記)』

凡攫閷援簭挈之類, 必深其爪, 出其目, 作其鱗之而.

<謂筍虡之獸也. 深猶藏也. 作猶起也. 之而, 頰頌也.

○攫, 俱縛反, 舊居碧反, 李又九夫反. 閷, 色界反, 劉色例反. 援, 音袁. 簭, 音筮. 頰頌, 許愼口忽反, 云禿也, 劉九本反, 李又其愬反, 一音苦紇反, 又音混.>

### ❹『내칙(內則)』 2번 참조.

芝栭, 菱, 椇, 棗, 栗, 榛, 柿, 瓜, 桃, 李, 梅, 杏, 柤, 梨, 薑, 桂.

### ❺또 이(檽)로도 쓴다. 2번 참조.

賀氏云 : "栭, 軟棗, 亦云芝, 木槿也."以芝栭爲二物.

鄭下注云"三十一物", 則數芝栭爲一物也, 賀氏說非也.>

0459 甚甚 **심【shèn ㄕㄣˋ】36**

오디 심

桑實也。
《見『詩』。》
从𤮺。
甚聲。
《常衽切。7部。》

「오디」다.
『시(詩)』❶를 보라.
초(𤮺)를 따랐고,
심(甚)이 성부가 된다.
상임절(常衽切)이다. 제 7부에 속한다.

임(衽) 옷깃, 치마솔기, 요 같은 것을 밑에 깔.

[**인경고** 引經考]

❶『시(詩)』〈衛風:氓〉

氓之蚩蚩, 抱布貿絲. 匪來貿絲, 來卽我謀.
送子涉淇, 至于頓丘. 匪我愆期, 子無良媒.
將子無怒, 秋以爲期. 乘彼垝垣, 以望復關.
不見復關, 泣涕漣漣. 旣見復關, 載笑載言.
爾卜爾筮, 體無咎言. 以爾車來, 以我賄遷.
桑之未落, 其葉沃若. 于嗟鳩兮, 無食桑葚.
于嗟女兮, 無與士耽. 士之耽兮, 猶可說也,
女之耽兮, 不可說也. 桑之落矣, 其黃而隕.

<桑, 女功之所起. 沃若, 猶沃沃然. 鳩, 鶻鳩也. 食桑葚過則醉而傷其性. 耽, 樂也. 女與士耽則傷禮義.

箋云 : 桑之未落, 謂其時仲秋也. 於是時, 國之賢者刺此婦人見誘, 故於嗟而戒之. 鳩以非時食葚, 猶女子嫁不以禮, 耽非禮之樂.

○沃, 如字, 徐於縛反. 葚, 本又作"椹", 音甚, 桑實也. 耽, 都南反. 鶻音骨. 樂音洛, 下同.>

自我徂爾, 三歲食貧. 淇水湯湯, 漸車帷裳.
女也不爽, 士貳其行. 士也罔極, 二三其德.

[참고]

육(𤯓)

## 0460

### 0460 蒟蒟 구【jǔ ㄐㄨˇ】36
구약 나물 구

果也。
《『史記』、『漢書』有枸醬。『左思-蜀
都賦』、『常璩-華陽國志』作「蒟」。

『史記』亦或作「蒟」。
據劉(劉)逵、顧微、宋祁諸家說。

卽扶雷(留)藤也。
葉可用食檳(檳)椰。
實如桑葚而長。
名蒟。可爲醬。
『巴志』曰。
樹有荔支。
蔓有辛蒟。
然則此物滕生緣木。
故作「蒟」、從艸。
亦作「枸」、從木。
要必一物也。
許君[木部]有枸字。
云可爲醬。
於[艸部]又有蒟字。
葢不能定而兩存之。
次於葚者、以其實似葚也。

其實名蒟。
故云果也。
果、木實也。
當云蒟果也、爲三字句。》
从艸。
昫聲。
《俱羽切。5部。》

나무열매다.
『사기(史記)』❶와 『한서(漢書)』❷에 **구장**(枸醬)이 있다.
『좌사-촉도부(左思-蜀都賦)』❸와
상거(常璩)의 『화양국지(華陽國志)』❹는 구(蒟)로 썼다.
『사기(史記)』❺ 또한 구(蒟)로 썼다.
류규(劉逵)와 고미(顧微), 송기(宋祁) 등 여러 사람들의 설명에
의하면
곧 **부류등**(扶雷藤)이다.
잎을 먹을 수있는 **빈랑**(檳榔)이다.
열매는 오디 같은데 길다.
이름이 구(蒟)다. 장(醬)을 담글 수 있다.
『파지(巴志)』❻에 이르기를
"나무에 **려지**(荔支)가 있다.
 덩쿨에 **신구**(辛蒟)가 있다."라고 했다.
그러므로 이 식물은 **등생**(滕生)으로 나무를 타고 오른다.
그래서 구(蒟)로 초(艸)를 따랐다.
또한 구(枸)로 목(木)을 따른다.
반드시 한가지 사물일 것이다.
허군(許君)의 [목부(木部)]에 구(枸)자가 있다.
장을 담글 수 있다고 말하고 있다.
[초부(艸部)]에 또한 구(蒟)자도 있다.
대체로 결정할 수 없어서 두 개가 다 있다.
차례가 심(葚)자 다음에 온 것은 그 열매가 오디를 닮았기 때문
이다.
그 열매의 이름이 구(蒟)다.
그래서 「과야(果也)」라고 말한 것이다.
과(果)는 나무열매다.
마땅히 「구과야(蒟果也)」로 석 자를 한 구절로 해야 한다.
초(艸)를 따랐고,
심(甚)이 성부가 된다.
상임절(常衽切)이다. 제 7부에 속한다.

**장**(醬) 장.
**거**(璩) 옥고리, 성씨, 사람의 이름.
**기**(祁) 성할, 느린 모양, 조용한 모양, 오락가락할.

*0460*

빈(檳) 빈랑나무.
랑(榔) 빈랑나무.
심(葚) 오디.
려(荔) 여주, 타래 붓꽃, 성씨, 땅이름, 줄사철나무.
등(縢) 봉할, 꿰맬, 노끈, 묶을, 차는 주머니.

| | |
|---|---|
| **구장**(枸醬) | 촉(蜀)의 진미. 사적(史籍)에 많이 등장하는데 이견(異見)이 있다. 구장(蒟醬)으로도 쓴다. |
| **부류등**(扶雷藤) | 구(蒟)의 싹을 류등(留藤)이라고 한다. |
| **빈랑**(檳榔) | 1.나무이름. 종려과상록교목(棕櫚科常綠喬木), 열대(熱帶)에서 자란다. 잎은 복엽(夏葉)이다. 진(晉) 나라 혜함(嵇含)의 《남방초목상:빈랑(南方草木狀:檳榔)》: "빈랑수(檳榔樹), 높이는 10여 장. 껍질은 청동(青桐)과 비슷하고, 마디는 계죽(桂竹)과 같다. …… 열매는 도리(桃李)와 같다." |
| **려지**(荔支) | 박과에 속하는 1년생 만초(蔓草). 덩굴손으로 감고 오른다. 려지(荔枝)로도 쓴다. |
| **신구**(辛蒟) | 덩쿨 이름. |
| **등생**(縢生) | 다른 나무를 감고 올라가는 식물. |

**[인경고 引經考]**

❶『사기(史記)』

建元六年, 大行王恢擊東越, 東越殺王郢以報. 恢因兵威使番陽令. 唐蒙風指曉南越. 南越食蒙蜀枸醬,

<【集解】: 徐廣曰: "枸, 一作 '蒟', 音窶." 駰案: 漢書音義曰"枸木似穀樹, 其葉如桑葉. 用其葉作醬酢, 美, 蜀人以爲珍味".

【索隱】: 蒟. 案: 晉灼音矩. 劉德云"蒟樹如桑, 其椹長二三寸, 味酢; 取其實以爲醬, 美". 又云"蒟緣樹而生, 非木也. 今蜀土家出蒟, 實似桑椹, 味辛似薑, 不酢". 又云"取葉". 此注又云葉似桑葉, 非也. 廣志云"色黑, 味辛, 下氣消穀". 窶, 求羽反.>

❷『한서(漢書)』

建元六年, 大行王恢擊東粵, 東粵殺王郢以報. 恢因兵威使番陽令唐蒙風曉南粵. 南粵食蒙蜀枸醬, <師古曰: 番音蒲何反. 風讀曰諷.>

遭值文, 景玄默, 養民五世, 天下殷富, 財力有餘, 士馬彊盛. 故能睹犀布, 玳瑁則建珠崖七 郡) 郡), 感枸醬, <師古曰: 枸音矩.> 竹杖則開牂柯, 越巂, 聞天馬, 蒲陶則通大宛, 安息.

❸『좌사-촉도부(左思-蜀都賦)』

其園則有蒟蒻茱萸, 瓜疇芋區, 甘蔗辛薑, 陽蘺陰敷.

<蒟, 蒟醬也, 緣樹而生, 其子如桑椹, 熟時正青, 長二三寸. 以蜜藏而食之, 辛

## 0460

香, 溫調五髒. 蒻, 草也. 其根名蒻頭, 大者如鬥, 其肌正白, 可以灰汁, 煮則凝成, 可以苦酒淹食之, 蜀人珍焉. 茱萸, 一名藙也. 疇者, 界埒小畔際也. 楊雄《太元經》日 : 陽蘆萬物, 言陽氣蘆煦生萬物也. 陰敷, 蘁生於陰也. >

### ❹『화양국지(華陽國志)』《巴志 · 三》

其地, 東至魚復, 西至僰道, 北接漢中, 南極黔涪. 土植五穀. 牲具六畜. 桑, 蠶, 麻, 苧, 舊刻本作紵. 茲從錢寫本作苧. 魚, 鹽, 銅, 鐵, 丹, 漆, 茶, 蜜, 靈龜, 巨犀, 山雞, 白雉, 黃潤, 鮮粉, 皆納貢之. 其果實之珍者, 樹有荔支或本作芰. 蔓有辛蒟, 園有芳蒻, 香茗, 給客橙, 蔆. 舊本作蔆. 《函海》作葵, 注云: 原譌蔆. 何本作葵. 劉, 李本亦作蔆.

《漢中志 · 二》

自叔之後, 此句原連 1 章末句, 誤. 茲提作此章首句. 世脩文教, 有俶儻之士, 異人並挺: 鄧公抗言於孝景之朝, 以明忠枉之情. 張騫特以蒙險遠, 為孝武帝帝字當衍. 開緣邊之地, 賓沙越之國, 致大宛之馬, 入南海之象, 而車渠, 瑪瑙, 珊瑚, 琳《函海》作林. 碧, 罽寶, 明珠, 玳瑁, 虎魄, 劉本作虎口. 張, 吳, 何, 王本作琥珀. 浙本剜改作魄. 水晶, 劉, 李, 錢, 《函》本作水精. 琉璃, 火浣之布, 蒲桃之酒, 筇竹, 蒟醬, 殊方奇玩, 盈於市朝.

### ❺『사기(史記)』〈西南夷列傳第五十六〉

建元六年, 大行王恢擊東越, 東越殺王郢以報. 恢因兵威使番陽令. 唐蒙風指曉南越. 南越食蒙蜀枸醬.

<【集解】: 徐廣日 : "枸, 一作'蒟', 音窶." 駰案 : 漢書音義日"枸木似穀樹, 其葉如桑葉. 用其葉作醬酢, 美, 蜀人以爲珍味".

【索隱】: 蒟. 案 : 晉灼音矩. 劉德云"蒟樹如桑, 其椹長二三寸, 味酢 ; 取其實以爲醬, 美". 又云"蒟緣樹而生, 非木也. 今蜀土家出蒟, 實似桑椹, 味辛似蘁, 不酢". 又云"取葉". 此注又云葉似桑葉, 非也. 廣志云"色黑, 味辛, 下氣消穀". 窶, 求羽反.>

### ❻『파지(巴志)』《巴志 • 三》

其地, 東至魚復, 西至僰道, 北接漢中, 南極黔涪. 土植五穀. 牲具六畜. 桑, 蠶, 麻, 苧, 舊刻本作紵. 茲從錢寫本作苧. 魚, 鹽, 銅, 鐵, 丹, 漆, 茶, 蜜, 靈龜, 巨犀, 山雞, 白雉, 黃潤, 鮮粉, 皆納貢之. 其果實之珍者, 樹有荔支或本作芰. 蔓有辛蒟, 園有芳蒻, 香茗, 給客橙, 蔆. 舊本作蔆.

## 0461 芘 비【pí ㄆㄧˊ】 37
### 풀、가리울 비

0461

艸也。 — 풀이다.

一日芘杸木。 — 또는 **비숙목**(芘杸木)이라고도 한다.

《「杸」鉉作「茮」。 — 숙(杸)을 서현(徐鉉)은 초(茮)로 썼다.

芘杸木未聞。 — **비숙목**(芘杸木)은 들어보지 못했다.

王氏念孫曰。 — 왕씨념손(王氏念孫)이 이르기를

芘茮木三字當是芘芣二字之譌。 — "**비숙목**(芘杸木) 석 자는 마땅히 **비부**(芘芣)❶ 두 글자의 오류다."라고 했다.

玉裁謂。 — 단옥재(段玉裁)의 생각은

『說文』蚾字下作虵蚾。 — 『설문(說文)』의 수(蚾)자 아래에 비부(芘芣)가 없다.

不當此作芘茮。 — 여기서 비부(芘芣)를 쓰는 것은 부당하다.

葢(蓋)木名也。》 — 대개는 나무이름이다.

从艸。 — 초(艸)를 따랐고,

比聲。 — 구(朐)가 성부가 된다.

《旁脂切。15部。》 — 방지절(旁脂切)이다. 제 15부에 속한다.

**숙**(杸) 콩, 아재비.

**초**(茮) 후추. 후추가 자라는 모양.

**교**(蚾) 당아욱, 금규(錦葵), 전규(錢葵), 소규(小葵).

**비**(虵) 아욱 같은 풀이름, 왕개미.

**부**(蚾) 물벌레 이름.

**규**(葵) 아욱, 망치, 해바라기.

---

**비숙목**(芘杸木) 단옥재가 "들어보지 못했다."라고 했다.

**비부**(芘芣) 毛傳云:"芘芣也。"陸機云:芘芣,"一名荊葵,似蕪菁,華紫綠色. 可食,微苦". 是也.

---

### ❶비부(芘芣) 〈陳風:東門之枌〉

東門之枌, 宛丘之栩. 子仲之子, 婆娑其下.

穀旦于差, 南方之原. 不績其麻, 市也婆娑.

穀旦于逝, 越以鬷邁. 視爾如荍, 貽我握椒.

<荍, 芘芣也. 椒, 芬香也.

箋云：男女交會而相說, 曰我視女之顏色美如芘芣之華然, 女乃遺我一握之椒, 交情好也. 此本淫亂之所由.>

## 0462

### 0462 虈 蕣 순 【shùn ㄕㄨㄣˋ】 37
### 무궁화 나무 순

| | |
|---|---|
| 木菫《句》。 | 목근(木菫)은 |
| 朝華莫落者。 | 아침에 피는 꽃으로 저녁에 지는 것이다. |
| 《『鄭風』。 | 『정풍(鄭風)』❶에 이르기를 |
| 顔如舜華。 | "안여순화(顔如舜華):얼굴이 무궁화꽃 같다."라고 했다. |
| 毛曰。 | 모(毛)가 이르기를 |
| 舜、木槿也。 | "순(舜)은 목근(木槿)이다."라고 했다. |
| 『月令』。 | 『월령(月令)』❷에 |
| 季夏木菫榮。 | "여름 끝자락에 무궁화가 번성한다."고 했다. |
| 『釋艸』云。 | 『석초(釋艸)』❸에 이르기를 |
| 椴、木菫。 | "단(椴)은 목근(木槿)이다. |
| 櫬、木菫。 | 친(櫬)은 목근(木槿)이다."라고 했다. |
| 鄭君曰。 | 정군(鄭君)이 이르기를 |
| 木菫、王蒸也。 | "목근(木菫)은 왕증(王蒸)이다."❹라고 했다. |
| 『莊子』。 | 『장자(莊子)』❺에 |
| 朝菌不知晦朔。 | "조균(朝菌)은 회삭(晦朔)을 알지 못한다."라고 했다. |
| 潘尼云。 | 반니(潘尼)가 이르기를 |
| 朝菌、木槿也。》 | "조균(朝菌)은 목근(木槿)이다."라고 했다. |
| 从艸。 | 초(艸)를 따랐고, |
| 《『陸機-疏』入木類。 | 『륙기-소(陸機-疏)』에서는 목류(木類)에 넣었다. |
| 而『爾雅』、『說文』皆入艸類者。 | 『이아(爾雅)』와 『설문(說文)』 모두 초류(艸類)에 넣은 것은 |
| 樊光曰。 | 번광(樊光)이 이르기를 |
| 其樹如李。 | "그 나무는 오얏나무 같고, |
| 其華朝生莫落、 | 그 꽃은 꽃이 아침에 피어 지지 않는다. |
| 與艸同氣。故入艸中。》 | 풀과 기운이 같아서, 풀(艸) 속에 넣었다."라고 했다. |
| 舜(舜)聲。 | 순(舜)이 성부가 된다. |
| 《舒閏切。13部。》 | 서윤절(舒閏切)이다. 제 13부에 속한다. |
| 『詩』曰。 | 『시(詩)』에 이르기를 |
| 顔如蕣華。 | "안여순화(顔如蕣華)"라고 했다. |
| 《『今-詩』作舜爲假借。》 | 『금-시(今-詩)』는 순(舜)이 가차라고 쓰고 있다. |

단(椴) 피나무, 무궁화나무, 말뚝 ▣하:차고.
근(菫墐) 찰흙, 진흙, 맥질할, 적을(少也).
츤(櫬) 널, 무궁화나무, 오동나무 ▣친:무궁화나무.

| | |
|---|---|
| 목근(木菫) | 무궁화 나무. =일급(日及), 왕증(王蒸). |

0462

| | |
|---|---|
| **왕증**(王蒸) | 목근(木槿)의 별명. <이아:석초(釋草)>「□, 木槿. □, 木槿」에 대한 곽박(郭璞)의 주에 "**別二名也. 似李樹. 華朝生夕隕. 可食. 或乎日及. 亦曰王蒸.**"이라고 했다. |
| **조균**(朝菌) | 아침에 났다가 저녁에 스러지는 버섯. 덧없이 짧은 목숨. |
| **회삭**(晦朔) | 그믐과 초하루. |
| **안여순화**(顔如蕣華) | 얼굴이 무궁화 꽃 처럼 예쁘다. |

## [인경고 引經考]

### ❶『정풍(鄭風)』〈鄭風:有女同車〉

妻之, 齊女賢而不取, 卒以無大國之助, 至於見逐, 故國人刺之.

有女同車, 顔如舜華. 將翶將翔, 佩玉瓊琚. 彼美孟姜, 洵美且都.

　<親迎同車也. 舜, 木槿也.

　箋云: 鄭人刺忽不取齊女, 親迎與之同車, 故稱同車之禮, 齊女之美.>

有女同行, 顔如舜英. 將翶將翔, 佩玉將將. 彼美孟姜, 德音不忘.

### ❷『월령(月令)』〈卷十六 月令第六:仲夏之月〉

鹿角解, 蟬始鳴, 半夏生, 木菫榮.

　<又記時候也. 半夏, 藥草. 木菫, 王蒸也.

　○解, 戶買反. 始, 市志反. 夏, 戶嫁反. 菫音謹, 一名舜華. 蒸, 之承反.>

　〔疏〕注"木菫"至"蒸也".

　○正義曰:《釋草》云: "椴, 木槿. 櫬, 木槿."

　某氏云"別三名, 可食, 或呼爲日及, 亦云王蒸. 其花朝生暮落".

### ❸『석초(釋艸)』

椴, 木槿. 櫬, 木槿.

　<別二名也. 似李樹, 華朝生夕隕, 可食. 或呼日及, 亦曰王蒸.

　○椴, 音段. 槿, 謹. 櫬, 襯.>

　〔疏〕"椴, 木槿. 櫬, 木槿".

　○釋曰: 此別椴, 櫬是木槿之二名也. 某氏云別三名也. 其樹如李, 其華朝生暮落, 與草同氣, 故在草中.

　《詩:鄭風》云: "顔如舜華."

　陸機《疏》云: "舜, 一名木槿, 一名櫬, 一名椴. 齊, 魯之間謂之王蒸. 今朝生暮落者是也."

　郭氏云: "可食." 亦呼日及, 五月始華, 故《月令》仲夏云"木菫榮".

### ❹목근(木菫)은 왕증(王蒸)이다. 1번 참조.

<又記時候也. 半夏, 藥草. 木菫, 王蒸也.>

### ❺『장자(莊子)』

小知不及大知. 小年不及大年. 奚以知其然也? 朝菌不知晦朔. 蟪蛄不知春秋. 此小年也.

## 0462

<疏>此答前問也. 朝菌者. 謂天時霢雨. 於糞堆之上熱蒸而生. 陰濕則生. 見日便死. 亦謂之大芝. 生於朝而死於暮. 故曰朝菌. 月終謂之晦. 月旦謂之朔；假令逢陰. 數日便菱. 終不涉三旬. 故不知晦朔也. 蟪蛄. 夏蟬也. 生於麥梗. 亦謂之麥節. 夏生秋死. 故不知春秋也. 菌則朝生暮死. 蟬則夏長秋殂. 斯言齡命短促. 故謂之小年也.>

楚之南有冥靈者. 以五百歲為春. 五百歲為秋；上古有大椿者. 以八千歲為春. 八千歲為秋. 而彭祖乃今以久特聞. 眾人匹之. 不亦悲乎!

### ❻번광(樊光)이 이르기를 『석초(釋艸)』 3번 참조.

椵, 木槿. 櫬, 木槿.

<別二名也. 似李樹. 華朝生夕隕. 可食. 或呼曰及, 亦曰王蒸.

○椵, 音段. 槿, 謹. 櫬, 襯.>

[疏]"椵, 木槿. 櫬, 木槿".

○釋曰：此別椵, 櫬是木槿之二名也.

某氏云別三名也. 其樹如李, 其華朝生暮落, 與草同氣, 故在草中.

## 0463 茱 수【zhū ㄓㄨ¯】37

### 수유나무 수

0463

茱萸。《逗。》茱屬。
《『內則:三牲用藙:注』。
藙、煎茱萸也。
『漢律』會(會)稽獻焉。
『爾雅』謂之椒。
『本艸經』
吳茱萸。味辛溫。
一名藙。》
从艸。
《『本艸經』、『廣雅』入木類。
鄭君曰
茱萸卽椒也。
而『爾雅』椒椒在『釋木』。
許君則茱萸與椒爲二物。
[木部]曰
揚州有茱萸樹。
正以見茱萸之本爲艸類也。》
朱聲。
《市朱切。
古音在 4部。》

수유(茱萸)는 후추의 무리다.

『내칙:3생용의:주(內則:三牲用藙:注)』❶에 이르기를

"의(藙)는 **수유(茱萸)**를 달인 것이다.

『한률(漢律)』에 회계(會稽)에서 바쳤다고 했다.

『이아(爾雅)』는 '살(椒)'이라고 말했다.' "라고 했다.

『본초경(本艸經)』에 이르기를

"오수유(吳茱萸)다. 신맛이고 따뜻하다.

일명 의(藙)라고도 한다."라고 했다.

초(艸)를 따랐고,

『본초경(本艸經)』❷과 『광아(廣雅)』에서는 목류(木類)에 넣었다.

정군(鄭君)이 이르기를

"수유(茱萸)가 곧 살(椒)이다."라고 했다.

그러나 『이아(爾雅)』에서는 초(椒)와 살(椒)이 『석목(釋木)』❸에 있다.

허군(許君)은 곧 **수유(茱萸)**와 살(椒)을 두 가지 사물로 여겼다.

[목부(木部)]에 이르기를

"양주(揚州)에 **수유(茱萸)** 나무가 있다."라고 했다.

바로 이로써 **수유(茱萸)**의 근본은 초류(艸類)임을 알 수 있다.

주(朱)가 성부가 된다.

시주절(市朱切)이다.

고음(古音)은 제 4부에 속한다.

**의**(藙) 귀나무씨 기름, 수유기름, 머귀나무.

**살**(椒) 오수유, 두릅나무, 후려칠 ◼**설**:문설주

**수유**(茱萸) | 운향과(芸香科)의 낙엽 교목. 수유는 수유나무의 열매로, 한방에서 약재로 쓰인다. 그 열매의 기름을 짜서 머릿기름으로도 쓴다. 서경잡기(西京雜記)의 "한 무제(漢武帝)의 궁인(宮人) 가란(賈蘭)이 9월 9일에 수유를 몸에 차고(佩茱萸), 쑥떡을 먹으면서(食蓬餌) 국화주를 마시면서(飲菊華酒) 하는 말이 '이것들이 사람을 장수하게 만든다(令人長壽).' 하였다."에서 나온 것이다.

※ **봉이**(蓬餌) 쑥떡. [劉歆?西京雜記4, 3] 九月九日佩 덕민 食蓬餌.

　**수유낭**(茱萸囊) 수유이(茱萸餌) 후한 때의 풍속으로, 중양절(重陽節)인 음력 9월 9일 수유(茱萸) 열매를 따서 붉은 주머니에 넣어 가지고 높은 산에 올라가 국

## 0463

화주(菊花酒)를 마시면서 사기(邪氣)를 물리칠 수 있다고 믿었던 고사가 있다.

**회계**(會稽)

1. 절강성(浙江省) 소흥현(紹興縣) 동남(東南)에 있는 산이름. 춘추시대(春秋時代)에 월(越) 나라 임금 구천(勾踐)이 오(吳) 나라 임금 부차(夫差)에게 패해서 성하(城下)의 맹(盟)을 맺은 곳. 2. 진대(秦代)에 설치한 군(郡) 이름. 강소성(江蘇省)의 동부(東部)와 절강성(浙江省)의 서부(西部). 3. 수대(隋代)에 설치한 현(縣)의 이름. 지금의 절강성(浙江省) 소흥현(紹興縣).

※ **회계지치**(會稽之恥) 패전(敗戰)의 치욕(恥辱). 춘추(春秋) 때 월왕(越王) 구천(句踐)이 회계산에서 오왕(吳王) 부차(夫差)에게 패전하고, 그 원수를 갚기 위하여 와신상담(臥新嘗膽)한 일.<사기:월세가(史記:越世家)>

**오수유**(吳茱萸)

운향과(芸香科)에 딸린 낙엽관목. 곧은 줄기에서 가지가 십자형으로 퍼진다. 황록색 꽃이 핀다.

**양주**(揚州)

9주(九州)의 하나. 강소(江蘇), 안휘(安徽), 절강(漸江) 등 의 여러 성(省)에 걸쳐 있던 주.

※ **양주학**(楊州鶴) 실현되기 어려운 소망이나 일을 비유 하는 말. 옛날에 어느 한 사람이 10만 관(貴)을 허리에 차고, 학을 타고 양주(揚州)로 가서, 자사(刺史)가 되고 싶다고 한 고사에서 유래하였다.

**학전주** [鶴錢州] 옛날 사람들이 모여 각기 소원을 말하는데, 혹은 양주 자사(楊州刺史)가 되고 싶다 하고, 혹은 돈을 흠뻑 가지고 싶다 하고 혹은 신선이 되어 학을 타고 하늘에 오르고 싶다 했다. 그 중 한 사람이 말하되, "나는 허리에 10만 관 돈을 차고 학을 타고 양주에 올라가고 싶네." 하였다.

**학여전** [鶴興錢] 옛날에 네 사람이 모여서 각기 자기의 소원을 말하는데, 한 사람은 말하기를, "나는 돈 만 관(萬貫)을 가지기가 소원이다." 하였으며, 한 사람은, "나는 신선이 되어 학을 타고 하늘에 오르기가 소원이다." 하고 또 한 사람은, "양주자사(楊州刺史)가 되기가 소원이다." 하니, 한 사람은, "나는 돈 만 관을 허리에 두르고 학을 타고 양주로 가겠다." 하였다.

**[인경고 引經考]**

❶『내칙:3생용의:주(內則:三牲用薉:注)』

膾, 春用蔥, 秋用芥. 豚, 春用韭, 秋用蓼. 脂用蔥, 膏用薤, 三牲用薉,

<薉, 煎茱萸也.《漢律》: "會稽獻焉."《爾雅》謂之樧.

○薉, 魚氣反. 會, 古外反. 稽, 古兮反. 樧, 色八反, 似茱萸而實赤小. >

❷『이아(爾雅)』 "茱萸卽樧也" 찾을 수 없다. 가장 근접한 것.

秦菽味辛溫. 主風邪氣, 溫中除寒痹, 堅齒發, 明目. 久服, 輕身, 好 顏色, 耐老增年, 通神. 生川谷.

名醫曰: 生太山及秦嶺上, 或琅邪, 八月九月采實.

案說文云: 菽, 菽萸. 茱菽樧實茦裹如表者, 樧似茱萸, 出淮南.

0463

廣雅 云：榝, 茱萸也.

北山經云：景山多秦椒.

郭璞云, 子似椒面細葉草也.

### ❸『본초경(本艸經)』

吳茱萸, <禦覽引：無吳字, 是>味辛溫. 主溫中, 下氣, 止痛, 咳逆, 寒熱, 除濕血痺, 逐風邪, 開湊.<舊作膝, 禦覽作湊, 是> 理根殺三蟲. 一名藙. 生山谷.

.........

三蒼云：菉, 茱萸也.

(禦覽)爾雅云：椒, 榝, 醜菉.

郭璞云：茱萸子, 聚生成房貌, 今江東亦呼榝, 似茱萸而小, 赤色.

禮記云：三牲用藙. 鄭云：藙煎茱萸也. 漢律會稽獻焉,

爾雅謂之榝.

範子計然云：茱萸, 出三輔. 陶宏景云：

禮記名藙而作俗中呼爲藙子, 當是 不識藙字似雜字, 仍以相傳.

### ❹수유(茱萸)가 곧 살(榝)이다.

藙, 煎茱萸也. 1번 참조. 1번에서는 볶은 것이라고 했다.

<참고> 李巡曰："榝, 茱萸也."茱萸皆有房, 故曰菉. 菉, 實也.

郭云："菉萸子聚生成房貌. 今江東亦呼菉. 榝似茱萸而小, 赤色."桃李之類, 皆子中有核人.《曲禮》云："其有核者, 懷其核.[이아祝, 州木. 주]

### ❺[목부(木部)] <설문해자>

茱【0463】茱萸, 逗. 茱屬.【內則】三牲用藙【注】藙, 煎茱萸也. 漢律會稽獻焉.【爾雅】謂之榝.【本艸經】. 吳茱萸. 味辛溫. 一名藙. 从艸.【本艸經】,【廣雅】入木類. 鄭君曰茱萸卽榝也. 而【爾雅】椒榝在【釋木】《許君》則茱萸與榝爲二物.【木部】曰. 揚州有茱萸樹. 正以見茱萸之本爲艸類也. 朱聲.<市朱切>. 古音在4部.

| | |
|---|---|
| **0464** | 0464 茰 유【yú ㄩˊ】37<br>수유 나무 유 |

| | |
|---|---|
| 茱茰也。 | **수유**(茱茰)다. |
| 从艸。 | 초(艸)를 따랐고, |
| 臾聲。 | 유(臾)가 성부가 된다. |
| 《羊朱切。 | 양주절(羊朱切)이다. |
| 古音在 4部。》 | 고음(古音)은 제 4부에 속한다. |

## 0465 茮茮 초【jiaō ㄐㄧㄠˉ】 37
### 후추 초

| | |
|---|---|
| 茮莍也。 | 초구(茮莍)다. |
| 《此三字句。 | 석 자가 한 구절이다. |
| 茮莍葢(蓋)古語。 | **초구**(茮莍)는 거의 고어(古語)다. |
| 猶『詩』之椒聊也。 | 『시(詩)』❶의 **초료**(椒聊)와 같다. |
| 單呼日茮。 | 홑으로 말하면 초(茮)다. |
| 絫呼日茮莍、茮聊。 | 겹쳐서 말하면 **초구**(茮莍), **초료**(茮聊)다. |
| 『唐風』。 | 『당풍(唐風)』❷에 |
| 椒聊之實。 | "**초료**(椒聊)의 열매"라고 했다. |
| 毛曰。 | 모(毛)가 이르기를 |
| 椒聊、椒也。 | "**초료**(茮聊)는 산초(椒)다."라고 했다. |
| 『釋木』曰。 | 『석목(釋木)』❸에 이르기를 |
| 椒、檓、醜莍、檓、大椒。 | "초(椒), 살(檓), **추구**(醜莍), 훼(檓)는 **대초**(大椒)다."라고 했다. |
| | 『신농-본초경(神農-本艸經)』❹에 **촉초**(蜀椒)가 있다. |
| 『神農-本艸經』有「蜀椒」。 | 또 **진초**(秦椒)도 있다. |
| 又有「秦椒」。》 | |
| 从艸。 | 초(艸)를 따랐고, |
| 《『爾雅』、『本艸』、『陸-疏』皆入木類。 | 『이아(爾雅)』와『본초(本艸)』,『륙-소(陸-疏)』모두 목류(木類)에 넣었다. |
| | 지금 열매를 직접 보니 나무가 맞는데『설문(說文)』은 바로 초(艸)를 따랐다. |
| 今驗實木也而『說文』正從艸。 | 이것은 옛날의 주문(籒文)으로 부터 내려오는 것이다. |
| | 대개 나누어 말하면 풀과 나무의 구분이 있다. |
| 此沿自古籒者。 | 통틀어 말하면 풀 역시 나무다. |
| 凡析言有艸木之分。 | 그러므로 조자(造字)에서는 구애받지 않는 것이다. |
| 統言則艸亦木也。 | 숙(尗)이 성부가 된다. |
| 故造字有不拘爾。》 | 자료절(子寮切)이다. |
| 尗聲。 | 고음(古音)은 제 3부에 속한다. |
| 《子寮切。 | |
| 古音在 3部。》 | |

| | |
|---|---|
| | **구**(莍) 수유씨 돋는 모양. |
| | **료**(聊) 귀 울, 어조사 |
| | **살**(檓) 오수유, 두릅나무, 후려칠 ■설:문설주 |
| | **훼**(檓) 굵은 산초. |

| | |
|---|---|
| **초구**(茮莍) | 초료(茮聊). |
| **추구**(醜莍) | 厥. |
| **대초**(大椒) | 厥. |

**0465**

초료(茮聊) 厥.

촉초(蜀椒) 조피나무. 산초과(山椒科)낙엽관목의 한 가지. 열매는 광택이 있는 흑색이다. 특유한 향과 매운 맛이 있어 어린 잎과 열매는 향신료로, 과실과 과피는 약으로 쓴다. 파초(巴椒), 천초(川椒)라고도 한다. [李時珍<本草綱目:果四:蜀椒>蜀椒肉厚皮皺. 其子光澤. 如人之瞳人.]

진초(秦椒) 분디. 산초나무의 열매. 화초(花椒)의 딴이름. 성질은 따뜻하고, 맛은 매우며, 독이 있다.

[인경고 引經考]

**❶『시(詩)』 <唐風:椒聊>**

椒聊之實, 蕃衍盈升. 彼其之子, 碩大無朋. 椒聊且, 遠條且.

椒聊之實, 蕃衍盈匊. 彼其之子, 碩大且篤. 椒聊且, 遠條且.

<興也. 椒聊, 椒也.

箋云 : 椒之性芬香而少實, 今一捄之實, 蕃衍滿升, 非其常也. 興者, 喩桓叔晉君之支別耳, 今其子孫眾多, 將日以盛也.>

**❷『당풍(唐風)』 1번 참조.**

椒聊之實, 蕃衍盈升. 彼其之子, 碩大無朋. 椒聊且, 遠條且.

**❸『석목(釋木)』**

椒㯕醜莍,

<莍萸子聚生成房貌. 今江東亦呼莍. 莍, 㯕似茱萸而小, 赤色.>

○釋曰 : 此辨木之枝條, 子實形狀之異. 醜, 類也. 喬, 高也. 槐棘之類, 枝皆喬楝. 桑柳之類, 皆阿那垂條. 莍者, 實之房也. 椒, 㯕之類, 實皆有 莍彙自裹.

李巡曰 : "㯕, 茱萸也."茱萸皆有房, 故曰莍. 莍, 實也.

郭云 : "莍萸子聚生成房貌. 今江東亦呼莍. 㯕似茱萸而小, 赤色.

樧, 大椒.<今椒樹叢生, 實大者名爲樧.>

[疏]"樧, 大椒".

○釋曰 : 樧者, 大椒之別名也.

郭云 : "今椒樹叢生, 實大者名爲樧."

**❹『신농-본초경(神農-本艸經)』**

[秦茮], 味辛溫. 主風邪氣, 溫中除寒痹, 堅齒髮, 明目. 久服, 輕身, 好顏色, 耐老增年, 通神. 生川穀.

[蜀椒], 味辛溫, 主邪氣咳逆, 溫中, 逐骨節, 皮膚死肌, 寒濕, 痹痛, 下氣, 久服之, 頭不白, 輕身增年, 生川穀.

## 0466 𦳢茮 구【qiú ⟨١ㄡˊ】37

0466

### 수유씨 돋는 모양 구

樧茮實裹如裘也。
《按『爾雅音義』正誤。
裘茮同音也。
郭云。
茮、茮子聚生成房兒（貌）。
『詩傳』作「捄」。
『釋木』。
樕其實梂。
皆卽茮字也。》
从艸。
求聲。
《巨鳩切。3部。
求卽裘之古文。
亦會意也。》

**살초**(樧茮) 열매는 구(裘) 처럼 싸여 있다.
『이아:음의(爾雅:音義)』를 따라 오류를 바로 잡는다.
구(裘)와 구(茮)는 음이 같다.
곽(郭)이 이르기를❶
  "구(茮)는 수유씨(茮子)가 모여 방을 이룬 모양이다."라고 했다.
『시:전(詩:傳)』❷은 구(捄)로 썼다.
『석목(釋木)』❸에 이르기를
  "상수리나무의 열매를 구(梂)라고 한다."라고 했다.
모두 곧 구(茮)자다.
초(艸)를 따랐고,
구(求)가 성부가 된다.
거구절(巨鳩切)이다. 제 3부에 속한다.
구(求)는 곧 구(裘)의 고문(古文)이다.
※ 구(茮)가 W/P <한글>의 자전에서는 「차조 출」로 나온다.

**살**(樧) 오수유, 두릅나무, 후려칠 ▣설:문설주
**초**(茮) 후추 ▣뇨:풀이 자라는 모양.
**구**(捄) 담을,
**구**(裘) 갖옷, 대물릴.
**구**(梂) 도토리, 도토리 받침, 끝대가리.
**력**(櫟) 굴참나무 ▣약:고을 이름.

**살초**(樧茮)  厥.

**[인경고 引經考]**

❶**곽**(郭)이 이르기를 2번 참조. <이아>

吳茱萸(禦覽引：無吳字，是)味辛溫. 主溫中，下氣，止痛，咳逆，寒熱，除濕血痹，逐風邪，開湊（舊作腠，禦覽作湊，是）理根殺三蟲. 一名蔽. 生山谷.

<郭璞云：茮萸子，聚生成房貌，今江東亦呼樧，似茱萸而小，赤色.>

❷『시:전(詩:傳)』

《釋木》云："椒，樧，醜莍." 李巡曰："樧，茱萸也. 椒，茱萸皆有房，故曰捄. 捄，實也."郭璞曰："茮萸子聚生成房." 是椒樧名爲捄也. 知蕃衍滿升謂一捄之實者，若論一樹則不啻一升，才據一實又不足滿升，且詩取蕃多爲喻，不言一實之大，故知謂一捄之實也. 驗今椒實，一裹之內唯有一實. 時有二實者，少耳. 今言一捄滿升，假多爲喻，非實事也.

**0466**

❸『석목(釋木)』

櫟, 其實梂. <有梂彙自裹. ○梂, 音求.>

[疏]"櫟, 其實梂".

○釋曰 : 櫟, 似樗之木也. 梂, 盛實之房也.

孫炎曰 : "櫟實, 橡也." 郭云 : "有梂彙自裹."

《詩:秦風》云 : "山有苞櫟."

陸機《疏》云 : "秦人謂柞櫟爲櫟, 河內人謂木蓼爲櫟, 椒樧之屬也. 其子房生爲梂, 木蓼子亦房生." 故說者或曰柞櫟, 或曰本蓼. 機以爲此秦詩也, 宜從其方土之言柞櫟是也.

## 0467　茻荊荊荊　형【jīng ㄐㄧㄥˉ】37

### 가시나무 형

| | |
|---|---|
| 楚木也。 | 초목(楚木:가시나무)이다. |
| 《[林部]曰。 | [림부(林部)]에 이르기를 |
| 楚、叢木。 | "초(楚)는 총목(叢木:빽빽히 자라는 나무)이다. |
| 一名荊(荊)。 | 일명 형(荊)이라고도 한다."라고 했다. |
| 是爲轉注。》 | 이것이 전주(轉注)다. |
| 从艸。 | 초(艸)를 따랐고, |
| 荊(刑)聲。 | 형(刑)이 성부가 된다. |
| 《舉鄉(舉鄉)切。11部。》 | 거향절(舉鄉切)이다. 제 11부에 속한다. |
| 茻古文荊。 | 茻 고문의 형(荊)이다. |

**형**(荊) 굴싸리, 광대싸리.

---

**초목**(楚木)　낙엽관목. 총생(叢生)한다. 줄기가 튼튼해서 지팡이로 쓴다. 모형(牡荊)이라고도 한다. 고대의 형장(刑杖)이나 학교에서 매로 쓰던 나무다.

**총목**(叢木)　빽빽히 무리지어 자라는 나무.

## 0468 䉈菭 태【tái ㄊㄞˊ】 37
### 국화 태/지

| | |
|---|---|
| 水靑衣也。 | 「푸른 물이끼」다. |
| 《依『爾雅音義』補「靑」字。 | 『이아:음의(爾雅:音義)』를 근거로 청(靑)자를 보충했다. |
| 『藍人』菭蒩。 | 『해인(藍人)』❶에 **태저**(菭蒩)가 있다. |
| 鄭司農曰。 | 정사농(鄭司農)이 이르기를 |
| 菭。水中魚衣。 | "태(菭)는 물 속의 **어의**(魚衣)다."라고 했다. |
| 玄謂菭、箭萌。 | 정현(鄭玄)은 가 **전맹**(箭萌)이라고 말하는 것이다. |
| 玉裁按。 | 단옥재(段玉裁)의 생각으로는 |
| 先、後鄭異字。 | 선정(先鄭)과 후정(後鄭)이 글자를 달리했다. |
| 先鄭作「菭」、從艸。 | 선정(先鄭)은 태(菭)로 초(艸)를 따랐다. |
| 許說正同。 | 허신(許愼)의 설과 똑 같다. |
| 後鄭作「䉈」、從竹。 | 후정(後鄭)은 태(䉈)로 죽(竹)을 따랐다. |
| 『郭-注:爾雅』引䉈蒩鴈藍。 | 『곽-주:이아(郭-注:爾雅)』❷가 태저(䉈蒩)와 안해(鴈藍)를 인용한 것은 후정(後鄭)을 따른 것이다. |
| 從後鄭也。 | |
| 『後鄭-注』當有菭當爲䉈四字、而佚。 | 『후정-주(後鄭-注)』에는 당연히「태당위태(菭當爲䉈)」넉 자가 있었으나 산일되었다. |
| 『今本-周禮』作「菭」。 | 『금본-주례(今本-周禮)』는 태(菭)로 썼다. |
| 混誤不成字。 | 뒤섞여 잘못되어서 글자를 이루지 못한다. |
| 所當正者也。 | 당연한 바 올바른 것이다. |
| 『吳都賦:注』曰。 | 『오도부:주(吳都賦:注)』❸에 이르기를 |
| 海苔生海水中。 | "해태(海苔)는 물 속에서 나는 것이다. |
| 正靑。狀如亂髮。 | 푸른 정색이고, 흐트린 머리털과 같다. |
| 乾之赤。 | 말리면 붉어진다. |
| 鹽藏有汁。 | 소금으로 절이면 즙이 나오는데 |
| 名曰濡苔。》 | 이름하여 **유태**(濡苔)다."라고 했다. |
| 从艸。 | 초(艸)를 따랐고, |
| 治聲。 | 치(治)가 성부가 된다. |
| 《徒哀切。 | 도애절(《徒哀切)이다. |
| 沈重云。 | 심중(沈重)이 이르기를❹ |
| 北人丈之反。1部。 | "북쪽 사람들은 장지반(丈之反)으로, 제1부에 속한다."라고 했다. |
| 今作苔。》 | 지금은 태(苔)로 쓴다. |

태(菭) 이끼(蘚也) ▣지:물이끼(水蘚) ▣치:국화.

지(菭) 가는 대의 순, 말풀 ▣태:같은 뜻 ▣대:같은 뜻.

름(䉈) 가는 대의 순, 대순 ▣지:같은 뜻 ▣태:같은 뜻

0468

**태**(苔) 이끼(蘚也).
**해**(醢) 육장, 포를 썰어 누룩 및 소금을 섞어 술에 담근 음식, 장조림,
  인체를 소금에 절이는 형벌.
**안**(鴈) 기러기, 기러기 처럼 줄 지어 갈, 유랑하는 백성.

**어의**(魚衣) 마름. 바늘꽃과. 민물에 사는 조류(藻類)의 일종. 수면(水綿), 수태(水苔)라고도 한
다.

**전맹**(箭萌) 어린 죽순(小笋). 왕안석(王安石)의 &lt;송장선의지관월(送張宣義之官越)&gt; 시에 토
윤전맹미(土潤箭萌美) 토양은 어린 죽순의 맛을 윤택하게 하고, 수감다관향(水甘
茶串香) 수질은 다관의 향을 달게 한다.

**유태**(濡苔) 1. 바다 속의 태류식물(苔類植物). 2. 옛날 종이 이름. 진(晉) 나라 왕가(王嘉)의
《습유기:진시사(拾遺記:晉時事)》에 "황제는 곧 어전에서 청철연과 측리지(側理
紙) 만번(萬番)을 하사하였다. 이 쇠는 우전국(於闐國)에서 나는 것이었고, 이 종
이는 남월(南越)에서 바친 것이었다. 후세 사람들이 척리(陟裏)라고 불렀는데 이
것은 측리(側理)와 서로 뒤섞인 것이다. 남쪽 사람들이 해태(海苔:김)으로 만든 종
이 인데 그 결이 종횡으로 비스듬해서(縱橫邪側) 붙여진 이름이었다.

※ **청철연**(靑鐵硯) 진(晉)의 무제(武帝) 사마염(司馬炎)이 장화의《박물지(博物志》
  를 표창하기 위하여 특별히 우전국(于闐國)에서 나는 철로 주조하여 만들었
  다는 벼루.

※ **측리지**(側理紙) "측리(側理), 척리지(陟釐紙), 면측리(綿側理), 척리(陟里), 척
  리(陟釐), 태지(苔紙)." 물이끼를 섞어서 뜬 종이.

**[인경고 引經考]**

❶『곽-주:이아(郭-注:爾雅)』

莽, 數節. &lt;竹類也, 節間促.&gt; 桃枝, 四寸有節.&lt;今桃枝節間相去多四寸. ○數, 音
朔.&gt; 鄰, 堅中.&lt;竹類也, 其中實.&gt; 簢, 筡中.&lt;言其中空, 竹類.&gt; 仲, 無笐.&lt;亦竹
類. 未詳.&gt; 篎箭萌.&lt;萌, 筍屬也.《周禮》曰："蒢菹雁醢."&gt; 篆, 箭別二名. ○鄰,
音客. 簢, 音閔. 筡, 音徒. 笐, 音杭. 篎, 音待.

❷『해인(醢人)』

加豆之實, 芹菹, 兔醢, 深蒲, 醓醢, 箈菹, 雁醢, 筍菹, 魚醢.
  &lt;芹, 楚葵也. 鄭司農云："深蒲, 蒲蒻入水深, 故曰深蒲. 或曰深蒲, 桑耳. 醓醢,
  肉醬也. 箈, 水中魚衣."故書雁或爲鶉. 杜子春云："當爲雁." 玄謂深蒲, 蒲始生
  水中子. 箈, 箭萌, 筍, 竹萌.&gt;

❸『오도부:주(吳都賦:注)』

草則藿蒳豆蔲, 薑彙非一. 江蘺之屬, 海苔之類, 綸組紫絳, 食葛香茅, 石
帆水松, 東風扶留.

# 0468

<… 江蘺, 香草也.《楚辭》日 : 扈江蘺, 海苔, 生海水中, 正青, 狀如亂發, 乾之亦鹽藏, 有汁, 名日濡苔, 臨海出之.

《爾雅》日 : 綸, 似綸. 組, 似組, 東海有之. 紫, 紫菜也, 生海水中, 正青, 附石生, 取乾之, 則紫色, 臨海常獻之. 絳, 絳草也, 出臨賀郡, 可以染. 食葛, 蔓生, 與山葛同, 根特大, 美於芋也, 豫章間種之. 香茅, 生零陵. 石帆, 生海嶼石上, 草類也, 無葉, 高尺許, 其華離婁相貫連, 雖無所用, 然異物也. 死則浮水中. 人於海邊得之, 希有見其生者. 水松, 藥草, 生水中, 出南海交趾. 東風, 亦草也, 出九真. 扶留, 藤也, 緣木而生, 味辛, 可食檳榔者, 斷破之, 長寸許, 以合石賁灰, 與檳榔並咀之, 口中赤如血, 始興以南皆有之.

善日 : 蒳音納. 彙音謂.>

❹심중(沈重)이 이르기를

厥.

## 0469 芽 아【yá ㅣㄚˊ】 37
싹(어린 싹) 아

| | |
|---|---|
| 芽、《逗。》萌也。 | 아(芽)는 새싹이다. |
| 《按此本作芽萌也。 | 생각건대 이것이 원래는 「아맹야(芽萌也)」였을 것이다. |
| 後人倒之。》 | 후인들이 뒤집은 것이다. |
| 从艸。 | 초(艸)를 따랐고, |
| 牙聲。 | 아(牙)가 성부가 된다. |
| 《五加切。 | 오가절(五加切)이다. |
| 古音在 5部。 | 고음(古音)은 제 5부에 속한다. |
| 古多以牙爲芽。》 | 옛날에는 아(牙)자를 아(芽)자로 많이 썼다. |

**맹**(萌) 풀싹, 나물싹날, 씨앗에서 터져나오는 어린 싹.

**아맹**(芽萌) 새싹.

# 0470 蓢萌 맹【méng ㄇㄥˊ】 37

## (초목이)싹틀 맹

| | |
|---|---|
| 艸木芽也。 | 초목의 싹이다. |
| 《「木」字依『玉篇』補。 | 목(木)자를 『옥편(玉篇)』에 근거하여 보충했다. |
| 『說文』以艸木芽、艸木榦(幹)、艸木葉聯(聯)綴成文。 | 『설문(說文)』은 초목아(艸木芽), 초목간(艸木榦), 초목엽(艸木葉)으로 이어서 글을 만들었다. |
| 萌(萌)芽析言則有別。 | 맹아(萌芽)를 나누어 말하면 구별된다. |
| 『尙書大傳』。 | 『상서:대전(尙書:大傳)』❶에 |
| 周以至動、殷以萌、夏以牙是也。 | "주(周)는 지동(至動)으로, 은(殷)은 맹(萌)으로, 하(夏)는 아(牙)로 하는 것이 이것이다."라고 했다. |
| 統言則不別。 | 통틀어 말하면 구별되지 않는다. |
| 故曰萌、艸木芽也。 | 그러므로 맹(萌)을 초목아(艸木芽)라고 한 것이다. |
| 『月令』。 | 『월령(月令)』❷에 |
| 句者畢出。 | **구자필출**(句者畢出). |
| 萌者盡達。 | **맹자진달**(萌者盡達). |
| 『注』。 | 『주(注)』❸에 |
| 句、屈生者。 | "구(句)는 구부정하게 자라는 것이다. |
| 芒(芒)而直曰萌。 | 가스랑이가 있고 곧은 것이 맹(萌)이다."라고 했다. |
| 『樂記』作區萌。》 | 『악기(樂記)』❹는 구맹(區萌)이라고 썼다. |
| 从艸。 | 초(艸)를 따랐고, |
| 朙(明)聲。 | 명(朙)이 성부가 된다. |
| 《武庚切。 | 무경절(武庚切)이다. |
| 古音在 10部。》 | 고음(古音)은 제 10부에 속한다. |
| | 간(榦) 줄기 간(幹)의 원래 글자. |
| | 련(聯聯) 연이을, 합할. |
| | 맹(萌萌) 풀싹, 나물싹날, 씨앗에서 터져나오는 어린 싹. |

| | |
|---|---|
| **맹아**(萌芽) | ① 식물의 새싹. ② 사물이나 사건의 시초. ③ 정상적인 눈에서 싹트지 않고 노출된 뿌리나 근주에서 돋아나는 눈. |
| **구자필출**(句者畢出) | 구부정하게 움추리고 있던 새 순은 마침내 뻗어나게 된다. |
| **맹자진달**(萌者盡達) | 싹이 튼 것은 모두 잘 성장하게 된다. |
| **구맹**(區萌) | 구불거리며 나오는 식물의 싹. |

**[신경고 引經考]** ❶『상서:대전(尙書:大傳)』《田婆》

周以至動, 殷以萌, 夏以牙. 圖廟三王之政也. 至軌冬至目酉始動他物有一變故正色有一天有工生一死圖異屬生者恆異藍死是故周人以三至為正殷人以

**0470**

咽至一十日爲正夏以固至六十日爲正天有一關土有一王圍如木也一睡者所以序生也二正看所以統天下也.〈〉

### ❷『월령(月令)』

是月也, 生氣方盛, 陽氣發泄, 句者畢出, 萌者盡達, 不可以內.

〈時可宣出, 不可收斂也. 句, 屈生者. 芒而直曰萌.

○泄, 息列反. 句, 古侯反.〉

### ❸『주(注)』 2번 참조.

〈時可宣出, 不可收斂也. 句, 屈生者. 芒而直曰萌.

○泄, 息列反. 句, 古侯反.〉

### ❹『악기(樂記)』 <禮記:卷三十八 樂記第十九>

是故大人舉禮樂, 則天地將爲昭焉. 天地鬒合, 陰陽相得, 煦嫗覆育萬物, 然後草木茂, 區萌達, 羽翼奮, 角觡生, 蟄蟲昭蘇, 羽者嫗伏, 毛者孕鬻, 胎生者不殰, 而卵生者不殈, 則樂之道歸焉耳.

〈鬒讀爲熹, 熹, 猶蒸也. 氣曰煦, 體曰嫗. 屈生曰區, 無腮曰觡. 昭, 曉也. 蟄蟲以發出爲曉, 更息曰蘇. 孕, 任也. 鬻, 生也. 內敗曰殰. 殈, 裂也, 今齊人語有"殈"者.〉

# 0471

## 0471 茁 절【zhuó ㄓㄨㄛˊ】37
### (초목의)싹 절

艸初生地皃(貌)。 풀이 처음 땅에서 돋는 모양이다.
从艸出。 초(艸)와 출(出)을 따랐다.
《依『韵會(韻會)』所引。 『운회(韻會)』가 인용한 것을 근거했다.
鄒滑切。15部。 추활절(鄒滑切)이다. 제 15부에 속한다.
言會意以包形聲也。》 회의(會意)이면서 형성(形聲)을 포함한다는 말이다.
『詩』曰。 『시(詩)』에 이르기를
彼茁者。 "피절자(彼茁者)"라고 했다.
《『召南』文。 『소남(召南)』❶문이다.
毛曰。 모(毛)가 이르기를
茁、出也。 "절(茁)은 나오는 것이다."라고 했다.
按也當爲皃(貌)之譌。》 생각건대 야(也)자는 모(皃)자의 오류일 것이다.

운(韵) 운(韻).

**회의(會意)** 두 개 이상의 한자(漢字)가 모여 새로운 한자(漢字)를 만들 때, 음을 나타내는 글자가 없이 두 개의 뜻을 모아 하나의 새로운 한자를 만드는 것. ㅇ례를 들어 人과 木을 합하여 휴(休)자를 만드는 경우다.

**형성(形聲)** 두 개 이상의 한자(漢字)가 모여 새로운 한자(漢字)를 만들 때, 음을 나타내는 글자가 하나 있는 경우, 예를 들어 水와 木을 합하여 沐자를 만드는 것과 같은 것이다.

**[인경고 引經考]** ❶『소남(召南)』〈召南:騶虞〉
彼茁者葭. 壹發五豝, 于嗟乎騶虞.
　<茁, 出也. 葭, 蘆也. 箋云 : 記蘆始出者, 著春田之早晚.
　ㅇ茁, 側劣, 側刷二反. 葭音加. 蘆音盧, 草也. 著, 張慮反, 後不音者放此.>
彼茁者蓬. 壹發五豵, 于嗟乎騶虞.

## 0472 茎莖 경【jīng ㄐㄧㄥ-】37

### 줄기 경

| | |
|---|---|
| 艸木榦(幹)也。 | 초목의 줄기다. |
| 《依『玉篇』所引。 | 『옥편(玉篇)』이 인용한 것을 근거로 했다. |
| 此言艸而兼言木。 | 이것은 풀을 말하면서 겸하여 나무를 말하는 것이다. |
| 〔今本〕作「枝柱」。 | 지금의 책은 **지주**(枝柱)라고 썼다. |
| 考『字林』作「枝主」。 | 『자림(字林)』이 **지주**(枝柱)라고 쓴 것을 생각해보면 |
| 謂爲衆枝之主也。 | 많은 가지들의 주체가 된다는 말이다. |
| 葢(蓋)或用『字林』改『說文』。 | 대개는 간혹 『자림(字林)』이 『설문(說文)』을 고친 것을 쓰면서 |
| 而主又譌柱。》 | 주(主)가 또 잘못 주(柱)가 된 것이다. |
| 从艸、 | 초(艸)를 따랐고, |
| 巠聲。 | 경(巠)이 성부가 된다. |
| 《戶(户)耕切。11部。》 | 호경절(戶耕切)이다. 제 11부에 속한다. |

**와**(譌) 사투리, 거짓, 잘못될, 요괴한 말.

**지주**(枝柱) ① 버팀. 지탱함. 또는 버팀대. ② 순종하지 않음. 서로 어긋남.

## 0473

### 0473 莛莛 정 【tíng ㄊㄧㄥˊ】 37
풀줄기 정

莖也。

줄기다.

《『說苑』。

『설원(說苑)』❶에 이르기를

建天下之鳴鐘。

"천하를 울리는 종을 세워

撞之以莛。》

정(莛)으로 치다."라고 했다.

从艸。

초(艸)를 따랐고,

廷聲。

정(廷)이 성부가 된다.

《特丁切。11部。》

특정절(特丁切)이다. 제 11부에 속한다.

당(撞) 찧을, 부딪칠, 두드릴.

[신경고 引經考] ❶『설원(說苑)』

趙裏子謂仲尼曰："先生委質以見人主七十君矣，而無所通，不識世無明君乎？意先生之道，固不通乎？"仲尼不對．異日，裏子見子路曰："嘗問先生以道，先生不對，知而不對則隱也．隱則安得爲仁；若信不知，安得爲聖？"子路曰："建天下之鳴鍾，而撞之以挺，豈能發其聲乎哉？君問先生，無乃猶以挺撞乎？"

0474 䔖 **葉** 엽 【yè ㅣㅕˋ】 37

잎사귀 엽

0474

艸木之葉也。

《凡物之薄者。
皆得以葉名。》

从艸。

葉聲。

《與涉切。
古音在 8部。》

「초목의 잎이다.

대개 사물의 얇은 것들은

모두 엽(葉)이라는 이름을 얻는다.

초(艸)를 따랐고,

엽(枼)이 성부가 된다.

여섭절(與涉切)이다.

고음(古音)은 제 8부에 속한다.

**박**(薄) 숲, 풀 떨기로 날, 발(簾也), 얇을, 잠깐, 조금, 누에발, 덮을.

형성 (2자+1)  엽(僕䔖)4760

첩(壤壜)8667 **첩**(褋䙝)

[엽(葉)이 포함된 글자들] 2+1자

## 0475 蘮蘮 계【ㄐㄧˋ】 37
### 좀스러운 풀 계/예

| | |
|---|---|
| 艸之小者。 | 어린 풀이다. |
| 从艸。 | 초(艸)를 따랐고, |
| 厀聲。 | 계(厀)가 성부가 된다. |
| 厀、古文銳字。 | 계(厀)는 고문의 예(銳)자다. |
| 《按[金部]、[网部]皆云。 | [금부(金部)]와 [망부(网部)] 모두 이르기를 |
| 厀、籒文銳 | "예(厀)는 주문(籒文)의 예(銳)다."라고 했다. |
| 則此古字誤也。 | 곧 이것은 고(古) 자가 잘못된 것이다. |
| 當改籒。》 | 마당히 주(籒)로 고쳐야 한다. |
| 讀若芮。 | 예(芮)자 처럼 읽는다. |
| 《今居例切。15部。》 | 지금은 거례절(居例切)이다. 제 15부에 속한다. |

---

**예**(厀) 가스랑이(芒也) ■**취**:조금 다칠(小傷) ■**체**:속음.

　<도(刀)부 10획>

**주**(籒) 주나라 태사이름, 큰 전자, 글 읽을.

**예**(芮) 풀 뾰족뾰족 난 모양, 개구리 자리.

## 0476 芣 부 【fú ㄈㄨˊ】 37

### 본[꽃 성할]질경이 부

華盛。　　　꽃이 성한 것이다.
《『詩』言　　　『시(詩)』❶에 이르기를
江漢浮浮、　　　**강한부부**(江漢浮浮)
雨雪浮浮　　　**우설부부**(雨雪浮浮)"라고 했는데
皆盛皃(貌)。　모두 왕성한 모양이다.
芣與浮聲相近。》　부(芣)와 부(浮)의 소리가 가깝다.
从艸。　　　초(艸)를 따랐고,
不聲。　　　불(不)이 성부가 된다.
《縛牟切。古音在 1部。》　박모절(縛牟切)이다. 제 1부에 속한다.
一曰芣苢。　　또는 **부이**(芣苢)라고도 한다.
《疑前苢字下祇作不苢。　아마도 앞의 이(苢)자 아래는 단지 불이(不苢)로 썼을 것이다.
此於芣字下又明之曰不苢之不亦作芣　이제 부(芣)자 아래에 또 밝혀서 이르기를 '불이(不苢)의 불
也。》　　　　(不) 역시 부(芣)다.' 라고 했다.

　　　　**박**(縛) 동일, 묶을, 포박할, 얽을.

**강한부부**(江漢浮浮)　1.물이나 비가 성한 모양.《시:대아:강한(詩:大雅:江漢)》: "江漢浮浮, 武夫滔滔."가 있는데 주희집전(朱熹集傳)에서 "부부(浮浮)는 물이 성한 모양이다."라고 했다. 《시:소아:각궁(詩:小雅:角弓)》도 "雨雪浮浮, 見睍曰流."가 있다. 2.기가 위로 치솟는 모양.《시:대아:생민(詩:大雅:生民)》: "釋之叟叟, 烝之浮浮."가 있는데 모전(毛傳)에서 "부부(浮浮)는 기(氣)다."라고 했다. 3.흐르는 모양.《초사:구장:추사(楚辭:九章:抽思)》에 "悲秋風之動容兮, 何回極之浮浮."가 있는데 왕일-주(王逸-注)에 "부부(浮浮)는 가는 모양이다(行貌)라고 했다."

**강한**(江漢)　양자강(洋子江)과 한수(漢水).

**우설부부**(雨雪浮浮)　《시:대아:강한(詩:大雅:江漢)》의 한 구절.

**부부**(浮浮)　① 김이 뭉게뭉게 피어 오르는 모양(氣上升貌). ② 눈이나 비가 많은 모양(水或雨雪盛貌). ③ 떠돌아 다니거나 흐르는 모양(流動貌).

**부이**(芣苢)　부이(芣苡). 1. 차전(車前).《시:주남:부이(詩:周南:芣苢)》에 "采采芣苢, 薄言采之."가 있는데 정현-전(鄭玄-箋)에서 "부이(芣苢)는 마석(馬舃)이다. 마석(馬舃)은 차전(車前)이다."라고 했다. 명(明) 나라 리시진(李時珍)의《본초강목:초5:차전(本草綱目:草五:車前)》에 "당도(當道), 부이(芣苡)는 마석(馬舃)이다."라고 했다. 2.《시:주남(詩:周南)》의 한 편명(篇名).《한시(韓詩)》는 이《부이(芣苢)》가 "다친 지아비가 아픈 것을 노래한 것이다."라고 했다. 옛 사람이 악질을 앓는 사람에 대한 동정(同情)을 표현한 것이다. 3.《시:주남(詩:周南)》

**화성**(華盛)　번화흥성(繁華興盛).

## 0476

0476

[인경고 引經考]

❶『시(詩)』 〈大雅:蕩之什:江漢〉

江漢浮浮, 武夫滔滔. 匪安匪遊, 淮夷來求. 旣出我車, 旣設我旟. 匪安匪舒, 淮夷來鋪.

〈浮浮, 衆強貌. 滔滔, 廣大貌. 淮夷, 東國, 在淮浦而夷行也.

箋云 : 匪, 非也. 江, 漢之水, 合而東流浮浮然. 宣王於是水上命將率, 遣士衆, 使循流而下滔滔然. 其順王命而行, 非敢斯須自安也, 非敢斯須遊止也, 主爲來求淮夷所處. 據至其竟, 故言來. 〉

江漢湯湯, 武夫洸洸. 經營四方, 告成于王. 四方旣平, 王國庶定. 時靡有爭, 王心載寧. …

〈小雅:魚藻之什:角弓〉

騂騂角弓, 翩其反矣. 兄弟昏姻, 無胥遠矣.

爾之遠矣, 民胥然矣. 爾之敎矣, 民胥傚矣.

此令兄弟, 綽綽有裕. 不令兄弟, 交相爲瘉.

民之無良, 相怨一方. 受爵不讓, 至于已斯亡.

老馬反爲駒, 不顧其後. 如食宜饇, 如酌孔取.

毋敎猱升木, 如塗塗附. 君子有徽猷, 小人與屬.

雨雪瀌瀌, 見晛曰消. 莫肯下遺, 式居婁驕.

雨雪浮浮, 見晛曰流. 如蠻如髦, 我是用憂.

〈浮浮, 猶瀌瀌也, 流流而去也.〉

## 0477 蘤葩 파【pā ㄆㄚˉ】37

### 꽃 파

| | |
|---|---|
| 華也。 | 꽃이다. |
| 《古光華字與花實字同義同音。 | 옛날에 **광화**(光華)와 **화실**(花實)자가 같은 뜻, 같은 음이었다. |
| 葩之訓華者、艸木花也。 | 파(葩)의 훈(訓)이 화(華)라는 것은 초목의 꽃이다. |
| 亦華麗也。 | 또한 화려(華麗)하다는 뜻이다. |
| 艸木花冣(最)麗。 | 초목의 꽃이 가장 화려하다. |
| 故凡物盛麗皆曰華。 | 무릇 사물이 성하고 아름다운 것이 화(華)다. |
| 韓愈曰 | 한유(韓愈)가 이르기를❶ |
| 『詩』正而葩。 | "『시(詩)』가 바르고 아름답다."라고 했다. |
| 謂正而文也。 | 올바르고 꾸며졌다는 것을 말한 것이다. |
| 葩亦散也。 | 파(葩)는 또한 흩어지는 것이다. |
| 通作「肥」。 | 파(肥)와 통한다. |
| 『靈樞經』曰 | 『령추경(靈樞經)』❷에 이르기를 |
| 紛紛肥肥。 | "**분분파파**(紛紛肥肥)"라고 했다. |
| 終而復始。》 | 끝이되면 다시 시작한다. |
| 从艸。 | 초(艸)를 따랐고, |
| 肥聲。 | 파(肥)가 성부가 된다. |
| 《普(普)巴切。 | 보파절(縛牟切)이다. |
| 古音在 5部。》 | 고음(古音)은 제 5부에 속한다. |

파(肥) 꽃이 흴, 제빛 아닐, 빛 참되지 않을.

| | |
|---|---|
| **광화**(光華) | ① 빛나는 기운, 아름다운 빛. ② 영광, 영예. |
| **화실**(花實) | 꽃과 열매. 외관과 내용. |
| **분분**(紛紛) | ① 꽃이 어지러게 흩어지는 모습 ② 일이 뒤얽혀 갈피를 잡을 수 없음. ③ 많은 모양. |
| **파파**(肥肥) | 厥. |
| **분분파파**(紛紛肥肥) | 끝이 나도 다시 시작되다(終而復始), 대체로 많다는 뜻이다(蓋言多也). |

| | |
|---|---|
| **[인경고 引經考]** | ❶한유(韓愈)가 이르기를 |

周誥，殷《盤》，佶屈聱牙；《春秋》謹嚴，《左氏》浮誇；《易》奇而法，《詩》正而葩；下逮《莊》，《騷》，太史…

**❷『령추경(靈樞經)』**

大要曰：…人氣在太陽，是故日行一舍，人氣行三陽行與陰分，常如是無已，天與地同紀，紛紛肥肥，終而復始，一日一夜水下百刻而盡矣．

# 0478

## 0478 𦬞 芛 유 【wěi ㄨㄟˇ】 37

꽃번화할 유

| | |
|---|---|
| 艸之皇榮也。 | 초목이 화려하게 핀 모양이다. |
| 《「皇」當作「葟」。 | 황(皇)은 마땅히 황(葟)으로 써야 한다. |
| 或𩇯字。 | 혹은 황(𩇯)자로 써야 한다. |
| 『釋艸』曰。 | 『석초(釋艸)』❶에 이르기를 |
| *蕍芛葟華榮。* | *"유, 순, 황, 화(蕍, 芛, 葟, 華)는 꽃이 화려하게 핀 모양이다."*라고 했다. |
| 郭曰。 | 곽박(郭)이 이르기를 |
| *今俗呼艸木華初生者爲芛。* | *"지금 민간에서는 초목의 꽃이 처음 피는 것을 순(芛)이라고 한다."* 라고 했다. |
| 音豬豬之豬。》 | 음은 수저(豬豬)의 수(豬)다. |
| 从艸。 | 초(艸)를 따랐고, |
| 尹聲。 | 윤(尹)이 성부가 된다. |
| 《羊捶切。 | 양추절(羊捶切)이다. |
| 古音在 13部。》 | 고음(古音)은 제 5부에 속한다. |

**순**(芛) 꽃 번화할, 초목의 꽃 처음 날 ▣**술**:같은 뜻 ▣**율**:같은 뜻 ▣**유**: 같은 뜻

**유**(蕍) 꽃 번성할, 쇠귀나물, 택사.

**황**(葟) 꽃 아름다울, 무성할, 올미.

**영**(榮) 무성할, 명예, 영예, 풀의 꽃, 추녀.

**황**(𩇯) 꽃다울

**수**(豬) 불을 친 돼지, 돼지 새끼 ▣**유**:속음

**저**(豬) 세가락의 털이 난 돼지, 돼지 새끼, 풀이름.

**추**(捶) 종아리 칠, 두드릴, 짓찧을 ▣**수**:같은 뜻 ▣**타**:헤아릴.

| | |
|---|---|
| **황영**(皇榮) | 영(榮)은 풀의 꽃이 무성한 모양, 황(皇)은 꽃이 화려하게 핀 모양. |
| **화영**(華榮) | 번영(繁榮). 화려하고 번창함. |

**[인경고 引經考]**

❶『석초(釋艸)』 본문과 방점이 다르다.

蕍. 芛, 葟, 華, 榮. <《釋言》云 : "華, 皇也." 今俗呼草木華初生者爲芛. 音〈豕隋〉豬, 猶敷, 蕍亦華之貌. 所未聞. ○蕍, 音兪. 芛, 羊捶切. 葟, 音皇.

〔疏〕"蕍. 芛, 葟, 華, 榮".

○釋曰 : 此別草木榮華之異名也. 蕍, 言華之敷貌. 芛, 華初生之名也. 葟亦華也. 郭云 : "《釋言》云 '華, 皇也'. 今俗呼草木華初生者爲芛. 蕍猶敷蕍, 亦華之貌. 所未聞. "云"未聞"者, 亦未聞所出也.

## 0479 虇蘬 화【hui ㄏㄨㄟ】 37

### 노란 꽃 화/휴

| | |
|---|---|
| 黃華。 | 「황화(黃華)」다. |
| 《『後漢書:馬融傳』曰。 | 『후한서:마융전(後漢書:馬融傳)』❶에 이르기를 |
| 蓶扈蘬榮。 | "유호규영(蓶扈蘬榮)"이라고 했다. |
| 蘬或作「虇」。》 | 규(蘬)는 간혹 규(虇)로도 쓴다. |
| 从艸。 | 초(艸)를 따랐고, |
| 蘬聲。 | 규(蘬)가 성부가 된다. |
| 《此舉(舉)形聲見會(會)意。》 | 이것은 형성(形聲)을 들어 회의(會意)를 드러낸 것이다. |
| 讀若墮壞。 | 독음은 **타괴**(墮壞)처럼 읽는다, |
| 《此謂讀如墮壞之墮也。 | 이것은 독음이 **타괴**(墮壞)의 타(墮)와 같다는 것이다. |
| 墮、隋聲在 17部。 | 타(墮)와 수(隋)는 제 17부에 속한다. |
| 音轉許規切。 | 음이 바뀌어 허규절(許規切)이다. |
| 入 16部。 | 제 16부에 들어있다. |
| 凡圭聲字在 16部。 | 무릇 규성(圭聲)자는 제 16부에 들어있다. |
| 〖鉉本〗脫去墮字。 | 서현(徐鉉)의 책에서는 타(墮)자를 뺐다. |
| 『廣韵(韻):虇』有壞音。 | 『광운:규(廣韻:虇)』에 괴음(壞音)이 있다. |
| 誤矣。 | 틀렸다. |
| 『唐韵(韻)』胡瓦切。 | 『당운(唐韻)』은 호와절(胡瓦切)이다. |
| 17部之音變也 》 | 17부의 음이 변한 것이다. |

화(蘬) 노란꽃, 꽃과 잎 모양 ▣휴:과실.

유(蓶) 채소, 푸성귀, 초목 싹날.

규(虇) 곱게 누를 ▣휴:속음 ▣화:누를.

| | |
|---|---|
| **황화**(黃華) | ① 황색의 꽃 ② 국화의 별칭 ③ 금침채(金針菜) ④ 전례없는 행동을 하는 청춘남녀 ⑤ 옛 속곡이름. |
| **유호규영**(蓶扈蘬榮) | 처음 나는 새싹의 모양이 노릇노릇하고 윤이 남. |
| **유호**(蓶扈) | 꽃잎이 깨끗하고 진한 모양(花葉鮮豔貌). 호(扈)는 꽃잎 모양(扈音戶. 花葉貌). |
| **타괴**(墮壞) | 무너뜨림. 무너짐. |

| | |
|---|---|
| **[인경고 引經考]** | ❶『후한서:마융전(後漢書:馬融傳)』 본문과 조금 다르다. |

豐彤對蔚, 崟巓摻爽. 翕習春風, 含津吐榮, 鋪於布穀, 蓶扈蘬蓘, 惡可彈形.

<鋪音敷. 蓶音以捶反. 郭璞注《爾雅》云：“草木花初出爲蘤.”與蘬通, 其字從"唯", 本作從"荏"者, 誤也. 扈音戶. 蘬音胡瓦反, 字從"圭", 並花葉貌. 本或作虇.

《說文》云：“蘬, 黃花也.”《廣雅》曰：“好色也.”蓘, 光也. 惡, 何也, 音烏.>

## 0480

### 0480 𦺇藨 표【piǎo 치ㅣㅙˇ】38
### 능토풀 표

苕之黃華也。

룽소화(陵苕華)의 노랑꽃이다.

《『釋艸』。

『석초(釋艸)』❶에 이르기를

苕、陵苕。黃華藨。白華茇。

"초(苕)는 룽소(陵苕), 황화표(黃華藨), 백화발(白華茇)이다."라고 했다.

郭云。

곽(郭)이 이르기를

苕華色異。

"소화(苕華)는 색이 다르고,

名亦不同。

이름 역시 같지 않다."라고 했다.

玉裁按許君茇字下云。

단옥재(段玉裁)가 생각건대 허군(許君) 책의 발(茇)자 아래에서 이르기를

一曰艸之白華爲茇。

"혹은 풀의 흰 꽃을 발(茇)이라고 한다."라고 했으니 초(苕)의 흰

不云苕之白華。

꽃을 말한 것이 아닐 것이다.

則藨字下亦當云艸之黃華。

그래서 표(藨)자 아래에서도 역시 당연히 '풀의 노랑꽃'이라고

말한 것이다.

不當如郭說也。

곽(郭)의 설명과 같으면 부당하다.

今本苕字恐是後人用郭說改之。

지금 책의 초(苕)자는 후인들이 곽(郭)의 설명을 사용하여 고친

것이다.

許於苕下云艸也。

허신은 초(苕)자 아래에서 풀이라고 말했으며

亦不云陵苕。》

또한 룽초(陵苕)라고 말하지 않았다.

从艸。

초(艸)를 따랐고,

麃（票）聲。

표(麃)가 성부가 된다.

《方小切。2部。》

방소절(方小切)이다. 제 2부에 속한다.

一曰末也。

혹은 나무끝이다.

《[金部]之鏢、[木部]之標皆訓末。

[금부(金部)]의 표(鏢)와 [목부(木部)] 표(標)의 훈은 모두 말

(末)이다.

藨當訓艸末。

표(藨)의 훈은 당연히 풀끝(艸末)이다.

[禾部]曰。

[화부(禾部)]에 이르기를

秒、禾芒（芒）也。

"초(秒)는 곡식의 가스랭이다.

秋分而秒定。

초(秒)가 갈라지면 초(秒)가 정해진다."라고 했다.

按『淮南：天文訓』作秋分藨定。

생각건대 『회남：천문훈(淮南：天文訓)』❷에서 추분표정(秋分藨

定)이라고 했으니

此藨爲末之證也。》

이것이 표(標)가 끝(末)이라는 증거다.


발(茇) 풀뿌리, 풀이름, 야영할.

초(苕) 능토풀, 능소화, 완두, 우뚝한 모양 ▣소:능소화.

망(芒芒) 가스랑이, 큰 모양, 빛이 번쩍이는 끝.

*0480*

표(鏢) 칼집 끝에 있는 장식, 먼데서 던져서 사람을 살상하는 무기.

**릉소화**(陵苕華) 초영(苕榮). 아름다운 얼굴의 비유.《사기:조세가(史記:趙世家)》: "미모가 빛나니, 릉소화가 꽃핀 것 같다.(美人熒熒兮, 顔若苕之榮)."에서 나왔다. 한(漢) 나라 왕찬 (王粲)의 《7석(七釋)》에도 "紅顔照耀, 曄若苕榮."가 있다.

**릉소**(陵苕) 릉소(淩霄)로도 쓴다. 자위(紫葳). 릉시(陵時). 꽃이름. 릉소화(淩霄花)의 별명. 만 생초(蔓生草).《시:소아:소지화(詩:小雅:苕之華)》에 "苕之華, 芸其黃矣"가 있다. 모 전(毛傳)에 "소(苕)는 릉소(陵苕)다."라고 했다.

**황화표**(黃華薸) 릉소화의 꽃이 황색인 것을 표(薸)라 하고, 흰 색인 것을 발(茇)이라고 한다. 그러 나 꽃의 색은 달라도 꽃이 질 때는 모두 황색이 된다.

**백화발**(白華茇) 릉소화의 꽃이 흰 색인 것을 발(茇)이라고 한다.

**소화**(苕華) 릉소화의 꽃.

**추분표정**(秋分薸定) <잠부론:전교정(潛夫論:箋校正)>에 "『淮南:天文訓』秋分而禾薸定"이라고 했는데 고유-주(高誘-注)에서 "定, 成也."라고 했다. 추분이면 능토풀이 익는다 는 말이다.

**[인경고 引經考]**

❶『석초(釋艸)』 본문의 내용은 <이아:석초>가 아니라
<본초경>에 나오는 말이다. 단옥재의 착각?

[신농본초] 紫葳味酸, (禦覽作鹹)微寒. 主婦人産乳餘疾, 崩中, 症瘕, 血閉, 寒熱, 羸瘦, 養胎. 生川谷.

<吳普曰, 紫葳一名武威, 一名瞿麥, 一名陵居腹, 一名鬼目, 一名蓨華, 神農雷公 酸, 岐伯辛, 扁鵲苦鹹, 黃帝甘無毒, 如麥根黑, 正月八月采, 或 生真定(禦覽).

名醫曰, 一名陵苕, 一名蓨華, 生西海及山陽.

案廣雅云: 苀葳, 陵苕, 蓨麥也.

爾雅云: 苕, 陵苕.

郭璞云: 一名陵

時. 本草云: 又黃華薫, 白華蓨.

郭璞云: 苕, 華, 色異, 名亦不同.

毛詩云: 苕之華.

傳云: 苕, 陵苕也.

範子計然云: 紫葳出三輔. 李當之云: 是 瞿麥根據李說與廣雅合, 而唐本注引爾 雅注, 有一名陵霄四字, 謂卽陵霄花, 陸璣以爲鼠尾, 疑皆非, 故不采之. >

[이아:석초] 薫, 苓, 荼. 蒤, 蔖, 芳.

<皆芳, 荼之別名. 方俗異語, 所未聞.

○薫, 方腰切. 蒤, 必滔切. 蔖, 方驕切. 芳, 音調.>

## 0480

〔疏〕“藚, 莠, 荼. 蓲, 薦, 芀”.

○釋曰﹕此辨茗, 荼之別名也.

案鄭注《周禮》“掌荼” 及《詩》“有女如荼”

皆云﹕“荼, 茅秀也.”藚也, 莠也其別名. 荼即茗也. 茗, 又一名蓲, 又名薦, 皆雀矛之屬. 葦, 秀名也.

故注云“皆芀, 荼之別名. 方俗異語, 所未聞”. 言“未聞”者, 謂未聞其所出也. 葦醜.芀, (其類皆有芀秀.)

〔疏〕“葦醜. 芀”.

○釋曰﹕葦即蘆之成者. 其類皆有芀秀也.

### ❷『회남:천문훈(淮南:天文訓)』

一㢱而爲制. 秋分薽定,<薽, 禾穗粟孚甲之芒.> 薽定而禾熟. 律之數十二, 故十二薽而當一粟, 十二粟而當一寸. 律以當辰, 音以當日, 日之數十, 故十寸而爲尺, 十尺而爲丈. 其以爲量, 十二粟而而當一分, 十二分而當一銖, 十二銖而當半兩. 衡有左右, 因倍之, 故二十四銖爲一兩, 天有四時, 以成一歲, 因而四之, 四四十六, 故十六兩而爲一斤. 三月而爲一時, 三十日爲一月, 故三十斤爲一鈞. 四時而爲一歲, 故四鈞爲一石. 其以爲音也, 一律而生五音, 十二律而爲六十音, 因而六之, 六六三十六, 故三百六十音以當一歲之日.

## 0481 英 영 【yīng ㅣㄥ】 38

0481

꽃부리 영

艸榮而不實者。
《見『釋艸』。》
一曰黃英。
《此別一義也。
疑卽權黃華。》
从艸。
央聲。
《於京切。古音在 10部。》

꽃피지만 열매 맺지 못하는 풀이다.
『석초(釋艸)』❶를 보라.
혹은 **황영**(黃英)이라고도 한다.
이것은 별도의 한 뜻이다.
아마도 곧 **권황화**(權黃華)일 것이다.
초(艸)를 따랐고,
앙(央)이 성부가 된다.
어경절(於京切)이다. 제 10부에 속한다.

**영**(榮) 오동나무, 풀의 꽃, 무성할.

**황영**(黃英)

**권황화**(權黃華)

나무이름.

권(權)을 일명 황화(黃華)라고도 한다. 풀 이름. 황국(黃菊). <이아:소(疏)>에 "권(權)은 황화(黃華)다." ○釋曰 : 권(權)은 일명(一名) 황화(黃華)다. 곽박이 이르기를 "지금 말하는 우운초(牛芸草)는 황화(黃華)다. 화황(華黃)은 잎이 숙숙(菽蓿)과 비슷하다."라고 했다.《설문(說文)》에 또한 이르기를 "운(芸)은 풀이다. 목숙(苜蓿)과 비슷하다.《회남자(淮南子)》에 이르기를 '운초(芸草)는 능히 죽은 놈도 되살린다.'고 했다."라고 했다.《월령(月令)》주(注)에 이르기를 "운(芸)은 향초다."라고 했다.《잡례도(雜禮圖)》에 이르기를 "운(芸)은 쑥이다. 잎은 사호(邪蒿)와 비슷하고, 향이 좋아 먹을 만 하다."라고 했다. 그러므로 우운(牛芸)이란 것도 역시 운류(芸類)다. 곽박은 그 당시 겪은 것을 말한 것이다. 그래서 "지금 우운초(牛芸草)라고 부르는 것이 황화(黃華)다."라고 한 것이다.

### ❶『석초(釋艸)』

華, 荂也.<今江東呼華爲荂. ○荂, 音敷.> 華, 荂, 榮也.<轉相解.> 木謂之華, 草謂之榮. 不榮而實者謂之秀, 榮而不實者謂之英.

〔疏〕"華, 荂"至"之英". ○釋曰 : 李巡云 : "分別異名以曉人也. 華, 一名荂." 郭云 : "今江東呼華爲荂." 華與荂, 又一名榮. 郭云 : "轉相解." 木則名華,《月令》: "季春, 桐始華." 草則名榮,《月令》: "仲夏, 木槿榮." 此對文爾, 散文則草亦名華.《鄭風》云"隰有荷華"是也. 不見其榮, 但見其實者曰秀.《詩:大雅》云 : "實秀實發." 徒有其榮而不實者曰英. 此亦對文爾, 故以英爲不實. 其實, 黍稷皆先榮後實.《詩:小雅:出車》云"黍稷方華", 是嘉穀之秀必有榮也.

[영(英)이 포함된 글자들] 1자

## 0482

## 0482 薾薾 이【ěr ㄦˇ】38
번화할 이

華盛。　　꽃이 성하다는 뜻이다.
《[㸚部]曰。　　[리부(㸚部)]에 이르기를
麗爾猶靡麗也。　　"려이(麗爾)는 미려(靡麗)와 유사하다.
薾與爾音義同。》　　이(薾)와 이(爾)는 음과 뜻이 같다."라고 했다.
从艸。　　초(艸)를 따랐고,
爾聲。　　이(爾)가 성부가 된다.
《此於形聲見會(會)意。　　이것은 형성(形聲)에서 회의(會意)를 보이는 것이다.
薾爲華盛。　　이(薾)는 꽃이 성한 것이다.
瀰爲水盛。　　이(瀰)는 물이 성한 것이다.
兒氏切。16部。》　　아씨절(兒氏切)이다. 제16부에 속한다.
『詩』曰。　　『시(詩)』❶에 이르기를
彼薾惟何。　　"피이유하(彼薾惟何)"라고 했다.
《『小雅』文。　　『소아(小雅)』에 나오는 글이다.
今作「爾」。　　지금은 이(爾)자를 쓴다.
惟、今作「維」。》　　유(惟)자를 지금은 유(維)자를 쓴다.

**리**(㸚) 사귈, 밝을 ▣이:밝은 모양.
**이**(爾) 곱고 빛날, 너, 어조사 ▣니:화려한 모양, 가득할.
**미**(靡) 쓰러질, 초목이나 기 따위가 세찬 바람에 의해 쓰러지거나 쏠릴, 사치할, 호사할.

---

**려이**(麗爾)　미려(靡麗).
**미려**(靡麗)　① 매우 아름답다 ② 화려하고 아름답다 ③ 화려하고 사치스럽다
**피이유하**(彼薾惟何)　저 무성한 것은 무엇인가? 『시경:소아:록명지십:채미(詩經:小雅:鹿鳴之什:采薇)』

❶『시(詩)』〈小雅:鹿鳴之什:采薇〉
**[인경고 引經考]**　.........

王事靡盬, 不遑啓處. 憂心孔疚, 我行不來.
彼爾維何, 維常之華. 彼路斯何, 君子之車.
<爾, 華盛貌. 常, 常棣也.
箋云 : 此言彼爾者乃常棣之華, 以興將率車馬服飾之盛.>
戎車旣駕, 四牡業業. 豈敢定居, 一月三捷.
駕彼四牡, 四牡騤騤. 君子所依, 小人所腓.

## 0483 萋 처【qi ㄑㄧ】38

0483

(초목)우거질 처

| | |
|---|---|
| 艸盛。 | 「풀이 무성하다」는 뜻이다. |
| 从艸。 | 초(艸)를 따랐고, |
| 妻聲。 | 처(妻)가 성부가 된다. |
| 《七稽切 15部。》 | 칠계절(七稽切)이다. 제 15부에 속한다. |
| 『詩』曰。 | 『시(詩)』❶에 이르기를 |
| 菶菶萋萋 | "봉봉처처(菶菶萋萋)"라고 했다. |
| 《『大雅』文。 | 『대아(大雅)』에 나오는 글이다. |
| 謂梧桐也。 | 오동(梧桐)나무를 말한다. |
| 艸木同類。》 | 풀과 나무는 같은 종류다. |

봉(菶) 풀이 더부룩한 모양, 열매 많을.

계(稽) 상고할, 머무를, 익살부릴, 검은 목천으로 싼 나무창, 머리를 땅에 대고 절할.

**봉봉처처(菶菶萋萋)** 무성한 오동나무 『시경:대아:생민지십:권아(詩經:大雅:生民之什:卷阿)』

**봉봉(菶菶)** ① 한창 성한 모양 ② 열매가 많이 달린 모양.

**처처(萋萋)** ① 초목이 무성한 모양 ② 구름이 뭉게뭉게 피는 모양 ③ 힘을 다하는 모양 ④ 화려한 모양.

### [인경고 引經考]

❶『시(詩)』〈大雅:生民之什:卷阿〉

有卷者阿, 飄風自南. 豈弟君子, 來游來歌, 以矢其音.

伴奐爾游矣, 優游爾休矣. 豈弟君子, 俾爾彌爾性, 似先公酋矣.

爾土宇昄章, 亦孔之厚矣. 豈弟君子, 俾爾彌爾性, 百神爾主矣.

爾受命長矣, 茀祿爾康矣. 豈弟君子, 俾爾彌爾性, 純嘏爾常矣.

有馮有翼, 有孝有德, 以引以翼. 豈弟君子, 四方爲則.

顒顒卬卬, 如圭如璋, 令聞令望. 豈弟君子, 四方爲綱.

鳳皇于飛, 翽翽其羽, 亦集爰止. 藹藹王多吉士, 維君子使, 媚于天子.

鳳皇于飛, 翽翽其羽, 亦傅于天. 藹藹王多吉人, 維君子命, 媚于庶人.

鳳皇鳴矣, 于彼高岡. 梧桐生矣, 于彼朝陽. 菶菶萋萋, 雝雝喈喈.

<梧桐盛也, 鳳皇鳴也. 臣竭其力, 則地極其化, 天下和洽, 則鳳皇樂德.

箋云: 菶々萋萋, 喻君德盛也. 雝雝喈喈, 喻民臣和協.>

君子之車, 旣庶且多. 君子之馬, 旣閑且馳. 矢詩不多, 維以遂歌.

# 0484

## 0484  菶 봉【běng ㄅㄥˇ】38

### 우거질 봉

| | |
|---|---|
| 艸盛。 | 「풀이 무성하다」는 뜻이다. |
| 《毛曰。 | 모(毛)가 이르기를❶ |
| *菶菶萋萋。* | *"**봉봉처처**(菶菶萋萋)는* |
| *梧桐盛也。》* | *오동(梧桐)이 무성한 것이다."*라고 했다. |
| 从艸。 | 초(艸)를 따랐고, |
| 奉聲。 | 봉(奉)이 성부가 된다. |
| 《補蠓切。9部。 | 보몽절(補蠓切)이다. 제 9부에 속한다. |
| 『說文』兩引『詩』瓜瓞菶菶。 | 『설문(說文)』은 『시(詩)』❷의 ***과질봉봉***(瓜瓞菶菶)을 두 번 인용했다. |
| 『今－生民』作唪唪。 | 『금－생민(今－生民)』은 **봉봉**(唪唪)이라고 썼다. |
| 假借。》 | 가차다. |

**몽**(蠓) 누에놀이, 왕개미.
**봉**(唪) 큰 소리, 크게 웃을.
**질**(瓞) 북치, 작은 오이.

| | |
|---|---|
| ***봉봉처처***(菶菶萋萋) | 우거지고 무성함. |
| ***과질봉봉***(瓜瓞菶菶) | 큰 오이, 작은 오이가 우거지고 무성함. 자손이 끊어지지 않고 번창함. |
| ***과질***(瓜瓞) | ① 자손이 번창하는 것을 비유하는 말. ② 서로 이어서 끊어지 않음. 『시경:대아:면(**詩經:大雅:綿**)』「**綿綿瓜瓞, 民之初生. 自土沮漆.**」에 대한 주희(**朱熹**)의 <집전(**集傳**)>에 「**大曰瓜, 小曰瓞**」이라고 했다. |
| **봉봉**(菶菶) | ① 한창 성한 모양. ② 열매가 많이 달린 모양. |
| **봉봉**(唪唪) | 열매가 많이 달린 모양. 《시:대아:생민(**詩:大雅:生民**)》에 "**麻麥幪幪, 瓜瓞唪唪.**"이 있는데 모전(**毛傳**)에 "봉봉연(**唪唪然**)은 열매가 많이 열린 모양이다."라고 했다. |

**[인경고 引經考]**

❶**모**(毛)가 이르기를 2번 참조.

<梧桐盛也, 鳳皇鳴也. 臣竭其力, 則地極其化, 天下和洽, 則鳳皇樂德.
箋云 : 菶々萋萋, 喻君德盛也. 雝雝喈喈, 喻民臣和協.>

❷『시(詩)』〈大雅: 生民之什: 卷阿〉

有卷者阿, 飄風自南. 豈弟君子, 來游來歌, 以矢其音.
伴奐爾游矣, 優游爾休矣. 豈弟君子, 俾爾彌爾性, 似先公酋矣.
爾土宇昄章, 亦孔之厚矣. 豈弟君子, 俾爾彌爾性, 百神爾主矣.
爾受命長矣, 茀祿爾康矣. 豈弟君子, 俾爾彌爾性, 純嘏爾常矣.
有馮有翼, 有孝有德, 以引以翼. 豈弟君子, 四方爲則.
顒顒卬卬, 如圭如璋, 令聞令望. 豈弟君子, 四方爲綱.
鳳皇于飛, 翽翽其羽, 亦集爰止. 藹藹王多吉士, 維君子使, 媚于天子.

## 0484

鳳皇于飛, 翽翽其羽, 亦傅于天. 藹藹王多吉人, 維君子命, 媚于庶人.

鳳皇鳴矣, 于彼高岡. 梧桐生矣, 于彼朝陽.

<梧桐, 柔木也. 山東曰朝陽. 梧桐不生山岡, 太平而後生朝陽.

箋云 : 鳳皇鳴於山春之上者, 居高視下, 觀可集止. 喩賢者待禮乃行, 翔而後集. 梧桐生者, 猶明君出也. 生於朝陽者, 被溫仁之氣亦君德也. 鳳皇之性, 非梧桐不棲, 非竹實不食.>

菶菶萋萋, 雝雝喈喈.

<梧桐盛也, 鳳皇鳴也. 臣竭其力, 則地極其化, 天下和洽, 則鳳皇樂德.

箋云 : 菶々萋萋, 喩君德盛也. 雝雝喈喈, 喩民臣和協.>

君子之車, 旣庶且多. 君子之馬, 旣閑且馳. 矢詩不多, 維以遂歌.

### ❸과질봉봉(瓜瓞菶菶)을 두 번 인용했다.

그러나 <설문해자> 전체에 봉봉처처(菶菶萋萋)는 두 번, 과질봉봉(瓜瓞菶菶)은 한 번만 인용했다.

1. 萋【0483】艸盛. 从艸. 妻聲. <七稽切>. 15部. 【詩】曰. 菶菶萋萋. 【大雅文】 謂梧桐也. 艸木同類.

2. 菶【0484】艸盛. 毛曰. 菶菶萋萋. 梧桐盛也. 从艸. 奉聲. <補蠓切>. 9部. 【說文】兩引詩瓜瓞菶菶. 【今生民】作唪唪. 假借.

3. 唪【0824】大笑也. 【玉篇】, 【手鑑】皆作大聲. 从口. 奉聲. 讀若【詩】曰瓜瓞菶菶. <方蠓切>. 9部. 按【今生民】作瓜瓞唪唪. 而玉, 口二部兩引皆作菶菶.

## 0485

# 0485 薿薿 의 【nǐ ㄋㄧˇ】 38
## (곡초가)우거질 의

茂也。 「우거져 무성하다」는 뜻이다.
从艸。 초(艸)를 따랐고,
疑聲。 의(疑)가 성부가 된다.
《魚己切。1部》 어기절(魚己切)이다. 제1부에 속한다.
『詩』曰。 『시(詩)』❶에 이르기를
黍稷薿薿。 "서직의의(黍稷薿薿)"라고 했다.
《『小雅』文。 『소아(小雅)』에 나오는 글이다.
『箋』云。 『전(箋)』에 이르기를
薿薿然而茂盛。 "의의(薿薿)하게 무성(茂盛)하다."라고 했다.
『廣雅:釋訓』。 『광아:석훈(廣雅:釋訓)』에
薿薿、茂也。》 "의의(薿薿)는 우거져 무성한 것이다."라고 했다.

의(薿) 무성할 ■억:같은 뜻.

**서직의의(黍稷薿薿)** 서직(黍稷:기장과 피)이 무성하게 잘도 자람.
**의의(薿薿)** 곡식이 무성한 모양.『시경:소아:보전(詩經:小雅:甫田)』
**무성(茂盛)** 초목이 왕성하게 자람. 풀이나 나무가 우거짐.

**[인경고 引經考]**

❶『시(詩)』 〈小雅:甫田之什:甫田〉
倬彼甫田, 歲取十千. 我取其陳, 食我農人. 自古有年.
今適南畝, 或耘或耔, 黍稷薿薿. 攸介攸止, 烝我髦士.

<耘, 除草也. 耔, 雍本也.
箋云 : 今者, 今成王之法也. 使農人之南畝, 治其禾稼, 功至力盡, 則薿薿然而茂
盛. 於古言稅法, 今言治田, 互辭.>

以我齊明, 與我犧羊, 以社以方. 我田旣臧, 農夫之慶.
琴瑟擊鼓, 以御田祖. 以祈甘雨, 以介我稷黍, 以穀我士女.
曾孫來止, 以其婦子, 饁彼南畝, 田畯至喜.
攘其左右, 嘗其旨否. 禾易長畝, 終善且有. 曾孫不怒, 農夫克敏.
曾孫之稼, 如茨如梁. 曾孫之庾, 如坻如京.
乃求千斯倉, 乃求萬斯箱. 黍稷稻粱, 農夫之慶.
報以介福, 萬壽無疆.

❷『전(箋)』 1번 참조.
<耘, 除草也. 耔, 雍本也. 箋云 : 今者, 今成王之法也. 使農人之南畝, 治其禾稼,
功至力盡, 則薿薿然而茂盛. 於古言稅法, 今言治田, 互辭.>

## 0486 蕤蕤 유【ruí ㅁㄨㄟˊ】38

### 꽃 축 느러진 모양 유

艸木華莝兒(貌)。「초목이 느러진 모양」이다.

《引伸凡物之垂者皆曰蕤(蕤)冠緌系 — 뜻이 늘어나서 드리워진 것들은 모두 유(蕤)다.

於纓而垂者也。 — 관의 늘어진 장식이 갓끈에 매여 느러진 것도,

禮家定爲蕤字。 — 례가(禮家)에서는 유(蕤)자로 정해져있다.

**夏采建緌**(夏采建緌)

『王制』大緌小緌。 — 『왕제(王制)』❶에 대유(大緌)와 소유(小緌)가 있다.

『明堂位』夏后氏之緌。 — 『명당위(明堂位)』❷에 하후씨(夏后氏)의 유(緌)가 있다.

『襍(襍)記』以其緌復。 — 『잡기(襍記)』❸에 그 정기(旌旗)로 고복(皐復)한다.

鄭君皆改爲緌字。 — 정군(鄭君)이 모두 유(緌)자로 고쳤다.

謂旄牛尾之垂於杠者也。 — **모우**(旄牛)의 꼬리가 깃대의 아래로 드리워진 것이다.

讀如冠蕤、蕤賓(賓)之蕤。 — 독음은 **관유**(冠蕤), **유빈**(蕤賓)의 유(蕤)와 같다.

『白虎通』說蕤賓曰。 — 『백호통(白虎通)』❹은 **유빈**(蕤賓)을 설명하여 이르기를

蕤者、下也。 — "유(蕤)는 아래다.

賓者、敬也。》 — 빈(賓)은 경외(敬畏)하는 것이다."라고 했다.

从艸、 — 초(艸)를 따랐고,

蕤聲。 — 유(蕤)가 성부가 된다.

《『唐韵(韻)』儒佳切。非也。 — 『당운(唐韵)』은 유가절(儒佳切)이라했는데 잘못이다.

當儒隨切。入五支。 — 마땅히 유수절(儒隨切)이다. 5지(五支)에 들어간다.

古音在16部也。 — 고음은 제 16부에 속한다.

蕤從生豕聲。 — 유(蕤)는 생(生)을 따랐고 시(豕)가 성부다.

豕聲在16部。 — 시성(豕聲)은 제 16부에 있다.

緌緌字亦皆同部。》 — 수(緌), 유(緌)자 역시 모두 같은 부(部)에 있다.

**유**(緌) 갓끈, 갓끈 치장, 길게 드리운 모양.

**유**(蕤) 꽃 축늘어진 모양, 관의 늘어진 장식, 초목 무성한 모양, 기의 늘어진 장식.

**잡**(襍) 섞일.

**영**(纓) 갓끈, 관끈.

**수**(緌) 수레고삐, 편안할 ■유:큰 기, 정기, 용그린 깃대 ■타:얼굴에서 가슴 아래를 내려다 볼 ■퇴:편안히 있을

**강**(杠) 상 앞에 가로댄 나무, 깃대, 외나무 다리.

---

**하채**(夏采) <주례(周禮)>의 관명. 대상(大喪)에 관한 일을 맡았다.

**하채건유**(夏采建緌) 하채가 기를 세운다. 천자, 제후, 사의 기는 각각 그 크기가 달랐다.

**대유**(大緌) 고대에 천자(天子)가 사냥을 할 때 세우던 정기(旌旗).

## 0486

**소유(小綏)** 고대에 제후가 사냥을 할 때 세우던 정기(旌旗). 천자의 대유(大綏)와 비슷하지만 조금 작다. <례기:왕제(禮記:王制)>天子殺, 則下大綏; 諸侯殺, 則下小綏.

**모우(旄牛)** 리우(犛牛). 털이 긴 소. 중국 서남지구(西南地區)에서 난다.《산해경:북산경(山海經:北山經)》에 "<潘侯之山>有獸焉, 其狀如牛, 而四節生毛, 名曰旄牛."가 있는데 곽박-주(郭璞-注)에 "지금 모우(旄牛)의 배슬(背膝)과 호미(胡尾)에 장모(長毛)가 있다."라고 했다.

**관유(冠緌)** 관의 끈을 늘어뜨리다. <례기:잡기>에 "치포관불유(緇布冠不緌:치포관은 관의 끈을 늘어뜨리지 않는다)"라고 했다.

**유빈(緌賓)** 고대 12률(律) 중 제 7률. 률(律)은 음양 두가지로 구분된다. 기수(奇數) 여섯 개가 양률(陽律)로 6률(六律)이라고 한다. 우수(偶數) 여섯 개가 음률(陰律)인데 6려(六呂)라고 한다. 이 둘을 합한 것이 률려(律呂)다. 보충

### [인경고 引經考]

**❶『왕제(王制)』** <례기:왕제>

天子諸侯無事, 則歲三田, 一爲乾豆, 二爲賓客, 三爲充君之庖. 三田者, 夏不田, 蓋夏時也.《周禮》"春曰蒐, 夏曰苗, 秋曰獮, 冬曰狩". 乾豆, 謂膢之以爲祭祀豆實也. 庖, 今之廚也. 乾音幹. 庖, 步交反. 蒐, 所交反. 獮, 息淺反. 膢音昔. 無事而不田, 曰不敬. 田不以禮, 曰暴天物. 不敬者, 簡祭祀, 略賓客. 天子不合圍, 諸侯不掩群. 爲盡物也. ○合如字, 徐音閤. 掩音掩, 本又作掩. 天子殺則下大綏, 諸侯殺則下小綏, <천자가 사냥이 끝나면 큰 깃발을 내리고, 제후가 사냥이 끝나면 작은 깃발을 내린다.> 綏當爲緌. 緌, 有虞氏之旌旗也. 下謂弊之.

### **❷『명당위(明堂位)』** <례기:명당위>

有虞氏之旂, 夏后氏之綏, 殷之大白, 周之大赤. <四者, 旌旗之屬也. 綏當爲緌, 讀如冠蕤之"蕤". 有虞氏當言綏, 夏后氏當言旂, 此蓋錯誤也. 緌, 謂注旄牛尾於杠首, 所謂大麾.《書》云: "武王左杖黃鉞, 右秉白旄以麾."《周禮》: "王建大旂以賓, 建大赤以朝, 建大白以即戎, 建大麾以田也."></p>

### **❸『잡기(襍記)』** <례기:잡기> 복(複)자가 본문과 다르다.

諸侯行而死於館, 則其複如於其國. 如於道, 則升其乘車之左轂, 以其綏複. <館, 王國所致舍. 複, 招魂複魄也. 如於其國, 主國館賓, 予使有之, 得升屋招用裹衣也. 如於道, 道上廬宿也. 升車左轂, 象升屋東榮. "綏"當爲"緌", 讀如蕤賓之"蕤", 字之誤也. 緌, 謂旌旗之旄也, 去其旒而用之, 異於生也.>

### **❹『백호통(白虎通)』**

四月謂之仲呂何? 言陽氣極將, 彼故複中難之也.

五月謂之蕤賓, 蕤者, 下也; 賓者, 敬也. 言陽氣上極, 陰氣始, 賓敬之也.

六月謂之林鍾何? 林者, 眾也, 萬物成熟, 種類眾多.

## 0487 纐 藭 종 【zōng ㄗㄨㄥˉ】 38
### 가는 나뭇가지 종

青齊兗冀謂木細枝曰藭。

《見『方言』。
引『傳』曰。
慈(慈)母之怒子也。
雖折藭笞之。
其惠存焉。》
从艸。
嵏聲。
《子紅切。9部。》

청(青), 제(齊), 연(兗), 기(冀) 지방에서 나무의 가느다란 가지를 종(藭)이라고 한다.

『방언(方言)』❶을 보라.
"『전(傳)』❷을 인용하여 이르기를
인자한 어머니가 아들에게 화내는 것이다.
비록 가느다란 나무가지를 꺾어 매질하는 것이지만
거기에 은혜가 있다."라고 했다.
초(艸)를 따랐고,
종(嵏)이 성부가 된다.
절(切)이다. 고음(古音)은 제 10부에 속한다.

종(嵏) 다리 오무릴, 말머리 장식.
연(兗) 바를, 하(夏)나라 9주의 하나인 연주(兗州).

■ 青齊兗冀謂木細枝曰藭。
■ 慈(慈)母之怒子也。雖折藭笞之。其惠存焉。

[인경고 引經考]

❶『방언(方言)』 본문과 표현이 조금 다르다.

釋, 年小也. 木細枝謂之杪, <言杪梢也.>

江淮陳楚之内謂之筱,<筱小貌也.>

青齊兗冀之間謂之藭,<馬鬉.>

燕之北鄙朝鮮洌水之間謂之策. 故傳曰：慈母之怒子也，雖折藭笞之，其惠存焉.<言教在其中也.>

❷『전(傳)』 1번 참조.

慈母之怒子也，雖折藭笞之，其惠存焉.<言教在其中也.>

0488

## 0488 萎蒣 이 【yí ㅣ^〉】 38
시들 이

| | |
|---|---|
| 艸萎蒣。 | 풀이 시드는 것이다. |
| 《萎蒣疊韵(疊韻)。 | 위(萎)와 이(蒣)는 **첩운(疊韵)**이다. |
| 萎平聲。》 | 는 평상이다. |
| 从艸。 | 초(艸)를 따랐고, |
| 蒣聲。 | 이(蒣)가 성부가 된다. |
| 《弋支切。 | 익지절(弋支切)이다. |
| 古音在 17部。》 | 고음(古音)은 제 9부에 속한다. |

**위**(萎) 시들, 병들, 쇠약할, 땅이름.
**첩**(疊疊疊) 거듭, 포갤, 베이름, 쌓을.

**첩운(疊韵)** | 동몽(童蒙), 당랑(螳螂) 등과 같이 연이은 두 글자 또는 몇 글자의 운이 모두 같은 것. ② 한시에서, 같은 운자를 거듭 쓰는 일.

## 0489 薲蕍 천【yuán ㄩㄢˊ】38

### 초목의 모양 천

艸木形。 초목의 모양이다.

从艸。 초(艸)를 따랐고,

原聲。 원(原)이 성부가 된다.

《愚袁切。14部。》 　우원절(愚袁切)이다. 제 14부에 속한다.

## 0490 茨莢 협【jiá ㄐㄧㄚˊ】38
### 꼬투리 협

艸實。「풀열매」라는 뜻이다.

《『周禮』曰。 『주례(周禮)』❶에 이르기를

墳衍植物宜莢物。 "분연(墳衍)의 식물(植物)은 의당(宜當)히 협물(莢物)들이다."라고 했다.

按莢物兼艸木言。》 생각건대 협물(莢物)은 풀과 나무를 겸해서 말했다.

从艸。 초(艸)를 따랐고,

夾聲。 협(夾)이 성부가 된다.

《古叶切 8部。》 고협절(古叶切)이다. 제 8부에 속한다.

분(墳) 봉분, 무덤.

연(衍) 넘칠, 넓을, 아름다울, 펼, 방자할.

협(叶) 화합할.

**분연(墳衍)** 물가와 평지. <가공언-소(賈公彦-疏)>에 "물가를 분(墳)이라 하고, 평지를 연(衍)이라고 한다."「水涯曰墳. 下平曰衍.」라고 했다.

**의당(宜當)** 정리(情理) 상 마땅히 그러해야 함.

**협물(莢物)** 협과(莢果)가 열리는 식물. 협과(莢果)는 콩과식물 처럼 꼬투리 속에 씨가 열리는 것.

**[인경고 引經考]**

❶『주례(周禮)

以土會之法辨五地之物生:

一曰山林, 其動物宜毛物, 其植物宜早物, 其民毛而方.

二曰川澤, 其動物宜鱗物, 其植物宜膏物, 其民黑而津.

三曰丘陵, 其動物宜羽物, 其植物宜覈物, 其民專而長.

四曰墳衍, 其動物宜介物, 其植物宜莢物, 其民晳而瘠.

　<會, 計也. 以土計貢稅之法, 因別此五者也. 毛物, 貂狐貒貉之屬, 褥毛者也. 鱗物, 魚龍之屬. 津, 潤也. 羽物, 翟雉之屬. 核物, 李梅之屬. 專, 圜也. 介物, 龜鱉之屬, 水居陸生者. 莢物, 薺莢王棘之屬. 晳, 白也. 瘠, 臞也. 臝物, 虎豹貔〈豸禽〉之屬, 淺毛者. 叢物, 萑葦之屬. 豐猶厚也. 庳猶短也. 杜子春讀生爲牲. 鄭司農云: "植物, 根生之屬. 皂物, 柞栗之屬, 今世間謂柞實爲皂鬥. 膏物謂楊柳之屬, 理致且白如膏." 玄謂膏當爲橐字之誤也. 蓮莢之實有橐韜.>

五曰原隰, 其動物宜臝物, 其植物宜叢物, 其民豐肉而庳.

【墳衍】指水邊和低下平坦的土地.

0491 ᵘᵗ芒汒 **망**【máng ㄇㄤˊ】38

0491

까끄라기 망

艸耑(端)也。
《『說文』無鋩(鋩)字。
此卽鋒鋩字也。》
从艸。
亾(亡)聲。
《武方切。10部。》

풀의 끝부분이다.
『설문(說文)』에는 망(鋩)자가 없다.
이것은 곧 **봉망**(鋒鋩)이다.
초(艸)를 따랐고,
망(亾)이 성부가 된다.
무방절(武方切)이다. 제 10부에 속한다.

**망**(鋩) 칼날, 날끝.
**봉**(鋒) 창끝, 칼끝, 사물의 첨단.

**봉망**(鋒鋩) 봉망(鋒芒), 봉망(鏠芒)으로도 쓴다. 도검(刀劍) 등 날카로운 예기(銳器)류의 칼끝.
※ **불로봉망**(不露鋒芒) 속뜻을 감추고 드러내지 않음.
※ **봉망필로**(鋒芒畢露) 속뜻을 드러냄.

[참고] -망(芒)은 풀의 끝부분이다. 보리와 벼의 종자는 모두 껍질에 가느다란 가시가 있다. 그래서 '망종'이라고 부른다(艸耑; 卽草端. 指草端之刺. 麥子和稻穀種子殼上都有細刺, 所以叫芒種).

참고   망[茫汒] 망(鋩)  [망(芒)이 포함된 글자들] +2자

# 0492

## 0492 䕚蕍 유【wěi ㄨㄟˇ】 38
### 대청꽃 유

藍蓼秀。  
从艸。  
蕍聲。  
《羊捶切。  
古音在 17部。  
按蕍與芛字皆切羊捶。

蓋(蓋)卽芛字之異者。  
且當與茉葩芛薙蔈英蓾七字類列。  
此非其次，  
疑後人所沾也。

*람료수*(藍蓼秀)다.  
초(艸)를 따랐고,  
수(蕍)가 성부가 된다.  
양추절(羊捶切)이다.  
고음(古音)은 제 17부에 속한다.  
생각건대 유(蕍)와 순(芛)자가 모두 양추절(羊捶切)이므로  
대체로 순(芛)자의 이체자다.  
이것은 당연히 부파순휴표영이(茉葩芛薙蔈英蓾) 일곱 자와 무리되어 줄세워야 한다.  
여기서 그 차례가 아닌 것은  
아마도 후세 사람들이 덧붙인 것이다.

유(蕍) 대청꽃, 초목의 꽃 피는 모양.  
추(捶) 종아리 칠.  
료(蓼) 여뀌, 나라이름 ▣로:찾을 ▣륙:클 ▣류:서로 끌.  
순(芛) 꽃 변화할, 초목의 꽃 처음 날 ▣술:같은 뜻 ▣율:같은 뜻  
　　▣유:같은 뜻  
부(茉) 질경이, 산이름.  
파(葩) 꽃.  
휴(薙) 노란꽃.  
표(蔈) 능토풀, 갈대꽃.  
이(蓾) 번성할.

**람료수**(藍蓼秀) 람(藍)과 료(蓼) 와 같은 종류의 풀들이 꽃피고 이삭이 튼다.

## 0493 蔕蔕 체【dì ㄉㄧˋ】38
꼭지、꽃받침 체

0493

瓜當也。

『과당(瓜當)』이라는 뜻이다.

《『曲禮』。

『곡례(曲禮)』❶에 이르기를

削瓜、士蔈(蔕)之。

"삭과(削瓜)할 때 사(士)는 꼭지만 뗀다."라고 했다.

『釋木:棗李』曰

『석목:조리(釋木:棗李)』❷에서

蔈之蔈者、蔕之假借字。

"체지체(蔈之蔈)"라고 한 것은 체(蔕)의 가차다.

『聲類』曰。

『성류(聲類)』에 이르기를

蔕、果鼻也。

"체(蔕)는 **과비(果鼻)**다."라고 했다.

瓜當、果鼻正同類。

**과당(瓜當)**과 **과비(果鼻)**는 바로 같은 종류다.

『老子』。

『로자(老子)』❸에 이르기를

深根固柢。

"심근고저(深根固柢)"라고 했다.

「柢」亦作「蔕」。

체(柢)를 또한 체(蔕)로도 쓴다.

『西京賦』。

『서경부(西京賦)』❹에 이르기를

蔕倒茄於藻井。

"체도가어조정(蔕倒茄於藻井)"이라고 했다.

皆假借爲柢字。》

모두 가차하여 체(柢)자로 한 것이다.

从艸。

초(艸)를 따랐고,

帶聲。

대(帶)가 성부가 된다.

《都計切。15部。》

도계절(都計切)이다. 제 15부에 속한다.

**체(蔈)** 꼭지, 발끝 채이다.
**저(柢)** 뿌리,밑 ▣제:같은 뜻.

---

| | |
|---|---|
| **과당**(瓜當) | 과비. 과일의 꼭지. |
| **삭과**(削瓜) | 외를 쪼개는 것. |
| **과비**(果鼻) | 과일의 꼭지. |
| **심근고저**(深根固柢) | 깊이 뿌리가 땅에 뻗어 있어 움직이지 않는 것.《喩》기초와 근본이 **堅實**한 것. 심근고본(深根固本), 심근고체(深根固蔕), 심근고체(深根固蔕). |
| **체도가어조정**(蔕倒茄於藻井) | **도가**(倒茄) 도식하경(倒植荷梗).《문선:장형 < 서경부 >(文選:張衡 < 西京賦 >)》에 "蔕倒茄於藻井, 披紅葩之狎獵."이 있는데 <설종−주(薛綜−注)>에 "가(茄)는 우경(藕莖)이다. [화재를 막는다는 뜻에서 수초인]그 줄기를 조정천장에 거꾸로 매달면 그 꽃은 아래로 펼쳐진다. 많이 겹쳐져 보이게 된다."라고 했다. ※ 압렵(狎獵) 1. 장식이 많은 모양. 2. 중첩해서 겹쳐진 모양(重疊接續貌). 도식(倒殖) 도립(倒立).《문선:장형 < 서경부 >(文選:張衡 < 西京賦 >)》에 "蔕倒茄於藻井"가 있는데 삼국(三國) 오(吳) 나라 설종−주(薛綜−注)에 : "가(茄)는 우경(藕莖:연줄기)다. 이줄기를 조정(藻井)으로 꾸민 천정에 거꾸로 매 달아 놓는다.[以其莖倒殖於藻井]."라고 했다. |
| **조정**(藻井) | |

## 0493

천정에 연줄기를 거꾸로 매달아서 연꽃이 아래로 펴지게 하는 것.

정(井)자 모양으로 짜 맞추어 련(蓮)이나 발의 모양을 그려 넣은 천장. 천화판(天花板) 상의 장식 처리의 일종.

※ **말각조정(抹角藻井)**. 모죽임천장, 귀접이천장 이라고도 한다. 현존하는 일반건물에서는 거의 찾아 볼 수 없는 천장형식이다. 모서리를 점차 줄여나가면서 만든 천장으로 주로 고구려 건축에서 사용했던 것으로 알려져 있다. 고구려 동대자 유적이나 최근 발굴된 국내성 안의 살림집은 거의 평면이 정방형이고 한 변이 10m 정도에 이른다. 벽은 목골조에 흙벽이나 돌 및 벽돌로 만들었을 것으로 추정되는데 지붕은 아마도 목재를 이용한 귀접이천장이었을 것으로 생각된다. 귀접이천장은 인도의 석조로 만든 힌두교나 자이나교 신전에서도 흔하게 나타나는 것으로 만들기에 따라서는 장식이 매우 화려해 궁궐 정전의 보개천장이나 닫집과 같은 느낌을 준다.《삼국사기》옥사조 기록에 따르면 4 두품 이하의 신분에서는 조정(藻井)을 만들지 못하도록 한 것으로 미루어 말각조정인 귀접이천장도 매우 장식성이 강한 천장이었으며 우리나라를 포함한 북방민족과 인도를 잇는 광범위한 문화대에서 사용했던 것으로 추정된다.
<알기쉬운 한국건축 용어사전, 2007. 4. 10., 동녘>

※ **천화판(天花板)** 천정을 편평하게 만들고자 할 때 정자 모양을 여러개 깔아서 격자들을 만들고 격자 사이의 공간에 작은 덮개 조각들을 끼워넣은 것.

**[신경고 引經考]**

❶『곡례曲禮)』<禮記:卷三 曲禮上第一>

爲天子削瓜者副之, 巾以絺. 爲國君者華之, 巾以綌. 爲大夫累之, 士疐之, <不中裂, 橫斷去疐而已. >庶人齕之.

〔疏〕"爲國"至"齕之".

○正義曰: "爲國君者華之, 巾以綌"者, 華謂半破也; 綌, 粗葛也. 諸侯禮降, 故破而不四析也, 亦橫斷. 雖與天子俱無文, 推理亦橫斷, 而巾用粗葛, 覆而進之.

《爾雅》云: "瓜曰華之." 郭璞云: "食啖治擇之名."

○"爲大夫累之"者, 累, 倮也, 不巾覆也. 大夫降於諸侯, 直削而中裂, 橫斷而已, 不巾覆而進之. 知對破而橫斷之者, 鄭云士"不中裂, 橫斷去疐而已", 則知大夫猶中裂而橫斷, 倮而已.

○"士疐之"者, 疐謂脫華處, 士不半破, 但除疐而橫斷, 亦不覆也. 下注庶人云"不橫斷", 則知士橫斷也, 故鄭云"士不中裂, 橫斷去疐而已".

○"庶人齕之"者, 庶人, 府史之屬也, 齕, 齧也.

既注云"不橫斷", 故知去疐而齧之也. 然此削瓜等級不同, 非謂平常之日, 當是公庭大會之時也.

❷『석목:조리(釋木:棗李)』

*0493*

瓜曰華之, 桃曰膽之, 棗李曰寘之, 樝梨曰鑽之.

<皆啖食治擇之名. 樝似梨而酢溜, 見《禮記》.

○華, 胡化切. 寘, 音帝. 鑽, 子官切.>

〔疏〕"瓜曰"至"鑽之".

○釋曰 : 此辨啖食治擇瓜果之名也. 云"瓜曰華之"者, 此爲國君削瓜之禮也. 華, 謂半破也. 降於天子, 故破而不四析也. 亦橫斷之而巾以絺也. 云"桃曰膽之"者, 桃多毛, 拭治去毛, 令色青滑如膽也. 或曰 : 膽, 謂苦桃有苦如膽者, 擇去之. 云 "棗李曰寘之"者, 謂治棗李, 皆去其寘. 寘者, 柢也〔뿌리, 밑〕. 云"樝梨曰鑽之" 者, 恐有蟲, 故一一鑽看其蟲孔也.

○注"皆啖"至"《禮記》".

### ❸『로자(老子)』

治人事天莫若嗇. 夫唯嗇, 是謂早服. 早服, 謂之重積德. 重積德, 則無不克. 無不克, 則莫知其極. 莫知其極, 可以有國. 有國之母, 可以長久. 是謂深根固柢, 長生久視之道.

### ❹『서경부(西京賦)』

結芬橑以相接; 蒂倒茄於藻井, 披紅葩之狎獵.

<茄, 藕莖也. 以其莖倒殖於藻井, 其華下向反披. 狎獵, 重接貌, 藻井, 當棟中, 交木方爲之如井幹也.

善曰 : 聲類曰 : 蒂, 果鼻也, 蒂音帝.

孔安國《尚書傳》曰 : 藻, 水草之有文者也.

《風俗通》曰 : 今殿作天井. 井者, 東井之像也. 菱, 水中之物, 皆所以厭火也.

《說文》曰 : 葩, 華也.>

0494

## 0494 荄 해【gāi 《万-】 38

풀뿌리 해

艸根也。

《見『釋艸』及『方言』。

郭曰。

今俗謂韭根爲荄。》

从艸。

亥聲。

《古哀切。1部。》

[신경고 引經考]

풀뿌리다.

『석초(釋艸)』❶와 『방언(方言)』❷을 보라.

"곽박(郭)이 이르기를

지금 민간에서는 부추뿌리를 해(荄)라고 한다."라고 했다.

초(艸)를 따랐고,

해(亥)가 성부가 된다.

고애절(古哀切)이다. 제 1부에 속한다.

### ❶『석초(釋艸)』와

荄, 艸根.

&lt;別二名, 俗呼韭根爲荄.&gt;

〔疏〕"荄, 根".

○釋曰 : 凡草根, 一名荄.

郭云 : "別二名, 俗呼韭根爲荄." 此舉一隅也.

### ❷『방언(方言)』

荄, 杜, 根也. &lt;今俗名韭根為荄, 音陔.&gt; 東齊曰杜, 或曰茇.

&lt;詩曰徹彼桑杜是也.&gt;

## 0495 𦼫蒬 운【yún ㄙㄣˊ】38

（연뿌리、죽순 등）먹을 수 있는 뿌리 운

茇也。 「풀뿌리」라는 뜻이다.

茅根也。 **모근**(茅根)이다.

《蒬見『釋艸』。 운(蒬)은 『석초(釋艸)』❶를 보라.

蒬者、茇也。 "운(蒬)은 발(茇)이고,

茇者、艸根也文相承。 발(茇)은 풀의 뿌리다."라고 문(文)이 서로 이어받았다.

顧廣圻曰 고광은(顧廣圻)이 이르기를

依許君所說。 "허군(許君)이 설명한 것을 근거로 한 것이다."라고 했다.

是『爾雅』本云 이것은 『이아(爾雅)』❷가 본래는

蒬、茇、荄根。 "운(蒬)과 발(茇)과 해(荄)는 풀뿌리다."라고 한 것을

郭誤茇爲荄。 곽박(茅根)이 발(茇)을 교(荄)로 착각한 것인데,

遂以蒬荄爲一義。 끝내는 운(蒬)과 교(荄)를 같은 뜻으로 하고,

荄根爲一義。 해(荄)와 뿌리를 같은 뜻으로 여긴 것이다.

茅根也之上當有一曰二字。 「모근야(茅根也)」세 글자 앞에 마땅히 「일왈(一曰)」두 글자가 있어야 한다.

此別一義。 이것은 별도의 한가지 뜻이다.

以蒬專屬茅根也。》 운(蒬)을 오로지 **모근**(茅根)의 무리만 뜻하는 것으로 했다.

从艸。 초(艸)를 따랐고,

均聲。 균(均)이 성부가 된다.

《于敏切。12部。》 고애절(古哀切)이다. 제 1부에 속한다.

---

**발**(茇) 풀뿌리, 풀이름, 풀집(草舍) ▣**패**:흰 꽃 피는 능토풀

　▣**불**:동아줄.

**해**(荄) 풀뿌리 ▣**개**:속음.

**교**(荄) 마른 꼴, 풀이름, 당귀.

---

**모근**(茅根) 띠의 뿌리. 모근(白茅根). 지혈제로 쓴다.

---

**[신경고 引經考]** ❶『석초(釋艸)』 본문과 다르다.

蒬, 茇.

<今江東呼藕紹緒如指, 空中可啖者爲茇茇, 即此類. ○蒬, 於閔切. 茇, 胡巧切.>

〔疏〕"蒬, 茇". ○釋曰: 蒬, 一名茇, 謂草根可食者也. 亦筍類也, 非一種. 故郭氏

舉類以曉人云"今江東呼藕紹緒如指, 空中可食者爲茇茇, 即此類" 是也.

❷『이아(爾雅)』 위의 <석초>를 말한다.

茇, 根. <別二名, 俗呼韭根爲茇.> 〔疏〕"茇, 根". ○釋曰: 凡草根, 一名茇. 郭云:

"別二名, 俗呼韭根爲茇."此舉一隅也.

## 0496 茇 발【bá ㄅㄚˊ】 38

풀뿌리、노숙할 발

艸根也。 풀뿌리다.

从艸。 초(艸)를 따랐고,

犮聲。 발(犮)이 성부가 된다.

《北末切。15部。》 북말절(北末切)이다. 제 15부에 속한다.

春艸根枯。 춘초근고(春艸根枯)는.

引之而發土爲撥。 뻗어나서 흙을 뚫고 피어난다.

故謂之茇。 그래서 발(茇)이라고 한다.

《此申明艸根爲茇之義也。 이것은 풀뿌리가 발(茇)의 뜻이라는 것을 펼쳐 밝힌 것이다.

氾勝之書曰。 『범승지서(氾勝之書)』❶에 이르기를

春土長冒橛。 "봄에 밭을 일구어 말뚝을 박아 땅 살펴서

陳根可拔。 묵은 뿌리를 뽑아낼 수가 있어서 농부들이 급히 뽑아낸다."라고 했다.

耕者急發。

『攷工記:注』曰。 『고공기:주(攷工記:注)』❷에 이르기를

〈土曰伐。 "밭에 고랑을 파는 것을 벌(伐)이라고 하는데

伐之言發也。 벌(伐)이 말하는 것은 드러낸다는 것이다."라고 했다.

『詩:駿發爾私:箋』云。 『시:준발이사:전(詩:駿發爾私:箋)』❸에 이르기를

發、伐也。 "발(發)은 벌(伐)이다."라고 했다.

『周語:王耕一墢:注』。 『주어:왕경일발주(周語:王耕一墢:注)』❹에 이르기를

一墢、一耦之發也。 "일발(一墢)은 일우(一耦)의 발(發)이다."라고 했다.

引之而發土者、 「인지이발토(引之而發土)」는

謂柏藉陳根。 쟁기로 진근(陳根:묵은 뿌리)을 갈아엎는 것을 말한다.

土易解散。 흙이 흐트러지기 쉬워서

其耕澤澤也。 밭갈이가 택택(澤澤)하다

爲撥之撥卽『攷工記』之伐。 발지(撥之)의 발(撥)은 『고공기(攷工記)』의 벌(伐)이다.

『國語』之墢、『說文:土部』之坺、 『국어(國語)』❺의 발(墢)과 『설문:토부(說文:土部)』의 발(坺),

今韵(韻)書之垡、實一字也。 그리고 지금 운서(韻書)들의 벌(垡)은 실지로는 한 글자다.

其連根之土曰坺。 그 뿌리와 련접(連接)한 흙을 발(坺)이라고 한다.

引伸爲詩禮艸舍之茇。》 뜻이 늘어나서 시례(詩禮) 초사(艸舍)의 발(茇)이 된 것이다.

一曰艸之白華爲茇。 혹은 풀의 흰 꽃을 발(茇)이라고도 했다.

《見『釋艸』。 『석초(釋艸)』❻를 보라.

郭連上文謂苔之白華。 곽박(郭)은 앞의 문장을 이어받아서 초(苔)의 백화(白華)라고

許泛言艸。》 말한 것이다.

---

궐(橛) 말뚝, 그루터기, 재갈.

견(〱) 도랑,

**벌**(伐) 칠, 아름다울, 자랑할.

**우**(耦) 두 사람이 어깨를 나란히 하고 밭을 갈다, 두 사람이 한 조가 되다, 짝수

**발**(發) 활 쏠,

**이**(枱) 쟁기.

**자**(藉) 깔, 깔개, 빌릴 ▣적:적전, 어수선한 모양, 밟을

**발**(坺) 파 일굴.

**발**(墢) 논밭을 갈아 엎다, 식물의 뿌리를 감싸고 있는 흙덩이.

**벌**(垡) 일굴,

**초**(茗) 완두, 릉토풀.

**석**(澤) 풀(解散) ▣택:못, 늪, 덕택, 세탁할 ▣탁:별이름 ▣역:전국술.

| | |
|---|---|
| **춘초근고**(春艸根枯) | 봄이되면 묵은 풀의 뿌리가 말라 시듬[開春之草, 宿草根枯]. |
| **토장모궐**(土長冒橜) | 밭을 만들고 말뚝을 박음. |
| **토장**(土長) | ① 땅이 형성됨. ② 땅이 부풀어 오르거나 지면이 높아짐. ③ 그 지역에서 자람. ④ 그 지방의 우두머리. |
| **모궐**(冒橜) | 봄이면 땅을 일구어 밭을 만들고 땅의 기운을 살피는데 말뚝에 싹이트면 농사를 시작한다. |
| **일발**(一墢) | 쟁기로 한번 갈아엎은 것(一墢, 一枱之發也). |
| **일우**(一耦) | 두 사람이 어깨를 나란히 하고 가는 밭이랑의 너비. |
| **진근**(陳根) | 묵은 뿌리, 겨울에 죽지 않고 해를 넘기는 풀. |
| **석석**(澤澤) | 풀이 흩어지는 모양. |
| **련접**(連接) | 서로 잇닿아 이어져 있음. |
| **초사**(艸舍) | 풀밭에서 노숙함. 초가집. <시:소남:감당(詩·召南·甘棠)>에 "召伯所茇."을 정현의 전(箋)에서 "茇, 草舍也"라고 했다. |

**[인경고 引經考]**

❶『범승지서(氾勝之書)』<卷上 耕田篇> 본문과 차이가 있다.

春, 地氣通, 可耕堅硬強地. 黑壚土輒平摩其塊以生草, 草生復耕之. 天有小雨, 復耕和之, 勿令有塊, 以待時, 所謂強土而弱之也. 春候地氣始通, 椓橛木根尺二寸, 埋尺見其二寸. 立春後土塊散, 上沒橛, 陳根可拔, 此時二十日以後, 和氣即土剛, 以此時耕, 一而當四.

❷『고공기:주(攷工記:注)』 본문은 견토(〈土)로 되어 있다.

耜廣五寸, 二耜爲耦. 一耦之伐, 廣尺, 深尺, 謂之甽. 田首倍之, 廣二尺, 深二尺, 謂之遂.

<古者耜一金, 兩人並發之. 其壟中曰甽, 甽上曰伐. 伐之言發也. 甽, 畎也. 今之

**0496**

耟, 岐頭兩金, 象古之耦也. 田, 一夫之所佃百畞, 方百步地. 遂者, 夫間小溝, 遂
上亦有徑.>

### ❸『시:쥰발이사:전(詩:駿發爾私:箋)』<周頌:臣工之什:噫嘻>

噫嘻成王, 旣昭假爾. 率時農夫, 播厥百穀. 駿發爾私, 終三十里. 亦服爾
耕, 十千維耦.

<私, 民田也. 言上欲富其民而讓於下, 欲民之大發其私田耳. 終三十裏, 言各極其
望也. 箋云 : 駿, 疾也. 發, 伐也. 亦, 大服事也. 使民疾耕, 發其私田, 竟三十裏
者, 一部一吏主之, 於是民大事耕其私田, 萬耦同時擧也.《周禮》曰 : "凡治野田,
夫間有遂, 遂上有徑 ; 十夫有溝, 溝上有畛 ; 百夫有洫, 洫上有塗 ; 千夫有氵會,
氵會上有道 ; 萬夫有川, 川上有路." 計此萬夫之地, 方三十三裏少半裏也. 耜廣五
寸, 二耜爲耦. 一川之間萬夫, 故有萬耦. 耕言三十裏者, 擧其成數.>

### ❹『주어:왕경일발:주(周語:王耕一墢:注)』

先時五日, 瞽告有協風至, 王卽齋宮 百官禦事, 各卽其齋三日. 王乃淳濯
饗醴, 及期, 鬱人薦鬯, 犧人薦醴, 王祼鬯, 饗醴乃行, 百吏, 庶民畢從.
及籍, 後稷監之, 膳夫, 農正陳籍禮, 大史贊王, 王敬從之. 王耕一墢.<缽,
伐二音.  案 : 公序本作「一墢, 一耜之墢也. 王無藉, 以一耜耕. >, 班三之, <班, 次
也. 王耕一墢, 一藕之發也. 耜廣五寸, 二耜爲藕, 一藕之發, 廣尺深尺. 三之, 下各三
其上也. 王一墢, 公三, 卿九, 大夫二十七也. 案 : 「王耕一墢, 一藕之發也. 耜廣五
寸, 二耜爲藕, 一藕之發, 廣尺深尺」二十五字, 公序本無.>

### ❺『국어(國語)』 4번 참조.

<班, 次也. 王耕一墢, 一藕之發也. 耜廣五寸, 二耜爲藕, 一藕之發, 廣尺深尺. 三
之, 下各三其上也. 王一墢, 公三, 卿九, 大夫二十七也. 案 : 「王耕一墢, 一藕之發
也. 耜廣五寸, 二耜爲藕, 一藕之發, 廣尺深尺」二十五字, 公序本無.>

### ❻『설문:토부(說文:土部)』

坺【8626】坺土也. 坺字各本無. 今補. 厽下曰. 絫坺土爲牆壁. 凡初出於田
爲坺土. 稍治之乃爲由. 一臿土謂之坺. 一下各本有日字. ………

### ❼『석초(釋艸)』

蔫, 小葉.<未聞.> 苀, 陵苕.<一名陵時,《本草》云.> 黃華, 蔈 ; 白華, 茇.
<苀, 華色異名亦不同. ○蔫, 音軏. 苀, 音調. 蔈, 音標. 茇, 音沛.>

〔疏〕"苀陵"至"華茇". ○釋曰 : 苀, 一名陵苕.《本草》一名陵時. 舍人曰 : "苀, 陵
苀也. 黃華名蔈, 白華名茇, 別華色之名也." 陸機《疏》云 : 一名鼠尾, 生下濕水中,
七八月中華紫, 似今紫草, 可染皂, 煮以沐髮卽黑.《詩:小雅》云 : "苕之華, 芸其黃
矣." 鄭箋云 : "陵苀之華, 紫赤而繁." 陸機亦言其華紫色. 而此云黃白者, 蓋就紫
色之中有黃紫, 白紫爾. 及其將落, 則全變爲黃, 故《詩》云"芸其黃矣". 毛傳云"將
落則黃"是也.

## 0497　䒦芃　봉【péng ㄆㄥˊ】 38
### (초목이)무성할 봉

| | |
|---|---|
| 艸盛皃(貌)。 | 풀이 무성한 모양이다. |
| 《皃字依『韵(韻)會』。 | 모(皃)자는 『운회(韵會)』를 근거로 보충했다. |
| 『鄘風』。 | 『용풍(鄘風)』❶에 |
| 芃芃其麥。 | "봉봉기맥(芃芃其麥)"이라고 했다. |
| 毛曰。 | 모(毛)가 이르기를 |
| 芃芃然方盛長。》 | "무성하게 바야흐로 **성장(盛長)**한다."라고 했다. |
| 从艸。 | 초(艸)를 따랐고, |
| 凡聲。 | 범(凡)이 성부가 된다. |
| 《房戎切。 | 방융절(房戎切)이다. |
| 古音在 7部。 | 고음은 제 15부에 속한다. |
| 『衞(衛)彈碑』。 | 『위탄비(衞彈碑)』❷에 |
| 梵梵黍稷。 | "범범서직(梵梵黍稷)"이라고 했다. |
| 隷變從林。 | **례변(隷變)**에서 림(林)을 따랐다. |
| 而『葛洪-字苑』始有梵字。 | 『갈홍-자원(葛洪-字苑)』❸에서 처음 범(梵)자를 썼다. |
| 潔也。凡泛切。》 | 깨끗하다는 뜻이다. 범범절(凡泛切)이다. |
| 『詩』曰。 | 『시(詩)』에 이르기를 |
| 芃芃黍苗。 | "봉봉서묘(芃芃黍苗)"라고 했다. |
| 《『曹風傳』曰。 | 『조풍:전(曹風:傳)』❹에 이르기를 |
| 美皃。 | "아름다운 모양이다."라고 했다. |
| 『小雅傳』曰。 | 『소아:전(小雅:傳)』❺에 이르기를 |
| 長大皃。》 | "크고 긴 모양이다."라고 했다. |

용(鄘) 나라이름, 땅이름.
모(皃) 모양 모(貌)의 옛 글자.

| | |
|---|---|
| **봉봉**(芃芃) | 식물이 무성한 모양. ①草木이 무성한 모양. 곡식이 잘 자라는 모양. ②꼬리가 긴 모양. 《시:용풍:재치(詩:鄘風:載馳)》에 "我行其野, 芃芃其麥."가 있다. 모-전(毛-傳)에서 "보리가 왕성하게 잘 자라는 것이다."라고 했다. |
| **봉봉기맥**(芃芃其麥) | 《시:용풍:재치(詩:鄘風:載馳)》에 "我行其野, 芃芃其麥."가 있다. 모전(毛傳)에서 "보리가 왕성하게 잘 자라는 것이다."라고 했다. |
| **성장**(盛長) | 무성하게 자람. |
| **범범**(梵梵) | 식물이 무성한 모양. |
| **범범서직**(梵梵黍稷) | 무성한 서직. |
| **례변**(隷變) | 진(秦) 나라는 통일 후 곧바로 문자와 도량형을 통일했다. 이때 최초로 중국의 통일문자로 사용된 것이 리사(李斯)가 만들었다는 전서(篆書)였다. 자체가 장엄하여 |

**0497**

권위는 있었으나 필획이 번거로워서 쓰기가 어려웠다. 이 무렵 진시황릉의 건축과 만리장성, 아방궁 등 대규모토목 공사가 벌어지고 있었는데 여기에는 적국의 포로와 국내에서 양산된 죄수들이 주로 동원되었다. 이들 죄수를 신속히 심사하여 적소로 파견하려면 좀더 쉽게 쓸 수 있는 글씨가 필요해졌다. 이에 진시황이 죄수들과 관련된 문서에 약식으로 사용하던 례서(隷書)의 사용을 공식적으로 인정하기에 이르렀는데 복잡한 전서(篆書)의 필획을 많이 생략하여 례서(隷書)를 만들었다. 이 변화를 례변(隷變)이라고 한다. 후에 이렇게 생략된 사실을 모르는 사람들이 함부로 자원(字源)을 억측해서 나중에는 기본적인 뜻마져 흔들릴 지경에 이르렀을 때 후한(後漢)의 허신(許愼)이 경전의 올바른 이해를 위한 기본작업으로 만든 것이 <설문해자(說文解字)>다.

[**인경고 引經考**]

❶『용풍(鄘風)』 〈鄘風:載馳〉

載馳載驅, 歸唁衛侯. 驅馬悠悠, 言至于漕. 大夫跋涉, 我心則憂.
旣不我嘉, 不能旋反. 視爾不臧, 我思不遠.
旣不我嘉, 不能旋濟. 視爾不臧, 我思不閟.
陟彼阿丘, 言采其蝱. 女子善懷, 亦各有行. 許人尤之, 衆穉且狂.
我行其野, 芃芃其麥. 控于大邦, 誰因誰極.
大夫君子, 無我有尤. 百爾所思, 不如我所之.

<原行衛之野, 麥芃芃然方盛長.
箋云 : 麥芃芃者, 言未收刈, 民將困也.>

❷『위탄비(衛彈碑)』

厥.

❸『갈홍-자원(葛洪-字苑)』

厥.

❹『조풍:전(曹風:傳)』 〈曹風:下泉〉

洌彼下泉, 浸彼苞稂. 愾我寤嘆, 念彼周京.
洌彼下泉, 浸彼苞蕭. 愾我寤嘆, 念彼京周.
洌彼下泉, 浸彼苞蓍. 愾我寤嘆, 念彼京師.
芃芃黍苗, 陰雨膏之. 四國有王, 郇伯勞之. <芃芃, 美貌.>

❺『소아:전(小雅:傳)』 〈小雅:魚藻之什:黍苗〉

芃芃黍苗, 陰雨膏之. 悠悠南行, 召伯勞之. <興也. 芃芃, 長大貌. ……>
我任我輦, 我車我牛. 我行旣集, 蓋云歸哉.
我徒我御, 我師我旅. 我行旣集, 蓋云歸處.
肅肅謝功, 召伯營之. 烈烈征師, 召伯成之.
原隰旣平, 泉流旣淸. 召伯有成, 王心則寧.

# 0498 薄 敷 부【fù ㄈㄨˋ】38

꽃잎이 펴질 부

0498

華葉布也。 꽃잎이 펴진다는 뜻이다.

《與尃敷字義通。 부(尃)자, 부(敷)와 뜻이 통한다.

從艸、故訓華葉布。》 초(艸)를 따랐다. 그래서 풀이가 꽃잎이 펴진다는 것이다.

从艸。 초(艸)를 따랐고,

尃聲。 부(尃)가 성부가 된다.

讀若傅。 부(傅)자처럼 읽는다.

《方遇切。5部。》 방우절(房遇切)이다. 제 5부에 속한다.

---

**부(尃)** 펼 부(敷)와 같은 글자.

**부(敷)** 펼, 베풀, 넓을, 나눌.

**부(傅)** 스승, 붙일, 성씨, 가까울.

| | |
|---|---|
| 艸木不生也。 | 「초목(艸木)이 나지 않는다」는 뜻이다. |
| 《䔾之言蟄也。 | 녑(䔾)이 말하려는 것은 칩(蟄)이다. |
| 與薄反對成文。 | 부(薄)와 더불어 반대의 뜻으로 문(文)을 이룬다. |
| 『玉篇』云 | 『옥편(玉篇)』에서는 |
| 艸木生兒。 | "풀이 나는 모양이다."라고 했다. |
| 未知孰(孰)是 》 | 누가 옳은 지는 알 수 없다. |
| 一曰茅根。 | 혹은 **모근(茅根)**이라고도 한다. |
| 《此別一義也。》 | 이것은 별도의 한가지 뜻이다. |
| 从艸。 | 초(艸)를 따랐고, |
| 䡄(執)聲。 | 집(䡄)이 성부가 된다. |
| 《姊(姊)入切。7部。》 | 자입절(姊入切)이다. 제 7부에 속한다. |

**녑**(䔾) 풀이 나지 않은 모양 ▣**집**:풀이 많이 난 모양, 띠싹 ▣**국**:국화
**부**(薄) 꽃잎이 펴지다. ※ <명문 한한 대자전>에서는 :꽃잎을 깔"로
되어있다.

| | |
|---|---|
| **모근(茅根)** | 띠뿌리. 백모근(白茅根). |

## 0500　犿狳　은【yín ㅣㄣˊ】39　0500
### 풀 더부룩한 모양 은

艸多皃(貌)。　「풀이 더부룩한 모양」이다.
从艸。　초(艸)를 따랐고,
狳聲。　은(狳)이 성부가 된다.
《語斤切。13部。》　어근절(語斤切)이다. 제 13부에 속한다.
江夏平春　강하(江夏)의 **평춘**(平春)에
《見『郡國志』。》　『군국지(郡國志)』❶를 보라.
有犿亭。　은정(犿亭)이 있다.
《凡云有某亭有某縣者、　대체로 어떤 **정**(亭)나 어떤 현(縣)이 있었다고 말하는 것은
皆證其字形。　모두 그 글자의 자형을 증명하려는 것이다.
不必名縣名亭取字義也。　현(縣)이나 정(亭)의 이름으로 글자의 뜻을 취할 필요는 없다.
『今-說文:艸部』末有菰篆。　『금-설문:초부(今-說文:艸部)』의 끝에 고(菰)자가 있는데
訓釋十四字全同。　열 넉자의 뜻 풀이가 모두 같다.
此因犿誤爲菰。　이것은 은(犿)을 호(菰)로 잘못 알았기 때문이다.
或妄(妄)附之部末也》　간혹 끝부분에 붙이기도 했다.

　고(菰) 풀 우거진 모양, 땅이름.
　은(狳) 개짖는 소리 ■애:개가 물려고 할.

**강하**(江夏)　① 군이름. 여러 시대에 여러 곳에 설치되었다. ② 장강과 하수.
**평춘**(平春)　현 하남(河南) 신양(新陽). 1. 중춘(仲春). 2. 평춘현(平春縣) 옛 성은 하남성(河南省) 신양현(信陽縣) 북서쪽에 있었다.

**은정**(犿亭)　평춘현(平春縣)에 있었다는 정자 이름.
**정**(亭)　진·한(秦漢) 때의 행정단위. 10리마다 1정(亭)이 있었다. 10정(亭)을 1향(鄉)이라고도 했다.

**[인경고 引經考]**　❶『군국지(郡國志)』 江夏郡 鄂縣
平春侯國.

## 0501 茂 무 【mào ㄇㄠˋ】 39
### 우거질、성할 무

艸木盛兒(貌)。 「초목이 무성하다」는 뜻이다.

《依『韵會(韻會)』訂。 『운회(韻會)』를 근거로 고쳤다.

茂之引伸借爲懋勉字。》 무(茂)의 뜻이 늘어나서 **무면**(懋勉)자로 쓴다.

从艸。 초(艸)를 따랐고,

戊聲。 무(戊)가 성부가 된다.

《莫候(候)切。 막후절(莫候切)이다.

古音在 3部》 고음(古音)은 제 13부에 속한다.


**무**(懋) 힘쓸, 노력할, 성대할.


**무면**(懋勉) | 힘써 노력하다.

## 0502 蕫暢 창【chàng 行ㄤˋ】39
### 풀 무성할 창

艸茂也。

《『孟子』、『史記』艸木暘茂字皆作暘。

俗又作暢。》

从艸

暘聲

《丑亮切。10部。》

풀이 무성한 것이다.

『맹자(孟子)』❶와 『사기(史記)』❷에서 초목(艸木)이 무성한 것은 모두 창(暘)자를 썼다.

민간에서는 또 창(暢)자를 썼다.

초(艸)를 따랐고,

창(暘)이 성부가 된다.

축량절(丑亮切)이다. 제 10부에 속한다.

**창(暘)** 곡식나지 않을 ▣**장**:밭에 곡식 나지 않을.

**창(暢)** 통할, 사모칠, 가득 찰, 동짓달, 화창할.

[신경고 引經考]

❶『맹자(孟子)』와

當堯之時, 天下猶未平, 洪水橫流, 氾濫於天下, 草木暢茂, 禽獸繁殖, 五穀不登, 禽獸偪人, 獸蹄鳥跡之道交於中國. 堯獨憂之, 舉舜而敷治焉.

&lt;暢茂, 長盛也.&gt;

❷『사기(史記)』 &lt;史記:司馬相如列傳第五十七&gt;

留落胥餘, 仁頻並閭, 欃檀木蘭, 豫章女貞, 長千仞, 大連抱, 誇條直暢, 實葉葰茂, 攢立叢倚, 連卷累佹, ………

上暢九垓, 下溯八埏.

&lt;漢書音義曰"暢, 達&gt;

[秦始皇本紀第六] 維二十九年, 皇帝春遊, 覽省遠方. 逮於海隅, 遂登之罘, 昭臨朝陽. 觀望廣麗, 從臣咸念, 原道至明. 聖法初興, 清理疆內, 外誅暴彊. 武威旁暢, 振動四極, 禽滅六王. 闡並天下, 甾害絕息, 永偃戎兵. 皇帝明德, 經理宇內, 視聽不怠.

[樂書第二] 四暢交於中而發作於外,

&lt;暢, 通也&gt;

# 0503

## 0503 䕃蔭 음【yìn ㅣㄣˋ】39
### 그늘、해그림자 음

艸陰地。
「초목에 덮혀서 생긴 그늘」이다.

《『左氏傳』曰。
『좌씨:전(左氏:傳)』❶에 이르기를

若去枝葉。
"만약에 줄기와 잎을 없애버리면

則本根無所庇蔭矣。
밑둥과 뿌리는 덮어가릴 수가 없다."라고 했다.

『楚語』。
『초어(楚語)』❷에 이르기를

玉足以庇蔭嘉穀。
"옥(玉)은 충분히 가곡(嘉穀)을 덮어 가릴 수 있다."라고 했다.

引伸爲凡覆庇之義也。
뜻이 늘어져서 모든 덮어가리는 것을 뜻하게 되었다.

『釋言』曰。
『석언(釋言)』❸에 이르기를

庇茠蔭也。
"비휴음(庇茠蔭)이다."라고 했다.

『說文』曰。
『설문(說文)』에 이르기를

庇、蔭也。
"비(庇)는 그늘이다.

休、止息也。
휴(休)는 머물러 쉬는 것이다."라고 했다.

从艸陰。
초(艸)와 음(陰)을 따랐다.

《依『韵(韻)會』無聲字。
『운회(韵會)』에 의하면 성(聲)자가 없다.

此以會(會)意包形聲。
이것은 회의(會意)로 형성(形聲)을 포함하는 것이다.

於禁切 7部。
어금절(於禁切)이다. 제 7부에 속한다.

『詩』桑柔以陰爲蔭。》
『시(詩)』에서는 상유이음(桑柔以陰)을 음(蔭)으로 했다.

휴(茠) 덮을, 그늘질 ▣호:김 맬.

비(庇) 덮을, 가릴, 숨길.

---

가곡(嘉穀) ① 좋은 곡식이라는 뜻으로 벼(禾)를 가리킴. ② 조(粟) 또는 5곡의 총칭. ※ 진한(秦漢) 이전에는 속(粟)이 곡식을 총칭하는 말이었다. 여기에는 서(黍), 직(稷), 량(粱) 등이 모두 포함되었다. 한(漢) 이후 이삭이 크고, 털이 길고, 알이 굵은 것을 량(粱)이라 하고, 이삭이 크고, 털이 짧고, 알이 작은 것을 속(粟)이라고 부르기 시작했다.

비음(庇蔭) ① 옹호하여 도움. ② 덮어 가림. ③ 차양(遮陽)의 그늘.

비휴음(庇茠蔭) 비(庇), 휴(口)는 음(蔭)이다.

---

[인경고 引經考]

❶『좌씨:전(左氏:傳)』<文公:七年>

夏四月, 宋成公卒. 於是公子成爲右師, 公孫友爲左師, 樂豫爲司馬, 鱗矔爲司徒, 公子蕩爲司城, 華御事爲司寇. 昭公將去羣公子, 樂豫曰, "不可. 公族, 公室之枝葉也; 若去之, 則本根無所庇蔭矣. 葛藟猶能庇其本根, 故君子以爲比, 況國君乎? 此諺所謂'庇焉而縱尋斧焉'者也. 必不可. 君其圖之!

0503

❷『초어(楚語)』

圉聞國之寶六而已. 明王聖人能制議百物, 以輔相國家, 則寶之 ; 玉足以庇廕嘉穀, <玉, 祭祀之玉.> 使無水旱之災, 則寶之 ; 龜足以憲臧否, 則寶之 ; 珠足以禦火災, 則寶之 ; 金足以禦兵亂, 則寶之 ; 山林藪澤足以備財用, 則寶之. 若夫譁囂之美, 楚雖蠻夷, 不能寶也."

❸『석언(釋言)』

庇, 庥, 蔭也.

<今俗語呼樹蔭爲庥.>

[疏]"庇, 庥, 蔭也".

○釋曰 : 舍人曰 : "庇, 蔽也. 庥, 依止也."

郭云 : "今俗語呼樹蔭爲庥."

又七年《左傳》云 : "葛藟猶能庇其本根."

[참고] <순자·권학편>

나무가 그늘을 만들면 뭇새들이 날아와 쉰다.

[物類之起, 必有所始. 榮辱之來, 必象其德. 肉腐出蟲, 魚枯生蠹. 怠慢忘身, 禍災乃作. 強自取柱, 柔自取束. 邪穢在身, 怨之所構. 施薪若一, 火就燥也, 平地若一, 水就溼也. 草木疇生, 禽獸群焉, 物各從其類也. 是故質的張, 而弓矢至焉 ; 林木茂, 而斧斤至焉 ; 樹成蔭, 而眾鳥息焉. 醯酸, 而蚋聚焉. 故言有招禍也, 行有招辱也, 君子慎其所立乎! ].

## 0504

### 0504 䓹蒫 추【chòu 仟ㄡˋ】 39
풀모양, 뿌리 얽힐 추

艸皃(貌)。 「풀모양」이다.

从艸。 초(艸)를 따랐고,

造聲。 조(造)가 성부가 된다.

《初救切。3部。 초구절(初救切)이다. 제 3부에 속한다.

玉裁按。 단옥재(段玉裁)가 생각건대

『左氏傳』。 『좌씨:전(左氏:傳)』❶에 이르기를

僖子使助蒫氏之箊。 "희자(僖子)가 원씨(蒫氏)의 첩을 돕게 했다."라고 했다.

『杜注』 『두-주(杜-注)』❷에 이르기를

箊、副偋也。 "추(箊)는 부쉬(副偋:첩)이다."라고 했다.

釋文曰 석문(釋文)에 이르기를

『說文』箊從艸。 "『설문(說文)』의 추(箊)는 초(艸)를 따랐다.

『五經文字:艸部』曰 『5경문자:초부(五經文字:艸部)』❸에 이르기를

蒫、偋也。 '추(蒫)는 쉬(偋)다.'라고 했다.

『春秋傳』從竹。 『춘추전(春秋傳)』❹은 죽(竹)을 따랐다.

攷『李善-注:長笛賦』箊弄曰。 『리선-주:장적부(李善-注:長笛賦)』❺의 추롱(箊弄)에 이르기를

『說文』箊偋字如此。 '『설문(說文)』의 추쉬(箊偋)자를 이와 같이 썼다.'라고 했다.

『注:江淹詩』步檑箊瑲弁曰。 『주:강엄:시(注:江淹:詩)』❻에 이르기를

『說文』箊襍字如此。 "『설문(說文)』의 추잡(箊襍)자를 이와 같이 썼다."라고 했다.

然則『左傳』、『文選』從竹之箊。 그러므로 『좌전(左傳)』❼과 『문선(文選)』❽의 죽(竹)을 따른 추(箊)자는 모두 초(艸)를 따른 추(蒫)자가 잘못된 것이다.

皆從艸之蒫之譌。

而『說文』艸皃(貌)之下。 또 『설문(說文)』의 「초모(艸皃)」 뒤에는

本有「一曰蒫襍也」五字。 본래 「일왈추잡야(一曰蒫襍也)」 다섯 자가 더 있었다.

今人言集。 지금 사람들은 집(集)자를 많이 쓰지만

漢人多言襍。 한(漢)나라 사람들은 잡(襍)자를 많이 썼다.

「偋」『周禮』作「萃」、作「偋」。 졸(偋)을 『주례(周禮)』❾에서는 췌(萃), 쉬(偋)로 썼다.

亦湊集意也。 역시 모여든다는 뜻이다.

小徐注蒫字云。 『소서-주(小徐-注)』의 추(蒫)자에서 이르기를

艸相次也。 "풀이 차례대로 줄 선 모양이다."라고 했다.

葢(蓋)識此意。》 대체로 이 뜻으로 인식한 것이다.

원(蒫) 애기풀, 원지.

쉬(偋) 백사람, 버금.

염(檑) 평고대, 처마, 처마 기슭, 섬돌.

잡(襍) 섞일.

*0504*

추(箋) 다음, 버금, 시중드는 사람, 수레에 따라가는 수레, 가지런할, 작은 음곡.

**부쉬**(副倅) ① 첩 ② 경대부의 아들 ③ 첨부해서 바치는 물품

**추롱**(箋弄) 소곡(小曲). 일설에는 잡곡(雜曲).《문선:마융<장적부>(文選:馬融<長笛賦>)》에 "聽箋弄者遙思於古昔."가 있는데 <리선-주(李善-注)>.에서 "추롱(箋弄)은 대개 소곡(小曲)이다."라고 했다. <리주한-주(李周翰-注)>에서 "추(箋)는 잡(雜)이고, 롱(弄)은 곡(曲)이다.잡곡을 듣는다고 말하는 것은 옛 사람을 생각한다는 말이다."라고 했다.

**추쉬**(箋倅) <中國哲學書電子化計劃>에 "箋倅, 一曰齊也."라고 했다.

**추잡**(箋襍) [인경고] 6번에 따르면 추(箋)는 잡(襍), '섞이다' 이다.

## [인경고 引經考]

**❶『좌씨:전(左氏:傳)』<昭:十一年>**

盟於清丘之社, 曰: "有子, 無相棄也." 僖子使助蓬氏之箋.

<箋, 副倅也. 蓬氏之女爲僖子副妾, 別居在外, 故僖子納泉丘人女, 令副助之.>

**❷『두-주(杜-注)』 1번 참조.**

<箋, 副倅也. 蓬氏之女爲僖子副妾, 別居在外, 故僖子納泉丘人女, 令副助之.>

**❸『5경문자:초부(五經文字:艸部)』**

厥.

**❹『춘추전(春秋傳)』 1번 참조.**

僖子使助蓬氏之箋.

**❺『리선-주:장적부(李善-注:長笛賦)』**

故聆曲引者, 觀法於節奏, 察變於句投, 以知禮制之不可踰越焉. 聽箋弄者, <箋弄, 蓋小曲也.《說文》曰 : 箋倅字如此. 毛萇《傳》曰 : 怛怛惕惕, 憂勞也.>遙思於古昔, 虞志於怛惕, 以知長戚之不能閒居焉.

**❻『주:강엄:시(注:江淹:詩)』<顏特進(侍宴)延之>**

太微凝帝宇, 瑤光正神縣. 揆日粲書史, 相都麗閭見.

列漢構仙宮, 開天制寶殿. 桂棟留夏颮, 蘭橑停冬霰.

青林結冥濛, 丹巘被蔥蒨. 山雲備卿藹, 池卉具靈變.

重陽集清氣, 下輦降玄宴. 鷖望分寰隧, 矖目盡都甸.

氣生川嶽陰, 煙滅淮海見. 中坐溢朱組, 步欄箋瓊弁.

《魯靈光殿賦》曰 : 中坐乘景.

《禮記》曰 : 侯伯佩玄玉而朱組綬.

《上林賦》曰 : 步欄周流, 長途中宿.

《說文》曰 : 箋, 雜字如此.

## 0504

《左氏傳》曰：楚子玉爲瓊弁玉纓, 未之服也.>

測恩躋逾逸, 沿牒懵浮賤. 榮重餽兼金, 巡華過盈瑱.

敢飾輿人詠, 方慙綠水薦.

**❼『좌전(左傳)』** 1번 참조.

僖子使助薳氏之箥.

**❽『문선(文選)』** 5번 참조.

[琴賦] 王昭, 楚妃, 千裏別鶴, 猶有一切承間箥乏, 亦有可觀者焉.

[顔特進(侍宴)延之] 氣生川嶽陰, 煙滅淮海見. 中坐溢朱組, 步櫺箥瓊弁.

[西京賦] 屬車之箥, 載獫猲獢.

**❾『주례(周禮)』** 〈春官:宗伯:車僕〉

[萃] 車仆掌戎路之萃, 廣車之萃, 闕車之萃, 蘋車之萃, 輕車之萃.

　　<萃, 猶副也. 此五者皆兵車, 所謂五戎也. …>

〈夏官:射人〉

[倅] 會同朝覲作大夫介凡有爵者. 大師, 令有爵者乘王之倅車. <倅車, 戎車之副. ○倅, 七內反, 劉倉愛反.> 大喪與僕人遷尸作卿大夫掌事比其廬不敬者苛罰之.

〈夏官:諸子〉

諸子, 掌國子之倅掌其戒令與其教治辨其等正其位. 國有大事則帥國子而致於大子惟所用之若有兵甲之事則授之車甲合其卒伍置其有司以軍法治之司馬弗正. 凡國正弗及. 大祭祀正六牲之禮. 凡樂事正舞位授舞器. 大喪正羣子之服位會同賓客作羣子從. 凡國之政事國子存遊倅使之脩德學道春合諸學秋合諸射以攷其藝而進退之.

〈夏官:戎僕〉

戎僕, 掌馭戎車. 掌王倅車之政正其服. 犯軷如玉路之儀凡巡守及兵車之會亦如之. 掌凡戎車之儀.

## 0505 茲茲 자【zī ㄗ】 39

0505

본[잔 초목 우거질] 불을(많아질)자

艸木多益。

《『詩:小雅』。

兄也永歎。

毛曰。

兄茲也。

『戴先生-毛鄭詩考正』曰。

茲今通用滋。

『說文』茲字說云。

艸木多益。

滋字說云。

益也。

『韋-注:國語』云。

兄、益也。

『詩』之辭意言不能如兄弟相救、

空滋之長歎而已。

按『大雅:職兄斯』引『傳』亦云

兄、茲也。》

从艸。

絲省聲。

《「絲」〔宋本〕作「玆」。非也。

玆從二玄。

音玄、字或作滋。

茲(茲)從絲省聲。

『韵會』作丝聲。

丝者、古文絲字。

滋孳鷀皆茲聲。

子之切。1部。

經典茲、此也。

『唐石經』皆誤作玆。》

「초목이 많이 불어난다」는 뜻이다.

『시:소아(詩:小雅)』❶에 이르기를

"**형야영탄(兄也永歎)**"라고 했다.

모(毛)가 이르기를

"형(兄)은 자(茲)다."라고 했다.

『대선생-모정-시:고정(戴先生-毛鄭-詩:考正)』❷에 이르기를

"자(茲)를 지금은 자(滋)로 통용한다."라고 했다.

『설문(說文)』의 자(茲)자 설명에 이르기를

"초목이 더욱 무성해지는 것"이라 했고,

자(滋)자 설명에 이르기를

"익(益:더욱)이다."라고 했다.

『위-주:국어(韋-注:國語)』❸에 이르기를

"형(兄)은 익(益)이다."라고 했다.

『시(詩)』에서 사용되는 뜻은 「**형제상구**(兄弟相救)」나 「**공자지장탄이이**(空滋之長歎而已)」❹와 같은 뜻을 말할 수 없다.

『대아:직형사(大雅:職兄斯)』❺가 『전(傳)』을 인용하여 역시 이르기를 "형(兄)은 자(茲)다."라고 했다.

초(艸)를 따랐고,

사(絲)가 성부가 된다.

사(絲)를 〖송본(宋本)〗에서는 자(玆)로 썼다. 틀렸다.

자(玆)는 두 개의 현(玄)자를 따랐다.

음은 현(玄)이다. 글자를 간혹 자(滋)로 썼다.

자(茲)는 사(絲)의 일부가 생략된 것을 따랐다.

『운회(韵會)』는 「유성(丝聲)」이라고 했는데,

유(丝)는 고문의 사(絲)자다.

자(滋), 자(孳), 자(鷀)는 모두 자(茲)를 성부(聲部)로 한다.

자지절(子之切)이다. 제 1부에 속한다.

경전(經典)의 자(茲)는 차(此:이것)라는 뜻이다.

『당-석경(唐-石經)』이 잘못하여 모두 자(玆)로 썼다.

**자**(玆) 검을, 흐릴, 성씨, 신의 이름, 해(年也), 발어사.

**자**(茲) 초목 우거질, 이, 돗자리, 깔찌풀, 거듭.

**자**(滋) 물이름, 패수의 딴 이름, 모종낼, 더할, 번성할.

**형야영탄**(兄也永歎) 탄식만 할 뿐이네.

## 0505

형제상구(兄弟相救)
공자지장탄이이(空滋之長歎而已)

[신경고 引經考]

어려울 때 형제가 서로 돕는 일.

공연히 오래도록 탄식만 할 뿐이다.

❶『시:소아(詩:小雅)』〈小雅:鹿鳴之什:常棣〉

※본문과 다르다. 형(兄)이 황(況)으로 되어 있다.

常棣之華, 鄂不韡韡. 凡今之人, 莫如兄弟.

死喪之威, 兄弟孔懷. 原隰裒矣, 兄弟求矣.

脊令在原, 兄弟急難. 每有良朋, 況也永歎.

　　〈況, 茲. 永, 長也. 箋云：每, 雖也. 良, 善也. 當急難之時, 雖有善同門來, 茲對
　　之長歎而已.〉

兄弟鬩于牆, 外禦其務. 每有良朋, 烝也無戎.

喪亂旣平, 旣安且寧. 雖有兄弟, 不如友生.

儐爾籩豆, 飲酒之飫. 兄弟旣具, 和樂且孺.

妻子好合, 如鼓瑟琴. 兄弟旣翕, 和樂且湛.

宜爾家室, 樂爾妻帑. 是究是圖, 亶其然乎.

❷『대선생-모정-시:고정(戴先生-毛鄭-詩:考正)』

小醒常懼首章鄂不圍蟲鹽云承韋者曰郢不當作拊拊圍足也古圍不拊圍置按圍不今字為革附國語華不注之山韋昭云靈齊地不注山名又誅韋之附注睡間志作不注杜預云戎服若禪而固於雖冀稽連蓋不注今字為拊虐也此附圖用不之明證學者不究人書之霞圍益於所知敗所不知於是經益不可治矣踵子云常棣華葛相承甚力故以興兄弟二章浣也永配傳況茲圍詣茲今通用滋說文茲字沖云卿木多益潼字注云益也韋昭注國語云況益也詩之醴意不能如兄弟相救空灑之長歎而已閨章每有良朋烝也無戎傳丞塡蓋云古聲塡真塵同曰按烝眾也語之鹽耳朋友醴眾酒醴鯉功以甚言兄弟之共醴睡也.

❸『위-주:국어(韋-注:國語)』〈周語〉

襄公曰：「人有言曰：『兵在其頸.』其郤至之謂乎！君子不自稱也, 非以讓也, 惡其蓋人也. 夫人性, 陵上者也, 不可蓋也, 求蓋人, 其抑下滋甚, 〈滋, 益也. 求掩蓋人以自高大, 則其抑退而下益甚也. 〉故聖人貴讓. 且諺曰：獸惡其網, 民惡其上.』書曰：『民可近也, 而不可上也.』

❹『시(詩)』에서 사용되는 뜻은 「**형제상구**(兄弟相救)」나 「**공자지장탄이이**(空滋之長歎而已)」와 같은 뜻을 말할 수 없다.

〈小雅:鹿鳴之什:常棣〉「**형제상구**(兄弟相救)」

常棣之華, 鄂不韡韡. 凡今之人, 莫如兄弟.

死喪之威, 兄弟孔懷. 原隰裒矣, 兄弟求矣.

脊令在原, 兄弟急難.

*0505*

0506 茲蕤 茮 [艸 가.ㄱ.] 9

<脊令, 雝渠也. 飛則鳴, 行則搖, 不能自舍耳. 急難, 言兄弟之相救於急難. 箋云 : 雝渠, 水鳥, 而今在原, 失其常處, 則飛則鳴, 求其類, 天性也. 猶兄弟之於急難.>

每有良朋, 況也永歎.

<況, 茲. 永, 長也.

箋云 : 每, 雖也. 良, 善也. 當急難之時, 雖有善同門來, 茲對之長歎而已.

○況或作"兄", 非也. 歎, 吐丹反, 又吐旦反, 以協上韻.>

兄弟鬩于牆, 外禦其務. 每有良朋, 烝也無戎.

喪亂旣平, 旣安且寧. 雖有兄弟, 不如友生.

儐爾籩豆, 飮酒之飫. 兄弟旣具, 和樂且孺.

妻子好合, 如鼓瑟琴. 兄弟旣翕, 和樂且湛.

宜爾家室, 樂爾妻帑. 是究是圖, 亶其然乎.

[疏]"脊令"至"永歎".

○正義曰 : 脊令者, 水鳥, 當居於水, 今乃在於高原之上, 失其常處. 以喩人當居平安之世, 今在於急難之中, 亦失其常處也. 然脊令旣失其常處, 飛則鳴, 行則搖, 不能自舍, 此則天之性. 以喩兄弟旣在急難而相救, 亦不能自舍, 亦天之性. 於此急難之時, 雖有善同門來, 茲對之唯長歎而已, 不能相救. 言朋友之情甚, 而不如兄弟, 是宜相親也.

**❺『대아:직형사(大雅:職兄斯)』**〈大雅:蕩之什:召旻〉

※본문과 다르다. 형(兄)이 황(況)으로 되어 있다.

旻天疾威, 天篤降喪. 瘨我饑饉, 民卒流亡. 我居圉卒荒.

天降罪罟, 蟊賊內訌, 昏椓靡共. 潰潰回遹, 實靖夷我邦.

皋皋訿訿, 曾不知其玷. 兢兢業業, 孔塡不寧, 我位孔貶.

如彼歲旱, 草不潰茂. 如彼棲苴. 我相此邦, 無不潰止.

維昔之富, 不如時, 維今之疚, 不如茲.

彼疏斯粺, 胡不自替, 職兄斯引.

<彼宜食疏, 今反食精粺. 替, 廢. 況, 茲也. 引, 長也.

箋云 : 疏, 粗也, 謂糲米也. 職, 主也. 彼賢者祿薄食粗, 而此昏椓之黨反食精粺. 女小人耳, 何不自廢退, 使賢者得進? 乃茲複主長此爲亂之事乎? 責之也. 米之率 : 糲十, 粺九, 鑿八, 侍御七. >

池之竭矣, 不云自頻. 泉之竭矣, 不云自中.

溥斯害矣, 職兄斯弘, 不災我躬.

昔先王受命, 有如召公, 日辟國百里.

今也日蹙國百里. 於乎哀哉, 維今之人, 不尙有舊.

# 0506

## 0506 薂菽 적【dí ㄉㄧˊ】 39
### (초목이)말라 죽을 적

| | |
|---|---|
| 艸旱盡也。 | 「풀이 말라 죽는다」는 뜻이다. |
| 《此與艸木多益反對成文。》 | 이것은 초목이 무성하게자란다는 것의 반대되는 뜻으로 글자가 된 것이다. |
| 从艸。 | 초(艸)를 따랐고, |
| 俶聲。 | 숙(俶)이 성부가 된다. |
| 《徒歷切。古音在 3部。》 | 도력절(徒歷切)이다. 제 3부에 속한다. |
| 『詩』曰。 | 『시(詩)』❶에 이르기를 |
| 菽菽山川。 | "숙숙산천(菽菽山川)"이라고 했다. |
| 《『大雅』文。 | 『대아(大雅)』에 나오는 글이다. |
| 『今-詩』作「滌滌」、 | 『금-시(今-詩)』는 「척척(滌滌)」으로 썼다. |
| 毛云。 | 모(毛)가 이르기를 |
| 滌滌旱氣也。 | "척척(滌滌)은 무더운 기운이다. |
| 山無木。 | 산에 나무가 없고, |
| 川無水。 | 내에 물이 없는 것이다."라고 했다. |
| 按『玉篇』、『廣韵(韻)』皆作「菽」。 | 생각건대 『옥편(玉篇)』과 『광운(廣韻)』 모두 숙(菽)이라고 했으므로 |
| 今疑當作「藗」。 | 지금 마땅히 척(藗)으로 써야하지 않을까? |
| 艸木如盪滌無有也。 | 초목을 탕척(盪滌)한 것 처럼 남아나지 않은 것이다. |
| 叔聲淑聲字多不轉爲徒歷切。 | 숙성(叔聲)과 숙성(淑聲)자는 음이 바뀌어 도력절(徒歷切)이 되는 경우는 많지 않다. |
| 『詩』蹢蹢周道、 | 『시(詩)』❷에 「척척주도(蹢蹢周道)」라고 할 때의 |
| 蹢字亦疑誤。》 | 척(蹢)자도 역시 오류일 것이다. |

숙(俶) 비로소, 정돈할 ▣척:빼어날
척(滌) 씻을, 그릇 닦을, 바싹바싹 마를(旱氣), 바람 훈훈할, 물 흐르는 모양, 술거를.
적(菽) 가물(旱氣), 크게 가물어 말라 죽을 ▣초:가물어 산이 타서 초목이 없을 ▣숙:같은 뜻.
척(藗) 자전에 없다.
탕(盪) 씻을, 흔들리는 모양, 방탕할, 움직일 ▣당:부딪칠, 당돌할.
척(蹢) 편편할, 길이 평탄한 모양 ▣축:삼갈, 공손할, 조심하여서 걸을.

| | |
|---|---|
| 숙숙산천(菽菽山川) | 산천초목 다 말라 죽네.『시경:대아:탕지십:운한(詩經:大雅:蕩之什:雲漢)』 |
| 척척(滌滌) | 가뭄으로 초목이나 물이 말라서 씻어버린 듯함. |
| 척척주도(蹢蹢周道) | 편편한 큰 길.『시경:소아:소변(詩經:小雅:小弁)』 |

0506

| | |
|---|---|
| **척척**(踧踧) | 도로가 편편한 모양. |
| **주도**(周道) | ① 큰 도로. ② 주나라의 치국도리. ③ 보편적 도리. |
| **탕척**(盪滌) | ① 깨끗이 씻음. ② 말끔히 제거함. ③ 그릇을 씻음. |

**[신경고 引經考]**

❶『시(詩)』〈大雅:蕩之什:雲漢〉본문과 다르다.

旱旣大甚, 蘊隆蟲蟲. 不殄禋祀, 自郊徂宮.

上下奠瘞, 靡神不宗. 后稷不克, 上帝不臨.

耗斁下土, 寧丁我躬.

旱旣太甚, 則不可推. 兢兢業業, 如霆如雷.

周餘黎民, 靡有孑遺. 昊天上帝, 則不我遺.

胡不相畏, 先祖于摧.

旱旣太甚, 則不可沮. 赫赫炎炎, 云我無所.

大命近止, 靡瞻靡顧. 羣公先正, 則不我助.

父母先祖, 胡寧忍予.

旱旣太甚, 滌滌山川. 旱魃爲虐, 如惔如焚.

我心憚暑, 憂心如薰. 羣公先正, 則不我聞.

昊天上帝, 寧俾我遯.

〈滌滌, 旱氣也. 山無木, 川無水. 魃, 旱神也. 惔, 燎之也. 憚, 勞. 薰, 灼也.

箋云: 憚, 猶畏也. 旱旣害於山川矣, 其氣生魃而害益甚. 草木燋枯, 如見焚燎然.

王心又畏難此熱氣如灼爛於火, 言熱氣至極.〉

旱旣太甚, 黽勉畏去. 胡寧瘨我以旱, 憯不知其故.

祈年孔夙, 方社不莫. 昊天上帝, 則不我虞. 敬恭明神, 宜無悔怒.

旱旣太甚, 散無友紀. 鞫哉庶正, 疚哉冢宰.

趣馬師氏, 膳夫左右. 靡人不周, 無不能止. 瞻卬昊天, 云如何里.

瞻卬昊天, 有嘒其星. 大夫君子, 昭假無贏.

大命近止, 無棄爾成. 何求爲我, 以戾庶正. 瞻卬昊天, 曷惠其寧.

❷『시(詩)』〈小雅:節南山之什:小弁〉

弁彼鸒斯, 歸飛提提. 民莫不穀, 我獨于罹.

何辜于天, 我罪伊何. 心之憂矣, 云如之何.

踧踧周道, 鞫爲茂草. 我心憂傷, 惄焉如擣.

假寐永歎, 維憂用老. 心之憂矣, 疢如疾首.

〈踧踧, 平易也. 周道, 周室之通道. 鞫, 窮也.

箋云: 此喻幽王信褒姒之讒, 亂其德政, 使不通於四方.〉

維桑與梓, 必恭敬止. 靡瞻匪父, 靡依匪母.

不屬于毛, 不罹于裏. 天之生我, 我辰安在.　　　　‥‥

## 0507 薂薂 효【haò ㄏㄠˋ】39
### 풀 모양 효

| | |
|---|---|
| 艸皃(貌)。 | 풀 모양이다. |
| 从艸。 | 초(艸)를 따랐고, |
| 歊聲。 | 효(歊)가 성부가 된다. |
| 《許嬌切。2部。》 | 허교절(許嬌切)이다. 제 2부에 속한다. |
| 『周禮』曰。 | 『주례(周禮)』❶에 이르기를 |
| 穀獘不薂。 | "곡폐불효(穀獘不薂)"라고 했다. |
| 《『攷工記』文。 | 『고공기(攷工記)』에 있는 글이다. |
| 獘字誤。 | 폐(獘)자가 틀렸다. |
| 當依本書作「敝」。 | 마땅히 이 책(『설문해자』)에 근거하여 폐(敝)로 써야 한다. |
| 鄭衆云。 | 정중(鄭衆)이이르기를 |
| 薂當爲秏。 | "효(薂)는 마땅히 모(秏)로 써야 한다."라고 했다. |
| 康成云。 | 강성(康成)이 이르기를 |
| 薂、薂暴。 | "효(薂)는 효폭(薂暴)이다. |
| 陰柔後必橈减。 | 음유(陰柔)하면 반드시 뇨감(橈减)하여 |
| 幬革暴起。 | 도혁(幬革)이 폭기(暴起)한다."라고 했다. |
| 按此『荀卿』及漢人所謂槁暴也。 | 생각건대 이것이 『순경(荀卿)』❷과 한(漢)나라 사람들이 말하던 고폭(槁暴)일 것이다. |
| 橈减爲槁木之槁、 | 뇨감(橈减)은 고목(槁木)의 고(槁)가 되고, |
| 與革之暴相因而致。 | 가죽의 일어남과 더불어 서로 원인이 되어 나타나게 된다. |
| 木歊則革盈。 | 나무가 덜 차면 가죽이 꽉 차게 된다. |
| 『㡓人:注』云。 | 『방인:주(㡓人:注)』❸에 이르기를 |
| 暴者墳起也。 | "폭(暴)은 분기(墳起)를 말한다."라고 했다. |
| 先鄭謂薂當是秏字之誤。 | 선정(先鄭)은 효(薂)가 마땅히 모(秏)자의 오류라고 말하는 것이다. |
| 後鄭謂薂爲槁之假借。 | 후정(後鄭)은 효(薂)가 고(槁)의 가차라고 말하는 것이다. |
| 其義則通。 | 그 뜻은 통한다. |
| 不言薂讀爲槁者、 | 효(薂)의 독음이 고(槁)라고 말하지 않는 것은 |
| 從先鄭作「秏」亦得也。 | 선정(先鄭)이 모(秏)로 쓴 것을 따른 것도 또한 있었기 때문이다. |
| 凡許君引經傳。 | 허군(許君)이 경전(經傳)을 인용한 것으로 |
| 有證本義者、 | 본의(本義)를 증명하는 것이 있는데, |
| 如葰葰山川是。 | 「척척산천(葰葰山川)」 같은 것이 이것이다. |
| 有證假借者、 | 가차(假借)를 증명하는 것이 있는데 |
| 如穀敝不薂、 | 「곡폐불효(穀敝不薂)」 같은 것이다. |
| 非關艸皃(貌)也。 | 풀의 모양과 관련되지 않는다. |

**효**(歊) 풀모양, 벼 너무 잘 되어 쓰러져 상할 ■**호**:뛰는 모양
　　■**학**:나무 마를, 풀 걸찬 모양.

**곡**(轂) 바퀴통, 삿갓 바칠, 천거할.

**폐**(斃) 엎드러질, 자빠질, 죽을 ■**별**:자빠질

**효**(歆) 기운이 위로 나올, 기운 성한 모양.

**폐**(敝) 춤수건, 옷 해어질, 무너질, 버릴.

**뇨**(橈) 굽은 나무, 굽힐, 약할, 어지러울, 굽을.

**주**(幬) 홑휘장, 수레 휘장, 바퀴통 덮는 가죽 ■**도**:덮을.

**겸**(歉) 음식이 배에 덜 찰, 먹은 것이 부족하여 나쁠, 한숨 나오지 않
　　을, 곡식 영글지 않을.

**방**(瓬) 미장이, 질그릇 장이, 사람이름.

**모**(耗) 벼, 덜릴, 해질 ■**호**:속음.

**적**(菽) 풀과 나무가 가뭄에 타죽을.

**적**(蔽) 가물(旱氣), 크게 가물어 말라 죽을 ■**초**:가물어 산이 타서 초
　　목이 없을 ■**숙**:같은 뜻.

---

**곡폐불효**(轂斃不歊) 폐(斃)는 폐(敝)다. 가죽이 닳아서 못쓰게 된 것(敝盡). 닳아빠져도 가죽은 부풀어
일어나지 않는다.

**효폭**(歊暴) 수레의 약한 곳의 가죽이 불거져 일어남.《주례:고공기:륜인(周禮:考工記:輪人)》
[此轂若不以火養炙陰柔之處, 使堅與陽齊等, 後以革鞄陰柔之處, 木則瘦減, 革
不著木, 必有暴起.]

**음유**(陰柔) 사람의 성격이 내향적이고 온화함(謂人性格內向溫和).

**뇨감**(橈減) 줄어듦.

**도혁**(幬革) 수레 바퀴통에 씌우는 가죽

**폭기**(暴起) 갑자기 일어남.

**고폭**(槁暴) ① 햇볕에 쬐어 말림. ② 특히 드러남.

**고목**(槁木) 마른 나무.

**분기**(墳起) 봉긋하게 일어남.부풀어 오름.

**척척**(菽菽) 척척(滌滌). 가뭄 기운(旱氣).

**척척산천**(菽菽山川) 산천이 다 마르네.

※ **숙**(菽) 콩 ■**소**:같은 뜻 ■**초**:사람의 이름.

---

[**인경고** 引經考] ❶『고공기(攷工記)』〈冬官:考工記:第六〉
陽也者積理而堅, 陰也者疏理而柔, 是故以火養其陰而齊諸其陽, 則轂雖敝

0507

不薉.

<穤, 致也. 火養其陰, 炙堅之也.

鄭司農云:"穤讀爲奠祭之奠, 薉當作耗." 玄謂薉, 薉暴, 陰柔後必橈減, 摶, 革暴起.

○穤, 之忍反, 本又作穤, 劉依司農音奠, 一音眞. 薉, 李, 戚好角反, 劉呼報反. 耗, 呼報反. 暴, 步角反, 下同, 劉步莫反, 一音蒲報反. 橈, 乃孝反>

〔疏〕注"穤致"至"暴起"

○釋曰: 此轂若不以火養炙陰柔之處, 使堅與陽齊等, 後以革鞔陰柔之處, 木則瘦減, 革不著木, 必有暴起. 若以火養之, 雖薉盡, 不薉暴也.

## ❷『순경(荀卿)』〈勸學篇第一〉

君子曰: 學不可以已. 青, 取之於藍, 而青於藍; 冰, 水爲之, 而寒於水. 木直中繩, 輮以爲輪, 其曲中規, 雖有槁暴, 不復挺者, 輮使之然也. 故木受繩則直, 金就礪則利, 君子博學而日參省乎己, 則知明而行無過矣. 故不登高山, 不知天之高也; 不臨深谿, 不知地之厚也; 不聞先王之遺言, 不知學問之大也. 干, 越, 夷, 貉之子, 生而同聲, 長而異俗, 教使之然也. 詩曰:「嗟爾君子, 無恆安息. 靖共爾位, 好是正直. 神之聽之, 介爾景福.」神莫大於化道, 福莫長於無禍.

## ❸『방인:주(瓬人:注)』

凡陶瓬之事, 髻墾薜暴不入市.

<爲其不任用也.

鄭司農云:"髻讀爲刮. 薜讀爲藥黃檗之檗. 暴讀爲剝." 玄謂髻讀爲跀. 墾, 頓傷也. 薜, 破裂也. 暴, 墳起不堅致也.

○髻, 音刮. 墾, 苦狠反. 薜, 蒲革反, 劉薄駮反, 注同. 暴, 音剝, 又音雹, 或蒲到反. 爲, 於僞反. 任, 音壬. 跀, 劉音月, 或五刮反, 一音兀, 又五活反. 墳, 扶粉反. 致, 直吏反.>〔疏〕注"爲其"至"致也"

○釋曰: 先鄭云"髻"讀爲"刮", 刮是亂刮擊之義, 故"不任用"理無所取, 故後鄭不從. "薜", 讀爲"藥黃檗"之檗, 取音同. 又以"暴爲"剝"者, 凡爲器, 無剝破之義, 故後鄭亦不從. 玄謂"髻"讀爲"跀", 跀, 謂器不正, 欹邪者也.

## 0508 藄薽 기【ㄐㄧˋ】39

풀 더부룩할 기

艸多皃(貌)。 　풀이 많은 모양이다.

《[木部]。 　[목부(木部)]에

槩、稠也。音義同。》 　"기(槩)는 조(稠)다. 음과 뜻이 같다."라고 했다.

从艸 　초(艸)를 따랐고,

旣聲。 　기(旣)가 성부가 된다.

《居味切。15部。》 　거미절(居味切)이다. 제 15부에 속한다.

주(稠) 많을, 베게 심을, 빽빽할, 꽃나무 빽빽히 선 모양 ■조:고를, 흔들리는 모양.

0508

## 0509

### 0509 薺 자【cí ㄘˊ】39
### 본[풀 더부룩할] 납가새 자

| | |
|---|---|
| 艸多皃(貌)。 | 풀이 많은 모양이다. |
| 《『離騷』曰。 | 『리소(離騷)』❶에 이르기를 |
| 薺菉葹以盈室。 | "자(薺:납가새)와 록(菉:조개풀)과 시(葹:도꼬마리)로 방을 채운다." 라고 했다. |
| 『王-注』。 | 『왕-주(王-注)』❷에 이르기를 |
| 薺、蒺藜也。 | "자(薺)는 질려(蒺藜)이고, |
| 菉、王芻也。 | 록(菉)은 왕추(王芻)이며, |
| 葹、枲耳也。 | 시(葹)는 시이(枲耳)다." 라고 했다. |
| 『詩:楚楚者薺』。 | 『시:초초자자(詩:楚楚者薺)』❸에 |
| 三者皆惡艸也。 | "세 가지 모두 악초(惡艸:해로운 풀)다." 라고 했다. |
| 據許君說、正謂多積菉葹盈室。 | 허군(許君)의 설에 따르면 바로 록(菉)과 시(葹)를 쌓아서 방을 채웠다는 것이다. |
| 薺非艸名。 | |
| [禾部]曰。 | [화부(禾部)]에 이르기를 |
| 積、積禾也。 | "자(積)는 벼를 쌓는 것이다." 라고 했다. |
| 音義同。 | 음과 뜻이 같다. |
| 蒺藜之字『說文』作「薺」。 | 질려(蒺藜)를 『설문(說文)』에서는 제(薺)로 썼다. |
| 『今-詩』作「茨」。 | 『금-시(今-詩)』는 자(茨)로 썼다. |
| 叔師所據『詩』作薺皆假借字耳。》 | 숙사(叔師)가 근거한 『시(詩)』는 모두 자(薺)로 썼는데 가차한 것이다. |
| 从艸。 | 초(艸)를 따랐고, |
| 資聲。 | 자(資)가 성부가 된다. |
| 《疾茲切。 | 질자절(疾茲切)이다. |
| 古音在15部。 | 고음(古音)은 제15부에 속한다. |
| 『廣韵(韻)』疾資切。》 | 『광운(廣韵)』은 질자절(疾資切)이다. |

**록**(菉) 조개풀,

**시**(葹) 도꼬마리,

**질**(蒺) 납가새,

**려**(藜) 명아주,

**시**(枲) 수삼, 삼, 씨없는 삼, 도꼬마리. ※ &lt;명문대자전&gt;에는 음이 「사」로 되어 있으나 여러 책에서는 「시」로 되어 있다.

**자**(積) 볏가리, 쌓을.

**자**(薺) 납가새, 시편이름 ▣제:냉이, 모싯대.

**자**(茨) 납가새, 새이엉, 새로 집 이을, 쌓을.

*0509*

**질려(蒺藜)**

질려(蒺藜)라고도 쓴다. ① 납가새. 1년생초본식물(一年生草本植物). 줄기가 땅에 평평하게 깔린다(莖平鋪在地). 깃털 모양의 복엽(羽狀夏葉)이다. 작은 잎은 장타원형(長橢圓形)이고 황색의 작은 꽃을 피운다. 과피(果皮)에 작은 가시가 있다. 종자(種子)를 약으로 쓴다. 자보작용(滋補作用)이 있다. 그 식물의 과실(果實)도 또한 질려(蒺藜)라고 부른다. ②무기(武器)의 한 가지. 쇠 또는 나무로 납가새 열매 모양으로 만들어서 적군(敵軍)의 진격(進擊)을 막는 데 썼다.

**왕추(王芻)**

록초(菉草)의 별명이다. 신초(藎草)라고도 한다.《시:위풍:기오(詩:衛風:淇奧)》에 "綠竹猗猗"가 있는데 모전(毛傳)에 "록(綠)은 왕추(王芻)다."라고 했다.

**초초(楚楚)**

① 산뜻한 모양. ② 가시덩굴이 우거진 모양.

**시이(枲耳)**

풀 이름. 권이(卷耳). 또한 창이(蒼耳)라고도 한다.《시:주남:권이(詩:周南:卷耳)》에 "采采卷耳"가 있다. 명(明) 나라 리시진(李時珍)의《본초강목:초4:시이(本草綱目:草四:枲耳)》에서 이르기를 "<석명(釋名)>이 소송(蘇頌)을 인용하여 이르기를 '시인(詩人)들은 권이(卷耳)라 하고,《이아(爾雅)》에서는 창이(蒼耳)라 하고,《광아(廣雅)》에서는 시이(枲耳)라 한다.'고 했다."라고 했다.

**악초(惡艸)**

해로운 풀.

**[인경고 引經考]**

**❶『리소(離騷)』** 1번 참조.

汝何博謇而好脩兮, 紛獨有此姱節. 薋菉葹以盈室兮, <薋, 蒺藜也. 菉, 王芻也. 葹, 枲耳也.《詩》曰 : 楚楚者薋. 又曰 : 終朝采菉. 三者皆惡草, 以喩讒佞盈滿于側者也> 判獨離而不服. <判, 別也. 女嬃言眾人皆佩薋, 菉, 枲耳, 為讒佞之行, 滿于朝廷, 而獲富貴, 汝獨服蘭蕙, 守忠直, 判然離別, 不與眾同, 故斥棄也.>

**❷『왕-주(王-注)』**

<薋, 蒺藜也. 菉, 王芻也. 葹, 枲耳也.《詩》曰 : 楚楚者薋. 又曰 : 終朝采菉. 三者皆惡草, 以喩讒佞盈滿于側者也>

**❸『시:초초자자(詩:楚楚者茨)』** <小雅:谷風之什:楚茨>

楚楚者茨, 言抽其棘. 自昔何爲, 我蓺黍稷. 我黍與與, 我稷翼翼.

我倉旣盈, 我庾維億. 以爲酒食, 以享以祀, 以妥以侑, 以介景福.

濟濟蹌蹌, 絜爾牛羊, 以往烝嘗. 或剝或亨, 或肆或將. 祝祭于祊, 祀事孔明. 先祖是皇, 神保是饗. 孝孫有慶. 報以介福, 萬壽無疆.

執爨踖踖, 爲俎孔碩, 或燔或炙. 君婦莫莫, 爲豆孔庶. 爲賓爲客, 獻酬交錯. 禮儀卒度, 笑語卒獲. 神保是格. 報以介福, 萬壽攸酢.

我孔熯矣, 式禮莫愆. 工祝致告, 徂賚孝孫. 苾芬孝祀, 神嗜飲食.

卜爾百福, 如幾如式. 旣齊旣稷, 旣匡旣勑. 永錫爾極, 時萬時億.

禮儀旣備, 鍾鼓旣戒. 孝孫徂位, 工祝致告. 神具醉止, 皇尸載起.

鼓鍾送尸, 神保聿歸. 諸宰君婦, 廢徹不遲. 諸父兄弟, 備言燕私. ……

## 0510

### 0510 蓁 진【zhēn ㄓㄣ¯】39
### 숲、우거질 진

艸盛皃(貌)。
《『毛詩傳』曰。
蓁蓁至盛皃(貌)。》
从艸。
秦聲。
《側詵切。12部 》

진진(蓁蓁)

[신경고 引經考]

풀이 무성한 모양이다.
『모시:전(毛詩:傳)』❶에 이르기를
"진진(蓁蓁)하게 아주 성한 모양이다."라고 했다.
초(艸)를 따랐고,
진(秦)이 성부가 된다.
측선절(側詵切)이다. 제 12부에 속한다.

---

① 모여 쌓인 모양. ② 초목이 무성한 모양.

---

❶『모시:전(毛詩:傳)』〈周南:桃夭〉
桃之夭夭, 灼灼其華. 之子于歸, 宜其室家.
桃之夭夭, 有蕡其實. 之子于歸, 宜其家室.
桃之夭夭, 其葉蓁蓁. 之子于歸, 宜其家人.
<蓁蓁, 至盛貌. 有色有德, 形體至盛也. ○蓁, 側巾反.>

0511 𦳋 莤 소【jùn ㄐㄩㄣˋ】39

모진 풀 모양 소

| | |
|---|---|
| 惡艸皃(貌)。 | 해로운 풀이다. |
| 从艸。 | 초(艸)를 따랐고, |
| 肖聲。 | 초(肖)가 성부가 된다. |
| 《所交切。2部。》 | 소교절(所交切)이다. 제 2부에 속한다. |

| 0512 | 0512 芮 예【ruì ㅁㄨㄟˋ】39 |
|---|---|
| | 풀 뾰족뾰족 난 모양 예 |

芮芮、 예예(芮芮)는,

《疊(疊)字。》 두 글자를 중첩한 것이다.

艸生皃(貌)。 풀이 나는 모양이다.

《芮芮與茙茙雙聲。 예예(芮芮)는 융융(茙茙)과 쌍성이다.

柔細之狀。》 가늘고 연약한 모습이다.

从艸 초(艸)를 따랐고,

內聲。 내(內)가 성부가 된다.

讀若汭。 예(汭)자 처럼 읽는다.

《而銳切。15部。》 이예절(而銳切)이다. 제 15부에 속한다.

융(茙) 규화, 콩, 두터운 모양, 성할, 빽빽할.

예(汭) 물구비.

예예(芮芮) ① 풀의 싹이 나서 자라는 모양. ② 싹이 가늘고 부드러운 모양. ③ 종족이름. 곧 유연족(柔然族).

융융(茙茙) 촉규(蜀葵). 화초의 일종. 뿌리와 꽃을 모두 약으로 쓴다(根和花可入藥). <www.zybang.com>

형성 (1자)   예(蚋㺊)8473 [예(芮)가 포함된 글자들] 1자

# 0513 茬치 【chí 彳ㄧ】 39

## 풀 모양 치

| | |
|---|---|
| 艸皃(貌)。 | 풀 모양이다. |
| 从艸。 | 초(艸)를 따랐고, |
| 在聲。 | 재(在)가 성부가 된다. |
| 《仕甾切。1部。》 | 사치절(仕甾切)이다. 제 1부에 속한다. |
| 齊北有茬平縣。 | 제(齊)나라 북쪽에 **치평현**(茬平縣)이 있다. |
| 《「茬」俗作「茌」。 | 치(茬)를 민간에서는 사(茌)로 썼다. |
| 『地理志』。 | 『지리지(地理志)』❶에 |
| 泰山郡茬縣。 | "태산군(泰山郡) **치현**(茬縣)"이라고 했다. |
| 應劭曰。 | 응소(應劭)가 이르기를 |
| 茬山在東北。音淄。 | "치산(茬山)이 동북쪽에 있다. 음은 치(淄)다."라고 했다. |
| 東郡茬平縣。 | 동군(東郡) **치평현**(茬平縣)이다. |
| 應劭曰。 | 응소(應劭)가 이르기를 |
| 在茬山之平地者也。 | "치산(茬山)의 평지에 있는 것이다."라고 했다. |
| 『司馬彪-郡國志』。 | 『사마표-군국지(司馬彪-郡國志)』❷에 |
| 茬平屬濟北國。 | "치평(茬平)은 **제북국**(濟北國)에 속한다."라고 했다. |
| 『注』曰。 | 『주(注)』에 |
| 本屬東郡。》 | "본래는 **동군**(東郡)에 속한다."라고 했다. |

**치**(甾) 한 해 된 밭.
**치**(茬) 땅이름.
**치**(淄淄) 물이름, 주이름, 검은 빛.

| | |
|---|---|
| **치평현**(茬平縣)<br>**치평**(茬平) | 춘추시(春秋時) 제모구(齊牡丘)와 중구읍(重丘邑) 땅에 진(秦) 나라가 치평현(茬平縣)을 설치했다. 그 곳의 땅이 평평하고, 또 경내(境內)에 치산(茬山)이 있어서 치평(茬平)이라고 불렀다. 치소(治所)는 산동(山東) 치평현(茌平縣), 한집향(韓集鄉)의 고원장촌(高垣牆村)으로 동군(東郡)에 속한다. |
| **태산군**(泰山郡) | 중국(中國) 서한(西漢) 때 부터 남북조(南北朝) 시기(時期)에 이르는 옛 고을 이름. 지금의 산동성(山東省) 경내(境內)에 위치했었다. |
| **치현**(茬縣) | 치평현(茬平縣). |
| **치산**(茬山) | 태산군(泰山郡) 치평현(茬平縣)에 있는 산. |
| **동군**(東郡) | 지명(地名). 지금의 산동성(山東省)에 있었다. |
| **제북국**(濟北國) | [동한말13주(東漢末13州)] 중 연주(兗州)에 속했던 군. |

[동한말13주(東漢末13州)] [州是漢代監察區名,又稱部. 東漢十三州包括:雍州,豫州,兗州,徐州,青州,涼州,並州,冀州,幽州,揚州,荊州,益州,交州(另有一司隷校尉部,也稱司州). 東漢末年,各州或置牧,或置刺史,以資望輕重爲轉移.]

## 0513

1. 유주(幽州):分置탁군(涿郡)、대(代)、어양(漁陽)、상곡(上谷)、료서(遼西)、현토(玄菟)、악랑(樂浪)、우북평(右北平)、연국(燕國)、료동(遼東) 등 10군(十郡) 1국(一國), 관할 69현(縣), 위지(魏地)에 속했다. 대략 현재의 하북(河北)、료녕(遼寧)과 북조선(北朝鮮).

2. 기주(冀州):위군(魏郡)、광평(廣平)、거록(鉅鹿)、상산(常山)、박릉(博陵)、발해(渤海)、하간(河間)、청하(清河)、趙국(國)、중산국(中山國) 등 9군(九郡) 2국(二國), 관할 123현(縣), 위지(魏地)에 속했다.

3. 병주(并州):태원(太原)、상당(上黨)、악평(樂平)、서하(西河)、안문(雁門)、신흥(新興) 등 6군(六郡), 관할 44현(縣), 위지(魏地)에 속했다.

4. 청주(青州):제군(齊郡)、제남(濟南)、락안(樂安)、북해(北海)、성양(城陽)、동래(東萊)、평원(平原) 등 7군(七郡), 관할 62현(縣),

5. 연주(兗州):동군(東郡)、제음(濟陰)、산양(山陽)、태산(泰山)、제북국(濟北國)、진류국(陳留國)、임성국(任城國)、동평국(東平國) 등 4군(四郡) 4국(四國), 관할 71현(縣),

6. 예주(豫州):영천(潁川)、여남(汝南)、익양(弋陽)、진군(陳郡)、초군(譙郡)、로군(魯郡)、량국(梁國)、패국(沛國) 등 6군(六郡) 2국(國), 관할 94현(縣), 대략 현재의 하남성(河南省).

7. 서주(徐州):팽성(彭城)、하비(下邳)、동해(東海)、랑야(琅邪)、동완(東莞)、광릉(廣陵) 등 6군(六郡), 관할 50현(縣),

8. 옹주(雍州):경조(京兆)、풍익(馮翊)、부풍(扶風)、북지(北地)、신평(新平)、롱서(隴西)、천수(天水)、남안(南安)、광위(廣魏)、안정(安定)、무도(武都)、음평(陰平) 등 12군(十二郡), 관할 70현(縣), 대략 현재의 섬서성(陝西省)、감숙성(甘肅省)동부(東部).

9. 량주(涼州):금성(金城)、서평(西平)、무위(武威)、장액(張掖)、주천(酒泉)、돈황(敦煌)、서해(西海) 등 7군(七郡), 관할 44현(縣), 대략 현재의 감숙성(甘肅省).

10. 형주(荊州):남양(南陽)、남향(南鄉)、강하(江夏)、양양(襄陽) 등 4군(四郡) 65현(縣), 위지(魏地)에 속했다.;남군(南郡)、무릉(武陵)、장사(長沙)、령릉(零陵)、귀양(貴陽) 등 5군(五郡) 102현(縣), 오지(吳地)에 속했다.

11. 익주(益州):촉군(蜀郡)、건위(犍為)、주제(朱提)、월준(越嶲)、장가(牂柯)、건녕(建寧)、영창(永昌)、한중(漢中)、광한(廣漢)、재동(梓潼)、파군(巴郡)、파서(巴西)、파동(巴東) 13군(十三郡), 관할 146현(縣), 촉지(蜀地)에 속했다.

12. 양주(揚州):구강(九江)、려강(廬江) 등 2군(二郡) 14현(十四縣), 위지(魏地)에 속했다.;단양(丹陽)、회계(會稽)、건안(建安)、오군(吳郡)、예장(豫章)、려릉(廬陵)、려릉남부(廬陵南部) 등 7군(七郡) 146현(縣), 오지(吳地)에 속했다.

13. 교주(交州):교지(交阯)、구진(九真)、일남(日南)、남해(南海)、창오(蒼梧)、합포(合蒲)、주애(珠崖)、울림(鬱林)、계림(桂林) 등 9군(九郡), 관할 104현(縣), 오지(吳地)에 속했다.

사주(司州):하동(河東)、평양(平陽)、하내(河內)、홍농(弘農)、하남윤(河南尹) 등 4군(四郡)1윤(一尹), 관할 55현(縣),

## [인경고 引經考]

### ❶『지리지(地理志)』

泰山郡, 戶十七萬二千八十六, 口七十二萬六千六百四. 縣二十四: 奉高, 博, 茌, <應劭曰:「茌山在東北. 晉淄.」師古曰:「又音仕疑反.」> 盧, 肥成, 蛇丘, 剛, 柴, 蓋, 梁父, 東平陽, 南武陽, 萊蕪, 鉅平, 嬴, 牟, 蒙陰, 華, 寧陽, 乘丘, 富陽, 桃山, 桃鄉, 式.

### ❷『사마표-군국지(司馬彪-郡國志)』

茌平本屬東郡.

## 0514 薈 薈 회 【huì ㄏㄨㄟˋ】 39

### (초목)우거질 회

0514

| | |
|---|---|
| 艸多皃(貌)。 | 풀이 많은 모양이다. |
| 《引伸爲凡物會萃之義。》 | 뜻이 늘어나서 모든 사물이 모이는 것을 뜻한다. |
| 从艸。 | 초(艸)를 따랐고, |
| 會聲。 | 회(會)가 성부가 된다. |
| 《烏外切。15部。》 | 오외절(而銳切)이다. 제 15부에 속한다. |
| 『詩』曰。 | 『시(詩)』❶에 이르기를 |
| 薈兮蔚兮。 | "회혜위혜(薈兮蔚兮)"라고 했다. |
| 《『曹風』文。 | 『조풍(曹風)』에 나오는 글이다. |
| 毛曰。 | 모(毛)가 이르기를 |
| 薈蔚、雲興皃。 | "회위(薈蔚)는 구름이 일어나는 모양이다. |
| 謂南山朝隮。 | 남산의 아침 무지개를 말한다."라고 했다. |
| 如艸木蒙茸也。》 | 초목이 **몽용**(蒙茸)한 것과 같다. |

**췌**(萃) 풀 모양, 패이름 ▣**채**:옷이 맞스치는 소리.

**위**(蔚) 제비쑥, 익모초, 초목 무성한 모양, 구름이나 안개 등이 피어오
　　르는 모양, 무늬가 아름다울 ▣**울**:주이름, 짙은 쪽빛.

**제**(隮) 오를, 안개나 기운 피어오를, 무지개 ▣**자**:구름 피어오를.

| | |
|---|---|
| **회혜위혜**(薈兮蔚兮) | 울창하고 무성하다.『시경:조풍:후인(詩經:曹風:候人)』 |
| **후인**(候人) | ① 길잡이. ② 소인배를 가까이하는 것을 풍자한 <시경>의 한 편명. |
| **회위**(薈蔚) | ① 초목이 무성한 모양. ② 구름이 뭉게뭉게 피어 오르는 모양. |
| **몽용**(蒙茸) | ① 풀이 어지럽게 난 모양. ② 물건이 어지러운 모양. ③ 어지럽게 뛰는 모양. |
| **운흥**(雲興) | ① 구름이 일듯 성하게 일어남. ② 때를 타고 떨쳐 일어남. ③ 구름이 일어남. |
| **조제**(朝隮) | 아침에 뜨는 무지개. |

**[인경고 引經考]**　　　❶『시(詩)』 <曹風:候人> ※ 본문과 조금 다르다.

彼候人兮, 何戈與祋. 彼其之子, 三百赤芾.

維鵜在梁, 不濡其翼. 彼其之子, 不稱其服.

維鵜在梁, 不濡其咮. 彼其之子, 不遂其媾.

薈兮蔚兮, 南山朝隮. 婉兮孌兮, 季女斯飢.

<薈, 蔚, 雲興貌. 南山, 曹南山也. 隮, 升雲也.

箋云：薈蔚之小雲, 朝升於南山, 不能爲大雨, 以喩小人雖見任於君, 終不能成其

德敎.>

## 0515 蔜萩 목 【mòu ㄇㄡˋ】 39

### 가는 풀 더부룩할 무/모

細艸叢生也。
「가느다란 풀들이 다발로 자란다」는 뜻이다.

《萩與茂音義同。
무(萩)와 무(茂)는 음과 뜻이 같다.

『廣雅』曰:
『광아(廣雅)』에 이르기를

蔜蔜、茂也。
"무무(蔜蔜)는 무성한 것이다.

蔜卽萩之譌。》
무(蔜)는 곧 무(萩)자를 잘못 쓴 것이다."라고 했다.

从艸。
초(艸)를 따랐고,

萩聲。
무(萩)가 성부가 된다.

《莫候(候)切。
막후절(莫候切)이다.

古音 3部。
고음(古音)은 제 3부에 속한다.

曹憲亾(亡)老反。
조헌(曹憲)은 망로절(亾老反)이라고 했다.

音之轉也。》
음이 바뀐 것이다.

**무**(萩) 가는 풀 더부룩할 ▣모:같은 뜻.

**무**(蔜) 독풀.

**와**(譌) 사투리, 거짓, 잘못될, 요괴한 말.

---

**무무**(蔜蔜) 성한 모양.

## 0516 芼 모【mào ㄇㄠˋ】39

본[풀 미만할] (야채를)속을 모

| | |
|---|---|
| 艸覆蔓。 | 「뒤덮고 퍼진다」는 뜻이다. |
| 《覆地曼延(曼莚)。》 | 땅을 뒤 덮고 널리 퍼지는 것이다. |
| 从艸， | 초(艸)를 따랐고, |
| 毛聲。 | 모(毛)가 성부가 된다. |
| 《莫抱切。2部。》 | 막포절(莫抱切)이다. 제 2부에 속한다. |
| 『詩』曰。 | 『시(詩)』❶에 이르기를 |
| 左右芼之。 | "좌우모지(左右芼之)"라고 했다. |
| 《『周南』文。 | 『주남(周南)』에 나오는 글이다. |
| 『毛鄭-詩考正』曰。 | 『모정-시:고정(毛鄭-詩:考正)』❷에 이르기를 |
| 芼、菜之烹於肉湆者也。 | "모(芼)는 고기국에 넣은 채소다."라고 했다. |
| 禮羹芼菹醢凡四物。 | 『례(禮)』에 무릇 갱(羹), 모(芼), 저(菹), 해(醢) 네 가지가 있다. |
| 肉謂之羹。 | 고기 넣은 국을 갱(羹)이라 하고, |
| 菜謂之芼。 | 채소 넣은 국을 모(芼)라 하며, |
| 肉謂之醢。 | 고기를 절인 것을 해(醢)라 하고, |
| 菜謂之菹。 | 채소를 절인 것을 저(菹)라고 한다. |
| 菹醢生爲之。 | 저해(菹醢)는 날 것으로 만든다. |
| 是爲醢人豆實。 | 이것을 해인(醢人), 두실(豆實)이라고 한다. |
| 芼則湆烹之。 | 모(芼)는 곧 국물로 끓이는 것이다. |
| 與羹相從。 | 갱(羹)과 서로 따른다. |
| 實諸鉶。 | 형(鉶)에 담는다. |
| 『儀禮』。 | 『의례(儀禮)』❸에 |
| 鉶芼。 | "형모(鉶芼)는 |
| 牛藿、羊苦、豕薇。 | 우곽(牛藿:쇠고기에는 콩잎)과 양고(羊苦:양고기에는 씀바귀)와 시미(豕薇:돼지고기에는 고비나물)이다."라고 했다. |
| 牲用魚。 | 생(牲)은 생선을 사용한다. |
| 芼之以蘋藻。 | 모(芼)는 빈조(蘋藻)로 한다. |
| 『內則』 | 『내칙(內則)』❹에 |
| 雉兔(兔)皆有芼是也。 | "꿩과 토끼는 모두 모(芼)가 있다."라고 한 것이 이것이다. |
| 孔沖遠疑四豆之實無荇。 | 공충원(孔沖遠)이 4두지실(四豆之實)에 담는 것에는 행(荇)이 없을 것이라고 의심했다. |
| 不知『詩』明言芼、非菹也。 | 『시(詩)』에서 분명히 말한 모(芼)가 저(菹)가 아닌 지는 알 수 없다. |
| 玉裁按。 | 단옥재(段玉裁)의 생각으로는 |
| 芼字本義是艸覆蔓。 | 모(芼)자가 본래는 풀이 덮어서 퍼지는 것이었으므로 |

## 0516

| | |
|---|---|
| 故從艸毛會意。 | 초(艸)와 모(毛)를 다른 회의(會意)자였다. |
| 因之『爾雅』曰搴也。 | 그래서 『이아(爾雅)』⑤에서도 이르기를 |
| | "건야(搴也:걷어줘다)"라고 했고, |
| 毛公曰擇也。 | 모공(毛公)은 "택야(擇也:택하다)"라고 했으니 |
| 皆於從毛得解。 | 모두 모공(毛公)을 따라 이해한 것이다. |
| 搴之而擇之。 | 끌어잡고 골라서 |
| 而以爲菜釀。 | 채양(菜釀:풀을 빚다)한 것이다. |
| 義實相成。 | 실제로 서로 뜻을 이룬다. |
| 『詩·禮』本無不合。》 | 『시(詩)』와 『례(禮)』가 합치하지 않는 것이 없다. |

**연**(莚莚) 풀이름, 만연할, 넌출질.

**읍**(渭) 국, 고기의 국물.

**형**(鉶) 제기, 국그릇, 탕기.

**해**(醢) 육장, 포를 썰어 누룩과 소금을 섞어서 술에 담근 음식, 인체를
　　소금에 절이는 형벌.

**형**(荇) 제기, 국그릇, 탕기.

**건**(搴) 가질, 줄어들, 걷어 쥘, 끌어잡을, 뺄.

**저**(菹) 김치 ■**차**:푸서리, 땅이름.

**빈**(蘋) 개구리밥, 네가래

| | |
|---|---|
| **좌우모지**(左右芼之) | 이리저리 골라 뜯네.『시경:국풍·주남·관저(詩經:國風·周南·關雎)』 |
| **저해**(菹醢) | ① 초(酢)나 소금으로 젓 담근 채소. ② 가늘게 썰어서 소금으로 절인 고기. ③ 사람을 죽여서 그 사체로 육장(肉醬)을 담는 가혹한 형벌. |
| | ※ **한팽저해**(韓彭菹醢) : 한신(韓信)과 팽월(彭越)은 한고조를 도운 개국공신이었지만 종국엔 역적으로 몰려서 저해(菹醢)가 됨. |
| **해인**(醢人) | <주례:천관·해인(周禮·天官·醢人)> 사두(四豆)에 담는 제수(祭需)를 관장한다. |
| **두실**(豆實) | 나무제기에 담는 제사 음식. 부추. 대실(敦實)은 대(敦)에 담는 제사 음식으로 벼를 가르킨다. 한편 가변(嘉籩)은 변(籩)에 담는 제사 음식을 말한다. 변(籩)은 대나무 그릇인데 주로 과일과 말린 고기를 담는다. 이 둘을 합쳐서 변두지실(籩豆之實)로 일컸는다. |
| | <례기:교특생(禮記:郊特牲)>에 "제사를 지낼 때에는 정(鼎)과 조(俎)는 기수(奇數)로 하고, 변(籩)과 두(豆)는 우수(偶數)로 하는데, 이것은 음양(陰陽)을 구별하는 뜻이다. 변과 두에 담는 내용물은 물이나 흙에서 나는 것으로 한다. 감히 맛을 가미하여 설만하게 하지 않으며, 가지 수를 많이 하는 것을 귀하게 여기지 않으니, 이는 신명과 교감하는 뜻이다." [鼎俎奇而籩豆偶 陰陽之義也 籩豆之實 水土之品 |

0516

| | |
|---|---|
| | 也 不敢用褻味而貴多品 所以交於神明之義也]라고 했다. |
| **형모**(鉶芼) | 형모(鉶芼)라고도 쓴다. 고깃국을 담은 작은 솥에 넣는 나물(盛羹的小鼎中放菜). 맛을 돕는 재료들이다. |
| **우곽**(牛藿) | 소고기국에는 콩잎. |
| **양고**(羊苦) | 양고기국에는 씀바귀. |
| **시미**(豕薇) | 돼지고기국에는 고비나물. |
| **빈조**(蘋藻) | 물 위에 떠 도는 풀과 물 속에 잠겨 자라는 풀. |
| **4두지실**(四豆之實) | 네 가지의 나무제기에 담는 제사 음식. |
| **채양**(菜釀) | 풀을 빚다. |

[**신경고 引經考**]

### ❶『시(詩)』〈周南:關雎〉

關關雎鳩, 在河之洲.　　窈窕淑女, 君子好逑.

參差荇菜, 左右流之.　　窈窕淑女, 寤寐求之.

求之不得, 寤寐思服.　　悠哉悠哉, 輾轉反側.

參差荇菜, 左右采之.　　窈窕淑女, 琴瑟友之.

參差荇菜, 左右芼之.　　窈窕淑女, 鍾鼓樂之.

　<芼, 擇也. 箋云：後妃既得荇菜, 必有助而擇之者.

　○芼, 毛報反.>

　〔疏〕傳“芼, 擇也”.

　○正義曰：《釋言》云：“芼, 搴也.”

　孫炎曰：“皆擇菜也.”

　某氏曰：“搴猶拔也.”

　郭璞曰：“拔取菜也.”以搴是拔之義.

　《史記》云“斬將搴旗”, 謂拔取敵人之旗也. 芼訓爲“拔”, 而此云“芼之”, 故知拔菜而擇之也.

### ❷『모정-시:고정(毛鄭-詩:考正)』〈輯膚毛詩故訓傳鄭氏箋〉

3　　　傳窈窕幽圉也震按窈窕謂容也其容幽閒窈窕然禮四教婦德婦言婦容婦功者德之表一章傳沈求也震按義本圉雅考詩意謂若菜生流冰之次有潔醴之美可以當求取耳霆云左右助之震按左右謂身所膽顧之左右也五章傳宅擇也震按爾雅宅塞也郭注云拔取菜伯恭讀詩記引董氏云亳熟薦之也說洛不洞背疇辭生訓耳宅從草毛聲菜之亨於肉清者也考之禮羹宅范醯几四物肉謂之羹菜謂之亳內謂之醯菜謂之范直醯生為之是為垣賣亳則撞忌之雕雌且川亡宅之言用為銅宅孔坤遠義疏以周官醢人陳因豆一之宴無符菜而謂詩味時事用殷醒由宅字失苴義一故不知詩中已盟日為亳非為殖也苴與醢相從實一諸豆周禮七諳莖殖菁范茆直葵直幷直落殖筍范是也宅與羹相從實諸銅儀禮銅宅牛藿羊苦豕

## 0516

薇一圓甘義牲用魚宅之以贖藻內則雉免皆有宅是也葛覃一章傳言我也震按義
本圖雅詩土盧書互用

### ❸『의례(儀禮)』

鉶芼, 牛藿, 羊苦, 豕薇, 皆有滑.

<藿, 豆葉也. 苦, 苦茶也. 滑, 菫荁之屬. 今文苦爲芐.>

[疏]“鉶芼”至“有滑”.

○注“藿豆”至“爲芐”.

○釋曰, 云“滑, 菫荁之屬”者,

案《士虞記》云:“鉶芼, 用苦若薇, 有滑. 夏用葵, 冬用荁.”

鄭注云:“荁, 菫類也. 乾則滑. 夏秋用生葵, 冬春用乾荁.”

此經云“皆有滑”, 不言所用之物, 故取《士虞記》解之. 云“之屬”者, 其中兼有葵也.

### ❹『내칙(內則)』

牛脩, 鹿脯, 田豕脯, 麋脯, 麋脯, 麋, 鹿, 田豕, 麋皆有軒; 雉, 免皆有
芼.

<脯, 皆析乾肉也. 軒, 讀爲憲, 憲, 謂藿葉切也. 芼, 謂菜釀也. 軒或爲胖.>

### ❺『이아(爾雅)』

芼, 搴也. <謂拔取菜.>

[疏]“芼, 搴也”.

○釋曰: 孫炎曰:“皆釋菜也.”

某氏曰:“搴猶拔也.”郭云:“謂拔取菜”, 以搴是拔之義.

《史記》曰:“斬將搴旗.”謂拔取敵人之旗也.

《周南·關雎》云:“參差荇菜, 左右芼之.”故云“謂拔取菜”.

毛傳云“芼, 擇”, 亦謂拔菜而擇之也.

## 0517 蒼 蒼 창 【cāng ㄘㄤˉ】 40

푸른빛 창

艸色也。 「풀 빛」이라는 뜻이다.

《引伸爲凡靑黑色之偁(稱)。》 뜻이 확대되어 모든 청흑색(靑黑色)을 뜻하게 되었다.

从艸。 초(艸)를 따랐고,

倉聲。 창(倉)이 성부가 된다.

《七岡切。10部。》 칠강절(七岡切)이다. 제 10부에 속한다.

## 0518 薍 萐 람【lán ㄌㄢˊ】40
### 풀이 바람에 흔들리는 모양 람

| | |
|---|---|
| 艸得風皃(貌)。 | 「풀이 바람에 흔들리는 모양」이다. |
| 从艸風。 | 초(艸)와 풍(風)을 따랐다. |
| 風亦聲。 | 풍(風)이 또한 음도 나타낸다. |
| 讀若婪。 | 람(婪)자 처럼 읽는다. |
| 《盧含切。 | 로함절(盧含切)이다. |
| 古音在 7部。》 | 고음(古音)은 제 7부에 속한다. |

**람**(婪) 탐할, 삼가지 않을.

**0519** 萃 **췌** 【cùi ㄘㄨㄟˋ】 40

풀 모양 췌

---

艸皃(貌)。

『易:象傳』曰。

萃、聚也。

此引伸之義。

从艸。

卒聲。

讀若瘁。

《秦醉切。15部。

按鍇本無萃。》

---

풀 모양이다.

『역:단전(易:象傳)』❶에 이르기를

"췌(萃)는 모이는 것이다."라고 했다.

이것은 확대된 뜻이다.

초(艸)를 따랐고,

졸(卒)이 성부가 된다.

췌(瘁)자 처럼 읽는다.

진취절(秦醉切)이다. 제 15부에 속한다.

생각컨대 서개(徐鍇)의 책에는 췌(萃)자가 없다.

---

**췌**(瘁) 병들, 수고로울, 고달픈 모양, 여윈 모양.

---

[신경고 引經考]

❶『역:단전(易:象傳)』

《彖》曰: 萃, 聚也. 順以說, 剛中而應, 故"聚"也.

<但"順而說", 則邪佞之道也. 剛而違於中應, 則强亢之德也. 何由得聚? 順說而以剛爲主, 主剛而履中, 履中以應, 故得聚也.>

---

형성 췌(膵)

# 0520

## 0520 蒔 시【shì ㄕˋ】40
### 모종할 시

更別種。
《『方言』曰
蒔、立也。
蒔、更也。
『堯典』。
播時百穀
鄭讀時爲蒔。
今江蘇人移秧插(揷)田中曰蒔秧。》

从艸。
時聲。
《時吏切。1部。》

「다시 따로 심는다」는 뜻이다.

『방언(方言)』❶에 이르기를

"시(蒔)는 세우는 것이다.

시(蒔)는 바꾸는 것이다."라고 했다.

『요전(堯典)』❷에 이르기를

"그 때에 백곡을 파종한다."라고 했다.

정현(鄭玄)은 시(時)자를 시(蒔)자라고 했다.

지금 **강소**(江蘇) 사람들은 밭에 옮겨심는 것을 **시앙**(蒔秧)이라고 한다.

초(艸)를 따랐고,

시(時)가 성부가 된다.

시리절(時吏切)이다. 제 1부에 속한다.

**강소**(江蘇) | 중국대륙 동부 연안(沿岸) 중심지. 1667년 강남성(江南省)이 동서로 나누어지면서 설치되었다. 강녕부(江寧府)와 소주부(蘇州府)의 첫 글자를 따서 이름한 것이다. 상해(上海), 절강(折江), 안휘(安徽)와 함께 장강(長江) 삼각주 지구를 형성한다.

**시앙**(蒔秧) | 모종함.

**[인경고 引經考]**

❶『방언(方言)』

蒔, 殖, 立也.

蒔, 更也.

❷『요전(堯典)』

帝曰﹕"棄, 黎民阻饑, 汝後稷, 播時百穀.

<阻, 難. 播, 布也. 眾人之難在於饑, 汝後稷, 布種是百穀以濟之. 美其前功以勉之. ○阻, 莊呂反, 王云﹕"難也." 播, 波左反.>

〔疏〕"帝曰棄" 至"百穀" ○正義曰﹕帝因禹讓三人而官不轉, 各述其功以勸之. 帝呼稷曰﹕"棄, 往者洪水之時, 眾民之難難在於饑, 汝君爲此稷之官, 教民布種是百穀以濟活之."言我佑汝功, 當勉之. ○傳"阻難"至"勉之"○正義曰﹕阻, 難,《釋詁》文. "播是分散之義, 故爲布也. 王肅云﹕"播, 敷也."堯遭洪水, 民不粒食, 故眾民之難在於饑也. "稷"是五穀之長, 立官主此稷事. "後"訓君也. 帝言﹕"汝君此稷官, 布種是百穀以濟救之."追美其功以勸勉之. 上文"讓於稷, 契,《益稷》云"暨稷"《呂刑》云"稷降播種"《國語》云"稷爲天官". 單名爲"稷", 尊而君之稱爲"後稷", 故《詩傳》,《孝經》皆以"後稷"爲言, 非官稱"後"也.

## 0521 苗 묘【miáo ㄇㄧㄠˊ】40

(곡식의) 싹 묘

| | |
|---|---|
| 艸生於田者。 | 「밭에서 자라는 풀」이다. |
| 从艸田。 | 초(艸)와 전(田)을 따랐다. |
| 《武鑣切。2部。 | 무표절(武鑣切)이다. 제 2부에 속한다. |
| 按苗之故訓禾也。 | 생각건대 묘(苗)의 옛 날의 훈이 화(禾)였다. |
| 禾者、今之小米。 | 화(禾)는 지금의 **소미**(小米)다. |
| 『詩』誕降嘉穀、 | 『시(詩)』❶에 "**탄강가곡**(誕降嘉穀), |
| 維秬維秠、 | **유거유비**(維秬維秠), |
| 維穈維芑。 | **유문유기**(維穈維芑)"라고 했다. |
| 『爾雅』、『毛傳』、『說文』皆曰。 | 『이아(爾雅)』❷와 『모전(毛傳)』❸ 그리고 『설문(說文)』 모두에 이르기를 |
| 穈、赤苗。 | "문(穈)은 **적묘**(赤苗)다. |
| 芑、白苗。 | 기(芑)는 **백묘**(白苗)다."라고 했다. |
| 『魏風』。 | 『위풍(魏風)』❹에 |
| 無食我苗。 | "내밭의 싹을 먹지마라."라고 했다. |
| 毛曰。 | 모(毛)가 이르기를 |
| 苗、嘉穀也。 | "묘(苗)는 **가곡**(嘉穀)이다."라고 했다. |
| 此本『生民詩』。 | 이것은 『생민시(生民詩)』❺를 본뜬 것이다. |
| 『首章』言黍。 | 『수장(首章)』에서는 서(黍)라고 했다. |
| 『二章』言麥。 | 『2장(二章)』에서는 맥(麥)이라고 했다. |
| 『三章』則言禾。 | 『3장(三章)』에서는 화(禾)라고 했다. |
| 『春秋經:莊七年』。 | 『춘추경:장7년(春秋經:莊七年)』❻에 |
| 秋大水、無麥苗。 | "가을에 홍수가 났다. 보리싹이 남아있지 않다."라고 했다. |
| 『廿(卄)八年』。 | 『28년(卄八年)』❼에 |
| 冬、大無麥禾。 | "겨울, 보리이삭이 전혀 남아있지 않다."라고 했다. |
| 麥苗卽麥禾。 | **맥묘**(麥苗)는 곧 **맥화**(麥禾)다. |
| 秋言苗、冬言禾。 | 가을엔 묘(苗)라 하고, 겨울엔 화(禾)라고 한다. |
| 何休曰。 | 하휴(何休)가 이르기를 |
| 苗者、禾也。 | "묘(苗)를 화(禾)라고 한다."라고 했다. |
| 生曰苗。 | 자라는 것을 묘(苗)라 하고, |
| 秀曰禾。 | 이삭이 팬 것을 화(禾)라고 한다. |
| 『創頡篇』曰。 | 『창힐편(創頡篇)』❽에 이르기를 |
| 苗者、禾之未秀者也。 | "묘(苗)는 화(禾)의 싹이 아직 패지 않은 것이다."라고 했다. |
| 孔子曰。 | 공자(孔子)가 이르기를 |
| 惡莠恐其亂苗。 | "가라지가 그 싹을 어지럽힐까봐 걱정된다."라고 했다. |
| 魏文矦曰。 | 위문후(魏文矦)가 이르기를 |

**0521**

幽莠似禾。 "유유(幽莠)는 화(禾)와 유사하다."라고 했다.

明禾與苗同物。 화(禾)와 묘(苗)가 같은 사물임을 밝힌 것이다.

苗本禾未秀之名。 묘(苗)는 원래 화(禾)가 아직 패지 않은 것의 이름이다.

因以爲凡艸木初生之名。 이로 인해 모든 풀이 처음 자라는 것을 이름하는데

『詩』言稷之苗、稷之穗、稷之實、是也。 『시(詩)』에서 말하는 직(稷)의 싹, 직(稷)의 이삭, 직(稷)의 열매가 이것이다.

『說文』立文當以苗字次。 『설문(說文)』에서 글자를 배열할 때 묘(苗)자 다음,

虋字之前。 문(虋)자 앞에 두고,

云禾也。嘉穀也。 이르기를 "화(禾)다. **가곡**(嘉穀)이다."라고 했다.

則虋爲赤苗。 곧 문(虋)은 **적묘**(赤苗)이고,

籒文芑爲白苗。 주문(籒文)의 기(芑)는 **백묘**(白苗)이다.

言之有序。 말에는 순서가 있다.

艸生於田。 풀은 밭에서 자란다.

皮傅字形爲說而已。 피부처럼 얕은 자형을 근거로 억지로 풀이한 것이다.

○ 古或假苗爲茅。 ○ 옛날에는 묘(苗)자를 모(茅)자로 가차하기도 했다.

如『士相見禮－古文』「艸茅」作「艸苗」。 『사상견례－고문(士相見禮－古文)』⑨ 같으면 **초모**(艸茅)를 **초묘**(艸苗)라고 썼다.

『洛陽伽藍記』所云「魏時苗茨之碑」、 『락양가람기(洛陽伽藍記)』⑩에서 언급한 「위시묘자지비(魏時苗茨之碑)」가

實卽茅茨。 실제로는 「**모자**(茅茨)」다.

取堯舜茅茨不翦也。》 곧 요순(堯舜)이 **모자**(茅茨)를 자르지 않았다는 것을 취한 것이다.

표(鑣) 말재갈, 성할.

름(秬) 검은 기장, 검은 기장과 향초로 빚은 술.

름(秠) 검은 기장, 한 껍질 속에 두 알이 들어 있는 기장.

문(虋) 맥문동, 붉은 차조.

기(芑) 흰 차조, 쑥갓.

유(莠) 가라지, 추할, 땅이름 ▣**수**:씀바귀.

자(茨) 새이엉, 새로 집이을, 남가새, 쌓을.

전(翦) 깃날, 가지런할, 죽일, 짤라버릴, 아첨하는 모양.

문(䊤) 붉은 기장, 붉은 차조, 조.

**소미**(小米) 『시경:대아:생민지십:생민(詩經:大雅:生民之什:生民)』

**탄강가곡**(誕降嘉穀) 가곡(嘉穀)을 내려주시니.

*0521*

| | |
|---|---|
| **유거유비**(維秬維秠) | 거(秬)도 있고, 비(秠)도 있다. |
| **적묘**(赤苗) | 벼의 줄기가 붉은 것, 맥문동. |
| **백묘**(白苗) | 벼의 줄기가 흰 것, 차조. |
| **가곡**(嘉穀) | ① 좋은 곡식이라는 뜻으로 벼(禾)를 가리킴. ② 조(粟) 또는 5곡의 총칭.　　※ 진한(秦漢) 이전에는 속(粟)이 곡식을 총칭하는 말이었다. 여기에는 서(黍), 직(稷), 량(粱) 등이 모두 포함되었다. 한(漢) 이후 이삭이 크고, 털이 길고, 알이 굵은 것을 량(粱)이라 하고, 이삭이 크고, 털이 짧고, 알이 작은 것을 속(粟)이라고 부르기 시작했다. |
| **유유**(幽薟) | 가라지 풀. 유유(幽薟)가 어릴 때는 벼와 같다. 려우(驪牛)가 어릴 때는 범과 비슷하다(幽薟之幼小也是禾, 驪牛之黄也似虎). |
| **모자**(茅茨) | 묘자(茆茨)로도 쓴다. ①띠와 납가새. ②지붕에 덮은 띠.《轉》띠로 지붕을 인 초라한 집. 평민이 사는 거리. 또는 자기의 집에 대한 겸칭. |

※ **모자토계**(茅茨土階) 생활을 매우 검소하게 함을 지칭한 말이다. 모자는 모자부전(茅茨不剪)의 준말로, 지붕을 여로 이고서 끝을 베어 가지런하게 하지 않는 것이고, 토계는 토계3등(土階三等)의 준말로, 흙으로 뜰을 쌓되 세 계단만 쌓는다는 뜻이다. 사기(史記) 태사공 자서에 "묵자(墨子)가 요순(堯舜)의 덕행을 높여 말하기를 '토계는 세 계단이었고 모자를 베지 않았다.'고 했다." 하였다.

※ **묘자부전**(茆茨不剪) 모자부전(茅茨不剪).

※ **토계모자**(土階茅茨) 흙으로 만든 계단과 띠를 엮어 이은 엉성한 지붕. 아주 소박하고 검소한 궁실을 이르는 말. [新唐書4, 98?薛收傳] 土階茅茨 唐堯以昌.

※ **작서공모자**[雀鼠共茅茨]강포(强暴)한 자들이 초가에 사는 백성들을 착취하며 괴롭히는 것을 말한다. 쥐와 참새 떼는 <시경:소남:행로(詩經:召南:行露)>에서 나온 말로, 사소한 트집을 잡아 송사(訟事)까지 벌이며 고달프게 하는 포악한 세력을 말한다.

| | |
|---|---|
| **초모**(艸茅) | 초묘(草茆), 초모(艸茅)로도 쓴다. 1. 잡초 이름. 2. 조정(朝廷)에 대한 말로서 민간. 재야 3. 그런 사람. |
| **초묘**(艸苗) | |
| **피부**(皮傅) | 피부처럼 얄팍한 근거로 억지로 갖다 붙임(皮膚淺近强相傳會). |
| **맥묘**(麥苗) | 1.맥자(麥子:소맥)와 서직(黍稷) 등 작물의 어린 싹. 2. 보리의 어린 싹. |
| **맥화**(麥禾) | 보리와 벼. |

**[인경고 引經考]**

❶『시(詩)』〈大雅:生民之什:生民〉

厥初生民, 時維姜嫄. 生民如何, 克禋克祀, 以弗無子.

履帝武敏, 歆攸介攸止, 載震載夙, 載生載育, 時維后稷.

誕彌厥月, 先生如達. 不拆不副, 無菑無害.

## 0521

以赫厥靈, 上帝不寧, 不康禋祀, 居然生子.

誕寘之隘巷, 牛羊腓字之. 誕寘之平林, 會伐平林.

誕寘之寒冰, 鳥覆翼之. 鳥乃去矣, 后稷呱矣. 實覃實訏, 厥聲載路.

誕實匍匐, 克岐克嶷, 以就口食.

蓺之荏菽, 荏菽旆旆, 禾役穟穟, 麻麥幪幪, 瓜瓞唪唪.

誕后稷之穡, 有相之道. 茀厥豐草, 種之黃茂.

實方實苞, 實種實褎, 實發實秀, 實堅實好, 實穎實栗. 卽有邰家室.

誕降嘉種, 維秬維秠, 維穈維芑. 恒之秬秠, 是穫是畝.

恒之穈芑, 是任是負. 以歸肇祀.

> <天降嘉種. 秬, 黑黍也. 秠, 一稃二米也. 穈, 赤苗也. 芑, 白苗也. 箋云 : 天應堯
> 之顯後稷, 故爲之下嘉種.>

誕我祀如何. 或舂或揄, 或簸或蹂. 釋之叟叟, 烝之浮浮.

載謀載惟, 取蕭祭脂, 取羝以軷. 載燔載烈, 以興嗣歲.

卬盛于豆, 于豆于登. 其香始升, 上帝居歆. 胡臭亶時.

后稷肇祀, 庶無罪悔, 以迄于今.

### ❷『이아(爾雅)』

穈, 赤苗. <今之赤粱粟.> 芑, 白苗. <今之白粱粟, 皆好穀> 秬, 黑黍. <《詩》曰 :
"維秬維秠. > 秠, 一稃二米. <此亦黑黍, 但中米異耳. 漢和帝時任城生黑黍, 或三四
實, 實二米, 得黍三斛八斗是.>

### ❸『모전(毛傳)』

> <天降嘉種. 秬, 黑黍也. 秠, 一稃二米也. 穈, 赤苗也. 芑, 白苗也. 箋云 : 天應堯
> 之顯後稷, 故爲之下嘉種.>

### ❹『위풍(魏風)』 <魏風:碩鼠>

碩鼠碩鼠, 無食我黍. 三歲貫女, 莫我肯顧.

逝將去女, 適彼樂土. 樂土樂土, 爰得我所.

碩鼠碩鼠, 無食我麥. 三歲貫女, 莫我肯德.

逝將去女, 適彼樂國. 樂國樂國, 爰得我直.

碩鼠碩鼠, 無食我苗. 三歲貫女, 莫我肯勞. <苗, 嘉穀也.>

逝將去女, 適彼樂郊. 樂郊樂郊, 誰之永號.

『수장(首章)』에서는 서(黍)라고 했다.

『2장(二章)』에서는 맥(麥)이라고 했다.

『3장(三章)』에서는 화(禾)라고 했다.

### ❺『생민시(生民詩)』 1번 참조.

### ❻『춘추경:장7년(春秋經:莊七年)』

秋, 大水. 無麥, 苗. <今五月, 周之秋. 平地出水, 漂殺熟麥及五稼之苗. ○漂, 匹

*0521*

妙反, 又匹遙反.>

○正義曰 : 直言無麥, 苗, 似是麥之苗, 而知麥, 苗別者,《公羊傳》曰 : "曷爲先言無麥, 而後言無苗? 待無麥, 然後書無苗." 如彼傳文, 知麥, 苗別也. 且此秋, 今之五月, 麥已熟矣, 不得方云麥之無苗, 故知熟麥及五稼之苗皆爲水漂殺也. 種之曰稼, 斂之曰穡.《月令》五時食穀, 黍, 稷, 麻, 麥, 豆,《周禮》謂之五穀, 故云五稼之苗. 何休云 : "禾初生曰苗, 秀曰禾."

### ❼『28년(廿八年)』

冬, 築郿. 大無麥禾. <書於冬者, 五穀畢入, 計食不足而後書也.>

○正義曰 : 麥熟於夏, 禾成在秋, 而書於冬者, 計食不足而後總書之. 此年不言水旱, 而得無麥禾者, 服虔曰 : "陰陽不和, 土氣不養, 故禾麥不成也." 傳言饑而經不書者, 得齊之糴, 救民之急, 不至於饑也. 傳言饑者, 指未糴之前, 說告糴之意, 故言饑也.

### ❽『창힐편(創頡篇)』

厥.

### ❾『사상견례-고문(士相見禮-古文)』

凡自稱於君, 士大夫則曰"下臣". 宅者在邦, 則曰"市井之臣"; 在野, 則曰"草茅之臣"; 庶人則曰"刺草之臣". 他國之人則曰"外臣".

<宅者, 謂致仕者也. 致仕者, 去官而居宅, 或在國中, 或在野.《周禮·載師》之職"以宅田任近郊之地". 刺猶剗除也. 今宅爲托, 古文茅作苗.>

### ❿『락양가람기(洛陽伽藍記)』

柰林南有石碑一所, 魏明帝所立也. 題云『苗茨之碑.』高祖於碑北作苗茨堂. 永安中年, 莊帝習馬射於華林園, 百官皆來讀碑, 疑苗字誤. 國子博士李同軌曰 : 『魏明英才, 世稱三公(祖), 祖(公)幹, [仲]宣, 口[爲], 但未知本意如何, 不得言誤也. 』衒之時爲奉朝請, 因即釋曰 : 『以萬覆之, 故言苗茨, 何誤之有? 』眾鹹稱善, 以爲得其旨歸.

<吳集證云 : 『按魏書任城王澄傳 : 次之凝閑堂, 高祖曰 : 此蓋取天子閑居之義, 不可縱奢以忘儉, 自安以忘危. 故此堂後作茅茨堂. 則苗字是茅字之誤也. 按說文茨以茅葦蓋屋, 衒之蓋據之以釋碑, 蒿疑茅字之訛. 蒿, 菣也, 即香蒿也, 不可以覆屋也. 』按苗茨若作茅茨, 意義易曉, 百官不致疑誤, 無須解釋. 攷說文苗字, 段注云 : 『古或假苗爲茅, 如士相見禮古文艸茅作艸苗… >

---

형성 (2자+1)　묘(媌/䁧)7813

　　　　　　　묘(緢/繪)8166 묘(貓/獠)

**[묘(苗)가 포함된 글자들]** 2+1자

성부 蔜藨蒀채 萬만

## 0522

### 0522 ﹟苛 가【kē ㄎㄜ⁻】40

### 본[잔풀] 가혹하고 무거울 가

小艸也。
《引伸爲凡瑣碎之稱。》
从艸。
可聲。
《乎哥切。17部。》

자잘한 풀이다.
　뜻이 확대되어 잘게 모든 부셔진 것들을 뜻하게 되었다.
초(艸)를 따랐고,
가(可)가 성부가 된다.
　호가절(乎哥切)이다. 제 17부에 속한다.

　쇄(瑣) 옥소리, 옥부스러기, 옥가루, 작아서 힘이 없는 모양, 좀스러운
　모양.

형성 (1자)　가(渮纗)6744

[가(苛)가 포함된 글자들] 1자

## 0523 蕪 蕪 무【wú ㄨˊ】40

거칠、어지러울 무

| | |
|---|---|
| 薉也。 | 「거칠다」는 뜻이다. |
| 从艸。 | 초(艸)를 따랐고, |
| 無聲。 | 무(無)가 성부가 된다. |
| 《武扶切。5部。》 | 무부절(切)이다. 제 5부에 속한다. |

**예**(薉) 더러울, 거칠, 김묵을, 행실 나쁠.

| 0524 | 0524 薉 蔵 예 【huì ㄏㄨㄟˋ】40<br>거칠, 더러울 예 |
|---|---|

蕪也。
从艸。
歲聲。
《於廢切。15部 今作穢。》

「거칠다」는 뜻이다.
초(艸)를 따랐고,
세(歲)가 성부가 된다.
어폐절(於廢切)이다. 제 15부에 속한다.
지금은 예(穢)자를 쓴다.

**무**(蕪) 거칠, 달아날, 초목 떨기로 날, 어지러울.
**예**(穢) 거칠, 더러울.

참고 | 예(薉驥)

[예(薉)가 포함된 글자들] +1자

0525 荒荒 **황** 【huāng ㄏㄨㄤ¯】 40

거칠, 흉년들 황

蕪也。

「거칠다」는 뜻이다.

《荒(荒)之言尨也。

황(荒)이 말하려는 것은 방(尨)이다.

故爲蕪薉。》

그래서 **무예**(蕪薉)가 된다.

从艸、

초(艸)를 따랐고,

巟(巟)聲。

황(巟)이 성부가 된다.

《呼光切。10部。》

호광절(呼光切)이다. 제 10부에 속한다.

一曰艸掩地也。

혹은 잡초가 밭을 덮은 것이라고도 한다.

《『周南』、『魯(魯)頌』毛鄭皆曰。

모공(毛公)과 정현(鄭玄)이 모두 『주남(周南)』❶과 『로송(魯頌)』❷을 이르기를

荒、奄也。

"황(荒)은 엄(奄)이다."라고 했다.

此艸掩地引伸之義也。

이것은 「풀이 땅을 덮는다」는 뜻이 확대된 것이다.

一本掩作淹。》

어떤 책에서는 엄(掩)을 엄(淹)으로 쓰기도 했다.

**방**(尨) 삽살개, 얼룩얼룩할, 빛깔 섞일, 잡박이 ▣**몽**:어지러운 모양.

**엄**(掩) 거둘, 가릴, 막을, 어루만질, 머무를 ▣**암**:속여잡을, 덮어잡을.

**예**(薉) 더러울, 거칠, 김묵을, 행실 나쁠.

**엄**(奄) 덮을, 문득, 갑자기.

[**인경고 引經考**]

❶『주남(周南)』〈周南:樛木〉

南有樛木, 葛藟纍之.　　樂只君子, 福履綏之.

南有樛木, 葛藟荒之.　　樂只君子, 福履將之.

南有樛木, 葛藟縈之.　　樂只君子, 福履成之.

&lt;作, 生. 荒, 大也. 天生萬物於高山, 大王行道, 能大天之所作也.

箋云: 高山, 謂岐山也.

《書》曰 : "道岍及岐, 至於荊山." 天生此高山, 使興雲雨, 以利萬物. 大王自豳遷焉, 則能尊大之, 廣其德澤. 居之一年成邑, 二年成都, 三年五倍其初..&gt;

❷『로송(魯頌)』〈魯頌:閟宮〉

· · · · · · · · ·

泰山巖巖, 魯邦所詹. 奄有龜蒙, 遂荒大東. 至于海邦, 淮夷來同. 莫不率從, 魯侯之功.

&lt;荒, 奄. 將, 大也.

箋云: 此章申殷勤之意. 將猶扶助也..&gt;

형성 (1자)　　황(稴稴뾁)4256

[황(荒)이 포함된 글자들] 1자

## 0526

### 0526 茻莘 쟁【zhēng ㄓㄥ－】40
#### 풀 어지러운 모양 쟁

莘茻、《逗。》
艸亂也。
从艸。
爭聲。
《側莖切。11部。》
杜林說莘蘫(茻)艸皃(貌)。

《莘蘫疊韵(疊韻)。
此葢(蓋)出『蒼頡訓纂』、『蒼頡故』。》

쟁녕(莘茻)은
풀이 어지러운 것이다.
초(艸)를 따랐고,
쟁(爭)이 성부가 된다.
  측경절(側莖切)이다. 제11부에 속한다.
두림(杜林)은 쟁녕(莘茻)이 풀모양이라고 설명했
다.
  쟁(莘)과 녕(蘫)은 첩운이다.
  이것은 대게『창힐훈찬(蒼頡訓纂)』❶과『창힐고(蒼頡故)』❷에
서 나온 것이다.

**녕(茻)** 풀 얽힌 모양, 석제녕.
**힐(頡)** 곧은 목, 날아 올라 갈.

쟁녕(莘茻) 풀이 어지러운 모양.

[신경고 引經考]
❶『창힐훈찬(蒼頡訓纂)』
厥.
❷『창힐고(蒼頡故)』
厥.

## 0527 䒢薴薴 녕【níng ㄋㄧㄥˊ】 40
### 풀 얽힌 모양 녕

0527

薴薴(薴)也。
从艸。
寧聲。
《女庚切。11部。
此二篆及解舊譌舛。
今依全書通例正。》

쟁녕(薴薴)이다.
초(艸)를 따랐고,
녕(寧)이 성부가 된다.
녀경절(女庚切)이다. 제 10부에 속한다.
이 두 표제자와 풀이가 옛날에는 **와천**(譌舛)되었다.
지금은 책 전체의 통례를 근거로 바로 잡았다.

쟁(薴) 풀 어지러운 모양.
녕(薴) 풀 얽힌 모양, 석제녕.

| | |
|---|---|
| 쟁녕(薴薴) | 풀이 어지러운 모양. |
| 와천(譌舛) | 틀림. 잘못. |

## 0528

### 0528 橤落 락【luò ㄌㄨㄛˋ】40
### 떨어질、낙엽 락

凡艸曰零。
木曰落。
《「零」『爾雅音義』作「苓」。
落亦爲籬落、纏絡字。
[木部:柂]落也、
[糸部:繯]落也、是也。》
从艸。
洛聲。
《盧各切。5部。》

무릇 풀잎이 지는 것을 령(零)이라 하고
나무잎이 지는 것을 락(落)이라고 한다.
령(零)을 『이아:음의(爾雅:音義)』❶는 령(苓)으로 썼다.
락(落)은 또 *리락*(籬落), **전락**(纏絡)자로도 쓰인다.
[목부:치(木部:柂)]에 「떨어지는 것이다」라고 했고,
[사부:현(糸部:繯)]에 「떨어지는 것이다」라고 한 것이 이것이다.
초(艸)를 따랐고,
락(洛)이 성부가 된다.
로각절(盧各切)이다. 제 5부에 속한다.

**령**(苓) 도꼬마리, 복령, 풍냉이.
**치**(柂) 떨어질, 땔나무 결대로 쪼갤 ▣**이**:피나무.
**현**(繯) 얽을, 둘릴, 맬 ▣**환**:비단 무늬.

*리락*(籬落) | 변방의 요충지나 성곽.
**전락**(纏絡) | 에워싸고 감음(纏繞).

**[인경고 引經考]**

❶『이아:음의(爾雅:音義)』

隕, 磒, 湮, 下, 降, 墜, 摽, 蘦, 落也.

&lt;磒猶隕也. 方俗語有輕重耳. 湮, 沈落也. 摽, 蘦見《詩》.

○隕, 於閔切. 磒於敏切. 摽, 婢妙切. 蘦音零.&gt;

[疏]"隕磒"至"落也".

○釋曰：皆謂墮落也. 隕者,

《說文》云："從高隊也."

《易》曰："有隕自天." 磒者, 石落也.

郭云："磒猶隕也. 方俗語有輕重耳." 湮, 沈落也. 下者, 自上而落也. 降即下也.

《曲禮》謂羽鳥死曰降. 墜者,

《說文》曰："從高隊也."

《左傳》曰："弗敢失墜." 摽者,

《召南》云："摽有梅." 蘦者,

《說文》云："草曰蘦, 木曰落. 此對文爾. 散而言之, 他物之落亦言蘦.

《鄘風:定之方中》云："靈雨既零." 蘦, 零音義同.

## 0529 蔽蔽 폐【bì ㄅㄧˋ】40

### 가릴、덮을 폐

| | |
|---|---|
| 蔽蔽、 | **폐폐**(蔽蔽)는, |
| 《疊(疊)字。》 | 두 글자를 중첩시킨 것이다. |
| 小艸也。 | 작은 풀이다. |
| 《「也」當作「皃(貌)」。》 | 야(也)는 마땅히 모(皃)로 써야 한다. |
| 『召南』。 | 『소남(召南)』❶에 이르기를 |
| 蔽芾甘棠。 | "**폐불감당**(蔽芾甘棠)"이라고 했다. |
| 毛云。 | 모(毛)가 이르기를 |
| 蔽芾、小皃。 | "**폐불**(蔽芾)은 작은 모양이다."라고 했다. |
| 此小艸皃之引伸也。 | 이것은「작은 풀 모양」이라는 뜻이 확대된 것이다. |
| 按『爾雅:釋言』。 | 생각건대『이아:석언(爾雅:釋言)』❷에 이르기를 |
| 芾、小也。 | "불(芾)은 작다는 뜻이다."라고 했다. |
| 『卷阿:毛傳』云。 | 『권아:모전(卷阿:毛傳)』❸에 이르기를 |
| 茀、小也。 | "불(茀)은 작다는 뜻이다."라고 했다. |
| 芾茀同字。 | 불(芾)과 불(茀)은 같은 글자다. |
| 『說文』有茀無芾。 | 『설문(說文)』에는 불(茀)은 있으나, 불(芾)은 없다. |
| 『甘棠』本作「茀」、或本作市、不可知。 | 『감당(甘棠)』❹에서는 불(茀)로 썼고, 어떤 책에서는 불(市)로 썼는데 알 수 없다. |
| 蔽芾疊韵(疊韻)。 | 폐(蔽)와 불(芾)은 첩운인데 |
| 猶瀎泧、瀎沸。》 | **필불**(瀎泧), **필불**(瀎沸)과 같다. |
| 从艸。 | 초(艸)를 따랐고, |
| 敝聲。 | 폐(敝)가 성부가 된다. |
| 《必袂切。15部。 | 필몌절(必袂切)이다. 제 15부에 속한다. |
| 沈重音必。》 | 심중(沈重)은 음이 필(必)이라고 했다. |

비(芾) 작은 모양, 나무 더부룩할 ▣패:같은 뜻 ▣불:초목으로 가리울, 초목 더부룩할, 무성할.

비(茀) 작은 모양 ▣불:풀이 우거져 길이 막힐, 풀 무성할, 다스릴, 부인의 머리치장, 수레의 뒷문 ▣발:숨쉬는 모양 ▣패:별이름.

---

| | |
|---|---|
| **폐폐**(蔽蔽) | 작은 풀 모양. <소남(召南)>에 "蔽芾甘棠." 毛云. 蔽芾, 小皃. 此小艸皃之引伸也. 按『爾雅:釋言』 "芾, 小也. <권아:모전(卷阿:毛傳)>에 이르기를 "불(茀)은 작은 것이다.불(芾)과 불(茀)은 같은 글자다. <설문(說文)>에는 불(茀)자는 있으나 불(芾)자ㅓ는 없다. <감당(甘棠)>에서는 불(茀)로 쓰고, 간혹 불(市)로 썼는데 잘 모르겠다. 폐불(蔽芾)은 첩운(疊韵)이다. 필불(瀎沸)과 같다. |
| **폐불감당**(蔽芾甘棠) | 무성한 저 감당나무.『시경:소남:감당(詩經:召南:甘棠)』 |

## 0529

| 페불(蔽芾) | 조그마한 모양. 일설에는 나무가 우거진 모양. |
|---|---|
| 필불(潷沛) | 필발(潷浡). 물결이 용솟음치는 모양. |

※ **비(沸)** 끓을, 물이름 ■**불**:샘물 용솟음칠, 물 뿌릴 ■**배**:물결 용솟음칠, 성낼, 편안치 못할.

| 필불(潷沸) | 필발(潷浡). 물결이 용솟음치는 모양. |
|---|---|

[**인경고 引經考**]

**❶『소남(召南)』**〈召南:甘棠〉

蔽芾甘棠, 勿翦勿伐, 召伯所茇.

蔽芾甘棠, 勿翦勿敗, 召伯所憩.

蔽芾甘棠, 勿翦勿拜, 召伯所說.

　　〈蔽芾, 小貌. 甘棠, 杜也. 翦, 去. 伐, 擊也.

　　箋云: 茇, 草舍也. 召伯聽男女之訟, 不重煩勞百姓, 止舍小棠之下而聽斷焉. 國人被其德, 說其化, 思其人, 敬其樹.〉

**❷『이아:석언(爾雅:釋言)』**

芾, 小也. 〈芾者, 小貌. ○芾音〉

　　[疏]"芾, 小也". ○釋曰 : 芾是木幹及葉之小者也.

　　《召南》云 : "蔽芾甘棠." 此比於大木爲小也.

　　《我行其野》云 : "蔽芾其樗."

　　鄭箋云 : "樗之蔽芾始生." 謂樗葉之始生形亦小小也. 郭云 : "芾者, 小貌."

**❸『권아:모전(卷阿:毛傳)』**〈大雅:生民之什:卷阿〉

有卷者阿, 飄風自南. 豈弟君子, 來游來歌, 以矢其音.

伴奐爾游矣, 優游爾休矣. 豈弟君子, 俾爾彌爾性, 似先公酋矣.

爾土宇昄章, 亦孔之厚矣. 豈弟君子, 俾爾彌爾性, 百神爾主矣.

爾受命長矣, 茀祿爾康矣. 豈弟君子, 俾爾彌爾性, 純嘏爾常矣.

　　〈茀, 小也. 箋云: 茀, 福. 康, 安也. 女得賢者, 與之承順天地, 則受久長之命, 福祿又安女.〉

有馮有翼, 有孝有德, 以引以翼. 豈弟君子, 四方爲則.

顒顒卬卬, 如圭如璋, 令聞令望. 豈弟君子, 四方爲綱.

鳳皇于飛, 翽翽其羽, 亦集爰止. 藹藹王多吉士, 維君子使, 媚于天子.

鳳皇于飛, 翽翽其羽, 亦傅于天. 藹藹王多吉人, 維君子命, 媚于庶人.

鳳皇鳴矣, 于彼高岡. 梧桐生矣, 于彼朝陽. 菶菶萋萋, 雝雝喈喈.

君子之車, 旣庶且多. 君子之馬, 旣閑且馳. 矢詩不多, 維以遂歌.

**❹『감당(甘棠)』** 1번 참조.

蔽芾甘棠, 勿翦勿伐, 召伯所茇.

## 0530 䕺擇 탁 【tuò ㄊㄨㄛˋ】 40
### 초목의 껍질 또는 잎 떨어질 탁

艸木凡皮葉落陊地爲擇。
《陊、落也。
〔鍇本〕作墮。》
从艸。
擇聲。
《他各切。5部。》
『詩』曰。
十月殞擇。
《『豳風』文。
毛曰。
擇、落也。
殞鉉作隕。》

초목의 잎이 땅 위에 떨어지는 것이다.
　치(陊)는 떨어지는 것이다.
　서개(徐鍇)의 책에서는 타(墮)로 썼다.
초(艸)를 따랐고,
택(擇)이 성부가 된다.
타각절(他各切)이다. 제 5부에 속한다.
『시(詩)』에 이르기를
　"*시월운탁(十月殞擇)*"이라고 했다.
『빈풍(豳風)』❶에 있는 글이다.
모(毛)가 이르기를❷
　"*탁(擇)은 락(落)이다.*"라고 했다.
운(殞)을 서현(徐鉉)은 운(隕)으로 썼다.

타(陊) 무너질, 비탈을 내려오는 모양, 떨어질.
개(鍇) 좋은 쇠, 정한 쇠, 사람의 이름.
빈(豳) 나라이름 ▣**반**:아롱질. <豕부 10획>
인(殞) 죽을, 다할, 떨어질 ▣**운**:같은 뜻.

시월운탁(十月殞擇)　시월에 낙엽지네.

[신경고 引經考]　❶『빈풍(豳風)』〈豳風:七月〉
.........

七月流火, 八月萑葦. 蠶月條桑, 取彼斧斨, 以伐遠揚, 猗彼女桑. 七月鳴鵙, 八月載績. 載玄載黃, 我朱孔陽, 爲公子裳.

四月秀葽, 五月鳴蜩. 八月其穫, 十月隕蘀. 一之日于貉, 取彼狐貍, 爲公子裘. 二之日其同, 載纘武功, 言私其豵, 獻豜于公.

<不榮而實曰秀葽. 葽, 草也. 蜩, 螗也. 穫, 禾可穫也. 隕, 墜. 蘀, 落也.
箋云：《夏小正》"四月, 王萯秀."葽其是乎？秀葽也, 鳴蜩也, 穫禾也, 隕蘀也, 四者皆物成而將寒之候, 物成自秀葽始.>

五月斯螽動股, 六月莎雞振羽. 七月在野, 八月在宇, 九月在戶. 十月蟋蟀入我牀下. 穹窒熏鼠, 塞向墐戶. 嗟我婦子, 曰爲改歲, 入此室處.

.........

❷모(毛)가 이르기를　1번 참조.

<不榮而實曰秀葽. 葽, 草也. 蜩, 螗也. 穫, 禾可穫也. 隕, 墜. 蘀, 落也. 箋云：

## 0531　蘊薀 온【yùn ㄩㄣˋ】40
### 붕어마름(수초의 일종) 온

| | |
|---|---|
| 積也。 | 쌓이는 것이다. |
| 《又『蘋蘩薀藻之菜:注』。 | 또 『빈번온조지채:주(蘋蘩薀藻之菜:注)』❶에 |
| 薀藻、聚藻也。 | "온조(薀藻)는 취조(聚藻)다."라고 했다. |
| 『小雅:都人士』、『禮記:禮運』、 | 『소아:도인사(小雅:都人士)』❷와 『례기:례운(禮記:禮運)』❸에서 |
| 借菀苑字爲之。》 | 는 완(菀), 원(苑)자를 가차해서 썼다. |
| 从艸， | 초(艸)를 따랐고, |
| 溫聲。 | 온(溫)이 성부가 된다. |
| 《於粉切。13部。 | 어분절(於粉切)이다. 제13부에 속한다. |
| 俗作蘊。》 | 민간에서는 온(蘊)자를 썼다. |
| 『春秋傳』曰 | 『춘추전(春秋傳)』에 이르기를 |
| 薀利生孽。 | "온리생얼(薀利生孽)"라고 했다. |
| 《『左傳:昭十年』文。》 | 『좌전:소10년(左傳:昭十年)』❹에 나오는 문장이다. |

온(薀) 쌓을, 붕어마름
완(菀) 자완, 반혼초(返魂草), 여자의 창자(女腸).
원(苑) 나라동산, 우리를 설치하고 동물이나 식물을 기르는 곳, 무늬
　　있는 모양.
빈(蘋) 개구리밥, 네가래
번(蘩) 산흰쑥.

| | |
|---|---|
| 온조(薀藻) | 聚集之藻草. |
| 취조(聚藻) | 2선초과식물(二仙草科植物). 다년생침수초본(多年生沈水草本). |
| 온리생얼(薀利生孽) | 온(薀), 畜也. 얼(孽), 妖害也. 이익을 쌓으면 재앙이 생긴다. |

### [신경고 引經考]

**❶『빈번온조지채:주(蘋蘩薀藻之菜:注)』**

周, 鄭交惡. 君子曰: "信不由中, 質無益也. 明恕而行, 要之以禮, 雖無有
質, 誰能間之? 苟有明信, 澗谿沼沚之毛, 蘋蘩薀藻之菜,

　　&lt;蘋, 大荓也. 蘩, 皤蒿. 薀藻, 聚藻也.&gt;

　　○正義曰: 毛卽菜也. 而重其文者, 谿沼言地之陋, 蘋藻言菜之薄, 故文重也.

**❷『소아:도인사(小雅:都人士)』**〈小雅:魚藻之什:都人士〉

彼都人士, 狐裘黃黃. 其容不改, 出言有章. 行歸于周, 萬民所望.

彼都人士, 臺笠緇撮. 彼君子女, 綢直如髮. 我不見兮, 我心不說.

彼都人士, 充耳琇實. 彼君子女, 謂之尹吉. 我不見兮, 我心苑結.

　　&lt;箋云: 苑猶屈也, 積也. ○苑, 於粉反, 徐音鬱, 又於阮反.&gt;

彼都人士, 垂帶而厲. 彼君子女, 卷髮如蠆. 我不見兮, 言從之邁.

匪伊垂之, 帶則有餘. 匪伊卷之, 髮則有旟. 我不見兮, 云何盱矣.

❸『례기:례운(禮記:禮運)』

天子以德爲車, 以樂爲禦, 諸侯以禮相與, 大夫以法相序, 士以信相考, 百姓以睦相守, 天下之肥也. 是謂大順. 大順者, 所以養生, 送死, 事鬼神之常也. 故事大積焉而不苑, 並行而不繆, 細行而不失, 深而通, 茂而有間, 連而不相及也, 動而不相害也. 此順之至也.

&lt;言人皆明於禮, 無有蓄亂滯合者, 各得其分, 理順其職也.

○苑, 於粉反, 積也. 繆音謬. 畜, 醜六反.&gt;

❹『좌전:소10년(左傳:昭十年)』

國人追之, 又敗諸鹿門. 樂施, 高彊來奔. 陳, 鮑分其室. 晏子謂桓子: "必致諸公. 讓, 德之主也, 讓之謂懿德. 凡有血氣, 皆有爭心, 故利不可強, 思義爲愈. 義, 利之本也, 蘊利生孽. 姑使無蘊乎!

&lt;蘊, 畜也. 孽, 妖害也.&gt;

# 0532

## 0532 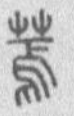蔫 언【yān ㄧㄢ】40

시들、낡을 언

| | |
|---|---|
| 菸也。 | 「낡았다」는 뜻이다. |
| 《不鮮也。》 | 깨끗하지 않은 것이다. |
| 从艸。 | 초(艸)를 따랐고, |
| 焉聲。 | 언(焉)이 성부가 된다. |
| 《於乾切。14部。》 | 어건절(於乾切)이다. 제 14부에 속한다. |

## 0533 菸 어 【yān ㅣㅸ】 40
### 말라 죽을 어

鬱也。 「그윽하고 어두운 것」이다.

《「鬱」各本作「鬱」。誤。 울(鬱)을 여러 책에서는 울(鬱)로 썼는데, 잘못이다.

蔫菸鬱三字雙聲。 언(蔫), 어(菸), 울(鬱) 석 자는 쌍성이다.

鬱者如釀鬱也。 울(鬱)은 **양울(釀鬱)**과 같은 것이다.

『王風』 『왕풍(王風)』❶에 이르기를

中谷有蓷。 "**중곡유퇴(中谷有蓷)**"라고 했다.

嘆(嘆)其乾矣。 그 마른 것을 말리는 것이다.

毛曰。 모(毛)가 이르기를

嘆、菸皃(貌)。 "탄(嘆)은 어두운 모양이다."라고 했다.

陸艸生於谷中。 골짜기의 속의 육지에서 자란 풀은

傷於水。 물에서는 다친다.

玉裁按。 단옥재(段玉裁)의 생각으로는

嘆卽蔫字之假借。 탄(嘆)은 언(蔫)자의 가차다.

故旣云嘆其乾。 그래서 이미 「그 마른 것을 말리는 것이다」라고 한 것이다.

又云嘆其淫(濕)。 또 그 축축한 것을 말린다고도 한 것이다.

乾淫文互相足。》 건습(乾淫) 문(文)은 서로 충족한다.

从艸。 초(艸)를 따랐고,

於聲。 어(於)가 성부가 된다.

《央居切。5部。》 앙거절(央居切)이다. 제 5부에 속한다.

一曰痿也。 혹은 위(痿)라고도 한다.

《痿、病也。 위(痿)는 병든 것이다.

菸痿雙聲。 어(菸)와 위(痿)는 쌍성이다.

『九辯』曰。 『9변(九辯)』❷에 이르기를

葉菸邑而無色。 "**엽어읍이무색(葉菸邑而無色)**"이라고 했다.

按鬱痿二義互相足。》 생각건대 울(鬱)과 위(痿) 두 글자는 서로 충족한다.

---

울(鬱) 울금향, 튜울립, 나무 다부룩할.

언(蔫) 시들, 이울, 음식 쉴 ▣연:썩은 풀.

퇴(蓷) 익모초 ▣추:같은 뜻.

름(嘆)

한(嘆) 마를, 쬘, 더운 기운, 말릴.

름(淫濕) 젖을, 진펄, 물놀이칠, 소 귀움직이는 모양.

위(痿) 병들, 말라죽을, 냠샤 뺀 사슴고기.

---

양울(釀鬱) 厥.

## 0533

**중곡유추(中谷有蓷)**
**엽어읍이무색(葉萋邑而無色)**

[**신경고 引經考**]

골짜기엔 익모초.

잎이 말라 시들어서 색깔이 없음.

**❶『왕풍(王風)』〈王風:中谷有蓷〉**

中谷有蓷, 暵其乾矣. 有女化離, 嘅其嘆矣. 嘅其嘆矣, 遇人之艱難矣.

中谷有蓷, 暵其脩矣. 有如化離, 條其嘯矣. 條其嘯矣, 遇人之不淑矣.

中谷有蓷, 暵其濕矣. 有女化離, 啜其泣矣. 啜其泣矣, 何嗟及矣.

　<興也. 蓷, 鵻也. 暵, 菸貌. 陸草生於穀中, 傷於水.

　箋云 : 興者, 喩人居平之世, 猶鵻之生於陸, 自然也. 遇衰亂凶年, 猶鵻之生穀中, 得水則病將死.

　○暵, 呼但反, 徐音漢,

　《說文》云 : "水濡而乾也." 字作"灘", 又作"灘", 皆他安反. 鵻音隹,

　《爾雅》又作"萑", 音同. 菸, 於據反, 何音於,

　《說文》云 : "鬱也."

　《廣雅》云 : "臭也.>

　〔疏〕"中穀"至"難矣".

　○正義曰 : 言穀中之有蓷草, 爲水浸之, 暵然其乾燥矣. 以喩凶年之有婦人, 其夫遇之恩情甚衰薄矣. 蓷草宜生高陸之地, 今乃生於穀中, 爲穀水浸之, 故乾燥而將死. 喩婦人宜居平安之世, 今乃居於凶年, 爲其夫棄之, 故情疏而將絕. 恩既疏薄, 果至分離矣. 有女與夫別離, 嘅然其長歎矣. 所以長歎者, 自傷逢遇人之艱難於己矣. 人者, 斥其夫艱難, 謂無恩情而困苦之.

**❷『9변(九辯)』**

然欿傺而沈藏. 葉菸邑而無色兮,

　<顏容變易, 而蒼黑也. 邑, 一作. 五臣云 : 言草木殘瘁也. 菸, 傷壞也.>

## 0534 𦸏 蘽 영【yíng ㅣㄥˊ】 40

### 풀 얽힌 모양 영

| | |
|---|---|
| 艸旋皃(貌)也。 | 풀이 뒤감고 (올라가는) 것이다. |
| 《蘽與縈音義同。》 | 영(蘽)과 영(縈)은 음과 뜻이 같다. |
| 从艸。 | 초(艸)를 따랐고, |
| 榮聲。 | 영(榮)이 성부가 된다. |
| 《於營切。11部。》 | 어영절(於營切)이다. 제 11부에 속한다. |
| 『詩』曰。 | 『시(詩)』에 이르기를 |
| 葛藟榮之。 | "갈류영지(葛藟榮之)"라고 했다. |
| 《『周南』文。 | 『주남(周南)』❶에 나오는 글이다. |
| 毛曰。 | 모(毛)가 이르기를 |
| 旋也。 | "도는 것(감고 올라 가는) 것이다."라고 했다. |
| 『今-詩』作縈。 | 『금-시(今-詩)』는 영(縈)으로 썼다. |
| 陸德明作幭。》 | 륙덕명(陸德明)은 영(幭)으로 썼다. |

영(縈) 가죽 조각으로 찢어진 곳을 기울, 둘릴, 얽을.

류(藟) 덩굴풀, 멍석딸기의 열매.

영(幭) 덮을.

영(榮) 오동나무, 추녀, 영화, 풀의 꽃, 명예, 무성할.

| | |
|---|---|
| 갈류영지(葛藟榮之) | 칡덩굴이 무성하네. ※ 금본에는 류지[纍之]로 되어 있다. |

| | |
|---|---|
| [인경고 引經考] | ❶『주남(周南)』 〈周南:樛木〉 ※ 본문과 조금 다르다. |

南有樛木, 葛藟纍之.

樂只君子, 福履綏之.

南有樛木, 葛藟荒之.

樂只君子, 福履將之.

南有樛木, 葛藟縈之.

樂只君子, 福履成之.

&lt;興也. 南, 南土也. 木下曲曰樛. 南土之葛藟茂盛.

箋云 : 木枝以下垂之故, 故葛也藟也得累而蔓之, 而上下俱盛. 興者, 喻後妃能以意下逮眾妾, 使得其次序, 則眾妾上附事之, 而禮義亦俱盛. 南土謂荊, 楊之域.

○藟, 本亦作纍, 力軌反, 似葛之草.

《草木疏》云 : "一名巨荒, 似燕薁, 亦連蔓, 葉似艾, 白色, 其子赤, 可食."纍, 力追反, 纏繞也, 木又作"累". "上附", 時掌反.&gt;

## 0535 ⿱艸祭 蔡 채【caì ㄘㄞˋ】40
### 풀、티끌 채

| | |
|---|---|
| 艸丯也。 | 「풀이 어지럽다」는 뜻이다. |
| 《丯讀若介。 | 개(丯)는 개(介)자 처럼 읽는다. |
| 丯字本無 | 丯자는 본래는 없었다. |
| 今補。 | 지금 보충했다. |
| 『四篇』曰 | 『4편(四篇)』❶에 이르기를 |
| 丯、艸蔡也。 | "개(丯)는 **초채**(艸蔡)다."라고 했다. |
| 此曰 | 이것이 이르는 것은 |
| 蔡、艸丯也。 | "채(蔡)는 풀이 어지럽다."라는 것이다. |
| 是爲轉注。 | 이것이 전주(轉注)다. |
| 艸生之散亂也。 | 풀이 자라면서 흐트러진 것이다. |
| 丯蔡曡韵(疊韻)。 | 개(丯)와 채(蔡)는 **첩운**(疊韻)이다. |
| 猶莘薴。 | 쟁(莘), 녕(薴)과 같다. |
| 此無丯字。 | 여기에는 개(丯)자가 없었다. |
| 則蔡當爲艸名。 | 곧 채(蔡)는 마땅히 풀이름이어야 한다. |
| 不廁此處矣。》 | 이곳에 두어서는 안된다. |
| 从艸。 | 초(艸)를 따랐고, |
| 祭聲。 | 제(祭)가 성부가 된다. |
| 《蒼大切。15部。》 | 창대절(蒼大切)이다. 제 15부에 속한다. |

**개**(丯) 풀이 나서 산란할.
**쟁**(莘) 풀 어지러운 모양.
**녕**(薴) 풀 얽힌 모양, 석제녕.

| | |
|---|---|
| **초채**(艸蔡) | 풀이 어지러운 모양. |
| **첩운**(疊韻) | 동몽(童蒙), 당랑(螳螂) 등과 같이 연이은 두 글자 또는 몇 글자의 운이 모두 같은 것. ② 한시에서, 같은 운자를 거듭 쓰는 일. |
| 『4편(四篇)』 | ■ 丯、艸蔡也。 |
| [인경고 引經考] | ❶『4편(四篇)』<설문해자> 제 1권 下. |

蔡【0535】艸丯也. 丯讀若介. 丯字本無. 今補. 四篇曰. 丯, 艸蔡也. 此曰. 蔡, 艸丯也. 是爲轉注. 艸生之散亂也. 丯蔡曡韵. 猶莘□. 此無丯字. 則蔡當爲艸名. 不廁此處矣. 从艸. 祭聲.〈蒼大切〉. 15部.

## 0536 旆茷 패【fá ㄈㄚˊ】40
(풀이)우거질 패

艸葉多。
『詩』。
白旆央央。
本又作茷。
泮水之其旂茷茷卽出車之旂旐旆旆、
采菽之其旂淠淠也。

然則『小弁』萑葦淠淠亦當云萑葦
茷茷。
本言艸葉之多、
而引伸之狀旌旗也。》
从艸。
伐聲。
《符發切。15部。》
『春秋傳』日。
晉欒茷。
《見『成十年:左氏傳』。》

「풀잎이 많다」는 뜻이다.
『시(詩)』❶에 이르기를
"**백패앙앙**(白旆央央)"라고 했다.
본래는 또 벌(茷)로도 썼다.
『반수(泮水)』❷의 「**기기벌벌**(其旂茷茷)」은 『출거(出車)』❸의
「**여조패패**(旂旐旆旆)」이고, 『채숙(采菽)』의 「**기기비비**(其
旂淠淠)」다.
그러므로 『소변(小弁)』❻의 「**환위비비**(萑葦淠淠)」는 또한 마땅
히 「**환위벌벌**(萑葦茷茷)」이라고 해야 한다.
본래 뜻은 잎이 무성하다는 것이었다.
또 뜻이 확대되어 **정기**(旌旗)를 나타내는 것이다.
초(艸)를 따랐고,
벌(伐)이 성부가 된다.
부발절(符發切)이다. 제 10부에 속한다.
『춘추전(春秋傳)』❹에 이르기를
"**진적벌**(晉欒茷)"이라고 했다.
『성:10년:좌씨전(成:十年:左氏傳)』을 보라.

**패**(旆) 기,
**기**(旂) 방울 달린 영기, 쌍룡을 그린 기.
**벌**(栰) 바다 속의 큰 배, 떼, 종다래끼.
**벌**(茷) 풀잎 우거질 ▣패:법도 있을 ▣발:풀뿌리.
**여**(旟) 기, 새매를 그린 기.
**조**(旐) 뱀을 그린 기,
**패**(旆) 기, 잡색기, 깃달린 기.
**비**(淠) 물이름, 물소리, 무성할, 여럿 ▣패:움직일.
**위**(葦) 갈대, 거룻배, 산이름, 갈대꽃.
**환**(萑) 물억새 ▣추:풀 우거진 모양, 익모초
**적**(欒) 쌀 사들일,

**백패앙앙**(白旆央央) 많은 깃발들이 선명한 모양
**백패**(白旆) 옛날 기(旗)의 끝에 제비꼬리 모양으로 만든 비단 수류(垂旒:깃발).《시:소아:6월
(詩:小雅:六月)》에 "織文鳥章, 白旆央央."의 <공영달-소(孔穎達-疏)>에서 "백패
(白旆)라고 말하는 것은 강백(絳帛)을 말한다."라고 했다.

**앙앙**(央央) ① 선명한 모양. ② 조화(調和)되어 듣기 좋은 소리. ③ 넓은 모양.

**0536**

| | |
|---|---|
| 기기벌벌(其旂筏筏) | 그 깃발이 펄럭이다. |
| 벌벌(筏筏) | 펄럭이다. |
| 여조(旟旐) | 정기(旌旗)의 범칭.《시:소아:출차(詩:小雅:出車)》: "彼旟旐斯, 胡不旆旆." |
| 여조패패(旟旐旆旆) | 깃발들이 휘날리는 모양. |
| 패패(旆旆) | 패패(斾斾)로도 쓴다. 기가 아래로 드리워진 모양, 날아오르는 모양, 긴 모양. |
| 기기비비(其旂淠淠) | 깃발들이 휘날리는 모양. |
| 비비(淠淠) | 많은 모양. ▣패패:기가 움직이는 모양. |
| 환위비비(萑葦淠淠) | 갈대가 무성한 모양. |
| 환위벌벌(萑葦筏筏) | 갈대가 무성한 모양. |
| 벌벌(筏筏) | 법도가 갖추어져 있음. |
| 정기(旌旗) | 기의 통칭(旗幟的總稱). |
| 진적벌(晉糴筏) | 진(晉)나라 대부 적벌(糴筏). |

[<mark>신경고</mark> 引經考]

❶『시(詩)』〈小雅:南有嘉魚之什:六月〉

·········

我服旣成, 于三十里. 王于出征, 以佐天子.

四牡脩廣, 其大有顒. 薄伐玁狁, 以奏膚公.

有嚴有翼, 共武之服, 共武之服, 以定王國.

玁狁匪茹, 整居焦穫. 侵鎬及方, 至于涇陽.

織文鳥章, 白斾央央. 元戎十乘, 以先啓行.

<鳥章, 錯革鳥爲章也. 白斾, 繼革者也. 央央, 鮮明貌. 箋云 : 織, 徽織也. 鳥章, 鳥隼之文章, 將帥以下衣皆著焉. ○織音志, 又尺志反, 注同. 白茷, 本又作"斾", 蒲貝反, 繼旐曰茷. 《左傳》云"舊茷", 是也. 一曰"旆"與"茷"古今字殊. 央音英, 或於良反, 下篇同. 徽音輝. 將, 子亮反, 下"大將"同, 後篇"將帥"放此. 著, 知略反.>

·········

❷『반수(泮水)』〈魯頌:泮水〉 본문과 다르다.

思樂泮水, 薄采其芹. 魯侯戾止, 言觀其旂. 其旂茷茷, 鸞聲噦噦. 無小無大, 從公于邁.

<戾, 來. 止, 至也. 言觀其旂, 言法則其文章也. 茷々, 言有法度也. 噦噦, 言有聲也. 箋云 : 於, 往. 邁, 行也. 我采水之芹, 見僖公來至於泮宮. 我則觀其旂茷々然, 鸞和之聲噦噦然. 臣無尊卑, 皆從君行而來. 稱言此者, 僖公賢君, 人樂見之. ○伐, 蒲害反, 又普貝反, 本又作"茷". 噦, 呼會反.>

思樂泮水, 薄采其藻. 魯侯戾止, 其馬蹻蹻.

·········

❸『출거(出車)』〈小雅:鹿鳴之什:出車〉 본문과 다르다.

我出我車, 于彼牧矣. 自天子所, 謂我來矣.

召彼僕夫, 謂之載矣. 王事多難, 維其棘矣.

我出我車, 于彼郊矣. 設此旐矣, 建彼旄矣.

彼旟旐斯, 胡不斾斾. 憂心悄悄, 僕夫況瘁.

王命南仲, 往城于方. 出車彭彭, 旂旐央央.

·········

❹『채숙(采菽)』〈小雅:魚藻之什:采菽〉

采菽采菽, 筐之筥之. 君子來朝, 何錫予之.

雖無予之, 路車乘馬. 又何予之, 玄袞及黼.

觱沸檻泉, 言采其芹. 君子來朝, 言觀其旂.

其旂淠淠, 鸞聲嘒嘒. 載驂載駟, 君子所屆.

<淠淠, 動也. 嘒嘒, 中節也. 箋云: 屆, 極也. 諸侯來朝, 王使人迎之, 因觀其衣服車乘之威儀, 所以爲敬, 且省禍福也. 諸侯將朝於王, 則驂乘乘四馬而往. 此之服飾, 君子法制之極也, 言其尊, 而王今不尊之也. ○旂, 巨機反. 淠, 匹弊反, 徐孚蓋反, 又芳計反. 嘒, 呼惠反. 驂, 七南反, 騑馬曰驂. 駟音四. 屆音界. 中, 丁仲反. "諸侯將朝於王", 一本無"於"字, 皆以"王"字絕句. 一讀"諸侯將朝"絕句, 以王字下屬乘. 乘上音承證反, 下音繩.>

·········

❺『소변(小弁)』〈小雅:節南山之什:小弁〉

弁彼鷽斯, 歸飛提提. 民莫不穀, 我獨于罹.

何辜于天, 我罪伊何. 心之憂矣, 云如之何.

踧踧周道, 鞠爲茂草. 我心憂傷, 惄焉如擣.

假寐永歎, 維憂用老. 心之憂矣, 疢如疾首.

維桑與梓, 必恭敬止. 靡瞻匪父, 靡依匪母.

不屬于毛, 不罹于裏. 天之生我, 我辰安在.

菀彼柳斯, 鳴蜩嘒嘒. 有漼者淵, 萑葦淠淠.

譬彼舟流, 不知所屆. 心之憂矣, 不遑假寐.

<蜩, 蟬也. 嘒嘒, 聲也. 漼, 深貌. 淠淠, 眾也. 箋云: 柳木茂盛則多蟬, 淵深而旁生萑葦. 言大者之旁, 無所不容. ○菀音鬱. 蜩音條. 嘒, 呼惠反. 淠, 徐孚計反, 又匹計反. 譬彼舟流, 不知所屆. 箋云: 屆, 至也. 言今大子不爲王及後所容, 而見放逐, 狀如舟之流行, 無制之者, 不知終所至也. ○譬, 本亦作"辟", 匹致反. 下同. 屆音戒.> ·········

❻『츈츄젼(春秋傳)』〈成公:10年〉

【傳】十年,春,晉侯使糴茷如楚 <糴茷, 晉大夫. ○糴, 徐徒吊反; 一音杜敎反, 又土吊反. 茷, 扶廢反, 一音蒲發反, 又蒲艾反> 報大宰子商之使也.

## 0537

### 0537 菜 채【cài ㄘㄞˋ】40

나물、채마밭 채

艸之可食者。

《菜字當冠於芑葵等字之上。》

从艸。

采聲。

《此舉(擧)形聲包會意。

古多以采爲菜。

蒼代切。1部。》

「먹을 수 있는 풀」이다.

채(菜)자는 마땅히 기(芑), 규(葵) 등의 글자 앞에 있어야 한다.

초(艸)를 따랐고,

채(采)가 성부가 된다.

이것은 형성(形聲)이 회의(會意)를 포함하는 것이다.

옛날에는 채(采)자를 많이 채(菜)자로 했다.

창대절(蒼代切)이다. 제 1부에 속한다.

규(葵) 아욱, 망치, 해바라기.

## 0538 〓茸 이【ér ㄦˊ】 40

풀 무성한 모양 이

0538

艸多葉皃(皃)。 「풀잎이 많은 모양」이다.

《茸之言之而也。 이(茸)가 말하려는 것은 **지이**(之而)다.

如鱗屬之之而。》 린속(鱗屬)의 **지이**(之而)❶와 같다.

从艸。 초(艸)를 따랐고,

而聲。 이(而)가 성부가 된다.

《如之切。1部。》 여지절(如之切)이다. 제 1부에 속한다.

沛城父 **패**(沛) **성보**(城父)❷에

《見『地理志』。》 『지리지(地理志)』를 보라.

有揚茸亭。 **양이정**(揚茸亭)이 있다.

**패**(沛) 물이름, 못이름, 숲 속에 초목이 무성하게 우거진 곳, 여유있는 모양, 크고 성한 모양, 자빠질.

**지이**(之而)

① 구레나룻. 수염. 뺨옆에 나는 수염이 지(之), 아래로 늘어지는 수염은 이(而)다.

《周禮:考工記:梓人》: "深其爪, 出其目, 作其鱗之而."

戴震補注: "頰側上出者曰之, 下垂者曰而

**패성**(沛城)
**성보**(城父)

패군(沛郡)의 성보(城父)에 부향(鄐鄉)이 있다. 패군(沛郡)의 성보(城父)는 지리지(地理志)를 보라. 성보(城父)는 <좌전:양원년(左傳:襄元年), 소9년(昭九年)>의 이지(夷地)로 지금의 안휘(安徽) 영주부(潁州府) 호주(毫州) 주동남(州東南) 70리에 있는 고-성보성(故-城父城)이 이것이다. <사기:색은(史記:索隱)>에서 <3창(三蒼)>을 인용하여 이르기를. "부향(鄐鄉)은 성보현(城父縣)에 있다."라고 했다. 부성(鄐城)을 <초한춘추(楚漢春秋)>에서는 빙성(憑城)으로 썼다.

**[인경고 引經考]**

❶『내칙:기(內則:記)』 <내칙>

芝栭, 菱, 椇, 棗, 栗, 榛, 柿, 瓜, 桃, 李, 梅, 杏, 柤, 梨, 薑, 桂.

<菱, 芰也. 椇, 枳椇也. 栭, 藜之不臧者. 自 "牛脩" 至此三十一物, 皆人君燕食所加庶羞也.《周禮》天子羞用百有二十品, 記者不能次錄.>

〈內則第十二〉

芝栭, 菱, 椇, 棗, 栗, 榛, 柿, 瓜, 桃, 李, 梅, 杏, 柤, 梨, 薑, 桂.

〔疏〕…"芝栭"者, 庾蔚云: "無華葉而生者曰芝栭."

盧氏云: "芝, 木芝也."

王肅云: "無華而實者名栭, 皆芝屬也.

"庾又云: "自'牛脩'至'薑桂' 凡三十一物." 則芝栭應是一物也. 今春夏生於木, 可用爲菹, 其有白者不堪食也.

## 0538

賀氏云 : "栭, 軟棗, 亦云芝, 木椹也." 以芝栭爲二物.
鄭下注云"三十一物", 則數芝栭爲一物也, 賀氏說非也.

### ❷『지리지(地理志)』

沛郡, <故秦泗水郡. 高帝更名. 莽曰吾符. 屬豫州.>

戸四十萬九千七十九, 口二百三萬四百八十. 縣三十七: 相, <莽曰吾符亭.>

龍亢, 竹, <莽曰篤亭.>

穀陽, 蕭, <故蕭叔國, 宋別封附庸也.>

向, <故國. 春秋曰『莒人入向』. 姜姓, 炎帝後.>

銍, 廣戚, <矦國. 莽曰力聚.>

下蔡, <故州來國, 爲楚所滅, 後吳取之, 至夫差遷昭侯於此. 後四世侯齊竟爲楚所滅.>

豐, <莽曰吾豐.>

鄲, <莽曰單城.>

譙, <莽曰延成亭.>

蘄, <<垂, 字形見説文>鄉. 高祖破黥布. 都尉治. 莽曰蘄城.

<工虫>, <莽曰貢.>

輒輿, <莽曰華樂.>

山桑, 公丘, <矦國. 故滕國, 周懿王子錯叔繡所封, 三十一世爲齊所滅>

符離, <莽曰符合.>

敬丘, <矦國.>

夏丘, <莽曰歸思.>

泬, <矦國. 垓下, 高祖破項羽. 莽曰(有)〔育〕成.>

沛, <有鐵官.>

芒, <莽曰博治.>

建成, <矦國.>

城父, <夏肥水東南至下蔡入淮, 過郡二, 行六百二十里. 莽曰思善.>

建平, <矦國. 莽曰田平.>

鄭, <莽曰贊治.>

栗, <矦國. 莽曰成富.>

扶陽, <矦國. 莽曰合治.>

高, <矦國.>

高柴, <矦國.>

漂陽, 平阿, <矦國. 莽曰平寧.>

東鄉, 臨都, 義成, 祈鄉. <矦國. 莽曰會穀.>

## 0539 芝 범【fàn ㄷㄢˋ】40
### 풀이 물가운데 떠 있는 모양 범

艸浮水中皃(貌)。
《芝與氾音義同。》
从艸。
乏聲。
《孚凡切。
古音在 7部。》

「풀이 물 가운데 떠 있는 모습」이다.
　지(芝)와 범(氾)은 음과 뜻이 같다.
초(艸)를 따랐고,
핍(乏)이 성부가 된다.
　부범절(孚凡切)이다.
　고음(古音)은 제 7부에 속한다.


　**지**(芝) 지초, 비단일산.

## 0540

### 0540 薄 박 【bó ㄅㄛˊ】 41

본[숲, 풀 떨기로 날] 잠박 박

| | |
|---|---|
| 林薄也。 | 「림박(林薄)」이다. |
| 《『吳都賦』。 | 『오도부(吳都賦)』❶에 |
| 傾藪薄。 | "경수박(傾藪薄)"이라고 했다. |
| 『劉(劉)注』曰。 | 『류-주(劉-注)』❷에 이르기를 |
| 薄、不入之叢也。 | "박(薄)은 들어갈 수 없는 무성한 곳이다."라고 했다. |
| 按林木相迫不可入曰薄。 | 생각건대 숲에 나무들이 서로 가까이 있어서 들어갈 수 없는 것을 박(薄)이라고 한다. |
| 引伸凡相迫皆曰薄。 | 뜻이 확대되어 모든 서로 가까이 있는 것을 모두 박(薄)이라고 한다. |
| 如外薄四海、 | 「외박4해(外薄四海)❸」나 「일월박식(日月薄蝕)❹」이 모두 이런 것이다. |
| 日月薄蝕皆是。 | |
| 傍各補各二切同也。 | 방각절(傍各切), 보각절(補各切) 두 개의 반절이 같다. |
| 相迫則無閒(間)可入。 | 서로 가까이 있어서 들어갈 수 없는 것이다. |
| 凡物之單薄不厚者亦無閒可入。 | 대게 하나로 얇은 것은 또한 들어갈 틈도 없다. |
| 故引伸爲厚薄之薄。 | 그러므로 뜻이 화대되어 후박(厚薄)의 박(薄)이 되었다. |
| 曹憲云。 | 조헌(曹憲)이 이르기를 |
| 必當作襮。非也。》 | "반드시 박(襮)으로 써야 한다."라고 했다. 틀렸다. |
| 一曰蠶薄。 | 혹은 잠박(蠶薄)이라고도 한다. |
| 《『月令』。 | 『월령(月令)』❺에 |
| 季春、具曲植籧匡。 | "계춘(季春)에는 곡식거광(曲植籧匡)을 갖춘다."라고 했다. |
| 『注』 | 『주(注)』❻에 |
| 時所以養蠶器也。 | "그 때에 누에를 기르는 기구다. |
| 曲、薄也。植、槌也。 | 곡(曲)은 박(薄)이고, 식(植)은 퇴(槌)다."라고 했다. |
| 『方言』云。 | 『방언(方言)』❼에 이르기를 |
| 宋魏陳楚江淮之閒謂之曲。 | "송(宋), 위(魏), 진(陳), 초(楚), 강회(江淮) 사이에서는 곡(曲)이라고 한다. 혹은 국(麴)이라고도 한다. |
| 或謂之麴。 | |
| 自關而西謂之薄。 | 관(關)의 서쪽에서는 박(薄)이라고 한다."라고 했다. |
| 『周勃傳』 | 『주발:전(周勃:傳)』❽에 이르기를 |
| 勃以織薄曲爲生。》 | "발(勃)은 박곡(薄曲)을 짜서 생계로 삼았다."라고 했다. |
| 从艸、 | 초(艸)를 따랐고, |
| 溥聲。 | 부(溥)가 성부가 된다. |
| 《旁(旁)各切。5部。》 | 방각절(旁各切)이다. 제 5부에 속한다. |

수(藪) 큰 늪, 숲, 덤불, 16말, 또아리.

박(襮) 소매 짧은 적삼, 홑옷, 절약할.

**0540**

거(簾) 누에치는 기구, 먹이그릇.

곡(曲) 잠박, 누에, 대자리.

**림박(林薄)**

1. 초목이 무성한 야외(野外).《초사:구장:섭강(楚辭:九章:涉江)》: "露申辛夷, 死林薄兮."이 있는데 <왕일-주(王逸-注)>에서 "총림(叢木)을 림(林)이라 하고, 초목(草木)과 뒤섞인 것을 박(薄)이라고 한다."라고 했다. 2. 은거하는 곳.

**경수박(傾藪薄)**

두 산의 사이. 협(峽)이라고도 한다.

**외박4해(外薄四海)**

박해(薄海). 1. 해변에 이름(到達海邊). 2. 해변 안팎의 넓은 지역.

**박식(薄蝕)**

해와 달에 빛이 없는 것을 박(薄), 일부가 훼손되는 것을 식(蝕)이라고 한다.

**일월박식(日月薄蝕)**

일식(日蝕)이나 월식(月蝕) 같은 것.

**후박(厚薄)**

두터움과 야박함. 많고 넉넉함과 적고 모자람.

**잠박(蠶薄)**

잠박(蠶箔). 잠곡(蠶曲), 박곡(薄曲)이라고도 한다. 대나무나 갈대로 만든 양잠기구(養蠶器具).

**계춘(季春)**

12달을 4계절로 나누면 한 계절은 석달이 된다. 각 계절의 첫째달에 맹(孟), 둘째 달에 중(仲), 셋째 달에 계(季)를 붙인다. 봄의 첫달은 맹춘(孟春), 둘째 달은 중춘(仲春), 셋째 달은 계춘(季春)이다. 나머지도 같다.

**곡식거광(曲植簾匡)**

곡식선람(曲植選籃) 누에채반을 얹어 두는 틀과 광주리.

※ **거광(簾筐)** 대나무로 엮은 잠용구(蠶用具). 누에를 기르는 기구.

**박곡(薄曲)**

잠박(蠶箔). 잠곡(蠶曲), 박곡(薄曲)이라고도 한다. 대나무나 갈대로 만든 양잠기구(養蠶器具).

**[인경고 引經考]**

❶『오도부(吳都賦)』

輕禽狡獸, 周章夷猶, 狼跋乎紲中, 忘其所以睒睗, 失其所以去就. 魂褫氣懾而自踢跚者, 應弦飲羽; 形僨景僵者, 累積而增益, 雜襲錯繆. 傾藪薄, 倒岬岫, 岩穴無羘鼲, 聚蓄無{鹿需}麚. 思假道於豐隆, 披重霄而高狩; 籠鳥兔於日月, 窮飛走之棲宿.

<周章>, 謂章皇周流也.《楚辭》曰: 君不行兮夷猶. 王逸曰: 夷猶, 猶豫也. 紲, 網也. 踶跋, 促遽兒. 踢〈足伏〉, 皆頓伏也. 飲羽, 謂所射箭沒其箭羽也.《鶡子》曰: 宋景公以弓人之弓, 升虎圈之台, 東向而射, 箭集彭城之東, 其餘力逸勁, 猶飲羽於石梁. 雜襲, 重疊也. 錯繆, 聊亂貌. 薄, 不入之叢. 藪, 澤別名. 言欲假道豐隆, 非實事也. 然欲窮高極遠, 究變化, 備幽明之故, 設此云. 善曰:《毛詩》曰: 狼跋其胡,《說文》曰: 睒, 暫視也. 睗, 疾視也. 褫, 奪也.《聲類》曰: 踢, 跌也.《漢書:音義》曰: 踌, 崩也.《爾雅》曰: 僨, 僵也. 許慎《淮南子注》曰: 岬, 山旁.《爾雅》曰: 山有穴曰岫. 毛萇《詩傳》曰: 獸三歲曰羘, 公妍切.《爾雅》曰: 豕生三子豵.《說文》曰: {鹿需}, 麀也, 音須. 又曰: 麚, 鳥大雛也.《楚辭》曰: 吾令豐隆乘雲兮. 王逸曰: 豐隆雲師也.《春秋元命苞》曰: 日月

## 0540

兩設以蟾蠩與兔者, 陰雙居, 月中有兔, 已見《蜀都賦》. >

**②『류-주(劉-注)』** 1번 참조.

薄, 不入之叢. 藪, 澤別名. 言欲假道豐隆, 非實事也.

**③『외박4해(外薄四海)』**〈古文眞 寶(後集):梓人傳〉柳子厚

彼爲天下者本於人, 其執役者, 爲徒隷爲鄉師里胥, 其上爲下士, 又其上爲
中士爲上士, 又其上爲大夫爲卿爲公, 離而爲六職, 判而爲百役. 外薄四
海, 有方伯連帥, 郡有守, 邑有宰, 皆有佐政, 其下有胥史, 又其下有嗇夫
版尹, 以就役焉, 猶衆工之各有執伎, 以食力也.〇

**④『일월박식(日月薄蝕)』**《史記:天官書論》

1. 夫自漢之爲天數者, 星則唐都, 氣則王朔, 占歲則魏鮮. 故甘, 石曆五
星法, 唯獨熒惑有反逆行; 逆行所守, 及他星逆行, 日月薄蝕, 皆以爲占.
<集解>: 孟康曰: "日月無光曰薄. 京房易傳曰 '日赤黃爲薄'. 或曰不交而蝕曰薄.
" 韋昭曰: "氣往迫之爲薄, 虧毀爲蝕. ">

2.《舊唐書·方伎傳·孫思邈》: "故五緯盈縮, 星辰錯行, 日月薄蝕, 孛彗
飛流, 此天地之危診也. >

**⑤『월령(月令)』**《禮記:月令》

是月也, 命野虞無伐桑柘. 具曲, 植, 籧, 筐,
<時所以養蠶器也. 曲, 薄也. 植, 槌也. 〇植, 直吏反. 籧筐, 居呂反, 亦作筥 ; 下
丘狂反. 方曰筐, 圓曰筥. 槌, 直追反, 又直類反, 又丈僞反.>

後妃齊戒, 親東鄉躬桑, 禁婦女毋觀, 省婦使, 以勸蠶事.

**⑥『주(注)』** 5번 참조.

時所以養蠶器也. 曲, 薄也. 植, 槌也.

**⑦『방언(方言)』**〈方言:第五〉 본문과 조금 다르다.

薄, 宋魏陳楚江淮之間謂之峻, 或謂之麯. 自關而西謂之薄, 南楚謂之蓬
薄.

**⑧『주발:전(周勃:傳)』**〈卷五十七 絳侯周勃世家第二十七〉

絳侯周勃者, 沛人也. 其先卷人. 徙沛. 勃以織薄曲爲生.
《集解》: 蘇林曰: "薄, 一名曲. 月令曰 '具曲植'."
【索隱】: 謂勃本以織薄薄爲生業也. 韋昭云"北方謂薄爲曲". 許愼注淮南云"曲,
葦薄也". 郭璞注方言云"植, 懸曲柱也". 音直吏反.>

常爲人吹簫給喪事, 材官引彊.
《集解》: 漢書音義曰: "能引彊弓官, 如今挽彊司馬也. ">

형성 (2자) 박(檴)3481 박(鑮礴)8949

[박(薄)이 포함된 글자들] 2자

## 0541 ﹟苑 **원**【yuàn ㄩㄢˋ】 41

**0541**

동산 원

所㠯(以)養禽獸。
《『周禮:地官囿人:注』。
囿、今之苑。
是古謂之囿、
漢謂之苑也。
『西都賦』「上囿禁苑」。
『西京賦』作「上林禁苑」》
从艸。
夗聲。
《於阮切。14部。》

「금수(禽獸)를 기르는 곳」이다.
『주례:지관:유인:주(周禮:地官:囿人:注)』❶에 이르기를
"유(囿)는 지금의 원(苑)이다."라고 했다.
옛날에는 유(囿)라고 했고,
한(漢) 나라 때는 원(苑)이라고 했다.
『서도부(西都賦)』❷에서 「상유금원(上囿禁苑)」이라고 한 것을
『서경부(西京賦)』❸는 「상림금원(上林禁苑)」이라고 썼다.
초(艸)를 따랐고,
원(夗)이 성부가 된다.
어완절(於阮切)이다. 제 14부에 속한다.

유(囿) 동산.
완(阮) 산이름, 관소 이름 ▣원:속음.
원(夗) 누워서 뒹굴.

| | |
|---|---|
| 금수(禽獸) | 금(禽)은 날짐승, 수(獸)는 길짐승. 두 개를 합하여 모든 짐승을 뜻한다. |
| 상유금원(上囿禁苑) | 상유(上囿) 천자가 사냥하는 동산. |
| 상림금원(上林禁苑) | 금원(禁苑) 1. 제왕(帝王)의 정원. 2. 궁정(宮廷). |

**[인경고 引經考]**

❶『주례:지관:유인:주(周禮:地官:囿人:注)』

囿人, 中士四人, 下士八人, 府二人, 胥八人, 徒八十人. <囿, 今之苑. ○囿, 音又.>

❷『서도부(西都賦)』

東郊則有通溝大漕, 潰渭洞河, 汎舟山東, 控引淮湖, 與海通波. 西郊則有上囿禁苑, 林麓藪澤, 陂池連乎蜀漢, 繚以周牆, 四百餘裏, 離宮別館, 三十六所, 神池, 靈沼, 往往而在.

<上囿禁苑, 即林苑也.《羽獵賦》曰：開禁苑.《穀梁傳》曰：林屬於山爲麓. 鄭玄《周禮注》曰：澤無水曰藪.《漢書》：有蜀都漢中郡. 繚, 猶繞也.《三輔故事》曰：上林連綿四百餘裏. 繚, 離別, 非一所也.《上林賦》曰：離宮別館, 彌山跨穀.《三秦記》曰：昆明池中有神池, 通白鹿原.《毛詩》曰：王在靈沼.>

❸『서경부(西京賦)』

上林禁苑, 跨穀彌阜.

<跨, 越也. 彌, 猶掩也. 大陵曰, 阜. 上林, 苑名. 禁, 禁人妄入也.>

東至鼎湖, 邪界細柳.

## 0542 藪 수【sǒu ㄙㄡˇ】41

수풀、늪 수

| | |
|---|---|
| 大澤也。 | 「큰 늪」이라는 뜻이다. |
| 《『地官:澤虞』曰。 | 『지관:택우(地官:澤虞)』❶에 이르기를 |
| 每大澤大藪。 | "대택대수(大澤大藪). |
| 中澤中藪。 | 중택중수(中澤中藪). |
| 小澤小藪。 | 소택소수(小澤小藪) 마다."라고 했다. |
| 『注』。 | 『주(注)』❷에 이르기를 |
| 澤水所鍾也。 | "택(澤)은 물이 모이는 곳이고, |
| 水希曰藪。 | 물이 거의 없는 것이 수(藪)다."라고 했다. |
| 此析言則澤藪殊也。 | 이것은 나누어 말하면 택(澤)과 수(藪)가 다르다는 것이다. |
| 『職方氏』云。 | 『직방씨(職方氏)』❸에 이르기를 |
| 其澤藪曰某。 | "그 택수(澤藪)를 ~라고 한다."라고 했다. |
| 『毛詩:傳』曰。 | 『모시:전(毛詩:傳)』❹에 이르기를 |
| 藪澤。 | "수택(藪澤)"이라고 했다. |
| 此統言則不別也。 | 이것은 통틀어 말하면 다르지 않다는 것이다. |
| 『職方氏:注』曰。 | 『직방씨:주(職方氏:注)』❺에 이르기를 |
| 大澤曰藪。 | "대택(大澤)을 수(藪)라고 한다."라고 했다. |
| 與『說文』合。 | 『설문(說文)』과 더불어 합치한다. |
| 葢(蓋)藪實兼水鍾、水希而言。 | 대체로 수(藪)는 물이 모이고, 드물고를 겸해서 말한 것이다. |
| 『爾雅』十藪毄(繫)『釋地』。 | 『이아(爾雅)』에 열 개의 수(藪)가 『석지(釋地)』❻와 연계되고 |
| 不毄『釋水』。 | 『석수(釋水)』❼와는 연계되지 않았다. |
| 正謂地多水少。 | 바로 땅이 많고 물이 적고 |
| 艸木所聚。》 | 초목이 모인 것을 말한다. |
| 从艸、 | 초(艸)를 따랐고, |
| 數聲。 | 수(數)가 성부가 된다. |
| 《蘇后切。4部。》 | 소후절(蘇后切)이다. 제 4부에 속한다. |
| 九州之藪、 | 9주(九州)의 숲에 |
| 《見『職方氏』。》 | 『직방씨(職方氏)』❽를 보라. |
| 楊州具區。 | 양주(楊州)의 구구(具區), |
| 《鄭曰。 | 정현(鄭)이 이르기를 |
| 具區在吳南。 | "구구(具區)는 오(吳)의 남쪽에 있다. |
| 謂漢吳縣南。 | 한(漢)나라 오현(吳縣)의 남쪽을 말한다. |
| 屬會(會)稽郡。 | 회계군(會稽郡)에 속한다. |
| 『禹貢』謂之震澤。 | 『우공(禹貢)』❾에서는 진택(震澤)이라 했고, |
| 今謂之太湖。》 | 지금은 태호(太湖)라고 한다."라고 했다. |
| 荆(荊)州雲夢。 | 형주(荊州)의 운몽(雲夢), |

*0542*

《「夢」『今-周禮』作「瞢」。

몽(夢)을 『금-주례(今-周禮)』에서는 몽(瞢)으로 썼다.

鄭曰。

정현(鄭玄)이 이르기를

雲瞢在華容。

"운몽(雲瞢)은 **화용**(華容)에 있다.

漢華容縣屬南郡。》

한(漢)의 **화용현**(華容縣)은 **남군**(南郡)에 속한다."라고 했다.

豫州甫田。

예주(豫州)의 **보전**(甫田),

《「甫」〖今本〗作「圃」。

보(甫)를 지금의 책에서는 포(圃)로 썼다.

〖汲古未改本〗、〖宋-本〗、『李燾-五
音韵(韻)譜-本』皆作「甫」。

**급고각**(汲古閣)의 아직 고치지 않은 책이나 〖송본(宋-本)〗, 리
도(李燾)의 『5음운보(五音韵譜)』⑩가 모두 보(甫)로 썼다.

『毛詩』。

『모시(毛詩)』⑪에

東有甫草。

"**동유보초**(東有甫草)"라고 했는데

毛云。

모(毛)가 이르기를

甫、大也。

"보(甫)는 큰 것이다."라고 했다.

『箋』云。

『전(箋)』⑫에 이르기를

甫草者、甫田之草也。

"**보초**(甫草)라는 것은 **보전**(甫田)의 풀이다."라고 했다.

鄭有甫田。

**정유보전**(鄭有甫田:정나라에는 보전이 있다).

<俗本作「圃田」。『釋文』及吳憲龍本不誤>

葢鄭所據『爾雅』、
許所據『周禮』皆作「甫田」。

대개 정현(鄭玄)이 근거한 『이아(爾雅)』나,
허신(許愼)이 근거한 『주례(周禮)』에서는 모두 **보전**(甫田)을
썼다.

甫圃古通用。

보(甫)와 포(圃)는 옛날에는 통용했다.

故『毛詩』甫艸。

그래서 『모시(毛詩)』의 **보초**(甫草)를

『韓詩』作圃艸。

『한시(韓詩)』⑫에서는 **포초**(圃草)로 썼다.

『詩:箋』、『說文』作「甫田」。

『시:전(詩:箋)』⑬과 『설문(說文)』은 **보전**(甫田)으로 썼다.

〖今-他書〗皆作「圃田」。

지금의 다른 책들은 모두 **포전**(圃田)으로 썼다.

『職方:注』曰。

『직방:주(職方:注)』⑭에 이르기를

圃田在中牟

"**포전**(圃田)은 **중모**(中牟)에 있다."라고 했다.

漢中牟屬河南郡。》

한(漢)의 **중모**(中牟)는 **하남군**(河南郡)에 속한다.

青州孟諸。

청주(青州)의 **맹제**(孟諸),

《『孟今-周禮』作望(望)。

『맹-금-주례(孟-今-周禮)』⑮에서는 망(望)으로 썼다.

鄭曰。

정군(鄭君)이 이르기를

望諸、明都也。

"**망제**(望諸)는 **명도**(明都)다.

在睢陽

**수양**(睢陽)에 있다."라고 했다.

漢睢陽縣屬梁國。》

한(漢)의 **수양현**(睢陽縣)은 **량국**(梁國)에 속한다.

兗州大野。

연주(兗州)의 **대야**(大野),

《鄭曰。

정군(鄭君)이 이르기를

## 0542

大野在鉅野。 　"대야(大野)는 거야(鉅野)에 있다."라고 했다.

漢鉅野屬山陽郡。》 　한(漢)의 **거야**(鉅野)는 **산양군**(山陽郡)에 속한다.

雝州弦圃。 　**옹주**(雝州)의 **현포**(弦圃),

《『今-周禮』作弦蒲。 　『금-주례(今-周禮)』⑯는「**현포**(弦蒲)」라고 썼다.

『注』曰。 　『주(注)』에 이르기를

「弦」或爲「汧」。 　"현(弦)을 간혹 견(汧)으로도 쓴다.

「蒲」或爲「浦」。 　포(蒲)를 간혹 포(浦)로도 쓴다."라고 했다.

按許所據葢卽鄭之或本。 　생각건대 허신(許)이 근거한 것은 정현(鄭玄)의 혹본(或本)일

圃浦未知孰是。 　것이다.

『今本-說文』作「蒲」 　『금본-설문(今本-說文)』은 포(蒲)로 썼다.

〖汲古未改本〗、〖宋本〗、〖李燾-本〗 　**급고각**(汲古閣)의 아직 고치지 않은 책이나〖송본(宋本)〗,

皆作「圃」。 　리도(李燾)의 책들이 모두 보(甫)로 썼다.

『職方:注』曰。 　『직방:주(職方:注)』⑰에 이르기를

弦蒲在汧。 　"**현포**(弦蒲)는 견(汧)에 있다."라고 했다.

漢汧縣屬右扶風。》 　한(漢)의 **견현**(汧縣)은 **우부풍**(右扶風)에 속한다.

幽州奚養。 　**유주**(幽州)의 **해양**(奚養),

《『周禮』作「貕養」。 　『주례(周禮)』⑱는「**해양**(貕養)」이라고 썼다.

杜子春讀貕爲奚。 　두자춘(杜子春)은 해(貕)를 해(奚)로 읽었다.

按『說文:大部:奚』、 　생각건대 [설문:대부:해(說文:大部:奚)]에서

大腹也。 　"배가 큰 것이다."라고 했고,

[豕部:貕]、 　[시부:해(豕部:貕)]에서

肞生三月、 　"순(肞)은 3월에 생기는데,

腹奚奚皃(貌)也。 　배가 볼록한 모양이다."라고 했다.

杜葢說此藪名取大腹意。 　두자춘(杜子春)은 이 숲의 이름이 배가 큰 것에서 유래했다는

不取豕意。 　것으로 돼지와 관련이 없다는 것이다.

故易貕爲奚。 　그래서 해(貕)를 바꾸어 해(奚)로 하였고,

而班、許從之。 　그것을 반(班)과 허신(許愼)이 따랐다는 것이다.

鄭曰。 　정현(鄭玄)이 이르기를⑲

貕養在長廣。 　"**해양**(貕養)은 **장광**(長廣)에 있다.

漢長廣縣屬琅邪郡。》 　한(漢)의 **장광현**(長廣縣)은 **랑야군**(琅邪郡)에 속한다."라고 했다.

冀州楊紆。 　**기주**(冀州)의 **양우**(楊紆),

《鄭曰。 　정현(鄭玄)이 이르기를

楊紆所在未聞。 　"**양우**(楊紆)의 소재는 들은 바 없다."라고 했다.

『爾雅』曰。 　『이아(爾雅)』⑳에 이르기를

秦有楊陓。 　"진(秦)나라에 **양우**(楊陓)가 있다."라고 했다.

0542

『呂氏春秋』作「陽華」。

『注』曰。

陽華在鳳翔。

或曰在華陰西。

『淮南』作「陽紆」。

『注』曰。

在馮翊池陽。

一名具圃。》

幷州昭餘祁。是也。

《鄭曰。

昭餘祁在鄔。

〖徐鍇-本〗餘作余。

『淮南』作。

無祁字。

凡『職方氏』之川寖。

『說文』散舉之。

藪則彙舉之。》

『려씨-춘추(呂氏-春秋)』㉑는 「**양화**(陽華)」로 썼다.

『주(注)』㉒에 이르기를

"**양화**(陽華)는 **봉상**(鳳翔)에 있다.

혹은 '**화음**(華陰)의 서쪽에 있다.'고도 한다."라고 했다.

『회남(淮南)』㉓에서는 **양우**(陽紆)로 썼다.

『주(注)』㉔에 이르기를

"**풍익**(馮翊)은 **지양**(池陽)에 있다.

일명 **구포**(具圃)라고도 한다."라고

병주(幷州)의 **소여기**(昭餘祁)가 이것이다.

정현(鄭玄)이 이르기를

"**소여기**(昭餘祁)는 오(鄔)에 있다."라고 했다.

서개(徐鍇)의 책에서는 여(餘)를 여(余)로 썼다.

『회남(淮南)』㉕에서는 「연(燕)나라의 **소여**(昭余)」라고 써서 기(祁)자가 없다.

대개 『직방씨(職方氏)』의 **천침**(川寖)을

『설문(說文)』에서는 흐트려서 [여러 곳에서]들었으나

숲은 모아서 [한 곳에서]들었다.

**종**(鍾) 술병, 술잔, 모을, 모일, 선천적으로 타고날, 무거울

**몽**(瞢) 눈 어두울, 못이름 ▣**맹**:캄캄할.

**휴**(睢) 우러러 볼, 쓸데없는 사람이 기뻐할.

**견**(汧) 물이름, 고을이름, 웅덩이, 못 ▣**연**:깨끗할.

**혜**(豯) 석달된 돼지새끼 배부를.

**순**(肫) 광대뼈, 정성스러운 모양, 온 몸 그대로의 포.

**우**(紆) 굽을, 굽힐, 얽을.

**우**(陓) 수풀이름.

**기**(祁) 성할, 느린 모양, 조용한 모양, 오락가락할.

**오**(鄔) 정나라 땅이름, 진나라 땅이름.

**침**(寖) 젖을, 물이름, 점차로, 쌓을.

| | |
|---|---|
| **대택대수**(大澤大藪) | 대택(大澤) 옛날 못 이름. 안문산(雁門山) 북쪽에 있으며, 사방 천 리라고 한다. |
| **중택중수**(中澤中藪) | 중간 크기의 소택(沼澤), 초택(草澤). |
| **소택소수**(小澤小藪) | 작은 크기의 소택(沼澤), 초택(草澤). |
| **택수**(澤藪), **수택**(藪澤) | 1.수초나 잡초가 무성한 호수나 늪지대. 2. 사람이나 물건이 많이 모여 있는 곳의 비유. 3. 초야(草野). |

## 0542

※ **9수(九藪)** 옛날 중국에 있었던 아홉 군데의 큰 못. 곧, 구구(**具區**:揚州), 운몽(**雲夢**:荊州), 포전(圃田:豫州), 망제(**望諸**:靑州), 대야(**大野**:   州), 현포(**弦蒲**:雍州), 해양(   昭養:幽州)?양우(**楊紆**:冀州)?소여기(**昭餘祁**:并州). 구택(**九澤**).

**9주(九州)**   중국을 말한다. 옛날 중국 전역을 9주로 나눴던 데에서 나온 말이다. 그 구분은 기록된 책에 따라 약간씩 차이가 있다. 상서(尚書) 우공(禹貢)에서는 기(冀)·연(兗)·청(靑)·서(徐)·형(荊)·옹(雍)·예(豫)·양(揚)·량(梁) 등 9주로 나누었다. 9토(九土), 9역(九域), 9위(九圍)라고도 한다.

※ **9주4해(九州四海)** 천하(天下). 전중국(全中國).

※ **9황(九荒)** 9주(九州)에서 가장 먼 지역.

※ **9환(九圜)** 9주(九州)의 땅.

※ **9토(九土)** 구주(九州)의 토지.

※ **9채(九釆)** 9주(九州)의 장관(長官). 그 주(州)에서 나는 산물을 천자(天子)에게 바쳤기 때문에 이르는 말. 9구(九救).

※ **9목(九牧)** 9주(九州)의 장관(長官). 9백(九伯).

**양주(楊州)**   강소(江蘇), 안휘(安徽), 절강(浙江) 등 의 여러 성(省)에 걸쳐 있던 주(州).

※ **양주학(楊州鶴)** 실현되기 어려운 소망이나 일을 비유하는 말. 옛날에 어느 한 사람이 10만 관(貫)을 허리에 차고서 학을 타고 양주(揚州)로 가서 자사(刺史)가 되고 싶다고 한 고사에서 유래하였다.

※ **학전주(鶴錢州)** 옛날 사람들이 모여 각기 소원을 말하는데, 혹은 양주 자사(楊州刺史)가 되고 싶다 하고, 혹은 돈을 흠뻑 가지고 싶다 하고 혹은 신선이 되어 학을 타고 하늘에 오르고 싶다 했다. 그 중 한 사람이 말하되, "나는 허리에 10만 관의 돈을 차고 학을 타고 양주에 올라가고 싶네." 하였다.

※ **학여전(鶴與錢)** 옛날에 네 사람이 모여서 각기 자기의 소원을 말하는데, 한 사람은 말하기를, "나는 돈 만 관(萬貫)을 가지기가 소원이다." 하였으며, 한 사람은, "나는 신선이 되어 학을 타고 하늘에 오르기가 소원이다." 하고 또 한 사람은, "양주자사(楊州刺史)가 되기가 소원이다." 하니, 한 사람은, "나는 돈 만 관을 허리에 두르고 학을 타고 양주로 가겠다." 하였다.

**구구(具區)**   중국 월(越) 나라에 위치한 태호(太湖)를 달리 이르는 말이다. 오월(吳越) 사이에 있음.

**오현(吳縣)**   강소성(江蘇省) 곤산현(뭘山縣) 서쪽에 있는 현(縣).《漢書, 地理志 上》會積那, 縣二十六, 吳.《讀史 方興紀要, 江南, 蘇州府》:《清史橋, 地理志, 》

※ **오중(吳中)** 춘추시대 오나라의 수도인 강소성(江蘇 省) 오현(吳縣) 일대. 지금의 강소(江蘇) 오현(吳縣) 일대(一帶). 오지(吳地)의 범칭.《사기:항우본기(史記:項羽本紀)》에 "항량(項梁)이 사람을 죽였다. 항적(項籍)과 함께 원수를 피해 오중(吳中)에 숨었다."라고 했다.

※ **부초(夫椒)** 부초(夫椒)는 강소성(江蘇省) 오현(吳縣)에 있는 산 이름인데, 춘추 시대에 월왕 구천(越王句踐)이 여기에서 오왕 부차(吳王夫差)와 싸워 그를 잡아 죽이고 오나라를 멸망시켰다.

※ **고소대(姑蘇臺)** 강소성(江蘇省) 오현(吳縣)의 서쪽 고소산(姑蘇山)에 있는 누대(樓臺). 춘추 시대 월왕 구천(越王句踐)은 오왕 부차(吳王夫差)에게 회계산(會稽山)에서 크게 패한 후 쓸개를 씹으며[嘗膽] 복수할 것을 꾀하다가 저라산(苧蘿山)에서 얻은 미인 서시(西施)를 부차에게 바치니, 부차는 그의 미모에 혹하여 고소대를 크게 짓고는 날마다 유희(遊嬉)에 빠져 정사를 돌보지 않았으며 이것을 간하는 충신 오자서(伍子胥)를 죽였다. 이 때문에 결국 오 나라는 월 나라에게 멸망을 당했는데, 월(越)의 대부 범려(範蠡)는 성공한 다음 공명을 피하여 고소대에 있던 서시와 함께 오호(五湖)에 배를 띄우고 스스로 치이자피(鴟夷子皮)라고 성명을 고친 다음, 월 나라를 떠나 한가하게 살았다. 《史記 越王句踐世家》

※ **회적오시(晦跡吳市)** 오시문졸(吳市門卒)의 약칭으로 오현(吳縣) 저자의 문지기인데, 어지러운 세상을 피해 숨는 것을 뜻한다. 한(漢) 매복(梅福)이 왕망(王莽)이 나라의 권력을 독단하자 처자를 버리고 숨어 성명을 바꾸고 오현 저자의 문지기가 되었다는 설에서 나온 말이다.《漢書 卷六十七》

| | |
|---|---|
| **대택(大澤)** | 옛날 못 이름. |
| **진택(震澤)** | 호수 이름. 현재 강소(江蘇)의 태호(太湖). |

※ **진택선(震澤仙)** 술 좋아하는 호걸. 진택(震澤)은 태호(太湖)를 말하는데, 당(唐)의 장욱(張旭)이 술을 좋아하여 당시 사람들이 그를 일러, 태호정(太湖精)이라고 하였음.

| | |
|---|---|
| **태호(太湖)** | 옛날에는 진택(震澤), 구구(具區), 오호(五湖), 립택(笠澤)이라고 했다. 강소(江蘇)와 절강(浙江) 두 개의 성(省)을 지난다. |

※ **태호석(太湖石)** 강소(江蘇)의 태호(太湖)에서 나는 돌. 구멍과 주름이 많아 가산(假山)을 만들거나 정원을 꾸미는데 많이 사용된다.

※ **태호정(太湖精)** 당대(唐代)의 서법가(書法家) 장욱(張旭)이 성격이 활달(豁達)하고 술을 좋아해서 취할 때야 마다 미친 듯이 치달아 글씨를 썼는데 그가 오현(吳縣)에서 자랐기 때문에 당시 사람들이 그를 , 故時人稱爲"태호정(太湖精)이라고 불렀다.

| | |
|---|---|
| **운몽(雲夢)** | 운몽(雲夢)이라고도 한다. 1. 옛날의 수택(藪澤) 이름. 2. 고대(古代)의 초(楚) 나라 땅. |
| **화용(華容)**<br>**화용현(華容縣)** | 1. 꽃처럼 아름다운 얼굴. 미인(美人) 2. 옛날의 현명(縣名). 화용현(華容縣). 서한(西漢) 때 설치했다. 현재의 호북성(湖北省) 잠강시(潛江市) 서남(西南) 지역인데 남조(南朝)의 량(梁) 나라 때 폐지했다. |

## 0542

| | |
|---|---|
| **남군**(南郡) | 동한말13주(東漢末13州) 중 형주(荊州)에 속했다. |
| **급고각**(汲古閣) | 명말(明末) 상숙(常熟) 모진(毛晉)의 장서각(藏書閣) 이름. 84,000여 책을 소장했다. |
| | ※ **급고각본**(汲古閣本) 명(明) 나라 모진(毛晉)의 급고각(汲古閣)에서 판각한 책들. 모본(毛本), 모초(毛鈔)라고도 한다. |
| **동유보초**(東有甫草) | 동쪽에 큰 숲이 있다. |
| **보초**(甫草) | 보전의 숲(甫田之艸). |
| **보전**(甫田) | 옛날의 택수(澤藪) 이름.《시:소아:차공(詩:小雅:車攻)》에 "東有甫草, 駕言行狩."이 있는데 <정현-전(鄭玄-箋)>에 "보초(甫草)는 보전(甫田)의 풀이다. 정(鄭) 나라에 보전(甫田)이 있다."라고 했다. <륙덕명-석문(陸德明-釋文)>에서 "정(鄭) 나라에서는 '보(補)로 읽는데' 포전(圃田)을 말한다. 정(鄭) 나라의 늪지대다."라고 했다. <주희-집전(朱熹-集傳)>에서 "지금의 개봉부(開封府) 중모현(中牟縣) 서(西)쪽 포전택(圃田澤)이다."라고 했다. |
| | ※ **행수**(行狩) 수렵함. 사냥함. [詩?小雅 車攻] 東有甫草 駕言行狩. |
| **포전**(圃田) | 포전(圃田) 1. 보전(甫田), 대전(大田). 2. 과수 나무나 오이를 심는 밭. 3. 사물들이 모이는 곳의 비유. 4. 옛 택수(澤藪) 이름. 현재의 하남(河南) 중모현(中牟縣) 서(西)쪽. |
| **정유보전**(鄭有甫田) | 정(鄭) 나라에 보전(甫田)이 있다. |
| **중모**(中牟) | 하남성(河南省) 중모현(中牟縣). |
| **하남군**(河南郡) | ① 황하(黃河) 중류(中流) 이남(以南)과 황하(黃河) 북방(北方)의 일부(一部) 지역. ② 주대(周代)의 서울. 낙양(洛陽)의 별명(別名). ③ 황하(黃河) 남방(南方)의 땅. |
| **청주**(青州) | 1. 9주(九州)의 하나. 2. 한(漢) 나라가 청주(青州)를 설치했다. 위진초(魏晉初)에는 그대로 두었다. 남북조(南北朝) 때에도 주(州)를 그대로 두었으나 치소(治所)는 여러 번 바뀌었다. 수(隋) 나라 때 폐지했으나 당초(唐初)에 다시 설치했다. 후에 평로군절도사(平盧軍節度使)로 고쳤다. 5대(五代)와 송(宋)이 그대로 따랐다. 원(元) 나라 때 고쳐서 익도로(益都路)라고 했다. 명(明) 나라 때 청주부(青州府)로 고쳤다. 청(淸) 나라 때 그대로 따랐다. 옛날의 치소는 지금의 산동성(山東省) 청주시(青州市)다. |
| | ※ **익도로**(益都路)의 치소(治所)는 익도현(益都縣). 지금의 산동(山東) 청주시(青州市). 익도로(益都路)의 당칭(唐稱)은 청주(青州), 송(宋)은 "진해군(鎭海軍)", 금(金)은 "익도로총관부(益都路總管府)", 명(明)은 "청주부(青州府)". |
| | ※ **청주종사**(青州從事) 남조(南朝) 송(宋) 나라 류의경(劉義慶)의《세설신어:술해(世說新語:術解)》에 "환공(桓公)에게 주부(主簿)가 있었는데 술맛을 잘 감별했다. 술이 있으면 문득 먼저 맛을 보고나서, 좋은 것은 '청주종사(青州從事)'라 하고, 나쁜 것은 '평원독우(平原督郵)'라고 했다. 청주(青州)에는 제군(齊郡) |

**0542**

이 있고, 평원(平原)에는 격현(鬲縣)이 있다. 종사(從事)는 도제(到臍:배꼽에 도달함)를 말하는 것이고, 독우(督郵)는 '격(鬲:횡격막)' 위에 머무는 것이다." 좋은 술은 곧바로 배꼽까지 술기운이 닿는다는 뜻이다. 종사(從事)와 독우(督郵)는 모두 관명(官名)이다. 나중에 "청주종사(青州從事)"는 미주(美酒)의 대칭(代稱)이 되었다.

　※ **청주국**(青州麴) 청주종사(青州從事).

**맹제**(孟諸)　맹저(孟豬), 맹저(孟瀦)라고도 쓴다. 맹저는 수택(藪澤) 이름으로, 당(唐) 나라 고적(高適)의 시에 "나는 본디 맹저 들에서 고기 잡고 나무나 하여 일생이 절로 한가로운 사람이거니 차라리 초택 안에서 미친 노래나 할지언정 어찌 풍진 속에 관리 노릇을 할 수 있으랴[我本漁樵孟諸野 一生自是悠悠者 乍可狂歌草澤中 寧堪作吏風塵下]" 한 데서 온 말인데, 소식(蘇軾)의 시에는 "그 누가 적막한 고상시를 불쌍히 여기랴 늙어 가매 미친 노래에 맹저가 생각나네[誰憐寂寞高常侍 老去狂歌憶孟諸]"라고 하였다.

**망제**(望諸)　1. 고택(古澤) 이름. 춘추(春秋) 때는 송(宋) 나라에 속했고, 전국시(戰國時)에는 제(齊) 나라 땅이었다. 후에는 조(趙) 나라에 돌아갔다. 지금의 하남성(河南省) 수현(睢縣)과 산동성(山東省) 하택시(菏澤市) 사이다.

**명도**(明都)　1. 남방(南方)을 이르는 말. 늪 이름. 2. 망저(望諸).

**수양**(睢陽), **수양현**(睢陽縣)　춘추시대 송(宋)나라의 땅. 지금의 하남성(河南省) 상구시(商邱市).

　※ **수양곡**(睢陽曲) 가곡(歌曲) 이름.

　※ **축성수양곡**(築城睢陽曲) 악부(樂府) 잡곡가사명(雜曲歌辭名).《축성곡(築城曲)》과는 다르다. 한(漢) 나라 량효왕(梁孝王)이 수양성(睢陽城)을 쌓을 때 불렀던 노래.

　※ **장수양**(張睢陽) 당(唐) 나라 때 장순(張巡)을 가리킨다. 장순이 수양성(睢陽城)을 지키면서 안녹산(安祿山)의 군대와 싸웠기 때문에 이른 말이다.

수양현(睢陽縣)

　※ **휴**(睢) 우러러 볼 ▣**수**:물이름, 현이름, 성씨 ▣**유**:별이름.

**량국**(梁國)　13주(州)에서 예주(豫州)에 속했다. 대략 현재의 하남성(河南省).

**연주**(兗州)　13주(州)에서 현재의 산동성(山東省) 서계(西界)와 하남성(河南省) 동북(東北).

**대야**(大野)　1. 넓은 들판. 2. 소택(沼澤) 이름. 산동성(山東省) 거야현(距野縣)과 가상현(嘉祥縣) 일대이다. 거야(巨野). 거야(距野). 3. 복성(夏姓).

**거야**(鉅野)　중국 산동성(山東省) 거야현(巨野縣)의 북쪽에 있는 거대한 늪지대의 이름이다.

**산양군**(山陽郡)　삼국 시대 위(魏) 나라의 이른바 죽림칠현(竹林七賢)이 노닐었던 하내(河內)의 산양현(山陽縣)을 말한다. 그런데 죽림칠현 가운데 완적(阮籍)과 완함(阮咸)이 들어 있었던 관계로, 간혹 숙질(叔姪)간의 즐거운 모임에 빗대기도 한다.

　※ **산양감구**(山陽感舊) 죽은 친구를 그리워하는 것을 말한다. 산양은 하남(河南)

## 0542

에 있는 지명으로, 진(晉) 나라의 혜강(嵇康), 상수(向秀) 등이 일찍이 이곳에 살면서 죽림(竹林)의 놀이를 하였다. 그 뒤에 상수가 산양 땅을 지나면서 누군가가 부는 젓대 소리를 듣고는 죽은 친구인 혜강과 려안(呂安)을 그리워하는 마음을 금할 수가 없어서 <사구부(思舊賦)>를 지었다고 한다. 이를 산양적(山陽笛), 산양문적(山陽聞笛), 산양린적(山陽鄰笛)이라고 한다.

※ **산양**(山陽) ①산의 남쪽. ↔산음(山陰). ② 현(縣) 이름. 섬서성(陝西省)·하남성(河南省)·강소성(江蘇省) 안의 일부분(一部分). 삼국 시대 위(魏) 나라의 이른바 죽림칠현(竹林七賢)이 노닐었던 하내(河內)의 산양현(山陽縣)을 말한다. 그런데 죽림칠현 가운데 완적(阮籍)과 완함(阮鹹)이 들어 있었던 관계로, 간혹 숙질(叔姪)간의 즐거운 모임에 빗대기도 한다. 죽림7현(竹林七賢), **산양구려**(山陽舊侶), **산양감구**(山陽感舊), **산양적성**(山陽邃聲), **산양택**(山陽宅), **산양루**(山陽淚), **산양회**(山陽會)나 춘추 시대의 고사(高士)인 진중자(陳仲子)의 **산양관원**(山陽灌園) 등의 고사가 만들어졌다. 대체로 죽은 친구를 그리워하는 것을 말한다. 산양은 하남(河南)에 있는 지명으로, 진(晉) 나라의 혜강(嵇康), 상수(向秀) 등이 일찍이 이곳에 살면서 죽림(竹林)의 놀이를 하였다. 그 뒤에 상수가 산양 땅을 지나면서 누군가가 부는 젓대 소리를 듣고는 죽은 친구인 혜강과 려안(呂安)을 그리워하는 마음을 금할 수가 없어서 <사구부(思舊賦)>를 지었다고 한다.

**옹주**(雝州)　하서(河西)를 옹주(雝州)라고 한다.

**현포**(弦圃), **현포**(弦蒲)　현포(弦蒲). 곤포(崑圃)《초사:천문(楚辭:天問)》에 "崑崙縣圃, 其居安在?"라고 했는데 현포(縣圃)는 또한 현포(弦蒲), 현포(弦圃), 현포(玄圃)라고도 한다. 곤륜산(昆侖山)의 위에 있다. 전설(傳說)에서 신선(神仙)이 사는 곳이라고 한다. 나중에 "곤포(崑圃)"는 "곤륜현포(崑崙縣圃)"의 약칭이 되었다.

**견현**(汧縣)　한(漢) 나라 때 설치했다. 현재의 섬서(陝西) 롱현(隴縣) 남쪽이다.

**우부풍**(右扶風)　도성(都城) 부근의 지방장관. 위성(渭城) 이서(以西)를 지역의 지방장관. 1. 관명(官名). 한대(漢代)에 장안(長安) 이동(以東)의 경조윤(京兆尹), 장릉(長陵) 이북(以北)의 좌풍익(左馮翊)과 함께 3보(三輔)의 하나. 경기(京畿)를 다스렸음. 2. 군명(郡名). 나중에는 장안(長安)의 인접지를 일컬음.

※ 3보(三輔) 1. 서한(西漢) 때 경기지구(京畿地區)를 다스리기 위해 설치한 세 개의 관직명에 대한 합칭 또는 그 관할지구를 말한다. 한초(漢初)에 경기관칭(京畿官稱)은 내사(內史)였다. 경제(景帝)2년 좌우내사(左右內史)로 나누었다. 주작(主爵)은 중위(中尉)였는데 나중에 도위(都尉)로 바꾸었다. 이 세 개를 합쳐서 3보(三輔)라고 했다. 무제(武帝) 태초원년(太初元年)에 주작(主爵)의 이름을 고쳐서 도위(都尉)를 우부풍(右扶風)이라 하고, 우내사(右內史)를 경조윤(京兆尹), 좌내사(左內史)를 좌풍익(左馮翊)이라고 했다. 치소(治所)는 모두 장안성중(長安城中)에 있었

| | |
|---|---|
| **유주**(幽州) | 다.<br>유주(幽洲)라고도 쓴다. 옛 12주(州)의 하나. 순(舜) 임금 때 기주(冀州) 동북의 땅을 나누어 유주(幽州)라 함. 지금의 하북성(河北省) 북부와 요녕성(遼寧省) 일대(一帶)다. |
| **해양**(奚養), **해양**(豯養) | 옛날 유주(幽州)에 있던 호박(湖泊)의 이름이다. 《주례:하관:직방(周禮:夏官:職方)》에서는 "해양(豯養)"으로 썼고, 《한서:지리지상(漢書:地理志上)》에서는 "혜양(豯養)"으로 썼다. 고지(故址)는 지금의 산동(山東) 래양현(萊陽縣) 동(東)쪽이다.<br>※ **호박**(湖泊) 호수의 총칭. 왕홍도등(王洪道等)의 《아국적호박(我國的湖泊)》에 "호박(湖泊)은 담수호(淡水湖), 함수호(咸水湖)와 염호(鹽湖)의 세 종류로 나눌 수 있다." 라고 했다. |
| **장광**(長廣), **장광현**(長廣縣) | 1. 길이와 넓이. 2. 한대(漢代)에 설치한 현(縣). 장광현(長廣縣). 소재지는 산동성(山東省) 채양시(萊陽市) 동쪽에 있었다.<br>※ **광장설**(廣長舌) 1. 부처의 32상(三十二相)의 하나. 넓고 깊고 유연(柔軟)하여 능히 얼굴을 덮는 부처의 혀 모양. 2. 뛰어난 변설(辯舌)이나 길고 오래 늘어 놓는 말을 이름. 장광설(長廣舌). 긴 말로 수다를 떠는 것. |
| **랑야군**(琅邪郡) | 1. 산동성(山東省)에 있는 산. 2. 진(秦) 나라 때 산동성에 설치한 고을 이름. |
| **기주**(冀州) | 1. 옛 9주(九州)의 하나. 《이아:석지(爾雅:釋地)》: "량하(兩河) 사이를 기주(冀州)라고 한다."라고 했다. <곽박-주(郭璞-注)>에 : "동하(東河)에서 서하(西河)다." 라고 했다. 《서:우공(書:禹貢)》에 "기주(冀州)는 곧 호구(壺口)에 있다."라고 했다 <채침-집전(蔡沈-集傳)>에 "기주(冀州)는 제도(帝都)의 땅이다. 3면(三面)이 하(河)와 접하고 있는데 연(兗)은 하(河)의 서쪽;옹(雍)은 하(河)의 동쪽;예(豫)는 하(河)의 북쪽이다.《주례:직방(周禮:職方)》에서 '하내(河內)를 기주(冀州)라고 한다' 라고 한 것이 이것이다."라고 했다. 2. 지금의 섬서(陝西)와 산서(山西) 사이의 황하(黃河) 이동(以東)과 하남(河南)과 산서(山西) 사이의 황하(黃河) 이북(以北), 그리고 산동(山東) 서북(西北)과 하북(河北) 동남부(東南部) 지구(地區)를 말한다. |
| **양우**(楊紆) | 양우(陽紆), 양우(楊陓). 옛날의 택수(澤藪) 이름.《회남자:지형훈(准南子:墜形訓)》에서 "秦之陽紆."라고 했는데 <고유-주(高誘-注)>에서 "양우(陽紆)는 대개 풍익(馮翊)의 지양(池陽)에 있다. 일명 구포(具圃)라고도 한다."라고 했다. 여러 설이 있어서 정확한 지역에 대해서는 알 수 없다.《주례:하관:직방씨(周禮:夏官:職方氏)》에 "하내(河內)를 기주,(冀州)라고 한다. 그 산진(山鎭)을 곽산(霍山)이라 하고, 그 택수(澤藪)를 양우(楊紆)라고 한다. 곽산(霍山)은 체(彘)에 있다. 양우(陽紆)의 소재는 들은 바 없다."라고 했다. <손이양-정의(孫詒讓正義)>에 : "양우(楊紆), 양우(楊陓), 양화(陽華), 양우(陽紆), 양우(陽肝)의 성류(聲類)가 서로 가까워서 혜사기(惠士奇)는 같은 곳이라고 설명했다. 뜻은 비슷한 것 같은데 그 소재지역만은 천호수심(舛互殊甚)해서 한시(漢時)에 이미 고증할 수 없었다. 그래서 반 |

# 0542

고나 정현이 모두 비워두고 언급하지 않았다[故班鄭幷闕而不言]. 옛날의 여러 설들은 억지로 끼워 맞춘 것으로 정확한 근거[塙證]가 없다. 비워놓고 제대로 아는 사람을 기다리는 것이 옳다.

※ **천호수심**(舛互殊甚) 서로 어긋나는 것이 아주 심하다.

※ **각증**(塙證) 확실한 증거.

**양우**(楊陓) 양우(陽紆).

**양화**(陽華) 1. 옛날의 택수(澤藪) 이름.《려씨춘추:유시(呂氏春秋:有始)》에 "초(楚) 나라의 운몽(雲夢), 진(秦) 나라의 양화(陽華)."라고 했다. <고유-주(高誘-注)>에 "양화(陽華)는 봉상(鳳翔)에 있다. 간혹 화음(華陰)의 서쪽에[ 있다고도 한다."라고 했다. 2. 산명(山名). (1) 강절(江浙) 일대(一帶)에 있다.《려씨춘추:본미(呂氏春秋:本味)》에 "양화(陽華)의 운(芸)과 운몽(雲夢) 의 미나리."라고 했는데 <고유-주(高誘-注)>에 "양화(陽華)는 곧 화양(華陽)으로 산명(山名)이다. …… 오월(吳越) 사이에 있다."라고 했다. (2) 섬서성(陝西省) 화음현(華陰縣) 동남(東南)에 있는 산.《산해경:중산경(山海經:中山經)》: "양화(陽華)의 산 남쪽에는 금옥(金玉)이 많다."라고 했다.

**봉상**(鳳翔) 봉황비상.(鳳凰飛翔.) 상서로운 기운이 퍼지는 모양.

※ **저봉상란**(翥鳳翔鸞) 빙빙 돌며 올라가는 봉황의 모습. 아름다운 춤의 비유.

※ **규반우봉상**[蚪蟠又鳳翔] 용처럼 물 속에 서려 있는 것은 숨어사는 것이요, 봉처럼 나는 것은 세상에 나오는 것이다.

**화음**(華陰) 태화산(太華山)의 북쪽에 있는, 한대(漢代)에 설치한 현(縣). 소재지는 섬서성(陝西省) 화음시(華陰市) 남동쪽에 있었다. 후한(後漢)의 장해(張楷)가 화음산(華陰山)에 숨어살며 도술(道術)을 부려 사방 5리(裏)에 안개를 일으켰다는 기록이 있다. 5리무중(五里霧中).《후한서 권36 장해전(後漢書 卷36 張楷傳)》.

**풍익**(馮翊) 1. 혼돈(渾沌). 2.군명(郡名).

※ **풍풍익익**(馮馮翼翼) 1. 많이 성한 모양. 2. 뒤섞여 어지러운 모양.

**지양**(池陽) 한대(漢代)에 설치한 현(縣). 소재지는 섬서성(陝西省) 경양현(涇陽縣)의 북서쪽에 있었다.

**구포**(具圃) 구유(具囿). 고대(古代)의 원유(苑囿) 이름. 현재의 섬서(陝西) 봉상현(鳳翔縣) 부근(附近)에 있었다.《좌전:희공33년(左傳:僖公三十三年)》: "정(鄭) 나라에 원포(原圃)가 있는데 진(秦) 나라에 있는 구유(具囿)와 같다."라고 했다.《회남자:지형훈(淮南子:墬形訓)》에 "진(秦) 나라의 양우(陽紆)"라고 했는데 한(漢) 나라 <고유-주(高誘-注)>에 "일명(一名) 구포(具圃)라고도 한다."라고 했다.

**병주**(幷州) 옛날 중국의 9주(九州) 중 하나로, 북방의 변지(邊地)를 뜻하는 말이다. 지금의 산서성(山西省) 태원현(太原縣) 부근. 전국 시대 조(趙) 나라의 명장(名將) 리목(李牧)이 여기에서 군사를 훈련하고 수비를 잘하여 명성을 떨쳤다.

0542

※ **병주고향**(幷州故鄉) 제이(第二)의 고향. 병주지정(幷州之情).

※ **병주도**(幷州刀), 병주쾌전도(幷州快剪刀) 날이 예리한 가위를 말한다. 병주는 지명으로, 여기에서 생산되는 가위는 날이 예리하기로 유명하다.

**소재기**(昭餘祁), **소여**(昭余)

옛날의 택수(澤藪) 이름. 지금의 산서성(山西省) 기현(祁縣) 서남(西南) 쪽, 개휴현(介休縣) 동북(東北)에 있었다. 이것은 《주례:하관:직방씨(周禮:夏官:職方氏)》의 병주수(幷州藪)다. 《이아:석지(爾雅:釋地)》의 10수(十藪)의 하나다. 《려씨춘추(呂氏春秋)》에서는 대소(大昭)라고 썼다. 《회남자:지형훈(淮南子:墜形訓)》은 **소여**(昭餘)라고 썼다, 모두 9수(九藪)의 하나다. 《한서:지리지(漢書:地理志)》에서 고쳐 써서 "9택(九澤)"이라고 했다. 《수경주:분수(水經注:汾水)》에서는 지금의 개휴현(介休縣) 동북(東北)쪽인 근오현(近鄔縣)이라고 했다. 오택(鄔澤)을 말하는데 속칭 오성박(鄔城泊)이라고도 했다. 근기현(近祁縣)은 기수(祁藪)다. 당송시(唐宋時)에는 다만 오성박(鄔城泊)만 기록에 보인다. 나날이 말라가서 원초(元初)에는 기현(祁縣) 동남(東南) 쪽을 준설하여 가느다란 물줄기로 밭에 관개(灌漑)할 뿐이어서 소여지(昭餘池)라고 했다. 이후 때로는 마르고 때로는 넘치고 했다.[時塞時溢].

**오현**(鄔縣)

춘추시 제(齊)나라 땅. 현재 하남(河南) 언사현(偃師縣) 서남. 지역.

**태원군**(太原郡)

옛 명칭은 진양(晉陽), 별칭은 병주(並州). 현재의 산서성(山西省) 지역.

**천침**(川寖)

천침(川浸), 큰 물. &lt;한국고전 종합 DB&gt;

**[신경고 引經考]**

❶『지관:택우(地官:澤虞)』

澤虞, 每大澤大藪中士四人, 下士八人, 府二人, 史四人, 胥八人, 徒八十人. 中澤中藪如中川之衡. 小澤小藪如小川之衡.

&lt;澤, 水所鍾也. 水希曰藪.

《禹貢》曰: "九澤旣陂.《爾雅》有八藪. ○藪, 素口反. 陂, 彼宜反.&gt;

[疏] "澤虞" 至 "小川之衡"

○釋曰 : 虞亦度也, 度知澤之大小及物之所出. 用中士, 尊於川衡者, 以其澤之所出物眾. 多胥徒少者, 以其巡行處近故也. 中澤小澤已下皆如川衡者, 自是常法.

❷『주(注)』 1번 참조.

&lt;澤, 水所鍾也. 水希曰藪.&gt;

❸『직방씨(職方氏)』 其澤藪曰某.

1. 東南曰揚州, 其山鎮曰會稽, 其澤藪曰具區鎮,

&lt;鎮, 名山安地德者也. 會稽在山陰. 大澤曰藪. 具區, 五湖在吳南,&gt;

2. 正南曰荊州, 其山鎮曰衡山, 其澤藪曰雲瞢,

3. 河南曰豫州, 其山鎮曰華山, 其澤藪曰圃田,

4. 正東曰青州, 其山鎮曰沂山, 其澤藪曰望諸,

5. 河東曰兗州, 其山鎮曰岱山, 其澤藪曰大野,

## 0542

6. 正西曰雍州, 其山鎮曰嶽山, 其澤藪曰弦蒲,

7. 東北曰幽州, 其山鎮曰醫無閭, 其澤藪曰貕養,

8. 河內曰冀州, 其山鎮曰霍山, 其澤藪曰楊紆,

9. 正北曰並州, 其山鎮曰恒山, 其澤藪曰昭餘祁,

❹『모시:전(毛詩:傳)』〈鄭風:大叔于田〉

大叔于田, 乘乘馬, 執轡如組, 兩驂如舞. 叔在藪, 火烈具擧.

襢裼暴虎, 獻于公所. 將叔無狃, 戒其傷女.

　〈藪, 澤, 禽之府也. 烈, 列. 具俱也. 箋云 : 列人持火俱舉, 言眾同心.

　○藪, 素口反,《韓詩》云 : "禽獸居之曰藪.> 본문과 방점이 다르다.

大叔于田, 乘乘黃, 兩服上襄, 兩驂鴈行. 叔在藪, 火烈具揚.

叔善射忌, 又良御忌, 抑磬控忌, 抑縱送忌.

大叔于田, 乘乘鴇, 兩服齊首, 兩驂如手. 叔在藪, 火烈具阜.

叔馬慢忌, 叔發罕忌, 抑釋掤忌, 抑鬯弓忌.

❺『직방씨:주(職方氏:注)』〈夏官:司馬:職方氏〉

東南曰揚州, 其山鎮曰會稽, 其澤藪曰具區, 其川三江, 其浸五湖, 其利金錫竹箭, 其民二男五女, 其畜宜鳥獸, 其穀宜稻.

　〈鎮, 名山安地德者也. 會稽在山陰. 大澤曰藪. … .>

❻『석지(釋地)』〈十藪〉 ◁이아:석지▷

魯有大野. 晉有大陸. 秦有楊陓. 宋有孟諸. 楚有雲夢. 吳越之間有具區. 齊有海隅. 燕有昭余祁. 鄭有圃田. 周有焦護.

※ 3번 과 비교하면 약간의 차이가 있다.

❼『석수(釋水)』◁이아:석수▷

※ 물이 고이는 곳이기는 하지만, 연못 처럼 물이 많지 않은 습지대이므로, 분류에 있어서 물에 넣지 않고 땅에 넣었다는 말이다.

❽『직방씨(職方氏)』九州之藪. 3번 참조.

1. 東南曰揚州, 其山鎮曰會稽, 其澤藪曰具區, …

　〈鎮, 名山安地德者也. 會稽在山陰. 大澤曰藪. 具區, 五湖在吳南, …>

　〔疏〕 … 具區, 五湖在吳南"者, 吳者會稽郡屬縣名, 依《地理志》, 南江自吳南, 震澤在西. 通而言之, 亦得在吳南, 具區即震澤, 一也.>

❾『우공(禹貢)』◁상서:우공▷

三江既入, 震澤厎定.

　〈震澤, 吳南大湖名. 言三江已入, 致定爲震澤. ○三江, 韋昭云 : "謂吳松江, 錢唐江, 浦陽江也."《吳地記》云 : "松江東北行七十裏, 得三江口, 東北入海爲婁江, 東南入海爲東江, 並松江爲三江. ○震澤, 吳都太湖. 厎, 之履反, 致也,《史記》音致. 大湖, 音太湖.>

※ 8, 9번은 단옥재가 여러 문장을 정리해서 옮긴 것으로 보인다.

⑩『5음운보(五音韵譜)』

厥.

⑪『모시(毛詩)』〈小雅:南有嘉魚之什:車攻〉

我車旣攻, 我馬旣同. 四牡龐龐, 駕言徂東.

田車旣好, 四牡孔阜. 東有甫草, 駕言行狩.

之子于苗, 選徒囂囂. 建旐設旄, 搏獸于敖.

駕彼四牡, 四牡奕奕. 赤芾金舄, 會同有繹.

決拾旣佽, 弓矢旣調. 射夫旣同, 助我舉柴.

四黃旣駕, 兩驂不猗. 不失其馳, 舍矢如破.

蕭蕭馬鳴, 悠悠旆旌. 徒御不驚, 大庖不盈.

之子于征, 有聞無聲. 允矣君子, 展也大成.

⑫『전(箋)』

〈甫, 大也. 田者, 大芟草以爲防, 或舍其中. 褐纏旆以爲門, 裘纏質以爲樀, 間容握, 驅而入, 擊則不得入. 之左者之左, 之右者之右, 然後焚而射焉. 天子發然後諸侯發, 諸侯發然後大夫, 士發. 天子發抗大綏, 諸侯發抗小綏, 獻禽於其下, 故戰不出頒, 田不出防, 不逐奔走, 古之道也. 箋云 : 甫草者, 甫田之草也. 鄭有甫田.〉

⑬『한시(韓詩)』

厥.

⑭『시:전(詩:箋)』〈小雅:甫田之什:甫田〉

倬彼甫田, 歲取十千. 我取其陳, 食我農人.

〈倬, 明貌. 甫田, 謂天下田也. 十千, 言多也. 箋云 : 甫之言丈夫也. 明乎彼大古之時, 以丈夫稅田也. 歲取十千, 於井田之法, 則一成之數也. 九夫爲井, 井稅一夫, 其田百畝. 井十爲通, 通稅十夫, 其田千畝. 通十爲成, 成方十裏, 成稅百夫, 其田萬畝. 欲見其數, 從井, 通起, 故言十千. 上地穀畝一鍾〉

自古有年. 今適南畝, 或耘或耔, 黍稷薿薿. 攸介攸止, 烝我髦士.

以我齊明, 與我犠羊, 以社以方. 我田旣臧, 農夫之慶.

琴瑟擊鼓, 以御田祖. 以祈甘雨, 以介我稷黍, 以穀我士女.

曾孫來止, 以其婦子, 饁彼南畝, 田畯至喜.

攘其左右, 嘗其旨否. 禾易長畝, 終善且有. 曾孫不怒, 農夫克敏.

曾孫之稼, 如茨如梁. 曾孫之庾, 如坻如京.

乃求千斯倉, 乃求萬斯箱. 黍稷稻粱, 農夫之慶. 報以介福, 萬壽無疆.

⑮『직방:주(職方:注)』

河南曰豫州, 其山鎮曰華山, 其澤藪曰圃田, 其川熒雒, 其浸波溠, 其利林漆絲枲, 其民二男三女, 其畜宜六擾, 其穀宜五種.

## 0542

<華山, 在華陰. 圃田, 在中牟. 熒, 㓛水也. 出東垣, 入於河, 泆爲熒, 熒在熒陽, 波讀爲播, 《禹貢》曰"熒播旣都". 《春秋傳》曰 : "楚子除道梁溠, 營軍臨隨", 則溠宜屬荆州, 在此非也. 林, 竹木也. 六擾, 馬, 牛, 羊, 豕, 犬, 雞. 五種, 黍, 稷, 菽, 麥, 稻.>

### ⑯『맹-금-주례(孟-今-周禮)』

正東曰青州, 其山鎭曰沂山, 其澤藪曰望諸, 其川淮泗, 其浸沂沭, 其利蒲魚, 其民二男二女, 其畜宜雞狗, 其穀宜稻麥.

<沂山, 沂水所出也, 在蓋. 望諸, 明都也, 在睢陽. 沭, 出東莞. 二男二女, 數等, 似誤也, 蓋當與兗州同二男三女. 鄭司農云 : "淮或爲雎, 沭或爲洙.">

[이아] 宋有孟諸. <今在梁國睢陽縣東北.> 〔疏〕"宋有孟諸". 注"今在梁國睢陽縣東北". ○釋曰 : 《周禮》青州, "其澤藪曰望諸". 鄭注云 : "望諸, 明都也. 在睢陽". 《禹貢》豫州云 : "導荷澤, 被孟豬." 《左傳》亦作"孟諸". 文不同者, 聲轉字異, 正是一地也.

### ⑰『금-주례(今-周禮)』

正西曰雍州, 其山鎭曰嶽山, 其澤藪曰弦蒲, 其川涇汭, 其浸渭洛, 其利玉石, 其民三男二女, 其畜宜牛馬, 其穀宜黍稷.

<嶽, 吳嶽也, 及弦蒲在汧. 涇出涇陽, 汭在豳地. 《詩:大雅:公劉》曰"汭堄之即". 洛出懷德. 鄭司農云 : "弦或爲汧, 蒲或爲浦." ○雍, 於用反, 下注州名同. 汭, 如銳反, 李又而頪反. 汧, 徐口千反, 劉苦見反, 李一音空定反. 豳, 彼貧反. 堄, 弓六反, 《詩》作鞫

### ⑱『직방:주(職方:注)』 17번 참조.

<嶽, 吳嶽也, 及弦蒲在汧. 涇出涇陽, 汭在豳地. 《詩:大雅:公劉》曰"汭堄之即". 洛出懷德. 鄭司農云 : "弦或爲汧, 蒲或爲浦.">

[이아] 汧, 出不流. <水流潛出, 便自停成汙池. ○汧, 音牽.>

〔疏〕"汧, 出不流". ○釋曰 : 謂水泉潛出停成汙池者名汧. 《地理志》云 : 扶風汧縣, "雍州弦蒲藪. 汧出西北, 入渭". 以其初出不流, 停成弦蒲澤藪, 故曰"汧, 出不流"也. 其終則入渭也.

### ⑲『주례(周禮)』

東北曰幽州, 其山鎭曰醫無閭, 其澤藪曰貕養, 其川河泲, 其浸菑時, 其利魚, 鹽, 其民一男三女, 其畜宜四擾, 其穀宜三種.

<醫無閭在遼東, 貕養在長廣, 菑出萊蕪, 時出般陽. 四擾, 馬, 牛, 羊, 豕. 三種, 黍, 稷, 稻. 杜子春讀貕爲奚. ○貕, 音兮. 般, 步幹反.>

<설문해자>

奚【6355】大腹也. 【豕部】豚下曰. 豚生三月, 腹奚奚皃. 古奚奚通用. 【周禮:職方氏】貕養. 杜子春讀貕爲奚. 【許:艸部】作奚養.

貕【5785】生三月豚. 此當句. 下當有一曰二字. 爲別一義. 腹奚奚皃也. 奚奚各本作貕貕. 今正. ○部曰. 奚, 大腹也. 以疊韵爲訓. 【方言】曰. 豬, 其子或謂之貕. 从

0542

豕. 奚聲. <胡雞切>. 16部.

⑳**정현**(鄭玄)이 이르기를 19번 참조.

### 1. 해양(獂養)은 장광(長廣)에 있다.

<醫無閭在遼東, 獂養在長廣, 酋出萊蕪, 時出般陽. 四擾, 馬, 牛, 羊, 豕. 三種, 黍, 稷, 稻. 杜子春讀獂爲奚. ○獂, 音兮. 般, 步幹反.>

### 2. 양우(楊紆)의 소재는 들은 바 없다.

河內曰冀州, 其山鎮曰霍山, 其澤藪曰楊紆, 其川漳, 其浸汾潞, 其利松柏, 其民五男三女, 其畜宜牛羊, 其穀宜黍稷.

<霍山在鳸. 陽紆所在未聞. 漳出長子, 汾出汾陽, 潞出歸德. ○紆, 於於反. 汾, 扶文反. 潞, 音路. 長子, 丁丈反, 長子, 縣名, 屬上黨.>

### ㉑『이아(爾雅)』

秦有楊陓. <今在扶風汧縣西. ○陓, 於於反.>

〔疏〕"秦有楊陓". 注"今在扶風汧縣西". 釋曰:《周禮》冀州云: "其澤藪曰陽陓. "鄭注云: "所在未聞." 又雍州云: "其澤藪曰弦蒲." 鄭注云: "在汧." 案《地理志》汧吳山在西, 古文以爲汧山. 北有蒲穀鄉弦中穀, 雍州藪. 今注亦"在汧". 然則《周禮》弦蒲即此楊陓也.

### ㉒『려씨-춘추(呂氏-春秋)』

何謂九藪? 吳之具區, 楚之雲夢, 秦之陽華, 晉之大陸, 梁之圃田, 宋之孟諸, 齊之海隅, 趙之鉅鹿, 燕之大昭.

### ㉓『주(注)』

厥.

### ㉔『회남(淮南)』<墜形訓>

墜形之所載 六合之間 四極之內 昭之以日月 經之以星辰 紀之以四時 要之以太歲 天地之間 九州八極 土有九山 山有九塞 澤有九藪 風有八等 水有六品 何謂九州 東南神州 曰農土 正南次州 曰沃土 西南戎州 曰滔土 正西弇州 曰并土 正中冀州 曰中土 西北台州 曰肥土 正北濟州 曰成土 東北薄州 曰隱土 正東陽州 曰申土 何謂九山 會稽 泰山 王屋 首山 太華 岐山 太行 羊腸 孟門 何謂九塞 曰 太汾 澠阨 荊阮 方城 殽阪 井陘 令疵 句注 居庸 何謂九藪 曰 越之具區 楚之雲夢 秦之陽紆 晉之大陸 鄭之圃田 宋之孟諸 齊之海隅 趙之鉅鹿 燕之昭余.

### ㉕『주(注)』

厥.

### ㉖『회남(淮南)』 24번 참조.

何謂九藪 曰 越之具區 楚之雲夢 秦之陽紆 晉之大陸 鄭之圃田 宋之孟諸 齊之海隅 趙之鉅鹿 燕之昭余.

# 0543

## 0543 畚菑甾 치【zāi ㄗㄞ-】 41
### 묵 밭、한 해 된 밭 치

不耕田也。

「다루지 않은 밭」이다.

《海寧陳氏鱣曰。

해녕진씨전(海寧陳氏鱣)이 이르기를

不、當爲才。

"불(不)은 마땅히 재(才)로 써야 한다."라고 했다.

才耕田、謂始耕田也。

「재경전(才耕田)」은 겨우 일구기 시작한 밭이라는 뜻이다.

才財材皆訓始。

재(才), 재(財), 재(材)의 훈은 모두 「시작」이다.

玉裁按。

단옥재(段玉裁)의 생각으로는

不當爲反。

불(不)은 마땅히 반(反)으로 써야 한다.

字之誤也。

글자의 오류다.

『爾雅』田一歲曰菑。

『이아(爾雅)』❶에 한 해된 밭을 치(菑)라고 했다.

『毛詩:傳』、『馬融虞翻(飜)-易:注』

『모시:전(毛詩:傳)』❷과 『마융, 우번-역:주(馬融虞翻(飜)-易:注)』

皆用之。

❸에서 모두 사용했다.

『韓詩』、『董遇-易:章句』皆曰。

『한시(韓詩)』❹와 『동우-역:장구(董遇-易:章句)』❺에서도 모두 이르기를

菑、反艸也。

"치(菑)는 반초(反艸)다."라고 했다.

與田一歲義相成。

「전일세(田一歲)」와 더불어 서로 뜻을 이룬다.

『詩:大田:箋』曰。

『시:대전:전(詩:大田:箋)』❻에 이르기를

俶載讀爲熾菑。

"숙재(俶載)는 치치(熾菑)로 읽는다."라고 했다.

時至。民以其利耜熾菑。

때가 이르면 백성들은 날카로운 쟁기로 부지런히 한 해된 밭을 간다.

發所受之地。

받은 밭을 일으킨다.

趨農急也。

농사를 쫓아 바쁘다.

攷諸經傳。

여러 경전(經傳)들을 살펴보면

凡入之深而植立者皆曰菑。

깊이 파들어가서 곧게 세워심는 것을 모두 치(菑)라고 한다.

如『攷工記:輪人』菑訓建輻。

『고공기:륜인(攷工記:輪人)』❼ 같으면 치(菑)의 훈을 건폭(建輻)이라 했고,

『弓人』菑訓以鋸副析。

『궁인(弓人)』❽ 은 치(菑)의 훈을 톱으로 쪼개는 것이라 했고,

『公羊傳』以人爲菑。

『공양:전(公羊:傳)』은❾ 사람들을 죽 세워서 담장을 만들었다.

『漢書』榤石菑。

『한서(漢書)』❿는 건석(榤石)을 치(菑)라고 했다.

鄭仲師云。

정중사(鄭仲師)가 이르기를

泰山平原所樹立物爲菑。

"태산(泰山) 평원(平原)에 세운 물건을 치(菑)라고 한다.

聲如裁。

소리는 자(裁)와 같다."라고 했다.

博、立梟棊亦爲菑。

도박에서 효기(梟棊)를 세우는 것도 치(菑)다.

其他若『毛傳』木立死曰菑。

그 외에 『모전(毛傳)』⓫ 같으면 서서 죽은 나무도 치(菑)라고 했다.

『漢書』事刃公之腹中。

『한서(漢書)』⓬ "事刃公之腹中"이라고 했다.

『急就篇』。　　　『급취편(急就篇)』⑬이 이르기를

分別部居不襍(雜)厠。　　"부수 별로 나누어 두어서 서로 뒤섞이지 않는다."라고 했다.

『漢－太學－石經』以人爲側。　　『한－태학－석경(漢－太學－石經)』은 인(人)을 붙여 측(側)으로 했다.

皆此字之引伸假借。　　모두 이 글자의 뜻을 늘린 가차다.

又假爲裁害字。》　　또 가차해서 재해(裁害)자로 썼다.

从艸田。　　초(艸)와 전(田)을 따랐고,

巛聲。　　치(巛)가 성부가 된다.

《鍇本原有「聲」字。　　서개(徐鍇)의 책에는 원래 성(聲)자가 있었다.

惟田巛二字倒易。　　오직 전(田)과 재(巛) 두 글자의 순서가 바뀌었을 뿐인데 또 다시 잘못하여 한 글자로 합쳤다.

又誤合爲一字。

鍇欲作從艸、巛田。　　서개(徐鍇)는 「종초, 재전(從艸、巛田)」으로

無聲字。非也。　　성(無)자가 없다. 잘못이다.

初耕反艸。　　처음 밭을 갈 때 **반초**(反艸)한다.

故從艸田會意。　　그러므로 초(艸)와 전(田)을 따른 회의자다.

以巛爲聲也。　　재(巛)를 성부로 했다.

側詞切。1部。》　　측사절(側詞切)이다. 제 1부에 속한다.

『易』曰。　　『역(易)』⑭에 이르기를

不菑畬。　　"불치여(不菑畬)"라고 했다.

《『周易：无妄(妄)六二』爻辭。　　『주역：무망, 62(周易：无妄六二)』⑮의 효사다.

『周禮：注』作不菑而畬。　　『주례：주(周禮：注)』⑯는 「불치이여(不菑而畬)」라고 했다.

語較明。　　말이 비교적 분명하다.

言爲之無漸也。　　말함에 점진적인 것이 없다.

畬、二歲田也。》　　도(畬)는 두 해된 밭이다.

▥菑或省艸。　　▥치(菑)는 간혹 초(艸)를 생략하기도 한다.

《此取巛諧聲。　　이것은 재(巛)의 **해성**(諧聲)을 취한다.

鄭所云利耜燧發地之意也》　　정현(鄭玄)이 말했던 「날카로운 쟁기로 밭을 일구기 시작한다」는 뜻이다.

---

**전**(鱣) 철갑상어, 다랑어의 큰 것.

**름**(畬) 묵밭. 치(菑)의 본래 글자.

**숙**(俶) 비로소, 정돈할 ▮척:빼어날

**사**(耜) 보습, 따비끝나무,

**자**(胾) 큰 고깃점, 산적.

**잡**(襍) 섞일.

## 0543

**건(楗)** 문빗장, 절름거릴, 게으름필, 방천.
**여(畬)** 세 해 된 밭 ■**사:**화전, 따비밭.

---

**반초(反艸)** 풀을 갈아 엎다[讓芟除的野草埋在新翻的泥土下面].

**숙재(俶載)** 처음으로 시작하다. 《시:대아:대전(詩:大雅:大田)》에 "俶載南畝, 播厥百穀."이 있는데 <주희-집전(朱熹-集傳)>에 "쟁기를 날카롭게 손질하여 남쪽 밭에서 시작하여, 이미 갈아서 씨뿌렸다(取其利耜而始事於南畝, 既耕而播之)." 라고 했는데 이후 "숙재(俶載)"는 농사(農事)를 시작한다는 뜻이 되었다.

**치치(熾菑)** [이아:疏]에 "측측(畟畟)은 사(耜:보습)다"라고 했다. 풀이에 이르기를 "사인(舍人)이 이르기를 '측측(畟畟)은 보습이 땅을 파고 들어가는 모습이다.' 라고 했다"고 했다. 《주송:량사(周頌:良耜)》에 "畟畟良耜, 俶載南畝."라고 했는데 <모-전(毛-傳)>에서 "측측(畟畟)은 측측(測測)과 같다."라고 했다. <정-전(鄭-箋)>에서 이르기를 "량(良)은 잘하는 것이다. 농사꾼이 밭을 깊이 가는 것이다. 날카로운 보습으로 남쪽의 밭을 깊이 가는 것이다."라고 했는데 이것은 보습이 엄리(嚴利)한 것을 말한다.

※ **측측(畟畟)** 끝이 날카로운 모양(鋒利貌). 일설에는, 밭을 깊이 가는 모양.
　　**엄리(嚴利)** 아주 날카로움.

**건폭(建輻)** 바퀴살을 바퀴통에 꽂다.

**건석(楗石)** 제방의 터진 부분을 막는데 쓰는 나무나 돌 따위의 재료.

**평원(平原)** 1. 광활하게 탁트인 벌판. 2. 13주(州)에서 청주(青州)에 속하는 군(郡).

※ **청주종사(青州從事)** 남조(南朝) 송(宋) 나라 류의경(劉義慶)의 《세설신어:술해(世說新語:術解)》에 "환공(桓公)에게 주부(主簿)가 있었는데 술맛을 잘 감별했다. 술이 있으면 문득 먼저 맛을 보고나서. 좋은 것은 '청주종사(青州從事)' 라 하고, 나쁜 것은 '평원독우(平原督郵)' 라고 했다. 청주(青州)에는 제군(齊郡)이 있고, 평원(平原)에는 격현(鬲縣)이 있다. 종사(從事)는 도제(到臍:배꼽에 도달함)를 말하는 것이고, 독우(督郵)는 '격(膈:횡격막)' 위에 머무는 것이다." 좋은 술은 곧바로 배꼽까지 술기운이 닿는다는 뜻이다. 종사(從事)와 독우(督郵)는 모두 관명(官名)이다. 나중에 "청주종사(青州從事)"는 미주(美酒)의 대칭(代稱)이 되었다.

**효기(梟棊)** 효기(梟棋)라고도 쓴다. 고대 박희(古代博戲)의 하나. 《전국책:초책3(戰國策:楚策三)》: "무릇 효기(梟棊)가 능히 할 수 있는 것은 산기(散棊)로 돕기 때문이다. 대체로 1효(一梟)로 5산(五散)을 이길 수 없는 것은 명백하다. 이제 군(君)은 왜 천하의 효(梟)가 되어서 우리들을 산(散)으로 쓰지 않는가?"라고 했는데 <포표-주(鮑彪-注)>에서 "《정의(正義)》에서 이르기를 '장기 말의 머리에 효조(梟鳥) 모양을 새긴 것이다.' 고 했다"라고 했다. 12개의 흑백 돌을 여섯 개씩 나누어 그 중 하나를 장

(將)에 해당하는 효(梟)로 삼고 나머지 다섯 개가 졸(卒)에 해당하는 산(散)이 되오 효(梟)를 도와서 상대방의 효(梟)를 잡는 놀이다. 곽말약(郭沫若)의《굴원부금역: 초혼(屈原賦今譯:招魂)》에 "彩在口中喊, 瓊在手中投, 梟棋得勝有報酬."가 있다.

※ **산기**(散棊) 노름에서 장수말을 제외한 나머지 다섯 말. 효기(梟棋)의 대칭. 돕는 사람의 비유.

※ **채**(彩) 도박이나 내기에서 주사위를 던져서 나오는 이길 수. 도박에 건 돈. 경기나 유희, 수수께끼에서 상으로 얻은 경품.

《주역》무망(无妄) 의 '불경확 불치여(不耕穫 不菑畬)'는 일하기에 앞서 어떤 목적을 위하는 바 없고 후일의 공효를 엿보는 바 없음을 말한다. 마땅히 해야 할 도리이기 때문에 그처럼 하는 것이다.

6서(六書)의 하나. 형성(形聲)이라고도 한다. 두 글자를 합하여 한 자를 이루어 한쪽은 뜻을, 한쪽은 의미를 나타내는 일. 즉, 글자를 만들 때 뜻을 나타내는 부분과 소리를 내는 부분을 합하여 하나의 글자를 만드는 것. 형성(形聲).

**불치여**(不菑畬)
**불치이여**(不菑而畬)

**해성**(諧聲)

**[인경고 引經考]**

❶『**이아**(爾雅)』

田一歲曰菑, <今江東呼初耕地反草爲菑.> 二歲曰新田, 三歲曰畬.

❷『**모시:전**(毛詩:傳)』〈小雅:南有嘉魚之什:采芑〉

薄言采芑, 于彼新田, 于此菑畝. 方叔涖止, 其車三千, 師干之試. 方叔率止, 乘其四騏, 四騏翼翼. 路車有奭, 簟茀魚服, 鉤膺鞗革.

〈興也. 芑, 菜也. 田一歲曰菑, 二歲曰新田, 三歲曰畬. 宣王能新美天下之士, 然後用之. 箋云 : 興者, 新美之喻, 和治其家, 養育其身也. 士, 軍士也. ○菑, 側其反, 郭云 : "反草曰菑."畬音餘.〉

薄言采芑, 于彼新田, 于此中鄉. 方叔涖止, 其車三千, 旂旐央央. 方叔率止, 約軝錯衡, 八鸞瑲瑲. 服其命服, 朱芾斯皇, 有瑲葱珩.

鴥彼飛隼, 其飛戾天, 亦集爰止. 方叔涖止, 其車三千, 師干之試. 方叔率止, 鉦人伐鼓, 陳師鞠旅. 顯允方叔, 伐鼓淵淵, 振旅闐闐.

蠢爾蠻荊, 大邦爲讎. 方叔元老, 克壯其猶. 方叔率止, 執訊獲醜. 戎車嘽嘽, 嘽嘽焞焞, 如霆如雷. 顯允方叔, 征伐獫狁, 蠻荊來威.

❸『**마융, 우번-역:주**(馬融虞翻-易:注)』〈無妄〉

穀.

❹『**한시**(韓詩)』

穀.

❺『**동우-역:장구**(董遇-易:章句)』

穀.

❻『**시:대전:전**(詩:大田:箋)』〈小雅:甫田之什:大田〉

## 0543

※ 본문과 조금 다르다.

大田多稼, 旣種旣戒, 旣備乃事.

以我覃耜, 俶載南畝, 播厥百穀. 旣庭且碩, 曾孫是若.

<覃, 利也. 箋云 : 俶讀爲熾. 載讀爲菑栗之菑. 時至, 民以其利耜, 熾菑發所受之地, 趨農急也. 田一歲曰菑. ○覃, 以冉反, 徐以廉反. 俶, 載, 衆家並如字. 俶音尺叔反, 始也. 載, 事也. 鄭讀爲熾, 菑. 熾音尺志反. 菑音緇. 栗音列, 鄭注《周禮》云 : "讀如裂繻之裂.">

○正義曰 : 此及《載芟》,《良耜》皆於耜之下言"俶載南畝", 是俶載者, 用耜於地之事, 故知當爲熾菑, 謂耜之熾而入地, 以菑殺其草, 故《方言》"入地曰熾, 反草曰菑"也. 連言"菑栗之菑"者,《弓人》云 : "凡鋸幹之道, 菑栗不迤, 則弓不發."注云 : "玄謂栗讀如裂繻之裂." 彼鋸弓幹, 以鋸菑而裂之, 猶耕者以耜菑而發之, 義理旣同, 故讀從其文以見之也.

旣方旣皁, 旣堅旣好, 不稂不莠.

去其螟螣, 及其蟊賊, 無害我田稚. 田祖有神, 秉畀炎火.

有渰萋萋, 興雨祈祈. 雨我公田, 遂及我私.

彼有不穫稚, 此有不斂穧, 彼有遺秉, 此有滯穗, 伊寡婦之利.

曾孫來止, 以其婦子, 饁彼南畝, 田畯至喜.

來方禋祀, 以其騂黑, 與其黍稷. 以享以祀, 以介景福.

### ❼『고공기:수인(攷工記:輪人)』

察其菑蚤不齲, 則輪雖敝不匡.

<菑, 謂輻入轂中者也. 菑與爪不相佹, 乃後輪敝盡不匡刺也. 鄭司農云 : "菑讀如雜廁之廁, 謂建輻也. 泰山平原所樹立物爲菑, 聲如薉, 博立枭釭亦爲菑. 匡, 枉也." ○菑, 側吏反, 注及下皆同. 齲, 五構反, 一音隅. 佹, 九委反. 刺, 洛葛反, 下同. 薉, 側吏反. 枭, 古堯反.>

### ❽『궁인(弓人)』

居幹之道, 菑栗不迤, 則弓不發.

<鄭司農云 : "菑讀爲 '不菑而畬' 之菑. 栗讀爲 '榛栗' 之栗. 謂以鋸副析幹. 迤讀爲 '倚移從風' 之移. 謂邪行絕理者, 弓發之所從起." 玄謂栗讀爲 "裂繻" 之裂. ○菑, 側冀反, 又側其反, 沈子冀反, 劉音側. 栗, 音烈, 李又如字. 迤, 羊氏反. 不菑, 側其反. 畬, 音餘. 鋸, 音據. 副, 普逼反. 析, 星曆反. 倚, 於綺反. 移, 羊氏反. 下同. 邪, 似嗟反. 繻, 音需>

### ❾『공양:전(公羊:傳)』

諸大夫皆哭. 魯諸大夫從昭公者. 旣哭, 以人爲菑, 菑, 周圳垣也. 所以分別內外, 衛威儀, 今大學辟雍作"側"字.

<○解云 : 猶言周匝爲圳牆. 云"今大學辟雍作 '側' 字"者, 謂何氏所注者是"菑"

**0543**

字, 今漢時大學辟雍所讀者, 作"側"字, 云既哭以人爲側.>

### ⑩『한서(漢書)』

河湯湯兮激潺湲, 北渡回兮迅流難. 搴長茭兮湛美玉, 河公許兮薪不屬. 薪不屬兮衛人罪, 燒蕭條兮噫乎何以御水! 隤林竹兮揵石菑, 宣防塞兮萬福來.

<師古曰:「隤林竹者, 即上所說『下淇園之竹以爲揵』也. 石菑者謂舂石立之, 然後以土就塡塞也. 菑亦舂耳, 音側其反, 義與(劃)〔揷〕同.>

### ⑪『모전(毛傳)』 〈大雅:文王之什:皇矣〉

皇矣上帝, 臨下有赫. 監觀四方, 求民之莫. 維此二國, 其政不獲. 維彼四國, 爰究爰度. 上帝耆之, 憎其式廓. 乃眷西顧, 此維與宅.

作之屛之, 其菑其翳. 脩之平之, 其灌其栵. 啟之辟之, 其檉其椐. 攘之剔之, 其檿其柘. 帝遷明德, 串夷載路. 天立厥配, 受命旣固.

<木立死曰菑, 自斃爲翳. 灌, 叢生也. 栵, 栭也. 檉, 河柳也. 椐, 樻也. 檿, 山桑也. 箋云: 天旣顧文王, 四方之民則大歸往之. 岐周之地險隘, 多樹木, 乃競刊除而自居處, 言樂就有德之甚.>

帝省其山, 柞棫斯拔, 松柏斯兌. 帝作邦作對, 自大伯王季. 維此王季, 因心則友. 則友其兄, 則篤其慶. 載錫之光, 受祿無喪, 奄有四方.

維此王季, 帝度其心, 貊其德音. 其德克明, 克明克類, 克長克君. 王此大邦, 克順克比. 比于文王, 其德靡悔. 旣受帝祉, 施于孫子.

.........

### ⑪『급취편(急就篇)』

急就奇觚與眾異, 羅列諸物名姓字. 分別部居不雜廁, 用日約少誠快意. 勉力務之必有喜, 請道其章:

### ⑫『한-태학-석경(漢-太學-石經)』 9번 참조.

既哭, 以人爲菑, 菑, 周坏垣也. 所以分別內外, 衛威儀, 今大學辟雍作"側"字.

<今漢時大學辟雍所讀者, 作"側"字, 云既哭以人爲側.>

### ⑬『주역:무망, 62(周易:无妄六二)』<無妄> 9번 참조.

六二: 不耕獲, 不菑畬, 則利有攸往.

### ⑭『주례:주(周禮:注)』

居幹之道, 菑栗不迆, 則弓不發.

<鄭司農云:"菑讀爲'不菑而畬'之菑. 栗讀爲'榛栗'之栗. 謂以鋸副析幹. 迆讀爲'倚移從風'之移. 謂邪行絕理者, 弓發之所從起." 玄謂栗讀爲'裂繻'之裂.>

## 0544 蕘薅 요【yóu ㅣㄡˊ】 41
### 풀 더부룩한 모양 요

| | |
|---|---|
| 艸盛皃(貌)。 | 「풀이 무성한 모양」이다. |
| 从艸。 | 초(艸)를 따랐고, |
| 繇聲。 | 요(繇)가 성부가 된다. |
| 《此以形聲包會(會)意。 | 이것은 형성(形聲)으로 회의(會意)를 포함한 것이다. |
| 繇、隨從也。 | 요(繇)는 따르는 것이다. |
| 〖他書〗凡「繇」皆作「繇」。 | 다른 책들은 대개 요(繇)를 유(繇)로 쓰고, |
| 薅作薅。 | 요(薅)를 유(薅)로 썼다. |
| 余招切。 | 여초절(余招切)이다. |
| 古音在 3部。》 | 고음(古音)은 제 3부에 속한다. |
| 『夏書』曰。 | 『하서(夏書)』❶에 이르기를 |
| 厥艸惟繇。 | "궐초유요(厥艸惟繇)"라고 했다. |
| 《依〖鍇本〗及〖宋－本〗作「繇」。 | 서개(徐鍇)의 책과 송－본(宋－本)을 근거로 요(繇)로 쓴다. |
| 『馬融－注:尙書』曰。 | 『마융－주:상서(馬融－注:尙書)』❷에 이르기를 |
| 繇、抽也。 | "유(繇)는 뽑는 것이다."라고 했다. |
| 故合艸繇爲薅。 | 그래서 초(艸)와 요(繇)를 합쳐서 요(薅)를 만들었다. |
| 此許君引『禹貢』明從艸繇會(會)意之 | 이것은 허신(許愼)이 『우공(禹貢)』❸을 인용하여 「종초요회의 |
| 恉(恉)。 | (從艸繇會意)」의 뜻을 밝힌 것이다. |
| 引經說字形之例始見於此。 | 경(經)을 인용하여 자형(字形)을 설명하는 례(例)는 여기서 보이기 시작한다. |
| 詳後薣下。》 | 자세한 것은 뒤에 나오는 려(薣) 아래를 보라. |

요(薅) 풀 더부룩한 모양 ■유:같은 뜻.
유(繇) 말미암을, 유(由)와 같은 글자.
요(繇) 따를, 좇을, 무성할, 요역 ■유:지날, 말미암을, 까닭, 길(道也),
   꾀, 다니는 모양.
리(薣) 붙을, 궁궁이싹 ■려:붙을.

| | |
|---|---|
| 궐초유요(厥艸惟繇) | 풀이 무성하다. |

[신경고 引經考]    ❶『하서(夏書)』

厥土黑墳, 厥草惟繇, 厥木惟條.

<繇, 茂. 條, 長也.

○繇音遙, 馬云: "抽也. ">

〔疏〕傳"繇, 茂. 條, 長也"

○正義曰: "繇"是茂之貌, "條"是長之體, 言草茂而木長也. 九州惟此州與徐揚三

**0544**

州言草木者, 三州偏宜之也. 宜草木, 則地美矣. 而田非上者, 爲土下濕故也.

❷『마융-주:상서(馬融-注:尙書)』 1번 참조.

絲, 茂. 條, 長也.

○絲音遙, 馬云 : 抽也.

❸『우공(禹貢)』

『하서(夏書)』는 『상서(尙書)』의 한 편명으로, &lt;우공(禹貢)&gt;, &lt;감서(甘誓)&gt;, &lt;5자지가(五子之歌)&gt;, &lt;윤정(胤征)&gt; 의 네 편으로 이루어져 있다. 백성들에게서 세금과 특산물을 거두어 들이는 일에 대한 것들이다.

## 0545

### 0545 薙薙 채 【tì ㄊㄧˋ】 41
### (머리、풀을)깎을 채

除艸也。
『明堂:月令』曰。
季夏燒薙。
从艸。
雉聲。

「풀을 제거한다」는 뜻이다.
『명당:월령(明堂:月令)』❶에 이르기를
"계하소체(季夏燒薙)"라고 했다.
초(艸)를 따랐고,
치(雉)가 성부가 된다.

《他計切》
案『周禮:薙氏』掌殺草。

타계절(他計切)이다.
생각건대『주례:치씨(周禮:薙氏)』❷가 풀을 제거하는 일을맡았
다.

「薙」或作「夷」。
古雉音同夷。
故鄭云字從類。

치(薙)는 간혹 이(夷)로도 썼다.
옛날에는 치(雉)의 음이 이(夷)와 같았다.
그래서 정현(鄭玄)이「글자는 무리(類)를 따른다❸」고 한 것이
다.

類謂聲類也。
大鄭從夷。
後鄭從雉。
而讀爲鬄。
作「薙」者乃俗字。
猶稻人芟夷字俗作芟荑也

무리는 성류(聲類)를 말한다.
대정(大鄭)은 이(夷)를 따랐다.
후정(後鄭)은 치(雉)를 따랐고,
독음을 체(鬄)로 했다.
자로 쓰는 것은 속자다.
도인(稻人)❹이 풀을 제거하는 것을 삼이(芟荑)라고 하는 것과
비슷하다.

『月令』燒薙。
葢(蓋)亦本作燒雉。
『許君-說文』本無薙字。
淺人所屛入也。

『월령(月令)』에서 소채(燒薙)라고 했는데,
대개 또한 본래는 소치(燒雉)로 썼다.
『허군-설문(許君-說文)』에는 본래 채(薙)자가 없다.
천박한 사람이 멋대로 끼워 넣은 것이다.

체(鬄) 머리 깎을.
체(薙) 풀 깎을, 머리 깎을 ▣사:같은 뜻 ▣제:같은 뜻 ▣치:백목련.

계하소채(季夏燒薙)
여름의 마지막달에 잡초를 뽑아 말려서 태움.[若欲其化也則以水火變之謂以火燒
其所芟萌之草已而水之則其土亦和美矣月令季夏燒薙行水利以殺草如以熱湯是其一
時著之掌凡殺草之政令]

도인(稻人)
논농사에 관한 일을 맡았던 관명(官名). 지관에 "도인(稻人)은 낮은 땅에 농사하
는 일을 관장하여 못[瀦]을 만들어서 물을 저축하고 제방을 만들어서 물을 막고,
구(溝)를 만들어 물을 방류(放流)하고, 수(遂)를 만들어 물을 고르게 하고, 렬(列)
을 만들어 물을 고이게 하고, 회(澮)를 만들어 물을 쏟고 섭을 만들어 베어낸 풀을
쌓아서 농사를 한다. 모든 진펄에 농사하는 데에는 여름에 물을 담아서 풀을 병들

**삼이**(芟夷)
**소채**(燒薙), **소치**(燒雉)

게 한 다음 베어 없앤다." 하였다.

삼이(芟夷)로도 쓴다. 1. 풀을 베어 냄. 2. 베어 죽임.

소치(燒雉)로도 쓴다. 일종의 원시경작법(原始耕作法). 밭에난 잡초를 뽑아 말린 후 태워서 비료로 쓰는 농사법.《례기:월령(禮記:月令)》: "＜季夏之月＞是月也, 土潤溽暑, 大雨時行, 燒薙行水, 利以殺草, 如以熱湯."가 있는데 ＜정현-주(鄭玄-注)＞에 "땅을 다그쳐서 잡초를 없애는 것이다. 묵은 밭을 갈려고 할 때에 먼저 그 잡초를 뽑아서 말린 후 태운다. 이 달에 큰 비가 내려 흐르는 물이 고여 쌓이면 잡초는 다시 자라지 못하게 된다. 그러면 땅은 경작할 만하게 된다."라고 했다.

[**인경고 引經考**]

❶『명당:월령(明堂:月令)』

季夏之月, 日在柳, 昏火中, 旦奎中. … 是月也, 土潤溽暑. 大雨時行, 燒薙行水, 利以殺草, 如以熱湯.

&lt;薙謂迫地芟草也. 此謂欲稼萊地, 先薙其草, 草乾燒之, 至此月大雨流, 水潦畜於其中, 則草死不複生, 而地美可稼也.《薙人》"掌殺草"職, 曰"夏日至而薙之", 又曰"如欲其化也, 則以水火變之".

○薙, 他計反, 又直履反. 芟, 所銜反. 萊音來. 畜, 敕六反. 複, 扶又反. 夏日, 人一反.&gt;

❷『주례:치씨(周禮:雉氏)』

薙氏, 下士二人, 徒二十人.

&lt;書"薙"或作"夷". 鄭司農云: "掌殺草,

故《春秋傳》曰: '如農夫之務去草, 芟夷蘊崇之.' 又今俗間謂麥下爲夷下, 言芟夷其麥, 以其下種禾豆也."玄謂"薙"讀如剃小兒頭之剃. 書或作夷. 此皆剪草也, 字從類耳.

《月令》曰"燒薙行水", 謂燒所芟草乃水之.

○薙, 字或作雉, 同, 它計反, 徐庭計反. 去, 起呂反. 芟, 所禦反. 蘊, 紆粉反, 徐憂群反. 剃, 它計反.&gt;

○釋曰: 先鄭從古書"薙"爲"夷", 故引古今而爲證也.《春秋》者,《左氏傳》隱六年, "夏五月, 鄭伯侵陳. 往歲鄭伯請成於陳, 陳侯不許.

五父諫曰: '親人善鄰, 國之寶也.' 又云: "周任有言曰: '爲國家者, 見惡如農夫之務去草, 芟夷蘊崇之.'"

注云: "芟, 刈. 夷, 殺. 蘊, 積. 崇, 聚." "玄謂薙讀如剃小兒頭之剃"者, 俗讀也. 云"字從類耳"者, 人發之剃從發, 薙草還草下爲之, 故云類也.

《月令》者, 仲夏令, 引之者, 欲見薙草須燒之, 又須水之意也.

❸**정현**(鄭玄)**이** 1번 참조.

書或作夷. 此皆剪草也, 字從類耳.

**0545**

### ❹도인(稻人)

稻人, 上士二人, 中士四人, 下士八人, 府二人, 史四人, 胥十人, 徒百人.

<○釋曰 : 在此者, 案其職云"掌稼下地", 又云"澤草所生, 種之芒種", 是土地之事, 故在此. 胥徒多者, 以其並遣營種稻田. >

稻人, 掌稼下地. 以瀦畜水, 以防止水, 以溝蕩水, 以遂均水, 以列舍水, 以澮寫水, 以涉揚其芟作田.

<鄭司農說豬防以《春秋傳》曰"町原防, 規偃豬". 以列舍水, 列者非一, 道以去水也. 以涉揚其芟, 以其水寫, 故得行其田中, 舉其芟鉤也. 杜子春讀蕩爲和蕩, 謂以溝行水也. 玄謂偃豬者, 畜流水之陂也. 防, 豬旁堤也. 遂, 田首受水小溝也. 列, 田之畦〈田乎〉也. 澮, 田尾去水大溝. 作猶治也. 開遂舍水於列中, 因涉之, 揚去前年所芟之草, 而治田種稻.>

### ❹『월령(月令)』 1번 참조.

大雨時行, 燒薙行水, 利以殺草, 如以熱湯.

<薙謂迫地芟草也. 此謂欲稼萊地, 先薙其草, 草乾燒之, 至此月大雨流, 水潦畜於其中, 則草死不複生, 而地美可稼也.《薙人》"掌殺草"職, 曰"夏日至而薙之", 又曰"如欲其化也, 則以水火變之".>

## 0546 耒耒 뢰【lěi ㄌㄟˇ】 41

본[김 많이 짓을] 풀 많을 뢰

*0546*

| | |
|---|---|
| 耕多艸。 | 「많은 풀을 갈아 엎는다」는 뜻이다. |
| 从艸耒。 | 초(艸)와 뢰(耒)를 따랐고, |
| 《耒所以耕也。 | 뢰(耒)는 그것으로 밭을 가는 것이다. |
| 從耒艸會(會)意。》 | 뢰(耒)와 초(艸)를 따른 회의(會意)자다. |
| 耒亦聲。 | 뢰(耒)가 또한 성부가 된다. |
| 《兼形聲。 | 형성(形聲)을 겸한다. |
| 盧對切 15部。》 | 로대절(盧對切)이다. 제 15부에 속한다. |

# 0547

## 0547 䓞 착【dào ㄉㄠˋ】41
### 풀 큰 모양 착/도

艸大也。 풀이 큰 것이다.

《『毛詩』。 『모시(毛詩)』❶에 이르기를

倬彼甫田。 "탁피보전(倬彼甫田)"이라고 했는데,

『韓詩』作『䓞彼圃田』。 『한시(韓詩)』❷에서는 「착피포전(䓞彼圃田)」이라고 했다.

『釋故』曰。 『석고(釋故)』❸에 이르기를

䓞、大也。 "착(䓞)은 큰 것이다."라고 했다.

卓聲到聲古同在弟 2部。》 탁성(卓聲)과 도성(到聲)이 옛날에는 함께 제 2부에 있었다.

从艸、 초(艸)를 따랐고,

到聲。 도(到)가 성부가 된다.

《都盜切。 도도절(都盜切)이다.

○案各本篆作「䓿」。訓同。 ○ 생각건대 여러 책에서는 표제자를 치(䓿)으로 했고, 훈도 같았다.

『玉篇』、『廣韵(韻)』皆無䓿字。 『옥편(玉篇)』과 『광운(廣韵)』 모두 치(䓿)자가 없다.

䓞之誤也。 착(䓞)의 오류다.

後人檢䓞字不得。 후세 사람들이 착(䓞)자를 검색하려 해도 불가능해서,

則於[艸部]末綴䓞篆。 곧 [초부(艸部)] 끝에 착(䓞)의 표제자를 붙이고,

訓曰艸木倒。 훈을 「초목(艸木)이 거꾸러지는 것」으로 했다.

語不可通。 말이 통하지 않는다.

今更正。 지금 바로 잡는다.

『爾雅』釋文、『廣韵:四覺』皆引『說文』 『이아(爾雅)』의 해석문과, 『광운:4각(廣韵:四覺)』이 모두

䓞、艸大也。》 『설문(說文)』을 인용하여 「착(䓞)은 풀이 큰 것이다」라고 했다.

치(䓿) 풀 커다란할.

도(䓞) 초목 거꾸러질 ■착:풀 큰 모양.

---

탁피보전(倬彼甫田) 탁 트인 넓은 밭.

착피포전(䓞彼圃田) 풀이 우거진 넓은 밭.

---

[인경고 引經考] ❶『모시(毛詩)』 <小雅:甫田之什:甫田>

倬彼甫田, 歲取十千. 我取其陳, 食我農人. 自古有年. 今適南畝, 或耘或耔, 黍稷薿薿. 攸介攸止, 烝我髦士.

<倬, 明貌. 甫田, 謂天下田也. 十千, 言多也.

箋云 : 甫之言丈夫也. 明乎彼大古之時, 以丈夫稅田也. 歲取十千, 於井田之法, 則一成之數也. 九夫爲井, 井稅一夫, 其田百畝. 井十爲通, 通稅十夫, 其田千畝. 通十爲成, 成方十裏, 成稅百夫, 其田萬畝. 欲見其數, 從井, 通起, 故言十千. 上地

0547

穀畝一鍾.

○倬, 陟角反,

《韓詩》作"菿", 音同, 云 : "菿, 卓也."甫之言丈夫也, 直兩反, 依義"丈夫"是也. 本又作"大夫", 一本"甫之言夫也", 又一本"甫之言大也". 大古, 音泰. 見, 賢遍反.>

以我齊明, 與我犧羊, 以社以方. 我田旣臧, 農夫之慶. 琴瑟擊鼓, 以御田祖. 以祈甘雨, 以介我稷黍, 以穀我士女.

曾孫來止, 以其婦子, 饁彼南畝, 田畯至喜. 攘其左右, 嘗其旨否. 禾易長畝, 終善且有. 曾孫不怒, 農夫克敏.

曾孫之稼, 如茨如梁. 曾孫之庾, 如坻如京. 乃求千斯倉, 乃求萬斯箱. 黍稷稻粱, 農夫之慶. 報以介福, 萬壽無疆.

❷『한시(韓詩)』

厥.

❸『석고(釋故)』 ※ 본문과 조금 다르다. 초두가 아닌 竹이다.

弘, 廓, 宏, 溥, 介, 純, 夏, 幠, 厖, 墳, 嘏, 丕, 弈, 洪, 誕, 戎, 駿, 假, 京, 碩, 濯, 訏, 宇, 穹, 壬, 路, 淫, 甫, 景, 廢, 壯, 塚, 簡, 箌, 昄, 晊, 將, 業, 席, 大也.

《詩》曰 : "我受命溥將."又曰 : "亂如此幠", "爲下國駿厖", "湯孫奏嘏", "王公伊濯", "訏謨定命", "有壬有林", "厥聲載路", "旣有淫威", "廢爲殘賊", "爾土宇昄章", "緇衣之席兮". 廓落, 宇宙, 穹隆, 至極, 亦爲大也. 箌義未聞.

《屍子》曰 : "此皆大, 有十餘名而同一實."

○幠音呼. 厖, 亡江切. 誕音但. 訏音籲. 箌音罩. 昄, 蒲板切. 晊, 之日切.>

## 0548

### 0548 虄蘍 점【jiàn ㄐㄧㄢˋ】 42
### 우거질 점

艸相蘍苞也。
「풀이 서로 덮고 싸는 것」이다.

《蘍苞》卽今《禹貢》之《漸包》。
「점포(蘍苞)」는 곧 『우공(禹貢)』❶의 「점포(漸包)」다.

釋文曰。
석문(釋文)에 이르기를

「漸」本又作「蘍」。
"점(漸)은 본래 또 점(蘍)으로도 썼다."라고 했다.

『字林』才冄反。
『자림(字林)』은 재염절(才冄反)이다.

艸之相包裹也。
풀이 서로 덮고 싸는 것이다.

包或作苞。
포(包)는 간혹 포(苞)로도 썼다.

叢生也。
총생(叢生)이다.

馬云。
마(馬)가 이르기를

相苞裹也。
"서로 싸는 것이다."라고 했다.

按叢生之義字作苞者是。》
생각건대 총생(叢生)의 뜻으로 포(苞)자를 쓰는 것이 이것이다.

从艸。
초(艸)를 따랐고,

斬聲。
참(斬)이 성부가 된다.

《慈冄切。8部。
자염절(慈冄切)이다. 제 8부에 속한다.

今本有「書曰艸木蘍苞」六字
지금의 책에서는 「서왈초목점포(書曰艸木蘍苞)」라는 여섯 자가 있었다.

此誤以錯語入正文。
이것은 잘못해서 서개(徐鍇)의 말이 **정문**(正文:표제자)에 끼어든 것이다.

今依『韵(韻)會』訂。》
지금은 『운회(韵會)』를 근거해서 고쳤다.

虄蘍或从槧。
참(蘍)이 간혹 참(槧)을 따르기도 한다.

《此葢(蓋)兼從艸木也。》
이것은 대개 나무와 풀을 겸해서 따른다.

포(苞) 그령풀, 밑둥, 초목이 날, 쌀, 선사품, 바가지.

과(裏) 쌀, 꽃받침, 풀열매, 꾸러미.

참(槧) 쌀, 꽃받침, 풀열매, 꾸러미.

**점포(蘍苞)**, **점포(漸包)**
계속 자라나서 우거짐. 점점 자라서 무더기로 남.《서:우공(書:禹貢)》에 "厥土赤埴墳, 草木漸包."이 있는데 <공-전(孔-傳)>에서 "점(漸)은 자라나는 것이다(進長), 포(包)는 총생(叢生)이다."라고 했다. <공영달-소(孔穎達-疏)>에서 손염(孫炎)을 인용하여 이르기를 "사물이 총생(叢生)하는 것을 포(苞)라고 한다."라고 했다.

**총생(叢生)**
총생(叢生) 1. 초목(草木) 등이 한 곳에 모여서 자라는 것. 2. 많은 사물이 동시에 나타나는 것.

**정문(正文)**
저작의 본문(著作的本文) 등과 구별되는 것이다. <설문해자>에서는 전서(篆書)로 표기된 표제자를 가리킨다. 이 표제자에 딸린 고자(古字), 주문(籒文), 혹문(或文) 등은 중문(重文)이라고 한다. 540부수의 끝에는 정문(正文)이 몇 자인지, 중문(重

文)이 몇 자인지 일일이 밝히고 있다.

❶『우공(禹貢)』

厥土赤埴墳, 草木漸包.

> <土黏曰埴. 漸, 進長. 包, 叢生.
>
> ○埴, 市力反, 鄭作戠, 徐, 鄭, 王皆讀曰熾, 韋昭音試. 漸如字, 本又作薪,
>
> 《字林》才冉反, 草之相包裹也. 包, 必茅反, 字或作苞, 非叢生也,
>
> 馬云: "相包裹也." 黏, 女占反. 長, 丁丈反. 叢, 才公反.>
>
> 〔疏〕傳"土黏"至"叢生"
>
> ○正義曰: "戠"埴", 音義同.
>
> 《考工記》用土爲瓦, 謂之"搏埴之工", 是"埴"謂黏土, 故"土黏曰埴".
>
> 《易·漸卦》彖云: "漸, 進也."
>
> 《釋言》云: "苞, 積也."
>
> 孫炎曰"物叢生曰苞, 齊人名曰積".
>
> 郭璞曰: "今人呼叢致者爲積." "漸苞"謂長進叢生, 言其美也.

## 0549 茀 불 【fú ㄈㄨˊ】 42

풀 우거져 길막힐 불

道多艸不可行也。
《『周語』。
火朝覿矣。
道茀不可行也。
『注』。
草穢塞路爲茀。》
从艸，
弗聲。
《分勿切。15部。
『毛詩』借作蔽厀字。》

「길에 풀이 많아서 다닐 수 없다」는 뜻이다.
『주어(周語)』❶에 이르기를
"화조적의(火朝覿矣)"라고 했다.
도로에 풀이 많아서 다닐 수 없다는 것이다.
『주(注)』❷에 이르기를
"풀이 어지럽게 길을 막는 것이 불(茀)이다."라고 했다.
초(艸)를 따랐고,
불(弗)이 성부가 된다.
분물절(分勿切)이다. 제 15부에 속한다.
『모시(毛詩)』❸가 가차하여 폐슬(蔽厀)자로 썼다.

**적(覿)** 볼, 면회할, 만나볼, 알현할.
**슬(厀)** 무릎, 종지뼈.

**화조적의(火朝覿矣)** 조적(朝覿) 새벽에 나타남. 새벽에 신성(晨星)이 나타남(早晨出現).《좌전:소공4년(左傳:昭公四年)》"古者，日在北陸而藏冰；西陸朝覿而出之."의 <두예-주(杜預-注)>에서 "춘분(春分) 때에는 규성(奎星)이 아침에 동방에 나타난다."라고 했다. 《국어:주어(國語:周語)》의 "火朝覿矣."의 <위소-주(韋昭-注)>에 "화(火)는 심성(心星)이다. 적(覿)은 견(見)이다. ……조견(朝見)은 하정(夏正) 10월에 신(晨)성이 진(辰)방에서 나타나는 것이다."라고 했다.

※ **야장(野場)** 1. 전야(田野)와 곡장(穀場). 농사(農事)를 가리킨다. 2.광야(曠野).

※ **도불(道茀)** 잡초가 길에 가득 차서 다닐 수 없음.《국어:주어(國語:周語)》"火朝覿矣，道茀不可行."의 <위소-주(韋昭-注)>에 "풀 찌꺼기가 길을 가득 채운 것이 불(茀)이다."라고 했다. 후에는 길이 막혀 통하지 않는 것을 가리킨다.

**[인경고 引經考]**

❶『우공(禹貢)』
定王使單襄公聘於宋遂假道於陳，以聘於楚．火朝覿矣，道茀不可行，<火，心星也．覿，見也．草穢塞路爲茀．朝見，謂夏正十月，晨見於辰也．> 候不在疆，司空不視塗，澤不陂，川不梁，野有庾積，場功未畢，道無列樹，墾田若蓺，饍宰不致餼，司里不授館，國無寄寓，縣無施舍，民將築臺於夏氏．及陳，陳靈公與孔寧，儀行父南冠以如夏氏，留賓不見．

❷『주(注)』 1번 참조.
<火，心星也．覿，見也．草穢塞路爲茀．朝見，謂夏正十月，晨見於辰也．>

❸『모시(毛詩)』 <大雅:蕩之什:韓奕>
…

## 0549

四牡奕奕, 孔脩且張. 韓侯入覲, 以其介圭, 入覲于王. 王錫韓侯, 淑旂綏章. 簟茀錯衡. 玄袞赤舄, 鉤膺鏤錫, 鞹鞃淺幭, 鞗革金厄.

&lt;箋云 : 爲韓侯以常職來朝享之故, 故多錫以厚之. 善旂, 旂之善色者也. 綏, 所引以登車, 有采章也. 簟茀, 漆簟以爲車蔽, 今之藩也. &gt; …

茀者, 車之蔽. 簟者, 席之名. 言簟茀, 正是用席爲蔽. 而知漆簟以爲車蔽者, 以《巾車》云"王之喪車五乘", 皆有蔽. 其一曰"木車蒲蔽", 未有采飾. 其五曰"漆車藩蔽", 既以漆爲車名, 明藩亦漆之, 故注云"漆席以爲之". 此車, 襌所乘也. 襌將即吉, 尚以漆席爲茀, 明吉車之等漆之也.

### 〈衛風:碩人〉

…

碩人敖敖, 說于農郊. 四牡有驕, 朱幩鑣鑣, 翟茀以朝.

大夫夙退, 無使君勞.

&lt;驕, 壯貌. 幩, 飾也. 人君以朱纏鑣扇汗, 且以爲飾. 鑣鑣, 盛貌. 翟, 翟車也. 夫人以翟羽飾車. 茀, 蔽也. … &gt;

### 〈齊風:載驅〉

載驅薄薄, 簟茀朱鞹. 魯道有蕩, 齊子發夕. …

&lt;薄薄, 疾驅聲也. 簟, 方文蓆也. 車之蔽曰茀. 諸侯之路車, 有朱革之質而羽飾. 箋云: 此車襄公乃乘焉, 而來與文姜會.&gt;

### 〈小雅:南有嘉魚之什:采芑〉

薄言采芑, 于彼新田, 于此菑畝. 方叔涖止, 其車三千, 師干之試. 方叔率止, 乘其四騏, 四騏翼翼. 路車有奭, 簟茀魚服, 鉤膺鞗革.

&lt;…鉤膺, 樊纓也. 箋云: 茀之言蔽也, 車之蔽飾, 象席文也. 魚服, 矢服也. 鞗革, 轡首垂也.&gt;


## [기타 참고]

### 〈大雅:生民之什:生民〉 …

誕后稷之穡, 有相之道. 茀厥豐草, 種之黃茂. 實方實苞, 實種實褎, 實發實秀, 實堅實好, 實穎實栗. 即有邰家室. &lt;茀, 治也. 黃, 嘉穀也. …&gt; …

### 〈大雅:文王之什:皇矣〉 …

臨衝閑閑, 崇墉言言. 執訊連連, 攸馘安安. 是類是禡, 是致是附. 四方以無侮. 臨衝茀茀, 崇墉仡仡. 是伐是肆, 是絶是忽. 四方以無拂.

&lt;茀茀, 彊盛也. 仡仡, 猶言言也. 肆, 疾也. 忽, 滅也. …&gt;

### 〈大雅:生民之什:卷阿〉 …

爾受命長矣, 茀祿爾康矣. 豈弟君子, 俾爾彌爾性, 純嘏爾常矣.

&lt;茀, 小也. 箋云: :, 福, 康, 安也. &gt;

## 0550

### 0550 苾 필 【bì ㄅㄧˋ】42
향내 필

馨香也。
《見『小雅』。
『韓詩』作馥。
[許君:香部]無馥字。
從毛不從韓也。》
从艸，
必聲。
《毗必切。12部。》

「좋은 향」이라는 뜻이다.
『소아(小雅)』❶를 보라.
『한시(韓詩)』❷는 복(馥)이라고 썼다.
[허군:향부(許君:香部)]에는 복(馥)자가 없다.
모공(毛公)을 따랐고『한시(韓詩)』를 따르지 않았다.
초(艸)를 따랐고,
필(必)이 성부가 된다.
비필절(毗必切)이다. 제 12부에 속한다.

복(馥) 향기로울, 덕화 또는 명성을 전할.
비(苾毗) 밝을, 두터울, 도울, 굽신거릴, 나무의 지엽 성기고 바르지 못할.

[인경고 引經考]

❶『소아(小雅)』〈小雅:谷風之什:楚茨〉

楚楚者茨，言抽其棘. 自昔何爲，我蓺黍稷. 我黍與與，我稷翼翼. 我倉旣
盈，我庾維億. 以爲酒食，以享以祀，以妥以侑，以介景福.

濟濟蹌蹌，絜爾牛羊，以往烝嘗. 或剝或亨，或肆或將. 祝祭于祊，祀事孔
明. 先祖是皇，神保是饗. 孝孫有慶，報以介福，萬壽無疆.

執爨踖踖，爲俎孔碩，或燔或炙. 君婦莫莫，爲豆孔庶. 爲賓爲客，獻酬交
錯. 禮儀卒度，笑語卒獲. 神保是格，報以介福，萬壽攸酢.

我孔熯矣，式禮莫愆. 工祝致告，徂賚孝孫. 苾芬孝祀，神嗜飲食. 卜爾百
福，如幾如式. 旣齊旣稷，旣匡旣勅. 永錫爾極，時萬時億.

<幾，期. 式，法也.

箋云：蒥，予也. 苾苾芬芬有馨香矣，女之以孝敬享祀也，神乃歆嗜女之飲食. 今予
女之百福，其來如有期矣，多少如有法矣. 此皆嘏辭之意.

○苾，蒲薎反，一音蒲必反. 下篇同. 芬，孚雲反. 嗜，市志反，徐云："又巨之反."
下章同. 幾音機. 予，羊汝反. 下同. 歆，喜今反. 女音汝. 下同>

禮儀旣備，鍾鼓旣戒. 孝孫徂位，工祝致告. 神具醉止，皇尸載起. 鼓鍾送
尸，神保聿歸. 諸宰君婦，廢徹不遲. 諸父兄弟，備言燕私.

樂具入奏，以綏後祿. 爾殽旣將，莫怨具慶. 旣醉旣飽，小大稽首. 神嗜飲
食，使君壽考. 孔惠孔時，維其盡之. 子子孫孫，勿替引之.

❷『한시(韓詩)』馥

厥.

## 0551 藙䕫 설【shè ㄕㄜˋ】42
#### 향기로울 설

| | |
|---|---|
| 香艸也。 | 「향초」다. |
| 《「香艸」當作「艸香」。 | 「향초(香艸)」는 마땅히 「초향(艸香)」으로 써야 한다. |
| 前文營芎已下十二字皆。 | 앞 글의 궁궁(營芎) 이하 12자는 모두 |
| 說香艸。 | 향초(香艸)를 설명했다. |
| 䕫芳蕡不與同列 | 설(䕫), 방(芳), 분(蕡) 석 자는 함께 배열하지 않고 |
| 而廁芯下。 | 필(芯)자 아래에 두었다. |
| 是非艸名可知也。 | 이것으로 풀이름이 아니라는 것을 알 수 있다. |
| 『劉(劉)向-九歎』。 | 『류향-9탄(劉向-九歎)』❶에 이르기를 |
| 懷椒聊之䕫䕫。 | "초료(椒聊)의 향기를 품다."라고 했다. |
| 『王-注』。 | 『왕-주(王-注)』❷에 |
| 椒聊、香草也。 | "초료(椒聊)는 향초다. |
| 䕫䕫、香貌。》 | 설설(䕫䕫)은 향기로운 모양이다."라고 했다. |
| 从艸。 | 초(艸)를 따랐고, |
| 設聲。 | 설(設)이 성부가 된다. |
| 《識列切。又桑葛切。 | 식렬절(識列切)이다. 또 상갈절(桑葛切)이다. |
| 15部 》 | 제 15부에 속한다. |

궁(營) 궁궁이.

분(蕡) 열매 많이 맺힐, 삼씨, 향풀, 활시위 ▣**번**:같은 뜻.

필(芯) 향기, 풀이름 ▣**별**:나물이름, 오랑캐 부락.

료(聊) 애오라지, 귀 울, 구차히, 방탕한 모양. 료(聊)와 같은 글자.

| | |
|---|---|
| **초료(椒聊)** | 곧 초(椒). 료(聊)는 어조사(語助詞).《시:당풍:초료(詩:唐風:椒聊)》"椒聊之實, 蕃衍盈升."의 <모-전(毛-傳)>에 : "초료(椒聊)는 초(椒)다."라 했고, <주희-집전(朱熹-集傳)>에 "료(聊)는 어조(語助)다."라고 했다. |
| **설설(䕫䕫)** | 초향(草香).《초사:류향-9탄:혼명(楚辭:劉向-九歎:湣命)》"懷椒聊之䕫䕫兮."의 <왕일-주(王逸-注)>에 "설(䕫)은 향모(香貌)다."라고 했다. |

### [인경고 引經考]

❶『류향-9탄(劉向-九歎)』

懷椒聊之䕫䕫兮,

<在衣曰懷. 椒聊, 香草也.

《詩》曰 : 椒聊且䕫. 䕫, 香貌. 䕫, 一作蕳. 一注云 : 在袖曰懷.>

❷『왕-주(王-注)』

<在衣曰懷. 椒聊, 香草也.

《詩》曰 : 椒聊且䕫. 䕫, 香貌. 䕫, 一作蕳. 一注云 : 在袖曰懷.>

## 0552

## 552 芳 방 【fāng ㄈㄤ】 42
### 향내날 방

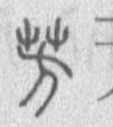

| | |
|---|---|
| 香艸也。 | 「향초」의 일종이다. |
| 《「香艸」當作「艸香」。》 | 「향초(香艸)」는 마땅히 「초향(艸香)」으로 써야 한다. |
| 从艸。 | 초(艸)를 따랐고, |
| 方聲。 | 방(方)이 성부가 된다. |
| 《敷方切。10部。》 | 부방절(敷方切)이다. 제 10부에 속한다. |

## 0553 蕡蕡 분【fén ㄈㄣˊ】42

0553

본[향풀] 열매 많을 분

襍(雜)香草。

《當作「襍艸香」。

葢(蓋)此字之本義。

若有蕡其實。

特假借爲墳大字耳。》

从艸。

賁聲。

《浮分切。13部。》

「잡초의 향기」라는 뜻이다.

마땅히 「잡초향(襍艸香)」으로 써야 한다.

대개 이글자의 본래 뜻이다.

특히 가차하여 **분대**(墳大)❶자로 썼다.

초(艸)를 따랐고,

분(賁)이 성부가 된다.

부분절(浮分切)이다. 제 13부에 속한다.

**잡**(襍) 섞일.

**분대**(墳大)

<상서:정의>에 "분(墳)은 크다(大也)는 뜻이다."라고 했다.

❶<상서:요전(尚書:堯典)>

伏犧, 神農, 黃帝之書, 謂之"三墳"言大道也. 少昊, 顓頊, 高辛, 唐, 虞之書, 謂之"五典", 言常道也.

<○少, 詩照反. 昊, 胡老反. 少昊. 金天氏, 名摯, 字青陽, 一曰玄器, 已姓. 黃帝之子, 母曰女節. 以金德王, 五帝之最先. 顓音專. 頊, 許玉反. 顓頊, 高陽氏, 姬姓. 黃帝之孫, 昌意之子, 母曰景仆, 謂之女樞. 以水德王, 五帝之二也. 高辛, 帝嚳也, 姬姓. 嚳, 口毒反. 母曰不見. 以木德王, 五帝之三也. 唐, 帝堯也, 姓伊耆氏. 堯初爲唐侯, 後爲天子, 都陶, 故號陶唐氏. 帝嚳之子, 帝摯之弟, 母曰慶都. 以火德王, 五帝之四也. 虞, 帝舜也, 姓姚氏, 國號有虞. 顓頊六世孫, 瞽瞍之子, 母曰握登. 以土德王, 五帝之五也. 先儒解三皇五帝與孔子同, 並見發題>

[疏]"伏犧"至"常道"也.

○正義曰：墳, 大也. 以所論三皇之事, 其道至大, 故曰"言大道也". 以"典"者, 常也, 言五帝之道, 可以百代常行, 故曰"言常道也". 此三皇五帝, 或舉德號, 或舉地名, 或直指其人, 言及便稱, 不爲義例.

# 0554

## 0554 藥 약 【yào ㄧㄠˋ】 42
(병 고치는)약 약

| | |
|---|---|
| 治病艸。 | 「병을 고치는 풀」이다. |
| 《『玉篇』引作治疾病之艸總(總)名。》 | 『옥편(玉篇)』이 인용해서 「질병을 고치는 풀의 총명이다」라고 썼다. |
| 从艸。 | 초(艸)를 따랐고, |
| 樂聲。 | 약(樂)이 성부가 된다. |
| 《以勺切。2部。》 | 이작절(以勺切)이다. 제 2부에 속한다. |

## 0555 蘿麗 리 【lí ㄌ丨ˋ】 42

0555

(땅에)붙을 리

| | |
|---|---|
| 艸木生箸土。 | 「초목이 땅에 붙어 자란다」는 뜻이다. |
| 《箸丈略切。 | 착(箸)은 장략절(丈略切)이다. |
| 此依『韵會(韻會)』引。》 | 이것은 『운회(韻會)』를 근거로 인용했다. |
| 从艸。 | 초(艸)를 따랐고, |
| 麗聲。 | 려(麗)가 성부가 된다. |
| 《此當云從艸麗、 | 이것은 마땅히 「초(艸)와 려(麗)를 따랐다, |
| 麗亦聲。 | 려(麗)는 또한 성부도 된다.」라고 써야 한다. |
| 呂支郎計二切。 | 려지절(呂支切), 량계절(郎計切) 두 개의 반절이다. |
| 16部。》 | 제 16부에 속한다. |
| 『易』曰。 | 『역(易)』❶에 이르기를 |
| 百穀艸木麗於地。 | "백곡초목려어지(百穀艸木麗於地)"라고 했다. |
| 《此引『易:彖傳』說從艸麗之意也。 | 이것은 『역:단전(易:彖傳)』을 인용하여 「종초려(從艸麗)」의 뜻을 설명한 것이다. |
| 凡引經傳。 | 경전(經傳)을 인용하여. |
| 有證字義者。 | 자의(字義)를 증명하는 것이 있고, |
| 有證字形者。 | 자형(字形)을 증명하는 것이 있고, |
| 有證字音者。 | 자음(字音)을 증명하는 것이 있다. |
| 如艸木麗於地。 | 「초목려어지(艸木麗於地)」 같은 것은 |
| 說從艸麗。 | 「종초려(從艸麗)」를 설명한 것이다. |
| 豐其屋。 | 「풍기옥(豐其屋)」❷ 같은 것은 |
| 說從宀豐。 | 「종풍례(從宀豐)」를 설명한 것으로 |
| 皆論字形耳。 | 모두 자형(字形)을 론한 것이다. |
| 『陸氏-易』釋文乃云 | 『륙씨-역(陸氏-易)』❸의 해설문은 또 이르기를 |
| 『說文』作「蘿」作「豐」。 | 『설문(說文)』은 「리(蘿), 풍(豐)으로 썼다」라고 했다. |
| 不亦謬哉。 | 또한 오류가 아니겠는가? |
| 他如藹字之引『夏書』。 | 다른 경우 요(藹)자에서 『하서(夏書)』❹를 인용한 것과 |
| 荆(刑)字、相字、口(晉晋)字、和字、葬字、庸字、厷(厷士)字之引『易』。 | 형(荆)자, 상(相)자, 진(晉)자, 화(和)자, 장(葬)자, 용(庸)자, 돌(厷)자에서 『역(易)』❺을 인용한 것. |
| 彎字之引『詩』。 | 비(彎)자에서 『시(詩)』❻를 인용한 것, |
| 有字之引『春秋傳』。 | 유(有)자가 『춘추:전(春秋:傳)』❼을 인용한 것, |
| 仌字之引『孝經』說。 | 별(仌)자가 『효경(孝經)』❽들을 인용한 설명이다. |
| 罔字之引『孟子』。 | 망(罔)자가 『맹자(孟子)』❾를 인용한 것. |
| 易字之引『祕(秘)書』。 | 역(易)자가 『비서(祕書)』❿를 인용한 것. |
| 畜字之引『淮南王』。 | 축(畜)자가 『회남왕(淮南王)』⓫를 인용한 것. |
| 公字之引『韓非』 | 공(公)자가 『한비(韓非)』⓬를 인용한 것들이 |

## 0555

皆說字形會(會)意之恉。
而學者多誤會。）

모두 자형(字形)이 회의(會意)라는 뜻을 설명한 것이다.
학자(學者)들이 잘못 이해하는 것이 많다.

리(麗) 붙을, 궁궁이싹 ▣려:붙을.
풍(豐) 큰 집.
요(蘇) 풀 더부룩한 모양 ▣유:같은 뜻.
진(晉) 나아갈 진(晉)의 본래 글자.
돌(㐖) 해산 대 아이 돌아 나올.
비(轡) 고삐 <車部 15획>
별(仌) 이별 별(別)의 옛 글자.
망(罔) 그물, 법, 말(勿也).

백곡초목려어지(百穀艸木麗於地)
풍기옥(豐其屋)

백곡초목은 땅에 붙어 있다[麗字通作離. 亦作離. 附著的意思].
그 집을 풍요롭게 한다.

[신경고 引經考]

❶『역:단전(易:彖傳)』 <離>

日月麗乎天, 百穀草木麗乎土. 重明以麗乎正, 乃化成天下. 柔麗乎中正, 故亨. 是以"畜牝牛, 吉"也.

<柔著於中正, 乃得通也. 柔通之吉, 極於"畜牝牛", 不能及剛猛也.>

[疏]"日月麗乎天"至"是以畜牝牛吉也".

○正義曰: "日月麗乎天, 百穀草木麗乎土"者, 此廣明附著之義. 以柔附著中正, 是附得宜, 故廣言所附得宜之事也. "重明以麗乎正, 乃化成天下"者, 此以卦象, 說離之功德也, 並明"利貞"之義也. "重明", 謂上下俱離. "麗乎正"者, 謂兩陰在內, 既有重明之德, 又附於正道, 所以"化成天下"也

❷「풍기옥(豐其屋)」

豐其屋. 說從广豐. 皆論字形耳.

❸『륙씨-역(陸氏-易)』

【陸氏-易:釋文】乃云【說文】作麗作麗.

❹『하서(夏書)』요(蘇)자에서

【夏書】曰. 厥艸惟蘇. 依【鍇本】及宋本作蘇. 【馬融注-尚書】曰. 蘇, 抽也. 故合艸蘇爲口. 此《許君》引【禹貢】明從艸蘇會意之恉. 引經說字形之例始見於此. 詳後麗下.

❺『역(易)』

형(荆)자:【易】曰. 井者法也. 此引【易】說從井之意. 井者法也. 蓋出易說. 【司馬彪-五行志】引【易】說同.

0555

상(相)자【易】曰. 地可觀者. 莫可觀於木. 此引易說从目木之意也. 目所視多矣. 而从木者, 地上可觀者莫如木也.

진(晉)자【周易 彖傳】曰. 晉, 進也. 以疊韵爲訓. 凡進皆曰晉. 難進亦曰晉.

화(和)자;여기서는【易】을 인용하지 않았고 바로 그 다음 글자인 질(哑)자가【易】을 인용했다. 단옥재의 실수다.

질(哑)자 【周易】. 履虎尾. 不哑人. 馬云. 齕也. 此別一義. 从口. 至聲.〈許旣切〉. 又〈直結切〉. 古音在12部.

장(葬)자 【易:繫辭】. 說从死在茻中之意也. 上古厚衣以薪. 故其字上下皆艸. 茻亦聲. 此於疊韵得之.

용(庸)자【易】曰. 先庚三日. 巽九五爻辭. 先庚三日者, 先事而圖更也. 引以證用庚爲庸. 與○亶引易同意.

돌(去)자【易】曰. 突如其來如. 不孝子突出. 不容於內也. 此引易而釋之. 以明从倒子會意之恄也. 離九四曰. 突如其來如. 焚如死如棄如. 【鄭注】曰. 震爲長子. 爻失正. 突如震之失正. 不知其所如. 不孝之罪, 五刑莫大. 故有焚如死如棄如之刑. 如淳注王莽傳亦曰. 焚如死如棄如謂不孝子也. 皆與許合. 許蓋出於孟氏矣. 子之不順者, 謂之突如. 造文者因有○字. 施諸凡不順者. ○卽易突字也. 倉頡之○卽易之突字. 非謂倉頡時已見爻辭. 正謂【周易】之突卽倉頡之○也. 此爻辭之用叚借也. 突之本義謂犬從穴中暫出. ○之本義謂不順. 故曰用叚借.

## ❻『시(詩)』

비(轡)자【詩】曰. 六○如絲. 【小雅 :皇皇者華文】. 此非以證○字, 乃以釋从絲之意也. 六○如絲【毛傳】曰. 言調忍也. 如絲, 則是以絲運車. 故其字从絲車. 凡引經說會意之例如此.

## ❼『춘추:전(春秋傳)』

유(有)자【春秋傳】曰. 日月有食之. 从月. 日下之月, 衍字也. 此引經釋不宜有之恄. 亦卽釋从月之意也. 日不當見食也. 而有食者. 執食之. 月食之也. 月食之. 故字从月. 【公羊傳注】曰. 不言月食之者. 其形不可得而覘也. 故疑言曰有食之. 引孔子曰. 多聞闕疑. 愼言其餘. 則寡尤. 又聲.〈云九切〉. 古音在1部. 古多叚有爲又字. 凡有之屬皆从有.

## ❽『효경(孝經)』

별(㕚)자【孝經】說曰. 【孝經】說者, 【孝經】緯也. 【後鄭注-經】引緯亦曰某經說.

## 0555

⑨『맹자(孟子)』 [맹자]가 아니라 [주역]이다.

망(罔) ; 庖犧氏所結繩目田目漁也. …【周易 繫傳】

⑩『비서(祕書)』

역(易) 〈祕書〉瞋从戌. 按參同契曰. 日月爲易. 剛柔相當. 陸氏德明引虞翻注參同契云. 字从日下月. 象会易也. 謂上从日象陽. 下从月象陰. 【緯書】說字多言形而非其義. 此雖近理. 要非六書之本. 然下體亦非月也. 一曰从勿. 又一說从旗勿之勿. 皆字形之別說也. 凡易之屬皆从易.

⑪『회남왕(淮南王)』

축(畜) 【淮南】王曰. 玄田爲畜. 王大徐作壬. 此如引楚莊王止戈爲武, 說會意也. 玄田猶畎畝原隰也.

⑫『한비(韓非)』

공(公) 韓非曰. 背厶爲公. 【五蠹篇】. 倉頡之作書也. 自環者謂之私. 背私者謂之公. 自環爲厶, 六書之指事也. 八厶爲公, 六書之會意也.

0556 蓆蓆 석 【xí ㄒㄧˊ】 42
클、자리 석

廣多也。 「넓고 많다」라는 뜻이다.

《『鄭風』》。 『정풍(鄭風)』❶에

緇衣之蓆兮。 "치의지석혜(緇衣之蓆兮)"라고 했다.

『釋故』、『毛傳』皆云。 『석고(釋故)』❷와 『모전(毛傳)』❸에 이르기를

蓆、大也。 "석(蓆)은 대(大)다."라고 했다.

『韓詩』云。 『한시(韓詩)』❹에 이르기를

儲也。 "저(儲)다."라고 했다.

廣義與大近。 광(廣)의 뜻은 대(大)와 근사하다.

多義與儲近。》 다(多)의 뜻은 저(儲)와 근사하다.

从艸。 초(艸)를 따랐고,

席聲。 석(席)이 성부가 된다.

《祥易切。 상역절(祥易切)이다.

古音在 5部。》 고음(古音)은 제 5부에 속한다.

---

저(儲) 쌓을, 버금

---

**치의지석혜**(緇衣之蓆兮)  검은 옷이 크네요.

---

**[인경고 引經考]**

❶『정풍(鄭風)』 〈鄭風:緇衣〉

緇衣之宜兮，敝，予又改爲兮． 適子之館兮，還，予授子之粲兮．

緇衣之好兮，敝，予又改造兮． 適子之館兮，還，予授子之粲兮．

緇衣之蓆兮，敝，予又改作兮． 適子之館兮，還，予授子之粲兮．

〈蓆，大也． 箋云：作，爲也． ○蓆音席，《韓詩》云"儲也"，《說文》云"廣多"．〉

❷『석고(釋故)』

弘，廓，宏，溥，介，純，夏，無，厖，墳，嘏，丕，弈，洪，誕，戎，駿，假，京，碩，濯，訏，宇，穹，壬，路，淫，甫，景，廢，壯，塚，簡，[A144]，反，至，將，業，席，大也．

❸『모전(毛傳)』 〈鄭風:緇衣〉

緇衣之宜兮，敝，予又改爲兮． 適子之館兮，還，予授子之粲兮．

緇衣之好兮，敝，予又改造兮． 適子之館兮，還，予授子之粲兮．

緇衣之蓆兮，敝，予又改作兮． 適子之館兮，還，予授子之粲兮．

〈蓆，大也． 箋云：作，爲也． ○蓆音席，《韓詩》云"儲也"，《說文》云"廣多"．〉

❹『한시(韓詩)』

厥．

## 0557

# 0557 芟 삼【shān ㄕㄢ¯】 42
풀벨 삼

刈艸也。

「풀을 베는 것」이다.

《見『周頌』、『周禮』。

『주송(周頌)』❶、『주례(周禮)』❷를 보라.

毛云。

모(毛)가 이르기를

除艸曰芟。》

"제초(除艸)를 삼(芟)이라고 한다."라고 했다.

从艸殳。

초(艸)와 수(殳)를 따랐다.

《鍇有聲字。非。

서개(徐鍇)의 책에는 성(聲)자가 있다. 틀렸다.

此會意。

이것은 회의(會意)다.

殳取殺意也。

수(殳)가 죽인다는 뜻을 나타낸다.

所銜切。8部。》

소함절(切)이다. 제 8부에 속한다.

[**인경고** 引經考]

### ❶『주송(周頌)』〈周頌:閔予小子之什:載芟〉

載芟載柞, 其耕澤澤. 千耦其耘, 徂隰徂畛.

> 《除草曰芟. 除木曰柞. 畛, 場也. 主, 家長也. 伯, 長子也. 亞, 仲叔也. 旅, 子弟也. 強, 強力也. 以, 用也. 箋云：載, 始也. 隰謂新發田也. 畛謂舊田有徑路者. 強, 有餘力者.《周禮》曰："以強予任民."以謂閒民, 今時傭賃也.《春秋》之義, 能東西之曰以. 成王之時, 萬民樂治田業. 將耕, 先始芟柞其草木, 土氣烝達而和, 耕之則耰然解散, 於是耘除其根株. 輩作者千耦, 言趣時也. 或往之隰, 或往之畛. 父子餘夫俱行, 強有餘力者相助, 又取傭賃, 務疾畢已當種也.〉

侯主侯伯, 侯亞侯旅, 侯彊侯以. 有嗿其饁, 思媚其婦, 有依其士.

有略其耜, 俶載南畝. 播厥百穀, 實函斯活.

驛驛其達, 有厭其傑. 厭厭其苗, 緜緜其麃.

載穫濟濟, 有實其積, 萬億及秭. 爲酒爲醴, 烝畀祖妣, 以洽百禮.

有飶其香, 邦家之光. 有椒其馨, 胡考之寧.

匪且有且, 匪今斯今, 振古如玆.

### ❷『주례(周禮)』

1. 草人, 下士四人, 史二人, 徒十有二人.〈草, 除草.〉

2. 虞人萊所田之野, 爲表, 百步則一, 爲三表, 又五十步爲一表. 田之日, 司馬建旗於後表之中, 群吏以旗物鼓鐸鐲鐃, 各帥其民而致. 質明弊旗, 誅後至者. 乃陳車徒如戰之陳, 皆坐.

> 〈鄭司農云："虞人萊所田之野, 芟除其草萊, 令車得驅馳.… 〉

3. 嘗之日, 蒞來歲之芟;

> <芟, 芟草, 除田也. 古之始耕者, 除田種穀. 嘗者, 嘗新穀, 此芟之功也. 蒞者, 問後歲宜芟不.… 〉

## 0558 𦬒荐 천 【jiàn ㄐㄧㄢˋ】 42
### 본[자리 깔] 거듭 천

薦席也。 「거적자리, 대자리」다.

《薦見[鹿(廌)部]。 천(薦)은 [채부(廌部)]에 보이는데

艸也。 「초야(艸也)」라고 했다.

不云艸席、云薦席者、 「초석(艸席)」이 아닌 「천석(薦席)」을 말한 것은

取音近也。 음이 가까운 점을 취했기 때문이다.

席各本誤蓆。 석(席)은 여러 책에서 잘못하여 석(蓆)으로 썼다.

薦席爲承藉。 **천석**(薦席)은 **승적**(承藉)이 된다.

與所藉者爲二。 깔려지는 것과 두 가지가 된다.

故『釋言』云。 그래서 『석언(釋言)』❶에서 이르기를

荐、原、再也。 "천(荐), 원(原)은 재(再)다."라고 했다.

如且爲俎几。 차(且)가 **조궤**(俎几)가 되는 것과 같다.

故亦爲加增之罩(詞)。 그래서 또 **가증**(加增)의 뜻을 갖는 말도 된다.

『易』作「洊」。 『역(易)』❷에서는 천(洊)으로 썼다.

从艸。 초(艸)를 따랐고,

存聲。 존(存)이 성부가 된다.

《在甸切。 재전절(在甸切)이다.

古音在 12、13部。 고음(古音)은 제 12, 13부에 속한다.

荐與薦同音。 천(荐)과 천(薦)은 음이 같다.

是以承藉字多假借爲之。 이 때문에 **승적**(承藉)자는 가차로 쓰는 것이 많다.

如『節南山傳』。 『절남산:전(節南山:傳)』❸ 같으면

薦、重也。 "천(薦)은 중(重)이다."라고 했다.

『說文』云。 『설문(說文)』에서는

且、薦也。 "차(且)는 천(薦)이다."라고 했다.

皆作「荐」乃合。 모두 천(荐)으로 쓴 것과 합치한다.

『左傳』云。 『좌:전(左:傳)』❹에 이르기를

戎狄荐居。 "**융적천거**(戎狄荐居)"라고 했다.

『外傳』荐處。 『외전(外傳)』❺은 **천처**(荐處)라고 했다.

服云。 복(服)이 이르기를

荐、艸也。 "천(荐)은 초(艸)다."라고 했다.

此謂荐同薦。 이것은 천(荐)이 천(薦)과 같다는 말이다.

韋云。 위(韋)가 이르기를

荐、聚也。 "천(荐)은 취(聚)다."라고 했다.

此與『爾雅』再訓近。》 이것은 『이아(爾雅)』와 더불어 다시 훈이 근사해진 것이다.

**치**(廌鹿) 법, 해태 ■**채**:같은 뜻.

천(洊) 물이름, 거듭 이를, 고을 이름.
천(薦) 자리 아래에 까는 풀(席下之草).
천(荐) 거듭, 자주, 풀, 자리 깔.

**천석**(薦席) 거적자리, 깔개.
**승적**(承藉) ① 선인(先人)의 사적(仕籍)을 계승함. ② 부조(父祖)나 남의 세력에 의지함.
※ **사적**(仕籍) 관리의 명부.
**조궤**(俎几) 1.俎形如几, 故稱. 古代제사(祭祀) 연향(燕饗)時所用的례기(禮器).
**가증**(加增) 늘림. 보탬. 더하여 늘임.
**융적천거**(戎狄荐居) 남쪽과 북쪽의 오랑캐는 모여서 산다. [인경고] 5번에 <荐, 聚也.> 라고 했다.
**천처**(荐處) 이민족(異民族)이 물이나 들을 따라 이주(移住)함.

**[인경고 引經考]**

❶『석언(釋言)』
薦, 原, 再也.
　《易》曰: "水薦至." 今呼重韲為<原蟲>. ○薦音賤.>

❷『역(易)』
《象》曰: 水洊至, "習坎".
　<重險懸絕, 故"水洊至"也. 不以"坎"爲隔絕, 相仍而至, 習乎"坎"也.>
　〔疏〕正義曰: 重險懸絕, 其水不以險之懸絕, 水亦相仿而至, 故謂爲"習坎"也. 以人之便習於"坎", 猶若水之洊至, 水不以險爲難也.

❸『절남산:전(節南山:傳)』<小雅:節南山之什:節南山>
…
節彼南山, 有實其猗. 赫赫師尹, 不平謂何. 天方薦瘥, 喪亂弘多. 民言無嘉, 憯莫懲嗟. …
　<薦, 重. 瘥, 病. 弘, 大也. 箋云: 天氣方今又重以疫病, 長幼相亂, 而死喪甚大多也. ….>

❹『좌:전(左:傳)』
公曰: "然則莫如和戎乎?" 對曰: "和戎有五利焉: 戎狄薦居, 貴貨易土,
　<薦, 聚也. 易猶輕也.
　○薦, 在薦反, 又才遍反, 或云草也. 易, 以豉反, 徐神豉反, 注同.>

❺『외전(外傳)』
魏絳曰:「勞師於戎, 而失諸華, 雖有功, 猶得獸而失人也, 安用之? 且夫戎, 狄荐處,<荐, 聚也.>貴貨而易土. 予之貨而獲其土, 其利一也; 邊鄙耕農不儆, 其利二也; 戎, 狄事晉, 四鄰莫不震動, 其利三也. 君其圖之!」公說, 故使魏絳撫諸戎, 於是乎遂伯.

## 0559 藉藉 자【jiè ㄐㄧㄝˋ】42
깔개、빌릴 자/적

祭藉也。 제사 때 땅위에 깔아두는 자리다.

《稭字下禾稾去其皮。 갈(稭)자 아래에「볏짚의 껍질을 벗긴 것으로 제사 시 이것을

祭天以爲藉也。 깐다.」라고 했다.

引伸爲凡承藉、 뜻이 확대되어 **승적**(承藉),

蘊藉之義。 **온자**(蘊藉)의 뜻이 되었다.

又爲假藉之義 》 또 적(藉)을 가차한 뜻이 되었다.

一曰艸不編。狼藉。 혹은 풀을 엮지 않아서 어지러운 모양이라고도 한다.

《此別一義。》 이것은 또 다른 한 가지 뜻이다.

从艸。 초(艸)를 따랐고,

耤聲。 적(耤)이 성부가 된다.

《慈夜秦昔二切。 자야절(慈夜切), 진석절(秦昔切) 두 가지 반절이다.

古音在 5部。》 고음(古音)은 제 5부에 속한다.

**자**(藉) 깔, 깔개, 자리, 실 같은 것을 떠서 옥 같은 것 밑에 까는 자리
　▣**적**:이바지할, 어수선한 모양, 적전.[祭祀時墊在地上的東西].
　&lt;通訓定聲&gt; 藉之謂言席也. 禾稾去其皮, 祭天以爲席. &lt;周禮:地官:鄕師&gt; 大祭祀, 羞牛牲. 共茅葅. &lt;鄭玄-注&gt; 葅爲藉.
　&lt;易&gt; 藉用白茅無咎.

**갈**(稭) 짚 고갱이로 만든 멍석 ▣**개**:같은 뜻.

**고**(稾) 볏짚, 원고 ▣**교**:마른 벼.

**온**(蘊) 쌓을, 쌓일, 모을, 모일.

**승적/승자**(承藉) ① [승적] 승적(承藉), 선인(先人)의 사적(仕籍)을 계승함. ② [승자] 부조(父祖)나 남의 세력에 의지함. ※ 사적(仕籍) 관리의 명부.

**온자**(蘊藉) ① 너그럽고 온화함. ② 함축성있고 여유가 있음.

## 0560 籼菹 조【zū ㄗㄨ￢】42
거적 조

| | |
|---|---|
| 茅藉也。 | 「모초(茅草)로 만든 자리」다. |
| 《『司巫』。 | 『사무(司巫)』❶에 이르기를 |
| 祭祀共鉏館。 | "제사에 조관(鉏館:제물 담은 광주리)을 올린다."라고 했다. |
| 杜子春云。 | 두자춘(杜子春)이 이르기를 |
| 鉏讀爲菹。 | "서(鉏)를 조(菹)로 읽는다. |
| 菹、藉也。 | 조(菹)는 자(藉)다."라고 했다. |
| 玄謂菹之言藉也。 | 현(玄)은「조(菹)가 말하려는 것은 자(藉)자다.」라고 말하는 것이다. |
| 祭食有當藉者。 | 제식(祭食)에는 당연히 깔개가 있다. |
| 館所以承菹。 | 관(館)은 조(菹)를 받드는 것이다. |
| 『士虞禮』。 | 『사우례(士虞禮)』❷에 이르기를 |
| 苴刌茅長五寸。實于筐。 | "모(茅)를 5촌으로 져며서 광(筐)에 채운다."라고 했다. |
| 按鄭謂『儀禮』之苴。 | 생각건대 정현(鄭玄)은 『의례(儀禮)』❸의 저(苴)를 말한 것인데, |
| 卽『周禮』之菹也。》 | 곧 『주례(周禮)』❹의 조(菹)다. |
| 从艸、 | 초(艸)를 따랐고, |
| 租聲。 | 조(租)가 성부가 된다. |
| 《子余切。又子都切。 | 자여절(子余切), 또한 자도절(子都切)이다. |
| 5部。》 | 제 5부에 속한다. |
| 『禮』曰。 | 『례(禮)』에 이르기를 |
| 《此當云『禮記』曰。 | 이것은 마땅히 『례기(禮記)』❺라고 말해야 한다. |
| 脫記字。 | 기(記)자가 빠졌다. |
| 『記』者、百三十一篇文也。》 | 『기(記)』라는 것은 131편[례기]의 글이다. |
| 封諸侯㠯(以)土。 | "흙으로 제후를 봉한다. |
| 菹㠯白茅。 | 조(菹)는 백모(白茅)로 만든다."라고 했다. |
| 《『白虎通』、『獨斷(斷)』皆云。 | 『백호통(白虎通)』❻과 『독단(獨斷)』❼에 모두 이르기를 |
| 天子大社。 | "천자(天子)가 대사(大社)에 |
| 以五色土爲壇。 | 5색 흙으로 단을 만들어 |
| 封諸侯。 | 제후를 봉했다. |
| 受天子社土以所封之方色。 | 천자(天子)의 사토(社土) 중 봉해지는 곳의 방색(方色)의 흙을 받아, |
| 東方受靑。 | 동방이면 청색(靑色) 흙을 받고, |
| 南方受赤。 | 남방이면 적색(赤色) 흙을 받고, |
| 他如其方色。 | 나머지는 그 방향의 색들과 같다. |
| 皆苴以白茅授之。 | 모두 백모(白茅)로 만든 저(苴)에 올려 주면 |
| 歸國立社。 | 귀국해서 사(社)를 세운다."라고 했다. |

按班、「蔡」作「苴」。
假借字。
許作「葅」。正字也。》

생각건대 반(班)은 채(蔡)를 저(苴)로 쓴 것이다.
가차자다.
허신(許愼)은 조(葅)로 썼다. 정자(正字)다.

**서**(鉏) 호미, 김맬, 백로 ■**조**:제사용 돗자리, 띠를 깔고 제사지낼.
**관**(館) 제사 때 제물을 담는 광주리, 객사, 임시로 머무는 집.
**처**(苴) 삼씨, 씨있는 삼, 암삼, 대지팡이 ■**저**:신 속에 까는 풀, 꾸러미, 짚으로 쌀 ■**제**:나무이름, 땅이름 ■**차**:물 위에 떠 있는 말라죽은 초목 ■**조**:거친 자리, 제사에 까는 거친 자리 ■**자**:두엄풀
**촌**(刌) 끊을, 잘게 저밀.

---

| | |
|---|---|
| **모초**(茅草) | 띠풀. |
| **조관**(鉏館) | 제사에 까는 거친 자리와 제사 때 제물을 담는 광주리. |
| **제식**(祭食) | 제사 음식. |
| **백모**(白茅) | 띠. 포아풀과의 다년초. 백묘(白茆) 백모(白茅). 식물명(植物名). 다년생초본(多年生草本), 꽃술 위에 흰색의 부드러운 털이 촘촘히 나기 때문에 붙인 이름이다. 옛날에는 이것으로 제사용품이나 분봉(分封)하는 제후가 속한 토지의 방위를 상징하는 흙을 싸는데 사용했다(古代常用以包裹祭品及分封諸侯, 象徵土地所在方位之土).《역:대과(易:大過)》의 “初六, 藉用白茅, 無咎.” <공영달-소(孔穎達-疏)>에 “潔白之茅.”라고 했다.《시:소남:야유사균(詩:召南:野有死麕)》의 “野有死麕, 白茅包之.” <고형-주(高亨-注)>에 “백모(白茅)는 풀의 일종으로 결백하고, 부드러우며 매끄럽다. 옛 사람들이 항상 육류(肉類)를 쌀 때 사용했다.”라고 했다. 한(漢)나라 반욱(潘勗)의《책위공구석문(冊魏公九錫文)》에 “錫君玄土, 苴以白茅.”라고 했다. 명(明) 나라 리시진(李時珍)의《본초강목:초2:백모(本草綱目:草二:白茅)》에 “모(茅)에는 백모(白茅), 관모(菅茅), 황모(黃茅), 향모(香茅), 파모(芭茅) 등의 수종(數種)이 있다. 잎은 모두 비슷하다. 백모(白茅)는 짧고 작다. 3, 4월 꽃이 피고 이삭을 맺는다. 가는 열매가 맺힌다. 그 뿌리는 몹시 깊다. 희고 연하며 힘줄같은 마디가 있다(白軟如筋而有節). 맛은 달다. 민간에서는 사모(絲茅)라고 부른다. 점개(苫蓋)나 제사용품을 싸는 데 사용할 만 하다.”라고 했다. 2. 다명(茶名). |

※ **점개**(苫蓋) 1.모초(茅草)로 엮은 덮개, 초의(草衣)나 모옥(茅屋)을 가리킨다. 2. 빈천(貧賤). 거적으로 덮은 집.《喩》가난함을 일컫는 말.

※ **저모**(苴茅) 고대(古代)의 제왕(帝王)이 제후(諸侯)를 분봉(分封)할 때, 해당지역의 니토(泥土)를 황토(黃土)로 덮고 백모(白茅)로 싸서, 수봉자(受封者)에게 주어, 作爲분봉토지(分封土地)의 상징으로 삼았던 것.《서:우공(書:禹貢)》의 “厥貢惟土五色” <공-전(孔-傳)>에 : “왕자(王者)는 5색흙을 쌓아서 사당을

## 0560

만들고, 제후를 세울 때 해당 지역을 상징하는 흙을 갈라주어 사당을 짓게 했다. 황토로 덮고 백모로 싸는데, 황토로 덮는 것은 왕자가 사방을 덮는다는 뜻이다.(王者封五色土爲社. 建諸侯則各割其方色土與之, 使立社. 燾以黃土, 苴以白茅. 茅取其潔, 黃取王者覆四方).”라고 했는데 <륙덕명-석문(陸德明-釋文)>에 “도(燾)는 덮는 것이다 ; 저(苴)는 싸는 것이다.”라고 했다.

**대사(大社)** 태사(太社). 고대(古代)에 천자(天子)가 군성(群姓)들의 기복보공(祈福報功)을 위해 설립(設立)하여 토신(土神)과 곡신(穀神)을 제사(祭祀)하던 장소(場所).《례기:제법(禮記:祭法)》: “왕(王)이 군성(群姓)을 위하여 세운 것을 대사(大社)라 하고, 왕 자신을 위하여 세운 것을 왕사(王社)라고 한다.”라고 했다. <공영달-소(孔穎達-疏)>에 “군성(群姓)은 백관이하(百官以下)와 뭇 백성들(兆民)을 말한다. …… 대사(大社)는 고문(庫門)의 안의 우측에 있었다. 그래서《소종백(小宗伯)》에서 이르기를 ‘우사직(右社稷)이라고 한다.’ ”라고 했다.

※ **량사(兩社)** 춘추(春秋) 시 로(魯) 나라의 주사(周社)와 박사(亳社)의 합칭. 량사(兩社)의 사이가 조정(朝廷)에서 정무(政務)를 처리하는 곳이다.

※ **3사(三社)** 1. 천자가 세우는 대사(大社), 왕사(王社), 박사(亳社). 2. 제후가 세우는 국사(國社), 후사(侯社), 박사(亳社).

※ **왕사(王社)** 임금이 땅의 신과 곡식의 신에게 제사지내는 단(壇).

※ **박사(亳社)** 은(殷) 나라의 사당을 말한다. 은 나라가 박(亳)에 도읍하였기 때문에 그렇게 말한 것인데, 보통 망국(亡國)의 사당을 뜻한다.

**사토(社土)** 1. 산림(山林), 천택(川澤), 구릉(丘陵), 수변평지(水邊平地), 저와지(低窪地) 등 5종 토지.《공자가어:상로(孔子家語:相魯)》의 ”乃別五土之性, 而物各得其所生之宜.” <왕숙-주(王肅-注)>에 “5토(五土), 1. 산림(山林), 2. 천택(川澤), 3. 구릉(丘陵), 4. 분연(墳衍), 5. 원습(原隰).”이라고 했다. 2. 청(靑), 적(赤), 백(白), 흑(黑), 황(黃)의 오색토(五色土). 고대(古代)의 제왕(帝王)이 제후(諸侯)를 분봉(分封)하는 의식에서 사단(社壇)을 포전(鋪塡)하는데 썼다. <조전성-주(趙殿成-注)>에 “채옹(蔡邕)의《독단(獨斷)》에 천자(天子)의 대사(大社)는 5색토(五色土)로 단을 만들고. 황자(皇子)를 봉해서 왕자(王者)를 만들 때에 천자(天子)의 봉해지는 땅의 색으로 사토(社土)를 받는다. 동방(東方)은 청색토, 남방(南方)은 적색토 등 각 방향에 맞는 흙을 받는데 백모(白茅)로 싼다. 그 알맞은 흙을 받아 귀국해서 사당을 세운다. 그래서 ‘모토(茅土)를 받는다’ 라고 말한다.”라고 했다.

**방색(方色)** 5방색(五方色). 음양 5행가(陰陽五行家)에서 동·서·남·북·중(東西南北中)과 청·백·적·흑·황(靑白赤黑黃)을 서로 짝지어 한 방위에 한 색을 나타내는 5방색(五方色)을 줄인 말.

**[인경고 引經考]**

❶『사무(司巫)』

0560

祭祀, 則共匰主及道布及蒩館.

> <杜子春云: "蒩讀爲鉏. 匰, 器名. 主, 謂木主也. 道布, 新布三尺也. 鉏, 蒩也.
> 館, 神所館止也. 書或爲蒩館, 或爲蒩飽.
>
> 或曰: 布者, 以爲席也. 租飽, 茅裏肉也." 玄謂道布者, 爲神所設巾,
>
> 《中霤禮》曰"以功布爲道布, 屬於幾"也. 蒩之言藉也, 祭食有當藉者. 館所以承蒩,
> 謂若今筐也. 主先匰, 蒩後館, 互言之者, 明共主以匰, 共蒩以筐, 大祝取其主,
> 蒩, 陳之, 器則退也.
>
> 《士虞禮》曰: "苴刌茅長五寸, 實於筐, 饌於西坫主." 又曰: "祝盥, 取苴降, 洗之,
> 升, 入設於幾東席上, 東縮.">

### ❷『사우례(士虞禮)』

苴刌茅, 長五寸, 束之, 實於筐, 饌於西坫上.<苴猶藉也>

### ❸『의례(儀禮)』

《司巫》"祭祀則供匰主及蒩館", 常祀亦有苴者, 以天子諸侯尊者禮備, 故吉
祭亦有苴, 凶祭有苴可知.

### ❹『주례(周禮)』

又引《易》曰"藉用白茅, 無咎"者, 《大過》初六爻辭. 引之者, 證蒩爲藉之
義. "玄謂蒩, 《士虞禮》所謂苴刌茅, 長五寸, 束之者是也", 引之者, 欲見
其蒩爲祭之藉. 此增成鄭大夫之義.

### ❺『례기(禮記)』

凡以弓劍, 苞苴, 簞笥問人者,

> <問猶遺也. 苞苴, 裹魚肉, 或以葦, 或以茅. 簞笥, 盛飯食者, 圜曰簞, 方曰笥.
> ○苞苴, 子餘反; 苞, 裹也; 苴, 藉也. 簞音單; 笥, 思嗣反,
>
> 《字林》先自反, 沈息裏反; 簞笥, 竹器也. 裹音果. 葦, 韋鬼反. 盛音成. 圜音圓>
>
> [疏]○"凡以弓劍, 苞苴, 簞笥問人"者, 凡謂此此數事皆同然. 苞者, 以草苞裹魚
> 肉之屬也.
>
> 故《尚書》云: "厥苞橘柚."是其類也. 苴者亦以草藉器而貯物也. 簞圜笥方, 俱是
> 竹器, 亦以葦爲之. 問人者, 問謂因問有物遺之也. 問者或自有事問人, 或謂聞彼
> 有事而問之. 問之悉有物表其意, 故自"弓劍"以下皆是也.
>
> ○注"苞苴"至"以茅".
>
> ○正義曰: 知"裹魚肉"者,
>
> 《詩》云: "野有死麕, 白茅苞之."
>
> 《內則》云: "炮取豚, 編萑以苴之."
>
> 《既夕禮》云: "葦苞長三尺."是其裹魚肉用茅用葦也.
>
> ○"操以受命, 如使之容"者, 言"使之容"者, 言使者操持此上諸物以進, 受尊者
> 之命, 如臣爲君聘使, 受君命, 先習其威儀進退, 令如其至所使之國時之儀容,

## 0560

故云"如使之容"也.

❻『백호통(白虎通)』여기에는 없고 [상서정의]에는 같은 내용이 있다.

[상서정의] 厥田惟上中, 厥賦中中. 厥貢惟土五色,

<王者封五色土爲社, 建諸侯則各割其方色土與之, 使立社. 燾以黃土, 苴以白茅, 茅取其潔, 黃取王者覆四方.

○燾, 徒報反, 覆也. 苴, 子餘反, 包裹也.>

[疏]… 王者封五色土以爲社, 若封建諸侯, 則各割其方色土與之, 使歸國立社. 其土燾以黃土. 燾, 覆也. 四方各依其方色, 皆以黃土覆之. 其割土與之時, 苴以白茅, 用白茅裹土與之. 必用白茅者, 取其絜清也.

《易》稱"藉用白茅", 茅色白而絜美.

《韓詩外傳》云 : "天子社廣五丈, 東方青, 南方赤, 西方白, 北方黑, 上冒以黃土. 將封諸侯, 各取其方色土, 苴以白茅, 以爲社. 明有土謹敬絜清也.

❼『독단(獨斷)』

"天子大社, 以五色土爲壇. 皇子封爲王者, 授之大社之土, 以所封之方色苴以白茅, 使之歸國以立, 謂之茅社. "是必古書有此說, 故先儒之言皆同也.

## 0561 藻藻 체【jué ㄐㄩㄝˊ】42
(띠를 묶어서 석차를 표시하여 세운)표 체

朝會束茅表位曰藻。 | 조회 때 띠풀을 엮어 위계를 표시하는 것이다.

《『晉語』》 | 『진어(晉語)』❶에 이르기를

昔成王盟諸侯於岐陽。 | "옛날 **성왕**(成王)이 **기양**(岐陽)에서 제후(岐陽)들과 회맹할 때

置茅藻。設望表。 | **모절**(茅藻)을 두고, **망표**(望表)를 설치했는데

與鮮卑守燎。 | 선비족(鮮卑族)과 함께 횃불을 지켰다.

故不與盟。 | 그래서 더불어 회맹하지 않았다."라고 했다.

司馬貞引賈逵云。 | 사마정(司馬貞)이 가규(賈逵)를 인용하여 이르기를

束茅以表位爲藻。 | "띠풀을 엮어 위(位)를 표시하는 것이 절(藻)이다."라고 했다.

許用賈侍中說也。 | 허신(許愼)은 가시중(賈侍中)의 설(說)을 사용한 것이다.

『史記』、『漢書:叔孫通傳』字作「蕝」。 | 『사기(史記)』❷와『한서:숙손통전(漢書:叔孫通傳)』❸에서는 글자를 최(蕝)로 썼다.

如淳曰。 | 여순(如淳)이 이르기를

蕝謂以茅翦樹地。 | "체(蕝)는 띠풀을 잘라서 땅에 세운 것이다.

爲纂位尊卑之次也。》 | 존비(尊卑)의 위계(位階)를 표하여 차서(次序)를 나타내기 위해서다."라고 했다.

从艸 | 초(艸)를 따랐고,

絕(絕)聲。 | 절(絕)이 성부가 된다.

《子悅切。又茲會(會)切 | 자열절(子悅切), 또한 자회절(茲會切)이다.

又音纂。 | 또 음은 찬(纂)이다.

此 14部 15部合音。 | 이것은 제 14, 15부의 합음이다.

『何氏-纂文』云。 | 『하씨-찬문(何氏-纂文)』❹에 이르기를

藻今之纂字。 | "절(藻)은 지금의 찬(纂)자다."라고 했다.

是也。 | 옳다.

『鄭-注:樂記』作「鄷」。 | 『정-주:악기(鄭-注:樂記)』❺에서는 찬(鄷)으로 썼다.

作管切。 | 작관절(作管切)이다.

今人編纂之語本此。》 | 지금의 사람들이 편찬(編纂)이라고 하는 말은 이것을 본뜬 것이다.

『春秋:國語』日。 | 『춘추:국어(春秋:國語)』❻에 이르기를

致茅藻表坐。 | "치모절표좌(致茅藻表坐)"라고 했다.

---

**절**(藻) 표, 띠 묶어 세워 석차를 표할 ■**최**:같은 뜻 ■**찬**:모을 ■**취**:진흙 썰매.

**료**(燎) 횃불, 불놓을, 밝을.

**름**(逵) 큰 길, 아홉 군데로 통하는 길.

**최**(蕝) 작은 모양, 모일, 띠 묶어 세워 석차를 표할.

## 0561

전(翦) 깃날, 가지런할, 죽일, 짤라버릴, 아첨하는 모양.
찬(鄼) 모일, 행정구역, 땅이름 ■차:현이름

**기양(岐陽)** 양(陽)은 산의 남쪽, 물의 북쪽을 가리킨다. 기양은 기산(岐山)의 서남쪽이다. 주(周) 나라ㅣ의 발원지다. 빈(豳) 땅에 있던 고공단보(古公亶父)가 기산으로 옮겨 도읍했다.

**모절(茅蕝)** 띠풀을 다발로 묶어 세워서 조정의 위계를 표한 것.

**망표(望表)** 【望表】1.古代祭祀山川時所立的木制標志.

**치모절표좌(致茅蕝表坐)** 모절을 설치하고 자리를 표시하다.

### [인경고 引經考]

#### ❶『진어(晉語)』

宋之盟, 楚人固請先歃. 叔向謂趙文子曰: 夫霸王之勢, 在德不在先歃, 子若能以忠信贊君, 而牌諸侯之闕, 歃雖在後, 諸侯將載之, 何爭於先? 若違於德而以賄成事, 今雖先歃, 諸侯將棄之, 何欲於先? 昔成王盟諸侯於岐陽, <岐山之陽. > 楚爲荊蠻, 置茅絕, 設望表, 與鮮卑守燎, 故不與盟. 今將與狎主諸侯之盟, 唯有德也), 子務德無爭先, 務德, 所以服楚也.」乃先楚人.

#### ❷『사기(史記)』

醢遂與所徵三十人西, 及上左右爲學者與其弟子百餘人爲綿蕞.

<【集解】: 徐廣曰: "表位標准. 晉子外反."

駰案: 如淳曰"置設綿索, 爲習肆處. 蕞謂以茅翦樹地爲纂位.

春秋傳曰'置茅蕝'也".

【索隱】: 徐晉子外反. 如淳云"翦茅樹地, 爲纂位尊卑之次". 蘇林音纂.

韋昭云"引繩爲綿, 立表爲蕞. 晉茲會反".

按: 賈逵云"束茅以表位爲蕝". 又纂文云"蕞, 今之'纂'字. 包愷音即悅反. 又音纂.>

#### ❸『한서:숙손통전(漢書:叔孫通傳)』

遂與所徵三十人西, 及上左右爲學者與其弟子百餘人爲綿蕞野外.

<應劭曰:「立竹及茅索營之, 習禮儀其中也.」

如淳曰:「謂以茅翦樹地, 為纂位尊卑之次也.

春秋傳曰『置茅蕝.』師古曰:「蕞與蕝同, 並音子悅反. 如說是.」>

習之月餘, 通曰:「上可試觀.」上使行禮, 曰:「吾能為此.」乃令群臣習肆, 會十月.

#### ❹『하씨-찬문(何氏-纂文)』 2번 참조.

又纂文云"蕞, 今之'纂'字.

*0561*

❺『정−주:악기(鄭−注:樂記)』

[례기] 전체에 찬(鄭)자는 없다. 내용이 가장 가까운 것으로

是故先王本之情性, 稽之度數, 制之禮義, 合生氣之和, 道五常之行, 使之陽而不散, 陰而不密, 剛氣不怒, 柔氣不懾, 四暢交於中, 而發作於外, 皆安其位, 而不相奪也.

<生氣, 陰陽氣也. 五常, 五行也. 密之言閉也. 懾, 猶恐懼也.

○ “稽, 古奚反. 道音導. 行, 下孟反. 懾, 之涉反. 暢, 敕亮反. 恐, 曲勇反.>

❻『춘추:국어(春秋:國語)』 ※ 본문과 조금 다르다.

宋之盟, 楚人固請先歃. 叔向謂趙文子曰:「夫霸王之勢, 在德不在先歃, 子若能以忠信贊君, 而神諸侯之闕, 歃雖在後, 諸侯將載之, 何爭於先? 若違於德而以賄成事, 今雖先歃, 諸侯將棄之, 何欲於先? 昔成王盟諸侯于岐陽, 楚為荊蠻, 置茅蕝, 設望表,

<置, 立也. 蕝, 謂束茅而立之, 所以縮酒. 望表, 謂望祭山川, 立木以為表, 表其位也. 鮮卑, 東夷國. 燎, 庭燎也.>

與鮮卑守燎, 故不與盟. 今將與狄主諸侯之盟, 唯有德也, 子務德無爭先, 務德, 所以服楚也.」乃先楚人.

## 0562　茨 자【cí ㄘˊ】42

### (풀로 지붕을)일 자

茅蓋(蓋)屋。
《俗本作以茅葦蓋(蓋)屋。
見『甫田:鄭-箋』。
『釋名』曰。
屋以艸蓋曰茨。
茨、次也。
次艸爲之也。》
从艸。
次聲。
《此形聲包會(會)意。
疾資切。15部。》

「띠풀로 지붕을 덮은 집」이다.

속본(俗本)에서는 「**모위**(茅葦)로 지붕을 덮었다」라고 했다.

『**보전**:정-전(甫田:鄭-箋)』❶을 보라.

『석명(釋名)』에 이르기를

"지붕을 풀로 덮는 것을 자(茨)라고 한다."라고 했다.

자(茨)는 차(次)다.

풀을 차례대로 하여 만들기 때문이다.

초(艸)를 따랐고,

차(次)가 성부가 된다.

이것은 형성(形聲)이 회의(會意)를 포함하는 것이다.

질자절(疾資切)이다. 제 15부에 속한다.

**모**(茅) 띠, 나라이름.

**위**(葦) 갈대, 거룻배, 산이름, 갈대꽃.

**자**(茨) 새이엉, 새로 집이을, 납가새, 쌓을

**모위**(茅葦)　띠와 갈대.

**보전**(甫田)　① 큰 밭. ② <시경(詩經)>의 편명.

**[인경고 引經考]**

❶『**보전**:정-전(甫田:鄭-箋)』〈小雅: 甫田之什: 甫田〉

倬彼甫田, 歲取十千. 我取其陳, 食我農人. 自古有年. 今適南畝, 或耘或
耔, 黍稷薿薿. 攸介攸止, 烝我髦士.

以我齊明, 與我犧羊, 以社以方. 我田旣臧, 農夫之慶. 琴瑟擊鼓, 以御田
祖. 以祈甘雨, 以介我稷黍, 以穀我士女.

曾孫來止, 以其婦子, 饁彼南畝, 田畯至喜. 攘其左右, 嘗其旨否. 禾易長
畝, 終善且有. 曾孫不怒, 農夫克敏.

曾孫之稼, 如茨如梁. 曾孫之庾, 如坻如京. 乃求千斯倉, 乃求萬斯箱. 黍
稷稻粱, 農夫之慶. 報以介福, 萬壽無疆.

〈茨, 積也. 梁, 車梁也. 京, 高丘也.

箋云: 稼, 禾也, 謂有稿者也. 茨, 屋蓋也. 上古之稅法, 近者納〈禾忽〉, 遠者納粟
米. 庾, 露積穀也. 坻, 水中之高地也.〉

正義曰: 墨子稱茅茨不剪, 謂以茅覆屋, 故箋以茨爲屋蓋. 傳言茨積, 非訓茨爲積
也, 言其積聚高大如屋茨耳. 其意與箋同也.

<.석명>에서 비슷한 것도 찾을 수 없었다.

0562

❷『석궁(釋宮)』

○釋曰：此《周書:梓材》篇文也. 案彼云：“若作室家, 旣勤垣墉, 惟其塗曁茨.” 孔《傳》云：“如人爲室家, 已勤立垣墉, 惟其當塗曁茨蓋之.” 此喩教化也.

## 0563

## 0563 葺葺 즙【qì ㄑㄧˋ】42
(지붕을)일、기울 즙

茨也。 「지붕을 이는 것」이다.

从艸。 초(艸)를 따랐고,

咠聲。 집(咠)이 성부가 된다.

《七入切 7部。》 칠입절(七入切)이다. 제 7부에 속한다.

**자**(茨) 새이엉, 새로 집이을, 납가새, 쌓을

**집**(咠) 귓속 말 할, 참소할.

## 0564 薈蓋葢 개【gài 《5ˋ】42
### 이엉, 일산 개

苫也。
《引伸之爲發端語詞。
又不知者不言、
『論語』謂之葢(蓋)闕。
『漢書』謂之丘葢。》
从艸。
盍(盇)聲。
《古太切。15部。
盍在 8部。
此合音也。》

「이엉, 거적」이다.

뜻이 확대되어 시작을 뜻하는 말이 되었다.

또 알지 못하는 것을 말하지 않을 때도 쓴다.

『론어(論語)』❶는 개궐(葢(蓋)闕)를 말했고,

『한서(漢書)』❷는 구개(丘葢)라고 말했다.

초(艸)를 따랐고,

합(盍)이 성부가 된다.

고태절(古太切)이다. 제 15부에 속한다.

합(盍)은 제 8부에 속한다.

이것은 **합음**(合音)이다.


**점**(苫) 집이을, 이엉, 글씨 흘려 쓸.

**합**(盍盇) 덮을, 어찌 아니할.


| | |
|---|---|
| **합음**(合音) | 두 글자가 합하여 한 글자가 된 글자. 심괄의 <몽계필담>에서 "고어에서 이미 두 글자를 합하여 한 글자로 한 것이다. 예를 들면 불가(不可)를 합하여 파(叵), 하불(何不)을 합하여 합(盍), 여시(如是)를 합하여 이(爾), 이이(而已)를 합하여 이(耳), 지호(之乎)를 합하여 제(諸)로 한 것들이다." <br><br> [合二字之音爲一字. 宋沈括《夢溪筆談:藝文二》: "古語已有二聲合爲一字者, 如不可爲叵, 何不爲盍, 如是爲爾, 而已爲耳, 之乎爲諸之類."] |
| **개궐**(葢(蓋)闕) | 모자라거나 의심나는 곳(指缺少, 闕疑)을 가리킨다. <br><br> ■ **葢(蓋)闕** <br><br> <론어(論語:子路)> 君子於其所不知, 葢闕如也. <br><br> ※ **궐여**(闕如) 빼내어 버림, 완전하지 못함. <br><br> 1. 의심처가 있어 말하지 않음(存疑不言). <br><br> 2. 비워두고 기록하지 않음(空缺不書). <br><br> 알지 못함(不知), 궐여(闕如). 구개(區葢)로도 쓴다. 구(區)는 물건을 감추는 곳이고, 개(葢)는 그것을 덮어 가리는 것이다. 구(區)는 구(丘)와 같다. |
| **구개**(丘葢) | ■ **丘葢** <br><br> <한서:유림전:왕식(漢書:儒林傳:王式)> 唐生, 褚生應博士弟子選, 試誦說. 有法. 丘葢不言. |
| **[인경고 引經考]** | ❶『론어(論語)』 <br><br> 君子於其所不知, 葢闕如也. <br><br> <包曰: "君子於其所不知, 當闕而勿據. 今由不知正名之義, 而謂之迂遠."> |

# 0564

❷『한서(漢書)

唐生, 褚生應博士弟子選, 詣博士, 摳衣登堂, 頌禮甚嚴, 試誦說, 有法,
疑者丘蓋不言.

<蘇林曰:「丘蓋不言, 不知之意也.」

如淳曰:「齊俗以不知爲丘.」

師古曰:「二說皆非也.

論語載孔子曰:『蓋有不知而作之者, 我無是也.』欲遵此意, 故效孔子自稱丘耳.
蓋者, 發語之辭.」>

형성 (+1)　　　　개(壒壈)　[개(蓋)가 포함된 글자들] +1자

## 0565 苫 점【shān ㄕㄢ￣】43

### 거적、덮을 점

0565

苫(蓋)也。

从艸、

占聲。

《失廉切。

今俗語舒贍切。

古音在 7部。》

「덮개」다.

초(艸)를 따랐고,

점(占)이 성부가 된다.

실렴절(失廉切)이다.

지금의 속어는 서섬절(舒贍切)이다.

고음(古音)은 제 7부에 속한다.

**서**(舒) 펼, 느지러질, 천천할, 한가할,

**섬**(贍) 구할, 도와줄, 진휼할, 편안할, 채울, 넉넉할.

## 0566

### 0566 藹 애 【ǎi ㄞˋ】 43

덮을 애

蓋(蓋)也。

《今人靄字當用此》

从艸。

渴聲。

《於蓋(蓋)切。15部。》

「덮개」다.

지금 사람들의 애(靄)자는 당연히 이것을 써야 한다.

초(艸)를 따랐고,

갈(渴)이 성부가 된다.

어개절(於蓋切)이다. 제 15부에 속한다.

애(靄) 구름이 뭉게뭉게 피어오를, 구름이 뭉게뭉게 모이는 모양, 기운

■알:같은 뜻.

## 0567 䕚蔮 골 【qū 〈ㄩˉ】 43

### 긁을 골

| | |
|---|---|
| 㪿也。 | 「문지른다」는 뜻이다. |
| 《「㪿」當作「刷」。 | 솰(㪿)은 마땅히 쇄(刷)로 써야 한다. |
| 字之誤也。 | 글자의 오류다. |
| 㪿、拭也。刷、捊杷也。 | 솰(㪿)은 문지르는 것이다. 쇄(刷)는 긁는 것이다. |
| 蔮之言掘也。 | 골(蔮)이 말하려는 것은 파내는 것이다. |
| 與捊杷義近。 | **부파**(捊杷)와 더불어 뜻이 가깝다. |
| 今人謂以鈍帚去薉物曰蔮。 | 지금 사람들은 둔한 비자루로 오물을 제거하는 것을 골(蔮)이라고 한다. |
| 正是此字。 | 바로 이 글자다. |
| 『廣雅:釋器』。 | 『광아:석기(廣雅:釋器)』에 |
| 蔮謂之刷。》 | "골(蔮)을 쇄(刷)라고 한다."라고 했다. |
| 从艸。 | 초(艸)를 따랐고, |
| 屈聲。 | 굴(屈)이 성부가 된다. |
| 《區勿切。15部 》 | 구물절(區勿切)이다. 제 15부에 속한다. |

**설**(㪿) 닦을, 쓸(掃也), 깨끗이 할. ※ 일부 자전에서는 음을 「솰」이라고도 했다.

**부**(捊) 잡을, 뚫을, 거둘, 긺을, 혹독하게 세금받을, 쪼갤.

**추**(帚) 비, 소제할, 대싸리.

**예**(薉) 더러울, 거칠, 김묵을, 행실 나쁠.

---

**부파**(捊杷) 파(杷)는 수맥기(收麥器). 그것으로 곡식을 긁어 모음.

## 0568 藩 번【fán ㄈㄢˊ】43

울(울타리) 번

| | |
|---|---|
| 屛也。 | 「울타리」다. |
| 《屛蔽也。》 | 병(屛)은 가리는 것이다. |
| 从艸。 | 초(艸)를 따랐고, |
| 潘聲。 | 반(潘)이 성부가 된다. |
| 《甫煩切。14部。》 | 보번절(甫煩切)이다. 제 14부에 속한다. |

**병(屛)** 가릴, 병풍, 울타리, 비맡은 귀신, 두려워할.

**반(潘)** 쌀뜨물, 고을이름, 물 소용돌이 칠 ▣**파**:현이름.

## 0569 蒩葅 저【jū ㄐㄩ¯】43
### 김치 저

酢菜也。 | 신 채소다.

《酢今之醋字。 | 초(酢)는 지금의 초(醋)자다.

葅須醯成味。 | 저(葅)는 혜(醯)를 기다려 맛을 이룬다.

『周禮』七葅。 | 『주례(周禮)』❶에 7저(七葅)가 있다.

韭菁茆葵芹箈筍也。 | 구(韭), 정(菁), 묘(茆), 규(葵), 근(芹), 대(箈), 순(筍)이다.

鄭曰。 | 정현(鄭玄)이 이르기를

凡醯醬所和。 | "대개 혜(醯)와 장(醬)이 어울릴 때

細切爲蠚。 | 잘게 자르면 제(蠚)가 되고

全物若腒爲葅。 | 전체를 얇고 작게 썰면 저(葅)가 된다."라고 했다.

『少儀』麋鹿爲葅。 | 『소의(少儀)』❷에 "미록(麋鹿)으로 저(葅)를 만든다."라고 했다.

則葅之稱菜肉通。 | 그러므로 저(葅)의 명칭은 채소와 고기에 모두 통한다.

玉裁謂。 | 단옥재(段玉裁)가 이르기를

蠚葅皆本菜稱。 | "제(蠚)와 저(葅)가 본래 모두 채소의 명칭이었으나

用爲肉稱也。》 | 고기의 명칭으로 사용했다."라고 했다.

从艸、 | 초(艸)를 따랐고,

沮聲。 | 저(沮)가 성부가 된다.

《側魚切。5部。》 | 측어절(側魚切)이다. 제 5부에 속한다.

蕰或从皿(血)。 | 蕰 간혹 혈(皿)을 따른다.

葢或从缶。 | 葢 간혹 부(缶)를 따른다.

《按二篆今本從皿。 | 생각건대 두 표제자는 명(皿)을 따른다.

『李燾一本:注』或從血。 | 『리도-본:주(李燾一本:注)』❸ 간혹 혈(血)을 따른다.

『五篇:血部』有蕰蠚二字。 | 『5편:혈부(五篇:血部)』❹에 저(蕰), 저(蠚) 두 글자가 있다.

『玉篇:血部』蕰字下引『周禮:醯人』 | 『옥편:혈부(玉篇:血部)』의 저(蕰)자 아래에 『주례:혜인(周禮:醯人)』❺의 7저(七葅)를 인용했는데

七蕰。 |

葅或從血者。 | "저(葅)가 간혹 혈(血)자를 따르는 것이 있다."라고 했다.

鄭君菜肉通稱之說是也。 | 정군(鄭君)의 나물과 고기 통칭(通稱) 설이 이것이다.

從缶者、謂釀諸器中乃成也。 | 부(缶)를 따른 것은 그릇 중에 담아서 만들기 때문이다.

葅醯通稱。 | 저(葅)와 해(醯)를 통칭한다.

故[血部]云蕰、醯也。 | 그래서 [혈부(血部)]에서 「저(蕰)는 해(醯)다」

此[艸部:蕰蠚]二字葢(蓋)後人增之。 | 이 [초부:저저(艸部:蕰蠚)] 두 글자는 후세 사람들이 늘린 것이다.

---

**초**(酢) 초, 실(酸也) ◼**작**:수작할, 잔돌릴, 손이 주인에게서 받은 잔을 도로 돌릴.

**정**(菁) 부추꽃, 세골진띠, 순무 ◼**청**:꽃이 성한 모양, 초목 무성한 모

**0569**

양, 땅이름.

**작**(醋) 잔돌릴, 손이 주인한테서 받은 잔을 도로 돌릴.

**저**(菹) 젓.

**저**(䔂) 젓.

**묘**(茆) 순채.

**규**(葵) 아욱, 망치, 해바라기.

**근**(芹) 미나리, 물이름 ▣기:물풀.

**대**(菭) 가는 대의 순, 대순 ▣지:같은 뜻 ▣태:같은 뜻

**순**(筍) 댓순, 죽순, 종 달아매는 가로대나무 ▣윤:어린 대, 죽순 껍질로 만든 방석.

**제**(虀) 나물, 어채.

**접**(膢) 얇게 썬 고기, 잘게 썬 고기, 잘게 썰.

**혜**(醯) 신조미료, 국물이 많은 육장.

**해**(醢) 육장, 포를 썰어 누룩 및 소금을 섞어서 술에 담근 음식, 장조림, 인체를 소금에 절이는 형벌.

| | |
|---|---|
| **전물약접**(全物若牒) | 통고기를 토막낸 것(切肉爲片). |
| **7저**(七菹) | 일곱 가지 김치. 구(韭), 청(菁), 묘(茆), 규(葵), 근(芹), 태(菭), 순(筍) 등 칠종(七種)의 엄채(醃菜). |
| **미록**(麋鹿) | 1. 미(麋)와 록(鹿). 2. 자신을 야인(野人)으로 자처하는 겸사로 쓰인 말. |

※ **고소미록유**[姑蘇麋鹿遊] 고소는 춘추 때의 오(吳) 나라 서울이었다. 오 나라가 망하여 그 서울이 쑥밭이 되어 산짐승이 와서 놀게 되었다.

※ **미록지**(麋鹿志) 隱逸之志. 謂立志隱居山林, 與麋鹿爲伍.

※ **미록성**(麋鹿性) 比喩草野優遊之性.

※ **미록자**(麋鹿姿) 山野人的模樣. 宋蘇軾《和陶飮酒》之八：“我坐華堂上, 不改麋鹿姿.”

※ **미록한인**(麋鹿閑人) 喩自由閑散不求仕進的人. 唐袁郊《甘澤謠·陶峴》：“經過郡邑, 無不招延, 峴拒之曰；‘某麋鹿閑人, 非王公上客.’”

**[인경고 引經考]**

❶『주례(周禮)』

醢人掌共五齊七菹, 凡醢物. 以共祭祀之齊菹, 凡醯醬之物. 賓客亦如之.

<齊菹醬屬醢人者, 皆須醯成味.

○齊, 子兮反, 下“之齊”, “共齊”, “醬齊”皆同.>

❷『소의(少儀)』

麋鹿爲菹, 野豕爲軒, 皆聶而不切. 麕爲辟雞, 兔爲宛脾, 皆聶而切之. 切

*0569*

蔥若薤實之, 醢以柔之.

&lt;此軒, 辟雞, 宛脾, 皆菹類也. 其作之狀, 以醢與葦菜淹之, 殺肉及腥氣也.

○虋音眉. 軒音獻, 注同, 俱倫反. 辟音壁, 又補麥反, 徐扶益反, 注同. 兔, 他故

反. 宛脾, 上於阮反, 下毗支反. "切蔥若薤實之", 絶句. 菹, 莊居反, 葦, 許云反.

淹, 於廉反, 又於劫反.&gt;

**❸『5편:혈부(五篇:血部)』**

저(菹), 菹【3035】醢也. 从血. 菹聲.【醢人注】曰. 凡醢醬所和. 細切爲

齏. 全物若牒爲菹.【少儀】曰. 麋鹿爲菹. 野豕爲軒. 皆牒&lt;而不切&gt;. 麋爲

辟雞. 兔爲宛脾. 皆牒而切之. 切蔥若薤. 實之醢以柔之. 由此言之. 則齏

菹之稱菜肉通. 按菹亦爲肉稱. ………

저(蘁) 蘁

본문에 혈(血)자를 따르기도 한다고 했으니 저(菹)의 혹체가 표제자

[3035]번의 저(蘁)와 같다.

菹【0569】酢菜也. 菹今之醋字. 菹須醯醢成味.【周禮】七菹. 韭菁菲葵芹茆筍也.

鄭曰. 凡醢醬所和. 細切爲齏. 全物若牒爲菹.【少儀】麋鹿爲菹. 則菹之稱菜肉

通. 玉裁謂. 齏菹皆本菜稱. 用爲肉稱也. 从艸. 沮聲.&lt;側魚切&gt;. 5部. 蘁

【0569-1】或从血. 蘁【0569-2】或从缶. 案二篆今本從皿. 李燾本注或從血.

五篇血部有蘁蘁二字.【玉篇:血部】蘁字下引【周禮:醢人】七菹. 菹或從血者. 鄭

君菜肉通稱之說是也. 從缶者. 謂鬱諸器中乃成也. 菹醢通稱. 故血部云蘁, 醢

也. 此【艸部】蘁蘁二字蓋後人增之.

**❹『옥편:혈부(玉篇:血部)』**

【玉篇】[蘁] 俎於切, 音菹.【說文】醢也.【篇海】《周禮: 醢人》掌供蘁菹.

蘁, 酢漬菜. ◎按《玉篇》《類篇》蘁字艸部皿部竝見,《說文》从血, 然考之字

義, 不應从血,《正字通》云：宜歸皿部.

**❺『주례:혜인(周禮:醢人)』** 1번 참조.

醢人掌共五齊七菹, 凡醢物. 以共祭祀之齊菹, 凡醯醬之物. 賓客亦如之.

형성 (1자)　　　저(蘁蘁)3035

**[저(菹)가 포함된 글자들] 1자**

## 0570

## 0570 荃荃 전【quán 〈ㄩㄢˊ】43

### 향초、통발 전

芥胎(胎)也。
《[黑部]曰。
以芥爲虀名曰芥荃。
云芥胎者、謂芥虀鬆胎可口也。
此字據上下文則非楚詞荃字也。》

从艸。
全聲。
《晁說之云。
『唐本-說文』初劣切。
按『集韵(韻)』猶存其音。
全聲當在14部。
此14、15 2部合音也。》

개취(芥胎)

개전(芥荃)

「**개취(芥胎)**」이다.
  [흑부(黑部)]에 이르기를
  겨자로 만든 제(虀)를 **개전(芥荃)**이라고 이름한다.
  **개취(芥胎)**라는 것은
  이 글자는 아래 위의 문을 근거해서 보면 초(楚)나라 말의 전(荃)자가 아니다.
초(艸)를 따랐고,
전(全)이 성부가 된다.
  조설지(晁說之)가 이르기를
  『**당본-설문**(唐本-說文)』에는 초렬절(初劣切)이다."라고 했다.
  생각건대『집운(集韵)』에는 그 음이 있는 것 같다.
  전성(全聲)은 당연히 제 14부에 속한다.
  이것은 제14부와 15부의 합음이다.

  **취**(胎胎) 연약할, 굳지 못할 ▣**철**·**졸**:같은 뜻.
  **제**(虀) 나물, 어채.
  **송**(鬆) 머리털 헝크러질, 머리털 모양.
  **조**(晁) 바닷거북, 아침, 이를, 고을이름.
  **전**(荃) 겨자무침, 향초이름.

향초. <康熙字典>에서 "<說文>芥胎也, 亦香艸也."라고 했다.

겨자로 만든 나물.

## 0571 齹酤 고【kù ㄎㄨˋ】43
### 부추 무침 고

| | |
|---|---|
| 韭鬱也。 | 「구울(韭鬱)」이다. |
| 《鬱同鬱。『廣雅』。 | 울(鬱)은 울(鬱)과 같다. |
| 寑醶鬱䆰幽也。 | 『광아(廣雅)』에 이르기를 |
| 皆謂飲食也。 | "寑醶鬱䆰幽也."라고 했다. |
| 此許君酤訓韭鬱、 | 모두 음식이다. |
| 豉訓幽未之證。》 | 이것이 허군(許君)이 고(酤)의 훈을 구울(韭鬱), |
| 从艸。 | 두(豉)의 훈을 유숙(幽未)이라고 한 증거다. |
| 酤聲。 | 초(艸)를 따랐고, |
| 《苦步切。5部。》 | 고(酤)가 성부가 된다. |
| | 고보절(苦步切)이다. 제 5부에 속한다. |

울(鬱) 나무 다부룩할, 우거질, 그윽할.
울(鬱) 금향, 나무 무성할, 나무 다부룩할.
침(寑) 잘, 침(寢)의 옛 글자.
임(醶) 누룩 ▣심:그윽할.
벽(䆰) 궁벽할, 기울 ▣척:같은 뜻.
시(豉) 콩자반, 메주, 된장, 부추 비슷한 풀이름, 벌레이름.
숙(未) 콩, 아재비.
고(酤) 단술, 계명주, 하룻밤 사이에 빚은 술.

| 구울(韭鬱) | 厥. |
|---|---|
| 유숙(幽未) | 유숙(幽菽). 두시(豆豉). 명(明) 나라 왕지견(王志堅)의 《표이록:음식(表異錄:飲食)》에 "유숙(幽菽)은 시(豉:메주)다."라고 했다. |

| 0572 | 0572 蘫蘫 람【lán ㄌㄢˊ】43
외김치 람 |

瓜菹也。　「**과저**(瓜菹)」라는 뜻이다.
从艸。　초(艸)를 따랐고,
蘫聲。　람(蘫)이 성부가 된다.
《各本篆作藍。　여러 책에서는 표제자를 람(藍)으로 쓰고,
解誤作監聲。　풀이를 오해하여 감(監)이 성부라고 했다.
今依『廣韵(韻)』、『集韵』訂。　지금은 『광운(廣韵)』과 『집운(集韵)』을 근거로 고친다.
魯甘切。8部。》　로감절(魯甘切)이다. 제 8부에 속한다.

**과저**(瓜菹)　｜오이김치.

## 0573 䔈蔬 지【zhǐ ㄓˇ】 43

### 김치 지

| | |
|---|---|
| 葅也。 | 「김치」다. |
| 从艸。 | 초(艸)를 따랐고, |
| 泜聲。 | 지(泜)가 성부가 된다. |
| 《纏伊切 15部。》 | 전이절(纏伊切)이다. 제 15부에 속한다. |
| 蘁蔬或从皿。 | 蘁 지(蔬)는 간혹 명(皿)을 따르기도 한다. |
| 皿、器也。 | 명(皿)은 그릇이다. |

**저**(泜) 물이름.

# 0574

## 0574 䕩 로【lǎo ㄌㄠˇ】43

### 마른 매실 로

| | |
|---|---|
| 乾梅之屬。 | 「마른 매실의 일종」이다. |
| 《『鄭-注:周禮』云。 | 『정-주:주례(鄭-注:周禮)』❶에 이르기를 |
| *乾䕩、乾梅也。* | *"**건로**(乾䕩)는 **건매**(乾梅)다.* |
| *有桃諸梅諸、* | ***도저**(桃諸)와 **매저**(梅諸)가 있는데* |
| *是其乾者。* | *이것은 그 중 마른 것이다."*라고 했다. |
| 按鄭意『周禮』上文桃是濡者。 | 생각건대 정현(鄭玄)의 뜻은 『주례(周禮)』에 앞에 있는 도(桃)는 젖은 것이므로 |
| 此著乾以別之。》 | 여기서는 건(乾)자를 붙여 구별한 것이다. |
| 从艸。 | 초(艸)를 따랐고, |
| 橑聲。 | 로(橑)가 성부가 된다. |
| 《梅桃當從木而從艸者。 | 매(梅)와 도(桃)는 마땅히 목(木)을 따라야 하는데 초(艸)를 따른 것은 초(艸) 또한 목(木)이기 때문이다. |
| 艸亦木也。 | |
| 盧晧切 2部。》 | 로호절(盧晧切)이다. 제 2부에 속한다. |
| 『周禮』曰。 | 『주례(周禮)』에 이르기를 |
| *饋食之籩。* | *"**궤사지변**(饋食之籩).* |
| *其實乾䕩。* | ***기실건로**(其實乾䕩)"*라고 했다. |
| 《『籩人』文。》 | 『변인(籩人)』❷에 나오는 글이다. |
| 後漢長沙王始煑(煮)艸爲䕩。 | 후한(後漢)의 **장사왕**(長沙王)이 처음 풀을 달여서 로(䕩)를 만들었다. |
| 《謂『周禮』之後至漢長沙王始煑艸爲䕩。 | 『주례(周禮)』 이후 한(漢)나라의 장사왕(長沙王)에 이르러 처음 풀을 달여서 로(䕩)를 만들었다는 것을 말한다. |
| 不用梅桃也。》 | 매(梅:매실)와 도(桃:복숭아)는 쓰지 않았다. |
| 䕩或从潦。 | 로(䕩)가 간혹 로(潦)를 따르기도 한다. |

**저**(諸) 저장할, 김치, 장아찌 ▣**제**:모든, 여럿, 뜻없는 조사, 겹성.
**로**(橑) 서까래, 처마 앞에 댄 나무, 포장대, 나무조각, 땔나무 ▣**료**:덮개 뼈대, 서까래.
**변**(籩) 변두, 대제기, 벼슬이름.
**자**(煑) 지질, 삶을, 다릴.
**로**(潦) 큰 비, 길바닥 물.

| | |
|---|---|
| ***건로***(乾䕩) | 말린 매실. |
| ***건매***(乾梅) | 소금물에 담그었다가 볕을 쬐어 말려서 겨울에 식용으로 쓰는 복숭아. 제(**諸**)는 여기서 「저」로 저(**菹**)와 같다. |
| ***도저***(桃諸) | 겨울 날 먹기 위해 복숭아를 말려 만든 식품. |

0574

**매저**(梅諸)
**궤사지변**(饋食之籩)
**궤사**(饋食)
**기실건로**(其實乾藋)
**장사왕**(長沙王)

겨울 날 먹기 위해 매실을 말려 만든 식품.

임금에게 올리는 식사.

마른 매실로 그것을 채움(담음).

한 문제(漢文帝) 때 장사왕(長沙王) 태부(太傅)로 쫓겨난 가생(賈生) 즉 가의(賈誼)를 가리킨다. 가의(賈誼)가 장사(長沙)에 좌천되어 갔으므로 귀양살이를 장사라 한다.

[**인경고 引經考**]

❶『정-주:주례(鄭-注:周禮)』

饋食之籩, 其實棗, 㮕, 桃, 乾藋, 榛實.

&lt;饋食, 薦孰也. 今吉禮存者, 《特牲》, 《少牢》, 諸侯之大夫士祭禮也. 不祼, 不薦血腥, 而自薦孰始, 是以皆云饋食之禮. 乾藋, 乾梅也. 有桃諸, 梅諸, 是其乾者. 榛, 似栗而小.

○藋, 音老, 徐力到反. 榛, 則巾反, 劉士鄰反. 少牢, 詩詔反, 凡言"少牢"皆放此. 祼, 古亂反.&gt;

○釋曰：此謂朝踐薦腥後, 堂上更體其犬豕牛羊烹孰之時, 後先謂之饋食之籩也. 其八籩者, 其實棗一也, 栗二也, 桃三也, 乾藋謂乾梅, 四也, 榛實五也. 其於八籩, 仍少三. 案：乾藋旣爲乾梅, 經中桃是濕桃, 旣有濕桃, 乾梅, 明別有乾桃, 則注引《內則》桃諸, 鄭云是其乾者. 旣有濕桃, 明有濕梅可知. 以乾梅濕梅二者, 添五者爲七籩. 案：桃梅旣並有乾濕, 則棗中亦宜有乾濕, 複取一, 添前爲八也. 必知此五者之中有八者,

案：《儀禮:特牲》, 《少牢》, 十二籩二豆, 大夫四籩四豆, 諸侯宜六, 天子宜八.

《醢人》饋食之豆有八, 此饋食之籩言六, 不類. 又上文朝事之籩言八, 下加籩亦八, 豈此饋食在其中六乎？數事不可, 故以義參之爲八. 若不如此, 任賢者裁之也.

❷『변인(邊人)』 1번 참조.

饋食之籩, 其實棗, 㮕, 桃, 乾藋, 榛實.

## 0575 糵藙 의【yì ㅣˋ】 43
### 머귀나무 씨 기름 의

| | |
|---|---|
| 煎茱萸。 | 「전수유(煎茱萸)」다. |
| 《『內則』。 | 『내칙(內則)』❶에 이르기를 |
| 三牲用藙。 | "3생(三牲)은 의(藙)를 쓴다. |
| 鄭云。 | 정군(鄭君)이 이르기를 |
| 藙、煎茱萸也。 | 의(藙)는 전수유(煎茱萸)다. |
| 『漢律』會(會)稽獻焉。 | 『한률(漢律)』에는 "회계(會稽)에서 바친다. |
| 『爾雅』謂之樧。 | 『이아(爾雅)』❷에서는 살(樧)이라고 했다.'라고 했다."고 했다. |
| 玉裁謂。 | 단옥재(段玉裁)는 |
| 許君云樧似茱萸、出淮南。 | "허군(許君)이 '살(樧)이 수유와 비슷하고, 회남(淮南)에서 난다'고 |
| 則與鄭說異。 | 말한 것은 정현(鄭玄)의 설과 다르다."라고 말했다. |
| 『皇侃-義疏』曰。 | 『황간-의소(皇侃-義疏)』❸에 이르기를 |
| 煎茱萸、今蜀郡作之。 | "전수유(煎茱萸)를 지금은 촉군(蜀郡)에서 만든다. |
| 九月九日取茱萸。 | 9월 9일 수유를 채취해서 |
| 折其枝、連其實。 | 그 가지를 꺾고, 그 열매가 달린 채로 |
| 廣長四五寸。 | 넓이 4촌, 길이 5촌으로 잘라 |
| 一升實可和十升膏。 | 1승의 열매와 10승의 기름을 섞은 것을 |
| 名之藙也。 | 의(藙)라고 한다."라고 했다. |
| 『本艸圖經』曰。 | 『본초:도경(本艸:圖經)』❹에 이르기를 |
| 食茱萸。 | "식수유(食茱萸)를 |
| 蜀人呼其子爲艾子。 | 촉(蜀)나라 사람들은 그 씨를 애자(艾子)라고 한다."라고 했다. |
| 按艾卽藙字。》 | 생각건대 애(艾)는 곧 의(藙)다. |
| 从艸。 | 초(艸)를 따랐고, |
| 藙(類)聲。 | 의(類)가 성부가 된다. |
| 《魚旣切。15部。》 | 어기절(魚旣切)이다. 제 15부에 속한다. |
| 『漢律』會稽獻藙一斗。 | 『한율(漢律)』에 "회계(會稽)에서 의(藙) 한 말을 바쳤다."라고 했다. |

전(煎) 볶을, 조릴, 불에 말릴, 향이름.
살(樧) 오수유, 두릅나무, 후려칠 ▣설:문설주
의(類) 멍청이 ▣외:같은 뜻 ▣체:머리 치는 소리 ▣퇴:미울, 보기 싫을.

**전수유(煎茱萸)** 볶은 수유. <례기:정의>에 만든 법이 "○正義日: 賀氏云: "今蜀郡作之, 九月九日取茱萸, 折其枝, 連其實, 廣長四五寸, 一升實, 可和十升膏, 名之藙也."라고 했다.

*0575*

| | |
|---|---|
| **3생**(三牲) | 소, 돼지 ,양. |
| **회계**(會稽) | 13주(州)에서 양주(揚州)에 속한다. |
| **회남**(淮南) | 본명은《회남자(淮南子)》. 21권. 전한(前漢) 회남왕(淮南王) 류안(劉安)이 편찬한 일종의 백과사전이다.《려씨춘추(呂氏春秋)》와 함께 잡가(雜家)의 대표작이다. 류안이 전국의 빈객과 방술가(方術家)를 모아서 편찬한 것으로 〈내서(內書)〉 21편, 〈외서(外書)〉 다수, 〈중편(中篇)〉 8권이었다고 하나, 〈내서〉 21권만 전한다. 류안은 한고조(漢高祖)의 서자로, 감옥에서 태어난 회남 여왕 류장(劉長)의 아들로, 아버지는 문제 때에 모반죄로 죽었고, 류안도 모반의 음모가 있다는 혐의를 받아 자살했다. |
| **촉군**( 蜀郡) | 13주(州)에서 익주(益州)에 속한다. |
| **애자**(艾子) | 식수유(食茱萸)의 별명. 애초(艾草), 애인(艾人), 애호(艾虎). |
| **의소**(義疏) | 주(注)와 소(疏)를 함께 어우르는 말. ① 주(注)는 경서(經書)의 자구(字句)에 대한 주해(注解)인데 또 전(傳), 전(箋), 해(解), 장구(章句) 등이 또 있다. |
| | ② 소(疏)는 주(注)에 대한 주해다. 또 의소(義疏), 정의(正義), 소의(疏義) 등으로도 칭한다. |
| | 주(注), 소(疏)의 내용은 경적(經籍) 중 문자의 가차 여부, 어사(語詞)의 의의(意義), 음독의 정오(正誤), 어법(語法)과 수사(修辭), 명물(名物), 전제(典制), 사실(史實) 등을 밝힌다. 송(宋) 나라 사람들이 13경(十三經)의 한(漢) 나라 주와 당(唐) 나라의 소를 합쳐서 간행하면서 주소(注疏)의 명칭이 시작되었다. ○ <설문해자> 생각컨대 한(漢), 당(唐), 송(宋) 나라 사람들은 경주(經注)의 글자로 주(註)자를 쓴 것은 없었다. 명(明) 나라 사람들이 처음 주(注)를 고쳐서 대신 주(註)를 쓰기 시작했다. 완전히 옛날의 뜻이 아니다[大非古義也.] 옛날에는 오로지 주기(註記)에만 언(言)을 붙인 주(註)를 썼었다[古惟註記字從言]. <韓愈文>市井貨錢註記之類. <通俗文>云. 記物曰註. <廣雅>註, 識也. 古起居註用此字. 與注釋字別. |

**[인경고 引經考]**

**❶『내칙(內則)』**

三牲用藙, <藙, 煎茱萸也.《漢律》: "會稽獻焉."《爾雅》謂之樧.

○藙, 魚氣反.會, 古外反.稽, 古兮反.樧, 色八反, 似茱萸而實赤小.>

**❷『이아(爾雅)』**

椒樧醜菉. <菉萸子聚生成房貌. 今江東亦呼菉. 菉, 樧似茱萸而小, 赤色.

○樧, 音殺.>

**❸『황간-의소(皇侃-義疏)』**

厥.

**❹『본초:도경(本艸:圖經)』**

厥.

## 0576

## 0576 薺 莘 자【zǎi ㄗㄞˇ】43
### 국거리 나물(소채) 자

羹菜也。
《謂取菜羹之也。
『集韵(韻)』有寀字、烹也。
卽此字。》
从艸。
宰聲。
《阻史子亥二切。
1部。》

「국거리 나물」이다.

나물을 취해서 국을 끓이는 것을 말한다.
『집운(集韵)』에는 재(寀)자, 팽(烹)자가 있는데
곧 이 글자다.
초(艸)를 따랐고,
재(宰)가 성부가 된다.
저사절(阻史切), 자해절(子亥切) 두 개의 반절이다. 제 1부에 속한다.

재(寀) 삶을.
팽(烹) 삶을, 지질.

## 0577 ｜ 若 ｜ 약 【ruò ㅁㄨㄛˋ】 43
본[나물을 가릴] 너 약

擇菜也。
《『晉語:秦穆公』曰。
夫晉國之亂。
吾誰使先若夫二公子而立之。
以爲朝夕之急。
此謂使誰先擇二公子而立之。

若正訓擇。
擇菜引伸之義也。》
从艸右。
右、手也。
《此會意。
『毛傳』曰。
若、順也。
於雙聲叚(假)借也。
又假借爲如也、然也、乃也、汝也。

又兼及之詞。5部。》
一曰杜若、香艸。
《此別一義。
此六字依『韵會』。
恐是鉉用鍇語增。

今人又用〖鉉本〗改〖鍇本〗耳。》

「나물을 가려 택한다」는 뜻이다.
『진어:진목공(晉語:秦穆公)』❶에 이르기를
"대저 진(晉)나라가 어지러운데
나는 두 공자 중 먼저 누구를 선택하여 세워서
아침 저녁의 급한 것을 위해야 할까?"라고 했다.
이것은 두 공자 중 누구를 먼저 선택해서 세울 것인지를 말한 것이다.

약(若)자의 바른 훈은 「선택한다」는 것이다.
「나물을 가려 택한다」는 뜻이 확대된 것이다.
초(艸)와 우(右)를 따랐다.
우(右)는 손이다.
이것은 회의(會意)다.
『모전(毛傳)』❷에 이르기를
"약(若)은 순한 것이다."라고 했다.
쌍성(雙聲)으로 가차한 것이다.
또 가차하여 여야(如也), 연야(然也), 내야(乃也), 여야(汝也)로 했다.

또 닿는다는 말을 겸했다. 제 5부에 속한다.
혹은 **두약**(杜若)이라는 향초라고도 한다.
이것은 별도의 한 뜻이다.
이 여섯 자는 『운회(韵會)』에 근거했다.
이것은 어쩌면 서현(徐鉉)이 서개(徐鍇)의 말을 써서 늘렸을 것이다.
지금 사람들은 서현(徐鉉)의 책을 써서 서개(徐鍇)의 책을 고쳤다.

---

**쌍성**(雙聲)　중국어는 성모(聲母)와 운모(韻母)로 구성된다. 한글처럼 초성, 중성, 종성으로 나누지 않는다. 성모는 한글의 초성에 해당된다. 즉 자음(字音)을 말한다. 운모는 한글의 중성과 종성을 합한 개념이다. 즉 한글의 모음(母音)과 받침을 합한 것과 같다. 쌍성은 연속된 두 글자의 초성이 같은 것을 말한다. 즉, 과거, 종자, 사신, 본분 등이다.

**두약**(杜若)　향초(香草)의 이름. &lt;초사:9가:상군(楚辭:九歌:湘君)&gt;에 "저 방주(芳洲)에서 두약을 캐노라(採芳洲兮杜若)."라고 하였다.

## 0577

[인경고 引經考]

❶『진어:진목공(晉語:秦穆公)』

秦穆公許諾. 反使者, 乃召大夫子明及公孫枝, 曰:「夫晉國之亂, 吾誰使先<當先立誰.>, 若夫二公子而立之? 以爲朝夕之急.」大夫子明曰:「君使縶也. 縶敏且知禮, 敬以知微. 敏能竄謀, 知禮可使; 敬不墜命, 微知可否. 君其使之.」

❷『모전(毛傳)』 <小雅:甫田之什:大田>

大田多稼, 旣種旣戒, 旣備乃事.

以我覃耜, 俶載南畝, 播厥百穀. 旣庭且碩, 曾孫是若.

<庭, 直也. 箋云: 碩, 大. 若, 順也. 民旣熾菑, 則種其衆穀. 衆穀生, 盡條直茂大. 成王於是則止力役, 以順民事, 不奪其時.>

〔疏〕"大田"至"是若". ○毛以爲, 古者成王之時, 有大肥美之田可墾耕矣, 又多爲稼而以授民也. 民已受地, 相地求種, 旣已擇其種矣. 時王者, 又號令下民豫具田器, 旣已戒敕之矣. 此受地擇種, 戒敕具器, 旣已周備矣. 至孟春之月, 乃耕而事之矣. 用我覃然之利耜, 始設事於南畝而耕之, 以種其百種之衆穀. 其穀之生, 盡條直且又長而茂大. 民旣勤力, 已專其務, 曾孫成王於是止力役以順民, 不奪其時, 令民得盡力於田. 今王不能然, 故刺之.

旣方旣皁, 旣堅旣好, 不稂不莠.

去其螟螣, 及其蟊賊, 無害我田稚. 田祖有神, 秉畀炎火.

有渰萋萋, 興雨祈祈. 雨我公田, 遂及我私.

彼有不穫稚, 此有不斂穧, 彼有遺秉, 此有滯穗, 伊寡婦之利.

曾孫來止, 以其婦子, 饁彼南畝, 田畯至喜.

來方禋祀, 以其騂黑, 與其黍稷. 以享以祀, 以介景福.

[참고] <상승조-은허문자류편(商承祚-殷墟文字類編)>에서

"복사의 약(若)자는 사람이 손을 들고 무릎을 꿇고 있는 모양을 본뜬 것이다. 그래서 승락할 때의 유순한 모습을 본뜬 것이다. 그래서 락(諾)과 약(若)은 같은 글자다. 예 금문의 약(若)자는 대략 이와 같다."[卜辭諸若字像人舉手而跽足, 乃像諾時異順之狀. 故諾與若爲一字, 故若字訓爲順. 古金文若字如此略同]. 라고 했다.

[약(若)이 포함된 글자들] 4+1자

형성 (4자+1)  낙[諾䛡]1409

약(箬䇝)2747  착(婼䡇)7907

학(蒻䓷)8485  야(惹䕫)

성부 匿닉

## 0578 蓴 순【chún ㄔㄨㄣˊ】43
순채(다년생 수초) 순

蒲叢也。 「포총(蒲叢)」이다.

《『本艸圖經』引『西京襍(雜)記』曰。 『본초:도경(本艸:圖經)』❶이 『서경잡기(西京襍記)』를 인용하여 이르기를

太液池邊皆是彫胡、紫蘀、 "태액지(太液池) 옆은 모두 조호(彫胡), 자택(紫蘀),

綠節、蒲叢之類。 록절(綠節), 포총(蒲叢)의 무리다."라고 했다.

『廣雅:釋艸』曰。 『광아:석초(廣雅:釋艸)』에 이르기를

蒲穗謂之蓴。 "포(蒲)의 이삭을 순(蓴)이라고 한다."라고 했다.

大丸切。 대환절(大丸切)이다.

『謝靈運-詩』。 『사령운:시(謝靈運-詩)』❷에 이르기를

新蒲含紫茸。 "신포(新蒲)가 자용(紫茸)을 머금었다.

亦謂蒲穗。》 또한 포수(蒲穗)라고도 한다."라고 했다.

从艸。 초(艸)를 따랐고,

專聲。 전(專)이 성부가 된다.

《當從『集韵(韻)』徒官切。 마땅히 『집운(集韵)』의 도관절(徒官切)을 따라야 한다.

14部。 제14부에 속한다.

〖鉉本〗常倫切。 서현(徐鉉)의 책에서는 상륜절(常倫切)이라고 했다.

此蒓絲字。》 이것은 순사(蒓絲)자다.

**탁**(蘀) 대껍질, 풀이름.

**순**(蒓) 순채.

**수**(穗) 이삭.

**잡**(襍) 섞일.

**태액지**(太液池) 태액지(太液池) 한 무제(漢武帝)가 건장궁(建章宮)을 짓고 그 북쪽에 대지(大池)와 점대(漸臺)를 만들고 이름을 태액지라 했는데, 그 가운데에 봉래(蓬萊)·방장(方丈)·영주(瀛洲)의 세 산을 쌓아 해중 삼신산을 형상하였다 한다.

※ 태액지[太液池] 북경(北京)의 서화문(西華門) 곁에 있는 연못 이름으로, 북해(北海), 중해(中海), 남해(南海)가 있다.

**조호**(彫胡) 6곡(穀)의 하나. 줄풀의 열매. 구황식물.

**자택**(紫蘀) 자색의 죽순껍질.

**록절**(綠節) 고(菰)의 별명. 민간에서는 교백(茭白)이라고 한다.

**포총**(蒲叢) 포(蒲)의 덤불.

**신포**(新蒲) 이른 봄 새싹이 돋아나는 부들.

**자용**(紫茸) 1. 자색(紫色)의 세용화(細茸花). 《문선:곽박-강부(文選:郭璞-江賦)》"揚䳌眊, 擢紫茸."의 <리선-주(李善-注)>에 "이(眊)와 용(茸)은 모두 초화(草花)다."라고 했

**0578**

다. 2. 가늘고 부드러운 융모(細軟的絨毛).

※ 자용전(紫茸氈) 가늘고 부드러운 짐승의 털로 만든 침석(寢席)이라는 뜻이다.

**포수(蒲穗)** 포(蒲)의 이삭.

**순사(蒓絲)** 다년생 수초.

**[인경고 引經考]**

❶『본초:도경(本艸:圖經)』

厥.

❷『서경잡기(西京襍記)』

厥.

❸『사령운:시(謝靈運-詩)』

朝旦發陽崖, 景落憩陰峰. 舍舟眺迴渚, 停策倚茂松. 側逕既窈窕, 環洲亦玲瓏. 俯視喬木杪, 仰聆大壑㶁. 石橫水分流, 林密蹊絕蹤. 解作竟何感. 升長皆豐容. 初篁苞綠籜, 新蒲含紫茸. <服虔《漢書注》曰 : 篁, 叢竹也. 籜竹皮也.《蒼頡篇》曰 : 茸, 草貌. 然此茸謂蒲華也.《江賦》曰 : 擢紫茸茸.> 海鷗戲春岸, 天雞弄和風. 撫化心無厭, 覽物眷彌重. 不惜去人遠, 但恨莫與同. 孤遊非情歎, 賞廢理誰通?

## 0579 茵 체 【zhì ㄓˋ】 43

기울 체

0579

| | |
|---|---|
| 㠯(以)艸補缺。 | 풀로 빈 곳을 메우는 것이다. |
| 《『廣雅:釋詁』四。 | 『광아:석고(廣雅:釋詁)』제 4에서 |
| 茵、補也。 | "체(茵)는 보충하는 것이다. |
| 丈例反。》 | 장렬반(丈例反)이다."라고 했다. |
| 从艸。 | 초(艸)를 따랐고, |
| 丙聲。 | 첨(丙)이 성부가 된다. |
| 讀若陜。 | 협(陜)자 처럼 읽는다. |
| 《或作陸。誤字也。》 | 혹은 륙(陸)자 라고 했는데 오자(誤字)다. |
| 或㠯爲綴。 | 혹은 철(綴)자로 하기도 한다. |
| 《讀如陜。在 8部。 | 협(陜)자 처럼 읽는 것은 제 8부에 속한다. |
| 讀如綴。在 15部。 | 철(綴)자 처럼 읽는 것은 제 15부에 속한다. |
| 古文丙字亦沾誓兩讀。 | 옛날에는 첨(丙)자를 첨(沾)과 절(誓) 두 가지로 읽었다. |
| 鉉直例切。》 | 서현(徐鉉)은 직렬절(直例切)이라고 했다. |
| 一曰約空也。 | 혹은 **약공(約空)**이라고도 한다. |
| 《此別一義。 | 이것은 또 다른 하나의 뜻이다. |
| 約空未聞 》 | **약공(約空)**은 들 바 없다. |
| | |
| | **고**(詁) 훈고, 문자의 뜻 및 고어의 해석. |
| | **첨**(丙) 핥을. |

| | |
|---|---|
| **약공(約空)** | 본문에서도 미문(未聞), '듣지 못했다'라고 했다. &lt;심도-독약고(沈濤-讀若考)&gt;에 "약공(約空)은 그 빈 곳을 묶어서 채우는 것으로 보결(補缺)과 같은 뜻이다[約空者謂纏束其空處, 如補缺同一義].'라고 했다. |

## 0580

### 0580 薫蕈 준 【zùn ㄗㄨㄣˋ】 43

### (초목)더부룩이 날 준

| | |
|---|---|
| 叢艸也。 | 「다발로 자라는 풀」이다. |
| 《蕈蕈見『魏都賦』。 | 준준(蕈蕈)은 『위도부(魏都賦)』❶를 보라. |
| 茂盛兒(貌)。》 | 풀이 무성한 모양이다. |
| 从艸。 | 초(艸)를 따랐고, |
| 尊聲。 | 존(尊)이 성부가 된다. |
| 《慈損切。13部。》 | 자손절(慈損切)이다. 제 13부에 속한다. |

**준준(蕈蕈)** 무성한 모양.

**[신경고 引經考]**

❶『위도부(魏都賦)』

皓獸爲之育藪, 丹魚爲之生沼. 翯雲翔龍, 澤馬丁卓. 山圖其石, 川形其寶. 莫黑匪烏, 三趾而來儀; 莫赤匪狐, 九尾而自擾. 嘉穎離合以蕈蕈醴泉湧流而浩浩. 顯禎祥以曲成, 固觸物而兼造. 蓋亦明靈之所酬酢, 休徵之所偉兆. 草木未成曰夭. 斯, 方鎣斧也.

## 0581 莜 조 【diào ㄉ丨ㄠˋ】 43　　0581

### 김 매는 연장 조

薅田器。 「김메는 기구」라는 뜻이다.

《舊作「艸田器」。 옛날에는 「초전기(艸田器)」라고 했다.

今依『韵(韻)會』。 지금은 『운회(韻會)』에 근거했다.

『論語:疏』作「芸田罞(器)」。 『론어:소(論語:疏)』❶에서는 「운전기(芸田罞)」라고 했다.

『毛傳』曰。 『모전(毛傳)』❷에 이르기를

芸、除艸也。 "운(芸)은 풀을 없애는 일이다."라고 했다.

孔安國曰。 공안국(孔安國)이 이르기를

除艸曰芸。 "풀을 없애는 일이 운(芸)이다.

故其字從艸。 그래서 그 글자가 초(艸)를 따랐다."라고 했다.

[匚部]有匰字。 [혜부(匚部)]에 유(匰)자가 있다.

[金部]有銚字。 [금부(金部)]에 조(銚)자가 있는데

皆云田罞。 모두 **전기**(田罞)라고 했다.

疑皆此字之古文也。》 어쩌면 모두 이 글자의 고문일 지도 모른다.

从艸。 초(艸)를 따랐고,

攸聲。 유(攸)가 성부가 된다.

《舊作條省聲。 옛날의 책에서는 「조생성(條省聲)」이라고 했다.

乃淺人所改。 천박한 사람이 고친 것이다.

條亦攸聲也。 조(條)도 또한 유(攸)가 성부다.

徒弔切。 도조절(徒弔切切)이다.

古音在 3部。》 고음(古音)은 제 3부에 속한다.

『論語』曰。 『론어(論語)』에 이르기를

以杖荷莜。 "*이장하조*(以杖荷莜)"라고 했다.

《見『微子篇』。 『미자편(微子篇)』❸을 보라.

謂子路見丈人。 "자로(子路)가 지팡이를 든 사람을 만났는데

手用杖。 손에는 지팡이를 들고,

莜加於肩。 조(莜:김매는 기구)를 어깨에 메고 있었다.

行來至田。 밭에 이르러

則置杖於地。 지팡이를 땅에 두고

用莜芸田。 조(莜)로 김을 맸다."는 것을 말하는 것이다.

植杖者、置杖也。 **식장**(植杖)은 **치장**(置杖)이다.

云以杖荷莜、 지팡이로 조(莜)를 매고 가서,

置杖而芸。 지팡이를 놓고 김을 매는 것이다.

則莜爲芸田器明矣。 그러므로 조(莜)가 운전기(芸田器)인 것이 분명하다.

『集解-包』曰。 『집해-포(集解-包)』❹에 이르기를

莜竹器。 "조(莜)는 대나무로 만든 도구다."라고 했다.

## 0581

| | |
|---|---|
| 此有脱誤。》 | 여기에는 누락된 것과 잘못된 것이 있다. |

운(薅) 김맬.
운(芸) 궁궁이, 쑥갓, 고비나물, 촘촘한 모양.
초(㔌) 삼태기.
요(銚) 냄비, 자루딸린 냄비 ■조:가래, 낫 ■요:쐐기풀.

| | |
|---|---|
| 초전기(艸田器) | 풀을 제거하는 기구. |
| 운전기(芸田噐) | 풀을 제거하는 기구. |
| 전기(田噐) | 밭 가는 기구. |
| 이장하조(以杖荷莜) | 지팡이로 대바구니를 메다. |
| 식장(植杖) | 지팡이를 땅에다 꽂고서 김을 매는 것을 말한다. <론어:미자(論語:微子)>에, '지팡 이를 짚고 대바구니를 멘 장인(丈人)이 공자(孔子)의 행방을 묻는 자로(子路)의 질 문에 몇 마디 면박을 주고는 곧장 지팡이를 꽂아 놓고 김을 매었다.[植其杖而耘]' 는 기록이 있다. |
| 치장(置杖) | |
| 탈오(脱誤) | 1. 탈루(脱漏), 착오(錯誤). 2. 소홀히 하여 잘못됨. |

| | |
|---|---|
| [인경고 引經考] | **❶**『론어:소(論語:疏)』 ※ 조(蓧)자가 본문과 조금 다르다. |

子路從而後, 遇丈人以杖荷蓧.
　　<包曰："丈人, 老人也. 蓧, 竹器.>
　　○正義曰：此章記隱者與子路相譏之語也. "子路從而後, 遇丈人, 以杖荷蓧"者,
　　子路隨從夫子, 行不相及而獨在後, 逢老人以杖擔荷竹器. …
　　○注"蓧, 竹器".
　　○正義曰：《說文》作蓧, 芸田器也.
　　　　**❷**『모전(毛傳)』
植其杖而芸.<孔曰："植, 倚也. 除草曰芸. >
　　○正義曰：… 植, 倚立也. 芸, 除草也.
　　　　**❸**『론어(論語)』 1번 참조.
子路從而後, 遇丈人以杖荷蓧.
　　　　**❹**『집해-포:왈(集解-包:曰)』
"사기(史記) 3가주(家注)"의 하나인 남조(南朝) 송(宋) 나라 배인(裵駰)의 <사기집 해(史記集解)>에 쓰여있는 포함(包咸)의 주를 다시 인용한 것. 알기 쉽게 표기하면 "<집해> 포씨왈"이다.

## 0582 🌿 萆 벽【bì ㄅㄧˋ】43

**0582**

본[비옷] 도롱이 벽

| | |
|---|---|
| 雨衣。 | 「비옷」이다. |
| 一曰衰衣。 | 혹은 **최의**(衰衣)라고도 한다. |
| 《謂萆一名衰也。 | 벽(萆)을 일명(一名) 최(衰)라고도 한다는 말이다. |
| 『韋昭-注:齊語』曰。 | 『위소-주:제어(韋昭-注:齊語)』❶에 이르기를 |
| 襏襫、蓑薜衣也。 | "**발석**(襏襫)은 **최벽의**(蓑薜衣)"라고 했다. |
| 「薜」或作「襞」。 | 벽(薜)을 간혹 벽(襞)으로도 쓴다. |
| 皆卽萆字。 | 모두 벽(萆)자다. |
| 『廣雅:釋器』曰。 | 『광아:석기(廣雅:釋器)』에 이르기를 |
| 萆謂之衰。》 | "벽(萆)을 최(衰)라고 한다."라고 했다. |
| 从艸、 | 초(艸)를 따랐고, |
| 卑聲。 | 비(卑)가 성부가 된다. |
| 《蒲歷切。16部。》 | 포력절(蒲歷切)이다. 제 16부에 속한다. |
| 一曰萆歷佀(似)烏韭。 | 혹은 **벽력**(萆歷)을 **오구**(烏韭)라고도 한다. |
| 《此別一義。 | 이것은 또 다른 한가지 뜻이다. |
| 艸名也。 | 풀이름이다. |
| 烏韭在『本艸:艸部』下品之下。 | **오구**(烏韭)는 『본초:초부(本艸:艸部)』❷ **하품**(下品)의 아래에 있는 **석의**(石衣)다. |
| 石衣也。 | |
| 靑翠茸茸長者可四五寸。》 | 푸른 빛이 **용용**(茸茸)하고 긴 것은 4~5촌까지 자란다. |

**쇠**(衰) 작을, 적어질, 감쇄할 ▣**최**:같을, 상복 ▣**사**:도롱이
　　▣**수**:쇠약할 ▣**최**:도롱이
**발**(襏) 도롱이, 석 자길이의 옷, 오랑캐 옷.
**석**(襫) 도롱이, 비옷.
**사**(蓑) 도롱이, 덮을 ▣**최**:도롱이 ▣**쇠**:꽃술 늘어질 ▣**선**:도롱이.
**폐**(薜) 줄사철나무 ▣**벽**:당귀, 승검초 뿌리 ▣**박**:찢어질.
**벽**(襞) 옷주름, 치맛주름, 옷을 차곡차곡 접을.
**취**(翠) 비취새, 푸른 빛, 옥이름.

| | |
|---|---|
| **최의**(衰衣) | 1. 상복(喪服). 참쇠(斬衰)와 제쇠(齊衰)의 구별이 있다. |
| **발석**(襏襫) | 석발(襫襏)이라고도 한다. ①도롱이. 우의(雨衣). ②거칠게 짠 천으로 만든 질긴 옷. |
| **최벽의**(蓑薜衣) | ① 도롱이. ② 거칠게 짠 천으로 만든 질긴 옷. |
| **벽력**(萆歷) | 오구(烏 ). |
| **오구**(烏韭) | 겨우살이풀. 맥문동(麥門冬). 일종의 태선류식물(苔蘚類植物), 多生於潮濕的地方. 석사(昔邪), 원의(垣衣)라고도 한다. |

# 0582

**석의**(石衣)
**용용**(茸茸)

겨우살이풀. 맥문동. 석사(昔邪), 원의등(垣衣等)이라고도 한다.

1. 화초가 무더기로 난 모양. 2. 실이나 풀, 갈대 따위가 가늘고 부드러운 모양. 또는 머리털의 숱이 많고 부드러운 모양. 3. 소인들이 떼지어 있음의 비유.

## [신경고 引經考]

### ❶『위소-주:제어(韋昭-注:齊語)』

「今夫農, 群萃而州處, 察其四時, 權節其用, 耒, 耜, 枷, 芟, 及寒, 擊菓除田, 以待時耕;及耕, 深耕而疾耰之, 以待時雨;時雨既至, 挾其槍, 刈, 耨, 鎛, 以旦暮從事於田野. 脫衣就功, 首戴茅蒲, 身衣襏襫, <脫, 解也. 茅蒲, 蹲笠也. 襏襫, 蓑襞衣也. 茅, 或作「萌」. 萌, 竹萌之皮, 所以爲笠也. > 霑體塗足, 暴其髮膚, 盡其四支之敏, 以從事於田野. 少而習焉, 其心安焉, 不見異物而遷焉. 是故其父兄之教不肅而成, 其子弟之學不勞而能. 夫是, 故農之子恒爲農, 野處而不暱. 其秀民之能爲士者, 必足賴也. 有司見而不以告, 其罪五. 有司已於事而竣. 」

### ❷『본초:초부(本艸:艸部)』

玉石(下品)下藥一百二十五種爲左使, 主治病以應地, 多毒, 不可久服, 欲除寒熱邪氣, 破積聚, 愈疾者, 本下經. …

附子, 烏頭, 天雄, 半夏, 虎掌, 鳶尾, 大黃, 葶藶, 桔梗, 莨蕩子, 草蒿, 旋複花, 藜蘆, 鉤吻, 射幹, 蛇合, 恒山, 蜀漆, 甘遂, 白斂, 青葙子, 䕡菌, 白芨, 大戟, 澤漆, 茵芋, 貫眾, 蕘華, 牙子, 羊躑躅, 商陸, 羊蹄, 萹蓄, 狼毒, 白頭翁, 鬼臼, 羊桃, 女青, 連翹, 閭茹, 烏韭, 鹿藿, 蚤休, 石長生, 陸英, 藎草, 牛扁, 夏枯草, 芫華, (上草, 下品四十九種, 舊四十八種).

烏韭味甘寒. 主皮膚往來寒熱, 利小腸膀胱氣. 生山穀石上.

<案廣雅云: 昔邪, 烏韭也, 在屋曰昔邪, 在牆曰垣衣.

西山經云: 萆荔, 狀如烏韭.

唐本注云: 即石衣也, 亦名石苔, 又名石發.

按廣雅又云: 石發, 石衣也, 未知是一否.>

## 0583 薲葟 시【shī ㄕ-】43

### 지모 시

0583

艸也。 「풀의 일종」이다.

《芪母前已見。 **기모**(芪母)는 앞에서 이미 보였다.

則此非芪母也。》 그래므로 이것은 **기모**(芪母)가 아니다.

从艸， 초(艸)를 따랐고,

是聲。 시(是)가 성부가 된다.

《是支切。16部。 시지절(是支切)이다. 제 16부에 속한다.

案艸名之字。 생각건대 풀이름으로 쓰이는 글자를

不當厠此。》 여기에 두어서는 안된다.

---

**기**(芪) 단너삼, 황기.

---

**기모**(芪母) 제모(蝭母) 지모(知母), 기모(蚔母), 야료(野蓼), 지삼(地參), 수삼(水參), 화모(貨母), 제모(蝭母), 녀뢰(女雷), 녀리(女理), 아초(兒草), 록렬(鹿列), 구봉(韭逢), 아종(兒踵), 동근(東根), 수수(水須), 침번(沈藩), 담(蕁).

## 0584 苴 저【jū ㄐㄩ一】43
### 본[신 속에 까는 풀] 깔 저

履中艸。
《『賈誼傳』。
冠雖敝。
不以苴履。
引伸爲苞苴。》
从艸。
且聲。
《且、薦也。
此形聲包會(會)意。
子余切。5部。》

「신발 속에 까는 풀」이다.

『가의전(賈誼傳)』❶에
"관(冠)은 비록 낡았으나
신바닥에 깔지는 않는다."라고 했다.
뜻이 확대되어 **포저(苞苴)**가 되었다.

초(艸)를 따랐고,
차(且)가 성부가 된다.

차(且)는 천(薦:바치는 것)이다.
이것은 형성(形聲)이면서 회의(會意)이기도 하다.
자여절(子余切)이다. 제 5부에 속한다.

**천**(薦) 자리 아래에 까는 풀(席下之草).

**처**(苴) 삼씨, 씨있는 삼, 암삼, 대지팡이 ■**저**:신 속에 까는 풀, 꾸러미, 짚으로 쌀 ■**제**:나무이름, 땅이름 ■**차**:물 위에 떠 있는 말라죽은 초목 ■**조**:거친 자리, 제사에 까는 거친 자리 ■**자**:두엄풀

**포**(苞) 그령풀, 밑둥, 초목이 날, 쌀, 선사품, 바가지.

**포저(苞苴)** 포(苞)는 싸는 거적 같은 것, 저(苴)는 바닥에 까는 것. 합하여 포저(苞苴)는 보이지 않게 가린 물건, 뇌물(賂物)을 뜻한다.

### [인경고 引經考]

**❶『가의전(賈誼傳)』《漢書:賈誼傳》**

冠雖敝 不以苴履. <師古曰:「苴者, 履中之藉也, 音子余反.」> 夫嘗已在貴寵之位, 天子改容而體貌之矣, 吏民嘗俯伏以敬畏之矣, 今而有過, 帝令廢之可也, 退之可也, 賜之死可也, 滅之可也; 若夫束縛之, 係緤之, 輸之司寇, 編之徒官, 司寇小吏詈罵而榜笞之, 殆非所以令眾庶見也. 夫卑賤者習知尊貴者之一旦吾亦乃可以加此也, 非所以習天下也, 非尊尊貴貴之化也. 夫天子之所嘗敬, 眾庶之所嘗寵, 死而死耳, 賤人安宜得如此而頓辱之哉!

[참고] <사기:儒林列傳第六十一>

黃生曰:"冠雖敝, 必加於首; 履雖新, 必關於足. 何者, 上下之分也

## 0585 麤 麤 추【cū ㄘㄨ-】 43
### 짚신 추

艸履也。
《『方言』曰。
以絲作之者謂之履。
以麻作之者謂之不借。
麤者謂之屩。
東北朝鮮洌水之閒謂之靯角。

南楚江沔之閒緫(總)謂之麤。

『急就篇』。
屐屬絜麤。
『儀禮:喪服傳:疏屨:注』云。
疏猶麤也。
按『禮:注』、『方言』、『急就』之麤字皆
麤字之省。
疏屨者、藨蒯之菲。
則是艸爲之。》
从艸。
麤聲。
《倉胡切。5部。》

「짚신」이다.
『방언(方言)』❶에 이르기를
"실로 만든 것을 리(履)라고 하고,
삼으로 만든 것을 **불차(不借)**라고 하고,
거친 것을 구(屩)라고 하는데
동북(東北)의 조선(朝鮮) 렬수(洌水) 사이 지방에서는 **앙각(靯角)**이라 하고,
남초(南楚)의 강면(江沔) 지방에서는 모두 추(麤)라고 한다."라고 했다.
『급취편(急就篇)』❷에
**"극각혈추(屐屬絜麤)"**라고 했다.
『의례:상복전:소구:주(儀禮:喪服傳:疏屨:注)』❸에서
"소(疏)는 추(麤)와 같다."라고 했다.
생각건대『례:주(禮:注)』❹와『방언(方言)』❺, 그리고『급취(急就)』❻의 추(麤)자는 추(麤)자의 생략형이다.
**소구(疏屨)**는 '**표괴(藨蒯)**의 비(菲), 표괴로 만든 짚신'이다.
곧 이것은 풀로 만든 것이다.
초(艸)를 따랐고,
추(麤)가 성부가 된다.
창호절(倉胡切)이다. 제 5부에 속한다.

**추(麤)** 멀리 갈, 경계하고 막을, 클, 성길, 대략, 거친 것, 매조미쌀, 성질이 조포할.
**구(屩)** 신, 갖신.
**앙(靯)** 미투리의 한가지.
**극(屐)** 신, 나막신.
**갹(屬)** 짚신 ▣국:밟을.
**봉(絜)** 미투리, 꺽두기 ▣방:같은 뜻.
**표(藨)** 쥐눈이콩, 기름사초, 검은 딸기, 목매자, 대싸리.
**괴(蒯)** 고을 이름
**비(菲)** 짚신(草履), 채소이름, 향초.

**불차(不借)** 짚신. 값이 싸고 누구나 가진 것이어서 남에게 빌려 줄 만한 것이 아니라는 말.
**앙각(靯角)** 가죽을 댄 신발. 인각(印角), 앙각(仰角).
**극각봉추(屐屬絜麤)** 나막신, 짚신, 미투리, 짚신.

## 0585

소구(疏屨) 　옛날 상복(喪服)을 입을 때 신던 신발.
표괴(藨蒯) 　기름사초.

[신경고 引經考]

❶『방언(方言)』

※ 본문과 조금 다르다. 단옥재가 문장을 옮기지 않고 내용만 옮긴 것 같다.

扉, 屨, 粗, 屨也. 徐兗之郊謂之扉, 自關而西謂之屨. 中有木者謂之複舄,
自關而東複屨. 其庳者謂之靜下, 禪者謂之鞮, 絲作之者謂之屨, 麻作之者
謂之不借, 粗者謂之覯, 東北朝鮮洌水之間謂之䩕角. 南楚江沔之間麤謂之
粗. 西南梁益之間或謂之覯, 或謂之頮. 屨, 其通語也. 徐土邳圻之間, 大
粗謂之䩕角.

❷『급취편(急就篇)』

屐屨絜粗嬴寠貧, 斿求鞲(譯, 革代言)蠻夷民.

❸『의례:상복전:소구:주(儀禮:喪服傳:疏屨:注)』

疏衰裳齊, 牡麻絰, 冠布纓, 削杖, 布帶, 疏屨三年者. &lt;疏猶粗也.&gt;

　　[疏]"疏衰"至"年者". ○注"疏猶粗也". ○釋曰 : 此《齊衰三年章》, 以輕於斬, 故
　　次斬後. 疏猶粗也, 粗衰者, 案上《斬衰章》中爲君三升半粗衰, 鄭注《雜記》云微細
　　焉, 則屬於粗, 則三升正服斬不得粗名, 三升半成布三升微細則得粗稱. 粗衰爲
　　在三升斬內, 以斬爲正, 故沒義服之粗. 至此四升, 始見粗也. 若然, 爲父哀極,
　　直見深痛之斬, 不沒人功之粗. 至於義服斬衰之等, 乃見粗稱, 至於大功, 小功,
　　更見人功之顯, 緦麻極輕, 又表細密之事, 皆爲哀有深淺, 故作文不同也. 斬衰
　　先言斬者, 一則見先斬其布, 乃作衰裳 ; 二則見爲父極哀, 先表斬之深重. 此齊
　　衰稍輕, 直見造衣之法. …"疏屨"者, 疏取用草之義, 即《爾雅》云"疏不熟"之疏.
　　若然, 注云疏猶粗者, 直釋經疏衰而已, 不釋疏屨之疏. 若然, 《斬衰章》言"菅
　　屨", 見草體者, 以其重, 故見草體, 舉其惡貌. 此言疏以其稍粗, 故舉草之總稱.
　　自此以下, 各舉差降之宜, 故《不杖章》言"麻屨", 《齊衰三月》與《大功》同"繩
　　屨", 《小功》緦麻輕, 又沒其屨號. 言"三年"者, 以其爲母稍輕, 故表其年月. 若
　　然, 父在爲厭降至期, 今既父卒, 直申三年之衰, 猶不申斬者, 以天無二日, 家
　　無二尊也. 是以父雖卒後, 仍以餘尊所厭, 直申三年, 不得申斬也. 云"者"者, 亦
　　如《斬衰章》文, 明者爲下出也.

❹『례:주(禮:注)』

厥.

❺『방언(方言)』

扉, 屨, 麤, 屨也. 徐兗之郊謂之扉, 自關而西謂之屨.

❻『급취(急就)』

厥.

## 0586 簣簣 궤 【kui ㄎㄨㄟˊ】 44

### 삼태기 궤

0586

艸器也。 「삼태기」다.

《『孟子』曰。 『맹자(孟子)』❶에 이르기를

不知足而爲屨。 "발을 모른 채 신을 만들어도

我知其不爲簣也。 나는 그것이 삼태기를 만든 것이 아니란 것을 안다."라고 했다.

知簣是盛物之器。》 삼태기는 물건을 담는 그릇이라는 것을 알고 있기 때문이다.

从艸。 초(艸)를 따랐고,

貴聲。 귀(貴)가 성부가 된다.

《求位切。15部。》 구위절(求位切)이다. 제 15부에 속한다.

臾古文簣象形。 臾고문(古文) 궤(簣)로 상형이다.

『論語』曰。 『론어(論語)』❷에 이르기를

有荷臾而過孔氏之門。 "삼태기를 메고 공자의 문 앞을 지나가는 사람이 있었다."라고 했다.

《此『古文-論語』也。 이것은 고문(古文)으로 된 『론어(論語)』다.

『憲問』篇。》 『헌문(憲問)』에 있는 글이다.

구(屨) 신, 갖신.

[인경고 引經考]

❶『맹자(孟子)』

龍子曰: '不知足而爲屨, 我知其不爲簣也.' 屨之相似, 天下之足同也.

&lt;龍子, 古賢人也. 雖不知足小大, 作屨者猶不更作簣. 簣, 草器也. 以屨相似, 天下之足略同故也.&gt;

❷『론어(論語)』 ※ 본문과 조금 다르다. 금문과 고문의 차이다.

子擊磬於衛, 有荷簣而過孔氏之門者, 曰: "有心哉, 擊磬乎! &lt;簣, 草器也. 有心, 謂契契然.&gt; 既而曰: 鄙哉, 硜硜乎! 莫己知也, 斯己而已矣. "深則厲, 淺則揭. 子曰: '果哉, 末之難矣! '"

## 0587

덮을 침

| | |
|---|---|
| 覆也。 | 덮는 것이다. |
| 从艸。 | 초(艸)를 따랐고, |
| 侵省聲。 | 침(侵)이 성부가 된다. |
| 《七朕切。7部。》 | 칠짐절(七朕切)이다. 제 7부에 속한다. |

## 0588 茵 인 【yin ㅣㄣˉ】 44
### (수레 안에 까는)깔개 인

車重席也。
「수레 안의 겹방석」라는 뜻이다.

《『秦風』文茵。
『진풍(秦風)』❶에서는 **문인**(文茵)이라 했다.

文、虎皮也。
문(文)은 호피(虎皮)의 무늬다.

以虎皮爲茵也。》
호피(虎皮)로 만든 것이 인(茵)이다.

从艸。
초(艸)를 따랐고,

因聲。
인(因)이 성부가 된다.

《於眞切。12部。》
어진절(於眞切)이다. 제 12부에 속한다.

鞇 司馬相如說茵从革。
鞇 **사마상여**(司馬相如)의 설명에서 인(茵)은 혁(革)을 따랐다.

《葢(蓋)亦『凡將篇』字。
대체로 역시『범장편(凡將篇)』❷에 나오는 글자다.

『廣雅:釋器』曰。
『광아:석기(廣雅:釋器)』에 이르기를

靯鞃謂之鞇。
"두박(靯鞃)을 인(鞇)이라고 한다."라고 했다.

『釋名』曰。
『석명(釋名)』❸에 이르기를

靯鞃、車中重薦也。》
"두박(靯鞃)은 수레 안에 겹으로 까는 것이다."라고 했다.

도(靯) 전동, 수레 속에 까는 자리.

박(鞃) 차 안에 까는 자리, 새끼돈피, 수레에 까는 겹요.

인(鞇) 수레에 까는 겹요.

**문인**(文茵) 호피(虎皮)로 만든 수레에 까는 자리를 말한다.

**두박**(靯鞃) 수레에 겹으로 까는 자리.

### [인경고 引經考]

❶『진풍(秦風)』〈秦風:小戎〉

小戎俴收, 五楘梁輈, 游環脅驅, 陰靷鋈續, 文茵暢轂, 駕我騏馵.

　〈文茵, 虎皮也. 暢轂, 長轂也. 騏, 騏文也. 左足白曰馵. 箋云 : 此上六句者, 國人
　所矜.〉

言念君子, 溫其如玉. 在其板屋, 亂我心曲.

四牡孔阜, 六轡在手, 騏駵是中, 騧驪是驂, 龍盾之合, 鋈以觼軜.

言念君子, 溫其在邑. 方何爲期, 胡然我念之.

俴駟孔羣, 厹矛鋈錞, 蒙伐有苑, 虎韔鏤膺, 交韔二弓, 竹閉緄縢.

言念君子, 載寢載興. 厭厭良人, 秩秩德音.

❷『범장편(凡將篇)』

厥.

❸『석명(釋名)』

厥.

## 0589

0589 芻 추【chú ㄔㄨˊ】44
(마소가 먹는)꼴 추

刈艸也。 풀을 베는 것이다.
《謂可㕙牛馬者。》 소와 말을 먹일 수 있다는 말이다.
象包束艸之形。 풀을 싸묶은 모양을 본뜬 것이다.
《又愚切。 차우절(又愚切)이다.
古音在 4部。》 고음(古音)은 제 4부에 속한다.

사(㕙) 먹이, 양식, 먹게 할.

[추(芻)가 포함된 글자들] 9자

형성 (9자) 추(犓 犓)722 추(趨 趨)932
착(齺 齺)1224 초(鷯 鷯)1778 추(雛 雛)2180
추(鄒 鄒)3958 추(騶 騶)5939 추(媰 媰)7752
추(縐 縐)8345

## 0590 茭 교【jiāo ㄐㄧㄠ¯】44
마소의 꼴(벨) 교

0590

乾芻。　　　「마른 꼴(乾草)」이다.
《『柴誓』曰。　『비서(柴誓)』❶에 이르기를
峙乃芻茭。　　"치내추교(峙乃芻茭)"라고 했다.
『鄭-注』同。》　『정-주(鄭-注)』❷도 같다.
从艸。　　　　초(艸)를 따랐고,
交聲。　　　　교(交)가 성부가 된다.
《古肴切。2部。》　고효절(古肴切)이다. 제 2부에 속한다.
一曰牛蘄艸。　어떤 사람은 우기초(牛蘄艸)라고도 한다.
《此別一義。　이것은 별도의 한 뜻이다.
見『釋艸』。　　『석초(釋艸)』❸를 보라.
蘄音祈。》　　기(蘄)의 음은 기(祈)다.

비(柴) 나쁜 쌀, 굳은 쌀, 땅이름.
내(乃) 여기서는 너(you).
치(峙) 산 우뚝 솟아 있을, 높은 언덕, 갖출, 쌓을.
기(蘄) 미무, 궁궁이싹, 말재갈, 풍년들기를 기원할.

**치내추교(峙乃芻茭)**　<상서:비서(尙書:柴誓)>「峙乃芻茭, 無敢不多. 汝則有大刑」 3교(郊)와 3수(遂)의 로(魯)나라 백성들아. 너의 추교(芻茭)를 준비하되 부족하지 않게 하라. 이것을 제대로 준비하지 못하면, 너에게 큰 형벌이 있을 것이다.

※ 3교(郊) 3향(鄕). 고대 대제후국의 행정구획. 대국은 나라를 3교(三郊)
　3수(三遂)로 나누었다.

※ 3수(遂) 교외(郊外) 90리.

※ 교수(郊遂) 교외의 범칭.

**추교(芻茭)**　우마가 먹는 건초, 꼴(乾草, 牛馬의 飼料). 군량인 구량(糧糧:말린 밥), 병기인 정간(楨幹)과 함께 군비를 준비하는 커다란 세 가지의 하나. <서개-계전(徐鍇-繫傳)>에 "베어서 사용하는 것을 추(芻)라고 한다. 그래서 "생추일속(生芻一束)"이라고 한다. 말린 것을 교(茭)라고 한다. 그래서 <상서>에서 "치내추교(峙乃芻茭)"라고 한다."라고 했다[刈取以用曰芻, 故曰"生芻一束". 乾之曰茭, 故 <尙書>曰 峙乃芻茭].

**[인경고 引經考]**　❶『비서(柴誓)』

'魯人三郊三遂, 峙乃楨榦. 甲戌, 我惟築, 無敢不供, 汝則有無餘刑, 非殺. 魯人三郊三遂, 峙乃芻茭, 無敢不多, 汝則有大刑。"

<郊遂多積芻茭, 供軍牛馬. 不多, 汝則亦有乏軍興之大刑.

## 0590

○芻, 初俱反, 茭音交.>

❷『정-주(鄭-注)』

○ “芻茭”○正義日: 鄭云: “茭, 乾芻也.”

❸『석초(釋艸)』

茭, 牛蘄.

<今馬蘄. 葉細銳似芹, 亦可食. ○蘾, 胡罪切.>

〔疏〕“茭, 牛蘄”.

○釋日 : 似芹可食菜也, 而葉細銳. 一名茭, 一名牛蘄, 一名馬蘄, 子入藥用.

《本草》注云 : 生水澤中. “苗似鬼針, 菾菜等”. “花青白色, 子黃黑色, 似防風子”. 是也.

[참고] 大籥謂之言,

<編二十三管, 長尺四寸.>

小者謂之筊.

<十六管, 長尺二寸. 簫, 一名籟.

○筊, 音交.>

〔疏〕“大簫”至“之筊”.

○釋日 : 此別簫大小之名也.

《風俗通》云 : “舜作簫. 其形參差, 以象鳳翼. 十管, 長二尺.”

《博雅》日 : “簫大者二十三管, 無底. 小者十六管, 有底.”其大者名言. 李巡日 : “大簫, 聲大者言言也.”

郭云 : “編二十三管, 長尺四寸.”其小者名茭.

李巡日 : “小者聲揚而小, 故言茭. 茭, 小也.”

郭云 : “十六管, 長尺二寸. 簫, 一名籟.”

又《通卦驗》云 : “簫長尺四寸, 其言管數, 長短雖異, 要是編小竹管爲之耳.”

## 0591 莎 보 【bù ㄅㄨˋ】 44

### 흐트러진 풀(을 거둘) 보

亂艸。 「흐트러진 풀」이라는 뜻이다.

《『玉篇』曰。 『옥편(玉篇)』에 이르기를

牛馬艸。亂稾也。》 "우마초(牛馬艸)는 란탁(亂稾)이다."라고 했다.

从艸。 초(艸)를 따랐고,

步聲。 보(步)가 성부가 된다.

《薄故切。5部。》 박고절(薄故切)이다. 제 5부에 속한다.

**탁(稾)** 볏짚, 원고 ◼교:마른 벼.

**우마초(牛馬艸)** 우마(牛馬)를 먹이는 풀.

**란교(亂稾)** 1. 어지럽게 말린 벼. 2. 정리되지 않은 원. 리재현(李齊賢)의 <익재란고(益齊亂稾)>

## 0592 茹茹 여【rú ㄖㄨˊ】 44
### 본[여물] (야채를)먹을 여

| | |
|---|---|
| 飤馬也。 | 「말에게 먹인다」는 뜻이다. |
| 从艸。 | 초(艸)를 따랐고, |
| 如聲。 | 여(如)가 성부가 된다. |
| 《人庶切。5部。》 | 인서절(人庶切)이다. 제 5부에 속한다. |

**사(飤)** 먹이, 양식, 먹게 할, 먹일, 기를.

## 0593 䓐 莝 좌 【cuò ㄘㄨㄛˋ】 44
### (마소의) 여물 좌

0593

斬芻。

《謂以鈇斬斷(斷)之芻。》

从艸。

坐聲。

《麤臥切。17部。

『小雅』。

秣之摧之。以摧爲莝。

莝之者、以飤馬也。》

「**참추(斬芻)**」라는 뜻이다.

　**부참(鈇斬)**으로 자른 풀을 말한다.

초(艸)를 따랐고,

좌(坐)가 성부가 된다.

추와절(麤臥切)이다. 제 17부에 속한다.

『소아(小雅)』❶에 이르기를

"**말지최지(秣之摧之). 이최위좌(以摧爲莝)**"라고 했다.

여물을 한다는 것은 그것을 말을 먹이는 것이다.

　**부(鈇)** 작도, 도끼.

　**추(麤)** 멀리 갈, 경계하고 막을, 클, 성길, 대략, 거친 것, 매조미쌀, 성
　　질이 조포할.

　**말(秣)** 모이, 기를, 땅이름 ■매:먹일.

　**최(摧)** 밀칠, 당겼다 밀었다 할, 꺾을, 그칠.

| | |
|---|---|
| **참추(斬芻)** | 여물, 잘게 썬 마소의 먹이풀. |
| **부참(鈇斬)** | 고대(古代)에 사형에 처해지면 침상(砧上)에 석고(席稿)하면 도끼로 자른다. 후에 이로 인해 고침(稿砧)을 부녀(婦女)들이 남편을 칭하는 은어가 되었다. |
| | ※ 석고(席藁) 석고(席稿). 볏짚으로 만든 자리. 신하가 죄를 청하는 한 방식이었다. 또한 상례(喪禮)에도 썼다. |
| **말지최지(秣之摧之)** | 『시경:소아:보전지십:원앙(詩經:大雅:甫田之什:鴛鴦)』"마굿간에는 네 필의 말, 꼴과 여물 먹이네, 그대는 오래도록, 복록을 누리네." 「乘馬在廐, 秣之摧之, 君子萬年, 福祿綏之.」 |

**[인경고 引經考]**

❶『소아(小雅)』〈小雅:甫田之什:鴛4蒿〉

鴛鴦于飛, 畢之羅之. 君子萬年, 福祿宜之.

鴛鴦在梁, 戢其左翼. 君子萬年, 宜其遐福.

乘馬在廐, 摧之秣之. 君子萬年, 福祿艾之.

乘馬在廐, 秣之摧之. 君子萬年, 福祿綏之.

　〈箋云 : 綏, 安也.

　○綏, 士果反, 又如字.〉

※ 이최위좌(以摧爲莝)는 없다. 〈邶風:北門〉 "我入自外, 室人交遍摧我".의 [疏]
에 "… 故以摧爲刺譏己也."가 있을 뿐이다.

## 0594

# 0594 薻 菱 위【wēi ㄨㄟˉ】44
본[소먹일] (말라)시 위

| 食牛也。 | 「소에게 먹인다」는 뜻이다. |
|---|---|
| 《下文云。 | 다음에 나오는 글[0595 蕨]에서 이르기를 |
| 以穀菱馬。 | "곡식을 말에게 먹인다."라고 했다. |
| 則牛馬通偁(稱)菱。》 | 곧 말과 소를 통칭하여 위(菱)라고 했다. |
| 从艸、 | 초(艸)를 따랐고, |
| 委聲。 | 위(委)가 성부가 된다. |
| 《於僞切。16部。 | 어위절(於僞切)이다. 제 16부에 속한다. |
| 今字作「餧」。 | 지금의 글자는 위(餧)를 쓴다. |
| 見『月令』。》 | 『월령(月令)』❶을 보라. |

위(餧) 먹일, 기를, 음식.

[신경고 引經考]

**❶『월령(月令)』**

是月也, 命司空曰: "時雨將降, 下水上騰, 循行國邑, 周視原野, 修利隄防, 道達溝瀆, 開通道路, 毋有障塞. 田獵罝罘, 羅罔, 畢翳, 餧獸之藥, 毋出九門."

<爲鳥獸方孚乳, 傷之逆天時也. 獸罟曰罝罘, 鳥罟曰羅, 罔小而柄長謂之畢, 翳, 射者所以自隱也. 凡諸罟及毒藥, 禁其出九門, 明其常有, 時不得用耳. 天子九門者, 路門也. 應門也. 雉門也. 庫門也. ?門也. 城門也. 近郊門也. 遠郊門也. 關門也. 今《月令》無"罘", "翳"爲"弋".

○罝, 子斜反. 罘音浮. 翳, 於計反. 餧, 於僞反. 罟音古. 弋, 羊職反.>

## 0595 糒菣 책【cè ㄘㄜˋ】44
### 곡식을 여물과 섞어 말에 먹일 책

0595

曰(以)穀菱馬置莝中。

《以穀曰餗。

穀襍(雜)莝中曰菣。》

从艸,

敕聲。

《楚革切。

古音 16部。》

「곡식을 여물에 넣어 말에게 먹인다」라는 뜻이다.

  곡식으로 [여물을] 하는 것을 말(餗)이라고 한다.

  곡식과 여물을 섞는 것을 칙(菣)이라고 한다.

초(艸)를 따랐고,

칙(敕)이 성부가 된다.

  초혁절(楚革切)이다.

  고음(古音)은 제 16부에 속한다.

---

**말**(餗) 말먹일.

**책**(敕) 말 채찍질.

## 0596 齒苗 곡【qū 〈ㄩ-】44
### 잠박(누에 치는 기구) 곡

| | |
|---|---|
| 蠶薄也。 | 「잠박(蠶薄)」이다. |
| 《『幽風:毛傳』曰。 | 『빈풍:모전(幽風:毛傳)』❶에 이르기를 |
| 豫畜萑葦。 | "예축환위(豫畜萑葦) |
| 可以爲曲也。 | 이것으로 곡(曲)을 만들 수 있다."라고 했다. |
| 『月令』。 | 『월령(月令)』❷에 이르기를 |
| 季春、具曲植筥筐。 | "계춘(季春)에 곡(曲)을 마련하여 거광(筥筐)을 세운다."라고 했다. |
| 『注』曰。 | 『주(注)』❸에 이르기를 |
| 曲、薄也。 | "곡(曲)은 박(薄)이다."라고 했다. |
| 『方言』。 | 『방언(方言)』❹에 이르기를 |
| 薄、宋魏陳楚江淮之閒謂之苗。 | "박(薄)을 송(宋), 위(魏), 진(陳), 초(楚), 강회(江淮) 사이 지방은 곡(苗), 혹은 국(麴)이라 하고, |
| 或謂之麴。 | |
| 自關而西謂之薄。 | 관서(關西) 지방에서는 박(薄)이라고 하고, |
| 南楚謂之蓬薄。 | 남초(南楚) 지방에서는 봉박(蓬薄)이라고 한다."라고 했다. |
| 案曲與苗同。 | 생각건대 곡(曲)과 곡(苗)은 같다. |
| [曲部]云。 | [곡부(曲部)]에 이르기를 |
| 或說曲、蠶薄也。 | "간혹 곡(曲)을 잠박(蠶薄)이라고 설명하기도 한다."라고 했다. |
| 是許兼用此二形。》 | 이것은 허신(許愼)이 이 두 가지 형태를 사용했다는 것이다. |
| 从艸。 | 초(艸)를 따랐고, |
| 齒聲。 | 곡(齒)이 성부가 된다. |
| 《邱玉切。3部。》 | 구옥절(邱玉切)이다. 제 3부에 속한다. |

빈(幽) 나라이름 ■반:아롱질. <豕부 10획>

위(葦) 갈대, 거룻배, 산이름, 갈대꽃.

| | |
|---|---|
| 잠박(蠶薄) | 잠박(蠶箔). 잠곡(蠶曲), 박곡(薄曲)이라고도 한다. 대나무나 갈대로 만든 양잠기구(養蠶器具). |
| 환위(萑葦) | 두 종류의 갈대류 식물. |
| 예축환위(豫畜萑葦) | 갈대류를 미리 쌓아둠. |
| 계춘(季春) | 12달을 4계절로 나누면 한 계절은 석달이 된다. 각 계절의 첫째달에 맹(孟), 둘째 달에 중(仲), 셋째 달에 계(季)를 붙인다. 봄의 첫달은 맹춘(孟春), 둘째 달은 중춘(仲春), 셋째 달은 계춘(季春)이다. 나머지도 같다. |
| 거광(筥筐) | |
| 봉박(蓬薄) | 잠박(蠶箔). |
| 관서(關西) | 함곡관(函穀關) 이서(以西)의 땅으로 지금의 섬서(陝西), 감숙(甘肅)의 두 성(省). 진(秦) 나라, 한(漢) 나라, 당(唐) 나라 등 수도가 지금의 섬서성(陝西省)에 있었던 나라들은 함곡관(函谷關)이나 동관(潼關)의 서쪽을 관서라 칭했다. |

**0596**

**남초**(南楚)　**초남**(楚)

옛 지구(地區) 이름. 춘추 전국 시 초국(楚國)은 중원 남부에 있었다. 후세에 남초(南楚)로 불렸다. 동초(東楚), 서초(西楚)와 더불어 3초(三楚)의 하나다. 북쪽 회한(淮漢)에서 일어나 남으로 강남(江南)에 이르고, 지금의 안휘(安徽) 중부와 서남부, 하남(河南) 동남부, 호남(湖南)과 호북(湖北) 동부와 강서(江西) 등에 이르렀다.

**[인경고 引經考]**

**❶**『**빈풍:모전**(豳風:毛傳)』〈豳風:七月〉

七月流火, 九月授衣. 一之日觱發, 二之日栗烈. 無衣無褐, 何以卒歲. 三之日于耜, 四之日擧趾. 同我婦子, 饁彼南畝. 田畯至喜.

七月流火, 九月授衣. 春日載陽, 有鳴倉庚. 女執懿筐, 遵彼微行. 爰求柔桑. 春日遲遲, 采蘩祁祁, 女心傷悲, 殆及公子同歸.

七月流火, 八月萑葦. 蠶月條桑, 取彼斧斨, 以伐遠揚, 猗彼女桑. 七月鳴鵙, 八月載績. 載玄載黃, 我朱孔陽, 爲公子裳.

〈亂爲萑. 葭爲葦. 豫畜萑葦, 可以爲曲也.

箋云 : 將言女功自始至成, 故亦又本於此.

○萑, 戶官反. 葦, 韋鬼反. 亂, 五患反. 葭音加. 畜本又作"蓄", 同敕六反, 下同.〉

四月秀葽, 五月鳴蜩. 八月其穫, 十月隕蘀. 一之日于貉, 取彼狐貍, 爲公子裘. 二之日其同, 載纘武功, 言私其豵, 獻豜于公.

五月斯螽動股, 六月莎雞振羽. 七月在野, 八月在宇, 九月在戶. 十月蟋蟀入我牀下. 穹窒熏鼠, 塞向墐戶. 嗟我婦子, 曰爲改歲, 入此室處.

六月食鬱及薁, 七月亨葵及菽, 八月剝棗, 十月穫稻. 爲此春酒, 以介眉壽. 七月食瓜, 八月斷壺, 九月叔苴, 采荼薪樗. 食我農夫.

.........

**❷**『**월령**(月令)』

是月也, 命野虞無伐桑柘. 鳴鳩拂其羽, 戴勝降於桑. 具曲, 植, 籧, 筐,

〈時所以養蠶器也. 曲, 薄也. 植, 槌也.

○植, 直吏反. 籧筐, 居呂反, 亦作筥 ; 下丘狂反. 方曰筐, 圓曰筥. 槌, 直追反, 又直類反, 又丈僞反.〉

**❸**『**주**(注)』 2번 참조.

曲, 薄也. 植, 槌也.

**❹**『**방언**(方言)』

刈鉤, 江淮陳楚之間謂之鉊, 或謂之鎌. 自關而西或謂之鉤, 或謂之鐮, 或謂之鍥. 薄, 宋魏陳楚江淮之間謂之㡿, 或謂之麴. 自關而西謂之薄, 南楚謂之蓬薄. 槩, 燕之東北朝鮮洌水之間謂之椵.

## 0597 蔟蔟 족【cù ㄘㄨˋ】44
### (누에를 올리는 짚 같은)섶 족

行蠶蓐。「누에발」이다.
从艸。초(艸)를 따랐고,
族聲。족(族)이 성부가 된다.
《千木切。3部。천목절(千木切)이다. 제 3부에 속한다.
引伸爲六律大蔟字。뜻이 확대되어 **6률**(六律)의 **대족**(大蔟)자가 되었다.
七豆切。》칠두절(七豆切)이다.

욕(蓐) 새싹, 누에발, 외양깐에 깔아 주는 짚이나 풀, 새싹.

**6률**(六律)   6률(六律)과 6려(六呂)를 합한 것이 12률(律)이다. 양성(陽聲)을 률(律), 음성(陰聲)을 려(呂)라고 한다.

**대족**(大蔟)   ※ 양 **6률**(陽六律) 태족(太簇: 1월) 고세(姑洗: 3월) 유빈('賓: 5월) 이칙(夷則: 7월) 무역(無射: 9월) 황종(黃鍾: 11월)

※ 음 **6려**(陽六呂) 협종(夾鍾: 2월) 중려(仲呂: 4월) 림종(林鍾: 6월) 남려(南呂: 8월) 응종(應鍾: 10월) 대려(大呂: 12월)

## 0598 荁 거 【jù 丩ㄩˋ】 44

### 횃불(켤 때 쓰는 물건) 거

0598

束葦燒也。 「갈대를 묶어 태우는 횃불」이다.

《『後漢書:皇甫嵩傳』。 『후한서:황보승전(後漢書:皇甫嵩傳)』❶에 이르기를

束苣乘城。 "**속거승성**(束苣乘城)"이라고 했다.

俗作「炬」。 민간에서는 거(炬)로 썼다.

以此爲苣蕂、萵苣字。》 이것으로 「**거승**(苣蕂), **와거**(萵苣)」자를 만들었다.

从艸, 초(艸)를 따랐고,

巨聲。 거(巨)가 성부가 된다.

《其呂切。5部。》 기려절(其呂切)이다. 제 5부에 속한다.

**위**(葦) 갈대, 거룻배, 산이름, 갈대꽃.

**거**(炬) 횃불.

**승**(蕂) 흑임자, 검은 깨.

**와**(萵) 상치, 부루.

**속거승성**(束苣乘城) 갈대 줄기를 묶어 만든 화파(火把:횃불)를 들고 성을 오름.

**속거**(束苣) ① 갈대 줄기를 감아 묶어서 만든 횃불. ② 채소이름.

**승성**(乘城) ① 성에 오름. ② 성을 지킴.

**거승**(苣蕂) 검은깨, 호마.

**와거**(萵苣) 상치, 천금채(千金菜).

[인경고 引經考] ❶『후한서:황보승전(後漢書:皇甫嵩傳)』

其夕遂大風, 嵩乃約來軍士皆束苣乘城, <苣音巨.《說文》云："束葦燒之.> 使銳士開出圍外, 縱火大呼, 城上舉燎應之, 嵩因鼓而奔其陳, 賊驚亂奔走. 會帝遣騎都尉曹操將兵適至, 嵩, 操與朱俊合兵更戰, 大破之, 斬首數萬級. 封嵩都鄉侯. 嵩, 俊乘勝進討汝南, 陳國黃巾, 追波才於陽翟, 擊彭脫於西華, 並破之. 餘賊降散, 三郡悉平.

## 0599

## 0599 蕘蕘 요【ráo �ㄖㄠˊ】 44
땔나무 요

| | |
|---|---|
| 艸薪也。 | 「섶」이다. |
| 《「艸」字依『詩』釋文補。 | 초(艸)자는 『시(詩)』의 해석문을 근거로 보충했다. |
| 『大雅』。 | 『대아(大雅)』❶에 |
| 詢于芻蕘。 | "순우추요(詢于芻蕘)"라고 했다. |
| 毛曰。 | 모(毛)가 이르기를 |
| 芻蕘、薪采者。 | "추요(芻蕘)는 신채(薪采)다."라고 했다. |
| 按『說文』謂物。 | 생각컨대 『설문(說文)』은 사물을 말한 것이고 |
| 『詩』義謂人。》 | 『시(詩)』의 뜻은 사람을 말한 것이다. |
| 从艸。 | 초(艸)를 따랐고, |
| 堯聲。 | 요(堯)가 성부가 된다. |
| 《如昭切。2部。》 | 여소절(如昭切)이다. 제 2부에 속한다. |

**순(詢)** 꾀할, 물을, 상의할, 믿을.

**순우추요(詢于芻蕘)** 『시경:대아:생민지십:판(詩經:大雅:生民之什:板)』 옛 사람이 말씀하시기를 추요(芻蕘)에게도 물어보라고 했다. 줄여서 순어추요(詢於芻蕘), 순요(詢蕘)라고도 한다.「先民有言, 詢于芻蕘」

※ **물치순추요(勿恥詢芻蕘)** 꼴 베는 사람과 나무하는 사람에게 물어보는 것 조차도 부끄럽게 여기지 않음. 널리 의견을 모으는 적극적인 모습.

**추요(芻蕘)** 꼴 베는 사람과 나무하는 사람.

※ **추요지설(芻蕘之說)** 고루하고 촌스러운 말.

**물치순추요(勿恥詢芻蕘)** 물어 볼 때는 상대를 가리지 말라는 말. 나뭇꾼이나 풀 베는 촌놈에게라도 물어 볼 것은 물어봐야 한다는 말.

**신채(薪采)** 나무를 함.

**[인경고 引經考]**

❶『대아(大雅)』〈大雅:生民之什:板〉
......

天之方難, 無然憲憲. 天之方蹶, 無然泄泄.
辭之輯矣, 民之洽矣. 辭之懌矣, 民之莫矣.
我雖異事, 及爾同寮. 我卽爾謀, 聽我囂囂.
我言維服, 勿以爲笑. 先民有言, 詢于芻蕘.

<芻蕘, 薪采者. 箋云: 服, 事也. 我所言, 乃今之急事, 女無笑之. 古之賢者有言, 有疑事當與薪采者謀之. 匹夫匹婦或知及之, 況於我乎！>
.........

## 0600 薪 薪 신【xin ㄒㄧㄣˉ】44

땔나무 신

薞也。 「섶」이다.

从艸。 초(艸)를 따랐고,

新聲。 신(新)이 성부가 된다.

《息鄰(隣)切。12部。》 식린절(息鄰切)이다. 제 12부에 속한다.

요(薞) 섶.

| 0601 | 0601 薑 蒸 증【zhēng ㅆㄥˉ】44 |
|---|---|
| | 삼대, 겨릅대 증 |

析麻中榦(幹)也。　　　「삼대, 겨릅대」이다.

《「析」各本作「折」　　　석(析)을 여러 책에서는 절(折)이라고 썼다.

誤。謂尢<音匹刃切> 其皮爲麻。　틀렸다. 빈(尢)의 그 껍질을 삼이라고 한다.

其中莖謂之蒸。　　　　그 속의 줄기를 증(蒸)이라고 한다.

亦謂之菆。　　　　　　또한 추(菆)라고도 한다.

今俗所謂麻骨棓也。　　지금 민간에서 이른바 **마골봉**(麻骨棓)이라는 것이다.

『潘岳:西征賦:李-注』云。　『반악-서정부:리-주(潘岳-西征賦:李-注)』❶에서 이르기를

菆井卽渭城賣麻蒸市也。　"추정(菆井)은 위성(渭城)에서 파는 **마증시**(麻蒸市)다."라고 했다.

『毛詩:傳』曰。　　　　『모시:전(毛詩:傳)』❷에 이르기를

粗曰薪。　　　　　　　"거친 것을 신(薪)이라 하고,

細曰蒸。　　　　　　　가는 것을 증(蒸)이라고 한다."라고 했다.

『周禮:甸師:注』云。　『주례:전사:주(周禮:甸師:注)』❸에 이르기를

大曰薪。　　　　　　　"큰 것을 신(薪)이라 하고,

小曰蒸。　　　　　　　작은 것을 증(蒸)이라고 한다."라고 했다.

是凡言薪蒸者。　　　이렇게 대략 신(薪), 증(蒸)이라고 일컸는 것은

皆不必專謂麻骨。　　모두 **마골**(麻骨)만을 일컬을 필요가 없다.

古凡燭用蒸。　　　　옛날에는 모든 등불에 증(蒸)을 사용했다.

『弟子職』云。　　　『제자직(弟子職)』❹에 이르기를

蒸閒容蒸。　　　　　"**증간용증**(蒸閒容蒸)"이라고 했다.

『毛詩:傳』云。　　　『모시:전(毛詩:傳)』❺에 이르기를

蒸盡搤屋而繼之是也。》　"증(蒸)이 다 타면 빼어내고 잇는 것이 이것이다."라고 했다.

从艸。　　　　　　　초(艸)를 따랐고,

烝聲。　　　　　　　증(烝)이 성부가 된다.

《煑(煮)仍切。6部。》　자잉절(煑仍切)이다. 제 6부에 속한다.

薑蒸或省火。　　　薑증(蒸)이 간혹 화(火)를 생략하기도 한다.

《丞聲烝聲一也。　　승성(丞聲)과 증성(烝聲)이 같다.

『大射儀:注』、　　　『대사의:주(大射儀:注)』❻나

『旣夕禮:注』皆作此蒸。　『기석례:주(旣夕禮:注)』❼에 모두 이 증(蒸)자를 썼다.

張淳、葉林宗所見釋文皆爾。》　장순(張淳)과 섭립종(葉林宗)이 본 해석문이 모두 그렇다.

빈(尢) 삼줄기 껍질.

추(菆) 겨릅대, 풀 더부룩히 날 ■찬:초빈할 ■총:떨기.

부(棓) 때릴 ■봉:몽둥이.

숙(搤) 밟고 삘, 삘.

증(菆) 순일할,

**0601**

| | |
|---|---|
| 마골봉(麻骨梏) | 겨릅대. |
| 추정(菆井) | 겨릅대. |
| 마증시(麻蒸市) | 겨릅대. |
| 마골(麻骨) | 겨릅대. |
| 증간용증(蒸閒容蒸) | 증(蒸)이 다 타면 빼어내고 있는 것. |

**[인경고 引經考]**

❶『반악-서정부:리-주(潘岳-西征賦:李-注)』

感市閭之菆井, 歎尸韓之舊處. 丞屬號而守闕, 人百身以納贖. 豈生命之易投, 誠惠愛之洽著. 許望之以求直, 亦餘心之所惡. 思夫人之政術, 實幹時之良具. 苟明法以釋憾, 不愛才以成務. 弘大體以高貴, 非所望於蕭傅.

> 《漢書》曰: 韓延壽, 字長公, 燕人也. 爲東郡太守, 爲天下最, 代蕭望之爲左馮翊, 望之遷禦史大夫. 延壽在東郡時, 放散官錢千餘萬. 會禦史問事東郡, 望之因令並問之. 延壽知, 即案劾望之在馮翊時廔犧官錢放散百餘萬. 上令窮究所考, 望之卒無事實, 而延壽竟坐棄市. 吏民數千人, 送至渭城, 百姓莫不流涕.

> 《說文》曰: 菆, 麻蒸也. 然菆井即渭城賣蒸之市也. 延壽被誅, 丞屬無守闕者. 而趙廣漢就戮, 則有之, 恐潘誤.

> 《毛詩》曰: 如可贖兮, 人百其身.

> 《論語》子貢曰: 賜也亦有惡乎? 惡許以爲直者.

> 《說文》曰: 訐, 面相斥罪.

> 《左氏傳》穆叔曰: 齊人釋憾於弊邑之地. 又魏焠, 公欲殺之, 而愛其材.

> 《周易》曰: 開物成務.

> 《莊子》曰: 襄公之應司馬曰: 夷, 知大體者也.

> 《漢書》曰: 蕭望之左遷太子太傅.>

❷『모시:전(毛詩:傳)』 <小雅:鴻鴈之什:無羊>

誰謂爾無羊, 三百維羣. 誰謂爾無牛, 九十其犉.

爾羊來思, 其角濈濈. 爾牛來思, 其耳濕濕.

或降于阿, 或飲于池, 或寢或訛. 爾牧來思, 何蓑何笠, 或負其餱.

三十維物, 爾牲則具.

> 箋云: 此言牧人有餘力, 則取薪蒸, 搏禽獸以來歸也. 粗曰薪, 細曰蒸.>

爾牧來思, 以薪以蒸, 以雌以雄. 爾羊來思, 矜矜兢兢, 不騫不崩.

麾之以肱, 畢來既升.

牧人乃夢, 衆維魚矣, 旐維旟矣. 大人占之, 衆維魚矣, 實維豐年.

旐維旟矣, 室家溱溱.

❸『주례:전사:주(周禮:甸師:注)』

## 0601

帥其徒以薪蒸役外內饔之事.

<役, 爲給役也. 木大曰薪, 小曰蒸. >

〔疏〕"帥其"至"之事"

○釋曰 : 其徒三百人, 耕耨藉田千畝, 其事至閑, 故兼爲外內饔所役使, 共其薪蒸.

○注"木大曰薪小曰蒸"

○釋曰 : 此《纂要》文. 又《左氏傳》云"其父析薪", 卽大木. 可析曰薪, 自然小者曰蒸也.

❹『제자직(弟子職)』〈管子〉

錯總之法, 橫于坐所. 櫛之遠近, 乃承厥火. 居句如矩, 蒸閒容蒸, 然者處下, 奉〈木宛〉以爲緒. 右手執燭, 左手正櫛, 有墮代燭. 交坐毋倍尊者, 乃取厥櫛, 遂出是去. 先生將息, 弟子皆起. 敬奉枕席, 問所何趾. 俶衽則請, 有常有否. 先生旣息, 各就其友. 相切相磋, 各長其儀. 周則復始, 是謂弟子之紀.

❺『모시:전(毛詩:傳)』〈小雅:節南山之什:巷伯〉

萋兮斐兮, 成是貝錦. 彼譖人者, 亦已大甚.

哆兮侈兮, 成是南箕. 彼譖人者, 誰適與謀.

<哆, 大貌. 南箕, 箕星也. 侈之言是必有因也, 斯人自謂辟嫌之不審也. 昔者, 顏叔子獨處於室, 鄰之釐婦又獨處於室. 夜, 暴風雨至而室壞. 婦人趨而至, 顏叔子納之而使執燭. 放乎旦而蒸盡, 縮屋而繼之. 自以爲辟嫌之不審矣. 若其審者, 宜若魯人然. 魯人有男子獨處於室, 鄰之釐婦又獨處於室. 夜, 暴風雨至而室壞. 婦人趨而託之. 男子閉戶而不納.

婦人自牖與之言曰 : "子何爲不納我乎?"

男子曰 : "吾聞之也, 男子不六十不間居. 今子幼, 吾亦幼, 不可以納子."

婦人曰 : "子何不若柳下惠然, 嫗不逮門之女, 國人不稱其亂."

男子曰 : "柳下惠固可, 吾固不可. 吾將以吾不可, 學柳下惠之可.

孔子曰 : '欲學柳下惠者, 未有似於是也.' "

箋云 : 箕星哆然, 踵狹而舌廣. 今讒人之因寺人之近嫌而成言其罪, 猶因箕星之哆而侈大之.>

緝緝翩翩, 謀欲譖人. 愼爾言也, 謂爾不信.

捷捷幡幡, 謀欲譖言. 豈不爾受, 旣其女遷.

驕人好好, 勞人草草. 蒼天蒼天, 視彼驕人, 矜此勞人.

彼譖人者, 誰適與謀. 取彼譖人, 投畀豺虎. 豺虎不食, 投畀有北. 有北不受, 投畀有昊.

楊園之道, 猗于畝丘. 寺人孟子, 作爲此詩. 凡百君子, 敬而聽之.

❻『대사의:주(大射儀:注)』

*0601*

宵則庶子執燭於阼階上，司宮執燭於西階上，甸人執大燭於庭，閽人爲燭於門外.

<宵, 夜也. 燭, 燋也. 甸人, 掌共薪蒸者. 庭大燭, 爲其位廣也. 爲, 作也, 作燭俟賓出. >

❼『긔셕례:주(旣夕禮:注)』 ※ 본문과 조금 다르다.

二燭俟於殯門外.

<[疏]"二燭"至"門外".

○注"早闇"至"用烝".

○釋曰：自此盡"夷衾", 論啟殯及變服之事. 二燭者, 以其發殯宮二者,

下云"燭入",

注云："炤徹與啟殯者."故於此豫備之. 云"燭用烝"者,

案《周禮·甸師》云："以薪蒸, 役外內饗.

注云："大曰薪, 小曰蒸."

又案《少儀》云："主者執燭抱燋."

鄭云："未蒸曰燋."燋即蒸, 故云燭用蒸也.>

[증(蒸)이 포함된 글자들] 1자

---

형성 (1자) 근(蓳萋)2960

## 0602 蕉 초【jiāo ㄐㄧㄠ-】44
파초、쓰레기 초

| | |
|---|---|
| 生枲也。 | 「생삼」이다. |
| 《枲(枲)麻也。 | 시마(枲麻)다. |
| 生枲謂未漚治者。 | 생시(生枲)는 아직 물에 넣어 불리지 않은 것이다. |
| 今俗以此爲芭蕉字。 | 지금 민간에서는 이것을 **파초(芭蕉)**라고 한다. |
| 楚金引『吳都賦』。 | **초금(楚金)**은 『**오도부(吳都賦)**』❶를 인용하여, |
| 蕉葛竹越。 | 「**초갈죽월(蕉葛竹越)**」이라고 했다. |
| 按『本艸圖經』云。 | 생각건대 『**본초:도경(本艸:圖經)**』❷에 이르기를 |
| 閩人灰理芭蕉皮令錫滑。 | "민(閩) 나라 사람들은 **파초(芭蕉)** 껍질을 재 속에 묻어 가는 베를 매<br> 끄럽게 하여, |
| 緝以爲布。 | 길쌈해서 천(布)을 만든다. |
| 如古之錫衰焉。 | 옛날의 **석최(錫衰)**와 같다."라고 했다. |
| 『左賦』之蕉、 | 『**좌부(左賦)**』❸의 초(蕉)는 |
| 正謂芭蕉。 | 바로 **파초(芭蕉)**를 말하고, |
| 非生枲也。》 | 생사(生枲)가 아니다. |
| 从艸、 | 초(艸)를 따랐고, |
| 焦聲。 | 초(焦)가 성부가 된다. |
| 《卽消切。2部。》 | 기소절(卽消切)이다. 제 2부에 속한다. |

시(枲) 수삼, 삼, 씨없는 삼, 도꼬마리. ※ <명문대자전>에는 음이
「사」로 되어 있으나 여러 책에서는 「시」로 되어 있다.
석(錫) 가는 베, 주석 ■척:머리쓰개.
집(緝) 길쌈할, 옷 손질할.
구(漚) 담글, 물에 담구어 부드럽게 할.
민(閩) 오랑캐 이름, 중국의 동남지방 인종, 새를 기르는 벼슬아치.

| | |
|---|---|
| 시마(枲麻) | 씨가 없는 수삼. 모마(牡麻), 화마(花麻)라고도 한다. |
| 파초(芭蕉) | 파초과의 다년초. 관상용으로 재배함. |
| 초갈죽월(蕉葛竹越) | 초갈(蕉葛)은 가는 칡(葛之細者). |
| 석최(錫衰) | 세마포(細麻布)로 만든 상복. 석(錫)은 석(緆:고운 베)과 통한다. |

| | |
|---|---|
| [인경고 引經考] | ❶『오도부(吳都賦)』 ※ 본문과 조금 다르다. |

糸集賄紛紜, 器用萬端. 金鎰磊砢, 珠琲闌幹. 桃笙象簟, 韜於筒中. 蕉葛
升越, 弱於羅紈.

<糸集, 蠻夷貨名也.

《扶南傳》曰 : 糸集貨布帛曰賄, 金二十四兩爲鎰.

《史記》曰：趙孝成王一見虞卿, 賜黃金百鎰. 磊砢, 衆多貌. 琲, 貫也. 珠十貫爲一琲. 闌幹, 猶縱橫也. 桃笙, 桃枝簟也, 吳人謂簟爲竹, . 又折象牙以爲簟也. 蕉葛, 葛之細者. 升越, 越之細者, 糸集音捷. &gt;

❷『본초:도경(本艸:圖經)』

厥.

❸『좌부(左賦)』 1번 참조.

糸集賄紛紜, 器用萬端. 金鎰磊砢, 珠琲闌幹. 桃笙象簟, 韜於筒中. 蕉葛升越, 弱於羅紈.

## 0603

0603 麋 屎 시 【shǐ ㄕˇ】 44

똥 시

糞也。
从艸。
胃省。
《會意也。
式視切。15部。
『左氏傳』、『史記』假借矢字爲之。

官溥說麋(糞)字之上佀(似)米而非米
者、矢字。
是漢人多用矢也。》

[인경고 引經考]

「똥」이다.

초(艸)를 따랐고,

위(胃)의 일부가 생략되어 성부가 된다.

회의(會意)다.

시시절(式視切)이다. 제 15부에 속한다.

『좌씨:전(左氏:傳)』❶과『사기(史記)』❷에서는 시(矢)자를 가차
했다.

관부(官溥)는 분(糞)자 앞에서 미(米)자와 비슷하지만 미(米)
자가 아닌 것이 시(矢)자라고 설명했다.

이에 한(漢)나라 사람들은 시(矢)자를 많이 사용했다.

❶『좌씨:전(左氏:傳)』

厥.

❷『사기(史記)』

廉頗居梁久之, 魏不能信用. 趙以數困於秦兵, 趙王思複得廉頗, 廉頗亦思
複用於趙. 趙王使使者視廉頗尚可用否. 廉頗之仇郭開多與使者金, 令毀
之. 趙使者旣見廉頗, 廉頗爲之一飯鬥米, 肉十斤, 被甲上馬, 以示尚可
用. 趙使還報王曰："廉將軍雖老, 尚善飯, 然與臣坐, 頃之三遺矢矣."

《索隱》: 謂數起便也. 矢, 一作"屎".>

유사 소금밭 로(鹵) 위장 위(胃)

## 0604 貍薶 매【mái ㄇㄞˊ】44

묻을 매

瘞也。

《[土部]曰。

瘞、幽薶也。》

从艸。

貍聲。

《莫皆切。

古音在 1部。『周禮』假借貍字爲之。

今俗作「埋」。》

「묻는다」는 뜻이다.

[토부(土部)]에 이르기를

"예(瘞)는 깊이 묻는다는 것이다."라고 했다.

초(艸)를 따랐고,

리(貍)가 성부가 된다.

막개절(莫皆切)이다.

고음(古音)은 제 1부에 속한다.

『주례(周禮)』❶는 매(貍)자를 가차해서 썼다.

지금은 매(埋)자를 쓴다.

**예(瘞)** 제터, 묻을, 희생묻을, 희미할.

**리(貍)** 너구리의 총칭, 살쾡이.

**매(埋)** 묻을, 감출.

[인경고 引經考]

### ❶『주례(周禮)』

五家爲比, 十家爲聯; 五人爲伍, 十人爲聯; 四閭爲族, 八閭爲聯. 使之相保相受, 刑罰慶賞相及相共, 以受邦職, 以役國事, 以相葬貍.

&lt;相共, 猶相救相賙. ○葬, 如字, 劉才郎反. 埋, 本或作貍, 莫皆反.&gt;

○釋曰: 云"五家爲比, 十家爲聯", 又云"五人爲伍, 十人爲聯"者, 在家爲有五家爲比, 比長領之, 無十家爲聯相管之法. 今云十家爲聯者, 以在軍之時, 有十人爲什, 本出於在家, 故並二比爲十家爲聯. 擬入軍時相並, 故覆云五人爲伍, 十人爲聯, 明是在軍法耳. 云"四閭爲族, 八閭爲聯"者, 張逸問: "族百家, 安得有八閭?" 鄭答: "並之爲聯耳." 若然, 亦如二比爲聯之類也. 云"使之相保"者, 謂相保不爲愆負. 云"相受"者, 謂宅舍有故, 相受寄記. 云"刑罰慶賞相及"者, 案: 趙商問: "族師之義, 鄰比相坐.《康誥》之說, 門內尚否.《書》,《禮》是錯, 未達旨趣." 鄭答: "族師之職, 周公新制禮, 使民相共救之法.《康誥》之時, 周法未定, 又新誅三監, 務在尚寬, 以安天下. 先後異時, 各有云爲, 乃謂是錯."

## 0605

0605 蕆蔘 점【shēn ㄕㄣˉ】 44
거적자리 점

喪藉也。<br>
从艸。<br>
侵聲。<br>
《按此字可疑<br>
上文曰。<br>
蔘、覆也。<br>
從艸、侵省聲。<br>
不得以一省一不省畫(畫)爲二字二義<br>
、明矣。<br>
且鉉曰失廉切。<br>
則與苫音義同。<br>
苫固凶服覆席也。<br>
且以次第求之。<br>
不當廁此。》

「**상자**(喪藉)」다.<br>
초(艸)를 따랐고,<br>
침(侵)이 성부가 된다.<br>
　생각건대 이 글자는 의심스럽다.<br>
　앞에서 이르기를<br>
　"침(蔘)은 복(覆)이다.<br>
　초(艸)를 따랐고, 침(侵)의 일부가 생략되어 성부가 된다."라고 했<br>
다.<br>
　하나는 생략하고, 하나는 생략하지 않아서 두 글자, 두 가지 뜻이<br>
된 것이 분명하다.<br>
　도 서현(徐鉉)은 실렴절(失廉切)이라고 했다.<br>
　곧 점(苫)과 음의(音義)가 같다.<br>
　점(苫)은 틀림없이 **흉복**(凶服)의 **부석**(覆席)이다.<br>
　이것은 다음에 구할(알아 볼) 것이다.<br>
　여기에 둔 것은 부당하다.

　**침**(蔘) 덮을.<br>
　**부**(覆) 덮을, 널리 펼 ▣**복**:도리어, 엎어질, 되풀이 할.<br>
　※ 현대에 와서 「복개(覆蓋)」로 읽는 것은 원래는 「부개(覆蓋)」로 읽어<br>
　야 맞다.

**상자**(喪藉)　　상중의 거적자리.<br>
**흉복**(凶服)　　① 상복(喪服). ② 법도에 어긋나는 복장, 곧 무장(武裝).<br>
**부석**(覆席)　　부천(覆薦). 덮는 것과 까는 것. 깔고 덮어줌(覆蓋鋪墊).

**0606** 𣂚折𣂚 **절** 【zhé ㄓㄜˊ】 44

꺾을 절

斲(斷)也。 「자르는 것」이다.

从斤斷艸。 근(斤)이 풀을 자르는 것을 따랐다.

譚長說。 담장(譚長)의 설명이다.

《會意也。 회의(會意)다.

食列切。15部。 실렬절(食列切)이다. 제 15부에 속한다.

『周禮』折瘍。 『주례(周禮)』❶에 절양(折瘍)이 있다.

劉(劉)昌宗本作𣂚。 류창종(劉昌宗)의 책에서는 절(𣂚)로 썼다.

此漢人之舊(舊)也。》 이것은 한(漢) 나라 사람들의 옛 것이다.

𣂚籒文𣂚(折)。 𣂚주문(籒文) 절(𣂚)이다.

从艸在仌中。 초(艸)가 얼음 속에 있는 것이다.

仌(氷)寒故折。 얼음이 얼고 차가워서 부러지는 것이다.

《『廣雅:釋器』𣂚字從此。》 『광아:석기(廣雅:釋器)』의 절(𣂚)자가 이것을 따랐다.

𣂚篆文𣂚。 𣂚전문(篆文) 절(𣂚)이다.

从手。 수(手)를 따랐다.

《按此唐後人所妄(妄)增。 생각건대 이것은 당(唐) 나라 이후의 사람들이 함부로 늘린 것이다.

斤斷艸、小篆文也。 「근단초(斤斷艸)」는 소전(小篆)이다.

艸在仌中、籒文也。 「초재빙중(艸在仌中)」은 주문(籒文)이다.

從手從斤、隸字也。 「종수종근(從手從斤)」은 예서자다.

『九經字樣』云。 『9경자양(九經字樣)』❷에 이르기를

『說文』作𣂚。 "『설문(說文)』은 절(𣂚)로 썼는데,

隸省作折。 례서(隸書)에서 생략하여 절(折)로 썼다."라고 했다.

『類篇』、『集韵』皆云隸從手。 『류편(類篇)』과 『집운(集韵)』은 모두 례서(隸書)의 수(手)를 따랐다.

則折非篆文明矣。》 곧 절(折)이 전서(篆書)가 아닌 것이 명백하다.

절(𣂚) 기름껍질.

[신경고 引經考]

❶『주례(周禮)』

瘍醫掌腫瘍，潰瘍，金瘍，折瘍之祝藥劀殺之齊.

<腫瘍，癰而上生創者. 潰瘍，癰而含膿血者. 金瘍，刀創也. 折瘍，踠跌者. 祝當爲注，讀如注病之注，聲之誤也. 注謂附著藥. 刮，刮去膿血. 殺謂以藥食其惡肉.

○折，劉本作c，同時設反. 祝，之樹反. 出注. 劀，音刮，徐工滑反. 齊，才細反. 創，初良反. 踠，於阮反，徐烏臥反. 跌，待結反，徐徒紇反，劉徒沒反. 著，音豬略反. 去，羌呂反.>

## 0606

형성 (10자) 철[晢]800 서(逝)1056
서{誓}1452절{晢}4023제(浙)6065
철(悊)6422절(淛)6662혈(妶)7939
별(斳)8296세(誓)8982

❷『9경자양(九經字樣)』

厥.

[참고] 주문(籒文)의 折자는 풀(艸)이 얼음 속에 있는 모양을 본떠서 구성하였다. 풀(艸)이 얼어서 잘린 것이다.[籒文折由艸在ㅂ仌(氷)中構成, 仌(氷)寒冷, 所以艸被凍斷了].

[절(折)이 포함된 글자들] 10자

유사 쪼갤 석(析)

0607 卉卉卉 【huì ㄏㄨㄟˋ】 44
풀, 초목 훼

艸之總(總)名也。 「풀의 **총명**(總名)」이다.
《『方言』曰。 『방언(方言)』❶에 이르기를
卉、艸也。 "훼(卉)는 풀이다.
東越楊州之閒(間)曰卉。》 **동월**(東越)과 **양주**(楊州) 사이 지방에서 훼(卉)라고 한다."라고 했다.
从艸中。 초(艸)와 철(屮)을 따랐다.
《三屮卽三艸也。 철(屮)이 세 개라는 것은 초(艸)가 세 개다.
會意。 회의(會意)다.
許偉切。15部。》 허위절(許偉切)이다. 제 15부에 속한다.

**철**(屮) 싹, 싹틀 ▣**초**:풀.

**총명**(總名) 전체를 통틀어 일컫는 이름.
**동월**(東越) 지금의 절강성 동부와 남부, 복건성 동남부 지역에 걸쳐 있던 나라. 고대 월족(越族)의 한 지파.
**양주**(楊州) 강소(江蘇), 안휘(安徽), 절강(浙江) 등의 여러 성(省)에 걸쳐 있던 주(州).

**[인경고 引經考]** ❶『방언(方言)』
卉, 莽, 草也. 東越揚州之閒曰卉, 南楚曰莽.

[훼(卉)가 포함된 글자들] 2자

형성 (2자) 분(犇蠢)2947 분[奔犇]6309

유사 갈 거(去) 길할 길(吉)
성부 賁賁분 恭훙

## 0608

### 0608 芃芁 구【qiú ㄑㄧㄡˊ】44
두메(의 황무지) 구

| | |
|---|---|
| 遠荒(荒)也。 | 「두메의 황무지」라는 뜻이다. |
| 《「芁」之言「究」也、竆(窮)也。》 | 구(芁)가 말하려는 것은 구(究), 궁(竆)이다. |
| 从艸。 | 초(艸)를 따랐고, |
| 九聲。 | 구(九)가 성부가 된다. |
| 『詩』曰。 | 『시(詩)』❶에 이르기를 |
| 至于芁野。 | "지우구야(至于芁野)"라고 했다. |
| 《巨鳩切。3部。》 | 거구절(巨鳩切)이다. 제 3부에 속한다. |

　　구(究) 다할, 찾을, 꾀할, 마칠, 깊을, 궁구할.
　　궁(竆) 나라이름.

지우구야(至于芁野)　"서쪽으로 길 떠나서 구야에 이르렀네." 『시경:소아:곡풍지십:소명(詩經:小雅:谷風之什:小明)』「我征□西, 至于:野.」의 한 구절.

[인경고 引經考]

❶『시(詩)』 <小雅:谷風之什:小明>

明明上天, 照臨下土. 我征徂西, 至于芁野. 二月初吉, 載離寒暑. 心之憂矣, 其毒大苦. 念彼共人, 涕零如雨. 豈不懷歸, 畏此罪罟.

<芁野, 遠荒之地. 初吉, 朔日也.

箋云 : 征, 行. 徂, 往也. 我行往之西方, 至於遠荒之地, 乃以二月朔日始行, 至今則更夏暑冬寒矣, 尚未得歸. 詩人, 牧伯之大夫, 使述其方之事, 遭亂世勞苦而悔仕.>

昔我往矣, 日月方除. 曷云其還, 歲聿云莫.

念我獨兮, 我事孔庶. 心之憂矣, 憚我不暇.

念彼共人, 睠睠懷顧. 豈不懷歸, 畏此譴怒.

昔我往矣, 日月方奧. 曷云其還, 政事愈蹙.

歲聿云莫, 采蕭穫菽. 心之憂矣, 自詒伊戚.

念彼共人, 興言出宿. 豈不懷歸, 畏此反覆.

嗟爾君子, 無恒安處. 靖共爾位, 正直是與. 神之聽之, 式穀以女.

嗟爾君子, 無恒安息. 靖共爾位, 好是正直. 神之聽之, 介爾景福.

## 0609 韲蒜 산【suàn ㄙㄨㄢˋ】45  *0609*
마늘 산

葷菜也。
「훈채(葷菜)」다.

菜之美者雲夢之葷菜。
채소 중 맛있는 것은 운몽(雲夢)의 훈채다.

《『爾雅音義』、『齊民要術』、『太平御覽』引皆作此九字。
『이아:음의(爾雅:音義)』❶나 『제민요술(齊民要術)』❷, 『태평어람(太平御覽)』❸이 모두 이 아홉 자[菜之美者雲夢之葷菜。]를 인용했다.

『音義』云。
『음의(音義)』에 이르기를

一本如是。
"어떤 책은 이렇다.

今兩存之。
지금은 두 가지가 다 있다."라고 했다.

『大戴-禮:夏小正』。
『대대-례:하소정(大戴-禮:夏小正)』❹에 이르기를

十二月納卵蒜。
"10월에는 란산(卵蒜)을 들인다.

卵蒜者何。
란산(卵蒜)은 무엇인가?

本如卵者也。
본래 계란 처럼 생긴 것이다.

納者何。
들이는 것은 무엇인가?

納之君也。
임금에게 헌납하는 것이다."라고 했다.

案經之卵蒜、
생각건대 경전(經傳)의 란산(卵蒜)은

今之小蒜也。
지금의 소산(小蒜)이다.

凡物之小者俑(稱)卵。
대개 사물이 작은 것을 알이라고 칭한다.

『禮』之卵醬、卽鯤醬。
『례(禮)』❺의 란장(卵醬)은 곧 곤장(鯤醬)이다.

『詩』之緫(總)角丱兮、
『시(詩)』❻의 「총각관혜(緫角丱兮)」는

謂幼稚也。
어리다는 것을 말한다.

丱者、『說文』卵字也。
관(丱)은 『설문(說文)』의 란(卵)자다.

陶貞白云。
도정백(陶貞白)이 이르기를

小蒜名蒚子。
"소산(小蒜)을 란자(蒚子)라고 이름한다."라고 했다.

蒚音亂。
란(蒚)의 음은 란(亂)이다.

卽『小正』卵字。
곧 『소정(小正)』의 란(卵)자다.

其大蒜乃張騫始得自西域者。
그 대산(大蒜)은 장건(張騫)이 서역으로부터 가져온 것이다.

『本艸』。
『본초(本艸)』❼에

大蒜名葫。
"대산(大蒜)을 호(葫)라고 하고,

小蒜名蒜。
소산(小蒜)을 산(蒜)이라고 한다."라고 했다.

葢(蓋)始以大蒜別於蒜。
後復以小蒜別於大蒜。
대개 이것에서 대산(大蒜)이 산(蒜)과 구별되기 시작했고 나중에 다시 소산(小蒜)이 대산(大蒜)에서 구별되었다.

古祇有蒜而已。》
옛날에는 오로지 산(蒜)만 있었을 뿐이다.

从艸。
초(艸)를 따랐고,

祘聲。
산(祘)이 성부가 된다.

《蘇貫切。14部。
소관절(蘇貫切)이다. 제 14부에 속한다.

## 0609

案蒜字當聯葷字之下。
今在此者、寫者脱而補於此。

或曰當下屬芥蔥字。
亦大篆從茻之一也。》

생각건대 산(蒜)자는 당연히 훈(葷)자 아래에 연결되므로 지금은 여기에 둔 것은 쓰는 사람이 빠뜨려서 여기에 보충한 것이다.
간혹 마땅히 아래의 **개총**(芥蔥)자의 무리에 속한다고도 한다. 또한 대전(大篆)이 망(茻)을 따른 것 중의 하나다.

**훈**(葷) 매운 채소, 생강과 같이 매운 채소, 냄새날.
**망**(茻) 무성한 풀, 고사리붙이의 풀 우거져 더부룩할 ■모:같은 뜻
■무:같은 뜻.

| | |
|---|---|
| **훈채**(葷菜) | 파:마늘처럼 특히 냄새나는 소채. |
| **운몽**(雲夢) | 운몽(雲瞢)이라고도 한다. 1. 옛날의 수택(藪澤) 이름. 2. 고대(古代)의 초(楚) 나라 땅. |
| **란산**(卵蒜) | 야산(野蒜). |
| **소산**(小蒜) | 중국 원생(原生)의 일종 마늘. 근경(根莖)이 대산(大蒜) 보다 작아서 붙인 이름이다. 옛 사람들이 조미료로 사용했으며 상고(上古) 시대에 이미 인공으로 재배했다. |
| **곤장**(鯤醬) | 란장(卵醬). |
| **총각관혜**(總角丱兮) | 상투 튼 총각. |
| **란자**(蒚子) | 소산(小蒜)의 뿌리. |
| **대산**(大蒜) | 마늘. 산(蒜). 호산(胡蒜). 다년생(多年生) 숙근초본식물(多年生宿根草本植物). |
| **개총**(芥蔥) | 마늘. 산(蒜). 호산(胡蒜). 다년생(多年生) 숙근초본식물(多年生宿根草本植物). |

### [인경고 引經考]

**❶『이아:음의(爾雅:音義)』**

藿, 山韭. 茖, 山蔥. 蒘, 山䪥. 蒚, 山蒜.

<今山中多有此菜, 皆如人家所種者. 茖蔥, 細莖大葉.

○藿, 音育. 韭, 音九. 茖, 音革. 蔥, 音念. 蒘, 巨盈切. 䪥, 音薤. 蒚, 力.>

[疏]"藿山"至"山蒜". ○釋曰：此辨四種菜生山中, 與人家所種者異名也. 韭,《說文》云"菜名. 一種而久者, 故謂之韭. 象形, 在一之上. 一, 地也". 生山中者名藿.《韓詩》云"六月食鬱及藿"是也. 蔥,《說文》云"菜名". 生山中者名茖, 細莖大葉者是也. 䪥,《說文》云"菜也". 葉似韭, 生山中者名蒘. 蒜,《說文》云"葷菜"也. 一云荣之美者. 雲夢之葷荣生山中者名蒚.

**❷『제민요슬(齊民要術)』,**

蒜：《说文》曰(三)："菜之美者, 雲梦之熏菜."

姜：《吕氏春秋》曰 四)："和之美者, 蜀郡杨朴之姜."

**❸『태평어람(太平御覽)』**

*0609*

《說文》曰：蒜, 菜之美者, 雲夢之葷菜.

**❹『대대-례:하소정(大戴-禮:夏小正)』**

夏小正: 十二月:

鳴弋. 弋也者, 禽也. 先言“鳴”而後言“弋”者, 何也? 鳴而後知其弋也.

元駒賁. 元駒也者, 蟻也. 賁者, 何也? 走於地中也.

納卵蒜. 卵蒜也者, 本如卵者也. 納者, 何也? 納之君也.

虞人入梁. 虞人, 官也. 梁者, 主設罔罟者也.

隕麋角. 蓋陽氣旦睹也, 故記之也.

**❺『례(禮)』**〈禮記:內則〉

濡豚包苦實蓼, 濡雞醢醬實蓼, 濡魚卵醬實蓼, 濡鱉醢醬實蓼.

<凡濡, 謂亨之以汁和也. 苦, 苦荼也, 以包豚, 殺其氣. 卵讀爲鯤. 鯤, 魚子, 或作䰍也. ○濡音而, 下同. 苞, 伯交反. 醢音海, 一本作醯, 呼兮反, 次下句同. 卵, 依注音鯤, 古閏反. 亨, 普彭反, 煮也. 荼音徒.>

**❻『시(詩)』**〈齊風:甫田〉

無田甫田, 維莠驕驕. 無思遠人, 勞心忉忉.

無田甫田, 維莠桀桀. 無思遠人, 勞心怛怛.

婉兮孌兮, 總角丱兮. 未幾見兮, 突而弁兮.

<婉孌, 少好貌. 總角, 聚兩髦也. 丱, 幼稚也. 弁, 冠也. 箋云：人君內善其身, 外修其德, 居無幾何, 可以立功, 猶是婉孌之童子, 少自修飾, 丱然而稚, 見之無幾何, 突耳加冠爲成人也.>

**❼『본초(本艸)』**《本草綱目》卷二六 “蒜” ※ 본문과 다르다.

“中國初惟有此, 後因漢人得葫蒜於西域, 遂呼此爲小蒜以別之.” 又說: “家蒜有二種：根莖俱小而瓣少, 辣甚者, 蒜也, 小蒜也；根莖俱大而瓣多, 辛而帶甘者, 葫也, 大蒜也. ”“黃蒜”, 未詳.

[참고] 〈제민요술〉 種蒜第十九〈澤蒜附出〉……

《廣志》曰：蒜有胡蒜, 小蒜. 黃蒜, 長苗無科, 出哀牢. ”

王逸曰：“張騫周流絕域, 始得大蒜, 葡萄, 苜蓿. ”

《傳物志》曰：張騫使西域, 得大蒜, 胡荽. ”

延篤曰：張騫大宛之蒜. ”　　潘尼曰：西域之蒜. ”

朝歌大蒜甚辛. 一名葫, 南人尚有 “齊葫 ”之言. 又有胡蒜, 澤蒜也.

.........

種澤蒜法: 預耕地, 熟時采取子, 漫散勞之. 澤蒜可以香食, 吳人調鼎, 率多用此, 根葉解菹, 更勝蔥, 韭. 此物繁息, 一種永生. 蔓延滋漫, 年年稍廣. 間區劚取, 隨手還合. 但種數畝, 用之無窮. 種者地熟, 美於野生.

崔寔曰：“布穀鳴, 收小蒜. 六月, 七月, 可種小蒜. 八月, 可種大蒜. ”

左文五十三 重二　　정문(正文)은 53자, 중문(重文)은 2자다.

《大篆从艸「左」當作「ナ」。
대전(大篆)은 망(艸)을 따른다. 좌(左)는 마땅히 좌(ナ)로 써야 한다.

葢(蓋)許時已通用左。
許從俗也。
대개 허신 때 이미 좌(左)가 통용되었다. 허신(許愼)은 속자를 따랐다.

在左之字五十三皆小篆從艸、
大篆從艸。
왼쪽에 있는 53자 소전(小篆)은 모두 초()를 따랐다.

대전(大篆)은 망(艸)을 따른다.

如芥作茶、葱作蔥。
개(芥)는 개(茶), 총(葱)은 총(蔥) 같은 것이다.

餘同。省約其辭。
나머지도 같다. 설명은 생략한다.

總識於此。以目下文。
여기에서 통틀어 인식하여 다음 문자들을 목차했다.

是以苹與莽一物而不相屬。
평(苹)과 평(莽)이 같은 사물인데 서로 무리짓지 않았고, 겸(蒹), 란(薍), 염(菼), 렴(薕) 과 환(雚)이

蒹薍菼薕與雚一物而不相屬。
한 사물이지만 서로 무리짓지 않았다.

蓼與薔一物而不相屬。
료(蓼)와 색(薔)이 같은 사물이지만 서로 무리짓지 않았다.

蘩與茀一物而不相屬。
료(蘩)와 색(茀)가 같은 사물이지만 서로 무리짓지 않았다.

蒸與菆一物而不相屬。
료(蒸)와 색(菆)가 같은 사물이지만 서로 무리짓지 않았다.

皆由此分別。
모두 여기서 분별했다.

若『汗簡(簡)－古文四聲韵(韻)』廣搜大篆。
『한간－고문4성운(汗簡－古文四聲韵)』이 광범위하게 대전(大篆)을 조사했으나,

不知舉(舉)此五十三文。
이 53개의 글자를 거론할 줄은 몰랐다.

是爲疏矣。又案。
이것은 정밀하지 않은 것으로 의견이다.

鍇本無此十一大字。
서개(徐鍇)의 책에서는 이 11개의 대(大)자가 없고,

而尤字之下繫以蘇字、芧字、茣字。
구(尤)자의 아래에 소(蘇), 자(芧), 이(茣)자를 잇고,

乃後系以蒜芥葱字。
이어서 산(蒜), 개(芥), 총(葱)자를 연결했다.

蘇與荏一物不相屬。
소(蘇)와 임(荏)이 같은 사물이지만 서로 무리짓지 않았다.

芧茣與茝同類不相屬。
자(芧), 대(茣)와 비(茝)가 같은 사물이지만 서로 무리짓지 않았다.

蒜與葷同類不相屬。
산(蒜)와 훈(葷)이 같은 사물이지만 서로 무리짓지 않았다.

又菩下出茋字。
또 오(菩) 아래에 축(茋)자가 나온다.

茀下重出苗字。
묘(茀) 아래에 유(苗)자가 두번 나온다.

又出莆字。
또 보(莆)자가 나온다.

茸下出崔字。
용(茸)자 아래에 추(崔)자가 나온다.

皆與鉉本不同。
모두 서현(徐鉉)의 책과는 다르다.

葢(蓋)改竄者多。
대개 고쳐 기워넣은 것이 많다.

莫能肊說。
억설(肊說)을 해서는 안된다.

鉉本十一大字斷(斷)非鑿空。

故仍鉉舊。
而刪菣莉之譌複。
萑字從鍇本。
得五十二文云。》

서현(徐鉉)의 책에서 11개의 대(大)자는 결단코 착공(鑿空:개통)한 것이 아니다.
그래서 서현(徐鉉)의 구본(舊本)을 의지하고,
고도(菣莉)의 잘못된 복제를 깎아버렸다.
추(萑)자는 서개(徐鍇)의 책을 따랐다.
52자를 얻었다고 했다.

평(苹) 맑은 대쑥, 마름 ▣변:적에게 보이지 않게 자기를 엄폐한 수레 ▣병:돌.

평(蓱) 개구리밥, 비 맑은 신.

겸(蒹) 갈대, 어린 물억새.

완(薍) 물억새 ▣란:작은 마늘, 달래 뿌리.

환(萑) 물억새 ▣추:풀 우거진 모양, 익모초

훈(葷) 매운 채소, 생강과 같이 매운 채소, 냄새날.

담(菼) 물억새, 달, 비 만드는 풀.

렴(薕) 물억새.

료(蓼) 여뀌, 나라이름 ▣로:찾을 ▣륙:클 ▣류:서로 끌.

란(虉) 순채의 한가지 ▣련:같은 뜻.

묘(茆) 순채.

망(茻) 무성한 풀, 고사리붙이의 풀 우거져 더부룩할 ▣모:같은 뜻 ▣무:같은 뜻.

추(菆) 겨릅대, 풀 더부룩히 날 ▣찬:초빈할 ▣총:떨기.

자(茡) 삼, 모시, 수삼.

이(薾) 개나리 ▣익:연밥.

비(朧) 모시, 피할 ▣분:삼씨 ▣복:무우.

오(菩) 풀이름, 들깨.

축(荒) 쇠풀.

적(苖) 소루쟁이 ▣축·척:같은 뜻.

보(莆) 삽보풀 ▣포:땅이름.

환(萑) 물억새 ▣추:풀 우거진 모양, 익모초

억(肊) 가슴뼈, 가슴, 기운 찰.

고(菰) 풀 우거진 모양, 땅이름.

도(莉) 초목 거꾸러질 ▣착:풀 큰 모양.

잉(仍) 인할, 그대로, 거듭, 뜻 잃을, 후손.

## 0610

### 0610 芥 개【jiè ㄐㄧㄝˋ】45

겨자 → 아주 작은 것 개

| | |
|---|---|
| 菜也。 | 「나물」이다. |
| 《借爲艸芥、纖芥字。》 | 가차해서 **초개**(艸芥), **섬개**(纖芥)자로 쓴다. |
| 從艸。 | 초(艸)를 따랐고, |
| 介聲。 | 개(介)가 성부가 된다. |
| 《古拜切。15部。 | 고배절(古拜切)이다. 제 15부에 속한다. |
| 籒文作「芥」。》 | 주문(籒文)은 개(芥)로 쓴다. |

**초개**(艸芥)  풀과 티끌. 하찮게 여김의 비유.

**섬개**(纖芥)  1. 가느다람. 아주 작음. 2. 작은 틈. 조금 사이가 나빠짐을 이름.

※ **섬개무상**(纖芥無爽), 섬호무상(纖毫無爽), 섬호불상(纖毫不爽) 아주 작은 미세한 실수도 없음.

0611 𦰩蔥 [cōng ㄘㄨㄥˉ] 45

파 총

0611

菜也。
《『爾雅』。
茖,山蔥。
『管子』冬蔥。
皆蔥之屬。》
从艸。
悤聲。
《倉紅切。9部。
籒文作「𦰩」。》

「나물」이다.
『이아(爾雅)』❶에
"각(茖)은 산총(山蔥)이다."라고 했다.
『관자(管子)』❷에 "동총(冬蔥)"이 있다.
모두 파의 일종이다.
초(艸)를 따랐고,
총(悤)이 성부가 된다.
창홍절(倉紅切)이다. 제 9부에 속한다.
주문(籒文)은 총(𦰩)자를 쓴다.

**산총(山蔥)** 산에서 자라는 야생 파.

※ **각총(茖蔥)** 야생파의 일종. 백합과(百合科), 다년생초본식물(多年生草本植物). 산총(山蔥)이라고도 한다. 리시진(李時珍)의《본초강목:초1:각총(本草綱目:草一:茖蔥)》에 "각총(茖蔥)은 야총(野蔥)이다. 산원(山原)이나 평지(平地)에 모두 있다. 사지(沙地)에서 자라는 것은 사총(沙蔥)이라 하고, 수택(水澤)에서 자라는 것을 수총(水蔥)이라고 한다, 야인(野人)들은 모두 먹는다. 흰 꽃을 피운다. 開白花, 소총두(小蔥頭) 같은 씨를 맺는다."

**동총(冬蔥)**

※ **루총(樓蔥)** 리시진(李時珍)의《본초강목:채1:총(本草綱目:菜一:蔥)》에 "또 일종의 루총(樓蔥)이 있는데 역시 동총(冬蔥)의 종류다. 강남인(江南人)은 롱각총(龍角蔥)이라고 부른다. 형초간(荊楚間)에는 많이 심는다. 그 껍질은 붉다. 매 줄기 위 마다 8각형의 갈래가 져서 붙인 이름이다.

**[인경고 引經考]**

❶『이아(爾雅)』

藿, 山韭. 茖, 山蔥. 蒚, 山䪥. 蒚, 山蒜.

<今山中多有此菜, 皆如人家所種者. 茖蔥, 細莖大葉.

○藿, 音育. 韭, 音九. 茖, 音革. 蔥, 音忩. 蒚, 巨盈切. 蒚, 音薜. 蒚, 力. >

[疏] "藿山"至"山蒜".

○釋曰 : 此辨四種菜生山中, 與人家所種者異名也.

韭, 《說文》云"菜名. 一種而久者, 故謂之韭. 象形, 在一之上. 一, 地也". 生山中者名藿.

《韓詩》云"六月食鬱及藿"是也.

蔥, 《說文》云"菜名". 生山中者名茖, 細莖大葉者是也.

蒚, 《說文》云"菜也". 葉似韭, 生山中者名蒚.

蒜, 《說文》云"葷菜" 也. 一云菜之美者. 雲夢之葷菜生山中者名蒚.

❷『관자(管子)』〈戒第二十六〉

## 0611

管仲隰朋再拜頓首曰：如君之王也，此非臣之言也，君之教也.」於是管仲
與桓公盟誓爲令曰：氓弱勿刑. 參宥而後弊，關譏而不正市正而不布. 山
林梁澤，以時禁發，而不正也.」草封澤鹽者之歸之也譬若市人. 三年教人，
四年選賢以爲長，五年始興車踐乘，遂南伐楚，門傅施城. 北伐山戎，出冬
蔥與戎叔，布之天下，果三匡天子而九合諸侯.

형성 (1자)　　　　　　총(繠蘂)8231

**[총(蔥)이 포함된 글자들] 1자**

## 0612　鼝 藿 육【yù ㄙ】 45
### 산부추 육

0612

| | |
|---|---|
| 艸也。 | 「풀의 일종」이다. |
| 《『爾雅』、 | 『이아(爾雅)』❶에 이르기를 |
| 藿、山韭。 | "육(藿)은 **산구(山韭)**다."라고 했다. |
| 『郭-注』謂 | 『곽-주(郭-注)』❷에 이르기를 |
| 山中多有此菜。 | "산 중에 이 나물이 많다. |
| 如人家所種者。 | 인가에서 심는 것과 같다."라고 했다. |
| 故許不謂之菜與。》 | 그래서 허신(許愼)은 채(菜)라고 하지 않은 것이다. |
| 从艸、 | 초(艸)를 따랐고, |
| 崔聲。 | 학(崔)이 성부가 된다. |
| 《余六切。 | 여륙절(余六切)이다. |
| 古音在 2部。 | 고음(古音)은 제 2부에 속한다. |
| 籒文作「藿」。》 | 주문(籒文)은 육(藿)자를 쓴다. |
| 『詩』曰。 | 『시(詩)』❸에 이르기를 |
| 食鬱及藿。 | "식울급육(食鬱及藿)"이라고 했다. |
| 《宋掌禹錫、蘇頌皆云。 | 송(宋)나라의 장우석(掌禹錫), 소송(蘇頌)이 모두 이르기를 |
| 『韓詩』六月食鬱及藿。 | "『한시(韓詩)』에 6월식울급육(六月食鬱及藿)."이라고 했다. |
| 許於『詩』主毛。 | 허신(許愼)이 『시(詩)』는 『모-시(毛-詩)』를 주로 했으나 『3 |
| 而不廢三家也。》 | 가-시(三家-詩)』를 폐하지는 않았다. |

| | |
|---|---|
| **식울급육**(食鬱及藿) | 울(鬱)과 육(藿)을 먹다. |
| **6월식울급육**(六月食鬱及藿) | 6월 울(鬱)과 육(藿)을 먹다. |

### [인경고 引經考]

❶『이아(爾雅)』

藿, 山韭. 茖, 山蔥. 蒚, 山䪥. 蒚, 山蒜.

&lt;今山中多有此菜, 皆如人家所種者. 茖蔥, 細莖大葉.

○藿, 音育. 韭, 音九. 茖, 音革. 蔥, 音忩. 蒚, 巨盈切. 䪥, 音薤. 蒚, 力. &gt;

〔疏〕"藿山"至"山蒜".

○釋曰：此辨四種菜生山中, 與人家所種者異名也.

韭, 《說文》云"菜名. 一種而久者, 故謂之韭. 象形, 在一之上. 一, 地也". 生山中者名藿.

《韓詩》云"六月食鬱及藿"是也.

蔥, 《說文》云"菜名". 生山中者名茖, 細莖大葉者是也.

蒚, 《說文》云"菜也". 葉似韭, 生山中者名蒚.

蒜, 《說文》云"葷菜"也. 一云菜之美者. 雲夢之葷菜生山中者名蒚.

❷『곽-주(郭-注)』 1번 참조.

**0612**

今山中多有此榮, 皆如人家所種者.

**❸『시(詩)』** 〈豳風:七月〉

七月流火, 九月授衣. 一之日觱發, 二之日栗烈.

無衣無褐, 何以卒歲. 三之日于耜, 四之日擧趾.

同我婦子, 饁彼南畝. 田畯至喜.

七月流火, 九月授衣. 春日載陽, 有鳴倉庚. 女執懿筐, 遵彼微行.

爰求柔桑. 春日遲遲, 采蘩祁祁. 女心傷悲, 殆及公子同歸.

七月流火, 八月萑葦. 蠶月條桑, 取彼斧斨, 以伐遠揚, 猗彼女桑.

七月鳴鵙, 八月載績. 載玄載黃, 我朱孔陽, 爲公子裳.

四月秀葽, 五月鳴蜩. 八月其穫, 十月隕蘀.

一之日于貉, 取彼狐貍, 爲公子裘.

二之日其同, 載纘武功, 言私其豵, 獻豣于公.

五月斯螽動股, 六月莎雞振羽. 七月在野, 八月在宇, 九月在戶.

十月蟋蟀入我牀下. 穹窒熏鼠, 塞向墐戶.

嗟我婦子, 曰爲改歲, 入此室處.

六月食鬱及薁, 七月亨葵及菽, 八月剝棗, 十月穫稻.

爲此春酒, 以介眉壽. 七月食瓜, 八月斷壺, 九月叔苴, 采荼薪樗.

食我農夫.

> <鬱, 棣屬. 薁, 蘡薁也. 剝, 擊也. 春酒, 凍醪也. 眉壽, 豪眉也.
>
> 箋云 : 介, 助也. 既以鬱下及棗助男功, 又穫稻而釀酒以助其養老之具, 是謂豳雅.
>
> ○薁, 於六反. 亨, 普庚反. 菽音叔, 本亦作"尗", 藿也. 剝, 普蔔反, 注同. 介音界.
>
> 棣, 大計反. 蘡, 於盈反, 或於耕反. 凍, 丁貢反. 醪, 老刀反. 釀, 女亮反.>

九月築場圃, 十月納禾稼. 黍稷重穋, 禾麻菽麥. 嗟我農夫, 我稼既同, 上

入執宮功. 晝爾于茅, 宵爾索綯. 亟其乘屋, 其始播百穀.

二之日鑿冰沖沖, 三之日納于凌陰. 四之日其蚤, 獻羔祭韭. 九月肅霜, 十

月滌場. 朋酒斯饗, 曰殺羔羊. 躋彼公堂, 稱彼兕觥, 萬壽無疆.

0613 蕈 **蕈** 전 【dàn ㄉㄢˋ】 45
두루미 냉이 전

0613

亭歷也。 「**정력**(亭歷)」이다.
《『釋艸』文。 『석초(釋艸)』❶에 나오는 글이다.
『月令』靡艸之一也。》 『월령(月令)』❷은 '**미초**(靡艸)의 하나다' 라고 했다.
从艸。 초(艸)를 따랐고,
單聲。 단(單)이 성부가 된다.
《多殄切。14部。 다진절(多殄切)이다. 제 14부에 속한다.
籀文作「蕈」。》 주문(籀文)은 전(蕈)자를 쓴다.

**미**(靡) 쓰러질, 초목이나 기 따위가 세찬 바람에 의해 쓰러지거나 쏠
릴, 사치할, 호사할.

**정력**(亭歷)　일년생초본약용식물(一年生草本藥用植物). 습초(隰草)의 한 가지. 두루미냉이. 정
력(葶藶). 이라고도 한다.

**미초**(靡艸, 靡草)　1.《론어:안연(論語:顏淵)》에 "풀 위로 바람이 불면, 반드시 쓰러진다.(草上之風,
必偃)."하는 것은 풀이 바람에 순응해서 넘어지는 것을 말한다. 한(漢) 나라 환관
(桓寬)의 《염철론:질탐(鹽鐵論:疾貪)》에 "윗 사람이 아랫 사람을 교화하는 것은 바
람이 풀을 쓰러뜨리는 것과 같아서 가르침을 따르지 않는 것이 없다(上之化下, 若
風之靡草, 無不從敎)."라고 했다.

**[인경고 引經考]**

❶『석초(釋艸)』 ※ 본문과 조금 다르다.

蕈, 亭曆. <實, 葉皆似芥, 一名狗薺,《廣雅》云. ○蕈, 晉典.>

〔疏〕"蕈, 亭曆".

○釋曰 : 蕈, 一名亭曆. 郭云 : "實, 葉皆似芥."

《廣雅》又名狗薺.

《本草》一名丁曆, 一名太室, 一名大適.

陶注云 : "今近道亦有. 母則公薺, 子細黃, 至苦."是也.

❷『월령(月令)』 ※ 본문과 다르다.

靡草死, 麥秋至, 斷薄刑, 決小罪,

<舊說云靡草, 薺亭曆之屬.《祭統》日"草艾則墨", 謂立秋後也. 刑無輕於墨者, 今
以純陽之月, 斷刑決罪, 與毋有壞墮自相違, 似非. ○斷, 丁亂反, 注同. 薺, 才禮
反. 艾, 魚廢反, 後皆同.>

正義曰 : 靡草無文, 故引舊說以明之. 葶藶之屬, 以其枝葉靡細, 故云靡草, 引
"《祭統》以下者, 證此月不當斷薄刑, 決小罪.

**[전(蕈)이 포함된 글자들]** 1자

형성 (1자) 기(蘄蘄薰)307

## 0614

艸也。
《『孔-注:論語』》云。
苟、誠也。
『鄭-注:燕禮』云。
苟、且也。假也。
皆假借也。》
从艸。
句聲。
《古厚切。4部。
籒文作「茍」。》

「풀의 일종」이다.
『공-주:론어(孔-注:論語)』❶에 이르기를
"구(苟)는 성(誠)이다."라고 했다.
『정-주:연례(鄭-注:燕禮)』❷에 이르기를
"구(苟)는 차(且)다, 가(假)다."라고 했다.
모두 가차다.
초(艸)를 따랐고,
구(句)가 성부가 된다.
고후절(古厚切)이다. 제 4부에 속한다.
주문(籒文)은 구(茍)자를 쓴다.

차(且) 또, 아직, ~일지라도, 장차, 만일, 문득.
가(假) 임시, 빌릴, 거짓, 가짜, 용서할, 겨를
육(萑) 산부추 ■욱:까마귀머루.

[인경고 引經考]

❶『공-주:론어(孔-注:論語)』
子曰: "苟志於仁矣, 無惡也."
<孔曰: "苟, 誠也. 言誠能志於仁, 則其餘終無惡.">

❷『정-주:연례(鄭-注:燕禮)』
賓爲苟敬, 席於阼階之西, 北面. 有脀, 不嚌肺, 不啐酒. 其介爲賓.
<苟, 且也. 假也. 主國君鄉時, 親進醴於賓. 今燕, 又宜獻焉. 人臣不敢褻煩尊
者, 至此升堂而辭讓, 欲以臣禮燕, 爲恭敬也. 於是席之如獻諸公之位. 言苟敬
者, 賓實主國所宜敬也. 脀, 折俎也. 不嚌啐, 似若尊者然也. 介門西北面, 西
上, 公降迎上介以爲賓, 揖讓升, 如初禮. 主人獻賓, 獻公, 旣獻苟敬, 乃媵觚,
群臣即位, 如燕也.>

[참고] 경(敬)자의 좌측에 사용된 글자는 극(苟)으로 양뿔 개(丫)와
포(包)자의 일부가 생략된 것으로 만들어졌다.

## 0615 蘻蕨 궐【jué ㄐㄩㄝˊ】 45

0615

### 고사리 궐

鼈也。 「고사리」다.

《『釋艸』、『毛傳』同。 『석초(釋艸)』❶와 『모전(毛傳)』❷도 같다.

陸機云。 륙기(陸機)가 이르기를

周秦曰蕨。 "주(周) 나라, 진(秦) 나라에서는 궐(蕨)이라 하고,

齊魯曰鼈。 제(齊) 나라, 로(魯) 나라에서는 별(鼈)이라고 한다.

鼈俗從艸。》 별(鼈)의 속자는 초(艸)를 따랐다."라고 했다.

从艸。 초(艸)를 따랐고,

厥聲。 궐(厥)이 성부가 된다.

《居月切。15部。 거월절(居月切)이다. 제 15부에 속한다.

籒文作「蘮」。》 주문(籒文)은 궐(蘮)자를 쓴다.

별(鼈) 자라, 세 발 달린 자라, 풀 이름, 고사리.

[인경고 引經考]

❶『석초(釋艸)』 ※ 본문과 조금 다르다.

蕨, 虌.

&lt;《廣雅》云"紫蓁", 非也. 初生無葉, 可食. 江西謂之蘽. ○虌, 音鷩. &gt;

疏"蕨, 虌".

○釋曰: 可食之菜也. 舍人曰: "蕨, 一名{艸鷩}."

郭云: "《廣雅》云'紫蓁', 非也. 初生無葉, 可食. 江西謂之{艸鷩}."

《詩:召南》云: "言采其蕨."

陸機《疏》云: 蕨, 山菜也. "初生似蒜, 莖紫黑色, 可食. 如葵". 是也.

❷『모전(毛傳)』〈召南:草蟲〉

喓喓草蟲, 趯趯卓螽. 未見君子, 憂心忡忡.

亦旣見止, 亦旣覯止, 我心則降.

陟彼南山, 言采其蕨. 未見君子, 憂心惙惙.

&lt;南山, 周南山也. 蕨, 虌也.

箋云: 言, 我也. 我采者, 在塗而見采虌, 采者得其所欲得, 猶己今之行者欲得禮

以自喻也.

○蕨, 居月反.

《草木疏》云: "周秦曰蕨. 齊魯曰虌." 虌, 卑滅反, 本又作"鷩".

俗云: "其初生似鷩脚, 故名焉." &gt;

亦旣見止, 亦旣覯止, 我心則說.

陟彼南山, 言采其薇. 未見君子, 我心傷悲.

亦旣見止, 亦旣覯止, 我心則夷.

# 0616

## 0616 莎 사【suō ㄙㄨㄛ¯】 45
### 사초(다년생 풀) 사

| | |
|---|---|
| 鎬矦也。 | 「호후(鎬矦)」다. |
| 《『夏小正』。 | 『하소정(夏小正)』❶의 |
| 正月緹縞。 | "정월(正月)에 제호(緹縞). |
| 縞也者、莎隨也。 | 호(縞)라고 하는 것은 **사수**(莎隨)다. |
| 緹也者、其實也。 | 제(緹)라고 하는 것은 그 열매다. |
| 先言緹而後言縞者、何也。 | 먼저 제(緹)를 말하고 나중에 호(縞)를 말하는 것은 무엇인가? |
| 緹先見者也。 | 제(緹)가 먼저 보이기 때문이다."라고 했다. |
| 『釋艸』。 | 『석초(釋艸)』❷에 |
| 薃矦、莎。其實媞。 | "호후(薃矦)는 사(莎)다. 그 열매가 제(媞)다."라고 했다. |
| 按縞薃鎬同字。 | 생각건대 호(縞), 호(薃), 호(鎬)가 같은 글자들이다. |
| 許讀『爾雅』鎬矦爲句。 | 허신(許愼)은 『이아(爾雅)』의 **호후**(鎬矦)를 한 구절로 읽었다. |
| 鎬矦雙聲。 | **호후**(鎬矦)는 **쌍성**(雙聲)이고, |
| 莎隨㬪(疊)。 | **사수**(莎隨)는 첩(疊)으로 |
| 皆絫呼也。 | 모두 두 개씩 합쳐서 부르는 것이다. |
| 單呼則曰縞、曰莎。 | 하나로 부르면 호(縞)이고, 사(莎)이다. |
| 其根卽今香附子。》 | 그 뿌리는 곧 지금의 **향부자**(香附子)이다. |
| 从艸。 | 초(艸)를 따랐고, |
| 沙聲。 | 사(沙)가 성부가 된다. |
| 《穌禾切。17部。 | 소화절(穌禾切)이다. 제 17부에 속한다. |
| 籒文作「莏」。 | 주문(籒文)은 사(莏)자를 쓴다. |
| 『漢書:地理志』芯題。 | 『한서:지리지(漢書:地理志)』❸의 **사제**(芯題)는 |
| 省水從㣥。 | 수(水)를 생략하고, 절(㣥)을 따랐다. |
| 㣥與少同也。 | 절(㣥)과 소(少)는 같다. |
| 俗誤作「芯」。》 | 민간에서는 잘못하여 심(芯)자를 쓴다. |

제(緹) 붉은 비단,
제(媞) 안존할, 예쁠 ▣**시**:자세할, 간교할, 어머니.
호(薃) 향부자.
루(絫) 더할, 무게, 기장 열 알의 무게 ▣**류**:속음.
사(芯) 자전에 없다.
절(㣥) 적을, 적게할 ▣**질**:벌레이름.

| | |
|---|---|
| 호후(鎬矦) | 후사(矦莎) 사초(莎草). = 사수(莎蔧), 지모(地母). |
| 정월(正月) | 1. 일년 중의 첫째 달. 고대의 력법(曆法)에 하(夏)는 음력 1월, 은(殷)은 음력 12월, 주(周)는 음력 11월을 한 해의 첫 달로 하여 정월이라 하였는데, 한 무제(漢武 |

0616

帝) 이후의 음력은 하력(夏曆)을 이름.

**제호**(緹縞) 후사(侯莎) 사초(莎草). = 사수(莎蒢), 지모(地母).

**사수**(莎隨) 후사(侯莎) 사초(莎草). = 사수(莎蒢), 지모(地母).

**쌍성**(雙聲) 중국어는 성모(聲母)와 운모(韻母)로 구성된다. 한글처럼 초성, 중성, 종성으로 나누지 않는다. 성모는 한글의 초성에 해당된다. 즉 자음(字音)을 말한다. 운모는 한글의 중성과 종성을 합한 개념이다. 즉 한글의 모음(母音)과 받침을 합한 것과 같다. 쌍성은 연속된 두 글자의 초성이 같은 것을 말한다. 즉, 과거, 종자, 사신, 본분 등이다.

**향부자**(香附子) 방동사니의 뿌리. 건위(健胃)·진통: 생리 조절 등의 치료에 약재로 쓰인다.

※ 성두향(省頭香), 사초(莎草), 작두향(雀頭香), 초부자(草附子), 수향능(水香稜), 종사(從蓑), 종초(從草), 수파극(水巴戟), 향적(香積), 거수(去須), 수사(水莎), 향부(香附), 뢰공두(雷公頭), 사초근(莎草根), 지모(地毛), 향부미(香附米), 사근(莎根), 생향부(生香附), 제향부(製香附), 변향부(便香附), 구두향(舊頭香), 향사(香莎), 지모(地毛), 지뢰근(地賴根), 포설거토(抱雪居土), 수삼루(水三樓), 수파연(水巴軟).

**사제**(芷題) 후사(侯莎) 사초(莎草). = 사수(莎蒢), 지모(地母).

**[인경고 引經考]**

❶『하소정(夏小正)』

梅, 杏, 杝桃則華. 杝桃, 山桃也. 緹縞. 縞也者, 莎隨也. 緹也者, 其實也. 先言緹而後言縞, 何也? 緹先見者也. 何以謂之? 小正以著名也. 雞桴粥. 粥也者, 相粥之時也. 或曰: 桴, 嫗伏也. 粥, 養也.

❷『석초(釋艸)』

薃侯, 莎. 其實媞.

《夏小正》曰: "薃也者, 薃隋). 媞者其實." ○薃, 音浩. 媞, 音堤>

[疏] "薃侯, 莎. 其實媞".

○釋曰: 薃即莎別名. 侯, 維也, 猶語辭也. 其實別名媞.

○注"夏小"至"其實". ○釋曰:《夏小正》者,《大戴禮》之篇名. 本夏後氏著十二月之候也. 漢九江太守戴德記之, 謂之《大戴禮記》. 其正月云: "媞薃. 薃也者, 莎薃也. 媞也者, 其實也. 先言媞而後言薃何以? 媞先見者也. 何以謂之?《小正》以著名也."案《廣雅》云: "地毛, 莎薃也."是薃即莎也, 故云"莎薃".

❸『한서:지리지(漢書:地理志)』

清河郡, 戶二十萬一千七百七十四, 口八十七萬五千四百二十二. 縣十四: 清陽, 東武城, 繹幕, 靈, 厝, 鄃, 貝丘, 信成, 芷題,<師古曰: 芷, 古莎字.> 東陽, 信鄉, 繚, 棗彊, 復陽.

# 0617

## 617 [菻]䓈 평【píng 夂丨ㄥˊ】45
### 부평초 평

苹也。
《此與前苹字互訓。
而不類廁者。
以字體篆籀別之也。
『小正』於七月言。
『月令』於三月言生䓈。
郭璞云。
江東謂之藻。》
从艸水。
并聲。
《舊作「從艸洴聲」。
『說文』無洴字。
今改同。
薄藻字之例。
薄經切。11部。
籀文作「蓱」。》

「부평초」다.
이것과 앞에 나온 평(苹)자는 **호훈**(互訓)이다.
그런데도 한 무리로 하지 않은 것은
자체(字體)로 전서(篆書)와 주문(籀文)을 구별했기 때문이다.
『소정(小正)』❶은 7월에 개구리밥이 자란다고 말했으나,
『월령(月令)』❷은 3월에 개구리밥이 자란다고 말했다.
곽박(郭璞)이 이르기를
"강동(江東) 지방에서는 표(藻)라고 한다."라고 했다.
초(艸)를 따랐고,
병(并)이 성부가 된다.
옛날에는 「종초병성(從艸洴聲)」이라고 했다.
『설문(說文)』에는 병(洴)자가 없다.
지금은 같게 고쳤다.
독(薄), 소(藻) 자의 례(例)이다.
박경절(薄經切)이다. 제 11부에 속한다.
주문(籀文)은 평(蓱)자를 쓴다.

**평**(苹) 맑은 대쑥, 마름 ▣**변**:적에게 보이지 않게 자기를 엄폐한 수레
　　▣**병**:돌.
**표**(藻) 개구리밥.
**평**(䓈) 개구리밥, 비 맑은 신.
**독**(薄) 땅버들, 갯버들, 쇠풀.
**조**(藻) 조류. 조(藻)의 본래 글자.

**호훈**(互訓) 두 글자가 서로 뜻을 풀이하는 것. A는 B다. B는 A다.
**강동**(江東) 양자강 이동(以東) 지구를 말한다. 옛 사람들은 동쪽을 좌(左)라고 했기 때문에 강좌(江左)로도 불렀다. 양자강(揚子江)이 구강(九江)에서 남경(南京)까지 동북방으로 비스듬히 흘렀으므로 동서(東西)와 좌우(左右)를 확정하는 기준이 되었다. 옛날에는 중원(中原)으로 진입하는 오지(吳地)의 중요한 항구(港口)가 있어서 강의 동쪽지구가 강동(江東)이 되었다. 역사가 흘러 중원이 중앙이 되고, 양자강 이남이 바깥, 표(表)가 되어 강남을 강표(江表)로 칭했다. 강표(江表)는 또 양자강의 동쪽에 있었으므로 또한 강동(江東)으로도 불렀다. 진(晉), 남조(南朝) 때에는 강동(江東)을 강좌(江左)로 불렀다. 삼국(三國) 때에 강동(江東)이 손오정권(孫吳政權)의 속지(屬地)였었기 때문에 손오(孫吳)의 통치지구(統治地區) 전체를 강동(江東)으로 불렀다.

0617

**[인경고 引經考]**

**❶『소정(小正)』** <夏小正:戴氏傳卷二>

秋七月萍萑葦狸子肇肆湟潦生苹爽死苹萍<爾雅苹蘋/蕭又曰萍> 萍<其大者蘋又曰萍馬帚據此則/上苹當作萍下苹當作苹傳同> 漢案户寒蟬鳴初昏織女正東鄉時有霖雨灌荼斗柄縣在下則旦傳七月萍萑葦未萍則不爲萑葦萍然後爲萑葦故先.

**❷『월령(月令)』**

季春之月, 日在胃, 昏七星中, 旦牽牛中. 其日甲乙. 其帝大皞, 其神句芒. 其蟲鱗. 其音角, 律中姑洗. 其數八. 其味酸, 其臭膻. 其祀户, 祭先脾. 桐始華, 田鼠化爲鴽, 虹始見, 萍始生.

<皆記時候也. 鴽, 母無. 螮蝀謂之虹. 萍, 萍也, 其大者曰蘋.>

## 0618 蓳菫 근【jìn ㄐㄧㄣˋ】45
제비꽃 근

| | |
|---|---|
| 艸也。 | 「풀의 일종」이다. |
| 根如薺。 | 뿌리는 냉이 같고, |
| 葉如細杶(柳)。 | 잎은 **세류**(細杶)와 같다. |
| 蒸食之甘。 | 삶아서 먹으면 달다. |
| 《『大雅:菫荼如飴傳』曰。 | 『대아:근도여이:전(大雅:菫荼如飴:傳)』❶에 이르기를 |
| 菫、菜也。 | "근(菫)은 채(菜)다."라고 했다. |
| 『夏小正』。 | 『하소정(夏小正)』❷에 이르기를 |
| 二月榮菫。 | "2월이면 근(菫)이 무성해진다."라고 했다. |
| 『采蘩:傳』曰。 | 『채번:전(采蘩:傳)』❸에 이르기를 |
| 皆豆實也。 | "모두 **두실**(豆實)이다. |
| 菫、采也。 | 근(菫)은 채(菜)다."라고 했다. |
| 『內則:菫荁:注』曰。 | 『내칙:근환:주(內則:菫荁:注)』❹에 이르기를 |
| 荁、菫類也。 | "환(荁)은 근(菫)의 종류다. |
| 冬用菫。夏用荁。 | 겨울에는 근(菫)을 쓰고 여름에는 환(荁)을 쓴다."라고 했다. |
| 按『釋艸』菫有二。 | 생각건대 『석초(釋艸)』❺에는 근(菫)이 두 가지가 있다. |
| 齧、苦菫。 | 설(齧)은 **고근**(苦菫)이다. |
| 『詩』『禮』之菫也。 | 『시(詩)』와 『례(禮)』에서 말하는 근(菫)이다. |
| 茇、菫艸。 | 급(茇)은 **근초**(菫艸)다. |
| 『晉語』之「置菫於肉」。 | 『진어(晉語)』❻의 「**치근어육**(置菫於肉)」은 |
| 即今附子也。》 | 곧 지금의 **부자**(附子)다. |
| 从艸。 | 초(艸)를 따랐고, |
| 堇聲。 | 근(堇)이 성부가 된다. |
| 《居隱切。13部。 | 거은절(居隱切)이다. 제13부에 속한다. . |
| 籒文作「蓳」。 | 주문(籒文)은 근(蓳)자를 쓴다. |
| 今經典通用菫字。》 | 지금의 경전(經典)들은 근(菫)자를 통용한다. |

**근**(菫堇) 찰흙, 진흙, 맥질할, 적을(少也).

**도**(荼) 씀바귀, 억새 ▣**차**:속음 ▣**다**:같은 뜻 ▣**서**:느릿느릿할, 귀신 이름 ▣**사**:갈대꽃 ▣**채**:머리가 둘 있는 사슴 이름 ▣**야**:현이름 ▣**호**:띠꽃 ▣**여**:같은 뜻

<통아(通雅)> 도(荼)자가 중당(中唐) 때부터 다(茶)자로 변하기 시작했다.[荼字自中唐始變作茶]

**번**(蘩) 산흰쑥.

**환**(荁) 풀이름.

**급**(茇) 말오줌나무, 바곳. 그 뿌리를 한방에서는 오두(烏頭), 부자(附

*0618*

子)라고 한다. 백급(白芨), 대왕풀을 약재로 이르는 말.

**세류(細柳)** 실버들. 세버들. 1. 가지가 가는 버드나무. 실버들. 2. 해가 지는 곳. 3. 지명(地名). ㉠4, 섬서성(陝西省) 함양현(鹹陽縣)에 있는 땅 이름. 한(漢)의 주아부(周亞夫)가 진(陣)을 쳤던 곳. 세류영(細柳營). ㉡4, 섬서성 서안현(西安縣)에 있는 땅 이름.

　※ **세류신포(細柳新蒲)** 이른 봄 새싹이 돋아나는 세버들과 부들. [杜甫?哀江頭詩] 江頭宮殿鎖千門 細柳新蒲爲誰綠.

　※ **세류영(細柳營)** 군율(軍律)이 엄정한 군영. 또는 장군의 진영. 　故,2, 한(漢)의 주아부(周亞夫)가 장군이 되어 세류(細柳)에 주둔하고 있을 때 다른 진영보다 군율이 엄하여, 순시하는 문제(文帝)가 크게 감동하였다는 고사에서 온 말.

**두실(豆實)** 나무제기에 담는 제사 음식. 부추. 대실(敦實)은 대(敦)에 담는 제사 음식으로 벼를 가르킨다. 한편 가변(嘉邊)은 변(邊)에 담는 제사 음식을 말한다. 변(邊)은 대나무 그릇인데 주로 과일과 말린 고기를 담는다. 이 둘을 합쳐서 변두지실(邊豆之實)로 일컽는다.

<례기:교특생(禮記:郊特牲)>에 "제사를 지낼 때에는 정(鼎)과 조(俎)는 기수(奇數)로 하고, 변(邊)과 두(豆)는 우수(偶數)로 하는데, 이것은 음양(陰陽)을 구별하는 뜻이다. 변과 두에 담는 내용물은 물이나 흙에서 나는 것으로 한다. 감히 맛을 가미하여 설만하게 하지 않으며, 가지 수를 많이 하는 것을 귀하게 여기지 않으니, 이는 신명과 교감하는 뜻이다."[鼎俎奇而邊豆偶 陰陽之義也. 邊豆之實 水土之品也 不敢用褻味而貴多品 所以交於神明之義也]라고 했다.

**고근(苦菫)** 미나리아재비과에 속하는 월년초. 독이 있으며 약재로 쓰임. 석룡.

**근초(菫艸)** 바곳. 오두(烏頭).

**치근어육(置菫於肉)** 고기에 근(菫)을 넣다.

**부자(附子)** 풀이름. 다년생 초목. 잎은 손바닥 모양이고 쑥과 비슷하다. 가을에 꽃이 피는데 스님의 신발을 닮아서 승혜국(僧鞋菊)이라고도 한다. 잎줄기에 독이 있다. 뿌리는 훨씬 더 독하다. 손발이 찬데 신경통 등에 쓰는데, 과용하면 극약(劇藥)이 된다.

**[인경고 引經考]** ❶『대아:근도여이:전(大雅:菫荼如飴:傳)』<大雅:文王之什:縣>

縣縣瓜瓞. 民之初生, 自土沮漆. 古公亶父, 陶復陶穴, 未有家室.

古公亶父, 來朝走馬. 率西水滸, 至于岐下. 爰及姜女, 聿來胥宇.

周原膴膴, 菫荼如飴. 爰始爰謀, 爰契我龜. 曰止曰時, 築室于兹.

<周原, 沮, 漆之間也. 膴膴, 美也. 菫, 菜也. 荼, 苦菜也. 契開也. 箋云 : 廣平曰原. 周之原地, 在岐山之南, 膴膴然肥美. 其所生菜, 雖有性苦者, 皆甘如飴也. 此地將可居, 故於是始與齒人之從己者謀. 謀從, 又於是契灼其龜而蔔之, 蔔之則又從矣. ○膴音武,《韓詩》同. 菫音謹. 案《廣雅》云 : "菫, 藋也." 今三輔之言猶然.

## 0618

蘦音徒弔反. 荼音徒. 飴音移. 契, 苦計反, 本又作挈, 音苦結反. 灼, 之略反.>
迺慰迺止, 迺左迺右, 迺疆迺理, 迺宣迺畝, 自西徂東, 周爰執事.
乃召司空, 乃召司徒, 俾立室家. 其繩則直, 縮版以載, 作廟翼翼.
捄之陾陾, 度之薨薨, 築之登登, 削屢馮馮. 百堵皆興, 鼛鼓弗勝.
迺立皋門, 皋門有伉. 迺立應門, 應門將將. 迺立冢土, 戎醜攸行. ……

### ❷『하소정(夏小正)』

二月： 往耰黍, 襌. 襌, 單也. 初俊羔助厥母粥. 俊也者, 大也. 粥也者,
養也. … 鮪之至有時, 美物也. 鮪者, 魚之先至者也, 而其至有時, 謹記其
時. 榮菫, 采蘩. 菫, 菜也. 蘩, 由胡; 由胡者, 蘩母也; 蘩母者, 旁勃也.
皆豆實也, 故記之.

### ❸『채번:전(采蘩:傳)』

榮菫, 采蘩. 菫, 菜也. 蘩, 由胡.

<由胡者, 蘩母也；蘩母者, 旁勃也. 皆豆實也, 故記之.>

### ❹『내칙:근환:주(內則:菫荁:注)』

棗, 栗, 飴, 蜜以甘之, 菫, 荁, 枌, 榆, 免, 薧, 滫, 瀡以滑之, 脂, 膏
以膏之. <謂用調和飲食也. 荁, 菫類也. 冬用菫, 夏用荁. 榆白曰枌. 免, 新生者. 薧, 乾也.
秦人溲曰滫, 齊人滑曰瀡. ○飴, 羊之反, 餳也. 菫音謹, 菜也. 荁音丸, 似菫而葉大也. 枌,
扶雲反. 免音問, 注同. 薧, 字又作槀, 苦老反. 滫, 思酒反, 溲也. 瀡音髓, 滑也. 滑, 胡八反,
又於八反, 諸卷皆同. 膏之, 古報反. 調, 如字, 又徒弔反. 和如字, 又胡臥反. 夏用, 戶嫁反.
溲, 所九反.>

### ❺『석초(釋艸)』

蕍, 苦菫. <今菫葵也. 葉似柳, 子如米, 汋食之滑.>

　　〔疏〕"蕍, 苦樺". ○釋曰：蕍, 一名苦菫, 可食之菜也, 郭云"今菫葵也. 葉似柳, 子
　　如米, 汋食之滑"者.《本草》唐本注云：此菜野生, 非人所種, 俗謂之堇菜. 葉似蕺,
　　花紫色者.《內則》云"菫, 荁, 枌, 榆"是也.《本草》云"味甘", 此云"苦"者, 古人語
　　倒, 猶甘草謂之大苦也.

芨, 菫草. <即烏頭也. 江東呼爲菫. ○芨, 音急. 菫, 音靳.>

　　〔疏〕"芨, 菫草". ○釋曰：芨, 一名菫草. 郭云："即烏頭也. 江東呼爲菫. 音靳."
　　案《詩:大雅》云："菫荼如飴."…

### ❻『진어(晉語)』

驪姬以君命命申生曰："今夕君夢齊薑, 必速祠而歸福." 申生許諾, 乃祭於
曲沃, 歸福於絳. 公田, 驪姬受福, 乃寘鴆於酒, 寘菫於肉. <寘, 置也. 鴆, 毒
也. 案：「毒」, 公序本作「運日」. 魯語上注：「鴆, 鳥名也, 一名「運日」.」> 公至, 召
申生獻, 公祭之地, 地墳. 申生恐而出. 驪姬與犬肉, 犬斃；飲小臣酒, 亦
斃. 公命殺杜原款. 申生奔新城.

## 0619 菲 비【fěi ㄈㄟˇ】45
### 채소 이름 비

芴也。
《『釋艸』、『毛傳』皆同。
『釋艸』又云。
菲、蒠菜也。》
从艸。
非聲。
《芳尾切。15部。
籒文作「萉」。》

「순무」다.

『석초(釋艸)』❶와 『모전(毛傳)』❷이 모두 같다.

『석초(釋艸)』에 이르기를

"비(菲)는 **식채(蒠菜)**다."라고 했다.

초(艸)를 따랐고,

비(非)가 성부가 된다.

방미절(芳尾切)이다. 제 15부에 속한다.

주문(籒文)은 비(萉)자를 쓴다.

**물**(芴) 순무, 빽빽할, 어둘, 어리석을.

**식**(蒠) 순무, 푸성귀이름.

---

**식채(蒠菜)** | 토과(土瓜) 1. 비흘(菲芴), 식채(蒠菜), 숙채(宿菜)라고도 한다.《이아:석초(爾雅:釋草)》에 "비흘(菲芴)" 진(晉) 나라 <곽박-주(郭璞-注)>에서 "토과(土瓜)다."라고 했다. 청(淸) 나라 <학의행-의소(郝懿行-義疏)>에 "비(菲)다, 흘(芴)이다, 식채(蒠菜)다, 토과(土瓜)다, 숙채(宿菜)다. 다섯 개는 한 가지 사물이다. ……《본초(本草)》에 "왕과(王瓜)는 또한 토과(土瓜)다." 2. 왕과(王瓜)의 별명.

---

**[인경고 引經考]**

❶『석초(釋艸)』

薢，白薞<即上"山薞".> 菲，芴.<即土瓜也. ○菲，音匪. 芴，音物.>

〔疏〕"菲，芴". ○釋曰：一名芴. 郭云："即土瓜也." 孫炎曰："蒠類也."《詩:谷風》云："采葑采菲." 陸機云："菲似葍，莖粗，葉厚而長，有毛. 三月中蒸鬻爲茹，滑美可作羹. 幽州人謂之芴，《爾雅》又謂之 蒠菜. 今河內人謂之宿菜." 案，今《爾雅》菲，芴與蒠菜異，郭注似是別草. 如陸之言，又是一物. 某氏注《爾雅》，二處皆引《穀風》詩，即菲也，芴也，蒠菜也，土瓜也，宿菜也，五者一物也. 其狀似葍而非葍，故云"蒠類也".

❷『모전(毛傳)』<邶風:谷風>

習習谷風，以陰以雨. 黽勉同心，不宜有怒.

采葑采菲，無以下體. 德音莫違，及爾同死.

<葑，須也. 菲，芴也. 下體，根莖也. 箋云：此二菜者，蔓菁與葍之類也，皆上下可食. 然而其根有美時，有惡時，采之者不可以根惡時並棄其葉，喩夫婦以禮義合，顏色相親，亦不可以顏色衰，棄其相與之禮.>

行道遲遲，中心有違. 不遠伊邇，薄送我畿.

誰謂荼苦，其甘如薺. 宴爾新昏，如兄如弟.

涇以渭濁，湜湜其沚. 宴爾新昏，不我屑以. ………

## 0620

## 0620 艸芴 물【wù ㄨˋ】45

부추 물

菲也。
《音義皆同。》
从艸。
勿聲。
《文弗切。15部。
籒文作「芛」。》

「순무」다.

음과 뜻이 모두 같다.

초(艸)를 따랐고,

물(勿)이 성부가 된다.

문불절(文弗切)이다. 제 15부에 속한다.

주문(籒文)은 물(芛)자를 쓴다.

**비**(菲) 순무, 나물이름, 얇을, 짚신, 무성한 모양.

## 0621 䕼蘄 한【hàn ㄏㄢˋ】 45
### 풀 이름 한

*0621*

艸也。　　　「풀의 일종」이다.
从艸。　　　초(艸)를 따랐고,
䳘聲。　　　난(䳘)이 성부가 된다.
《呼旰切。14部。　호간절(呼旰切)이다. 제 14부에 속한다.
籒文作「蘄」。　주문(籒文)은 한(蘄)자를 쓴다.
按[鳥部:䳘難]一字也。　생각건대 [조부:난난(鳥部:䳘難)]이 같은 글자였다.
而[艸部:蘄蘄]各字。　그런데 [초부:난난(艸部:蘄蘄)]은 각자다.
恐有誤。》　오류가 있을 것이다.

난(䳘) 새이름, 성씨.
름(難) 어려울 난(難)과 같은 글자.
연(蘄) 풀(草也), 불사를.

## 0622

## 0622 雚萑 환【huán ㄏㄨㄢˊ】 45

### 물억새 환[胡官切] / 익모초 추

萑也。
《萑之已秀者也。
萑已見前。
此以篆籀分別異處。》

從艸。
雚聲。

《胡官切。14部
籀文作「蕚」。
今人多作萑者。
葢(蓋)其始假雗屬之雚爲之。

後又誤爲艸多皃(貌)之萑。》

「익모초」라는 뜻이다.

란(萑)이 이미 이삭이 팬 것이다.

란(萑)은 이미 앞에 보였다.

이것은 전서(篆書)와 주문(籀文)으로 차이점을 분별한 것이다.

초(艸)를 따랐고,

환(雚)이 성부가 된다.

호관절(胡官切)이다. 제 14부에 속한다.

주문(籀文)은 추(蕚)자를 쓴다.

지금의 사람들은 추(萑)자를 많이 쓴다.

대체로 그 시작은 올빼미의 일종인 환(雚)자를 가차한 것에서 시작했고,

나중 사람들은 또 풀이 무성한 모양의 추(萑)로 오해했기 때문이다.

---

완(萑) 물억새 ■란:작은 마늘, 달래 뿌리.

환(萑) 물억새 ■추:풀 우거진 모양, 익모초.
　　* 부엉이 환(雚)과 풀 초(艸)의 합자.

환(雚) 부엉이. * 양뿔 개(丷)와 새 추(隹)의 합자.

추(萑) 익모초. * 풀 초(艸)와 새 추(隹)의 합자.

치(雎) 올빼미.

## 0623 𦵮葦 위【wěi ㄨㄟˇ】45
### 갈대、거룻배 위

| | |
|---|---|
| 大葭也。 | 「대가(大葭)」다. |
| 《『夏小正』曰。 | 『하소정(夏小正)』❶에 이르기를 |
| 未秀則不爲雚葦。 | "아직 이삭이 패지 않은 것은 **환위**(雚葦)가 아니다. |
| 秀然後爲雚葦。 | 이삭이 팬 후 **환위**(雚葦)가 된다."라고 했다. |
| 『毛傳』曰。 | 『모전(毛傳)』❷에 이르기를 |
| 八月萑爲雚、 | "8월에 란(萑)은 환(雚)이 되고, |
| 葭爲葦。 | 가(葭)는 위(葦)가 된다."라고 했다. |
| 許云大葭、猶言 | 허신(許愼)이 **대가**(大葭)라고 말한 것은 |
| 葭之已秀者。》 | 가(葭)가 이미 이삭이 팼다는 것과 같다. |
| 从艸。 | 초(艸)를 따랐고, |
| 韋聲。 | 위(韋)가 성부가 된다. |
| 《于鬼切。15部。 | 우귀절(于鬼切)이다. 제 15부에 속한다. |
| 籒文作「𦵮」。》 | 주문(籒文)은 육(𦵮)자를 쓴다. |

**가**(葭) 어린 갈대,

**위**(葦) 갈대, 거룻배, 산이름, 갈대꽃.

**환**(雚) 물억새 ▣**추**:풀 우거진 모양, 익모초

**완**(萑) 물억새 ▣**란**:작은 마늘, 달래 뿌리.

| | |
|---|---|
| **대가**(大葭) | 갈대의 일종. |
| **환위**(雚葦) | 이삭이 팬 후의 갈대. |

**[인경고 引經考]**

❶『하소정(夏小正)』

夏小正: 七月:

秀雚葦. 未秀則不爲雚葦, 秀然後爲雚葦, 故先言秀.

貍子肇肆. 肇, 始也. 肆, 遂也. 言其始遂也. 其或曰: 肆殺也.

❷『모전(毛傳)』 &lt;豳風:七月&gt;

…

七月流火, 九月授衣. 春日載陽, 有鳴倉庚. 女執懿筐, 遵彼微行. 爰求柔桑. 春日遲遲, 采蘩祁祁. 女心傷悲, 殆及公子同歸.

七月流火, 八月萑葦. 蠶月條桑, 取彼斧斨, 以伐遠揚, 猗彼女桑. 七月鳴鵙, 八月載績. 載玄載黃, 我朱孔陽, 爲公子裳.

&lt;亂爲萑. 葭爲葦. 豫畜萑葦, 可以爲曲也.

箋云 : 將言女功自始至成, 故亦又本於此.四月.&gt;

## 0624 葭 가【jiā ㄐㄧㄚˉ】46

어린 갈대 가

| | |
|---|---|
| 葦之未秀者。 | 「위(葦)의 이삭이 아직 패지 않은 것」이다. |
| 从艸。 | 초(艸)를 따랐고, |
| 叚聲。 | 가(叚) 성부가 된다. |
| 《古牙切。 | 고아절(古牙切)이다. |
| 古音在 5部。 | 고음(古音)은 제 5부에 속한다. |
| 籒文作「䕅」。》 | 주문(籒文)은 가(䕅)자를 쓴다. |

**위**(葦) 갈대, 거룻배, 산이름, 갈대꽃.

## 0625 𦽛萊 래【lái ㄌㄞˊ】 46

명아주、거칠 래

蔓華也。

《『今-釋艸』作「釐」、蔓華。

許所見作「萊」。

『小雅』北山有萊之萊。

未知卽此與不也。

經典多用爲艸萊字。》

从艸。

來聲。

《洛哀切。1部。

籒文作「䕢」。》

「**만화**(蔓華)」다.

『금-석초(今-釋艸)』❶에 "리(釐)는 **만화**(蔓華)다."라고 썼다.

허신(許愼)이 본 것은 래(萊)로 썼다.

『**소아**(小雅)』❷에서는 「**북산유래**(北山有萊)」의 래(萊)로 썼다.

누가 곧 이것과 다른지 알 수 없다.

경전(經典)은 초래(艸萊)자로 많이 쓴다.

초(艸)를 따랐고,

래(來)가 성부가 된다.

락애절(洛哀切)이다. 제 1부에 속한다.

주문(籒文)은 래(䕢)자를 쓴다.

**리**(釐) 의리, 보리 ▣**희**:제사 지내고 남은 고기.

**만화**(蔓華) 북산에는 명아주.

**북산유래**(北山有萊) 북산(北山)에는 래(萊)가 있다.

### [신경고 引經考]

❶『금-석초(今-釋艸)』

釐, 蔓華.

&lt;一名蒙華.&gt;

[疏]"釐, 蔓華".

○釋曰：釐, 一名蔓華. 郭云："一名蒙華."

❷『소아(小雅)』〈小雅:南有嘉魚之什:南山有臺〉

南山有臺, 北山有萊. 樂只君子, 邦家之基. 樂只君子, 萬壽無期.

&lt;興也. 台, 夫須也. 萊, 草也.

箋云：興者, 山之有草木, 以自覆蓋, 成其高大, 喻人君有賢臣, 以自尊顯.

○萊音來. 夫音符.&gt;

南山有桑, 北山有楊. 樂只君子, 邦家之光. 樂只君子, 萬壽無疆.

南山有杞, 北山有李. 樂只君子, 民之父母. 樂只君子, 德音不已.

南山有栲, 北山有杻. 樂只君子, 遐不眉壽. 樂只君子, 德音是茂.

南山有枸, 北山有楰. 樂只君子, 遐不黃耇. 樂只君子, 保艾爾後.

# 0626

## 0626 茘 려【ㄌㄧˋ】46
### 염교(다년초) 려

| | |
|---|---|
| 艸也。 | 「풀의 일종」이다. |
| 侣(似)蒲而小。 | 부들과 비슷하나 작다. |
| 根可作刷。 | 뿌리로 쇄(刷)를 만들 수 있다. |
| 《『月令。 | 『월령(月令)』❶에 이르기를 |
| 十一月、茘挺出。 | "11월이면 **려정**(茘挺)이 뻗어 나온다."라고 했다. |
| 鄭云。 | 정군(鄭君)이 이르기를 |
| 茘挺、馬薤也。 | "**려정**(茘挺)은 **마해**(馬薤)다."라고 했다. |
| 鄭以茘挺爲艸名。 | 정군(鄭君)은 **려정**(茘挺)을 풀이름이라고 했다. |
| 『蔡邕-章句』云。 | 『채옹-장구(蔡邕-章句)』❷에 이르기를 |
| 茘侣(似)挺。 | "려(茘)는 정(挺)과 비슷하다."라고 했다. |
| 『高-注:呂(呂)覽』云。 | 『고-주:려람(高-注:呂覽)』❸에 이르기를 |
| 茘艸挺出。 | "**려초정출**(茘艸挺出)"이라고 했다. |
| 則以挺下屬。 | 정(挺)으로 종속시켰다. |
| 歙程氏-瑤田曰。 | 흡정씨-요전(歙程氏-瑤田)❹이 이르기를 |
| 茘、今北方束其根以刮鍋。 | "려(茘)를 지금 북방에서는 그 뿌리로 솥을 묶는다."라고 했다. |
| 李時珍以馬帚之荓當之。誤也。 | 리시진(李時珍)❺은 **마추**(馬帚)의 병(荓)에 해당한다고 했다. 틀렸다. |
| 按「刷」各本作「㕢」。 | 생각건대 쇄(刷)를 여러 책에서는 쇄(㕢)로 썼다. |
| 今依『顏(顏)氏-家訓』正。 | 지금은 『안씨-가훈(顏氏-家訓)』❻에 근거해서 바로잡았다. |
| 上文曰茵、刷也。 | 앞에서 "굴(茵)은 쇄(刷)다."라고 했다. |
| 从艸。 | 초(艸)를 따랐고, |
| 劦聲。 | 협(劦)이 성부가 된다. |
| 《郎計切。15部。 | 랑개절(郎計切)이다. 제 15부에 속한다. |
| 籀文作「茘」。》 | 주문(籀文)은 여(茘)자를 쓴다. |

쇄(刷) 긁을, 쓸, 청결할, 빗을, 솔질할.

해(薤) 염교, 삿자리, 상여가 나갈 때에 부르는 노래 ◘혜:염교.

흡(歙) 줄일,

과(鍋) 수레굴, 기름통, 노구솥, 남비.

추(帚) 비, 소제할, 대싸리.

병(荓) 비수리, 연꽃봉오리, 꽃다울.

설(㕢) 닦을, 쓸(掃也), 깨끗이 할.

협(劦) 힘을 같이 할, 급할 ◘렵:힘써 멎지 않을.

골(茵) 긁을 ◘굴:풀이름.

**0626**

**려정**(荔挺)

풀이름. 부들과 비슷하나 작다. 뿌리로 쇄(刷)를 만들 수 있다.

※ &lt;안씨가훈:서징(顏氏家訓:書證)&gt; 려정이 나지 않으면, 나라에 화재가 많이 난다.「荔挺不出, 則國多火災.」

※ &lt;국역 고려사:선명력:기후표(高麗史:宣明曆:氣候表)&gt;에 "대설은 11월 절기이며 괘(卦)로는 태(兌) 상륙(上六)이다. 초후에 왜가리가 울지 않는다. 차후에 범이 교미하기 시작한다. 말후에 려정(荔挺)이 나온다."라고 했다.

**마해**(馬薤)

려정(荔挺).

**정출**(挺出)

① 남달리 특히 뛰어남. ② 기어나옴.

**려초정출**(荔艸挺出)

려초가 뻗어 나옴.

**마추**(馬帚)

풀이름. 병(荓)의 별명.우리 말로 비수리다. 수많은 별명이 있다. 마린자(馬藺子), 극초(劇草), 한포(旱蒲), 시수(豕首), 삼견(三堅), 삼엽초(三葉草), 봉초(封草), 균관자(菌串子), 백마편(白馬鞭), 조공편(趙公鞭),철선팔초(鐵線八草), 사도퇴(蛇倒退), 사퇴초(蛇退草), 천리광(千裏光), 호승익(胡蠅翼), 반천뢰(半天雷), 황충관(蝗蟲串), 폐문초(閉門草), 공모초(公母草), 철마편(鐵馬鞭), 퇴소초(退燒草), 소종야관문(小種夜關門), 사탈각(蛇脫殼), 일지전(一枝箭), 천리급(千裏及), 풍교미(風交尾), 화식초(化食草), 백관문초(白關門草), 광문죽(光門竹), 야합초(夜合草), 삼엽공모초(三葉公母草), 철소파(鐵掃把), 음양초(陰陽草), 호류관(胡流串), 대력왕(大力王), 관문초(關門草), 마미초(馬尾草), 야폐초(夜閉草), 화어초(火魚草), 백관문초(白關門草)등등. 양기가 허약한 노인들의 양기보충에 탁월한 효과가 있다.

**[인경고 引經考]**

**❶**『월령(月令)』

芸始生, 荔挺出, 蚯蚓結, 麋角解, 水泉動.

&lt;又記時候也. 芸, 香草也. 荔挺, 馬薤也. 水泉動, 潤上行.

○芸音云. 荔, 力計反. 挺, 大頂反. 麋, 亡悲反. 解音蟹. 蚯, 戶介反.上, 時丈反. &gt;

[疏]"芸始"至"泉動".

○正義日 : "芸始生, 荔挺出"者, 皇氏云"以其俱香草, 故應陽氣而出". 而"蚯蚓結"者, 蔡云"結猶屈也. 蚯蚓在穴, 屈首下向, 陽氣氣動則宛而上首, 故其結而屈也". "麋角解"者, 說者多家, 皆無明據. 熊氏云"鹿是山獸, 夏至得陰氣而解. 角麋是澤獸, 故冬至得陽氣而解角". 今以麋爲陰獸, 情淫而遊澤, 冬至陰方退故解角, 從陰退之象. 鹿是陽獸, 情淫而遊山, 夏至得陰而解角, 從陽退之象. 既無明據, 故略論焉. 若節氣早, 則麋角十一月解, 故《夏小正》云"十一月麋角隕墜"是也. 若節氣晚, 則十二月麋角解, 故《小正》云"十二月隕麋角".

**❷**『채옹-장구(蔡邕-章句)』〈蔡邕-月令章句〉

月令云:「荔挺出.」鄭玄注云:「荔挺, 馬薤也.」說文云:「荔, 似蒲而小, 根可爲刷.」廣雅云: 馬薤, 荔也.」通俗文亦云馬藺. 易統通卦驗玄圖云:

**0626**

「荔挺不出，則國多火災.」蔡邕月令章句云：「荔似挺.」高誘注呂氏春秋云：「荔草挺出也.」然則月令注荔挺爲草名，誤矣. 河北平澤率生之. 江東頗有此物，人或種於階庭，但呼爲旱蒲，故不識馬薤. 講禮者乃以爲馬莧；馬莧墮食，亦名豚耳，俗名馬齒. 江陵嘗有一僧，面形上廣下狹；劉緩幼子民譽，年始數歲，俊晤善體物，見此僧云：「面似馬莧.」其伯父絢因呼爲荔挺法師. 絢親講禮名儒，尚誤如此.

### ❸『고-주：려람(高-注：呂覽)』〈려씨춘추：仲冬紀〉

是月也，農有不收藏積聚者，牛馬畜獸有放佚者，取之不詰. 山林藪澤，有能取疏食田獵禽獸者，野虞敎導之；其有侵奪者，罪之不赦.

是月也，日短至. 陰陽爭，諸生蕩. 君子齋戒，處必弇，身必寧，去聲色，禁嗜慾，安形性，事欲靜，以待陰陽之所定. 芸始生. 荔挺出. 蚯蚓結. 麋角解. 水泉動. 日短至，則伐林木，取竹箭.

是月也，可以罷官之無事者，去器之無用者. 塗闕庭門閭，築囹圄，此所以助天地之閉藏也.

### ❹흠정씨-요전(歆程氏-瑤田)

厥.

### ❺리시진(李時珍)은

地膚子.

&lt;味苦寒. 主旁光熱，利小便，補中益精氣. 久服，耳目聰明，輕身耐老. 一名地葵(禦覽引云，一名地華，一名地脈，大觀本無一名地華四字，脈作麥，皆黑字). 生平澤及田野.&gt;

古醫曰：一名地麥，生荊州，八月十月采實，陰幹.

案廣雅云：地葵，地膚也；

列仙傳云：文賓服地膚；

鄭樵云：地膚曰落帚，亦曰地掃；

爾雅云：葥，馬帚，卽此也，今人亦用爲帚.

### ❻『안씨-가훈(顏氏-家訓)』 2번 참조.

月令云：「荔挺出.」鄭玄注云：「荔挺，馬薤也.」說文云：「荔，似蒲而小，根可爲刷.」廣雅云：「馬薤，荔也.」通俗文亦云馬蘭. 易統通卦驗玄圖云：「荔挺不出，則國多火災.」蔡邕月令章句云：「荔似挺.」高誘注呂氏春秋云：「荔草挺出也.」然則月令注荔挺爲草名，誤矣. 河北平澤率生之. 江東頗有此物，人或種於階庭，但呼爲旱蒲，故不識馬薤. 講禮者乃以爲馬莧；馬莧墮食，亦名豚耳，俗名馬齒.

## 0627 蒙 몽 【méng ㄇㄥˊ】 46

소나무겨우살이, (은혜, 옷)입을 몽

0627

| | |
|---|---|
| 王女也。 | 「왕녀(王女)」다. |
| 《「王」或作「玉」。誤。 | 왕(王)을 어떤 책에서는 옥(玉)이라고 했는데 틀렸다. |
| 『釋艸』云。 | 『석초(釋艸)』❶에 이르기를 |
| 蒙、王女。 | "몽(蒙)은 **왕녀(王女)**다."라고 했다. |
| 又云。 | 또 이르기를 |
| 唐蒙、女蘿。 | "당몽(唐蒙)은 **녀라(女蘿)**이고, |
| 女蘿、兔(兔)絲。 | 녀라(女蘿)는 **토사(兔絲)**이다."라고 했다. |
| 孫炎曰。 | 손염(孫炎)이 이르기를 |
| 別三名。 | "세 개의 다른 이름이다."라고 했다. |
| 按『衞(衛)風:爰采唐矣:傳』云。 | 생각건대 『위풍:원채당의:전(衞風:爰采唐矣:傳)』❷에 이르기를 |
| 唐蒙、菜名。 | "당몽(唐蒙)은 채소이름이다."라고 했다. |
| 『小雅:蔦與女蘿:傳』云。 | 『소아:조여녀라전(小雅:蔦與女蘿:傳)』❸에 이르기를 |
| 女蘿、兔絲松蘿也。 | "녀라(女蘿)는 **토사(兔絲), 송라(松蘿)**다."라고 했다. |
| 疑『爾雅』、『毛傳』此二條皆不謂一物。》 | 『이아(爾雅)』❹와 『모전(毛傳)』❺의 이 두 조목에서는 모두 한 가지 사물을 말하는 것이 아닌 것 같다. |
| 从艸。 | 초(艸)를 따랐고, |
| 冡聲。 | 몽(冡)이 성부가 된다. |
| 《莫紅切。9部。 | 막홍절(莫紅切)이다. 제 9부에 속한다. |
| 籒文作「蓩」。 | 주문(籒文)은 몽(蓩)자를 쓴다. |
| 今人冡冒皆用蒙字爲之。》 | 지금 사람들의 **몽모(冡冒)**는 모두 몽(蒙)자를 써서 한다. |

**조**(蔦) 담쟁이, 겨우살이.

**라**(蘿) 여라, 토사, 새삼, 쑥, 풀가사리, 무우.

| | |
|---|---|
| **왕녀**(王女) | 나뭇가지에 돋는 이끼의 일종인 녀라(女蘿). |
| **당몽**(唐蒙) | 녀라(女蘿). |
| **녀라**(女蘿) | 식물이름. 송라(松蘿). 소나무 위에 붙어 살면서 실 모양으로 아래로 드리운다. |
| **토사**(兔絲) | 녀라(女蘿). |
| **송라**(松蘿) | 송라(松羅) 1. 소나무겨우살이과의 기생 식물. 소나무겨우살이. |
| **몽모**(冡冒) | 厥. |

| | |
|---|---|
| [인경고 引經考] | ❶『석초(釋艸)』 |

蒙, 王女.

<蒙即唐也, 女蘿別名.> 拔, 蘢葛.<似葛, 蔓生, 有節. 江東呼為龍尾, 亦謂之虎葛, 細葉赤莖.>

## 0627

〔疏“拔, 蘢葛”
○釋曰：拔, 一名蘢葛, 葛類也. 郭云：“似葛, 蔓生, 有節. 江東呼為龍尾, 亦謂之
虎葛, 細葉赤莖.”

唐, 蒙, 女蘿. 女蘿, 菟絲. <別四名.《詩》云：“爰采唐矣.”>

〔疏〕“唐, 蒙”至“菟絲”. ○釋曰：孫炎曰：“別三名.”郭云：“別四名.”則唐與蒙,
或並或別, 故三四異也.《詩經》直言唐, 而傳云“唐, 蒙也”, 是以蒙解唐也. 則四名
爲得. 下云：“蒙, 王女.”郭云：“即唐也.”是又名王女. 然則, 唐也, 蒙也, 女蘿
也, 菟絲也, 王女也, 凡五名. …

❷『위풍:원채당의:전(衛風:爰采唐矣:傳)』〈鄘風:桑中〉

※ 위풍(衛風)이 아니라 용풍(鄘風)이다.

爰采唐矣, 沬之鄉矣. 云誰之思, 美孟姜矣.

<爰, 於也. 唐蒙, 菜也. 沬, 衛邑. 箋云：於何采唐, 必沬之鄉, 猶言欲爲淫亂者,
必之衛之都. 惡衛爲淫亂之主. ○沬音妹. 惡, 烏路反.>

期我乎桑中, 要我乎上宮, 送我乎淇之上矣.

爰采麥矣, 沬之北矣. 云誰之思, 美孟弋矣.

期我乎桑中, 要我乎上宮, 送我乎淇之上矣.

爰采葑矣, 沬之東矣. 云誰之思, 美孟庸矣.

期我乎桑中, 要我乎上宮, 送我乎淇之上矣.

❸『소아:오여녀라:전(小雅:蔦與女蘿:傳)』

〈小雅:甫田之什:頍弁〉

有頍者弁, 實維伊何. 爾酒旣旨, 爾殽旣嘉. 豈伊異人, 兄弟匪他.

蔦與女蘿, 施于松柏. 未見君子, 憂心弈弈. 旣見君子, 庶幾設懌.

<蔦, 寄生也. 女蘿, 菟絲, 松蘿也. 喻諸公非自有尊, 讬王之尊. 箋云：讬王之尊
者, 王明則榮, 王衰則微. 刺王不親九族, 孤特自恃, 不知己之將危亡也. ○蔦音
鳥,《說文》音吊, 寄生草也.《爾雅》云“寓木, 宛童”, 是也. 女蘿, 力多反, 在草曰兔
絲, 在木曰松蘿. 又唐蒙. 施, 以豉反. 下同.>

有頍者弁, 實維何期. 爾酒旣旨, 爾殽旣時. 豈伊異人, 兄弟具來.

蔦與女蘿, 施于松上. 未見君子, 憂心怲怲. 旣見君子, 庶幾有臧.

有頍者弁, 實維在首. 爾酒旣旨, 爾殽旣阜. 豈伊異人, 兄弟甥舅.

如彼雨雪, 先集維霰. 死喪無日, 無幾相見. 樂酒今夕, 君子維宴.

❹『이아(爾雅)』唐蒙, 菜名.　　　　　　　　2번 참조.

❺『모전(毛傳)』女蘿, 菟絲, 松蘿也.　　　3번 참조.

[몽(蒙)이 포함된 글자들] 5+1자

형성 (5자+1)　　　　　　　몽(矇曚)2095
몽(贚矇)2316몽(饛矇)3094 몽(濛矇)6986
몽(蠓矇)8471몽(朦矇)

## 0628 藻藻 조 【zǎo ㄗㄠˇ】 46
### 조류 조

| | |
|---|---|
| 水艸也。 | 「수초(水艸)」다. |
| 《今水中莖大如釵股、 | 지금은 물 속에 있고 줄기가 **차고**(釵股) 같고, |
| 葉蒙茸深綠色、 | 잎이 **몽용**(蒙茸)하며 짙은 록색이고, |
| 莖寸許有節者是。 | 줄기는 일촌(一寸) 정도이며 마디가 있는 것이다. |
| 『左氏』謂之薀藻。》 | 『좌씨(左氏)』❶에서 말하는 **온조**(薀藻)다. |
| 从艸水。 | 수(水)와 초(艸)를 따랐고, |
| 巢聲。 | 소(巢)가 성부가 된다. |
| 《子晧切。2部。 | 자호절(子晧切)이다. 제 2부에 속한다. |
| 籒文作「藻」。 | 주문(籒文)은 조(藻)자를 쓴다. |
| 『禮經』華采之字、古文用繅。 | 『례경(禮經)』❷의 **화채**(華采)라는 글자를 고문(古文)은 소(繅)로 썼고, |
| 今文用藻、璪。》 | 금문(今文)은 조(藻), 조(璪)자를 쓴다. |
| 『詩』曰。 | 『시(詩)』❸에 이르기를 |
| 于以采藻。 | "**우이채조**(于以采藻)"라고 했다. |
| 《『召南』文。》 | 『소남(召南)』에 나오는 글이다. |

**온**(薀) 쌓을, 붕어마름

**차**(釵) 두 갈래진 비녀, 약이름

**소**(繅) 고치 켤 ◼**조**:옥을 깔아놓은 5색 방석, 옥받침.

---

**차고**(釵股) ① 묵죽화에서 대나무의 곧은 가지를 이르는 말. ② 두 갈래진 비녀의 가지. ③ 절차고(折釵股)로 운필법(運筆法)을 말한다. 꺾이는 획이 둥글고 힘이 있어서(其屈折圓而有力) 마치 비녀의 구부정한 부분이 둥글고 자연스러운 것과 같아서 붙인 이름.

**몽용**(蒙茸) ① 풀이 어지럽게 난 모양. ② 물건이 어지러운 모양. 난잡한 모양. 몽융(蒙戎)과 같다.

**온조**(薀藻) 붕어마름. 이삭물수세미.

**화채**(華采) 화려한 색채. 화채(華采).

**우이채조**(于以采藻) 『시경:소남:채빈(詩經:召南:采蘋)』「于以采藻, 于彼行潦」\

**[인경고 引經考]**

❶『좌씨(左氏)』《左傳・隱公三年》

周, 鄭交惡. 君子曰: "信不由中, 質無益也. 明恕而行, 要之以禮, 雖無有質, 誰能閒之? 苟有明信, 澗谿沼沚之毛, 蘋蘩薀藻之菜,

<蘋, 大萍也. 蘩, 皤蒿. 薀藻, 聚藻也.

○蘋音頻. 蘩音煩. 薀, 紆紛反. 藻音早. 菜, 蒲丁反. 皤, 蒲多反, 白蒿也.>

## 0628

○正義曰：毛即荣也. 而重其文者, 谿沼言地之陋, 蘋藻言荣之薄, 故文重也.

**❷『례경(禮經)』** 〈禮記:義疏〉

案去杖而筮敬其事也仍杖以拜送竇哀未忘也通論朱子曰古者喪服始死至終喪漸漸變去不似今人服滿頓除便衣華采.

**❸『시(詩)』** 〈召南:采蘋〉

于以采蘋, 南澗之濱. 于以采藻, 于彼行潦.

<蘋, 大萍也. 濱, 涯也. 藻, 聚藻也. 行潦, 流潦也.

箋云："古者婦人先嫁三月, 祖廟未毀, 教於公宮；祖廟既毀, 教於宗室. 教以婦德, 婦言, 婦容, 婦功. 教成之祭, 牲用魚, 芼用蘋藻, 所以成婦順也." 此祭, 祭女所出祖. 法度莫大於四教, 是又祭以成之, 故舉以言焉. 蘋之言賓也, 藻之言澡也. 婦人之行, 尚柔順, 自絜清, 故取名以爲戒.

○濱音賓, 涯也. 藻音早, 水菜也. 潦音老. 萍本又作"萍", 薄經反, 一本作"蘋", 音平. 涯, 本亦作"厓", 五佳反. 先, 蘇遍反. 芼, 莫報反. 沈音毛. 澡音早. 行, 下孟反. 清如字, 又音淨.>

于以盛之, 維筐及筥. 于以湘之, 維錡及釜.

于以奠之, 宗室牖下. 誰其尸之, 有齊季女.

## 0629 𦺇 菉 록 【lù ㄌㄨˋ】 46

조개풀(다년생 풀) 록

| | |
|---|---|
| 王芻也。 | 「왕추(王芻)」다. |
| 《見『釋艸』、『毛傳』。》 | 『석초(釋艸)』❶나 『모전(毛傳)』❷을 보라. |
| 从艸。 | 초(艸)를 따랐고, |
| 彔聲。 | 록(彔)이 성부가 된다. |
| 《力玉切。3部。 | 력옥절(力玉切)이다. 제 3부에 속한다. |
| 籒文作「菉」。》 | 주문(籒文)은 록(菉)자를 쓴다. |
| 『詩』曰。 | 『시(詩)』에 이르기를 |
| 菉竹猗猗。 | "록죽의의(菉竹猗猗)"라고 했다. |
| 《『今-毛詩』作「綠」。 | 『금-모시(今-毛詩)』에서는 록(綠)으로 썼다. |
| 『大學』引作「菉」。 | 『대학(大學)』❸에서 인용한 것은 록(菉)으로 썼다. |
| 『小雅』。終朝采綠。 | 『소아(小雅)』❹에 「종조채록(終朝采綠)」이라고 했다. |
| 王逸引作「菉」。》 | 왕일(王逸)이 인용한 것은 록(菉)으로 썼다. |

**록(彔)** 나무새길, 근본.

| | |
|---|---|
| **왕추(王芻)** | 록초(菉草)의 별칭(別稱), 又名신초(藎草). |
| **록죽의의(菉竹猗猗)** | 『시경:위풍:기오(詩經:衛風:淇奧)』기수의 물굽이를 보니, 푸른 대나무 무성하네, 빛나는 군자는 자르는 듯, 다듬는 듯, 쪼는 듯, 가는 듯.「瞻彼淇奧, 綠竹猗猗, 有匪君子, 如切如磋, 如琢如磨.」 |
| **종조채록(終朝采綠)** | 『시경:소아:어조지십:채록(詩經:小雅:魚藻之什:采綠)』아침내내 뜯는 조개풀, 한 웅큼도 차지 않네.「終朝采綠, 不盈一匊.」 |

| | |
|---|---|
| **[인경고 引經考]** | ❶『석초(釋艸)』 |

菉, 王芻.

&lt;菉, 蓐也. 今呼鴟腳莎. ○菉, 音綠.&gt;

[疏] "菉, 王芻".

○釋曰 : 舍人云 "菉, 一名王芻".

某氏云 : "菉, 鹿蓐也."

郭云 : "菉, 蓐也. 今呼鴟腳莎."

《詩:衛風》云 "瞻彼淇奧, 綠竹猗猗" 是也.

❷『모전(毛傳)』〈衛風:淇奧〉

瞻彼淇奧, 綠竹猗猗. 有匪君子, 如切如磋, 如琢如磨. 瑟兮僩兮, 赫兮咺兮. 有匪君子, 終不可諼兮.

&lt;興也. 奧, 隈也. 綠, 王芻也. 竹, 篇竹也. 猗猗, 美盛貌. 武公質美德盛, 有康叔之餘烈.

**0629**

○綠竹並如字.

《爾雅》作"菉", 音同.

《韓詩》"竹"作"藩", 音徒沃反, 云"𥱼, 篇築也", 石經同. 猗, 於宜反. 隈, 烏回反, 孫炎云"水曲中也". 芻, 初俱反, 郭璞云：“今呼白腳莎.” 莎音蘇禾反, 一云即菉蓐草也. 蓐音辱. 萹竹, 本亦作"扁", 四善反, 又音篇, 郭四殄反, 一音布典反. 竹音如字, 又敕六反.

《韓詩》作"築", 音同. 郭云：“似小藜, 赤莖節, 好生道旁, 可食, 又殺蟲.”

《草木疏》云：“有草似竹, 高五六尺, 淇水側人謂之菉竹也.”"之烈", 一本作"之餘烈". >

瞻彼淇奧, 綠竹青青. 有匪君子, 充耳琇瑩, 會弁如星.

瑟兮僩兮, 赫兮喧兮. 有匪君子, 終不可諼兮.

瞻彼淇奧, 綠竹如簀. 有匪君子, 如金如錫, 如圭如璧.

寬兮綽兮, 倚重較兮. 善戲謔兮, 不爲虐兮.

**❸『대학(大學)』**

曾子曰：“十目所視, 十手所指, 其嚴乎？”富潤屋, 德潤身, 心廣體胖, 故君子必誠其意.《 詩》云：“ 瞻彼淇澳, 菉竹猗猗. 有斐君子, 如切如磋, 如琢如磨. 瑟兮僩兮, 赫兮喧兮. 有斐君子, 終不可諠兮.”"如切如磋"者, 道學也. "如琢如磨"者, 自脩也. “瑟兮僩兮"者, 恂栗也. “ 赫兮喧兮"者, 威儀也. "有斐君子, 終不可諠兮"者, 道盛德至善, 民之不能忘也.

<此"心廣體胖"之詩也. 澳, 隈崖也. "菉竹猗猗", 喻美盛. 斐, 有文章貌也. 諠, 忘也. 道猶言也. 恂, 字或作"峻", 讀如嚴峻之"峻", 言其容貌嚴栗也. 民不能忘, 以其意誠而德著也.>

**❹『소아(小雅)』**〈小雅:魚藻之什:采綠〉

終朝采綠, 不盈一匊. 予髮曲局, 薄言歸沐.

<興也. 自旦及食時爲終朝. 兩手曰匊.

箋云：綠, 王芻也, 易得之菜也. 終朝采之而不滿手, 怨曠之深, 憂思不專於事.

○匊, 弓六反. 注本或"一手曰匊". 芻, 楚俱反, 草也. 易, 以豉反.>

終朝采藍, 不盈一襜. 五日爲期, 六日不詹.

之子于狩, 言韔其弓. 之子于釣, 言綸之繩.

其釣維何, 維魴及鱮. 維魴及鱮, 薄言觀者.

## 0630 曹 조【cáo ㄘㄠˊ】 46

풀（草也） 조

| | |
|---|---|
| 艸也。 | 「풀의 일종」이다. |
| 从艸。 | 초(艸)를 따랐고, |
| 曹聲。 | 조(曹)가 성부가 된다. |
| 《昨牢切 | 작뢰절(昨牢切)이다. |
| 古音在 3部。 | 고음(古音)은 제 3부에 속한다. |
| 籒文作「藝」。》 | 주문(籒文)은 조(藝)자를 쓴다. |

## 0631

### 0631 𦳝蓲 유【yōu ㅣ又ˉ】46
### 풀 이름 유

艸也。「풀의 일종」이다.

从艸。초(艸)를 따랐고,

卤聲。유(卤)가 성부가 된다.

《以周切 3部。 이주절(以周切)이다. 제 3부에 속한다.

籒文作「𦳭」。》 주문(籒文)은 유(𦳭)자를 쓴다.

유(卤) 숨 도는 모양, 바(所也).

## 0632 𦮋 苕 초【qiáo ㄑㄧㄠˊ】 46
### 풀 초

艸也。 「풀의 일종」이다.

从艸。 초(艸)를 따랐고,

沼聲。 소(沼)가 성부가 된다.

《昨焦切。2部。 　작초절(昨焦切)이다. 제 2부에 속한다.

籀文作「𦬘」。》 　주문(籀文)은 초(𦬘)자를 쓴다.

| 0633 | 0633 䕲菩 오【wú ㄨˊ】 46 |
|------|------|
|  | 풀 이름 오 |

| | |
|---|---|
| 艸也。 | 「풀의 일종」이다. |
| 《『廣韵(韵)』云。 | 『광운(廣韵)』에 이르기를 |
| 似艾。 | "쑥과 비슷하다."라고 했다. |
| 『郭-注:方言』云。 | 『곽-주:방언(郭-注:方言)』❶에 이르기를 |
| 今江東人呼「荏」爲「菩」 | "지금의 강동(江東)사람들은 임(荏)을 오(菩)라고 부른다."라고 했 |
| 音魚。》 | 다. |
| 从艸。 | 초(艸)를 따랐고, |
| 吾聲。 | 오(吾)가 성부가 된다. |
| 《五乎切。5部。 | 오호절(五乎切)이다. 제 5부에 속한다. |
| 籒文作「䕲」。 | 주문(籒文)은 오(䕲)자를 쓴다. |
| 『楚詞』 | 『초사(楚辭)』에 |
| 有菩蕭。 | 오소(菩蕭)가 있다. |
| 《按『今-楚詞』無「菩蕭」。 | 생각건대 지금의 『초사(楚詞)』❷에는 **오소**(菩蕭)가 없다. |
| 惟『宋玉-九辨』云。 | 오직 『송옥-9변(宋玉-九辨)』❸에 이르기를 |
| 白露旣下百艸兮。 | "**백로기하백초혜**(白露旣下百艸兮). |
| 奄離披此梧楸。 | **엄리피차오추**(奄離披此梧楸)"라고 했다. |
| 「梧楸」葢(蓋)許所見作「菩蕭」。 | **오추**(梧楸)를 아마 허신(許愼)이 본 것은 **오소**(菩蕭)로 썼을 것 |
| | 이다. |
| 正百艸之二也。》 | 바로 백초(百艸)의 두 가지[오동나무와 산유자나무]다. |
| | |
| | 추(楸) 노나무, 가래나무, 산유자나무. |
| | |
| **오소**(菩蕭) | 오추(梧楸). |
| **백로기하백초혜**(白露旣下百艸兮) | 많은 풀 위에 하이얀 이슬이 내림. |
| **엄리피차오추**(奄離披此梧楸) | 문득 이 오추(梧楸)의 잎들이 어지럽게 떨어짐. |
| **리피**(離披) | 어지럽게 떨어지는 모양. 흩어져 늘어지는 모양. |
| **오추**(梧楸) | 오동나무와 산유자나무. 두 나무 모두 가을을 만나면 잎이 일찍 시든다. |
| | |
| [**인경고** 引經考] | ❶『곽-주:방언(郭-注:方言)』 ※ 본문과 다르다. |
| | 蘇, 芥, 草也. <漢書曰樵蘇而爨. 蘇猶蘆, 語轉也.> |
| | 江淮南楚之間曰蘇, 自關而西或曰草, 或曰芥. <或言菜也.> |
| | 南楚江湘之間謂之莽. <嬍母.> |
| | 蘇亦荏也. <荏屬也. 爾雅曰蘇桂荏也.> |
| | 關之東西或謂之蘇, 或謂之荏. 周鄭之間謂之公蕡. <音翡翠. 今江東人呼荏爲 |
| | 菩, 音魚.> |

沅湘之南或謂之薔. ＜今長沙人呼野蘇為[艸害], 音車轄. 沅, 水名, 在武陵.＞

其小者謂之釀葇. ＜董葇也, 亦蘇之種類, 因名云.＞

❷『초사(楚詞)』

厥.

❸『송옥-9변(宋玉-九辨)』

皇天平分四時兮, 竊獨悲此廩秋. 白露既下百草兮,

　＜萬物羣生, 將被害也. 下, 一作降. 一云下降＞

奄離披此梧楸. 去白日之昭昭兮, 襲長夜之悠悠. 離芳藹之方壯兮, 余萎約
而悲愁. 秋既先戒以白露兮, 冬又申之以嚴霜. 收恢台之孟夏兮, 然欲傺而
沈藏. 葉菸邑而無色兮, 枝煩挐而交橫; … .

## 0634

### 0634 范 범【fàn ㄈㄢˋ】 46
### 풀 이름 범

艸也。 「풀의 일종」이다.

从艸。 초(艸)를 따랐고,

汜聲。 범(汜)이 성부가 된다.

《房㞷切 8部。 절(房㞷切)이다. 제 8부에 속한다.

籒文作「䔦」。》 주문(籒文)은 범(䔦)자를 쓴다.

## 0635 芿芿 잉【réng ㅁㄥˊ】 46
(묵은 뿌리에서 다시 나는)풀 잉

艸也。

「풀의 일종」이다.

《按許謂芿爲艸名也。

생각건대 허신(許愼)은 잉(芿)을 풀이름이라고 말한 것이다.

『廣韵(韻)』云。

『광운(廣韻)』에 이르기를

陳根艸不芟。

"작년에 난 뿌리를 베지 않았는데

新艸又生。相因仍。

새 풀이 또 나서 서로 얽히는 것이다."라고 했다.

所謂燒火芿。

이른바 묵은 뿌리에서 난 풀을 태운다는 것이다.

此別一義。

이것은 별도의 한 뜻이다.

其字亦作「芿」。

그 글자는 또한 잉(芿)으로도 쓴다.

『列子』。❶

『렬자(列子)』❶에 이르기를

趙襄子狩於中山、

"조양자(趙襄子)가 산 중에서 사냥을 할 때

藉芿燔林是也。

「묵은 뿌리에서 난 풀을 깔고 숲을 풀태웠다」는 것이 이것이다."라고 했다.

『今-玉篇』以舊艸不芟、

지금의 『옥편(玉篇)』은

新艸又生曰芿、

"옛 날의 풀을 베지도 않았는데 새 풀이 또 나는 것이 잉(芿)이다."라

係之『說文』。

며 『설문(說文)』을 이었다.

此孫強(强)、陳彭年輩之誤也。》

이것은 손강(孫強), 진팽년(陳彭年) 무리들의 잘못이다.

从艸。

초(艸)를 따랐고,

乃聲。

내(乃)가 성부가 된다.

《如乘(乗)切。6部。

여승절(如乘切)이다. 제 6부에 속한다.

乃在 1部。

내(乃)는 제 1부에 속한다.

仍芿在 6部者、

잉(仍), 잉(芿)은 제 6부에 속한다.

合韵冣(韻最)近也。

합운(合韻)이 가장 가깝다.

籒文作「芿」。》

주문(籒文)은 잉(芿)자를 쓴다.

[인경고 引經考]

❶『렬자(列子)』

趙襄子率徒十萬狩於中山, 藉仍燔林, 扇赫百裏, 有一人從石壁中出, 隨煙燼上下眾謂鬼物. 火過, 徐行而出, 若無所經涉者. 襄子怪而留之, 徐而察之: 形色七竅, 人也; 氣息音聲, 人也. 問奚道而處石? 奚道而入火? 其人曰: "奚物而謂石? 奚物而謂火?" 襄子曰: "而向之所出者, 石也; 而向之所涉者, 火也." 其人曰: "不知也." 魏文侯聞之, 問子夏曰: "彼何人哉? "子夏曰: "以商所聞夫子之言, 和者大同於物, 物無得傷閡者, 遊金石, 蹈水火, 皆可也. "文侯曰: "吾子奚不爲之? "子夏曰: "刳心去智, 商未之能. 雖然, 試語之有眼矣. "文侯曰: "夫子奚不爲之? "子夏曰: "夫子能之而能不爲者也. "文侯大說.

## 0636

### 0636 薜蒕 혈【xù ㄒㄩˋ】 46
### 꼭두서니 혈

艸也。

「풀의 일종」이다.

《蒕或謂之地蒕。

천(蒕)을 간혹 **지혈**(地蒕)이라고도 말한다.

許不云茜也。

허신(許愼)은 을 말하지 않았다.

則許意非一物也。》

그런즉 허신(許愼)의 뜻은 같은 사물이 아니라는 것이다.

从艸、

초(艸)를 따랐고,

蒕聲。

혈(蒕)이 성부가 된다.

《呼決切。12部。

호결절(呼決切)이다. 제 12부에 속한다.

籒文作「蕐」。》

주문(籒文)은 혈(蕐)자를 쓴다.

**천**(蒕) 풀 더부룩한 모양, 뚜렷한 모양, 선명한 모양, 꼭두서니 빛의 가죽 슬갑.

**천**(茜) 꼭두서니.

**지혈**(地蒕)

꼭두서니, 단초(團草).

## 0637 萄 도【táo ㄊㄠˊ】 46
### 포도 도

| | |
|---|---|
| 艸也。 | 「풀의 일종」이다. |
| 《今人爲蒲萄字。》 | 지금 사람들이 포도(蒲萄)라고 하는 글자다. |
| 从艸。 | 초(艸)를 따랐고, |
| 匋聲。 | 도(匋)가 성부가 된다. |
| 《徒刀切。 | 도도절(徒刀切)이다. |
| 古音在 2部。 | 고음(古音)은 제 2부에 속한다. |
| 籒文作「䔍」。》 | 주문(籒文)은 도(䔍)자를 쓴다. |

## 0638

## 0638 ꕥ苢 기【qǐ ⟨ǐˇ】 46
### 차조 기

| | |
|---|---|
| 白苗.《句.》嘉穀也. | 백묘(白苗)는 가곡(嘉穀)이다. |
| 《虋字下詳之矣. | 문(虋)자 아래에 자세히 나와 있다. |
| 苢不類廁於虋者. | 기(苢)를 문(虋)자와 무리지어 함께두지 않은 것은 |
| 以字有篆籒別之. | 글자를 전서(篆書)와 주문(籒文)으로 구별했기 때문이다. |
| 『管子』 | 『관자(管子)』❶에서는 |
| 其種蓼杞. | "기종료기(其種蓼杞)"라고 하여 |
| 字從禾.》 | 글자가 화(禾)를 따랐다. |
| 从艸. | 초(艸)를 따랐고, |
| 己聲. | 기(己)가 성부가 된다. |
| 《驅里切 1部. | 구리절(驅里切)이다. 제 1부에 속한다. |
| 籒文作「𦬞」.》 | 주문(籒文)은 기(𦬞)자를 쓴다. |
| 『詩』曰. | 『시(詩)』❷에 이르기를 |
| 維虋維苢. | "유문유기(維虋維苢)"라고 했다. |
| 《〖今─本〗無此六字. | 지금의 책에는 이 여섯 자가 없다. |
| 依『韵會(韻會)』所據補. | 『운회(韻會)』를 근거로 보충한 것이다. |
| 『詩:小雅:采苢』. | 『시:소아:채기(詩:小雅:采苢)』❸에 |
| 毛云. 菜也. | "모(毛)가 이르기를 '채소다.'라고 했다. |
| 『大雅』. 豐水有苢. | 『대아(大雅)』❹의 「풍수유기(豐水有苢)」에서 |
| 毛云. 艸也.》 | "모(毛)가 이르기를 '풀이다.'라고 했다. |

문(虋) 맥문동, 붉은 차조.

료(蓼) 여뀌, 나라이름 ▣로:찾을 ▣륙:클 ▣류:서로 끌.

기(苢) 흰차조, 나무이름.

기(杞) 벼이름, 육벼, 흰 차조.

| | |
|---|---|
| 백묘(白苗) | 벼의 줄기가 흰 것, 차조. |
| 가곡(嘉穀) | ① 좋은 곡식이라는 뜻으로 벼(禾)를 가리킴. ② 조(粟) 또는 5곡의 총칭. |

※ 진한(秦漢) 이전에는 속(粟)이 곡식을 총칭하는 말이었다. 여기에는 서(黍), 직(稷), 량(粱) 등이 모두 포함되었다. 한(漢) 이후 이삭이 크고, 털이 길고, 알이 굵은 것을 량(粱)이라 하고, 이삭이 크고, 털이 짧고, 알이 작은 것을 속(粟)이라고 부르기 시작했다.

| | |
|---|---|
| 기종료기(其種蓼杞) | 여뀌와 흰차조를 심다. |
| 유문유기(維虋維苢) | 맥문동과 차조로다. |
| 풍수유기(豐水有苢) | 풍수(豐水)에 기(苢)가 있다. |

0638

❶『관자(管子)』

剛土之次曰五沙. 五沙之狀, 粟焉如屑塵厲, 其種大菽細菽, 白莖青秀以蔓, 蓄殖果木, 不如三土以十分之四. 沙土之次曰五塲, 五塲之狀, 累然如僕累, 不忍水旱, 其種大樛杞, 細樛杞黑莖黑秀, 蓄殖果木, 不若三土以十分之四.

❷『시(詩)』 〈大雅:生民之什:生民〉 ※ 본문과 좀 다르다.

..........

誕后稷之穡, 有相之道. 茀厥豐草, 種之黃茂.

實方實苞, 實種實褎, 實發實秀, 實堅實好, 實穎實栗.

卽有邰家室. 誕降嘉種, 維秬維秠, 維穈維芑.

恒之秬秠, 是穫是畝. 恒之穈芑, 是任是負. 以歸肇祀.

　　〈天降嘉種. 秬, 黑黍也. 秠, 一稃二米也. 穈, 赤苗也. 芑, 白苗也. 箋云 : 天應堯
　　之顯後稷, 故爲之下嘉種. 〉

誕我祀如何. 或舂或揄, 或簸或蹂. 釋之叟叟, 烝之浮浮.

載謀載惟, 取蕭祭脂, 取羝以軷. 載燔載烈, 以興嗣歲.

卬盛于豆, 于豆于登. 其香始升, 上帝居歆. 胡臭亶時.

后稷肇祀, 庶無罪悔, 以迄于今.

❸『시:소아:채기(詩:小雅:采芑)』〈小雅:南有嘉魚之什:采芑〉

薄言采芑, 于彼新田, 于此菑畝. 方叔涖止, 其車三千, 師干之試.

方叔率止, 乘其四騏, 四騏翼翼. 路車有奭, 簟茀魚服, 鉤膺鞗革.

　　〈興也. 芑, 菜也. 田一歲曰菑, 二歲曰新田, 三歲曰畬. 宣王能新美天下之士, 然
　　後用之. 箋云 : 興者, 新美之喻, 和治其家, 養育其身也. 士, 軍士也.〉

薄言采芑, 于彼新田, 于此中鄉. 方叔涖止, 其車三千, 旂旐央央.

方叔率止, 約軧錯衡, 八鸞瑲瑲. 服其命服, 朱芾斯皇, 有瑲葱珩.

..........

❹『대아(大雅)』〈大雅:文王之什:文王有聲〉

..........

考卜維王, 宅是鎬京. 維龜正之, 武王成之. 武王烝哉.

豐水有芑, 武王豈不仕. 詒厥孫謀, 以燕翼子. 武王烝哉.

## 0639

### 0639 藚 속【xù ㄒㄩˋ】46

질경이 속

水鳥也。

「수석(水鳥)」이다.

《『魏風:毛傳』同。

『위픙:모전(魏風:毛傳)』❶도 같다.

『釋艸』。

『석초(釋艸)』❷에

藚、牛脣。

"속(藚)은 우순(牛脣)이다."라고 했다.

从艸。

초(艸)를 따랐고,

賣(賣)聲。

육(賣)이 성부가 된다.

《似足切》3部。

사족절(似足切)이다. 제 3부에 속한다.

按『詩』釋文引『說文』其或反。

생각건대 『시(詩)』❸의 해석문이 『설문(說文)』을 인용한 것은 기욱반(其或反)이다.

〖今-本〗多改爲似足矣。

지금의 책들이 많이 고쳐서 사족절(似足切)로 했다.

籒文作「蕦」。》

주문(籒文)은 속(蕦)자를 쓴다.

『詩』曰。

『시(詩)』에 이르기를

言采其藚。

"언채기속(言采其藚)"이라고 했다.

**석(鳥)** (바닥이 겹으로 된)신

**수석(水鳥)** 택사(澤瀉).

**우순(牛脣)** 택사(澤瀉).《이아:석초(爾雅:釋草)》에 "속(藚)은 우순(牛脣)이다."라고 했다. <곽박-주(郭璞-注)>에서 <모-전(毛-傳)>을 인용하여 "수석(水鳥)이다."라고 했다. <륙기-소(陸璣-疏)>에 "지금의 택석(澤舄)다. 그 잎은 차전초(車前草)처럼 크다."라고 했다. <학의행-의소(郝懿行-義疏)>에 "《본초(本草)》의 '택사(澤瀉)는 일명 수사(水瀉)다.' 사(瀉)와 '석(舄)은 같다.' 곧 속(藚)은 곧 택사(澤瀉)다."라고 했다. 쇠귀나물을 뜻네.

**언채기속(言采其藚)** 속(藚)이나 캘까 하네.

**[인경고 引經考]** ❶『위픙:모전(魏風:毛傳)』〈魏風:黍離〉

彼汾沮洳, 言采其莫. 彼其之子, 美無度. 美無度, 殊異乎公路.

彼汾一方, 言采其桑. 彼其之子, 美如英. 美如英, 殊異乎公行.

彼汾一曲, 言采其藚. 彼其之子, 美如玉. 美如玉, 殊異乎公族.

<藚, 水鳥也. ○藚音續, 一名牛脣,《說文》音其或反. 鳥音昔.>

❷『석초(釋艸)』

藚, 牛脣.

《毛詩傳》曰: "水舄也." 如藚斷, 寸寸有節, 拔之可復.

○藚, 音續.>

[疏]"藚, 牛脣".

**0639**

○釋曰 : 李巡云 : "別二名."

郭云 : "如續斷, 寸寸有節." 陸機以爲今澤蔫也. 郭氏所不取.

○注"毛詩"至"蔫也".

○釋曰 :《詩:魏風:汾沮洳》云 : "彼汾一曲, 言采其藚."

毛傳云"藚, 水蔫也"是.

❸『시(詩)』〈魏風:黍離〉

彼汾沮洳, 言采其莫. 彼其之子, 美無度. 美無度, 殊異乎公路.

彼汾一方, 言采其桑. 彼其之子, 美如英. 美如英, 殊異乎公行.

彼汾一曲, 言采其藚. 彼其之子, 美如玉. 美如玉, 殊異乎公族.

<藚, 水舄也.

○藚音續, 一名牛唇,

《說文》音其或反. 舄音昔.>

**0640**

0640　𦿔 菾 동【dōng ㄉㄨㄥ¯】46
겨우살이 동

艸也。　　「풀의 일종」이다.
从艸。　　초(艸)를 따랐고,
冬聲。　　동(冬)이 성부가 된다.
《都宗切。9部。　　도종절(都宗切)이다. 제 9부에 속한다.
籒文作「菾」。》　　주문(籒文)은 동(菾)자를 쓴다.

## 0641 薔 薔 장 【qiáng 〈|尢ˊ】 46

물여뀌 장

薔虞。《句。》蓼。
《當有「也」字。
蓼下云。
薔虞也。
故此云薔虞、蓼也。
句絕。與郭樸異。
薔不與蓼類厠者。
以字有篆籀別之。》
从艸。
薔聲。
《所力切。1部。
籀文作「薔」。》

장우(薔虞)는 여뀌다.
마땅히 야(也)자가 있어야 한다.
료(蓼) 아래에서 이르기를
"장우(薔虞)다."라고 했다.
그래서 여기서도 「장우(薔虞)는 여뀌다.」라고 했다.
구(句)를 끊었다. 곽박(郭樸)과 더불어 다르다.
장(薔)을 료(蓼)와 무리지어 붙이지 않은 것은
글자를 전서(篆書)와 주문(籀文)으로 구별했기 때문이다.
초(艸)를 따랐고,
색(薔)이 성부가 된다.
소력절(所力切)이다. 제 1부에 속한다.
주문(籀文)은 장(薔)자를 쓴다.

---

❶곽박(郭樸)과 더불어 다르다.

※ 장우(薔虞)는 료(蓼)다가 아니라 '장(薔)은 우료(虞蓼)다' 이다.

<이아>에

薔，虞蓼.

<虞蓼，澤蓼. ○蓼，音了.>

[疏]"薔，虞蓼". ○釋曰：薔，一名虞蓼，即蓼之生水澤者也.《周頌：良耜》云：
"以薅荼蓼."毛傳云"蓼，水草"是也.

<周頌：閔予小子之什：良耜>

畟畟良耜，俶載南畝. 播厥百穀，實函斯活.

或來瞻女，載筐及筥，其饟伊黍. 其笠伊糾，其鎛斯趙，以薅荼蓼.

<笠，所以禦暑雨也. 趙，刺也. 蓼，水草也. 箋云：瞻，視也. 有來視女，謂婦子
來饁者也. 筐筥，所以盛黍也. 豐年之時，雖賤者猶食黍. 饁者，見戴糾然之笠，
以田器刺地，薅去荼蓼之事. 言閔其勤苦. ○筐，丘方反. 筥，紀呂反. 饟，式亮
反. 笠音立. 糾，居黝反，又其皎反. 鎛音博. 趙，徒了反，刺也，又如字，沈起
了反，又徒少反. 薅，呼毛反，《說文》云："拔田草也." 又云："或作茠." 引此以
茠荼蓼. 荼蓼，上音徒，下音了. 刺，七亦反. 下同. 盛音成. 去，起呂反. 荼蓼朽
止，黍稷茂止. 穫之挃挃，積之栗栗.>

[疏]…《釋草》云："薔，虞蓼."某氏曰："薔一名虞蓼."孫炎曰："虞蓼是澤之所
生，故爲水草也."蓼是穢草，荼亦穢草，非苦荼也.《釋草》云："荼，委葉."舍
人曰："荼，一名委葉. 某氏引此詩，則此荼謂委葉也."王肅云："荼，陸穢.
蓼，水草."然則所由田有原有隰，故並擧水陸穢草. …………

其崇如墉，其比如櫛. 以開百室. 百室盈止，婦子寧止.

## 0642

## 0642 䒰苕 초【tiáo ㄊㅣㄠˊ】46
완두 초

艸也。
《『詩』苕之華。》
从艸。
召聲。
《徒聊切。2部。
籀文作「藋」。》

초지화(苕之華)

[인경고 引經考]

殺時犉牡, 有捄其角. 以似以續, 續古之人.

「풀의 일종」이다.

『시(詩)』❶에 "초지화(苕之華)"라고 했다.

초(艸)를 따랐고,

소(召)가 성부가 된다.

도료절(徒聊切)이다. 제 2부에 속한다.

주문(籀文)은 소(藋)자를 쓴다.

**료(聊)** 귀울, 애오라지, 어조사, 구차히.

릉소화.

❶『시(詩)』〈小雅:魚藻之什:苕之華〉

苕之華, 芸其黃矣. 心之憂矣, 維其傷矣.

<興也. 苕, 陵苕也. 將落則黃.

箋云 : 陵苕之華, 紫赤而繁. 興者, 陵苕之幹喻如京師也, 其華猶諸夏也, 故或謂諸夏爲諸華. 華衰則黃, 猶諸侯之師旅罷病將敗, 則京師孤弱.

○芸音云, 沈音運. 夏, 戶雅反. 下同. 罷音皮.>

苕之華, 其葉青青. 知我如此, 不如無生.

牂羊墳首, 三星在罶. 人可以食, 鮮可以飽.

## 0643　𦯃蘇 무【mào ㄇㄠˋ】 46
풀 무

艸也。「풀의 일종」이다.
从艸。초(艸)를 따랐고,
楙聲。무(楙)가 성부가 된다.
《莫厚切。3部。막후절(莫厚切)이다. 제 3부에 속한다.
籒文作「蘇」。》주문(籒文)은 무(蘇)자를 쓴다.

　무(楙) 나무 성할, 모과나무.

| 0644 | 0644 薔薔 모【mào ㄇㄠˋ】46 |
|---|---|
| | 거여목 모 |

艸也。 「풀의 일종」이다.

从艸。 초(艸)를 따랐고,

冒聲。 모(冒)가 성부가 된다.

《莫報切。 막보절(莫報切)이다.

古音在 3部。 고음(古音)은 제 3부에 속한다.

籒文作「薵」。》 주문(籒文)은 모(薵)자를 쓴다.

| | 0645　茆茆 묘【mǎo ㄇㄠˇ】46 | 0645 |

순채 묘

| | |
|---|---|
| 鳧葵也。 | 「부규(鳧葵)」다. |
| 《『魯(魯)頌:毛傳』同。 | 『로송:모전(魯頌:毛傳)』❶ |
| 『周禮:醢人』茆菹。 | 『주례:해인(周禮:醢人)』❷의 "**묘저**(茆菹)"를 |
| 鄭大夫讀爲茅。 | 정대부(鄭大夫)는 모(茅)로 읽었다. |
| 或曰。 | 혹은 이르기를 |
| 茆、水艸。 | "묘(茆)는 수초(水艸)다."라고 했다. |
| 杜子春讀爲茆。 | 두자춘(杜子春)은 묘(茆)로 읽었다. |
| 後鄭曰。 | 후정(後鄭)이 이르기를 |
| 茆、鳧葵也。 | "묘(茆)는 **부규**(鳧葵)다."라고 했다. |
| 『今-周禮』轉寫多譌誤。 | 지금의 『주례(周)』는 베껴 쓰면서 많은 **와오**(譌誤)가 있었다. |
| 爲正之如此。 | 지금 이처럼 바로 잡는다. |
| 漢時有茆、茆二字。 | 한(漢) 나라 때 묘(茆), 묘(茆) 두 글자가 있었다. |
| 經文作「茆」。 | 경문(經文)은 묘(茆)를 썼다. |
| 兩鄭皆易字爲茆也。 | 두 정씨(鄭氏)들은 모두 글자를 바꾸어서 묘(茆)로 했다. |
| 鳧葵名茆。 | **부규**(鳧葵)의 이름이 묘(茆)다. |
| 亦名蘩。 | 또한 란(蘩)이라고도 한다. |
| 今之蒓菜也。 | 지금의 **순채**(蒓菜)다. |
| 茆不與蘩類廁者、 | 묘(茆)를 과 무리지어 붙이지 않은 것은 |
| 以篆籒別之。》 | 전서(篆書)와 주문(籒文)으로 구별했기 때문이다. |
| 从艸。 | 초(艸)를 따랐고, |
| 卯聲。 | 묘(卯)가 성부가 된다. |
| 《力久切。3部。 | 력구절(力久切)이다. 제 3부에 속한다. |
| 俗作「茆」、音夘。 | 민간에서는 묘(茆)로 쓴다.음은 묘(卯)다. |
| 非也。籒文作「茆」。》 | 주문(籒文)은 묘(茆)자를 쓴다. |
| 『詩』曰。 | 『시(詩)』에 |
| 言采其茆。 | "**언채기묘**(言采其茆)"라고 했다. |
| 《『今-詩』言作「薄」。》 | 지금『시(詩)』❸에서는 박(薄)으로 썼다. |

**해**(醢) 육장, 포를 썰어 누룩 및 소금을 섞어 술에 담근 음식, 장조림, 인체를 소금에 절이는 형벌.

**부**(鳧) 오리.

**묘**(茆) 순채, 순채 김치, 풀 더부룩히 날.

**란**(蘩) 순채의 한가지 ■련:같은 뜻.

**순**(蒓) 순채.

**0645**

부규(鳧葵)
와오(譌誤)
언채기묘(言采其茆)

순채(蓴菜). 오리가 즐겨 먹는다고 해서 붙여진 이름이다. 칡을 사슴이 잘 먹는다고 해서 록곡(鹿藿)이라고 하는 것과 같다.

묘(茆)나 캐어볼까 하네.

[**인경고 引經考**]

**❶『로송:모전(魯頌:毛傳)』〈大雅:生民之什:旣醉〉**

旣醉以酒, 旣飽以德. 君子萬年, 介爾景福.

旣醉以酒, 爾殽旣將. 君子萬年, 介爾昭明.

昭明有融, 高朗令終. 令終有俶, 公尸嘉告.

其告維何, 籩豆靜嘉. 朋友攸攝, 攝以威儀.

<[疏] "其告"至"威儀". ○正義曰: …天子朝事之豆, 有昌本, 麋臡, 菁菹, 鹿臡, 饋食之豆, 有葵菹, 蠃醢, 豚拍, 魚醢, 其餘則有雜錯雲也. …>

威儀孔時, 君子有孝子. 孝子不匱, 永錫爾類.

·········

**❷『주례:해인(周禮:醢人)』**

醢人掌四豆之實. 朝事之豆, 其實韭菹, 醓醢, 昌本, 麋臡, 菁菹, 鹿臡, 茆菹, 麇臡.

<醢, 肉汁也. 昌本, 昌蒲根, 切之四寸爲菹. 三贊亦醢也. 作醢及贊者, 必先膊乾其肉, 乃後莝之, 雜以粱麴及鹽, 漬置美酒, 塗置甀中百日則成矣. 鄭司農云: "麋臡, 麋骭髓醢. 或曰麋臡, 醬也. 有骨爲臡, 無骨爲醢. 菁菹, 韭菹." 鄭大夫讀茆爲茅. 茆菹, 茅初生. 或曰茆, 水草. 杜子春讀茆爲卯. 玄謂菁, 蔓菁也. 茆, 鳧葵也. 凡菹醢皆以氣味相成, 其狀未聞. ○韭, 音久. 菹, 莊魚反. 醓, 吐感反, 本又作{沈皿}, 或一音昌審反. 臡, 乃兮反, 又人齊反. 菁, 作寧反, 又音精. 茆, 音卯, 北人音柳. 麇, 京倫反. 膊, 普博反. 莝, 倉臥反. 骭, 戶諫反, 徐戶幹反. 蔓音萬, 又莫幹反, 徐音鬱.>

**❸『시(詩)』** 어느 시인지 알 수 없어 '言采其'를 모두 들었다.

| 〈召南:草蟲〉 | 陟彼南山, 言采其蕨. 未見君子, 憂心惙惙. … |
|---|---|
| | 陟彼南山, 言采其薇. 未見君子, 我心傷悲. … |
| 〈鄘風:載馳〉 | 陟彼阿丘, 言采其蝱. 女子善懷, 亦各有行. |
| 〈魏風:汾沮洳〉 | 彼汾沮洳, 言采其莫. 彼其之子, 美無度. |
| | 彼汾一方, 言采其桑. 彼其之子, 美如英. |
| | 彼汾一曲, 言采其藚. 彼其之子, 美如玉. |
| 〈小雅:鹿鳴之什:杕杜〉 | 陟彼北山, 言采其杞. 王事靡盬, 憂我父母. |
| 〈小雅:鴻鴈之什:我行其野〉 | 我行其野, 言采其蓫. 昏姻之故, 言就爾宿. |
| | 我行其野, 言采其葍. 不思舊姻, 求爾新特. |
| 〈小雅:谷風之什:北山〉 | 陟彼北山, 言采其杞. 偕偕士子, 朝夕從事. |

## 0646 茶 다【tú ㄊㄨˊ】46
### 차 나무 다/차

苦茶也。
《『釋艸』、『邶:毛傳』皆云。
茶、苦菜。
『唐風:采苦采苦:傳』云。
苦、苦菜。
然則苦與茶正一物也。
『儀禮』。鉶芼。牛藿、羊苦、豕薇。
『記:內則』。
濡豚包苦。
亦謂之苦。
『月令』、『本艸』、『易:通卦驗』皆謂之
苦菜。》
从艸。
余聲。
《同都切。5部。
『詩』茶蓼、有女如茶及後世茶荈皆用
此字。
籒文作「蒤」。》

「고도(苦茶)」다.
『석초(釋艸)』❶나 『패:모전(邶:毛傳)』❷에 모두 이르기를
"도(茶)는 **고채**(苦菜)다."라고 했다.
『당풍:채고채고:전(唐風:采苦采苦:傳)』❸에
"고(苦)는 **고채**(苦菜)다."라고 했다.
그러므로 고(苦)와 도(茶)는 바로 하나의 사물이다.
『의례(儀禮)』❹에 **형모**(鉶芼), **우곽**(牛藿), **양고**(羊苦), **시미**(豕薇)가 있고,
『기:내칙(記:內則)』❺에
"**유돈포고**(濡豚包苦)"라 하여
역시 고(苦)를 말하고 있다.
『월령(月令)』❻과 『본초(本艸)』❼, 『역:통괘험(易:通卦驗)』❽에
모두 **고채**(苦菜)를 말하고 있다.
초(艸)를 따랐고,
여(余)가 성부가 된다.
동도절(同都切)이다. 제 5부에 속한다.
『시(詩)』❾의 「**도료**(茶蓼)」나 「**유녀여도**(有女如茶)」 및 「**후세도천**(後世茶荈)」은 모두 이 글자를 사용한다.
주문(籒文)은 육(蒤)자를 쓴다.

---

**도**(茶) 씀바귀, 억새 ■**차**:속음 ■**다**:같은 뜻 ■**서**:느릿느릿할, 귀신
이름 ■**사**:갈대꽃 ■**채**:머리가 둘 있는 사슴 이름 ■**야**:현이름
■**호**:띠꽃 ■**여**:같은 뜻 <통아(通雅)> 도(茶)자가 중당(中唐) 때
부터 다(茶)자로 변하기 시작했다.[茶字自中唐始變作茶]

**패**(邶) 읍이름 ■**배**:땅이름.

**형**(鉶) 목이 긴 병(酒器似鐘頸長), 술그릇 ■**견**:인명

**천**(荈) 늦꺾이차, 센 차.

**유**(濡) 젖을, 은혜를 입을, 부드러울, 연약할, 삶을(물에 넣고 끓일).

---

**고도**(苦茶)
**고채**(苦菜)

고채(苦菜)
씀바귀. 고들빼기. 고매(苦蕒)라고도 한다. 월년생국과식물(越年生菊科植物). 春夏間開花. 莖空, 葉呈鋸形, 有白汁. 莖葉嫩時均可食, 略帶苦味, 故名.《禮記:月令》: "<孟夏之月>王瓜生, 苦菜秀." 명(明) 나라 리시진(李時珍)의《본초강목:채2:고채(本草綱目:菜二:苦菜)》에 "고채(苦菜)는 곧 고매(苦蕒)다. 집에서 기르는 사람은 고거(苦苣)라고 하는데 실제로는 한 가지 사물이다."라고 했다.

## 0646

| | |
|---|---|
| 형모(鉶芼) | 고깃국 솥에 넣는 나물. |
| 우곽(牛藿) | 소고기국에는 콩잎. |
| 양고(羊苦) | 양고기국에는 씀바귀. |
| 시미(豕薇) | 돼지고기국에는 고비나물. |
| 유돈포고(濡豚包苦) | 고도(苦荼)로 돼지고기를 싸서 찌다. |
| 도료(荼蓼) | 여뀌풀. |
| 유녀여도(有女如荼) | 도(荼)와 같은 여자. |
| 후세도천(後世荼荈) | 차이름. 일찍 딴 것을 도(荼), 늦게 딴 것을 명(茗), 천(荈), 고도(苦荼)라고 한다. |

**[인경고 引經考]**

**❶『석초(釋艸)』**

荼, 苦菜.《詩》曰：“誰謂荼苦.”苦菜可食.>

　〔疏〕“荼, 苦菜” ○釋曰：此味苦可食之菜, 一名荼, 一名苦菜.《本草》一名荼草, 一名選, 一名遊冬. 案《易緯通卦驗玄圖》云：苦菜, 生於寒秋, 經冬曆春乃成.《月令》孟夏“苦菜秀”是也. 葉似苦苣而細, 斷之有白汁, 花黃似菊, 堪食, 但苦耳. ○注《詩》曰：‘誰謂荼苦.’”○釋曰：《邶風:穀風》篇文也.

**❷『패:모전(邶:毛傳)』〈大雅:文王之什:緜〉**

緜緜瓜瓞. 民之初生, 自土沮漆. 古公亶父, 陶復陶穴, 未有家室.

古公亶父, 來朝走馬. 率西水滸, 至于岐下. 爰及姜女, 聿來胥宇.

周原膴膴, 堇荼如飴. 爰始爰謀, 爰契我龜. 曰止曰時, 築室于茲.

　<周原, 沮, 漆之間也. 膴膴, 美也. 堇, 菜也. 荼, 苦菜也. 契開也. 箋云：廣平日原. 周之原地, 在岐山之南, 膴膴然肥美. 其所生菜, 雖有性苦者, 皆甘如飴也. 此地將可居, 故於是始與豳人之從己者謀. 謀從, 又於是契灼其龜而蔔之, 蔔之則又從矣.>

迺慰迺止, 迺左迺右, 迺疆迺理, 迺宣迺畝, 自西徂東, 周爰執事.　…

**❸『당풍:채고채고:전(唐風:采苦采苦:傳)』〈唐風::采苓〉**

采苓采苓, 首陽之巔. 人之爲言, 苟亦無信.

舍旃舍旃, 苟亦無然. 人之爲言, 胡得焉.

采苦采苦, 首陽之下. 人之爲言, 苟亦無與.

舍旃舍旃, 苟亦無然. 人之爲言, 胡得焉. <苦, 苦菜也.>

采葑采葑, 首陽之東. 人之爲言, 苟亦無從.

舍旃舍旃, 苟亦無然. 人之爲言, 胡得焉.

**❹『의례(儀禮)』《公食大夫》**

鉶芼, 牛藿, 羊苦, 豕薇, 皆有滑.

　<藿, 豆葉也. 苦, 苦菜也. 滑, 堇荁之屬. 今文苦爲芐.>

**❺『기:내칙(記:內則)』**

**0646**

濡豚包苦實蓼, 濡雞醢醬實蓼, 濡魚卵醬實蓼, 濡鱉醢醬實蓼.

<凡濡, 謂亨之以汁和也. 苦, 苦荼也, 以包豚, 殺其氣. 卵讀爲鯤. 鯤, 魚子, 或作 䤫也.>

### ⑥『월령(月令)』

螻蟈鳴, 蚯蚓出, 王瓜生, 苦菜秀.

<皆記時候也. 螻蟈, 蛙也. 王瓜, 革挈也. 今《月令》云"王萯生",《夏小正》云"王萯 秀", 未聞孰是. ○螻音樓. 蟈, 古獲反, 螻蟈, 蛙也 ; 蔡云 : "螻, 螻蛄. 蟈, 蛙也. "蛙, 烏蝸反, 即蝦蟆也. 蚓, 以忍反. 革挈, 上反八反, 下起八反. 萯, 扶九反.>

### ⑦『본초(本艸)』

苦菜味苦寒. 主五臟邪氣, 厭穀, 胃痹. 久服, 安心益氣, 聰察少臥, 輕身 耐老. 一名荼草, 一名選. 生川穀.

<名醫曰 : 一名遊冬, 生益州山陵道旁, 凌冬不死, 三月三日采, 陰乾. 案說文云 : 荼, 苦荼也. 廣雅云 : 遊冬, 苦荼也. 爾雅云 : 荼, 苦荼, 又檟, 苦荼. 郭璞云 : 樹 小如梔子, 冬生葉, 可煮作羹, 今呼早菜者爲荼, 晚取者爲茗, 一名荈, 蜀人名之苦 荼. 陶宏景云 : 此即是今茗, 茗一名荼又 令人不眠, 亦凌冬不凋而兼其止, 生益 州, 唐本注駁之非矣, 選與荈, 音相 近.>

### ⑧『역:통괘험(易:通卦驗)』

厥.

### ⑨『시(詩)』 <周頌:閔予小子之什:良耜>

※ [소]의 내용은 본문과 본문과 조금 다르다.

畟畟良耜, 俶載南畝. 播厥百穀, 實函斯活.

或來瞻女, 載筐及筥, 其饟伊黍.

其笠伊糾, 其鎛斯趙, 以薅荼蓼.

荼蓼朽止, 黍稷茂止. 穫之挃挃, 積之栗栗.

[疏] …《釋草》云 : "蓄, 虞蓼. "某氏曰 : "蓄一名虞蓼. "孫炎曰 : "虞蓼是澤之所 生, 故爲水草也. "蓼是穢草, 荼亦穢草, 非苦荼也.《釋草》云 : 荼, 委葉. "舍 人曰 : "荼, 一名委葉. 某氏引此詩, 則此荼謂委葉也. "王肅云 : "荼, 陸穢. 蓼, 水草. "然則所由田有原有隰, 故並舉水陸穢草. ………

其崇如墉, 其比如櫛. 以開百室.

百室盈止, 婦子寧止. 殺時犉牡, 有捄其角.

以似以續, 續古之人.

<鄭風:出其東門>

出其東門, 有女如雲. 雖則如雲, 匪我思存. 縞衣綦巾, 聊樂我員.

出其闉闍, 有女如荼. 雖則如荼, 匪我思且. 縞衣茹藘, 聊可與娛.

### ⑩[後世荼荈]　厥.

## 0647 繁蘇 번【fán ㄷㄢˊ】46
### 산흰쑥 번

| | |
|---|---|
| 白蒿也。 | 「백호(白蒿)」다. |
| 《『釋艸』、『幽:毛傳』同。 | 『석초(釋艸)』❶나『빈:모전(幽:毛傳)』❷을 보라. |
| 『召南:傳』曰。 | 『소남:전(召南:傳)』❸에 |
| 旛蒿也。 | "파호(旛蒿)다."라고 했다. |
| 旛亦白也。 | 파(旛) 또한 흰 것이다. |
| 『夏小正』曰。 | 『하소정(夏小正)』❹에 이르기를 |
| 繁、由胡。 | "번(繁)은 유호(由胡)다. |
| 由胡者、繁母也。 | 유호(由胡)라는 것은 번모(繁母)다. |
| 繁、旁勃也。豆實也。 | 번(繁)은 방발(旁勃)이다, 두실(豆實)이다. |
| 故記之。》 | 그래서 기록한 것이다."라고 했다. |
| 从艸。 | 초(艸)를 따랐고, |
| 緐聲。 | 번(緐)이 성부가 된다. |
| 《附袁切。14部。 | 부원절(附袁切)이다. 제 14부에 속한다. |
| 『儀禮』采緐。 | 『의례(儀禮)』❺에 채번(采緐)이 있다. |
| 假緐字爲之。 | 번(緐)자를 가차하여 쓴 것이다. |
| 籒文作「蘇」。》 | 주문(籒文)은 번(蘇)자를 쓴다. |

파(旛) 노인 머리 흴, 아랫배 흰 곳, 풍부하고 많은 모양, 수염이 흰 모양.

번(緐) 말갈기 치장 ▣파:성씨.

| | |
|---|---|
| **백호**(白蒿) | 초본식물(草本植物)名. 一名 애호(艾蒿), 俗呼 봉호(蓬蒿). 파호(旛蒿). |
| **파호**(旛蒿) | 백호(白蒿). |
| **유호**(由胡) | 파호(旛蒿) 흰 쑥. =유호(游蒿), 방발(旁勃). |
| **번모**(繁母) | 유호(由胡). |
| **방발**(旁勃) | 파호(旛蒿) 흰 쑥. =유호(游蒿), 방발(旁勃). |
| **두실**(豆實) | 나무제기에 담는 제사 음식. 부추. 대실(敦實)은 대(敦)에 담는 제사 음식으로 벼를 가르킨다. 한편 가변(嘉邊)은 변(邊)에 담는 제사 음식을 말한다. 변(邊)은 대나무 그릇인데 주로 과일과 말린 고기를 담는다. 이 둘을 합쳐서 변두지실(邊豆之實)로 일컸는다. |
| | <례기:교특생(禮記:郊特牲)>에 "제사를 지낼 때에는 정(鼎)과 조(俎)는 기수(奇數)로 하고, 변(邊)과 두(豆)는 우수(偶數)로 하는데, 이것은 음양(陰陽)을 구별하는 뜻이다. 변과 두에 담는 내용물은 물이나 흙에서 나는 것으로 한다. 감히 맛을 가미하여 설만하게 하지 않으며, 가지 수를 많이 하는 것을 귀하게 여기지 않으니, 이는 신명과 교감하는 뜻이다." [鼎俎奇而변豆偶 陰陽之義也 변豆之實 水土之品 |

**채번**(采蘩)

**[인경고 引經考]**

也. 不敢用褻味而貴多品 所以交於神明之義也]라고 했다.

다북쑥 뜯다. <召南:采蘩>

**❶『석초(釋艸)』**

蘩, 皤蒿. <白蒿.>

蒿, 菣. <今人呼青蒿, 香中炙啖者爲菣.>

蔚, 牡菣. <無子者. ○蔚, 音尉. 菣, 去刃切.>

[疏]"蘩皤"至"牡菣". ○釋曰︰此辨蒿色及有子無子者之異名也.

《詩:召南》云︰"於以采蘩, 於沼於沚." 毛傳云︰"蘩, 皤蒿也."

郭氏云"白蒿", 然則皤猶白也.《本草》云"白蒿".

唐本注云︰此蒿葉粗於青蒿. 從初生至枯, 白於眾蒿. 欲似艾者, 所在有之. 又云葉似艾葉, 上有白毛粗澀, 俗呼蓬蒿, 可以爲菹.

故《詩》箋云"以豆薦蘩菹".

陸機云︰"凡艾白色爲皤蒿, 今白蒿. 春始生, 及秋香美可生食, 又可烝. 一名遊胡, 北海人謂之旁勃.

故《大戴禮:夏小正傳》曰︰蘩, 遊胡 ; 遊胡, 旁勃也." 是蒿一名菣.

《詩:小雅:鹿鳴》云︰"食野之蒿."

陸機云︰"蒿, 青蒿也. 荊, 豫之間, 汝南, 汝陰皆云菣."

孫炎云︰"荊, 楚之間謂蒿爲菣."

郭云︰"今人呼青蒿, 香中炙啖者爲菣." 是也. 蔚, 即蒿之雄無子者, 故云牡菣.

舍人曰︰"蔚一名牡菣."

《詩:蓼莪》云︰"匪我伊蔚."

陸機云︰"牡蒿. 三月始生, 七月華, 華似胡麻華而紫赤. 八月爲角, 角似小豆角, 銳而長. 一名馬新蒿." 是也.

**❷『빈:모전(豳:毛傳)』〈豳風:七月〉**

七月流火, 九月授衣. 一之日觱發, 二之日栗烈. 無衣無褐, 何以卒歲. 三之日于耜, 四之日舉趾. 同我婦子, 饁彼南畝. 田畯至喜.

七月流火, 九月授衣. 春日載陽, 有鳴倉庚. 女執懿筐, 遵彼微行. 爰求柔桑. 春日遲遲, 采蘩祁祁. 女心傷悲, 殆及公子同歸.

<遲遲, 舒緩也. 蘩, 白蒿也, 所以生蠶. 祁祁, 眾多也. 傷悲, 感事苦也. 春女悲, 秋士悲, 感其物化也. 殆, 始. 及, 與也. 豳公子躬率其民, 同時出, 同時歸也.

箋云︰春女感陽氣而思男, 秋士感陰氣而思女, 是其物化, 所以悲也. 悲則始有與公子同歸之志, 欲嫁焉. 女感事苦而生此志, 是謂《豳風》.>

七月流火, 八月萑葦. 蠶月條桑, 取彼斧斨, 以伐遠揚, 猗彼女桑. 七月鳴鵙, 八月載績. 載玄載黃, 我朱孔陽, 爲公子裳. …

**0647**

❸『소남:전(召南:傳)』〈召南:采蘩〉

于以采蘩, 于沼于沚. 于以用之, 公侯之事.

<蘩, 皤蒿也. 於, 於. 沼, 池. 沚, 渚也. 公侯夫人執蘩菜以助祭, 神饗德與信, 不
求備焉, 沼沚谿澗之草, 猶可以薦. 王後則苹菜也. 箋云 : 於以, 猶言"往以"也.
"執蘩菜"者, 以豆薦蘩葅.>

于以采蘩, 于澗之中. 于以用之, 公侯之宮.

被之僮僮, 夙夜在公. 被之祁祁, 薄言還歸.

❹『하소정(夏小正)』

蘩, 由胡. 由胡者, 繁母也. 皆豆實也. 故記之. 昆小蟲. 抵蚔昆者衆也.

猶魂. <大戴猶/作由>

魂也者, 動也. 小蟲動也. 其先言動而後言蟲者何也. 萬物至是動而後著.

<大戴脫/至字>

抵猶推也. 蚔螾卵也為祭醢也取之則必推之推之不必取取必推而不言取來降
燕乃睇燕乙也降者下也言來者何也莫能見其始出也. <關本作莫能/見始出也>

故曰來降言乃睇何也睇者眄也眄者視可為室者也. <大戴作/也者>

❺『의례(儀禮)』

厥.

## 0648 蒿 호 【hāo ㄏㄠ ˉ】 47

0648

쑥, 김 오를 호

| | |
|---|---|
| 菣也。 | 「쑥」이다. |
| 《『釋艸』、『小雅:毛傳』同。 | 『석초(釋艸)』❶와 『소아:모전(小雅:毛傳)』❷이 같다. |
| 陸璣曰。 | 륙기(陸璣)가 이르기를 |
| 青蒿也。》 | "청호(青蒿)다."라고 했다. |
| 从艸。 | 초(艸)를 따랐고, |
| 高聲。 | 고(高)가 성부가 된다. |
| 《呼毛切。2部。 | 호모절(呼毛切)이다. 제 2부에 속한다. |
| 籒文作「蒿」。》 | 주문(籒文)은 호(蒿)자를 쓴다. |

긴(菣) 개사철쑥

호(蒿) 다북쑥, 김 오르는 모양, 고달플

**청호(青蒿)** 쑥의 일종.

**[인경고 引經考]**

❶『석초(釋艸)』 ※ 본문과 다르다.

蘩, 皤蒿.<白蒿.> 蒿, 菣.<今人呼青蒿, 香中炙啖者爲菣.> 蔚, 牡菣.<無子者. ○ 蔚, 音尉. 菣, 去刃切.>

〔疏〕"蘩皤"至"牡菣". ○釋曰 : 此辨蒿色及有子無子者之異名也.《詩:召南》云 : "於以采蘩, 於沼於沚." 毛傳云 : "蘩, 皤蒿也." 郭氏云"白蒿", 然則皤猶白也. 《本草》云"白蒿". 唐本注云 : 此蒿葉粗於青蒿. 從初生至枯, 白於眾蒿. 欲似艾者, 所在有之. 又云葉似艾葉, 上有白毛粗澀, 俗呼蓬蒿, 可以爲菹. 故《詩》箋云"以豆薦蘩菹". 陸機云 : "凡艾白色爲皤蒿, 今白蒿. 春始生, 及秋香美可生食, 又可烝. 一名遊胡, 北海人謂之旁勃. …

❷『소아:모전(小雅:毛傳)』〈小雅:鹿鳴之什:鹿鳴〉

呦呦鹿鳴, 食野之苹. 我有嘉賓, 鼓瑟吹笙.

吹笙鼓簧, 承筐是將. 人之好我, 示我周行.

呦呦鹿鳴, 食野之蒿. 我有嘉賓, 德音孔昭.

視民不恌, 君子是則是傚. 我有旨酒, 嘉賓式燕以敖.

<蒿, 菣也.>〔疏〕…○正義曰 :《釋草》文. 孫炎曰 : "荊楚之間謂蒿爲菣." 郭璞曰 : "今人呼青蒿香中炙啖者爲菣." 陸機云 : "蒿, 青蒿也. 荊, 豫之間, 汝南, 汝陰皆云菣也. 本或云 '牡菣' 者, '牡' 衍字. 牡菣乃是蔚, 非蒿也. 與《蓼莪》傳相涉而誤耳."………

형성 (2字) 고(薃蒿)2446 모(薵蒿)5138

**[호(蒿)가 포함된 글자들] 2자**

## 0649

## 0649 蘕 蓬 봉【péng ㄆㄥˊ】 47
### 쑥、흐트러질 봉

蒿也。 「쑥」이다.

从艸。 초(艸)를 따랐고,

逢聲。 봉(逢)이 성부가 된다.

《薄紅切。9部。 　박홍절(薄紅切)이다. 제 9부에 속한다.

籒文作「蘕」。》 　주문(籒文)은 봉(蘕)자를 쓴다.

蘕籒文蓬省。 蘕주문(籒文)은 봉(蓬)자의 일부가 생략되었다.

《按此「籒文」當作「古文」。 　생각건대 이곳의 주문(籒文)은 마땅히 고문(古文)으로 써야 한다.

[虵部:蠭]、古文作蠡。 　[곤부:봉(虵部:蠭)]에 고문(古文)은 봉(蠡)으로 쓴다고 했다.

可比例也。》 　능히 례(例)로 삼아 견줄 수 있다.

## 0650 藜藜 려【lí ㄌㄧˊ】47
### 명아주 려

0650

艸也。 「풀의 일종」이다.

《故曰蒸藜不孰。 그래서 "증려(蒸藜)가 안 익었다."라고 말했다.

『小雅』。 『소아(小雅)』❶에

北山有萊 "북산유래(北山有萊)"이 있다.

陸機云。 륙기(陸機)가 이르기를❷

萊、兗州人蒸以爲茹。 "연주(兗州) 사람들이 래(萊)를 쪄서 솜으로 만든 것을

謂之萊蒸。 래증(萊蒸)이라고 한다."라고 했다.

按萊蒸葢(蓋)卽蒸藜。 생각건대 래증(萊蒸)은 대개 곧 증려(蒸藜)다.

如『詩』騋牝訓驪牝也。》 『시(詩)』❸에서 래빈(騋牝)의 훈(訓)이 려빈(驪牝)인 것과 같다.

从艸 초(艸)를 따랐고,

黎聲。 려(黎)가 성부가 된다.

《郞奚切。15部。 랑해절(郞奚切)이다. 제 15부에 속한다.

籒文作「藜」。》 주문(籒文)은 육(藜)자를 쓴다.

**래(騋)** 일곱 자나되는 키 큰 말.

**빈(牝)** 암컷, 자물쇠의 열쇄구멍.

**리(驪)** 천리마, 가라말, 두 필의 말을 나란히 한 멍애.

| | |
|---|---|
| **증려(蒸藜)** | 명아주를 쪄 먹는 것. |
| **북산유래(北山有萊)** | 북산(北山)에 래(萊)가 있다. |
| **연주(兗州)** | 동한말13주(東漢末13州)의 하나. 대략 현재의 산동성(山東省) 서계(西界)와 하남성(河南省) 동북(東北). |
| **래증(萊蒸)** | 래(萊)를 쪄서 솜으로 만든 것. |
| **래빈(騋牝)** | 1.語出《시:용풍:정지방중(詩:鄘風:定之方中)》에 "騋牝三千."이 있다. <모-전(毛-傳)>에서 "7척(七尺)되는 말을 래(騋)라고 한다, 래마(騋馬)와 빈마(牝馬)다."라고 했다. 후에는 말을 가리키는 범칭이 되었다. |
| **려빈(驪牝)** | 큰 암말. |

[**신경고 引經考**] ❶『소아(小雅)』〈小雅:南有嘉魚之什:南山有臺〉

南山有臺, 北山有萊. 樂只君子, 邦家之基. 樂只君子, 萬壽無期.

<興也. 臺, 夫須也. 萊, 草也.

箋云 : 興者, 山之有草木, 以自覆蓋, 成其高大, 喩人君有賢臣, 以自尊顯.

○萊音來. 夫音符.>

… 陸機《疏》云 : "萊, 草名, 其葉可食. 今兗州人烝以爲茹, 謂之萊烝." 以上下類

## 0650

之, 皆指草木之名, 其義或當然矣. 此山有草木, 成其高大,

而《車舝》箋云"析其柞薪, 爲蔽岡之高"者, 以興喩者各有所取. 若欲睹其山形, 草

木便爲蔽障之物 ; 若欲顯其高大, 草木則是裨益之言, 不一端矣.

南山有桑, 北山有楊. 樂只君子, 邦家之光. 樂只君子, 萬壽無疆.

南山有杞, 北山有李. 樂只君子, 民之父母. 樂只君子, 德音不已.

南山有栲, 北山有杻. 樂只君子, 遐不眉壽. 樂只君子, 德音是茂.

南山有枸, 北山有楰. 樂只君子, 遐不黃耉. 樂只君子, 保艾爾後.

**❷룩기**(陸機)**가 이르기를** 1번 참조.

今兗州人烝以爲茹, 謂之萊烝.

**❸『시**(詩)**』**〈鄘風:定之方中〉

定之方中, 作于楚宮. 揆之以日, 作于楚室.

樹之榛栗, 椅桐梓漆, 爰伐琴瑟.

升彼虛矣, 以望楚矣. 望楚與堂, 景山與京, 降觀于桑.

卜云其吉, 終然允臧.

靈雨旣零, 命彼倌人, 星言夙駕, 說于桑田.

匪直也人, 秉心塞淵, 騋牝三千.

<馬七尺以上曰騋. 騋馬與牝馬也.>

[참고] 鄭玄注《禮記:檀弓》引此文云: "騋牝驪牡." 玄謂 "乇尺曰騋. 牝者, 色驪 ; 牡者, 色玄也. 與郭異也. 玄駒, 裛驂. 玄駒, 小馬, 別名裛驂耳. 或曰此即腰裛, 古之良馬名. ○裛, 奴了切. 驂, 音參.)

## 0651 䕓䕫 규【kui ㄎㄨㄟˉ】47

여뀌 규

薺實也。

「제실(薺實:냉이열매 차)」이다.

《『今-釋艸』。

『금-석초(今-釋艸)』❶에서

紅、龍古。

"홍초는 **룡고**(龍古)인데,

其大者蘬。

그 큰 것은 규(蘬)이며

薺、薺實。

차(薺)는 **제실**(薺實)이다."라고 했다.

許所據絕(絶)不同。》

허신(許愼)이 근거한 것은 절대로 같지 않다.

从艸。

초(艸)를 따랐고,

歸聲。

귀(歸)가 성부가 된다.

《驅歸切。15部。

구귀절(驅歸切)이다. 제 15부에 속한다.

籀文作「蘬」。

주문(籀文)은 규(蘬)자를 쓴다.

歸、籀作「埽」也。》

귀(歸)자를 주문(籀文)은 귀(埽)로 썼다.

**제**(薺) 냉이,

**차**(薺) 냉이열매.

**귀**(埽) 돌아갈, 귀(歸)의 주문(籀文).

**제실**(薺實)   냉이 열매.

**룡고**(龍古)   홍초.

[**신경고 引經考**]

❶『금-석초(今-釋艸)』

紅, 蘢古. 其大者蘬.

<俗呼紅草爲蘢鼓, 語轉耳. ○蘬, 丘軌切.>

〔疏〕"紅蘢"至"者蘬".

○釋曰: 舍人曰:"紅名蘢古. 其大者名蘬."

《詩:鄭風》云:"隰有遊龍."

毛云:"龍, 紅草也."

陸機云:"一名馬蓼, 葉大而赤白色, 生水澤中, 高丈餘."

郭云:"俗呼紅草爲蘢鼓, 語轉耳."

薺, 薺實. <薺子名. ○薺, 才何切.>

[疏]"薺, 薺實". ○釋曰:《本草》云:薺, 味甘, "人取其葉作菹及羹亦佳".

《詩:穀風》云:"誰謂荼苦, 其甘如薺."其子別名薺.

## 0652

## 0652 葆 보【bǎo ㄅㄠˇ】47
### 더부룩히 날 보

| | |
|---|---|
| 艸盛皃(貌)。 | 「풀이 무성한 모양」이다. |
| 《『漢書:武五子傳』曰. | 『한서:무오자전(漢書:武五子傳)』❶에 이르기를 |
| 當此之時. | "이 때를 당했을 때 |
| 頭如蓬葆(葆)。 | 머리는 봉보(蓬葆)와 같았다. |
| 師古曰. | 사고(師古)가 이르기를 |
| 草叢生曰葆. | 풀이 다발로 나는 것이 보(葆)다."라고 했다. |
| 引伸爲羽葆幢之葆. | 뜻이 확대되어 우보당(羽葆幢)의 보(葆)가 되었다. |
| 『史記』以爲寶字.》 | 『사기(史記)』❷에서는 이것을 보(寶)자로 사용했다. |
| 从艸。 | 초(艸)를 따랐고, |
| 保(保)聲。 | 보(保)가 성부가 된다. |
| 《博襃切. | 박포절(博襃切)이다. |
| 古音在 3部. | 고음(古音)은 제 3부에 속한다. |
| 籒文作「葆」。》 | 주문(籒文)은 보(葆)자를 쓴다. |

당(幢) 지휘기, 깃일산, 후비(后妃)의 수레휘장에 달린 비단, 수레휘장, 수레 앙장.

봉보(蓬葆) ① 쑥 같은 것이 더부룩하니 무성한 모양. ② 머리털이 그것 처럼 흐트러진 모양.

우보당(羽葆幢) 국상(國喪)의 발인 때나, 문무(文舞)를 출 때 쓰던 의장(儀仗)의 한가지. 모양은 둑(纛)과 같고 흰 기러기 털로 만들었다.

※ <이아:석언:곽박-주(爾雅:釋言:郭璞-注)>「今之羽葆幢, 舞者所以 自蔽翳.」

[인경고 引經考]

❶『한서:무오자전(漢書:武五子傳)』
先日諸呂陰謀大逆, 劉氏不絕若髮, 賴絳侯等誅討賊亂, 尊立孝文, 以安宗廟, 非以中外有人, 表裏相應故邪? 樊, 酈, 曹, 灌, 攜劍推鋒, 從高[皇]帝墾菑除害, 耘鉏海內, [當此之時, 頭如蓬葆]<[服虔曰]:「頭久不理, 如蓬草羽葆也.」師古曰:「草叢生曰葆, 音保.」> 勤苦至矣, 然其賞不過(諸)[封]侯. 今宗室子孫曾無暴衣露冠之勞, 裂地而王之, 分財而賜之, 父死子繼, 兄終弟及. …」

❷『사기(史記)』
青黑緣者, 天子之葆龜也;【<集解>:公羊傳曰:"龜青緣." 何休曰:"緣, 甲■也. 千歲之龜青■, 明乎吉凶也."【索隱】:葆與"寶" 同, 史記多作此字.公羊傳"寶龜青緣", 何休以緣爲甲䐃, 千歲之龜青䐃, 明於吉凶.䐃音耳占反.【正義】:緣, 以絹反>

## 0653 蕃蕃 번【fán ㄈㄢˊ】 47
### 본[풀 무성할] 번

艸茂也。
《『左氏傳』曰。
其必蕃昌。》
从艸。
番聲。
《甫煩切。14部。
籒文作「蕃」。》

풀이 무성하다.
『좌씨:전(左氏:傳)』❶에
"그 반드시 **번창**(蕃昌)하리라."라고 했다.
초(艸)를 따랐고,
번(番)이 성부가 된다.
보번절(甫煩切)이다. 제 14부에 속한다.
주문(籒文)은 번(蕃)자를 쓴다.

**번창**(蕃昌)

번식하고 창성해짐.

※ <잠부론:충귀(潛夫論:忠貴)>「窮亢龍之極貴者, 未嘗不破亡也.
成天地之大功者, 未嘗不蕃昌也.」

[**인경고 引經考**]

❶『좌씨:전(左氏:傳)』〈閔元年〉

以是始賞, 天啟之矣. 天子曰兆民, 諸侯曰萬民. 今名之大, 以從盈數, 其
必有眾. "以魏從萬, 有眾象. 初, 畢萬筮仕於晉, 遇屯. … 辛廖占之,
曰: 吉. …

<○正義曰 : 杜云: "辛廖, 晉大夫." 則以畢萬筮仕, 在晉國而筮.
劉炫云: "若在晉國而筮, 何得云 '筮仕於晉'? 又辛甲, 辛有並是周人, 何故辛廖獨
爲晉大夫?" 今知不然者, 傳以畢萬是畢國子孫, 今乃筮仕於晉. 言"於晉", 以對畢
耳, 非謂筮時在他國也. 案昭十五年傳云: "及辛有之二子董之晉, 於是乎有董史."
注云: "辛有, 周人, 二子適晉爲大史." 則辛氏雖出於周, 枝流於晉. 劉炫用服氏之
說, 以爲畢萬在周, 筮仕於晉, 又以晉國不得有姓辛, 而規杜過, 其義非也. 屯固比
入, 吉孰大焉? 其必蕃昌.>

# 0654

## 0654 茸 용 【róng ㅁㄨㄥˊ】 47
### 풀싹 뾰죽뾰죽 날(우거질) 용

艸茸茸皃(貌)。 「풀이 용용(茸茸)한 모양」이다.

《茸之言茙也。 용(茸)이 말하려는 것은 융(茙)이다.

『召南:毛傳』曰 『소남:모전(召南:毛傳)』❶에 이르기를

襛猶戎戎也。 "농(襛)은 융융(戎戎)과 비슷하다."라고 했다.

『韓詩』。 『한시(韓詩)』❷에 "하피융의(何彼茙矣)"라 했고,

何彼茙矣、『左氏傳』。 『좌씨:전(左氏:傳)』❸에

狐裘尨茸。 "호구방용(狐裘尨茸)"이라고 했는데,

卽『詩』之狐裘蒙戎。》 곧 『시(詩)』❹의 "호구몽융(狐裘蒙戎)"이다.

从艸。 초(艸)를 따랐고,

耳聲。 이(耳)가 성부가 된다.

《[今-本]作「聰省聲」。 〖금-본(今-本)〗은 「총생성(聰省聲)」이라고 했다.

此淺人所肛改。 이것은 천박한 사람이 억측으로 고친 것이다.

此形聲之取雙聲不取疊(疊)韵者。 이것은 형성(形聲)이 쌍성(雙聲)을 취한 것으로 첩운(疊韵)을 취하지 않은 것이다.

而容切。9部。 「이용절(而容切)이다. 제 9부에 속한다.

籒文作「茙」。》 주문(籒文)은 용(茙)자를 쓴다.

**융(茙)** 규화, 콩, 두터운 모양, 성할, 빽빽할.
**농(襛)** 옷이 두툼할, 얼굴이 예쁜 모양 ■융:같은 뜻.
**구(裘)** 갖옷, 가죽옷, 대물릴 ■기:갖옷.

**용용(茸茸)** ① 풀이 무성한 모양. ② 화초가 무더기로 난 모양. ③ 머리털의 숱이 많고 부드러운 모양. ④ 소인배들이 떼지어 있음의 비유.

**융융(戎戎)** 무성한 모양(茂盛貌). 빽빽하고 무성(茂盛)한 모양.

**하피융의(何彼茙矣)** 厥.

**호구방용(狐裘尨茸)** 호구몽융(狐裘蒙戎) 호구(狐裘)의 모피(皮毛)가 릉란(淩亂)하다. 2. 국정혼란(國政混亂)의 비유.

**호구몽융(狐裘蒙戎)**

**쌍성(雙聲)** 중국어는 성모(聲母)와 운모(韻母)로 구성된다. 한글처럼 초성, 중성, 종성으로 나누지 않는다. 성모는 한글의 초성에 해당된다. 즉 자음(字音)을 말한다. 운모는 한글의 중성과 종성을 합한 개념이다. 즉 한글의 모음(母音)과 받침을 합한 것과 같다. 쌍성은 연속된 두 글자의 초성이 같은 것을 말한다. 즉, 과거, 종자, 사신, 본분 등이다.

**첩운(疊韵)** ① 동몽(童蒙), 당랑(螳螂) 등과 같이 연이은 두 글자 또는 몇 글자의 운이 모두 같은 것. ② 한시에서, 같은 운자를 거듭 쓰는 일.

0654

[신경고 引經考]

❶『소남:모전(召南:毛傳)』〈召南:何彼襛矣〉

何彼襛矣, 唐棣之華. 曷不肅雝, 王姬之車.

    &lt;興也. 襛猶戎戎也. 唐棣, 栘也.

    箋云：何乎彼戎戎者乃栘之華. 興者, 喻王姬顏色之美盛.

    ○棣, 徒帝反,《字林》大內反. 華如字. 栘音移, 一音是兮反,

    郭璞云："今白栘也, 似白楊, 江東呼夫栘."&gt;

何彼襛矣, 華如桃李. 平王之孫, 齊侯之子.

其釣維何, 維絲伊緡. 齊侯之子, 平王之孫.

❷『한시(韓詩)』

厥.

❸『좌씨:전(左氏:傳)』

君其脩德而固宗子, 何城如之？三年將尋師焉, 焉用慎？"

退而賦曰："狐裘尨茸, 一國三公, 吾誰適從？"

    &lt;士蒍自作詩也. 尨茸, 亂貌. 公與二公子爲三, 言城不堅則爲公子所訴, 爲公所讓；堅之則爲固讎不忠, 無以事君, 故不知所從.

    ○尨, 莫江反, 又音蒙. 茸, 如容反, 又音戎. 適從, 丁曆反.&gt;

及難, 公使寺人披伐蒲.

    重耳曰："君父之命不校."

    乃徇曰："校者, 吾讎也."逾垣而走, 披斬其袪. 遂出奔翟.

❹『시(詩)』〈邶風:旄丘〉

旄丘之葛兮, 何誕之節兮. 叔兮伯兮, 何多日也.

何其處也, 必有與也. 何其久也, 必有以也.

狐裘蒙戎, 匪車不東. 叔兮伯兮, 靡所與同.

    &lt;大夫狐蒼裘, 蒙戎以言亂也. 不東, 言不來東也.

    箋云：刺衛諸臣形貌蒙戎然, 但爲昏亂之行. 女非有戎車乎, 何不來東迎我君而複之？黎國在衛西, 今所寓在衛東.

    ○蒙如字, 徐武邦反. 戎如字, 徐而容反. 蒙戎, 亂貌.

    案：徐此音, 是依《左傳》讀作尨茸. 行, 下孟反, 下同.&gt;

瑣兮尾兮, 流離之子. 叔兮伯兮, 褎如充耳.

형성 (2자+2) 용(鞲臂)1740
용(搯臂)7643 용(聲) 용(醋疃)

[용(茸)이 포함된 글자들] 2+2자

# 0655  萑 萑 환【zhuī ㄓㄨㄟˉ】 47

## 물억새 환

艸多皃(貌)。「풀이 많다」는 뜻이다.

《此從鍇本廁此。 이것은 서개(徐鍇)의 책을 본떠서 이곳에 붙였다.

鉉本以萑廁萑篆後。 서현(徐鉉)의 책은 퇴(萑)의 표제자 뒤에 붙였다.

非也。詳萑下。》 옳지 않다. 자세한 것은 퇴(萑)자 아래에 있다.

从艸 초(艸)를 따랐고,

隹聲。 추(隹)가 성부가 된다.

《職追切。15部。 직추절(職追切)이다. 제 15부에 속한다.

籒文作「蓷」。》 주문(籒文)은 환(蓷)자를 쓴다.

**퇴**(萑) 익모초 ▣**추**:같은 뜻.

## 0656 薵薵 진 【jīn ㄐㄧㄣˉ】 47

### 풀 무성할 진

艸皃(貌)。
「풀의 모양」이다.

《『集韵(韻):一, 先』曰。
『집운:一, 선(集韵:一, 先)』에

『詩』薵薵者莪。
"『시(詩)』❶에 「진진자아(薵薵者莪)」"가 있다.

李舟說。》
리주(李舟)의 설명이다.

从艸。
초(艸)를 따랐고,

津聲。
진(津)이 성부가 된다.

《子僊切。
자선절(子僊切)이다.

古音 12部。
고음(古音)은 제 12부에 속한다.

籒文作「薲」。》
주문(籒文)은 진(薲)자를 쓴다.

　

아(莪) 새발쑥.

---

**진진(薵薵)** 　풀이 무성한 모양(草茂盛貌).

**진진자아(薵薵者莪)** 　저 무성한 것들은 쑥이다.

---

**[인경고 引經考]** 　❶『시(詩)』

〈小雅:南有嘉魚之什:菁菁者莪〉에

菁菁者莪, 在彼中阿. 旣見君子, 樂且有儀.

〈小雅:谷風之什:蓼莪〉에

蓼蓼者莪, 匪莪伊蒿. 哀哀父母, 生我劬勞.

는 있으나 **진진자아(薵薵者莪)**는 없다.

는

## 0657

## 0657 叢叢 총【cóng ㄘㄨㄥˊ】47
### 풀 떨기로 난 모양 총

艸叢生皃(貌)。「풀이 다발로 자라는 모양」이다.

《叢、聚也。 총(叢)은 모이는 것이다.

槩言之。 대개 말할 때

叢則專謂艸。 총(叢)은 오로지 풀에만 쓰는 말이다.

今人但知用叢字而已。 지금 사람들은 오직 총(叢)자만 쓸 뿐이다.

『爾雅:釋魚:音義』引『說文』。 『이아:석어:음의(爾雅:釋魚:音義)』❶가 『설문(說文)』을 인용하기를

叢、艸衆生也。》 "총(叢)은 풀이 무리지어 나는 것이다."라고 했다.

从艸。 초(艸)를 따랐고,

叢聲。 총(叢)이 성부가 된다.

《此形聲包會(會)意。 이것은 형성(形聲)이 회의(會意)를 포함하는 것이다.

徂紅切。9部。 조홍절(徂紅切)이다. 제 9부에 속한다.

籒文作「叢」。》 주문(籒文)은 총(叢)자를 쓴다.

**개(槩)** 평미레, 평평할, 대개, 거리낄, 그윽하고 흐리멍덩할, 강개할
　　■희:평미레 ■궤:같은 뜻 ■골:슬퍼서 어수선한 모양.

**조(徂)** 갈, 있을, 죽을, 겨눌.

[**인경고** 引經考] 　　❶『이아:석어:음의(爾雅:釋魚:音義)』

厥.

## 0658 艸 草 조【cǎo ㄘㄠˇ】 47

0658

본[도토리, 상수리] ■초 : 풀

| | |
|---|---|
| 草斗、《逗。》櫟實也。 | 초두(草斗)는 **력실**(櫟實)이다. |
| 一曰象斗。 | 혹은 **상두**(象斗)라고도 한다. |
| 《[木部:柸] | [목부:허(木部:柸)]에 |
| 柔也。 | "도토리다. |
| 其皁一曰樣。 | 그 검은 것을 혹은 양(樣)이라고도 한다."라고 했다. |
| 又曰、 | 또 이르기를 |
| 柔、柸也。 | "저(柔)는 허(柸)다."라고 했다. |
| 又曰、 | 또 이르기를 |
| 樣、柸實也。 | "양(樣)은 **허실**(柸實)이다."라고 했다. |
| 按此言櫟者、卽柸也。 | 생각건대 이것은 력(櫟)이 곧 허(柸)라는 말이다. |
| 陸璣云 | **륙기**(陸璣)가 이르기를❶ |
| 柸今柞櫟也。 | "허(柸)는 지금의 **작력**(柞櫟)이다. |
| 徐州人謂櫟爲杼。 | **서주**(徐州) 사람들은 력(櫟)을 저(杼)라고 한다. |
| 或謂之柸。 | 혹은 허(柸)라고도 한다. |
| 其子爲皁。 | 그 열매가 조(皁)다. |
| 或言皁斗。 | 혹은 **조두**(皁斗)라고도 말한다. |
| 其殼爲汁。 | 그 껍질로 즙을 짠다. |
| 可以染皁。 | 검은 물을 들일 수 있다. |
| 今京洛及河內多言杼汁。 | 지금의 **경락**(京洛)과 **하내**(河內) 사람들은 **저즙**(杼汁)이라고 많이 말한다."라고 했다. |
| 或云橡斗。 | 혹은 **상두**(橡斗)라고도 한다. |
| 按草斗之字俗作皁、作皂。 | 생각건대 **초두**(草斗)의 글자를 민간에서는 조(皁), 조(皂)로 썼는데, |
| 於六書不可通。 | 육서(六書)에서는 통하지 않는다. |
| 象斗字當從[木部]作樣。 | **상두**(橡斗)자는 마땅히 [목부(木部)]를 따라 양(樣)으로 써야 한다. 민간에서는 상(橡)으로 썼다. |
| 俗作橡。》 | |
| 从艸、 | 초(艸)를 따랐고, |
| 早聲。 | 조(早)가 성부가 된다. |
| 《自保(保)切。 | 자보절(自保切)이다. |
| 古音在 3部。『周禮:大司徒』。 | 고음(古音)은 제 3부에 속한다. |
| 其植物宜早物。 | 『주례:대사도(周禮:大司徒)』❷에 |
| 假借早晚字爲之。 | "기식물의조물(其植物宜早物)"이라고 했다. |
| 籀文作「䒗」。》 | 가차해서 **조만**(早晚)자로 썼다. |
| | 주문(籀文)은 조(䒗)자를 쓴다. |

## 0658

허(栩) 상수리나무,

저(柔) 도토리, 상수리 ◨서:같은 뜻.

작(柞) 굴참나무 ◨책:나무 벨, 좁을, 큰 소리 칠, 짐승잡는 덫 ◨사:엇
찍을 ◨색:깨물.

력(櫟) 상수리나무,

저(杼) 베틀의 북, 도토리 ◨서:물 받는 통, 상수리, 꾸지뽕나무.

름(皁) 하인, 말구유, 검을, 도토리 ◨도:검을.

조(皂) 하인,

**초두(草斗)** 력실(櫟實). 그 모양이 밤과 비슷하다(其狀似栗).《설문:초부(說文:艸部)》에 "조
(草)는 조두(草鬥)로 력실(櫟實)이다."라고 했다.

※ 초(草) 풀, 거칠, 간략할 ◨조:도토리, 상수리.

**력실(櫟實)** 상수리 열매, 밤과 비슷하다. 상실(橡實) 상수리. 상자(橡子) 상실(橡實). 작자(柞
子) 상실(橡實)의 다른 이름.

**허실(栩實)** 상수리 열매.

**작력(柞櫟)** 굴참나무(櫟樹).《시:당풍:보우(詩:唐風:鴇羽)》의 "集於苞栩" 3국(三國) 오(吳) 나
라 <륙기-소(陸璣-疏)>에 "허(栩)는 지금의 작력(柞櫟)이다. 서주인(徐州人)들은
력(櫟)을 저(杼)라고 한다. 혹은 허(栩)라고도 한다."라고 했다.

※ 조실(柞實) 상수리나무의 열매. 상수리. 도토리.

**서주(徐州)** 9주(九州)의 하나. 지금의 산동성(山東省) 동남쪽에서 강소성(江蘇省), 안휘성(安
徽省)의 북부에 걸친 지역.《서:우공(書:禹貢)》의 "海岱及淮惟서주(徐州)." <공-전
(孔傳)>에 "동으로는 바다에 이륵, 북으로는 대(岱)에 이르고, 남으로는 회(淮)에
이른다."라고 했다.《이아:석지(爾雅:釋地)》에 "제동(濟東)을 서주(徐州)라고 한
다."라고 했는데 <곽박-주(郭璞-注)>에 "自제동(濟東)으로부터 바다에 이른다."
라고 했다. 바다는 황해(黃海)다. 대(岱)는 태산(泰山)이다. 회(淮)는 회하(淮河)다.
제(濟)는 제수(濟水)다. 대략 지금의 강소(江蘇), 산동(山東), 안휘(安徽) 부분의 지
역이다. 한(漢) 나라 이후 모두 서주(徐州)를 설치했다, 할지(轄地)는 매번 변화가
있었다. 대략 모두 지금의 회북일대(淮北一帶)다. 多以팽성(彭城), 지금의 강소(江
蘇) 서주시(徐州市)나 혹은 하비(下邳), 지금의 강소(江蘇) 비현(邳縣)을 치소(治
所)로 삼았다.

**경락(京洛)** 락(洛)은 락(雒)으로도 쓴다. 락양(洛陽)의 다른 이름. 서울. 임금이 살고 있는 도읍
(都邑). 동주(東周)와 동한(東漢)이 이곳에 도읍을 정하였기 때문에 이르는 말이
다. 경성(京城). 경도(京都). 경련(京輦). 경사(京師). 경화(京華).

**하내(河內)** 황하(黃河) 이북 지역을 통틀어 이르던 말. 또는 하남성(河南省) 황하의 이북 지역
만을 이르기도 한다.

0658

| | |
|---|---|
| **저즙**(杼汁) | 도토리즙. |
| **상두**(橡斗) | 상률(橡栗). |
| **조물**(早物) | 검은색 염료로 사용되는 상수리, 도토리 따위를 이르는 말. |
| **기식물의조물**(其植物宜早物) | &lt;주례:대사도(周禮:大司徒)&gt; 첫째는 산림이다. 동물은 털 달린 것들에 알맞고, 식물로는 도토리나 상수리 같은 조물(早物)에 알맞고, 백성들은 모피옷을 입고 방정하다.「一曰山林. 其動物宜毛物. 其植物宜早物. 其民毛而方.」 |
| **조만**(早晚) | 1. 아침과 저녁. 2. 먼저와 나중. 3. 지나치게 이르거나 지나치게 늦음. 4. 이르든지 늦든지. 멀지 않아. 5. 언제나. 늘. 시간마다. 날마다. |

**[신경고 引經考]**

**❶륙기**(陸璣)가 이르기를 &lt;이아:석초&gt;

栩, 杼.

&lt;柞樹. ○栩, 香羽切. 杼, 省汝切. &gt;

〔疏〕"栩, 杼".

○釋曰：栩, 一名杼.

郭云"柞樹".

《詩:唐風》云："集於苞栩."

陸機《疏》云："今柞櫟也. 徐州入謂櫟爲杼, 或謂之爲栩. 其子爲皂, 或言皂鬥. 其殼爲汁, 可以染. 皂, 今京洛及河內言杼鬥. 謂櫟爲杼, 五方通語也.

**❷『주례:대사도(周禮:大司徒)』**

以土會之法辨五地之物生：一曰山林, 其動物宜毛物, 其植物宜早物, 其民毛而方. 二曰川澤, 其動物宜鱗物, 其植物宜膏物, 其民黑而津. 三曰丘陵, 其動物宜羽物, 其植物宜覈物, 其民專而長. 四曰墳衍, 其動物宜介物, 其植物宜莢物, 其民晳而瘠. 五曰原隰, 其動物宜臝物, 其植物宜叢物, 其民豐肉而庳.

## 0659 蒻菆 추【zhōu ㅂㄡ¯】 47

(풀이)더부룩이 날 추

麻蒸也。

「삼을 삶는다」는 뜻이다.

《此不與上文蒸字類廁者、
以篆籒別之。

이것과 앞에 나온 증(蒸)자를 한 무리로 붙이지 않은 것은 전서(篆書)와 주문(籒文)으로 구별했기 때문이다.

『西征賦』曰。

『서정부(西征賦)』❶에 이르기를

感市闒之菆井。

"감시려지추정(感市闒之菆井)"이라고 했다.

『東方朔:七諫』曰。

『동방삭:7간(東方朔:七諫)』❷에

菎蕗襍(雜)於廲蒸。

"곤로잡어추증(菎蕗襍於廲蒸)"이라고 했다.

『王逸-注:枲(枲)翮』曰。

『왕일-주:시핵(王逸-注:枲翮)』❸에 이르기를

「廲」一作「菆」。

"추(廲)는 또한 추(菆)로도 쓴다."라고 했다.

按枲翮、枲莖也。

생각건대 시핵(枲翮)은 시경(枲莖)이다.

[麻部]出廲字云麻蒸也。

[마부(麻部)]에 나오는 추(廲)자에서 이르기를 「마할(麻蒸)이다.」라고 했다.

〖鍇-本〗無之。

서개(徐鍇)의 책에는 없다.

俗添之耳。》

민간에서 첨가한 것일 뿐이다.

从艸、

초(艸)를 따랐고,

取聲。

취(取)가 성부가 된다.

《側鳩切。3部。

측구절(側鳩切)이다. 제 3부에 속한다.

籒文作「菆」。》

주문(籒文)은 추(菆)자를 쓴다.

一曰蓐也。

혹은 또 욕(蓐)이라고도 한다.

《此別一義。

이것은 별도의 한 뜻이다.

蓐見下部。》

욕(蓐)은 다음 부수에 보인다.

곤(菎) 향풀, 풀이름.

로(蕗) 풀이름, 락규(落葵), 감초.

잡(襍) 섞일.

추(廲) 삼줄기, 삼단.

시(枲) 수삼, 삼, 씨없는 삼, 도꼬마리. ※ <명문대자전>에는 음이 「사」로 되어 있으나 여러 책에서는 「시」로 되어 있다.

핵(翮) 깃촉.

욕(蓐) 새싹, 누에발, 외양깐에 깔아 주는 짚이나 풀, 새싹.

할(蒸) 삼줄기 ■개:짚고갱이.

감시려지추정(感市闒之菆井)

연료로 쓰는 삼대를 파는 시장에서 기시(棄市)를 당기한 한연수( 韓延壽)를 생각하다.

곤로잡어추증(菎蕗襍於廲蒸)

시려(市闒) 1. 시사(市肆). 시장.

0659

귀한 향이 나는 향품을 연료로 쓰는 추증과 섞어서 태우면[향을 구분할 수가 없게 된다.]

**시핵(枲翮)** 삼줄기.

**시경(枲莖)** 삼줄기.

**곤로(菎蕗)** 향초이름(香草).《楚辭:東方朔＜七諫:謬諫＞》에 나오는 "菎蕗雜於廲蒸兮, 機蓬矢以射革."에 대한 왕일-주(王逸注)에 "곤로향(菎蕗香直之草)을 추증(廲蒸)과 섞어 태우면, 향이 구분이 안된다."라고 했다.

**추정(菆井)** 위성(渭城)의 동쪽에서 마증(麻蒸)을 팔던 시장. 또 추(掫)로도 쓰는데 추(掫)는 마간(麻幹:삼줄기, 겨릅)이다.

**추증(廲蒸)** 마갈(麻秸). 옛날에는 연료나 조명으로 썼다.

**[인경고 引經考]**

### ❶『서정부(西征賦)』

感市閭之菆井, 歎尸韓之舊處. 丞屬號而守闕, 人百身以納贖. 豈生命之易投, 誠惠愛之洽著. 訐望之以求直, 亦餘心之所惡. 思夫人之政術, 實幹時之良具. 苟明法以釋憾, 不愛才以成務. 弘大體以高貴, 非所望於蕭傳.

&lt;《漢書》曰：韓延壽, 字長公, 燕人也. 爲東郡太守, 爲天下最, 代蕭望之爲左馮翊, 望之遷禦史大夫. 延壽在東郡時, 放散官錢千餘萬. 會禦史問事東郡, 望之因令並問之. 延壽知, 即案劾望之在馮翊時廥犧官錢放散百餘萬. 上令窮竟所考, 望之卒無事實, 而延壽竟坐棄市. 吏民數千人, 送至渭城, 百姓莫不流涕.《說文》曰：菆, 麻蒸也. 然菆井即渭城賣蒸之市也. 延壽被誅, 丞屬無守闕者. 而趙廣漢就戮, 則有之, 恐潘誤.

《毛詩》曰：如可贖兮, 人百其身.

《論語》子貢曰：賜也亦有惡乎？惡訐以爲直者.

《說文》曰：訐, 面相斥罪.

《左氏傳》穆叔曰：齊人釋憾於弊邑之地. 又魏犨, 公欲殺之, 而愛其材.《周易》曰：開物成務.《莊子》曰：襄公之應司馬曰：夷, 知大體者也.《漢書》曰：蕭望之左遷太子太傅. &gt;

### ❷『동방삭:7간(東方朔:七諫)』

厥.

### ❸『왕일-주:시핵(王逸-注:枲翮)』

菎蕗雜於廲蒸兮,

&lt;枲翮曰廲, 褔竹曰蒸. 言持菎蕗香直之草, 雜於廲蒸, 燒而燃之, 則不識於物也. 以言取忠直棄之林野, 亦不知賢也. 一作菎簬. 廲, 一作蕈, 一作廉, 一作藜, 一作藜, 一作藜, 一作藜. 一云：菎蔬雜於廲.&gt;

機蓬矢以射革.

## 0660 蓄蓄 축【xù ㄒㄩˋ】47

쌓을、모을 축

積也。 「쌓이는 것」이다.

从艸。 초(艸)를 따랐고,

畜聲。 축(畜)이 성부가 된다.

《丑六切 3部。 축륙절(丑六切)이다. 제 3부에 속한다.

籒文作「蓄」。》 주문(籒文)은 축(蓄)자를 쓴다.

| 0661 | 𦳋 𣅽 春 𣌥 춘 【chūn ㄔㄨㄣ】 47 | 0661 |
|---|---|---|

본[밀어낼] 봄

推也。 「밀어낸다」는 뜻이다.

《此於雙聲求之。 이것은 쌍성에서 구한 것이다.

『鄕飮酒義』曰。 『향음주의(鄕飮酒義)』❶에 이르기를

東方者春。 "동방(東方)이란 것은 봄이다.

春之爲言蠢也。 봄이 말하려는 것은 준(蠢:굼틀거림)이다."라고 했다.

『尙書:大傳』曰。 『상서:대전(尙書:大傳)』❷에 이르기를

春、出也。 "춘(春)은 출(出)이다.

萬物之出也。》 만물이 나오는 것이다."라고 했다.

从日艸屯。 초(艸)와 준(屯)을 따랐고,

《日艸屯者、 「일초준(日艸屯)」이란 것은,

得時艸生也。 때를 얻어 풀이 나오는 것이다.

屯字象艸木之初生。》 준(屯)자는 초목의 싹이 처음나는 것을 본뜬 것이다.

屯亦聲。 준(屯)이 또한 성부가 된다.

《會意兼形聲。 회의(會意) 겸 형성(形聲)이다.

此七字依『韵會』〔今一二徐一本〕 이 일곱 자는 『운회(韵會)』와 지금의 2서(二徐)의 책을 근거한 것이다.

皆亂以錯語。 모두 서개(徐)의 말 때문에 어지러워진 것이다.

昌純切。13部。 창순절(昌純切)이다. 제 13부에 속한다.

籒文作「𣞤」。》 주문(籒文)은 춘(𣞤)자를 쓴다.

---

**준(蠢)** 굼틀거릴, 무례한 모양.

**준(屯)** 어려울, 두터울, 머뭇거릴, 인색할 ▣**둔**:모일, 머물, 둔전

　　▣**돈**:성씨.

---

[신경고 引經考]

**❶『향음주의(鄕飮酒義)』**

賓必南鄕, 東方者春, 春之爲言蠢也, 産萬物者聖也. 南方者夏, 夏之爲言假也, 養之, 長之, 假之, 仁也. 西方者秋, 秋之爲言愁也, 愁之以時察, 守義者也. 北方者冬, 冬之爲言中也, 中者藏也. 是以天子之立也, 左聖鄕仁, 右義偝藏也.

　〈春, 猶蠢也. 蠢, 動生之貌也. 聖之言生也. 假, 大也. 愁, 讀爲"揫", 揫, 斂也. 察猶察察嚴之貌也. 南鄕鄕仁, 貴長大萬物也. 察, 或爲"殺". 〉

**❷『상서:대전(尙書:大傳)』**

厥.

---

[형성] (4자)　준(偆 𠈌)4875 순(𩏶 𨜏)5499

[춘(春)이 포함된 글자들] 4자

**0661**

준(㤛)6550 준(蠢)8557

유사 아뢸 주(奏) 편안할 태(泰) 진나라 진(秦) 받들 봉(奉) 절구 용(舂)

성부 秦진

文 四百四十五 重三十一

《按〖鉉本〗文四百四十五。
〖鍇本〗少「萺薣薠蘁蓨萃」六字。
則爲四百三十九。
今仍〖鉉本〗。
惟復審定「薇菰薮」三字確是誤體。
刪去。
是爲四百四十二。
其列字之次第。
類聚羣(群)分。
皆有意義。
雖少爲後人所亂。
而大致可稽。
如荃之非香艸、
於上下文得之也。
重三十一。
鍇少蕿字。
今亦仍鉉。》

정문(正文) 445자 중문(重文) 31자다.

생각건대 서현(徐鉉)의 책은 445자이니,
서개(徐鍇)의 책은 「萺薣薠蘁蓨萃」여섯 자가 적어서
곧 439자가 된다.
지금은 서현(徐鉉)의 책을 따랐다.
다만 다시 심사해서 「薇菰薮」석 자를 잘못된 글자체로 학인해서 지웠을 뿐이다.
이때문에 442자가 되었다.
그 글자를 배열하는 순서는
무리지어 모으고 데로 나누는 것이다.
모두 의의(意義)가 있다.
비록 약간의 글자들이 후세사람들이 어지럽힌 바가 되었지만 대부분은 생각해 볼 수 있다.
전(荃)이 향초가 아니라는 것 처럼
아래 위의 글에서 얻었다.
중문 31자가
서개(徐鍇)의 책에서는 난(蕿)자가 없다.
지금은 역시 서현(徐鉉)의 책을 근거했다.

**거(萺)** 토란, 나라이름, 읍이름.

**모(薣)** 도꼬마리, 무성할, 더부룩할, 땅이름.

**제(薠)** 마타리, 외나물의 뿌리, 오이풀뿌리.

**감(蘁)** 풀 ■**공**:율무

**척(蓨)** 소루쟁이

**췌(萃)** 풀 모양, 패이름 ■**채**:옷이 맞스치는 소리.

**무(薇)** 독풀.

**고(菰)** 풀 우거진 모양, 땅이름.

**치(薮)** 풀 커다란할.

**전(荃)** 겨자무침, 향초이름.

**훤(蕿)** 원추리.

## 0662

## 0662 蓐 욕 【rù ㄖㄨˋ】 47

### 본[새싹] 누에발 욕

| 陳艸復生也。 | 묵은 뿌리에 다시 싹이 나는 것이다. |
|---|---|
| 从艸。 | 초(艸)를 따랐고, |
| 辱聲。 | 욕(辱)이 성부가 된다. |
| 《而蜀切。3部。》 | 이용절(而容切)이다. 제 3부에 속한다. |
| 一曰蔟也。 | 혹은 또 족(蔟)이라고도 한다. |
| 《此別一義。 | 이것은 별도의 한 뜻이다. |
| [艸部]曰。 | [초부(艸部)]에 이르기를 |
| 蔟、行蠶蓐也。 | "족(蔟)은 누에를 치는 **잠박(蠶薄)**이다."라고 했다. |
| 蓐訓陳艸復生。 | 욕(蓐)의 훈(訓)이 「묵은 풀에서 다시 싹이 나는 것」인데, 뜻이 |
| 引伸爲薦席之蓐。 | 확대되어 **천석(薦席:까는 자리)**이 되었다. |
| 故蠶蔟亦呼蓐。》 | 그래서 **잠족(蠶蔟)** 또한 욕(蓐)이라고 했다. |
| 凡蓐之屬皆从蓐。 | 대개 욕(蓐)에 속한 글자는 |
|  | 모두 욕(蓐)을 따른다. |
| 薅籀文蓐。 | 薅주문(籀文) 욕(蓐)이다. |
| 从茻。 | 망(茻)을 따랐다. |
| 《此不與[艸部]五十三文爲類而別立 | 이것을 [초부(艸部)]의 53자와 무리지어 두지 않고, 따로이 [욕 |
| [蓐部]者、 | 부(蓐部)]를 만든 것은 |
| 以有薅字從蓐故也。》 | 욕(蓐)을 따르는 호(薅)자가 있기 때문이다. |

**족(蔟)** 누에발, 보금자리 ◨**주**:정월율명 ◨**착**:작살.

**망(茻)** 무성한 풀, 고사리붙이의 풀 우거져 더부룩할 ◨**모**:같은 뜻
  ◨**무**:같은 뜻.

**호(薅)** 김 맬.

**천(薦)** 자리 아래에 까는 풀(席下之草).

| **잠박(蠶薄)** | 잠박(蠶箔). 잠곡(蠶曲), 박곡(薄曲)이라고도 한다. 대나무나 갈대로 만든 양잠기구 (養蠶器具). |
|---|---|
| **천석(薦席)** | 천석(薦蓆). 거적자리. 깔개. |
| **잠족(蠶蔟)** | 잠족(蠶簇) 누에가 고치를 짓도록 마련하여 놓은 짚이나 잎나무. 섶. |

형부 호(薅薅蔲)

## 0663 薅薅호【hāo ㄏㄠˊ】 47
### 김맬 호

| | |
|---|---|
| 披田艸也。 | 「밭의 풀을 뽑다」라는 뜻이다. |
| 《大徐作「拔去田艸」。 | 대서(大徐)는 「발거전초(「拔去田艸)」라고 했다. |
| 『衆經音義』作「除田艸」。『經典:釋 | 『중경음의(衆經音義)』는 「제전초(除田艸)」라고 했다. |
| 文』、『王篇』、『五經文字』作「拔田艸」。 | 『경전:석문(經典:釋文)』,『옥편(玉篇)』,『5경문자(五經文字)』❶ |
| | 는 「발전초(拔田艸)」라고 했다. |
| 惟『繫傳-舊本』作「披」、不誤。 | 오직 『계전-구본(繫傳-舊本)』❷만 피(披)라고 했는데 틀리지 |
| | 않았다. |
| 披者、迫地削去之也。 | 피(披)라는 것은 땅을 파헤쳐서 없애버리는 것이다. |
| [木部]曰。 | [목부(木部)]에 이르기를, |
| 槈、薅器也。》 | "욕(槈)은 **호기**(薅器)다."라고 했다. |
| 从蓐。 | 욕(蓐)을 따랐고, |
| 好省聲。 | 호(好)의 일부가 생략되어 성부가 된다. |
| 《呼毛切。 | 호모절(呼毛切)이다. |
| 古音在 3部。》 | 고음(古音)은 제 3부에 속한다. |
| 薅籀文薅省。 | 주문(籀文) 호(薅)는 일부가 생략되었다. |
| 薅薅或从休。 | 호(薅)는 간혹 휴(休)를 따른다. |
| 《古好聲休聲同在 3部 》 | 옛날에 호성(好聲)과 휴성(休聲)은 함께 제 3부에 있었다. |
| 『詩』曰。 | 『시(詩)』❸에 이르기를 |
| 旣茠荼蓼。 | "**기휴도료**(旣茠荼蓼)"라고 했다. |
| 《.文。 | 『주송(周頌)』에 나오는 글이다 |
| 〔今-詩〕作以薅。》 | 〔금-시(今-詩)〕는 호(薅)로 썼다. |

**피**(披) 열릴, 헤칠, 곁부축할, 흩어질, 쪼갤, 찢어질.

**누**(槈) 호미.

**욕**(蓐) 새싹, 누애발, 깔개, 외양간에 깔아주는 짚이나 풀, 두터울, 가을 맑은 신, 나라이름.

| | |
|---|---|
| **발거전초**(「拔去田艸) | 밭의 풀을 뽑아내다. |
| **호기**(薅器) | 풀뽑는 기구. |
| **기휴도료**(旣鄡殽嗥) | 여뀌풀을 뽑아내다. |
| **도료**(荼蓼) | 씀바귀와 여뀌. 모두 쓴 식물이므로 쓰라리고 고달프다는 뜻. |

| [**인경고** 引經考] | ❶『5경문자(五經文字)』 |
|---|---|
| | 厥. |
| | ❷『계전-구본(繫傳-舊本)』 |

**0663**

厥.

❸『시(詩)』 〈周頌:閔予小子之什:良耜〉

畟畟良耜, 俶載南畝. 播厥百穀, 實函斯活.

或來瞻女, 載筐及筥, 其饟伊黍.

其笠伊糾, 其鎛斯趙, 以薅荼蓼.

&lt;笠, 所以禦暑雨也. 趙, 刺也. 蓼, 水草也.

箋云：瞻, 視也. 有來視女, 謂婦子來饁者也. 筐筥, 所以盛黍也. 豐年之時, 雖賤者猶食黍. 饁者, 見戴糾然之笠, 以田器刺地, 薅去荼蓼之事. 言閔其勤苦.

○筐, 丘方反. 筥, 紀呂反. 饟, 式亮反. 笠音立. 糾, 居黝反, 又其皎反. 鎛音博. 趙, 徒了反, 刺也, 又如字, 沈起了反, 又徒少反. 薅, 呼毛反,

《說文》云："拔田草也."

又云："或作茠."引此以茠荼蓼. 荼蓼, 上音徒, 下音了. 刺, 七亦反. 下同. 盛音成. 去, 起呂反.&gt;

荼蓼朽止, 黍稷茂止. 穫之挃挃, 積之栗栗.

其崇如墉, 其比如櫛. 以開百室.

百室盈止, 婦子寧止. 殺時犉牡, 有捄其角.

以似以續, 續古之人.

---

文二 重三

正文이 2자이고 중문이 석 자 있다.

## 0664 茻 망 【mǎng ㄇㄤˇ】 47
### 고사리 붙이의 풀 우거져 더부룩히 날 망

| | |
|---|---|
| 眾(眾)艸也。 | 「많은 풀」이다. |
| 《按經傳艸莽字當用此 》 | 생각건대 경전(經傳)의 초망(艸莽)자는 마땅히 이것을 써야한다. |
| 从四屮。 | 네 개의 철(屮)을 따랐다. |
| 凡茻之屬皆从茻。 | 대개 망(茻)에 속한 글자는 |
| | 모두 망(茻)을 따른다. |
| 讀若與冈同。 | 독음은 망(冈)과 같다. |
| 《謂其讀若與冈之讀若同也。 | 그 독약(讀若)이 망의 독약(讀若)과 같다는 말이다. |
| 模朗切。10部。》 | 모랑절(模朗切)이다. 제 10부에 속한다. |

망(茻) 무성한 풀, 고사리붙이의 풀 우거져 더부룩할 ▣모:같은 뜻 ▣무:같은 뜻.

형성 (1자) 망(莽茻)666

[분(券)이 포함된 글자들] 1자

성부 莫막 寒한 葬장
형부 규(茻茻)

# 0665

## 0665 莫草𦱤 막【mù ㄇㄨˋ】48
없을, 말(금지) 막

日且冥也。
《且冥者、將冥也。
[木部]日
杳者、冥也。
[夕部]日
夕、莫也。
引伸之義爲有無之無。》
从日在茻中。
《會意。》
茻亦聲
《此於雙聲求之。
莫故切。又慕各切。5部。》

「곧 어두워진다」는 뜻이다.
**차명**(且冥)은 곧 어두워진다는 말이다.
[목부(木部)]에 이르기를
"묘(杳)라는 것은 어둡다는 것이다."라고 했다.
[석부(夕部)]에 이르기를
"석(夕)은 모(莫)다."라고 했다.
뜻이 확대되어 유무(有無)의 무(無)가 되었다.
태양이 숲 풀 속에 있는 모양을 따랐다.
회의(會意)자다.
망(茻)이 또한 성부가 된다.
이것은 **쌍성**(雙聲)에서 구하는 것이다.
막고절(莫故切)이다. 또 막고절(莫故切)이다.
제 5부에 속한다.

**막**(莫) 없을, 말(勿也), 불가할 ▣**모**:날이 저물, 나물, 푸성귀
　　▣**맥**:고요할.
**망**(茻) 무성한 풀, 고사리붙이의 풀 우거져 더부룩할 ▣**모**:같은 뜻
　　▣**무**:같은 뜻.

**차명**(且冥) 곧 어두워진다.
**쌍성**(雙聲) 중국어는 성모(聲母)와 운모(韻母)로 구성된다. 한글처럼 초성, 중성, 종성으로 나누지 않는다. 성모는 한글의 초성에 해당된다. 즉 자음(字音)을 말한다. 운모는 한글의 중성과 종성을 합한 개념이다. 즉 한글의 모음(母音)과 받침을 합한 것과 같다. 쌍성은 연속된 두 글자의 초성이 같은 것을 말한다. 즉, 과거, 종자, 사신, 본분 등이다.

형성 (20자) 막(嗼嘆)903 모(謨謩)1431
막(蟇𦱤)2424막(膜𦱤)2592 모[模𦱤]3471
막(鄚𦱤)3899맥(募𦱤)4144 막(瘼𦱤)4500
매(髳𦱤)5491맥(貘𦱤)5823 맥(驀𦱤)5889
모(慔𦱤)6475모[慕𦱤]6471 막(漠𦱤)6801
모(摹𦱤)7654모(募𦱤)7945 막(蟆𦱤)8510
묘[墓𦱤]8724모[募𦱤]8819 막(鏌𦱤)8961

**[막(莫)이 포함된 글자들] 20자**

성부 𦱤막

## 0666 茻莽망【mǎng ㄇㄤˇ】48
### 사냥개 망

南昌謂犬善逐兔(兎)艸中爲莽。

从犬茻。

《此字犬在茻中。

故偁(稱)南昌方言、

說其會(會)意之恉(恉)也。

引伸爲鹵莽。》

茻亦聲

《謀朗切。10部。

古音讀如模上聲。

在 5部。

取諸雙聲也。》

남창(南昌) 지방에서 개가 숲 속에서 토기를 잘 쫓는 것을 망(莽)이라고 한다.

견(犬)과 망(茻)을 따랐다.

이 글자는 견(犬)이 망(茻) 속에 있는 것이다.

그러므로 **남창**(南昌) 방언(方言)을 일컬어,

그 회의(會意)의 뜻을 설명한 것이다.

뜻이 확대되어 **로망**(鹵莽)이 되었다.

망(茻)이 또한 성부가 된다.

모랑절(謀朗切)이다. 제 10부에 속한다.

옛 음은 모(模)의 상성 처럼 읽는다.

제 5부에 속한다.

쌍성(雙聲)에서 취했다.

---

**남창**(南昌) 오늘날 중국의 강서성(江西省)에 있는 지명. 강서성(江西省)의 성도(省都). 파양호(鄱陽湖) 남쪽에 위치한 인근 생산 물자의 집산지(集散地)임.

※ **남창위**(南昌尉) 남창은 오늘날 중국의 강서성(江西省)에 있는 지명인데, 한(漢) 나라 때 구강(九江) 수춘(壽春) 사람인 매복(梅福)이 남창위를 지냈다 하여 그를 가리킨다. 왕망(王莽)이 권력을 독단하자 벼슬을 버리고 고향으로 돌아갔다가 나중에는 성명을 고치고 오현(吳縣) 저자의 문지기가 되었다 한다. 《漢書 卷六十七 梅福傳》

※ **남창장**(南昌長) 한신이 남창정장(南昌亭長)의 집에서 밥을 얻어먹었는데, 정장의 아내가 귀찮게 생각하여 밥을 일찍 지어먹고는 한신이 가면 밥이 없다고 거절하였다. 뒤에 한신이 초왕(楚王)이 되어 남창정장을 불러서, "자네는 소인(小人)이라 은혜를 끝까지 베풀지 못하였다."고 책하고 백 금(百金)을 주었다.

**로망**(鹵莽) 황무지에 난 들풀, 뜻이 확대되어 활폐함을 뜻한다. 소홀함, 구차함, 개략, 대략.

※ **로망멸렬**(滅裂) 일하는 것이 대단히 경솔하고, 소홀함.

## 0666

| | |
|---|---|
| **文四** | 정문(正文)은 4자다. |
| 《此部不與五十三文同類者。<br>彼小篆從艸。<br>此小篆從茻也。》 | 이 부수가 앞의 53부와 함께 하지 않는 것은<br>그 소전이 초(艸)를 따랐기 때문이다.<br>이 소전은 망(茻)을 따른다. |
| **十四部 文六百七十二 重八十 凡<br>萬六百三十九字** | 제14부에는 표제자 672자.<br>중문(重文) 10자. 모두 10,639자다. |
| 《此第一篇部文、<br>重文解說字之都數也。<br>每篇末識之。<br>以得十四篇都數、<br>識於敍目之後云。<br>此十四篇、五百四十部、<br>九千三百五十三文重一千一百六十三、<br>解說凡十三萬三千四百四十一字是也。<br>自二徐每篇分上下。<br>乃移之於冠篇首。<br>非是。<br>小徐書轉寫尤舛誤。<br>今復其舊云。》 | 이것은 앞 편의 표제자와<br>중문의 합계다.<br>매 편의 끝에 적었다.<br>도합 14편의 부수가 있다.<br>서목(敍目) 뒤에 기록하기를<br>이 14편, 540부수는<br>9,353자, 중문(重文)이 1,163자이다.<br>해설에 사용된 글자 수는 133,411자다.<br>2서(二徐)가 매 편을 상, 하로 나눈 이후<br>관편(冠編)의 앞 부분으로 옮겼는데<br>옳지 않다.<br>소서(小徐)의 책은 잘못 쓴 것이 많아서<br>지금은 그 이전의 것을 복원했다. |

## 0667 葬 장 【zàng ㄗㄤˋ】 48
### 묻을, 장사 지낼 장

臧也。 감추는 것이다.

《見『檀弓』。》 『단궁(檀弓)』❶을 보라.

从死在茻中。 사(死)가 망(茻) 속에 있는 것이다.

一、其中所吕(以)荐之。 일(一)은 그 위에 받쳐 놓는 것이다.

《「荐」各本作「薦」。 천(荐)을 여러 책에서는 천(薦)으로 썼다.

今正。 지금 바로 잡는다.

荐、艸席也。 천(荐)은 풀로 만든 자리다.

有藉義。 깔개의 뜻이 있다.

故凡藉於下者用此字。》 그러므로 대부분 아래에 까는 것은 이 글자를 쓴다.

『易』曰 『역(易)』에 이르기를

古者葬、厚衣之以薪。 "옛날의 장례는 섶으로 두텁게 덮었다."라고 했다.

《此引『易:繫(繫)辭』。 이것은 『역:계사(易:繫辭)』❷를 인용한 것이다.

說從死在茻中之意也。 사(死)가 망(茻) 속에 있는 뜻을 설명한 것이다.

上古厚衣以薪。 상고 시대에는 섶으로 두텁게 덮었다.

故其字上下皆艸。》 그래서 그 글자는 모두 초(艸) 아래에 있다.

茻亦聲。 망(茻)이 또한 성부도 된다.

《此於曼(疊)韵得之。 이것은 첩운(疊韵)으로 얻은 것이다.

則浪切。10部。》 착량절(則浪切)이다. 제 10부에 속한다.

장(臧) 착할, 두터울, 사내아이종, 뇌물, 거둘, 감출.

천(荐) 거듭, 자주, 풀, 자리 깔.

[인경고 引經考]

❶『단궁(檀弓)』 장례에 관한 많은 기사가 모여 있다.

子思曰: "喪三日而殯, 凡附於身者, 必誠必信, 勿之有悔焉耳矣. 三月而葬, 凡附於棺者, 必誠必信, 勿之有悔焉耳矣. 喪三年以爲極亡, 則弗之忘矣. 故君子有終身之憂, 而無一朝之患, 故忌日不樂. "謂死日, 言忌日不用擧吉事. ○樂如字, 又音洛. …… …

❷『역:계사(易:繫辭)』

古之葬者厚衣之以薪, 葬之中野, 不封不樹, 喪期無數, 後世聖人易之以棺槨, 蓋取諸大過. <[疏]正義曰 : 此九事之第八也. 不云"上古", 直云"古之葬者", 若極遠者, 則云"上古", 其次遠者, 則直云"古". 則厚衣之以薪, 葬之中野, 猶在穴居結繩之後, 故直云"古"也. "不封不樹"者, 不積土爲墳, 是不封也. 不種樹以標其處, 是不樹也. "喪期無數"者, 哀除則止, 無日月限數也. "後世聖人易之以棺槨"者, 若《禮記》云"有虞氏瓦棺", 未必用木爲棺也. 則《禮記》又云"殷人之棺槨", 以前云槨, 無文也. "取諸大過"者, 送終追遠, 欲其甚大過厚, 故取諸大過也. …

| 文四 | 정문(正文)은 4자다. |
|---|---|

| 《此部不與五十三文同類者。<br>彼小篆從艸。<br>此小篆從艸也。》 | 이 부수가 앞의 53부와 함께 하지 않는 것은<br>그 소전이 초(艸)를 따랐기 때문이다.<br>이 소전은 망(艸)을 따른다. |
| 十四部 文六百七十二 重八十 凡<br>萬六百三十九字 | 제14부에는 표제자 672자.<br>중문(重文) 10자. 모두 10,639자다. |
| 《此第一篇部文、<br>重文解說字之都數也。<br>每篇末識之。<br>以得十四篇都數、<br>識於敍目之後云。<br>此十四篇、五百四十部、<br>九千三百五十三文重一千一百六十三、<br>解說凡十三萬三千四百四十一字是也。<br>自二徐每篇分上下。<br>乃移之於冠篇首。<br>非是。<br>小徐書轉寫尤舛誤。<br>今復其舊云。》 | 이것은 앞 편의 표제자와<br>중문의 합계.<br>매 편의 끝에 적었다.<br>도합 14편의 부수가 있다.<br>서목(敍目) 뒤에 기록하기를<br>이 14편, 540부수는<br>9,353자, 중문(重文)이 1,163자이다.<br>해설에 사용된 글자 수는 133,411자다.<br>2서(二徐)가 매 편을 상, 하로 나눈 이후<br>관편(冠編)의 앞 부분으로 옮겼는데<br>옳지 않다.<br>소서(小徐)의 책은 잘못 쓴 것이 많아서<br>지금은 그 이전의 것을 복원했다. |

한한대역 단옥재주 설문해자 문헌고

漢韓對譯 段玉裁注 說文解字 文獻考

〔文獻〕 문헌 wénxiàn)

① 책과 현인(賢人:有關典章制度的文字資料和多聞熟悉掌故的人).

② 옛날의 제도·문물을 알 수 있는 증거가 되는 것.

③ 문물제도를 기록한 책.

④ 학문 연구에 참고가 될 만한 기록이나 책(專指有歷史價値或參考價値的圖書資料).

※ 『2차 책이름[다른 책에서 파생된 책]』은 조금 들여 쓴다.

『**28년**(二八年)』 553, 557

『**2장**(二章)』 553, 556

『**3장**(三章)』 553, 556

『**3창**(三蒼)』 책 이름. 리사(李斯)가 창힐편(倉頡篇), 조고(趙高)가 원력편(爰歷篇), 호모경(胡母敬)이 박학편(博學篇)을 지었는데, 이를 아울러 <창힐편>, <3창(三蒼)>이라 한다.

[본문] 187

『**4편**(四篇)』 574

『**5경문자**(五經文字)』 장삼(張參)이 5경(五經)을 교정하여 『5경문자(五經文字)』 3권을 편찬. 3,200여 자를 160부(部)로 나누어 놓았다.

[본문] 426, 791

　『5경문자:**초부**(五經文字:艸部)』 524, 525

『**리도-5음운보**』 <설문해자5음운보(說文解字五音韻譜)>

송(宋)의 리도(李燾)가 지었다. 도(燾)의 자(字)는 인보(仁父)다. 《정사(桯史)》에 이르기를 "1자자진(一字子真)"이라고 했다. 호(號)는 손암(巽岩)이다. 단릉인(丹棱人)이다. 소흥(紹興) 8년 진사(進士)가 되었고 관직이 부문각학사(敷文閣學士)에 이르렀다. 광록대부(光祿大夫)에 추증되었다. 시호(諡號)는 문간(文簡)이다. 《문헌통고(文獻通考)》에 따르면 시호는 문정(文定)이다. 사적(事跡)은 《송사(宋史)》 본전(本傳)에 전한다. 처음 서개(徐鍇)가 《설문운보(說文韻譜)》 10권(卷)을 지었을 때 음훈(音訓)이 간략(簡略)할 뿐 검열(檢閱)만 조금 편할 뿐이었고, 허신(許愼)의 본서(本書)를 고친 것이 아니었는데 리도가 《설문(說文)》을 완전히 전도(顚倒) 시켜 놓았다.

[본문] 587, 599

『**동방삭:7간**(東方朔:七諫)』 초사(楚辭)의 한 편명(篇名). 한(漢)의 동방삭(東方朔)이 지었다. 신하의 직분으로는 세 번 간(諫)해서 듣지 않으면 떠나는 것이 도리

였지만, 굴원(屈原)은 초왕(楚王)과 동성(同姓)인 관계로 일곱 번이나 간(諫)했었다는 충절을 표현 한 작품.

[본문] 784, 785

『**7발**(七發)』 사부(辭賦)의 명편(名篇)이다. 한(漢)의 매승(枚乘)이 지었다. 《문선:매승〈7발〉(文選:枚乘〈七發〉)》에 대한 리선(李善)의 제해(題解)에 "《7발(七發)》은 7사(七事)로 태자(太子)를 기발(起發:깨우침)한 것으로 《초사:7간(楚詞:七諫)》과 같은 부류다."라고 했다. 후에 부의(傅毅)의 《7격(七激)》, 장형(張衡)의 《7변(七辯)》, 최사(崔駰)의 《7의(七依)》, 마융(馬融)의 《7광(七廣)》, 왕찬조식(王粲曹植)의 《7계(七啓)》, 서간(徐幹)의 《7유(七喩)》, 장협(張協)의 《7명(七命)》 등과 같은 적지 않은 방작(仿作)들이 지어져서 일종(一種)의 사부체재(辭賦體裁)를 형성(形成)했다. 이를 "7체(七體)"라고 칭하는데 줄여서 "칠(七)"이라고도 했다. 당(唐) 류지기(劉知幾)의 《사통:서례(史通:序例)》에 "매승(枚乘)이 《7발(七發)》을 수창(首唱)하고 《7장(七章)》, 《7변(七辯)》을 더했다. 음사(音辭)는 비록 다르더라도 지취(旨趣)는 모두 같았다."라고 했다.

[본문] 345, 346

　　　『매승-**7발**(枚乘-七發)』 440, 441

『**7월**:전(七月:傳)』 <豳風:七月>

七月流火, 九月授衣. 一之日觱發, 二之日栗烈.

無衣無褐, 何以卒歲.

三之日于耜, 四之日擧趾. 同我婦子, 饁彼南畝. 田畯至喜.

七月流火, 九月授衣. 春日載陽, 有鳴倉庚.

女執懿筐, 遵彼微行. 爰求柔桑.

春日遲遲, 采蘩祁祁. 女心傷悲, 殆及公子同歸.

七月流火, 八月萑葦. 蠶月條桑, 取彼斧斨, 以伐遠揚, 猗彼女桑.

七月鳴鵙, 八月載績. 載玄載黃, 我朱孔陽, 爲公子裳.

四月秀葽, 五月鳴蜩. 八月其穫, 十月隕蘀.

一之日于貉, 取彼狐狸, 爲公子裘.

二之日其同, 載纘武功, 言私其豵, 獻豣于公.

五月斯螽動股, 六月莎雞振羽. 七月在野, 八月在宇, 九月在戶.

十月蟋蟀入我牀下.

穹窒熏鼠, 塞向墐戶. 嗟我婦子, 曰爲改歲, 入此室處.

六月食鬱及薁, 七月亨葵及菽, 八月剝棗, 十月穫稻.

爲此春酒, 以介眉壽. 七月食瓜, 八月斷壺, 九月叔苴, 采荼薪樗.

食我農夫. 九月築場圃, 十月納禾稼. 黍稷重穋, 禾麻菽麥.

嗟我農夫, 我稼旣同, 上入執宮功.

晝爾于茅, 宵爾索綯. 亟其乘屋, 其始播百穀.

二之日鑿冰沖沖, 三之日納于凌陰. 四之日其蚤, 獻羔祭韭.

九月肅霜, 十月滌場. 朋酒斯饗, 曰殺羔羊. 躋彼公堂, 稱彼兕觥, 萬壽無疆.

　　〈○陸曰: 豳者, 戎狄之地名也. 夏道衰, 後稷之曾孫公劉自邰而出居
　　焉. 其封域在雍州岐山之北, 原隰之野, 於漢屬右扶風邠邑. 周公遭
　　流言之難, 居東都, 思公劉、大王爲豳公, 憂勞民事, 以此敍己志而
　　作《七月》《鴟鴞》之詩. 成王悟而迎之, 以致太平, 故大師述其詩
　　爲豳國之風焉. ……〉

　　[본문]　41, 42

『**9경자양**(九經字樣)』6조(六朝)의 용자(用字) 혼란을 바로잡고, 해서(楷書)의 표준 자체(標準字體)를 확립하여 한자(漢字)의 오용을 방지하고자 수당대(隋唐代)에 흥성한 자양학(字樣學)의 사조 속에서 경전의 올바른 이해와 전수를 위한 위경 자양(爲經字樣.)의 하나로 개성석경(開成石經)의 자체(字體)를 감독한 현도가 개 성석경(開成石經)의 글자체를 확정하고, 자신의 저서인 <5경문자(五經文字)> 의 누락과 오류를 수정보완하기 위하여 833년 완성한 것이다. 수록된 글자는 현 존본은 모두 418자로 부수에 따라 76부 286조로 나뉘어 개성석경(開成石經) 말 미에 <오경문자(五經文字)>와 함께 실려 있다. 아래에 나열하는 책들과 함께 수당자양학(隋唐字樣學)을 대표하는 주요 저술의 하나이다.

　　633년 안사고(顔師古)의 <자양(字樣)>, 643-649년 랑지년(郎知年)의 <정명요 록(正名要錄)>, 650-677년 두연업(杜延業)의 <군서신정자양(群書新定字樣)>, 744년 안원손(顔元孫)의 <간록자서(干祿字書)>, 장삼(張參)의 <오경문자(五經 文字)>, 837년 당현도(唐玄度)의 <9경자양(九經字樣)>, <경전분호자양(經典 分毫字樣)>, <시요자양(時要字樣)> ※ 李景遠의 <隋唐字樣學과 그 主要著作 에 대하여>에서 발췌.

　　　[본문]　6, 703

『**9변**(九辯)』《9변(九辯)》은 《초사(楚辭)》의 한 편명(篇名)이다. 깊은 감정(感情) 이 드러난 장편(長篇) 서정시(抒情詩)로 모두 250여 구다. 왕일(王逸)은 송옥(宋 玉)이 지은 것으로 판단했다. 그 기본사상(基本思想)은 "가난한 선비가 관직을 잃고 마음이 편안하지 못한 것을 읊은 것이다[貧士失職而志不平]." 시 속에는 현실적(現實的) 흑암(黑暗)이 어느 정도 반영(反映)되어 있다.

　　《9변(九辯)》의 현전본(現傳本) 중에는 9장(九章)으로 나뉜 것과 10장(十章)으 로 나뉜 것이 있다. 여기서는 홍흥조(洪興祖)의 《초사보주(楚辭補注)》를 참작 했다. 주희(朱熹)의 《초사집주(楚辭集注)》는 10장(十章)으로 나누어져 있다. 송옥(宋玉)은 전국말기(戰國末期) 초국(楚國) 의성인(宜城人)으로 대략 초국(楚

國) 회(懷)、양(襄)왕 때 활동했다. 전설(傳說)에 따르면 당시(當時)의 사부가(辭賦家)인 당륵(唐勒), 경차(景差)와 동년배로 함께 굴원(屈原)에게 사사했다. 현존작품(現存作品) 중(中) 《구변(九辯)》이 가장 뛰어난 작품이다.

　　[본문]　571, 572

　　『송옥-9변(宋玉-九辨)』　746, 747

『왕일-9사(王逸-九思)』 초사(楚辭)의 하나. 송옥(宋玉)이 지었는데 왕일( 王逸)이 주를 달았다. 9사(九思)는 《론어:계씨편:제16(論語:季氏篇:第十六)》 중(中)에 기재(記載)된 공자(孔子)의 말 "군자유9사(君子有九思)"에서 나왔다.

　　[본문]　112, 114

『류향-9탄(劉向-九歎)』 9탄(九歎)은 《초사(楚辭)》의 한 편명(篇名)이다. 한대(漢代) 류향(劉向)이 지었다. 굴원(屈原)을 추모하는 글이다. 모두 아홉 편의 글이 있다. 《봉분(逢紛)》, 《리세(離世)》, 《원사(怨思)》, 《원서(遠逝)》, 《석현(惜賢)》, 《우고(憂苦)》, 《혼명(湣命)》, 《사고(思古)》, 《원유(遠遊)》 등 모두 9장(九章)이어서 "9탄(九歎)"이라고 이름을 지은 것이다.

류향(劉向)은 학식(學識)이 깊어 경(經)과 사(史)에 모두 통달한 문학가(文學家)이다. 일찍이 선제(宣帝) 때 이미 문사(文辭)에 통달하여 왕포(王褒), 장자교(張子僑) 등과 나란히 하며 그들과 더불어 수 십편의 부송(賦頌)을 바쳤다. 《한서:예문지(漢書:藝文志)》에 저술의 목록이 33편이 있다. 그 수량(數量)은 매고(枚皋), 회남왕(淮南王), 엄조(嚴助)에 이어 서한(西漢)의 부가(賦家) 중 제4위(第四位)를 차지한다. 다만 목전(目前)에 전하는 것으로는 《고문원(古文苑)》 중의 빠지고 와전되어 읽기 어려운 것을 제외하면 면모(面貌)를 볼 수 없는 《청우화산부(請雨華山賦)》의 잔문(殘文) 외에 보존된 것은 오직 《초사(楚辭)》 중의 《9탄(九歎)》 한 편 뿐이다.

류향(劉向)은 일생동안 소(昭), 선(宣), 원(元), 성(成) 4세(四世)를 겪었으며 왕조(王朝)가 전성기를 지나 쇠락기로 접어들 무렵 부체문학(賦體文學) 또한 전변(轉變)의 시기(時期)를 맞았다. 선제시(宣帝時) 그는 20여 세(餘歲)의 청년이었다. 황제의 부름을 받고 나아가 수십편(數十篇)의 부(賦)를 바쳤으나 한 편도 남아 있지 않다. 추측하건데 아마도 당시에 큰 일이 있어서 많은 물화를 일시에 잃는 일이 있었을 것이다.

이런 일은 《청우화산부(請雨華山賦)》의 잔문(殘文) 중에서 그 일단을 엿볼 수 있다. 원(元), 성(成) 때에 정치가 부패하여 국사(國事)가 나날이 어긋나갔는데 류향(劉向)은 종실(宗室)이었으므로 '내가 말하지 않는다면 누가 말할 것인가' 하여 여러 차례 간언하였으나 도리어 박해만 당했다. 이에 돌이켜 회고지심(懷古之心)이 짙어져서 대부(大賦)를 방기(放棄)하고 소체부(騷體賦)를 지어 우분(憂憤)을 배견(排遣)했다.

그의 《9탄(九歎)》은 이러한 배경에서 지어진 것이다. 왕일(王逸)은 《초사장구:9탄서(楚辭章句:九歎敍)》 중에서 "류향은 이박민달(以博敏達)하여 전교경서(典校經書), 변장구문(辯章舊文)했는데, 굴원(屈原)의 충신지절(忠信之節)을 추모하여 《9탄(九歎)》을 지었다. 탄(歎)은 곧 마음이 상하는 것이고, 탄식한다는 뜻이다. 굴원(屈原)이 산택(山澤)으로 추방되었으나 오히려 임금에 대한 생각을 그치지 않은 것을 말했으니 소위(所謂) "찬현이보지, 빙사이요덕(贊賢以輔志, 騁詞以曜德"현인을 도와 뜻을 도왔고, 말로써 덕을 빛냈다.)"라는 것이다.

[본문] 86, 87, 621

『**가의전(賈誼傳)**』(기원전 200-168년), 한족, 락양(洛陽), 현재의 하남(河南) 락양(洛陽) 동쪽 사람이다. 서한초년(西漢初年) 저명(著名) 정론가(政論家), 문학가(文學家)로 세칭(世稱) 가생(賈生)이다. 가의(賈誼)는 어려서 부터 재명(才名)이 있었다. 18세 때 글을 잘 지어서 군인(郡人)들의 칭송을 얻었다. 문제시(文帝時) 박사(博士)가 되었고, 태중대부(太中大夫)로 천거되었으나 대신(大臣)인 주발(周勃)과 관영(灌嬰)의 배척을 받고 귀양을 가서 장사왕태부(長沙王太傅)가 되었기 때문에 후세(後世)에 그를 "가장사(賈長沙), 가태부(賈太傅)"라고 불렀다. 3년 후 부름을 받아 장안(長安)으로 돌아와 량회왕태부(梁懷王太傅)가 되었다. 량회왕(梁懷王)이 말에서 떨어져 죽자, 가의(賈誼)는 깊이 겸구(歉疚)하다 울분이 쌓여 죽으니 겨우 33세였다. 사마천(司馬遷)이 굴원(屈原)과 가의(賈誼)를 동정(同情)하여 두 사람을 합쳐서 한 편의 전기를 지었다. 후세(後世) 사람들은 왕왕 가의(賈誼)와 굴원(屈原)을 병칭(並稱)하여 "굴가(屈賈)"라고 했다.

가의(賈誼)의 주요(主要) 저작(著作)은 산문(散文)과 사부(辭賦) 두 종류가 있다. 장자(莊子)와 렬자(列子)의 영향을 많이 받았다. 산문(散文)에서의 주요 성취(成就)는 정론문(政論文)과 평론시정(評論時政)이 있다. 풍격(風格)이 박실준발(樸實峻拔)하고, 의론감창(議論酣暢)했다. 로신(魯迅)은 이를 칭하여 "서한홍문(西漢鴻文)"이라고 했다. 대표작(代表作)으로 《과진론(過秦論)》, 《론적저소(論積貯疏)》, 《진정사소(陳政事疏)》 등이 있다. 사부(辭賦)는 모두 소체(騷體)이고,형식(形式)은 산체화(散體化)를 따랐다. 이는 한부발전(漢賦發展)의 선구다. 《적굴원부(吊屈原賦)》와 《복조부(鵩鳥賦)》가 가장 유명하다.

[본문] 674

『**간전(間傳)**』『례기(禮記)』 제 37편 편명. 상복을 입는 동안의 할 일들을 적은 것이다.

[본문] 565, 566

　　『정-주:**간전**(鄭-注:間傳)』 182, 184

『**감당**(甘棠)』〈召南 : 甘棠〉

　　○ 甘棠, 美召伯也, 召伯之教明於南國.
　　蔽芾甘棠, 勿翦勿伐, 召伯所茇.
　　蔽芾甘棠, 勿翦勿敗, 召伯所憩.
　　蔽芾甘棠, 勿翦勿拜, 召伯所說.

『주 : **강엄시**(注 : 江淹詩)』　강엄(江淹 : 444年—505年)의 자(字)는 문통(文通), 남조(南朝)의 유명한 군사가(軍事家), 정치가(政治家), 문학가(文學家) 3조(三朝)를 겪었다. 송주(宋州)의 제양고성(濟陽考城), 현 하남성(河南省) 상구시(商丘市) 민권현(民權縣) 정장진(程莊鎮) 강집촌(江集村) 사람이다. 강엄(江淹)은 소시(少時)에 고빈호학(孤貧好學)하여, 여섯 살 때 이미 시를 지었다. 문장화저(文章華著) 했으나 13세에 아버지를 잃었다. 12살 때 쯤 신안왕(新安王) 류자란(劉子鸞)의 막하(幕下)에 임직(任職)하여 정치생애(政治生涯)를 시작했다. 제(齊)나라의 고제(高帝)가 그 재능을 듣고 불러 상서가부랑(尚書駕部郎) 표기참군사(驃騎參軍事)를 제수했다. 명제시(明帝時)에는 어사중승(禦史中丞)으로 중서령(中書令) 사비(謝朏) 등을 탄핵했다. 무제시(武帝時)에 표기장군(驃騎將軍) 겸(兼) 상서좌승(尚書左丞)을 지냈다. 남조(南朝)의 송(宋), 제(齊), 량(梁) 3대(三代)에 벼슬을 했다.
　　량무제(梁武帝) 천감(天監) 4년(四年 : 505) 사망했다. 시호는 "헌백(憲伯)"이다. 무제(武帝)가 민권현(民權縣) 정장진(程莊鎮) 강묘점(江墓店) 현, 리당(李堂) 남악(南嶽) 장촌(莊村)에 장사지냈다.

※ 문장금이환(文章錦已還) 시재(詩才)는 이미 바닥이 났다는 말이다.

※ 강랑금일척[江郎錦一尺] 강엄(江淹)이 만년(晚年)에 꿈속에서 장경양(張景陽)에게 비단폭을 돌려준 뒤로부터 문장이 갑자기 퇴보하기 시작했다.

※ 몽환금(夢還錦) 남조(南朝)의 문장가 강엄(江淹)이 꿈속에서 장경양(張景陽)에게 비단을 돌려준 뒤로는 글 짓는 실력이 날로 퇴보하였다는 고사가 전한다.

※ 강랑재고진[江郎才告盡] 강엄(江淹)이 문장으로 크게 이름을 드날렸으나, 꿈 속에서 5색(五色)의 붓을 곽박(郭璞)에게 돌려주고 나서 문재(文才)를 상실했다고 한다.

※ 강엄5색필(江淹五色筆) 꿈 속에서 곽박(郭璞)이라는 자가 "내 붓을 자네가 가지고 있은 지 여러 해였으니 이제 돌려다오." 하므로, 품에서 5색필을 내어 준 뒤로는 아무리 노력하여도 아름다운 시를 지을 수가 없었다고 한다.

※ 몽탐회리필(夢探懷裏筆) 양(梁) 나라 때 문장가인 강엄(江淹)이 어느 날 밤에 꿈을 꾸니, 곽박(郭璞)이라 자칭하는 사람이 이르기를 "내 붓이 다년간 그대에게 가 있었으니, 이제는 나에게 돌려주어야겠다." 해서 5색필(五色筆)을 찾아서 그에게 돌려주었는데, 그 꿈을 꾼 이후로는 강엄에게서 좋은 시문이 전혀 나오지 않으므로, 당시 사람들이 그의 재주가 다했다고 했다는 고사에서 온 말이다.

※ 채필(綵筆) 남조(南朝)의 강엄(江淹)이 꿈속에서 5색필(五色筆)을 곽박(郭璞)에게

돌려준 뒤로부터 미문(美文)이 나오지 않았다는 고사와, 리태백(李太白)이 붓 끝에 꽃이 피는 꿈을 꾸고 난 뒤로부터 더욱 시상(詩想)이 풍부해졌다는 '채필생화(綵筆生花)'의 고사가 전한다. 《南史 卷59 江淹傳 · 開元天寶遺事 夢筆頭生花》

※ 강랑채필(江郞彩筆), 강랑한부(江郞恨賦)

[본문] 524,

『**강엄집**(江淹集)』은 《자서전(自序傳)》에 의거하면 10卷이나 《수서:경적지(隋書:經籍志)》에는 9권(卷)으로 수록되어있다. 별도로 《후집(後集)》10권(卷)이 있다. 지금은 《강문통집(江文通集)》이 있으나 이미 《수지(隋志)》의 원본(原本)이 아니다. 청대(淸代)에 엮은 《4고전서(四庫全書)》에 채용한 것은 건륭(乾隆)년 간에 고성(考城)의 량빈(梁賓)이 명대(明代)의 왕사현(汪士賢), 장부(張溥)가 간행한 것을 근거로 하고, 수주(睢州) 탕빈가(湯斌家)의 초본(鈔本)을 참호교정(參互校訂)하여 4권으로 완성한 것을 근거로 한 것이다. 《4부총간(四部叢刊)》에 영인한 오정(烏程) 장씨(蔣氏)의 밀운루(密韻樓)에서 소장한 명번송본(明翻宋本) 10권(卷)이 있고, 주본(注本)으로는 명대(明代) 호지기(胡之驥)의 《강문통집휘주(江文通集彙注)》가 있다.

『**경전 : 석문**(經典 : 釋文)』30권. 6조(六朝) 말기에 륙덕명(陸德明:본명 元朗 ?-?)이 여러 경전에서 문자의 이동(異同)을 수집하여 저술한 책.

[본문] 791

『**계전**-구본(繫傳-舊本)』계사(繫辭)의 전(傳). 계사(繫辭)는 『주역(周易)』에는 8괘(八卦)가 있고, 그것을 두 개씩 겹친 64괘가 있다. 각 괘의 길흉을 서술한 것을 괘사(卦辭), 겹쳐진 각 괘의 여섯 개의 효의 길흉을 설명한 것으로, 주공(周公)이 지었다는 효사(爻辭)라고 한다. 괘사와 효사를 통칭한 것을 계사(繫辭)라고 한다.

『단사(彖辭)』는 주역(周易)의 한 괘(卦)의 전체적인 길흉(吉凶)을 총론한 것. 문왕(文王)이 지었다고 한다. 주공(周公)이 효사(爻辭)를, 공자(孔子)가 10전(十傳)을 각각 지었다고 한다. 10전(十傳)은『주역(周易)』 경문(經文)의 이해를 돕기 위한 10익(十翼)을 말한다.

[본문] 791

『**고공기**(攷工記)』전국시기(戰國時期) 관영(官營) 수공업(手工業)에 대한 각종규범과 공예제조를 기술한 책. 선진(先秦)시기의 수공업(手工業) 생산기술과 공예미술에 관한 대량의 자료를 담고 있다.

[본문] 159, 454, 456, 512, 532, 533

『고공기-**고서**(攷工記-故書)』 159

『고공기:**수인**(攷工記:輪人)』 602, 606

『고공기 : **주**(攷工記 : 注)』 182, 184, 512, 513

『**고금주**(古今注)』 고대와 당시의 각종 사물과 사건의 진행에 대한 해설서다. 그 내용은 그가 분류한 8개로 항목에서 대략을 파악할 수 있다. 상권(卷上)은 고대(古代)와 당시(當時)의 여러 사물에 대해 풀이를 한 책이다. 여덟가지로 분류한 것에서 그 대략의 내용을 알 수 있다. 1. 여복(輿服), 2. 도읍(都邑), 3. 음악(音樂), 4. 조수(鳥獸), 5. 어충(魚蟲), 하권(卷下) 6.초목(草木), 7. 잡주(雜注), 8. 문답석의(問答釋義). 이 책은 옛사람들의 자연인식과 고대의 전장제도(典章制度)와 습속의 이해에 도움을 준다. 물론 비합리적인 해석도 있다.

이외에 또 후당(後唐) 마호(馬縞)가 엮은 <중화고금주(中華古今注)> 3권이 있는데 그 내용은 최표의 <고금주>와 거의 비슷하나 내용을 분류하지 않고 모두 178조(條)로 엮었다. 이 밖에 후한(後漢) 복무기(伏無忌)가 엮은 <고금주>가 있었는데 지금은 볼 수 없고 다만 <옥함산방집일서(玉函山房輯佚書)>에 그 일문(佚文)이 집록(輯錄)되어 있다.

『**최표**-고금 : 주(崔豹-古今 : 注)』 61, 62, 86, 88

『**리선**-주 : **고당부**(李善-注 : 高唐賦)』 고당부(高唐賦)》는 사경위주(寫景爲主)로 대량(大量)으로 무산지구(巫山地區)의 산수풍물(山水風物)을 묘사(描寫)한 것이다. 《신녀부(神女賦)》의 주요사인물(主要寫人物)은 곧 소조(塑造)로 만든 무산신녀(巫山神女)의 미려(美麗)한 형상(形象)이다. 《고당부(高唐賦)》는 비록 서두에서 왕(楚王)이 몽중(夢中)에 무산고당신녀(巫山高唐神女)와 서로 만나는 것을 서술하고 있으나 편폭이 매우 짧고 주요편폭(主要篇幅)은 사경(寫景)에 사용하고 있다.

전통적(傳統的) 종교신화관념(宗敎神話觀念)에 따르면 초왕(楚王)과 신녀(神女)의 교환(交歡)은 곧 정치청명(政治淸明), 민족진흥(民族振興), 국가부강(國家富強)과 개인(個人)의 신심강건(身心強健), 연년익수(延年益壽)의 목적을 이루는 것이다. 왕(楚王)과 신녀(神女)의 결합(結合)은 실제상(實際上)으로 성혼의식(聖婚儀式)이다. 《고당부(高唐賦)》에서 주요하게 드러내는 것은 신녀(神女)가 변신한 운우(雲雨)의 형상(形象)과 세계(世界)에 가져다주는 변화(變化)다. 신녀(神女)와의 만남이 국가(國家)와 개인(個人)에게 가져다주는 복지(福祉)의 기반(祈盼)이다.

두보시(杜甫詩)에서 이르기를 "巫峽日夜多雲雨"라고 했다. 자연현상적(自然現象的) 운(雲)과 우(雨)와 3협산수(三峽山水)가 녹아서 일체(一體)가 된 것을 묘사했다. 3협무산일대(三峽巫山一帶)의 풍물(風物)은 모두 묘서(描敍) 중에서 문자상(文字上)의 선염(渲染)과 과장(誇張)을 면할 수는 없지만 《고당부(高唐賦)》는 우리에게 2000여 년 전의 3협무산지구지(三峽巫山地區地)의 환경(環境)과 자연생태(自然生態)에 대한 한 폭의 진실도화(眞實圖畫)를 보여준다. 고3협(古三

峽)의 기상학(氣象學), 생태학(生態學) 층면적(層面的) 인류생존환경(人類生存環境), 원시자연생태적(原始自然生態的) 면모(面貌)와 력사변천(歷史變遷) 등 다방면(多方面)으로 10분 진귀(珍貴)한 사료가치(史料價値)가 있다.

[본문]  94, 96

『**고문4성운**(古文四聲韵)』글을 쓸 죽간(竹簡)을 만들 때 대나무를 불에 쬐어서 진액을 빼내는 것을 살청(殺靑)이라고 하는데 한간(汗簡)이라고도 한다. 송(宋)의 곽충서(郭忠恕)가 지은 《한간(汗簡)》이라는 책은 고문(古文)으로 된 편방으로 부를 나누고(偏旁分部) 예서를 따르지 않았는데, 하송(夏竦)이 쓴 『고문 4성운(古文四聲韻)』은 운으로 글자를 분류하고(以韻分字) 예서를 따라서 찾기가 쉽게 만들었다.

[본문] 710

『한간-**고문4성운**(汗簡-古文四聲韻)』 12 , 710

『**곡례**(曲禮)』『례기(禮記)』의 첫 번째, 두 번 째 편명(篇名)이다.

[본문]  281, 282, 284, 507, 508

『곡례:**음의**(曲禮·音義)』 282

『곡례:**포구불입공문**:주(曲禮:苞屨不入公門:注)』 281, 284

『**공**-주:론어(孔-注:論語)』 718

『**공사대부례**:기(公食大夫禮:記)』 《의례(儀禮)》의 한 편명(篇名)이다.

[본문]  317, 319

『**공양:전**(公羊:傳)』 '춘추3전(春秋三傳)'의 하나. 『**춘추:전**(春秋傳)』은 로(魯)나라의 편년체 역사서로 공자가 손질했다. 춘추필법(春秋筆法)으로 통한다. 기사가 극히 간결하다. 해설서로 『좌전(左傳)』, 『공양전(公羊傳)』, 『곡량전(穀梁傳)』이 있다.

[본문]  602, 606

『**관자**(管子)』 공자보다 약 200여년 앞선, 춘추시대의 정치가인 관중(管仲 B.C.?-B.C.645)이 지었다고 전해지는 24권, 76편의 책(원래는 86편). 법가(法家), 도가(道家), 명가(名家), 천문(天文), 역수(曆數), 지리(地理), 농업 등을 포함한다.

[본문]  78, 214, 240, 713, 752, 753

『**광아**(廣雅)』 10권. 위(魏)나라 명제(明帝 227-232) 때 담임박사(擔任博士), 장읍(張揖)이 편찬한 한자 자전.

[본문]  33, 61, 63, 80, 89, 112, 144, 153, 177, 221, 265, 270, 323, 350, 404, 425, 440, 465, 544, 655

『광아:**석고**(廣雅:釋詁)』 667

『광아:**석기**(廣雅:釋器)』 649, 671, 679, 703

『광아:**석목**(廣雅:釋木)』 294

『광아:**석초**(廣雅:釋艸)』 245, 665

『광아:**석훈**(廣雅:釋訓)』 498

『류-소:**광요**(陸-疏:廣要)』 효경(孝經) 중의 광요도장(廣要道章). 광(廣)은 확충(擴充)한다는 뜻; 요도(要道)는 중요(重要)한 도리(道理)다. 즉, 중요한 도리를 확충한다는 뜻이다. 중의고서(中醫古書)에 <잡병광요(雜病廣要)>가 있고, <식치광요(食治廣要)>라는 책도 있다.

[본문] 320, 322

『**광운**(廣韻)』 5권. 1008년 북송의 진팽년(陳彭年)·구옹(邱雍) 등이 칙명(勅命)으로 지은 절운계 운서. 정식 이름은 『대송중수광운(大宋重修廣韻)』이다.

[본문] 53, 63, 78, 142, 150, 160, 204, 327, 489, 530, 536, 614, 656, 746, 749

『광운:**1, 옥**(廣韻:一, 屋)』 142

『광운:**4, 각**(廣韻:四, 覺)』 614

『광운:**규**(廣韻:虧)』 489

『**광지**(廣志)』 곽의공(郭義恭)이 지은 중국사류(中國史類) 서적(書籍).

[본문] 128, 129

『**교특생**(郊特牲)』 <례기(禮記)>의 한 편명. 특생(特牲)으로 교제(郊祭)를 지내는 등 제사의 의의를 음양의 이치로 설명하고 있다.

[본문] 399

『**국어**(國語)』 주(周)나라 좌구명(左丘明)이 《좌씨전(左氏傳)》을 쓰기 위하여 춘추시대(春秋時代) 8국의 역사를 나라별로 기록한 책. 주어(周語) 3권, 로어(魯語) 2권, 제어(齊語) 1권, 진어(晋語) 9권, 정어(鄭語) 1권, 초어(楚語) 2권, 오어(吳語) 1권, 월어(越語) 2권이다.

[본문] 144, 512, 514

『위-주:**국어**(韋-注:國語)』 527, 528

『**군국지**(郡國志)』 중국의 사서(史書)인 《24사(二十四史)》 중에는 "지(志)"라는 부분이 있는데 《사기(史記)》 중에서는 천관서(天官書) 등 처럼 "서(書)"라고 불렀던 부분이다. 《한서(漢書)》에 이르러 지(志)라고 불렀다. 주요 기재(記載)는 천문(天文), 지리(地理), 률법(律法), 형법(刑法), 하류(河流), 례의(禮儀) 등등의 전장제도(典章制度)들이다. 그 중 하나가 "군국지(郡國志)"로 기재된 지리정황(地理情況)과 각급행정구획(各級行政區劃)이다. 《후한서(後漢書)》 중의 군국지(郡國志) 부분 만은 그 작자(作者)가 범엽(範曄)이 아니고 사마표(司馬彪)다. 자세한 내용은 속한서사조(續漢書詞條)를 보라.

『사마표-**군국지**(司馬彪-郡國志)』 541, 542

『**굴원-부**(屈原-賦)』 시의 대체(大體)적인 의사(意思)는 굴원(屈原)이 제국(齊國)과 하나로 연합하여 진국(秦國)의 진격을 막자는 것이다. 그러나 가슴에 가득한 충성심이 도리어 오해를 불러 일으켜 추방당했다. 창랑수(滄浪水)는 혼탁(渾濁)하고 굴원(屈原)은 오히려 고귀한 란지지지(蘭芷之志)를 가졌으므로 창랑수로는 세각(洗脚)을 하지 않았다.

[본문] 112

『**궁인**(弓人)』 활을 만드는 사람. 고관명(古官名)이다. 《주례:고공기:궁인(周禮:考工記:弓人)》에 "궁인은 활을 만든다. 여섯 가지 재료를 모으는데 그 때가 있다[弓人爲弓,取六材,必以其時." 라는 말이 있다. 《맹자:공손추상(孟子:公孫醜上)》: "人役而恥爲役,由弓人而恥爲弓, 矢人而恥爲矢也.[남의 부림을 받으면서 부림 받는 것을 수치로 여기고, 활 만드는 사람이면서 활 만들기를 부끄러워하고, 화살 만드는 사람이면서 화살 만들기를 부끄러워하는 것]" 라고 했다.

[본문]　602, 606

『**권아**:모전(卷阿:毛傳)』〈大雅:生民之什:卷阿〉

　　伴奐爾游矣, 優游爾休矣. 豈弟君子, 俾爾彌爾性, 似先公酋矣.
　　爾土宇畔章, 亦孔之厚矣. 豈弟君子, 俾爾彌爾性, 百神爾主矣.
　　爾受命長矣, 茀祿爾康矣. 豈弟君子, 俾爾彌爾性, 純嘏爾常矣.
　　有馮有翼, 有孝有德, 以引以翼. 豈弟君子, 四方爲則.
　　顒顒卬卬, 如圭如璋, 令聞令望. 豈弟君子, 四方爲綱.
　　鳳皇于飛, 翽翽其羽, 亦集爰止. 藹藹王多吉士, 維君子使, 媚于天子.
　　鳳皇于飛, 翽翽其羽, 亦傅于天. 藹藹王多吉人, 維君子命, 媚于庶人.
　　鳳皇鳴矣, 于彼高岡. 梧桐生矣, 于彼朝陽. 菶菶萋萋, 雝雝喈喈.
　　君子之車, 旣庶且多. 君子之馬, 旣閑且馳. 矢詩不多, 維以遂歌.

[본문]　565, 566

『**금-본**(今-本)』 306

『**금-시**(今-詩)』　31, 38, 40, 100, 110, 462, 530, 536, 573

『**급취편**(急就篇)』한 원제(漢元帝) 때에 황문령(黃門令)인 사유(史游)가 지은 책.

[본문]　86, 88, 179, 332, 413, 414, 603, 607, 675, 676

　　『**급취**(急就)』　675, 676

　　『**안사고-주:급취편**(顔師古-注:急就篇)』　431, 432

　　『**안-주:급취편**(顔-注:急就篇)』　58, 59

『**기석례**(旣夕禮)』의례(儀禮)》 중에서 상례(喪禮)를 강술(講述)한 것으로 모두 4편(四篇)이 있는데, 《상복례(喪服禮)》, 《사상례(士喪禮)》, 《기석례(旣夕禮)》와 《사우례(士虞禮)》다. 그 중 《기석례(旣夕禮)》와 《사상례(士喪禮)》는 본래 한 편(篇)이었는데 간책(簡冊)이 번중(繁重)해서 둘로 나뉜 것이다. 그래서 통상(通常) 《기석례(旣夕禮)》를 《사상례(士喪禮)》의 하편(下篇)으로 본다.

　　『**기석례-실수택언:주**(旣夕禮-實綏澤焉:注)』 108, 109

『기석례:주(旣夕禮:注)』 694, 696

『기욱(淇澳)』之菉也 <衛風 · 淇奧>

1. 기수(淇水)의 굽이 진 곳(彎曲處). 《시:위풍:기오(詩:衛風:淇奧)》에서 "瞻彼 淇奧, 綠竹猗猗."라고 했는데 모전(毛傳)에서 "오(奧)는 물굽이다(隈也)."라고 했다.

2. 《시:위풍:기오:서(詩:衛風:淇奧:序)》 "《기오(淇奧)》시는 무공(武公)의 덕을 칭송하는 것이다. 문장(文章)이 있고, 간언을 잘 들으며, 예의로 자신을 단속하여 능히 주(周)나라의 재상이 된 사람이다." 옛날에는 항상 국정(國政)을 보좌(輔佐)하는 사람을 칭송하는 말로 쓰였다.

　　瞻彼淇奧, 綠竹猗猗. 有匪君子, 如切如磋, 如琢如磨.
　　瑟兮僩兮, 赫兮咺兮. 有匪君子, 終不可諼兮.
　　瞻彼淇奧, 綠竹青青. 有匪君子, 充耳琇瑩, 會弁如星.
　　瑟兮僩兮, 赫兮咺兮. 有匪君子, 終不可諼兮.
　　瞻彼淇奧, 綠竹如簀. 有匪君子, 如金如錫, 如圭如璧.
　　寬兮綽兮, 倚重較兮. 善戲謔兮, 不爲虐兮.

[본문] 136

『남도부(南都賦)』 남도(南都)는 장형(張衡)의 가향(家鄉)인 남양(南陽)이다. 남양(南陽)은 기원전 272年, 진(秦) 소양왕(昭襄王 35年) 군으로 설치되었고, 후한(後漢) 때 처음 도읍으로 편입되었다. 치소는 완(宛)에 있었는데 그 지리위치(地理位置)가 수도의 남쪽에 있었으므로 남도(南都)라고 불렀다. 《남도부(南都賦)》 속에서 작자(作者)는 가득차서 넘쳐나는 열정(熱情)과 엄숙(嚴肅)한 태도(態度), 전면적(全面的)인 안광(眼光)과 생화(生花)와 같은 묘필(妙筆)로 감창림리(酣暢淋漓)하게 고도(古都)를 찬송(贊頌)했다. 문장 속에서 충심(衷心)으로 깊이깊이 가향(家鄉)에 대한 진정지애(真情摯愛)를 기탁(寄托)했다.

[본문]  89, 90, 134, 135, 281, 284, 327, 328

『장형-남도부(張衡-南都賦)』 86, 87

『남산경(南山經)』 『산해경:산경(山海經: 山經)』의 한 편명.『산해경(山海經)』은 <산경(山經)> 5권, <해경(海經)> 8권, <대황경(大荒經)> 4권, <해내경(海內經)> 1권이다. 이 중에서 <산경(山經)>은 <남산경(南山經)>, <서산경(西山經)>, <북산경(北山經)>, <동산경(東山經)>, <중산경(中山經)>으로 구성된다. 산해경(山海經)》은 중국지괴고적(中國志怪古籍)이다. 대체(大體)로 전국중후기(戰國中後期)에서 한 대초중기(漢代初中期)의 초국(楚國) 혹은 파촉인(巴蜀人)이 지은 것으로 추측된다. 또한 일부(一部) 황탄(荒誕)하여 겪을 수 없는 기서(奇書)다. 이 책의 작자(作者)는 알 수 없다. 옛 사람들은 "전국(戰國)시기의 호기지사

(好奇之士)가 《목왕전(穆王傳)》《장(莊)》《렬(列)》《리소(離騷)》《주서(周書)》《진승(晉乘)》을 뒤섞어 만든 것” 으로 인식했다. 현대학자(現代學者)들 또한 한 사람의 작품이 아니라고 여기고 있다.

《산해경(山海經)》 전서(全書)는 18편(篇)이 현존한다. 그 나머지 편장(篇章)의 내용(內容)은 일찍이 잃어버렸다. 모두 22편(篇) 약(約) 32,650자(字)다. 산경5편(山經5篇), 해외경4편(海外經4篇), 해내경5편(海內經5篇), 대황경4편(大荒經4篇)이 들어 있다. 《한서:예문지(漢書:藝文志)》는 13편(篇)이라고 했는데 나중에 발견된 대황경(大荒經)과 해내경(海內經)을 포함시키지 않은 것이다. 《산해경(山海經)》의 주요내용(主要內容)은 민간전설(民間傳說) 중의 지리지식(地理知識)으로 산천(山川), 도리(道裏), 민족(民族), 물산(物產), 약물(藥物), 제사(祭祀), 무의(巫醫) 등을 포괄하고 있다. 책 속에는 과보축일(誇父逐日), 녀와보천(女媧補天), 정위전해(精衛塡海), 대우치수(大禹治水) 등 인구(人口)에 회자(膾炙)되는 원고신화(遠古神話)와 전설(傳說), 우언(寓言) 고사(故事)들이 들어있다.

[본문]  425

『곽-주:**남산경**(郭-注:南山經)』 265

『**내칙**(內則)』 『례기(禮記)』의 한 편명(篇名).

[본문]  58, 59, 112, 114, 440, 441, 454, 456, 545, 548, 660, 661

『내칙:**3생용의**:주(內則:三牲用高:注)』 465, 466

『내칙:**근환**:주(內則:菫荁:注)』 724

『내칙:**기**(內則:記)』 454, 456, 579

『**기**:내칙(記:內則)』 763, 764

『내칙:**주**(內則:注)』 49, 50, 71, 72

『**단궁**(檀弓)』『례기(禮記)』의 한 편명. 상하 2편으로 되어 있다. 주로 상례(喪禮)의 상복(喪服), 조문(弔問), 장사(葬事) 등의 내용과 의미를 기록하였다.

[본문]  368, 369, 380, 381, 797

『**당운**(唐韵)』5권. 당(唐)의 손면(孫愐)이 썼다. 한자를 운(韻)에 따라 배열하고 반절(反切)로 발음을 표시했다. 수(隋) 륙법언(陸法言)의 『절운(切韻)』을 증정(增訂)했다.

[본문]  53, 68, 71, 78, 192, 294, 337, 407, 489, 499

『**당인-주**(唐人-注)』 경학의소(經學義疏)의 결집(結集)과 관련하여 남학(南學)에 편중되는데 그 중에는 《주역정의(周易正義)》 14권(卷), 《상서정의(尚書正義)》 20권(卷), 《모시정의(毛詩正義)》 40권(卷), 《례기정의(禮記正義)》 70권(卷), 《춘추좌전정의(春秋左傳正義)》 36권(卷) 등을 포괄하고 있다. 공영달(孔穎達) 등이 봉명(奉命)하여 주지편정(主持編定)했다. 전후(前後) 30여년(餘年),참여자

(參與者) 약(約) 50여위(餘位) 저명학자(著名學者)들이다. 그 중 《주역(周易)》은 위-왕필(魏-王弼)과 진-한강백(晉-韓康伯)의 주(注)를 쓰고, 《상서(尚書)》는 매색-본(梅賾-本)과 한-공안국-전(漢-孔安國-傳)을 쓰고, 《시경(詩經)》은 한-모형-전(漢-毛亨-傳)과 정현-전(鄭玄-箋)을 쓰고, 《례기(禮記)》는 정현-주(鄭玄-注)를 쓰고, 《좌전(左傳)》은 진-두예-주(晉-杜預-注)를 썼다. 각경(各經)들은 대부분 자고이래(自古以來)로 특히 량한위진남북조(兩漢魏晉南北朝)에서 수(隋)에 이르는 다가주석(多家注釋)을 정리산정(整理刪定)해서 이룬 것이다.

"모든 것은 공자를 주종으로 삼는다[事必以仲尼爲宗]"면서 "외화를 버리고 실질을 추구하며, 믿을 수 있게 하고 증거를 갖출 것을 시도했다[去其華而取其實,欲使信而有徵]."

당태종(唐太宗) 정관16년(貞觀十六年:642)에 편성(編成)되었고, 후에 마가운(馬嘉運)의 교정(校定)을 겪었다. 장손무기(長孫無忌)와 어지녕(於志寧) 등이 보태거나 줄였다. 당고종(唐高宗) 영휘 4년(永徽四年:653) 간행하여 반포했다. 모든 선비가 명경과(明經科)에 응시할 때 모두가 똑같이 유경(儒經)을 송습(誦習)해야만 했는데 그 의미는 《정의(正義)》에서 설명하는 대로 따라야 했다. 그렇지 않은 것들은 모두 이단사설(異端邪說)로 몰렸다. 《5경정의(五經正義)》에 들어 있는 철학사상(哲學思想)은 《주역정의(周易正義)》와 《례기정의(禮記正義)》의 것들이다. 앞의 책은 "선도이후형(先道而後形)"의 유심론(唯心論)을 선양(宣揚)했고, 뒤의 책은 유가(儒家)에서 례(禮)를 중시하는 관념(觀念)을 돌출(突出)시켜서 존비귀천(尊卑貴賤)의 등급차별(等級差別)을 제창(提倡)해서 그 영향들이 아주 컸다.

한말이래(漢末以來)의 장기변란(長期變亂)으로 유가전적(儒家典籍)이 산일(散佚)되고, 문리괴착(文理乖錯), 사설다문(師說多門), 장구잡란(章句雜亂)하여 과거(科擧) 시험에 적용해서 선비를 발탁하거나 전국정치통일(全國政治統一)을 지켜나가야할 수요(需要)가 일어났다. 《5경정의(五經正義)》는 이러한 시대상황에 부응하여 유학내부(儒學內部)의 종파적(宗派的) 분쟁(紛爭)을 결속을 구하려 하여 고대경학발전사(古代經學發展史)의 중요환절(重要環節)이 되었다. 《5경정의(五經正義)》는 현존 류전판본(流傳版本)하는 《13경주소(十三經注疏)》 중에서 영인완각(影印阮刻)한 《13경주소(十三經注疏)》 본(本)이 제일 낫다.

[본문] 396, 398

『**당풍**(唐風)』 『시경(詩經)』은 크게 세 부분, 『풍(風)』, 『아(雅)』, 『송(頌)』으로 나뉜다. 『풍(風)』은 국풍(國風)이라고도 하며 여러 제후국에서 채집된 민요들이다. 『주남(周南)』, 『소남(召南)』, 『패풍(邶風)』, 『용풍(鄘風)』, 『위풍(衛風)』, 『왕풍(王風)』, 『정풍(鄭風)』, 『제풍(齊風)』, 『위풍(魏風)』,

『당풍(唐風)』, 『진풍(秦風)』, 『진풍(陳風)』, 『회풍(檜風)』, 『조풍(曹風)』, 『빈풍(豳風)』 15개로 나누어 지는데 시는 160편이다.

[본문] 320, 321, 469, 470

『당풍:**모전**(唐風:毛傳)』 162

『당풍:**채고채고**:전(唐風:采苦采苦:傳)』 763, 764

〈唐風:采苓〉

采苓采苓, 首陽之巔. 人之爲言, 苟亦無信.

舍旃舍旃, 苟亦無然. 人之爲言, 胡得焉.

采苦采苦, 首陽之下. 人之爲言, 苟亦無與.

舍旃舍旃, 苟亦無然. 人之爲言, 胡得焉.

采葑采葑, 首陽之東. 人之爲言, 苟亦無從.

舍旃舍旃, 苟亦無然. 人之爲言, 胡得焉.

『**대사의**:주(大射儀:注)』 《의례(儀禮)》의 한 편명(篇名). 주대(周代) 한족군례(漢族軍禮)와 향사례(鄕射禮)의 내용(內容)과 기본이 서로 같다.

[본문] 694, 696

『**대아**(大雅)』 『시경』 305편은 풍(風)·아(雅)·송(頌) 세 부분으로 나누어진다. 아(雅)는 『대아(大雅)』 31편. 『소아(小雅)』 74편으로 나누어진다. 궁궐에서 연주되는 곡조에 붙인 가사로 귀족풍을 띠고 있다. 풍·아·송에 부(賦)·비(比)·흥(興)을 더한 것이 이른바 6의(六義)인데, 논란이 있기는 하나 대개 전자는 내용·체재상의 구분이고 후자는 수사상의 분류로 본다.

[본문] 31, 136, 137, 399, 401, 495, 530, 692, 752, 753

『대아:**근도여이**:전(大雅:堇荼如飴:傳)』 〈大雅:文王之什:緜〉

緜緜瓜瓞. 民之初生, 自土沮漆. 古公亶父, 陶復陶穴, 未有家室.

古公亶父, 來朝走馬. 率西水滸, 至于岐下. 爰及姜女, 聿來胥宇.

周原膴膴, **堇荼如飴**. 爰始爰謀, 爰契我龜. 曰止曰時, 築室于玆.

〈周原, 沮, 漆之間也. 膴膴, 美也. 堇, 菜也. 荼, 苦菜也. 契開也. 箋云: 廣平曰原. 周之原地, 在岐山之南, 膴膴然肥美. 其所生菜, 雖有性苦者, 皆甘如飴也. 此地將可居, 故於是始與豳人之從己者謀. 謀從, 又於是契灼其龜而蔔之, 蔔之則又從矣. ○膴音武, 《韓詩》同. 堇音謹. 案《廣雅》云: "堇, 藋也." 今三輔之言猶然. 藋音徒吊反. 荼音徒. 飴音移. 契, 苦計反, 本又作挈, 音苦結反. 灼, 之略反.〉

迺慰迺止, 迺左迺右, 迺疆迺理, 迺宣迺畝, 自西徂東, 周爰執事.

乃召司空, 乃召司徒, 俾立室家. 其繩則直, 縮版以載, 作廟翼翼.

捄之陾陾, 度之薨薨, 築之登登, 削屢馮馮. 百堵皆興, 鼛鼓弗勝.

迺立皋門, 皋門有伉. 迺立應門, 應門將將. 迺立冢土, 戎醜攸行.

肆不殄厥慍, 亦不隕厥問. 柞棫拔矣, 行道兌矣. 混夷駾矣, 維其喙矣.

虞芮質厥成, 文王蹶厥生. 予曰有疏附, 予曰有先後, 予曰有奔奏, 予曰有禦侮.

[본문]  724

『대아:**모전**(大雅:毛傳)』 14, 15

『대아:**직형사**(大雅:職兄斯)』 〈大雅:蕩之什:召旻〉

旻天疾威, 天篤降喪. 瘨我饑饉, 民卒流亡. 我居圉卒荒.

天降罪罟, 蟊賊內訌, 昏椓靡共. 潰潰回遹, 實靖夷我邦.

皋皋訿訿, 曾不知其玷. 兢兢業業, 孔塡不寧, 我位孔貶.

如彼歲旱, 草不潰茂. 如彼棲苴. 我相此邦, 無不潰止.

維昔之富, 不如時, 維今之疚, 不如茲.

彼疏斯粺, 胡不自替, **職兄斯引**.

池之竭矣, 不云自頻. 泉之竭矣, 不云自中.

溥斯害矣, 職兄斯弘, 不災我躬.

昔先王受命, 有如召公, 日辟國百里. 今也日蹙國百里.

於乎哀哉, 維今之人, 不尙有舊.

[본문]  527, 529

『대아:**한록**(大雅:旱麓)』 〈大雅:文王之什:旱麓〉

瞻彼旱麓, 榛楛濟濟. 豈弟君子, 干祿豈弟.

瑟彼玉瓚, 黃流在中. 豈弟君子, 福祿攸降.

鳶飛戾天, 魚躍于淵. 豈弟君子, 遐不作人.

清酒旣載, 騂牡旣備. 以享以祀, 以介景福.

瑟彼柞棫, 民所燎矣. 豈弟君子, 神所勞矣.

莫莫葛藟, 施于條枚. 豈弟君子, 求福不回.

[본문]  259, 263

『경차-**대초**(景瑳-大招)』 초사(楚辭)는 굴원(屈原)이 지은 것으로 전해지는데 어떤 이는 경차(景差)가 지은 것이라고도 한다. 왕부지-해제(王夫之-解題)에 이르기를 "이 편은 역시 초혼(招魂)의 언사다. 대략 혼(魂)이라 할 것을 대(大)로 한 것이다. 그래서 또한 송옥(宋玉)이 지은 것이라고 하는 생각이 널리 퍼졌다."라고 했다. 후에는 대체로 초혼(招魂)이나 도념지사(悼念之辭)로 사용했다.

[본문]  86, 88

『**대학**(大學)』 유가(儒家)의 수신치국평천하(修身治國平天下)를 논하는 것으로 원래는 《소대례기(小戴禮記)》의 제42편(第四十二篇)이었다. 증자(曾子)가 지은 것이라고 하나 진한시(秦漢時) 유가(儒家)의 작품이다. 이것은 중국고대(中國古代) 토론교육리론(討論敎育理論)의 중요저작(重要著作)이다. 북송(北宋) 정호(程顥), 정이(程頤) 형제가 갈력존숭(竭力尊崇)했고, 남송(南宋) 주희(朱熹)가 《대학장구

《大學章句)》로 독립시켰다. 《중용(中庸)》, 《론어(論語)》, 《맹자(孟子)》와
더불어 "4서(四書)"로 병칭했다. 송, 원이후(宋元以後),《대학(大學)》 학교관
정(學校官定)의 교과서(教科書)와 과거고시(科擧考試)의 필독서(必讀書)가 되어
중국고대교육산생(中國古代教育産生)에 극대(極大)한 영향(影響)을 끼쳤다.

《대학(大學)》은 "3강령(三綱領)" 명명덕(明明德), 친민(親民), 지어지선(止於
至善))과 "8조목(八條目)"인 격물(格物), 치지(致知), 성의(誠意), 정심(正心),
수신(修身), 제가(齊家), 치국(治國), 평천하(平天下)을 제출하고, 강조(強調)수기
(修己)가 곧 치인(治人)의 전제(前提)임을 강조하고,수기(修己)의 목적(目的)은
치국평천하(治國平天下)라고 하여 치국평천하(治國平天下)와 개인도덕수양(個
人道德修養)의 일치성을 설명했다.

《대학(大學)》의 전문문사(全文文辭)는 간약(簡約)하나 내함(內涵)은 심각(深
刻)하여, 영향(影響)이 심원(深遠)했다. 선진유가(先秦儒家)의 도덕수양리론(道
德修養理論)을 개괄총결(概括總結)하여, 도덕수양(道德修養)의 기본원칙(基本原
則)과 방법(方法) 및 유가정치철학(儒家政治哲學)에 관한 계통적(系統的) 론술
(論述)로 대인관계나 처사(處事), 치국(治國) 등에 있어서 심각(深刻)한 계적성
(啓迪性)이 있었다.

[본문] 741, 742

『**도경**(圖經)』 도화(圖畫)나 지도(地圖) 등이 첨부된 서적(書籍), 혹은 지리지(地理
志). 그림을 위주로 하거나 그림과 문장을 병용하여 지방의 정황을 기술한 전문
저작(專門著作)도 도경(圖經)이라고 했다. 또한 도지(圖志), 도기(圖記)라고도 한
다. 이는 중국(中國)의 방지(方志)가 발전(發展)하는 과정중(過程中)의 한 편찬
형식(編纂形式)이었다.

도(圖)는 행정구획(行政區劃)의 강역도(疆域圖), 연혁도(沿革圖), 산천도(山川
圖), 명승도(名勝圖), 사관도(寺觀圖), 궁아도(宮衙圖), 관애도(關隘圖), 해방도(海
防圖) 등(等)을 말하고, 경(經)은 도(圖)와 반대되는 문자설명(文字說明)을 말한
다. 여기에는 경계(境界), 도리(道裏), 호구(戶口), 출산(出産), 풍속(風俗), 직관
(職官) 등의 정황(情況)들을 포괄(包括)한다. 이것은 지기(地記)에서 발전(發展)
해왔기 때문에 내용(內容)이 지기(地記)보다 완비(完備)하다. 현재 알려진 바로
는 동한(東漢)의 《파군도경(巴郡圖經)》이 가장 이른 도경(圖經)이다.

[본문] 258

『**소송**-도경(蘇頌-圖經)』 134, 273
『**촉본**-도경(蜀本-圖經)』 273

『**독단**(獨斷)』 두 권. 한대(漢代) 채옹(蔡邕)이 지은 것. 황실(皇室)의 복식등급(服飾
等級)에 대한 규정(規定), 중요 절일(節日)에 대한 의미해설과 한대(漢代)의 력대
(歷代) 황제의 경질(更迭)과 시말(始末), 그리고 봉시(封諡)를 기술했다. 한()나라

역사 연구에 커다란 자료를 제공했다.

[본문] 63

『동궁구사(東宮舊事)』10권(十卷),남북조(南北朝)의 《안씨가훈(顏氏家訓)》에서는 지은이가 오인(吳人) 장창(張敞)이라고 했다. 《수:지(隋:志)》에서는 지은이를 말하지 않았고, 《구당서(舊唐書)》에서는 장창(張敞)의 《동궁구사(東宮舊事)》 11권(卷)으로 적혀 있다. 《신당서(新唐書)》에서는 다시 10권(十卷)으로 적었다.

[본문] 191, 634, 638

『락양가람기(洛陽伽藍記)』간칭(簡稱)으로 《가람기(伽藍記)》라고 한다. 중국고대 (中國古代) 불교사적(佛敎史籍)이다. 동위(東魏)가 업성(鄴城)으로 천도(遷都)한 뒤 10여 년 후(十餘年後) 무군사마(撫軍司馬)인 양현지(楊炫之)가 락양(洛陽)에 다시 들렀을 때, 이전에 보았던 성교(城郊)의 불사(佛寺)들의 흥성과 력사변천(歷 史變遷)의 개황(槪況)을 추기(追記)한 것이다. 력사(歷史), 지리(地理), 불교(佛敎), 문학(文學)과 일신(一身)의 력사(歷史)와 인물고(人物故) 등의 실상을 기록한 것 으로 547년(年), 동위무정5년(東魏武定五年)에 만들어진 것이다. 후세(後世)에 《락양가람기(洛陽伽藍記)》와 력도원(酈道元)의 《수경주(水經注)》, 그리고 안 지추(顏之推)의 《안씨가훈(顏氏家訓)》 등 세 가지를 중국(中國) 북조시기(北朝 時期)의 3부걸작(三部傑作)이라고 병칭(並稱)했다.

본서(本書)는 력대정사(歷代正史)들의 "예문지(藝文志)" 중에 저록(著錄)이 있 으나 조본(祖本)은 일찍이 산일되었다. 현재에 보이는 《락양가람기(洛陽伽藍 記)》는 모두 송각본(宋刻本)을 조본(祖本)으로 한 것인데 원류(源流)가 많이 뒤 섞였다. 《4고전서(四庫全書)》에서는 사부(史部) 지리류(地理類)로 분류했다.

[본문] 554, 557

『려람(呂覽)』전국말년(戰國末年 : B.C.239 전후) 진나라 승상 려불위(呂不韋)의 3,000 문객이 지은 것으로 도가사상이 주류이지만 제자백가를 망라하고 있다. 전 12권. 160편. 20여 만자로 이루어져 있다. 12기(十二紀), 8람(八覽), 6론(六論) 으로 나뉘어져 있다. 《려씨춘추(呂氏春秋)》라고 한다.

[본문] 53, 54, 297

　『고-주:**려람**(高-注:<覽)』734, 736

　『**고-주**:회남, 려람(高-注:淮南, 呂覽)』 297, 299

『려씨-춘추(呂氏-春秋)』 전국말년(戰國末年 : B.C.239 전후) 진(秦)나라 승상 려불 위(呂不韋)의 3,000 문객이 지은 것으로 도가사상이 주류이지만 제자백가를 망 라하고 있다. 전 12권. 160편. 20여 만자로 이루어져 있다. 그 구성은 12기(十二 紀), 8람(八覽), 6론(六論)으로 되어 있다. 《려람(呂覽)》이라고 한다.

[본문] 53, 292, 293, 589, 601

『고-주:**려씨-춘추**(高-注:呂氏-春秋)』 24, 26

『**렬자**(列子)』  『**렬자서**(列子書)』

[본문]  177, 178, 749

『**렬자서**(列子書)』  렬어구(列禦寇)가 지었다. 《렬자(列子)》를 《충허진경(沖虛眞經)》, 《로자(老子)》를 《도덕경(道德經)》, 《장자(莊子)》를 《남화경(南華經)》이라고 한다. 도가사상(道家思想)을 담고 있는 중국 고전이다. 제 51장에. "長之育之, 亨之毒之, 養之覆之."가 있다.

[본문]  11, 13

『**령추경**(靈樞經)』  《령추경(靈樞經)》은 또 《령추(靈樞)》, 《침경(針經)》, 《9침(九針)》이라고도 한다. 한족전통의학(漢族傳統醫學) 중요저작(重要著作)의 하나다. 중의학(中醫學) 리론체계형성(理論體系形成)의 바탕이 되는 책이다. 현존(現存)하는 가장 이른 중의리론저작(中醫理論著作)으로 동주전국시기(東周戰國時期)에 쓰여졌다. 모두 9권(九卷), 81편(篇)이다. 《소문(素問)》 9권(九卷)과 함께 《황제내경(黃帝內經)》으로 불린다. 침구학상(針灸學上)에 절대권위(絶對權威)를 가졌다. 남송(南宋)의 사숭(史崧)이 개편(改編)하여 24권본(二十四卷本)으로 한 것이 현존(現存)하는 최조(最早), 유일(唯一)의 《령추(靈樞)》 판본(版本)이다. 명대(明代)의 마시(馬蒔)가 엮은 《령추주증발미(靈樞注證發微)》가 력사상(歷史上) 《령추(靈樞)》를 전주(全注)한 제일인(第一人)이다.

[본문]  487

『**례**(禮)』

[본문]  68, 281, 286, 392, 545, 546, 634, 707, 709, 724

　『례:**3정기**(禮:三正記)』 385, 388

　『례:**주**(禮:注)』 33, 675, 676

『**례경**(禮經)』  『례경(禮經)』이라는 책은 없다. 이른 바 3례(三禮)라는 책들은 다음과 같은 차이가 있다. ① *주례*(周禮)는 원명인 주관(周官)이 말해 주듯이 주나라의 관직에 대한 설명이다. ② *의례*(儀禮)는 6경(經) 속의 례(禮), 고대의 실제생활 속의 행동방식, 례절(古代的禮節)을 주로 설명한다. ③ *례기*(禮記)의 기(記)는 기본적으로 경서(經書)에 대한 해설(주해)이다.

[본문]  739, 740

『**례기**(禮記)』  5경(五經)의 하나로, 《주례(周禮)》 『의례(儀禮)』와 함께 3례(三禮)라고 한다. 《대대-례:기(大戴-禮:記)》는 유학(儒學) 경전(經典)의 하나로 공자의 학생들과 전국(戰國) 시기 유학자들이 수집한 문장이다. 한(漢)나라의 학자 대덕(戴德)이 한초(漢初) 류향(劉向)이 수집한 130편을 종합정리하여 85편으로 만들어 《대대-례:기(大戴-禮:記)》라고 했다. 대덕의 조카 대성(戴聖)이 46편으로 줄이고 《월령(月令)》. 《명당위(明堂位)》, 《악기(樂記)》를 더해 49편의 《소대-례:기(小戴-禮:記)》를 지었다. 이것이 오늘날의 《례기(禮記)》다. 《례기(禮記)》는 서한(西漢)의 대성(戴聖)이 진한이전(秦漢以前)의 한족례의저 작(漢族禮儀著作)에 기록(記錄)을 더해서 엮은 것으로 모두 49편이며 13경(十三 經)의 하나다. 이는 전국이후(戰國以後)와 서한시기(西漢時期)의 사회적변동(社 會的變動)과 사회제도(社會制度), 례의제도(禮儀制度) 등 인문관념(人們觀念)의 계승(繼承)과 변화(變化)를 포괄하고 있다. 49편(篇)은 제도(制度), 통론(通論), 명 당음양(名堂陰陽), 상복(喪服), 세자법(世子法), 제사(祭祀), 악기(樂記), 길사(吉 事) 등으로 나뉘어져 있다. 천술(闡述)하는 사상(思想),사회(社會), 정치(政治), 륜 리(倫理), 철학(哲學), 종교(宗敎) 등 각개방면(各個方面)을 포괄(包括)하고 있다. 그 중 《대학(大學)》《중용(中庸)》《례운(禮運)》등의 편은 비교적 풍부(豊富) 한 한족철학사상(漢族哲學思想)이 들어 있다. 동한말년(東漢末年)의 저명학자(著 名學者) 정현(鄭玄)이 《소대례기(小戴禮記)》에 특색 있는 주해(注解)를 붙인 이 래로 이 책이 크게 유행하며 그치지를 않아서 결국 경전(經典)이 되었다. "당대 (唐代)에 이르러 례(禮)에는 주례(周禮), 의례(儀禮), 례기(禮記), 춘추(春秋)에는 좌전(左傳), 공양(公羊), 곡량(穀梁)이 있었는데 여기에 시경(詩經), 역경(易經), 상 서(尙書), 론어(論語), 이아(爾雅), 효경(孝經)을 더하여 12경(十二經)되었다가 송 명(宋明)에서 또 맹자(孟子)를 더해서 정형(定型) 13경(十三經)이 되었으며 사자 필독지서(士者必讀之書)가 되었다.

[본문] 317, 319, 634, 637

　『례기:**례운**(禮記:禮運)』 568, 569

　『례기:**주**(禮記:注)』 83, 84

　『황간-**례기:의소**(皇侃-禮記:義疏)』 154, 155

『**로송**(魯頌)』 『시경(詩經)』은 크게 세 부분, 『풍(風)』, 『아(雅)』, 『송(頌)』으 로 나뉜다. 『풍(風)』은 『주남(周南)』, 『소남(召南)』, 『패풍(邶風)』, 『용 풍(鄘風)』, 『위풍(衛風)』, 『왕풍(王風)』, 『정풍(鄭風)』, 『제풍(齊風)』, 『위풍(魏風)』, 『당풍(唐風)』, 『진풍(秦風)』, 『진풍(陳風)』, 『회풍(檜 風)』, 『조풍(曹風)』, 『빈풍(豳風)』 15개로 나누어 지는데 시는 160편이다. 『아(雅)』는 『대아(大雅)』31편. 『소아(小雅)』74편이고, 『송(頌)』은 『주 송(周頌)』31편, 『상송(商頌)』5편, 『로송(魯頌)』이 4편이다.

[본문] 561

　『로송:**모전**(魯頌:毛傳)』 761, 762

　『로송:**전**(4頌:箋)』 68, 69

『**로시**(魯詩)』 고대한족(古代漢族) 금문학파3가(今文學派三家)의 하나. 한초(漢初) 에 로인(魯人) 신공(申公)이 전한 것이다. 이후 이를 전수한 이로 하구(瑕丘:산동 성 兗州) 땅의 강공(江公)과 류향(劉向) 등이 있었다. 서한(西漢) 때는 가장 널리

[본문]　123

『**로자**(老子)』《사기:로자한비자렬전(史記:老子韓非列傳)》에 "로자(老子)는 초 (楚)나라 고현(苦縣) 려향곡(厲鄕曲) 인리(仁里) 사람이다. 성은 리(李)씨이고, 이 름은 이(耳), 자(字)는 담(聃)이다. 주(周)나라 도서관(守藏室)의 사서(史)다." 라 고 했다. 장자(莊子)와 더불어 무위자연을 주장하므로 노장(老莊) 사상으로 겸칭 되는 노장학파의 종사(宗師)다. 흔히 《로자(老子)》로 약칭되는 《도덕경(道德 經)》을 지었다.

[본문]　507, 509

『**론어**(論語)』 유교 경전인 4서(四書)의 하나. 공자와 그 제자들의 언행을 기록한 책. 7권 20편. 론어(論語)는 중국 유교(儒敎)의 근본문헌(根本文獻)으로, 유가(儒家) 의 성전(聖典)이라고도 할 수 있다. 4서(四書)의 하나로, 중국 최초의 어록(語錄) 이다. 공자와 그 제자들의 문답을 주로 하고, 공자의 말을 모아 간추려서 일정한 순서로 편집한 것이라는 뜻인데, 누가 지은 이름인지는 분명치 않다. 현존본은 <학이편(學而篇)>에서 <요왈편(堯曰篇)>에 이르는 20편으로 이루어져 있다. 한(漢)나라 때에는 제(齊)나라 학자의 <제론(齊論)> 22편, 로(魯)나라 학자의 <로론(魯論)> 20편이 전해졌고, 따로 공자의 옛집의 벽 속에서 <고론(古論)> 21편이 나왔다. 한(漢)의 장우(張禹)는 제・로론을 교합(校合)하여 <장후론(張 侯論)> 20편을 만들었고, 이어 후한(後漢)의 정현(鄭玄:127~200)은 이 세 가지 와 고론을 교합하였으며, 이 정현본(鄭玄本)을 바탕으로 위(魏)의 하안(何晏)이 《론어:집해(論語集解)》라는 주석서(註釋書)를 저술함에 이르러 현존본의 원문 이다. 특히 주희(朱熹)가 《4서(四書)》로 추존(推尊)하고, 이를 통일하여 《론 어:집주(論語集註)》를 저술한 후에는 이것이 고주를 대체했다. 『제론(齊論)』 서적 중의 편장의 순서(書籍中篇章的順序). 3국(三國) 위(魏) 하안(何晏)의 《론 어:집해:서(論語集解:序)》에 "로공왕시(魯共王時), 일찍이 공자(孔子) 집을 궁 으로 쓸려고 헐다가 고문 《론어(論語)》를 얻었는데, 《제론(齊論)》에는 《문 왕(問王)》, 《지도(知道)》 등 《로론(魯論)》 보다 두 편이 더 많았다. 고론(古 論)에도 역시 이 두 편은 없었다. "라고 했다.

[본문]　22, 23, 645, 669, 670, 677

　『**론어:소**(論語:疏)』 669, 670

　『**공-주**:론어(孔-注:論語)』 718

『**론형**(論衡)』 동한(東漢)의 왕충(王充:27-97年)이 지은 것이다. 대략 한 장제(漢章 帝) 원화3년(元和三年:86年)에 왕충(王充)이 도가적(道家的) 자연무위(自然無爲) 를 종지(宗旨)로 세워 "천(天)"을 천도관적(天道觀的) 최고범주(最高範疇)로 하고, "기(氣)" 핵심범주(核心範疇)로 하여 원기(元氣), 정기(精氣), 화기(和氣) 를 자연기화(自然氣化)로 구성(構成)하여 방대(龐大)한 우주생성(宇宙生成) 모식

(模式)을 만들어 천인감응론(天人感應論)과 대립지세(對立之勢)를 형성(形成)했다. 생사자연(生死自然)과 박장(薄葬)을 강조하며 도가적(道家的) 특질(特質)을 창현(彰顯)하여 신화유학(神化儒學) 등에 반반(反叛)하기에 이르렀다. 그는 사실(事實)의 험증(驗證)을 말하여 도가(道家)의 공설(空說) 무저(無著)한 결함(缺陷)을 보완했다. 이는 한대(漢代) 도가사상(道家思想)의 중요(重要)한 전승자(傳承者)이며 발전자(發展者)다. 왕충사상(王充思想)은 비록 도가(道家)지만 선진(先秦的)의 로장사상(老莊思想)과는 조금 구별(區別)된다. 비록 한대(漢代)의 도가사상(道家思想) 주장자(主張者)이기는 하지만 한초(漢初) 왕조(王朝)가 표방(標榜)했던 "황로지학(黃老之學)"이나 서한말엽(西漢末葉)에 민간에서 류행(流行)했던 도교(道敎)들과는 다른 면이 있었다. 《론형(論衡)》은 왕충(王充)의 대표작품(代表作品)으로 중국력사상(中國歷史上) 불후(不朽)의 무신론(無神論) 저작(著作)이다. 현존문장(現存文章)은 85편(篇)이 있는데 그 초치(招致)》 편목(篇目) 84편(84篇)이 실존(實存)한다. 한나라에 이르러 지배적 위치를 점했던 유학은 정치적으로 악용되던 허망한 참위설에 물들어서 학문이 아닌 한낱 정치적 술책(術策)으로 타락해버렸는데 이 참위설에 물든 이들이 국헌(國憲)을 만들고 《백호통의(白虎通義)》를 만들자 참위학설(讖緯學說)에 물든 유술(儒術)의 적폐를 질책한 것이다. 실(實)은 실증이고 형(衡)은 천칭, 저울을 말한다. 이 책은 "허망한 옛 것을 병으로 여긴 실증론(實證論)이고, 세속적인 놈들을 꾸짖은 보기 드문 책이다[疾虛妄古之實論,譏世俗漢之異書]." 라고 칭해졌다.

<《論衡》:"疾虛妄古之實論,譏世俗漢之異書"

東漢時代,儒家思想在意識形態領域裏占支配地位,但與春秋戰國時期所不同的是儒家學說打上了神秘主義的色彩,摻進了讖緯學說,使儒學變成了"儒術"。而其集大成者並作爲"國憲"和經典的是皇帝欽定的《白虎通義》. 王充寫作《論衡》一書,就是針對這種儒術和神秘主義的讖緯說進行批判. 《論衡》細說微論,解釋世俗之疑,辨照是非之理,即以"實"爲根據,疾虛妄之言. "衡"字本義是天平,《論衡》就是評定當時言論的價值的天平. 它的目的是"冀悟迷惑之心,使知虛實之分"(《論衡:對作》篇). 因此,它是古代一部不朽的唯物主義的哲學文獻.>

[본문]   27, 28

『류편(類篇)』 사마광(司馬光)이 지었다. 15권. 매 권 마다 상중하로 나누어서 총 45권이 된다. 31,319자를 수록했다. 《설문해자(說文解字)》의 부수체계를 따랐다. 자원(字原), 고음(古音), 고훈(古訓), 고금자형연변(古今字形演變), 문자의 이의(異義)와 이독(異讀)을 자의해석(字義解釋) 뒤에 부쳤다. 《설문해자(說文解字)》와 《옥편(玉篇)》의 빠진 것(所無)을 보충했다.

[본문]   144, 160, 324, 703

『리소(離騷)』 전국시대 초(楚)나라 굴원(屈原)이 지은 조사(楚辭)의 하나. 리(離)는

란리(亂離), 어려움을 만나는 것, 소(騷)는 근심이다. 「리소(離騷)」는 불행을 만
나 지었다, 혹은 불행을 떠난다는 뜻이다. 간신이 들끓는 현실 속에서 자신의 뜻
을 펼 수 없는 것을 한탄하며 자살을 앞두고 지었다. 북방 문학인 《시경(詩經)》
에는 없는, 남방인 초나라의 정열과 낭만이 가득하다.

[본문]  112, 114, 128, 129, 340, 343, 536, 537

　『왕-주:**리소**(王-注:離騷)』336

『반악-**마견독뢰**(潘岳-馬汧督誄) 서진(西晉) 부풍인(扶風人),　자(字)는 자고(子固).
원강(元康) 7년(297)혜제(惠帝) 때, 관롱지구(關隴地區)의 저인(氐人), 강인(羌人)
이 반란을 일으켰을 때 건위장군(建威將軍) 주처(周處)가 피살되고, 옹주자사(雍
州刺史) 해계(解系)는 깊은 골짜기로 도망쳐서 일시에 소란이 일어나 재앙이 넘
쳐났다. 반란의 괴수 공경(鞏更)이 군대를 거느리고 견현(汧縣)을 공격했는데,
견현(汧縣) 무관(武官) 마돈(馬敦)이 군중을 이끌어 성을 지켰다. 성밖에서 온갖
방법으로 타격하고, 성안에서 온갖 방법으로 응적했다. 적군이 땅굴을 파고 성
에 이르자 불을 지르고 연기를 피워 물리치고 곧게 지키다가 안서장군(安西將
軍) 하후준(夏侯駿)의 구원을 받아서 성 안의 기백만석의 량식(糧食)을 지켜내었
다. 종전 후 옹주종사(雍州從事)가 그 공을 시기하여 ‘양식을 절도하고, 여러 명
의 노예를 취했다’ 는 무고를 받아들여 하옥시켰다. 이에 울분이 쌓여 사망했
다. 후에 정서대장군(征西大將軍) 사마동(司馬肜)이 신원하여 의 조문 내렸으나
마돈은 이미 옥 중에서 사망한 후였다. 반안인(潘安仁)이 서정(西征) 중에 롱관
(隴關)을 지나다가 그 충의(忠義)에 감동하여 그 불우를 애석하게 여기고 옹주종
사(雍州從事)를 죽였다. 진혜제(晉惠帝) 때 아문장군(牙門將軍)에 추증되었다.

　【백반(百般)】1.各種各樣. 2.謂想盡或用盡一切方法. 3.十分；萬分.

　【관롱(關隴)】指關中和甘肅東部一帶地區.

[본문]  34

『**만필술**(萬畢術)』대략 기원전 2세기 경에 책이 만들어졌다. 작자는 서한(西漢) 회
남왕 류안(淮南王 劉安:前179—前122)이 초치한 학자들이다. 《회남만필술(淮
南萬畢術)》의 주요 담론은 각종각양변화(各種各樣變化)에 대한 것이다. 이 책
은 고대 중국의 물리(物理), 화학(化學)에 관한 주요 저술이다.

[본문]  298

『**맹자**(孟子)』 전국 시대의 유가 사상가인 맹가(孟軻)의 언행과 그가 당시 사람들이
나 제자들과 문답한 내용을 기록한 책이다. 대체로 맹자의 문인인 만장(萬章)과
공손추(公孫醜) 등이 중심이 되어 기술한 것으로 추정하고 있다. 모두 7편이지
만, 『한서』 〈예문지〉에는 11편으로 기록되어 있는데, 조기(趙岐)는 〈제사
(題辭)〉에서 외서(外書) 4편 [성선(性善) · 변문(辯文) · 설효경(說孝經) · 위정

(爲政)] 이 있지만 글의 뜻이 깊지 못한 것이 내편(內篇)과는 딴판이어서 진본이 아닌 것으로 파악하고 있다. 그래서 조기가 『맹자:장구(孟子:章句)』를 엮으며 7편만을 주석하였고, 그것이 세상에 전해지면서 7편으로 정착된 것이다.

[본문] 78, 79, 435, 436, 521, 625, 628, 677

　『명당:월령(明堂:月令)』 610, 611

『명당위(明堂位)』 『례기(禮記) 의 스물, 스물 한 번 째인 두 개의 편명이다.

[본문] 499, 500

『명의별록(名醫別錄)』 ① 한(漢)나라 말기 쯤에 완간된 본초학서. 약칭 &lt;별록(別錄)&gt;. 3권. 진한(秦漢) 시대 의학자들, 일설에는 도홍경이라고도 한다.원본은 일찍이 실전되었다(原書早佚). 그러나 관련 내용은 &lt;대관본초(大觀本草)&gt;, &lt;정화본초(政和本草)&gt; 같은 책들 속에서 조금씩 찾아 볼 수 있다. &lt;신농본초경(神農本草經)&gt;을 바탕으로 하여 약물과 공능, 치료 등의 내용을 보충했을 뿐만 아니라 365종(種)에 달하는 신약물(新藥物)의 성미(性味), 독성여부, 공효주치(功效主治), 산지(産地) 등을 보충하여 수록했다. 력대의가(歷代醫家)를 륙속(陸續) 휘집(彙集)했기 때문에 &lt;명의별록(名醫別錄)&gt;이라고 한다. 도홍경(陶弘景)이 &lt;본초경집주(本草經集注)&gt;를 지을 때 &lt;명의별록(名醫別錄)&gt;에서 365종(種)을 옮겨 실었다. 그러므로 원서(原書)에 수록된 약의 수는 마땅히 730종 이상이었을 것이다. 도홍경이 선별해서 독립된 두 권의 책으로 만들었을 때 주관적인 판단으로 효능이 없다고 여겨지는 것은 버렸을 것이기 때문이다. 그러나 사라진 원본의 내용이 일부가 보존되었고 사라진 그 나머지 부분들은 &lt;증류본초(證類本草&gt;, &lt;본초강목(本草綱目)&gt; 등의 책에서 엿볼 수 있다. 약물(藥物)의 분류방법으로 보면 &lt;본초경(本草經)&gt;의 상(上), 중(中), 하(下)의 3품 분류법을 따른 동시에 매 품의 아래 마다 간단한 식물(植物), 동물(動物), 광물(?物) 등의 같은 류의 약물을 귀류(歸類)했다. 한위 6조(漢魏六朝)의 본초학(本草學) 연구에 주요한 가치를 지닌다.

② 청(淸) 나라 황옥(黃鈺)이 엮은 책. &lt;진수원의서72종(陳修園醫書七十二種)&gt; 중. &lt;본경편속(本經便讀)&gt;의 부록.

③상지균(尙志鈞)의 &lt;명의별록(名醫別錄)&gt; 3권.

　【락속(絡續)】 륙속(陸續).

　【륙속(陸續)】 앞뒤가 서로 이어져 끊기지 않음.

　【휘집(彙集)】 ①취집(聚集). 같은 종류의 물건을 유별(類別)로 모음. 유취(類聚). ② 집중(集中)시킴.

　【지류(指類)】 귀류(歸類), 류형에 따라(依據類型).

[본문] 86, 88, 139, 144, 146, 216, 270, 272, 341, 344, 396, 398, 404, 405

『모시(毛詩)』 가장 오래된 『시경』 해설서. 전한(前漢) 조기에 로(魯)나라 사람 대모공(大毛公) 모형(毛亨)과 조(趙)나라 사람 소모공(小毛公) 모장(毛長) 두 모씨(毛氏)가 지은 것이다. 『한서:예문지』에는 『모시』 29권과 『모시-고훈전(毛詩-故訓傳)』 30권으로 수록되어 있다. 『시경(詩經)』의 이해와 연구에 큰 영향을 끼쳐서 『시경』을 『모시』라고 부르기도 한다.

[본문]　78, 94, 125, 162, 329, 330, 587, 599, 614, 618

　『금-**모시**(今-毛詩)』 741

　『모시:**음의**(毛詩:音義)』 294, 295, 324

　『류진-모시:**의문**(劉績-毛詩:義問)』 245

　『모시:**전**(毛詩:傳)』 36, 355, 538, 586, 598, 602, 605, 694, 695, 696

『**모전**(毛傳)』 30권. 『모시-고훈전(毛詩-故訓傳)』의 약칭이다. 『한서:예문지』에는 『모시』 29권과 『모시-고훈전』 30권으로 수록되어 있다. 『시경(詩經)』의 이해와 연구에 큰 영향을 끼쳐서 『시경』을 『모시』라고 부르기도 한다.

[본문]　31, 32, 38, 65, 76, 98, 100, 140, 156, 157, 163, 173, 174, 187, 189, 232, 273, 275, 304, 305, 306, 308, 371, 372, 390, 391, 392, 393, 415, 416, 426, 427, 428, 429, 553, 556, 602, 629, 663, 664, 669, 670, 719, 727, 731, 737, 738, 741

『**목천자전**(穆天子傳)』 중국 최고(最古)의 역사 소설. 《주왕전(周王傳)》, 《주왕유행기(周王游行記)》라고도 한다. 작자는 알 수 없다. 진(晋) 함녕(咸寧) 5년(279년) 급현(汲縣:하남성)의 도굴꾼이 위(魏) 양왕(襄王)의 묘를 도굴하여 얻은 죽서(竹書) 중의 하나다. 전체 6권이다. 앞 부분의 5권은 주목왕(周穆王)이 8준마(八駿馬)를 타고 서쪽을 정벌한 이야기이고, 나머지 한 권은 목왕(穆王)의 미인 성희(美人盛姬)가 도중에 죽어서 돌아와 장사를 지냈다(返葬事)는 것을 기록하고 있다. 의심하는 사람도 있지만 대체로 주목왕(周穆王)에서 위양왕(魏襄王)까지 전해지던 일을 기록한 것으로 본다.

　『곽박-주:**목천자전**(郭樸-注:穆天子傳)』 167, 168

『**문선**(文選)』 량(梁)의 소명태자(昭明太子) 소통(蕭統)이 진(秦)·한(漢) 이후 제(齊)·량(梁)의 대표적인 글을 모아 엮은 책. 작가 130여 명, 39종 문체 중 시가 443수, 나머지 문체가 317편이다. 「소명문선(昭明文選)」이라고도 한다.

[본문]　332

『**미자편**(微子篇)』 1. 《상서:상서:미자(尚書:商書:微子)》

2. 《론어:제18장(論語:第十八章)》이다. 유명한 문구인 "四體不勤, 五穀不分(사지, 손발을 부지런히 하지 않고, 5곡도 분별하지도 못하니 게으르고 어리석다.)"이 나온다.

[본문]　11, 13, 669

『**박물지**(博物志)』 모두 10권으로 서진(西晉)의 장화(張華, 232~300)가 지었다. 본래 장화가 400권의 『박물지』를 지어 무제(武帝)에게 바쳤는데, 무제가 허황된 말이 많다 하여 10권으로 고쳤다고 전한다. 이 책은 세계 여러 나라의 산천·인민·산물·풍습에서 동물·곤충·식물과 의복·그릇과 신기한 이야기들에 이르기까지 기록하고 있다. 『한위총서(漢魏叢書)』와 『고금일사(古今逸史)』에 수록되어 전한다.

　　『장화-**박물지**(張華-博物志)』 385, 387

『**반수**(泮水)』 <魯頌:泮水>

　　思樂泮水, 薄采其芹. 魯侯戾止, 言觀其旂.
　　其旂茷茷, 鸞聲噦噦. 無小無大, 從公于邁.
　　思樂泮水, 薄采其藻. 魯侯戾止, 其馬蹻蹻.
　　其馬蹻蹻, 其音昭昭. 載色載笑, 匪怒伊敎.
　　思樂泮水, 薄采其茆. 魯侯戾止, 在泮飮酒.
　　旣飮旨酒, 永錫難老. 順彼長道, 屈此羣醜.
　　穆穆魯侯, 敬明其德. 敬愼威儀, 維民之則.
　　允文允武, 昭假烈祖. 靡有不孝, 自求伊祜.
　　明明魯侯, 克明其德. 旣作泮宮, 淮夷攸服.
　　矯矯虎臣, 在泮獻馘. 淑問如皐陶, 在泮獻囚.
　　濟濟多士, 克廣德心. 桓桓于征, 狄彼東南.
　　烝烝皇皇, 不吳不揚. 不告于訩, 在泮獻功.
　　角弓其觩, 束矢其搜. 戎車孔博, 徒御無斁.
　　旣克淮夷, 孔淑不逆. 式固爾猶, 淮夷卒獲.
　　翩彼飛鴞, 集于泮林, 食我桑黮, 懷我好音.
　　憬彼淮夷, 來獻其琛, 元龜象齒, 大賂南金.

　　[본문]　575, 576

『**방기**:주(坊記:注)』 <례기> 제 30의 편명. 306

『**방언**(方言)』 서한(西漢)의 양웅(揚雄:B.C.53-18)이 지은 책. 본명 『유헌사자 절대어 석별국 방언(輶軒使者絶代語釋別國方言)』.

　　[본문]　49, 50, 71, 302, 306, 309, 312, 338, 339, 365, 366, 501, 510, 552, 582, 584, 675, 676, 688, 689, 705

　　『곽-주:**방언**(郭-注:方言)』 746

　　『방언:**이의**(方言:異義)』 302

『**방인**:주(瓾人:注)』 瓾人爲簋, 實一觳, 崇尺, 厚半寸, 脣寸, 豆實三而成觳, 崇尺. <崇, 高也. 豆實四升. ○瓾, 方往反. 〔疏〕"瓾人"至"崇尺"　　○釋曰：祭宗廟皆

用木簋, 今此用瓦簋, 據祭天地及外神尚質, 器用陶匏之類也. 注云 "豆實四升" 者, 晏子辭.
按《易·損卦·象》云 : "二簋可用享." 四, 以簋進黍稷於神也. 初與二直, 其四與五承上,
故用二簋. 四, 《巽》爻也, 《巽》爲木. 五, 《離》爻也, 《離》爲日. 日體圓, 木器而圓,
簋象也. 是以知以木爲之, 宗廟用之. 若祭天地外神等, 則用瓦簋, 故《郊特牲》云 "掃地而
祭, 於其質也, 器用陶匏, 以象天地之性" 是其義也. 若然, 簋法圓.《舍人》注云 : "方曰
簠, 圓曰簋." 注與此合.《孝經》云 : "陳其簠簋." 注雲 "內圓外方" 者, 彼發簠而言之.>

[본문]　532, 534

『**백호통**(白虎通)』 책이름이다. 《백호통의(白虎通義)》, 《백호통덕론(白虎通德
論)》이라고도 한다. 동한(東漢)의 장제(章帝)가 건초(建初) 4년(79년) 조정의 백
호관(白虎觀)에 회의를 소집하여 태상(太常), 장(將), 대부(大夫), 박사(博士), 의
랑(議郎), 랑관(郎官) 및 *제생*(諸生), 제유(諸儒)를 모아 자신의 의견을 강의·진
술하며 5경(五經)의 이동(異同)을 론하여 금문경(今文經)과 고문경(古文經)의 이
동(異同)을 합치려고, 장제가 친히 결정한 것을 반고(班固)가 적었다. 금문경학
(今文經學)을 기초로 경학의 통일을 실현하려는 것이었다.

※ *제생*(諸生) 고대 중국(古代中國)의 독서인의 일종 칭호. 처음에는 학문하는
선비들을 칭했으나 후에는 여러 제자들을 칭하는 말이 되었다. 명청(明淸) 량조
(兩朝)에서 고시에 합격해서 부(府), 주(州), 현(縣)의 각급 학교에 들어가서 공부
하는 생원, 속칭 수재(秀才)를 칭했는데, 생원에는 공생(貢生), 증생(增生), 부생
(附生), 름생(廩生), 례생(例生), 상생(庠生) 등의 여러 구별이 있었다. 이들을 통
칭하는 것이 제생이다.

[본문]　28, 385, 388, 499, 500, 634, 6373

『**범승지서**(氾勝之書)』 범승지(氾勝之)(생졸년불상(生卒年不詳),대략 기원 전1세기
(世紀) 서한말기(西漢末期)에 활동했던 사람이다. 사수(氾水), 현재의 산동 조현
(山東曹縣) 사람이다. 저명(著名) 고대(古代) 농학가(農學家)이다. 《범승지서(氾
勝之書)》는 서한(西漢) 만기적(晩期的)의 중요(重要) 농학저작(農學著作)이며
또한 중국(中國)에 현존(現存)하는 가장 이른 시기의 농학전저(農學專著)다. 책
속에는 황하중유지구(黃河中遊地區)의 경작원칙(耕作原則)과 작물재배기술(作
物栽培技術), 종자선육(種子選育)등 농업생산지식(農業生産知識)이 반영(反映)
되어 있어서 당시(當時) 한족(漢族) 로동인민(勞動人民)의 위대(偉大)창조(創造)
가 기재(記載)되어 있다.

한족(漢族) 로동인민(勞動人民)이 수천년(數千年) 동안 누적해온 경작경험(耕作
經驗)이 풍부(豊富)하게 기록되어 있는 한문(漢文) 농학저작(農學著作)이다. 선
진제서(先秦諸書) 중에서 농학편장(農學篇章)을 함유(含有)하고 있는 책으로 범
승지서(氾勝之書)는 당시(當時) 황하류역(黃河流域) 한족(漢族) 로동인민(勞動人
民)의 농업생산경험(農業生産經驗)과 기술(記述), 경작원칙(耕作原則)과 작물재

배기술(作物栽培技術)을 총결(總結)하고 있어서 중국농업생산(中國農業生産)의 발전(發展)과 산생(産生)에 촉진(促進)에 심원(深遠)한 영향(影響)을 끼쳐서 세상에 알려졌다.

[본문] 512, 513

『**범자계연**(范子計然)』 범려(範蠡)가 지은 책이름이다. 범려의 저서로 <병법(兵法)>, <양어경(養魚經)>이 있었으나 산일되었고 <문선(文選)>에 인용된 잔편이 있다. 진(晉)나라 사람 채모지(蔡謨之) 후 계연(計然)이 범려 저작의 한 편명(篇名)으로 알려 진 후 이 책이 산일되어버려서 한당(漢唐), 삼국(三國) 사람들은 계연을 사람이름으로 알았었고, 청조(淸朝)에서는 범려의 스승으로 여겼다. 춘추시대 월(越) 나라 사람이다. 도주공(陶朱公), 도징사(陶徵士)라고도 한다. 월왕(越王) 구천(句踐)을 도와 오(吳) 나라를 멸망시키는 공을 세웠으나, 구천이 「환란은 함께 할 수 있으나 안락은 함께 하기 어려운 사람(可與共患難, 難與共安樂)」이라면서 배를 타고 제(齊) 나라로 가서 이름을 치이자피(鴟夷子皮)로 바꾸고 수천만 금의 재산을 모으자, 제 나라에서 그를 정승을 삼으려 하니, 모았던 재물을 다 흩어 나누어 준 다음 도(陶)로 가서 도주공(陶朱公)이라고 자호(自號)하고 또 다시 수천만 금을 모았다고 한다. 《史記 卷一百二十九 貨殖列傳》

※ **징사** [徵士] ① 학문과 덕행으로 조정의 부름을 받고 벼슬했던 사람을 말한다(征求人才).② 학행(學行)이 높아서 임금이 불러도 나아가지 않는 선비(指不接受朝廷征聘的隱士). 참고로 도연명(陶淵明)의 사시(私諡)가 정절징사(靖節徵士)이다.

『**범장**(凡將)』 범장편(凡將篇).

[본문] 332

『**범장편**(凡將篇)』 서한(西漢)의 사마상여(司馬相如 B.C.179-127年)가 지은 책.

[본문] 102, 103, 331, 334, 679

『사마상여-**범장편**(司馬相如-凡將篇)』 332

『**변인**(邊人)』 고관명. <주례:천관총재(周禮:天官塚宰)>

[본문] 658, 659

『**보전**:정-전(甫田:鄭-箋)』 시경:소아:보전지십(詩經:小雅:甫田之什)》의 일편(一篇). 선진시대(先秦時代) 한족시가(漢族詩歌). 전시(全詩) 4장(四章), 매장(每章) 10구(十句). 시는 귀족권농(貴族勸農)과 기복(祈福)을 노래하고 있다. 1장(一章)은 증손(曾孫)의 남무(南畝)로 가서 일하는 것을 묘사하고, 3장(三章)에서 한층 더 깊이 묘사했다. 2장(二章)에서는 전조(田祖)를 맞이하여 기복(祈福)하는 것을 그렸고, 다시 4장(四章)에서 펼쳐 서술하고 있다. 《시경(詩經)》은 한족(漢族) 문학사상(文學史上) 제1부(第一部)의 시가총집(詩歌總集)으로 후대(後代)의 시가발전(詩歌發展)에 심원(深遠)한 영향(影響)을 준 중국고전문학(中國古典文學) 현실주의전통(現實主義傳統)의 원두(源頭)다.

[본문] 642

『**본초**(本艸)』　『**본초경**(本艸經)』의 간칭.

『**본초경**(本艸經)』　원래는《신농본초경(神農本草經)》이고, 《본초경(本草經)》은 간칭이다. 간혹 《본초(本經)》라고도 한다. 《황제내경(黃帝內經)》, 《난경(難經)》, 《상한잡병론(傷寒雜病論)》, 《신농본초경(神農本草經)》을 **중국한족전통의학4대경전**이라고 한다. 신농에서 비롯되어 구전되던 것이 선진(先秦), 진한(秦漢) 시기에 여러 시대, 여러 사람의 손을 거치면서 집대성되었다. 365종의 약을 상품, 중품, 하품으로 나누어 실었다.

『**단공로**-**북호록**』 당대(唐代) 령남(嶺南)의 한족풍토록(漢族風土錄)으로 3권(三卷)이다. 단공로(段公路)가 지었다. 대략 함통(鹹通) 12년(十二年:871) 무명(茂名)에서 남해(南海)로 돌아왔다. 먼저 남월(南粵)에서 근무하다가 후에 만년현위(萬年縣尉)로 지냈다. 이 책은 작자(作者)가 몸소 남으로 5령간(五嶺間)에서 노닐며 채휠(采擷)한 민간풍토(民間風土), 습속(習俗), 가요(歌謠), 애악(哀樂) 등(等)을 적은 것이다.

『굴원-**부**(屈原-賦)』 112

『장형-**부**(張衡-賦)』 41, 42

『**비서**(祕書)』 류흠의 아버지가 류향(劉向)이다. 두 부자(父子)가 주지(主持)하여 비서(祕書), 전적(典籍)을 교정(校訂)했다.

[본문] 365, 366

『**비서**(柴誓)』 《주서(周書)》의 한 편명이다. 금본(今本)은 비(費)자를 쓴다.

『**비창**(埤蒼)』 《수서:경적지(隋書:經籍志)》에는 조위초(曹魏初)에 자(字)는 치양(稚讓)인 박사(博士) 장읍(張揖)이 《비창(埤蒼)》 3권(三卷)을 지었다고 했고, 6조수당(六朝隋唐)의 여러 저작(著作)에서 인용했으나 대략 송대(宋代)에 산일되었다. 책은 이미 전하지 않지만 후인(後人)들은 그 체례(體例)나 성질이 《3창(三蒼)》 이래에 《비창(埤蒼)》이나 《광창(廣蒼)》 등의 이름으로 보아 비슷한 성질의 책으로 여겨서 별다를 것 없는 운어장구(韻語章句)의 책으로 학동(學童)들을 가르치던 책으로 문자의 해석에 다를 바가 없었을 것으로 인식했다. 생각건데 《수서:경적지(隋書:經籍志)》에서 이르기를 "자의훈독(字義訓讀)에 《사주편(史籀篇)》, 《창힐편(倉頡篇)》, 《3창(三蒼)》, 《비창(埤蒼)》, 《광창(廣蒼)》의 여러 편장(篇章)이 있다." 라고 했으므로 《비창(埤蒼)》을 종합적으로 보면 분명히 "편장(篇章)"이 있고, 또 "자의훈독(字義訓讀)"이 있어서 순전한 자표식(字表式) 식자과본(識字課本)이 아니라, 《급취편(急就篇)》과 같은 것으로 진한(秦漢) 식자과본(識字課本)의 연변발전(演變發展)에서 과본(課本)을 겸한 특수(特殊)한 자전(字典)이었을 것이다.

『**빈번온조지채:주**(蘋蘩蘊藻之菜:注)』 蘊, 聚也, 故言藻聚. 藻, 陸機云："藻, 水草也, 生水底. 有二種：其一種葉如雞蘇, 莖大如箸, 長四五尺. 其一種莖大如釵股, 葉如蓬蒿, 謂之聚藻. "然則藻聚生, 故謂之聚藻也. 行者, 道也. 《說文》云："潦, 雨水也. "然則行潦, 道路之上流行之水.

『**빈풍**(豳風)』 《시경(詩經)》 국풍(國風)에 있는 시들. 모두 7편(篇)이다. 선진시대(先秦時代) 빈지(豳地)에 살던 화하족민가(華夏族民歌)다. 빈(豳)은 빈(邠)으로도 쓴다. 고도읍명(古都邑名)으로 현재의 섬서(陝西) 순읍(旬邑) 빈현(彬縣) 일대(一帶)다. 이것은 주족부락(周族部落)의 발상지(發祥地)다. 《시경(詩經)》은 풍(風), 아(雅), 송(頌) 세 가지로 나뉜다. 풍(風)의 의미는 성조(聲調)라는 것으로 "왕기(王畿):주왕조(周王朝) 직접통치지구(直接統治地區)"와 대조되는 말이다. 지방색채(地方色彩)를 띤 음악(音樂)을 말하는데 고인(古人)들이 말하는 《진풍(秦風)》, 《위풍(魏風)》, 《정풍(鄭風)》은 현재(現在)의 우리들이 말하는 섬서조(陝西調), 산서조(山西調), 하남조(河南調)와 같다. 빈풍(豳風)에는 모두 7편(七篇)의 시가 있는데 선조인 공류(公劉)의 봉지(封地)였던 빈지(豳地)의 농가생활(農家生活)에서 신근로작(辛勤勞作)하는 정경(情景)을 묘사하고 있다. 이는 중국(中國) 최조(最早)의 전원시(田園詩)다.

『**빈풍:전**(豳風:傳)』

[본문] 19, 214, 365,

『**사간**(斯干)』〈小雅: 鴻鴈之什: 斯干〉

　　　　秩秩斯干, 幽幽南山. 如竹苞矣, 如松茂矣.

　　　　兄及弟矣, 式相好矣, 無相猶矣.

　　　　似續妣祖, 築室百堵, 西南其戶. 爰居爰處, 爰笑爰語.

　　　　約之閣閣, 椓之橐橐. 風雨攸除, 鳥鼠攸去, 君子攸芋.

　　　　如跂斯翼, 如矢斯棘, 如鳥斯革, 如翬斯飛, 君子攸躋.

　　　　殖殖其庭, 有覺其楹, 噲噲其正, 噦噦其冥, 君子攸寧.

　　　　下莞上簟, 乃安斯寢. 乃寢乃興, 乃占我夢.

　　　　吉夢維何, 維熊維羆, 維虺維蛇.

　　　　大人占之, 維熊維羆, 男子之祥. 維虺維蛇, 女子之祥.

　　　　乃生男子, 載寢之牀, 載衣之裳, 載弄之璋.

　　　　其泣喤喤, 朱芾斯皇, 室家君王.

　　　　乃生女子, 載寢之地, 載衣之裼, 載弄之瓦.

　　　　無非無儀, 唯酒食是議, 無父母詒罹.

　　　[본문] 281, 285

『**사기**(史記)』 전한(前漢)의 사마천(司馬遷)이 상고시대의 황제(黃帝)~한무제 태초
(B.C. 104~101)년간의 중국과 주변 민족의 역사까지 포괄한 통사다. 역대 중국
정사의 모범이 된 기전체(紀傳體)의 효시로, 본기(本紀) 12편, 세가(世家) 30편,
서(書) 8편, 표(表) 10편, 렬전(列傳) 70편, 총 130편으로 구성되었다. 사마천은
정확한 기록을 위하여 중국 전역을 여행하며 자료를 수집했다.

　　　[본문] 11, 253, 255, 403, 458, 459, 460, 521, 639, 640, 700, 774

　　　『사기』**작천독**『史記』(作天篤) 11

　　　『서광-주: **사기**(徐廣-注: 史記)』 273, 276

『**사령운: 시**(謝靈運-詩)』 사령운(謝靈運 385年―433年)의 원명(原名)은 공의(公義),
자(字)가 령운(靈運)이다. 어릴 때의 이름은 객아(客兒)였고, 세칭(世稱) 사객(謝
客)이었는데 자(字)로 세상을 살았다. 남북조시기(南北朝時期)의 걸출(傑出)한
시인(詩人), 문학가(文學家), 려행가(旅行家)이다. 조적(祖籍)은 진군(陳郡)의 양
하(陽夏)로 현재의 하남(河南) 태강현(太康縣)이다. 회계(會稽) 시녕(始寧), 현 소
흥시(紹興市) 승주시(嵊州市) 출신(出身)이다. 진군(陳郡) 사씨(謝氏)로 동진(東
晉)의 명장(名將) 사현(謝玄)의 손자이며, 비서랑(秘書郎) 사환(謝瑍)의 아들이
다. 동진(東晉) 때 세습(世襲)으로 강악공(康樂公)이 되었기 때문에 세칭(世稱) 사
강악(謝康樂)이라고 불렸다. 일찍이 출사하여 대사마(大司馬) 행군참군(行軍參
軍), 무군장군기실참군(撫軍將軍記室參軍), 태위참군등직(太尉參軍等職)을 지냈
다. 류송대(劉宋代) 진(晉) 후에 항복하여 강악후(康樂侯)가 되었다. 영가태수(永
嘉太守), 비서감(秘書監), 림천내사(臨川內史)를 력임(歷任)하다가 원가(元嘉) 10

년(年:433) 송문제(宋文帝) 류의륭(劉義隆)이 "반역죄(叛逆罪)"라는 명분으로 살해(殺害)되었는데 당시 49세(歲)였다.

사령운(謝靈運)은 어려서부터 학문을 좋아하여 박람군서(博覽群書)했고 시문에 뛰어나서 그의 시는 안연지(顏延之)와 이름을 나란히 하여 "안사(顏謝)"로 병칭될 정도였다. 중국문학사상(中國文學史上) 산수시파(山水詩派)를 개창(開創)했다. 시와 동시에 사학(史學)과 천서법(擅書法)에 통달했으며, 일찌기 외래불경(外來佛經)을 번역하기도 했고, 왕명을 받들어 《진서(晉書)》를 편찬하기도 했다. 명인(明人)이 편집한 《사강악집(謝康樂集)》이 있다.

『**사무**(司巫)』 <주례:춘관(周禮:春官)> 소속 관원. [司巫, 中士二人, 府一人, 史一人, 胥一人, 徒十人. 司巫, 巫官之長.]

[본문] 634, 637

『**사상견례**(士相見禮)』 『의례(儀禮)』의 한 편명. 사(士)가 직위(職位)로써 서로 교유하는 처음에 폐백을 받들고 서로 상면(相面)하는 례(禮)를 기록하였다.

[본문] 83, 84

　　『사상견례-**고문**(士相見禮-古文)』 554, 557

『**사상례**:주(士喪禮:注)』 『의례(儀禮)』의 12번째 편명(篇名)이다. 의례(儀禮)》 중에서 상례(喪禮)를 강술(講述)한 것으로 모두 4편(四篇)이 있는데, 《상복례(喪服禮)》, 《사상례(士喪禮)》, 《기석례(既夕禮)》와 《사우례(士虞禮)》다. 그 중 《기석례(既夕禮)》와 《사상례(士喪禮)》는 본래 한 편(篇)이었는데 간책(簡冊)이 번중(繁重)해서 둘로 나뉜 것이다. 그래서 통상(通常) 《기석례(既夕禮)》를 《사상례(士喪禮)》의 하편(下篇)으로 본다.

[본문] 36

『**사우례**(士虞禮)』 『의례』의 한 편명. 사(士)가 부모의 장사를 치르고 신령을 맞이하여 우제(虞祭)를 모시는 의식과 절차를 기록하였다.

[본문] 317, 319, 634, 637

『**산전**(山傳)』 396

『**산해경**(山海經)』 선진(先秦) 시기의 중요전적으로 모두 18권이다. 각권의 성립 시기는 정론이 없다. 그 중 14권은 전국(戰國)시기, 4권은 서한(西漢) 초기다. 산경(山經) 5권, 해경(海經) 8권, 대황경(大荒經) 4권, 해내경(海內經) 1권이다. 민간의 많은 전설(傳說)과 지리(地理), 산천(山川), 광물(鑛物), 민족(民族), 물산(物産), 약물(藥物) 등의 지식을 담고 있다. 전설 중에는 과보축일(誇父逐日), 녀와보천(女媧補天), 정위전해(精衛塡海), 대우치수(大禹治水) 등이 사람들이 많이 이야기하는 것들이다. 100여 주변국의 산수(山水), 지리(地理), 풍토물산(風土物産)과, 550개의 산, 300개의 수도(水道) 등의 정보를 수록하였다. 로신(魯迅)은 산해경을 무사(巫師), 방사(方士)들의 책이라고 했다.

[본문]　197, 258, 262

　　『산해경:**전**(山海經:傳)』　258, 263

　　『**금**-산해경(今-山海經)』　198

『**상림부**(上林賦)』　자허부(子虛賦)의 자매편. 한부(漢賦)의 대가 서한(西漢) 사마
상여(司馬相如 B.C.179-118年)의 대표작(代表作).

　　[본문]　86, 87, 128, 129, 134, 135, 259, 263

　　『문선:**상림부**(文選:上林賦)』　134, 135

　　『사마표-주:**상림부** 265

　　『장읍-주:**상림부**(張揖-注:上林賦)』　121, 122

『**상복**(喪服)』　『의례(儀禮)』의 11번째 한 편명. 상(喪)을 당하여 입는 상복(喪服)
의 형식과 친소(親疏)의 등급에 따라 입는 상복(喪服)의 종류를 기술하였다.

　　[본문]　45, 281, 282, 284

　　『상복:**전**(喪服:傳)』　44

『**상서**(尚書)』　하(夏), 상(商), 주(周) 시대의 역사다. 한대(漢代) 이전에는 『서(書)』,
한대(漢代)에는 『상서(尚書)』, 송대(宋代)에 와서 『서경(書經)』이라고 불렀
다. 위작인 금문상서(今文尚書)와 벽중에서 나온 고문상서(古文尚書)가 있다.

　　『마융-주:**상서**(馬融-注:尚書)』608

　　『모씨-상서:**전**(某氏-尚書:傳)』182, 184

『**상서:대전**(尚書:大傳)』　《상서(尚書)》를 해석한 책. 작자와 성립시기는 알 수 없
다. 다만 후세사람들이 편집한 것으로 보인다. 피석서(皮錫瑞)의 책이 최고로 꼽
힌다. 《4고전서총목(四庫全書總目)》 12권에 《상서대전(尚書大傳)》 4권,
《보유(補遺)》 1권이 있다.

　　[본문]　385, 387, 478, 787

『**상여부**(相如賦)』　사마상여(司馬相如)의 부(賦).

　　[본문]　116, 117

『**생민시**(生民詩)』　조상의 업적을 칭송한 서사시. 〈大雅:生民之什:生民〉

　　　　　厥初生民, 時維姜嫄. 生民如何, 克禋克祀, 以弗無子.

　　　　　履帝武敏, 歆攸介攸止, 載震載夙, 載生載育, 時維后稷.

　　　　　誕彌厥月, 先生如達. 不拆不副, 無菑無害.

　　　　　以赫厥靈, 上帝不寧, 不康禋祀, 居然生子.

　　　　　誕寘之隘巷, 牛羊腓字之. 誕寘之平林, 會伐平林.

　　　　　誕寘之寒冰, 鳥覆翼之. 鳥乃去矣, 后稷呱矣.

　　　　　實覃實訏, 厥聲載路. 誕實匍匐, 克岐克嶷, 以就口食.

　　　　　蓺之荏菽, 荏菽旆旆, 禾役穟穟, 麻麥幪幪, 瓜瓞唪唪.

　　　　　誕后稷之穡, 有相之道. 茀厥豐草, 種之黃茂.

實方實苞, 實種實襃, 實發實秀, 實堅實好, 實穎實栗. 卽有邰家室.

誕降嘉種, 維秬維秠, 維穈維芑. 恒之秬秠, 是穫是畝.

恒之穈芑, 是任是負. 以歸肇祀.

誕我祀如何. 或舂或揄, 或簸或蹂. 釋之叟叟, 烝之浮浮.

載謀載惟, 取蕭祭脂, 取羝以軷. 載燔載烈, 以興嗣歲.

卬盛于豆, 于豆于登. 其香始升, 上帝居歆. 胡臭亶時.

后稷肇祀, 庶無罪悔, 以迄于今.

[본문] 31, 553, 556

『생민 : **전**(生民:傳)』 281, 285

『**금**-생민(今-生民)』 496

『**서**(序)』

[본문] 347, 348

『**서**(書)』 상서(尙書).

[본문] 281, 286

『**서경부**(西京賦)』 장형의 대표작인 2경부(二京賦) 중의 한 편. 2경(京)은 한(漢)나라의 서경(西京)인 장안(長安)과 동경(東京)인 락양(洛陽)을 말한다. 『서경부(西京賦)』와 『동경부(東京賦)』는 반고(班固)의 『량도(兩都)』를 본떠 지은 것으로 당시 왕공 귀족들의 사치를 풍간(諷諫)한 것이다.

[본문] 507, 509, 585

『서경부 : **리-주**(西京賦:李-注)』 123, 124

『**서경잡기**(西京雜記)』 《서경잡기(西京雜記)》는 고대한족(古代漢族)의 력사필기소설집(歷史筆記小說集)이다. 그 속의 "서경(西京)"은 서한(西漢)의 수도(首都) 장안(長安)을 말한다. 원래는 2권(二卷)이었으나 금본(今本)은 6권(六卷)으로 만들어졌다. 이 책은 서한(西漢)의 잡사(雜史)로 역사적 사실과 함께 허다한 유문질사(遺聞軼事)를 포함하고 있다. 한 대(漢代)의 류흠(劉歆)이 지었고 동진(東晉)의 갈홍(葛洪)이 집초(輯抄)했다.

이 책의 작자(作者)에 관하여 《수서:경적지(隋書:經籍志)》는 기록이 없었으나 신구당서(新舊唐書)에서는 모두 동진(東晉)의 갈홍(葛洪)이라고 기록했다. 그것은 6권본(六卷本)의 끝부분에 갈홍발문(葛洪跋文) 한 편이 실려 있었기 때문이다. 발문(跋文)에 이르기를 "홍가세(洪家世)에 류자준(劉子駿)의 《한서(漢書)》 100권(一百卷)이 있었는데 수미제목(首尾題目)이 없이 단지 갑을병정(甲乙丙丁)으로만 그 권수(卷數)를 적어놓았을 뿐이었다. 돌아가신 부친이 전해주었는데 류흠(劉歆)이 《한사(漢事)를 편록(編錄)하여 한서(漢書)》를 지을려고 했으나 구성을 마치지 못하고 사망해서 종본(宗本)이 없는 잡기(雜記)에 그치고 말아서 전후지차(前後之次)를 잃어서 사류지변(事類之辨)이 없었다. 후(後)에 호사자(好事者)

가 뜻을 기준으로 차제(次第)를 정리하여 시갑종계(始甲終癸)로 10질(十帙), 1질(帙) 10권(十卷) 도합 100권(百卷)으로 만들었다. 홍가(洪家)에 그책이 모두 있어서[具有其書] 이 기록으로 반고(班固)가 쓴 것과 고교(考校)해 보니 거의 다 류서(劉書)에서 취한 것으로 조금의 이동(異同)만 있을 뿐이었다. 거기서 가져오지 않은 것은 2만 여 자에 불과했다. 여기서 정리하여 두 권으로 만들고 《西京雜記》라 이름짓고, 《한서(漢書)》의 부족한 점을 보완하려고 한다.” 라고 했으니 이 책은 류흠(劉歆)이 쓴 것이고, 갈홍(葛洪)은 반고(班固)가 《한서(漢書)》를 쓸 때 사용하지 않았던 20,000여언(二萬餘言)을 베꼈을 뿐인데도 이름자를 남기게 되었던 것이다. 또 책 속의 고사(故事) 역시 모두가 갈홍(葛洪)이 두찬(杜撰)한 것은 아니고 일부의 조목(條目)들은 당시(當時)에 있었던 전적(典籍) 중에서 적취래(摘取來)한 것들이다. 이 책의 저자에 대해서는 지금까지도 논란이 있다.

[본문]  665, 666

『서괘:전(序卦:傳)』 공자가 주역 64괘 상호 간의 인과성을 발견하고 그 순서를 부여해서 정리한 글.

[본문]  6

『서도부(西都賦)』 서한(西漢)의 문학가(文學家)인 반고(班固)가 지은 부(賦)로 《소명-문선(昭明-文選)》에 실려 있다. 《서도부(西都賦)》는 장안도성(長安都城)의 장려굉대(壯麗宏大)함과 궁전(宮殿)의 기위화미(奇偉華美)함을 표현(表現)해 내어서 부를 짓는 재능(才能)을 드러내었다.

[본문]  585

『서산경(西山經)』 『산해경(山海經)』은 <산경(山經)> 5권, <해경(海經)> 8권, <대황경(大荒經)> 4권, <해내경(海內經)> 1권이다. 이 중에 <산경(山經)>은 <남산경(南山經)>, <서산경(西山經)>, <북산경(北山經)>, <동산경(東山經)>, <중산경(中山經)>으로 구성된다.

중국의 지괴고적(志怪古籍)이다. 대체로 전국중후기(戰國中後期)에서 한 대초중기(漢代初中期)에 이르는 기간에 초국(楚國)이나 파촉인(巴蜀人)이 지은 것이다. 또한 황탄불경(荒誕不經)한 기서(奇書)이기도 하다. 이 책의 작자(作者)는 부상(不詳)ㅣ다. 고인(古人)들은 이 책이 “전국호기지사(戰國好奇之士)가 《목왕전(穆王傳)》, 《장(莊)》, 《렬(列)》, 《리소(離騷)》, 《주서(周書)》, 《진승(晉乘)》 등에서 긁어모아 지은 것” 으로 인식했다. 현대학자(現代學者)들 역시도 한 사람, 한 시대에 지어진 것이 아니라고 믿는다.

《산해경(山海經)》의 전서(全書)로 현존(現存)하는 것은 18편(篇)이다. 그 나머지 편장내용(篇章內容)은 일찍 잃어버렸다. 원래는 모두 22편(篇) 약(約)32,650자(字)였다. 산경5편(山經5篇), 해외경4편(海外經4篇), 해내경5편(海內經5篇),

대황경4편(大荒經4篇). 《한서:예문지(漢書:藝文志)》에서는13편(篇)이라고 했다. 나중에 발견된 대황경(大荒經)과 해내경(海內經)을 포함하지 않은 것이다. 산해경(山海經)의 내용(內容)은 주로 민간전설(民間傳說) 중의 지리지식(地理知識)으로 산천(山川), 도리(道裏), 민족(民族), 물산(物產), 약물(藥物), 제사(祭祀), 무의(巫醫) 등을 모두 포괄(包括)하고 있다. 과부축일(誇父逐日), 녀왜보천(女媧補天), 정위전해(精衛塡海), 대우치수(大禹治水) 등 인구(人口)에 회자(膾炙)되는 적지 않은 원고(遠古) 신화전설(神話傳說)과 우언고사(寓言故事)를 보존(保存)하고 있다.

《서산경(西山經)》은 또한 《산경(山經)》 제2권(第二卷)에서 서산(西山)의 기경기물(奇景奇物)소개한 것이기도 하다.

[본문]  265, 268

『곽-주:**서산경**(郭-注:西山經)』 121, 122

『**서정부**(西征賦)』 반악(潘岳)이 지었다.

[본문]  784, 785

『반악-서정부:**리-주**(潘岳-西征賦:李-注)』 694, 695

『**석경**(石經)』 중국고대(中國古代)에 새긴 석비(石碑)나 마애상(摩崖上)의 유가경적(儒家經籍)과 불도경전(佛道經典)들이다.

1. **희평석경**(熹平石經):한(漢)령제(靈帝) 희평4년(熹平四年)에 락양태학(洛陽太學)에서 새기기 시작했다. 모두 46괴(塊)로 《역(易)》, 《례(禮)》, 《춘추(春秋)》 등 7종(七種)을 포괄(包括)하고 있다.

2. **정시석경**(正始石經):조위(曹魏)의 정시 2년(正始二年) 락양(洛陽)에서 새기기 시작했다. 고문(古文), 례서(隸書),전서(篆書) 등 3종문자(三種文字)를 써서 만들었으므로 또한 《3체석경(三體石經)》이라고도 한다. 새긴 경문(經文)으로는 《상서(尚書)》, 《춘추(春秋)》가 있다.

3. **당-개성석경**(唐-開成石經):당(唐) 문종(文宗) 대화7년(大和七年) 장안(長安)에서 새기기 시작했다. 해서(楷書)를 사용해서 《역(易)》, 《서(書)》, 《시(詩)》,"3례(三禮)" 등 12경(十二經)을 새겼다.

4. **촉석경**(蜀石經): 5대(五代) 후 촉(蜀)에서 해서(楷書)를 사용하여 《역(易)》, 《서(書)》, 《시(詩)》,"3례(三禮)" 등을 성도(成都)에서 새겼다. 주(注)도 있다. 력대(曆代) 석경(石經) 중에서 겨우 남아있는 것이다.

5. **북송석경**(北宋石經):북송(北宋) 때 用해체(楷體와 전체(篆體)를 써서 《역(易)》, 《서(書)》, 《시(詩)》 등을 변량(汴梁)에서 새겼다. 《변학석경(汴學石經)》 혹은 《2체석경(二體石經)》이라고도 한다.

6. **남송석경**(南宋石經): 송(宋) 고종(高宗)이 소흥13년(紹興十三年)에 《역(易)》,

《서(書)》,《시(詩)》,《좌전(左傳)》 등을 림안(臨安)에서 새겼다. 모두 200석 (二百石)이었으나 현존(現存)하는 것은 70여 석(七十餘石) 뿐이다.

7. **청석경**(清石經): 건륭(乾隆) 56년(五十六年) 13경(十三經)을 於북경(北京)에서 새겼다. 모두 190석(一百九十石)이다.

불경(佛經)을 새기는 것은 대략 북위(北魏) 말에 시작되어서 북제(北齊),북주(北周) 때 성행했다. 북경(北京) 방산(房山)의 운거사(雲居寺) 석경(石經) 가장 유명(有名)하다. 석경(石經) 중에서 가장 많이 새겨진 것은 《도덕경(道德經)》이다.
[본문] 123

『**한- 1자**:석경(漢-一字:石經)』 123

『**한-대학**-석경(漢-太學-石經)』 603, 607

『**당**-석경(唐-石經)』 개성석경(開成石經)의 별칭, 당대(唐代)의 12경석각(十二經刻石)이다. 당석경(唐石經)이라고도 한다. 문종 태화 7년(文宗大和七年 833)에 시작하여, 개성 2년(開成二年 837)에 완성(完成)했다. 원래는 장안성(長安城) 무본방(務本坊) 국자감(國子監) 안에 세워졌었다. 송(宋)나라 때 부학(府學) 북쪽 벽(北壁)으로 옮겼으니, 지금의 서안 비림(西安碑林)이다. 이곳은 원래 청대 장안현학(長安縣學)' 서안부학(府學)' 함녕현학(鹹寧縣學)의 세 학교가 있었기 때문에 3학가(三學街)라고 불리던 곳이었다. 석각경(刻石經)이 많지만 보존 상태가 가장 양호하다.
[본문] 527

『**석고**(釋詁)』 《이아(爾雅)》의 한 편명.
[본문] 252, 667

『**석고**(釋故)』 《이아(爾雅)》의 한 편명.
[본문] 614, 615, 629

『**석명**(釋名)』 사어(詞語)의 뜻을 풀이 한 책. 한말(漢末) 류희(劉熙)가 쓴 책. 『석명(釋名)』은 언어의 성음(聲音)의 각도에서 자의(字義)의 유래(由來)를 추구(推求)한 책. 음(音)으로 사물을 설명하기 때문에 『석명(釋名)』이라는 이름을 갖게 된 까닭이다. 또 당시의 음과 고음(古音)의 이동(異同)에도 주의를 기울였다. 《석명(釋名)》은 오(吳) 말에 이미 광범위하게 퍼졌으며, 학자들이 중요시하였다. 후대의 훈고학(訓詁學)의 인성구의(因聲求義)에 큰 영향을 끼쳤으며, 동시에 한어(漢語) 어원학(語源學) 연구의 요전(要典)이다. 그 체례(體例)는 《이아(爾雅)》를 본떴다. 27편의 분류방법은 《이아(爾雅)》와 같고, '소리가 비슷한 말은 의미에도 많은 관련이 있다' 는 성훈(聲訓)의 입장에서 해설을 한 점이 특색이다. 《석명(釋名)》은 오랫동안 정리하는 사람이 없었다. 명대(明代)에 이르러 랑규금(郞奎金)이 《이아(爾雅)》, 《소이아(小爾雅)》, 《광아(廣雅)》, 《비창

(埤雅)》을 합각하여 《5아전서(五雅全書)》라고 불렀다. 나머지 네 책이 아(雅)로 끝났기 때문에 《석명(釋名)》을 《일아(逸雅)》라고 고쳐 불렀다. 이후 《석명(釋名)》을 따로 《일아(逸雅)》라고 했다.

※ 랑규금(郎奎金)에 관해서는 정확한 자료를 찾을 수가 없었다.

[본문] 182, 184, 642, 679

『**석목**(釋木)』 《이아(爾雅)》의 한 편명.

[본문] 245, 248, 294, 422, 431, 465, 469, 470, 471, 472

『석목:**조리**(釋木:棗李)』 507, 508

『**석수**(釋水)』 《이아(爾雅)》의 한 편명.

[본문] 586, 598

『**석언**(釋言)』 《이아(爾雅)》의 한 편명.

[본문] 356, 357, 522, 523, 631, 632

『**석지**(釋地)』 《이아(爾雅)》의 한 편명.

[본문] 586, 598

『**석초**(釋艸)』 《이아(爾雅)》에는 전체 4,300여 개의 사어(詞語)가 2,091개 조목(個條目)으로 분류되어 있다. 본래 20편(篇)이였으나 현재는 19편(篇)이 남아 있다. 1. 사의(詞義)에 관한 것, 《釋詁》, 《釋言》, 《釋訓》 2. 사람과 관련된 것, 《釋親》, 《釋宮》, 《釋器》, 《釋樂》 3. 하늘과 관련된 것 《釋天》 4. 땅과 관련된 것 《釋地》, 《釋丘》, 《釋山》, 《釋水》 5. 동물과 관련된 것 《釋鳥》, 《釋獸》, 《釋畜》, 《釋蟲》, 《釋魚》 6. 식물과 관련된 것 《釋草》, 《釋木》.

[본문] 16, 17, 27, 37, 43, 45, 49, 58, 65, 66, 68, 69, 80, 81, 92, 93, 98, 110, 111, 116, 118, 125, 132, 140, 141, 144, 146, 149, 156, 162, 165, 173, 174, 175, 176, 180, 187, 189, 190, 191, 193, 195, 196, 197, 199, 220, 221, 223, 228, 231, 232, 235, 236, 238, 239, 240, 249, 250, 251, 256, 264, 269, 273, 275, 279, 280, 288, 292, 293, 302, 304, 305, 306, 308, 310, 311, 313, 314, 315, 316, 317, 318, 327, 328, 329, 331, 334, 340, 343, 345, 347, 348, 352, 353, 365, 366, 380, 381, 382, 383, 384, 392, 393, 396, 397, 404, 405, 406, 410, 415, 416, 417, 419, 420, 421, 422, 426, 427, 435, 438, 445, 462, 463, 464, 488, 490, 491, 493, 510, 511, 512, 514, 681, 717, 719, 720, 721, 724, 726, 727, 737, 741, 754, 763, 764, 766, 767, 769

『**석초**(釋草)』 『**석초**(釋艸)』

[본문] 94, 95, 98

『금-**석초**(今-釋艸)』 229, 230, 345, 733, 773

『금본-**석초**(今本-釋艸)』 226, 227

『**설문**(說文)』 후한(後漢)의 허신(許愼)이 AD.100년에 완성한 자전(字典). 최초로 540부수를 설정했다.

[본문]  6, 14, 24, 36, 61, 68, 71, 73, 94, 110, 112, 116, 128, 134, 136, 144, 150, 151, 156, 160, 162, 175, 197, 204, 226, 242, 245, 251, 253, 265, 294, 304, 306, 313, 316, 324, 326, 329, 331, 340, 341, 410, 415, 419, 454, 461, 462, 469, 478, 481, 496, 505, 522, 524, 527, 536, 553, 554, 565, 586, 587, 589, 614, 625, 631, 692, 703, 707, 722, 749, 754, 780

『설문:**령**(說文:苓)』 163

『설문:**음은**(說文:音隱)』 192

『설문:**토부**(說文:土部)』 512

『설문:**파**(說文:林)』 43

『금-**설문:초부**(今-說文:艸部)』 519

『설문:**토부**(說文:土部)』 512, 514

『**금본**-설문(今本-說文)』 226, 588

『**당본**-설문(唐本-說文)』 654

『속본-**설문**(俗本-說文)』 150

『허군-**설문**(許君-說文)』 610

『**설원**(說苑)』 20권. 한나라의 류향(劉向)이 편찬한 책. 위정자를 설득하기 위한 훈계독본으로 이용하려고 춘추시대에서 한(漢) 나라 초에 이르는 여러 학자들, 제후, 선현들의 행적이나 일화 등을 수록했다. 어떤 사실에 대해 설명을 달리하는 여러 책에서 내용의 시비(是非)를 따지지 않고 발췌·정리하여 양쪽의 설을 모두 수록했다.

군도(君道) 신술(臣術) 건본(建本) 입절(立節) 귀덕(貴德) 복은(復恩) 정리(政理) 존현(尊賢) 정간(正諫) 법계(法誡) 선세(善說) 봉사(奉使) 권모(權謀) 지공(至公) 지무(指武) 담총(談叢) 잡언(雜言) 변물(辨物) 수문(修文) 반질(反質)의 20편. 송(宋) 나라 때에 증공(曾鞏)이 산일(散佚)된 것을 보충했다.

[본문]  110, 187, 482

『**성류**(聲類)』 3세기에 위(魏)나라의 리등(李登)이 지은 중국 최초의 운서. 6조(六朝) 시대에 운문(韻文) 제작의 성행에 따라 많은 운서가 편찬되었다.

[본문]  253, 507

『류-**소**(陸-疏)』 428, 429, 469

『**륙기**-소(陸機-疏)』 462

『**륙기**-소(陸璣-疏)』 38, 39

『**소남**(召南)』 『시경(詩經)』은 크게 세 부분, 『풍(風)』, 『아(雅)』, 『송(頌)』으로 나뉜다. 『풍(風)』은 국풍(國風)이라고도 하며 여러 제후국에서 채집된 민요들이다. 『주남(周南)』, 『소남(召南)』, 『패풍(邶風)』, 『용풍(鄘風)』, 『위풍(衛風)』, 『왕풍(王風)』, 『정풍(鄭風)』, 『제풍(齊風)』, 『위풍(魏風)』, 『당풍(唐風)』, 『진풍(秦風)』, 『진풍(陳風)』, 『회풍(檜風)』, 『조풍(曹風)』, 『빈풍(豳風)』 15개로 나누어 지는데 시는 160편이다.

[본문] 256, 480, 565, 566, 739

『소남:**모전**(召南:毛傳)』 776, 777

『소남:**전**(召南:傳)』 766, 767

『**소뢰:궤사**(少牢:饋食)』 3례(三禮)인 <례기(禮記)>, <주례(周禮)>, <의례(儀禮)>의 하나인 <의례(儀禮:第十六卷)>의 篇名이다. 옛날 제례(祭禮)의 희생(犧牲)으로 소(牛), 양(羊), 돼지(豕)를 모두 쓰는 것을 태뢰(太牢), 단지 양(羊)과 돼지(豕)만 쓰는 것을 소뢰(少牢)라고 했다. [《何休注公羊》云: "天子, 侯卿大夫, 牛羊豕凡三牲日, 大牢, 天子元士, 侯之卿大夫, 羊豕凡二牲, 日少牢.]

《소뢰궤사례(少牢饋食禮)》 제후(諸侯)의 경대부(卿大夫)가 사당의 조녜(祖禰)에 제사하는 의례(禮)를 기술(記述)하고 있다. "소뢰(少牢)"라고 이름한 것은 청인(淸人) 호배휘(胡培翬)가 《의례정의(儀禮正義)》에서 《하휴-주:공양전(何休-注:公羊傳)》을 인용하며 이르기를 "천자(天子) 제후(諸侯)의 경대부(卿大夫)는 우양시(牛羊豕) 3생(三牲)을 쓰는데 대뢰(大牢)라 하고, 천자(天子) 원사(元士) 제후(諸侯)의 경대부(卿大夫)는 양시(羊豕) 2생(二牲)을 쓰는데 소뢰(少牢)라고 한다."한 데서 온 것이다. 또 오정화(吳廷華)를 인용하여 이르기를 "소(少)라고 말하는 것은 대뢰(大牢)에 비해 감했기 때문이다.[謂之少者,殺於大牢也.]"라고 했다. 경대부(卿大夫)의 제례(祭禮)에서는 "소뢰(少牢)"인 양(羊), 시(豕)를 쓰는데 이는 천자(天子) 제후(諸侯)의 제례(祭禮)가 "대뢰(大牢)"라는 우(牛), 양(羊), 시(豕)를 사용하는 것에 상대적으로 말한 것이다. 그 또한 동시에 사(士)의 제례(祭禮)가 "특생(特牲)"으로 불리는 시(豕)만 사용하는 것에 대한 말이기도 하다. 이것은 존비등급(尊卑等級) 관념(觀念)이 제례상(祭禮上)에 체현(體現)된 것이다. 앞에서 말한 "제후(諸侯)의 경대부(卿大夫)" 중에서 "제후(諸侯)의 경(卿)"은 상대부(上大夫)를 가리키고, "대부(大夫)"는 하대부(下大夫)를 가리킨다. 본편(本篇)의 "서시(筮屍)"에서부터 "준(餕)"까지는 경대부(卿大夫)의 정제(正祭)이고, 하편(下篇) 《유사철(有司撤)》에서 말하는 상대부(上大夫)의 빈시(儐屍)와 하대부(下大夫)의 불빈시(不儐屍)는 본래 이것과 한 편이었으나 역시 간책(簡冊)이 번중(繁重)해서 두 개로 나뉜 것이다. 《사상례(士喪禮)》가 《기석례(旣夕禮)》로 나뉜 것과 같다. 소뢰궤사례(少牢饋食禮)는 5례(五禮) 중에서 길례(吉禮)에 속한다.

[본문] 385, 388

『**소변**(小弁)』 　　　　<小雅:節南山之什:小弁>

弁彼鸒斯, 歸飛提提. 民莫不穀, 我獨于罹.

何辜于天, 我罪伊何. 心之憂矣, 云如之何.

踧踧周道, 鞫爲茂草. 我心憂傷, 怒焉如擣.

假寐永歎, 維憂用老. 心之憂矣, 疢如疾首.

維桑與梓, 必恭敬止. 靡瞻匪父, 靡依匪母.

不屬于毛, 不罹于裹. 天之生我, 我辰安在.

菀彼柳斯, 鳴蜩嘒嘒. 有漼者淵, 萑葦淠淠.

譬彼舟流, 不知所屆. 心之憂矣, 不遑假寐.

鹿斯之奔, 維足伎伎. 雉之朝雊, 尙求其雌.

譬彼壞木, 疾用無枝. 心之憂矣, 寧莫之知.

相彼投兔, 尙或先之. 行有死人, 尙或墐之.

君子秉心, 維其忍之. 心之憂矣, 涕旣隕之.

君子信讒, 如或酬之. 君子不惠, 不舒究之.

伐木掎矣, 析薪扡矣. 舍彼有罪, 予之佗矣.

莫高匪山, 莫浚匪泉. 君子無易由言, 耳屬于垣.

無逝我梁, 無發我笱. 我躬不閱, 遑恤我後.

[본문]　575, 577

『**소서본**(小徐本)』 동생이어서 소서(小徐)로 불리던 서개(徐鍇)가 쓴 책.

　　[본문]　240

『**소아**(小雅)』　『시경』 305편은 풍(風)·아(雅)·송(頌) 세 부분으로 나누어진다. 아(雅)는 『대아(大雅)』 31편. 『소아(小雅)』 74편으로 나누어진다. 궁궐에서 연주되는 곡조에 붙인 가사로 귀족풍을 띠고 있다. 풍·아·송에 부(賦)·비(比)·흥(興)을 더한 것이 이른바 6의(六義)인데, 논란이 있기는 하나 대개 전자는 내용·체재상의 구분이고 후자는 수사상의 분류로 본다.

　　[본문]　38, 76, 77, 94, 95, 142, 143, 177, 178, 310, 324, 325, 392, 393, 396, 397, 494, 498, 620, 685, 733, 741, 742, 771

　　『소아:**규변**(小雅:頍弁)』 294, 296

　　『소아:**도인사**(小雅:都人士)』 5683

　　『소아:**모전**(小雅:毛傳)』 769

　　『소아:**조여녀라전**(小雅:蔦與女蘿:傳)』 737

　　『소아:**전**(小雅:傳)』 99, 294, 295, 515, 516

　　『소아:**전**(小雅:箋)』 68, 69

『**소의**(少儀)』　<례기(禮記)>의 제 17편 편명. 례기(禮記) 중 종교철학류서적(宗教哲學類書籍)이다.

『**소정**(小正)』　(1) 성명(星名).

《사기:천관서(史記:天官書)》에 "토(兔)의 7명(七命)은 소정(小正), 진성(辰星), 천참(天欃), 안주성(安周星), 세상(細爽), 능성(能星), 구성(鉤星)이다." 라고 했다. 사마정(司馬貞)의 <색은(索隱)>에 "별 중에 7명(七名)이라는 게 있다. 명(命)이란 것은 명(名)이다. 소정(小正)도 그 중의 하나다." 라고 했다.

⑵ 《하소정(夏小正)》의 간칭(簡稱).

당(唐) 류종원(柳宗元)의 《영장일부(迎長日賦)》에 "직책은 풍상(馮相)이었다. 사적은 《소정(小正)》에 전한다." 라고 했다.

　　[본문]　340, 447, 707, 722, 723

『곽씨-소주:**소학**(郭氏-所注:小學)』 소학은 오늘날의 문자학.

　　[본문]　341, 344

『**손자병법**(孫子兵法)』 손자병법(孫子兵法)》은 또 《손무병법(孫武兵法)》, 《오손자병법(吳孫子兵法)》, 《손자병서(孫子兵書)》, 《손무병서(孫武兵書)》 등으로도 불린다. 중국(中國)에 현존(現存)하는 가장 이른 병서(兵書)다. 또한 세계상(世界上)에서도 가장 이른 군사저작(軍事著作)으로 "병학성전(兵學聖典)으로 불린다. 곳곳에 도가(道家)와 병가(兵家)의 철학(哲學)이 보인다. 모두 6,000여자, 13편이다.

《손자병법(孫子兵法)》은 중국고대(中國古代)의 군사문화유산(軍事文化遺産) 중에서 최찬괴보(璀璨瑰寶)한 우수전통문화(優秀傳統文化)의 중요조성부분(重要組成部分)이다. 그 내용(內容)이 박대정심(博大精深)하고 사상(思想)은 정수부섬(精邃富贍)하며 라집(邏輯)이 진밀엄근(縝密嚴謹)하여 고대군사사상(古代軍事思想)의 정화(精華)를 집중체현(集中體現)한 것이다. 작자(作者)는 춘추시(春秋時) 제국(齊國)의 악안(樂安) 오국장군(吳國將軍)인 손무(孫武)다.

《손자병법(孫子兵法)》은 병가경전(兵家經典)으로 받들어진다. 탄생(誕生)은 이미 2500年력사(歷史)가 지났지만 력대(歷代)에 모두 연구(研究)했다. 리세민(李世民)은 "병서를 보면 손자병법 보다 뛰어난 것은 없다.[관제병서(觀諸兵書),무출손무(無出孫武)]" 라고 했다. 병법(兵法)은 모략(謀略)인데 모략(謀略)은 소화초(小花招)가 아니라 대전략(大戰略), 대지혜(大智慧)다. 지금에 이르러 손자병법(孫子兵法)은 이미 전 세계(世界)로 퍼져나가서 다종어언(多種語言)으로 번역(翻譯)이 이루어졌다. 또한 세계군사사상(世界軍事史上)에 있어서 중요(重要)한 지위(地位)를 차지하고 있다. 《손자병법(孫子兵法)》의 죽간(竹簡)이 림기(臨沂)에서 출토된 바 있다.

　　『조조-주(曹操-注)』 34

　　[본문]　34

『**수장**(首章)』

『**왕일-주:시핵**(王逸-注:梟翮)』  《七諫》賢良蔽而不群兮,朋曹比而黨譽. 邪說飾而

多曲兮,正法弧而不公. 直士隱而避匿兮,讒諛登乎明堂. 棄彭咸之娛樂兮,滅巧倕之繩墨. 莨蓤雜於廡蒸兮,〈梟翩曰廡, 焑竹曰蒸. 言持莨蓤香直之草,雜於廡蒸,燒而燃之,則不識於物也. 以言取忠直棄之林野,亦不知賢也. 一作莨蕗. 廡,一作菆,一作靡,一作薂,一作藂,一作薉,一作藃. 一云:莨蔬雜於廡.〉

[본문] 784

『**식의**(食醫)』　주대(周代)에 궁정음식(宮廷飮食)의 자미온량(滋味溫涼)과 분량조배(分量調配)를 관장(管掌)하던 의관(醫官).

《주례:천관:식의(周禮:天官:食醫)》: "食醫,掌和王之六食, 六飮, 六膳, 百羞, 百醬, 八珍之齊." 라고 했다.

[본문] 440, 441

『**신농-본초경**(神農-本艸經)』　원래는 《신농본초경(神農本草經)》이고, 《본초경(本草經)》은 간칭이다. 간혹 《본초(本經)》라고도 한다. 《황제내경(黃帝內經)》, 《난경(難經)》, 《상한잡병론(傷寒雜病論)》, 《신농본초경(神農本草經)》을 「**중국한족 전통의학 4대경전**」이라고 한다. 신농에서 비롯되어 구전되던 것이 선진(先秦), 진한(秦漢) 시기에 여러 시대, 여러 사람의 손을 거치면서 집대성되었다. 365종의 약을 상품, 중품, 하품으로 나누어 실었다.

[본문] 56

『**악기**(樂記)』　비교(比較)적 완정(完整)한 체계(體系)를 갖춘 한족음악리론저작(漢族音樂理論著作)이다. 이 책은 선진시기(先秦時期)의 유가적(儒家的) 음악미학사상(音樂美學思想)을 총결하고 있다. 「모든 음(音)이 일어나는 것은 사람의 마음이 생기기 때문이다. 인심(人心)이 움직이는 것은 사물이 그렇게 시키기 때문이다. 사물에 감응하여 움직이면 소리로 형태가 나타난다. 소리는 서로 응하기 때문에 [완급, 청탁, 고하의] 변화가 생긴다. 변화가 방(方)을 이루는 것을 음(音)이라고 한다.」라고 했다. 음에 맞추어 노래하고[比音而樂之], 간척(幹戚)이나 우모(羽旄)를 잡고 춤추는 것을 일러 악(樂)이라고 한다. 악(樂)이라는 것은 음(音)이 생기는 까닭이고, 그 근본은 사람의 마음이 사물에 감응하는데 있다. 음악(音樂)의 본질(本質)에 관하여 《악기(樂記)》 중에는 저정벽(著精闢)한 론술(論述)이 있다. 음악(音樂)은 정감(情感)을 표달(表達)하는 예술(藝術)이라는 것을 긍정하고 앞에서 말한 것처럼 "凡音而起,由人心生也,人心之動,物使之然也." "凡音者,生人心者也,情動於中,故形於聲:聲成文,謂之音." 라고 한 것이다.

[본문] 478, 479

　『**정-주:악기**(鄭-注:樂記)』 639, 640

『**안씨-가훈**(顔氏-家訓)』 2권 20편. 혼란의 시기인 남북조(南北朝) 말기에 안지추(顔之推:531~591)가 자손을 위하여 저술한 교훈서다.

[본문]　78, 79, 191, 194, 734, 736

『**약대**(藥對)』1. 중약학(中藥學)과 방제학(方劑學) 사이의 한 학과(學科)다. 방제란 협의로는 처방을 의미하나 광의로는 처방, 조제 및 제형결정과 이에 따른 제조를 포함하는 개념으로서 특히 제형 결정과 제조는 한방의료행위만의 특별한 개념요소이다. 질병치료를 위한 처방의 구성은 "한 종(種)의 약물을 치료제로 써오면서 병상(病狀)에 따라 필요한 다른 약물을 加해서 써 봄으로써 점차 확고한 처방(處方)에 의하거나, 방제구성 원칙에 따라 이루어지게 된다. 이 중 전자의 경우 한 약물에 다른 약물이 배오되는 최소 단위를 藥對라 할 수 있으며 이는 다시 후자의 방제구성원칙이 되므로 약대는 방제구성에 있어 중요한 요소이다.

<蜀椒(川椒) 藥對에 관한 연구 > 이부균, 임규상, 강휘중, 이장천

2. 중국 남북조시대 북제의 의학자인 서지재(徐之才)가 저술한 약제학에 관한 의서.

[본문]　116, 118

『**양왕손**:전(楊王孫:傳)』楊王孫傳 班固《漢書》

楊王孫者, 孝武時人也.學黃老之術, 家業千金, 厚自奉養生, 亡所不致.及病且終, 先令其子, 曰:「吾欲贏葬, 以反吾真, 必亡易吾意.死則爲布囊盛屍, 入地七尺, 既下, 從足引脫其囊, 以身親土.」 其子欲默而不從, 重廢父命, 欲從之, 心又不忍, 乃往見王孫友人祁侯.

祁侯與王孫書曰:「王孫苦疾, 仆迫從上祠雍, 未得詣前.願存精神, 省思慮, 進醫藥, 厚自持.竊聞王孫先令贏葬, 令死者亡知則已, 若其有知, 是戮屍地下, 將贏見先人, 竊爲王孫不取也.且孝經曰『爲之棺槨衣衾』, 是亦聖人之遺制, 何必區區獨守所聞？願王孫察焉.」

王孫報曰:「蓋聞古之聖王, 緣人情不忍其親, 故爲制禮, 今則越之, 吾是以贏葬, 將以矯世也.夫厚葬誠亡益於死者, 而俗人競以相高, 靡財單幣, 腐之地下.或乃今日入而明日發, 此真與暴骸於中野何異！且夫死者, 終生之化, 而物之歸者也.歸者得至, 化者得變, 是物各反其真也.反真冥冥, 亡形亡聲, 乃合道情.夫飾外以華, 厚葬以鬲真, 使歸者不得至, 化者不得變, 是使物各失其所也.且吾聞之, 精神者天之有也, 形骸者地之有也.精神離形, 各歸其真, 故謂之鬼, 鬼之爲言歸也.其屍塊然獨處, 豈有知哉？裹以幣帛, 鬲以棺槨, 支體絡束, 口含玉石, 欲化不得, 鬱爲枯臘, 千載之後, 棺槨朽腐, 乃得歸土, 就其真宅.繇是言之, 焉用久客！昔帝堯之葬也, 窾木爲櫝, 葛藟爲緘, 其穿下不亂泉, 上不泄殠.故聖王生易尚, 死易葬也.不加功於亡用, 不損財於亡謂.今費財厚葬, 留歸鬲至, 死者不知, 生者不得, 是謂重惑.於戱！吾不爲也.」

祁侯曰：「善.」遂贏葬.

[본문]　450, 451

『**양운전**(楊惲傳)』 楊惲傳

楊霍世交也, 霍光死, 惲以發其陰事封侯.及構戴長樂, 長樂反構惲不法, 由是奪職.後作《報孫會宗書》, 云 : "君父至尊親, 送其終也, 有時而旣." 復爲人陰詆, 遂棄市.或謂, 有專制, 暴政必焉, 以吏治廢, 君父日夕畏民反, 則使臣民互詆, 於是千古士儒, 或隱以苟全, 或直爲小人陷, 而告密者如惲, 亦鮮善終焉.

[본문] 34

『**어람**(御覽)』 송초(宋初) 태평흥국 2년(太平興國 977년)에 태종(太宗)의 칙명으로 리방(李昉) 등이 편찬한 류서(類書). 모두 1,000권이며, 55문(門) 4,558류(類)로 분류했다. 인용서가 1,660종에 달하며, 현재는 70~80％가량이 실전되었다. 〈태평광기(太平廣記)〉 · 〈문원영화(文苑英華)〉 · 〈책부원구(冊府元龜)〉를 합하여 '**송4대서**' 라고 한다.

[본문] 439, 440

『**역**(易)』

■[단전] 『주역(周易)』 10익의 하나. 『주역』은 음양의 두 효(爻)를 세 개씩 중첩하여 만든 8괘와, 8괘를 겹쳐 만든 64괘를 근간으로 하여, 매 괘마다 <괘사(卦辭)>가 있고, 괘마다 6개의 효가 있어 효마다 <효사(爻辭)>가 있다. 이것이 『주역』의 경문(經文)이다. 경문 외에 전문(傳文)에 해당하는 7종 10편의 해설이 있는데, 그것을 '10익(十翼)' 이라고 한다. ①② 〈단전(彖傳)〉 상하, ③④ 〈상전(象傳)〉 상하, ⑤ 〈문언전(文言傳)〉, ⑥⑦ 〈계사전(繫辭傳)〉 상하, ⑧ 〈설괘전(說卦傳)〉, ⑨ 〈서괘전(序卦傳)〉, ⑩ 〈잡괘전(雜卦傳)〉 이 그것이다.

[본문] 6, 11, 13, 105, 167, 168, 287, 310, 311, 385, 603, 625, 626, 631, 632, 797

『역:**계사**(易:繫辭)』 385, 388, 797

『역:**단전**(易:彖傳)』 551, 625, 626

『역:**통괘험**(易:通卦驗)』 763, 765

『동우-**역**:장구(董遇-易:章句)』 602, 605

『류씨-**역**(陸氏-易)』 625, 626

『마융, 우번-**역**:(馬融虞飜-易:注)』 602

『한강백-주:**역전**(韓康伯-注:易傳)』 25, 602, 605

『**예문지**(藝文志)』 《한서:예문지(漢書:藝文志)》는 현존하는 중국 최고(最古)의 도서목록(圖書目錄)으로 반고(班固)가 지은《한서(漢書)》의 한 편이다. 아버지 반표(班彪)의 유업을 이어 받아 천하의 596가(家), 13,269권의 도서를《7략(七略)》의 6분법(六分法)에 따라 6략(略) 38류(類)로 정리하던 도중 정치적인 이유로 사형을 당하자 그의 누이 반소(班昭)가 이어서 완성한 것이다. 이것과 약

500-600년 뒤에 나온 《수서:경적지(隋書·經籍志)》를 비교하면 저간의 거대한 변화를 살필 수 있다. 《칠략(七略)》은 서한(西漢)의 학자 류향(劉向)이 중국 최초의 도서목록서격인 《별록(別錄)》을 지었고, 아들 류흠(劉歆)이 이를 간략히 하여 (1) 6예략(六藝略) (2) 제자략(諸子略) (3) 시부략(詩賦略) (4) 병서략(兵書略) (5) 수술략(數術略) (6) 방기략(方技略) 등 6종으로 분류하고 총론 격인 집략(輯略)을 더해 지은 것이다.

중국의 력대(歷代) 기전체(紀傳體) 사서(史書)·정서(政書)·방지(方志) 등에서 력대(歷代) 혹은 당대(當代)의 유관(有關)한 도서(圖書) 전적(典籍)들을 모아 편찬한 목록(目錄)을 일러 "예문지(藝文志)"라고 했다. 류례(類例)를 따라 구분(區分)한 것으로 류흠(劉歆)의 《7략(七略)》에서 시작되었다. 반고(班固)가 《한서(漢書)》의 수저(首著)에 《예문지(藝文志)》를 지으면서 6예(六藝), 제자(諸子), 시부(詩賦), 병서(兵書), 술수(術數), 방기(方技) 등 여섯 개로 나누면서 6략(六略)이라고 이름 지은 후 《신당서(新唐書)》·《송사(宋史)》·《명사(明史)》·《청사고(清史稿)》 등에서 역시 상계편찬(相繼編纂)하여 《예문지(藝文志)》라고 했다. 《수서(隋書)》·《구당서(舊唐書)》에서는 이름을 고쳐서 《경적지(經籍志)》라고 했으나 성질(性質)은 곧 상동(相同)했다. 그 류례(類例)는 《수지(隋志)》 이후로 대부분 고쳐져서 경·사·자·집(經·史·子·集) 4부(部)로 바뀌었다. 청대학자(清代學者)들은 원래는 예문지(藝文志)가 없었던 후한(後漢과 3국(三國), 량진(兩晉), 남북조(南北朝), 5대(五代), 료(遼), 금(金), 원(元) 등의 역사책에 대량(大量)의 집보공작(輯補工作)으로 별도의 책들을 만들기도 했다. 예문지(藝文志)의 편찬(編纂)은 력대(歷代)의 도서문헌(圖書文獻)을 연구(研究)하고 학술원류(學術源流)를 고정(考訂)하는데 많은 참고(參考)가치(價值)가 있다. 방지(方志) 중에 편집수록(編輯收錄)된 시문(詩文) 또한 "예문지(藝文志)", 혹은 줄여서 "예문(藝文)"이라고도 한다.

[본문] 332, 334

『정-주:**연례**(鄭-注:燕禮)』 연례(燕禮)는 의례(儀禮)의 한 편명. 이것을 정현(鄭玄)이 주석한 것.

[본문] 718

『**오도부**(吳都賦)』 서진문학가(西晉文學家)인 좌사(左思)의 작품. 자(字)는 태충(太沖). 림치(臨淄), 현 산동(山東) 치박(淄博) 사람. 생졸년불상(生卒年不詳). 그의 집안은 세업이 유학이었다. 젊어서 서법과 거문고를 배웠으나 모두 이루지 못했다. 아버지의 권유로 발분근학했다. 좌사는 못생겼고 말이 어눌했다. 교유를 좋아하지 않았다. 그러나 사조(辭藻)는 장려(壯麗)했다. 『오도부(吳都賦)』는 좌사(左思)가 쓴 『위도부(魏都賦)』, 『촉도부(蜀都賦)』와 더불어 『3도부(三都賦)』의 하나다.

[본문]　108, 109, 582, 583, 698

『오도부:**주**(吳都賦:注)』474, 475

『**좌사**-오도부(左思-吳都賦)』431, 432

『**오어**:주(吳語:注)』국어의 한 편명. 『국어(國語)』는 주(周)나라 좌구명(左丘明) 이 《좌씨전(左氏傳)》을 쓰기 위하여 춘추 시대(春秋時代) 8국의 역사를 나라별 로 기록한 책인데, 주어(周語) 3권, 로어(魯語) 2권, 제어(齊語) 1권, 진어(晋語) 9 권, 정어(鄭語) 1권, 초어(楚語) 2권, 오어(吳語) 1권, 월어(越語) 2권이다.

오어(吳語)는 또 강동화(江東話), 강남화(江南話), 오월어(吳越語)라고도 한다. 주 조(周朝)부터 지금(至今)까지 3,000여 년의 유구(悠久)한 력사(歷史)가 저온심후 (底蘊深厚)하게 쌓여 있다. 중국(中國) 지금의 절강(浙江), 강소남부(江蘇南部), 상해(上海), 안휘남부(安徽南部), 강서동북부(江西東北部), 복건북1각(福建北一 角)에 분포(分布)하고 있다. 사용인구(使用人口)는 약 1억(一億)명 가량이다. 오 어(吳語)는 중국(中國) 7대방언(七大方言)의 하나로 국제어언(國際語言)의 대마 (代碼)가 있다.

력사(歷史), 문풍(文風), 어언(語言)의 특성(特性)을 따라 분석(分析)하면 오어(吳 語)는 중고아언(中古雅言)에 아주 가깝다. 중고한어(中古漢語)의 정제8성(整齊八 聲)의 조화(調和)와 36자모(三十六字母)의 광가체계(框架體系)를 계승(繼承)하고 있다. 현대오어(現代吳語)는 관화(官話)에 비하여 고음인소(古音因素)를 가지고 있다. 자음(字音)과 어언요소(語言要素)는 《절운(切韻)》, 《광운(廣韻)》 등의 고대운서(古代韻書)와 고도(高度)로 접합하고 있다.

오어(吳語)는 탁음(濁音)을 전부(全部) 보류(保留)하고 있다. 평상거입(平上去入) 의 평측음운(平仄音韻)을 보류(保留)하고 있다. 부분지구(部分地區)에서는 첨단 음분화(尖團音分化)를 보류(保留)하고 있다. 비교적 많은 고한어(古漢語) 용자용 어(用字用語)를 보류(保留)하고 있어서 문화가치(文化價値)가 높다. 오어어법(吳 語語法)의 결구(結構)는 보통화(普通話)와 차별(差別)이 크다. 수 천개(數千個)의 특유(特有)한 사휘(詞彙)와 여러 가지 특징(特徵)이 있다. 이것은 강남인(江南人) 의 사유방식(思維方式)과 생활정조(生活情調), 문화함양(文化涵養)의 생동(生動) 한 체현(體現)이다. 오어(吳語)는 오월인(吳越人)의 모어(母語)로 100여 성(一百 餘城)이 상해(上海)를 으뜸으로 하는 오어성시군(吳語城市群)과 강남문화권(江 南文化圈)을 구성(構成)하고 있다. 오어(吳語)와 오월문화(吳越文化)는 혈맥(血 脈)이 상련(相連)한다.

대마(代碼) 코드번호

[본문]　350, 351

『**옥조**(玉藻)』『레기(禮記)』의 열 세 번째 편명이다. 옥조(玉藻)는 고대 왕관에 늘 어뜨리던 옥장식이었다. 살생석(殺生石)의 전설에 따르면 조우천황(鳥羽天皇)이 가장 아끼던 비빈이었다고 한다. 성격이 하도 고와서 천황이 옥조(玉藻)라는 이름을 내린 것이라고 한다.

[본문]　83, 84, 368, 369

『**옥편**(玉篇)』 30권. 543년. 량(梁)나라 고야왕(顧野王)이 엮은 자전. 워낙 유명해져서 자전의 대명사로 정도이다.

[본문]　16, 71, 123, 128, 150, 160, 254, 290, 478, 481, 518, 530, 614, 624, 683, 749, 791

『**왕제**(王制)』 《례기(禮記)》의 다섯 번째 편명. 고대의 제왕이 천하를 다스리는 규장(規章:규칙과 장정, 법규문서)과 제도(制度)를 말한다. 그 내용은 봉국(封國), 직관(職官), 작록(爵祿), 제사(祭祀), 장상(葬喪), 형벌(刑罰), 성읍건립(成邑建立), 관리선발(官吏選撥), 학교교육(學校敎育) 등 다방면에 미친다.

[본문]　499, 500

『**왕풍**(王風)』 『시경(詩經)』은 크게 세 부분, 『풍(風)』, 『아(雅)』, 『송(頌)』으로 나뉜다. 『풍(風)』은 국풍(國風)이라고도 하며 여러 제후국에서 채집된 민요들이다. 『주남(周南)』, 『소남(召南)』, 『패풍(邶風)』, 『용풍(鄘風)』, 『위풍(衛風)』, 『왕풍(王風)』, 『정풍(鄭風)』, 『제풍(齊風)』, 『위풍(魏風)』, 『당풍(唐風)』, 『진풍(秦風)』, 『진풍(陳風)』, 『회풍(檜風)』, 『조풍(曹風)』, 『빈풍(豳風)』 15개로 나누어 지는데 시는 160편이다.

[본문]　187, 188, 571, 572

　　『왕풍:**전**(王風:傳)』　356, 357

『**왕회편**(王會篇)』 《일주서:왕회편(逸周書:王會篇)》

[본문]　197, 199

『**외전**(外傳)』 <내전(內傳)>주나라 좌구명이 <좌씨전>을 쓰기 위해 춘추시대 각국의 역사를 모아 찬술한 것이 <국어>다. <국어>는 주어(周語) 3권, 로어(魯語) 2권, 제어(齊語) 1권, 진어(晋語) 9권, 정어(鄭語) 1권, 초어(楚語) 2권, 오어(吳語) 1권, 월어(越語) 2권으로 되어 있다.

주로 로(魯)나라에 대하여 기술한 《좌씨전》을 《내전(內傳)》이라 하는 데 대해서<국어>를 《외전(外傳)》이라고 한다. <로어>는 <국어>에 들어 있고, <국어>는 <좌씨전>에 대하여 <외전>이다. 그리고 <춘추좌씨전>은 <국어>에 상대하여 <내전>이라고 부른다.

[본문]　631, 632

『**요전**(堯典)』 『상서(尙書)』의 한 편명(篇名). 『상서(尙書)』는 『우서(虞書)』, 『하서(夏書)』, 『상서(商書)』, 『주서(周書)』로 구성되어 있는데 『우서(虞書)』는 요전(堯典), 순전(舜典), 대우모(大禹謨), 고요모(皐陶謨), 익직(益稷)이 있다.

요(堯)와 순(舜)은 중국 원시사회(原始社會) 후기(後期)의 저명(著名)한 수령(首領)들이다. 요(堯)의 이름은 방훈(放勳)이고 도당씨(陶唐氏)에 속한다. 또한 당뇨(唐堯)라고도 한다. 순(舜)의 이름은 중화(重華)로 유우씨(有虞氏)에 속한다. 또한 우순(虞舜)이라고도 한다. 전(典)은 서명(書名)이다. 《설문(說文)》에서는 풀이하기를 "5제지서(五帝之書)"라고 했다. 본편(本篇)에서 요순사적(堯舜事跡)을 서술하는 책이다. 《제전(帝典)》으로 부른다. 또한 《요전(堯典)》이라고도 한다. 본편(本篇)은 "왈약계고(曰若稽古)" 넉 자(字)로 시작한다. 그래서 이 책은 후대사관(後代史官)이 기술한 것으로 표명(表明)한다. 책이 만들어진 년대(年代)는 고증할 수 없다. 본편(本篇) 보다 늦게 나온 《공전(孔傳)》은 "신휘오전(慎徽五典)" 이하를 《순전(舜典)》으로 나누었다. 전인(前人)들의 고증(考證)을 겪었다. 서한(西漢)의 복생－본(伏生本)은 원래 한 편이었다. 생각건데 "신휘오전(慎徽五典)"과 위의 문장인 "제왈흠재(帝曰欽哉)"는 문의(文意)가 긴밀(緊密)하게 서로 이어받는다. 나눈 것은 부당하므로 복생－본(伏生本)을 따라야 한다. 본편(本篇)은 17단(段)으로 나눌 수 있다. 제(第) 1단(段)은 요(堯)의 품덕(品德)과 공적(功績)을 찬양하고, 제(第) 2단(段)은 요(堯)의 력법(曆法)과 절령(節令)의 제정(制定) 정황(情況)을 설명(說明)하고 있다. 제(第) 3단(段)은 요(堯)가 관리(官吏)를 선발(選拔)하는 정황(情況)을 설명(說明)하고 있다. 제(第) 4단(段)은 요(堯)가 우순(虞舜)을 자기(自己)를 대체(代替)하는 경과(經過)를 서술(敍述)하고 있다. 제(第) 5단(段)은 순(舜)이 섭정기간(攝政期間) 중의 공적(功績)을 서술(敍述)하고 있다. 제(第) 6단(段)은 순(舜)이 백관(百官)을 임용(任用)하는 정황(情況)을 기서(記敍)하고 있다. 제(第) 7단(段)은 순(舜)이 필생(畢生) 동안 나라를 위해 국궁진췌(鞠躬盡瘁)하다 죽었다는 것을 찬미(贊美)하고 있다. 본편(本篇)은 요순 2제(堯舜二帝)의 중요정적(重要政績)을 기록(記錄)하고 있다. 이것은 중국의 원시사회(原始社會) 후기정치(後期政治)와 사상(思想)을 연구할 수 있는 중요문헌(重要文獻)이다.

[본문] 552

『**용풍(鄘風)**』용풍(鄘風)은 시경(詩經)의 국풍 중(國風中)의 한 편명이다. 《시경(詩經)》은 풍(風), 아(雅), 송(頌) 3개부분(個部分)으로 이루어져 있다. "풍(風)"은 또 "국풍(國風)"이라고도 한다. 전인(前人)들의 고정(考定)에 따르면 패(邶), 용(鄘)(yōng), 위(衛)는 모두 위국(衛國)의 시(詩)다. 모두 10편(篇)으로 용지(鄘地)의 화하족민가(華夏族民歌)다. 《시경(詩經)》은 중국문학사상(中國文學史上) 제일의 시가총집(詩歌總集)으로 후대시가발전(後代詩歌發展)에 대해 심원(深遠)한 영향(影響)을 끼쳐서 고전문학(古典文學) 현실주의전통(現實主義傳統)의 원두(源頭)가 되었다.

[본문] 515, 516

『**우공**(禹貢)』  『상서(尙書)』의 한 편명들. 『상서(尙書)』는 『우서(虞書)』, 『하서(夏書)』, 『상서(商書)』, 『주서(周書)』로 구성되었다. <하서(夏書)>는 <우공(禹貢)>, <감서(甘誓)>, <5자지가(五子之歌)>, <윤정(胤征)>으로 이루어졌다.

[본문]  586, 598, 608, 609, 616, 617, 618

『**운회**(韵會)』  원래는 『고금운회거요(古今韻會擧要)』, 1297년 원(元)나라의 웅충(熊忠)이 편찬. 30卷 106운(韻)으로 나누었다.

[본문]  6, 128, 150, 171, 179, 197, 232, 294, 317, 329, 340, 360, 415, 480, 515, 520, 522, 527, 616, 625, 663, 669, 752, 787

『**심약-주:춘추:원명포**(沈約-注:春秋:元命苞)』  『원명포(元命苞)』를 또 『춘추원명포(春秋元命苞)』라고도 한다. 중국의 대표적 위서(緯書)이다. 위서(緯書)는 신의(神意)에 가탁(假托)해서 경전(經典)을 해석하려는 책이다. 『춘추원명포(春秋元命苞)』는 현재 전하지 않고 일부 잔편만 남아 있을 뿐이다. 때문에 일부 호사가들이 길흉화복에 대한 참위, 예언을 말할 때 자주 이용되었다. 『원명포(元命苞)』는 서진(西晉), 후조(後趙), 전진(前秦), 북위(北魏), 남조류송(南朝劉宋), 소량(蕭梁), 수(隋), 원(元), 명(明) 9개 왕조에서 13 차례나 사금(査禁:조사하여 금지시키다)을 당했었다.

[본문]  25, 26

『**원상편**(元尙篇)』  예문지(藝文志)에 이르기를 사유(史遊)는 급취편(急就篇)을 지었고, 리장(李長)은 원상편(元尙篇)을 지었는데 모두 창힐(倉頡) 편 중의 정자(正字)들이다. 사마상여(司馬相如)가 범장편(凡將篇)을 지었다.

[본문]

『**월령**(月令)』  『례기(禮記)』의 여섯 번째 편명, 일년 열두 달의 정령(政令)을 기록했다.

[본문]  94, 96, 214, 297, 298, 340, 342, 462, 463, 478, 479, 582, 584, 610, 612, 686, 688, 689, 717, 722, 723, 734, 735, 763, 765

『**위도부**(魏都賦)』  지은이 좌사(左思)는 서진(西晉)의 문학가인데 자는 태충(太沖)이고, 림치(臨淄), 지금의 산동 치박(山東 淄博) 사람이다. 생몰연대는 확실하지 않다. 유학을 이어오는 집안(世業儒學)에서 자랐다. 어려서 서법(書法)과 고슬(鼓琴)을 익혔으나 이루지 못했다. 부친의 격려로 발분하여 부지런히 공부했다(發憤勤學). 그는 못생겼고 말이 어눌(口訥)해서 사람 사귀는 것을 좋아하지 않았다(不好交游). 그러나 문장을 지으면 사조(辭藻)가 장려했다. 그가 10년에 걸쳐 완성한 '위(魏), 촉(蜀), 오(吳) 3국의 국도를 읊은 3도부(三都賦), 『위도부(魏都賦),업(鄴)』, 『촉도부(蜀都賦),성도(成都)』, 『오도부(吳都賦),건업(建業)』가 사공(司空:복성) 장화(張華)라는 사람이 "후한(後漢) 반고(班固)의 양도부(兩都賦)나 장형(張衡)의 2경부(二京賦)"에 비유된다." 는 칭찬을 받은 후 락양(洛陽)의 종이 값을 올렸다는 「락양지가귀(洛陽紙價貴)」의 고사가 만들어졌다.

　[본문]　8, 10, 668

『**위왕화목지**(魏王花木志)』알 수 없는 사람이 창작(創作)한 중국사류서적(中國史類書籍)이다.

　[본문]　246

『**위탄비**(衛彈碑)』크게 두 부분으로 나뉘어 있다. 상단(上段)에서는 한(漢)의 《남양도향정위탄비(南陽都鄕正衛彈碑)》를 검토하고, 하단(下段)에서는 항전시기(抗戰時期)에 교육공작자(敎育工作者)로 생활(生活)하는 간고(艱苦)를 적고 있다.

　[본문]　515, 516

『**위풍**(魏風)』《국풍:위풍(國風:魏風)》은 《시경(詩經)》 국풍(國風)의 하나로 모두 7편(篇)이다.

　[본문]　553, 556

　　『위풍:**모전**(魏風:毛傳)』 754

『**위풍**(衛風)』《국풍:위풍(國風:衛風)》으로 《시경(詩經)》의 한 편장(篇章)의 총명(總名)이다. 국풍(國風)의 하나. 모두 10편(篇)이다. 선진시대(先秦時代) 위국(衛國)의 화하족민가( 가창(歌唱)하는 것을 듣고 나서 평론(評論)할 때 패(邶), 용(鄘), 위(衛) 세 편을 통칭(統稱)하여 위풍(衛風)이다. "라고 한 데에서 패용위(邶의 지역을 나누어 무경(武庚)을 감독(監督)하게 하고 이를 "3감(三監)"이라고 불렀다. 무왕(武王) 사후(死後)에 아들인 성왕(成王)이 아직 어려서 주공단(周公旦)이 집정(執政)했는데 관숙(管叔) 등이 산포류언(散布流言)하기를 "주공장불鄘衛)는 같은 형식, 정체(整體)를 가진 것으로 기타(其他) 국풍(國風)들과 구별(區別)된다는 것을 알 수 있다.

패(邶), 용(鄘), 위(衛)는 모두 고국명(古國名)이다. 주무왕(周武王)이 은(殷)나라를 멸망시킨 이후(以後), 주(紂)의 경도(京都)인 매(沬) 현재의 하남(河南)기현(淇縣) 서북(西北) 부근지구(附近地區)를 주(紂)의 아들 무경(武庚) 록부(祿父)에게 봉해 주고, 그 지역을 세 개로 나누어 북(北)쪽은 패(邶), 현재의 하남(河南) 탕음현(湯陰縣) 동남(東南). 남(南)쪽은 용(鄘), 현재의 하남(河南) 급현(汲縣) 동북(東北). 동(東)쪽은 위(衛), 현재의 하남(河南) 기현(淇縣) 부근(附近)으로 했다. 이후 무왕(武王)은 자신의 세 동생들인, 관숙(管叔), 채숙(蔡叔), 곽숙(霍叔)에게 세 개 리어성왕(周公將不利於成王:주공이 성왕에게 해로운 짓을 할 것이다.)"라고 하며 무경(武庚)을 사주하여 반란(叛亂)을 일으키게 했다. 주공(周公)이 군대를 거느리고 가서 진압한 후 무경(武庚)과 관(管), 채(蔡), 곽(霍) 등을 죽이고 이 세 지역을 합쳐서 위(衛)로 했다. 이어서 은민(殷民)을 한 곳에 모아 강숙(康叔)을 봉하여 은허(殷墟), 현 하남(河南) 기현(淇縣)에 도읍시키고 위군(衛君)으로 불렀다. 위국(衛國)은 강숙(康叔) 이래 13세(世) 헌공(獻公)에 이르러 국력(國力)이 날로 쇠퇴해서 내란(內亂)이 그치지 않다가 의공(懿公) 때에 이르러 한층 더 부패(腐敗)하여 감당할 수가 없게 되어 기원 전 660년(年) 적인(狄人)에게 멸망당했다. 나중에 제환공(齊桓公)의 방조(幫助) 하에 위(衛)의 잔부(殘部)가 황하(黃河) 남쪽으로 도래하여 문공(文公)이 초구(楚丘), 현 하남(河南) 활현(滑縣) 동쪽에 위국(衛國)을 중건(重建)했다. 《재치(載馳)》, 《정지방중(定之方中)》 두 시에 이 력사사건(歷史事件)이 반영(反映)되어 있다.

패(邶)와 용(鄘) 두 지역이 이미 위국(衛國)으로 흡수되었는데 어찌하여 위시(衛詩)의 [패(邶)와 용(鄘)이 별도의] 제목이 되었는가? 한(漢) 나라 이래로 의론분분(議論紛紛)하여 정론(定論)이 없다. 근래의 한 가지 설은 시(詩)가 패시(邶詩) 19수(首), 용시(鄘詩) 10수(首), 위시(衛詩) 10수(首) 도합 39수(首)나 되어서 풍시(風詩) 전체의 1/4이나 되어서 패(邶), 용(鄘) 아래로 나누었다는 것인데 별로 신빙성이 없다.

[본문]  100, 450, 451

『위풍:**석인**(衛風:碩人)』 450

『위풍:**원채당의**:전(衛風:爰采唐矣:傳)』 737, 738

『**음의**(音義)』  음의의 음(音華夏族民歌)로 《기오(淇奧)》, 《고반(考槃)》, 《석인(碩人)》 등을 포괄하고 있다. 《시경(詩經)》은 중국문학사상(中國文學史上) 제일부(第一部)의 시가총집(詩歌總集)으로 후대(後代)의 시가발전(詩歌發展)에 심원(深遠)한 영향(影響)을 끼쳤고, 중국고전문학(中國古典文學) 현실주의전통(現實主義傳統) 성립에 원두(源頭)가 된다.

전인(前人)들이 고정(考定)한 것에 따르면 패(邶), 용(鄘), 위(衛)는 모두 위국(衛國)의 시(詩)다. 《좌전:양공29년(左傳:襄公二十九年)》 기재(記載)된 "오공자(吳公子) 계차(季劄)가 로국(魯國)의 악대(樂隊)가은 독음을 말하고, 의(義)는 뜻으로, 문자의 독음(讀音)과 뜻을 말한다. 음의를 주해하는 것은 옛날에는 문자의 음과 뜻을 밝히는 고서 주석의 한 분야였다. 원서(原書)에 대한 교감(校勘)에서 《모시:음의(毛詩:音義)》, 《주역:음의(周易:音義)》처럼 책이름에 많이 사용되었다.

[본문]  123, 253, 377, 707

『리계절-**음보**(李季節-音譜)』

[본문]  78

『**의례**(儀禮)』  의례란 의식(儀式), 행사를 치르는 일정한 방식, 행동지침을 말한다. 유가(儒家)에 <3례(三禮)>로 통하는 《의례(儀禮)》·《주례 周禮》·《례기(禮記)》가 이런 방식을 집약한 것이다. 《한서:예문지(漢書:藝文志)》에 "례

(禮)는 고경(古經) 56권과 경 70편” 이라고 쓰여져 있다.

고경 56권은 하간헌왕(河間獻王)이 로나라 엄중(淹中)에서 얻었다고 전해지는 《고문-의례(古文-儀禮)》를 말하고, 경 70편은 로공왕(魯共王)이 찾아냈다는 것을 말한다. 70편은 17편의 잘못이다.

로(魯)나라의 고당생(高堂生)이 전한 금문(今文) 17편과 공택벽중서(孔宅壁中書)의 고문(古文) 53편, 2개 원문이 있었다. 이 17편이 《금문-의례(今文-儀禮)》다. 《고문-의례》는 《금문-의례》보다 39편이 많지만, 없어진 지가 오래 되어서 그 목차나 내용을 알 길이 없다. 금문(今文)과 고문을 통합한 정현(鄭玄)의 주가 유명하다. 당 개성년간(開成年間, 836~840)에 9경을 석각(石刻)할 때 《주례 周禮》 · 《례기(禮記)》, 그리고 이 책을 합해 3례(三禮)라고 일컬으면서 정식으로 《의례(儀禮)》라는 책명이 붙게 되었다.

[본문]  545, 547, 634, 637, 763, 764, 766, 768

『의례 : **상복전소** : 구 : 주 675, 676

『의례 : **전**(儀禮 : 傳)』 45

『의례 : **주**(儀禮 : 注)』 83, 84, 350

『의례 : **특생** : 궤사(儀禮 : 特牲 : 饋食)』 385, 388

『**금**-의례(今-儀禮)』 317

『황간-**의소**(皇侃-義疏)』 의소(義疏)는 고서(古書)의 주석체제(注釋體制)의 하나다. 기원(起源)은 남북조(南北朝)에서 시작되었다. 내용(內容)은 원서(原書)와 구주(舊注) 문의(文意)를 소통(疏通)케 하려는 것이었다. 원서(原書)의 사상(思想)을 천술(闡述)하거나 혹은 재료(材料)를 광라(廣羅)하여 구주(舊注)에 대한 고핵(考核)을 진행하거나 보충변증(補充辨證)하는 것으로 남조(南朝) 량(梁)나라의 황간(皇侃)이 쓴 《론어의소(論語義疏)》같은 것이다.

※ 충어주(蟲魚註) 잔단 고증가(考證家)들의 일을 말함. 한유(韓愈)의 시에 “이아에는 충어를 주석했으니 정히 뜻 큰 사람이 아니로다[爾雅註蟲魚 定非磊落人]” 하였다.

※ 충어첨주(蟲魚添注) 고서(古書)를 고증(考證)하는 일을 비유한 말이다. 한유(韓愈)의 시에 “이아에 충어를 주석 내는 것은, 정히 큰 뜻 지닌 사람의 일이 아니다[爾雅注蟲魚定非磊落人]" 하였다.

[본문]  660, 661

『**이아**(爾雅)』 중국에서 가장 오래된 자서(字書). 유가(儒家) ‘13경(經)’의 하나. 뜻으로 분류한 책. 《이아(爾雅)》에는 전체 4,300여 개의 사어(詞語)가, 2,091개 조목(條目)으로 분류되어 있다. 본래 20편이었으나 현재는 19편이 남아 있다. ① 사의(詞義)에 관한 것. 《釋詁》, 《釋言》, 《釋訓》 ② 사람과 관련된 것. 《釋親》, 《釋宮》, 《釋器》, 《釋樂》 ③ 하늘과 관련된 것. 《釋天》 ④ 땅과 관련된 것. 《釋地》, 《釋丘》, 《釋山》, 《釋水》 ⑤ 동물과 관련된 것. 《釋鳥》, 《釋獸》, 《釋畜》, 《釋蟲》, 《釋魚》 ⑥ 식물과 관련된 것. 《釋草》, 《釋木》.

[본문] 31, 32, 38, 39, 40, 68, 73, 75, 94, 125, 126, 128, 132, 136, 145, 162, 163, 166, 187, 189, 196, 201, 202, 226, 253, 256, 257, 258, 262, 292, 293, 306, 331, 356, 371, 372, 377, 382, 390, 391, 410, 411, 412, 419, 431, 437, 450, 451, 462, 465, 466, 469, 511, 546, 548, 553, 556, 586, 587, 588, 601, 602, 605, 614, 631, 660, 661, 713, 715, 720, 737, 738

『이아-**곽본**(爾雅-郭本)』 226

『이아:**령대고**:주(爾雅:蘦大苦:注)』 163, 166

『이아:**몽관투**(爾雅:夢灌渝)』 229, 230

『이아:**석기**(爾雅:釋器)』 443

『이아:**석목**(爾雅::釋木)』 431, 432

『이아:**석어**:음의(爾雅:釋魚:音義)』 780

『이아:**석언**(爾雅:釋言)』 565

『이아:**음의**(爾雅:音義)』 38, 197, 199, 204, 226, 227, 426, 471, 474, 564, 707, 708

『금-**이아**(今-爾雅)』 45, 304, 329, 371, 377, 378, 438

『**이아**곽본-(爾雅-郭本)』 226

『곽-주:**이아**(郭-注:爾雅)』 204, 205, 341, 474, 475

『리, 곽-주:**이아**(李, 郭-注:爾雅)』 187

『변광-주:**이아**(樊光-注:爾雅)』 375, 376

『**일시**(逸詩)』 지금 전하는 《시경(詩經)》은 완전한 족본(足本)이 아니다. 금본(今本) 《시경(詩經)》의 305편(篇) 이외의 시를 전인(前人)들은 "일시(逸詩)"라고 불렀다.

　　선진고적(先秦古籍) 중에서 항상인용되는 "시(詩)"구 중에서 금본(今本) 《시경(詩經)》 305편(篇) 이외(以外)의 시들을 전인(前人)들은 "일시(逸詩)"라고 불렀다.

《소아(小雅)》 중의 《남해(南陔)》, 《백화(白華)》, 《화서(華黍)》, 《由경(庚)》, 《숭구(崇丘)》, 《유의(由儀)》 등 6편(篇)의 편명(篇名)은 모두 《의례:향음주례(儀禮:鄕飮酒禮)》와 《의례:연례(儀禮:燕禮)》에 보이지만 사(辭)는 전하지 않는다. 《모전(毛傳)》은 '그 뜻만 있고 글은 전하지 않는다.'라고 했다.[유기의이망기사(有其義而亡其辭)] 주희(朱熹)는 《시집전(詩集傳)》에서 6편(篇) 모두 "유성이무사(有聲而無辭)"라 했고, 다수학자(多數學者)들은 《모전(毛傳)》을 찬성하여 본래는 그 가사가 있었으나 망일(亡逸)된 것으로 인식하

고 있다. 《국어:로어(國語:魯語)》의 설에 따르면 《상송(商頌)》이 원래는 12편
(篇)이었는데 《시경(詩經)》에는 단지 5편(篇)만 실렸고, 그 나머지 7편(篇)은 언
제 잃어버렸는지 알 수 없다고 했다. 이 외에 지금 전하는 《시경(詩經)》 중에서
누락된 구(句)절이 있는 정황도 있다. 예를 들면 《소아:면수(小雅:沔水)》는 모
두 3장(章)인데 앞 2장(章)은 매장(每章)이 모두 8구(句)인데 제 3장(章)은 겨우 6
구(句)뿐이다. 주희(朱熹)는 앞 2구(句)가 빠진게 아닌가 의심했다. 《주송:유청
(周頌:維清)》은 겨우 4구(句) 뿐인데 주희(朱熹)는 탈문(脫文)이 있을 것으로 의
심했다. 《로송:(외문내필)궁(魯頌:(外門內必)宮)》은 모두 9장(章)인데 앞 5장
(章) 중 제일(第一), 제2(第二), 3(三), 5장(五章)은 매장(每章)이 모두 17구(句)인
데 오직 제4장(第四章)만 16구(句)로 주희(朱熹)는 1구(句)가 탈락한 것으로 의심
했다. 요제항(姚際恒)은 《시경통론(詩經通論)》에서 주희(朱熹)에 반대하여 이
시들에 궐구(闕句)는 없다고 했으나 근거는 부족했다.

### 창작배경(創作背景)

선진고적(先秦古籍)이 인용한 "시구(詩句)", 예를들면 《순자:왕패(荀子:王
霸)》에서 인용한 "如霜雪之將將,如日月之光明. 爲之則存,不爲則亡."나 《신
도(臣道)》가 인용한 "國有大命,不可以告人,妨其躬身"나 《해폐(解蔽)》, 《정
명(正名)》과 《법행(法行)》 등의 편중(篇中)에도 모두 인용된 "시구(詩句)"가
금본(今本) 《시경(詩經)》에는 없다. 또 《좌전:장공22년(左傳:莊公二十二年)》
에 인용된 "翹翹車乘,招我以弓. 豈不欲往?畏我友朋."나 《좌전:성공9년》(左
傳:成公九年》), 《양공5년(襄公五年)》, 《양공8년(襄公八年)》, 《양공30년(襄
公三十年)》, 《소공4년(昭公四年)》, 《소공12년(昭公十二年)》, 《소공26년
(昭公二十六年)》 중에 인용된 약간의 시들도 모두 이와 같다. 다만 모든 시들이
애초부터 《시경(詩經)》 속했던 것들은 아니다. 원래는 시경에 실렸다가 산일된
시라고 단정(斷定)하기는 어렵다. 《국어(國語)》, 《론어(論語)》 같은 기타고
적(其他古籍)들에 실린 시들도 적지 않으나 "일시(逸詩)"의 총수(總數)는 그렇
게 많지는 않다.

정대(清代) 학의행(郝懿行)의 《학씨유서(郝氏遺書)》 중에 있는 《시경습유(詩
經拾遺)》 1권(卷)의 집록(輯錄)이 비교적 완비(完備)하다.

[본문]

『일주서(逸周書)』 10권. 『주서(周書)』, 『주지(周志)』, 『급총주서(汲塚周書)』
또는 『주사기(周史記)』 라고도 한다. 전해지는 바로는 『상서(尙書)』를 정리하
고 남은 부분이라고도 한다. 서명도 여기에서 유래한 것이다. 현재는 10권, 정
문(正文) 70편, 11편은 제목만 있다.

1.도훈해(度訓解)　　　2.명훈해(命訓解)　　　3.상훈해(常訓解)　　　4.문작해(文酌解)

| | | | |
|---|---|---|---|
| 5.적광해(z匡解) | 6.무칭해(武稱解) | 7.윤문해(允文解) | 8.대무해(大武解) |
| 9.대명무해(大明武解) | 10.소명무해(小明武解) | 11.대광해(大匡解) | 12.정전해(程典解) |
| 13.정오해(程寤解) | 14.진음해(秦陰解)(亡) | 15.(9정해九政解)(亡) | 16.9개해(九開解)(亡) |
| 17.류법해(劉法解)(亡) | 18.문경해(文開解)(亡) | 19.보개해(保開解)(亡) | 20.8번해(八繁解)(亡) |
| 21.풍보해(鄷保解) | 22.대개해(大開解) | 23.소개해(小開解) | 24.문경해(文儆解) |
| 25.문전해(文傳解) | 26.유무해(柔武解) | 27.대개무해(大開武解) | 28.소개무해(小開武解) |
| 29.보전해(寶典解) | 30.풍모해(鄷謀解) | 31.오경해(寤儆解) | 32.무순해(武順解) |
| 33.무목해(武穆解) | 34.화오해(和寤解) | 35.무오해(武寤解) | 36.극은해(克殷解) |
| 37.대광해(大匡解) | 38.문정해(文政解) | 39.대취해(大聚解) | 40.세부해(世俘解) |
| 41.기자해(箕子解)(亡) | 42.기덕해(耆德解)(亡) | 43.상서해(商誓解) | 44.탁읍해(度邑解) |
| 45.무경해(武儆解) | 46.5권해(五權解) | 47.성개해(成開解) | 48.작락해(作s解) |
| 49.황문해(皇門解) | 50.대계해(大戒解) | 51.주월해(周月解) | 52.시훈해(時訓解) |
| 53.월령해(月令解) | 54.시법해(諡法解) | 55.명당해(明堂解) | 56.상맥해(嘗麥解) |
| 57.본전해(本典解) | 58.관인해(官人解) | 59.왕회해(王會解) | 60.제공해(祭公解) |
| 61.사기해(史記解) | 62.직방해(職方解) | 63.예랑부해(芮良夫解) | 64.태자진해(太子晉解) |
| 65.왕패해(王佩解) | 66.은축해(殷祝解) | 67.주축해(周祝解) | 68.무기해(武紀解) |
| 69.전법해(銓法解) | 70.기복해(器服解) | 71.서(序) | |

[본문]  197

『**자림**(字林)』진(晉)나라의 려침(呂忱)이 썼다. 『설문(說文)』의 540부수를 이어받아 12,824자를 정리했다.

[본문]  150, 192, 253, 324, 331, 341, 390, 481, 616

『**자서**(字書)』자서(字書)는 한자형체(漢字形體)의 해석(解釋)을 위주로 하여 음의(音義)를 해석하는 책이다.

1. 《설문해자(說文解字)》나 《옥편(玉篇)》 등처럼 자(字)를 단위(單位)로 한자(漢字)의 형체(形體)와 독음(讀音)과 의의(意義)를 해석한다. 《위서:강식전(魏書:江式傳)》에 "식(式)이 여기서 집자서(集字書)를 짓고 부르기를 《고금자고(古今文字)》라고 했다 무릇 40권(卷)이다." 라 했고 당(唐) 봉연(封演)의 《봉씨문견기:성운(封氏聞見記:聲韻)》에 "안진경(顏真卿)이 《운해경원(韻海鏡源)》을 지었는데 먼저 《설문(說文)》의 전자(篆字)를 세우고, 다음으로 금문(今文)인 례자(隸字), 그리고 별체(別體)를 갖추어 증거로 삼고, 주(後注)를 해서 제가(諸家)의 자서(字書)를 해석했다." 라고 했다. 송(宋) 통지(通志) 정초(鄭樵)의 《총서(總序)》에 "자서(字書)는 안학(眼學)이고, 운서(韻書)는 이학(耳學)이다. 안학(眼學)은 이모위주(以母爲主)이고, 이학(耳學)은 이자위주(以子爲主)인데 모(母)는 주형(主形)이고 자(子)는 주성(主聲)이니 둘 다 주(主)를 잃은 것이다." 라

고 했다.

2. 《사주편(史籀篇)》이나 《창힐편(倉頡篇)》 등과 같은 고대(古代)의 식자과
본(識字課本)을 가리킨다. 당(唐) 한유(韓愈) 《성시학생대재랑의(省試學生代齋
郞議)》에 "그 사소한 것으로 법률을 익히거나 자서를 아는 것 까지도 모두 교화
에 도움이 된다[其微者,至於習法律,知字書,皆有以贊於敎化]." 라고 했다.

[본문] 447

『갈홍-**자원**(葛洪-字苑)』

[본문] 515, 516

『양승경-**자통**(楊承慶-字統)』 북조(北朝) 대표(代表)격인 자서(字書)로 지금은 전하
지 않는다.

[본문] 177

『**자허**(子虛)』 <자허부(子虛賦) >의 약칭.

[본문] 281

『**자허부**(子虛賦)』 초나라의 자허(子虛)와 제나라의 오유(烏有)가 대화를 통하여, 초
와 제의 물산(物産), 궁정, 사냥의 성대함 등을 과장하여 묘사하고 있다. 「상림
부(上林賦)」는 상림원(上林苑)의 웅장하고 화려함과 천자의 사냥의 성대함을 서
술하고 있으며, 초와 제에 비교하여 한나라 천자의 절대적인 권위를 표현하였다.
「장문부(長門賦)」는 무제의 버림을 받은 진황후(陳皇後)가 밤낮으로 무제를 그
리워하며 기다리는 내용이다.

[본문] 161, 249, 250, 281, 284, 360, 445

『금-사, 한, 문선:**자허부**(今-史, 漢, 文選:子虛賦)』고문이 아닌 금문의 <사기
(史記)>, <한서(漢書)>, <문선(文選)>에 수록된 자허부(子虛賦).

[본문] 332, 334

『사기:**자허부**(史記:子虛賦)』 86, 88

『**잡기**(雜記)』 『의례(儀禮)』의 여덟 번째 편명(篇名)이다.

1, 잡항적(雜項的)인 내용을 기재한 필기(筆記)물이나 령쇄적(零碎的) 필기(筆記).
2, 풍경(風景), 쇄사(瑣事), 감상(感想) 등을 그린 일종의 문체(文體).

[본문] 499, 500

『**잡자해고**(雜字解詁)』 위(魏)의 주성(周成)이 지었다. 비창(埤蒼), 고금자고(古今字
詁), 잡자(雜字), 성류(聲類), 광창(廣蒼), 변석명(辨釋名), 이자(異字), 시학편(始學
篇), 초서상(草書狀), 발몽기(發蒙記), 계몽기(啓蒙記), 운집(韻集), 자지(字指) 등
과 같은 자서의 하나.

[본문] 280

『**채옹-장구**(蔡邕-章句)』 1, 진(晉) 갈홍(葛洪)의 《포박자:균세(抱樸子:鈞世)》에
"죽간을 묶은 끈이 낡고 썩어서 망실된 것이 많아 혹 뒤섞이고 빠져서 장구가

탈거되기도 했다[簡編朽絕,亡失者多,或雜續殘缺,或脫去章句].”라고 했다. 당(唐)나라 류지기(劉知幾)의 《사통:보주(史通:補注)》에 “문언미사(文言美辭)를 장구(章句)에 늘어 놓았다. 위곡서사(委曲敍事)가 세서(細書:잔 글씨)에 있다.”라고 했다. 명(明) 왕탁(王鐸)의 《원석우(원가립자)시서(袁石寓(袁可立子)詩序)》에 “독서가 깊으나 가슴 속이 뢰락(磊落)하지 못하여 공연히 장구만 꾸며서, 천하사에 관심이 없다면 또한 시라고 할 수 없다[讀書深矣,胸次不磊落,空飾章句,無志天下事則亦不能詩].”라고 했다.

2, 《동관한기:명제기(東觀漢記:明帝紀)》에 “친히 5행장구(五行章句)지어서 매번 향사례(饗射禮)가 끝나면 정좌(正坐)하여 스스로 강독하니 사방이 흔흔(欣欣)했다.”라고 했다. 북제(北齊) 안지추(顏之推)의 《안씨가훈:면학(顏氏家訓:勉學)》에 “공연히 장구만 지켜서 다만 스승의 말만 외우니 세상일에 베풀려 해도 하나도 쓸 만한 것이 없었다[空守章句,但誦師言,施之世務,殆無一可.”라고 했다. 당(唐) 류종원(柳宗元)의 《답엄후여수재론위사도서(答嚴厚輿秀才論爲師道書)》에 “마융과 정현, 두 사람 만이 장구의 스승이다[馬融, 鄭玄者,二子獨章句師耳].”라고 했다. 《로잔유기(老殘遊記)》 제9회(第九回)에 “다만 유교의 가르침이 실전(失傳) 된지 이미 오래여서 한(漢)나라의 유자들은 장구만 지키느라 오히려 대지(大旨)를 잃고 있다[只是儒教可惜失傳已久,漢儒拘守章句,反遺大旨].”라고 했다.

3, 남조(南朝) 량(梁) 침약(沉約)의 《서(序)》에 “漢高, 宋武,雖闕章句,歌《大風》以還沛,好清談於暮年.” 당(唐) 백거이(白居易) 《산중독음(山中獨吟)》에 “사람마다 하나씩의 벽(癖)이 있는데 나의 벽(癖)은 장구에 있다[人各有一癖,我癖在章句].”라고 했다. 당(唐) 라은(羅隱)의 《춘일투전당원수상부(春日投錢塘元帥尚父)》 시(詩)에 “문밖의 정기에는 호랑이와 표범이 머물고, 벽간의 장구에는 풍뢰(風雷)가 움직인다[門外旌旗屯虎豹,壁間章句動風雷].”라고 했다.

### 개술(概述)

장구(章句)라는 명칭은 **리장변구(**離章辨句**)**를 줄여서 부르는 것이다. 이것은 고서(古書)의 장절(章節)을 구독(句讀)하는 의사(意思)를 분석(分析)하는 것이다. 류사배(劉師培)의 《국어발미(國語發微)》에 설명하기를 “장구체(章句體)는 경문(經文)의 장구(章句)를 분석(分析)하는 것이다.” 라고 했다. 일종(一種)의 주석(注釋)을 짓는 것이다. 장구(章句)는 전주류(傳注類)의 주석(注釋)과는 달리 사의(詞義)를 해석(解釋)하는 것이 위주(爲主)로, 축구(逐句), 축장(逐章), 관강(串講)하여 대의(大意)를 분석(分析)하는 일에 치중한다. 한 대(漢代)에 약간의 유자(儒者)들이 치학(治學)에 장구(章句)를 입수(入手)하여 변석(辨析)하는 것을 따랐으므로 장구체(章句體)는 한(漢)에서 일어난 것이다. 《한서:예문지:륙6략(漢書:藝文志:六藝略)》에 실린 《역경(易經)》에 시씨(施氏), 맹씨(孟氏), 량구씨(梁丘

氏)의 《장구(章句)》와 《상서(尙書)》에 《구양장구(歐陽章句)》, 《대소하후장구(大小夏侯章句)》, 《춘추(春秋)》에 《공양장구(公羊章句)》, 《곡량장구(穀梁章句)》가 있다. 한유(漢儒)들은 장구(章句)를 써서 강경(講經)했는데 대체로 지리번쇄(支離煩瑣)하였기 때문에 "장구소유(章句小儒)"로 피척(被斥) 당했다. 일반인(一般人)들도 "수위장구(羞爲章句)"하였기 때문에 한(漢) 이후 장구(章句)는 나날이 망일(亡佚)되어 갔다. 지금은 겨우 동한(東漢) 조기(趙歧)의 《맹자장구(孟子章句)》와 왕일(王逸)의 《초사장구(楚辭章句)》만 전해진다. 조기(趙歧)의 장구(章句)는 해사관강(解詞串講)이 비교적 간명준확(簡明准確)하고, 원문(原文)의 매장말미(每章末尾)에 다시 운어(韻語)로 "장지(章指)"를 개괄하였기 때문에 《맹자(孟子)》의 주석(注釋) 중에서 "개벽황무(開辟荒蕪)"한 공(功)이 있다. 장구체(章句體)가 비록 사의(詞義)를 해석하는 것이 위주(爲主)는 아니지만 구의(句意)를 관강(串講), 분석(分析)할 때 왕왕 원문(原文)의 사의(詞義) 해석(解釋)을 포함(包含)하는 경우가 있으므로 마땅히 주의(注意)해야 한다.

"리장변구(離章辨句:장을 분리하여 구를 변별한다), 위곡기파(委曲技派:그 지파의 자초지종을 따진다)"는 것으로 그타 여러 주석(注釋)의 체례적(體例的) 기초(基礎)이며 또한 기전(記傳) 주석(注釋) 중에서 가장 근본적(根本的)인 학술형식(學術形式)이다. 가법(家法)이 장구(章句)의 번영(繁榮)을 촉진했다. 무리지어 거느리고 지키며 진공(進攻)하기 좋았다[比誼會率,防守進攻].

한대(漢代) 장구(章句)의 특징(特徵)으로는 대상(對象)을 긴부천석(緊附闡釋)하고 리장단구(離章斷句)하여 원문(原文)을 축구축장(逐句逐章)식으로 해석(解釋)하며 파별문호(派別門戶)의 이름이 있었다. 후에는 나날이 번쇄(繁瑣)해졌다.

《장구(章句)》의 "장(章)"은 《시경(詩經)》 악장(樂章)의 "장(章)"에서 나왔다. 이를 사용하여 작품(作品)에서 어떤 내용이 한 단락(段落)을 이룬 것을 나타낸다. "구(句)"는 고대(古代) 설화시(說話時)의 일개(一個) 정돈단위(停頓單位)로 현대한어(現代漢語) 중에서 설명하는 구(句)와는 다르다.

【세서(細書)】 잔 글씨. 세자(細字). 글씨를 잘게 씀.

【뢰락(磊落)】 1. 많이 뒤섞여 있는 모양. 2. 과실이 주렁주렁 달려 있는 모양. 3. 산이 높고 큰 모양. 4. 용모가 씩씩하고 체격이 장대(壯大)한 모양. 5. 도량이 넓고 마음이 확 트인 모양.

【충어첨주(蟲魚添注)】 고서(古書)를 고증(考證)하는 일을 비유한 말이다. 한유(韓愈)의 시에 "이아에 충어를 주석 내는 것은, 정히 큰 뜻 지닌 사람의 일이 아니다[爾雅注蟲魚定非磊落人]" 하였다.

【충어주(蟲魚註)】 잔단 고증가(考證家)의 일을 말함. 한유(韓愈)의 시에 "이아에는 충어를 주석했으니 정히 뜻 큰 사람이 아니로다[爾雅註蟲魚 定非磊落人]" 하였다.

【축구(逐句)】 구(句)의 순서, 1구1구(一句一句)씩.

【축자축구(逐字逐句)】 일자일구(一字一句)씩, 한 글자 한 글자씩. 글자마다.

【관강(串講)】 어문교학(語文教學) 중에 축자축구(逐字逐句)로 해석(解釋)한 후에 다시 단락을 정리하며 연이어서 하는 설명.[再整段連貫起來講.]

－ 련관(連貫) 련접(連接), 관천(貫穿).

【위곡(委曲)】 1. 구불구불 뻗은 모양. 2. 일의 상세한 경위. 자초지종(自初至終). 위실(委悉). 3. 자신을 굽혀서 따름. 수종(隨從).

【지파(技派)】 갈래. 유파(流派). 지손(支孫). 후예.

[본문]　734, 735

『**장자**(莊子)』『남화경(南華經)』의 본래 이름은 『장자(莊子)』였다. 이것은 도교(道教)의 경문(經文)이다. 전국 초기에 장자와 그의 제자들이 지은 것이다. 한대(漢代)에 도교가 출현한 이후 존칭으로 『남화경(南華經)』이 되었고 또 장자(莊子)는 남화진인(南華眞人)으로 봉해졌다. 장자의 문장은 상상기환(想象奇幻)하고, 구상이 교묘하며, 다채로운 사상세계가 있다. 우언(寓言)과 비유를 잘 사용하고, 문필이 왕성하고 자유롭다. 낭만주의(浪漫主義) 예술 풍격을 갖추었다. 선진제자(先秦諸子) 문장의 전범(典範)이다.

[본문]　435, 436, 462, 463

『**리선-주:장적부**(李善-注:長笛賦)』 융(融)이 일찍이 박람전아(博覽典雅)하고 수술(數術)에 정핵(精核)한데 또 성격이 음률(音律)을 좋아해서 고금취적(鼓琴吹笛)했는데 독우(督郵)가 되어서는 밀린 일이 없었다. 홀로 미평(郿平) 양오(陽鄔)락(雒)의 객사역려(客舍逆旅)에 머물면서 취적(吹笛)하니 기출(氣出)하고, 정렬상화(精列相和)했다. 융(融)이 경사(京師)에 가서 몇 해를 보내는 동안 잠깐 듣고 심히 슬퍼하며 연주했다. 왕자연(王子淵), 매승(枚乘), 류백강(劉伯康), 부무중(傅武仲) 등을 추모(追慕)하여 소(簫), 금(琴), 생(笙)을 읊었는데 오직 적(笛)만 없었다. 그래서 여러 개를 베껴서 《장적송(長笛頌)》을 지었다.

양오(陽鄔) 1.春秋鄭地. 在今河南省偃師縣西南. 2.春秋晉地. 在今山西省介休縣東北. 3.通"塢". 城堡, 堡鄔. 4.姓. 春秋晉有鄔臧.

[본문]　524, 525

『**전**(傳)』 고적(古籍) 주석(注釋)에 대한 체례(體例)의 일종에 속한다. 전(傳), 주(注), 전(箋), 전(詮), 의소(義疏), 의훈(義訓) 등의 하나다.

[본문]　94, 245, 247, 310, 311, 324, 325, 501, 527

『**전**(箋)』 고적(古籍) 주석(注釋)에 대한 체례(體例)의 일종에 속한다. 전(傳), 주(注), 전(箋), 전(詮), 의소(義疏), 의훈(義訓) 등의 하나다.

[본문]　76, 177, 310, 311, 356, 358, 374, 447, 449, 498, 587, 599

　　『**정-전**(鄭-箋)』 94, 375, 376

『**전사**(旬師)』 관명(官名). 《주례(周禮)》에 천관소속(天官所屬)에 전사(旬師)가 있
다. 設下士二人, 府一人, 史二人, 以下胥三十人, 徒多至三百人. 경종(耕種) "적전(籍
田)", 왕실(王室)식용(食用)과 제사(祭祀)에 쓸 농산품(農産品)을 제공(提供)하는
일을 맡았다. 전사(旬師) 외에도 항상 전문적으로 야미(野味)를 제공하는 수인(獸
人), 구별(龜鱉)을 잡아오는 별인(鱉人) 등이 또 있었다. 모두 같은 무리들이다.
【야미(野味)】 1. 사냥한 조수(鳥獸)의 고기. 2. 들에서 얻은 채소.
[본문] 399, 402

『**절남산**:전(節南山:傳)』 〈小雅:節南山之什:節南山〉
節彼南山, 維石巖巖. 赫赫師尹, 民具爾瞻.
憂心如惔, 不敢戲談. 國旣卒斬, 何用不監.
節彼南山, 有實其猗. 赫赫師尹, 不平謂何.
天方薦瘥, 喪亂弘多. 民言無嘉, 憯莫懲嗟.
尹氏大師, 維周之氐. 秉國之均, 四方是維.
天子是毗, 俾民不迷. 不弔昊天, 不宜空我師.
弗躬弗親, 庶民弗信. 弗問弗仕, 勿罔君子.
式夷式已, 無小人殆. 瑣瑣姻亞, 則無膴仕.
昊天不傭, 降此鞠訩. 昊天不惠, 降此大戾.
君子如屆, 俾民心闋. 君子如夷, 惡怒是違.
不弔昊天, 亂靡有定. 式月斯生, 俾民不寧.
憂心如酲, 誰秉國成. 不自爲政, 卒勞百姓.
駕彼四牡, 四牡項領. 我瞻四方, 蹙蹙靡所騁.
方茂爾惡, 相爾矛矣. 旣夷旣懌, 如相酬矣.
昊天不平, 我王不寧. 不懲其心, 覆怨其正.
家父作誦, 以究王訩. 式訛爾心, 以畜萬邦.
[본문] 631, 632

『**정의**(正義)』 또한 소(疏), 주소(注疏), 의소(義疏)라고도 한다. 경(經)에 대한 주(注)
와 해석의 일종이다. 고적(古籍) 주석(注釋)에 대한 체례(體例)의 일종에 속한다.
전(傳), 주(注), 전(箋), 전(詮), 의소(義疏), 의훈(義訓) 등의 하나다. 의소(義疏)는
위진남북조(魏晉南北朝)부터 시작되었고, 당대(唐代)에 이르러 사상통일과 과학
적 고시에 대한 수요(需要)가 출현하여, 관방(官方)에서 지정하는 주본을 기초로
경전의 해석을 통일하려는 수요가 일어났다. 그런 새로운 주소(注疏)를 당나라
사람들은 「정의(正義)」라고 불렀다. 송대 학자들이 찾아보기가 편리하게 당대
(唐代) 륙덕명(陸德明)의 《경전석문(經典釋文)》에 주소(注疏)를 더하고, 주음을
합간해서를 더해 《13경주소(十三經注疏)》를 만들었다.
[본문] 177, 245, 454

『**정풍**(鄭風)』 《국풍:정풍(國風:鄭風)》은 《시경(詩經)》 15국풍(國風)의 하나 모두 21편(篇)이다.

[본문]　273, 275, 462, 463, 629

『정풍:**전**(鄭風:箋)』 『시경(詩經)』은 크게 세 부분, 『풍(風)』, 『아(雅)』, 『송(頌)』으로 나뉜다. 『풍(風)』은 국풍(國風)이라고도 하며 여러 제후국에서 채집된 민요들이다. 『주남(周南)』, 『소남(召南)』, 『패풍(邶風)』, 『용풍(鄘風)』, 『위풍(衛風)』, 『왕풍(王風)』, 『정풍(鄭風)』, 『제풍(齊風)』, 『위풍(魏風)』, 『당풍(唐風)』, 『진풍(秦風)』, 『진풍(陳風)』, 『회풍(檜風)』, 『조풍(曹風)』, 『빈풍(豳風)』 15개로 나누어 지는데 시는 160편이다.

[본문]　350

『**제민요술**(齊民要術)』 북위 말년(533-544年) 가사협(賈思勰)이 지었다. 현존(現存)하는 농서(農書) 중(中)에서 가장 오래된 세계 최고(最高)의 농업(農業)에 관(關)한 책. 「제민(齊民)」은 평민백성을 말하고, 「요술(要術)」은 살아가는 방법이다. 여기에는 식품의 가공과 저장, 야생식물의 가공과 저장법, 흉년에 야생 동식물을 활용하는 법, 계절과 기후와 토양과 농작물의 관계 등 때에 맞게, 토양에 맞게 할 것을 강조했다. 윤작과 비료 사용, 과수재배, 우량품종재배 등 고대 중국의 농업학술 발전에 중대한 영향을 끼쳤다.

[본문]　24, 26, 55, 63, 64, 67, 71, 246, 324, 326, 707, 708

『**제의**:주(祭義:注)』 <례기>의 한 편명. 제 24.

[본문]　83, 85

『위소-주:**제어**(韋昭-注:齊語)』 《국어:권6:제어(國語:卷六:齊語)》

[본문]　671, 672

『**제자직**(弟子職)』 《제자직(弟子職)》을 《한지(漢志)》에서는 명확하게 관중(管仲)지었다고 했으나 후대학자(後代學者)들의 고증(考證)에 따르면 《관자(管子)》라는 책은 관중(管仲)이 혼자서 지은 것이 아니고 마땅히 전국시(戰國時)제국(齊國)의 직하(稷下)학자(學者)들이 관중(管仲)의 이름을 기탁하여 지은 것이다. 그 중에는 한대(漢代)에 덧붙인 것들도 있다. 현존(現存)하는 《관자(管子)》는 76편(篇)이다. 《제자직(弟子職)》은 《잡편(雜篇)》제(第)10에 있다.

**직하**(稷下) 《사기:권74:맹자순경열전(史記:卷七十四:孟子荀卿列傳)》에 전국시대 제(齊)나라 도성 림치(臨菑)의 성문이었던 직문(稷門)의 땅 이름. 제 선왕(齊宣王)이 선비를 좋아하여 직문에 학관(學館)을 지어놓고 추연(騶衍)·순우곤(淳于髡)·전병(田駢)·접자(接子)·신도(愼到)·환연(環淵)등 76인을 초빙하여 집을 주고 상대부(上大夫)로 삼아 직무는 없이 토론만 하게 하였다. 맹자 또한 제 선왕을 찾아가 왕도정치를 권한 적이 있다. 여기에서 직하풍류(稷下風流), 직하

유속(稷下遺俗) 등의 성어가 만들어졌다.[自騶衍與齊之稷下先生, 如淳於髡、愼到、環淵、接子、田駢、騶奭之徒, 各著書言治亂之事,以幹世主,豈可勝道哉!]

[본문]  694, 696

『**조풍**(曹風)』 《국풍:조풍(國風:曹風)》은 《시경(詩經)》 15 국풍(國風)의 하나. 모두 4편(篇), 선진시대(先秦時代) 조지(曹地)의 한족민가(漢族民歌). 현재의 산동성(山東省) 서남부(西南部) 하백(菏澤), 정도(定陶), 조현(曹縣) 일대(一帶).

《국풍(國風)》은 《시경(詩經)》의 일부분(一部分)으로 대저(大抵) 주초(周初)에서 춘추간(春秋間)에 이르는 기간 동안 각제후국(各諸侯國)의 화하족민간(華夏族民間)에서 지어진 시가(詩歌)들이다. 국풍(國風)은 《시경(詩經)》 중에서도 정화(精華)로 화하민족(華夏民族)의 문예보고(文藝寶庫) 중 최찬(璀璨)한 명주(明珠)다. 국풍(國風) 중의 주대민가(周代民歌)는 현려다채(絢麗多彩)한 화면(畫面)으로 화하로동인민(華夏勞動人民)진실(眞實)한 생활(生活)을 반영(反映)하여 表達了그들의 박삭(剝削)당하고, 압박(壓迫) 받는 불평등한 환경과 미호생활(美好生活)을 쟁취(爭取)하려는 신념(信念)을 표현하였다. 이는 중국(中國) 현실주의시가(現實主義詩歌)의 원두(源頭)다.

【박삭(剝削)】 1. 벗기고 깎임. 2. 조세(租稅)를 가혹(苛酷)하게 거둠. 또는 백성의 재물을 강제로 빼앗음. 3. 아무런 보상없이 남의 생산품이나 노동력을 점유(占有)함. 착취(搾取).

【원두(源頭) 1. 샘의 근원.2. 사물의 출발점(出發點). 근원(根源).

[본문]  543

　　『조풍:**전**(曹風:傳)』399, 402, 515, 516

『**종름-형초세시기**(宗m-'楚歲時記)』 86, 88

『**좌:전**(左:傳)』105, 407, 631, 632

『**좌부**(左賦)』 698

　　『좌사-**오도부**(左思-吳都賦)』431

　　『좌사-**촉도부**(左思-蜀都賦)』 서한(西漢) 양웅(揚雄)의 대표작이다. 극진(極盡)한 언사(言辭)로 성도(成都)의 장미수려(壯美秀麗)함을 읊었다. 반고(班固)의 《2도부(二都賦)》, 장형(張衡)의 《남도부(南都賦)》로 이어졌고, 동진(東晉) 좌사((左思)의 《3도부(三都賦)》 중 《촉도(蜀賦)》의 창작에 큰 영향을 끼쳤다.

[본문]  458

『**좌씨**(左氏)』　『**좌전**(左傳)』

[본문]  258, 263, 361, 363, 739

　　『좌씨:**전**(左氏:傳)』 403, 522, 524, 525, 700, 775, 776, 777

　　『**성:10년**:좌씨전(成:十年:左氏傳)』 575

『**좌전**(左傳)』 춘추3전(春秋三傳)의 하나. 로(魯) 좌구명(左丘明)이 쓴 책. 로 은공(魯

隱公) 원년(元年)-도공(悼公) 4년, 260년간의 편년체(編年體) 기록이다.

[본문]　6, 7, 102, 121, 144, 147, 171, 172, 192, 194, 253, 255, 524, 526

　　『좌전:**소10년**(左傳:昭十年)』　568, 569

　　『좌전:**여인송**(左傳:輿人誦)　8, 10

　　『좌전:**음의**(左傳:音義)』　8

　　『금본-**좌:전**(今本-左:傳)』　102, 103

『**주**(注)』

　　[본문]　16, 17, 83, 150, 214, 297, 299, 317, 319, 368, 369, 380, 381, 426,

　　427, 478, 479, 541, 582, 584, 586, 588, 589, 597, 601, 618, 688, 689

　　『**곽**-주(郭-注)』　73, 180, 306, 309, 715

　　『**당인-주**(唐人-注)』　396, 398

　　『**소서**-주(小徐-注)』　524

　　『**손염**-주(孫炎-注)』　162

　　『**왕**-주(王-注)』　112, 114, 536, 537, 621

　　『**두**-주(杜-注)』　8, 524, 525

　　『**류**-주(劉-注)』　582, 584

　　『**리도**-본:주(李燾-本:注)』　651

　　『**리**-주(李-注)』　134

　　『**정**-주(鄭-注)』　385, 389, 392, 681

『**주남**(周南)』　『시경(詩經)』은 크게 세 부분, 『풍(風)』, 『아(雅)』, 『송(頌)』
으로 나뉜다. 『풍(風)』은 『주남(周南)』, 『소남(召南)』, 『패풍(邶風)』,
『용풍(鄘風)』, 『위풍(衛風)』, 『왕풍(王風)』, 『정풍(鄭風)』, 『제풍(齊
風)』, 『위풍(魏風)』, 『당풍(唐風)』, 『진풍(秦風)』, 『진풍(陳風)』, 『회풍
(檜風)』, 『조풍(曹風)』, 『빈풍(豳風)』 15개로 나누어 지는데 시는 160편이
다. 『아(雅)』는 『대아(大雅)』31편. 『소아(小雅)』74편이고, 『송(頌)』은
『주송(周頌)』31편, 『상송(商頌)』5편, 『로송(魯頌)』이 4편이다.
《시경(詩經)》은 중국문학사상(中國文學史上) 제일부(第一部)의 시가총집(詩
歌總集)으로 후대시가(後代詩歌)의 발전(發展)에 심원(深遠)한 영향(影響)을 끼
친 고전문학(古典文學) 현실주의(現實主義) 전통(傳統)의 원두(源頭)다. 《국풍:
주남(國風:周南)》은 《시경:국풍(詩經:國風)》 중의 한 작품(作品)이다. 주조시
기(周朝時期)에 채집(采集)된 시편(詩篇)이다. 주왕(周王)도성(都城)의 남면(南
面)에 위치하기 때문에 얻어진 이름이다. "南"은 또 방위(方位)의 명칭으로 주
대습관(周代習慣)에서는 강한류역(江漢流域)에 흩어져 있는 소국(小國)들의 통
칭(統稱)이었다. "남국(南國)" 혹은 "남토(南土)", "남방(南邦)"으로도 불
렀다. 《소아:4월(小雅:四月)》, 《대아:숭고(大雅:嵩高)》 등을 보라. 때문에 시

(詩)의 편집자(編輯者) 강한류역(江漢流域)의 허다(許多)한 소국(小國)의 가사(歌詞)로부터 "남음(南音)"의 영향(影響)을 받은 주(周), 소(召) 지방(地方)들의 가사(歌詞)를 모아서 "주남(周南)"으로 이름지었다.

[본문]  256, 423, 426, 427, 545, 561, 573

『**정군**-주남:전(鄭君-周南:箋)』258, 263

『**주례**(周禮)』  주(周) 왕실과 전국 시대(戰國時代) 각 국의 관직과 제도 제도를 기록한 책으로, 후대 중국과 우리 나라의 관직 제도의 기준이 되었다. 원래의 이름은 『주관(周官)』또는 『주관경(周官經)』이었다. 전한(前漢) 말에 례경(禮經)에 포함하면서 『주례(周禮)』가 되었다.

《주례(周禮)》는 유가경전(儒家經典)으로 13경(經)의 하나다. 세전(世傳)으로는 주공단(周公旦)이 지었다고 하나 실제상(實際上)으로는 전국시기(戰國時期)에 귀납창작(歸納創作)된 것으로 보인다.

《주례(周禮)》, 《의례(儀禮)》와 《례기(禮記)》를 합쳐서 "3례(三禮)"라고 하는데 이는 고대(古代) 화하민족(華夏民族)의 례악문화(禮樂文化)에 관한 리론형태(理論形態)로 례법(禮法)과 례의(禮義)에 대해 가장 권위(權威)있는 기재(記載)와 해석(解釋)이다. 력대(歷代) 례제(禮制)에 가장 심원(深遠)한 영향(影響)을 끼친 것이다. 경학대사(經學大師) 정현(鄭玄)이 《주례(周禮)》에 특색있는 주(注)를 한 이래로 정현(鄭玄)의 숭고(崇高)한 학술성망(學術聲望)으로 인해 《주례(周禮)》는 일약(一躍) 《3례(三禮)》의 으뜸이 되어서 유가(儒家)의 황황대전(煌煌大典)의 하나가 되었다.

《주례(周禮)》 중에 기재(記載)된 선진시기(先秦時期)의 사회정치(社會政治), 경제(經濟), 문화(文化), 풍속(風俗), 례법제제(禮法諸制)에서 많은 사료(史料)를 얻을 수 있고, 내용(內容)이 아주 풍부(豐富)하여 무소불포(無所不包)해서 감히 한족문화사(漢族文化史)의 보고(寶庫)라고 할 수 있다.

[본문]  68, 70, 89, 181, 185, 186, 273, 276, 504, 524, 526, 532, 587, 588, 600, 630, 634, 637, 651, 652, 658, 701, 703, 761

『주례-**고서**(周禮-故書)』 68

『주례:**가변지실유릉**:주(周禮:加籩之實有菱:注)』 338

『주례:**대사도**(周禮:大司徒)』 관명(官名)이다. 《주례(周禮)》에서는 대사도(大司徒)를 지관(地官)의 수장으로 삼았다. 한원수(漢元壽) 2년(年:前1年)에 고쳐서 승상(丞相)을 대사도(大司徒)로 했다. 동한(東漢) 건무(建武) 27년(年:51年) 다시 고쳐서 사도(司徒)로 했다. 북주(北周)에서는 《주례(周禮)》에 의거하여 6관(官)을 설치하고 지관부(地官府)의 수장으로 해서 경(卿)에게 그 직을 맡겼다. 781, 783

『주례:**변인**(周禮:籩人)』 44

『**주발전**(周勃:傳)』 周勃傳周勃, 沛縣人, 祖先是卷縣人, 遷居到沛縣. 周勃以編織竹器爲生, 還常在人辦喪事時吹奏挽歌, 且是能引强弓的武士. 高祖爲沛公初起之時, 周勃以中涓身份跟從攻打胡陵, 奪下方輿. 方輿人反叛, 周勃前往交戰擊退了敵人. 進攻豐縣, 在碭東攻擊了秦軍, 引軍回到留地與肖地, 再次進攻奪下碭縣. 攻占下邑時, 周勃最先登城. 漢王賜給他五大夫的爵位. 攻蒙, 虞占領了二縣. 襲破章邯的車騎殿兵, 平定魏地, 進攻轅戚, 東糹昏, 進軍並攻占了栗. 攻打齧桑, 周勃最先登城. 襲擊並打敗秦軍於阿城下. 追敵到濮陽, 占領酀城. 進攻都關, 定陶, 襲取宛朐, 俘虜單父縣令. 夜襲奪得臨濟, 攻擊壽張, 向前直到卷, 打敗李由軍於雍丘之下. 攻開封, 周勃的士卒先到城下的最多. 當章邯打敗項

梁, 沛公與項羽就帶兵東回碭縣. 從初起沛縣到回軍碭縣共一年兩個月. 楚懷王封沛公爲武安侯, 爲碭郡長官. 沛公任命周勃爲襄賁令, 隨同沛公平定魏地, 在武成打敗東郡尉. 攻長社, 又最先登城. 攻潁陽, 縱氏, 斷絕黃河津道. 在屍鄕之北襲擊趙賁軍. 向南攻南陽郡守齮奇, 破武關, 峣關. 在藍田攻打秦軍, 到達鹹陽, 滅秦朝. 項羽入鹹陽後, 封沛公爲漢王. 漢王賜周勃爲威武侯. 隨從進入漢中, 拜爲將軍. 回師平定三秦後, 賜給懷德縣作食邑. 在進攻槐裏, 好..之戰中功勞最高, 向北救援漆地, 攻打章平, 姚..軍隊. 西定磁地, 還軍攻占.., 頻陽. 在廢丘包圍並打敗章邯軍隊. 向西擊破益已軍. 攻打上圭阝, 東守山峣關. 襲擊項籍, 進攻曲陽, 功勞又最高. 回守敖倉, 追擊項籍. 項籍自刎後, 趁勢東定楚地泗水和東海郡, 共占領二十二縣. 回守洛陽, 櫟陽, 受賜與潁陰侯共享有鍾離縣的租稅. 作爲將軍跟隨高祖進攻燕王臧荼, 在易水之下將其打敗. 周勃率士卒在高祖出征行途中建功最多. 被賜列侯爵位, 並剖符爲信世世不絕, 以絳縣八千二百八十戶爲食邑. 周勃作爲將軍又隨從高帝在代郡進擊韓王信, 使霍人歸降. 進軍到武泉, 在其北襲擊打敗胡人騎兵. 轉攻銅..一戰, 打敗韓王信的軍隊. 還軍降服了太原六城. 在晉陽城下進攻韓王信和胡人騎兵, 得勝並奪取了晉陽. 後來在蔵石進攻並大敗韓王信軍, 追擊韓王信逃兵八十裏. 回頭又進攻樓煩三城, 趁勢在平城下攻擊胡人騎兵. 周勃率領士卒於高祖行途中建功最多, 升爲太尉. 進攻陳.., 平滅了馬邑城. 周勃所將士卒斬殺陳..的將軍乘馬降. 轉爲在樓煩攻擊並打敗了韓王信, 陳.., 趙利的軍隊. 俘虜陳..部將宋最和雁門郡守圂. 乘勝轉攻俘獲雲中郡守.., 丞相箕肄和將軍博. 平定雁門郡十七縣, 雲中郡十二縣. 趁機在靈丘再攻陳..獲勝, 斬殺陳..的丞相程縱, 將軍陳武, 都尉高肄, 平定了代郡九縣. 燕王盧綰反叛, 周勃作爲相國頂替樊噲統軍, 攻占薊, 俘獲盧綰的大將抵, 丞相偃, 郡守陘, 太尉弱, 禦史大夫施屠渾都. 在上蘭打敗盧綰軍, 後又在沮陽襲擊盧綰軍, 追敵到長城, 平定上穀郡十二縣, 右北平郡十六縣, 遼東郡二十九縣, 漁陽郡二十二縣. 跟隨高帝征戰以來, 總計俘獲敵相國一人, 丞相二人, 將軍, 二千石各三人; 另外攻破兩個軍, 占領三個城, 平定五個郡, 七十九個縣, 俘獲丞相, 大將各一人. 周勃爲人質樸敦厚, 高帝認爲可以委托大事. 周勃不喜愛文辭, 每次召見儒生說客時, 不用賓主之禮, 東向而坐要求道: "趕快給我說吧." 他的語言訥鈍, 質樸無文由此可見了. 周勃平定燕地回朝, 高帝已崩逝. 作爲列侯臣事惠帝. 惠帝六年(前189), 設置太尉官, 就任命周勃爲太尉. 十年以後, 高後去世. 呂祿以趙王身份爲漢朝的上將軍, 呂產以呂王身份爲相國, 執掌朝政, 欲圖劉氏皇權. 周勃與丞相陳平, 朱虛侯劉章共同誅伐諸呂. 事在《高後紀》有記載. 諸侯大臣暗中商議: "少帝和濟川, 淮陽, 恒山王都不是惠帝的兒子, 呂太後設計取他人之子, 殺了他們的生母將其養育在宮中, 讓惠帝認做兒子, 立他們爲後繼人, 用以加強呂氏勢力. 現今滅了諸呂, 待少帝長大親政, 恐怕我等要被連族誅滅了, 不如另擇諸侯王中賢能者立爲皇帝." 於是迎立代王, 就是孝文皇帝. 東牟侯劉興居是朱虛侯劉章的弟弟, 他說: "誅滅呂氏, 我沒立功, 請讓我去清理宮室." 於是與太仆汝陰侯滕公入宮, 滕公向前對少帝說: "您不是劉氏的後代, 不應當皇帝." 劉興居就令左右執戟衛士都放下兵器出宮, 有數人不肯放下兵器, 宦者令張釋告知情由, 也就放下了. 滕公命令用車子送少帝出宮, 少帝問 ": 要把我安置在哪?" 滕公說 ": 就安置於少府官衙." 於是備了天子的車駕到代王官邸迎接皇帝, 報告說: "宮廷清理完畢." 皇帝進入未央宮, 有十位持戟衛士守衛宮殿, 端門的謁者說: "這是天子所在, 您來這兒幹什麼?" 不讓進入, 經太尉周勃前來說明, 也都拿著兵器離開, 皇帝於是入宮. 當夜, 有關機關分別派人將濟川, 淮陽, 常山王和少帝殺死在官邸. 文帝卽位後, 以周勃爲右丞相, 賜給黃金五千斤, 食邑萬戶. 過了十餘月, 有人勸告周勃 ": 你誅滅呂氏, 迎立代王, 已威震天下, 又受厚賞而居尊位, 久而久之, 恐怕就有災禍臨頭了." 周勃擔擾, 也自覺處境危險, 於是向皇帝辭謝, 歸還了相印. 文帝予以批准. 一年後, 丞相陳平去世, 文帝重新啟用周勃爲相, 過了十幾個月, 皇帝說: "前天我命令列侯回到封國, 還有些人沒有啟行, 丞相最受我器重, 就爲我做個列侯就國的表率." 於是免去丞相職務回到封國. 一年多後, 每當河東郡的守尉巡行到絳縣, 絳侯周勃自己總擔心被殺, 常常穿著盔甲, 讓家人手執兵器接見守尉. 後來有人上書告周勃想造反, 事交廷尉, 周勃被逮捕治罪. 周勃恐懼, 不知怎樣答辯, 獄吏竟有些侵辱的意思. 周勃送千金給獄吏, 獄吏就在公文簿反面寫字提示他 ": 讓公主替你作證." 公主是孝文帝的女兒, 周勃的長子周勝之的配偶, 所以獄吏教他引以爲證. 當初, 周勃把加封受賞之物全送給了薄昭. 到獄事緊急時, 薄昭便將此事對薄太後講明了, 太後也認爲周勃沒有造反之事. 文帝上朝時, 太後拿頭巾擲文帝說: "絳侯當初手拿皇帝印璽, 掌握禁衛北軍, 那時都未曾造反, 如今住在一個小縣, 反倒要造反嗎!" 文帝看過周勃獄中辯辭, 就向太後謝罪 ": 獄吏剛得證實正要釋放他." 於是派人拿了皇帝的符信放了周勃, 恢復爵位食邑. 周勃一出獄就說 ": 我曾統率百萬大軍, 哪知獄吏還如此尊貴呢!" 周勃重又回到封國, 孝文十一年(前169)死, 諡號武侯. 兒子周勝之襲爵, 與公主匹配感情不和, 因犯殺人罪, 處死後除掉了封國. 一年後, 文帝就選擇周勃兒子中賢明者, 河內郡太守周亞夫封爲侯.

[본문] 582, 584

**『주서(周書)』** 『상서(尙書)』의 한 편명. 『상서(尙書)』는 『우서(虞書)』, 『하서(夏書)』, 『상서(商書)』, 『주서(周書)』로 구성되었다.

[본문] 182, 197, 198, 380, 381

**『주서:정문(周書:正文)』** 198

**『주송(周頌)』** 『시경(詩經)』은 크게 세 부분, 『풍(風)』, 『아(雅)』, 『송(頌)』

으로 나뉜다. 『풍(風)』은 『주남(周南)』, 『소남(召南)』, 『패풍(邶風)』, 『용풍(鄘風)』, 『위풍(衛風)』, 『왕풍(王風)』, 『정풍(鄭風)』, 『제풍(齊風)』, 『위풍(魏風)』, 『당풍(唐風)』, 『진풍(秦風)』, 『진풍(陳風)』, 『회풍(檜風)』, 『조풍(曹風)』, 『빈풍(豳風)』 15개로 나누어 지는데 시는 160편이다. 『아(雅)』는 『대아(大雅)』 31편. 『소아(小雅)』 74편이고, 『송(頌)』은 『주송(周頌)』 31편, 『상송(商頌)』 5편, 『로송(魯頌)』이 4편이다.
[본문] 630

『**주어**(周語)』 국어(國語)』의 한 편명. 『국어(國語)』는 주(周)나라 좌구명(左丘明)이 《좌씨전(左氏傳)》을 쓰기 위하여 춘추 시대(春秋時代) 8국의 역사를 나라별로 기록한 책인데, 주어(周語) 3권, 로어(魯語) 2권, 제어(齊語) 1권, 진어(晉語) 9권, 정어(鄭語) 1권, 초어(楚語) 2권, 오어(吳語) 1권, 월어(越語) 2권이다.
[본문] 618

　　『주어:**왕경** 1발주(周語:王耕一:注)』512

『**주역**(周易)』 『주역(周易)』은 복희씨(伏羲氏)가 황하강(黃河)에서 나온 룡마(龍馬)의 등에 있는 도형(圖形)을 보고 만들었다는 8괘(八卦)와 이 괘를 두 개씩 겹친 64괘, 그리고 문왕이 만들었다는 괘사(卦辭), 주공(周公)이 만들었다는 효사(爻辭), 그리고 공자(孔子)가 지었다는 10익(十翼)이 있다. 10익(十翼)은 단전(彖傳) 상·하, 상전(象傳) 상·하, 계사전(繫辭傳) 상·하, 문언전(文言傳)/설괘전(說卦傳)/서괘전(序卦傳)/잡괘전(雜卦傳)이다. 유교의 경전 중에서도 특히 우주철학(宇宙哲學)을 논하고 있어 유가사상에 많은 영향을 끼쳤을 뿐만 아니라 운명을 점치는 점복술의 원전으로 깊이 뿌리 박고 있다.
[본문] 171, 172

　　『주역:**단전**(周易:彖傳)』 <주역(周易)> 10익의 하나. 『주역』은 음양의 두 효(爻)를 세 개씩 중첩하여 만든 8괘와, 8괘를 겹쳐 만든 64괘를 근간으로 하여, 매 괘마다 <괘사(卦辭)>가 있고, 괘마다 6개의 효가 있어 효마다 <효사(爻辭)>가 있다. 이것이 『주역』의 경문(經文)이다. 경문 외에 전문(傳文)에 해당하는 7종 10편의 해설이 있는데, 그것을 '10익(十翼)'이라고 한다. ①② 〈단전(彖傳)〉 상하, ③④ 〈상전(象傳)〉 상하, ⑤ 〈문언전(文言傳)〉, ⑥⑦ 〈계사전(繫辭傳)〉 상하, ⑧ 〈설괘전(說卦傳)〉, ⑨ 〈서괘전(序卦傳)〉, ⑩ 〈잡괘전(雜卦傳)〉이 그것이다.
[본문] 6, 7

　　『주역:**무망**(周易:无妄六二)』603, 607
　　『주역:**음의**(周易:音義)』73

『**중경음의**(衆經音義)』 『석현응-중경음의(釋玄應-衆經音義)』 25卷. 원명은 『일체경음의(一切經音義)』, 별명 『중경음의(衆經音義)』, 『대당중경음의(大唐衆

經音義)』, 『현응청의(玄應淸義)』. 655년 현장(玄裝)과 동시대인 당−현응(唐−玄應)이 지었다. 음의(音義)의 음(音)은 독음(辨音)을 말하고, 의(義)는 뜻(釋義)으로, 문자의 독음(讀音)과 뜻(意義)을 말한다. 음의(音義)를 주해하는 것은 옛날에는 문자의 음과 뜻을 밝히는 고서주석(古書注釋)의 한 분야였다. 원서(原書)에 대한 교감(校勘)에서 《모시음의(毛詩音義)》, 《주역음의(周易音義)》처럼 책 이름에 많이 사용되었다.

[본문] 6, 14, 106, 791

『**중산경**(中山經)』 『중산경(中山經)』은 《산해경(山海經)》의 일부다. 총 21,000자(字)로, 책 전체의 2/3를 차지한다.

《산해경(山海經)》은 중국지괴고적(中國志怪古籍)으로 대체(大體)로 전국중후기(戰國中後期)에서 한 대초중기(漢代初中期)에 초국(楚國)이나 혹은 파촉인(巴蜀人)이 지은 것이다. 또한 황탄불경(荒誕不經)한 기서(奇書)이기도 하다. 이 책의 작자불상(作者不詳)이나 고인(古人)들은 "전국(戰國)시기의 호기지사(好奇之士)가 《목왕전(穆王傳)》, 《장(莊)》, 《렬(列)》, 《리소(離騷)》, 《주서(周書)》, 《진승(晉乘)》 등을 뒤섞어서 만든 것으로 인식하고 있다. 현대학자(現代學者)들 역시 한 사람의 작품이 아니라 여러 사람의 작품으로 보고 있다.

[본문] 106

　『지관:**택우**(地官:澤虞)』 586

『**지리지**(地理志)』 『한서(漢書)』는 기(記) 12권(卷), 표(表) 8편(篇), 지(志) 10편(篇), 서전(書傳) 상하로 이루어져 있다. 지리지(地理志)는 이 중 제28편에 상하로 실려 있다.

《한서:지리지(漢書:地理志)》는 상, 하(上, 下) 량분권(兩分卷)을 포괄(包括)하고 있다. 이것은 반고(班固)가 처음 지은 고대력사지리(古代歷史地理)의 걸작(傑作)이다. 역사에서 시공은 분리할 수 없는 것이므로 그 지리도 반드시 기록해야 하는 것이다.

[본문] 175, 176, 541, 579, 580

『**직방씨**(職方氏)』 관명(官名). 《주례(周禮)》에서는 하관(夏官) 사마소속(司馬所屬)에 직방씨(職方氏)가 있다. [設中大夫四人,下大夫八人,中士十六人,以下尚有府, 史, 胥, 徒等人員. 掌地圖,辨其邦國, 都鄙及九州人民與其物產財用,知其利害得失,規定各邦國貢賦.]

[본문] 586, 589, 597, 598

　『직방:**주**(職方:注)』 587, 588, 599, 600

　『직방씨:**주**(職方氏:注)』 586, 598

『**진궁각명**(晉宮閣銘)』 245

　『진어:**진목공**(晉語:秦穆公)』 663, 664

『**진어**(晉語)』 『국어(國語)』는 주(周)나라 좌구명(左丘明)이 《좌씨전(左氏傳)》을
쓰기 위하여 춘추 시대(春秋時代) 8국의 역사를 나라별로 기록한 책인데, 주어
(周語) 3권, 로어(魯語) 2권, 제어(齊語) 1권, 진어(晉語) 9권, 정어(鄭語) 1권, 초
어(楚語) 2권, 오어(吳語) 1권, 월어(越語) 2권이다.

진어(晉語)는 중국북방(中國北方)의 유일(唯一)한 비관화방언(非官話方言)이다.
진어(晉語)의 사용인구(使用人口)는 대략 6305만(萬)이다. 진어구(晉語區)는 동
(東)으로 태행산(太行山)에서 시작하여 서(西)로 하란산(賀蘭山) 부근까지, 북(北)
으로 음산(陰山) 아래, 남(南)으로 황하분위하곡(黃河汾渭河谷)에 이른다. 이는
중화문명(中華文明)의 중요발원지(重要發源地)의 하나다.

진어(晉語)는 관화(官話)와 달리 최대특점(最大特點)으로 입성(入聲)을 보류(保
留)하고 있다. 진어(晉語)의 성조(聲調) 또한 아주 복잡(複雜)한 련속변조현상(連
續變調現象)이 있다. 진어(晉語)는 전탁음(全濁音) 청화(淸化)에 4종(種)의 서로
다른 연화방식(演化方式)이 있다. 다수진어(多數晉語)는 5개성조(個聲調)가 있는
데 부분지구(部分地區)에는 6개(個), 7개(個) 혹 4개성조(個聲調)가 있는 곳들도
있다. 진어(晉語)는 관화(官話)와의 차이(差異)가 많지만 비교적 큰 특징은 고어
사(古語詞)를 많이 보류하고 있는 것이다. 진어구(晉語區)는 중국(中國) 당시(唐
詩)의 중요산구(重要産區)였다.

진어(晉語)의 주요(主要)한 사용지구(使用地區)는 산서성(山西省), 내몽고자치구
(內蒙古自治區)의 중서부(中西部), 섬서성(陝西省) 북부(北部), 하남성(河南省) 황
하이북(黃河以北)의 대부분, 하북성(河北省) 서부(西部) 등으로 175개시현(個市
縣)이 포함된다. 진어(晉語)의 핵심구(核心區)는 이미 분리되어 신로량파(新老兩
派)로 분화된 태원화(太原話)와 려량화(呂梁話)다.

[본문]  639, 640, 724, 726

『**진풍**(秦風)』 『시경(詩經)』 모두 305편의 시가 실려 있는데 <국풍(國風) 160편>,
<소아(小雅) 74편>, <대아(大雅) 31편>, <송(頌) 40편>의 네 부분으로 나누어
져 있다. 제목만 남은 생시(笙詩)까지 합치면 311편이 된다.

《국풍:진풍(國風:秦風)》은 《시경(詩經)》의 15국풍(國風)의 하나로 모두 10편
(篇)이다. 진지(秦地)의 한족민가(漢族民歌)다. 진(秦)은 본래 주(周)의 부용(附庸)
이었다. 서주(西周) 효왕(孝王)이 그의 신하였던 비자(非子)를 진(秦)에 봉했다.
현재의 감숙(甘肅) 천수(天水) 고진성(故秦城)이다. 강토(疆土)를 조금씩 점차 확
대(擴大)했다. 《시경(詩經)》은 한족문학사상(漢族文學史上) 제일부(第一部)의
시가총집(詩歌總集)이다. 후대시가발전(後代詩歌發展)에 심원(深遠)한 영향(影
響)을 끼쳤다. 중국고전문학(中國古典文學) 현실주의전통(現實主義傳統)의 원두
(源頭)가 되었다.

[본문]  679

『**진풍(陳風)**』《국풍:진풍(國風:陳風)》은 《시경(詩經)》의 15국풍(國風)의 하나로 모두 10편(篇)이다. 《시경(詩經)》은 한족문학사상(漢族文學史上) 제일부(第一部)의 시가총집(詩歌總集)이다. 후대시가발전(後代詩歌發展)에 심원(深遠)한 영향(影響)을 끼쳤다. 중국고전문학(中國古典文學) 현실주의전통(現實主義傳統)의 원두(源頭)가 되었다.

[본문] 371, 372, 374, 375, 376

『**집운(集韻)**』 10권. 1039년(北宋 寶元 2) 중국(中國), 송(宋)나라 인종(仁宗)의 칙명(勅命)을 받아 정도(丁度)가 지은 운서(韻書). 영종(英宗) 때에 사마 광(司馬光)이 그 뒤를 이어 엮었다. 《예부운략(禮部韻略)》과는 반대로 절운계(切韻系) 운서의 체재에 따랐다. 반절(反切)과 용자(用字)나 소운(小韻)의 배열순서에도 당시의 발음상태에 따라 대폭적인 변경이 있어서 음운학의 발전을 엿볼 수 있다. 《광운(廣韻)》과 같이 206운(韻)으로 나누었는데 글자의 소속은 약간 다르다. 수록(收錄)된 자수(字數)는 5만 3천 525자로 《광운》의 약 2배이며 이체자(異體字)와 이독(異讀)을 널리 수록하였다.

[본문] 144, 160, 175, 324, 654, 656, 662, 665, 703

『**집해-포(集解-包)**』 [집해]에서 포씨가

제가(諸家)의 동일전적(同一典籍)에 대한 어언(語言)과 사상내용(思想內容)의 해석(解釋)을 휘집(彙集)하여 자신의 뜻으로 판단하여 독자(讀者)의 리해(理解)를 돕는 것이다. "경(經)"과 그 풀이를 돕는 "전(傳)"을 합쳐서 해석(解釋)한다.

- 3국(三國) 위(魏) 하안(何晏)의 《론어주소해경:서(論語注疏解經:序)》에 "지금 제가의 좋은 점은 모아서 그 성명을 기록하고, 좋지 않은 것은 바로 바꾸어서 이름짓기를 <론어집해>라고 한다[集諸家之善,記其姓名;有不安者,頗爲改易,名曰《論語集解》]." 라고 했다.

- 남조(南朝) 송(宋) 배인(裴駰)의 《서(序)》에 "백가(百家)의 경전(經傳)과 더불어 선유지설(先儒之說)을 모아서 유익(有益)한 것은 모두 베껴 싣고, 그 나머지 유사(遊辭)는 제외하여 요실(要實)만을 취했다. 간혹 의심이 남는 것은 여러 사람의 의견을 나열했다. … 서(徐)를 근본으로 삼고 이름 <집해>라고 한다.[采經傳百家並先儒之說,豫是有益,悉皆抄內。刪其遊辭,取其要實,或義在可疑,則數家兼列……以徐爲本,號曰《集解》.] 라고 했다.

- 장수절(張守節) 정의(正義)에 "배인(裴駰)이 '9경(九經)'의 제사(諸史)와 《한서음의(漢書音義)》 및 중서지목(眾書之目)을 모아 《사기(史記)》를 해석했다. 그래서 제목을 《서(序)》라고 했다["裴駰采 '九經' 諸史並《漢書音義》及眾書之目而解《史記》, 故題《序》.] 라고 했다.

- 류문전(劉文典)의 《서(序)》에 "이름을 <집해>로 한다. 도합 21권이다[名

爲 '繇解',合二十一卷]."라고 했다.

― 진(晉) 두예(杜預)의 《춘추경전집해:서(春秋經傳集解:序)》에 "그래서 특히 류(劉), 가(賈), 허(許), 영(潁)의 잘못을 들어 동이(同異)를 보이고, 《경(經)》의 년도를 나누어, 《전(傳)》의 년도와 상부(相附)하는지 살펴서 그 의류(義類)를 비교하여 따라서 해석하였다. 이름을 <경전집해>라고 한다[故特擧 劉, 賈, 許, 潁之違,以見同異. 分《經》之年,與《傳》之年相附,比其義類,各隨而解之,名曰《經傳集解》]."라고 했다.

― 공영달(孔穎達)의 소(疏)에 "두예(杜預)가 <집해(集解)>라고 한 것은 《경(經)》과 《전(傳)》을 모아서 해석을 했다는 것이고, 하안(何晏)의 《론어집해(論語集解)》는 제가(諸家)의 의리(義理)를 모아 《론어(論語)》를 해석한 것으로 말은 같아도 뜻은 다른 것이다[杜言<集解>, 謂聚集 《經》《傳》爲之作解. 何晏《論語集解》,乃聚集諸家義理以解《論語》,言同而意異也]."라고 했다.

[본문] 669

『하씨-찬문(何氏-纂文)』 639, 640

『창힐(倉頡)』 한 원제(漢元帝) 때에 황문령(黃門令)인 사유(史游)가 지은 책.

　　[본문] 332

『창힐고(倉頡故)』

　　[본문] 335, 562

　　　　『두림-창힐고(杜林-倉頡故)』 313

『창힐편(倉頡篇)』

　　[본문] 31, 332, 334, 553, 557

『창힐해고(倉頡解詁)』

　　[본문] 297

『창힐훈찬(倉頡訓纂)』

　　[본문] 335, 562

　　　　『두림-창힐훈찬(杜林-倉頡訓纂)』 313

『채번(采蘩)』

　　　　『채번:전(采蘩:傳)』 724, 726

『채숙(采菽)』 <小雅:魚藻之什:采菽>

　　　　不能錫命以禮, 數徵會之而無信義, 君子見微而思古焉.

　　　　采菽采菽, 筐之筥之. 君子來朝, 何錫予之.

　　　　雖無予之, 路車乘馬. 又何予之, 玄袞及黼.

　　　　觱沸檻泉, 言采其芹. 君子來朝, 言觀其旂.

　　　　其旂淠淠, 鸞聲嘒嘒. 載驂載駟, 君子所屆.

　　　　赤芾在股, 邪幅在下. 彼交匪紓, 天子所予.

　　　　樂只君子, 天子命之. 樂只君子, 福祿申之.

　　　　維柞之枝, 其葉蓬蓬. 樂只君子, 殿天子之邦.

　　　　樂只君子, 萬福攸同. 平平左右, 亦是率從.

　　　　汎汎楊舟, 紼纚維之. 樂只君子, 天子葵之.

　　　　樂只君子, 福祿膍之. 優哉游哉, 亦是戾矣.

　　[본문]　575, 577

『초목:**소**(艸木:疏)』

　　[본문]　385, 386

『**초사**(楚詞)』　746

『**초사**(楚辭)』〈초사:장구(楚辭章句)〉는《초사(楚辭)》의 주본(注本)이다. 동한(東漢)의 왕일(王逸)이 주(注)를 한 것이다.《초사(楚辭)》는 서한(西漢)의 류향(劉向)이 편집한 것이다. 원래는 16편이었으나 왕일(王逸)이 자신의 《9사(九思)》 1권을 보태어서 17편이 되었다. 이 책 속에서 왕일은 《초사(楚辭)》 각 편마다 문자를 주해하고, 창작 유래와 작자의 경력 등을 기술해 놓았다.《초사(楚辭)》의 가장 이른 완정주해본이다.

　　[본문]　256, 257, 360, 746

『**초어**(楚語)』『국어(國語)』의 한 편명.『국어(國語)』는 주(周)나라 좌구명(左丘明)이 《좌씨전(左氏傳)》을 쓰기 위하여 춘추 시대(春秋時代) 8국의 역사를 나라별로 기록한 책인데, 주어(周語) 3권, 로어(魯語) 2권, 제어(齊語) 1권, 진어(晋語) 9권, 정어(鄭語) 1권, 초어(楚語) 2권, 오어(吳語) 1권, 월어(越語) 2권이다.

　　[본문]　331, 333, 522, 523

『**초자**(楚茨)』〈小雅:谷風之什:楚茨〉

　　　　楚楚者茨, 言抽其棘. 自昔何爲, 我蓺黍稷.

　　　　我黍與與, 我稷翼翼. 我倉旣盈, 我庾維億.

　　　　以爲酒食, 以享以祀, 以妥以侑, 以介景福.

　　　　濟濟蹌蹌, 絜爾牛羊, 以往烝嘗. 或剝或亨, 或肆或將.

　　　　祝祭于祊, 祀事孔明. 先祖是皇, 神保是饗. 孝孫有慶.

　　　　報以介福, 萬壽無疆. 執爨踖踖, 爲俎孔碩, 或燔或炙.

　　　　君婦莫莫, 爲豆孔庶.

　　　　爲賓爲客, 獻酬交錯. 禮儀卒度, 笑語卒獲. 神保是格.

　　　　報以介福, 萬壽攸酢.

　　　　我孔熯矣, 式禮莫愆. 工祝致告, 徂賚孝孫. 苾芬孝祀, 神嗜飲食.

　　　　卜爾百福, 如幾如式. 旣齊旣稷, 旣匡旣勑. 永錫爾極, 時萬時億.

　　　　禮儀旣備, 鍾鼓旣戒. 孝孫徂位, 工祝致告. 神具醉止, 皇尸載起.

鼓鍾送尸, 神保聿歸. 諸宰君婦, 廢徹不遲. 諸父兄弟, 備言燕私.
樂具入奏, 以綏後祿. 爾殽既將, 莫怨具慶. 既醉既飽, 小大稽首.
神嗜飲食, 使君壽考. 孔惠孔時, 維其盡之. 子子孫孫, 勿替引之.

[본문] 14, 310, 537,

『**초혼**(招魂)』 전국시(戰國時) 굴원(屈原)의 대표작 중의 하나인 초사(楚辭).
《초혼(招魂)》은 초사(楚辭) 중의 한편으로 유독 특색(特色)을 갖춘 작품(作品)
이다. 민간(民間)의 초혼습속(招魂習俗)을 모방(模倣) 묘사하여 이루어진 것이다.
그 중에는 또 작자(作者)의 사상감정(思想感情)이 포함(包含)되어 있다. 작자(作
者)의 존재(存在)에 대해서는 의견이 엇갈린다. 일설(一說)에는 송옥(宋玉)이
"굴원(屈原)의 혼백(魂魄)이 방일(放佚)해지는 것을 애도하여 지었다"라고 하
나 다수의 주장(主張)들은 굴원(屈原)지었다고 한다. "밖으로 4방에 악이 널렸
으니 초국의 미를 숭상하라[外陳四方之惡,內崇楚國之美].", "초왕(楚王)의 령
혼(靈魂)을 불러내어 초국(楚國)을 구원하러 돌아오게 하라[呼喚楚王的靈魂回到
楚國來.] 사구(詞句)는 처완(淒婉)하고, 정경(情景)은 교융(交融)하여 후세(後世)
의 상춘전통(傷春傳統)에 커다란 영향(影響)을 끼쳤다.
　【처완(淒婉)】 悲傷婉轉.
　【교융(交融)】 融合在一起.
　【상춘(傷春)】 봄날에 느끼는 여러 가지 걱정과 고민.

[본문] 345
　『**초혼**:왕-주(招魂:王-注)』 345, 346

『**촉도부**(蜀都賦)』 서한(西漢) 양웅(揚雄)의 대표작이다. 극진(極盡)한 언사(言辭)로
성도(成都)의 장미수려(壯美秀麗)함을 읊었다. 반고(班固)의 《2도부(二都賦)》,
장형(張衡)의 《남도부(南都賦)》로 이어졌고, 동진(東晉) 좌사((左思)의 《3도부
(三都賦)》 중 《촉도(蜀賦)》의 창작에 큰 영향을 끼쳤다.

[본문] 439
　『**촉도부:류-주**(蜀都賦:劉-注)』 61, 62, 121, 122
　『**좌사**-촉도부(左思-蜀都賦)』 458, 459
　『**최표**-고금:주(崔豹-古今:注)』 61

『**춘추전**(春秋傳) 로(魯)나라의 편년체 역사서. 공자가 손질했다. 춘추필법(春秋筆法)
으로 통한다. 기사가 극히 간결하다. 해설서로 '춘추3전(春秋三傳)'으로 통하
는 『좌전(左傳)』, 『공양전(公羊傳)』, 『곡량전(穀梁傳)』이 있다.

[본문] 281, 287, 524, 525, 568, 575, 577, 625
　『**춘추경**:장7년(春秋經:莊七年)』 553, 556,
　『**춘추:국어**(春秋:國語)』 639, 641
　『**춘추:전**(春秋:傳)』 625

『심약-주:춘추:**원명포**(沈約-注:春秋:元命苞)』 25, 26

**<출거**(出車)> <小雅:鹿鳴之什:出車>

我出我車, 于彼牧矣. 自天子所, 謂我來矣.

召彼僕夫, 謂之載矣. 王事多難, 維其棘矣.

我出我車, 于彼郊矣. 設此旐矣, 建彼旄矣.

彼旟旐斯, 胡不旆旆. 憂心悄悄, 僕夫況瘁.

王命南仲, 往城于方. 出車彭彭, 旂旐中央.

天子命我, 城彼朔方. 赫赫南仲, 玁狁于襄.

昔我往矣, 黍稷方華. 今我來思, 雨雪載塗.

王事多難, 不遑啓居. 豈不懷歸, 畏此簡書.

喓喓草蟲, 趯趯阜螽. 未見君子, 憂心忡忡.

既見君子, 我心則降. 赫赫南仲, 薄伐西戎.

春日遲遲, 卉木萋萋. 倉庚喈喈, 采蘩祁祁.

執訊獲醜, 薄言還歸. 赫赫南仲, 玁狁于夷.

『**태평어람**(太平御覽)』 송초(宋初) 태평흥국 2년(太平興國 977년)에 태종(太宗)의 칙명으로 리방(李昉) 등이 편찬한 류서(類書). 모두 1,000권이며, 55문(門) 4,558 류(類)로 분류했다. 인용서가 1,660종에 달하며, 현재는 70~80%가량이 실전되었다. <태평광기(太平廣記)>, <문원영화(文苑英華)>, <책부원구(冊府元龜)>를 합하여 '송4대서' 라고 한다.

[본문] 182, 184, 280, 292, 293, 707, 708

『복건-**통속문**(虔)-通俗文)』 《통속문(通俗文)》은 동한말(東漢末)복건(服虔)이 지은 것이다. 중국의 속어사사서(俗語詞辭書)로 소학사(小學史)나 사서사상(辭書史上) 중요지위(重要地位)를 차지하고 있다. 그러나 이 책이 일찍이 망일(亡佚)되었기 때문에 전인(前人)들의 이 사서(辭書)의 성질(性質)에 대한 인식(認識)에는 약간의 분기(分歧)가 있다. 호기광(胡奇光) 선생(先生)의 《중국소학사(中國小學史)》 중에서는 "이 책은 《설문(說文)》과는 다른 특색(特色)이 있는데 그것은 오로지 신자(新字)만 수록한 것이다. 그 신자(新字)는 외래자(外來字) 뿐만 아니라 주요(主要)한 것은 한 대신조(漢代新造)의 통용자(通用字)를 가리키는 것으로 당연히 《설문(說文)》에는 누락된 선진고적상(先秦古籍上)의 정자(正字)다." 라고 했다. 단서위(段書偉) 선생(先生)은 《통속문집교(通俗文輯校)》 중에서 "<통속문>은 중국의 속언리어(俗言俚語)를 전문으로 해석한 책으로 랭벽(冷僻)한 속자(俗字)를 풀이한 훈고학(訓詁學) 전저(專著)다." 라고 했다. 《통속문(通俗文)》中保有당시(當時)에 사용된 대량(大量)의 구어(口語), 속어(俗語) 성분(成分)이 들어있다. 중고한어(中古漢語)의 연구(研究)나, 더욱이 중고한어(中

古漢語)의 방언(方言), 속어(俗語)의 연구에 높은 문헌가치(文獻價值)가 있다. 《통속문(通俗文)》은 이미 망일(亡佚)되었으며, 오로지 후대전적중(後代典籍中)에 인용된 구절을 통해서 이 책의 구침(鉤沉)의 진행(進行)을 알 수 있을 뿐이다.

【랭벽(冷僻)】 1.冷落偏僻. 2.不常見的. 多指字、名稱、典故、書籍等. 3.指性格孤僻.

【전저(專著)】 專門著作.

【구침(鉤沈)】 1. 자료를 발굴하여 수집함. 2. 깊이 숨겨진 이치를 탐색함.

[본문] 208

『**특생**(特牲)』 사(士)의 제례(祭禮)가 "특생(特牲)"으로 불리는 시(豕)만 사용하는 것에 대한 말이기도 하다. 대뢰(大牢), 소뢰(少牢)등은 존비등급(尊卑等級) 관념(觀念)이 제례상(祭禮上)에 체현(體現)된 것이다.

[본문] 317, 319

『특생:**궤사례**(特牲:饋食禮)』 『의례(儀禮)』의 15번째 편명(篇名)이다.

[본문] 317, 319

『**파지**(巴志)』 상거(常璩)는 서진말년(西晉末年)에 태어났다. 성한(成漢) 시기(時期)에 상거(常璩)는 일찍이 산기상시(散騎常侍)를 맡았었다. 347년(年) 동진대장(東晉大將) 환온(桓溫)이 촉(蜀)을 절벌할 때 상거(常璩)는 성한황제(成漢皇帝)인 리세(李勢)에게 진(晉)에 항복할 것을 권했다. 성한(成漢)이 멸망(滅亡)한 후 상거(常璩)는 진(晉)으로 들어갔다가 동진사족(東晉士族)들의 기시(歧視)와 경막(輕藐)을 받아서 오로지 수사(修史)에만 전념하여 《화양국지(華陽國志)》를 지었다.

《화양국지(華陽國志)》는 중국(中國)에 현존(現存)하는 가장 이르고, 가장 완정(完整)한 지방지(地方志)로 전서(全書) 모두 12권(卷)이다. 그 명문(名聞)이 중외(中外)에 심원(深遠)한 영향(影響)을 준 사학거저(史學巨著)로 중국의 서남지구(西南地區) 산천(山川), 력사(歷史), 인물(人物), 민속(民俗)을 연구(研究)하는데 중요사료(重要史料)다.

【성한(成漢)】 5호 16국의 하나.

【기시(歧視)】 不平等地看待.

【경막(輕藐)】 小看, 蔑視.

[본문] 458, 460

『**패**:**모전**(邶:毛傳)』

[본문] 763, 764

『**패풍**(邶風)』 《국풍:패풍(國風:邶風)》은 《시경(詩經)》의 15국풍(國風)의 하나다. 모두 19편(篇)이다. 패지(邶地)의 화하족민가(華夏族民歌)다. 패(邶)는 주대

(周代) 제후국명(諸侯國名)으로 지금의 하남성(河南省)이다. 《시경(詩經)》은 중국문학사상(中國文學史上) 제일(第一)의 시가총집(詩歌總集)으로 對후대시가발전(後代詩歌發展)에 심원(深遠)한 영향(影響)을 끼쳤으며 고전문학(古典文學) 현실주의전통(現實主義傳統)의 원두(源頭)다.

[본문]   306, 308

　『패풍:**전**(邶風:箋)』  238, 239

『**풍토기**(風土記)』 《풍토기(風土記)》는 고대서적(古代書籍)이다. 주요(主要)한 량본(兩本:두 권)이 있는데 첫째는 진대(晉代)의 명인(名人) 주처(周處)가 지은 지방풍물지(地方風物志)이고, 다른 하나는 일본(日本)의 녀제(女帝)인 원명천황(元明天皇) 시기(時期)에 명을 내려 편찬한 지리문화지서(地理文化志書)다.

《풍토기(風土記)》는 서진(西晉)의 주처(周處)가 편찬한 것으로 여기서 주처(周處)는 "주처제3해(周處除三害:주처가 세 가지 해를 없앴다)"의 주처(周處)다. 이 책은 지방풍속(地方風俗)을 기술(記述)한 명저(名著)다. 지금에 이르기까지의 지방습속(地方習俗)과 풍토민정(風土民情)을 서술한 저작(著作)이다. 별도의 동류성질(同類性質)인 지방성(地方性) 세시절령(歲時節令)을 적은 남북조(南北朝)의 《형초세시기(荊楚歲時記)》에 비해 좀 더 이른 책이다. 이 책에서 단오(端午), 7석(七夕), 중양(重陽) 등등의 민속절일(民俗節日)을 모두 중요(重要)하게 기술하고 있다. 지금의 사람들이 단오(端午), 7석(七夕), 중양(重陽) 등등의 습속(習俗)을 사고(査考)할 때 《풍토기(風土記)》에 의거한다. 관련 고증(考證)에 있어서 《풍토기(風土記)》는 마땅히 력사상(歷史上) 제일부(第一部)의 지방풍물(地方風物)을 기록(記錄)한 책이지만 애석하게도 현금(現今)엔 대부분(大部分) 모두 이미 산실(散失)되고 말았다.

[본문]   61, 62

『**심괄-필담**(沈括-筆談)』 필담(筆談)은 한자문화권(漢字文化圈) 지역내(地域內)에서 부동어언(不同語言)의 지식분자(知識分子)들이 상호교류(相互交流)의 한 방법(方法)이었다. 한자(漢字)와 문언문(文言文:漢文)을 사용(使用)하는 교류방식(交流方式)이었다. 저종방법(這種方法)은 근대이전(近代以前)의 교류(交流)에 있어서 보다더 보편(普遍)적이었다. 일본강호시대(日本江戶時代)의 유학자(儒學者)와 조선통신사(朝鮮通信使)들은 한자필담(漢字筆談)의 방식(方式)으로 유학문제(儒學問題)를 쟁론(爭論)했다. 안남(安南:越南)의 사절(使節)과 조선사절(朝鮮使節)들은 한시(漢詩)를 호증(互贈)했다.

[본문]   163

『**하서**(夏書)』 『상서(尙書)』의 한 편명. 『상서(尙書)』는 『우서(虞書)』, 『하서(夏書)』, 『상서(商書),』 『주서(周書)』로 구성되었다.

[본문] 608, 609, 625, 626

『**하소정**(夏小正)』 『대대례기(大戴禮記)』의 한 편이다. 매월의 기후를 기록하고 있
다. 『수서』〈경적지〉에서 『대대례기』 외에 별도로 『하소정』을 기록하였
으니, 이때부터 별본(別本)으로 알려졌다. 본래 고본(古本)은 대덕(戴德)의 전(傳)
과 섞여 있었는데, 송나라 부숭경(傅崧卿)이 두예(杜預)의 『춘추좌씨전』의 편
례에 따라 정문(正文)을 앞에 놓고, 전문(傳文)을 뒤에 붙여 매월을 한 편으로 만
들었고, 거기에 주석을 붙여 모두 4권으로 만들었다. <한서:유림전(漢書:儒林
傳)>에 따르면 <대대례기(大戴禮記)>는 유가(儒家)의 례서(禮書)다. 그러나 그
내용이 잡박(駁雜)하기 때문에 어떤 편장(篇章)의 성격은 례학(禮學)의 근본과 무
관한 것도 있다. <제계성(帝系姓)>, <5제덕(五帝德)> 같은 것은 사학(史學)에
속하고, <보부(保傳)> 같은 것은 교육(敎育)에 속하고, <하소정(夏小正)>은 시
칙(時則)에 속한다. 때문에 유가로부터 온당한 대접을 받지 못했다. 일찍이 량한
(兩漢)에서 학관(學官)에 들어있었지만, 당시(當時)에 전승하고 연구하는 사람이
거의 없어서 끝내는 주(注)를 하는 사람이 아무도 없게 되었다. 이 방면에 있어서
<소대례기(小戴禮記)>에 비해 손색이 많다. <하소정(夏小正)>은 단행본이다.
그 문구가 간오(簡奧)해서 400여 자에 불과 하고 정본(定本)도 주석(注釋)도 없
다.
<하소정(夏小正)>은 중국에 현존하는 가장 이른 시기의 책 중의 하나이다. 또한
하력(夏曆)을 채용한 가장 이른, 현존하는 력서(曆書)다. 처음에는 <대대례기(大
戴禮記)> 중의 한 편이었으나 이후 단행본이 되었는데 <수서:경적지(隋書·經
籍志)>에서 처음 단행본이 되었다. 북송(北宋)에서 청대(淸代)에 이르기까지 연
구자가 10여 인이 있다.

[본문] 94, 214, 221, 297, 298, 340, 342, 447, 720, 721, 724, 726, 731, 766,
767

　『하소정:**7월수환위:전**(夏小正:七月秀萑葦:傳)』 352, 354

　『하소정:**전**(夏小正:傳)』 352, 365, 367

　『대대-례:**하소정**(大戴-禮:夏小正)』 707, 709

『**반악-한거부**(潘岳-閒居賦)』 병서(並序) 한거부(閒居賦)는 대개 례편(禮篇)에서 가
져온 것으로 세사(世事)를 잊고 한정거좌(閒靜居坐)한다는 뜻이다.

[본문] 86, 87

『**한, 로시**(韓, 魯詩)』 한시나 로시

[본문] 125

『**한간**(汗簡)』 글을 쓸 죽간(竹簡)을 만들 때 대나무를 불에 쬐어서 진액을 빼내는
것을 살청(殺靑)이라고 하는데 한간(汗簡)이라고도 한다. 송(宋)의 곽충서(郭忠
恕)가 지은 《한간(汗簡)》이라는 책은 고문(古文)으로 된 편방으로 부를 나누고

(偏旁分部) 예서를 따르지 않았는데, 하송(夏竦)이 쓴 『고문 4성운(古文四聲韻)』 은 운으로 글자를 분류하고(以韻分字) 예서를 따라서 찾기가 쉽게 만들었다.

[본문]  710

『**한률**(漢律)』  한대(漢代) 법률의 총칭이다. 서한(西漢) 건국 초기에는 진(秦)나라의 제도를 그대로 승계했다. 이후 진(秦)의 득실을 따져 개혁하며 사회, 경제의 기초와 정치제도를 공고히 하여 봉건제를 군건히 했다. 『한률(漢律)』 9편이 있었다. 고조 류방(劉邦)이 작성한 6편(六篇), 『도(盜)』, 『적(賊)』, 『수(囚)』, 『포(捕)』, 『잡(雜)』, 『구(具)』와 여기에 소하(蕭何)가 정한 『천흥(擅興)』, 『구(廐)』, 『호(戶)』 3편을 합해 9편(九篇)이라고 한다. 한 소하(漢 蕭何)의 『9장률(九章律)』이다. 이후 숙손통(叔孫通)이 『방장(傍章)』 18편, 장탕(張湯)이 『월궁률(越宮律)』 27편, 조우(趙禹)가 『조률(朝律)』 6편을 더해 60편이 되었다. 이것이 『한률(漢律)』이다.

[본문]  465, 660

『**한비**(韓非)』  55편 20책. 원래는 《한자(韓子)》라 불렸는데 당(唐)나라의 한유(韓愈) 때문에 혼동을 막기 위하여 지금의 《한비자(韓非子)》가 되었다. 법치 지상(法治至上)을 강조하는데, 55편을 크게 한비가 직접 쓴 것, 설화집, 여타 학파 이외의 논저 등 대략 6군(群)으로 나눌 수 있다.

[본문]  625

『**한서**(漢書)』  《한서(漢書)》는 《전한서(前漢書)》라고도 한다. 동한(東漢)의 학자 반고(班固)가 쓴 것이다. 중국 기전체 역사서의 효시다. 24사의 하나다. 《한서(漢書)》는 《사기(史記)》의 뒤를 계승했다. 《사기(史記)》, 《후한서(后漢書)》, 《3국지(三國志)》와 더불어 "전4사(前四史)"라고 불린다. 《한서(漢書)》는 고조 원년(高祖 元年 前206年)에서부터 왕망의 신조(新朝) 4년(23年)까지 230년간의 역사를 기록하고 있다. 한서(漢書)》는 기(記)가 12편, 표(表)가 8편, 지(志)가 10편, 전(傳) 70편 도합 100편으로 이루어졌다. 후인들이 120권으로 나누었고, 총 80만자에 달한다.

[본문]  86, 88, 403, 458, 459, 602, 606, 645

『**한시**(韓詩)』 문학파의 하나로 한초(漢初) 연(燕)나라 사람 한영(韓嬰)이 전수(傳授)한 《시경(詩經)》을 말한다. 『한시(韓詩)』는 문제(文帝) 때 박사(博士)를 세우고 관학(官學)이 되었다. 서한(西漢) 때에 로시(魯詩), 제시(齊詩)와 더불어 3가시(三家詩)로 불렸다.

[본문]  123, 187, 189, 198, 365, 366, 587, 599, 602, 605, 614, 615, 620, 629, 715, 776, 777

『**한악부**(漢樂府)』 악부(樂府) 처음 진(秦)에서 설치되었다. 당시(當時)에는 "소부(少府)" 관할의 일개(一個) 전문관리(專門管理)로 악무(樂舞)의 연창(演唱)을 교습(教習)하는 기구(機構)였다. 한초(漢初)에도 악부(樂府)는 보류(保留)되지 않다가 한무제시(漢武帝時)에 이르러 교제례악(郊祭禮樂)을 제정할 때 악부(樂府)를 중건(重建)했다. 그 직책(職責)은 한족민간(漢族民間)의 가요(歌謠)나 간혹 문인(文人)의 시(詩)를 채집(采集)해서 배악(配樂)하여 조정제사(朝廷祭祀)나 연회(宴會) 때 연주(演奏)하는 것을 대비하는 것이었다. 그들이 수집정리(搜集整理)한 시가(詩歌)를 후세(後世)에 "악부시(樂府詩)", 혹은 줄여서 "악부(樂府)"라고 했다. 이것은 《시경(詩經)》이나 《초사(楚辭)》를 이어 일어난 1종(種)의 신시체(新詩體)다. 나중에는 음악을 붙이지 않은 것도 악부(樂府)나 의악부(擬樂府)로 불리웠다.

### 한악부(漢樂府)의 분류

1, **교묘가사**(郊廟歌辭): 귀족문인(貴族文人)들이 제사(祭祀)쓰려고 지은 악가(樂歌),화려전아(華麗典雅)하나 별다른 사상내용(思想內容)은 없다. 《안세방중가(安世房中歌)》 17장(章)(楚音), 《교사가(郊祀歌)》 19장(章) 등이 있다. 음악(音樂)은 주로 진국음악(秦國音樂)과 초국음악(楚國音樂)을 쓴다.

2, **고취곡사**(鼓吹曲辭): 또한 단소뇨가(短簫鐃歌)라고도 한다. 한초(漢初)에 북방민족(北方民族)으로부터 전입(傳入)된 북적악(北狄樂)이다. 가사(歌辭)는 나중에 보충해 써넣은 것이다. 내용(內容)이 방잡(龐雜)하다. 한족민간(漢族民間)의 창작(創作)이다.

3, **상화가사**(相和歌辭):음악(音樂)은 각지(各地)에서 채집한 속악(俗樂),가사(歌辭)들 "가맥요구(街陌謠謳)"로. 불리던 것이다. 그 중에는 허다(許多)한 우수작품(優秀作品)들이 있으며, 한악부(漢樂府) 중의 정화(精華)라고 할 수 있다.

4, **잡곡가사**(雜曲歌辭): 그 중 악조(樂調)가 어디에서 일어나는지 알 수 없는 것들이 많은데 귀류(歸類)할 수가 없기 때문에 한 무리로 모은 것이다. 리면(裏面)에는 일부 우수민가(優秀民歌)도 있다.

【요구(謠謳)】 가요(歌謠). 《송서:악지일(宋書:樂志一)》에 "개개 악장의 고가사로 지금 현존하는 것들은 모두 한(漢) 나라 때의 길거리에 불려지던 노래들로

《강남가채련(江南可采蓮)》、《오생(烏生)》、《15(十五)》、《백두음(白頭吟)》 같은 것들이다[凡樂章古詞, 今之存者, 幷漢世街陌謠謳, 《江南可采蓮》、《烏生》、《十五》、《白頭吟》之屬是也].”라고 했다.

　【가맥(街陌)】 가도(街道);가항(街巷).

　[본문]　375, 376

『**한지**(漢志)』

　[본문]　313, 450, 451

『**해인**(醯人)』

　[본문]　68, 70, 474, 475

『**향음주의**(鄕飮酒義)』　《향음주례(鄕飮酒禮)》는 고대한족(古代漢族)의 전국각지(全國各地)에서 류행(流行)했던 연음풍속(宴飮風俗)이다. 중국(中國)에서는 자고(自古)로 사도(仕途)를 중요시 했다. 고시(古時)에 현자(賢者)가 천승(薦升)하게 되면 향대부(鄕大夫)가 주인(主人)이 되어 설연(設宴)하여 송행(送行)했다. 나중에는 지방관(地方官)이 설연(設宴)하여 응거지사(應擧之士)를 초대(招待)했는데 이 잔치를 “향음주(鄕飮酒)”라고 했다.

　향인(鄕人)이 취회연음(聚會宴飮)할 때의 례의(禮儀),라고 기술(記述)하는 것은 《의례(儀禮)》의 한 편명(篇名)이다. 향음주(鄕飮酒)는 대략 네 가지가 있다. 4류(四類)의 첫째는 3년대비(三年大比)에서 제후(諸侯)의 향대부(鄕大夫)가 그 군(君)에게 현능지사(賢能之士)를 거천(擧薦)하고, 향학(鄕學) 중에서 빈례(賓禮)로 회음(會飮)하는 것이고, 둘째로는 향대부(鄕大夫)가 빈례연음(賓禮宴飮)으로 국중현자(國中賢者)에게 베푸는 것이다. 셋째로는 주장(州長)이 춘, 추(春, 秋)에 회민습사(會民習射)할 때 사전음주(射前飮酒)하는 것이다. 넷째로는 당정(黨正)이 계동(季冬)의 랍제(蠟祭)에서 음주(飮酒)하는 것이다. 《례기:사의(禮記:射義)》에 설명하기를 “향음주례(鄕飮酒禮)라는 것은 그것으로 장유지서(長幼之序)를 밝히는 것이다.”라고 했다.

　【사도(仕途)】 관리가 되는 길. 벼슬길. 관도(官途). 사로(仕路).

　【대비(大比)】 1.周制, 每三年調査一次人口及其財物, 稱大比. 2.周代每三年對鄕吏進行考核, 選擇賢能, 稱大比. 3.隋唐以后泛指科擧考試. 4.明淸亦特指鄕試.

　【당정(黨正)】 1.周時地方組織的長官. 2.言論正直.

　[본문]　787

『**헌문**(憲問)』　《론어(論語)》는 공자(孔子)와 그 제자(弟子)들의 언행(言行)을 기록(記錄)한 것인데 그 중 제14편(第十四篇)이 《헌문(憲問)》으로 공자(孔子)의 제자(弟子)인 원헌(原憲)과 공자(孔子)의 대화(對話)다.

　[본문]

『고-**화식전**(故-貨殖傳)』　《화식렬전(貨殖列傳)》은 《사기(史記)》의 129권(卷)

렬전(列傳) 제(第)69에서 나왔다. 이것은 "화식(貨殖)" 활동(活動)을 한 걸출인 물(傑出人物)의 류전(類傳)을 전문적으로 기술한 것이다. 또한 사마천(司馬遷)의 경제 사상(經濟思想)과 물질관(物質觀)의 중요편장(重要篇章)을 반영(反映)하고 있기도 하다. "화식(貨殖)"은 "자생자화재리(滋生資貨財利)"를 모구(謀求)하여 치부(致富)하는 것을 가리킨다. 리용화물(利用貨物)의 생산(生産)과 교환(交換)으로 상업활동(商業活動)을 진행(進行)하는 가운데 생재구리(生財求利)하는 것을 말한다. 사마천(司馬遷)이 가리키는 화식(貨殖)은 각종(各種)수공업(手工業)과 농(農), 목(牧), 어(漁), 광산(礦山), 야련(冶煉) 등(等)의 행업적(行業的) 경영(經營)을 포괄(包括)한다.

서한초년(西漢初年)에 중국(中國)은 제일차(第一次)로 도가리론(道家理論)을 전방위(全方位)로 응용(應用)하여 치국(治國)하여 중화제일(中華第一)의 성세(盛世)인 문경지치(文景之治)를 이룩했다. 《화식렬전(貨殖列傳)》 중에는 도가적(道家的)인 "저류지수(低流之水)" 같은 시장기제(市場機制) 관련 기재가 있다. 그 유관리론(有關理論)과 실천정황(實踐情況)을 《회남자(淮南子)》, 《사기(史記)》, 《한서(漢書)》 등의 도가제서(道家諸書)와 사서(史書) 중에서 주요(主要)하게 기술(記述)하고 있다. 사마천(司馬遷)은 《사기:화식렬전(史記:貨殖列傳)》 제1편(第一篇)에서 시장(市場)의 자아조절적(自我調節的) 례자(例子)를 설명하고 있다. 곧 동남서북방(東南西北方)의 물산(物産)은 각기 서로 다르다. 북(北)에는 리우(犛牛)가 있고, 서(西)에는 축목(畜牧)가 있고, 동(東)에는 어염(漁鹽)이 있고, 남(南)에는 목재(木材)가 있다. 이러한 물건들은 모두 인민(人民)들의 생활필수품(生活必需品)인데, 북방(北方)에서 목재(木材)를 쓰려 하고, 남방(南方)에서 피모(皮毛)를 쓰려하면 어떻게 변통할 것인가? 사마천(司馬遷)은 설명하기를 "수요(需要)를 관부(官府)에서 정령(政令)을 발포(發布)하여 백성(百姓)들에게 기한을 정해서 징발(徵發)하여 회집(會集)하면 된다고 말하기는 어렵지 않을 것인가? 사람들은 각자 그 능력에 따라 각자 힘을 다해서 각자 그 욕구를 만족시킨다. 그래서 천한 물건도 비싸게 팔 수 있고, 귀한 물건도 싸게 살 수 있게 되는 것이다. 사람마다 각자의 업을 경영해서 물이 낮은 곳으로 흘러흘러 밤낮으로 쉬지 않는 것처럼 부르지 않아도 와서 사고 파니, 방도를 찾지 않아도 스스로 나와서 교역(交易)이 이루어지는 것이다. 이것은 대도(大道)에 부합(符合)하니 또한 자연조절(自然調節)의 증명(證明)이다."라고 했다.

[본문]

『**화양국지**(華陽國志)』 《화양국지(華陽國志)》는 또 《화양국기(華陽國記)》라고도 한다. 고대중국(古代中國) 서남지구(西南地區)의 지방력사(地方曆史)를 전문기술(專門記述)한 것으로 지리(地理), 인물(人物) 등의 지방지(地方志) 저작(著作)이다. 동진(東晉)의 상거(常璩) 진목제(晉穆帝) 영화 4년(永和四年)에서 영화 10

년(永和十年:348—354年) 사이에 지은 것이다.

전서(全書)는 파지(巴志),한중지(漢中志),촉지(蜀志),남중지(南中志),공손술(公孫述), 류2목지(劉二牧志),류선주지(劉先主志),류후주지(劉後主志),대동지(大同志),리특(李特), 리웅(李雄), 리기(李期), 리수(李壽), 리세지(李勢志),선현사녀총찬(先賢士女總贊), 후현지(後賢志),서지병사녀목록(序志並士女目錄) 등으로 나뉘어져 있고, 모두 12권(卷), 약11만자(萬字)다.

동진(東晉) 영화 3년(永和三年)에 이르는 원고(遠古)의 파촉사사(巴蜀史事)의 기록으로 지방(地方)의 출산(出產)과 력사인물(歷史人物)을 기록(記錄)했다. 홍량길(洪亮吉)은 이 책과 《월절서(越絕書)》가 중국(中國)에 현존(現存)하는 가장 이른 지방지(地方志)라고 했다.

[본문] 458, 460

『**회남**(淮南)』 본명은 《회남자(淮南子)》

[본문] 24, 589, 601

　　『회남:**천문훈**(淮南:天文訓)』 490, 492

　　『**허**-회남:주(許-淮南:注)』 24, 26

　　『**고-주**:회남, 려람(高-注:淮南, 呂覽)』 297, 299

　　『**고-주**:회남(高-注:淮南)』 360, 377, 378

『**회남서**(淮南書)』　본명은 《회남자(淮南子)》. 21권. 전한(前漢) 회남왕(淮南王) 류안(劉安)이 편찬한 일종의 백과사전이다. 《려씨춘추(呂氏春秋)》와 함께 잡가(雜家)의 대표작이다. 류안이 전국의 빈객과 방술가(方術家)를 모아서 편찬한 것으로 〈내서(內書)〉 21편, 〈외서(外書)〉 다수, 〈중편(中篇)〉 8권이었다고 하나, 〈내서〉 21권만 전한다. 류안은 한고조(漢高祖)의 서자로, 감옥에서 태어난 회남 여왕 류장(劉長)의 아들로, 아버지는 문제 때에 모반죄로 죽었고, 류안도 모반의 음모가 있다는 혐의를 받아 자살했다.

[본문] 41, 42

　　『회남서:**관자주부**:주(淮南書:窾者主浮:注)』 450, 451

『**회풍**(檜風)』　"정국(鄭國)의 처음 봉지(封地)는 함림(鹹林), 현재의 섬서성(陝西省) 화현(華縣) 서북일대(西北一帶)여서 땅이 경기(京畿) 안에 있었다. 정인(鄭人)의 동천(東遷)은 진(溱), 유(洧)에 의빙(依憑)하고 괵(虢), 회(鄶)에 기식(寄食)하는 동시에 경기(京畿)지역의 시상(時尚:유행)과 사화(奢華:사치)를 가지고 왔다. 《시경:정풍(詩經:鄭風)》에서 동천입주(東遷入主)한 중원(中原)의 교사지풍(驕奢之風)을 어렵지 않게 볼 수 있다. 일방면(一方面)으로는 풍광(風光)이 의니(旖旎)하고 산수수려(山水秀麗)하며 경제부서(經濟富庶)한 진(溱), 유(洧) 지구(地區)의 회국적(鄶國的)인 사화지풍(奢華之風)을 크게 떨치게 하였고, 다른 한편으로는 회국(鄶國) 처럼 주혼신태(主昏臣怠:어리석은 왕과 태만한 신하)해져서 정치흑

암(政治黑暗)하여 민불료생(民不聊生)하게 되었다. 《회풍(檜風)》은 이러한 력사배경(歷史背景) 아래에서 산생(産生)된 것이다. ”중원문화연구소(中原文化研究所) 소장(所長) 류옥아(劉玉娥) 교수(敎授)가 설명하기를 “회국(鄶國)의 하위(下位) 관리들 중에서 두뇌(頭腦)가 청성(淸醒)한 지식분자(知識分子)들이 흑암(黑暗)한 현실정치(現實政治) 속에서 장차 나라가 망할 것과 민생(民生)의 간난(艱難) 그리고 국민들이 고난(苦難) 속에서 들볶이는 것을 애탄(哀歎)하며. 한편으로는 통치자(統治者)들이 어리석어서 청명(淸明)한 정치(政治)를 하지 못하는 것을 통한(痛恨)하고 나라가 강성(强盛)해지기를 바랐으며, 다른 한 편으로는 스스로가 현실(現實)을 개변(改變)할 힘이 없음을 내심(內心) 통고(痛苦)하여 우수(憂愁)에 충만(充滿)했다. 심지어는 초목(草木)이 무지(無知)하여 우수통고(憂愁痛苦)도, 가실지루(家室之累:가족으로 인한 고통)도 없는 것을 선모(羨慕:부러워)하였다.” 라고 했다.

【의빙(依憑)】 1.빙차(憑借);의고(依靠). 2.의거(依據).

【시상(時尙)】 fashion, 當時的風尙;一時的習尙

【사화(奢華)】 1. 염려(艶麗). 2.사치(奢侈), 호화(豪華).

【의니(旖旎)】 1.旌旗從風飄揚貌. 2.溫存柔媚. 3.多盛美好貌.

【민불료생(民不聊生)】 人民無法生活下去.

[본문]   140

『효경(孝經)』 『효경(孝經)』은 옛 사람들의 계몽교육용 필독서였다. 《효경(孝經)》의 작자에 대해서는 설이 많다. 내용이나 책의 영향 등을 고려해보면 대체로 춘추 말기(春秋末期) 진조(秦朝) 건립시기로 선진시기(先秦時期)의 유가선현(儒家先賢)들이 지은 것이다. 효는 개인의 덕성을 함양할 뿐만 아니라 국가를 다스리는 공구로 사용되었다. 진량(陳亮)의 <륜리학 개론(倫理學 槪論)>에 “사친(事親)=사군(事君)=립신출세(立身出世)를 내세워 효로 나라를 다스린다는 것을 선양했다. 《효경(孝經)》은 이효위충(移孝爲忠), 즉 “효(孝)”를 “충(忠)”으로 탈바꿈 시키는 것이다. ”라고 했다. 그러나 현대적 시각으로 보면 가장 잔혹한 책이다.

[본문]   625, 627

  『후한서:류성공전(後漢書:劉聖公傳)』  150, 151

  『후한서:마융전(後漢書:馬融傳)』  489

  『후한서:주(後漢書:注)』 150

  『후한서:황보숭전(後漢書:皇甫嵩傳)』  691

## 책[편장]을 지칭하는 대명사

【각-본(各-本)】
【고-본(古-本)】
【구-본(舊-本)】
【금-본(今-本)】
【속-본(俗-本)】
【대서-본(大徐-本)】
【소서-본(小徐-本)】
【당-본(唐-本)】
【송-본(宋-本)】
【현-본(鉉-本)】

【주소(注疏)】
【전(傳)】
【전(箋)】
【주(注)】
【소(疏)】

## 인명고

● **가공언**(賈公彦:?-?) 당나라 명주(洺州), 하북성(河北省) 영년(永年) 현재 하북 (河北) 한단시(邯鄲市) 동북 사람. 당조(唐朝) 유가학자, 경학가, 3례학 학자. 고종 년간(高宗年間: 650~665)에 태학박사(太學博士)와 홍문관학사를 지냈다. 예학(禮學)에 정통하여 공영달(孔穎達) 등과 <례기정의(禮記正義)> 편찬에도 참여했다. 십삼경주소(十三經注疏)에도 들어있는 《주례의소(周禮義疏)》 50권, 《의례의소(儀禮義疏)》 40권을 지었다. 가공언은 《3례(三禮)》에 정통했다. 《주례의소(周禮義疏)》는 그의 책임하에 편찬된 것이다. 《주례의소》는 주자(朱子)가 "5경소(五經疏) 중 가장 좋은 것"이라고 평가하였다. 정현-주:본(鄭玄-注:本) 12권을 골라 사용했는데 제가경설(諸家經說)을 모아 합쳐서 《의소(義疏)》 50권으로 확장했다. 체례상(體例上) 《5경정의(五經正義)》를 본떴다. 《의례의소(儀禮義疏)》는 가공언 등이 편찬한 것으로 북제(北齊)의 황경(黃慶)과 수조(隋朝) 리맹연(李孟悆)의 소(疏)를 채용하여 정리한 것으로 정현(鄭玄)의 주를 따른 금본(今本)이다. 그 밖의 저서에 <예기소(禮記疏)> 80권과 <효경소(孝經疏)> 5권, <론어소(論語疏)> 15권 등이 있다.

[본문] 385, 389

● **가규**(賈逵:30 ~ 101) 후한 부풍(扶風, 섬서성) 평릉(平陵) 사람. 자는 경백(景伯)이다. 가의(賈誼)의 9대손으로, 조부는 상산태수(常山太守) 가광(賈光), 부친 가휘(賈徽)가 류흠(劉歆)에게서 『춘추:좌씨전(春秋:左氏傳)』을 배웠는데 그것을 이어받아 『좌전(左傳)』의 고문학을 주로 삼았다. 어릴 때 부업(父業)을 이어 약관의 나이에 5경(五經)의 본문과 『좌씨전』을 암송했고, 대하후(大夏侯)의 『상서(尚書)』를 가르쳤으며, 『곡량(穀梁)』의 학설에도 정통했다. 명제(明帝) 영평(永平) 연간에 『춘추:좌씨전해고(春秋:左氏傳解詁)』와 『국어해고(國語解詁)』를 저술하여 바쳤다. 또 『좌전』과 참위(讖緯)를 결합한 글을 올려 박사(博士)에 올랐다. 장제(章帝) 때는 금문경학자 리육(李育)과의 논쟁을 통해 고문경전의 지위를 높였다. 구양(歐陽)과 대소하후(大小夏侯)의 『고문-상서(古文-尚書)』의 이동(異同)이라든지 제로한(齊魯韓) 3시(三詩)와 『모시(毛詩)』의 이동을 밝혔다. 『경전의고(經傳義詁)』와 『론란(論難)』을 저술하여 뒷날 마융(馬融)과 정현(鄭玄) 등이 고문경서의 학문을 대성

할 수 있는 길을 닦아 놓았다. 저술이 많았지만 대부분 없어졌다. 허신(許愼)은 그를 존경하여 이름을 부르지 않고 가시중(賈侍中)으로 칭했다.

[본문] 102, 639

● **가규**(賈逵) 삼국 시대 위(魏)나라 하동(河東) 양릉(襄陵) 사람. 자는 양도(梁道) 다. 청렴한 인품으로 조조의 인정을 받았다. 조조가 "관리들이 모두 가규 같으면 내가 무슨 걱정을 하겠는가!" 라면서 칭찬했다.

● **가사협**(賈思勰) 북위(北魏) 시대 사람. 북조(北朝) 북위(北魏) 말과 동위(東魏), 남조(南朝)의 송(宋)에서 량(梁) 까지, 6세기 경에 살았던 수광(壽光) 사람이다.

일찍이 고양군(高陽郡) 현, 산동 림치(山東臨淄) 태수(太守)를 지냈다. 중국 고대(中國古代)의 걸출한 농학가(農學家). 《제민요술(齊民要術)》을 지었다. 系統地總結了6세기 이전 황하(黃河) 중하류지구(中下遊地區)의 농목업 생산경험 (農牧業生産經驗)과 식품가공(食品加工)과 저장(貯藏), 야생식물(野生植物)의 이용과, 包括種植채소과목(菜蔬果木)를 심고 기르는 법, 금수어류(畜禽魚類) 를 양식(養殖)하는 법, 각종 식품가공기술지식(食品加工的技術知識) 까지, 이것은 중국에서 첫째가는 완정(完整)한 농업과학저작(農業科學著作)으로 중국의 고대 농학발전생산에 중대한 영향을 끼쳤다. 이 책에는 경전(耕田), 곡물(穀物), 채소(蔬菜), 과수(果樹), 수목(樹木), 목축(畜産), 양조(釀造), 조미(調味), 조리(調理), 외국물산(外國物産) 등으로 각장으로 구성되어있다. 중국에서 현존하는 가장 이른 시기의, 가장 완정(完整)된 대형농업백과전서(大型農業百科全書).

[본문] 63, 297

● **가시중**(賈侍中) 가규.

[본문] 639

● **가씨**(賈氏)

[본문] 24, 246

● **가의**(賈誼:BC.200—168) 한족(漢族). 락양(洛陽) 현, 하남(河南今) 락양(洛陽) 사람. 서한(西漢) 초의 저명한 정론가(政論家). 문학가. 세칭 가생(賈生). 어려서부터 재명(才名)이 있었다. 글을 잘 지어 군민들의 칭찬을 들었다. 문제(文帝) 시 태중대부(太中大夫)가 되었으나 주발(周勃)과 관영(灌嬰)에게 배척 당하여 장사왕태부(長沙王太傅)로 좌천되었다.이로 인해 후세에 그를 가장사(賈長沙), 가태부(賈太傅)라고 불렀다. 3년 후 소환되어 장안(長安)으로 돌아와 량혜왕태부(梁懷王太傅)가 되었다. 량회왕(梁懷王)이 말에서 떨어져 죽은 후 심히 자책하다 우울증으로 사망했다. 그때 그의 나이는 겨우 33세였다. 사마천(司馬遷)이 이를 애석하게 여겨서 굴원(屈原)과 함께 서술했는데 후세 사람들은 굴원(屈原) 과 가의(賈誼)를 병칭(並稱)하여 굴가(屈賈)라고 했다.가의(賈誼)는 산문(散

文)과 사부(辭賦), 두 가지를 다 잘 지었는데, 장자(莊子)와 렬자(列子)의 영향을 많이 받았다. 정론문(政論文), 시정(時政)에 대한 평론(評論)들인데 풍격(風格)이 박실준발(樸實峻拔)하고, 론의(議論)가 감탕(酣暢)하여 로신(魯迅)은 그를 「서한홍문(西漢鴻文)」으로 칭했다. 대표작(代表作)으로 《과진론(過秦論)》, 《론적저소(論積貯疏)》, 《진정사소(陳政事疏)》 등이 있다. 그 사부(辭賦)는 모두 소체(騷體)인데 형식은 산체화(散體化)를 추구한다. 이는 한부(漢賦) 발전의 선구이다. 《조굴원부(吊屈原賦)》, 《복조부(鵩鳥賦)》가 가장 유명하다.

【박실(樸實)】 1.淳樸誠實；質樸篤實.2.樸素, 不奢侈, 不華麗.

【박실(樸實)】 질박하고 독실(篤實)함. 순박하고 성실함.

【준발(峻拔)】 1.高聳挺拔.2.嚴正剛直.3.超然不凡

【준발(峻拔)】 ① 우뚝 빼어남. ② 엄정하고 강직함. ③ 보통이 아님. 지혜가 출중함. ④ 필력(筆力)이 힘참.

【감탕(酣暢)】 ① 暢飮. ② 暢快；舒適. ③ 感情飽滿, 表達盡意.

【소체(騷體)】 문체(文體)의 하나. 전국(戰國)때 초(楚)의 굴원(屈原)이 지은 리소(離騷)가 그 대표작이며, 이로 말미암아 명명된 것. 이 체의 작품은 비교적 편폭(篇幅)이 길고 형식도 자유로우며 서정성(忬情性)과 낭만기식(浪漫氣息)이 풍부하고, 어미(語尾)에 兮자를 붙이는 경우가 많음. 초사체(楚辭體).

【산체(散體)】 不要求詞句齊整對偶的文體, 即散文體. 與 "駢體" 相對而言.

● **가자(賈子)** 반고(班固)가 《한서(漢書)》를 쓸 때 《신서(新書)》의 많은 부분을 옮겨 놓았다. 《한서:예문지(漢書:藝文志)》에 적기를 "가의(賈誼) 58편은 대개 류향(劉向)이 편집한 《가자신서(賈子新書)》이다. 현존하는 가장 이른 《신서(新書)》판본은 송본(宋本)을 본뜬 명대(明代)의 것이다. 적지 않은 학자들은 《신서(新書)》를 위작으로 보고 있다. 《사고제요(四庫提要)》에서는 "전부 진짜인 것도 아니고, 전부 가짜인 것도 아니다."라고 했다. 현재 학술계의 보편적인 인식은 기본적으로는 류향이 편집한 것을 지키면서 일부는 후세 사람들이 고치거나 끼워 넣은 것이라고 한다. 이것은 고서(古書)의 일반적인 문제에 해당하므로 이런 문제로 《신서(新書)》를 가의가 지은 것이 아니라고 해서는 안된다. 1975年 상해(上海) 인민출판사(人民出版社)에서 출판한 《가의집(賈誼集)》, 《신서(新書)》는 청대(淸代) 로문소(盧文弨)의 포경당본(抱經堂本)을 사용했는데 그 편목(篇目)은 아래와 같다.

과진(過秦 上, 中, 下) , 종수(宗首), 수녕(數寧), 번상(藩傷), 번강(藩強), 대도(大都), 등제(等齊), 복의(服疑), 익랑(益琅), 권중(權重), 5미(五美), 제부정(制不定), 심미(審微), 계급(階級), 속격(俗激), 시변(時變), 괴위(瑰瑋), 얼산자(孼産子), 동포(銅布), 일통(一通), 속원(屬遠), 친소위란(親疏危亂), 우민

(憂民), 해현(解縣), 위불신(威不信), 흉노(匈奴), 세비(勢卑), 회난(淮難), 무축
(無蓄), 주전(鑄錢), 부직(傅職), 보부(保傅), 련어(連語), 보좌(輔佐), 문효(問
孝 目闕文) , 례(禮), 용경(容經), 춘추(春秋), 선성(先醒), 이비(耳痹), 유성(諭
誠), 퇴양(退讓), 군도(君道), 관인(官人), 권양(勸學), 도술(道術), 6술(六術),
도덕설(道德說), 대정(大政 上, 下) , 수정어(修政語 上, 下) , 례용어(禮容語 闕
上有下) , 태교(胎教), 립후의(立後義). 다수의 론문(論文)과 문답(問答) 계고
(誠告)의 글들이 있다.

[본문]

● **강성**(康成) 정강성.

[본문]  532

● **경차**(景瑳:B.C.290-223) 경차(景差)로도 쓴다. <사기집해(史記集解)>에서 이
르기를 "또한 경양자(慶揚子)라고도 한다."라고 했다. <법언(法言)>과
<한서:고금인표(漢書:古今人表)>에서는 모두 경차(景差)로 썼다. 자(字)나 태
어난 곳, 생졸년 모두 알 수 없다. 다만 겨우 알 수 있는 것은 초국 사람(楚國人)
이라는 것과 송옥(宋玉), 당륵(唐勒)과 함께 굴원의 후배라는 것 뿐이다.

[본문]  86

● **고광은**(顧廣圻:1770-1839) 청(淸) 나라 때의 저명한 교감(校勘) 학자. 장서가.
목록학자. 자(字)는 천리(千里). 호(號)는 간평(澗玶). 무민자(無悶子), 별호(別
號)는 사적거사(思適居士). 일운산인(一雲散人). 원화(元和), 현 강소(江蘇) 소
주(蘇州) 사람.가경(嘉慶) 때 제생(諸生)이 되었다.

[본문]  511

● **고미**(顧微)의 《오현기(吳縣記)》는 중국에서 가장 이른 시기의 현지역(縣域) 지
지(地志) 중의 하나다. 이 책에서는 고미가 일찍이 오랜 시간 오군(吳郡)에서 비
교적 장시간 생활한 것과 불학(佛學)에 정통한 것을 적지 않게 말했다.
《법원주림(法苑珠琳)》 32권에서는 고미의 《광주기(廣州記)》를 인용하며
《광주기록(廣州記錄)》이라고 했다. 그런데 《태평어람:경사도서강목(太平御
覽:經史圖書綱目)》과 당(唐) 진장기(陳藏器)의 《본초습유(本草拾遺)》의 빈
랑(檳榔)조에 똑같이 《광주지(廣州志)》를 싣고 있다. 지(志)와 기(記)가 상통
하므로 아마도 《광주지(廣州志)》는 거의 고미 저작(顧微著作)의 원명(原名)
일 것이다.
옛 사람들이 고미의 《광주기(廣州志)》를 인용할 때 초록(抄錄)하기도 하고,
혹은 잘못 새겨서 생략하여 《광지(廣志)》라고 쓰기도 했다. 이 때문에 동진(東
晉) 곽의공(郭義恭)이 쓴 《광지(廣志)》와 혼동했다. 《태평어람(太平御覽)》
975권 부류(扶留) 조에 인용한 《광지(廣志)》가 고미의 《광주기(廣州記)》
의 내용과 일치한다. 똑같은 일이 《해약본초(海藥本草)》의 필징가(篳澄茄)조

와 《본초습유(本草拾遺)》의 익지(益智)조에도 있다.

고미(顧微)의 《광주기(廣州記)》 기는 또 《남해경(南海經)》으로 불렸다. 《연감류한(淵鑒類函)》 6권에 고미(顧微)의 《남해경(南海經)》을 인용하기를 "창오산(蒼梧山) 좌측에 우부풍(右出風)이 있다. 그래서 '풍문(風門)'이라고 한다." 라고 했다.

[본문]  458

● **고야왕**(顧野王) 남조 진(陳)나라 오군(吳郡) 오현(吳縣) 사람. 자는 희풍(希馮)이다. 어려서부터 배우기를 좋아했고, 성장하자 경사(經史)에 정통했으며, 천문과 지리, 충전기자(蟲篆奇字)도 익혔다. 또한 단청(丹青)에도 뛰어나 량선성왕(梁宣城王)이 고현(古賢)의 상을 그리게 했는데, 왕포(王褒)가 상찬(像贊)을 써서 당시 사람들이 '이절(二絶)'이라 불렀다. 량무제(梁武帝) 대동(大同) 4년(538) 태학박사(太學博士)가 되었다. 진나라에 들어 국자박사에 오르고, 황문시랑(黃門侍郎)을 거쳐 광록대부(光祿大夫)를 지냈다. 양나라 때 태학박사 등을 지냈고, 진나라 때는 벼슬이 광록경(光祿卿)에 이르렀다. 훈고학(訓詁學)에 정통했는데, 고금문자(古今文字)의 형체와 훈고를 수집하고 고증하여 16,017자를 540부로 구분한 『옥편(玉篇)』을 저술했다. 이 책은 양무제 대동 9년(543) 완성되었다. 원서는 지금은 잔본만 남아 있고, 청나라 려서창(黎庶昌)의 영인본이 전한다.

[본문]  150

● **고유**(高誘) 후한 탁군(涿郡) 탁현(涿縣) 사람. 영제(靈帝)와 헌제(獻帝) 때 활동했다. 어려서 로식(盧植)에게 배웠다. 건안(建安) 10년(205) 사공연(司空掾)이 되었다. 충효(忠孝)와 인의(仁義)를 강조하여 현인이 나라를 다스려야 한다고 강조했다. 저서에 『옥함산방집일서(玉函山房輯佚書)』에 수록된 『맹자:고씨장구(孟子高氏章句)』 등이 있다.

[본문]  25, 371

● **고제**(高帝) 고제(高帝)의 정식명칭(正式名稱)은 고황제(高皇帝)다. 항상 태조묘호(太祖廟號)와 함께 왕조창시(王朝創始)에게 주어진다.

**한-태조**(漢太祖) 고황제(高皇帝)류방(劉邦):前202年-前195年在位

**신-태조**(新太祖) 고황제(高皇帝)왕망(王莽):公元8年-23年在位

**위-고제**(魏高帝) 조등(曹騰):위세조(魏世祖) 조비(曹丕)追謚

**전진-태종**(前秦太宗) 고황제(高皇帝) 부등(符登):386年-394年在位

**제-태조**(齊太祖) 고황제(高皇帝) 소도성(蕭道成):479年-482年在位

**남당-렬조**(南唐烈祖) 광문숙무효고황제(光文肅武孝高皇帝)李昇:937年-943年在位

[본문]  399

● **공안국(孔安國)** 자(字)는 자국(子國). 서한(西漢) 로국(魯國) 곡부(曲阜) 사람이
다. 공자(孔子)의 11세손이다. 복생(伏生)에게서 《상서(尚書)》를 배웠다. 경학
(經學)에 능통해서 동중서(董仲舒)와 이름을 나란히 했다. 학식이 깊고 넓었다.
《사기(史記)》의 작자 사마천(司馬遷)이 《요전(堯典)》, 《우공(禹貢)》 등
의 편을 연구할 때 그에게 가르침을 청했다. 세상 사람들은 그를 선유(先儒)로
존경했다. 약 60세로 죽었다.

[본문] 669

● **공자(孔子)** 로나라 추읍(郰邑, 산동성 곡부시) 사람이다. 이름은 구(丘)이고 자는
중니(仲尼)이다. 춘추 말기의 사상가이자 정치가, 교육가인 동시에 유가학파의
창시자이다. 공자의 선조는 은나라 왕실의 후손이고, 공자의 아버지 흘(紇)은 공
자가 세 살 되던 해에 세상을 떠났다. 공자는 어머니 안씨(顔氏)와 형 맹피(孟
皮)를 따라 곡부로 이사했다. 『시경(詩經)』과 『상서(尚書)』를 정리·편찬하
고 『례(禮)』와 『악(樂)』을 수정·증보했으며 『춘추(春秋)』를 수정했다. 공
자가 정리·편찬한 책들은 후대의 학술사상 발전에 큰 기여를 했다.

[본문] 38, 553, 670

● **공충원(孔沖遠:469-532) 공휴원**(孔休源). 자(字)가 경서(慶緒), 회계(會稽) 산
음(山陰) 사람이다. 송명제(宋明帝) 태시 5년(泰始五年)에 태어나서 량무제(梁
武帝) 중 대통 4년(中大通四年) 64세로 죽었다. 11세 때 고아가 되었다. 상중에
는 례를 다했다. 후에 상서의조랑(尚書儀曹郞)에 제수 되었다. 매번 앞 일을을
찾음(逮訪前事)에 수기결단(隨機斷決)하여 망설임이 없었다. 앞날의 일을 혼자
서 외우고 있다는 뜻에서 임방(任昉)은 그를 공독송(孔獨誦)이라고 불렀다. 상서
좌승(尚書左丞)을 력임하고 어사중승(禦史中丞)을 겸했다. 정색(正色)을 하고
곧아서 회피하는 것이 없었다. 보통(普通) 중에 선혜장군(宣惠將軍), 감양주사
(監揚州事)를 받았다. 풍원은 풍체가 모범이 되고 갈하고 발랐다(風範疆正). 정
체(政體)를 밝게 단련해서 일찍이 천하를 자신의 임무로 삼았다. 성격이 진밀(縝
密)해서 단 한번도 궁중의 일(禁中事)을 말하지 않았다. 《량서본전(梁書本
傳)》이 세상에 전해진다.

[본문] 545

● **곽(郭)**

[본문] 110, 141, 144, 163, 190, 191, 204, 226, 229, 238, 239, 249, 251, 253,
256, 280, 340, 345, 377, 380, 396, 398, 406, 419, 421, 431, 435, 437, 471, 490

● **곽경순(郭景純)** 곽박(郭樸)의 자.

[본문] 331, 431

● **곽박(郭樸 郭璞)** 자가 경순(景純)이며 하동 문희(聞喜), 현재의 산서(山西) 문희
현(聞喜縣)사람이다. 그는 박학다식하고, 경학·고문에 정통하며, 『이아(爾

雅)」, 『산해경(山海經)』, 『초사(楚辭)』 등을 주석하였고, 점성술에도 뛰어났으나 명제 때 왕돈(王敦)에게 피살되었다.

[본문]  488, 510, 512

● **곽충서(郭忠恕)** 문인화가. 자는 서선(恕先). 하남성 락양 출신이다. 북송의 태종(재위 976-997)을 모셨으나 성격이 호방한 탓으로 좌천되어 산동성 등주(登州)로 유배되는 도중 제주(濟州)에서 사망했다. 문자학에 자세하였으며 전서·예서에 능했다. 그림은 세밀한 누각묘사에 능했다. 문자학 저서로 『패휴(佩觿)』가 있다.

[본문]  111, 281

● **관중(管仲)** 춘추시대 초기의 정치가·사상가. 이름은 이오(夷吾), 관자(管子)로 불린다. 제환공(齊桓公)의 개혁을 도와 제(齊)를 춘추시대 패자(霸者)로 만들었다. 『관자:목민(管子:牧民)에서 '창고가 가득 찬 뒤에야 예절을 알게 되고, 먹을 것과 입을 것이 넉넉해야 영예와 치욕을 안다' 라고 하여 교화의 역할을 중시하였다. 관중(管仲)의 이름을 딴 『관자(管子)』는 86편 중 76편이 전해지고 있다.

관중(管仲 BC.719-645年) 희성(姬姓). 관씨(管氏). 이름은 이오(夷吾). 자(字)가 중(仲). 관자(管子), 관이오(管夷吾), 관중(敬仲)으로 불렸다. 시호는 경(敬). 춘추시기(春秋時期) 법가(法家)의 선구(先驅)적 인물로 "성인지사(聖人之師)요, 중화문명의 보호자(華夏文明的保護者), 화하제일재상(華夏第一相)"으로 후학들에 의해 병신태세관중대장군(丙申太歲管仲大將軍)으로 불렸다. 현재의 안휘성(安徽省) 부양시(阜陽市) 영상현(潁上縣) 사람. 주목왕(周穆王)의 후대. 중국 고대의 철학가(哲學家), 정치가(政治家), 군사가(軍事家). 대당(大唐)의 리정(李靖)이 이르기를 "만약 악의(樂毅), 관중(管仲), 제갈량(諸葛亮)이 있다면, 싸우면 반드시 이기고, 지키면 견고할 것이니 이것은 천시(天時), 지리(地利)를 살피는 것과 다르다. 어찌 소홀히 할 것인가?"라고 했다.

[본문]  78

● **굴도(屈到)** 굴씨(屈氏)로 이름이 도(到)다. 춘추시기(春秋時期) 초국(楚國)의 막오(莫敖). 막오(莫敖) 굴탕(屈蕩)의 아들. 그의 아들 굴건(屈建) 역시 막오(莫敖)였다.  기원 전 558년 초강왕(楚康王)이 굴도(屈到)를 막오(莫敖)에 봉했다. 동시에 공자 오(公子午)를 령윤(令尹)에, 공자 파융(公子罷戎)을 우윤(右尹)에, 위자풍(蒍子馮)을 대사마(大司馬)에, 공자 탁사(公子橐師)를 우사마(右司馬)에, 공자성(公子成)을 좌사마(左司馬)에, 공자 추서(公子追舒)를 잠윤(箴尹)에, 굴탕(屈蕩)을 련윤(連尹)에, 양유기(養由基)를 궁전윤(宮廄尹)에 봉했다.

【막오(莫敖)】 고대(古代) 초국(楚國)의 관명(官名). 장병린(章炳麟)의 《문

학설례(文學說例)》에 "초국(楚國)에서는 일찍 죽은 임금[早夭之君]을 오(敖)
라고 한다. 약오(若敖), 겹오(郟敖), 자오(訾敖) 같은 것이다. 오랫동안 벼슬살
이[長官]를 하는 것을 오(敖)라고 한다. 막오(莫敖), 련오(連敖) 같은 것이다"
라고 했다.

[본문]   331

● **굴원**(屈原) 이름이 평(平), 정칙(正則). 자는 영균(靈均)이다. 초의 귀족 출신. 전
국 시대 초의 중요한 정치가였고, 특히 외교에 뛰어났다. 진나라와 첨예한 대립
을 하던 전국 7웅(戰七國雄) 시기에 초(楚) 회왕(懷王)을 보좌했다. 당시 초나
라는 초의 왕족들로 대표되는 친진파(親秦派)와 굴원으로 대표되는 친제파(親
齊派)의 대립이 심하였다. 친진 세력이 더욱 득세하여 굴원은 강남으로 추방을
당하여 9년 동안 상강(湘江) 일대를 떠돌아 다니다가, 초영(楚潁)의 함락을 목
격하고 비분을 금하지 못해 멱라강(汨羅江)에 투신하였다. 그의 대표작들은
『한서』 「예문지(藝文志)」와 왕일(王逸)의 『초사장구(楚辭章句)』에 의하
면 「리소(離騷)」, 천문(天問)」, 「9가(九歌)」, 「9장(九章)」 19편, 「원유
(遠游)」, 「복거(卜居)」, 「어부(漁父)」 등 모두 25편이었다고 한다.

[본문]   216, 345, 371, 375, 376, 378

● **단공로**(段公路) 당대(唐代) 학자. 생졸년 미상. 저서에 《북호록(北戶錄)》이 있
다.

《학회류편(學海類編)》에는 "공로(公璐)"로 적었다. 《신당서:예문지(新唐
書:藝文志)》에서는 재상(宰相) 문창(文昌)의 손자, 단성식(段成式)의 아들, 단
안절(段安節)의 동생이라고 했다. 함통(鹹通) 년간 영남에서 관직에 이바지했
다. 그러므로 당연히 현재는 산동(山東)에 속하는 림치(臨淄) 사람이다. 《학해
류편(學海類編)》에서는 치소(治所)가 산동(山東)인 봉래(蓬萊)에 있는 동모
(東牟) 사람이라고 했다. 그 자세한 것은 알 수 없다. 벼슬살이의 내력은 알 수 없
으나 책에 기록된 관함(官銜)을 근거로 생각해 보면 일찍이 경조의 만년현위(萬
年縣尉)를 지냈고, 함통(鹹通10년:869년) 당(唐) 의종(懿宗) 때 사람인 것을
알 수 있다.

《북호록(北戶錄)》은 오로지 영남지방(嶺南地方)의 이물기사(異物奇事)를 아
주 자세하게 기록했는데, 그 인증(引征) 역시 부흡(博洽)하다. 지방산물(地方物
産)에서 제 1권에서는 주로 동물(動物)에 대해서 기록했다. 제 2, 3권에서는 주
로 기물(器物)과 식물(植物)을 기록했다. 이 책에서 당대(唐代) 광동지구(廣東
地區)의 산물(物産)과 생활습관(生活習慣), 사회풍속(社會風俗), 각종의 독특
한 식품과 민간의 각종 점복(占蔔) 방법을 알 수가 있다. 주(注)를 달아 명사를
설명하고 책의 내용을 보충했다. 이 책의 주요 판본(版本)으로 명(明) 나라 가정
(嘉靖) 년간에 륙즙(陸楫)이 간행한 《성해(說海)》본, 《학해류편(學海類

編)》본, 《10만권루총서(十萬卷樓叢書)》본 등이 있고, 《총서집성(叢書集成)》이 《10만권루총서(十萬卷樓叢書)》본을 배인(排印)하고 교감기(校勘記)를 붙인 것이 있다.

이 책은 비교적 높은 사료가치(史料價值)를 가지고 있다. 당(唐) 나라 륙희성(陸希聲)이 책속에 쓴 서문에서 단씨(段氏)를 칭하여 "중간의 입장에서 남쪽의 5령간(五嶺間)을 유랑하며 민풍토속(民風土俗)과 음식의제(飮食衣制)를 겪으면서 중화(中夏)와 다른 것들을 기록했는데 초목과소(草木果蔬), 충어우모(蟲魚羽毛)의 종류들과 기이한 궤담(詭談)까지 싣지 않은 것이 없었다. 소문(所聞)들을 기록하는데 그치지 않고 무리지어 분류하여 인증(連類引證)했고, 기서이설(奇書異說)을 서로 참험(參驗)하여 실로 광범위하고 믿을 수 있는 것이다."라고 했다. 또 청(淸) 나라 륙심원(陸心源)이 중각(重刻)한 서(序)에서 "당나라 사람들의 저술이 세상에 전해지는 것이 많지 않은데, 고서(古書)의 대강을 볼 수 있는 것으로 《서초류취(書鈔類聚)》, 《초학기(初學記)》 이외에 이 책이 그 중 하나다."라고 했다.

이 외에 이 책에서 인증(引證)한 《남월지(南越志)》, 《남예이물회요(南裔異物會要)》, 《령지도기(靈枝圖記)》, 《본초(本草)》, 《당운(唐韻)》, 《도주공양어경(陶朱公養魚經)》, 《명원(名苑)》 등의 책들은 모두 산일되었으나 이 책에서 인용한 부분들이 있어서 그 일단을 엿볼 수 있다. 특히 이 책에서 인용했던 장화(張華)의 《박물지(博物志)》도 원본은 없어졌지만 이 책에서 인용한 것으로 그 진위(眞僞)를 알 수 있다.

【결함(結銜)】 舊時官吏簽署官銜.

【관함(官銜)】 벼슬의 이름. 관리(官吏)의 봉호(封號). 품급(品級), 역임(歷任)했던 관직 등의 통칭(統稱).

【부흡(博洽)】 1.廣博. 多謂學識廣博. 2.通曉.

【련류(連類)】 1.連綴同類事物. 2.指同類. 3.連同, 連帶.

【련류(連類)】 같은 부류의 사물을 연결함.

【배인(排印)】 排版印刷.

【배판(排版)】 按照稿本把鉛字, 圖版等排在一起拼成書報的版子, 以供印刷.

【참험(參驗)】 考核驗證.

【애략(崖略)】 1.大略. 梗槪. 2.簡略敍述. 3.約略.

[본문] 6

● **단옥재** (1735-1815) 자(字)는 약응(若膺), 호(號)는 무당(茂堂). 만년(晚年)에는 또 연북거사(硯北居士), 장당호거사(長塘湖居士), 교오로인(僑吳老人)이라고 했다. 현재의 강소성(江蘇省) 금단시(金壇市) 사람이다. 청조(淸朝)의 어언학가(語言學家), 훈고가(訓詁家), 경학가(經學家)다. 증조부는 단무(段武). 조

부(祖父)는 단문(段文). 옹정(雍正) 13년 을묘(乙卯 1735年) 강소성(江蘇省) 금단현(金壇縣) 서문 밖 대패두촌(大霸頭村)에서 태어났다. 13세에 제생(諸生)이 되었다. 건륭(乾隆) 28년 1763年) 대진(戴震)을 사사(師事)했다. 전대흔(錢大昕)·소진함(邵晉涵)·요내(姚鼐)·류태공(劉台拱)·왕중(汪中) 등 학자들과 교유했다. 1771년 《6서음운표(六書音均表)》를 만들었다. 고염무(顧炎武)와 강영(江永)의 성과를 결합하여 고운(古韻)을 17부로 나누고, "고무거성(古無去聲:옛날에는 거성이 없었다), 동성필동부(同聲必同部:성부가 같으면 반드시 부수가 같다)."라는 주장을 했다. 부순현(富順縣) 지현(知縣)을 대리(代理)하는 동안에 《설문해자:주(說文解字:注)》를 쓰기 시작했다. 매일 깊은 밤까지 등불 하나 밝히고 540권을 썼다. 46세에 직을 그만두고 고향으로 돌아갔다. 금단(金壇)으로 돌아왔을 때 거의 72개의 책상자 뿐이었다. 그는 넓적다리에 병이 있었는데, 집안 사람이 미신이 있어서, 묘지를 옮길 것을 주장했다. 이장(移葬)시 토지분규가 발생해서 숙부가 상대방을 때려 죽게 했다. 양쪽에 소송이 일어났고, 결국 온 집안이 소주(蘇州) 창문(閶門) 밖 하진교(下津橋)로 이사했다.

1807년 30여 년의 세월을 공들여 《설문해자:주(說文解字:注)》 30권을 완성했다. 왕념손(王念孫)은 이를 추숭(推崇)하여 "허신 이후 1700년 이래 이와 같은 책은 없었다."라고 했다. 가경(嘉慶) 28年(1815) 5월 《설문해자:주(說文解字:注)》 전서가 완간되었다. 4개월 후 9월 가난에 질병이 더해져서 사망했다. 그 외에도 《경운루집(經韻樓集)》 12권, 《시경소학(詩經小學)》, 《고문상서찬이(古文尙書撰異)》, 《주례한독고(周禮漢讀考)》, 《의례한독고(儀禮漢讀考)》 및 《급고각설문정(汲古閣說文訂)》 등이 있다. 단옥재의 묘지는 금단시(金壇市) 강소성(江蘇省) 문물보호단위(文物保護單位)에 있다.

[본문]  1, 4, 6, 8, 10, 12, 14, 16, 18, 20, 22, 24, 26, 28, 30, 32, 34, 36, 38, 40, 42, 44, 46, 48, 50, 52, 54, 56, 58, 60, 62, 64, 66, 68, 69, 70, 72, 74, 76, 78, 80, 82, 84, 86, 88, 90, 92, 94, 96, 98, 100, 102, 104, 106, 108, 110, 112, 114, 116, 118, 120, 122, 124, 126, 128, 130, 132, 134, 136, 138, 140, 142, 144, 146, 148, 150, 152, 154, 156, 158, 160, 162, 164, 166, 168, 170, 172, 174, 176, 177, 178, 180, 182, 184, 186, 188, 190, 192, 194, 196, 198, 200, 202, 204, 206, 208, 210, 212, 214, 216, 218, 220, 222, 224, 226, 228, 230, 232, 234, 236, 238, 240, 242, 244, 245, 246, 248, 250, 252, 254, 256, 258, 260, 262, 264, 266, 268, 270, 272, 274, 276, 278, 280, 281, 282, 284, 286, 288, 289, 290, 292, 294, 296, 298, 299, 300, 302, 304, 306, 308, 310, 312, 314, 316, 318, 319, 320, 322, 324, 326, 327, 328, 330, 332, 333, 334, 336, 338, 340, 342, 344, 346, 348, 350, 352, 354, 356, 358, 360, 362, 364, 366, 368, 370, 372, 374, 376, 377, 378, 380, 382, 384, 386, 388, 390, 392, 394, 396, 398, 400, 402, 404, 406, 408, 410, 412, 414, 416, 418,

420, 422, 424, 426, 427, 428, 430, 431, 432, 434, 436, 438, 440, 447, 461, 474, 490, 491, 524, 545, 571, 599, 602, 627, 651, 660, 676

● **담장**(譚長) 여덟 글자에 아홉 번 나오는데 자세한 것은 알 수 없다.

[본문] 703

● **대선생**(戴先生) 중국 청대 언어학자, 사상가인 대진(戴震).

[본문]

● **도은거**(陶隱居) 도정백(陶貞白)의 호. **도홍경**(陶弘景). 자(字)는 통명(通明). 단양(丹陽) 사람. 만호(晩號)는 화양진일(華陽眞逸). 시호는 정백선생(貞白先生)이다. 어머니 곽씨(霍氏)가 범천인(梵天人)이 손에 향로를 들고 집안으로 들어오는 꿈을 꾸고 그를 낳았다. 조복(朝衣)을 벗어 신무문(掛神武門)에 걸어놓고 사의(上表辭祿)를 표했다. 구곡(句曲)의 화양 통천(華陽洞天)에 머물렀다. 3층 누각을 짓고 꼭대기에 살았다. 모든 접촉을 사절했는데(百應遂絶) 간혹 생황 부는 소리만 들렸다. 양무제와 오랜 친구였는데 불러도 나아가지 않았으나 조정의 대소사에 그의 의견을 들었으므로 **산중재상**(山中宰相)이라고 했다. 85세로 졸했다. 다방면의 많은 책을 읽었다. 금기(琴碁), 서예, 역산(曆算), 지리, 물산(物産), 의술본초(醫術本草) 등에도 조예가 깊었다. 아버지가 첩에게 살해된 사실을 알고 일생결혼하지 않았다. 29세 때 큰병을 앓은 후 도교의 신앙심이 깊어지고, 손유악(孫遊嶽)에게 사사받아서 상청파 도교경전의 정통적 계승자, 대성자가 되었다. 유불도 삼교(三敎)에 능통하였으며 그 통합을 주장했다. 도교경전으로 존중되는『진고(眞誥)』20권, 등진은결(登眞隱訣)』3권,『진령위업도(眞靈位業圖)』가 있다. 문집에 『화양도은거집(華陽陶隱居集)』2권, 『본초경집주(本草經集注)』,『제대연력(帝代年曆)』,『보궐주후백일방(補闕肘後百一方)』등이 있다.

[본문] 169, 198, 233, 242, 244, 265, 310

● **도정백**(陶貞白) 도은거.

[본문] 707

● **동곽아**(東郭牙) 춘추(春秋) 시 제(齊) 나라의 저명한 간신(諫臣)으로 제환공(齊桓公)의 다섯 호걸 중의 하나고 관중(管仲)의 천거를 받았다. 관중(管仲)이 그를 천거할 때 "임금의 안색에 구애치 않고, 간(諫)하는 것은 반드시 충성스러운 것이고, 죽음을 피하지 않고, 부귀에 꺾이지 않는 것은 신(臣)이 동곽아에 미치지 못합니다. 청컨데 대관(大諫)으로 삼으소서.[犯君顔色, 進諫必忠, 不辟死亡, 不撓富貴, 臣不如東郭牙. 請立以爲大諫之官.]" 라고 말했다.

[본문] 78

● **두림**(杜林) 후한 부풍(扶風) 무릉(茂陵) 사람. 자는 백산(伯山)이다. 어려서 장송(張竦)에게 배웠고, 박학다식하여 학자들이 통유(通儒)라 일컬었다. 왕망(王

莽)이 패망할 때 동생과 함께 하서(河西)에 있었는데, 외효(隗囂)의 관리가 되기 싫어 귀향했다. 광무제(光武帝) 건무(建武) 6년(30) 부름을 받아 시어사(侍御史)가 되고, 광록훈(光祿勳)과 소부(少府)를 거쳐 대사공(大司空)에 이르렀다. 『고문상서(古文尙書)』를 위주로 공부하여 위굉(衛宏), 서순(徐巡) 등에게 전했다. 일찍이 칠서(漆書) 『고문상서』를 얻어 학계의 논쟁을 불러일으켰다. 문자학(文字學)에도 조예가 깊어 『창힐훈찬(蒼頡訓纂)』과 『창힐고(蒼頡故)』를 편찬했지만 지금은 전하지 않는다. <옥함산방집일서>에 『창힐훈고(蒼頡訓詁)』가 남아 있을 뿐이다.

[본문]  313, 335, 562

● **두자춘**(杜子春) (후한 하남(河南) 구씨(緱氏), 하남성 언사(偃師) 사람. 전한 말에 류흠(劉歆)에게 『주례(周禮)』를 배웠다. 거의 아흔 살까지 생존했다. 후한(後漢)의 유자(儒者) 정중(鄭衆)과 가규(賈逵) 등이 모두 그에게 배웠다. 그가 주를 단 『주례(周禮)』는 정현(鄭玄)이 채용했으며, 정중, 가규 등에게 『주례(周禮)』를 전수해 주었다. 저서에 『옥함산방집일서(玉函山房輯佚書)』에 수록된 『주례－두씨:주(周禮－杜氏:注)』가 있다. 『주례(周禮)』가 이때부터 처음 전해졌다.

[본문]  399, 588, 634, 761

● **라원**(羅願) 송(宋) 건도(乾道) 2년(1166) 진사. 파양(鄱陽) 지현(知縣). 공주(贛州)통판(通判), 악주(鄂州) 지사(知事)를 지냈는데 사람들은 라악주(羅鄂州)라고 불렀다. 박물학(博物學)에 정통했다. 고증에 뛰어났다. 문장은 정련순아(精煉醇雅) 하고 진한(秦漢)의 고문풍이 있었다. 저서로《신안지(新安志)》10卷이 있는데 체례완비(體例完備) 하여 장법엄밀(章法嚴密) 하게 주지(主旨)에 모아서 취사병합했다. 물산(物産)에 대해 더욱 자세했고, 민생을 중시했다.《이아익(爾雅翼)》20권,《악주소집(鄂州小集)》7권이 있다.

[본문]  306

● **로문소**(盧文弨:1717年－1796年) 청조중기(淸朝中期) 저명학자(著名學者), 교간학가(校刊學家), 고거학가(考據學家), 목록학가(目錄學家), 교육가(敎育家).

[본문]  306

● **로식**(盧植) 자(字)는 자간(子干). 탁군(涿郡) 사람. 동한(東漢) 말 경학가. 마융(馬融)에게 배웠다. 정현(鄭鉉)과 동문사형(同門師兄)이다. 황건적이 일어났을 때 북중랑장(北中郎將)이 되어 진압에 참가했다. 후에 모함에 걸려 투옥되었다가 황보숭(黃甫嵩)이 황건적을 평정한 후 그를 구했다. 상서(尙書)로 복직했다가 직간(直諫)으로 동탁(董卓)의 노여움을 사서 쫓겨났다. 군도산(軍都山) 골짜기에 은거하다가 원소(袁紹)의 부탁을 받고 군사(軍師)가 되기도 했다. 초평(初

平) 3년(192년) 사망했다.

[본문]　454

● **로자** (BC. 571-471년) 성은 리(李), 이름은 이(耳), 자는 담(聃), 혹은 시백양 (謚伯陽)이다. 화하족(華夏族)으로 초국(楚國) 고현(苦縣) 려향(厲鄕) 곡인리 (曲仁裏) 사람. 도가학파(道家學派)의 창시인(創始人). 《도덕경(道德經)》, 세칭 《로자(老子)》가 있다. 무위이치(無爲而治)를 주장하며 중국철학사상발 달에 지대한 영향을 끼쳤다. 도가(道敎)에서 시조(始祖)로 존숭되고 있다. 장자 (莊子)와 병칭해서 로장(老莊)이라고 한다.

숙사(叔師) 스님의 형제되는 스님.

● **류**(劉)

[본문]

● **류규**(劉逵) 북송(北宋) 휘종(徽宗) 때의 대신. 중서시랑(中書侍郞). 자(字)는 공 로(公路), 혹은 공달(公達).

[본문]　458

● **류안**(劉安) 본명은 『회남자(淮南子)』. 21권. 전한(前漢) 회남왕(淮南王) 류안 (劉安)이 편찬한 일종의 백과사전이다. 『려씨춘추(呂氏春秋)』와 함께 잡가 (雜家)의 대표작이다. 류안이 전국의 빈객과 방술가(方術家)를 모아서 편찬한 것으로 〈내서(內書)〉 21편, 〈외서(外書)〉 다수, 〈중편(中篇)〉 8권이었다 고 하나, 〈내서〉 21권만 전한다. 류안은 한고조(漢高祖)의 서자로, 감옥에서 태어난 회남 여왕 류장(劉長)의 아들로, 아버지는 문제 때에 모반죄로 죽었고, 류안도 모반의 음모가 있다는 혐의를 받아 자살했다.

[본문]　297

● **류창종**(劉昌宗) 동진(東晉) 중요(重要) 음주가(音注家)

[본문] 703

● **류향**(劉向) 전한(前漢)의 경학가. 본명은 갱생(更生), 자(字)는 자정(子政). 고조 (高祖) 류방(劉邦)의 이복동생 류교(劉交)의 4세손이다. 강소성(江蘇省) 패 (沛) 출신이며, 선제(宣帝)때 명유(名儒)로 선발되어 궁중 내의 궁중도서관인 석거각(石渠閣)에서 5경(五經)을 강의하였다. 흩어져 있던 선진(先秦)의 고적 (古籍)들을 수집하여 직접 교감하였고, 책이 완성될 때마다 그 대의(大意)를 기 록하여 『별록(別錄)』을 만들었는데, 이것으로 그는 중국 목록학의 비조(鼻 祖)가 되었다. 그의 아들 류흠(劉歆)이 이를 바탕으로 『7략(七略)』을 지었고 동한(東漢)의 반고(班固)가 이 『7략(七略)』을 바탕으로 『한서예문지(漢 書·藝文志)』를 짓게 된다. 저서로 『렬녀전』, 『렬선전(列仙傳)』, 『홍범5 행전론(洪範五行傳論)』, 『설원(說苑)』, 『신서(新序)』, 『전국책(戰國 策)』, 『별록(別錄)』 등이 있다.

[본문] 447

● **류흠(劉歆)** 자 자준(子駿). 나중에 이름을 수(秀), 자(字)를 영숙(穎叔)으로 고쳤다. 양웅(楊雄)에게 배위 5경(五經)에 널리 통달하였다. 아버지 류향(劉向)이 대악령(大樂令)이었던 영향으로 가극을 좋아했다. 예의에 구애되지 않고 학자들을 자주 비난했다. 농업을 중히 하고 상업을 억제하며, 법제의 통일 등 정치개혁을 황제에게 건의했다.

그는 당시의 천인감응사상(天人感應思想)을 인정하지 않았다. 특히 천(天)의 의지를 인정하지 않고, 정치의 잘잘못과 사람의 행불행은 천명이 아닌 인위에 의한다고 주장하며, 당시 어용학문으로 황제의 신용이 두터운 도참(圖讖)의 미신을 대담하게 공격하다가 황제의 분노를 사서 참수될 뻔 하였으나 지방관으로 좌천되었다. 그의 무신론은 이어서 왕충(王充)의 유물사상과 반참위설(反讖緯說)에 영향을 주어 마침내 한대의 지배계급의 신학적 해석학(神學的解釋學)에 대한 비판의 바탕이 되었다.천문학에서 혼천설(渾天說)을 주장한 것도 유명하다.

『3통역보(三統曆譜)』를 지었다. 『신론(新論)』 29편은 과거의 사실을 서술하여 시국을 비판한 정치적·사상적 의견을 모은 것으로 륙가(陸賈)의 『신어(新語)』와 가의(賈誼)의 『신서(新書)』의 정신을 이은 것이다. 아버지 류향(劉向)과 궁정의 장서(藏書)를 7종으로 분류하여 『7략(七略)』이라 하였다. 이것은 중국에서의 체계적인 서적목록(書籍目錄)의 최초의 것으로 현존하지는 않지만, 이를 바탕으로 『한서:예문지(漢書:藝文志)』가 엮어졌다.

□ 『좌씨춘추(左氏春秋)』, 『모시(毛詩)』, 『일례(逸禮)』, 『고문상서(古文尚書)』를 특히 존숭하여 학관(學官)에 전문박사(專門博士)를 설정하려고 하였으나 성사하지 못했다. 서기 9년 왕망(王莽)이 찬위(纂位)한 후에 류흠(劉歆)을 국사(國師)로 삼고 가신공(嘉新公)으로 올렸으나, 결국 왕망에 반대하여 모반하려다 일이 누설되어 오히려 왕망에게 죽임을 당했다(西元23年因謀誅王莽, 事洩, 反被王莽所殺).

한조(漢朝) 강소성(江蘇省) 패현(沛縣) 사람. 그의 아버지가 류향(劉向)이다. 두 부자(父子)가 주지(主持)하여 비서(秘書), 전적(典籍)을 교정(校訂)했다. 6예(六藝)와 제자(諸子), 시부(詩賦)를 강의하며 「수술방기(數術方技)」를 연구하지 않은 것이 없었다(無所不究).

一, 中國第一部圖書目錄

부친(父親) 류향(劉向)이 사망한 후 류흠은 아버지의 뜻을 이어 류향이 지은 <별록(別錄)>에 바탕하여 많은 서적들을 모아 분야별로 모아 분류하여(分門別類分成) 집략(輯略), 6예략(六藝略), 제자략(諸子略), 시부략(詩賦略), 병서략(兵書略), 술수략(術數略), 방기략(方技略) 등 <7략(七略)>이라고 했다. 이는 중국목록학의 시조(中國目錄學的始祖)이나 산일되었다.

二,　著三統曆譜

중국(中國) 력법(曆法)의 기원(起源)은 전설 시대의 황제(黃帝) 까지 소급될 수 있다. 소위 선진시대(先秦)의 <고 6력(古六曆)>은 황제력(黃帝曆), 전욱력(顓頊曆), 하력(夏曆), 은력(殷曆), 주력(周曆), 로력(魯曆)인데 지금은 그 단편들만 남아 있다. 기원전 104年한무제(漢武帝) 태초원년(太初元年)에 한조(漢朝)의 수도(首都) 장안(長安)에서 장첩초모(張貼招募:방을 붙여 불러모음), "천문력산가(天文曆算家)는 서울로 와서 력(曆)을 만들라!"고 통고(通告)하는 방을 붙여 등평(鄧平), 락하굉(落下閎), 당도(唐都), 공손경(公孫卿) 등 20여 명을 모아서 <태초력(太初曆)>을 만들었다. 이것이 지금까지 전하는 최초로 완정(完整)된 력법(曆法)이다. 여기서는 일년을 대략 365와 1/4. 한달을 29와 43/81일, 하루를 81분(分)으로 하므로 「81분률(81分律)」이라고 한다. <3통력보(三統曆譜)>는 류흠이 「81분률(81分律)」을 근거로 서술한 것이다. <삼통력>에는 독특한 "세성초진(歲星超辰) 문제(問題)"가 있다. 당시 사람들은 세성의 주기를 12년으로 알았으나 실제로는 11.86년이어 이 차이가 누적되면 12년을 통째로 한 칸 뛰어넘어야 한다. 4년에 한 번씩 윤달을 끼워 넣는 것과 유사한 개념이다. 12간지로 상징되는 띠도 이 세성의 위치에 따른 상징 동물들이다. 이 문제의 기원(起源)은 중국(中國)의 옛날 천문관칙에 있어서 목성(木星)을 세성(歲星)으로 삼았다. 목성(木星)의 황성주기(恒星周期)가 11.86인데 고인(古人)들은 대략 12으로 봤기 때문에 차이가 나게 되므로 고인(古人)들은 천구(天球)의 적도(赤道)를 12개로 똑 같이 나누고 그 하나하나를 차(次), 전체를 12차(次)라고 했다. 세성이 반시계방향으로 1년에 한 개씩 이동해 가는 것으로 여겼다(木星每年行經一次). 이것을 「세성기년법(歲星記年法)」이라고 한다.

【장첩(張貼)】공고 · 광고 표어 따위를 벽이나 표지판에 붙임(將布告, 廣告, 標語等粘在牆或板上).

【7력(七曆)】指古代《黃帝曆》,《顓頊曆》,《夏曆》,《殷曆》,《周曆》,《魯曆》,《三統曆》七種曆法.《晉書 · 律曆志中》

【초신(超辰)】천문학용어. 세성 (歲星;木星) 이 1개의 성차(星次)를 넘어감을 이르는 말. 한대(漢代) 이전의 점성가들은 세성이 하늘을 한 바퀴 운행하는데 12년이 걸린다고 여 겼으나, 실제로는 약 11.86년이 걸린다. 유흠(劉歆) 이 1백 44년(실제는 86년) 뒤에는 세성의 실제 위치가 한 개의 성차를 초과한다는 설을 창안하여 이를 보완하였는데, 이것올 초신이라고 한다.

【초차(超次)】등급을 뛰어넘어 승진시킴을 이르는 말.

● **륙**(陸)

● **륙기**(陸璣) 자(字)는 원각(元恪), 오군(吳郡), 현 소주(蘇州) 사람. 삼국(三國) 오나라 학자. 또 다른 동명이인으로 청(淸) 나라 사천(四川) 한주(漢州)의 지주 (知州) 사람으로 서법(書法)과 회화(繪畵)에 능한 사람도 있었다. <모시초목조 수충어소(毛詩草木鳥獸蟲魚疏)> 두 권(卷)이 있는데 모시(毛詩)》에 언급된 동물(動物), 식물(植物)의 명칭과 고금의 이명(異名)을 상세히 고증했다. 이것 은 비교적 이른 시기의 생물학 연구의 저술의 하나이다. 당(唐) 공영달(孔穎達) 의《모시정의(毛詩正義)》에서부터 청(淸) 진계원(陳啓源)의 《모시계고편(毛 詩稽古編)》에 이르기 까지 이 책의 설을 많이 채택했다. 권말에 4가시(四家詩) 의 원류(源流)에 대해 논했는데 《모시(毛詩)》 보다 더 상세하다. <변망론(辯 亡論)>.

[본문] 140, 156, 171, 187, 191, 193, 197, 199, 238, 239, 246, 256, 258, 260, 273, 294, 320, 324, 329, 352, 385, 392, 396, 397, 398, 399, 402, 719, 769, 771, 772, 781, 783

● **륙덕명**(陸德明) 덕명은 자(字)이고. 본명은 원랑(元朗)이다. 당나라 소주(蘇州) 오현(吳縣) 사람. 경학(經學)에 밝았다. 한위6조(漢魏六朝)의 음절(音切) 230 여 가(家)를 모았다. 한유(漢儒)들의 훈고(訓詁)를 채집해서 이동(異同)의 원류 를 따져 『경전석문(經典釋文)』 30권을 편찬했는데, 당나라 의소(義疏)의 선 구가 되었다.

[본문] 144, 175, 176, 197, 226, 390, 573

● **륙전**(陸佃) (1042~1102) 자(字)는 농사(農師), 호(號)는 도산(陶山). 송대(宋 代) 산음 사람이다. 일찍이 왕안석에게 사사하였으나 그의 신법을 옳게 여기지 않았다. 휘종 때 상서 우승을 역임하였다.《비아(埤雅)》·《춘추후전(春秋後 傳)》·《예상도(禮象圖)》 등이 있다.

[본문] 306

● **리계절**(李季節)

[본문] 78, 79

● **리도**(李燾:1115−1184年) 남송 미주(眉州) 단릉(丹稜, 사천성) 사람. 자는 인 보(仁甫) 또는 자진(子眞)이고, 호는 손암(巽巖)이며, 시호는 문간(文簡)이 다. 12세 때 "정강지화(靖康之禍)"를 목격했고, 북송(北宋)이 엎어져 망하 는 것을 봤다. 20세 때 금나라 원수를 갚지 못하는 것, 금구미보(金仇未報) 를 한탄하여 《반정의(反正議)》 14편을 썼다. 고종(高宗) 소흥(紹興) 8년 (1138) 진사가 되고, 12년(1142) 화양주부(華陽主簿)에 올랐다. 가주군사추 관(嘉州軍事推官)으로 임용하려 하였으나 부임하지 않고 룡학산(龍鶴山) 손 암(巽岩) 에 머물며 독서했다. 병부원외랑(兵部員外郞)을 지내고, 예부시랑

까지 올랐다. 륭흥(隆興) 2년 (1164) 동천부로(潼川府路) 전운판관(轉運判官)에 임명되었다. 벼슬이 실록원검토관수찬(實錄院檢討官修撰)에 이르렀다.

정사(政事)에 부지런해서 많은 실적이 있었다. "노래하는 여자가 없었고, 재산을 두지 않았다." 장식(張栻)이 이르기를 "리인보("李仁甫)는 상송설백(霜松雪柏) 같았다"라고 했다. 진회(秦檜)가 국정을 천단(擅斷)하는 것을 통탄해서 진회의 미움을 받아서 벼슬살이가 순탄하지 못했다. 순희(淳熙) 3년 (1176年) 비서감(秘書監)에 뽑혔다. 권위가 수국사(修國史)와 같았다. 실록원동수찬(實錄院同修撰)을 겸했다. 효종(孝宗) 순희(淳熙) 11년(1184) 부문각학사(敷文閣學士)로 치사(致仕)했다.많은 전적을 읽었고 저술도 많이 남겼다.

리도(李燾)는 대부분의 재임시간을 사관저술(史官著述) 담임으로 보냈다. 지성도부(知成都府) 쌍류현(雙流縣) 임기 중에는 공무(公務)의 여가에 매일 역사책을 뒤적이며 국조사실(國朝事實)을 엮어나갔다. 《장편(長編)》의 책이 여기서 처음 생겨났다. 40년 동안 노력을 기울여 광범위한 자료를 모아 정밀하게 고증하여 『속자치통감장편(續資治通鑑長編)』 980권을 썼다. 송태조(宋太祖) 조광윤(趙匡胤) 건륭(建隆 960年)으로부터 송흠종(宋欽宗) 조환(趙桓) 정강(靖康1127年)에 이르기 까지 북송 9조(北宋九朝) 168년의 사사(史事)를 기록했다. 건도(乾道) 4년 (1168) 이미 완성된 태조(太祖), 태종(太宗), 진종(真宗), 인종(仁宗), 영종(英宗) 5조(五朝)를 바쳤고, 순희(淳熙) 원년(元年 1174年), 신종조(神宗朝) 《장편(長編)》을 올렸다. 효종(孝宗)이 그를 칭찬하여 "사마광(司馬光)에 부끄러울게 없다."라고 했다. 그 밖의 저서에 『춘추학(春秋學)』과 『설문해자 5음운보(說文解字五音韻譜)』, 『역학(易學)』, 『5경전수(五經傳授)』, 『상서100편도(尚書百篇圖)』, 『대전잡설(大傳雜說)』, 『6조통감박의(六朝通鑑博議)』, 《손암문집(巽岩文集)》, 《4조사고(四朝史稿)》 50권, 《당재상보(唐宰相譜)》 1권, 《강좌방진년표(江左方鎮年表)》 6권, 《진사마씨본지(晉司馬氏本支)》, 《제량본지(齊梁本支)》, 《왕사세표(王謝世表)》, 《5대3아장수년표(五代三衙將帥年表)》 각 1권, 《춘추학(春秋學)》, 《역학(易學)》 5권, 《춘추학(春秋學)》 10권 등 15여 종이 있었는데 대부분 산일되었다. 현재 《속자치통감장편(續資治通鑑長編)》 520권, 《6조제적득실통감박의(六朝制敵得失通鑑博議)》 10권, 《설문해자 5음운보(說文解字五音韻譜)》 10권이 있는데 청나라 때 모두 《4고전서(四庫全書)》에 포함되었다.

【운판(運判)】 옛 벼슬 이름. 전운 판관(轉運判官)・발운 판관(發運判官)의 약칭 . 송대 (宋代) 부터 전운사(轉運使) 와 발운사(發運使)의 아래에 두

있는데, 직위는 부사(副使)보다 낮았다.

　　【언건(偃蹇)】 1.高聳貌. 2.高舉貌. 3.驕傲, 傲慢. 4.猶安臥. 5.眾盛貌. 6. 亦作 "偃謇". 宛轉委曲 ; 屈曲. 7.猶困頓.

　　【휘차(彙次)】 猶彙編.

　　【회편(匯編)】 1.編在一起的文章, 文件等(多用做書名). 2.謂把文章, 文件等 編在一起.

　　[본문]　144, 587, 588

● **리선(李善)** 당나라 양주(揚州) 강도(江都, 강소성) 사람. 호는 서록(書麓)이다. 고종(高宗) 현경(顯慶) 연간에 숭현관(崇賢館) 직학사(直學士)를 거쳐 비서 랑(秘書郎)을 지냈다. 건봉(乾封) 연간에 경성현령(涇城縣令)으로 나갔다가 일에 연좌되어 요주(姚州)로 유배를 갔다. 나중에 사면을 받았지만 후진 양 성에만 전력했다. 박학다식했지만 문장은 잘 지을 줄 몰라 사람들이 『서록 (書麓)』이라 불렀다. 교수(教授) 및 학문 방법 등에 있어 오로지 『문선(文 選)』을 위주로 하여 문선학(文選學)이라 불리었으며, 현경(顯慶) 3년(658) 『문선:주(文選:注)』 60권을 지어 조정에 바치기도 했다. 이 책은 당나라 이전 고서주석(古書注釋)의 최고 수준이며, 후대에 많은 영향을 끼쳤다.

　　※ 서록(書麓) 록(麓)은 대나무로 만든 책상자(書箱:서상)다. 서록은 비록 책은 많이 읽었지만 그 내용은 이해하지 못하는 사람을 말한다.

　　[본문]　36, 198

● **리순(李巡:??-995)** ① 청성(青城) 현, 사천(四川) 도강언시(都江堰市) 사람. 다 농(茶農) 출신. 993년 2월 서천(西川) 큰 가뭄이 들자 관부(官府)에서 세금을 심하게 걷었는데 왕소파(王小波)를 우두머리로 100여 농민이 청성(青城)에서 의거했다. 왕소파는 "우리는 빈부의 불균형을 근심하여 이제 우리를 위하여 고 르게 하고자 한다."는 구호로 부근의 농민들을 선동하여 수만인에 이르러 일거 에 청성을 점령하고 공(邛), 촉(蜀)의 각 주현을 돌며 전투를 벌렸고 미산현(眉 山縣)을 점령하고, 현령 제진원(齊振元)을 사로잡아서 위세를 크게 떨쳤다. 12 월 강원현(江原縣)을 공격하다 왕소파는 진 중에서 죽었다. 대중들은 그의 처제 (妻弟)인 리순(李順)을 수령으로 추대했다. 994년 1월 의군(義軍)들이 성도(成 都)를 점령하자 리순(李順)은 대촉왕(大蜀王)이라 칭하고, 연호를 응군(應運) 이라하며 관서(官署)를 설치했다. 송왕정(宋王廷)이 진노하여 왕계은(王繼恩) 등을 파견하여 금군(禁軍)으로 하여금 두 길로 가서 진압케했다. 의군이 분투하 였으나 3만여 인이 죽었다. 5월 성도가 함락되고 리순은 진 중에서 죽었다. 일설 에는 죽지 않았다고 해서 의견이 분분하다.

② (1649-1745) 청조(清朝) 거인(擧人). 회족(回族). 당하현(唐河縣) 호양진(湖陽 鎭) 동만인(仝灣人). 어려서 과거시험에 좌절하고 호양(湖陽)의 어떤 려마점(驢

馬店)에서 일하다 절도의 누명을 쓰고 도망쳐서 집으로 돌아가지 못했다. 대설봉산(大雪封山)을 만나 큰 절에 들어가 방장(方丈)에게 구원을 청했다. 방장이 그 그릇과 도량이 뛰어난 것을 알고, 그 사유를 따져 심문하고 나서 종군(從軍)을 추천했다. 월(粤)의 동쪽에 이르러 융(戎)을 따른 지 수년, 관(官)이 소주수부(韶州守府)에 이르렀다. 그때 산적이 발흥하자 군대를 이끌고 토벌하러가서 사졸(土卒)의 앞에서 싸우다 여러 곳에 창상(創傷)을 입었으나 끝내 적수(賊首)를 사로잡았다. 이 공으로 소용장군(昭勇將軍/) 진도독첨사(晉都督僉事), 경주총병(瓊州總兵) 등 누차 총사(寵錫)를 입었다. 옹정제(雍正帝) 어서(禦書)에는 "복(福))" 자 일방(一方)이었다. 나이들어 쉴 것을 청하자 덕행이 널리 퍼졌다. 마침내 곳곳의 사람들이 송전(頌傳)을 지어 본보기로 삼았다. 송전(頌傳)으로 그 공이 강희제(康熙帝)에게 전해져 돼지고기를 내리자 군명을 어기지 않고 먹었다.(이슬람교는 돼지고기를 금한다). 후에 부족에게 부탁하여 한족(漢族)을 따라 돼지고기를 먹으라고 청했다. 동만회민(仝灣回民)은 지금까지 이 교훈을 따랐다. 89세 때 고향으로 돌아가다가 개봉(開封)을 경유했는데 개봉부(開封府) 묘학원(苗學院)의 주고관(主考官)이 사사로운 이익을 챙기며 폐해를 일으키자 리순이 장계를 모아 관(官)을 참살하고 아름다운 이름을 이루었다. 청(淸) 옹정(雍正) 2년(1724년) 전사(戰獅)와 석비(石碑), 의금(衣錦)을 들고 고향으로 돌아갔다. 한 마리의 석사자가 마을 입구에 서 있었는데 2008년 도둑맞았다.

[본문]  304, 352

● **리시진**(李時珍:1518-1593) 명대(明代)의 뛰어난 의약학자(醫藥學者)이자 과학자이다. 자(字)는 동벽(東壁)이고 호(號)는 빈호(瀕湖)이다. 기주[蘄州: 지금의 호북성(湖北省) 기춘(蘄春)] 사람이다. 아버지 리언문(李言聞)도 그 곳에서 의술로 이름을 날렸다. 만년(晩年)의 자호(自號)는 빈호산인(瀕湖山人)이다. 호북(湖北) 기춘현(蘄春縣) 기춘진(蘄州鎮) 동장가(東長街)의 와설패(瓦屑壩) 현, 박사가(博士街) 사람. 명대(明代)의 저명한 의약학가(醫藥學家). 나중에 초왕부(楚王府) 봉사정(奉祠正), 황가(皇家)의 태의원판(太醫院判)이 되었다. 사망 후 명조정(明朝廷)의 칙령으로 문림랑(文林郎)으로 봉했다.

리시진(李時珍)은 1565年부터 무당산(武當山), 려산(廬山), 모산(茅山), 우수산(牛首山) 및 호광(湖廣), 안휘(安徽), 하남(河南), 하북(河北) 등지에서 어인(漁人), 초부(樵夫), 농민(農民), 거부(車夫), 약공(藥工), 포사자(捕蛇者)들을 접하며 스승으로 삼아 약물표본(藥物標本)과 처방(處方)을 수집했다. 력대의약(曆代醫藥) 등 방면의 책 925종을 참고하고, 옛것을 연구하여 지금의 것을 고증하고(考古證今), 물리를 깊이 연구하여(窮究物理), 천만자의 차기(劄記)를 기록하였고, 많은 의문점이나 난점을 해결하였다(弄清). 그는 약물의 실증을 중시하여 몸소 약을 먹어 보고, 임상 관찰 및 실천을 통하여 연구하고, 비교분석하였다. 또 사람의 노력은 대자연을 이긴다는 사상과 비판 정신을 가지고 있었다. 27개 한서(寒暑)를 겪으면서, 세 번 원고를 고쳐 가며 명(明) 만력 18년(萬曆十八年 1590년) 192만자의 거작 《본초강목(本草綱目)》을 완성했다. 책 속에 모두 1,892종의 약물을 실었다. 약물의 분류, 감정(鑑定), 채집(採集), 포제(炮製), 보장(保藏) 등 다방면에 뛰어난 성과를 올려 약물학의 발전에 크나큰 이바지를 하였다. 이외에도 맥학(脈學)과 기경8맥(奇經八脈)에도 연구가 있어서 《기경8맥고(奇經八脈考)》와 《빈호맥학(瀕湖脈學)》 등 여러 종이 있다.

[롱청(弄淸)] 追究,查明. 徹底調査淸楚.

[본문] 37, 183, 266, 320, 397, 412, 417, 445, 485, 537, 635, 713, 734, 736, 763

● **리인보**(李仁甫) 142, 144

● **리장**(李長) 《한서예문지(漢書藝文志)》에 "한(漢) 성제(成帝) 때의 장작대장(將作大匠)으로 원상편(元尚篇)을 지었다. 창힐(倉頡)편 중의 정자(正字)다." 라고 했다.

[본문] 332

● **리주**(李舟) 당조(唐朝) 시인(詩人), 자(字) 공수(公受), 롱서(隴西) 현 감숙(甘肅) 롱서(隴西) 동북 사람. 건주자사(虔州刺史)를 지냈다. 《류하동집(柳河東集)》, 《금석록(金石錄)》, 《당서재상세계표(唐書宰相世系表)》에 기록이 있다.

롱서(隴西)의 리주(李舟)와 제영(齊映)은 좋은 친구였다. 영(映)이 장상(將相)일 때 주(舟)는 포의(布衣)였다. 이하 생략.

[본문] 779

● **마견**(馬汧) 서진(西晉) 부풍인(扶風人), 자(字)는 자고(子固). 원강(元康) 7년(297)혜제(惠帝) 때, 관롱지구(關隴地區)의 저인(氐人), 강인(羌人)이 반란을 일으켰을 때 건위장군(建威將軍) 주처(周處)가 피살되고, 옹주자사(雍州刺史) 해계(解系)는 깊은 골짜기로 도망쳐서 일시에 소란이 일어나 재 넘쳐났다. 반란의 괴수 공경(鞏更)이 군대를 거느리고 견현(汧縣)을 공격했는데, 견현(汧縣) 무관(武官) 마돈(馬敦)이 군중을 이끌어 성을 지켰다. 성밖에서 온갖 방법으로 타격하고, 성안에서 온갖 방법으로 응적했다. 적군이 땅굴을 파고 성에 이르자 불을 지르고 연기를 피워 물리치고 곧게 지키다가 안서장군(安西將軍) 하후준(夏侯駿)의 구원을 받아서 성 안의 기백만석의 량식(糧食)을 지켜내었다. 종전 후 옹주종사(雍州從事)가 그 공을 시기하여 '양식을 절도하고, 여러 명의 노예를 취했다.' 는 무고를 받아들여 하옥시켰다. 이에 울분이 쌓여 사망했다. 후에

정서대장군(征西大將軍) 사마동(司馬肜)이 신원하여 의 조문 내렸으나 마돈은 이미 옥 중에서 사망한 후였다. 반안인(潘安仁)이 서정(西征) 중에 롱관(隴關)을 지나다가 그 충의(忠義)에 감동하여 그 불우를 애석하게 여기고 옹주종사(雍州從事)를 죽였다. 진혜제(晉惠帝) 때 아문장군(牙門將軍)에 추증되었다.

[본문]

● **마원(馬援)** 한 섬서성 흥평현(興平縣) 북동지방의 우부풍(右扶風) 무릉(茂陵) 사람. 자(字)는 문연(文淵)이다. 동한(東漢)의 저명한 군사가이며 개국공신(開國功臣)이다. 원래 롱우군벌(隴右軍閥) 외효(隗囂)의 부하였다가 광무제(光武帝) 류수(劉秀)에게 투항하여 외효를 격파하고 류수가 천하를 평정하는데 큰 공을 세웠다. 또 천하가 통일된 후에도 서쪽으로 강인(羌人)을 격파하고, 주민들에게 경목(耕牧)을 권장해 서변(西邊)을 안정시켰다. 남쪽으로 징칙(徵側)과 징이(徵貳) 자매의 반란을 토벌하고, 하노이 부근의 낭박(浪泊)까지 진출하여 그곳을 평정하여 교지(交趾)를 정벌했다. 그 공으로 신식후(新息侯)로 봉해졌다. 남방의 무릉만(武陵蠻)을 토벌하러 출정했지만, 열병환자가 속출하여 고전하다가 진중에서 병들어 죽었다. 장제(章帝) 건초(建初) 초에 충성(忠成)에 추시(追諡)되었다. 저서에 『동마상법(銅馬相法)』이 있다. 그는 늙어서도 노익장을 발휘하여 세상 사람들의 존경을 받았다. "대장부라는 자는 뜻을 품었으면 어려울수록 마땅히 더욱 굳세어야 하고, 늙을수록 마땅히 더욱 건장해야 한다[大丈夫爲者 窮當益堅 老當益壯(대장부위자 궁당익견 노당익장)]."라고 했다 그리고 재물을 가볍게 여겨서 "부유해지더라도 사람에게 베풀지 않으면 수전노(守錢奴)일 뿐이다."라면서 친구나 이웃 사람들에게 돈을 나누어 주었다. 시호는 충성(忠成)이다.

마원이 복파장군(伏波將軍)에 임명되어 교지(交趾, 북베트남) 지방에서 봉기한 징칙(徵側)과 징이(徵貳) 자매의 반란을 토벌하고, 하노이 부근의 낭박(浪泊)까지 진출하여 그곳을 평정했다. 돌아오는 길에 몸에 좋다는 율무를 마차에 가득 싣고 왔는데 사람들이 모함하여 "뇌물로 챙긴 진주"라고 했다. 이 사건을 가리키는 말로 "낭중의의(囊中薏苡), 명주의이(明珠薏苡), 의이지혐(薏苡之嫌)" 등이 있다. 마원이 이들의 말을 무시하고 개의치 않자 "불외방언동마자(不畏謗言同馬子)"라고 했다.[화호유구(畫虎類狗)는 범을 그리려다가 강아지를 그린다는 뜻으로, 소양이 없는 사람이 호걸인 체하다가 도리어 망신을 당함을 비유적으로 이르는 말이다.

[화호류구(畫虎類狗)]

후한(後漢) 광무제(光武帝) 때, 마원(馬援 BC. 14년 ~ AD 49년)은 조카인 마엄(馬嚴)과 마돈(馬敦)이 불량배와 어울린다는 소식을 듣고, 전쟁 중에도 편지를 보내 그들의 행실을 경계했다.

"너희는 절대 먼저 남을 비난해서는 안 되며, 국정을 가벼이 논해서도 안 된다. 또한, 너희가 훌륭한 성인이 되는 것을 바라는 마음에서 용백고(龍伯高)를 닮기를 바란다. 그는 인물이 중후하고 겸손하면서도 위엄이 있다. 두계량(杜季良)은 의협심이 많아 다른 사람의 근심된 일을 함께 걱정해주고 남의 즐거움을 또한 같이 즐거워해 준다. 나는 그를 좋아하고 중히 여기지만 너희에게 그를 본받으라고 권하고 싶지는 않다. 용백고를 본받으면, 그 사람과 같이는 못되더라도 적어도 올곧은 선비는 될 것이다. 그러나 두계량의 흉내를 내다가 이루지 못하면 천하에 경박한 자가 될 것이다. 마치 호랑이를 그리려다 잘못 그리면 개를 닮게 되는 것과 같다." 라고 했다.

[본문]  169

● **마융(馬融)** 마엄(馬嚴)의 아들로 자는 계장(季長)이다. 후한 부풍(扶風) 무릉(茂陵) 사람이다. 스승을 잘 섬겼고, 경서와 서적에 박통(博通)했다. 「광성송(廣成頌)」 때문에 등태후(鄧太后)의 구박을 받았다. 대장군(大將軍) 량기(梁冀)에게 죄를 져 삭방(朔方)으로 쫓겨났다가 량기가 리고(李固)를 탄핵할 때 초안을 잡고, 「서제송(西第頌)」을 지어 찬양하다 뜻 있는 사람들의 빈축을 샀다. 박학다식한 통유(通儒)로 제자만 천여 명에 이르렀다. 로식(盧植)과 정현(鄭玄) 등을 가르쳤다. 『춘추:3전이동설(春秋三傳異同說)』을 짓고, 많은 책을 주석하여 문집 21편이 있었으나 지금은 그 단편만 남아 있다.

[본문]  24, 182

● **모(毛)**

● **모공(毛公)** 일명 장(一作長)이다. 서한(西漢) 조(趙), 현재의 하북(河北) 한단(邯鄲) 서남 사람이다. 서로 전하는 시문학인 모시학(毛詩學)의 전수자. 하간헌왕(河間獻王) 때 박사를 역임했다. 그의 시문학은 모형(毛亨)에게 전수되었고 소모공(小毛公)이라 했다.

[본문]  8, 238, 245, 324, 352, 355, 356, 371, 399, 546, 561, 620

● **모씨(某氏)**

[본문]  58

● **모의(毛扆:670-?)** 자는 부계(斧季). 강소(江蘇) 상숙인(常熟人). 모진(毛晉)의 아들. 홀로 책을 **교수(校讐)**하는 것을 탐닉했다. 소학에 정통했다. 한 때 유명했다. 『급고각비본서목(汲古閣秘本書目)』을 엮었다.

※ **교수(校讐)** 혼자서 보는 교정을 교(校), 둘이서 대교(對校)하는 것을 수(讐)라고 한다.

[본문]  36

● **반니(潘尼:250-311)** 자((字)는 정숙(正叔). 형양(滎陽) 중모(中牟), 현 하남성

(河南省) 관진(關鎭) 대반장(大潘長) 사람. 서진(西晉) 문학가. 부친 반만(潘
滿)은 반악(潘岳)의 조카. 어려서 ㄸ丁터 문재가 있어서 반악과 더불어 「2반
(二潘)」으로 불렸다. 반니는 성정이 맑고 담박하여 사람과 더불어 다투지 않았
고 연구와 독서, 저술에만 전념했다.

[본문]　42

● **박망후【博望樓 박망사】** 박망후는 한(漢) 나라 장건(張騫)의 봉호. 장건은 무제
(武帝) 때 대월지국(大月氏國)에 사신으로 갔다가 흉노(匈奴)에게 포로가 되어
고절(苦節)을 굳게 지키다가 13년 만에야 돌아와서, 서역(西域) 제국에 국위를
크게 선양한 공으로 박망후에 봉해졌다. 뗏목의 고사에 대해서는, 한서(漢書)
장건전(張騫傳)에는 "한 나라 사신이 은하수까지 갔다. [漢使窮河源]" 한 말
만이 있을 뿐인데, 이를 후인들이, 곧 장건이 뗏목을 타고 은하수까지 갔던 것이
라고 부회(附會)함으로 인하여, 심지어 두보(杜甫) 같은 시인도 여러 차례 이
고사를 인용하였으나, 사실 여부는 자세하지 않다.

[본문]

● **반악**(潘岳:247-300) 반안(潘安)이라고도 부른다. 서진(西晉) 형양(滎陽) 중모
(中牟) 사람. 자는 안인(安仁)이다. 서진(西晉)문학가. 어릴 때부터 신동이라 불
렸고, 또 미남이어서 기동(奇童)이라는 소리를 들었다. 수재(秀才)로 천거되었
다. 성격이 경박하고 이익을 좇아 가밀(賈謐)에게 아첨하며 섬겼는데, 24우(友)
의 우두머리를 맡았다. 조왕(趙王) 사마륜(司馬倫)이 정권을 장악했을 때 아버
지의 옛 부하 손수(孫秀)에게 모함당하여 일족과 함께 주살(誅殺)되었다. 문학
적 재능이 뛰어나 육기(陸機)와 함께 서진문학의 대표적 작가로 병칭되어 반육
(潘陸)으로 불렸다.

외모가 잘 생겨 재모쌍전(才貌雙全)으로 칭해졌는데 그가 집을 나설 때면 항상
부인들이 던져준 과일이 수레에 가득 차서 돌아왔다.이를 "척과영차(擲果盈
車)"라고 한다. 당시에 천하제일미남자 하면 곧 반악이었다. 재비자건, 모약반
안 (才比子建, 貌若潘安), 재비송옥, 모사반안(才比宋玉, 貌似潘安)이란 말
이 생겨났다.《시경:정풍(詩經:鄭風)》에 "출기동문 유녀여운(出其東門, 有
女如雲)" 즉 동문을 나서면 여자들이 구름같이 모여든다. 이는 반악이 당시 수
도였던 낙양 거리를 지나면 그를 향해 수많은 여인들이 관심을 붕인 것을 말해
준다.이런 그를 민간에서는 "대중정인(大衆情人)"으로 불렸다.

아내의 죽음을 겪고 지은 「도망시(悼亡詩)」 3수는 진정이 넘쳐 흘렀고, 당시
수사주의적 문학 풍조에 하나의 전기를 마련해 주었다. 이 외에 「서정부(西征
賦)」와 「금곡집시(金穀集詩)」, 「추흥부(秋興賦)」 등이 유명하다. 저서에
『반황문집(潘黃門集)』이 있다.

[본문]　34

● **배인**(裴駰) 《사기집해(史記集解)》를 지었다. 나머지 자료는 구할 수 없었다. 남조(南朝) 송(宋) 나라 사람. 9경(九經)과 여러 역사서 및 《한서음의(漢書音義)》, 그리고 여러 서적들의 목록을 모아서 《사기(史記)》를 주해(注解)했다. 최초에 서광(徐廣)의 《사기음의(史記音義)》가 있었는데 이것이 《집해(集解)》의 기초가 되었다. 그래서 이 책에는 "서광왈(徐廣曰)"이 많이 등장한다. 《집해(集解)》에는 많은 서목(書目)과 그와 상관된 내용이 들어있다. 현존하는 가장 오래된 구주본(舊注本)이다.

《사기집해(史記集解)》와 《사기색은(史記索隱)》, 《사기정의(史記正義)》를 합쳐서 "《사기(史記)》3가주(三家注)"라고 한다.

※ **"사기:3가-주**(史記:三家-注)" 중에서도 최상이라고 한다.[價値在裴, 張兩家之上]

　　1. 당 사마정(唐 司馬貞)의 <사기색은(史記索隱)> 30卷
　　2. 남조시기 송국 배인(南朝時期的 宋國裴駰)의 <사기집해(史記集解)> 共80卷.
　　3. 당 장수절(唐 張守節)의 <사기정의(史記正義)> 30卷.

[본문] 253

● **번광**(樊光) 원래는 당(唐) 나라 시인 **번황**(樊晃)이다. 그 이름을 잘못하여 번면(樊冕), 번광(樊光), 초면(楚冕) 등으로 오기(誤記)했다. 군망남양(郡望南陽) 호양(湖陽) 현, 하남(河南) 당하(唐河) 서남(西南) 호양진(湖陽鎭) 구용(句容) 사람이다. 현종(玄宗) 개원(開元) 때 진사를 시작으로 여러 관직을 거치다 대종(代宗) 대력(大曆) 때 윤주자사(潤州刺史)를 지냈다. 시률(詩律)이 청기(淸奇)하고, 문사가 풍섬(豊贍)했다. 시명(詩名)이 당대의 시인인 류장경(劉長卿), 황보염(皇甫冉)과 대등하게 불렸다(均有唱和). 은번중(殷璠曾)이 그 시를 《단양집(丹陽集)》에 실었고, 예정장(芮挺章)의 《국수집(國秀集)》에도 그 시를 실었다. 대력년간(大曆年間 770-780), 번황(樊晃)이 일찍이 두보(杜甫)의 시를 모아서 《두보소집(杜甫小集)》을 지어, 290수를 수록하고 《두공부소집서(杜工部小集序)》를 썼다. 이것이 두시집(杜詩集)의 원조다. 사가(史家)은 번황이 두보 사망 이후 최고의 지기(知己)라고 했다.

※ **군망**(郡望) 군(郡)과 망(望)의 합칭. 군(郡)은 행정구역. 망(望)은 명문망족(名門望族).이 둘을 련용(連用)한 군망(郡望)은 한 지역 범위 내의 명문대족(名門大族)을 표시한다.

《귀계구씨족보서(貴溪丘氏族譜序)》에 설명하기를 "당(唐) 나라 사람들이 군망(郡望)을 쓴 이래 하남망(河南望)은 양공부자(襄公父子)가 뛰어났기 때문이다." 라고 했는데 <구당서(舊唐書)>에서 설명하기를 "구화(丘和), 구행공(丘行恭) 두 부자(父子)가 사망한 후 시호(諡號)를 모두 양(襄)으로 했다. 그래서 「양공부자(襄公父子)」는 이 두 부자를 가리킨다." 라고 했다. 이에 당조(唐朝)에서 하남군(河南郡)의 명문망족(名門望族)인 구화가족(丘和家族)이 있었음을 알 수 있다. 그 외에 팽성(彭城)의 류씨(劉氏), 홍농(弘農)의 양씨(楊氏), 청하(淸河)의 장씨(張氏), 태원(太原)의 왕씨(王氏), 롱서(隴西)의 리씨(李氏), 오흥(吳興)의 오씨(姚氏) 등이 대표적인 지망(地望)하는 대표적인 성씨(姓氏)들이 있었다.

[본문] 315, 352, 462, 464

● **범승지(氾勝之)** 생졸년 미상. 대략 기원전 1세기 서한(西漢) 말경 생존했다. 사수(사水), 현 산동(山東) 조현(曹縣) 사람. 저명한 고대 농학가. 『**범승지서(氾勝之書)**』는 중국 최초의 농서로 손꼽힌다.

[본문]  512

● **복(服)**

● **복건(服虔)** 후한 하남(河南) 형양(滎陽) 사람. 초명은 중(重) 또는 기(祇)다. 자는 자신(子愼)이다. 고문을 숭상하여 금문학자인 하휴(何休)의 설을 비판했다. 남북조 시대에는 그의 주석(注釋)이 북방에 성행했다. 저서에 『춘추좌씨전해(春秋左氏傳解)』가 있다.

[본문]  450

● **사고(師古)** 당나라 초기 경조(京兆) 만년(萬年) 사람. 『안씨-가훈(顔氏-家訓)』의 저자 안지추(顔之推)의 손자이며, 고훈(古訓)에 뛰어났던 안사로(顔思魯)의 아들이다. 이름은 주(籒). 자는 사고(師古) 또는 사고(思古)로도 쓴다. 학자 집안에 태어나 고전 학습에 힘써서 문장에 뛰어났다. 일찍이 황명으로 5경(五經)의 문자(文字)를 고정(考定)하여 『5경:정본(五經定本)』을 편찬했고, 공영달(孔穎達) 등과 『5경:정의(五經正義)』를 찬정했고, 이전의 여러 주석을 집대성한 『한서(漢書)』는 그의 문자학과 역사학의 온축으로, 오늘날 『한서』 해석의 중요한 근거가 된다.

[본문]  413

● **사령운(謝靈運:385-433年)** 원명은 공의(公義). 자는 령운(靈運)이고 어릴 적 이름은 객아(客兒). 세칭은 사객(謝客). 자(字)로 세상에 통했다. 중국(中國) 남북조(南北朝) 시대(時代)의 걸출한 시인(詩人), 문학가, 여행가.

회계(會稽) 시녕(始寧) 현, 소흥시(紹興市) 승주시(嵊州市)에서 태어났다. 진군사씨(陳郡謝氏) 출신이다. 동진(東晉) 명장 사현(謝玄)의 손자, 비서랑(秘書郎) 사환(謝瑍)의 아들이다. 동진(東晉) 때 세습으로 강락공(康樂公)이 되어서 세칭 사강락(謝康樂)이라고 했다. 일찍이 출사해서 대사마행군참군(大司馬行軍參軍), 무군장군기실참군(撫軍將軍記室參軍), 대위참군(太尉參軍) 등을 지냈다. 류송(劉宋)이 진(晉)을 대신한 후 항복하여 강락후(康樂侯)가 되어 영하태수(永嘉太守), 비서감(秘書監), 림천내사(臨川內史), 원가 10년(元嘉十年 433年) 49세 때 송문제(宋文帝) 류의륭(劉義隆)에게 반역죄로 피살되었다. 그의 시는 안연지(顏延之)와 이름을 나란히 해서 안사(顏謝)로 병칭되었다. 종래(從來)의 서정(抒情)을 주(主)로 하는 중국(中國) 문화사상(文化思想)에 산수시의 길을 열어 놓아서 산수시인(山水詩人)이라 일컬어진다. 저서(著書)로 『산거적(山居賊)』 『산수시(山水詩)』 등이 있고 명인(明人)이 편집한 《사강락집(謝康樂集)》이 있다.

[본문] 665

● **사마상여**(司馬相如) 젊었을 때부터 독서를 좋아하고 검술을 배웠으며 시부(詩賦)에 뛰어난 재주를 보였다. 어릴 때 그의 이름은 견자(犬子)였으나 나중에 린상여(藺相如)를 흠모하여 이름을 상여(相如)라고 고쳤다. 처음엔 경제(景帝)를 섬겼으나, 경제의 아우인 량(梁)나라 효왕(孝王)을 만나려고 양나라로 가서 상상의 인물 3명이 나와 사냥하는 모습을 묘사한 〈자허부(子虛賦)〉를 지었다. 친구 왕길(王吉)의 도움으로 탁왕손의 딸 탁문군(卓文君)을 유혹하여 야반도주하기도 했다. 한나라의 5대황제 무제(武帝)가 사마상여의 작품인 〈자허부(子虛賦)〉를 읽고 상찬(賞讚)하면서 사마상여는 무제를 배알하게 되었다. 무제가 황제의 사냥에 관한 부를 쓰도록 부탁하므로 〈상림부 上林賦〉를 지어 바쳤다.

[본문] 53, 331, 679

● **사마정**(司馬貞) 자(字)는 자정(子正), 당조(唐朝) 하내(河內), 현재의 심양(沁陽) 사람이다. 당현종(唐玄宗) 개원년간(開元年間)에 관직이 조산대부(朝散大夫)에 이르렀다. 굉문관학사(宏文館學士)로 편찬(編纂), 찬술(撰述)을 주관(主管)하거나 조령(詔令) 등을 기초(起草)했다. 당대(唐代)의 저명(著名)한 사학가(史學家)로 《사기색은(史記索隱)》을 지었다. 남조시기(南朝時期) 송국(宋國)의 배인(裴駰)이 지은 《사기집해(史記集解)》와 당(唐)의 장수절(張守節)이 지은 《사기정의(史記正義)》와 합해서 "사기3가주(史記三家注)"라고 불린다.

[본문] 639

● **사마표**(司馬彪:?-306) 자(字)는 소통(紹統), 하내온(河內溫) 현재의 하남 온현(河南溫縣) 사람. 서진(西晉) 사학가(史學家), 문학가(文學家). 진(晉) 고양왕(高陽王) 사마목(司馬睦)의 장자(長子). 사마의(司馬懿)의 여섯째 동생. 사마진(司馬進)의 손자. 어려서부터 배우는 것을 좋아하여 싫어하지 않았다, 그러나 여자를 밝히고 행동이 경박하여 대를 잇지 못하였다. 사마목(司馬睦)이 후계를 이으려고 할 때 사마표의 계승권을 제외했다. 사마표는 이 일로 절개를 겪고 뜻을 바꾸어 문을 닫고 책을 읽었다. 《9주춘추(九州春秋)》를 지어서 동한말(東漢

末) 군벌의 혼전을 기술했다. 또 동한(東漢)의 사적(史籍)의 기술이 번잡하여 한안제(漢安帝), 한순제(漢順帝) 이후의 사사(史事)가 망실된 것이 아주 많았다. 여러 서적을 모아 정리해서 《속한서(續漢書)》80권을 썼다. 별도로 《장자:주(莊子:注)》 21권, 《병기(兵記)》 20권, 문집(文集) 4권이 있다. 모두 망실되고 《문선(文選)》에 《증산도(贈山濤)》, 《잡시(雜詩)》 등이 겨우 남아 있다.

● **사유(史游)** 서한(西漢) 원제시(元帝時) 황문령(黃門令). 생졸년도와 사적은 자세히 알 수 없다. 자학(字學)에 정통했고 글씨를 잘 썼다(善書法). 《급취장(急就章)》을 썼다. 후세 사람들은 그의 서체를 「**장초(章草)**」라고 부른다.
[본문]  89, 90, 332

● **사주(史籀)** 서한(西漢) 원제시(元帝時) 황문령(黃門令). 생졸년도와 사적은 자세히 알 수 없다. 자학(字學)에 정통했고 글씨를 잘 썼다(善書法). 《급취장(急就章)》을 썼다. 후세 사람들은 그의 서체를 「**장초(章草)**」라고 부른다.
[본문]  153, 347

● **상거(常璩:291-361)** 동진(東晉) 촉군(蜀郡) 강원(江原) 소정향(小亭鄉) 사람. 자(字) 도장(道場). 사학가. 저서에 《화양국지(華陽國志)》가 있다.
[본문]  458

● **서개(徐鍇:920-974)** 남당(南唐)의 문자훈고학가(文字訓詁學家). 양주광릉(揚州廣陵) 지금의 강소 양주(江蘇揚州) 사람. 서현(徐鉉)의 아우. 세칭 소서(小徐). 자(字) 내신(鼐臣), 초금(楚金). 저서로 《설문해자 계전(說文解字系傳)》 40권, 《설문해자 운보(說文解字韻譜)》 10권이 있다.
[본문]  12, 25, 30, 38, 49, 127, 138, 144, 150, 160, 180, 188, 197, 241, 245, 304, 327, 331, 336, 551, 567, 589, 603, 608, 616, 630, 663, 710, 711, 778, 784, 787,  789

● **서광(徐廣:352-425年)** 동진(東晉) 동완(東莞) 고막(姑幕) 현, 산동성(山東省) 거현(莒縣) 사람. 자는 야민(野民)이고, 서막(徐邈)의 동생이다. 집안이 학문을 좋아 했는데 서광은 더욱 돋보였다. 배우기를 좋아해서 백가의 여러 술수(百家數術)를 연구해 보지 않은 것이 없었다. 사현(謝玄)이 연주자사(兗州刺史)일 때 불러 서조(西曹)의 종사(從事)로 삼았고, 진북장군(鎭北將軍)에 임명되었고, 초왕사마염(譙王司馬恬)의 참군(參軍)이 되었다. 진효무제(晉孝武帝)가 비서랑(秘書郎)으로 삼았으며, 교서처(校書處)와 장서비각(藏書秘閣)의 인수(人手)로 삼았다. 여러 관직을 거쳤다. 12(406-416년)년 동안 심혈을 기울여 『진기(晉紀)』46권을 편찬했다. 류유(劉裕)가 진(晉)나라를 찬탈하자 나이를 이유로 퇴직하고 귀향했다. 노후에는 더욱 독서를 좋아해서 매년 《5경(五經)》을 한 차례씩 읽었다. 저서로 《거복의주(車服儀注)》, 진기(晉紀)》, 《답례문

《답례문(答禮問)》,《모시배은의(毛詩背隱義)》2권, 문집(文集) 15권,《사기음의(史記音義)》13권이 있다.

[본문]

● **서현**(徐鉉:916~991) 북송 양주(揚州) 광릉(廣陵) 사람. 세칭 대서(大徐). 자는 정신(鼎臣), 호(號)는 기성(騎省)이다. 동생 서개(徐鍇)와 함께 '2서(二徐)'로도 불렸다. 문자의 훈고(訓詁)에 정통했다. 『설문해자(說文解字)』를 다시 교정했고, 『문원영화(文苑英華)』의 편찬에도 참여했다. 저서에 『기성집(騎省集)』과 『서문공집(徐文公集)』 30권이 있다.

[본문]　12, 56, 150, 160, 180, 187, 211, 273, 304, 461, 489, 567, 663, 665, 667, 702, 710, 711, 778, 789

● **석현응**(釋玄應) 당나라 때의 승려. 역경(譯經)에 종사하며 많이 듣고 기억하여 음운문자(音韻文字)에 정통했다. 고종(高宗) 영휘(永徽) 말에 『일체경음의(一切經音義)』 25권을 지으니, 이것을 '현응음의' 라 하는데 이 부문의 권위 있는 저서가 되었다. 『현응서(玄應書)』라고도 한다. 《일체경음의》는 649년 당(唐)나라의 석현응(釋玄應)이 지은 《중경음의(衆經音義)》 25권의 다른 이름이다. 가장 오래된 불경사전이다. 불교 경률론(佛敎經律論) 442부에서 추출한 표제어를 반절로 표시했으며,《설문해자》를 비롯한 광범위한 자서(字書)들과 불경, 『논어』, 『맹자』 정현(鄭玄)의 《상서:주(尚書:注)》,《론어:주(論語:注)》,《3가시(三家詩)》, 가규(賈逵), 복건(服虔)의 《춘추전:주(春秋傳:注)》,《3창(三倉)》,《자원(字苑)》,《자림(字林)》,《성류(聲類)》,《통속문(通俗文)》 등의 백 수십종의 서적들을 차용하여 단어의 뜻을 밝히고 있다.

[본문]　371

● **선정**(先鄭) 정중(鄭衆), 자(字)는 중사(仲師). 경학가(經學家)들은 선정(先鄭)이라고 부르며 후한(後漢)의 정현(鄭玄)과 구별한다. 또한 정사농(鄭司農)으로도 불러 당시 환관(宦官)이었던 정중(鄭衆)과도 구별했다. 하남(河南) 개봉(開封), 현 개봉남(開封南) 사람이다. 아버지에게 《좌씨춘추(左氏春秋)》를 배웠다.《춘추난기조례(春秋難記條例)》를 지었다.

[본문]　89, 159, 185, 474, 532

● **설**(薛)

[본문]　161, 167, 400

● **설군**(薛君)

[본문]　198

● **섭립종**(葉林宗) 이름은 혁(奕)으로 학문을 좋아했고 장서(藏書)가 많았다. 책을 찾는데 많은 노력을 기울였다. 책상 머리에서 한 질을 발견하면 반드시 빌려와서 몸소 베끼기를 좋아해서 등불을 밝히고 붓을 놀리며 밤에도 조금도 멈추지 않았

다. 비책(祕冊)을 하나 얻으면 곧 전준왕(錢遵王)서로 전록(傳錄)해서 비록 어
두운 밤일지라도 반드시 문을 두드리니 량가(兩家)의 동자(童子)들은 소리만
듣고도 문득 알았다.

강희(康熙) 갑진(甲辰)년 모월(某月) 상숙(常熟)의 모부계(毛斧季)와 함께 엽
림종(葉林宗)이 소주(蘇州) 이르러 주와암(朱臥庵)을 방문하였을 때 그 탑(榻)
위에 어지럽게 한 무더기의 책들이 있는 것을 보았는데 대체로 헌 달력들이나
료초의방(潦草醫方)들이었다. 그런데 그 잔질(殘帙) 중에서 선정(繕整)한 한
책이 있어서 뽑아보니 곧 《서곤수창집(西崑酬唱集)》잉서 깜짝 놀랐다. 권말
(卷末)에 행서(行書)로 한 줄 써져 있기를 「만력(萬曆) 을축(乙丑) 9월 17일 끝
마쳤다[萬曆乙丑九月十七日書畢].」라고 했다. 아래에 공보인(功甫印)이 있었
으므로 전공보(錢功甫)가 손으로 베낀 것이었다. 그래서 책 빌려 귀가했다. 다
음 날 림종(林宗)이 성에 들어가서 이것을 얻었다고 떠들어대니 가장 먼저 기어
서 달려온 사람은 풍정원(馮定遠:풍반의 字가 定遠이다)이었다. 창망(倉忙)히
찾아서 보더니 책상에 책을 펴두고, 수도 없이 머리를 바닥에 찧은 후에 책을 열
었다. 하루 종일 랑음(朗吟)하더니 술을 찾아 통음(痛飲)하고 마쳤다. 와암(臥
庵)의 이름은 적(赤)이다.

풍반(馮班)은 명말청초 때 강남(江南) 상숙(常熟), 지금의 강소(江蘇) 사람. 자
는 정원(定遠), 호는 둔음노인(鈍吟老人)이다. 형인 풍서(馮舒)와 함께 2풍(二
馮)으로 병칭되었다. 어렸을 때는 유명한 제생(諸生)이었으나 여러 번 시험에
서 떨어지기도 했다. 다. 명나라가 망하자 미친 척하고 세상을 등졌기 때문에 사
람들이 2치(二痴)라 불렀다.

【구등(篝燈)】 불어리를 씌운 등.

【명필(命筆)】 使筆;用筆. 謂執筆作詩文或書畫.

【전록(傳錄)】 옮겨 베껴씀.

【랑음(朗吟)】 高聲吟誦.

【전윤치(錢允治)】 (1541-1624)명대(明代)의 문학가(文學家)、화가(畫家)、
장서가(藏書家). 이름은 부(府),자(字)는 윤치(允治),또는 공보(功甫), 명대화
가(明代畫家)인 전곡(錢穀)의 아들이다. 부자(父子)가 모두 장서(藏書)를 좋아
했다. 전증(錢曾)의 《독서민구기(讀書敏求記)》에 설명하기를 "공보는 낡은
집이 세 칸인데 책들이 대들보까지 찼다. 책을 찾는다면서 꼭 촛불을 들고 사다
리를 오르내렸다. 모두 사람들이 보기 드문 책들이었다[功甫老屋三間,藏書充
棟. 白日檢書,必秉燭,緣梯上下. 所藏多人間罕見之本]."라고 했다. 《렬조시전
(列朝詩傳)》에 곧 칭하기를 "80여 세의 한 겨울에도 가려움증을 앓아서 햇빛
을 쬐며 글씨를 쓰면서 해가 저물어도 그치지를 않았다. 공보가 죽은 후 아들이
없어서 그 남겨진 책들이 모두 흩어져 없어졌다. 여기에서 오중문헌(吳中文獻)

은 찾는 이가 없어 선배들의 독서하는 종자(種子)가 없어져 버렸다[年八十餘,隆冬病瘁,映日鈔書,薄暮不止。功甫竣,無子,其遺書皆散去。自是吳中文獻無可訪問,先輩讀書種子絶矣]."라고 했다.

【륭동(隆冬)】 한겨울.

【박모(薄暮)】 1. 해가 막 떨어져 어스레한 때. 땅거미. 박야(薄夜). 2. 사람의 늙어가는 마지막 시기. 곧 말년의 비유.

[본문] 694

● **성왕**(成王) 주성왕(周成王)은 희송(姬誦:기원전 1055-1021年)이다. 희성(姬姓)이고, 이름이 송(誦)이다. 주무왕(周武王)인 희발(姬發)의 아들이다. 어머니는 읍강(邑薑)으로 제(齊) 태공(太公)인 려상(呂尙)의 딸이다. 서주왕조(西周王朝)의 제 2대 군주로 21년(年) 동안 재위(在位)했다.

주성왕(周成王)이 계위시(繼位時)에 나이가 어려서 주공단보(周公旦輔)가 섭정을 했는데 3감(三監)을 평정(平定)했다. 주성왕(周成王)이 친정후(親政後)에는 신도(新都)인 락읍(洛邑)을 영조(營造)하고 주공단보(周公旦輔)를 제후(諸侯)에 봉했다. 주공(周公)에게 동정(東征)을 명하고, 례악(禮樂)제정했으며 서주왕조(西周王朝)의 통치(統治)를 굳건하게 했다. 기원전 1021년(年)에 주성왕(周成王)이 가붕(駕崩)했다. 향년(享年) 35세(歲)였다.

주성왕(周成王)과 그 아들 주강왕(周康王)의 통치기간(統治期間) 동안 사회안정(社會安定), 백성화목(百姓和睦), "40여 년간 형조(刑錯)를 사용하지 않았다[刑錯四十餘年不用]는 성강지치(成康之治)로 불리면서 중국력사상(中國曆史上)의 일대 명군(明君)으로 꼽힌다.

【가붕(駕崩)】 稱帝王去世.

【가훙(駕薨)】 가붕(駕崩).

【형조(刑錯)】 형조(刑措), 형조(刑厝), 형법을 설치해 두고도 쓰지 않음. 나라가 잘 다스려져서 죄인이 없음. 錯, 通 "措".

[본문] 639

● **소공**(蘇恭) 당(唐) 현경(顯慶) 년간에 활동한 저명한 의학자. 본래 이름은 소경(蘇敬)인데 피휘(避諱)로 고친 것이다. 장손무기(張孫無忌) 등과 함께 <당본초(唐本草)>를 상세히 주석했다.

[본문] 98, 136

● **소서**(小徐) 서개.

[본문] 241, 447, 796, 798

● **소송**(蘇頌:1020-1101年) 중국 송대(宋代) 천문학가. 천문기계제조가. 약물학가. 자(字)는 자용(子容). 복건(福建) 천주(泉州) 남안(南安) 현, 복건(福建) 하문시(廈門市) 사람. 5세 때 이미 <효경>과 그 외 고금(古今)의 시부(詩賦)를

온전히 배송(背誦)했다. 다방면의 책을 두루 읽어서 통했다. 도휘(圖緯), 음양(陰陽), 5행(五行), 성력(星曆), 산경(山經), 본초(本草) 등 연구하지 않은 것이 없었다. 그 원류를 탐구하고(探其源), 그 묘리를 통합하였으며(綜其妙), 실사를 실험한(驗之實事) 대학자였다. 과학기술방면과 의학, 천문학 방면에 특출한 공헌을 했다.장우석(掌禹錫), 림억(林億) 등과 《혜우보주신농본초(惠佑補注神農本草)》를 편집보주(編輯補注)하고, 《급비천금방(急備千金方)》 등의 책을 교정출판했다. 인종(仁宗) 가우(嘉佑) 2년(1057) 조칙을 받들어 교정의서관(校正醫書官)이 되어 장우석(掌禹錫) 등 네 사람과 《본초도경(本草圖經)》편교(編校)를 주지(主持)했다. 조정(朝廷)에서 각주현(各州縣)에 초본양품(本草樣品)을 수집하라는 조서를 내려서 모은 후 그림을 그리고 상세한 설명을 덧붙인 것을 소송 등이 교정해서 《본초도경(本草圖經)》21권을 완성했다. 이 책에는 중초약(中草藥) 1,082종(種), 약도(藥圖) 933포(幅)을 실었는데 《개보본초(開寶本草)》와 비교하면 약(增)이 103종 더 늘어났고, 동식물(動植物) 형태(形態)를 분명하게 묘사했고, 식염(食鹽), 강철(鋼鐵), 수은(水銀), 백은(白銀), 홍화합물(汞化合物), 려화합물(鉛化合物) 등 여러 종류의 물질들을 만드는 법을 갖추었으며, 동물화석(動物化石), 식물표본(植物標本)의 그림 등 의 학문에 선구적인 역할을 했다. 생물학(生物學), 박물학(博物學), 의약문헌학(醫藥文獻學), 광야(礦冶), 화학(化學) 등 여러 방면에 공헌했다. 명대(明代) 리시진(李時珍)의 《본초강목(本草綱目)》의 기초가 되었다. 이는 서양보다 대략 500년은 앞선 것이었다. 미종(微宗) 건중정국(建中靖國) 원년1101)  윤주(潤州)에서 82세로 별세했다.

[본문]  537, 715

● **소씨진함**(邵氏晉涵:1743-1796) 청(淸) 나라의 저명한 학자. 사지목록(史志目錄學者). 장서가. 자(字)는 여동(與桐). 호는 이운(二云), 남강(南江), 절강여요인(折江余姚人).

[본문]  435

● **손**(孫) 254, 257

● **손강**(孫强) 이름을 강(疆)이라 쓰기도 한다. 당나라 부춘(富春, 절강성 富陽) 사람. 처사(處士)다. 남조 양(梁)나라 고야왕(顧野王)이 저술한 『옥편(玉篇)』을 보강(補强)하여 30권으로 만들어 고종(高宗) 상원(上元) 원년(674) 완성했다. 이 책을 상원본(上元本)이라고 부른다.

[본문]  150

● **손염**(孫炎) 삼국 시대 위나라 락안(樂安) 사람. 자는 숙연(叔然)이고, 정현(鄭玄)의 제자에게 배워 「동주대유(東州大儒)」로 불렸다. 반절주음(反切注音)을 처음 사용한 『이아:음의(爾雅:音義)』를 편찬했다.

[본문] 58, 292, 616, 737

● **송기(宋祁)** 북송 문학가. 자(字)는 자경(子京). 안주(安州) 안륙(安陸) 사람. 구양수(歐陽修)와 함께 신당서(新唐書)를 수찬했다.

[본문]   458

● **송옥(宋玉)** 전국 시대 초(楚)나라 언(鄢) 현, 호북(湖北) 선성(宜城) 사람이다. 자는 자연(子淵)이고, 로장(老莊)을 숭상했다. 굴원(屈原)의 제자라고도 한다. 굴원 이후 중요한 초사의 작가는 송옥, 당륵, 경차 등이 있다. 경양왕(頃襄王) 때 대부(大夫)를 지냈다. 부(賦)로 명성을 얻었다. 가난한 선비로서, 조정 간신배들의 배척을 받아 고독하고 비참한 떠돌이 생활을 했다. 「9변(九辯)」을 지어 굴원의 뜻을 대변했다. 「초혼(招魂)」에 대해 왕일(王逸)은 송옥의 작품으로 보았다. 『문선(文選)』에 실린 「풍부(風賦)」와 「고당부(高唐賦)」, 「신녀부(神女賦)」, 「등도자호색부(登徒子好色賦)」 등의 작품은 후세 사람들의 위작으로 의심받고 있다. 그의 작품은 《한서:권30:예문지:제10(漢書‧卷三十‧藝文志第十)》에 부(賦) 16편이 실려 있으나 지금 남은 것은 《9변(九辯)》, 《초혼(招魂)》 두 편 뿐이고, 나머지는 대부분 망실되었다. 『수지(隋志)』, 『송옥집(宋玉集)』 3권 등에 기재되어 있으나 편명조차 알 수 없다. "하리파인(下裏巴人)", "양춘백설(陽春白雪)", "곡고화과(曲高和寡)", "송옥동장(宋玉東牆)" 등의 전고(典故)가 모두 그에게서 나왔다."

【하리파인(下裏巴人)】 전국시(戰國時) 초국(楚國)의 통속적인, 저속하고 쉬운 가곡명(歌曲名).

【양춘백설(陽春白雪)】 1.전국시(戰國時) 초국(楚國)의 고아(高雅)한 가곡명(歌曲名). 2. 고심전아(高深典雅)함의 비유, 쉽지 않은 문학작품.

【영중백설(郢中白雪)】 출전(典出)은 전국(戰國) 초(楚) 송옥(宋玉)의 《답초왕문(答楚王問)》이다. "객 중에서 령(郢) 땅에서 노래하는 자가 있었는데, 《하리파인(下里巴人)》으로 시작하면 따라 부르는 사람이 수천인(數千人)이나 되었지만, 《양아(陽阿)》나 《해로(薤露)》에 이르면 수백인이 따라 부를 수 있었고, 《양춘백설(陽春白雪)》에 이르면 겨우 수 십인이 따라 부를 수 있었다. 그 곡이 너무 고아(高雅)해서 따라 부를 수 있는 이가 적었던 것이다. 이후 "령중백설(郢中白雪)"은 고아(高雅)한 악곡(樂曲)이나 시문(詩文)을 가리키게 되었다." 라고 했다.

【영설(郢雪)】 우아한 시편(詩篇)이나 악곡을 이름. 양춘백설(陽春白雪)이라는 곡은 격조가 높아서 초(楚)의 영(郢) 땅에서 화답할 수 있는 사람이 몇 명에 불과했다고 한다.

【곡고화과(曲高和寡)】 영설(郢雪)

【송옥동장(宋玉東牆)】 전국(戰國) 초(楚) 송옥(宋玉)의 《등도자호색부(登徒

子好色賦)》에 송옥의 이웃에 초국 제일의 미녀가 살고 있었는데, 담장에 구멍을 뚫고 3년이나 송옥을 엿보았는데도 송옥은 교제하지 않았다고 한다. 후에 "아름답고 정이 많은 여자[美而多情的女子]"를 뜻하게 되었다.

【송장(宋牆)】송옥동장(宋玉東牆).

왕일(王逸)의 《초사장구(楚辭章句)》에 《풍부(風賦)》, 《고당부(高唐賦)》, 《신녀부(神女賦)》, 《등도자호색부(登徒子好色賦)》, 《대초왕문(對楚王問)》 5篇, 소통(蕭統)의 《문선(文選)》에 《적부(笛賦)》, 《대언부(大言賦)》, 《소언부(小言賦)》, 《풍부(諷賦)》, 《조부(釣賦)》, 《무부(舞賦)》 6篇, 장초(章樵)의 《고문원(古文苑)》에 《고당대(高唐對)》, 《미영부(微詠賦)》, 《영중대(郢中對)》 3篇, 명대(明代) 류절(劉節)의 《광문선(廣文選)》에 약간의 작품이 보인다. 다만 이들 작품의 진위()는 서로 섞여있어 확실히 믿을 수 있는 것은 《9변(九辯)》 뿐이고 《초혼(招魂)》은 논란의 여지는 있으나 일반적으로 송옥의 작품으로 보고 있다.

[문선주] 下采制於延露巴人. [《淮南子》曰 : 歌采菱, 發陽阿, 鄙人聽之, 不若《延露》以和° 宋玉對問曰 : 客有歌於郢中者, 其始曰下裏巴人.]

[본문]　371, 378

● **송충**(宋衷) 자(字)는 중자(仲子), 송충(宋忠), 송중자(宋仲子)라고도 한다. 삼국(三國) 시 남양(南陽) 장릉(章陵) 사람이다. 류표(劉表)에게 발탁되어 형주오업종사(荊州五業從事)에 임명되었는데 이것은 형주관학(荊州官學)을 주지(主持)하는 사람 중의 하나였다. 또 친히 학생들을 가르치기도 해서 제자가 많았다. 그와 당시 사람들 간에 교류도 적지 않았다. 형주(荊州)가 조조에게 항복한 후의 사적은 분명하지 않다. 후에 위풍(魏諷) 모반안(謀反案)에 연루되어 주살되었다.

[본문]　24, 73

● **숙손통**(叔孫通) 한 고조(漢高祖) 때 유학자(儒學者), 박사. 한고조 유방이 천하를 통일하고 천자가 되었으나, 개국공신들이 대개 전날의 술친구나 노름꾼이어서 질서가 없었는데, 숙손통이 옛 예법을 적용하려고 몇몇 선비의 비난을 비웃으며, 로(魯)의 선비들과, 전쟁이 끝나기만을 기다리며 꽁꽁 숨겨두었던 자신의 제자 100여 명과 들판에 천막을 치고 황제에 대한 의전(儀典)을 연습해서 장락궁(長樂宮) 낙성 때 실시하니, 한 고조가 '내 오늘에야 황제됨이 존귀하다는 것을 비로소 알았다(吾乃今日知爲皇帝之貴也).'고 좋아하며 많은 상을 내리자 숙손통의 제자들은 「선생은 지금 뭘 해야 하는 지를 아는 사람이다(知當世之要務)」하며 칭송했다.

目 일찍이 한 신하가 '진승이 반란을 일으켰다'고 알렸을 때 2세 왕이 화를 내자 "반란이 아니라 도적 떼에 불과하니 곧 진압될 것이다."라고 둘러대고 나

서는 "호구에서 벗어났다"며 기뻐하기도 했다.

目 평소 천인합일(天人合一)을 내세워 동네 건달 출신의 황제에게 정통성을 세
워주었는데 어느 날 고조묘에 벼락이 떨어져서 불이났을 때 한무제가 「무슨 일
인지 보고하라」고 하자 적어낸 보고서를 그의 제자들에게 보여주었더니 "말
도 안된다"는 답을 해서 거의 죽을 뻔한 일도 있었다.

[본문]

● **숙중**(叔重) 허신의 자.

[본문] 58

● **신농**(神農) 농황(農皇). 신화(神話) 시대의 황제. 녀와(女媧)가 죽은 후 황제가 되
었다고 한다. 신농씨는 인신우두(人身牛頭:머리는 소, 신체는 인간)의 모습이었
다. 태어난 지 사흘 만에 말을 하고, 닷새 만에 걸었으며, 이레째에는 이가 났다.
장성하자 키가 3미터에 이르는 매우 큰 남자가 되었다. 그리고 섬서성의 강수(姜
水) 부근에서 자랐기 때문에 강(姜)씨라고 한다. 신농씨는 각지에 사람들을 보
내 구해온 약초의 효과를 직접 확인했는데, 어떤 날에는 하루에 70종 이상의 독
초를 직접 맛보며 『신농본초(神農本草)』라는 책으로 정리했다고 한다.

[본문] 469

● **신찬**(臣瓚) 《한서(漢書)》의 주해가. 《한서집해음의(漢書集解音義)》 24권을
지었다. 류송(劉宋) 때 이미 그 진짜 이름을 아는 사람이 없었다. 한말(漢末) 이
래 《한서(漢書)》에 대한 연구로 복건(服虔), 응소(應劭), 진작(晉灼) 등 10여
인이 있었다. 연구 성과가 사람의 기대에 못미쳐 보완할 필요가 있었다. 신찬이
앞 사람들의 연구성과를 모은 것을 기초로 하고 자신의 의견을 보태었는데 주로
《급총고문(汲塚古文)》에 근거하여 앞 사람들의 오류를 반박하여 《한서집해
음의(漢書集解音義)》24권을 써서 후세 사람들이 《한서(漢書)》를 열독(閱讀)
하는데에 많은 편리를 제공했다. 그러나 《집해음의(集解音義)》 원서(原書)는
이미 전하지 않는다. 요찰(姚察)의 《한서훈찬(漢書訓纂)》에 신찬(臣瓚)은 서
진교서랑(西晉校書郎) 부찬(傅瓚)일거라고도 하고, 력도원(酈道元)은 《수경
주(水經注)》에서 설찬(薛瓚)이 곧 신찬이라고 했다. 또 주희조(朱希祖)는 신찬
이 곧 배찬(裴瓚)이라고도 했다. 맹삼(孟森)이 지은 著有《신찬고(臣瓚考)》가
있고, 홍업(洪業)이 지은 《재론신찬(再論臣瓚)》이 있다.

[본문] 24

● **심괄**(沈括:1031-1095) 자(字)는 존중(存中). 호(號)는 몽계장인(夢溪丈人).한
족(漢族). 절당(浙江) 한주(杭州) 전당현(錢塘縣) 사람. 북송(北宋)의 정치가,
과학자. 사환지가(仕宦之家)에서 태어났다. 어릴 때 아버지를 따라 각지를 돌아
다녔다. 가우(嘉祐) 8년(1063年) 진사에 급제했다. 여러 관직을 거쳤다. 만년에
윤주(潤州)에 있는 자신의 몽계원(夢溪園)에 은거하며 독서했다. 소성(紹聖) 2

년(1095년), 65세 때 병으로 사망했다. 일생을 과학연구에 몰두했다. 유명한 《몽계필담(夢溪筆談)》을 지었다. 대략 1086-1093 사이에 지었고, 26권이다. 또 《보필담(補筆談)》 3권과 《속필담(續筆談)》 1권이 있다.

※ 몽계원(夢溪園) 심괄(沈括)나이 서른 때 꿈 속에서 아주 아름다운 곳을 보고, 마음이 즐거워져서 이곳에서 살고 싶다고 했다. 후에 다른 사람에게 부탁해서 진강(鎭江)에 약간의 땅을 샀다. 어느날 진강을 지나다 그 땅을 살펴봤는데 바로 꿈 속에서 봤던 그 곳이었다. 놀라움과 기쁨을 금하지 못하여 가족을 이끌고 이곳으로 옮겨와서 초막을 짓고, 소헌(小軒)을 쌓고 집 앞의 작은 여울을 꿈에서 본 「몽계(夢溪)」로 이름 짓고, 정원(庭院)을 「몽계원(夢溪園)」이라고 이름지었으며 자호를 「몽계장인(夢溪丈人)」으로 지었다.

[본문]   297

● **심약**(沈約 441年-513年) 자(字)는 휴문(休文), 오흥(吳興) 무강(武康) 현 절강(浙江) 무강(武康) 사람. 남조(南朝) 사학가(史學家), 문학가(文學家). '강동(江東)의 호벌(豪伐)이 주(周), 심(沈) 보다 막강한 것은 없다'는 문벌사족(門閥士族) 출신이다. 그의 부친 심박(沈璞)은 송문제(宋文帝) 원가(元嘉) 말년 황족(皇族)들의 쟁위시(爭位時) 아버지를 죽이고 자립한 태자 류소(劉劭)에게 충성했다가 토역(討逆)을 위해 기병한 송효무제(宋孝武帝) 류준(劉駿)에게 피살되었다. 심약(沈約)은 어린 시절 죄인의 아들이었기 때문에 타향을 떠돌았다. 소년 시절부터 학문을 좋아했다. 그 어머니가 무리하다가 병이 생길까봐 항상 등잔의 기름을 줄이곤 했다. 아침 일찍 독서하고 저녁이면 복습하여 마침내 군적(群籍)에 통달하게 되어 시문(詩文)을 자유롭게 짓게 되었다.

류송(劉宋), 소제(蕭齊), 소량(蕭梁)의 3조(三朝)에 봉사하면서 허다한 중요 제조(制詔)가 모두 그의 손에서 나왔다. 음운학(音韻學)에 있어 사성(四聲) 연구(硏究)의 개조(開祖)다. 은(隱)이라는 시호를 받은 탓으로 심은후(沈隱侯)라고도 하며, 또 제나라 때에 동양태수(東陽太守)를 지냈다 하여 심동양(沈東陽)이라고도 한다. 당시 임방(任昉)의 문장, 심약의 시를 으뜸으로 꼽았는데, 그의 시는 '궁체시(宮體詩)'의 선구(先驅)가 되었다. 영리에는 관심을 두지 않은 채 청담(淸談)을 즐겼다. 여러 차례 무제의 노여움을 사 견책을 받다가 근심 속에 죽었다. 정치가로서보다도 문인으로 뛰어났다. 불교에 능통하고 음운에도 밝았던 까닭에, 당시까지도 존재에 대한 인식이 없었던 사성(四聲)의 구별을 그가 비로소 인도음운학의 도움으로 명백히 하고 또 사성(四聲)을 바탕으로 **시의 4성8병설(四聲八病說)**을 제창했다. 이후 그의 음운설은 **영명체(永明體)**의 성립과 관계가 깊고 또 **근체시(近體詩)** 성립의 원인이 되었다. 저서로 『4성보(四聲譜)』와 『고조기(高祖紀)』, 『진서(晉書)』, 『이언(邇言)』, 『익례(謚例)』, 『송서(宋書)』, 『제기(齊記)』, 『송세문장지(宋世文章志)』 등이 있었으나 『송서』만 전해지고 있다.

[본문] 25

● **심중**(沈重 500年-583年) 남북조 량(梁)나라 오흥(吳興) 무강(武康) 사람. 자는 자후(子厚) 또는 덕후(德厚)다. 학문이 해박해 당세유종(當世儒宗)으로 불렸다. 저서에 『주례의(周禮義)』, 『의례의(儀禮義)』, 『례기의(禮記義)』 등이 있다.

[본문] 451, 452, 531, 532

● **안사고**(顏師古) 당나라 초기 경조(京兆) 만년(萬年) 사람. 『안씨-가훈(顏氏-家訓)』의 저자 안지추(顏之推)의 손자이며, 고훈(古訓)에 뛰어났던 안사로(顏思魯)의 아들이다. 이름은 주(籒). 자는 사고(師古) 또는 사고(思古)로도 쓴다. 학자 집안에 태어나 고전 학습에 힘써서 문장에 뛰어났다. 일찍이 황명으로 5경(五經)의 문자(文字)를 고정(考定)하여 『5경:정본(五經:定本)』을 편찬했고, 공영달(孔穎達) 등과 『5경:정의(五經:正義)』를 찬정했고, 이전의 여러 주석을 집대성한 『한서(漢書)』는 그의 문자학과 역사학의 온축으로, 오늘날 『한서(漢書)』 해석의 중요한 근거가 된다.

[본문] 86

● **안씨**(顏氏)

[본문] 78

● **안지추**(顏之推 531-約591年) 자(字)는 개(介). 한족(漢族). 원적(原籍)은 랑야(琅邪) 림기(臨沂) 현, 산동성(山東省) 림기시(臨沂市) 사람. 건강(建康) 현, 강소성(江蘇省) 남경시(南京市)의 사족관료(士族官僚)의 집안에서 태어났다. 남제(南齊)의 치서어사(治書禦史) 안견원(顏見遠)의 손자이며 남량(南梁) 자의참군(咨議參軍) 안협(顏協)의 아들이다. 중국 고대의 문학가, 교육가이다. 남북조(南北朝)에서 수조(隋朝) 기간 동안 활동했다. 저서에 《안씨가훈(顏氏家訓)》이 있는데 가정교육사상 중요한 영향을 끼쳤다. 북조후기(北朝後期) 중요 산문작품이다. 《북제서(北齊書)》에 실려 전해지는 《관아생부(觀我生賦)》도 명작으로 꼽힌다.

어려서 가업을 이었다. 12세 때 로장(老莊)의 학을 듣고 허담(虛談)하다고 여겨 배격하고, 《례전(禮傳)》을 익혔다. 음주를 좋아 하고, 많이 임종(任縱)해서 용모나 의복에 별로 신경 쓰지 않았다(不修邊幅). 다양한 많은 책을 읽었다. 문사(文辭)가 정겹고 무성하여 량(梁) 상동왕(湘東王)이 상식(賞識)하여, 19세에 국좌상시(國左常侍)에 임명되었다. 북제(北齊) 때 벼슬이 황문시랑(黃門侍郎)에 까지 이르렀다. 서기 577년 북제(北齊)가 북주(北周)에 멸망당하자 어사상사(禦史上士)가 되었다. 581년 수(隋)나라가 북주(北周)를 대신하자 수문제(隋文帝)에게 불려가 개황년간(開皇年間)에 학사(學士)가 되었으나 병으로 오래가

지 않았다." 세번 망국의 사람이 되었다(三爲亡國之人)."라고 한탄했다. 저서로 《안씨가훈(顏氏家訓)》, 《환원지(還冤志)》, 《집령기(集靈記)》 등이 있다. 《안씨가훈(顏氏家訓)》은 모두 20편이 있는데 안지추(顏之推)가 유가사상(儒家思想)으로 자손들을 훈계하여 자기 가정의 전통을 지키려는 것이다. 주로 사대부(士大夫)의 립신(立身)과 치가(治家), 처사(處事)에 대한 자신의 경험을 총결집한 것인데 봉건가정의 교육에 중요한 영향을 끼쳤다. 역사학자 안사고(顏師古)는 그의 손자이며 서예가 안진경(顏眞卿)은 그의 5대손이다.

【임종(任縱)】 任性放縱.

【수식변폭(修飾邊幅)】 形容注意儀容, 衣著的整潔. 邊幅, 布帛的邊緣, 比喩儀容, 衣著.

【상식(賞識)】 認識到人的才能或作品的價値而予以重視或贊揚.

[본문]

● **양승경**(楊承慶) ① 발해국인. 보자(寶字) 2년(758년) 발해대사로서 일본에 감. 동 3년에 귀국함.

② 「자통(字統)」은 북위(北魏, 386년~534년)의 양승경(楊承慶)이 지은 자서이다. 「자통」은 「옥편(玉篇)」과 더불어 중국 남북조 시대의 대표적인 자전으로 알려져 있다. 「자통(字統)」 20권은 「설문 해자」 보다 4,381자가 많은 13,734자를 수록하였다. 그리고 「자통」은 「설문 해자」의 체제를 바탕으로 삼았으나, 자체(字體)는 자주 다르게 기술하였다. 「자통」은 한어(漢語)의 사용 권장과 락양(洛陽) 발음을 정음으로 삼는 북위(北魏)의 문자 규범화 정책에 따르고, 또 불교 경전의 번역이 대대적으로 이루어짐에 따라 「자림」 보다 더 많은 수의 한자를 수록하게 되었다.

[본문]  177

● **양왕손**(楊王孫) 서한(西漢) 한중(漢中) 성고현(城固縣) 사람. 오랫동안 장안(長安)에 살면서 많은 돈을 탕진해가며 간장(簡葬:간소한 장례)를 주창했다. 죽을 때 라장(裸葬:관곽을 사용하지 않는 매장)을 하라는 유언을 남겨서 그렇게 했다.

[본문]  450

● **양우**(楊紆) 양우(楊陓)로도 쓴다. 고택수(古澤藪:습지) 이름이다. 확지(確址:정확한 위치)는 옛날의 설들이 분명하지가 않아서 불가고(不可考)다. 《주례:하관:직방씨(周禮:夏官:職方氏)》에 "하내(河內)를 기주(冀州)라 하고, 기산진(其山鎭)을 곽산(霍山)이라 하는데 그 택수(澤藪)를 양우(楊紆)라고 한다."라고 했다. 정현(鄭玄)의 주(注)에 "곽산(霍山)은 체(虒)에 있다. 양우(陽紆)의 소재(所在)는 미문(未聞), 들어보지 못했다."라고 했다. 손이양(孫詒讓)의 정의(正義)에 "양우(楊紆), 양우(楊陓), 양화(陽華), 양우(陽紆), 양

우(陽盱) 등은 성류(聲類)가 모두 서로 가깝다. 혜사기(惠士奇)는 한 곳으로 설명했는데 뜻이 비슷하다. 다만 소재지역(所在地域)은 천호(舛互)가 수심(殊甚)해서 …… 양우(楊紆)의 소재지는 한시(漢時)에 이미 고증할 수 없었다. 그래서 반(班) 정(鄭) 모두 비워놓고 언급하지 않았다. 더구나 구설(舊說)들은 억지로 부합(傅合)한 것이 많아서 각증(塙證)할 수 없으므로 비워둔 뜻을 따라서 지자(知者)를 기다리는 것이 낫다.

【천호(舛互)】 서로 어기어 얽힘.

【각증(塙證)】 자갈처럼 단단한 증거.

[본문]

● **양운(楊惲)** 자(字)는 자유(子幼). 서한(西漢) 화음현(華陰縣), 현 섬서(陝西) 사람. 사마천의 외손. 청렴결백하고 역사학을 좋아했지만 남의 단점을 고발하는 것을 좋아해서 원망을 많이 샀다. 곽광(곽光) 자손의 모반사건을 고발한 공으로 한때 벼슬살이를 했으나 결국 파면되어 서인(庶人)이 되었지만 다시 집안을 일으켜 큰 돈을 모아서 생을 즐겼다. 그러나 참소와 중상모략을 당해 대역무도죄로 요참형에 처해지고 나머지 가족들은 유배되었다.

[본문]

● **양웅(楊雄)** 전한 촉군(蜀郡) 성도(成都) 사람. 자는 자운(子雲)이다. 사부(辭賦)에도 뛰어났다. 「감천부(甘泉賦)」과 「하동부(河東賦)」, 「우렵부(羽獵賦)」, 「장양부(長楊賦)」 등을 썼는데, 화려한 문장 속에 성제의 사치를 꼬집는 풍자도 넣었다. 「해조(解嘲)」과 「해난(解難)」, 각 지방의 언어를 집성한 『방언(方言)』과 『역경(易經)』을 본뜬 『태현경(太玄經)』, 『론어(論語)』를 모방한 『법언(法言)』과 『훈찬편(訓纂篇)』 등을 지었다.

[본문] 375, 378

● **양이정(揚芧亭)** 정자 이름.

[본문] 579

● **엄찬(嚴粲)** 자(字)는 탄숙(坦叔), 또는 명경(明卿), 호(號)는 화곡(華穀). 생졸년 불상. 송(宋) 소무현(邵武縣) 나구(拿口)의 엄가방(嚴家坊) 사람. 대략 남송(南宋) 후기 주에 진사(進士)를 지냈다. 엄가방은 엄성시인(嚴姓詩人)으로 불리던 9엄(九嚴), 엄우(嚴羽), 엄인(嚴仁), 엄삼(嚴參), 엄숙(嚴肅), 엄악(嚴嶽), 엄필진(嚴必振), 엄필대(嚴必大), 엄기(嚴奇), 엄자야(嚴子野) 등이 문단에 굴기(崛起)하며 살았던 곳으로 세상 사람들은 그곳을 "시촌(詩村)"이라고 불렀다. 복건성(福建省) 서북부(西北部). 무이산맥(武夷山脈) 남록(南麓)으로 강서성(江西省)과 인접한 곳이다.

저서로《화곡집(華穀集)》1卷,《시집(詩輯)》30卷.《시집(詩輯)》의 내용은 려조겸(呂祖謙)이 시를 읽고 기록할 때 이것을 위주로 여러 설을 모았는데 고적(古

籍)이 결정하지 못한 것들(無定論之處)에 대해 많은 독자적인 견해를 제출했다.
[본문] 306

● **여순**(如淳) 3국(三國) 조위(曹魏) 때 풍익(馮翊) 현, 섬서(陝西) 대려(大荔) 사람. 일찍이 조위(曹魏) 진군(陳郡)의 승(丞)을 지냈다. 《한서(漢書)》를 주석했다.
[본문] 639

● **왕숙**(王肅) 삼국시대 위(魏)나라 동해담(東海郯) 사람. 자는 자옹(子雍)이다. 가규(賈逵), 마융(馬融)과 사귀며 고문경학을 존숭했고, 정현(鄭玄)에 대해서는 금문설(今文說)을 채용했다 하여 『상서:박의(尚書:駁議)』, 『모시:박의(毛詩:駁議)』, 『모시:주사(毛詩:奏事)』, 『모시:문난(毛詩問難)』 등의 여러 저술을 통해 논박했다. 그는 고문학파의 가법(家法)을 유지하며, 정통적 봉건도덕을 유지하고, 자구(字句)와 의리(義理)의 참됨을 구하는 특징이 있다.
[본문] 182, 454, 455

● **왕씨념손**(王氏念孫:1744-1832年) 자(字)는 회조(懷祖). 청리(清羸:清瘦羸弱)하게 태어나서 자호(自號)를 석구(石臞)라고 했다. 유명(乳名)은 국경(國慶). 강소(江蘇) 고우인(高郵人)이다. 왕인지(王引之)의 아버지다. 어려서부터 총혜(聰慧)하여서 여덟 살에 13경(經)을 완독했다. 사감(史鑒)을 방섭(旁涉:부전공)했다. 건륭(乾隆) 40년(年:1775年)에 진사(進士)가 되어 한림원서길사(翰林院庶吉士), 공부주사(工部主事), 공부랑중(工部郎中), 섬서도어사(陝西道禦史), 리과급사중(吏科給事中), 산동운하도(山東運河道), 직례영정하도(直隸永定河道)를 역임했다. 왕념손(王念孫)은 평생(平生) 경훈(經訓)을 독수(篤守)했다. 개성(個性)이 정직(正直)하고 호고정심(好古精審),부석입미(剖析入微)하여 당시 전대흔(錢大昕), 로문초(盧文弨), 소진함(邵晉涵), 류태공(劉台拱) 등과 "5군자(五君子)"로 칭해졌다.
고음(古音)으로 고의(古意)를 구하는 원칙(原則)제출하여 의통설(義通說)을 건립(建立)했다. 《시경(詩經)》과 《초사(楚辭)》의 성운계통(聲韻系統)을 귀납(歸納)하여 고운(古韻)을 22부(部)로 정했다. 형음의(形音義)에 주의(注意)해서 호상추구(互相推求)하여 많은 창견(創見)을 내놓았다. 저서에 《광아소증(廣雅疏證)》, 《독서잡지(讀書雜志)》, 《고운보(古韻譜)》 등이 있다. 산관(散館)을 마친 후에 공부수사주사(工部水司主事), 급사중(給事中)의 직을 맡아 치하방략(治河方略)을 전심연구(專心研究)하여 고금(古今)의 리폐(利弊)를 료해(了解)하고 《도하의(導河議)》 상, 하량편(上, 下兩篇)을 찬사(撰寫)했다. 후에 섬서도(陝西道), 산서도(山西道), 경기도(京畿道), 감찰어사(監察禦史), 급사중(給事中), 영정하도(永定河道), 산동운하도(山東運河道) 등의 관직을 역임했다. 재직 중에는 병공지정(秉公持正)으로 칭송을 받았

다. 10년(年) 간에 걸쳐서 《광아소증(廣雅疏證)》 상, 하량책(上, 下兩冊) 32
권(卷)을 완성(完成)했다. 일찍이 뜻을 받들어 《하원기략(河源紀略)》 한 권
을 편찬(編纂)했다. 저서에 《독서잡지(讀書雜志)》 82권(卷), 《석대(釋
大)》1권(卷), 《왕석구선생유문(王石臞先生遺文)》 4권(卷)등이 있다.
【방섭(旁涉)】 mixed with other style.
【산관(散館)】 明淸時翰林院設庶常館, 新進士朝考得庶吉士資格者入館學習,
三年期滿擧行考試后, 成績優良者留館, 授以編修、檢討之職, 其餘分發各部爲給
事中、御史、主事, 或出爲州縣官, 謂之 "散館".
[본문] 461

● **왕씨룡(汪氏龍)** 남송(南宋) 안휘(安徽) 신안(新安) 사람. 두눈을 모두 실명했으
나 측자파자(測字破字)에 능했다. 기이하게도 잘 적중해서 사람들은 그를 할룡
(瞎龍)이라고 불렀다.
[본문] 175

● **왕일(王逸)** 후한 남군(南郡) 의성(宜城) 사람. 자는 숙사(叔師). 그가 지은 『초사
장구(楚辭章句)』는 비록 견강부회(牽强附會)하거나 정밀하지 못한 곳은 있으
나 가장 완정(完整)한 『초사(楚辭)』의 주본(注本)이다.
[본문] 86, 88, 741

● **왕증(王蒸)**
[본문] 462, 463

● **왕추(王芻)**
[본문] 136, 536, 537, 741

● **우량(尤良)** 춘추시대 진(晉) 나라 사람. 마차를 잘 몰았다. 후에 마차를 잘 모는 사
람(善御者)의 대명사로 쓰이게 되었다.
[본문]

● **우번(虞飜)**
[본문] 602

● **울루(鬱壘)** 한족(漢族) 민간신봉(民間信奉)하는 신선(神仙). 고대인(古代人)들
이 문상(門上)에 신도(神荼), 울루(鬱壘)를 그려서 구귀피사(驅鬼避邪)의 구
흉(驅凶)하는 효과(效果)를 내는 데 썼다. 좌선문상(左扇門上)에 있는 것이 신
도(神荼), 우선문상(右扇門上)에 있는 것을 울루(鬱壘)라고 한다. 한족민간(漢
族民間)에서는 그들을 문신(門神)이라고 한다.
[본문] 259, 261

● **위문후(魏文后:BC.前472-396年)** 안읍(安邑) 현, 서하현(西夏縣) 사람으로 성은
희(姬)이고, 씨는 위(魏), 이름은 사(斯), 일명 도(都)다. 위환자(魏桓子)의 손
자. 전국(戰國)시대 위(魏)나라의 개국군주(開國君主)이다. BC 445년에 위환

자(魏桓子)의 뒤를 이어 즉위하고, BC 403년에 한(韓), 조(趙), 위(魏)나라가 각기 주(周) 위렬왕(威烈王)에 의해 정식으로 제후로 승인받아서 제후국이 되었다.

위문후(魏文侯)는 재위 동안 례로써 현인과 하급 관리를 대했다. 유가의 자하(子夏), 전자방(田子方), 단간목(段幹木) 등을 스승으로 모셨고, 이리(李悝)와 적황(翟璜)을 재상으로 삼았으며, 악양(樂羊), 오기(吳起) 등을 장수로 삼았다. 이것은 소귀족(小貴族)이거나 평민출신들로 정치를 시작한 것이었다. 군사 방면에서 그 작용을 발휘했고, 세족정치(世族政治)를 관료정치(官僚政治)가 대체하는 기점이 되었다.

[본문] 553

● **위성**(蔿姓)

[본문]　407

● **유빈**(麰賓)

[본문]　499, 500

● **윤동**(尹彤) 싹날 철(屮)자의 풀이에만 세 번 등장한다. 자세한 자료는 찾을 수 없다. 서개(徐鍇)의 &lt;계전(繫傳)&gt;에 「尹彤, 當時說文字者. 所謂博采通人之一.」 이라고 했다.

[본문]　4

● **은경순**(殷敬順) 당(唐) 나라 사람. 중국(中國) 안휘성(安徽省) 동부(東部)에 있는 당도현(當塗縣)의 현승(縣丞)을 지냈다. 저서에 《충허지덕진경석문(沖虛至德眞經釋文)》이 있다.

　【縣丞】官名. 秦漢於諸縣置丞, 以佐令長, 歷代因之.

[본문]　177

● **응소**(應劭:153-196) 동한(東漢)의 학자. 자(字)는 중원(仲瑗)이라고 하는데 《류관비음고리명(劉寬碑陰故吏名)》에 따르면 중원(仲瑗)이다. 중원(仲遠) 이라고 한 것은 모두 틀린 것이다. 여남군(汝南郡) 남돈현(南頓縣), 현 하남성(河南省) 항성시(項城市) 남돈진(南頓鎭) 사람이다. 어려서 한 마음으로 공부하기를 좋아했다. 널리 보고 많이 들었다. 박학다식하여 평생 11종 136권의 저술을 했다. 《한관의(漢官儀)》, 《풍속통의(風俗通義)》가 현전(現傳)한다.

[본문]　24, 541

● **이윤**(伊尹) 은(殷)나라 초기 사람으로 노예였다. 이름이 이(伊)고, 윤(尹)은 관직 이름이다. 일명 지(摯)라고도 한다. 유신씨(有莘氏)의 딸이 시집갈 때 잉신(媵臣)으로 따라갔다가 탕(湯)왕의 인정을 받아 등용되어 하(夏)나라를 멸하고 은나라를 건국하는데 큰 공을 세워서 재상이 되었다. 탕왕이 죽은 뒤 외병(外丙)과 중임(仲壬) 두 임금을 보좌했다. 중임이 죽은 후 왕위에 오른 태갑(太甲)

이 정사를 제대로 돌보지 않자 동(桐)으로 축출하고 일시 섭정하다가 3년 뒤 태갑이 잘못을 뉘우치자 다시 왕위에 올렸다. 일설에는 이윤이 왕위를 찬탈하여 태갑을 쫓아냈는데, 7년 뒤 몰래 돌아와 그를 죽였다고 한다. 고대의 명재상으로 전해진다.
[본문] 53

● **자로**(子路) 춘추 시대 로(魯)나라 변(卞) 사람. 이름은 중유(仲由)고, 계로(季路)라고도 했다. 공자(孔子)의 제자다. 공자보다 9년 연하였으나 제자 가운데는 가장 연장자로 중심적인 인물이었다. 성격이 강직하고 용맹했다. 본디 무뢰한이었으나 공자의 훈계로 입문했는데, 사람됨이 곧고 순진하여 헌신적으로 공자를 섬겼다. 공자가 로나라의 사구(司寇)가 되었을 때 그는 계손씨(季孫氏)의 가신(家臣)으로 갔다가 뒷날 위(衛)나라의 출공(出公) 아래에서 벼슬을 했는데, 출공이 장공(莊公)으로 등극한 괴외(蒯聵, 출공의 아버지)에 의해 쫓겨나는 정변이 일어났다.
이때 자로는 소식을 듣고 달려가서, "이미 끝났으니 돌아 가라"는 친구 자고(子羔)의 충고를 무시하고 "역적 공회(孔悝)를 내달라!"고 요구하다 적군의 칼에 갓끈이 끊어지자 "군자(君子)는 죽더라도 관은 벗지 않는다."면서 갓끈을 고쳐 매고 죽었다고 한다.
[본문] 669

● **자포**(子蒲) 춘추시기(春秋時期) 진국(秦國)의 대부(大夫).
자포(子蒲) 당시의 국군(國君)은 진애공(秦哀公)이었다. 오왕(吳王) 합려(闔閭)가 초(楚)를 정벌할 때 백거지전(柏舉之戰)에서 다시 초국(重創楚國)에 상처를 입혔다. 기원 전 505년, 신포서(申包胥)가 진나라에 가서 애걸하자 진애공(秦哀公)이 자포(子蒲)와 자호(子虎)에게 전차 500량을 주어 초국(楚國)을 구원하게 했다. 자포(子蒲)가 말하기를 "우리는 오군(吳軍)의 전술을 모른다."라고 하면서 먼저 초군(楚軍)을 오군(吳軍)과 싸우게 하고, 진군(秦軍)은 직지(稷地)에서 오군(吳軍)을 만나 기지(沂地)에서 부개(夫槪)군을 격파했다. 오군(吳軍)은 백거(柏舉)의 전투에서 원석(薳射)을 사로잡았다. 원석(薳射)의 아들이 궤군(潰軍;패잔병)을 모아 자서(子西)를 뒤따라가서 오군(吳軍)을 격파했다. 가을 7월에 자기(子期)와 자포(子蒲)가 당국(唐國)을 멸망시켰다.
[거백지전(柏舉之戰)] 春秋後期時吳, 楚兩國發生的一場戰役. 西破强楚, 入郢即柏舉之戰.
[신포서(申包胥)] 춘추 시대 초소왕(楚昭王) 때의 대부(大夫). 소왕 10년 오나라가 초나라를 침략해 수도 영(郢)을 함락하자, 진 애공(秦哀公)에게 7일 동안 먹지도 마시지도 않고 울면서 구원병을 요청하며 애공을 감동시켜 구원병을 얻

었다.

[부개(夫槪)] 합려의 동생.

[본문] 380

● **장건**(張騫:BC.164−114年) 한족(漢族). 자(字) 자문(子文), 한중군(漢中郡) 성고(城固) 현, 섬서성(陝西省) 성고현(城固縣) 사람. 한 대(漢代)의 탁월한 탐험가, 여행가, 외교가. 건원(建元) 2년(BC. 139)에 서역에 사신으로 가다가 흉노(匈奴)에게 잡혀서 10년 동안 억류되어, 결혼을 하고 자식까지 두었으나 탈출하여 약 6천km를 횡단하며 무사히 한나라로 돌아왔다. 실크로드(絲綢之路) 개척에 지대한 공헌을 했다.

[본문]  273, 707

● **장사왕**(長沙王) 長沙王爲中國曆代在長沙所分封的國王或者王爵. 本詞條列出中國曆史上的諸位長沙王.

長沙王爲中國曆代在長沙所分封的國王或者藩王. 西漢開國功臣吳芮被封爲長沙王, 封國爲長沙國.

漢朝的長沙國被撤消後, 長沙王卻還出現在其他朝代中. 如西晉的八王之亂的長沙王司馬乂等.

明朝時期在長沙也分封過長沙王。在長沙郊區的望城坡螞蟻山曾發掘過一座明代的長沙王墓.

[본문] 658, 659

● **장순**(張淳) 남송 온주(溫州) 영가(永嘉) 사람. 자는 충보(忠甫)다. 다섯 차례나 예부(禮部)에 응시했지만 떨어졌다. 천거를 받아 감옥(監獄)을 맡았는데, 세 번 연임하면서 직무를 다했다. 사람됨이 신중하여 재지(才智)를 갖추었으면서도 이를 잘 조절했다. 설사룡(薛士龍), 정경망(鄭景望) 등과 이름을 나란히 했다. 효종(孝宗) 건도(乾道)와 순희(淳熙) 연간의 대유(大儒)였다. 당(唐)나라 이전 『의례(儀禮)』의 와문(訛文), 탈구(脫句)와 역대 주소(注疏)의 오류를 바로잡아 『의례식오(儀禮識誤)』를 지었다.

1. 【明代清官】《明史:張淳傳》原文張淳, 자(字) 희고(希古). 동성(桐城) 사람. 륭경(隆慶) 2년 진사(進士). 영강지현(永康知縣)을 제수받았다. 관리와 백성들이 소박하나 간할(奸黠)함이 많아서 법령을 잘 어겼다. 여순이 도착하여 밤낮으로 안독(案牘)을 열람하며 수천의 소송인에 대한 부결(剖決)이 물 흐르듯 했다. 리민(吏民)이 모두 놀라고 소송은 줄어들었다. 고발자가 오면 심리 시기를 보여주고, 때가 되면 량조(兩造;원고와 피고)가 왔다. 시간과 심리가 지체함이 없어서 향민들이 밥을 한덩어리 싸는 시간에 재판이 끝났으므로 사람들은 장일포(張一包)라고 불렀다. 그 민첩하고 과단(敏斷)함이 포증(包拯;포청천)과 같았다.

【片晷】猶片刻. 晷, 日晷, 測日的儀器, 借指時間.

【兩造 양조】 원고와 피고. 兩皙. 兩遭.

【裹飯】 1.謂包裹著飯食送人解餓. 2.謂攜帶飯糧以備服役或遠行.

**과반무인향자상** [裹飯無人餉子桑] 급한 처지를 돌봐 줄 친구 하나 없다는 말이다. 장자(莊子) 대종사(大宗師)에 "자여(子輿)와 자상(子桑)이 친구로 지냈는데, 장맛비가 열흘이나 계속되자, 자상의 처지를 생각하여 자여가 밥을 싸 들고 먹여 주러 찾아갔다.[裹飯而往食之]"고 하였다.

【포룡도(包龍圖)】 1. 포증(包拯)의 벼슬이 이 일찍이 "**룡도각(龍圖閣) 직학사**(直學士)"였기 때문에 붙여진 이름이다. 2. 철면무사(鐵面無私)하게 변사공정(辦事公正)한 사람.

[포증 또는 포청천] 包拯 (999年5月28日－1062年7月3日) 중국 송나라 때의 문신이자 유명한 정치가이다. 인종 때 동경 개봉부윤으로 재직 중의 판결이 19세기 이후에 [판관 포청천]으로 극화되어 알려졌다. 사후 중국 무속에서 신으로도 숭배되며, 사후 지옥 중 5번째 지옥을 주관하는 심판관이 되었다는 전설도 있다.

[본문] 694

● **장안**(張晏) 자는 언청(彦淸). 형대(邢台) 사하인(沙河人). 장문겸(張文謙)의 아들이다. 유명한 수장가(收藏家)였다. 그가 사용한 인장으로 "서문도서(瑞文圖書)", "현지당인(賢志堂印)", "양국장씨(襄國張氏)", "서본가전(瑞本家傳)" 등이 있다. 회소(懷素)의 《식어첩(食魚帖)》, 안진경(顔眞卿)의 《제질문고(祭侄文稿)》, 리백(李白)의 《상양대첩(上陽台帖)》 등 세상에 전하는 명작들이 일찍이 그가 수장했던 작품들이다.

[본문] 24

● **장우석**(掌禹錫) 허주(許州) 언성(鄢城). 현, 하남(河南) 언성현(鄢城縣) 사람. 박학다문(博學多聞)하여 《역경(易經)》, 지역(地域), 의약제학(醫藥諸學) 연구 등의 저술이 아주 많았다. 《황우방성도지(皇祐方域圖志)》, 《지리신서(地理新書)》를 편수(編修)했다. 《군국수감(郡國手鑒)》을 지었다. 가우(嘉祐) 2년(1057), 칙명으로 림억(林億), 소송(蘇頌), 장통(張洞) 등과 《개보본초(開寶本草)》를 바탕으로 제가의 본초를 참고하여 《가우보주신농본초(嘉祐補注神農本草)》20권을 가우(嘉祐) 5년(1060) 완성했다.

[본문] 112, 136, 715

● **장읍**(張揖) 고한어 훈고학자(古漢語訓詁學者), 자(字)는 치양(稚讓), 동한(東漢) 청하(淸河), 현재의 하북성(河北省) 청하현(淸河縣) 사람. 경학가(經學家)이며 훈고학가(訓詁學家)이다. 조위(曹魏) 명제(明帝) 태화년간(太和年間), 관(官)은 박사에 이르렀다. 일찍이 중국 고대의 백과사전으로 18,150자가 실린 《광아(廣雅)》 10권을 지었다. 체례(體例)와 편목(篇目)은 《이아(爾雅)》를 참조하

여, 글자들을 의의(意義)에 따라 분류하여 모았다. 해석은 동의어를 사용하여 서로 풀이했다. 널리 경서들의 전주(箋注)와 《3창(三蒼)》, 《방언(方言)》, 《설문해자(說文解字)》 등 여러 책을 늘리고 보충하였다. 그래서 이름을 《광아(廣雅)》라고 했다. 고대 한어의 사휘(詞彙) 연구와 훈고에 매우 중요한 책이다. 그가 쓴 《비창(埤蒼)》 세 권은 고대의 언어문자를 연구할 수 있는 전문서적이다. 또 《고금자고(古今字詁)》도 있다. 《수서:구당서:경적지(隋書:舊唐書:經籍志)》에서는 세 권을 병칭하고 있다. 《비창(埤蒼)》과 《고금자고(古今字詁)》는 이미 망실되었다. 그러나 《사마상여:주(司馬相如:注)》 1권이, 《착오자체(錯誤字諟)》 1권, 《난자(難字)》 1권이 아직 있다. 《위서:강식전(魏書:江式傳)》에 붙여 전한다(傳附).

[본문] 134, 140, 161, 249, 267, 281, 360

● **장차립(張次立)** 중국(中國) 송조(宋朝)의 관원(官員). 관직이 전중승(至殿中)에 이르렀다.

[본문] 100, 150

● **장창(張敞:BC.256年－152年)** 양무현(陽武縣) 현, 하남성 (河南省) 원양현(原陽縣) 부녕집향(富寧集鄉) 장대부채촌(張大夫寨村) 사람. 류방(劉邦)을 도와서 서한(西漢) 왕조 건국에 이바지했다. 후에 연왕(燕王) 장도(臧荼)의 반란을 진압할 때 도움을 준 공으로 북평후(封北平侯)에 봉해졌다. 전국말기(戰國末期) 순자(荀子)에게서 배웠다. 리사(李斯), 한비(韓非) 등과 동문이다. 한문제(漢文帝) 후원(後元) 원년에 의견이 달라서 스스로 사퇴했다. 주요문생(主要門生)으로 락양인(洛陽人) 가의(賈誼)가 있다. 《9장산술(九章算術)》을 교정하고 력법(曆法)을 제정했다.한경제(漢景帝) 5년(152年) 사망했다.

[본문] 191, 192

● **장형(張衡)** 자는 평자(平子). 남양(南陽) 서악(西鄂), 현 하남(河南) 남양(南陽) 사람으로, 동한 시대의 주요한 문학가이며 중국 역사상 뛰어난 과학 사상가였다. 사냥, 궁정, 화려한 제왕 귀족들의 생활을 묘사하고, 많은 사회의 풍속을 소재로 하고 있는 대표적 사부로 「서경부(西京賦)」, 「동경부(東京賦)」, 「남도부(南都賦)」가 있다.

[본문] 41, 86

● **장화(張華)** 진대(晉代)의 학자(學者). 자는 무선(茂先). 범양 방성(範陽方城) 출생(出生). 아버지 장평(張平)은 조위(曹魏) 시 어양군(漁陽郡) 태수(太守)였다. 장화는 어려서 아버지가 돌아가셔서 집안이 가난했으나 열심히 공부했다. 학업이 우수하고 광범위했다. 「인륜감식(人倫鑒識)」이 있다는 미칭을 가진 류눌(劉訥)이 장화를 보고 나서 감탄하기를 「張茂先我所不解.」조위(曹魏) 말기에 세상에 대한 울분으로 《초려부(鷦鷯賦)》를 지었는데, 새들의 포폄을 통해

자신의 정치관점을 밝힌 것이었다. 《초료부(鷦鷯賦)》가 큰 반향을 일으켰는데 완적(阮籍)은 "왕좌지재(王佐之才)가 있다"고 감탄했다. 이로부터 명성이 일어러났다. 범양군(範陽郡) 태수 선어사(鮮於嗣)의 추천으로 태상박사가 되었고, 서진(西晉)이 조위(曹魏)를 탈취한 후 계속 승진하여 황문시랑(黃門侍郞)에 이르렀고, 광무현후(封廣武縣侯)에 봉해졌다.혜제(惠帝) 때의 태자소부(太子少傅)로 임명(任命)되었으나, 8왕(八王)의 난 때에 조왕사마륜(趙王司馬倫)에게 살해(殺害)되었다. 저서(著書)로 『박물지(博物誌)』 10권이 전(傳)한다.

※ **8왕의 란**(八王之亂) 서진(西晉) 초기 사마씨(司馬氏)가 대거 종실(宗室)사람들을 봉하여 병권(兵權)을 장악하게 했다. 진무제(晉武帝) 사후 혜제(惠帝)제가 즉위했을 때 혜제의 처 가후(賈后)와 외척인 양준(楊駿)이 권력투쟁을 벌려서 준(駿)을 죽이고 여남왕(汝南王) 사마량(司馬亮)을 써서 정치를 보좌하게 했는데 사마량이 전권(專權)을 휘둘러서 가후는 다시 초왕 사마위(楚王司馬瑋)를 시켜 사마량을 죽이고 돌아서서 사마위를 또 죽였다. 그 후 조왕 사마륜(趙王司馬倫)과 제왕 사마경(齊王司馬冏)이 군사를 일으켜 가후(賈后)를 죽이고 사마륜이 왕을 참칭하며 혜제(惠帝)를 태상황(太上皇)으로 모셨다. 성도왕 사마영(成都王司馬穎)이 군사를 일으켜 사마륜(司馬倫)을 죽이고, 장사왕 사마의(長沙王司馬乂)가 사마경(司馬冏)을 죽였다. 하간왕 사마옹(河閒王司馬顒)이 또 사마의(司馬乂)를 죽였다. 동해왕 사마월(東海王司馬越)이 군사를 일으켜 다시 사마옹(司馬顒)을 죽였다. 제왕(諸王)이 서로 공격하며 죽이기를 16년, 역사에서는 이를 「8왕의 란(八王之亂)」이라고 한다. 전란은 각 민족에게 극도의 재난을 안겨주었고, 이 틈을 탄 북방민족들이 정권을 탈취할 수 있는 기회를 잡았다. 결국 진왕조(晉王朝)는 남쪽으로 쫓겨갔고, 남북대치(南北對峙) 국면이 형성되었다.

[본문]

● **정**(鄭)

[본문]   110, 159, 177, 185, 440, 447, 450, 592, 596

● **정강성**(鄭康成) 정현(鄭玄). 자(字)는 강성(康成). 북해(北海) 산동성(山東省) 고밀(高密) 출생. 시종 재야(在野)의 학자로 지냈고, 제자들은 물론 일반인들에게도 훈고학(訓詁學)·경학의 시조로 존경을 받았다. 그 후 마융(馬融) 등에게 사사하여 여러 고전을 배운 뒤 40세가 넘어서 귀향하였다. 그가 락양(洛陽)을 떠날 때, 마융(馬融)이 "나의 학문이 정현과 함께 동쪽으로 떠나는구나"하고 탄식하였다. 귀향 후 44세 때에 환관들이 일으킨 '당고(黨錮)의 화'를 입고, 14년 간 집안에 칩거하여 연구와 저술에 몰두하며 교육에 한 평생을 바쳐 수천 제자를 거느리는 일대 학파를 이루었다. 고문·금문에 다 정통하였으며, 고문·금문 중에서 가장 옳다고 믿는 설을 취하여 《주역(周易)》 《상서(尚書)》 《모

시(毛詩)》등 여러 경서를 주석하고, 《의례》 《논어》 교과서의 정본(定本)을 만들었다. 비로소 경학의 금문(今文)과 고문(古文)을 통합하였다.

[본문] 24

● **정군(鄭君)**

[본문] 399, 401, 454, 462, 465, 499, 587, 651, 660, 734

● **정대부(鄭大夫)**

[본문] 761

● **정사농(鄭司農)** 정중(鄭衆), 자(字)는 중사(仲師). 경학가(經學家)들은 선정(先鄭)이라고 부르며 후한(後漢)의 정현(鄭玄)과 구별한다. 또한 정사농(鄭司農)으로도 불러 당시 환관(宦官)이었던 정중(鄭衆)과도 구별했다. 하남(河南) 개봉(開封), 현 개봉남(開封南) 사람이다. 아버지에게 《좌씨:춘추(左氏春秋)》를 배웠다. 《춘추:난기조례(春秋:難記條例)》를 지었다.

[본문] 474

● **정중(鄭衆)** 자(字)는 계산(季産). 남양군(南陽郡) 주현(犨縣) 사람. 동한(東漢)의 환관(宦官)으로 한장제시(漢章帝時)에는 소황문천중상시(小黃門遷中常侍), 한화제시(漢和帝時)에는 위(位)를 더해서 구순령(鉤盾令:皇家花園管理員)이 되었다. 정중(鄭䍩)은 외척(外戚)에 의부(依附)하지 않고 한 마음으로 왕실(王室)에 충성하여 화제(和帝)의 총신(寵信)이 되었다.

【의부(依附)】 의탁함. 의지함. 의부(依負). 의대(依待). 의착(依著).

[본문] 532

● **정중사(鄭仲師)**

[본문] 602

● **정현(鄭玄)** 자(字)는 강성(康成). 북해(北海) 산동성(山東省) 고밀(高密) 출생. 시종 재야(在野)의 학자로 지냈고, 제자들은 물론 일반인들에게도 훈고학(訓詁學)·경학의 시조로 존경을 받았다. 그 후 마융(馬融) 등에게 사사하여 여러 고전을 배운 뒤 40세가 넘어서 귀향하였다. 그가 락양(洛陽)을 떠날 때, 마융(馬融)이 "나의 학문이 정현과 함께 동쪽으로 떠나는구나" 하고 탄식하였다. 귀향 후 44세 때에 환관들이 일으킨 '당고(黨錮)의 화'를 입고, 14년 간 집안에 칩거하여 연구와 저술에 몰두하며 교육에 한 평생을 바쳐 수천 제자를 거느리는 일대 학파를 이루었다. 고문·금문에 다 정통하였으며, 고문·금문 중에서 가장 옳다고 믿는 설을 취하여 《주역(周易)》 《상서(尙書)》 《모시(毛詩)》등 여러 경서를 주석하고, 《의례》 《논어》 교과서의 정본(定本)을 만들었다. 비로소 경학의 금문(今文)과 고문(古文)이 통합되었다.

[본문] 317, 356, 368, 374, 474, 552, 561, 587, 588, 589, 601, 603, 610, 611, 634, 651, 658, 660

● **제환공**(齊桓公) 성은 강(薑), 이름은 소백(小白)이며, 희공(僖公)의 아들이다. 희공을 이어 형 양공(襄公)이 즉위했으나 어지러운 정치를 펼치다 공손무지(公孫無知)에게 피살되었고 공손무지도 곧 암살됨으로써 제나라는 혼란에 빠졌다. 이복형 공자(公子) 규(糾)와 후계 다툼을 벌여 공자 규를 몰아내고 즉위하였다. 즉위 후 포숙아(鮑叔牙)의 추천으로 규의 신하로 자신을 죽일 뻔 한 관중(管仲)을 재상으로 기용하여 패자(覇者)가 되었다. 별미를 찾다가 역아(易牙)가 자기의 아들을 요리해 바친 것을 먹기도 했다. 만년에 관중의 유언(遺言)을 무시하고 역아(易牙) [적아(狄牙)] , 수조(豎刁) [수도(豎刀), 수초(豎貂), 수조(豎掆)] , 개방(開方) 등 **3총**(三寵)으로 불리던 3명의 간신들을 다시 불러들였다가 그들에게 권력을 빼앗기고 67일 동안이나 격리되었다가 비참하게 굶어죽었는데도 구더기가 문밖으로 흘러 나오도록 장례를 치르지 못했다.

[본문]  78, 171

● **조설지**(晁說之:1059-1129年) 자(字)는 이도(以道), 백이(伯以),因慕사마광(司馬光)의 사람됨을 사모해서 경우생(景迂生)이라고 자호(自號)했다. 선세(先世)의 세거(世居)는 단주(澶州), 현재의 하남(河南) 복양(濮陽),거야(鉅野), 현재의 속산(屬山)東) 사람이다. 조형(晁迥)의 현손(玄孫)으로 송인종(宋仁宗)가우 4년(嘉祐四年)에 태어나서, 고종(高宗)건염 3년(建炎三年), 71一세(歲)로 사망했다.

[본문]  654

● **조양자**(趙襄子:?−BC.425年) 중국 전국(戰國) 초기 조(趙) 나라의 제후. 영성(嬴姓), 조씨(趙氏). 이름은 무휼(毋恤). 무휼(無恤)로도 쓴다. 춘추말엽(春秋末葉) 진국(晉國) 대부. 조씨가족(趙氏家族)의 수령(首領), 전국시기(戰國時期)의 조국(的趙)의 실제적 창시자. 시호(諡號)가 양자(襄子)였다. 그래서 조양자(趙襄子)로 불린다. 조양자(趙襄子) 중의 자(子)는 그의 부친 조간자(趙簡子) 및 기타 한강자(韓康子), 위환자(魏桓子) 처럼 이름자가 아니라 대부(大夫)의 경칭이었다.

조양자(趙襄子)는 조간자(趙簡子)로 불리던 조앙(趙鞅)의 아들이다. 어머니가 첩(妾)인데 게다가 적인(翟人)의 여자였다. 그래서 여러 서자 중에서 명분이 가장 약해서 지위가 가장 낮은 서자에 속했다. 심지어 그가 어릴 때는 아버지 조앙이 쳐다보지도 않았었다. 다만 무휼(毋恤)이 어려서부터 영민하고 배우는 것을 좋아했고 담력과 학식이 보통 사람을 뛰어넘었다. 여러 높은 형제들과는 달리 참고 참아서 조씨가신(趙氏家臣)인 고포자경(姑布子卿)의 주의를 끌었다. 자경(子卿)은 조앙(趙鞅)을 잘 보좌해서 그의 신임을 받고 있었다. 하루는 조앙이 여러 아들들을 모아 놓고 자경에게 관상을 보게 했다. 자경은 기회를 틈타서 무휼(毋恤)을 추천했다. 조앙은 평소 아들들의 교육과 배양에 주의를 기울였다.

그가 한 때 훈계하는 말을 약간의 죽판(竹板)에 적어서 아들들에게 나누어주고, 제대로 습득하여 요지를 깨닫도록 하고 3년 후 시험을 치르겠다고 알렸다. 그런데 시험을 칠 때 대부분의 아들들과 심지어 세자 백로(伯魯) 조차 배송(背誦)하지 못했고, 죽간의 누락된 부분을 알아내지 못했다. 단지 무휼(毋恤)만은 물 흐르듯 배송했다. 늘 죽판을 몸에 지니고 다니면서 점검했기 때문이다. 이에 조양자는 자경의 천거를 믿고 무휼을 현명한 사람으로 여기게 되었다.

여러 아들이 자라서 성인이 되었을 때 조앙은 다시 한번 아들들에게 심도 있는 시험을 치르게 했다. 하루는 아들들을 모아 놓고 말했다.

"내가 상산(常山), 현 대무산(大茂山) 곧 하북(河北) 고환산(古恒山)에 하나의 보부(寶符)를 숨겨놓았으니 너희들이 가서 찾아오면 상을 내리겠다" 라고 했다. 이에 그들은 말을 타고 달려가서 찾았으나 빈손으로 돌아왔다. 단지 무휼만 말하기를 "나는 보부를 찾았습니다." 라고 해서 조앙이 말하라고 하자 "상산(常山)의 험준함을 의지해서 대(代)나라를 공격하면 대나라(代國)는 조국(趙國)의 소유가 될 것입니다." 라고 말했다. 이에 ㅐ 조앙이 자신의 고민하는 바를 명백히 아는 것은 무휼(毋恤) 뿐이라는 것을 깨닫고, 세자 백로(伯魯)를 폐하고 무휼을 세자로 세웠다. 기원 전 476년 조간자가 죽은 후 무휼(毋恤)이 조간자(襲簡子)의 진경직(晉卿之職)을 이어받았다. 역사에서 조양자(趙襄子)라고 한다.

【적인(翟人)】中國古代部族. 적(狄), 훈육(薰育), 험윤(獫允).

【환고(紈袴)】亦作"紈綺". 亦作"紈褲". 細絹制的褲. 古代貴族子弟所服.

【기유환고(綺襦紈綺)】綾綢衣褲. 綾綢之類古代爲顯貴者所服, 因用以指富貴子弟. 多含貶義.

【진기(趁機)】乘機, 利用機會.

【보부(寶符)】조정(朝廷)에서 내려준 부절(符節).

[본문] 749

● **조조**(曹操:155-220) 자(字)는 맹덕(孟德), 일명 길리(吉利), 어릴 때의 자는 아만(阿瞞)이다. 패국(沛國) 초현(譙縣) 현, 안휘(安徽) 박주(亳州) 사람이다. 동한말(東漢末)의 걸출한 정치가, 군사가, 문학가, 서법가다. 3국 중 조위(曹魏) 정권의 기반을 닦은 사람. 한천자(漢天)의 이름으로 사방을 토벌하여 2원(二袁)과 려포(呂布), 류표(劉表), 마초(馬超), 한축(韓邃) 등의 할거세력을 축출하고 남흉노(南匈奴), 오환(烏桓), 선비(鮮卑) 등의 외적을 항복시켰다. 아울러 경제 회복과 사회를 안정시키는 정책으로 사회질서를 바로잡아 조위(曹魏) 건국의 기초를 닦았다. 동한(東漢) 승상(丞相), 위왕(魏王)을 거쳤고 사후에 무왕(武王)이 되었다. 아들 조비(曹丕)가 무황제(武皇帝)로 추존했다. 묘호(廟號)는 태조(太祖)다.

병법(兵法)에 정통했으며, 시가(詩歌)를 잘 했고, 자신의 정치적 포부를 펼쳐서 한말(漢末) 인민들의 고난에 비분강개했다. 기백이 웅위하고, 산문 또한 빼어나서 건안문학(建安文學)을 개창하여 후세 사람들에게 역사에서 「건안풍골(建安風骨)」이라고 일컫는 고귀한 정신적 자산을 남겼다.로신(魯迅)은 「문장을 개한 조사(祖師)」라고 칭송했다. 또한 서예에도 조예가 있어서 특히 장초(章草)에 뛰어났다.

[본문] 34

● **조헌(曹憲)** ① 수말당초(隋末唐初) 양주(揚州) 강도(江都) 사람. 수나라 때 비서학사(秘書學士)를 지냈다. 당태종(唐太宗) 정관(貞觀) 중에 홍문관학사(弘文館學士)에 임명되었지만 연로하다는 이유로 나가지 않았다. 태종이 항상 사람을 보내 난자(難字)에 대해 질문하면, 이에 음주(音注)를 달았다. 『문선(文選)』으로 학생들을 가르쳤다. 문자훈고학에 뛰어나 한대(漢代) 이래 류전(流傳)되었던 경학과 소학을 부흥시켰고, 거의 실전되었던 대전고문(大篆古文)을 부흥시켰다. 『박아(博雅)』에 주를 달았고, 『문선:음의(文選音義)』를 저술했다. 수당(隋唐) 때 『문선』에 대한 학문을 개창한 사람으로 평가된다. 그 밖의 저서에 『문자지귀(文字指歸)』와 『이아:음의(爾雅音義)』 등이 있었지만, 모두 전하지 않는다.

② 조조의 딸 [曹操女兒] 로 아름답고 기가 드세었다. 한헌제(漢獻帝) 류협(劉協)의 귀인(貴人)이 되었다.

[본문] 63, 153, 544, 582

● **종름(宗懍:約501-565)** 남조(南朝) 량(梁) 나라 관원. 학자. 자(字)는 원름(元懍). 형주(荊州) 사람. 젊어서 총명했고 학문을 좋아해 향리에서 동자학사(童子學士)로 불렸다.저서에 『형초세시기(荊楚歲時記)』와 문집이 있다.

[본문] 86

● **좌사(左思)** 서진(西晉)의 문학가인데 자는 태충(太沖)이고, 림치(臨淄), 지금의 산동 치박(山東 淄博) 사람이다. 생몰연대는 확실하지 않다. 유학을 이어오는 집안에서 자랐다. 어려서 서법(書法)과 고슬(鼓琴)을 익혔으나 이루지 못했다. 부친의 격려로 발분하여 부지런히 공부했다. 그는 못생겼고 말이 어눌(口訥)해서 사람 사귀는 것을 좋아하지 않았다. 그러나 문장을 지으면 사조(辭藻)가 장려했다. 그가 10년에 걸쳐 완성한 '위(魏), 촉(蜀), 오(吳) 3국의 국도를 읊은 3도부(三都賦), 《위도부(魏都賦),업(鄴)》, 《촉도부(蜀都賦),성도(成都)》, 《오도부(吳都賦),건업(建業)》'가 사공(司空:복성) 장화(張華)라는 사람이 "후한(後漢) 반고(班固)의 양도부(兩都賦)나 장형(張衡)의 2경부(二京賦)"에 비유된다." 는 칭찬을 받은 후 락양(洛陽)의 종이 값을 올렸다는 「락양지가귀(洛陽紙價貴)」의 고사가 만들어졌다.

[본문]

● **좌씨**(左氏)

[본문]

● **주발**(周勃:?―前169年) 서한(西漢)의 개국장령(開國將領)으로 재상(宰相)을 지냈다. 진 2세원년(秦二世元年:前209年)에 류방(劉邦)을 따라 기병(起兵)하여 진(秦)에 맞섰다. 군공(軍功)으로 장군(將軍)이 되었고 무위후(武威侯)를 하사받았다. 류방(劉邦)을 따라 한중(漢中)을 거쳐 관중(關中)을 칠 때 조분(趙賁)을 쳐서 장평(章平)을 항복시키고 장감(章邯)을 포위하는 등 여러 차례 공을 세웠다.

초한(楚漢)의 성고지전(成皋之戰) 중에 주발(周勃)은 미리 진관(鎭關), 현재의 섬서(陝西) 상락(商洛) 서북(西北) 중지(重地)에 머물다가 나중에 군(軍)을 성고(成皋), 현재의 하남(河南) 형양(滎陽)사수진(汜水鎭)에 투입하여 주요(主要) 전장작전(戰場作戰)에서 항우(項羽)와 정면대치(正面對峙)하였다. 선후(先後) 곡역(曲逆), 현재의 하북(河北) 순평현(順平縣) 동남(東南) 등지(等地)를 공격하여 취하고, 사수(泗水), 동해량군(東海兩郡), 현재의 환북(皖北), 소북(蘇北) 일대(一帶)를 점령했다. 대체로 20여 현이다.

한고조 6년(漢高祖六年:기원 전 201年) 강후(絳侯)에 봉해졌다. 계속해서 한신(韓信)의 반란(叛亂)을 토평(討平)하는 데 공을 세웠기 때문에 태위(太尉)가 되었다. 류방(劉邦)이 죽기 전에 예언하기를 "류씨천하(劉氏天下)를 안정시킬 사람은 반드시 주발일 것이다[安劉氏天下者必勃也]."라고 했다.

류방사후(劉邦死後)에 려후(呂后)가 전권(專權)을 휘둘렀고, 려후사후(呂後死後)에 주발(周勃)이 진평(陳平) 등과 함께 모의해서 려록(呂祿)의 군권(軍權)을 빼앗고 려씨(呂氏)의 제왕(諸王)을 일거에 제거하여 문제(文帝)를 옹립(擁立)한 후에는 관직이 우승상(右丞相)에 이르렀다. 다만 오래지 않아 관직을 감당하기 어렵다면서 물러나 좌승상(左丞相)인 진평(陳平) 홀로 승상(丞相)을 맡았다. 다음 해에 승상(丞相)인 진평(陳平)이 세상을 떠나자 주발(周勃)이 다시 승상(丞相)되었다 다시 물러나자 태위(太尉)였던 관영(灌嬰)이 이어서 승상(丞相)이 되었다.

한문제 11년(漢文帝十一年:기원전169년) 세상을 떠났다. 시호(諡號)는 무후(武侯)다.

[본문]

● **진작**(晉灼) 진대(晉代) 상서랑(尙書郞). 생졸년대 미상. 하남(河南) 사람. 음운훈고(音韻訓詁)에 뛰어 났다. 《한서음의(漢書音義)》가 있으나 지금은 망실되었거, 서목(書目)만 《당서:예문지(唐書:藝文志)》에 보인다.

[본문]  154

● **진장기**(陳藏器) 당(唐)의 의학자 진장기(陳藏器)는 [본초습유(本草拾遺)]에서 "백가지 병에는 백가지 약이 있지만 차는 만병통치약" 이라고 차의 효능을 한 마디로 일축했다.

[본문] 16, 121, 273

● **진팽년**(陳彭年:961-1017年) 송조(宋朝) 북송 건창군(建昌軍) 남성(南城) 사람. 자(字)는 영년(永年)이다. 어려서부터 배우기를 좋아하여, 13살 때 1만여 언(言)의 『황강론(皇綱論)』을 저술했다. 태종 옹희(雍熙) 2년(985) 진사가 되고, 진종(眞宗) 경덕(景德) 초에 직사관(直史館) 겸 숭문원검토(崇文院檢討)가 되어 『책부원구(冊府元龜)』 편찬에 참여했다. 대중상부(大中祥符) 원년(1008) 구옹(丘雍)과 함께 『광운(廣韻)』을 편찬했다. 저서에 『당기(唐紀)』와 『강남별록(江南別錄)』 및 문집이 있다.

[본문] 150, 749

● **채번**(采絲)

[본문] 766

● **채옹**(蔡邕) 후한 말기 진류(陳留) 어현(圉縣) 사람. 자는 백계(伯喈). 젊어서부터 박학하기로 이름이 높았다. 희평(熹平) 4년(175) 당계전(堂溪典) 등과 6경(六經)의 문자를 평정(平定)하여 돌에 새긴 '희평석경(熹平石經)'을 세웠다. 글을 올려 조정의 득실을 논하다가 권신들의 모함과 환관들의 핍박을 받아 강해(江海)에서 10여 년 동안 칩거하다가 동탁(董卓)이 집권하자 발탁되었으나 동탁이 죽임을 당한 뒤 사도(司徒) 왕윤(王允)에게 체포되어, 자청하여 경형(黥刑)과 월형(刖刑)을 받아 『한사(漢史)』를 마칠 것을 요청했지만 불허되고 옥사했다. 저서에 조정의 제도와 칭호에 대하여 기록한 『독단(獨斷)』과 시문집 『채중랑집(蔡中郎集)』이 있다. 비자체(飛字體)를 창시했다.

[본문]

● **초금**(楚金) 서개의 호.

[본문] 698

● **최식**(崔寔) 후한 탁군(涿郡) 안평(安平) 사람. 자는 자진(子眞)인데, 일명은 대(臺)고, 자는 원시(元始)다. 세가지주(世家地主)가정(家庭)의 명문망족(名門望族) 출신이다. 조부(祖父)인 최인(崔駰)은 동한(東漢)의 저명한 문학가로 반고(班固), 부의(傅毅)와 이름을 나란히 했다. 부친(父親) 최원(崔瑗)은 서법가로 천문력법(天文曆法)에도 연구가 있었다. 최가(崔家) 집안의 몇 대 동안에 여러 사람이 2,000석 이상의 태수(太守) 등의 관직을 지냈다. 최식(崔寔)은 청년시절에는 내향적이었고 독서를 좋아했다. 성년이 된 후 한 환제(漢桓帝) 때 두 차례에 걸쳐 조정에 불려가 의랑(議郎)이 되었다. 일찍이 변소(邊詔), 연독(延

篤) 등과 황가도서관(皇家圖書館)인 동관(東觀)에서 저작하며 여러 제유들과 어울려 5경(五經)을 잡정(雜定)했다.

두 차례에 걸쳐 외관으로 나갔는데 첫 번째가 5원태수(五原太守)로, 현재의 내몽고(內蒙古) 하투북부(河套北部)와 화달이한무명안(和達爾罕茂明安) 연합기(聯合旗) 서북지구(西部地區)다. 그 당시 오원지구는 낙후된 곳으로 토양은 삼을 심기에 좋았으나, 사람들은 도리어 방직을 할 줄 몰랐는데 최식이 부임한 후 방(紡), 적(績), 직(織), 인(紉) 등의 기술을 가르쳤다. 원가(元嘉), 연희(延熹)년간(年間 151—159年)에 흉노(匈奴), 오환(烏桓), 선비족(鮮卑族)이 해를 이어 침략하여 운중(雲中), 삭방(朔方)을 어지럽힐 때 최식은 군마(軍馬)를 정칙(整敕)하여 변방을 엄중히 지켜낸 공이 상식(賞識)되어서 3, 4년 후 료동태수(遼東太守)에 임명되었다. 부임 도중 모친이 병이 들어서 뒤를 이어 승진하여 상서(尚書)가 되었다. 1년 후 권력투쟁에 휩쓸려 면직되었다. 슬의 말에 따르면 최식은 청렴(淸廉)하여 령제(靈帝) 건녕(建寧) 3년 병사(病死)했을 때 후한서(後漢書)》의 말에 따르면 "집안에는 오로지 벽만 덩그런히 서 있을 뿐 빈렴할 꺼리가 없어서(家徒四壁立, 無以殯斂), 친한 친구가 장례기구를 마련해 주었다."라고 했다.

최식의 부친 최원은 호매(豪邁)한 호객(好客)이어서 모든 것을 최식의 모친에게 맡겼다. 부친이 세상을 떠난 후 최식은 가산을 모두 털어 후한 장례를 치러서 생활이 매우 군박(窘迫)해졌다. 경직(耕織)을 이미 돌이킬 수 없게 되자 그는 어쩔 수 없이 천하게 되어 귀한 것을 파는 것(屯賤賣貴) 외에도 집안에서 내려오던 양조 기술을 이용하여 술과 식초와 장(醬)을 만들어서 사람들의 비웃음을 샀다. 최식이 어려서 어머니를 도와 조리하는 일을 도운 적이 있었는데 경직조작(耕織操作) 지식을 쌓아서 후세에 적지 않은 영향을 끼친 농업저작인 사민월령(四民月令)》을 지었다.

【정칙(整敕)】 同 "整飭".

【정식(整飭)】 1.整齊有序. 2.整治, 使有條理. 3.端莊, 嚴謹.

【상식(賞識)】 認識到人的才能或作品的價值而予以重視或贊揚.

【잡정(雜定)】 共同審定.

【호매(豪邁)】 1.氣魄大；豪放不羈. 2.指豪放不羈的人.

【군박(窘迫)】 1.謂處境困急. 2.特指經濟拮據. 3.猶逼迫.

【개소(開銷)】 1.赦免. 2.指責. 3.打發(使離去)；處置；解雇. 4.花費, 支付. 5.支付的費用. 6.報銷的帳目.

【천둔(賤屯)】 亦作 "賤迍". 謂地位微賤, 命運艱難.

[본문] 55

● **최표**(崔豹) 자(字)는 정웅(正熊) 혹은 정능(正能)으로 쓰기도 했다. 진조(晉朝)

어양(漁陽) 사람. 현, 북경시(北京市) 밀운현(密雲縣) 사람. 혜제(惠帝) 때 태자태부승(太子太傅丞)에 이르렀다. 왕씨−례(王氏−禮)에 뛰어나서 경학박사가 되었다. 《론어(論語)》에 달통했고, 《고금주(古今注)》 세 권을 지었다.

[본문] 51, 86

● **침번**(沈燔)

[본문] 201

● **탕**(湯) 중국 상고(上古)시대에 하나라를 세워 태평성대를 이끌었다며 유가(儒家)에서 성인(聖人)으로 받들어지는 전설상의 현명한 군주. 제곡(帝嚳)의 아들 설(契)의 14세(世) 자손으로서 성(姓)은 자(子), 이름은 이(履) 또는 천을(天乙)이다. 하나라 말엽 상족(商族)의 우두머리로서 어진 정치로 백성의 지지를 얻어 폭군 걸(桀)을 내쫓고 상나라를 건립하고 박(亳) 땅에 도읍을 정했다. '탕(湯)'은 원래 그의 시호(諡號)인데, 종종 '성탕(成湯)'이라고도 불린다.

[본문] 53

● **포함**(苞咸) 자(字)는 자량(子良)이며, 회계(會稽) 곡아(曲阿) 사람이다. 어려서 제생(諸生)이 되어 장안(長安)에 머물며 공부했다. 박사가 되어 제후의 아내에게 《로시(魯詩)》와 《론어(論語)》를 가르치는 선생이 되었다. 왕망 말년(王莽末年)에 향리로 돌아갔다가 동해의 변경에서 적미적(赤眉賊)에게 사로잡혔다. 10여 년 동안 포함은 새벽부터 밤늦도록 경전을 외며 태연자약(泰然自若)하니 적미적(赤眉賊)이 이상하게 여겨 그를 놓아주었다. 이로 인해 동해(東海)에 머물러 살며 정사(精舍)를 짓고 강의를 했다.

광무제(光武帝)가 즉위한 후 본향으로 돌아갔다는데 태수였던 황당(黃讜)이 호조사(戶曹史)로 임명하고 자기 집으로 와서 자식을 가르쳐 달라고 했다. 포함이 「례(禮)에 와서 배우는 것은 있어도, 가서 가르치는 것은 없다(禮有來學的, 沒有去學的)」고 하니 향당이 자식을 보내어 배우게 하여 스승으로 삼았다. 효렴(孝廉)으로 천거되어 랑중(郎中)에 제수되었다. 건무(建武) 년간에 조정으로 들어가 황태자에게 《론어(論語)》를 가르치고, 《론어:장구(論語:章句)》를 지었다. 간의대부(諫議大夫), 시중(侍中), 우중랑장(右中郎將)에 제수되었다.

서기 62년(永平 5年) 대홍려(大鴻臚)에 올랐다. 매번 황상(皇上)을 알현할 때마다 황상은 그에게 궤장(儿杖)을 주었다. **입병불추(入屛不趨), 찬사불명(贊事不名)했다.** 경전(經傳)에 의문이 있으면 항상 소황문(小黃門)을 그에게 보내어 문의했다. 현종(顯宗)은 그를 로사(老師)의 은덕이 있고, 생활이 청고(淸苦)하다고 여겨서 항상 진완속백(珍玩束帛)을 하사했다. 봉록(俸祿) 또한 여러 공경(各公卿)에 비해 많았으나 포함은 제생 중에서 가장 가난한 사람들에게 나누어 줘 버렸다. 병이 심할 때는 현종이 친히 가서 보살폈다. 공원 65년 (永平 8年)

재임 중에 죽었다. 향년 72세였다.

※ **임내**(任內) 재직기간내

※ **세군** [細君] 원래는 제후(諸侯)의 부인. 후에 동방삭(東方朔)이 무제에게 자신의 처를 세군이라고 한 뒤로부터 아내를 가리키는 말이 되었다.

※ 한 무제(漢武帝)가 삼복날 관원들에게 고기를 하사했는데 고기를 나누어줄 대관승(大官丞)이 늦도록 오지 않자 동방삭이 허락도 받지 않고 칼로 잘라 집으로 가져갔다. 무제가 자책 하라고 명하자, 동방삭이 "허락도 받지 않다니 이 얼마나 무례한가. 칼을 뽑아 잘랐으니 이 얼마나 씩씩한가. 많이 가져가지 않았으니 이 얼마나 청렴한가. 돌아가 세군에게 주었으니 이 얼마나 인자한가." 라고 하자, 무제가 '선생은 자책을 하랬더니 오히려 자기 자랑을 하시는가?' 하면서 웃고 술 한 석과 고기 백근을 하사했는데 동방삭이 아내에게 갖다주자 아내는 술을 간장 보듯이 하고, 고기를 콩잎 보듯이 했다. 《태평어람:음식부 21》

    <한서:동방삭전>

[伏日. 賜從官肉. 大官丞日晏不來, 東方朔獨拔劍切肉, 卽懷肉歸. 太官奏之, 朔入免冠謝. 上曰: 先生起, 自責也. 朔再拜曰: 朔來受賜, 不待詔, 何無禮也！拔劍割肉, 一何壯也！割之不多, 一何廉也！歸遺細君, 又何仁也！上笑曰:「使先生自責, 乃反自譽？賜酒一石, 肉百斤, 歸遺細君. 視酒如漿, 視肉如霍.]

※ **홍려** [鴻臚] 중국 조정의 각종 의식(儀式)을 관장하는 아문인 통례원(通禮院)의 이칭.

※ **자여**(自如) 어떤 일에도 흔들림이 없이 천연스러움. 태연자약함. 여전히 예전과 같음. 구속을 받지 않음. 활동이 자유로움. 흥분하거나 당황함이 없이 태연함.

※ **강수**(講授) 강의하여 가르침.

※ **정사**(精舍) 1. 학문을 닦는 집. 학사(學舍). 서재. 2. 도사나 승려가 수련하는 집. 3. 정신이 깃든 집. 곧 마음.

※ **효렴**(孝廉) 효행(孝行)이 있거나 청렴(淸廉)한 사람을 관리에 임용하는 과목의 하나. 한무제(漢武帝)가 각 군국(郡國)에서 매년 효행이 있는 사람과 청렴한 사람을 한 사람씩 추천하게 한 데서 이름.

※ **소황문**(小黃門) 1.한대(漢代)에 황문시랑(黃門侍郎) 보다 한 등급 낮은 환관(宦官). 2. 모든 환관을 칭하는 말.

※ **찬사불명(贊事不名)** 황제제의 측근이어서 황제에게 알현할 때 사의관(司儀官)이 직함만 아뢰고 이름은 부르지 않았다.

※ **입병불추(入屛不趨)** 병풍 안 쪽[황제의 곁, 가까운 위치]으로 들어가서도 발꿈치를 떼지 않고 걷는 서추(徐趨)를 하지 않고 보통걸음으로 걸었다.

권돈(圈豚) 발을 떼지 않고 작은 보폭으로 빨리 걷다[徐步趨行貌].

《예기:옥조(禮記:玉藻)》 "권돈행(圈豚行)은 발을 들지 않는다. (의복이)물결치는 듯하다[《禮記·玉藻》:圈豚行, 不擧足, 齊如流.].”

정현주: 권(圈)은 도는 것이다. 돈(豚)은 뒤따르는 것처럼 발을 들지 않고, 뒷꿈치를 끄는 것이다. 옷의 가지런함이 물결같다. 이것이 서추(徐趨:서행)다

[鄭玄注: "圈, 轉也. 豚之言若有所循, 不擧足曳踵, 則衣之齊如水之流矣⋯⋯此徐趨也.].

서보추행(徐步趨行)은 앞뒤가 모순된다. 서(徐)를 소(小)로 바꾸면 말이 된다. moonwalk처럼 발꿈치를 떼지 않고 작은 보폭으로 빨리 걷는 것(踖踖)을 말한다.

《예기:옥조(禮記:玉藻)》 : 귀옥(龜玉)을 잡으면 앞을 들고 뒷꿈치를 질질 끈다.

《禮記:玉藻》: "執龜玉, 擧前曳踵, 蹜蹜如也.”

※ 발의 앞부분을 들고 뒷꿈치는 질질 끈다. 걸을 때 땅에서 떨어지지 않는다. 따르는 것처럼 한다.[擧足之前而曳其後跟, 則行不離地, 如有所循也].”

진호집설: "축축(蹜蹜)은 좁은 모양이다. 귀옥(龜玉)은 모두 귀중한 것이다. 그래서 이처럼 경건히 모시는 것이다[蹜蹜, 促狹之貌. 龜玉皆重器, 故敬謹如此].”

《논어:향당(論語:鄕黨)》 : "규를 잡을 때는 몸을 굽혀 못이기는 듯이 했으며, 규를 들어 올릴 때는 읍하듯 하고, 내릴 때는 물건을 건네듯 했다. 안색은 전투에 임하 듯 신중하고, 발걸음은 땅에 대고 끄는 듯 총총히 했다.[《論語·鄕黨》: "執圭, 鞠躬如也, 如不勝. 上如揖, 下如授, 勃如戰色, 足蹜蹜如有循.”]

집규(執珪)로도 쓴다. 손으로 규를 잡는 것이다( 以手持圭).

《론어:향당(論語:鄕黨)》 : ”홀을 들 때 몸을 굽힌다. 마치 [무게를] 못 이기는 것처럼 한다[《鄕黨》: "執圭, 鞠躬如也, 如不勝.”]라고 했다.

## 입조불추(入朝不趨), 검리상전(劍履上殿), 알찬불명(謁贊不名)

　　　※ 추(趨) [존경의 뜻으로]종종걸음을 하다.

입조불추(入朝不趨), 고례(古禮)에 임금이 부르면 신하는 지체 없이 달려가야 하지만, 황제가 있는 전(殿) 안에 들어가서는 빨리 걸어서는 안 되고 발뒷꿈치를 땅에서 떼지 않고 질질 끌면서 종종 걸음쳐야 했다[徐趨].

검리상전(劍履上殿), 옛사람들은 땅바닥에 앉았다. 입실(入室)할 때는 반드시 신발을 벗어야 했다. 귀족(貴族)과 대신(大臣)들은 칼을 차고 다녔다. 진제(秦制)에 상전(上殿)할 때에는 패검(佩劍)할 수가 없었다.

알찬불명(謁贊不名), 황제를 배알하려면 사의관(司儀官)이 먼저 배알자의 관함, 직함, 본명 등을 큰 소리로 외치면, 배알자도 자신의 본명을 외친 후에 배알하게 된다. 신배군시(臣拜君時), 황제를 배알하는데 천혜패검(穿鞋佩劍), 신발을 신고 칼을 찬 채로, 알찬불명(謁贊不名), 이름을 부르짖지도 않고 곧바로 상전(上殿), 전당(殿堂)에 오르는 것은 총신(寵臣)에게 주는 매우 이례적인 특수(特殊)한 례우(禮遇)다.

　　[본문]　22
● **풍환**(馮驩) 맹상군(孟嘗君)의 식객.
　　[본문]　253


● **하씨**(賀氏) 하성(賀姓). 회계하씨(會稽賀氏)와 하남하씨(河南賀氏), 그리고 기
　타 소수민족하씨(少數民族賀氏)로 나뉘었다. 회계하씨(會稽賀氏)의 래원(來
　源)에에는 두 가지가 있다. 하나는 희성(姬姓)에서 유래한 것으로 오왕료(吳
　王僚)의 아들 경기(慶忌)의 후예들이다. 《회계선현전(會稽先賢傳)》에 기재
　(記載)되어 있고, 당중기(唐中期) 이전(以前)의 관보(官譜)기재(記載)되어 있
　으며, 적지 않은 하씨가보(賀氏家譜), 북송사인(北宋詞人)인 하주가보(賀鑄家
　譜) 같은 것에 기재되어 있다. 두 번 째 원류는 강성(薑姓)이다. 제상국(齊相
　國)이 된 경봉(慶封)의 후예들이다. 당중기후(唐中期後) 성씨서적(姓氏書籍)
　인 《원화성찬(元和姓纂)》 같은 책의 부분(部分)에 하씨가보(賀氏家譜)가 기
　재(記載)되어 있다. 경봉후예(慶封後裔)가 질의(質疑)를 받는 주요(主要)한 3
　방면(三方面)의 원인(原因)이 있다. 첫째, 역사에는 경봉(慶封)이 족멸(族滅)
　을 당한 것으로 기록되어 있으므로 경봉(慶封)은 후예가 있을 수 없다. 둘째로
　경봉(慶封)의 후예(後裔)가 한말(漢末)에 회계(會稽) 산음(山陰)으로 옮겨갔
　다는 기록이 있는데, 회계(會稽) 산음(山陰)의 하씨(賀氏)는 한대(漢代) 중,
　후기(中, 後期)에 이미 정계에서 활약하는 사람이 있었다는 것과 서로 충돌(沖
　突)하고, 한말(漢末)과 량진시(兩晉時)에 하씨(賀氏)가 이미 회계(會稽) 제일
　대성(第一大姓)이 되었다는 것과 서로 충돌(沖突)한다. 감호(鑒湖)가 경호(慶
　湖)—경호(鏡湖)—감호(鑒湖)를 거치는 력사(歷史) 연변(演變)과 더불어 서
　로 충돌(沖突)한다. 《위서:관씨지(魏書:官氏志)》 등에 실린 것을 따르면 남
　북조시후(南北朝時後)에 위효문제(魏孝文帝)가 락양(洛陽)으로 천도(遷都)한
　후에 한화(漢化)를 실행(實行)하여 선비족(鮮卑族)으로 하여금 복성(複姓)인
　하뢰씨(賀賴,賀蘭氏)를 고쳐서 한성하씨(漢姓賀氏)로 했는데 이것이 곳 선비
　하씨(鮮卑賀氏)의 기원(起源)이 되었다. 선비하씨(鮮卑賀氏)는 현재 이미 한
　화(漢化)를 겪어서 한족(漢族)이 되어 하남하씨(河南賀氏)로 불린다. 이외에
　기타(其他) 소수민족(少數民族)에도 하씨(賀氏)가 있다.
　【오왕료(吳王僚)】 기원전 526-515년.
　【경기(慶忌)】 춘추시(春秋時)의 오국인(吳國人), 오왕(吳王) 료(僚)의 아
　들. 력량과인(力量過人)하고 용맹무외(勇猛無畏)해서 세인(世人)들이 모두 그
　의 무공(武功)을 찬탄했다.
　【감호(鑒湖)】 1. 호명(湖名). 경호(鏡湖). 장호(長湖)、경호(慶湖). 在浙江
　紹興城西南二公里. 爲紹興名勝之一.

2.湖名. 在江西省吉水縣東二里.

3.湖名. 在新疆維吾爾自治區烏魯木齊市. 湖濱有閱微草堂, 相傳爲淸代文人紀昀
謫戍新疆時的故居所在. 現爲遊覽勝地.

4.浙江紹興的別稱. 因境內鑑湖得名. 淸末紹興籍革命黨人秋瑾自號鑑湖女俠.

[본문]  454

● **하후씨**(夏后氏) 중국 제일의 세습왕조인 하(夏)나라의 씨족 호칭이다. 하왕조(夏
王朝)는 나라 이름으로 성씨(姓氏)를 삼았다. 화하(華夏)라는 말도 여기서 유래
한다. 《죽서기년(竹書紀年)》에 실린 것을 보면 하대(夏代)에는 군주의 칭호
앞에 후(後)자를 씌운 경우가 많았다. 후계(後啓), 후예(後羿), 후상(後相), 후
소강(後少康) 등이 그렇다. 이 후(後)자는 하대에는 당연히 왕(王)이나 군(君)
과 같은 말이었다. 하후(夏後)는 곧 하왕(夏王)이라는 뜻이다.

[본문]  499

● **하휴**(何休) 후한 말기 임성(任城) 번현(樊縣) 사람. 자는 소공(邵公). 6경(六經)
을 깊이 연구하여 아무도 따라오지 못했다. 15년의 각고 끝에 『공양전(公羊
傳)』을 바탕으로 『춘추』의 미언대의(微言大義)를 기술한 『춘추:공양해고
(春秋公羊解詁)』를 완성했다. 하휴의 공양학은 한경제(漢景帝) 때의 호무생
(胡毋生)이 시작하여 동중서(董仲舒)를 거쳐 그에게 전해진 것으로, 청나라 말
에 금문-공양학(今文公羊學)으로 꽃을 피웠다.

[본문]  553

● **한강백**(韓康伯) 이름은 백(伯) 자(字)는 강백(康伯). 동진(東晉) 현학사상가. 영
천(潁川) 장사(長社) 현 하남(河南) 장갈서(長葛西) 사람. 어려서부터 총명하고
영리했다. 그 부모는 그가 반드시 국기(國器)가 될 것을 믿었다. 그는 맑고, 사리
가 있으며, 문예에 뜻이 있었다. 현학가(玄學家)인 은호(殷浩)는 그를 "능히 스
스로를 표치(標置)할 수 있고, 거연(居然)히 무리를 뛰어넘는 그릇이다"라고
했다. 진군(陳郡)의 주협(周翶)이 사안(謝安)의 주부(主簿)가 되었을 때, 사안
이 상중(喪中)에 례(禮)를 폐하고, 로장(老莊)을 숭상하며 명교(名敎)를 탈락시
키자 강백(康伯)은 중도를 지키며 주협(周翶)과 통하지 않았다. 식자들이 이를
두고 "伯可謂澄世所不能澄, 而裁世所不能裁者矣"라고 했다.

[본문]  25

● **한유**(韓愈:768—824年) 당(唐)나라 때의 걸출한 관리, 문학가, 철학가, 사상가이
다. 자칭 군망창려(郡望昌黎), 세칭 한창려(韓昌黎), 창려선생(昌黎先生)이다.
하남(河南) 하양(河陽) 사람으로 자는 퇴지(退之)이다. 고문운동(古文運動)의
제창자로 유종원(柳宗元), 소순(蘇洵), 소식(蘇軾), 소철(蘇轍), 왕안석(王安
石), 구양수(歐陽修), 증공(曾鞏)과 더불어 '당송8대가(唐宋八大家)'로 일컬
어진다. 시호는 문(文)이다. 저서로 《한창려집(韓昌黎集)》, 《외집(外集)》,

《사설(師說)》 등이 있다.

[본문] 487

● **항안세(項安世)** (1129-1208) 송나라 강릉(江陵) 사람. 자(字)는 평보(平父), 호는 평암(平庵)이다. 7살에 능히 부시를 지었다. 효종(孝宗) 순희(淳熙) 2년 (1175) 진사(進士)가 되고, 교서랑(校書郎)과 지주통판(池州通判) 등을 지냈다. 주희의 천거로 간관(諫官)이 되었다. 경원(慶元) 연간에 글을 올려 주희(朱熹)를 유임하라고 했다가 탄핵을 받고 위당(僞黨)으로 몰려 파직되었다. 저서에 『주역완사(周易玩辭)』와 『항씨가설(項氏家說)』, 『평암회고(平庵悔稿)』 등이 있다.

[본문] 65

● **해녕진씨(海寧陳氏)** 절강(浙江) 해녕(海寧) 진씨(陳氏)의 원적(原籍)은 발해(渤海)다. 송(宋) 태위(太尉) 고경(高瓊)의 후예다. 고경(高瓊)의 제16세손(第十六世孫)인 고량(高諒) 入贅해녕성(海寧城) 동황강(東皇岡)의 진명의가(陳明誼家)에 사위가 되어 들어갔다. 그 아들 영수(榮遂)가 외가(外家)의 성(姓)을 이어받아 진씨(陳氏)가 되었다. 그리고 아버지의 고씨군망(高氏郡望)으로 군망(郡望)이 되었다. 그래서 발해진씨(渤海陳氏)로 칭해서 외가원종(外家原宗)인 영천진씨(潁川陳氏)와 구별했다. 명대중엽(明代中葉)부터 일어나 갑(甲)으로 거과(擧科)하기 시작했다. 청(淸) 한 세대에 해녕진씨(海寧陳氏)는 해내제일(海內第一)의 망족(望族)이 되어 "1문3각로(一門三閣老), 6부5상서(六部五尚書)"의 명예를 누렸다. 명대(明代)의 진여교(陳與郊), 진조포(陳祖苞)와 청대(淸代)의 진지린(陳之遴)은 청(淸) 순치조(順治朝) 때 굉문원(宏文院)의 대학사(大學士)였고, 진선(陳詵), 진원룡(陳元龍)은 청(淸) 옹정조(雍正朝) 때 문연각(文淵閣)의 대학사(大學士)였으며, 진혁희(陳奕禧), 진방언(陳邦彥), 진세관(陳世倌)은 청(淸) 건륭조(乾隆朝) 때 문연각(文淵閣)의 대학사(大學士)였는데 이들이 모두 같은 족인(族人)들이었다. 제10세기(第十世起)부터 배자배(排字輩)들이 빛나게 영세극효(永世克孝),경명기덕(敬明其德),의이자손(宜爾子孫),이광왕국(以匡王國) 했다.

[본문] 602

● **허군(許君)** 허신.

[본문] 345, 352, 419, 431, 450, 458, 465, 490, 511, 532, 536, 655, 660

● **허신(許愼:約58-約147)** 자(字)는 숙중(叔重). 동한(東漢) 여남 소릉(汝南召陵), 현재의 하남성(河南省) 탑하시(漯河市) 소릉구(召陵區) 사람이다. 사람들은 5경무쌍허숙중(五經無雙許叔重)이라고 칭했다. 중국 한대(漢代)의 경학가(經學家), 문자학가(文字學家), 어언학가(語言學家), 중국 문자학의 개척자, 화제(和帝) 영원(永元) 11년(100년) 최초로 부수를 사용한 자전인 《설문해자

(說文解字)》를 썼다. 경학대사(經學大師) 가규(賈逵)에게 배웠다. 《5경이의 (五經異義)》, 《회남홍렬해고(淮南鴻烈解詁)》 등의 저서가 있었으나 이미 실 전되었다.

[본문]  16, 31, 53, 54, 58, 71, 94, 110, 132, 136, 141, 145, 162, 167, 171, 175, 183, 185, 187, 198, 204, 211, 226, 229, 245, 251, 258, 281, 290, 292, 294, 302, 306, 313, 316, 317, 324, 340, 341, 345, 355, 356, 368, 371, 382, 395, 399, 412, 437, 438, 454, 474, 490, 516, 587, 588, 608, 635, 639, 688, 710, 715, 720, 731, 733, 746, 749, 750, 773

● 석혜림(釋慧琳) 중국 스님. 음운문자(音韻文字)에 정통하여. 당 정관 말기경 (627~649) 칙명으로 『일체경음의(一切經音義)』 25권을 지었다. 『일체경 음의(一切經音義)』는 훈고학(訓詁學)의 음의류 전문서(音義類專書)로 두 종 류(兩種)가 있다.

1.당(唐)의 석현응(釋玄應)이 쓴 《중경음의(衆經音義)》는 불경 중 곤혹(困惑) 한 자사(字詞)를 해설한 책이다. 불경의 경률론(經律論) 442권과 경전 이외의 군 적(群籍) 백 수십종에서 뽑은 것이다. 석혜림(釋慧琳)의 《일체경음의(一切經音 義)》와 구별하기 위하여 《현응음의(玄應音義)》라고 한다.

2.당(唐) 석혜림(釋慧琳)의 《일체경음의(一切經音義)》 100권 : <개원록:개원 석교록(開元錄:開元釋教錄)>에 실린 경전 2,000여 부를 하나하나 편석(編釋)했 다. 인용한 서적만 거의 700종이다. <수당지(隨唐志)>에 전하지 않는 것도 많아 서 일일히 기록할 수도 없다. 이 책은 진실로 소학의 저장소(誠小學之淵藪)이며, 예림의 큰 보물(藝林之鴻寶)이다. 혜림은 현응서(玄應書)의 기초 위에 증보한 것 이다(基礎上所做的增補). 이후 료(遼)의 석희린(釋希麟)이 《속일체경음의(續一 切經音義)》 10권을 썼다. 혜림서(慧琳書)를 보충한 것이다(補充而作).

● 황간(皇侃 488-545년) 오군(吳郡) 현, 강소(江蘇) 소주시(蘇州市) 사람이다. 성 은 황(黃)이고, 이름을 간(偘)으로도 쓴다. 하창(賀瑒)에게 사사했다. 남조(南 朝) 시기 량(梁)나라의 관리이자 경학자(經學者)로 청주자사(靑州刺史) 황상 (皇象)의 9세손이다. 벼슬은 국자조교(國子助教), 원외산기시랑(員外散騎侍郎) 을 지냈다. 효성스러워 매일 『효경』을 스무 차례나 읽었다고 한다. 편저서로 《론어의소(論語義疏)》 10권, 《례기의소(禮記義疏)》, 《례기강소(禮記講 疏)》, 《효경의소(孝經義疏)》 등을 지었지만 모두 없어졌다. 지금은 청나라 종 검균(鍾謙鈞)의 『고경해휘함(古經解彙函)』에 『론어의소(論語義疏)』가, 옥 함산방집일서에 『례기황씨의소(禮記皇氏義疏)』가 전한다. 전통적(傳統的) 장구훈고(章句訓詁)와 명물제도(名物制度)는 간략히 하고, 로장(老莊)의 현학 (玄學)으로 경전을 해석한 것이 많았다. 일례로 《론어:학이(論語:學而)》에 " 君子不重則不威, 學則不固", 를 해석하기를 "중(重)은 경(輕)의 근본이고, 정

(靜)은 조(燥)의 근본이다, 군자의 몸은 경박해서는 안된다"라고 해서 한유(漢儒)의 해석과 거리가 멀었고 남조(南朝) 현학(玄學)의 위풍을 드러내었다. 이것은 남조(南朝)의 경소(經疏)가 겨우 남아 있는 것의 하나다.

[본문]　144

● **회남왕** 류안(劉安)

[본문]　297, 625, 628, 661

● **후정**(後鄭) 정현.

[본문]　474, 532, 610, 761

● **흡정씨**-요전(歙程氏-瑤田:1725年－1814年) 흡정요전(歙程瑤田), 정요전(程瑤田:1725年－1814年)은 청(淸)의 경학가(經學家로 자(字)는 역전(易田), 역주(易疇)이고, 호(號)는 양당(讓堂)이다. 안휘(安徽) 흡현인(歙縣人)이다. 조년(早年)에 대진(戴震)과 함께 강영(江永)을 사사(師事)했다. 학문은 한송(漢宋)을 겸했고, 전각(篆刻)을 잘 했으며, 시도 잘 지었고, 고거지학(考據之學)에 정통했다. 건륭35년(乾隆三十五年)에 거인(擧人)이 되었고, 강소가정현교유(江蘇嘉定縣教諭)를 제수받았다. 류대괴(劉大櫆)는 그 시(詩)를 「五言得力淵明,最為高妙;七言從古樂府求;律詩取逕宋人;絕句逼真江西宗派,尤近涪翁矣」라고 평했다. 사진림(史震林)은 그 시(詩)를 평하여 「清高絕俗。雲林樹, 米家山,可比仙」라고 했다. 저서에 《우공3강고(禹貢三江考)》, 《의례상복문족징기(儀禮喪服文足徵記)》, 《9곡고(九穀考)》, 《종법소기(宗法小記)》, 《해자소기(解字小紀)》, 《석궁소기(釋宮小記)》, 《석초석충소기(釋草釋蟲小記)》, 《고공창물소기(考工創物小紀)》 등이 있는데 합쳐서 《통예록(通藝錄)》이라고 했다. 당시(當時)의 예림(藝林)이 다투어 구매했고, 방가(坊賈)가 응할 수 없을 만큼 5수령들에게 현재(賢才)를 천거(薦擧)하게 했다. 그렇게 천거된 사람을 "擧人"이라고 했다. 당(唐)、송(宋) 때에는 진사과(進士科)가 있어서 대개 과목(科目)에 응시하여 유사(有司)의 공거(貢擧)한 경유한 사람을 통틀어 거인(擧人)이라고 했다. 명(明)、청(淸) 때에 이르러 향시(鄕試)에 합격한 사람을 거인(擧人)이라고 했으며 또한 대회장(大會狀)、대춘원(大春元)이라고도 했다. 중기에 이르러 거인(擧人) "발해(發解)"、"발달(發達)"라고 불렸다. 습관상(習慣上)으로 거인(擧人)을 민간에서는 "로야(老爺)"라고 불렸다. 아칭(雅稱)은 효렴(孝廉)이다.

[본문]　734, 736

한한대역 단옥재주 설문해자 인명·사어 색인

漢韓對譯 段玉裁注 說文解字 人名·詞語 索引

한한대역 단옥재주 설문해자 자음 색인

漢韓對譯 段玉裁注 說文解字 字音 索引

| | | | |
|---|---|---|---|
| 0411[<一:下>034 상] | 茄(연 줄기 | 가 | ;艸 -총09획 ;qié,jiā) |
| 0522[<一:下>040 상] | 苛(매울 | 가 | ;艸 -총09획 ;kē) |
| 0624[<一:下>046 상] | 葭(갈대 | 가 | ;艸 -총13획 ;jiā) |
| 0281[<一:下>026 상] | 茖(달래 | 각 | ;艸 -총10획 ;gé) |
| 0267[<一:下>025 상] | 薟(띠 | 간 | ;艸 -총13획 ;jiān) |
| 0324[<一:下>029 상] | 藛(볏줄기 | 간 | ;艸 -총18획 ;gan4) |
| 0437[<一:下>035 하] | 葛(칡 | 갈 | ;艸 -총13획 ;gé,gě) |
| 0282[<一:下>026 상] | 苷(감초 | 감 | ;艸 -총09획 ;gān) |
| 0345[<一:下>029 하] | 蘫(풀 | 감 | ;艸 -총25획 ;gan3) |
| 0241[<一:下>023 하] | 薑(생강 | 강 | ;艸 -총20획 ;jiang1) |
| 0610[<一:下>045 상] | 芥(겨자 | 개 | ;艸 -총08획 ;jiè,gài) |
| 0564[<一:下>042 하] | 蓋(덮을 | 개 | ;艸 -총13획 ;gě) |
| 0598[<一:下>044 하] | 苣(상추 | 거 | ;艸 -총09획 ;jù,qǔ) |
| 0251[<一:下>024 하] | 莒(감자 | 거 | ;艸 -총11획 ;jǔ) |
| 0244[<一:下>024 상] | 蕖(채소이름 | 거 | ;艸 -총17획 ;qu2) |
| 0252[<一:下>024 하] | 蘧(풀이름 | 거 | ;艸 -총21획 ;qú) |
| 0279[<一:下>026 상] | 芞(향초 이름 | 걸 | ;艸 -총07획 ;xi4) |

0278[<一:下>026 상]　　藒藒(향 풀　　　　　　걸　;艹 -총18획　;qiè)

0394[<一:下>033 상]　　芡芡(가시연　　　　　　검　;艹 -총08획　;qiàn)

0321[<一:下>028 하]　　藅藅(풀이름　　　　　　격　;艹 -총10획　;ji1)

0399[<一:下>033 하]　　蒹蒹(갈대　　　　　　　겸　;艹 -총14획　;jiān)

0472[<一:下>037 하]　　莖莖(줄기　　　　　　　경　;艹 -총11획　;jīng)

0346[<一:下>029 하]　　藑藑(메　　　　　　　　경　;艹 -총18획　;qióng)

0475[<一:下>037 하]　　薊薊(좀스러운 풀　　　　계　;艹 -총16획　;ji4)

0288[<一:下>026 하]　　薊薊(삽주　　　　　　　계　;艹 -총17획　;jī,jiē,jiè)

0382[<一:下>032 상]　　繫繫(풀 연접할　　　　　계　;艹 -총23획　;jì)

0302[<一:下>027 상]　　苦苦(쓸　　　　　　　　고　;艹 -총09획　;kǔ)

0449[<一:下>036 상]　　苽苽(줄　　　　　　　　고　;艹 -총09획　;gū)

0323[<一:下>029 상]　　菌菌(풀이름　　　　　　고　;艹 -총12획　;gu4)

0439[<一:下>036 상]　　藁藁(풀이름　　　　　　고　;艹 -총14획　;gao1)

0571[<一:下>043 상]　　韮韮(부추　　　　　　　고　;艹 -총16획　;ku4)

0596[<一:下>044 상]　　苗苗(잠박　　　　　　　곡　;艹 -총10획　;qu1)

0442[<一:下>036 상]　　蔪蔪(향풀　　　　　　　곤　;艹 -총21획　;kun1)

0455[<一:下>036 하]　　薖薖(풀이름　　　　　　과　;艹 -총17획　;kē)

0229[&lt;一:下&gt;023 상]          䕡(콩          곽 ;艸 -총28획 ;huo4)

0306[&lt;一:下&gt;027 하]          菅(골풀          관 ;艸 -총12획 ;jiān)

0377[&lt;一:下&gt;031 하]          苽(괄루          괄 ;艸 -총10획 ;gua1)

0355[&lt;一:下&gt;030 상]          蔽(풀이름          괴 ;艸 -총10획 ;guai4)

0586[&lt;一:下&gt;044 상]          蕢(상할          괴 ;艸 -총16획 ;kuì)

0590[&lt;一:下&gt;044 상]          茭(꼴          교 ;艸 -총10획 ;jiāo)

0297[&lt;一:下&gt;027 상]          荍(당아욱          교 ;艸 -총10획 ;qiáo)

0614[&lt;一:下&gt;045 하]          苟(진실로          구 ;艸 -총09획 ;gǒu)

0393[&lt;一:下&gt;033 상]          苟(초결명          구 ;艸 -총10획 ;gǒu)

0460[&lt;一:下&gt;036 하]          蒟(구장          구 ;艸 -총14획 ;jǔ)

0322[&lt;一:下&gt;028 하]          薖(물억새          구 ;艸 -총15획 ;qiū,xū,gòu)

0253[&lt;一:下&gt;024 하]          菊(국화          국 ;艸 -총12획 ;jú)

0395[&lt;一:下&gt;033 상]          蓻(국화          국 ;艸 -총20획 ;ju2)

0428[&lt;一:下&gt;035 하]          鞠(국화          국 ;艸 -총21획 ;jú)

0316[&lt;一:下&gt;028 상]          菌(버들말즘          군 ;艸 -총11획 ;jūn)

0567[&lt;一:下&gt;043 상]          蒩(쓸어버릴          굴 ;艸 -총12획 ;qu1)

0265[&lt;一:下&gt;025 상]          藭(궁궁이          궁 ;艸 -총19획 ;qióng)

0615[<一:下>045 하]      蕨(고사리          궐 ;艸 –총16획 ;jué)

0651[<一:下>047 상]      虆(털여뀌          귀 ;艸 –총21획 ;kuī,kuǐ,huǐ)

0315[<一:下>028 상]      茥(딸기            규 ;艸 –총10획 ;guī,kuī)

0240[<一:下>023 하]      葵(해바라기        규 ;艸 –총13획 ;kuí)

0456[<一:下>036 하]      菌(버섯            균 ;艸 –총12획 ;jùn,jūn)

0370[<一:下>031 하]      芹(미나리          근 ;艸 –총08획 ;qín)

0247[<一:下>024 상]      堇(천연쑥          근 ;艸 –총12획 ;qín)

0618[<一:下>045 하]      菫(오랑캐꽃        근 ;艸 –총15획 ;jǐn)

0387[<一:下>032 하]      芩(풀이름          금 ;艸 –총08획 ;qín)

0386[<一:下>032 하]      菳(풀이름          금 ;艸 –총12획 ;jīn,qīn,qín)

0291[<一:下>026 하]      芨(말오줌나무      급 ;艸 –총08획 ;jī)

0638[<一:下>046 하]      芑(흰 차조         기 ;艸 –총07획 ;qǐ)

0391[<一:下>033 상]      茤(세발 마름       기 ;艸 –총08획 ;jì)

0430[<一:下>035 하]      芪(단너삼          기 ;艸 –총08획 ;qí)

0228[<一:下>023 상]      萁(콩깍지          기 ;艸 –총12획 ;qí,gāi)

0239[<一:下>023 하]      綦(물고사리        기 ;艸 –총14획 ;qi3)

0508[<一:下>039 하]      蕺(풀 많을         기 ;艸 –총15획 ;jì)

| 0340[<一:下>029 상] | 綦 綦(고비 | 기 ;艹 -총18획 ;qí,jì) |
|---|---|---|
| 0307[<一:下>027 하] | 蘄 蘄(풀이름 | 기 ;艹 -총20획 ;qí) |
| 0417[<一:下>035 상] | 莔 莔(개사철쑥 | 긴 ;艹 -총12획 ;qiàn,qìn) |
| 0527[<一:下>040 상] | 薴 薴(풀 얽힌 모양 | 녕 ;艹 -총18획 ;ning2) |
| 0327[<一:下>029 상] | 薴 薴(새끼 꼬는 풀 | 녕 ;艹 -총20획 ;neng2) |
| 0230[<一:下>023 상] | 莥 莥(돌콩 | 뉴 ;艹 -총11획 ;chǒu,jiù,niǔ,nǔ) |
| 0401[<一:下>033 하] | 菼 菼(물억새 | 담 ;艹 -총14획 ;tan3) |
| 0320[<一:下>028 하] | 蕁 蕁(지모 | 담 ;艹 -총16획 ;xún,qián) |
| 0409[<一:下>034 상] | 薝 薝(연봉오리 | 담 ;艹 -총20획 ;dan4) |
| 0227[<一:下>022 하] | 荅 荅(좀콩 | 답 ;艹 -총10획 ;dá,dā) |
| 0646[<一:下>046 하] | 荼 荼(씀바귀 | 도 ;艹 -총11획 |
|  |  | ;tú,cài,chá,hù,shé,shū,yé,yú) |
| 0547[<一:下>041 하] | 到 到(초목 거꾸러질 | 도 ;艹 -총12획 ;dǎo,dào,zhào,zhuó) |
| 0637[<一:下>046 하] | 萄 萄(포도 | 도 ;艹 -총12획 ;táo) |
| 0216[<一:下>022 상] | 毒 毒(독 | 독 ;毋 -총08획 ;dú) |
| 0275[<一:下>025 하] | 藩 藩(땅버들 | 독 ;艹 -총15획 ;du2) |
| 0640[<一:下>046 하] | 荄 荄(겨우살이 | 동 ;艹 -총09획 ;dōng) |
| 0381[<一:下>032 상] | 董 董(황모 | 동 ;艹 -총16획 ;dǒng,tóng) |

0214[<一:下>021 하] 屯(진 칠 둔 ;屮 -총04획 ;tún,zhūn)

0222[<一:下>022 하] 蓏(열매 라 ;艸 -총14획 ;luǒ)

0419[<一:下>035 상] 蘿(무 라 ;艸 -총23획 ;luó)

0528[<一:下>040 상] 落(떨어질 락 ;艸 -총13획 ;luò,là,luō)

0266[<一:下>025 상] 蘭(난초 란 ;艸 -총21획 ;lán)

0295[<一:下>026 하] 蘗(순채 란 ;艸 -총27획 ;luan2)

0518[<一:下>040 상] 葻(풀바람에 흔들리는 모양 람 ;艸 -총13획 ;lán)

0262[<一:下>025 상] 藍(쪽 람 ;艸 -총18획 ;lán)

0572[<一:下>043 상] 藍(오리 김치 람 ;艸 -총21획 ;lán)

0453[<一:下>036 하] 莨(수크령 랑 ;艸 -총11획 ;làng,láng,liáng)

0231[<一:下>023 상] 蓈(쭉정이 랑 ;艸 -총13획 ;láng)

0625[<一:下>046 상] 萊(명아주 래 ;艸 -총12획 ;lái)

0626[<一:下>046 상] 荔(타래붓꽃 려 ;艸 -총10획 ;lì)

0296[<一:下>027 상] 莀(강아지풀 려 ;艸 -총12획 ;li4)

0650[<一:下>047 상] 藜(나라 이름 려 ;艸 -총19획 ;lí)

0555[<一:下>042 상] 蘺(달라붙을 려 ;艸 -총23획 ;li4)

0318[<一:下>028 하] 蒚(산마늘 력 ;艸 -총14획 ;hé,lì)

| | | | |
|---|---|---|---|
| 0410[<一:下>034 상] | 蓮(연밥 | 련 | ;艹 -총15획　;lián) |
| 0407[<一:下>034 상] | 茢(갈대꽃 | 렬 | ;艹 -총10획　;liè) |
| 0385[<一:下>032 하] | 薟(가위톱 | 렴 | ;艹 -총17획　;lán,liān,liǎn,liàn) |
| 0402[<一:下>033 하] | 薕(물억새 | 렴 | ;艹 -총17획　;lián) |
| 0344[<一:下>029 하] | 苓(도꼬마리 | 령 | ;艹 -총09획　;líng) |
| 0444[<一:下>036 상] | 蘦(감초 | 령 | ;艹 -총21획　;líng) |
| 0354[<一:下>030 상] | 蘆(기름새 | 로 | ;艹 -총19획　;lu3) |
| 0257[<一:下>025 상] | 蘆(갈대 | 로 | ;艹 -총20획　;lú,lǔ) |
| 0218[<一:下>022 상] | 坴(버섯 | 록 | ;土 -총10획　;lu4) |
| 0629[<一:下>046 상] | 菉(조개풀 | 록 | ;艹 -총12획　;lù,lǜ) |
| 0415[<一:下>034 하] | 蘢(개여뀌 | 롱 | ;艹 -총20획　;lóng,lǒng,lòng) |
| 0546[<一:下>041 하] | 茉(풀이 많은 모양 | 뢰 | ;艹 -총10획　;lei3) |
| 0242[<一:下>023 하] | 蓼(여뀌 | 료 | ;艹 -총15획　;liǎo) |
| 0574[<一:下>043 상] | 藔(말린 매실 | 료 | ;艹 -총20획　;lao3) |
| 0356[<一:下>030 하] | 蔞(쑥 | 루 | ;艹 -총15획　;lóu) |
| 0357[<一:下>030 하] | 藟(등나무 덩굴 | 류 | ;艹 -총19획　;lěi) |
| 0375[<一:下>031 하] | 葎(한삼덩굴 | 률 | ;艹 -총13획　;lǜ) |

0420[<一:下>035 상]    菻菻(쑥        름 ;艸 -총12획 ;lǐn)

0390[<一:下>032 하]    蔆(마름       릉 ;艸 -총15획 ;líng)

0289[<一:下>026 하]    菫(풀이름      리 ;艸 -총11획 ;chù)

0271[<一:下>025 하]    蘺(천궁       리 ;艸 -총23획 ;lí)

0309[<一:下>027 하]    藺(골풀       린 ;艸 -총20획 ;lìn)

0665[<一:下>048 상]    莫(없을       막 ;艸 -총11획 ;mò)

0438[<一:下>035 하]    蔓(덩굴       만 ;艸 -총15획 ;wàn,mán,màn)

0491[<一:下>038 하]    芒(까끄라기     망 ;艸 -총07획 ;máng,wáng)

0664[<一:下>047 하]    茻(잡풀 우거질    망 ;艸 -총11획 ;wǎng) 說部   014

0366[<一:下>031 상]    蒗(참억새      망 ;艸 -총12획 ;wáng)

0666[<一:下>048 상]    莽(우거질      망 ;艸 -총12획 ;mǎng)

0215[<一:下>021 하]    每(매양       매 ;毋 -총07획 ;měi)

0280[<一:下>026 상]    苺(딸기       매 ;艸 -총09획 ;méi)

0604[<一:下>044 하]    薶(메울       매 ;艸 -총18획 ;mái)

0432[<一:下>035 하]    茵(패모       맹 ;艸 -총11획 ;méng,qiǒng)

0470[<一:下>037 하]    萌(싹        맹 ;艸 -총12획 ;méng)

0352[<一:下>030 상]    薁(까마귀머루    먹 ;艸 -총17획 ;yù)

| | | | |
|---|---|---|---|
| 0434[<一:下>035 하] | 莫(명협 | 명 ;艸 -총14획 | ;míng) |
| 0516[<一:下>039 하] | 芼(풀 우거질 | 모 ;艸 -총08획 | ;mào) |
| 0305[<一:下>027 하] | 茅(띠 | 모 ;艸 -총09획 | ;máo) |
| 0644[<一:下>046 하] | 瞀(풀이름 | 모 ;艸 -총13획 | ;mào,mù) |
| 0293[<一:下>026 하] | 蓩(취어초 | 모 ;艸 -총15획 | ;mào) |
| 0342[<一:下>029 하] | 夢(꿈 | 몽 ;夕 -총14획 | ;mèng) |
| 0627[<一:下>046 상] | 蒙(입을 | 몽 ;艸 -총14획 | ;méng,mēng) |
| 0521[<一:下>040 상] | 苗(모 | 묘 ;艸 -총09획 | ;miáo) |
| 0645[<一:下>046 하] | 茆(순채 | 묘 ;艸 -총11획 | ;mao3) |
| 0360[<一:下>030 하] | 藐(작을 | 묘 ;艸 -총20획 | ;miao3) |
| 0501[<一:下>039 상] | 茂(우거질 | 무 ;艸 -총09획 | ;mào) |
| 0515[<一:下>039 하] | 莪(잔풀이 더부룩하게 날 | 무 ;艸　-총13획 | ;*) |
| 0523[<一:下>040 상] | 蕪(거칠어질 | 무 ;艸 -총16획 | ;wú) |
| 0643[<一:下>046 하] | 穈(풀 | 무 ;艸 -총17획 | ;mao4) |
| 0226[<一:下>022 하] | 虋(차조 | 문 ;艸 -총29획 | ;mín,mén) |
| 0435[<一:下>035 하] | 菋(오미자 | 미 ;艸 -총12획 | ;mèi,wèi) |
| 0245[<一:下>024 상] | 薇(고비 | 미 ;艸 -총17획 | ;wēi) |

0273[<一:下>025 하]　　蘪(천궁　　　　　　미 ;艸 -총21획 ;mí)

0413[<一:下>034 하]　　蔤(연근　　　　　　밀 ;艸 -총15획 ;mì)

0540[<一:下>041 상]　　薄(엷을　　　　　　박 ;艸 -총17획 :báo,bó,bò)

0496[<一:下>038 하]　　茇(풀뿌리　　　　　발 ;艸 -총09획 ;bá)

0552[<一:下>042 상]　　芳(꽃다울　　　　　방 ;艸 -총08획 :fāng)

0653[<一:下>047 상]　　蕃(우거질　　　　　번 ;艸 -총16획 :fán,fān)

0647[<一:下>046 하]　　蘩(산흰쑥　　　　　번 ;艸 -총17획 :fan2)

0403[<一:下>033 하]　　蘋(풀이름　　　　　번 ;艸 -총17획 :pín)

0568[<一:下>043 상]　　藩(덮을　　　　　　번 ;艸 -총19획 :fán)

0539[<一:下>040 하]　　芝(풀이 물 위에 뜬 모양　범 ;艸　　-총09획　:fan4)

0634[<一:下>046 상]　　范(풀이름　　　　　범 ;艸 -총09획 :fàn)

0365[<一:下>031 상]　　薜(승검초　　　　　벽 ;艸 -총17획 :bì,báo,bó)

0337[<一:下>029 상]　　荓(하여금　　　　　병 ;艸 -총10획 :píng)

0225[<一:下>022 하]　　莆(서초　　　　　　보 ;艸 -총11획 :pú,fǔ)

0303[<一:下>027 하]　　菩(보리　　　　　　보 ;艸 -총12획 :pú)

0652[<一:下>047 상]　　葆(풀 더부룩할　　　보 ;艸 -총13획 :bǎo,bāo)

0258[<一:下>025 상]　　菔(무　　　　　　　복 ;艸 -총12획 :fú)

| 0348[<一:下>029 하] | 葍(메꽃 | 복 | ;艹 -총13획 | ;fú) |
| 0343[<一:下>029 하] | 蕧(금불초 | 복 | ;艹 -총16획 | ;fù) |
| 0497[<一:下>038 하] | 芃(풀 무성할 | 봉 | ;艹 -총07획 | ;péng) |
| 0484[<一:下>038 상] | 菶(풀 무성할 | 봉 | ;艹 -총12획 | ;běng) |
| 0378[<一:下>032 상] | 葑(순무 | 봉 | ;艹 -총13획 | ;fēng,fèng) |
| 0649[<一:下>047 상] | 蓬(쑥 | 봉 | ;艹 -총15획 | ;péng) |
| 0476[<一:下>037 하] | 芣(질경이 | 부 | ;艹 -총08획 | ;fú) |
| 0335[<一:下>029 상] | 莩(풀이름 | 부 | ;艹 -총11획 | ;fú) |
| 0331[<一:下>029 상] | 萯(하눌타리 | 부 | ;艹 -총13획 | ;bèi,fù) |
| 0347[<一:下>029 하] | 蕾(메꽃 | 부 | ;艹 -총16획 | ;fù) |
| 0498[<一:下>038 하] | 薄(꽃잎을 깔 | 부 | ;艹 -총16획 | ;fu4) |
| 0217[<一:下>022 상] | 芬(싹트면서 향기로울 | 분 | ;屮 -총07획 | ;fen1) |
| 0553[<一:下>042 상] | 蕡(들깨 | 분 | ;艹 -총16획 | ;fén) |
| 0549[<一:下>042 상] | 茀(풀 우거질 | 불 | ;艹 -총09획 | ;fú) |
| 0461[<一:下>037 상] | 芘(풀이름 | 비 | ;艹 -총08획 | ;pí) |
| 0582[<一:下>043 하] | 萆(비해 | 비 | ;艹 -총12획 | ;bì,bá,bǐ,pì) |
| 0619[<一:下>045 하] | 菲(엷을 | 비 | ;艹 -총12획 | ;fēi,fěi) |

| | | | | |
|---|---|---|---|---|
| 0233[<一:下>023 상] | 朏 | 朏(피할 | 비 ;艸 -총12획 | ;bó,féi,fèi,fén,fú) |
| 0261[<一:下>025 상] | 蘋 | 蘋(네가래 | 빈 ;艸 -총18획 | ;pín) |
| 0616[<一:下>045 하] | 莎 | 莎(향부자 | 사 ;艸 -총11획 | ;suō,shā) |
| 0398[<一:下>033 하] | 菥 | 菥(띠꽃 | 사 ;艸 -총11획 | ;si4) |
| 0364[<一:下>031 상] | 蕼 | 蕼(제비꽃 | 사 ;艸 -총17획 | ;si4) |
| 0329[<一:下>029 상] | 蘺 | 蘺(풀이름 | 사 ;艸 -총19획 | ;si4) |
| 0609[<一:下>045 상] | 蒜 | 蒜(달래 | 산 ;艸 -총14획 | ;suàn) |
| 0557[<一:下>042 하] | 芟 | 芟(벨 | 삼 ;艸 -총08획 | ;shān) |
| 0605[<一:下>044 하] | 葠 | 葠(인삼 | 삼 ;艸 -총13획 | ;shēn) |
| 0294[<一:下>026 하] | 薓 | 薓(인삼 | 삼 ;艸 -총16획 | ;cān) |
| 0224[<一:下>022 하] | 萐 | 萐(상서풀이름 | 삽 ;艸 -총12획 | ;shà) |
| 0283[<一:下>026 상] | 芧 | 芧(상수리 | 서 ;艸 -총08획 | ;zhù,xù) |
| 0556[<一:下>042 상] | 蓆 | 蓆(자리 | 석 ;艸 -총14획 | ;xí) |
| 0551[<一:下>042 상] | 蔎 | 蔎(향 풀 | 설 ;艸 -총15획 | ;sā,shè) |
| 0511[<一:下>039 하] | 莦 | 莦(모진 풀 | 소 ;艸 -총11획 | ;sháo,xiāo) |
| 0422[<一:下>035 상] | 蕭 | 蕭(맑은대쑥 | 소 ;艸 -총16획 | ;xiāo) |
| 0236[<一:下>023 하] | 蘇 | 蘇(차조기 | 소 ;艸 -총20획 | ;sū) |

0595[<一:下>044 상]　薂 蔉(나물　　　　　　속 ;艸 -총15획 ;ce4)

0397[<一:下>033 하]　蕭 蔌(띠　　　　　　　　속 ;艸 -총19획 ;sù)

0639[<一:下>046 하]　蕢 藚(택사　　　　　　　속 ;艸 -총19획 ;xù)

0383[<一:下>032 상]　薆 薆(닭의장풀　　　　　수 ;艸 -총10획 ;sao3)

0463[<一:下>037 상]　茱 茱(수유　　　　　　　수 ;艸 -총10획 ;zhū)

0362[<一:下>031 상]　蒐 蒐(꼭두서니　　　　　수 ;艸 -총14획 ;sōu)

0349[<一:下>029 하]　蓨 蓨(기쁠　　　　　　　수 ;艸 -총15획 ;xiū,tiāo,tiáo)

0492[<一:下>038 하]　薅 薅(꼭지　　　　　　　수 ;艸 -총16획 ;wei3)

0542[<一:下>041 상]　藪 藪(늪　　　　　　　　수 ;艸 -총19획 ;sǒu)

0478[<一:下>037 하]　筍 筍(죽순　　　　　　　순 ;艸 -총08획 ;sǔn)

0578[<一:下>043 하]　蓴 蓴(순채　　　　　　　순 ;艸 -총15획 ;chún)

0462[<一:下>037 상]　蕣 蕣(무궁화　　　　　　순 ;艸 -총16획 ;shùn)

0285[<一:下>026 상]　蒁 蒁(봉아술　　　　　　술 ;艸 -총13획 ;shù)

0238[<一:下>023 하]　芺 芺(쑥　　　　　　　　시 ;艸 -총09획 ;die2)

0603[<一:下>044 하]　矗 矗(똥　　　　　　　　시 ;艸 -총13획 ;shi3)

0520[<一:下>040 상]　蒔 蒔 蒔(모종낼　　　시 ;艸 -총14획 ;shì,shí)

0416[<一:下>034 하]　蓍 蓍(시초　　　　　　　시 ;艸 -총14획 ;shī)

| | | | |
|---|---|---|---|
| 0583[&lt;一:下&gt;043 하] | 葟(지모 | 시 | ;艹 -총15획 :shi1) |
| 0260[&lt;一:下&gt;025 상] | 莀(풀이름 | 신 | ;艹 -총10획 :chén) |
| 0600[&lt;一:下&gt;044 하] | 薪(섶나무 | 신 | ;艹 -총17획 :xīn) |
| 0284[&lt;一:下&gt;026 상] | 藎(조개풀 | 신 | ;艹 -총18획 :jìn) |
| 0459[&lt;一:下&gt;036 하] | 葚(오디 | 심 | ;艹 -총13획 :shèn,rèn) |
| 0313[&lt;一:下&gt;028 상] | 藻(부들싹 | 심 | ;艹 -총15획 :shen1) |
| 0457[&lt;一:下&gt;036 하] | 蕈(버섯 | 심 | ;艹 -총16획 :xùn) |
| 0469[&lt;一:下&gt;037 하] | 芽(싹 | 아 | ;艹 -총08획 :yá) |
| 0418[&lt;一:下&gt;035 상] | 莪(지칭개 | 아 | ;艹 -총11획 :é) |
| 0339[&lt;一:下&gt;029 상] | 荌(풀이름 | 안 | ;艹 -총10획 :àn) |
| 0404[&lt;一:下&gt;034 상] | 茚(창포 | 앙 | ;艹 -총08획 :ang2) |
| 0368[&lt;一:下&gt;031 하] | 艾(쑥 | 애 | ;艹 -총06획 :ài,yì) |
| 0566[&lt;一:下&gt;043 상] | 薆(덮을 | 애 | ;艹 -총16획 :ai3) |
| 0405[&lt;一:下&gt;034 상] | 莢(명협풀 | 야 | ;艹 -총11획 :ye2) |
| 0577[&lt;一:下&gt;043 하] | 若(같을 | 약 | ;艹 -총09획 :ruò,rě) |
| 0312[&lt;一:下&gt;028 상] | 蒻(부들 | 약 | ;艹 -총14획 :ruò) |
| 0554[&lt;一:下&gt;042 상] | 藥(약 | 약 | ;艹 -총19획 :yào) |

| | | | |
|---|---|---|---|
| 0396[<一:下>033 상] | 蘥(귀리 | 약 | ;艸 -총21획 ;yuè) |
| 0255[<一:下>024 하] | 蘘(양하 | 양 | ;艸 -총21획 ;ráng,náng,xiāng) |
| 0248[<一:下>024 상] | 釀(향유 | 양 | ;艸 -총28획 ;niang4) |
| 0351[<一:下>029 하] | 萬(풀이름 | 양 | ;艸)-총13획 ;chang2) |
| 0533[<一:下>040 하] | 蒸(향초 | 어 | ;艸 -총12획 ;yān,yú,yù) |
| 0532[<一:下>040 하] | 蔫(시들 | 언 | ;艸 -총15획 ;niān) |
| 0301[<一:下>027 상] | 薛(쑥 | 얼 | ;艸 -총10획 ;xue1) |
| 0592[<一:下>044 상] | 茹(먹을 | 여 | ;艸 -총10획 ;rú) |
| 0389[<一:下>032 하] | 蔦(청모 | 역 | ;艸 -총10획 ;yi4) |
| 0458[<一:下>036 하] | 葽(목이 버섯 | 연 | ;艸 -총13획 ;*) |
| 0452[<一:下>036 하] | 蘸(풀이름 | 연 | ;艸 -총23획 ;ran2) |
| 0474[<一:下>037 하] | 葉(잎 | 엽 | ;艸 -총13획 ;yè,yié) |
| 0481[<一:下>038 상] | 英(꽃부리 | 영 | ;艸 -총09획 ;yīng) |
| 0264[<一:下>025 상] | 営(경영할 | 영 | ;艸 -총14획 ;yíng) |
| 0534[<一:下>040 하] | 蔡(풀 얽힌 모양 | 영 | ;艸 -총18획 ;ying2) |
| 0512[<一:下>039 하] | 芮(풀 뾰족뾰족 날 | 예 | ;艸 -총08획 ;ruì) |
| 0524[<一:下>040 상] | 薉(거친 풀 | 예 | ;艸 -총17획 ;wèi) |

| | | | | |
|---|---|---|---|---|
| 0633[<一:下>046 상] | 菩 | 菩(풀이름 | 오 ;艸 -총11획 | ;*) |
| 0531[<一:下>040 하] | 薀 | 薀(붕어마름 | 온 ;艸 -총17획 | ;wēn) |
| 0308[<一:下>027 하] | 莞 | 莞(왕골 | 완 ;艸 -총11획 | ;guān,guǎn,wǎn) |
| 0431[<一:下>035 하] | 菀 | 菀(자완 | 완 ;艸 -총12획 | ;wǎn,yù,yǔn) |
| 0400[<一:下>033 하] | 薍 | 薍(물억새 | 완 ;艸 -총17획 | ;wàn) |
| 0332[<一:下>029 상] | 芙 | 芙(엉겅퀴 | 요 ;艸 -총08획 | ;ǎo,yǎo) |
| 0454[<一:下>036 하] | 蘷蘷 | 蔞(풀이름 | 요 ;艸 -총13획 | ;yāo,yǎo,yào) |
| 0599[<一:下>044 하] | 蕘 | 蕘(풋나무 | 요 ;艸 -총16획 | ;ráo) |
| 0544[<一:下>041 하] | 藗 | 藗(풀 더부룩한 모양 | 요 ;艸 -총21획 | ;you2) |
| 0662[<一:下>047 하] | 蓐蓐 | 蓐(요 | 욕 ;艸 -총14획 | ;rù) 說部 013 |
| 0654[<一:下>047 상] | 茸 | 茸(무성할 | 용 ;艸 -총10획 | ;róng,rǒng) |
| 0250[<一:下>024 하] | 芋 | 芋(토란 | 우 ;艸 -총07획 | ;yù) |
| 0299[<一:下>027 상] | 萬 | 萬(풀이름 | 우 ;艸 -총13획 | ;yāo) |
| 0414[<一:下>034 하] | 藕 | 藕(연뿌리 | 우 ;艸 -총16획 | ;ǒu) |
| 0373[<一:下>031 하] | 芸 | 芸(향초 이름 | 운 ;艸 -총08획 | ;yún) |
| 0421[<一:下>035 상] | 蔚 | 蔚(풀이름 | 울 ;艸 -총15획 | ;wèi,yù) |
| 0443[<一:下>036 상] | 芫 | 芫(팥꽃나무 | 원 ;艸 -총08획 | ;yuán,yán) |

0541[<一:下>041 상]　苑(나라 동산　　　원　;艸 -총09획　;yuàn,yuán)

0489[<一:下>038 상]　蕟(줄기와 잎 퍼질　원　;艸 -총14획　;huán,yuán)

0358[<一:下>030 하]　蒬(풀이름　　　　원　;艸 -총15획　;yuán)

0594[<一:下>044 상]　萎(마를　　　　　위　;艸 -총12획　;wěi)

0623[<一:下>045 하]　葦(갈대　　　　　위　;艸 -총13획　;wěi)

0426[<一:下>035 하]　蔿(애기풀　　　　위　;艸 -총16획　;wěi)

0232[<一:下>023 상]　莠(강아지풀　　　유　;艸 -총11획　;yǒu)

0464[<一:下>037 상]　萸(수유　　　　　유　;艸 -총13획　;yú)

0631[<一:下>046 상]　茜(풀이름　　　　유　;艸 -총14획　;you1)

0246[<一:下>024 상]　蓷(푸성귀　　　　유　;艸 -총15획　;wéi,wěi)

0338[<一:下>029 상]　蕕(누린내풀　　　유　;艸 -총16획　;yóu)

0486[<一:下>038 상]　蕤(드리워질　　　유　;艸 -총16획　;ruí)

0334[<一:下>029 상]　藟(풀이름　　　　유　;艸 -총25획　;you4)

0450[<一:下>036 상]　菁(풀　　　　　　육　;艸 -총12획　;yu4)

0612[<一:下>045 상]　薚(산부추　　　　육　;艸 -총14획　;yù)

0495[<一:下>038 하]　筠(연뿌리　　　　윤　;艸 -총11획　;yún,yǔn)

0500[<一:下>039 상]　蒑(풀이 더부룩한 모양 은 ;艸 -총11획　;yin2)

| 0503[<一:下>039 상] | 蔭 蔭(그늘 | 음 ;艹 -총15획 ;yìn,yīn) |
|---|---|---|
| 0304[<一:下>027 하] | 薏 薏(율무 | 의 ;艹 -총16획 ;yi4) |
| 0485[<一:下>038 상] | 薿 薿(우거질 | 의 ;艹 -총18획 ;nǐ) |
| 0575[<一:下>043 상] | 藙 藙(머귀나무 씨 기름 | 의 ;艹 -총24획 ;yi4) |
| 0319[<一:下>028 하] | 苢 苢(질경이 | 이 ;艹 -총09획 ;yǐ) |
| 0538[<一:下>040 하] | 苐 苐(풀 많을 | 이 ;艹 -총10획 ;ér) |
| 0235[<一:下>023 하] | 萁 萁(연교 | 이 ;艹 -총15획 ;yi4) |
| 0488[<一:下>038 상] | 荅 荅(시들 | 이 ;艹 -총15획 ;yi2) |
| 0482[<一:下>038 상] | 薾 薾(번성할 | 이 ;艹 -총18획 ;ěr) |
| 0588[<一:下>044 상] | 茵 鞇 茵(자리 | 인 ;艹 -총10획 ;yīn) |
| 0286[<一:下>026 상] | 葱 葱(풀이름 | 인 ;艹 -총11획 ;rěn) |
| 0336[<一:下>029 상] | 黄 黄(쥐참외 | 인 ;艹 -총15획 ;yín,yǎn) |
| 0237[<一:下>023 하] | 荏 荏(들깨 | 임 ;艹 -총10획 ;rěn) |
| 0635[<一:下>046 상] | 艿 艿(풀이름 | 잉 ;艹 -총06획 ;nǎi) |
| 0234[<一:下>023 상] | 芓 芓(암삼 | 자 ;艹 -총07획 ;zī) |
| 0359[<一:下>030 하] | 茈 茈(지치 | 자 ;艹 -총09획 ;chái,cí,zǐ) |
| 0505[<一:下>039 상] | 茲 茲(무성할 | 자 ;艹 -총10획 ;zī) |

| 0562[<一:下>042 하] | 茨(가시나무 | 자 ;艸 -총10획 ;cí) |
|---|---|---|
| 0380[<一:下>032 상] | 莿(풀가시 | 자 ;艸 -총12획 ;cì) |
| 0576[<一:下>043 하] | 𦸜(나물로 국을 끓일 | 자 ;艸 -총14획 ;zai3) |
| 0326[<一:下>029 상] | 蔗(사탕수수 | 자 ;艸 -총15획 ;zhè) |
| 0509[<一:下>039 하] | 薋(풀 더부룩할 | 자 ;艸 -총17획 ;cí) |
| 0559[<一:下>042 하] | 藉(깔개 | 자 ;艸 -총18획 ;jiè,jí) |
| 02721[<四:下>186 하] | 觜(털 뿔 | 자 ;角 -총12획 ;zī,zuī,zuǐ) |
| 0424[<一:下>035 상] | 芍(함박꽃 | 작 ;艸 -총07획 ;sháo) |
| 0221[<一:下>022 상] | 莊(풀 성할 | 장 ;艸 -총11획 ;zhuāng) |
| 0287[<一:下>026 하] | 萇(나무 이름 | 장 ;艸 -총12획 ;cháng) |
| 0667[<一:下>048 상] | 葬(장사지낼 | 장 ;艸 -총13획 ;zàng) |
| 0448[<一:下>036 상] | 蔣(줄 | 장 ;艸 -총15획 ;jiǎng) |
| 0369[<一:下>031 하] | 葦(풀이름 | 장 ;艸 -총15획 ;zhāng) |
| 0641[<一:下>046 하] | 薔(장미 | 장 ;艸 -총17획 ;qiáng) |
| 0429[<一:下>035 하] | 蘠(장미 | 장 ;艸 -총21획 ;qiáng) |
| 0526[<一:下>040 상] | 𦱤(풀 어지러운 모양 | 쟁 ;艸 -총12획 ;zheng1) |
| 0584[<一:下>044 상] | 苴(신바닥 창 | 저 ;艸 -총09획 ;jū) |

| 0569[<一:下>043 상] | 菹(채소 절임 | 저 ;艸 -총12획 ;zū) |
| 0328[<一:下>029 상] | 藸(오미자 | 저 ;艸 -총20획 ;chú,zhā,zhū) |
| 0325[<一:下>029 상] | 藷(사탕수수 | 저 ;艸 -총20획 ;chú,zhū) |
| 0350[<一:下>029 하] | 苖(참소리쟁이 | 적 ;艸 -총09획 ;dí) |
| 0506[<一:下>039 상] | 蔽(초목이 말라 죽을 | 적 ;艸 -총14획 ;di2) |
| 0570[<一:下>043 상] | 荃(겨자 무침 | 전 ;艸 -총10획 ;quán) |
| 0656[<一:下>047 상] | 蒢(풀이 우거진 모양 | 전 ;艸 -총13획 ;lù:) |
| 0292[<一:下>026 하] | 荕(질경이 | 전 ;艸 -총13획 ;jiàn,qián) |
| 0613[<一:下>045 하] | 蕇(산겨자 | 전 ;艸 -총16획 ;diǎn) |
| 0425[<一:下>035 상] | 蕅(산딸기 | 전 ;艸 -총16획 ;qian2) |
| 0606[<一:下>044 하] | 折斨(꺾을 | 절 ;斤 -총07획 ;zhe2) |
| 0561[<一:下>042 하] | 絶(띠 묶어 표할 | 절 ;艸 -총16획 ;jué,zuì) |
| 0565[<一:下>043 상] | 苫(이엉 | 점 ;艸 -총09획 ;shàn,shān) |
| 0548[<一:下>042 상] | 蔪(쌀 | 점 ;艸 -총15획 ;jiàn,shān) |
| 0441[<一:下>036 상] | 萎(개연꽃 | 접 ;艸 -총12획 ;jiē,shà) |
| 0447[<一:下>036 상] | 芋(구장 | 정 ;艸 -총06획 ;dīng,tǐng) |
| 0473[<一:下>037 하] | 莛(줄기 | 정 ;艸 -총11획 ;tíng) |

0300[<一:下>027 상]　　蕛(풀이름　　　　제 ;艸 -총11획 ;ti2)

0310[<一:下>028 상]　　蒢(까마종이　　　제 ;艸 -총14획 ;chú)

0445[<一:下>036 상]　　穄(돌피　　　　　제 ;艸 -총16획 ;tí)

0379[<一:下>032 상]　　薺(냉이　　　　　제 ;艸 -총18획 ;jì,qí)

0581[<一:下>043 하]　　茳(김매는 연장　　조 ;艸 -총11획 ;dí,diào)

0560[<一:下>042 하]　　菹(띠거적　　　　조 ;艸 -총14획 ;zǒu,zū)

0243[<一:下>023 하]　　葅(푸성귀　　　　조 ;艸 -총14획 ;zu3)

0372[<一:下>031 하]　　蔦(담쟁이　　　　조 ;艸 -총15획 ;niǎo)

0630[<一:下>046 상]　　薻(풀　　　　　　조 ;艸 -총15획 ;cáo)

0290[<一:下>026 하]　　藋(파랑명아주　　조 ;艸 -총18획 ;zhuó)

0628[<一:下>046 상]　　藻(조류　　　　　조 ;艸 -총18획 ;zǎo)

0597[<一:下>044 하]　　蔟(누에섶　　　　족 ;艸 -총15획 ;cù)

0487[<一:下>038 상]　　葼(가늘　　　　　종 ;艸 -총13획 ;zōng)

0213[<01下>021 하]　　屮(왼손　　　　　좌 ;屮 -총03획 ;cǎo,chè) 說部　011

0593[<一:下>044 상]　　莝(여물　　　　　좌 ;艸 -총11획 ;cuò)

0268[<一:下>025 하]　　葰(큰　　　　　　준 ;艸 -총13획 ;jùn,shuǎ,suī,suǒ)

0580[<一:下>043 하]　　蓂(무성한 모양　　준 ;艸 -총16획 ;zun4)

0471[<一:下>037 하]　芔(풀 처음 나는 모양　줄　;艸 -총09획　;zhuó)

0330[<一:下>029 상]　芔(풀　　　　　　　　중　;艸 -총08획　;zhong1)

0361[<一:下>030 하]　蒯(바곳　　　　　　　즉　;艸 -총13획　;zé)

0563[<一:下>042 하]　葺(기울　　　　　　　즙　;艸 -총13획　;qì)

0601[<一:下>044 하]　蒸(찔　　　　　　　　증　;艸 -총14획　;zhēng)

0223[<一:下>022 하]　芝(지초　　　　　　　지　;艸 -총08획　;zhī)

0573[<一:下>043 상]　菹(김치　　　　　　　지　;艸 -총12획　;zhi1)

0510[<一:下>039 하]　蓁(우거질　　　　　　진　;艸 -총14획　;zhēn,qín)

0371[<一:下>031 하]　蘱(여우오줌 풀　　　　진　;艸 -총18획　;jiān,zhén)

0446[<一:下>036 상]　芺(돌피　　　　　　　질　;艸 -총09획　;dié)

0499[<一:下>038 하]　艱(풀 나지 않을　　　집　;艸 -총15획　;jí,niè)

0502[<一:下>039 상]　蠮(풀 무성할　　　　　창　;艸 -총10획　;chang4)

0517[<一:下>040 상]　蒼(푸를　　　　　　　창　;艸 -총14획　;cāng)

0537[<一:下>040 하]　菜(나물　　　　　　　채　;艸 -총12획　;cài)

0535[<一:下>040 하]　蔡(거북　　　　　　　채　;艸 -총15획　;cài)

0376[<一:下>031 하]　萊(풀 가시　　　　　　책　;艸 -총10획　;cè)

0483[<一:下>038 상]　萋(풀 성하게 우거진 모양　처　;艸 　-총12획　;qī,cǐ)

0363[<一:下>031 상]　蒨 蒨(꼭두서니　　천 ;艸 -총10획 ;qiàn,xī)

0558[<一:下>042 하]　荐 荐(거듭할　　천 ;艸 -총10획 ;jiàn)

0256[<一:下>024 하]　菁 菁(우거질　　청 ;艸 -총12획 ;jīng)

0579[<一:下>043 하]　茜 茜(기울　　체 ;艸 -총10획 ;zhi4)

0493[<一:下>038 하]　蔕 蔕(가시　　체 ;艸 -총15획 ;dì)

0220[<一:下>022 상]　艸 艸(풀　　초 ;艸 -총06획 ;cǎo) 說部　012

0406[<一:下>034 상]　芀 芀(갈대 이삭　　초 ;艸 -총06획 ;tiáo)

0642[<一:下>046 하]　苕 苕(능소화　　초 ;艸 -총09획 ;tiáo,sháo)

0465[<一:下>037 상]　茮 茮(후추　　초 ;艸 -총10획 ;jiāo)

0658[<一:下>047 상]　草 草(풀　　초 ;艸 -총10획 ;cǎo)

0591[<一:下>044 상]　芀 芀(짚북데기　　초 ;艸 -총11획 ;bù)

0632[<一:下>046 상]　蒩 蒩(풀이름　　초 ;艸 -총12획 ;qiáo,zhǎo)

0602[<一:下>044 하]　蕉 蕉(파초　　초 ;艸 -총16획 ;jiāo,qiáo)

0611[<一:下>045 상]　蔥 蔥(파　　총 ;艸 -총15획 ;cōng)

0657[<一:下>047 상]　叢 叢(떨기　　총 ;艸 -총22획 ;cong2)

0374[<一:下>031 하]　萩 萩(풀이름　　최 ;艸 -총16획 ;chui4)

0589[<一:下>044 상]　芻 芻(꼴　　추 ;艸 -총10획 ;chú)

0659[<一:下>047 하]    菆(겨릅대    추 ;艸 -총12획 ;cuán,zōu)

0655[<一:下>047 상]    萑(풀 많을    추 ;艸 -총12획 ;huán,zhuī)

0423[<一:下>035 상]    萩(사철쑥    추 ;艸 -총13획 ;qīu)

0504[<一:下>039 상]    薵(버금    추 ;艸 -총15획 ;chou4)

0622[<一:下>045 하]    蒦(익모초    추 ;艸 -총16획 ;huan2)

0585[<一:下>044 상]    麤(짚신    추 ;艸 -총37획 ;cu1)

0277[<一:下>026 상]    筑(능수버들    축 ;艸 -총10획 ;zhú)

0660[<一:下>047 하]    蓄(쌓을    축 ;艸 -총14획 ;xù)

0661[<一:下>047 하]    萅(봄    춘 ;艸 -총12획 ;chūn)

0433[<一:下>035 하]    朮(삽주뿌리    출 ;艸 -총09획 ;zhú)

0466[<一:下>037 상]    萩(차조    출 ;艸 -총11획 ;qiú)

0519[<一:下>040 상]    萃(모일    췌 ;艸 -총12획 ;cuì)

0513[<一:下>039 하]    茬(풀 모양    치 ;艸 -총10획 ;chá)

0436[<一:下>035 하]    茝(오미자    치 ;艸 -총10획 ;chí,zhì)

0543[<一:下>041 하]    菑(묵정밭 일굴    치 ;艸 -총13획 ;zī)

0545[<一:下>041 하]    薙(깎을    치 ;艸 -총17획 ;tì)

0427[<一:下>035 하]    莐(풀이름    침 ;艸 -총08획 ;chen2)

| 0587[<一:下>044 상] | 蔓蔓(덮을 | 침 ;艸 -총10획 ;qín3) |
| 0353[<一:下>030 상] | 葴(쪽풀 | 침 ;艸 -총13획 ;qián,xián,zhēn) |
| 0530[<一:下>040 하] | 蘀(낙엽 | 탁 ;艸 -총20획 ;tuò) |
| 0468[<一:下>037 상] | 菭(이끼 | 태 ;艸 -총12획 ;tái) |
| 0314[<一:下>028 상] | 萑(익모초 | 퇴 ;艸 -총15획 ;tuī) |
| 0477[<一:下>037 하] | 葩(꽃 | 파 ;艸 -총13획 ;pā) |
| 0536[<一:下>040 하] | 茷(무성할 | 패 ;艸 -총10획 ;fá) |
| 06080[<十:上>478상] | 猵(수달 | 편 ;犬 -총12획 ;biān) |
| 0276[<一:下>026 상] | 萹(마디풀 | 편 ;艸 -총13획 ;biǎn,biān) |
| 0259[<一:下>025 상] | 苹(개구리밥 | 평 ;艸 -총09획 ;píng) |
| 0617[<一:下>045 하] | 蓱(부평초 | 평 ;艸 -총13획 ;píng) |
| 0529[<一:下>040 상] | 蔽(덮을 | 폐 ;艸 -총16획 ;bì) |
| 0367[<一:下>031 상] | 苞(그령 | 포 ;艸 -총09획 ;bāo) |
| 0311[<一:下>028 상] | 蒲(부들 | 포 ;艸 -총14획 ;pú) |
| 0480[<一:下>038 상] | 藨(능소화 | 표 ;艸 -총15획 ;biāo) |
| 0388[<一:下>032 하] | 藨(쥐눈이콩 | 표 ;艸 -총19획 ;piāo) |
| 0298[<一:下>027 상] | 莊(피마자 | 피 ;艸 -총14획 ;bì1) |

0451[<一:下>036 하]　　蘼 蘼(쇠꼬리　　　피 ;艸 -총19획 ;bī,bèi)

0550[<一:下>042 상]　　苾 苾(향기로울　　　필 ;艸 -총09획 ;bì)

0384[<一:下>032 상]　　芐 芐(지황　　　하 ;艸 -총07획 ;xià)

0412[<一:下>034 하]　　荷 荷(연　　　하 ;艸 -총11획 ;hé,hè)

0621[<一:下>045 하]　　蘮 蘮(풀이름　　　한 ;艸 -총26획 ;han4)

0408[<一:下>034 상]　　菡 菡(연꽃봉우리　　　함 ;艸 -총14획 ;han4)

0494[<一:下>038 하]　　荄 荄(풀뿌리　　　해 ;艸 -총10획 ;gāi)

0392[<一:下>033 상]　　薢 薢(마름　　　해 ;艸 -총17획 ;jiē,jiě,jiè)

0440[<一:下>036 상]　　荇 荇(마름 풀　　　행 ;艸 -총11획 ;xìng)

0249[<一:下>024 상]　　莧 莧(비름　　　현 ;艸 -총11획 ;xiàn,huǎn)

0333[<一:下>029 상]　　莎 莶(풀　　　현 ;艸 -총12획 ;xian2)

0636[<一:下>046 하]　　莔 莔(꼭두서니　　　혈 ;艸 -총10획 ;*)

0490[<一:下>038 하]　　荚 荚(풀 열매　　　협 ;艸 -총11획 ;jiá)

0467[<一:下>037 상]　　荆 荆(가시나무　　　형 ;艸 -총12획 ;jīng)

0648[<一:下>047 상]　　蒿 蒿(쑥　　　호 ;艸 -총14획 ;hāo)

0663[<一:下>047 하]　　薅 薅(김맬　　　호 ;艸 -총17획 ;hāo)

0507[<一:下>039 상]　　薂 薂(풀 모양　　　호 ;艸 -총18획 ;hè,hào)

| 0620[&lt;一:下&gt;045 하] | 芴 | 芴(황홀할 | 홀 | ;艸 -총08획 | ;wù) |
| 0269[&lt;一:下&gt;025 하] | 芄 | 芄(왕골 | 환 | ;艸 -총07획 | ;wán) |
| 0317[&lt;一:下&gt;028 하] | 薍 | 薍(왕골 | 환 | ;艸 -총16획 | ;huan2) |
| 0525[&lt;一:下&gt;040 상] | 荒 | 荒(거칠 | 황 | ;艸 -총10획 | ;huāng) |
| 0514[&lt;一:下&gt;039 하] | 薈 | 薈(무성할 | 회 | ;艸 -총17획 | ;huì) |
| 0270[&lt;一:下&gt;025 하] | 虈 | 虈(백지 | 효 | ;艸 -총25획 | ;xiāo) |
| 0219[&lt;一:下&gt;022 상] | 熏 | 熏(연기 낄 | 훈 | ;火 -총14획 | ;xūn,xùn) |
| 0254[&lt;一:下&gt;024 하] | 葷 | 葷(매운 채소 | 훈 | ;艸 -총13획 | ;hūn,xūn) |
| 0274[&lt;一:下&gt;025 하] | 薰 | 薰(향 풀 | 훈 | ;艸 -총18획 | ;xūn,xùn) |
| 0263[&lt;一:下&gt;025 상] | 蕿 | 蕿(원추리 | 훤 | ;艸 -총20획 | ;xuān) |
| 0607[&lt;一:下&gt;044 하] | 卉 | 卉(풀 | 훼 | ;十 -총05획 | ;huì) |
| 0479[&lt;一:下&gt;037 하] | 虇 | 虇(노란 꽃 | 휴 | ;艸 -총22획 | ;huǎ,huī) |
| 0341[&lt;一:下&gt;029 하] | 茶 | 茶(희나물 | 희 | ;艸 -총11획 | ;xī) |

금하연 |

1956년 경북 영양에서 태어나, 서울대학교 미술대학 조소학과를 졸업하였다. 교사 생활을 하던 중 컴퓨터와 한자를 만나, 한자를 연구하고 분석하는 일을 시작하였다. 이후 전문적인 연구를 위해 학교를 퇴직하고 한자전문 편집대행사인 '맥한도'를 설립하여 활발히 활동하였으나 건강문제로 사업보다는 개인적인 연구에 치중하였다. 고려대학교 대학원 한문학전공 석사를 졸업하였으며, 『단옥재주 설문해자』, 『설문해자 성부사전』, 『한자기둥』, 『설문해자 형성사전』 등 한자 및 설문해자 관련 서적을 다수 출간하였다.


오채금 |

고려대학교 사범대학 국어교육과를 졸업하였다. 재능교육 연구실에서 재능한자 교재를 연구 개발하고 신입사원들을 교육하는 일을 했으며, 교연학원, 종로엠학원, 대성학원 등에서 언어영역과 논술을 강의하였다. (사)밝은청소년지원센터에서 인성교육을 담당했으며, 대학원에서 심리상담을 전공하여 교육에 활용하고 있다. 저서로 『오미쌤의 등급별 언어처방』 외에 다수의 공저가 있다.

# 한한대역 단옥재주 설문해자 • 제2권

초판 1쇄 인쇄 2016년 5월 2일 | 초판 1쇄 발행 2016년 5월 9일
허신 著 | 단옥재 注 | 금하연·오채금 譯註 | 펴낸이 김시열
펴낸곳 도서출판 자유문고
　　　(02832) 서울시 성북구 동소문로 67-1 성심빌딩 3층
　　　전화 (02) 2637-8988 | 팩스 (02) 2676-9759
ISBN 978-89-7030-095-5  94720　값 100,000원
ISBN 978-89-7030-085-6 (전34권)
http://cafe.daum.net/jayumungo (도서출판 자유문고)